CODE

UNIVERSITAIRE.

PARIS. — IMPRIMERIE ET FONDERIE DE FAIN,
Rue Racine, 4, place de l'Odéon.

OUVRAGES DU MÊME AUTEUR,

CHEZ LE MÊME LIBRAIRE.

Considérations sur le prêt à *Intérêt*, 1 vol. in-8., 1806.

Traduction nouvelle de la Vie d'Agricola, avec le texte en regard ; seconde édition, augmentée d'une carte des anciennes îles britanniques, 1 vol. in-8., 1808.

Réflexions sur quelques parties de notre législation civile, envisagée sous le rapport de le religion et de la morale : le Mariage, le Divorce, les Enfans naturels, l'Adoption, la Puissance paternelle, etc., 1 vol. in-8., 1814.

Observations sur le Discours prononcé à la Chambre des Députés, dans la séance du 31 janvier 1816, par M. Murard de Saint-Romain, concernant l'instruction publique et l'éducation ; seconde édition, augmentée d'un premier Supplément contenant le parallèle des deux Universités de France et de Turin.

Système de l'Université de France, ou plan d'une éducation nationale, formant le second supplément aux *observations*.

Défense de la rétribution universitaire, formant un troisième supplément aux *observations*.

Essai sur l'instruction publique et particulièrement sur l'instruction primaire, 3 vol. in-8., 1819.

Traité de Morale à l'usage des écoles primaires, 1 vol. in-12, 1834.

PARIS.—IMPRIMERIE ET FONDERIE DE FAIN,
Rue Racine, n. 4, place de l'Odéon.

CODE UNIVERSITAIRE,

ou

LOIS, STATUTS ET RÈGLEMENS

DE L'UNIVERSITÉ ROYALE DE FRANCE,

MIS EN ORDRE

PAR M. AMBROISE RENDU,

OFFICIER DE L'ORDRE ROYAL DE LA LÉGION-D'HONNEUR, CONSEILLER
AU CONSEIL ROYAL DE L'INSTRUCTION PUBLIQUE.

> « S. M. veut un corps dont la doctrine soit à l'abri des petites fièvres de la mode ; qui marche toujours quand le gouvernement sommeille ; dont l'administration et les statuts deviennent tellement nationaux, qu'on ne puisse jamais se déterminer légèrement à y porter la main. »
> (*Instructions* de Napoléon à *M.* de Fontanes, en 1808.)

DEUXIÈME ÉDITION.

PARIS,

LIBRAIRIE CLASSIQUE ET ÉLÉMENTAIRE DE L. HACHETTE,
RUE PIERRE-SARRAZIN, N°. 12,
ET CHEZ BRUNOT-LABBE, LIBRAIRE DE L'UNIVERSITÉ,
QUAI DES AUGUSTINS, N°. 33.

MAI 1835.

TABLE SOMMAIRE DES MATIÈRES.

Pages.

Introduction. . . . . vij

PREMIÈRE PARTIE.
LOIS, DÉCRETS ET ORDONNANCES.

Titre Ier. — Organisation générale. 1
Titre II. — Attributions et devoirs des fonctionnaires généraux et des fonctionnaires académiques. 15
  § 1. — Du grand-maître. . . . . Ib.
  § 2. — Du conseil royal de l'instruction publique. 19
  § 3. — Du ministère public près le conseil royal et près les conseils académiques. 24
  § 4. — Des inspecteurs généraux. . . . . Ib.
  § 5. — Des recteurs des académies. 26
  § 6. — Des inspecteurs des académies. 27
  § 7. — Des conseils académiques. . . . . Ib.
  § 8. — Du rang dans les cérémonies publiques et des costumes. 28
Titre III. — Des facultés. 31
  § 1. — Des facultés en général. . . . . Ib.
  § 2. — Des facultés de théologie. 38
  § 3. — Des facultés de droit. 44
  § 4. — Des facultés de médecine. 64
  § 5. — Des facultés des sciences. 109
  § 6. — Des facultés des lettres. 110
  § 7. — Des grades et de leur collation dans les diverses facultés. 111
  § 8. — De la nécessité des grades pour diverses fonctions et professions. 115
Titre IV. — Des colléges. 121
  § 1. — Des colléges royaux. Ib.
  § 2. — Des colléges particuliers. 175
  § 3. — Des colléges communaux. 178
       — Des colléges royaux communaux. 183
  § 4. — Des écoles secondaires ecclésiastiques. 184

TABLE SOMMAIRE DES MATIÈRES.

Pages.
TITRE V. — De l'école normale. 191
TITRE VI. — De l'émeritat et des pensions de retraite. 197
TITRE VII. — Des institutions et pensions. 208
TITRE VIII — De l'instruction primaire. 211
   SECTION 1re. — Avant la loi du 28 juin 1833. . . . . *Ib.*
   SECTION 2e. — Depuis la loi du 28 juin 1833. 265
TITRE IX. — Des recettes et dépenses. 285
TITRE X. — De la juridiction. 305

DEUXIÈME PARTIE.

STATUTS ET RÈGLEMENS.

TITRE Ier. — Dispositions générales. 325
TITRE II. — Des facultés. 337
   SECTION 1re. — Des facultés en général. . . . . *Ib.*
   SECTION 2e. — De chaque faculté en particulier. 356
    § 1. — Des facultés des lettres. . . . . *Ib.*
    § 2. — Des facultés des sciences. 376
    § 3. — Des facultés de médecine. 387
    § 4. — Des facultés de droit. 432
    § 5. — Des facultés de théologie. 471
TITRE III. — Des collèges. 499
   § 1. — Des collèges royaux. . . . . *Ib.*
   § 2. — Des collèges particuliers. 693
   § 3. — Des collèges communaux. 695
       — Des collèges mixtes. 711
   § 4. — Des écoles secondaires ecclésiastiques. 712
TITRE IV. — De l'école normale. 719
TITRE V — Des pensions de retraite. 765
TITRE VI. — Des institutions et pensions. 775
TITRE VII. — De l'instruction primaire. 783
   SECTION 1re. — Avant la loi du 28 juin 1833. . . . . *Ib.*
   SECTION 2e. — Depuis la loi du 28 juin 1833. 805
TITRE VIII. — Des recettes et dépenses. 869

Table alphabétique des matières. 905

INTRODUCTION.

DE L'ORIGINE DE L'UNIVERSITÉ DE FRANCE, DE SA CONSTITUTION ET DE SON OBJET.

Bonaparte passait à Turin. Un jour qu'il parcourait le palais de l'université fondée en 1771 par Charles-Emmanuel III, il se fit représenter les statuts qui régissaient cette institution. Il y vit quelque chose de grand et de fort qui le frappa. Cette grave autorité qui, sous le nom de *magistrat de la réforme*, gouvernait tout le corps enseignant ; ce corps lui-même, uni par des doctrines communes et librement soumis à des obligations purement civiles qui le consacraient à l'instruction de la jeunesse comme à l'un des principaux services de l'état ; ce corps sans cesse renouvelé par un pensionnat normal qui devait transmettre d'âge en âge les saines traditions et les méthodes éprouvées : tranquille sur le présent, par la garantie que lui donnait sa juridiction spéciale, tranquille sur l'avenir, par la certitude d'honorables retraites; cet ordre de professeurs, tous choisis parmi des agrégés nommés au concours; cette noble confiance de la puissance souveraine qui donnait au conseil chargé de la direction générale un droit permanent de législation intérieure et de continuel perfectionnement ; tout ce plan d'éducation établi sur la base antique et impérissable de la foi chrétienne, tout cela lui plut, et il en garda la mémoire jusqu'au sein de ses triomphes en Italie et en Allemagne. Rassasié enfin de gloire militaire et songeant aux générations futures, après avoir solidement établi l'administration civile, après avoir relevé les autels et promulgué le Code Napoléon, après avoir, par différentes lois, substitué les lycées aux écoles centrales, régénéré les écoles de médecine et créé les écoles de droit, il voulut fonder aussi pour la France un système entier d'instruction et d'éducation publique. Il se souvint de l'université de Turin, et l'agrandissant, comme tout ce qu'il touchait, dans la double proportion de son empire et de son génie, il fit *l'Université impériale* (1).

Hâtons-nous d'ajouter qu'en cela même Bonaparte répondait aux vœux que la France avait exprimés à l'époque mémorable de la première année du dix-neuvième siècle. Les conseils généraux de département venaient de s'assembler. Les Français, lassés de tant de vaines théories essayées à leurs dépens sur tous les points de la machine politique, aspiraient au repos, voulaient l'unité partout et faisaient effort vers la monarchie. Au milieu de la ruine universelle des institutions, les conseils généraux jetant un douloureux regard sur l'état déplorable de l'éducation, avaient retracé avec une juste reconnaissance les services rendus par les anciennes corporations enseignantes; ils avaient gémi profondément sur le terrible naufrage qui avait tout englouti, corps et biens : mais en même temps, ils ne s'étaient point bornés à des regrets stériles, ils n'avaient point oublié que nos meilleures institutions d'autrefois laissaient à désirer quelque chose, et ils avaient tracé, d'une main assez ferme (1),

(1) Dans un écrit publié en 1816, nous avons mis en parallèle les deux institutions. L'une est évidemment le type de l'autre, mais modifié, étendu et développé, comme il convenait à la France.

(2) L'analyse des procès-verbaux de la session de l'an 9, a été publiée en l'an X, par les soins du ministre de l'intérieur, M. Chaptal.

l'esquisse d'un plan vaste et uniforme qui assurerait à la France le bienfait toujours souhaité, souvent promis, d'une éducation vraiment française.

1°. Une éducation nationale.

« Maintenir les institutions politiques, perfectionner et communiquer les connaissances humaines, faire concourir tous les talens et toutes les vertus au bien-être privé et à l'utilité générale : tel est l'objet de l'éducation. »

« Rétablir les anciens colléges sous des formes appropriées aux nouvelles institutions politiques. »

« Confier la direction de chaque collége à un homme de lettres estimé, qui y ferait suivre le plan d'instruction tracé par le gouvernement (1). »

(1) Ce vœu d'une éducation nationale avait toujours été celui des magistrats français ; et en 1763, dans un réquisitoire célèbre, l'un d'eux revendiquait avec énergie « pour la nation, une éducation qui ne dépendît que de l'état, parce qu'elle lui appartient essentiellement, parce que toute nation a un droit inaliénable et imprescriptible d'instruire ses membres, parce qu'enfin les enfans de l'état doivent être élevés par des membres de l'état. »

En 1789, le clergé aussi demandait « qu'aucune maison d'éducation ne pût être établie que conformément aux lois du royaume et dans la juste dépendance prescrite par ces lois ; que l'éducation publique ne fût plus conduite d'après des principes arbitraires, et que tous les instituteurs publics fussent tenus de se conformer à un plan uniforme, approuvé par les états généraux. »

C'était également le vœu de la noblesse : « Qu'il soit établi un conseil composé de gens de lettres les plus éclairés de la capitale et des provinces, et des citoyens des différens ordres, pour former un plan d'éducation nationale à l'usage de toutes les classes de la société, et pour rédiger des traités élémentaires. Il sera arrêté des lois invariables relativement à l'éducation nationale. »

2°. Un corps enseignant sous un chef unique.

« On désire surtout qu'il soit donné un chef aux divers établissemens d'instruction, afin qu'il y ait de l'unité dans l'enseignement.

« Confier l'enseignement à des personnes qui s'associent librement pour vivre sous un chef unique, sous une discipline exacte, et dans une retraite nécessaire à l'étude. »

« Assujettir les maîtres et les élèves à des examens publics et imprévus. »

« Nommer des inspecteurs pour surveiller l'instruction. »

« Nommer un chef unique des écoles centrales et primaires. »

3°. Instruction graduée, proportionnée aux besoins réels de la société.

« L'instruction que les écoles centrales offrent à la jeunesse est trop vague et embrasse trop de parties à la fois. L'enseignement n'a ni liaison ni gradation : il convient mieux à des hommes faits qu'à des jeunes gens qui cherchent à s'instruire. »

« Il est indispensable d'établir trois degrés distincts dans l'enseignement public. Le premier (les écoles primaires) se borne à enseigner aux classes peu aisées de la société les élémens dont elles ont besoin pour exercer les métiers dont elles tirent leur subsistance. Le deuxième (les colléges), destiné aux classes opulentes, étend l'instruction aux sciences et aux beaux-arts, etc. Le troisième enfin (les écoles spéciales) donne aux hommes qui se consacrent particulièrement aux sciences et aux arts les moyens d'arriver aux connaissances les plus profondes des unes et des autres. »

4°. Moyens d'existence et ressources propres au corps enseignant.

« Affecter à l'entretien des diverses écoles des revenus nationaux proportionnés à leurs besoins. »

« Donner aux maîtres d'école un traitement convenable, indépendant du caprice des communes. »

« Doter les colléges en biens nationaux invendus. »

« Que le gouvernement supporte une partie des frais : les élèves feront face au reste par une rétribution fixée suivant les localités. »

5°. Existence honorable des membres du corps enseignant.

« Que les hommes voués à l'instruction publique et qui honorent leur état, soient honorés et distingués. »

« Entourer le talent d'honneurs, d'estime et d'heureuses circonstances. »

« Pour donner à l'instruction publique l'activité nécessaire, il conviendrait d'assurer le traitement des professeurs et de les payer exactement. En réglant d'une manière convenable les dépenses des colléges et les honoraires des professeurs, on se procurera sans peine des hommes habiles et instruits dans un concours surveillé avec soin par les autorités constituées. »

« Des fonds suffisans feront trouver des sujets capables. »

« Assigner des pensions de retraite aux professeurs après un temps déterminé d'exercice. »

6°. Bourses et autres encouragemens à donner aux élèves.

« Assigner un certain nombre de places dans les écoles de services publics, pour les élèves des départemens qui auraient le mieux rempli leurs devoirs. »

« Le moyen de porter l'encouragement dans les écoles secondaires, serait de donner les bourses, qui vaqueraient dans les écoles centrales, aux enfans des citoyens peu fortunés qui montreraient le plus d'exactitude et d'application. »

« Fonder des bourses pour les indigens... les donner à des enfans à talens, mais sans fortune, dont les parens ont servi la patrie. »

7°. Juridiction et discipline.

« Investir les professeurs de l'autorité nécessaire pour maintenir l'ordre et la décence dans leurs classes. »

« Le zèle et les talens des professeurs n'auront jamais des succès marqués, s'il n'y a point de subordination des élèves aux maîtres. »

« Soumettre les professeurs eux-mêmes à une discipline constante, donner au juri d'instruction l'autorité de destituer les professeurs qui le mériteraient par leur mauvaise conduite. »

8°. Stabilité dans l'instruction publique.

« Rien n'est plus contraire à l'instruction que les changemens continuels dans la marche de l'enseignement; la stabilité seule commande la confiance et assure le succès des institutions. Il vaut mieux corriger ce qu'il y a de défectueux, suppléer à ce qui manque, que de renverser continuellement des établissemens élevés avec peine. »

« Il ne faudrait pas à chaque instant alarmer les écoles par des bruits de réforme et d'instabilité qui découragent les professeurs et les élèves. »

9°. La religion, base de l'éducation.

« Les enfans ont été livrés à l'oisiveté la plus dangereuse, au vagabondage le plus alarmant; ils sont sans idées de la Divinité, sans notions du juste et de l'injuste (1). De là des mœurs farouches et barbares. »

(1) Les conseils généraux s'exprimaient ainsi en 1800, et les plaintes alors n'étaient que trop fondées.

« Point d'instruction sans éducation ; point d'éducation sans morale, sans religion ; celle-ci doit donc être la base d'un plan d'instruction nationale. »

« Joindre l'enseignement des dogmes à celui de la morale : cette séparation a fait échouer en grande partie les pensionnats qu'on avait formés. »

« Il est de la plus grande importance que l'enseignement religieux fasse partie de l'éducation, et que les parens puissent espérer que leurs enfans seront élevés dans les principes d'une religion dont la vérité leur est démontrée. »

« Suivre strictement dans les écoles les principes du christianisme ; assurer à tous les professeurs la liberté du culte et de l'enseignement religieux ; veiller en même temps à ce que les enfans soient préservés des poisons du fanatisme, de l'intolérance et de la superstition. »

« La science, sans les mœurs, n'est qu'une arme dangereuse. »

Certes, le simple exposé que l'on vient de lire présente un ensemble remarquable d'idées justes et fécondes sur l'instruction publique ; et il est facile d'y reconnaître des analogies nombreuses avec la constitution actuelle du corps enseignant.

L'Université de France prend donc son origine, et dans le vœu national constamment exprimé, et dans le génie de l'homme immortel, à qui il fut donné de détrôner l'anarchie et de recréer l'ordre par sa haute intelligence et sa puissante volonté.

N'hésitons point à le dire.

S'il est vrai que l'ordre public soit avec la liberté le premier besoin des sociétés humaines, ce fut une grande et salutaire pensée de constituer au dix-neuvième siècle une corporation civile chargée de l'instruction nationale, et de faire de ce Corps, que la nature des choses veut tout à la fois savant, moral et religieux, une haute magistrature, fortement organisée pour agir dans l'intérêt de l'état qui l'a créée et qui la soutient, impuissante et vaine pour agir dans un sens contraire.

Nous croyons qu'on ne lira pas sans un vif intérêt ce que Napoléon disait à ce sujet dans les premières instructions qu'il avait données à l'illustre grand-maître auquel il venait de confier les destinées naissantes de l'Université.

« S. M. a organisé l'Université en un corps, parce qu'un corps ne meurt jamais, et parce qu'il y a transmission d'organisation et d'esprit. »

« Des directeurs, des professeurs de lycées sont des magistrats importans; ils marchent le front levé avec les parens dont ils sont les égaux. Ils n'ont point devant eux une contenance de salariés; ils n'assujettissent point leurs principes aux caprices et à la mode; ils ne sont point obligés à de puériles et fâcheuses condescendances; ils peuvent faire tout le bien qu'ils sont appelés à produire. »

« S. M. a voulu réaliser, dans un état de quarante millions d'individus, ce qu'avaient fait Sparte et Athènes, ce que les ordres religieux avaient tenté de nos jours et n'avaient fait qu'imparfaitement, parce qu'ils n'étaient pas un. »

« S. M. veut un corps dont la doctrine soit à l'abri des petites fièvres de la mode; qui marche toujours quand le gouvernement sommeille; dont l'administration et les statuts deviennent tellement nationaux, qu'on ne puisse jamais se déterminer légèrement à y porter la main. »

« Si ses espérances se réalisent, S. M. veut trouver dans ce corps même une garantie contre les théories pernicieuses et subversives de l'ordre social, dans un sens ou dans un autre. »

« Il y a toujours eu dans les états bien organisés

un corps destiné à régler les principes de la morale et de la politique. Telles furent l'Université de Paris et la Sorbonne; les Universités de Pavie, de Pise et de Padoue; en Allemagne, celles de Goettingue et de Iéna; en Espagne, celle de Salamanque; en Angleterre, celle d'Oxford; chez les Turcs, les corps des Ulemas. Ces corps étant les premiers défenseurs de la morale et des principes de l'Etat, donneront les premiers l'éveil, et seront toujours prêts à résister aux théories dangereuses des esprits qui cherchent à se singulariser, et qui, de période en période, renouvellent ces vaines discussions qui, chez tous les peuples, ont si fréquemment tourmenté l'opinion publique. »

Nous n'ajouterons rien à de telles paroles descendues de si haut.

Que l'Université de France poursuive avec courage et persévérance sa noble tâche, qu'elle la remplisse tout entière par le double bienfait de ses doctrines et de ses exemples, elle aura fait assez pour sa gloire et pour le bonheur du pays.

Puisse l'ouvrage, que nous publions en ce moment, n'être pas tout-à-fait inutile à l'accomplissement de ce vœu universitaire et français !

Nous aurons du moins contribué à faire mieux connaître une des plus grandes créations des temps modernes; et mieux connue, sans doute, elle sera mieux jugée, mieux appréciée, cette Université, dont nous n'avons pas craint de dire, il y a seize ans, au milieu des plus violentes contradictions, que, toujours attaquée, elle irait s'affermissant toujours.

Nous en avons donné les raisons; il nous semble que le temps les a singulièrement fortifiées.

Le *Code universitaire* se divise naturellement en deux parties principales :

L'une qui contient les lois, décrets et ordonnances; en un mot, les actes directs de la puissance publique.

L'autre qui renferme les statuts émanés du conseil même de l'Université.

La première partie a paru seule au commencement de 1828; nous l'avons revue et complétée.

La seconde partie paraît pour la première fois.

Conçue sur le même plan que la première, cette seconde partie est beaucoup plus étendue, et cela devait être. Le législateur pose les principes, ils doivent être précis et peu nombreux. Le pouvoir qui administre déduit les conséquences, les développe et les modifie, comme le demande l'infinie variété des faits et des incidens dont se composent les affaires humaines.

Dans l'une et dans l'autre section, nous nous sommes surtout proposé de montrer l'état présent de la législation qui régit le corps enseignant; mais nous avons aussi envisagé l'avenir; et pour mieux le préparer, nous avons quelquefois rappelé le passé, dans lequel se retrouvent de sages leçons et d'utiles exemples.

Une même série de numéros et une table commune des matières par ordre alphabétique faciliteront la recherche des différentes dispositions relatives, soit à l'organisation générale, soit à chaque genre d'écoles.

Toute cette organisation devant bientôt subir l'épreuve d'une discussion solennelle dans le sein des deux chambres, il nous a paru qu'il convenait d'autant mieux de rassembler avec quelque méthode ces divers élémens, qu'on aurait été peu disposé peut-être à les aller chercher dans les onze ou douze volumes où ils ont été successivement déposés depuis un quart de siècle, sans autre ordre que celui de leur date. On ne saurait trop éclairer toutes les parties de cette grande question sociale de l'instruction et de l'éducation publique.

CODE UNIVERSITAIRE.

PREMIÈRE PARTIE.
LOIS, DÉCRETS ET ORDONNANCES
CONCERNANT L'UNIVERSITÉ.

TITRE PREMIER.
ORGANISATION GÉNÉRALE.

Idée première de l'Université.

1. Il sera créé et organisé une instruction publique, commune à tous les citoyens, gratuite (1) à l'égard des parties d'enseignemens indispensables pour tous les hommes, et dont les établissemens seront distribués graduellement dans un rapport combiné avec la division du royaume.

(*Loi des 13 et 14 septembre 1791.*)

2. Indépendamment des écoles primaires, il sera établi dans le royaume trois degrés progressifs d'instruction :

Le premier pour les connaissances indispensables aux artistes et ouvriers de tous les genres (2).

Le second pour les connaissances ultérieures nécessaires à ceux qui se destinent aux autres professions de la société (3).

---

(1) Il est bien reconnu aujourd'hui que l'entière et absolue gratuité de l'enseignement serait une fausse mesure, même pour l'instruction primaire. Il est bon et juste que, à l'égard des enfans pauvres, la commune, le département et l'état se chargent des frais de la première instruction; mais il convient sous tous les rapports que tous ceux qui peuvent payer ces frais, les supportent, jusqu'à concurrence de leurs besoins et de leurs ressources.

(2) Ainsi avait été posé, il y a plus de 40 ans, un principe d'une grande fécondité, qui se développe plus que jamais dans toute l'étendue de la France. L'Université s'est efforcée depuis long-temps d'encourager et de multiplier ces écoles industrielles qui doivent influer puissamment sur la prospérité du pays. La loi du 28 juin 1833 favorisera beaucoup les établissemens de ce genre, par la propagation des connaissances générales que répandront les écoles primaires, et surtout les écoles primaires supérieures.

(3) Les colléges royaux, les colléges communaux, les institutions et les pensions.

Le troisième pour les objets d'instruction dont l'étude difficile n'est pas à la portée de tous les hommes (1).
(Décret du 15 septembre 1793.)

3. L'instruction sera donnée,

1°. Dans des écoles primaires établies par les communes (2).

2°. Dans des écoles secondaires établies par les communes, ou tenues par des maîtres particuliers.

3°. Dans des lycées et des écoles spéciales entretenus aux frais du trésor public.
(Loi du 11 floréal en X, 1er. mai 1802, art. 1er.)

Création de l'Université.

4. Il sera formé sous le nom d'Université royale (3) un corps chargé exclusivement de l'enseignement et de l'éducation publique dans tout le royaume. Les membres du corps enseignant contracteront des obligations civiles, spéciales et temporaires.
(Loi du 10 mai 1806, art. 1 et 2.)

5. L'enseignement public dans tout le royaume est confié exclusivement à l'Université.

Aucune école, aucun établissement quelconque d'instruction ne peut être formé hors de l'Université royale, et sans l'autorisation de son chef (4).

Nul ne peut ouvrir d'école, ni enseigner publiquement, sans être membre de l'Université royale et gradué par l'une de ses facultés. Néanmoins, l'instruction dans les séminaires dépend des archevêques et évêques, chacun dans son diocèse; ils en nomment et révoquent les directeurs et professeurs; ils sont seulement tenus de se conformer aux règlemens sur les séminaires par nous approuvés (5).
(Décret du 17 mars 1808, art. 1, 2 et 3.)

(1) Les facultés, et notamment celles de théologie, de droit et de médecine.

(2) Ou tenues par des instituteurs privés (loi du 28 juin 1833).

(3) Dans le code universitaire, comme dans les autres codes, on a dû substituer les mots, *roi, royaume* et *royale*, aux mots *empereur, empire* et *impériale*.

(4) Une loi spéciale vient de fonder parmi nous l'instruction primaire sur des bases larges et solides. Elle a su concilier deux choses qui avaient long-temps paru incompatibles, le droit de la puissance publique et la liberté de l'enseignement. Le premier de ces principes a créé les écoles primaires communales, le second protége les écoles primaires privées. Suivant toute apparence, ces deux principes, qui ont inspiré la loi du 28 juin 1833, présideront aussi à l'organisation générale de l'instruction publique; et, malgré les nouvelles et sérieuses difficultés qui s'y rencontreront, ils fonderont de même l'enseignement secondaire et l'enseignement supérieur d'une manière digne de la France et du 19e. siècle.

(5) Une autre exception, en ce qui concerne la nécessité d'un grade, a été consacrée par la loi du 28 juin 1833. Le droit de tenir école et d'enseigner publiquement comme instituteur primaire n'exige point de grade, mais un brevet de capacité. D'un autre côté, le brevet de capacité n'est point suppléé par les grades académiques.

Objet et but de l'Université.

6. L'Université royale et son grand-maître, chargés exclusivement du soin de l'éducation et de l'instruction publiques dans tout le royaume, tendront sans relâche à perfectionner l'enseignement dans tous les genres, à favoriser la composition des ouvrages classiques; ils veilleront surtout à ce que l'enseignement des sciences soit toujours au niveau des connaissances acquises, et à ce que l'esprit de système ne puisse en arrêter les progrès.

(Ibidem, art. 134.)

7. Nous nous réservons de reconnaître et de récompenser d'une manière particulière les grands services qui pourront être rendus par les membres de l'Université pour l'instruction de nos peuples, comme aussi de réformer, et ce par des décrets pris en notre conseil, toute décision, statut ou acte émané du conseil de l'Université ou du grand-maître, toutes les fois que nous le jugerons utile au bien de l'état.

(Ibid., art. 144.)

Obligations communes à tous les membres de l'Université.

8. Aux termes de l'article 2 de la loi du 10 mai 1806, les membres de l'Université royale, lors de leur installation contracteront par serment les obligations civiles, spéciales et temporaires qui doivent les lier au corps enseignant.

Ils s'engageront à l'exacte observation des statuts et règlemens de l'Université.

Ils promettront obéissance au grand-maître dans tout ce qu'il leur commandera pour notre service et pour le bien de l'enseignement.

(Décret du 17 mars 1808, art. 39, 40 et 41.)

9. Ils s'engageront à ne quitter le corps enseignant et leurs fonctions, qu'après en avoir obtenu l'agrément du grand-maître, dans les formes qui vont être prescrites.

Le grand-maître pourra dégager un membre de l'Université de ses obligations, et lui permettre de quitter le corps. En cas de refus du grand-maître et de persistance de la part d'un membre de l'Université dans la résolution de quitter le corps, le grand-maître sera tenu de lui délivrer une lettre d'*exeat*, après trois demandes consécutives, réitérées de deux mois en deux mois.

Celui qui aura quitté le corps enseignant, sans avoir rempli ces formalités, sera rayé du tableau de l'Université, et encourra la peine attachée à cette radiation (1).

(Ibid., art. 42, 43, et 44.)

1 Voir au titre de la *juridiction* quelle est la peine attachée à la radiation du tableau de l'Université.

10. Les membres de l'Université ne pourront accepter aucune fonction publique ou particulière et salariée, sans la permission authentique du grand-maître.
(Ibid., art. 45.)

11. Les membres de l'Université seront tenus d'instruire le grand-maître et ses officiers de tout ce qui viendrait à leur connaissance de contraire à la doctrine et aux principes du corps enseignant dans les établissemens d'instruction publique.
(Ibid., art. 46.)

12. Le costume commun à tous les membres de l'Université sera l'habit noir avec une palme brodée en soie bleue sur la partie gauche de la poitrine.
(Ibid., art. 128.)

Division de l'Université en académies.

13. L'Université royale sera composée d'autant d'académies qu'il y a de cours d'appel.
(Ibid., art. 4.)

TABLEAU DES ACADÉMIES
et des départemens qui composent leurs ressorts.

Aix.	Basses-Alpes, Bouches-du-Rhône, Var, Corse (1).
Amiens.	Aisne, Oise, Somme.
Angers.	Maine-et-Loire, Mayenne, Sarthe.
Besançon.	Doubs, Jura, Haute-Saône.
Bordeaux.	Charente, Dordogne, Gironde.
Bourges.	Cher, Indre, Nièvre.
Caen.	Calvados, Manche, Orne.
Cahors.	Gers, Lot, Lot-et-Garonne.
Clermont.	Allier, Cantal, Haute-Loire, Puy-de-Dôme.
Dijon.	Côte-d'Or, Haute-Marne, Saône-et-Loire.
Douai.	Nord, Pas-de-Calais.
Grenoble.	Hautes-Alpes, Drôme, Isère.
Limoges.	Corrèze, Creuse, Haute-Vienne.
Lyon.	Ain, Loire, Rhône.
Metz.	Ardennes, Moselle.
Montpellier.	Aude, Aveyron, Hérault, Pyrénées-Orientales.
Nancy.	Meurthe, Meuse, Vosges.
Nîmes.	Ardèche, Gard, Lozère, Vaucluse.
Orléans.	Indre-et-Loire, Loir-et-Cher, Loiret.
Paris.	Aube, Eure-et-Loir, Marne, Seine, Seine-et-Marne, Seine-et-Oise, Yonne.
Pau.	Landes, Basses-Pyrénées, Hautes-Pyrénées.
Poitiers.	Charente-Inférieure, Deux-Sèvres, Vendée, Vienne.
Rennes.	Côtes-du-Nord, Finistère, Ille-et-Vilaine, Loire-Inférieure, Morbihan.
Rouen.	Eure, Seine-Inférieure.
Strasbourg.	Bas-Rhin, Haut-Rhin.
Toulouse.	Arriége, Haute-Garonne, Tarn, Tarn-et-Garonne.

(1) Il existe une cour royale à Ajaccio, et conséquemment la Corse doit former une académie particulière ; mais jusqu'à présent la Corse a été comprise dans le ressort de l'académie d'Aix.

14. L'enseignement et la discipline dans toutes les académies seront réglés et surveillés par un conseil royal de l'instruction publique.

(Ordonnance du 17 février 1815, art. 3.)

15. Les délibérations de notre conseil royal de l'instruction publique seront soumises à l'approbation de notre ministre secrétaire d'état de l'instruction publique.

Sont exceptées les délibérations relatives à la juridiction ou à la discipline.

(Ordonnance du 26 mars 1829, art. 21.)

16. Les écoles appartenant à chaque académie seront placées dans l'ordre suivant :

1°. Les facultés pour les sciences approfondies, et la collation des grades ;

2°. Les lycées (1), pour les langues anciennes, l'histoire, la rhétorique, la logique et les élémens des sciences mathématiques et physiques (2) ;

3°. Les colléges, écoles secondaires communales, pour les élémens des langues anciennes, et les premiers principes de l'histoire et des sciences ;

4°. Les institutions, écoles tenues par des instituteurs particuliers, où l'enseignement se rapproche de celui des colléges ;

5°. Les pensions, pensionnats, appartenant à des maîtres particuliers, et consacrés à des études moins fortes que celles des institutions ;

6°. Les petites écoles primaires où l'on apprend à lire, à écrire et les premières notions du calcul (3).

(Décret du 17 mars 1808, art. 4.)

17. Toutes les écoles de l'Université prendront pour bases de leur enseignement, 1°. les préceptes de la religion catholique ; 2°. la fidélité à la monarchie constitutionnelle, conservatrice de l'unité de la France et de toutes les idées libérales ; 3°. l'obéissance aux statuts du corps enseignant, qui ont pour objet l'uniformité de l'instruction, et qui tendent à former pour l'état des citoyens attachés à leur religion, à leur prince, à leur patrie et à leur famille.

(Ibid., art. 38.)

(1) Les lycées sont devenus colléges royaux ; les écoles secondaires communales s'appellent colléges communaux.

(2) On verra plus loin quels développemens l'instruction a reçus dans les colléges royaux, et par suite dans certains colléges communaux.

(3) Les ordonnances royales avaient beaucoup agrandi la sphère, d'abord si étroite, de l'enseignement primaire, et enfin la loi du 28 juin, en établissant les deux grandes sections de l'instruction primaire élémentaire et de l'instruction primaire supérieure, a satisfait complétement aux véritables besoins de la société sous ce rapport essentiel.

Rangs des divers fonctionnaires.

18. Les fonctionnaires de l'Université royale **prendront** rang entre eux dans l'ordre suivant :

RANGS

d'administration.	d'enseignement.
1. Le grand-maître (1).	
2. Le chancelier.	
3. Le trésorier.	
4. Les conseillers à vie.	
5. Les conseillers ordinaires (2).	
6. Les inspecteurs de l'Université.	
7. Les recteurs des académies.	
8. Les inspecteurs des académies.	
9. Les doyens des facultés.	
10.	Les professeurs des facultés.
11. Les proviseurs } des lycées.	
12. Les censeurs	
13.	Les professeurs des lycées.
14. Les principaux des collèges.	
15.	Les agrégés.
16.	Les régens des collèges.
17. Les chefs d'institution.	
18. Les maîtres de pension.	
19.	Les maîtres d'études.
(3).	(Ibid., art. 23.)

19. Après la première formation de l'Université royale, l'ordre des rangs sera suivi dans la nomination des fonctionnaires, et nul ne pourra être appelé à une place qu'après avoir passé par les places inférieures.

Les emplois formeront aussi une carrière qui présentera au savoir et à la bonne conduite l'espérance d'arriver aux premiers rangs de l'Université royale.

(Ibid., art. 30.)

---

(1) Aujourd'hui les fonctions de grand-maître sont exercées par le ministre de l'instruction publique, les fonctions de chancelier et de trésorier sont exercées par deux membres du conseil. Le même conseiller, qui exerce les fonctions de chancelier, remplit celles du ministère public, conformément au décret fondamental du 17 mars 1808.

(2) Depuis 1814, il n'y a plus au conseil royal que des conseillers à vie ; peut-être reconnaîtra-t-on que l'institution des conseillers ordinaires offrait plus d'un avantage. Ils étaient à la nomination du grand-maître qui les choisissait chaque année parmi les inspecteurs généraux, les doyens et professeurs des facultés et les proviseurs des lycées. La vieille autorité des conseillers à vie, le zèle plus jeune et plus ardent des conseillers temporaires, concouraient ainsi à deux choses également importantes, l'affermissement de la discipline et le progrès des études.

(3) Nous ne doutons point que dans une loi qui renfermera le système entier de l'instruction publique, les instituteurs primaires n'occupent aussi leur place parmi les fonctionnaires du corps enseignant. Ils y ont un double droit, et comme donnant directement à 32 millions de Français l'instruction nécessaire à tous, et comme posant les fondemens de l'instruction plus avancée qui est nécessaire à 50 ou 60 mille autres Français.

Grades correspondant aux diverses fonctions.

20. Pour remplir les diverses fonctions énumérées ci-dessus, il faudra avoir obtenu dans les diverses facultés des grades correspondant à la nature et à l'importance de ces fonctions.

1°. Les emplois de maître d'étude et de pension ne pourront être occupés que par des individus qui auront obtenu le grade de bachelier dans la faculté des lettres.

2°. Il faudra être bachelier dans les deux facultés des lettres et des sciences pour devenir chef d'institution.

3°. Les principaux et les régens des colléges, les agrégés et professeurs des 6e. et 5e., des 4e. et 3e. classes des lycées, devront avoir le grade de bachelier dans les facultés des lettres ou des sciences, suivant qu'ils enseigneront les langues ou les mathématiques (1).

4°. Les agrégés et professeurs de 2e. et 1re. classes dans les lycées devront être licenciés dans les facultés relatives à leurs classes.

5°. Les agrégés et professeurs de belles-lettres et de mathématiques transcendantes dans les lycées devront être docteurs dans les facultés des lettres et des sciences.

6°. Les censeurs seront licenciés dans ces deux facultés.

7°. Les proviseurs, au grade de docteur dans les lettres, joindront celui de bachelier dans les sciences.

8°. Les professeurs des facultés et les doyens devront être docteurs dans leurs facultés respectives.

(Ibid., art. 31.)

Les proviseurs et les censeurs des colléges royaux devront être licenciés, soit dans la faculté des sciences, soit dans celle des lettres.

(Ordonnance du 26 mars 1829, art. 18.)

21. A l'avenir, nul ne pourra être nommé définitivement censeur dans un collége royal s'il n'a été reçu agrégé à la suite d'un des concours établis pour l'enseignement des colléges royaux, ou s'il n'a été nommé, avant la présente ordonnance, titulaire d'une chaire, soit dans une faculté des lettres ou des sciences, soit dans un collége royal.

(Ordonnance du 29 septembre 1832, art. 1er.)

Titres honorifiques.

22. Il est créé parmi les gradués fonctionnaires de l'Université des titres honorifiques destinés à distinguer les fonctions

---

(1) Les agrégés et professeurs de 3e. dans les colléges royaux, doivent aujourd'hui avoir le grade de licencié dans les lettres.

éminentes, et à récompenser les services rendus à l'enseignement.

Ces titres sont au nombre de trois, savoir :

1°. Les titulaires ; 2°. les officiers de l'Université ; 3°. les officiers des académies.

A ces titres sont attachés, 1°. des pensions qui seront données par le grand-maître (1) ; 2°. une décoration qui consistera dans une double palme brodée, sur la partie gauche de la poitrine ; la décoration sera brodée en or pour les titulaires, en argent pour les officiers de l'Université, en soie bleue et blanche pour les officiers des académies.

(Décret du 17 mars 1808, art. 32 et 33.)

Tout membre de l'Université, quelque fonction ou dignité dont il soit d'ailleurs revêtu, sera tenu de porter en tout temps les signes distinctifs de son grade universitaire.

(Ordonnance du 1er. novembre 1820, art. 14.)

23. Seront titulaires dans l'Université royale, dans l'ordre suivant :

1°. Le grand-maître de l'Université ;

2°. Le chancelier ;

3°. Le trésorier ;

4°. Les conseillers à vie.

Seront de droit officiers de l'Université, les conseillers ordinaires de l'Université, les inspecteurs de l'Université, les recteurs, les inspecteurs des académies, les doyens et professeurs des facultés.

Le titre d'officier de l'Université pourra aussi être accordé par le grand-maître aux proviseurs, censeurs, et aux professeurs des deux premières classes des lycées, les plus recommandables par leurs talens et par leurs services (2).

Seront de droit officiers des académies, les proviseurs, censeurs et professeurs des deux premières classes des lycées, et les principaux des colléges.

Le titre d'officier des académies pourra aussi être accordé par le grand-maître aux autres professeurs des lycées, ainsi qu'aux régens des colléges et aux chefs d'institution, dans le cas où ces divers fonctionnaires auraient mérité cette distinction par des services éminens.

(1) Ce droit, attribué au chef de l'Université, a, dès le principe, paru exorbitant au grand-maître lui-même, et il n'en a jamais fait usage. Les seules pensions qui aient été données dans l'Université, sont les pensions de retraite ; elles sont liquidées et réglées par le conseil royal.

(2) L'article qui suit, portant que les principaux des colléges communaux sont de droit officiers des académies, il était conséquent et juste que le titre d'officier de l'Université pût leur être accordé. C'est en effet ce qui a eu lieu en faveur de plusieurs de ces fonctionnaires.

Les professeurs et agrégés des lycées, les régens des colléges, et les chefs d'institution qui n'auraient pas les titres précédens, porteront, ainsi que les maîtres de pension et les maîtres d'étude, le seul titre de membre de l'Université.

(Décret du 17 mars 1808, art. 34.... 37.)

Dispenses du service militaire.

24. Seront dispensés, considérés comme ayant satisfait à l'appel, et comptés numériquement en déduction du contingent à fournir, les jeunes gens désignés par leurs numéros pour faire partie dudit contingent, qui se trouveront dans un des cas suivans :

Les élèves de l'école normale et les autres membres de l'instruction publique qui contracteront devant le conseil de l'Université l'engagement de se vouer pendant dix années à ce service.

Cette disposition est applicable aux frères des écoles chrétiennes.

Les jeunes gens qui auront obtenu le prix d'honneur décerné par le conseil de l'Université.

(Loi du 10 mars 1818, art. 15.)

Seront considérés comme ayant satisfait à l'appel, et comptés numériquement en déduction du contingent à fournir, les jeunes gens désignés par leurs numéros pour faire partie du contingent, qui, étant membres de l'instruction publique, auraient contracté, avant l'époque désignée pour le tirage au sort, et devant le conseil de l'Université, l'engagement de se vouer à la carrière de l'enseignement (1).

(Loi du 21 mars 1832, art. 14.)

Sceau de l'Université.

25. Les actes du grand-maître et ceux du conseil de l'Université doivent être munis du sceau de l'Université, représentant *les armes de France entourées d'une double palme.*

(Décret du 17 mars 1808, art. 63.)

Surveillance des autorités administratives sur les écoles.

26. Il n'est point dérogé, par les dispositions précédentes, au droit qu'ont nos préfets, et au devoir qui leur est imposé

---

(1) Nous reproduisons ces deux articles, comme s'expliquant et se complétant réciproquement. La loi de 1832 contient, sur l'époque où l'engagement doit avoir été contracté, une disposition nouvelle qu'il est important de remarquer. L'engagement doit avoir été souscrit avant l'époque désignée par le tirage au sort, c'est-à-dire avant l'époque que l'ordonnance royale indique chaque année pour le commencement du tirage par toute la France.

de surveiller les établissemens d'instruction placés dans leurs départemens respectifs.

Ils s'attacheront spécialement à examiner si les dispositions de nos décrets sur le régime de ces établissemens sont exactement observées, si les mœurs et la santé des élèves sont convenablement soignées.

Ils visiteront en conséquence, de temps à autre, les lycées, colléges, institutions ou pensions de leurs départemens.

Ils pourront déléguer les sous-préfets pour les visites des lycées ou colléges placés hors du chef-lieu.

Les préfets pourront être accompagnés et assistés dans leurs visites du maire de la ville.

Les proviseurs, principaux et chefs des divers établissemens leur donneront tous les documens propres à les éclairer dans leurs recherches.

Ils pourront recevoir, exiger au besoin les renseignemens des professeurs, maîtres, employés des établissemens, et des pères de famille.

Nos préfets ne pourront rien ordonner, rien changer à l'ordre administratif des lycées ou colléges, ni rien prescrire; mais ils seront tenus d'adresser à notre ministre de l'intérieur (1) les informations qu'ils auront recueillies, et ils les accompagneront de leurs observations, et en instruiront le grand-maître (2).

(Décret du 15 novembre 1811, art. 33 et 40.)

27. Les préfets, sous-préfets et maires conserveront, dans tous les cas, l'autorité et la surveillance administrative qui leur sont attribuées sur les écoles primaires par les lois et règlemens en vigueur (3).

(Ordonnance du 29 février 1816, art. 41.)

Surveillance des autorités ecclésiastiques.

28. Les archevêques et évêques, dans le cours de leurs tournées, pourront prendre connaissance de l'enseignement religieux dans les écoles du culte catholique.

Les consistoires et les pasteurs exerceront la même surveillance sur les écoles des cultes protestans (4).

(Ibid., art. 40.)

---

(1) Lisez : à notre ministre de l'instruction publique.
(2) On a déjà dit que le ministre de l'instruction publique exerce maintenant les fonctions de grand-maître.
(3) Les préfets, sous-préfets et maires ont en outre, par rapport aux écoles primaires, les droits spéciaux que leur attribue la loi du 28 juin 1833.
(4) Cette disposition, faite spécialement pour les écoles primaires, s'applique de plein droit aux autres écoles de l'un et de l'autre culte.

L'évêque diocésain exercera, pour ce qui concerne la religion, le droit de surveillance sur tous les colléges de son diocèse; il les visitera lui-même ou les fera visiter par un de ses vicaires généraux, et provoquera, auprès du conseil royal de l'instruction publique, les mesures qu'il aura jugées nécessaires.

(Ordonnance du 27 février 1821, art. 24.)

École normale.

29. Il sera établi à Paris un pensionnat normal destiné à recevoir jusqu'à trois cents (1) jeunes gens, qui y seront formés à l'art d'enseigner les lettres et les sciences.

(Décret du 17 mars 1808, art. 110.)

Pensions de retraite.

30. Les fonctionnaires de l'Université (2), après un exercice de trente années sans interruption, pourront être déclarés émérites, et obtenir une pension de retraite qui sera déterminée, suivant les différentes fonctions, par le conseil de l'Université. Chaque année au-dessus de trente ans sera comptée aux émérites, et augmentera leur pension d'un vingtième.

Les fonctionnaires de l'Université, attaqués pendant leurs fonctions d'une infirmité qui les empêcherait de les continuer, pourront être reçus dans la maison de retraite avant l'époque de leur émérita.

(Ibid., art. 123 et 126.)

Juridiction spéciale.

31. Les peines de discipline qu'entraînerait la violation des devoirs et des obligations seront : 1°. les arrêts (3); 2°. la réprimande en présence d'un conseil académique; 3°. la censure en présence du conseil de l'Université; 4°. la mutation pour un emploi inférieur; 5°. la suspension des fonctions pour un temps déterminé, avec ou sans privation totale ou partielle du trai-

---

(1) Ce nombre n'avait rien d'excessif alors que Rome, Amsterdam et Lubeck faisaient partie des académies auxquelles l'Université devait fournir des maîtres. Aujourd'hui il suffira de 100 à 120 élèves pour répondre aux besoins de l'enseignement public en France.

(2) Le décret du 17 mars ne donnait droit à une pension de retraite qu'aux fonctionnaires compris dans les quinze premiers rangs. Les ordonnances royales ont étendu ce droit à tous les fonctionnaires, à l'exception seulement des instituteurs et maîtres particuliers.

La loi du 28 juin a ordonné, en faveur des instituteurs primaires communaux, l'établissement de caisses d'épargnes et de prévoyance (Voir les titres de l'instruction primaire et des pensions de retraite).

(3) Cette sorte de peine, mal à propos empruntée à la discipline militaire, devait être, et a été effectivement sans application à l'égard des fonctionnaires du corps enseignant.

tement ; 6°. la réforme ou la retraite donnée avant le temps de l'éméritat, avec un traitement moindre que la pension des émérites; 7°. enfin, la radiation du tableau de l'Université.

Les rapports entre les peines et les contraventions aux devoirs, ainsi que la graduation de ces peines d'après les différens emplois, seront établis par des statuts.

(Ibid., art. 47 et 49.)

En conséquence du décret du 17 mars 1808, l'Université royale aura juridiction sur ses membres en tout ce qui touche l'observation de ses statuts et règlemens, l'accomplissement des devoirs et des obligations de chacun, les plaintes et les réclamations contre ses membres relativement à l'exercice de leurs fonctions, les injures, diffamations et scandales entre les membres, et l'application des peines encourues par les délinquans.

Cette juridiction sera exercée par le grand-maître et par le conseil de l'Université, conformément aux statuts et règlemens (1).

(Décret du 15 novembre 1811, art. 41 et 42.)

Rapports annuels sur la situation de l'instruction et de l'éducation.

32. Le grand-maître nous présentera, deux fois par an, un rapport sur la situation morale de l'instruction et de l'éducation.

(Ordonnance du 1er juin 1822, art. 3.)

Formation d'un ministère spécial.

33. Les affaires ecclésiastiques et l'instruction publique seront dirigées à l'avenir par un ministre secrétaire d'état, qui prendra le titre de ministre secrétaire d'état au département des affaires ecclésiastiques et de l'instruction publique.

(Ordonnance du 26 août 1824, art. 1.)

A l'avenir, l'instruction publique ne fera plus partie du ministère des affaires ecclésiastiques.

(Ordonnance du 4 janvier 1828.)

L'instruction publique sera dirigée par un ministre secrétaire d'état. Il exercera les fonctions de grand-maître de l'Université de France, telles qu'elles sont déterminées par les lois et règlemens.

(Ordonnance du 10 février 1828.)

34. Le ministre secrétaire d'état de l'instruction publique

(1) On trouvera ci-après, développé dans autant de titres différens, ce qui concerne ces trois articles fondamentaux : *l'école normale*, qui renouvelle et perpétue le corps enseignant; *les pensions de retraite*, qui assurent à ses fonctionnaires un honorable et paisible avenir ; *la juridiction spéciale*, qui maintient tout dans l'ordre sans scandale et sans bruit.

Jouira de la franchise illimitée de toutes les lettres et de tous les paquets qui lui seront adressés.

Son contre-seing opérera la franchise à l'égard des fonctionnaires ci-après :

1°. Les ministres d'état, les conseillers d'état, les maîtres des requêtes ;

2°. Les archevêques, les évêques et les vicaires généraux pendant la vacance du siége ;

3°. Les préfets et les sous-préfets ;

4°. Les procureurs généraux et les procureurs du roi ;

5°. Les membres du conseil royal et les inspecteurs généraux de l'Université ;

6°. Les recteurs et les inspecteurs de l'académie ;

7°. Les doyens des facultés ;

8°. Les présidens des comités de surveillance de l'instruction primaire ;

9°. Les proviseurs et régens des colléges royaux, les directeurs des colléges particuliers, les principaux et les régens des colléges communaux, les chefs d'institution, les maîtres de pension, les maîtres des écoles primaires, et les frères des écoles chrétiennes.

Les fonctionnaires ci-après dénommés, dépendant de l'Université de France, continueront à jouir de la franchise et du contre-seing, mais sous-bande seulement.

1°. Les recteurs d'académie, pour leur correspondance avec les archevêques, les évêques et les vicaires généraux pendant la vacance du siége, les préfets, les sous-préfets, les procureurs du roi près les tribunaux, les maires des communes, les inspecteurs d'académie et les présidens des comités de surveillance de l'instruction primaire dans l'arrondissement académique.

2°. Les recteurs et inspecteurs d'académie pour leur correspondance avec les proviseurs des colléges royaux et les principaux des colléges communaux, les chefs d'institution, les maîtres de pension, les présidens des comités de surveillance pour l'instruction primaire, et les maîtres d'école primaire aussi dans l'arrondissement académique (1).

(Ordonnance du 6 juillet 1828.)

(1) Une décision du ministre des finances, du 13 mars 1829, autorise la correspondance réciproque sous-bandes, en exemption de taxe, entre les présidens des comités et les maires et curés de leurs arrondissemens respectifs.

Par une autre décision du 13 juillet 1833, le ministre accorde la franchise à l'égard des livres élémentaires destinés aux enfans pauvres, et adressés, sous le contre-seing du ministre de l'instruction publique, aux préfets, sous-préfets et aux recteurs d'académie ; mais la distribution de ces livres dans les localités doit continuer à être faite par une autre voie que celle de la poste.

Enfin, le 22 mars 1834, il a été réglé que les imprimés *non officiels*, expédiés

35. Les attributions du ministère de l'instruction publique comprendront à l'avenir :

L'institut royal de France ;
Le muséum d'histoire naturelle ;
Le collége de France ;
Les bibliothéques publiques ;
Les académies et sociétés littéraires ;
Les établissemens britanniques (1) ;
L'école des chartes ;
Le dépôt légal de Ste.-Geneviève ;
Les encouragemens et souscriptions littéraires et scientifiques ;
L'école des langues orientales et cours d'archéologie.

(Ordonnance du 11 octobre 1832, art. 3. (2))

Paris aux départemens, devraient être annoncés aux directeurs de l'administration des postes par une lettre signée du ministre expéditeur, et qui indiquerait, 1°. le titre de chaque ouvrage et le nombre d'exemplaires à expédier ; 2°. que l'expédition est faite pour le service de l'état.

A cette lettre sera joint un exemplaire de l'imprimé annoncé.

(1) Fondés à Paris pour l'éducation des jeunes catholiques d'Irlande, d'Angleterre et d'Ecosse.

(2) Le roi, en complétant le ministère de l'instruction publique par l'accession de plusieurs grandes écoles, des dépôts scientifiques et de tous les moyens d'encouragement littéraire, a voulu prêter une nouvelle force à l'enseignement national. Plus l'esprit de notre constitution doit laisser de place à la liberté, dans l'enseignement comme ailleurs, plus il importe que les écoles de l'état répondent aux besoins du temps, aux diversités locales, et qu'elles obtiennent partout la primauté du travail, de la discipline et des succès.

(Circul. adressée aux recteurs le 17 octobre 1832.)

Les établissemens des sourds et muets paraissent devoir être placés aussi dans les attributions du ministère qui s'occupe spécialement d'instruction et d'éducation.

TITRE II.

ATTRIBUTIONS ET DEVOIRS DES FONCTIONNAIRES GÉNÉRAUX ET DES FONCTIONNAIRES ACADÉMIQUES.

§ I.

DU GRAND-MAÎTRE.

Le grand-maître est nommé par le roi.

36. L'Université royale sera régie et gouvernée par le grand-maître, qui sera nommé et révocable par le roi.
(Décret du 17 mars 1808, art. 50.)

Il nomme à toutes les places des colléges.

37. Le grand-maître aura la nomination aux places administratives et aux chaires des colléges et des lycées; il nommera également les officiers des académies et ceux de l'Université; il fera toutes les promotions dans le corps enseignant.
(Ibid., art. 51.)

Il institue les professeurs des facultés.

38. Il instituera les sujets qui auront obtenu les chaires des facultés, d'après des concours dont le mode sera déterminé par le conseil de l'Université.
(Ibid., art. 52.)

Il nomme les boursiers communaux.

39. Il nommera et placera dans les lycées les élèves qui auront concouru pour obtenir des bourses entières ou partielles.
(Ibid., art. 53.)

Il autorise les maîtres particuliers.

40. Il accordera la permission d'enseigner et d'ouvrir des maisons d'instruction (1) aux gradués de l'Université qui la lui demanderont, et qui auront rempli les conditions exigées par les règlemens pour obtenir cette permission.
(Ibid., art. 54.)

---

(1) *Secondaire;* la loi du 28 juin a établi des formes spéciales pour les fonctions d'instituteur primaire. Quant aux institutions et pensions, l'autorisation émane aujourd'hui du conseil royal, sauf l'approbation de la décision du conseil par le ministre.

Il présente le tableau annuel des écoles et des fonctionnaires.

41. Le grand-maître nous sera présenté par notre ministre de l'intérieur (1), pour nous soumettre chaque année, 1°. le tableau des établissemens d'instruction, et spécialement des pensions, institutions, colléges et lycées ; celui des officiers des académies, et celui des officiers de l'Université ; 3°. le tableau de l'avancement des membres du corps enseignant qui l'auront mérité par leurs services. Il fera publier ces tableaux à l'ouverture de l'année scolaire.

(Ibid., art. 55.)

Il peut transférer les fonctionnaires.

42. Il pourra faire passer d'une académie dans une autre les régens et principaux des colléges entretenus par les communes, ainsi que les fonctionnaires et professeurs des lycées, en prenant l'avis de trois membres du conseil.

(Ibid., art. 56.)

Il peut appliquer les peines autres que la réforme et la radiation.

43. Il aura le droit d'infliger la réprimande, la censure, la mutation et la suspension des fonctions aux membres de l'Université qui auront manqué assez gravement à leurs devoirs pour encourir ces peines.

(Ibid., art. 57.)

Il ratifie les réceptions des facultés.

44. D'après les examens et les rapports favorables des facultés, visés par les recteurs, le grand-maître ratifiera les réceptions. Dans le cas où il croira devoir refuser cette ratification, il en sera référé à notre ministre de l'intérieur (2), qui nous en fera son rapport pour être pris par nous, en notre conseil d'état, le parti qui sera jugé convenable.

Lorsqu'il le jugera utile au maintien de la discipline, le grand-maître pourra faire recommencer les examens pour l'obtention des grades.

(Ibid., art. 58.)

Il donne tous les diplômes.

45. Les grades, les titres, les fonctions, les chaires, et en général tous les emplois de l'Université royale, seront conférés aux membres de ce corps, par des diplômes donnés par le grand-maître, et portant le sceau de l'Université.

Ibid., art. 59.)

Il notifie les règlemens des écoles.

46. Il donnera aux différentes écoles les règlemens de discipline qui seront discutés par le conseil de l'Université.

(Ibid., art. 60.)

(1) Il faut lire maintenant : Notre ministre de l'instruction publique nous soumettra....
(2) Lisez : Notre ministre de l'instruction publique nous en fera son rapport...

Il convoque et préside le conseil.

47. Il convoquera et présidera ce conseil ; il **en nommera les membres** (1), ainsi que ceux des conseils académiques.

(Ibid., art. 61.)

48. En l'absence du grand-maître, le chancelier et le trésorier présideront le conseil, suivant l'ordre de leur rang.

(Ibid., art. 66.)

Il se fait rendre compte des recettes et dépenses.

49. Il se fera rendre compte des recettes et des dépenses des établissemens d'instruction, et il le fera présenter au conseil de l'Université par le trésorier.

(Ibid., art. 62.)

Il peut faire afficher et publier les actes de son autorité.

50. Il aura le droit de faire publier et afficher les actes de son autorité et ceux du conseil de l'Université. Ces actes devront être munis du sceau de l'Université.

(Ibid., art. 63.)

Il prête serment entre les mains du roi.

51. Le grand-maître de l'Université prêtera serment entre nos mains. Il nous sera présenté dans la chapelle royale avec le même cérémonial que les archevêques.

La formule du serment sera ainsi conçue :

Sire, je jure devant Dieu à V. M. de remplir tous les devoirs qui me sont imposés, de ne me servir de l'autorité qu'elle me confie, que pour former des citoyens attachés à leur religion, à leur prince, à leur patrie, à leurs parens ; de favoriser, par tous les moyens qui sont en mon pouvoir, les progrès des lumières, des bonnes études et des bonnes mœurs ; d'en perpétuer les traditions pour la gloire de votre dynastie, le bonheur des enfans, et le repos des pères de famille.

(Décret du 17 septembre 1808, art. 1er.)

Il est seul chargé de la correspondance, et distribue les affaires aux divers conseillers.

52. Le président de notre conseil royal est seul chargé de la correspondance. Il présente les affaires au conseil ; nomme les rapporteurs, s'il y a lieu ; règle l'ordre des délibérations ; signe et fait expédier les arrêtés, et il en procure l'exécution.

(Ordonnance du 17 février 1815, art. 53.)

Le président a voix prépondérante dans les délibérations lorsqu'il y a partage de voix.

Il correspond seul avec le gouvernement, et lui transmet les demandes et les délibérations du conseil.

---

(1) Cela s'appliquait aux membres du conseil choisis annuellement par le grand-maître, sous le titre de **conseillers ordinaires**.

Toutes les lettres lui sont adressées; il en prend connaissance et les fait distribuer par le secrétaire général aux conseillers dans les attributions desquels se trouvent les affaires respectives.

Les diplômes de grades seront intitulés de son nom, signés de lui, du conseiller exerçant les fonctions de chancelier et du secrétaire général.

Il signera les ordonnances de payement, d'après les états arrêtés par le conseil, sur le rapport du conseiller exerçant les fonctions de trésorier, ainsi que toutes les délibérations, les arrêtés et les actes de nomination, lesquels seront également signés du conseiller exerçant les fonctions de chancelier et du secrétaire général.

Il signera toutes les dépêches, lesquelles seront préparées par le conseiller sur le rapport duquel la décision aura été rendue, ou dans les attributions duquel se trouvera l'affaire qu'il s'agira d'instruire. Ces dépêches seront signées par ledit conseiller et par un de ses collègues en même temps que par le président.

Pour toutes les nominations, celles des places qui se donnent au concours et celles des maîtres d'école exceptées, le rapport sera d'abord mis par le conseiller dans les attributions duquel la place se trouve, sous les yeux du président. Ce conseiller lui proposera des candidats parmi lesquels le président en choisira deux qu'il présentera au conseil.

(Ordonnance du 1er. novembre 1820, art. 3.)

53. Le président signera seul les dépêches; celles qui porteront décision seront aussi signées par le conseiller sur le rapport duquel la décision aura été rendue.

(Ordonnance du 27 février 1821, art. 4)

Il dispose seul des places d'employés.

54. Il dispose seul des places d'employés dans les bureaux.
(Ibid., art. 5.)

Cas où il prend l'avis de trois conseillers.

55. Le chef de l'Université prendra le titre de grand-maître. Il aura, outre les attributions actuelles du président du conseil royal, celles qui sont spécifiées dans les art. 51, 56 et 57 du décret du 17 mars 1808. Dans tous les cas prévus par ces articles, il prendra préalablement l'avis exigé par l'art. 56 (1).

(Ordonnance du 1er juin 1822, art. 1er.)

(1) Voyez les pages 15 et 16. Le conseil entier n'est ordinairement appelé à discuter les titres des candidats que pour les fonctions supérieures à celles des colléges.

Il propose à la discussion du conseil tous les projets de règlemens.

56. Il proposera à la discussion du conseil tous les projets de règlemens et de statuts qui pourront être faits pour les écoles des divers degrés.

(Ibid., art. 2, et décret du 17 mars 1808, art. 76.)

§ II.

DU CONSEIL ROYAL DE L'INSTRUCTION PUBLIQUE.

Composition du conseil.

57. Le conseil de l'Université sera composé de trente membres (1).

Dix de ces membres, dont six choisis parmi les inspecteurs, et quatre parmi les recteurs, seront conseillers à vie, ou conseillers titulaires de l'Université. Ils seront brevetés par le roi.

Les conseillers ordinaires, au nombre de vingt, seront pris parmi les inspecteurs, les doyens et professeurs des facultés, et les proviseurs des lycées.

Tous les ans, le grand-maître fera la liste des vingt conseillers ordinaires qui doivent compléter le conseil pendant l'année.

(Décret du 17 mars 1808, art. 69.... 71.)

58. Pour être conseiller à vie, il faudra avoir au moins dix ans d'ancienneté dans le corps de l'Université, avoir été cinq ans recteur ou inspecteur, et avoir siégé en cette qualité au conseil.

(Ibid., art. 72.)

59. Un secrétaire général choisi parmi les conseillers ordinaires, et nommé par le grand-maître, rédigera les procès-verbaux des séances du conseil.

(Ibid., art. 73.)

60. A l'avenir, les membres du conseil royal de l'instruction publique seront nommés par nous, entre trois candidats qui nous seront présentés par le président, de l'avis du conseil royal, et qu'il aura choisis parmi les personnes les plus recommandables dans l'instruction publique.

(Ordonnance du 27 février 1821, art. 7.)

Le conseil s'assemble deux fois par semaine.

61. Le conseil de l'Université s'assemblera au moins deux fois par semaine, et plus souvent si le grand-maître le trouve nécessaire.

(Décret du 17 mars 1808, art. 74.)

---

(1) Le conseil royal ne se compose maintenant que des conseillers titulaires; ils sont au nombre de six, non compris le ministre grand-maître.

Il juge toutes les questions qui intéressent les établissemens universitaires.

62. Toutes les questions relatives à la police, à la comptabilité et à l'administration générale des facultés, des lycées et des colléges, seront jugées par le conseil, qui arrêtera les budgets de ces écoles, sur le rapport du trésorier de l'Université.

(Ibid., art. 77.)

Il juge les plaintes et les réclamations.

63. Il jugera les plaintes des supérieurs et les réclamations des inférieurs.

(Ibid., art. 78.)

Il peut seul infliger les peines de la réforme et de la radiation.

64. Il pourra seul infliger aux membres de l'Université les peines de la réforme et de la radiation, d'après l'instruction et l'examen des délits qui emporteront la condamnation à ces peines.

(Ibid., art. 79.)

Il admet ou rejette les ouvrages destinés aux colléges.

65. Le conseil admettra ou rejettera les ouvrages qui auront été ou devront être mis entre les mains des élèves, ou placés dans les bibliothéques des lycées et des colléges. Il examinera les ouvrages nouveaux qui seront proposés pour l'enseignement des mêmes écoles.

(Ibid., art. 80.)

Il entend les rapports des inspecteurs généraux.

66. Il entendra le rapport des inspecteurs au retour de leur mission.

(Ibid., art. 81.)

Il juge les affaires contentieuses, sauf recours au conseil d'état.

67. Les affaires contentieuses relatives à l'administration générale des académies et de leurs écoles, et celles qui concerneront les membres de l'Université en particulier par rapport à leurs fonctions, seront portées au conseil de l'Université. Les décisions prises à la majorité absolue des voix et après une discussion approfondie, seront exécutées par le grand-maître. Néanmoins il pourra y avoir recours à notre conseil d'état contre les décisions, sur le rapport de notre ministre de l'intérieur (1).

(Ibid., art. 82.)

Il sollicite la réforme et l'interprétation des lois et des ordonnances.

68. D'après la proposition du grand-maître, et sur la présentation de notre ministre de l'intérieur (2), une commission

(1) Lisez : notre ministre de l'instruction publique.
(2) Lisez : notre ministre de l'instruction publique.

du conseil de l'Université pourra être admise au conseil d'état, pour solliciter la réforme des règlemens et les décisions interprétatives de la loi.

(Ibid., art. 83.)

Procès-verbaux des séances du conseil.

69. Les procès-verbaux des séances du conseil de l'Université seront envoyés chaque mois à notre ministre de l'intérieur (1). Les membres du conseil pourront faire insérer dans ces procès-verbaux les motifs de leurs opinions, lorsqu'elles différeront de l'avis adopté par le conseil.

(Ibid., art. 84.)

Il discute les questions relatives aux degrés d'instruction.

70. Le grand-maître fera discuter par le conseil de l'Université, la question relative aux degrés d'instruction qui devront être attribués à chaque genre d'école, afin que l'enseignement soit distribué le plus uniformément possible dans toutes les parties du royaume, et pour qu'il s'établisse une émulation utile aux bonnes études.

(Ibid., art. 106)

Il fait les règlemens et réforme les abus.

71. Notre conseil royal de l'instruction publique dresse, arrête et promulgue les règlemens généraux relatifs à l'enseignement et à la discipline.

(Ordonnance du 17 février 1815, art. 55.)

72. Il prescrit l'exécution de ces règlemens à toutes les académies, et il la surveille par des inspecteurs-généraux des études.

Sur le rapport des inspecteurs généraux des études, notre conseil royal donne aux conseils des académies les avis qui lui paraissent nécessaires; il censure les abus, et il pourvoit à ce qu'ils soient réformés.

(Ibid., art. 56 et 59.)

Il propose les améliorations qui exigent le recours à l'autorité royale.

73. Il nous propose toutes les mesures qu'il juge propres à améliorer l'instruction, et pour lesquelles il est besoin de recourir à notre autorité.

Ibid., art. 61.)

Il encourage la composition de livres propres à l'enseignement.

74. Il provoque et encourage la composition des livres qui manquent à l'enseignement, et il indique ceux qui lui paraissent devoir être employés.

(Ibid., art. 62.)

(1) Lisez : notre ministre de l'instruction publique.

75. L'instruction et le rapport des affaires seront répartis entre les membres du conseil dans l'ordre suivant.

76. L'un des conseillers exercera les fonctions de chancelier et sera chargé des affaires du sceau, ainsi que de l'instruction et des rapports concernant les facultés et écoles spéciales, celles de théologie catholique exceptées.

(Ordonnance du 1er novembre 1820, art. 2 et 4.)

Le chancelier sera chargé du dépôt et de la garde des archives et du sceau de l'Université; il signera tous les actes émanés du grand-maître et du conseil de l'Université; il signera également les diplômes donnés pour toutes les fonctions; il présentera au grand-maître les titulaires, les officiers des universités et des académies, ainsi que les fonctionnaires qui devront prêter le serment; il surveillera la rédaction du grand registre annuel des membres de l'Université.

(Décret du 17 mars 1808, art. 67.)

77. Un autre conseiller exercera les fonctions de trésorier, et sera chargé de l'instruction et des rapports concernant les recettes et les dépenses générales.

Les budgets des établissemens, et toutes les affaires exigeant dépense, seront d'abord examinés par le conseiller dans les attributions duquel se trouve l'établissement ou le fonctionnaire auquel la dépense se rapporte, et remis, avec son avis, au conseiller chargé des fonctions de trésorier, qui en fera le rapport au conseil.

(Ordonnance du 1er novembre 1820, art. 5.)

Le trésorier sera spécialement chargé des recettes et des dépenses de l'Université; il veillera à ce que les droits perçus dans tout le royaume, au profit de l'Université, soient versés fidèlement dans son trésor; il surveillera la comptabilité des lycées, des colléges et de tous les établissemens des académies; il en fera son rapport au grand-maître et au conseil de l'Université.

(Décret du 17 mars 1808, art. 68.)

78. Un troisième conseiller sera chargé de l'instruction et des rapports concernant les colléges royaux et communaux des départemens.

(Ordonnance du 1er. novembre 1820, art. 6.)

79. Un quatrième conseiller sera chargé de l'instruction et des rapports concernant les facultés de théologie catholique, et les institutions, pensionnats et écoles latines des départemens; le même conseiller sera aussi chargé de l'instruction et des rapports concernant les aumôniers des colléges royaux des départemens.

(Ibid., art. 7.)

80. Un cinquième conseiller exercera les fonctions de recteur de l'académie de Paris, en ce qui concerne les colléges, les institutions, les pensionnats et les écoles primaires de la capitale et du département de la Seine, et sera chargé de l'instruction et des rapports y relatifs. Le même conseiller sera aussi chargé de la surveillance de l'école normale.

(Ibid., art. 8.)

81. Un sixième conseiller exercera les fonctions du ministère public, telles qu'elles sont réglées par le décret du 15 novembre 1811, et sera en outre chargé de l'instruction et des rapports concernant l'instruction primaire et les écoles primaires, autres que celles dont il est question dans l'article précédent.

(Ibid., art. 9.)

82. Un septième conseiller sera chargé de la surveillance sur la comptabilité des colléges, et de l'instruction et des rapports concernant le jugement de leurs comptes (1).

(Ibid., art. 10.)

83. En cas de mort ou de démission, nous disposerons des fonctions vacantes en faveur de celui des conseillers à qui nous jugerons convenable de les confier.

(Ibid., art. 11.)

84. Les délibérations de notre conseil royal de l'instruction publique seront soumises à l'approbation de notre ministre secrétaire d'état de l'instruction publique.

Sont exceptées les délibérations relatives à la juridiction ou à la discipline.

(Ordonnance du 26 mars 1829, art. 21.)

---

(1) Diverses raisons, notamment la suppression de la place de recteur de l'académie de Paris, et surtout, depuis la mort de M. Cuvier, qui n'a pas encore été remplacé, la réduction du conseil à six membres, ont nécessité provisoirement une autre distribution du travail ; voici celle qui existe en ce moment :

Un conseiller, vice-président (ordonnances du 13 août 1830 et du 19 nov. 1834), chargé des affaires d'intérêt général, de l'administration des facultés et colléges, et de tout ce qui concerne l'enseignement des langues, des lettres et de l'histoire (M. VILLEMAIN) ;

Un conseiller chargé des fonctions de chancelier et du ministère public, et de tout ce qui concerne l'instruction primaire (M. RENDU) ;

Un conseiller chargé des fonctions de trésorier et de ce qui concerne l'enseignement des sciences mathématiques (M. POISSON) ;

Un conseiller chargé des fonctions de secrétaire du conseil, et de tout ce qui se rapporte aux études philosophiques, à l'enseignement de l'école normale, et aux facultés de théologie (M. COUSIN) ;

Un conseiller chargé de la comptabilité des colléges royaux, et de tout ce qui concerne l'enseignement des sciences physiques (M. THENARD) ;

Un conseiller chargé de ce qui concerne l'enseignement dans les facultés et écoles secondaires de médecine, la discipline des colléges, l'établissement des institutions et pensions, et les pensions de retraite (M. ORFILA).

§ III.

DU MINISTÈRE PUBLIC PRÈS LE CONSEIL ROYAL ET PRÈS LES CONSEILS ACADÉMIQUES.

Ministère public près le conseil royal.

85. Dans toutes les affaires de juridiction, le chancelier de notre Université royale remplira près du conseil les fonctions du ministère public. Il devra être entendu en ses conclusions, lesquelles seront textuellement rappelées dans tous les jugemens du conseil.

A son défaut, il sera remplacé par le membre du conseil inscrit le dernier dans l'ordre du tableau.

(Décret du 15 novembre 1811, art. 124.)

86. Il pourra dénoncer d'office au conseil de l'Université toutes les contraventions et infractions, ou les délits qui seraient venus à sa connaissance

Le conseil de l'Université sera tenu d'y statuer.

(Ibid., art. 125.)

Ministère public près les conseils académiques.

87. Un inspecteur d'académie exercera près de chaque conseil académique les fonctions du ministère public, dans les cas et de la manière ci-dessus établis pour l'exercice de ce ministère près le conseil de l'Université.

Cet inspecteur correspondra directement, pour l'exercice des fonctions qui viennent de lui être attribuées, avec le chancelier de l'Université (1).

(Ibid., art. 126 et 127.)

§ IV.

DES INSPECTEURS GÉNÉRAUX (2).

88. Les inspecteurs généraux de l'Université seront nommés par le grand-maître, et pris parmi les officiers de l'Université. Leur nombre sera de vingt au moins, et ne pourra excéder trente.

Ils seront partagés en cinq ordres, comme les facultés. Ils n'appartiendront à aucune académie en particulier ; ils les

---

(1) On a vu précédemment que, par diverses ordonnances, toute la correspondance était attribuée sans exception ni distinction au président du conseil royal, maintenant le ministre de l'instruction publique.

(2) Les inspecteurs généraux, disait l'orateur chargé de présenter le projet de loi, qui est devenu la loi du 1er. mai 1802, seront, en quelque sorte, l'œil du gouvernement, toujours ouvert dans les écoles sur leur état, leurs succès ou leurs défauts.

visiteront alternativement, et sur l'ordre du grand-maître, pour reconnaître l'état des études et de la discipline dans les facultés, les lycées et les colléges, pour s'assurer de l'exactitude et des talens des professeurs, des régens et des maîtres d'étude; pour examiner les élèves; enfin pour en surveiller l'administration et la comptabilité.
(Décret du 17 mars 1808, art. 90 et 91.)

89. Le grand-maître aura le droit d'envoyer dans les académies, et pour des inspections extraordinaires, des membres du conseil, autres que les inspecteurs de l'Université, lorsqu'il y aura lieu d'examiner et d'instruire quelque affaire importante.
(Ibid., art. 92.)

90. Les inspecteurs sont au nombre de douze, savoir : deux pour les facultés de droit, deux pour celles de médecine; les huit autres pour les facultés des sciences et des lettres et pour les colléges royaux et communaux.
(Ordonnance du 17 février 1815, art. 57.)

Le nombre des inspecteurs généraux des études sera porté de douze à quinze.
(Ordonnance du 12 mars 1819, art. 1er.)

Les trois inspecteurs généraux qui seront nommés en exécution de l'article précédent, seront attachés aux sciences, aux lettres et à l'instruction primaire (1).

Ils jouiront du même traitement que les inspecteurs généraux présentement en fonctions.
(Ibid., art. 2 et 3.)

Un inspecteur général sera attaché à l'académie de Paris, particulièrement en ce qui concerne l'administration, et sera sous la direction immédiate du recteur (2).
(Ordonnance du 27 février 1821, art. 10.)

A l'avenir, les fonctions des inspecteurs généraux des études seront de remplir des missions spéciales dans les diverses académies, conformément aux ordres du chef de l'Université.
(Ordonnance du 22 septembre 1824.)

Douze inspecteurs généraux suffiront aux besoins du service.
(Rapport au roi, du 24 août 1830.)

---

(1) En vertu de la loi du 23 mai 1834, qui a alloué les fonds nécessaires, il y aura désormais, non pas un inspecteur général attaché à l'instruction primaire, mais, dans chaque département, un inspecteur spécial chargé de tout ce qui concerne les écoles de ce degré. Dans les départemens chefs-lieux d'académie, un des inspecteurs ordinaires sera spécialement chargé de l'inspection des écoles primaires.

(2) A Paris, c'est le ministre grand-maître qui exerce les fonctions de recteur.

§ V.

DES RECTEURS DES ACADÉMIES.

Ils sont nommés pour cinq ans, et peuvent être renommés.

91. Chaque académie sera gouvernée par un recteur, sous les ordres immédiats du grand-maître, qui le nommera pour cinq ans, et le choisira parmi les officiers des académies.

Les recteurs pourront être renommés autant de fois que le grand-maître le jugera utile. Ils résideront dans les chefs-lieux des académies.

(Décret du 17 mars 1808, art. 94 et 95.)

Ils assistent aux examens des facultés, et visent les diplômes.

92. Ils assisteront aux examens et réceptions des facultés, ils viseront et délivreront les diplômes des gradués, qui seront de suite envoyés à la ratification du grand-maître.

(Ibid., art. 96.)

Ils dirigent l'administration des facultés et des colléges.

93. Ils se feront rendre compte par les doyens des facultés, les proviseurs des lycées et les principaux des colléges, de l'état de ces établissemens, et ils en dirigeront l'administration, surtout sous le rapport de la sévérité dans la discipline et de l'économie dans les dépenses.

(Ibid., art. 97.)

Ils inspectent et font inspecter toutes les écoles de leurs académies.

94. Ils feront inspecter et surveiller par les inspecteurs particuliers des académies les écoles, et surtout les colléges, les institutions et les pensions, et ils feront eux-mêmes des visites le plus souvent qu'il leur sera possible.

(Ibid., art. 98.)

Registre annuel de tous les membres de l'Université.

95. Il sera tenu dans chaque école, par ordre des recteurs, un registre annuel sur lequel chaque administrateur, professeur, agrégé, régent et maître d'étude, inscrira lui-même et par colonnes, ses nom, prénoms, âge, lieu de naissance, ainsi que les places qu'il a occupées, les emplois qu'il a remplis dans les écoles. Les chefs des écoles enverront un double de ces registres aux recteurs de leurs académies, qui le feront parvenir au chancelier de l'Université. Le chancelier fera dresser, avec ces listes académiques, un registre général pour chaque année, lequel sera déposé aux archives de l'Université.

(Ibid., art. 99.)

§ VI.

DES INSPECTEURS DES ACADÉMIES.

96. Il y aura dans chaque académie un ou deux inspecteurs particuliers, qui seront chargés, par ordre du recteur, de la visite et de l'inspection des écoles de leurs arrondissemens, spécialement des colléges, des institutions, des pensions, et des écoles primaires. Ils seront nommés par le grand-maître, sur la proposition des recteurs (1).

(Ibid., art. 93.)

97. A l'avenir, nul ne pourra être nommé inspecteur d'académie, s'il n'a été reçu agrégé à la suite d'un des concours établis pour l'enseignement des colléges royaux, ou s'il n'a été nommé, avant la présente ordonnance, titulaire d'une chaire, soit dans une faculté des lettres et des sciences, soit dans un collége royal, ou s'il n'a joui antérieurement d'un titre définitif de censeur ou de proviseur.

(Ordonnance du 29 septembre 1832, art. 1 et 2.)

§ VII.

DES CONSEILS ACADÉMIQUES.

98. Il sera établi au chef-lieu de chaque académie un conseil composé de dix membres désignés par le grand-maître parmi les officiers et fonctionnaires de l'académie (2).

(Décret du 17 mars 1808, art. 85.)

99. Les conseils académiques seront présidés par les recteurs. Ils s'assembleront au moins deux fois par mois, et plus souvent si les recteurs le jugent convenable. Les inspecteurs des études y assisteront lorsqu'ils se trouveront dans les chefs-lieux des académies.

(Ibid., art. 86.)

100. Il sera traité dans les conseils académiques, 1°. de l'état des écoles de leurs arrondissemens respectifs; 2°. des abus qui pourraient s'introduire dans leur discipline, leur administration économique ou dans leur enseignement, et des moyens d'y re-

---

(1) Dans quelques académies, dont le ressort embrasse quatre départemens ou davantage, telles que Rennes et Paris, il a été nécessaire, pour le bien du service, de nommer plus de deux inspecteurs.

(2) Aux membres qui appartiennent à l'Université, le grand-maître a coutume d'adjoindre d'autres conseillers pris parmi les premières autorités et les plus notables citoyens du chef-lieu.

médier; 3°. des affaires contentieuses relatives à leurs écoles en général, ou aux membres de l'Université résidant dans leurs arrondissemens; 4°. des délits qui auraient pu être commis par ces membres; 5°. de l'examen des comptes des lycées et des colléges situés dans leurs arrondissemens.

(Ibid., art. 87.)

101. Les procès-verbaux et rapports de ces conseils seront envoyés par les recteurs au grand-maître et communiqués par lui au conseil de l'Université qui en délibérera, soit pour remédier aux abus dénoncés, soit pour juger les délits et les contraventions d'après l'instruction écrite. Les recteurs pourront joindre leur avis particulier aux procès-verbaux des conseils académiques.

(Ibid., art. 88.)

102. Il ne sera rien imprimé et publié pour annoncer les études la discipline, les conditions des pensions, ni sur les exercices des élèves dans les écoles, sans que les divers prospectus et programmes aient été soumis aux recteurs et aux conseils des académies, et sans en avoir obtenu l'approbation.

(Ibid., art. 104.)

§ VIII.

DU RANG DANS LES CÉRÉMONIES PUBLIQUES ET DES COSTUMES.

103. Notre conseil royal de l'instruction publique a le même rang que notre cour de cassation et notre cour des comptes, et il est placé, dans les cérémonies publiques, immédiatement après celle-ci.

(Ordonnance du 17 février 1815, art. 66.)

104. Le conseil royal de l'instruction publique reprendra le rang et le costume de l'ancien conseil de l'Université.

(Ordonnance du 1er. novembre 1820, art. 13.)

105. Les membres de l'Université royale porteront dans l'exercice de leurs fonctions et dans les cérémonies publiques, le costume dont la description suit:

Le grand-maître. — Simarre de soie violette, ceinture pareille à glands d'or, robe pareille bordée d'hermine, l'épitoge en hermine, cravate de dentelle, toque violette bordée d'or, à deux rangs.

Pour l'exécution de l'article 33 du décret du 17 mars 1808, qui accorde comme décoration deux palmes brodées sur la poitrine, on se conformera, pour le grand-maître, au modèle n°. 1er. (1), broderie en or.

(1) Pour ce modèle et pour les trois autres, voyez le dessin qui est inséré dans l'appendice.

Le chancelier, le trésorier. — Même costume sans épitoge, chausse violette, herminée de seize centimètres, toque galonnée d'or à deux rangs, palme en or, même modèle qu'à l'article 2.

Les conseillers titulaires et le secrétaire général. — Même costume, mais avec la robe noire (1), palmes comme à l'article 2.

Conseillers ordinaires et inspecteurs généraux. — Même forme de costume, simarre et robe noires sans hermine, ceinture violette, glands d'argent, chausse violette herminée de douze centimètres, toque noire avec deux galons d'argent, palme en argent du modèle n°. 1er.

Recteurs des académies et inspecteurs. — Même costume, glands de soie à la ceinture, chausse violette herminée de huit centimètres, un seul galon à la toque, cravate de batiste, palme en argent du modèle n°. 3.

Les doyens et professeurs de facultés porteront, savoir, pour les facultés de droit et de médecine, le costume déjà réglé pour elles.

Pour les facultés de théologie, des sciences et des arts, le même costume, quant à la forme, que les deux autres facultés; seulement la couleur noire sera affectée à la faculté de théologie, la couleur amaranthe à la faculté des sciences, et la couleur orange à celle des arts. Palme en argent n°. 4, chausse de la couleur de chaque faculté, herminée comme à l'article 6 (pour les recteurs et les inspecteurs).

Membres de l'Université et officiers des académies. — Les officiers des académies et les simples membres de l'Université porteront la robe et la toque noires, cravate de batiste; pour les officiers des académies, chausse avec un passe-poil d'hermine, et pour les membres de l'Université, sans passe-poil, palme en soie bleue et blanche; du modèle n°. 2 pour les premiers, et du modèle n°. 4 pour les seconds.

Appariteurs de l'Université et des académies. — Robe noire, toque pareille, bordure violette à la robe et à la toque; masse en argent; sur la poitrine, une médaille aux armes qui seront réglées par l'Université, avec une légende indicative.

(Décret du 31 juillet 1809, art. 1... 9.)

Du rang des recteurs et des corps académiques.

106. Le corps de l'académie, composé du recteur, des inspecteurs, du conseil académique et des facultés, prendra rang immédiatement après le corps municipal.

(Décret du 15 novembre 1811, art. 165.)

---

(1) Les conseillers titulaires portent tous la robe violette.

Lorsqu'une faculté résidera dans un chef-lieu de département, qui ne sera pas chef-lieu d'académie, elle prendra le même rang.

Le doyen marchera à la tête de la faculté.

(Ibid., art. 166.)

Les proviseurs des lycées assisteront aux cérémonies publiques, et marcheront avec l'académie ou la faculté au rang de leur grade dans l'Université (1).

(Ibid, art. 167.)

(1) Nous ne terminerons pas ces deux premiers titres, sans consigner ici une observation que tout le monde a faite, et qui nous paraît importante pour l'avenir de l'instruction publique. On est généralement frappé des fréquentes variations que l'autorité universitaire a subies depuis 25 ans, soit dans la personne de son chef sous les dénominations de grand-maître, de président, de ministre; soit dans le nombre, la composition et les fonctions des membres du conseil. Il n'en devait pas être ainsi dans le plan primitif de l'Université de France. Le créateur de cette grande institution avait voulu tout à la fois mouvement et progrès, force et stabilité. Suivant le décret fondamental de 1808, le grand-maître se trouvait placé en dehors, non pas des intérêts, mais des oscillations politiques; il régissait et gouvernait l'Université avec l'assistance d'un conseil puissamment organisé, dont il exécutait les décisions prises à la majorité absolue des voix; et néanmoins, il n'y avait jamais péril pour l'ordre public, le chef de l'empire se réservant de réformer, en son conseil d'état, toute décision contraire au bien général.

Au moment où les différentes parties du vaste système de l'éducation nationale doivent être soumises à la discussion des Chambres, qu'il nous soit permis d'exprimer le vœu que la loi à intervenir parvienne enfin, et pour toujours, à concilier ce que demandent et la responsabilité ministérielle, et la dignité du corps enseignant, et l'immense intérêt des générations futures.

TITRE III.

DES FACULTÉS.

§ I.

DES FACULTÉS EN GÉNÉRAL.

Cinq ordres de facultés.

107. Il y aura dans l'Université cinq ordres de facultés, savoir :
1°. Des facultés de théologie ;
2°. Des facultés de droit ;
3°. Des facultés de médecine ;
4°. Des facultés des sciences mathématiques et physiques ;
5°. Des facultés des lettres.
(Décret du 17 mars 1808, art. 6.)

108. Le nombre et la composition des facultés dans chaque académie sont réglés par nous sur la proposition de notre conseil royal de l'instruction publique.
(Ordonnance du 17 février 1815, art. 26.)

Enseignement et collation des grades.

109. Les grades seront conférés par les facultés à la suite d'examens et d'actes publics.
(Décret du 17 mars 1808, art. 17.)

Outre l'enseignement spécial dont elles sont chargées, les facultés confèrent, après examen, et dans les formes déterminées par les règlemens, les grades qui sont ou seront exigés pour les diverses fonctions et professions ecclésiastiques, politiques et civiles.
(Ordonnance du 17 février 1815, art. 30.)

110. Les diplômes de grades seront délivrés en notre nom, signés du doyen, et visés du recteur, qui peut refuser son *visa*, s'il lui apparaît que les épreuves prescrites n'ont pas été convenablement observées.
(Ibid., art. 31.)

111. Les diplômes donnés par le grand-maître aux gradués ne sont point assujettis au timbre.
(Décret du 4 juin 1809, art. 26.)

112. Les examens seront faits par les professeurs de l'école (1).
(Loi du 22 ventôse an XII, 23 mars 1804, art. 7.)

113. Les grades dans chaque faculté seront au nombre de trois, savoir : le baccalauréat, la licence, le doctorat.
(Décret du 17 mars 1808, art. 16.)

Formalités des inscriptions. — Pièces que l'étudiant doit présenter.

114. A compter du 1er. novembre prochain, tout étudiant qui se présentera pour prendre sa première inscription dans une faculté ou dans une école secondaire de médecine, sera tenu de déposer:

1°. Son acte de naissance (2);

2°. S'il est mineur, le consentement de ses parens ou tuteur, à ce qu'il suive ses études dans la faculté ou dans l'école : ce consentement devra indiquer le domicile actuel desdits parens ou tuteur;

3°. Enfin, dans les facultés de droit et de médecine, le diplôme exigé.
(Ordonnance du 5 juillet 1820, art. 5.)

Nécessité d'un correspondant, à défaut de père ou de tuteur, et déclaration de domicile.

115. A compter du même jour, 1er. novembre prochain, nul ne sera admis à prendre d'inscription dans une faculté ou dans une école siégeant dans une ville autre que celle de la résidence de ses parens ou tuteur, s'il n'est présenté par une personne domiciliée dans la ville où siège ladite faculté ou école, laquelle sera tenue d'inscrire elle-même son nom et son adresse sur un registre ouvert à cet effet.

L'étudiant sera censé avoir son domicile de droit, en ce qui concerne ses rapports avec les facultés ou écoles, chez cette personne, à laquelle seront adressés, en conséquence, tous les avis et toutes les notifications qui le concerneront. En cas de mort ou de départ de ladite personne, l'étudiant sera tenu d'en présenter une autre; faute par lui de le faire, toutes les inscriptions qu'il aura prises depuis le décès ou le départ de la personne domiciliée par laquelle il avait été présenté, pourront être annulés.

L'étudiant est, en outre, tenu de déclarer, en s'inscrivant, sa résidence réelle, et, s'il vient à en changer, d'en faire une nouvelle déclaration.
(Ibid., art. 6 et 7.)

---

(1) Cette disposition, qui est dans la nature même des choses, est formellement exprimée dans la loi relative aux facultés de droit; elle est évidemment applicable à toutes les facultés.

(2) Les étudians ne sont admis dans aucune faculté avant l'âge de seize ans accomplis.

Registre où toutes les déclarations sont inscrites.

116. Ces déclarations seront inscrites sur le registre dont il est question dans l'article précédent. Toute fausse déclaration ou tout défaut de déclaration en cas de changement de domicile, pourra être puni comme il est dit en l'article précédent. Ces punitions seront infligées par délibération de la faculté.

(Ibid., art. 7.)

117. Le registre dont il est question dans l'article 7 sera, ainsi que le registre des inscriptions, coté et paraphé par le recteur de l'académie, qui les clorra tous deux le quinzième jour de chaque trimestre; ils seront portés chez lui, à cet effet, par le secrétaire de la faculté ou de l'école.

Dans les villes où le recteur ne réside pas, il commettra un fonctionnaire de l'Université pour remplir les formalités indiquées par l'article précédent, et pour le représenter auprès de la faculté ou de l'école dans tous les autres cas où sa présence pourrait être exigée.

(Ibid., art. 8 et 9.)

Epoque où doit être prise la première inscription.

118. Dans les facultés de droit, aussi bien que dans toutes les autres facultés, à compter de l'année scolaire 1821-1822, la première inscription d'un étudiant devra être prise au commencement de l'année scolaire, et de manière qu'il puisse suivre la totalité des cours dans l'ordre prescrit. Chaque étudiant suivra lesdits cours, sans se permettre d'interruption, à moins d'excuses jugées valables par la faculté.

(Ordonnance du 4 octobre 1820, art 8.)

Publicité des leçons.

119. Les leçons seront publiques; et pendant leur durée, l'entrée ne pourra être refusée à personne (1).

(Décret du 4e. jour complémentaire, an XII, 21 septembre 1804, art. 69.)

Appel des étudians inscrits.

120. Tout professeur de faculté ou d'école secondaire de médecine est tenu de faire, au moins deux fois par mois, l'appel des étudians inscrits et qui doivent suivre son cours en vertu des règlemens.

Si le nombre de ces étudians est trop considérable pour que l'appel puisse être général, le professeur fera chaque jour des appels particuliers, de manière cependant que chaque étudiant

---

(1) Cette publicité des leçons est commune à toutes les facultés; seulement les auditeurs qui n'ont pas pris d'inscription, et qui n'aspirent point aux grades, doivent être munis de cartes d'entrée, qui leur sont délivrées gratuitement.

soit appelé au moins deux fois par mois, et qu'aucun d'eux ne puisse prévoir le jour où il sera appelé.

Les doyens et les chefs des écoles sont tenus de veiller de temps en temps par eux-mêmes à l'exécution de l'article précédent. Les recteurs pourront également y veiller en personne, ou par un inspecteur d'académie qu'ils enverront à cet effet.

(Ordonnance du 5 juillet 1820, art. 11 et 12.)

Certificats d'assiduité.

121. Tout étudiant qui aura manqué à l'appel deux fois dans un trimestre, et dans le même cours, sans excuse valable et légitime, ne pourra recevoir de certificat d'assiduité du professeur dudit cours.

Il ne sera délivré de certificat d'inscription que pour les trimestres où les étudians auront obtenu des certificats d'assiduité pour tous les cours qu'ils devaient suivre pendant ce trimestre d'après les règlemens. Il sera fait mention de ces certificats sur le certificat d'inscription.

(Ibid., art. 14 et 15.)

Certificats de bonne conduite.

122. Nul ne sera admis à faire valoir dans une faculté ou dans une école secondaire de médecine les inscriptions prises dans une autre, s'il ne présente un certificat de bonne conduite délivré par le doyen de la faculté ou le chef de l'école secondaire d'où il sort, et approuvé par le recteur.

En cas de refus du doyen ou du recteur, l'étudiant aura la faculté de se pourvoir près du conseil académique.

(Ibid., art. 16.)

DÉLITS ET PEINES DE DISCIPLINE.

Inscription prise pour un autre étudiant.

123. Tout étudiant convaincu d'avoir pris sur le registre une inscription pour un autre étudiant, perdra toutes les inscriptions prises par lui, soit dans la faculté où le délit a été commis, soit dans toute autre, sans préjudice des peines prononcées pour ce cas par le Code pénal. La punition sera décernée par une délibération de la faculté; elle sera définitive.

(Ibid., art. 10.)

Étudiant répondant à l'appel pour un autre.

124. Tout étudiant convaincu d'avoir répondu à l'appel pour un autre, perdra une inscription.

Ibid., art. 13.)

Manque de respect et insubordination.

125. Tout manque de respect, tout acte d'insubordination de la part d'un étudiant envers son professeur ou envers le chef de l'établissement, sera puni de la perte d'une ou de deux inscriptions. La punition sera prononcée, dans ce cas, par une délibération de la faculté, qui sera définitive.

La faculté pourra néanmoins prononcer une punition plus grave, à raison de la nature de la faute; mais alors l'étudiant pourra se pourvoir pardevant le conseil académique.

En cas de récidive, la punition sera l'exclusion de la faculté pendant six mois au moins et deux ans au plus; elle sera prononcée par délibération de la faculté, et sauf le pourvoi devant le conseil académique.

La même punition sera appliquée dans la même forme à tout étudiant qui sera convaincu d'avoir cherché à exciter les autres étudians au trouble ou à l'insubordination dans l'intérieur des écoles. S'il y a eu quelques actes illicites commis par suite desdites instigations, la punition des instigateurs sera l'exclusion de l'académie; elle sera prononcée par le conseil académique.

(Ibid., art. 17.)

Troubles, désordres et rassemblemens illégaux hors des écoles.

126. Tout étudiant convaincu d'avoir, hors des écoles, excité des troubles ou pris part à des désordres publics ou à des rassemblemens illégaux, pourra, par mesure de discipline, et à l'effet de prévenir les désordres que sa présence pourrait occasioner dans les écoles, et suivant la gravité des cas, être privé de deux inscriptions au moins et de quatre au plus, ou exclu des cours de la faculté et de l'académie dans le ressort de laquelle la faute aura été commise, pour six mois au moins, et pour deux ans au plus. Ces punitions devront être prononcées par le conseil académique. Dans le cas d'exclusion, l'étudiant exclu pourra se pourvoir devant la commission de l'instruction publique, qui y statuera définitivement.

(Ibid., art. 18.)

127. En cas de récidive, il pourra être exclu de toutes les académies pour le même temps de six mois au moins et de deux ans au plus.

(Ibid., art. 19.)

Associations illégales entre étudians.

128. Il est défendu aux étudians, soit d'une même faculté, soit de diverses facultés de différens ordres, de former entre

eux aucune association, sans en avoir obtenu la permission des autorités locales, et en avoir donné connaissance au recteur de l'académie ou des académies dans lesquelles ils étudient. Il leur est pareillement défendu d'agir ou d'écrire en nom collectif, comme s'ils formaient une association ou corporation légalement reconnue.

En cas de contraventions aux dispositions précédentes, il sera instruit contre les contrevenans par les conseils académiques, et il pourra être prononcé les punitions déterminées par les articles 18 et 19, en se conformant à tout ce qui est prescrit par ces mêmes articles.

(Ibid., art. 20.)

Outrages à la religion, aux mœurs ou au gouvernement.

129. Il y aura lieu, selon la gravité des cas, à prononcer l'exclusion à temps ou pour toujours de la faculté, de l'académie ou de toutes les académies du royaume, contre l'étudiant qui aurait, par ses discours ou par ses actes, outragé la religion, les mœurs ou le gouvernement; qui aurait pris une part active à des désordres, soit dans l'intérieur de l'école, soit au dehors, ou qui aurait tenu une conduite notoirement scandaleuse.

(Ordonnance du 2 février 1823, art. 36)

130. Notre conseil royal de l'instruction publique est autorisé à étendre à toutes les facultés de notre royaume la disposition de l'art. 36 de la susdite ordonnance du 2 février 1823.

(Décision de S. M. du 2 février 1826.)

Recours au conseil d'état, en cas d'exclusion de toutes les académies.

131. L'exclusion de toutes les académies ne pourra être prononcée que par la commission de l'instruction publique à laquelle l'instruction de l'affaire sera renvoyée par le conseil académique. L'étudiant pourra se pourvoir contre le jugement devant notre conseil d'état.

(Ordonnance du 5 juillet 1820, art. 19, *in fine*.)

Communication aux ministres des jugemens portant exclusion de toutes les académies, et même d'une seule.

132. Tout arrêté portant exclusion de toutes les académies, et même d'une seule, sera transmis par la commission de l'instruction publique à notre ministre de l'intérieur, et communiqué par lui (1) à nos autres ministres, pour y avoir tel égard

(1) Depuis la création d'un ministère spécial pour l'instruction publique, le ministre chargé de ce département fait aux autres ministres cette communication, qui peut avoir sur l'avenir des étudians une si grande influence, et dont par conséquent la seule idée doit être un frein puissant pour des jeunes gens destinés aux plus honorables professions de la société.

que de raison dans les nominations qu'ils auront à nous proposer.

(Ibid., art. 23.)

Dispositions générales.

133. Les sommes payées pour les inscriptions seront rendues à ceux qui auront perdu leurs inscriptions, en vertu des articles ci-dessus.

Le recteur fera connaître, dans la semaine, à la commission de l'instruction publique, les punitions qui auront pu être infligées en vertu de la présente ordonnance, soit par les facultés, soit par les écoles secondaires de médecine, soit par les conseils académiques.

(Ibid. art. 21 et 22.)

134. Les punitions académiques et de discipline établies par la présente ordonnance, auront lieu indépendamment et sans préjudice des peines qui sont prononcées par les lois criminelles, suivant la nature des cas énoncés.

(Ibid., art. 24.)

§ II.

DES FACULTÉS DE THÉOLOGIE.

Nombre et établissement des facultés.

135. Il y aura autant de facultés de théologie que d'églises métropolitaines, et il y en aura une à Strasbourg et une à Genève (1) pour la religion réformée.

Chaque faculté de théologie sera composée de trois professeurs au moins, le nombre pourra en être augmenté, si celui des élèves paraît l'exiger (2).

(Décret du 17 mars 1808, art. 8.)

Enseignement.

136. De ces trois professeurs, l'un enseignera l'histoire, l'autre le dogme, et le troisième la morale évangélique.

(Ibid., art. 9.)

137. Il y aura à la tête de chaque faculté de théologie un doyen qui sera choisi parmi les professeurs.

(Ibid., art. 10.)

---

(1) Genève faisait alors partie de la France. Cette seconde faculté a été depuis établie à Montauban; celle-ci est pour le culte calviniste; celle de Strasbourg est pour le culte luthérien.

(2) Dans plusieurs de ces facultés, le conseil royal a établi, outre les trois chaires fondamentales, des chaires d'hébreu et d'éloquence sacrée.

TITRE III.

Nomination des professeurs.

138. L'évêque ou l'archevêque du chef-lieu de l'académie présentera au grand-maître les docteurs en théologie, parmi lesquels les professeurs seront nommés.

Chaque présentation sera de trois sujets au moins, entre lesquels sera établi le concours sur lequel il sera prononcé par les membres de la faculté de théologie.

(Ibid., art. 7.)

139. Jusqu'au 1er janvier 1835, les candidats qui seront, en vertu du décret du 17 mars 1808, présentés par l'évêque diocésain pour les concours ouverts dans les facultés de théologie, seront dispensés de produire le diplôme de grades.

(Ordonnance du 4 janvier 1829, art. 1er.)

140. Outre les professeurs de la faculté de théologie, qui, conformément au décret du 17 mars 1808, sont de droit juges du concours, il pourra être nommé des juges adjoints dont le nombre ne devra point excéder celui des professeurs.

Ces juges adjoints seront nommés par le grand-maître de l'Université, sur la proposition de l'évêque diocésain, et pourront être dispensés de produire le diplôme de grades, jusqu'au premier janvier 1835.

(Ibid., art. 2.)

Obligation commune à tous les professeurs de théologie.

141. Tous les professeurs de théologie seront tenus de se conformer aux dispositions de l'édit de 1682, concernant les quatre propositions contenues en la déclaration du clergé de France de ladite année.

(Décret du 17 mars 1808, art. 38, *in fine*.)

Libertés de l'église gallicane. — Déclaration de 1682.

142. L'édit de Louis XIV sur la déclaration faite par le clergé de France de ses sentimens touchant la puissance ecclésiastique, donné au mois de mars 1682, et enregistré au parlement le 23 desdits mois et an, est déclaré loi générale de notre royaume.

Duquel édit la teneur suit :

« Louis, par la grace de Dieu, roi de France et de Navarre, à tous présens et à venir, salut. Bien que l'indépendance de notre couronne de toute autre puissance que de Dieu, soit une vérité certaine et incontestable, et établie sur les propres paroles de Jésus-Christ, nous n'avons pas laissé de recevoir avec plaisir la déclaration que les députés du clergé de France, assemblés par notre permission en notre bonne ville de Paris, nous ont présentée, contenant leurs sentimens touchant la puissance ecclésiastique ; et nous avons d'autant plus volontiers écouté la supplication que lesdits députés nous ont faite de faire publier cette déclaration dans notre royaume, qu'étant faite par une assemblée composée de tant de personnes également recommandables par leurs vertus et par leur doctrine, et qui s'emploient avec tant de zèle à tout ce qui peut être avantageux à l'église et à notre service, la sagesse et la modération avec lesquelles ils ont expliqué les sentimens que l'on doit avoir sur ce sujet, peuvent beaucoup contribuer à confirmer nos sujets dans le respect qu'ils sont tenus, comme nous, de rendre à l'autorité que Dieu a donnée à l'église et à ôter en même temps aux ministres de la religion prétendue réformée le prétexte qu'ils prennent des livres de quelques auteurs, pour rendre odieuse la puissance légitime du chef visible de l'église et du centre de l'unité ecclésiastique. A ces causes et autres bonnes et grandes considérations à ce nous mouvant, après avoir fait examiner ladite déclaration en notre conseil, nous, par notre présent édit perpétuel et irrévocable, avons dit, statué et ordonné, disons, statuons et ordonnons, voulons et nous plaît que ladite déclaration des sentimens du clergé sur la puissance ecclésiastique ci-attachée sous le contre-scel de notre chancellerie, soit enregistrée dans toutes nos cours de parlement, bailliages, sénéchaussées, universités et facultés de théologie et de droit canon de notre royaume, pays, terres et seigneuries de notre obéissance.

» Défendons à tous nos sujets et aux étrangers étant dans notre royaume, séculiers et réguliers, de quelque ordre, congrégation et société qu'ils soient, d'enseigner dans leurs maisons, colléges et séminaires, ou d'écrire aucune chose contraire à la doctrine contenue en icelle.

» Ordonnons que ceux qui seront choisis dorénavant pour enseigner la théologie dans tous les colléges de chaque université, soit qu'ils soient séculiers ou réguliers, souscriront ladite déclaration aux greffes des facultés de théologie, avant de pouvoir faire cette fonction dans les colléges ou maisons séculières et régulières, qu'ils se soumettront à enseigner la doctrine qui y est expliquée, et que les syndics des facultés de théologie présenteront aux ordinaires des lieux et à nos procureurs généraux, des copies desdites soumissions signées par les greffiers desdites facultés.

« Que, dans tous les colléges et maisons desdites universités où il y aura plusieurs professeurs, soit qu'ils soient séculiers ou réguliers, l'un d'eux sera chargé, tous les ans, d'enseigner la doctrine contenue en ladite déclaration, et, dans les colléges où il n'y aura qu'un seul professeur, il sera obligé de l'enseigner l'une des trois années consécutives.

» Enjoignons aux syndics des facultés de théologie de présenter tous les ans, avant l'ouverture des leçons, aux archevêques ou évêques des villes où elles sont établies, et d'envoyer à nos procureurs généraux les noms des professeurs qui seront chargés d'enseigner ladite doctrine, et auxdits professeurs de représenter auxdits prélats et à nosdits procureurs généraux les écrits qu'ils dicteront à leurs écoliers, lorsqu'ils ordonneront de le faire.

» Voulons qu'aucun bachelier, soit séculier, soit régulier, ne puisse être dorénavant licencié, tant en théologie qu'en droit canon, ni être reçu docteur, qu'après avoir soutenu ladite doctrine dans l'une de ses thèses, dont il fera apparoir à ceux qui ont droit de conférer ces degrés dans les universités.

» Exhortons et néanmoins enjoignons à tous les archevêques et évêques de notre royaume, pays, terres et seigneuries de notre obéissance, d'employer leur autorité pour faire enseigner dans l'étendue de leurs diocèses, la doctrine contenue dans ladite déclaration faite par lesdits députés du clergé.

» Ordonnons aux doyens et syndics des facultés de théologie de tenir la main à l'exécution des présentes, à peine d'en répondre en leur propre et privé nom.

» Si donnons en mandement à nos amés et féaux les gens tenant nos cours de parlement, que ces présentes nos lettres, en forme d'édit, ensemble ladite déclaration du clergé, ils fassent lire, publier et enregistrer aux greffes de nosdites cours et des bailliages, sénéchaussées et universités de leurs ressorts, chacun en droit soi, et aient à tenir la main à leur observation, sans souffrir qu'il y soit contrevenu directement ni indirectement, et à procéder contre les contrevenans en la manière qu'ils le jugeront à propos, suivant l'exigence des cas; car tel est notre plaisir. Et, afin que ce soit chose ferme et stable à toujours, nous avons fait mettre notre scel à cesdites présentes.

» Donné à Saint-Germain-en-Laye, au mois de mars, l'an de grace mil six cent quatre-vingt-deux, et de notre règne le trente-neuvième. *Signé* Louis.

» Et plus bas: Par le roi, Colbert; *visa* Letellier; et scellées du grand sceau de cire verte. »

Cleri gallicani de ecclesiasticâ potestate declaratio.

« Ecclesiæ gallicanæ decreta et libertates à majoribus nostris tantò studio propugnatas, earumque fundamenta sacris canonibus et patrum traditione nixa multi diruere moliuntur ; nec desunt qui earum obtentu primatum beati Petri ejusque successorum Romanorum pontificum à Christo institutum, iisque debitam ab omnibus christianis obedientiam, sedisque apostolicæ, in quâ fides prædicatur et unitas servatur Ecclesiæ, reverendam omnibus gentibus majestatem imminuere non vereantur. Hæretici quoque nihil prætermittunt quo eam potestatem, quâ pax Ecclesiæ continetur, invidiosam et gravem regibus et populis ostentent; iisque fraudibus simplices animas ab Ecclesiæ matris Christique adeò communione dissocient. Quæ ut incommoda propulsemus, nos archiepiscopi et episcopi Parisiis mandato regio congregati, ecclesiam gallicanam repræsentantes, unà cum cæteris Ecclesiasticis viris nobiscum deputatis, diligenti tractatu habito, hæc sancienda et declaranda esse duximus.

» I. Primùm beato Petro ejusque successoribus Christi vicariis ipsique Ecclesiæ rerum spiritualium et ad æternam salutem pertinentium, non autem civilium ac temporalium, à Deo traditam potestatem, dicente Domino : *Regnum meum non est de hoc mundo ;* et iterum : *Reddite ergo quæ sunt Cæsaris Cæsari, et quæ sunt Dei Deo.* Ac proindè stare apostolicum illud : *Omnis anima potestatibus sublimioribus subdita sit : non est enim potestas nisi a Deo. Quæ autem sunt, à Deo ordinatæ sunt. Itaque qui potestati resistit, Dei ordinationi resistit.* Reges ergò et principes in temporalibus nulli Ecclesiæ potestati Dei ordinatione subjici, neque auctoritate clavium ecclesiæ directè vel indirectè deponi, aut illorum subditos eximi à fide atque obedientiâ, ac præstito fidelitatis sacramento solvi posse, eamque sententiam publicæ tranquillitati necessariam, nec minus Ecclesiæ quàm imperio utilem, ut verbo Dei, patrum traditioni et sanctorum exemplis consonam, omninò retinendam.

» II. Sic autem inesse apostolicæ sedi ac Petri successoribus Christi vicariis rerum spiritualium plenam potestatem, ut simul valeant atque immota consistant sacræ œcumenicæ synodi constantiensis à sede apostolicâ comprobata, ipsoque Romanorum pontificum ac totius Ecclesiæ usu confirmata, atque ab ecclesiâ gallicanâ perpetuâ religione custodita, decreta de auctoritate conciliorum generalium, quæ sessione quartâ et quintâ continentur ; nec probari à gallicanâ Ecclesiâ qui eorum decretorum, quasi dubiæ sint autoritatis ac minus approbata, robur infringant, aut ad solum schismatis tempus concilii dicta detorqueant.

III. » Hinc apostolicæ potestatis usum moderandum per canones spiritu Dei conditos et totius mundi reverentiâ consecratos : valere etiam regulas, mores et instituta a regno et Ecclesiâ Gallicanâ recepta, patrumque terminos manere inconcussos, atque id pertinere ad amplitudinem apostolicæ sedis, ut statuta et consuetudines tantæ sedis et ecclesiarum consensione firmatæ, propriam stabilitatem obtineant.

IV. » In fidei quoque quæstionibus præcipuas summi pontificis esse partes, ejusque decreta ad omnes et singulas ecclesias pertinere, nec tamen irreformabile esse judicium, nisi Ecclesiæ consensus accesserit.

» Quæ accepta a patribus ad omnes ecclesias Gallicanas, atque episcopos iis Spiritu Sancto autore præsidentes, mittenda decrevimus : ut idipsum dicamus omnes, simusque in eodem sensu et in eâdem sententiâ.

† Franciscus, archiepiscopus Parisiensis, præses.
† Carolus Mauricius, archiep., dux Remensis.
† Carolus, Ebrodunensis archiep.
† Jacobus, archiep. Cameracensis.
† Hyacinthus, archiep., Albiensis.
† M. Phelypeaux, P. P. archiep. Bituricensis.
† Ludovicus de Bourlemont, archiep. Burdegalensis.
† Jacobus-Nicolaus Colbert, archiep. Carthaginiensis, coadjutor Rothomagensis.
† Gilbertus, episcopus Tornacensis.
† Henricus de Laval, episc. Rupellensis.
† Nicolaus, episc. Regiensis.
† Daniel de Cosnac, epis. et com. Valentinensis et Diensis.
† Gabriel, epis. Æduensis.
† Guillelmus, episc. Vasatensis.
† Gabriel-Ph. de Froullay de Tessé, episc. Abrincensis.
† Joannes, episc. Tolonensis.
† Jacobus Benignus, episc. Meldensis.
  Etc., etc., etc.

» Registrées, ouï et ce requérant le procureur général du roi, pour être exécutées selon leur forme et teneur, suivant l'arrêt de ce jour. A Paris, en parlement, le 23 mars 1682.

Signé, Dongois. »

Mandons et ordonnons que les présentes, revêtues des

sceaux de l'état, insérées au Bulletin des lois, soient adressées aux cours, aux tribunaux et aux autorités administratives, à tous les archevêques et évêques de notre Université royale, et aux directeurs des séminaires et autres écoles de théologie, pour qu'ils les inscrivent dans leurs registres, les observent et les fassent observer, et le ministre de la justice est chargé d'en surveiller la publication.
(Décret du 25 février 1810.)

Grades nécessaires pour les fonctions ecclésiastiques.

143. On enseignera dans les séminaires (1) la morale, le dogme, l'histoire ecclésiastique et les maximes de l'église gallicane; on y donnera les règles de l'éloquence sacrée.

Il y aura des examens ou exercices publics sur les différentes parties de l'enseignement.
(Loi du 23 ventose an XII, 13 mars 1804, art. 2 et 3.)

144. A l'avenir, on ne pourra être nommé évêque, vicaire-général, chanoine ou curé de première classe, sans avoir soutenu un exercice public et rapporté un certificat de capacité sur tous les objets énoncés en l'art. 2.

Pour toutes les autres places et fonctions ecclésiastiques, il suffira d'avoir soutenu un exercice public sur la morale et sur le dogme, et d'avoir obtenu sur cet objet un certificat de capacité.
(Ibid., art. 4 et 5.)

145. A dater du 1er janvier 1835, le grade de docteur en théologie sera nécessaire pour être professeur, adjoint ou suppléant dans une faculté de théologie.

A dater de la même époque, nul ne pourra être nommé archevêque ou évêque, vicaire-général, dignitaire ou membre de chapitre, curé dans une ville chef-lieu de département ou d'arrondissement, s'il n'a obtenu le grade de licencié en théologie, ou s'il n'a rempli pendant quinze ans les fonctions de curé ou de desservant.

A compter de ladite époque, nul ne pourra être nommé curé de chef-lieu de canton, s'il n'est pourvu du grade de bachelier en théologie, ou s'il n'a rempli pendant dix ans les fonctions de curé ou de desservant.

Les dispositions ci-dessus sont applicables à tous ceux qui, à l'époque de la publication de la présente ordonnance, n'auraient pas encore vingt un ans accomplis.
(Ordonnance du 25 décembre 1830, art. 1, 2, 3 et 4.)

(1) La loi que l'on cite ici veut, art. 1er., qu'il y ait par chaque arrondissement métropolitain et sous le nom de *Séminaire*, une maison d'instruction pour ceux qui se destinent à l'état ecclésiastique.

146. Les élèves des séminaires situés hors des chefs-lieux des facultés de théologie seront admis à subir les épreuves du grade de bachelier en théologie sur la présentation d'un certificat constatant qu'ils ont étudié pendant trois ans dans un séminaire.

(Ibid., art. 5.)

§ III.

DES FACULTÉS DE DROIT.

Établissement des facultés de droit.

147. Les facultés de droit seront organisées successivement dans le cours de l'an 13 et de l'an 14.

(Loi du 22 ventôse an XII, 13 mars 1804, art. 1er.)

Les écoles de droit instituées par la loi du 22 ventôse an 12, seront établies dans les villes dont les noms suivent : Paris, Dijon, Grenoble, Aix, Toulouse, Poitiers, Rennes, Caen et Strasbourg.

(Décret du 4e. jour complémentaire, an XII, 21 septembre 1804, art. 1er.)

Le bâtiment des anciennes écoles de droit de Paris, situé vis-à-vis le Panthéon, sera rendu à sa première destination.

Dans les autres villes, les préfets réunis aux maires indiqueront, pour placer ces écoles, le bâtiment qu'ils y auront jugé le plus propre, et il y sera statué par un décret.

(Ibid., art. 3.)

Objets de l'enseignement.

148. On y enseignera :

1o. Le droit civil français dans l'ordre établi par le code civil, les élémens du droit naturel et des gens, et le droit romain dans ses rapports avec le droit français ;

2o. Le droit public français et le droit civil dans ses rapports avec l'administration publique ;

3o. La législation criminelle et la procédure criminelle et civile.

(Loi du 22 ventôse, an XII, 13 mars 1804, art. 2.)

Un professeur enseignera tous les ans les Institutes de Justinien et le droit Romain.

Trois professeurs feront, chacun en trois ans, un cours complet sur le code civil des Français, de manière qu'il y ait un cours qui s'ouvre chaque année.

Dans les seconde et troisième années, outre la suite du code civil des Français, on enseignera le droit public français et le droit civil dans ses rapports avec l'administration publique.

Un professeur fera un cours annuel de législation criminelle et de procédure criminelle et civile.

(Décret du 4e. jour complémentaire, an XII, 21 septembre 1804, art. 10.)

149. Pendant une partie de leurs leçons, les professeurs dicteront des cahiers que les étudians seront tenus d'écrire eux-mêmes. Les professeurs expliqueront et développeront verbalement dans chaque leçon le texte qu'ils auront dicté.

(Ibid., art. 70.)

Des vacances.

150. Les écoles de droit auront deux mois de vacances, chaque année, depuis le 1er septembre jusqu'au 1er novembre.

(Décret du 10 février 1806.)

De l'administration des écoles.

151. Il y aura dans chaque école de droit un directeur et un secrétaire de l'école, un conseil de discipline et d'enseignement, et un bureau d'administration (1).

(Décret du 4e. jour complémentaire, an XII, 21 septembre 1804, art. 17.)

152. Le directeur sera choisi parmi les professeurs, pour trois ans, et il sera rééligible.

Le directeur aura la surveillance matérielle de l'école, le soin de l'entretien des bâtimens et du mobilier, il correspondra avec l'inspecteur général des écoles de droit, et avec le directeur général de l'instruction publique, pour tout ce qui concerne l'enseignement et le personnel des élèves.

(Ibid., art. 18 et 19.)

153. Le secrétaire de l'école sera en même temps gardien des archives, caissier de l'école et secrétaire du conseil de discipline et du bureau d'administration.

Il recevra du trésor public un traitement fixe de 2000 francs sur les fonds de l'instruction publique, il aura de plus un traitement proportionnel sur les produits de l'école; il sera tenu de fournir un cautionnement de 8000 francs.

(Ibid., art. 20.)

Des inscriptions des élèves.

154. Le secrétaire-général tiendra un registre paraphé par le premier président de la cour d'appel, sur lequel seront prises de suite, sans aucun blanc, les inscriptions nécessaires pour

---

(1) Depuis l'organisation de l'Université en 1809, ce conseil et ce bureau sont remplacés par le conseil académique.

fixer et reconnaître les temps d'étude, et être admis aux grades.

(Ibid., art. 26.)

155. Chaque étudiant, muni de son acte de naissance qui constatera qu'il est âgé de seize ans accomplis, et dont il laissera extrait, écrira et signera, tous les trimestres, sur ce registre, une inscription contenant ses nom, prénoms, âge, le lieu de sa naissance et de son département.

(Ibid., art. 27.)

156. Quatre inscriptions seront nécessaires pour être admis à l'examen sur la législation criminelle et la procédure, huit pour être admis aux examens du baccalauréat, douze pour être admis aux examens de la licence, seize pour ceux du doctorat.

Les inscriptions ne pourront être prises que dans les quinze premiers jours de chaque trimestre.

Quand un étudiant aura manqué l'inscription d'un trimestre, ce trimestre ne sera pas compté dans son temps d'étude.

Les inscriptions prises dans plusieurs écoles serviront à justifier et à compter le temps d'étude, pourvu qu'elles appartiennent à des trimestres différens.

(Ibid., art. 28.... 31.)

157. Le secrétaire de l'école délivrera gratuitement aux étudians, lorsqu'ils auront besoin d'en justifier, un certificat de leurs inscriptions, visé par le directeur de l'école.

(Ibid., art. 32.)

Nombre, nomination, serment, costume et traitement des professeurs.

158. Il y aura dans chaque école de droit cinq professeurs et deux suppléans. Le nombre pourra en être augmenté par un décret, suivant l'importance et le succès que les écoles auront obtenus.

(Ibid., art. 9.)

159. A chaque vacance de place de professeur ou de suppléant de professeur, il sera ouvert un concours public dont les professeurs seront les juges; les inspecteurs-généraux présideront, s'ils sont présens.

(Loi du 22 ventôse, an XII, 13 mars 1804, art. 36.)

160. Les professeurs seront nommés à vie (1).

(Décret du 4e. jour complémentaire, an XII, 21 septembre 1804, art. 13.)

161. Les professeurs et suppléans prêteront devant la cour

---

(1) Ce principe d'inamovibilité, sauf délit et jugement, est commun à tous les professeurs de toutes les facultés.

d'appel dans le ressort de laquelle l'école sera située, le serment d'obéissance aux constitutions du royaume, de fidélité au roi, de remplir leurs devoirs avec zèle et exactitude, et de délivrer avec justice et impartialité les certificats aux étudians qui les auront mérités.

(Ibid., art. 2.)

Costumes.

162. Les professeurs et les docteurs en droit porteront, soit dans les leçons et assemblées particulières de ces écoles, soit dans les cérémonies publiques, le même costume que les professeurs de médecine, si ce n'est qu'au lieu de la couleur cramoisie, on y emploiera le rouge, assigné au costume des cours de justice.

(Ibid., art. 68.)

Les suppléans des professeurs des écoles de droit porteront le même costume que les professeurs.

(Décret du 28 floréal, an XIII, 18 mai 1805, art. 1er.)

Le costume des secrétaires-généraux des écoles de droit est fixé ainsi qu'il suit : l'habit noir à la française, robe noire d'étamine, avec des devans en soie de même couleur; cravate de batiste tombante, toque et chausses aussi en soie noire.

(Ibid., art. 3.)

Traitemens.

163. Les professeurs recevront du gouvernement un traitement fixe de 3000 francs ; celui des suppléans sera de 1000 fr. Ces traitemens seront pris sur les fonds de l'instruction publique.

Les professeurs et les suppléans auront de plus un traitement pris sur le produit des inscriptions, examens et actes, dans la quantité et la proportion qui seront déterminées par le ministre de la justice, d'après l'avis des inspecteurs-généraux, et sur la proposition du conseiller d'état directeur de l'instruction publique.

(Décret du 4e. jour complémentaire, an XII, 21 septembre 1804, art. 15 et 16.)

Des cours d'étude, des examens et des grades.

164. Le cours ordinaire des études sera de trois ans. Ceux qui voudront obtenir le grade de docteur feront une année de plus.

(Loi du 22 ventôse, an XII, 13 mars 1804, art. 3.)

165. Les examens seront faits par les professeurs de l'école. Les inspecteurs des écoles de droit auront le droit d'y as-

sister. Ils auront aussi celui d'examiner séparément les étudians, s'ils le jugent convenable.

(Ibid., art. 7 et 8 (1).)

166. Les étudians subiront un examen la première année, et un autre la deuxième. Les inspecteurs et professeurs pourront autoriser à soutenir les deux examens pendant la deuxième année.

La troisième année, ils en subiront deux autres, et soutiendront ensuite un acte public sur tous les objets de leurs études.

La quatrième année, ceux qui aspirent au doctorat subiront encore deux examens, et soutiendront un acte public.

(Ibid., art. 4.)

167. Les cours d'étude de législation criminelle et de procédure criminelle seront d'une année.

Ceux qui ne suivront que ce seul cours seront examinés au bout de l'année.

(Ibid., art. 5 et 6.)

168. Les étudians qui auront été trouvés capables aux deux premiers examens, obtiendront un diplôme de bachelier.

Ceux qui auront obtenu un diplôme de bachelier, et auront été trouvés capables aux deux examens et à l'acte public de la troisième année, obtiendront un diplôme de licencié.

(Ibid., art. 9 et 10.)

169. Ceux qui auront obtenu un diplôme de licencié, et auront été trouvés capables aux examens et à l'acte public de la quatrième année, obtiendront un diplôme de docteur en droit.

(Ibid., art. 11.)

170. Ceux qui auront été examinés et trouvés capables sur la législation criminelle et la procédure civile et criminelle, obtiendront un certificat de capacité.

(Ibid., art. 12.)

Dispositions particulières pour les anciens docteurs et licenciés.

171. Les docteurs et licenciés en droit reçus dans les anciennes universités de France ou des pays réunis, seront considérés comme docteurs et licenciés en droit, à la charge seulement de faire viser leurs lettres, ou un acte de notoriété délivré par les anciens juges, avocats ou professeurs, lequel acte tiendra lieu desdites lettres, si elles sont perdues.

(1) L'art. 8 était tombé en désuétude ; il a d'ailleurs été implicitement abrogé par la décision royale qui a supprimé les fonctions mêmes d'inspecteurs des écoles de droit.

(Rapport au roi, du 24 août 1830.)

Il en sera de même des docteurs et licenciés reçus dans les universités étrangères, et qui exerceront, lors de la publication de la loi, depuis plus de six mois, la profession d'homme de loi, plaidant ou consultant près d'un des tribunaux du royaume, ou qui auront été inscrits sur le tableau des avocats près une cour souveraine de France, un présidial, un bailliage ou une sénéchaussée.

(Ibid., art. 14 et 15.)

172. On comptera à ceux qui auront étudié dans les mêmes universités avant la publication de la loi, et en rapporteront la preuve, leur temps d'étude, dont ils justifieront, et s'ils ont obtenu le grade de bachelier, ils pourront, après un an d'étude dans une des écoles de droit, et avoir subi les examens et actes publics exigés, obtenir les diplômes de licencié ou de docteur, s'ils sont trouvés capables.

(Ibid., art. 16.)

Exceptions aux dispositions générales (1).

173. Seront considérés comme licenciés sans remplir aucune formalité :

1°. Les juges des tribunaux de cassation, d'appels, criminels et de première instance en fonctions au moment de la publication de la présente loi, et leurs suppléans ;

2°. Les commissaires du gouvernement près ces tribunaux, et leurs substituts ;

3°. Ceux qui seront nommés à ces fonctions jusqu'au 1er. vendémiaire an XVI (septembre 1808);

4°. Les professeurs de législation aux écoles centrales en activité au moment de leur suppression.

(Ibid., art. 17)

174. Pourront obtenir d'ici au 1er. vendémiaire an XIV (septembre 1806), un diplôme de licencié, ceux qui, au moment de la publication de la présente loi, exerceront actuellement les fonctions d'homme de loi, ou de défenseur officieux près les tribunaux de cassation, d'appels, criminels ou de première instance, et les auront exercées habituellement, sans

(1) Il nous a paru qu'il était utile et à propos de reproduire ces dispositions exceptionnelles qui n'ont plus d'application pour le droit, mais qui offrent un exemple frappant des sages précautions que doit prendre le législateur, pour ménager la transition du passé à l'avenir, pour satisfaire aux besoins publics et avancer l'œuvre du perfectionnement social sans briser les existences, sans trop froisser les intérêts privés. Ainsi, l'on conçoit qu'une loi qui viendrait à prescrire de nouvelles et sérieuses conditions d'examens et de grades pour les fonctions ecclésiastiques, ferait prudemment de considérer comme revêtus de plein droit des grades nécessaires les prêtres actuellement en fonctions, ceux même qui seraient nommés d'ici à quelques années, etc. Avec des tempéramens de ce genre, le bien se fait lentement, mais sûrement ; la loi se concilie toutes les opinions, le présent passe sans trouble et sans secousse, et l'avenir n'en est que plus certain de jouir des améliorations désirées.

interruption, et sans s'être livrés à aucune autre profession depuis trois ans, ou, après les avoir exercées pendant trois ans, ne les auront quittées que pour exercer celles d'avoué ; à la charge de rapporter un certificat du président et du commissaire du gouvernement du tribunal près lequel ils exercent, attestant qu'ils sont dans les cas déterminés ci-dessus.

(Ibid., art. 18.)

175. On ne comptera point dans le temps d'exercice exigé par les articles précédens, celui après lequel il y aura eu interruption, à moins qu'il n'ait été rempli par l'exercice des fonctions de membre de la législature, juge des tribunaux ou juge de paix, par une mission civile du gouvernement, ou par les fonctions de notaire et d'avoué.

(Ibid., art. 19.)

176. Ceux qui seront dans le cas de l'art. 18, mais qui auront moins de trois ans d'exercice de leurs fonctions, pourront, d'ici au 1er. vendémiaire an XV (septembre 1807), obtenir un diplôme de licencié aux mêmes conditions, et en outre de subir un examen particulier, et de rapporter une attestation de capacité délivrée par les examinateurs.

(Ibid., art. 20.)

177. Les élèves des écoles centrales et des établissemens connus à Paris sous le nom d'*académie de législation et d'Université de jurisprudence*, qui auront suivi pendant trois ans les cours de législation, pourront, d'ici au 1er. vendémiaire an XV, obtenir le titre de licencié, en soutenant l'acte public général sur tous les objets d'étude fixés pour les trois années; pour ceux qui auront moins de trois ans d'étude, le temps dont ils justifieront leur sera compté comme temps d'étude dans une école de droit.

Ceux qui auront suivi des écoles particulières pourront, jusqu'à la même époque, obtenir du gouvernement une dispense d'une partie ou de la totalité du temps d'étude prescrit par la loi, selon la durée de celui pendant lequel ils auront suivi lesdites écoles particulières, à la charge de subir les examens, et de soutenir l'acte public, comme il est dit à l'art. 16 ci-dessus.

(Ibid., art. 21.)

178. Les individus exerçant au moment de la publication de la présente loi les fonctions de défenseur officieux près les tribunaux, les continueront provisoirement, sauf l'exécution des règlemens de discipline, jusqu'à l'époque fixée pour remplir les conditions qui leur sont imposées; après lequel temps, ils seront tenus, ou de justifier de leur accomplissement, ou de discontinuer l'exercice de leur profession.

(Ibid., art. 22.)

Certificats de capacité.

179. Les étudians qui n'aspireront qu'à un certificat de capacité seront tenus de suivre le cours sur la législation criminelle et la procédure criminelle et civile.

Sur le certificat du secrétaire de l'école, qu'ils ont pris quatre inscriptions, et sur l'attestation du professeur, qu'ils ont assidûment suivi son cours, ils seront admis à l'examen.

Cet examen sera fait par deux professeurs ou suppléans.

Si le résultat de l'examen est favorable, le certificat de capacité sera délivré conformément à l'art. 12 de la loi du 22 ventôse an XII.

(Décret du 4e. jour compl. an XII, 21 sept. 1804, art. 33... 36.)

Diplôme de bachelier.

180. Les étudians qui aspireront au grade de bachelier devront faire deux ans d'études.

La première année, ils suivront le cours sur le Code civil, et le cours de droit romain.

La seconde, ils continueront le cours sur le Code civil, et ils suivront le cours de législation criminelle et de procédure criminelle et civile.

Après la première année d'études, sur les certificats de quatre inscriptions et d'assiduité aux leçons des deux professeurs qu'ils auront suivis, ils seront admis à un premier examen, qui sera fait en latin et en français sur les matières qui leur auront été enseignées.

Après la deuxième année, en justifiant de huit inscriptions et de leur assiduité aux leçons qu'il leur est prescrit de suivre, ils seront admis à un second examen, après lequel, s'ils sont trouvés capables, il leur sera délivré un diplôme de bachelier, conformément à l'art. 9 de la loi du 22 ventôse.

Les examens sur le baccalauréat seront faits par trois professeurs ou suppléans.

(Ibid., art. 37... 40.)

Diplôme de licencié.

181. Ceux qui aspireront au grade de licencié feront une troisième année d'études, pendant laquelle ils termineront le cours sur le Code civil, et suivront en outre, à leur choix, un professeur de l'une des deux premières années du cours sur le Code civil, ou le professeur du droit romain.

En représentant le certificat de douze inscriptions, leur diplôme de bachelier, et le certificat d'assiduité aux leçons des professeurs qu'ils auront suivis pendant la troisième année, ils seront admis aux examens pour la licence.

Ces examens seront faits par quatre professeurs ou suppléans. L'un de ces examens portera sur le droit romain et sera fait en latin. L'autre embrassera toutes les matières enseignées dans l'école.

Si le résultat des examens est favorable aux aspirans, ils seront admis à soutenir un acte public, d'après lequel ils obtiendront le diplôme de licencié, s'ils sont trouvés capables.

(Ibid., art. 41... 44.)

Diplôme de docteur.

182 Une quatrième année d'études sera exigée pour le doctorat. Les aspirans devront suivre dans cette année le professeur de droit romain, et deux des professeurs du Code civil.

En justifiant de leur assiduité aux leçons qu'ils auront dû suivre, de leur diplôme de licencié et de seize inscriptions, ils seront admis à subir deux examens; l'un, sur le droit romain, et qui sera fait en latin; l'autre, sur toutes les matières enseignées dans l'école. On exigera, dans ces examens, des connaissances plus approfondies que dans les examens précédens.

Les examens pour le doctorat seront faits par cinq professeurs ou suppléans.

Après ces examens, l'aspirant, s'il a été trouvé capable, soutiendra l'acte public, qui embrassera toutes les matières de l'enseignement du droit, de la législation et de la procédure.

A la suite de cet acte, il recevra le diplôme de docteur en droit.

(Ibid., art. 45... 49.)

Forme et durée des examens, et actes publics.

183. Chaque examen pourra être ouvert pour plusieurs étudians en même temps, pourvu qu'ils ne soient pas plus de huit.

L'examen devra être au moins d'une heure pour un étudiant, de deux heures pour deux étudians, de trois heures pour quatre, et de cinq heures pour huit.

Les membres du conseil de discipline et d'enseignement auront une place distinguée aux actes publics et aux examens, quand ils voudront y assister.

L'inspecteur des écoles, le doyen d'honneur, s'ils sont présens, les professeurs et suppléans opineront sur les examens et les actes par scrutin secret avec des boules noires et blanches. Le résultat de leur jugement sera écrit et signé.

Dans tous les examens, si les aspirans ne sont pas trouvés capables, il leur sera accordé un délai pour en subir de nouveaux

Les examens et les actes de la fin de l'année seront ouverts au public, qui en sera averti par des affiches.

(Ibid., art. 50... 55.)

Des frais d'études, d'examens et d'actes publics, et de l'emploi des fonds.

184. Les frais d'inscription sont fixés à 15 fr. pour chacune.

Les frais d'examen pour ceux qui aspirent seulement à un certificat de capacité, sont fixés à 30 fr.; les frais de chaque examen sont fixés, pour ceux qui aspirent au baccealauréat et à la licence, pour la première année, et pour la deuxième à 60 fr.; pour les mêmes, pour chaque examen de la troisième année, à 90 fr.; pour l'acte public à 120 fr.

Les frais d'examen de la quatrième année, pour les aspirans au doctorat, sont fixés à 90 fr.; ceux de l'acte public à 120 fr.

Ces sommes seront payées entre les mains du secrétaire caissier, à l'instant pour les inscriptions, et d'avance pour les examens et actes publics.

Il sera payé pour le certificat de capacité 40 fr.; pour le diplôme de bachelier 50 fr.; pour le diplôme de licencié 80 fr.; pour celui de docteur 100 fr.

(Ibid., art. 56... 60.)

185. Le produit des frais d'études et de réception sera appliqué, 1°. à un supplément de traitement pour les professeurs, le secrétaire de l'école; le directeur-professeur; 2°. aux dépenses d'entretien des bâtimens de l'école, à l'acquisition des objets nécessaires aux études, examens, actes publics; 3°. en droit de présence aux professeurs et aux suppléans qui assisteront aux examens et aux thèses.

(Ibid., art. 65.)

Époques des divers examens.

186. Le premier examen prescrit aux étudians en droit par le § 1er. de l'article 4 de la loi du 22 ventôse an XII, et par l'article 38 du décret du 4°. jour complémentaire suivant sur les écoles de droit, pourra être subi aussitôt après l'ouverture du quatrième trimestre de leur première année d'étude.

Le second examen prescrit aux étudians par le même § de l'article 4 de la loi, et par l'article 39 du décret, pourra être subi aussitôt après l'ouverture du huitième trimestre.

L'un des deux examens prescrits pour la troisième année par le § 2 du même article de la loi et l'article 42 du décret, pourra être subi dans le cours du dixième trimestre; le second dans le cours du onzième, et l'acte public dans le cours du douzième.

Le premier des deux examens prescrits pour la quatrième année par le § 3 du même article de la loi et l'article 46 du décret, pourra être subi dans le cours du quatorzième trimestre;

le deuxième dans le cours du quinzième, et l'acte public dans le cours du seizième.

Néanmoins aucun diplôme ne sera délivré qu'autant que, par certificat d'assiduité des professeurs de l'impétrant, il sera justifié qu'il a entièrement rempli le temps d'étude prescrit par la loi.

(Décret du 3 juillet 1806, art. 1.... 5.)

Admission gratuite des fils de professeurs et de suppléans.

187. Les fils de professeurs et suppléans de professeurs des écoles de droit pendant tout le temps que ceux-ci seront en exercice de leurs fonctions, ou lorsqu'ils seront morts durant le même exercice, seront admis gratuitement aux études et à la réception de tous les degrés dans les mêmes écoles, à la charge de se conformer à tout ce qui est prescrit par les lois et règlemens concernant l'étude du droit.

(Décret du 25 janvier 1807.)

Inscriptions retardées par le tirage pour le recrutement.

188. Les étudians en droit, qui, appelés au tirage pour la conscription militaire, justifieront par des certificats en bonne forme, donnés par les autorités administratives, qu'ils se sont rendus au lieu de la convocation, et que par cette cause il leur a été impossible de prendre leur inscription dans les quinze premiers jours du trimestre, ainsi qu'il est ordonné par l'art. 29 du décret du 4e. complémentaire an XII, pourront être admis par l'inspecteur général, s'il est sur les lieux, et, à défaut, par le doyen d'honneur du conseil de discipline, à cette inscription qui vaudra comme si elle avait été prise dans le délai prescrit (1).

(Décret du 23 avril 1807.)

Fonctions qui exigent les diplômes ou certificats.

189. A dater du 1er. vendém. an XVII (21 septembre 1809), nul ne pourra être appelé à l'exercice des fonctions de juges, commissaires du gouvernement ou leurs substituts dans les tribunaux de cassation, d'appel, criminels ou de première instance, s'il ne représente un diplôme de licencié, ou des lettres de licence obtenues dans les Universités, comme il est dit aux articles 14 et 15.

(Loi du 22 ventôse an XII (13 mars 1804) art. 23.)

190. A compter de la même époque, nul ne pourra exercer les fonctions d'avocat près les tribunaux, et d'avoué près la

---

(1) C'est aujourd'hui le conseil royal qui prononce sur cette admission à des inscriptions retardées par force majeure.

cour de cassation, sans avoir représenté au commissaire du gouvernement, et fait enregistrer, sur ses conclusions, son diplôme de licencié, ou des lettres de licence obtenues dans les Universités.

(Ibid., art. 24.)

191. Nul ne pourra, quatre ans après la première formation des écoles de droit, être reçu professeur ni suppléant de professeur, s'il n'a été reçu docteur, et ne représente les lettres visées dans une école de droit, sans préjudice des autres conditions qui pourront être imposées par les lois ou règlemens.

(Ibid. art. 25.)

192. Nul ne pourra, après le 1er. vendémiaire an XVII, être reçu avoué par les tribunaux, s'il n'a suivi le cours de législation criminelle et de procédure civile et criminelle, subi un examen devant les professeurs, et s'il n'en rapporte attestation visée d'un inspecteur général. Jusqu'à cette époque, il suffira de justifier de cinq années de cléricature chez un avoué ou un homme de loi.

Les avoués, après dix ans d'exercice, pourront être nommés aux fonctions de juges, commissaires du gouvernement ou leurs substituts.

(Ibid., art. 26 et 27.)

193. Le gouvernement pourra, pendant dix ans, à compter de la publication de la loi, dispenser de la représentation du diplôme les individus qui auront exercé des fonctions législatives, administratives ou judiciaires.

(Ibid., art. 28.)

194. A compter du 1er. vendémiaire an XVII, les avocats, selon l'ordre du tableau, et après eux les avoués, selon la date de leur réception, seront appelés, en l'absence des suppléans, à suppléer les juges, les commissaires du gouvernement et leurs substituts.

Les avocats et avoués seront tenus, à la publication de la présente loi, et à l'avenir, avant d'entrer en fonctions, de prêter serment de ne rien dire ou publier, comme défenseurs ou conseils, de contraire aux lois, aux règlemens, aux bonnes mœurs, à la sûreté de l'état et à la paix publique, et de ne jamais s'écarter du respect dû aux tribunaux et aux autorités publiques.

Les avoués qui seront licenciés pourront, devant le tribunal auquel ils sont attachés, et dans les affaires où ils occuperont, plaider et écrire dans toute espèce d'affaires, **concurremment et contradictoirement avec les avocats.**

En cas d'absence ou de refus des avocats de plaider, le tribunal pourra autoriser l'avoué, même non licencié, à plaider la cause.

(Ibid., art. 3o, 31 et 32.)

Modifications apportées à la première organisation des écoles de droit. — Enseignement réglé par le conseil royal.

195. Conformément aux art. 60 et 76 du décret du 17 mars 1808, l'enseignement du droit sera réglé comme celui de toutes les autres facultés, par le conseil de l'Université. Cependant le grand-maître pourra y appeler les inspecteurs des facultés de droit, quand il jugera leurs lumières nécessaires. Il pourra aussi réunir ces inspecteurs, comme ceux des autres facultés, sous la présidence de l'un des conseillers titulaires, pour avoir leur avis sur les matières relatives à l'enseignement du droit.

(Décret du 4 juin 1809, art. 2.)

Visa et ratification des diplômes.

196. Aux termes de l'art. 96, les diplômes seront visés par les recteurs, qui les enverront à la ratification du grand-maître, et les délivreront aux gradués. Les recteurs coteront, parapheront et clorront, chaque trimestre, les registres des inscriptions tenus par les secrétaires des écoles.

(Ibid., art. 3.)

Bureaux d'administration, conseils de discipline et d'enseignement, remplacés par les conseils académiques.

197. Conformément aux art. 87 et 97, les fonctions des conseils particuliers de discipline et d'enseignement des facultés de droit, et la surveillance de leurs bureaux d'administration, appartiendront aux conseils des académies dont elles font partie.

(Ibid., art. 4.)

Budgets et comptes.

198. Conformément aux art. 62 et 77 du décret précité, les projets annuels des budgets des facultés de droit, dont la rédaction était confiée aux bureaux d'administration, seront proposés par les doyens de ces facultés, et remis par eux aux recteurs qui les soumettront avec leur avis aux conseils académiques. Ces budgets seront ensuite adressés au trésorier de l'Université, pour être soumis à l'approbation du conseil de l'Université.

Les budgets des facultés de droit, comme ceux des autres facultés, seront, après avoir reçu l'approbation du conseil de l'Université, renvoyés par le trésorier de l'Université, aux recteurs qui les adresseront aux caissiers des académies, dont il est parlé aux art. 3 et 4 du décret du 17 février 1809. Les caissiers payeront les dépenses portées aux budgets, sans pouvoir excéder la quotité fixée pour chaque article, sur les états d'appointemens ou pièces de dépenses régulièrement établis.

Toutefois sur l'autorisation du grand-maître, après délibération du conseil, le secrétaire de l'école de droit pour cette faculté, et un membre des autres facultés, pour chacune d'elles, seront autorisés, 1°. à l'effet de recevoir les droits à y percevoir; 2°. à payer les traitemens fixes et les supplémens, ainsi que les autres dépenses de la faculté, autorisées par le budget, selon les art. 6 et 11 du présent décret, autant que le montant des fonds par eux reçus le permettra, et sans préjudice du versement qui doit être fait par le trésor public, pour le payement des traitemens fixes et autres dépenses. En conséquence, ils feront le versement tant en deniers qu'en pièces de dépenses.

Le compte des dépenses des facultés de droit sera rendu et compris dans le compte général de chaque académie, qui sera, chaque année, après avoir été soumis au conseil académique, envoyé au trésorier de l'Université, pour être, sur son rapport, jugé et approuvé par le conseil de l'Université, en exécution de l'art. 77 du décret du 17 mars 1808.

Les budgets des facultés de droit formeront un titre des budgets généraux des académies dans lesquelles ces facultés seront comprises.

(Ibid., art. 5. .9.)

199. Le supplément de traitement et le droit de présence indiqués dans les art. 16 et 65 du décret du 4e. complémentaire an XII, seront déterminés par le conseil de l'Université, d'après l'avis des recteurs, et sur la proposition du grand-maître.

(Ibid., art. 10.)

200. Les fonds déjà versés à la caisse d'amortissement, et ceux qui auraient dû y être versés, en vertu de l'art. 65 de notre décret du 4e. complémentaire an XII, après le payement des dépenses annuelles, ordinaires et extraordinaires de chaque faculté, seront versés dans la caisse de l'Université; les premiers, pour être employés d'abord aux dépenses des facultés de même ordre; et les seconds, pour servir aux dépenses de l'Université.

(Ibid., art. 11.)

Enseignement.

201. L'école de droit de Paris sera divisée en deux sections.

(Ordonnance du 2 mars 1819, art. 1er.)

202. Il y aura dans chacune des deux sections :

Trois professeurs de Code civil ;

Un professeur des élémens du droit naturel, des élémens du droit des gens et du droit public général ;

Un professeur des Institutes du droit romain dans ses rapports avec le droit français ;

Un professeur de procédure civile et criminelle, et de législation criminelle.

(Ibid., art. 2.)

203. Il y aura en outre dans l'une des sections un professeur de Code de commerce, et dans l'autre trois professeurs, l'un de droit public positif et de droit administratif français ; le second, d'histoire philosophique du droit romain et du droit français ; le troisième, d'économie politique.

(Ibid., art. 3.)

204. Quatre suppléans seront attachés à chacune des deux sections de l'école. Ils suppléeront aux cours, aux examens et aux actes publics, les professeurs qui se trouveront légitimement empêchés ; et néanmoins un suppléant sera toujours appelé à tour de rôle, à chacun des examens et actes publics pour la licence et pour le doctorat.

(Ibid., art. 4.)

Distribution des cours à suivre dans les quatre années d'études.

205. Pendant la première année des études, les élèves suivront le premier cours du Code civil et le cours des élémens du droit naturel, du droit des gens et du droit public général.

Pendant la deuxième année, ils suivront le second cours de Code civil et le cours des Institutes du droit romain.

Pendant la troisième année, ils suivront le troisième cours de Code civil et le cours de procédure civile et criminelle, et de législation criminelle, ou, à leur choix, le cours de droit public et administratif français.

Pendant la quatrième année, ils suivront le cours de Code de commerce et d'histoire philosophique du droit romain et du droit français.

Le cours d'économie politique, destiné spécialement à ceux qui se préparent à l'administration, ne sera pas obligatoire pour l'obtention des grades en droit.

(Ibid., art. 5.)

206. Les étudians de la faculté de droit de l'académie de Paris suivront, pendant la première année :

1°. Le cours de droit naturel, de droit des gens et droit public général ;
2°. Le premier cours de Code civil français ;
3°. L'histoire du droit romain et du droit français.

Pendant la deuxième année :

1°. Les Institutes du droit romain ;
2°. Le deuxième cours de Code civil ;
3°. Le cours de procédure civile.

Pendant la troisième année :

1°. Le troisième cours de Code civil ;
2°. Le cours de droit commercial ;
3°. Le cours de droit administratif.

(Ordonnance du 4 octobre 1820, art. 1er.)

Examens. — Grades.

207. Les aspirans à la licence seront examinés sur toutes les connaissances portées à l'article précédent.

(Ibid., art. 2.)

208. Les étudians qui se destineront aux fonctions administratives suivront en outre le cours de droit administratif pendant telle année de leurs temps d'étude qu'ils trouveront plus convenable. Ils seront examinés spécialement sur cette branche d'enseignement par le professeur qui en est chargé, et il sera fait mention particulière de cet examen dans leurs certificats d'aptitude et dans leurs diplômes.

(Ibid., art. 3.)

209. Les étudians qui aspireront au doctorat suivront de nouveau, pendant leur quatrième année d'études, le cours d'Institutes du droit romain, le cours d'histoire du droit, et le cours de droit administratif.

(Ibid., art. 4.)

Certificat de capacité.

210. Les étudians qui ne se proposeront d'obtenir que le certificat de capacité nécessaire pour exercer la profession d'avoué, suivront pendant une année le cours de procédure civile, et, à leur choix, le cours de droit naturel ou le premier cours de Code civil.

Dans les académies des départemens où il n'existe point de cours de droit naturel, les aspirans au degré de capacité seront tenus de suivre le premier cours de Code civil, en même temps que celui de procédure civile.

(Ibid., art. 5 et 6.)

211. Les étudians mentionnés aux deux articles précédens ne seront pas tenus de présenter leurs diplômes de bachelier ès-lettres pour être admis à la faculté ; mais s'ils voulaient par la suite se prévaloir, pour le baccalauréat ou pour la licence en droit, de l'année d'études qu'ils auront faite sans être bacheliers ès-lettres, ils devraient prouver qu'ils avaient fait et complété, avant le commencement de la dernière année, les études en rhétorique et en philosophie, prescrites par les règlemens ou par notre ordonnance du 5 juillet pour le grade de bachelier-ès-lettres, et se pourvoir en conséquence par voie d'examen dudit grade de bachelier avant de prendre leur cinquième inscription.

(Ibid., art. 7.)

Epoque des examens.

212. L'abus introduit dans quelques facultés de droit, de remettre tous les examens à la fin des études, est interdit, et les étudians devront, à moins d'excuses valables approuvées par la commission de l'instruction publique, subir leur examen après leur quatrième trimestre terminé. Ils ne seront admis à prendre leur septième inscription à Paris, et la sixième dans les départemens, qu'après avoir subi ce premier examen. L'examen de bachelier aura lieu après que le huitième trimestre sera écoulé ; à Paris avant la onzième inscription, et dans les départemens avant la dixième.

(Ibid., art. 8 et 9.)

Admission aux examens.

213. On ne comptera dans toutes les facultés pour l'admission aux examens, même pour ceux de licence et de doctorat, que les certificats d'inscription donnés lors de la clôture du trimestre auquel l'inscription se rapporte, et accompagnés des certificats d'assiduité pendant ledit trimestre, conformément à l'art. 15 de notre ordonnance du 5 juillet 1820. L'inscription seule ne servira que pour l'admission aux leçons, et de preuve que les frais en ont été payés.

(Ibid., art. 11.)

214. Les étudians qui aspirent au doctorat, à la licence ou au baccalauréat, ou qui demandent des certificats de capacité dans les facultés de droit, et dont le dernier trimestre d'étude tombe à la fin de l'année scolaire, pourront être admis aux

examens dans le dernier mois de cette année. Lorsque les examens devront être suivis d'actes publics, ces mêmes élèves pourront se présenter pour leurs examens dans le mois de juillet, et pour leurs actes dans le mois d'août de leur dernière année scolaire.

(Décision du roi, du 13 juin 1821.)

215. Les inscriptions dites de *capacité* qui seront prises à dater du 1er. novembre 1830, ne pourront plus compter pour le baccalauréat ni pour la licence en droit.

Notre conseil royal de l'instruction publique pourra, pour des motifs graves, autoriser un étudiant à prendre sa première, et, en cas de nécessité, sa seconde inscription en droit avant d'avoir obtenu le diplôme de bachelier ès-lettres.

Nul ne pourra, sous aucun prétexte, prendre la troisième inscription en droit sans être bachelier ès-lettres.

Ordonnance du 13 juin 1830.)

Nouvelle organisation de la faculté de droit de Paris.

216. La faculté de droit de Paris continuera d'être divisée en deux sections.

(Ordonnance du 6 septembre 1822, art. 1er.)

217. Il y aura dans chacune de ces deux sections :
Un professeur des Institutes de Justinien ;
Trois professeurs du Code civil ;
Un professeur de Procédure civile et criminelle.

(Ibid., art. 2.)

218. Il y aura en outre pour les deux sections :
Un professeur de Code de commerce ;
Et un professeur de Pandectes.

(Ibid., art. 3.)

219. Les Institutes de Justinien et les Pandectes seront enseignées principalement dans leurs rapports avec le droit français.

(Ibid., art. 4.)

220. Il sera pourvu, par le conseil royal de l'instruction publique, à la fixation des cours qui devront être suivis chaque année par les aspirans à la licence et au doctorat, et par ceux qui désirent n'obtenir que des certificats de capacité.

(Ibid., art. 5.)

221. Toutes les dispositions contraires à la présente ordonnance sont et demeurent révoquées (1).

(Ibid., art. 6.)

---

(1) Par-là se trouvaient supprimées, entre autres chaires, celles de droit administratif et de droit des gens. M. de Vatimesnil, arrivé au ministère de l'instruction publique, s'empressa de faire rétablir ces deux chaires.

222. Une chaire de Pandectes et une chaire destinée à l'enseignement du droit commercial seront établies dans la faculté de droit de notre bonne ville de Toulouse. Un suppléant sera attaché à la chaire de droit commercial.

(Ordonnance du 28 septembre 1822.)

223. Une chaire de droit commercial sera établie dans chacune des facultés de droit de Caen et de Poitiers.

(Ordonnance du 10 décembre 1823.)

224. La chaire de droit administratif, créée par l'ordonnance royale du 24 mars 1819, près la faculté de droit de Paris, sera rétablie. Le professeur y fera connaître les attributions des diverses autorités administratives, les règles à suivre pour procéder devant elles, et les lois et règlemens d'administration publique concernant les matières soumises à l'administration.

Les étudians suivront le cours de droit administratif pendant la troisième année de leur temps d'études. Outre ce cours et le troisième cours de droit civil, ils suivront à leur choix le cours de Code du commerce ou le cours des Pandectes.

(Ordonnance du 19 juin 1828.)

225. Il sera établi dans la faculté de droit de Paris, et dans celle de Strasbourg, une chaire de droit des gens. Il sera en outre établi dans la faculté de droit de Paris une chaire d'histoire du droit romain et du droit français.

Ces cours ne seront obligatoires que pour les aspirans au doctorat. Ils seront facultatifs pour les autres étudians en droit. Ceux de ces derniers qui les auraient suivis pourront demander à être examinés sur les matières enseignées dans ces cours. Dans ce cas, outre leur diplôme, il leur sera délivré des certificats constatant la manière dont ils auront satisfait à cette partie de leur examen.

Un règlement universitaire déterminera le mode et l'étendue de l'enseignement de ces deux chaires, et la manière dont il sera procédé aux examens (1).

(Ordonnance du 26 mars 1829.)

226. Une chaire de droit administratif est établie dans la faculté de droit de Toulouse (2).

Les dispositions de l'ordonnance du 19 juin 1828, qui déterminent pour la faculté de droit de Paris les matières que doit enseigner le professeur de droit administratif, et qui coordonnent l'étude de ces matières avec les autres cours que les élèves ont à suivre, sont déclarés applicables à la faculté de droit de Toulouse.

(Ordonnance du 27 septembre 1829.)

(1-2) Voir, dans la 2°. partie, le titre des Facultés.

227. Il est établi dans la faculté de droit de Grenoble une troisième place de suppléant. L'un des suppléans de la faculté sera chargé de faire un cours de droit commercial qui sera obligatoire pour les élèves de la troisième année.
(Ordonnance du 11 novembre 1829.)

228. Une chaire de droit administratif est établie dans la faculté de droit de Caen.
(Ordonnance du 16 décembre 1829.)

Une troisième place de suppléant est créée dans la faculté de droit de Caen.
(Ordonn. du 2 mai 1830.)

229. Une chaire de droit commercial sera établie dans la faculté de droit de Strasbourg.

Le cours sera provisoirement fait par un professeur suppléant de ladite faculté, jusqu'à ce qu'il ait été pourvu aux moyens d'assurer le traitement d'un professeur titulaire.
(Ordonn. du 9 mai 1830.)

230. Les chaires de Pandectes et de droit administratif de la faculté de droit de Toulouse sont supprimées.

Il est créé dans cette faculté une chaire de droit public français.

Notre ministre secrétaire d'état au département de l'instruction publique et des cultes nommera pour la première fois à cette chaire. Lorsqu'elle deviendra vacante, il y sera pourvu par la voie du concours.
(Ordonnance du 25 novembre 1830.)

231. Une chaire de droit commercial sera établie dans chacune des facultés de droit de Rennes et de Dijon.

Les professeurs seront nommés pour la première fois par notre ministre de l'instruction publique et des cultes.
(Ordonnance du 16 février 1831.)

232. Une chaire de droit commercial sera établie dans chacune des facultés de droit d'Aix et de Grenoble.
(Ordonnance du 9 janvier 1832.)

233. Une chaire de droit administratif est créée dans la faculté de droit de Poitiers.
(Ordonnance du 2 septembre 1832.)

234. Il sera établi dans la faculté de droit de Paris une chaire de droit constitutionnel français.

Ce cours sera obligatoire pour les examens de licence.
(Ordonnance du 22 août 1834, art. 1 et 2.)

§ IV.

DES FACULTÉS DE MÉDECINE.

Établissement des facultés.

235. Il sera établi une école de santé à Paris, à Montpellier et à Strasbourg.

(Loi du 14 frimaire an III, 4 décembre 1794.)

Nécessité des examens et réceptions, pour obtenir le titre de docteurs ou d'officiers de santé.

236. A compter du 1er. vendémiaire de l'an XII (24 septembre 1803), nul ne pourra embrasser la profession de médecin, de chirurgien ou d'officier de santé, sans être examiné et reçu comme il sera prescrit par la présente loi.

(Loi du 19 ventôse an XI (10 mars 1803) art. 1er.)

237. Tous ceux qui obtiendront, à partir du commencement de l'an XII, le droit d'exercer l'art de guérir, porteront le titre de docteurs en médecine ou en chirurgie, lorsqu'ils auront été examinés et reçus dans l'une des écoles spéciales de médecine, ou celui d'officiers de santé quand ils seront reçus par les juris dont il sera parlé aux articles suivans.

(Ibid., art. 2.)

Docteurs reçus par les anciennes facultés.

238. Les docteurs en médecine et les chirurgiens reçus par les anciennes facultés de médecine, les colléges de chirurgie et les communautés de chirurgiens, continueront d'avoir le droit d'exercer l'art de guérir comme par le passé.

Médecins et chirurgiens exerçant depuis 1793.

Quant à ceux qui exercent la médecine et la chirurgie en France, et qui se sont établis depuis que les formes anciennes de réception ont cessé d'exister, ils continueront leur profession, soit en se faisant recevoir docteurs ou officiers de santé, comme il est dit aux art. 10 et 21, soit en remplissant simplement les formalités qui sont prescrites à leur égard à l'art. 23 de la présente loi.

(Ibid., art. 3.)

Docteurs gradués dans les universités étrangères.

239. Le gouvernement pourra, s'il le juge convenable, accorder à un médecin ou à un chirurgien étranger et gradué dans les universités étrangères, le droit d'exercer la médecine ou la chirurgie sur le territoire du royaume.

(Ibid., art. 4.)

Examens et réception des docteurs.

240. Il sera ouvert dans chacune des écoles spéciales de médecine, des examens pour la réception des docteurs en médecine ou en chirurgie.

Ces examens seront au nombre de cinq, savoir :

Le premier sur l'anatomie et la physiologie ;

Le deuxième sur la pathologie et la nosologie ;

Le troisième sur la matière médicale, la chimie et la pharmacie ;

Le quatrième sur l'hygiène et la médecine légale ;

Le cinquième sur la clinique interne ou externe, suivant le titre de docteur en médecine ou de docteur en chirurgie que l'aspirant voudra acquérir.

Les examens seront publics ; deux d'entre eux seront nécessairement soutenus en latin.

Après les cinq examens, l'aspirant sera tenu de soutenir une thèse qu'il aura écrite en latin ou en français.

(Ibid., art. 5, 6 et 7.

241. Les étudians ne pourront se présenter aux examens des écoles qu'après avoir suivi pendant quatre années l'une ou l'autre d'entre elles, et acquitté les frais d'étude qui seront déterminés.

(Ibid., art. 8.)

242. Les conditions d'admission des étudians aux écoles, le mode d'inscription qu'ils y prendront, l'époque et la durée des examens, ainsi que les frais d'étude et de réception, et la forme du diplôme à délivrer par les écoles aux docteurs reçus, seront déterminés par un règlement délibéré dans la forme adoptée pour tous les règlemens d'administration publique. Néanmoins la somme totale de ces frais ne pourra excéder mille francs, et cette somme sera partagée dans les quatre années d'étude et dans celle de la réception.

(Ibid., art. 9.)

Médecins et chirurgiens exerçant depuis 1793. — Employés dans les armées de terre et de mer.

243. Les médecins et chirurgiens qui, ayant étudié avant la suppression des universités, facultés et colléges de médecine et de chirurgie, et n'ayant pas pu subir d'examens par l'effet de cette suppression, voudront acquérir le titre de docteur, se présenteront à l'une des écoles de médecine avec leurs certificats d'études. Ils y seront examinés pour recevoir le diplôme, et ils ne seront tenus d'acquitter que le tiers des frais d'examen et de réception.

(Ibid., art. 10.)

244. Les médecins ou chirurgiens non reçus, comme ceux de l'article précédent, mais qui ont été employés en chef, ou comme officiers de santé de première classe, pendant deux ans, dans les armées de terre ou de mer, se présenteront, s'ils veulent obtenir le titre de docteur en médecine ou en chirurgie, avec leurs brevets ou commissions, certifiés par les ministres de la guerre ou de la marine, à l'une des écoles de médecine, où ils seront tenus de subir le dernier acte de réception seulement, ou de soutenir thèse. Il leur sera délivré un diplôme, et ils ne payeront que les frais qui seront fixés pour la thèse.

(Ibid., art. 11.)

Élèves ayant étudié dans les nouvelles écoles.

245. Ceux des élèves qui, ayant étudié dans les écoles de médecine instituées par la loi du 14 frimaire an III, ont subi des examens, et ont fait preuve de capacité dans ces écoles, suivant les formes qui ont été établies, se pourvoiront à celle de ces écoles où ils auront été examinés, pour y recevoir le diplôme de docteur. Ils seront tenus d'acquitter la moitié des frais fixés pour les examens et la réception.

(Ibid., art. 12.)

Emploi du produit des frais d'étude et de réception.

246. Le produit des études et des réceptions dans chaque école de médecine sera employé au traitement des professeurs, et aux dépenses de chacune d'elles, ainsi qu'il sera réglé par le gouvernement, sans néanmoins que les sommes reçues dans l'une de ces écoles puissent être affectées aux dépenses des autres.

(Ibid., art. 14.)

Études et réception des officiers de santé (1).

247. Les jeunes gens qui se destineront à être officiers de santé ne seront pas obligés d'étudier dans les écoles de médecine; ils pourront être reçus officiers de santé après avoir été attachés, pendant six années, comme élèves, à des docteurs, ou après avoir suivi pendant cinq années consécutives la pratique des hôpitaux civils ou militaires. Une étude de trois

---

(1) Le décret du 15 novembre 1811, art. 188, a chargé « le conseil de l'Université » de présenter un projet de décret pour régulariser l'instruction et la réception des of- » ficiers de santé. » Le conseil royal a présenté un projet de loi à cet égard dès 1815. Ce projet, long-temps discuté au conseil d'état et dans le sein de commissions spéciales, a été soumis aux chambres il y a trois ans; mais il n'a point été adopté, et les choses en sont toujours au même point; les abus sont énormes.

Nota. Cette note était écrite en 1827. Les huit années que nous venons de passer n'ont pas fait disparaître les abus et les plaintes. Nul doute que la loi prochaine sur l'instruction publique, n'apporte un puissant remède à d'aussi grands désordres.

années consécutives dans les écoles de médecine leur tiendra lieu de la résidence de six années chez les docteurs, ou de cinq années dans les hôpitaux.

(Ibid., art. 15.)

248. Pour la réception des officiers de santé, il sera formé, dans le chef-lieu de chaque département, un juri composé de deux docteurs domiciliés dans le département, et d'un commissaire pris parmi les professeurs des écoles de médecine. Ce juri sera renommé tous les cinq ans; ses membres pourront être continués.

(Ibid., art. 16.)

249. Les juris des départemens ouvriront une fois par an les examens pour la réception des officiers de santé.

Il y aura trois examens : l'un sur l'anatomie, l'autre sur les élémens de la médecine, le troisième sur la chirurgie et les connaissances les plus usuelles de la pharmacie : ils auront lieu en français, et dans une salle où le public sera admis.

Ibid., art. 17.)

250. Dans les départemens où seront situées les écoles de médecine, le juri sera pris parmi les professeurs de ces écoles, et les réceptions des officiers de santé seront faites dans leur enceinte.

(Ibid., art. 18.)

251. Les frais des examens des officiers de santé ne pourront pas excéder deux cents francs. La répartition de cette somme entre les membres du juri sera déterminée par le gouvernement.

(Ibid., art. 19.)

252. Le mode des examens faits par les juris, leurs époques, leur durée, ainsi que la forme du diplôme qui devra être délivré aux officiers de santé, seront déterminés par le règlement dont il est parlé à l'article 9.

(Ibid., art. 20.)

253. Les individus qui se sont établis depuis dix ans dans les villages, les bourgs, etc., pour y exercer la chirurgie, sans avoir pu se faire recevoir depuis la suppression des lieutenances du premier chirurgien et des communautés, pourront se présenter au juri du département qu'ils habitent pour y être examinés et reçus officiers de santé. Ils ne payeront que le tiers du droit fixé pour ces examens.

(Ibid., art. 21.)

Enregistrement et listes des docteurs et des officiers de santé.

254. Les médecins et les chirurgiens reçus suivant les anciennes formes supprimées en France, ou suivant les formes qui existaient dans les départemens réunis, présenteront, dans l'espace de trois mois après la publication de la présente loi, au tribunal de leur arrondissement, et au bureau de leur sous-préfecture, leurs lettres de réception et de maîtrise.

Une inscription sur une liste ancienne légalement formée, ou, à défaut de cette inscription ou de liste ancienne, une attestation de trois médecins ou de trois chirurgiens dont les titres auront été reconnus, et qui sera donnée par voie d'information devant un tribunal, suffira pour ceux des médecins et chirurgiens qui ne pourraient pas retrouver et fournir leurs lettres de réception et de maîtrise.

(Ibid., art. 22.)

255. Les médecins ou chirurgiens établis depuis la suppression des universités, facultés, colléges et communautés, sans avoir pu se faire recevoir, et qui exercent depuis trois ans, se muniront d'un certificat délivré par les sous-préfets de leurs arrondissemens, sur l'attestation du maire et de deux notables des communes où ils résident, au choix des sous-préfets. Ce certificat, qui constatera qu'ils pratiquent cet art depuis l'époque indiquée, leur tiendra lieu de diplôme d'officier de santé; ils le présenteront dans le délai prescrit par l'article précédent, au tribunal de leur arrondissement et au bureau de leur sous-préfecture.

Les dispositions de cet article seront applicables aux individus mentionnés dans les art. 10 et 11, et même à ceux qui, n'étant employés ni en chef ni en première classe aux armées de terre ou de mer, et ayant exercé depuis trois ans, ne voudraient pas prendre le titre et le diplôme de docteur en médecine ou en chirurgie.

(Ibid., art. 23.)

256. Les docteurs ou officiers de santé reçus suivant les formes établies dans les deux titres précédens, seront tenus de présenter, dans le délai d'un mois après la fixation de leur domicile, les diplômes qu'ils auront obtenus, au greffe du tribunal de première instance et au bureau de la sous-préfecture de l'arrondissement dans lequel les docteurs et officiers de santé voudront s'établir.

(Ibid., art. 24.)

257. Les commissaires du gouvernement près les tribunaux

de première instance dresseront les listes des médecins et chirurgiens anciennement reçus, de ceux qui sont établis depuis dix ans sans réception, et des docteurs et officiers de santé nouvellement reçus suivant les formes de la présente loi, et enregistrées au greffe de ces tribunaux. Ils adresseront, en fructidor de chaque année, copie certifiée de ces listes au grand-juge, ministre de la justice.

Les sous-préfets adresseront l'extrait de l'enregistrement des anciennes lettres de réception, des anciens certificats et des nouveaux diplômes dont il vient d'être parlé, aux préfets, qui dresseront et publieront les listes de tous les médecins et chirurgiens anciennement reçus, des docteurs et officiers de santé, domiciliés dans l'étendue de leurs départemens. Ces listes seront adressées par les préfets au ministre de l'intérieur dans le dernier mois de chaque année.

(Ibid., art. 25 et 26.)

Droits des docteurs et des officiers de santé dûment reçus et enregistrés.

258. A compter de la publication de la présente loi, les fonctions de médecins et chirurgiens jurés appelés par les tribunaux, celles de médecins et chirurgiens en chef dans les hospices civils, ou chargés par des autorités administratives de divers objets de salubrité publique, ne pourront être remplies que par des médecins et des chirurgiens reçus suivant les formes anciennes, ou par des docteurs reçus suivant celles de la présente loi.

Les docteurs reçus dans les écoles de médecine pourront exercer leur profession dans toutes les communes du royaume, en remplissant les formalités prescrites par les articles précédens.

Les officiers de santé ne pourront s'établir que dans le département où ils auront été examinés par le juri, après s'être fait enregistrer, comme il vient d'être prescrit. Ils ne pourront pratiquer les grandes opérations chirurgicales que sous la surveillance et l'inspection d'un docteur dans les lieux où celui-ci sera établi. Dans les cas d'accidens graves arrivés à la suite d'une opération exécutée hors de la surveillance et de l'inspection prescrites ci-dessus, il y aura recours à indemnité contre l'officier de santé qui s'en sera rendu coupable.

(Ibid., art. 27, 28 et 29.)

Instruction et réception des sages-femmes.

259. Outre l'instruction donnée dans les écoles de médecine, il sera établi dans l'hospice le plus fréquenté de chaque dépar-

tément un cours annuel et gratuit d'accouchement théorique et pratique, destiné particulièrement à l'instruction des sages-femmes.

Le traitement du professeur et les frais du cours seront pris sur la rétribution payée pour la réception des officiers de santé.

Les élèves sages-femmes devront avoir suivi au moins deux de ces cours, et vu pratiquer, pendant neuf mois, ou pratiqué elles-mêmes les accouchemens, pendant six mois, dans un hospice, ou sous la surveillance du professeur, avant de se présenter à l'examen.

Elles seront examinées par les juris sur la théorie et la pratique des accouchemens, sur les accidens qui peuvent les précéder, les accompagner et les suivre, et sur les moyens d'y remédier.

Lorsqu'elles auront satisfait à leur examen, on leur délivrera gratuitement un diplôme, dont la forme sera déterminée par le règlement prescrit par les articles 9 et 20 de la présente loi.

Les sages-femmes ne pourront employer les instrumens, dans les cas d'accouchemens laborieux, sans appeler un docteur, ou un médecin ou chirurgien anciennement reçu.

Les sages-femmes feront enregistrer leur diplôme au tribunal de première instance et à la sous-préfecture de l'arrondissement où elles s'établiront et où elles auront été reçues.

La liste des sages-femmes reçues pour chaque département sera dressée dans les tribunaux de première instance et par les préfets, suivant les formes indiquées aux articles 25 et 26 ci-dessus.

(Ibid., art. 30... 34.)

Peines contre ceux qui exerceraient sans être reçus et enregistrés.

260. Six mois après la publication de la présente loi, tout individu qui continuera d'exercer la médecine ou la chirurgie, ou de pratiquer l'art des accouchemens, sans être sur les listes dont il est parlé aux articles 25, 26 et 34, et sans avoir de diplôme, de certificats, ou de lettre de réception, sera poursuivi et condamné à une amende pécuniaire envers les hospices.

Ce délit sera dénoncé aux tribunaux de police correctionnelle, à la diligence du commissaire du gouvernement près ces tribunaux. L'amende pourra être portée jusqu'à 1,000 fr. pour ceux qui prendraient le titre et exerceraient la profession de docteur, à 500 fr. pour ceux qui se qualifieraient d'officiers de santé et verraient des malades en cette qualité, à 100 fr. pour les femmes qui pratiqueraient illicitement l'art des accouchemens. L'amende sera double en cas de récidive, et les délinquans pourront, en outre, être condamnés à un emprisonnement qui n'excédera pas six mois.

(Ibid., art. 35 et 36.)

De l'admission des élèves aux écoles.

261. Les élèves qui se proposeront de suivre les écoles de médecine se présenteront au bureau d'administration, où ils seront tenus de remettre, 1°. un extrait de leur acte de naissance ; 2°. un certificat de bonnes mœurs, délivré par les maires de leur arrondissement et visé par le sous-préfet ; 3°. les attestations d'un cours complet d'études dans les lycées. A défaut de ces attestations, les élèves seront soumis à un examen préliminaire dans lequel on s'assurera qu'ils ont les connaissances indispensables pour étudier l'art de guérir. Sur le vu de ces pièces, il leur sera remis un billet, à la présentation duquel ils seront admis à s'inscrire (1).

(Arrêté du gouvernement du 20 prairial an XI, 9 juin 1803, art. 2.)

262. Les élèves s'inscriront au commencement de chaque trimestre de l'année. Il sera, à cet effet, ouvert au bureau du secrétariat de chaque école de médecine un registre coté et paraphé par le directeur, sur lequel ils écriront de leur propre main leurs noms, prénoms, âge, lieu de naissance, le département, le numéro de l'inscription qu'ils prendront, la date du jour et de l'année ; ils y ajouteront leur signature.

Lorsque les élèves auront à faire usage de leurs inscriptions, il leur en sera remis un relevé certifié par le bureau d'administration de l'école.

(Ibid., art. 3 et 4.)

De l'admission des élèves aux examens.

263. Les élèves qui désireront être admis aux examens adresseront à l'école où ils veulent être reçus une demande signée, à l'appui de laquelle ils exhiberont le relevé certifié de leurs inscriptions prises à chaque trimestre, pendant quatre années, soit dans l'école même, soit dans toute autre. Cette demande, qui devra être renouvelée à chacun des examens, sera présentée dans la plus prochaine séance à l'école, qui y répondra

---

(1) Cette attestation et cet examen sont remplacés depuis plusieurs années par les diplômes de bachelier ès-lettres et de bachelier ès-sciences. NOTA. Cette note, exacte en 1827, a cessé de l'être en ce qui concerne le baccalauréat ès-sciences. Une ordonnance du 18 janvier 1831 a supprimé pour les étudians en médecine l'obligation de justifier de ce grade. Il est à désirer qu'on revienne sur cette mesure, dans l'intérêt spécial des étudians omme dans l'intérêt général des sciences.

par une délibération dans laquelle elle indiquera le jour et l'heure auxquels l'examen aura lieu.

(Ibid., art. 5.)

Époques, forme et matière des examens.

264. Les examens seront ouverts dans le premier et le troisième trimestre de chaque année.

Ceux du premier trimestre comprendront plus particulièrement, 1°. l'examen d'anatomie et de physiologie; 2°. celui de pathologie et de nosologie; 3°. celui de matière médicale, de chimie et de pharmacie.

Et ceux du troisième trimestre, les examens d'hygiène et de médecine légale, ceux de clinique et les thèses.

(Ibid., art. 6.)

265. Chaque examen pourra être ouvert pour plusieurs élèves à la fois. Pour l'anatomie, les matières médicales et les opérations, les examens seront accompagnés d'exercices pratiques, et de démonstrations faites par les élèves.

(Ibid., art. 7.)

266. L'examen d'anatomie et de physiologie sera fait en deux séances. Pour la première, l'élève se rendra à l'école, pour faire sur le cadavre une préparation anatomique qui lui sera désignée et qu'il exécutera : dans la séance qui suivra, il répondra à des questions anatomiques et physiologiques qui lui seront faites. Il démontrera sur le squelette les parties d'ostéologie qui lui seront désignées.

(Ibid., art. 8.)

267. L'examen de clinique sera aussi fait en deux séances; il consistera en une série de questions proposées d'avance et tirées au sort, qui seront relatives à quelques cas de pratique déterminés et connus et auxquelles le candidat sera tenu de répondre en latin et par écrit. A cet effet, le récipiendaire se rendra à l'école trois heures au moins avant l'ouverture de l'examen, et il préparera sa réponse, qu'il rédigera seul et en particulier. A l'heure indiquée pour la réunion des examinateurs, il répondra de vive voix et en latin aux interrogations qui lui seront faites sur sa réponse écrite.

(Ibid., art. 9.)

268. Pour l'examen clinique des docteurs en médecine, il sera proposé une série de questions plus nombreuses pour la médecine pratique et quelques questions chirurgicales. Pour les examens des docteurs en chirurgie, l'examen portera plus particulièrement sur des questions de chirurgie pratique. Le candidat exécutera d'ailleurs les opérations relatives aux mala-

dies, soit des parties dures, soit des parties molles, sur lesquelles il sera interrogé. Il répondra aussi sur quelques questions de clinique interne.

(Ibid., art. 10.)

269. Dans l'examen de matière médicale, de chimie et de pharmacie, le candidat fera la description des substances médicamenteuses sur lesquelles il sera interrogé.

Ibid., art. 11.)

270. L'examen de pathologie, tant interne qu'externe, sera fait en latin ; il aura lieu en une seule séance, ainsi que l'examen d'hygiène et de médecine légale, dans lequel il sera demandé au candidat de rédiger une formule de rapport sur un point qui sera indiqué.

(Ibid., art. 12.)

Nombre des examinateurs; droits de présence; forme du jugement.

271. Il y aura trois examinateurs aux cinq examens, et cinq à la thèse, avec un président. Les autres membres de l'école seront d'ailleurs invités à l'examen pratique et à la thèse; il sera établi, pour ceux qui seront présens à ces actes, un droit de présence.

L'école se divisera pour les examens en séries, lesquelles seront renouvelées tous les ans.

Il y aura pour les examinateurs des droits de présence. A la thèse, le président jouira d'un double droit. L'école désignera pour chaque acte celui des professeurs qui sera chargé de cette fonction.

(Ibid., art. 13, 14 et 15.)

272. Le plus ancien des professeurs, aux examens, fera les fonctions de président. Il tirera la barre sur la liste des examinateurs à l'heure convenue, et inscrira le mot *absent* à la suite du nom de celui qui ne se sera pas présenté. Il sera nommé, pour ces examens, deux suppléans avec demi-droit, et qui jouiront du droit entier, s'ils remplacent un examinateur absent. Ils ne pourront interroger qu'après les examinateurs présens ; ils seront nommés par tour de rôle sur la liste des professeurs.

(Ibid., art. 16.)

273. Les droits des absens seront mis en masse commune, et répartis tous les trois mois entre ceux qui auront été présens aux examens pendant la durée du trimestre.

(Ibid., art. 17.)

274. **Les examinateurs procéderont au scrutin avec des boules**

noires et blanches. Lorsque leur jugement sera porté, ils en rédigeront le rapport immédiatement après l'acte. Ce rapport sera signé de chacun d'eux ; l'école délibérera sur son contenu, et prononcera l'admission ou le rejet du candidat

(Ibid., art. 18.)

Impression et distribution de la thèse.

275. Avant de soutenir sa thèse, le candidat en déposera le manuscrit au bureau d'administration de l'école, qui, dans sa plus prochaine séance, nommera un commissaire pour l'examiner. Sur son rapport, fait par écrit, motivé et signé, l'école admettra ou refusera la thèse.

Le commissaire nommé par l'école pour l'examen de la thèse manuscrite, en surveillera l'impression, qui sera toujours dans le format in-4°. Il en signera les épreuves, et elle ne pourra être distribuée que sur le vu de la signature du professeur, qui attestera que les formalités prescrites par l'école ont été remplies.

(Ibid., art. 19 et 20.)

Frais d'étude et d'examens.

276. Les frais d'études et de réception seront partagés en deux portions égales, l'une sur les inscriptions, l'autre sur les examens.

Les frais d'inscription sont fixés pour les différentes années, savoir : pour la 1re., à une somme de 100 fr., la 2e. 120 fr., la 3e. 140 fr., la 4e. 140 fr.

Les examens, quant aux frais, sont fixés, le 1er. à 60 fr., le 2e. à 70 fr., le 3e. à 70 fr., le 4e. à 80 fr., le 5e. à 100 fr., le dernier ou la thèse, à 120 fr.

Ces sommes seront acquittées à l'instant même pour les inscriptions, et d'avance, pour les examens (1).

(Ibid., art. 21, 22 et 23.)

277. Les candidats qui, ayant commencé leurs études ou leurs examens dans une des écoles de médecine, se présenteront pour les continuer dans l'une des autres, seront tenus d'exhiber une attestation en bonne forme délivrée par l'administration de la première de ces écoles, visée par le préfet du département ou les maires, qui certifie le nombre des années d'études qu'ils ont faites ou des examens qu'ils ont subis.

(Ibid., art. 24.)

---

(1) En vertu de l'ordonnance royale du 2 février 1823, les frais d'étude portent maintenant tout entiers sur les inscriptions. Les examens et les réceptions ne donnent plus lieu qu'à un simple droit de présence.

Délivrance du diplôme. — Cas de dispense des inscriptions.

278. Après la thèse soutenue, les examinateurs feront leur rapport à l'école, laquelle prononcera sur la délivrance du diplôme. Celui-ci sera rédigé dans la forme du modèle n°. 1er., joint au présent arrêté, et délivré au nom de l'école.

(Ibid., art. 25.)

279. Les aspirans qui, ayant commencé leurs examens dans les anciennes écoles ou colléges, n'ont pas pu les terminer avant l'époque de leur suppression, pourront, en justifiant de ceux qu'ils auraient subis, être dispensés de les recommencer de nouveau. Ils ne seront tenus de satisfaire qu'aux examens correspondans à ceux qui leur manquent, et d'en acquitter les frais.

(Ibid., art. 26.)

280. Les chirurgiens de 3e. et de 2e. classe qui auront été employés aux armées, pourront faire valoir leurs années de service pour être dispensés des inscriptions.

Les élèves en médecine ou en chirurgie des armées, qui prouveront avoir suivi les cours de médecine établis dans les hôpitaux d'instruction militaire de la marine, pourront également faire compter chacune de ces années d'études, pour une année passée dans les écoles spéciales.

Les élèves qui prouveront avoir suivi la pratique des grands hôpitaux civils où il y a une instruction médicale établie, ou les leçons instituées par les diverses sociétés et réunions médicales qui se sont formées dans les départemens, pourront également être dispensés de quatre années d'études dans les écoles; mais ils seront tenus de justifier de leur assiduité dans ces hôpitaux ou lieux d'instruction, pendant au moins six années, et d'acquitter les frais des inscriptions.

Ceux des élèves qui ont fait preuve de capacité dans les écoles actuelles, suivant les formes qui ont été établies, et qui désireront échanger leur certificat de réception provisoire contre le diplôme, seront tenus de déclarer s'ils demandent celui de docteur en médecine ou celui de docteur en chirurgie; l'un ou l'autre leur sera délivré en payant la somme de 500 francs.

(Ibid., art. 27, 28, 29 et 30.)

281. Les médecins et chirurgiens actuellement établis, qui se sont fait recevoir depuis 1790 dans quelques-unes des Universités étrangères dont les titres n'étaient pas valables en France avant la révolution, ainsi que les médecins reçus dans quelques-unes des facultés de médecine de France, qui ont continué

leurs fonctions après 1793, peuvent se faire agréger à l'une des écoles de médecine. A cet effet, ils seront tenus de se présenter à l'une d'elles, munis des lettres de réception dont ils sont pourvus, et ils y soutiendront la thèse, dont ils acquitteront les frais seulement.

Il en sera de même pour ceux des chirurgiens anciennement connus sous le nom de *gagnant maîtrise*, qui, ayant fait leurs six années de service dans les grands hôpitaux, n'ont pu, par l'effet de la suppression des anciens colléges de chirurgie, terminer leur agrégation. Ils ne seront tenus que de soutenir la thèse, et de payer le montant de cet acte.

(Ibid., art. 31 et 32.)

Des juris pour la réception des officiers de santé.

282. Pour former les juris de médecine ordonnés par la loi du 19 ventôse an XI, les préfets adresseront, d'ici au 15 messidor prochain, au ministre de l'intérieur, une liste des docteurs en médecine et des chirurgiens reçus dans les colléges qui sont établis dans leurs départemens. Cette liste, sous forme de tableau, présentera leurs noms et prénoms, leur âge, l'époque et le lieu de leur réception, leurs ouvrages, les fonctions qu'ils ont remplies. Il sera fait par le ministre un rapport sur cette liste, et une présentation au gouvernement, qui nommera les deux membres du juri dans chaque chef-lieu de département.

(Ibid., art. 33.)

283. La nomination des professeurs de médecine qui doivent concourir, en qualité de commissaires, à la formation de ces juris, sera faite sur une liste double présentée au roi par chacune des écoles. Les départemens seront partagés entre les commissaires des écoles, de manière à former pour chacune d'elles un arrondissement qui puisse, en raison des localités et des distances, être parcouru facilement par les commissaires pendant les mois consacrés à l'examen et à la réception des officiers de santé. Ces arrondissemens seront faits suivant l'état annexé au présent arrêté. Les écoles de Paris et de Montpellier auront deux commissaires.

(Ibid., art. 34.)

284. Les juris des villes où sont établies les écoles seront formés par trois professeurs nommés sur une liste double, présentée au roi par chacune de ces écoles.

(Ibid., art. 35.)

285. Les examens des juris seront ouverts chaque année pendant les mois de prairial, messidor, thermidor, fructidor et

vendémiaire. Le ministre de l'intérieur déterminera les époques des examens dans chaque juri, de manière que les commissaires des écoles puissent assister à chacun d'eux, et les présider successivement.
(Ibid., art. 36.)

286. L'ouverture des examens sera annoncée par les préfets des départemens, et par les écoles dans les départemens où elles sont établies, un mois au moins avant le jour fixé. Les aspirans qui s'y présenteront seront tenus d'exhiber un certificat en bonne forme de leur temps d'études dans les écoles, ou de pratique dans les hospices et auprès des docteurs. Ils auront dû précédemment, et dans le cours des mois de germinal et de floréal, notifier aux préfets et aux écoles l'intention où ils sont de se faire recevoir dans l'année.

Dans le cas où, au 1er. germinal, le nombre des aspirans serait moindre de cinq, les préfets feront passer de suite à ceux qui leur auraient notifié l'intention de se faire recevoir, l'autorisation de se présenter au juri le plus voisin, qui, sur le vu de cette pièce, les admettra aux examens.
(Ibid., art. 37.)

287. Dans l'examen d'anatomie, les élèves feront, au moins sur le squelette, la démonstration des objets qui leur seront demandés. Dans l'examen de chirurgie, ils feront celle des instrumens portatifs qui sont d'usage ; ils simuleront de plus l'application des bandages et appareils, et les manœuvres des accouchemens.

Au troisième examen, il sera proposé une question sur un fait de pratique commune, que l'aspirant sera tenu de traiter par écrit. Il répondra ensuite aux interrogations qui lui seront faites par le juri.
(Ibid., art. 38 et 39.)

288. Le juri prononcera, au scrutin fermé, sur la capacité du candidat ; le diplôme, rédigé dans la forme du modèle n°. 11, joint au présent arrêté, sera délivré par les trois membres du juri.
(Ibid., art. 40.)

289. Les examens auront lieu dans une des salles de la préfecture. Les frais en seront réglés, savoir : à 60 fr. le premier, et à 70 fr. pour chacun des deux autres.
(Ibid., art. 41.)

De la réception des sages-femmes.

290. Les élèves sages-femmes seront soumises, dans les juris, à un examen dans lequel elles répondront aux questions qui

leur seront faites, et exécuteront sur le fantôme les opérations les plus simples des accouchemens. Il leur sera délivré gratuitement un diplôme suivant le modèle n°. 111, joint au présent arrêté.

Celles des élèves sages-femmes qui se présenteront aux écoles de médecine pour leur réception, seront soumises à deux examens. Elles devront avoir suivi au moins deux des cours de l'école ou de l'hospice de la Maternité, à Paris. Les frais de leur réception seront de 120 fr.; les sages-femmes ainsi reçues pourront s'établir dans tous les départemens.

(Ibid., art. 42 et 43.)

Administration et emploi des frais d'études et de réception.

291. Les frais d'études et de réception qui seront payés par les élèves et récipiendaires des écoles, seront versés dans une caisse confiée à l'un des professeurs qui sera désigné à cet effet par les professeurs de l'école réunis.

(Ibid., art. 44.)

292. Le produit en sera appliqué, 1°. à un traitement annuel et fixe en faveur de chaque professeur; 2°. à l'acquit des droits de présence pour ceux qui assisteront aux examens et aux thèses; 3°. aux dépenses d'entretien des bâtimens de l'école; 4°. à l'acquisition de tous les objets nécessaires aux études, examens et thèses, et aux frais de délivrance des diplômes; 5°. et le surplus, s'il y en a, à des dépenses nécessaires ou utiles à l'établissement de chaque école ou à l'instruction des élèves.

La fixation des sommes qui devront être affectées à chacun des objets énoncés en l'article précédent, sera faite par le gouvernement, sur la proposition des professeurs de chaque école, et le rapport du ministre de l'intérieur.

Le compte sera rendu chaque année dans une assemblée de professeurs de l'école, à laquelle assisteront le préfet du département, le président du tribunal d'appel ou criminel, et le commissaire du gouvernement près l'un ou l'autre de ces tribunaux.

(Ibid., art. 45, 46 et 47.)

293. Il sera tenu un compte séparé des recettes extraordinaires provenant des rétributions extraordinaires à payer par ceux qui demanderont un diplôme, suivant les dispositions de l'art. 30 du présent arrêté.

Une partie de ces recettes sera appliquée à une dépense extraordinaire sur l'avis de l'école, celui du préfet du département et le rapport du ministre de l'intérieur, en vertu d'une décision du gouvernement.

(Ibid., art. 48.)

294. Les rétributions provenant du droit d'examen à subir par les aspirans au titre d'officiers de santé, seront versées dans la caisse des hospices du chef-lieu du département, et le receveur en tiendra un compte séparé.

Le produit en sera appliqué, 1º. aux frais de voyage du professeur commissaire de l'école de médecine, président du juri; 2º. à une rétribution extraordinaire qui lui sera accordée, et au payement du professeur du cours d'accouchement, selon le § 2 de l'art. 30 de la loi du 19 ventôse an XI ; 3º. à une rétribution qui sera fixée par les examinateurs du juri. Le compte en sera rendu pardevant les membres du juri de chaque département, à leur réunion annuelle, en présence du préfet, du président et du commissaire du gouvernement près le tribunal de première instance.

(Ibid., art. 49, 50 et 51.)

Modèles de diplômes (1).

295. Nº. 1er. Modèle de diplôme de docteur en médecine ou en chirurgie.

Nous soussignés, docteurs en médecine et professeurs à l'école de médecine de   , en exécution de la loi du 19 ventôse an XI,

Certifions que le sieur (nom et prénoms), âgé de
natif de   , département de   ,
après avoir, conformément à l'article 6 de la loi précitée, subi les examens, savoir :

Le 1er. le   sur l'anatomie et la physiologie ;
Le 2e. le   sur la pathologie et la nosologie ;
Le 3e. le   sur la matière médicale, la chimie et la pharmacie ;

Le 4e. le   sur l'hygiène et la médecine légale, s'est présenté le   à l'examen de clinique (*interne* ou *externe*, suivant le vœu émis par le récipiendaire d'être docteur en médecine ou en chirurgie), et a soutenu, le   , une thèse ayant pour titre (indiquer le titre de la dissertation); dans lesquels actes probatoires, et qui ont eu lieu publiquement, le sieur
ayant fait preuve d'un savoir aussi solide qu'étendu, nous le déclarons pourvu des connaissances exigibles pour l'exercice de l'art de guérir, et à cet effet lui délivrons le présent diplôme

---

(1) Voyez plus loin, au § des grades et de leur collation dans les diverses facultés, la nouvelle formule des diplômes depuis l'établissement de l'Université. Les facultés délivrent des certificats d'aptitude, et les diplômes sont donnés par le grand-maître, au nom du roi.

de docteur en (médecine ou en chirurgie), muni du sceau de l'école.

Donné à l'école de médecine de
le   an
                Au nom de l'école,
Le comité d'administration.

296. N°. 2. Modèle de diplôme d'officier de santé.

Nous soussignés, composant le jury médical du département de   , en exécution de la loi du 19 ventôse an XI,

Certifions que le sieur (nom et prénoms), âgé de   , natif de   , après nous avoir exhibé la preuve de   (article 15 de la loi) années d'études près   (on indiquera si ce temps d'études a été passé sous un docteur en médecine ou en chirurgie, ou dans les hôpitaux ou dans les écoles), a subi, conformément à l'article 17 de la loi précitée, les examens ordonnés, savoir :

Le 1er. le   sur l'anatomie ;
Le 2e. le   sur les élémens de la médecine ;
Le 3e. le   sur la chirurgie et les connaissances les plus usuelles de la pharmacie ;

Dans lesquels examens, soutenus publiquement, le sieur   ayant fait preuve de capacité, nous le déclarons pourvu des connaissances suffisantes pour exercer les fonctions d'officier de santé, et à cet effet nous lui délivrons le présent diplôme.

297. N°. 3. Modèle de diplôme de sage-femme.

Nous soussignés, composant le jury médical du département de   , en exécution de la loi du 19 ventôse an XI,

Certifions que la   (nom et prénoms), âgée de   , native de   , après nous avoir exhibé, conformément à l'article 31 de la loi précitée, les certificats des cours qu'elle a suivis, a été par nous interrogée sur les différentes parties de la théorie et de la pratique des accouchemens, qu'il est indispensable à une sage-femme de connaître ; dans lequel examen ladite   ayant fait preuve de capacité, nous lui délivrons le présent diplôme de sage-femme.

298. ARRONDISSEMENS DES COMMISSAIRES

DES ÉCOLES DE MÉDECINE,

POUR LES JURIS DE RÉCEPTION DES OFFICIERS DE SANTÉ (1).

ÉCOLE DE PARIS.

Seine.	Cher.	Orne.
Seine-et-Oise.	Indre.	Sarthe.
Oise.	Indre-et-Loire.	Mayenne.
Seine-et-Marne.	Loir-et-Cher.	Maine-et-Loire.
Somme.	Loiret.	Vendée.
Aisne.	Eure-et-Loir.	Loire-Inférieure.
Marne.	Eure.	Ille-et-Vilaine.
Aube.	Seine-Inférieure.	Morbihan.
Yonne.	Calvados.	Côtes-du-Nord.
Nièvre.	Manche.	Finistère.

ÉCOLE DE MONTPELLIER.

Hérault.	Lot-et-Garonne.	Cantal.
Gard.	Landes.	Haute-Loire.
Ardèche.	Gers.	Allier.
Lozère	Basses-Pyrénées.	Basses-Alpes.
Aveyron.	Hautes-Pyrénées.	Hautes-Alpes.
Tarn.	Deux-Sèvres.	Bouches-du-Rhône.
Aude.	Charente-Inférieure.	Corse.
Pyrénées-Orientales.	Charente	Drôme.
Ariége.	Haute-Vienne.	Isère.
Haute-Garonne.	Vienne.	Tarn-et-Garonne.
Lot.	Corrèze.	Var.
Dordogne.	Creuse.	Vaucluse.
Gironde.	Puy-de-Dôme.	

ÉCOLE DE STRASBOURG.

Bas-Rhin.	Meuse.	Saône-et-Loire.
Haut-Rhin.	Meurthe.	Rhône.
Doubs.	Moselle.	Loire.
Haute-Saône.	Haute-Marne.	Ardennes.
Jura.	Côte-d'Or.	Nord.
Vosges.	Ain.	Pas-de-Calais.

(1) Ces arrondissemens étaient d'abord au nombre de cinq, et ils comprenaient, outre les anciens départemens, les pays réunis, soit au nord, soit à l'est. Depuis que ces divers pays ont cessé d'appartenir à la France, ceux des anciens départemens qui dépendaient des écoles de Mayence et de Turin ont été répartis entre les deux écoles de Strasbourg et de Montpellier, comme on le voit ici.

Traitement des professeurs des écoles de médecine.

299. A compter du 1ᵉʳ. vendémiaire an XII, et en exécution des lois du 11 floréal an X et du 19 ventôse an XI, et de l'arrêté du gouvernement du 20 prairial an XI, le traitement des professeurs et des employés dans les écoles de médecine est fixé comme il suit :

Les professeurs de toutes les écoles de médecine établies par la loi du 11 floréal an X, jouiront d'un traitement fixe et d'un traitement éventuel.

Le traitement fixe sera de 3000 francs pour chaque professeur. Ce traitement sera porté sur le budget annuel du ministre de l'intérieur, et payé sur ses ordonnances.

Le traitement éventuel se composera du produit des inscriptions, examens et réceptions, et sera employé conformément à l'article 45, section 8, de l'arrêté du 20 prairial.

(Arrêté du 13 vendémiaire an XII (6 octobre 1803), art. 1, 2, 3 et 4.)

300. Il est accordé pour les dépenses variables des écoles et pour le traitement des bibliothécaires, prosecteurs, conservateurs, garçons de laboratoire, jardiniers, hommes de peine, savoir : à l'école de Paris, 40,000 fr.; à celle de Montpellier, 30,000 fr.; à celle de Strasbourg, 20,000 fr.

Le surplus des dépenses variables de ces écoles sera pris sur le produit des frais d'étude et de réception, conformément aux articles 44 et 45, tit. 8, de l'arrêté du 20 prairial.

(Ibid., art. 5.)

301. L'état de répartition, pour toutes les dépenses variables comprises à l'article précédent, sera arrêté chaque année par l'école, et soumis au ministre de l'intérieur.

(Ibid., art. 6.)

Costumes des professeurs.

302. Les professeurs de l'école de médecine porteront un costume dans l'exercice de leurs fonctions.

Le grand costume sera porté aux examens, aux thèses, lors des prestations de sermens et des rapports aux tribunaux, et dans toutes les fonctions et cérémonies publiques. Il sera composé ainsi qu'il suit : habit noir à la française, robe de soie cramoisie en satin, avec des devans en soie noire, cravate de batiste tombante, toque en soie cramoisie, avec un galon d'or, et deux galons pour celle du directeur, chausse cramoisie en soie et bordée d'hermine.

Le petit costume sera porté aux leçons et aux assemblées particulières, et composé ainsi qu'il suit : robe noire d'étamine avec dos, devans de soie cramoisie, la même chausse de soie cramoisie, bordée d'hermine, habit, cravate et toque comme ci-dessus.

(Décret du 20 brumaire an XII (12 novembre 1803) art. 1er.)

Les simples docteurs en médecine, lorsqu'ils seront invités à quelques cérémonies publiques, lorsqu'ils prêteront serment, feront ou affirmeront des rapports, pourront porter le petit costume réglé à l'article premier.

(Ibid., art. 2.)

Les professeurs réunis de l'école, dans leurs fonctions, auront à leurs ordres un appariteur vêtu d'un habit noir avec le manteau de la même couleur, et portant une masse d'argent.

(Ibid., art. 3.)

DES ÉCOLES DE PHARMACIE (1).

Lieux où elles doivent être établies, et leur organisation.

303. Il sera établi une école de pharmacie à Paris, à Montpellier et à Strasbourg.

(Loi du 21 germinal an XI (11 avril 1803) art. 1er.)

304. Les écoles de pharmacie auront le droit d'examiner et de recevoir, pour tout le royaume, les élèves qui se destineront à la pratique de cet art. Elles seront de plus chargées d'en enseigner les principes et la théorie dans les cours publics, d'en surveiller l'exercice, d'en dénoncer les abus aux autorités, et d'en étendre les progrès.

(Ibid., art. 2.)

305. Chaque école de pharmacie ouvrira tous les ans, et à ses frais, au moins trois cours expérimentaux, l'un sur la botanique et l'histoire naturelle des médicamens, les deux autres sur la pharmacie et la chimie.

(Ibid., art. 3.)

306. Il sera pourvu par des règlemens d'administration publique à l'organisation des écoles de pharmacie, à leur admi-

---

(1) Un grand nombre de rapports essentiels lient les écoles de pharmacie aux facultés de médecine. Ces écoles sont établies, par une disposition expresse de la loi, dans les mêmes villes que les trois facultés. Les objets de leur enseignement spécial font partie de l'enseignement plus général que donnent les grandes écoles. Un ou plusieurs professeurs de ces grandes écoles sont chargés, ou exclusivement, ou conjointement avec d'autres examinateurs, de la réception des pharmaciens ; enfin, les professeurs des facultés sont expressément chargés de visiter, au moins une fois l'an, de concert avec les membres des écoles de pharmacie, les officines et magasins des pharmaciens et droguistes. Il nous a paru que le paragraphe des facultés de médecine serait incomplet, si l'on n'y joignait ce qui concerne les écoles de pharmacie.

nistration, à l'enseignement qui y sera donné, ainsi qu'à la fixation de leurs dépenses et au mode de comptabilité.

(Ibid., art. 4.)

307. Les donations et fondations relatives à l'enseignement de la pharmacie pourront être acceptées par les préfets au nom des écoles de pharmacie, avec l'autorisation du gouvernement.

(Ibid., art. 5.)

Des élèves en pharmacie et de leur discipline.

308. Les pharmaciens des villes où il y aura des écoles de pharmacie feront inscrire les élèves qui demeureront chez eux, sur un registre tenu à cet effet dans chaque école. Il sera délivré à chaque élève une expédition de son inscription, portant ses nom, prénoms, pays, âge et domicile; cette inscription sera renouvelée tous les ans.

Dans les villes où il n'y aura pas d'école de pharmacie, les élèves domiciliés chez les pharmaciens seront inscrits dans un registre tenu à cet effet par les commissaires généraux de police, ou par les maires.

(Ibid., art. 6 et 7.)

309. Aucun élève ne pourra prétendre à se faire recevoir pharmacien, sans avoir exercé pendant huit années au moins son art dans les pharmacies légalement établies. Les élèves qui auront suivi pendant trois ans les cours donnés dans une des écoles de pharmacie, ne seront tenus, pour être reçus, que d'avoir résidé trois autres années dans ces pharmacies.

(Ibid., art. 8.)

310. Ceux des élèves qui auront exercé pendant trois ans, comme pharmaciens de seconde classe, dans les hôpitaux militaires ou dans les hôpitaux civils, seront admis à faire compter ce temps dans les huit années exigées.

Ceux qui auront exercé dans les mêmes lieux, mais dans un grade inférieur, pendant au moins deux années, ne pourront faire compter ce temps, quel qu'il soit, que pour ces deux années.

(Ibid., art. 9.)

311. Les élèves payeront une rétribution annuelle pour chaque cours qu'ils voudront suivre dans les écoles de pharmacie. Cette rétribution, dont le *minimum* sera de 36 fr. pour chaque cours, sera fixée pour chaque école par le gouvernement.

(Ibid., art. 10.)

Du mode et des frais de réception des pharmaciens.

312. L'examen et la réception des pharmaciens seront faits, soit dans les écoles de pharmacie, soit par les juris établis dans chaque département pour la réception des officiers de santé par l'art. 16 de la loi du 19 ventôse an XI.
(Ibid., art. 11.)

313. Aux examinateurs désignés par le gouvernement pour les examens dans les écoles de pharmacie, il sera adjoint, pour chaque année, deux docteurs en médecine ou en chirurgie, professeurs des écoles de médecine; le choix en sera fait par les professeurs de ces écoles.

Pour la réception des pharmaciens par les juris de médecine, il sera adjoint à ces juris, par le préfet de chaque département, quatre pharmaciens légalement reçus, qui seront nommés pour cinq ans, et qui pourront être continués. A la troisième formation des juris, les pharmaciens qui en feront partie ne pourront être pris que parmi ceux qui auront été reçus dans l'une des écoles de pharmacie créées par la présente loi.

Ces juris, pour la réception des pharmaciens, ne seront point formés dans les villes où seront placées les écoles de médecine et les écoles de pharmacie.
(Ibid, art. 12, 13 et 14.)

314. Les examens seront les mêmes dans les écoles et devant les juris. Il seront au nombre de trois, deux de théorie, dont l'un sur les principes de l'art, et l'autre sur la botanique et l'histoire naturelle des drogues simples; le 3e. de pratique, durera quatre jours, et consistera dans au moins neuf opérations chimiques et pharmaceutiques désignées par les écoles ou par les juris. L'aspirant fera lui-même ces opérations, il en décrira les matériaux, les procédés et les résultats.
(Ibid., art. 15.)

315. Pour être reçu, l'aspirant, âgé au moins de 25 ans accomplis, devra réunir les deux tiers des suffrages des examinateurs. Il recevra des écoles ou des juris un diplôme qu'il présentera, à Paris, au préfet de police, et dans les autres villes au préfet du département, devant lequel il prêtera serment d'exercer son art avec probité et fidélité. Le préfet lui délivrera, sur son diplôme, l'acte de prestation du serment.
(Ibid., art. 16.)

316. Les frais d'examens sont fixés à 900 fr. dans les écoles de pharmacie, à 200 fr. pour les juris. Les aspirans seront tenus de faire en outre les dépenses des opérations et des démonstrations qui devront avoir lieu dans leur dernier examen.
(Ibid., art. 17.)

317. Le produit de la retribution des aspirans pour leurs études et leurs examens dans les écoles de pharmacie, sera employé aux frais d'administration de ces écoles, ainsi qu'il sera réglé par le gouvernement, conformément à l'art. 4 ci-dessus.

Le même règlement déterminera le partage de la rétribution payée par les pharmaciens pour leur réception dans les juris, entre les membres de ces juris.

(Ibid., art. 18 et 19.)

318. Tout mode ancien de réception dans des lieux et suivant des usages étrangers à ceux qui sont prescrits par la présente loi, est interdit, et ne donnera aucun droit d'exercer la pharmacie.

(Ibid., art. 20.)

De la police de la pharmacie.

319. Dans le délai de trois mois après la publication de la présente loi, tout pharmacien ayant officine ouverte sera tenu d'adresser copie légalisée de son titre, à Paris, au préfet de police, et dans les autres villes, au préfet du département.

Ce titre sera également produit par les pharmaciens, et sous les délais indiqués, aux greffes des tribunaux de première instance, dans le ressort desquels se trouve placé le lieu où ces pharmaciens sont établis.

(Ibid., art. 21 et 22.)

320. Les pharmaciens reçus dans une des écoles de pharmacie, pourront s'établir et exercer leur profession dans toutes les parties du territoire du royaume.

Les pharmaciens reçus par les juris ne pourront s'établir que dans l'étendue du département où ils auront été reçus.

(Ibid., art. 23 et 24.)

321. Nul ne pourra obtenir de patente pour exercer la profession de pharmacien, ouvrir une officine de pharmacie, préparer, vendre ou débiter aucun médicament, s'il n'a été reçu suivant les formes voulues jusqu'à ce jour, ou s'il ne l'est dans l'une des écoles de pharmacie, ou par l'un des juris, suivant celles qui sont établies par la présente loi, et après avoir rempli toutes les formalités qui y sont prescrites.

(Ibid., art. 25.)

322. Tout individu qui aurait une officine de pharmacie, actuellement ouverte, sans pouvoir faire preuve du titre légal qui lui en donne le droit, sera tenu de se présenter sous trois mois, à compter de l'établissement des écoles de pharmacie ou des juris, à l'une de ces écoles, ou à l'un de ces juris, pour y subir ses examens et y être reçu.

(Ibid., art. 26.)

323. Les officiers de santé établis dans des bourgs, villages ou communes où il n'y aurait point de pharmaciens ayant officine ouverte, pourront, nonobstant les deux articles précédens, fournir des médicamens simples ou composés aux personnes près desquelles ils seront appelés, mais sans avoir le droit de tenir officine ouverte.

(Ibid., art. 27.)

324. Les préfets feront imprimer et afficher, chaque année, les listes des pharmaciens établis dans les différentes villes de leur département ; ces listes contiendront les nom et prénoms des pharmaciens, les dates de leur réception et les lieux de leur résidence.

(Ibid., art. 28.)

325. A Paris, et dans les villes où seront placées les nouvelles écoles de pharmacie, deux docteurs et professeurs des écoles de médecine, accompagnés des membres des écoles de pharmacie, et accompagnés d'un commissaire de police, visiteront, au moins une fois l'an, les officines et magasins des pharmaciens et droguistes, pour vérifier la bonne qualité des drogues et médicamens simples et composés. Les pharmaciens et droguistes seront tenus de représenter les drogues et compositions qu'ils auront dans leurs magasins, officines et laboratoires. Les drogues mal préparées ou détériorées seront saisies à l'instant par le commissaire de police, et il sera procédé ensuite conformément aux lois et règlemens actuellement existans.

(Ibid., art. 29.)

326. Les mêmes professeurs en médecine et membres des écoles de pharmacie pourront, avec l'autorisation des préfets, sous-préfets et maires, et assistés d'un commissaire de police, visiter et inspecter les magasins de drogues, laboratoires et officines des villes placées dans le rayon de dix lieues de celles où sont établies les écoles, et se transporter dans tous les lieux où l'on fabriquera et débitera, sans autorisation légale, des préparations ou compositions médicinales. Les maires et adjoints, ou, à leur défaut, les commissaires de police, dresseront procès-verbal de ces visites, pour, en cas de contravention, être procédé contre les délinquans, conformément aux lois antérieures.

(Ibid., art. 30.)

327. Dans les autres villes et communes, les visites indiquées ci-dessus seront faites par les membres des juris de mé-

decine, réunis aux quatre pharmaciens qui leur sont adjoints par l'art. 13.

(Ibid., art. 31.)

328. Les pharmaciens ne pourront livrer et débiter des préparations médicinales ou drogues composées quelconques, que d'après la prescription faite par des docteurs en médecine ou en chirurgie, ou par des officiers de santé et sur leur signature. Ils ne pourront vendre aucun remède secret. Ils se conformeront, pour les préparations et compositions qu'ils devront exécuter et tenir dans leurs officines, aux formules insérées et décrites dans les dispensaires ou formulaires qui ont été rédigés ou qui le seront dans la suite par les écoles de médecine. Ils ne pourront faire dans les mêmes lieux ou officines aucun autre commerce ou débit que celui des drogues et préparations médicinales.

(Ibid., art. 32.)

329. Les épiciers et droguistes ne pourront vendre aucune composition ou préparation pharmaceutique, sous peine de 500 fr. d'amende. Ils pourront continuer de faire le commerce en gros de drogues simples, sans pouvoir néanmoins en débiter aucune au poids médicinal.

(Ibid., art. 33.)

330. Les substances vénéneuses, et notamment l'arsenic, le réalgar, le sublimé corrosif, seront tenues dans les officines de pharmacie et les boutiques des épiciers, dans des lieux seuls et séparés, dont les pharmaciens et épiciers seuls auront la clef, sans qu'aucun autre individu qu'eux puisse en disposer. Ces substances ne pourront être vendues qu'à des personnes connues et domiciliées qui pourraient en avoir besoin pour leur profession, ou pour cause connue, sous peine de 3,000 francs d'amende de la part des vendeurs contrevenans.

(Ibid., art. 34.)

331. Les pharmaciens et épiciers tiendront un registre coté et paraphé par le maire ou le commissaire de police, sur lequel registre ceux qui seront dans le cas d'acheter des substances vénéneuses inscriront de suite, et sans aucun blanc, leurs noms, qualités et demeures, la nature et la qualité des drogues qui leur auront été délivrées, l'emploi qu'ils se proposent d'en faire, et la date exacte du jour de leur achat : le tout à peine de 3,000 fr. d'amende contre les contrevenans. Les pharmaciens et les épiciers seront tenus de faire eux-mêmes l'inscription, lorsqu'ils vendront ces substances à des individus qui ne sau-

ront point écrire, et qu'ils connaîtront comme ayant besoin de ces mêmes substances.

(Ibid., art. 35.)

332. Tout débit au poids médicinal, toute distribution de drogues et préparations médicamenteuses sur des théâtres ou étalages, dans les places publiques, foires et marchés, toute annonce et affiche imprimée qui indiquerait des remèdes secrets, sous quelque dénomination qu'ils soient présentés, sont sévèrement prohibés. Les individus qui se rendraient coupables de ce délit seront poursuivis par mesure de police correctionnelle, et punis conformément à l'art. 83 du Code des délits et des peines.

(Ibid., art. 36.)

333. Ceux qui contreviendront aux dispositions de l'art. 36 de la loi du 21 germinal an XI, relative à la police de la pharmacie, seront poursuivis par mesure de police correctionnelle, et punis d'une amende de 25 à 600 fr., et en outre, en cas de récidive, d'une détention de trois jours au moins, et de dix au plus.

(Loi du 29 pluviôse an XIII, 18 février 1805.)

334. Nul ne pourra vendre à l'avenir des plantes ou des parties de plantes médicinales indigènes, fraîches ou sèches, ni exercer la profession d'herboriste, sans avoir subi auparavant, dans une des écoles de pharmacie, ou par devant un juri de médecine, un examen qui prouve qu'il connaît exactement les plantes médicinales, et sans avoir payé une rétribution qui ne pourra excéder 50 fr. à Paris, et 30 fr. dans les autres départemens, pour les frais de cet examen. Il sera délivré aux herboristes un certificat d'examen par l'école ou le juri par lesquels ils seront examinés, et ce certificat devra être enregistré à la municipalité du lieu où ils s'établiront.

(Loi du 21 germinal an XI (11 avril 1803) art. 37.)

335. Le gouvernement chargera les professeurs des écoles de médecine, unis aux membres des écoles de pharmacie, de rédiger un code ou formulaire, contenant les préparations médicinales et pharmaceutiques qui devront être tenues par les pharmaciens ; ce formulaire devra contenir des préparations assez variées pour être appropriées à la différence du climat et des productions des diverses parties du territoire français ; il ne sera publié qu'avec la sanction du gouvernement et d'après ses ordres (1).

(Ibid, art. 38.)

(1) Ce code a été publié sous le titre de *Codex medicamentarius*.

Composition des écoles. — Leur administration.

336. Les écoles de pharmacie seront composées d'un directeur, d'un trésorier et de trois professeurs. Dans les villes où la population le permettra, il pourra être nommé un ou deux adjoints aux professeurs.

A Paris, il y aura quatre professeurs : chacun des professeurs et le directeur auront un adjoint.

Arrêté du gouvernement du 25 thermidor an XI (13 août 1803) art. 1er.)

337. Le directeur, le trésorier, le directeur adjoint, et dans les écoles où cette dernière place n'aura pas lieu, un des professeurs formeront l'administration de l'école. Ils seront chargés de la représenter, de suivre les affaires qui l'intéressent, d'y maintenir la discipline, et de dénoncer aux autorités les abus qui surviendront.

Le directeur restera en place pendant cinq ans, et sera remplacé par le directeur adjoint ou le professeur qui en tiendra la place ; l'un et l'autre pourront être réélus. Le trésorier sera nommé pour trois ans, et sera rééligible.

(Ibid., art. 2 et 3.)

338. La première nomination aux places d'administration sera faite par le gouvernement. A chaque vacance, les membres des écoles réunis présenteront au gouvernement un candidat choisi, soit parmi les professeurs, soit parmi les pharmaciens reçus dans les écoles. Pendant les dix premières années, les candidats pourront être pris parmi les anciens pharmaciens reçus.

(Ibid., art. 4.)

339. Le directeur convoquera et présidera les assemblées, les examens et toutes les séances publiques. Il sera remplacé, en cas d'absence, par le directeur adjoint, ou par le professeur qui en tient lieu. En l'absence de l'un et de l'autre, le plus ancien d'âge des professeurs en remplira les fonctions.

Sur la demande des professeurs, le directeur sera tenu de convoquer une assemblée de l'école.

(Ibid., art. 5 et 6.)

340. L'administration s'assemblera au moins une fois par mois, et plus souvent si elle le juge nécessaire.

(Ibid., art. 7.)

341. Le trésorier sera chargé des recettes et des dépenses ordinaires.

Les dépenses extraordinaires seront arrêtées dans une assemblée des professeurs réunis à l'administration, et à la majorité des suffrages.

Chaque année, dans les premiers jours de vendémiaire, le trésorier rendra compte des recettes et dépenses de l'année précédente, dans une assemblée générale de l'école. Ce compte sera vérifié par les préfets de département, et, à Paris, par le préfet de police.

Il sera soumis ensuite à l'approbation du ministre de l'intérieur.

(Ibid. art., 8, 9 et 10.)

Instruction.

342. Chaque école de pharmacie ouvrira, tous les ans, quatre cours, savoir : le premier, sur la botanique ; le second, sur l'histoire naturelle des médicamens ; le troisième, sur la chimie ; le quatrième, sur la pharmacie.

Chacun des trois premiers sera spécialement applicable à la science pharmaceutique ; les deux premiers pourront être faits par le même professeur.

Dans les écoles où il y aura des adjoints, ceux-ci ne remplaceront les professeurs que dans le cas d'empêchement légitime, et d'après l'autorisation de l'école. Le directeur et le trésorier pourront également suppléer les professeurs.

(Ibid, art. 11 et 12.)

343. La première nomination des professeurs et des adjoints sera faite par le gouvernement. Lorsqu'une chaire deviendra vacante, l'école, conformément à l'art. 26 de la loi du 11 floréal an X, sur l'instruction publique, présentera au gouvernement un des trois candidats appelés à la remplir. Les uns et les autres seront également pris parmi les pharmaciens reçus dans l'une des écoles, ou dans les ci-devant collèges. Les mêmes mesures seront adoptées pour la nomination aux places de professeurs adjoints.

(Ibid., art. 13.)

344. Les professeurs sont conservateurs, chacun dans sa partie, des objets servant à l'usage des cours.

(Ibid., art. 14.)

345. Les frais que nécessiteront les cours seront réglés et arrêtés tous les ans dans une assemblée de l'école, convoquée à cet effet.

(Ibid., art. 15.)

346. Les cours commenceront annuellement le 1er. germinal, et finiront le 1er. fructidor. Ils seront annoncés par des affiches.

(Ibid., art. 16.)

347. Les professeurs titulaires recevront une indemnité qui

ne pourra excéder 1,500 fr. pour chacun ; le bureau d'administration fixera l'indemnité que recevront les adjoints pour les leçons qu'ils seront chargés de faire.

(Ibid., art. 17.)

348. Les élèves qui suivront les cours seront tenus de s'inscrire au bureau d'administration de l'école. Après cette inscription et le payement de la rétribution fixée d'après l'art. 10 de la loi, il leur sera délivré une carte qu'ils présenteront pour être admis aux leçons.

A la fin des cours, il sera délivré des certificats d'études aux élèves qui les auront suivis. Ces certificats ne seront accordés que sur l'attestation du professeur qui prouvera l'assiduité de l'élève aux leçons.

Pour constater l'assiduité des élèves qui suivront les cours, chaque professeur aura une feuille de présence, sur laquelle les élèves s'inscriront à chaque séance ; il sera fait en outre un appel au moins une fois par semaine.

Le relevé des feuilles fait à la fin du cours constatera l'assiduité des élèves, auxquels il ne pourra être délivré de certificats qu'autant que, par des raisons légitimes, ils ne se seront pas absentés plus de six fois.

(Ibid., art. 18 et 21.)

349. Les écoles seront autorisées à prélever sur leurs fonds une somme destinée à une distribution annuelle de prix. A cet effet, il y aura, à la fin de l'année scolaire, un concours ouvert pour chacune des sciences qui seront enseignées dans ces écoles.

(Ibid., art. 22.)

Réceptions : 1°. dans les écoles.

350. Lorsqu'un élève voudra se faire recevoir, il se munira des certificats de l'école où il aura étudié, et des pharmaciens chez lesquels il aura pratiqué son art, ainsi que d'une attestation de bonnes vie et mœurs, signée de deux citoyens domiciliés et de deux pharmaciens reçus légalement. Il y joindra son extrait de naissance, pour prouver qu'il a vingt-cinq ans accomplis, et une demande écrite.

(Ibid., art. 23.)

351. L'école, dans sa plus prochaine assemblée, délibérera sur la demande de l'aspirant, et, d'après le rapport du directeur, si elle juge ses certificats suffisans, elle lui indiquera un jour pour commencer ses examens. Extrait de cette délibération lui sera remis par écrit, et il en sera donné avis par le directeur de

l'école dans les vingt-quatre heures aux deux professeurs des écoles de médecine désignés pour les examens.

L'intervalle entre chaque examen sera au plus d'un mois. Ces examens seront publics ; ils n'auront lieu qu'après le dépôt fait à la caisse de l'école de la somme fixée pour chacun d'eux.

Dans lesdits examens, l'aspirant sera interrogé par les deux professeurs de l'école de médecine, par le directeur et deux professeurs de l'école de pharmacie. Ces derniers alterneront à cet effet.

Ceux des membres de l'école qui ne seront pas appelés à interroger, seront néanmoins invités à assister aux examens, et recevront une part des droits de présence fixés pour ces actes.

(Ibid., art. 24... 26.)

352. Chaque examen fini, tous les membres présens procéderont au scrutin, dont le dépouillement sera fait par le directeur, qui en annoncera le résultat à l'assemblée et au candidat. Pour être admis, il faudra avoir réuni au moins les deux tiers des suffrages des présens à l'acte.

Dans le cas où le candidat n'aurait pas réuni les suffrages, il sera tenu de subir de nouveau son examen ; mais il ne pourra se représenter qu'au bout de trois mois. Si, à cette seconde épreuve, il n'a pas encore réuni les suffrages, il sera ajourné à un an ; il ne pourra même se présenter à une autre école qu'après ce délai expiré.

(Ibid., art. 27 et 28.)

353. Les examens achevés, si le candidat est admis, il lui sera délivré, dans la huitaine, un diplôme de pharmacien, suivant le modèle n°. 1er. ci-annexé, signé, au nom de l'école, par le directeur et son adjoint, et par les docteurs présens aux examens. Ce diplôme sera légalisé par les autorités compétentes.

(Ibid., art. 29.)

354. Les droits de présence dans tous les examens seront de 10 fr. pour les professeurs de l'école de médecine, et pour le directeur de l'école de pharmacie. Ils seront de 6 fr. pour les professeurs de ces écoles qui seront examinateurs, et de moitié de cette dernière somme pour les membres présens qui ne seront point examinateurs.

Les frais pour les examens seront fixés, savoir : pour chacun des deux premiers, à 200 fr.; pour le troisième à 500 fr. Les frais des opérations exigées des aspirans et qui seront à leur charge, suivant l'art. 17 de la loi du 21 germinal an XI, ne pourront excéder 300 fr.

(Ibid., art. 30 et 31.)

2°. Dans les juris.

355. Les élèves en pharmacie qui désireront se faire recevoir par les juris, adresseront, au moins deux mois d'avance, au préfet du département, leurs demandes, avec les certificats d'études, attestations de bonnes vie et mœurs, et autres actes mentionnés article 23. Sur le vu de ces pièces, et si elles sont jugées suffisantes, le préfet les informera du jour où l'ouverture du juri pour les examens de pharmacie aura été fixée.

(Ibid., art. 32.)

356. Les examens devant les juris seront publics; ils se succéderont sans intervalle, s'il n'y a pas lieu de remettre l'aspirant à un autre temps, dans lequel cas il sera ajourné à la tenue du juri de l'année suivante. Les préfets désigneront aux juris un local et les moyens nécessaires pour que ces examens, surtout celui de pratique, puissent être faits convenablement.

Ibid., art. 33.)

357. Les examens finis, si le candidat a réuni les deux tiers des suffrages, il lui sera délivré par le juri un diplôme de pharmacien, suivant le modèle n°. 2 ci-annexé, lequel sera signé par tous les membres composant le juri.

(Ibid., art. 34.)

358. Les frais de ces examens seront fixés, savoir : pour chacun des deux premiers, à 50 fr., et 100 fr. pour le troisième.

La rétribution sera fixée à une somme égale, dans ces examens, pour chacun des membres du juri.

(Ibid., art. 35 et 36.)

Police : Élèves et pharmaciens.

359. Il sera tenu, au bureau de l'administration de chaque école, un registre sur lequel s'inscriront les élèves attachés aux pharmaciens des villes où il y aura des écoles établies. Extrait de cette inscription lui sera remis, signé par l'administration.

(Ibid., art. 37.)

360. Aucun élève ne pourra quitter un pharmacien sans l'avoir averti huit jours d'avance.

Il sera tenu de lui demander un acte qui constate que l'avertissement a été donné. En cas de refus du pharmacien, l'élève fera sa déclaration au directeur de l'école et au commissaire de police, ou au maire qui l'aura inscrit.

(Ibid., art. 38.)

361. L'élève qui sortira de chez un pharmacien ne pourra entrer dans une autre pharmacie, qu'en faisant sa déclaration

à l'école de pharmacie et au commissaire de police, ou au maire qui l'aura inscrit.

(Ibid., art. 39.)

362. Les pharmaciens qui voudront former un établissement dans les villes où il y aura une école autre que celle où ils auront obtenu leur diplôme, seront tenus d'en informer l'administration de l'école, à laquelle ils présenteront leur acte de réception, en même temps qu'ils le produiront aux autorités compétentes.

(Ibid., art. 40.)

363. Au décès d'un pharmacien, la veuve pourra continuer de tenir son officine ouverte pendant un an, aux conditions de présenter un élève âgé au moins de vingt-deux ans, à l'école, dans les villes où il en sera établi; au juri de son département, s'il est rassemblé; ou aux pharmaciens agrégés au juri par le préfet, si c'est dans l'intervalle des sessions de ce juri.

L'école, ou le juri, ou les quatre pharmaciens agrégés, s'assureront de la moralité et de la capacité du sujet, et désigneront un pharmacien pour diriger et surveiller toutes les opérations de son officine.

L'année révolue, il ne sera plus permis à la veuve de tenir sa pharmacie ouverte.

(Ibid., art. 41.)

Visite et inspection chez les pharmaciens.

364. Il sera fait, au moins une fois par an, conformément à la loi, des visites chez les pharmaciens, les droguistes et les épiciers. A cet effet, le directeur de l'école de pharmacie s'entendra avec celui de l'école de médecine, pour demander aux préfets de départemens, et, à Paris, au préfet de police, d'indiquer le jour où les visites pourront être faites, et de désigner le commissaire qui devra y assister.

Il sera payé pour les frais de ces visites 6 fr. par chaque pharmacien, et 4 fr. par chaque épicier ou droguiste, conformément à l'article 16 des lettres-patentes du 10 février 1780.

(Ibid., art. 42.)

Des herboristes.

365. Dans les départemens où seront établies les écoles de pharmacie, l'examen des herboristes sera fait par le directeur, le professeur de botanique, et l'un des professeurs de l'école de médecine.

Cet examen aura pour objet la connaissance des plantes médicinales, les précautions nécessaires pour leur dessiccation et leur conservation. Les frais de cet examen, fixés à 50 fr. à Paris, et à 30 francs dans les autres écoles, ainsi que dans les juris, seront partagés également entre les examinateurs des écoles ou des juris.

Dans les juris, l'examen sera fait par l'un des docteurs en médecine ou en chirurgie, et deux des pharmaciens adjoints au juri. La rétribution sera la même pour chacun des examinateurs.

(Ibid., art. 43 et 44.)

366. Il sera délivré à l'herboriste reçu dans les écoles un certificat d'examen, signé de trois examinateurs, lequel sera enregistré, ainsi qu'il est prescrit par la loi. Dans les juris ce certificat sera signé par tous les membres du juri.

(Ibid., art. 45.)

367. Il sera fait annuellement des visites chez les herboristes, par le directeur et le professeur de botanique, et l'un des professeurs de l'école de médecine, dans les formes voulues par l'art. 29 de la loi.

Dans les communes où ne sont pas situées ces écoles, ces visites seront faites conformément à l'art. 31 de la loi.

(Ibid., art. 46.)

Diplômes et certificats.

368. N°. 1. Modèle de diplôme de pharmacien, à délivrer par les écoles.

Nous soussignés, professeurs à l'école de pharmacie de   , et professeurs à l'école de médecine de la même ville, en exécution de la loi du 21 germinal an XI, certifions que le S^r.   âgé de   , natif de   , après avoir subi, conformément à l'art. 15 de la loi précitée, les deux examens de théorie, savoir : le 1er., le   sur les principes de l'art, et le 2e., le   sur la botanique et l'histoire naturelle des drogues simples, s'est présenté le   à l'examen pratique, lequel a consisté en (indiquer le nombre des opérations, lequel, d'après la loi, doit être de neuf au moins) opérations chimiques et pharmaceutiques qui lui ont été désignées, et qu'il a exécutées lui-même.

Dans lesquels actes probatoires et qui ont eu lieu publiquement, le S^r. ayant donné des preuves de son savoir, nous le déclarons pourvu des connaissances exigibles pour l'exercice de la pharmacie, et, à cet effet, nous lui délivrons le présent diplôme, muni du sceau de l'école.

369. N°. 2. Modèle de diplôme de pharmacien, à délivrer par les juris.

Nous soussignés docteurs en médecine et en chirurgie, composant le jury médical du département d   et pharmaciens adjoints audit jury, et nommés par le préfet du département, en exécution de l'art. 13 de la loi du 21 germinal an onze, relative à l'organisation et à la police de la pharmacie, certifions que le S^r.   âgé de   , natif d   , après avoir subi, conformément à l'art. 15 de la loi précitée, les deux examens de théorie, savoir : le 1er., le   , sur les principes de l'art, et le 2e., le   , sur la botanique et l'histoire naturelle des drogues simples, s'est présenté le   à l'examen pratique ; lequel a consisté en   opérations chimiques et pharmaceutiques qui lui ont été désignées et qu'il a exécutées lui-même,

Dans lesquels actes probatoires, et qui ont eu lieu publiquement, le S^r.   , ayant donné des preuves de son savoir, nous le déclarons pourvu des connaissances exigibles pour l'exercice de la pharmacie, et, à cet effet, lui délivrons le présent diplôme, muni du sceau du jury.

370. N°. 3. Certificat d'herboriste.

Nous soussignés (professeurs à l'école de pharmacie de   , et professeurs à l'école de médecine de la même ville) ou (docteurs en médecine et en chirurgie composant le jury médical du département d   , et pharmaciens adjoints audit jury, nommés par le préfet du département) en exécution de la loi du 21 germinal an onze, relative à l'organisation et à la police de la pharmacie, certifions que le S^r.   , âgé de   , natif d   , a subi l'examen prescrit par l'art. 37 de la loi ; dans lequel examen, ledit S^r.   , ayant donné la preuve qu'il connaît avec exactitude les plantes médicinales, nous lui délivrons le présent certificat.

Les écoles deviennent facultés.—Modifications apportées aux règlemens antérieurs.

371. Les cinq écoles actuelles (1) de médecine formeront cinq facultés de même nom appartenant aux académies dans lesquelles elles sont placées. Elles conserveront l'organisation déterminée par la loi du 19 ventôse an XI.

(Décret du 17 mars 1808, art. 12.)

372. Les dispenses d'examen, pour être reçu à soutenir une

---

(1) Le décret du 20 prairial an XI établissait deux nouvelles écoles, l'une à Turin, l'autre à Mayence.

thèse à l'effet d'obtenir le diplôme de docteur, dans les cas prévus par l'art. 11 de la loi du 19 ventôse an XI, et par les articles 31 et 32 de l'arrêté du 20 prairial de la même année, portant règlement pour l'exercice de la médecine, seront données par le grand-maître, sur le rapport du recteur de l'académie où le diplôme sera demandé. Ces dispenses ne pourront être accordées que jusqu'au premier janvier 1815.

Les dispenses d'inscription mentionnées aux articles 27, 28 et 29 dudit arrêté du 20 prairial an XI seront aussi délivrées par le grand-maître, sur le rapport du recteur.

Le recteur cotera, paraphera et clorra le registre des inscriptions, tenu par le secrétaire de la faculté. Il visera et délivrera les diplômes des gradués, conformément à l'article 96 du décret du 17 mars 1808.

Il sera procédé, pour la formation des budgets des facultés de médecine et pour le payement de leurs dépenses, ainsi qu'il a été réglé par les articles 5, 6, 8, 9 et 10 du présent décret, pour les facultés de droit.

(Décret du 4 juin 1809, art. 12... 15.)

373. Les professeurs des écoles secondaires de médecine et des cours d'instruction médicale institués dans les hôpitaux des différentes villes de notre royaume, et les étudians qui suivent ces écoles et ces cours, seront soumis à la discipline du corps enseignant, et placés à cet égard sous l'autorité de notre commission de l'instruction publique.

(Ordonnance du 18 mai 1820.)

374. Il sera fait par la commission de l'instruction publique un règlement pour appliquer, avec les modifications convenables, aux facultés de médecine les dispositions de la présente ordonnance et de celle du 5 juillet, relatives à l'ordre à suivre dans les cours, aux époques des examens, et aux études préalables à exiger de ceux qui ne se présentent à ces facultés que dans l'intention d'y obtenir le diplôme d'officier de santé.

(Ordonnance du 4 octobre 1820, art. 10.)

Nouvelle organisation de la faculté de médecine de Paris.

375. La faculté de médecine de l'académie de Paris se compose de vingt-trois professeurs chargés des diverses parties de l'enseignement, ainsi qu'il sera réglé au titre 2.

Sont attachés à ladite faculté trente-six agrégés, dont un tiers en stage, et deux tiers en exercice, et un nombre indéterminé d'agrégés libres.

(Ordonnance du 2 février 1823, art. 1er.)

Des agrégés.

376. Les agrégés en exercice sont appelés à suppléer les professeurs en cas d'empêchement, à les assister pour les appels, et à faire partie des juris d'examen et de thèse, sans toutefois pouvoir s'y trouver en majorité. Ils ont, dans l'instruction publique, le même rang que les suppléans des professeurs des écoles de droit.

Le grade d'agrégé n'est conféré qu'à des docteurs en médecine ou en chirurgie, âgés de vingt-cinq ans.

La durée du stage est de trois ans ; celle de l'exercice, de six ans ; ceux qui l'ont terminée deviennent agrégés libres.

Néanmoins, les vingt-quatre agrégés qui seront nommés pour la première formation, entreront immédiatement en exercice, et la moitié d'entre eux, désignée par le sort, devra être renouvelée après trois ans.

Dans la suite, les renouvellemens continueront à s'effectuer tous les trois ans, de manière qu'à chacun d'eux, douze agrégés entrent en stage, douze passent du stage en exercice, et douze deviennent agrégés libres.

Les délais fixés par le présent article ne courront qu'à dater de la prochaine année scolaire.

(Ibid., art. 2 et 3.)

377. Les seuls agrégés dans le ressort de la faculté de Paris peuvent être autorisés, par le grand-maître, à faire des cours particuliers.

Ceux d'entre eux qui ont atteint l'âge exigé sont, de droit, candidats pour les places de professeurs qui viennent à vaquer.

Ces prérogatives sont communes aux agrégés des trois classes : ils n'en peuvent être privés que par une décision du conseil de l'Université, rendue dans les formes ordinaires.

(Ibid., art. 4.)

378. Après la première formation, le grade d'agrégé ne sera donné qu'au concours. Seulement le grand-maître pourra, sur l'avis favorable de la faculté, du conseil académique et du conseil royal, conférer le titre d'agrégé libre à des docteurs en médecine ou en chirurgie, âgés de quarante ans au moins, et qui se seraient distingués par des ouvrages ou des succès dans leur profession.

Leur nombre ne pourra jamais être de plus de dix, et ils n'auront droit de candidature que pour les chaires de clinique.

(Ibid., art. 5.)

TITRE III.

Du doyen.

379. Le doyen est chef de la faculté ; il est chargé, sous l'autorité du recteur de l'académie, de diriger l'administration et la police, et d'assurer l'exécution des règlemens ; il ordonnance les dépenses conformément au budget annuel. Il convoque et préside l'assemblée de la faculté, formée de tous les professeurs titulaires. Celle-ci lui adjoint, tous les ans, deux de ses membres, à l'effet de le seconder dans ses fonctions, de le remplacer en cas d'empêchement, et de lui donner leur avis pour tout ce qui concerne l'administration.

(Ibid., art. 6.)

Délibérations de la faculté ; sa juridiction.

380. L'assemblée de la faculté délibère sur les mesures à prendre ou à proposer, concernant l'enseignement et la discipline, sur la formation du budget, sur les dépenses extraordinaires, ainsi que sur les comptes rendus par le doyen et par l'agent comptable.

Ses délibérations exigent la présence de la moitié, plus un, de ses membres : elles sont prises à la majorité absolue des suffrages, et ne sont exécutoires qu'après avoir été approuvées, selon les cas et conformément aux règlemens, soit par le recteur, soit par le conseil royal, soit par le grand-maître.

La faculté exerce en outre la juridiction qui lui est attribuée par les statuts de l'Université.

Ibid., art. 7.)

De l'agent comptable ; des divers fonctionnaires et employés.

381. L'agent comptable est chargé des recettes et des payemens ; il est soumis à toutes les conditions imposées aux comptables de deniers publics, et fournit un cautionnement qui ne peut être moindre du dixième des recettes.

Sont fonctionnaires de la faculté, un bibliothécaire, un conservateur des cabinets, un chef des travaux anatomiques.

Sont employés de la faculté, des préparateurs et des aides de chimie et pharmacie, des chefs de clinique, un jardinier en chef du jardin botanique, des prosecteurs, des aides d'anatomie.

(Ibid., art. 8, 9 et 10.)

Nomination des professeurs, du doyen, et des divers fonctionnaires et employés.

382. Pour la première fois, les professeurs seront nom-

més par nous, et les deux tiers des agrégés par le grand-maître.

Avant la fin de la présente année scolaire, la nomination de l'autre tiers des trente-six agrégés sera faite au concours, dans les formes que réglera, à cet effet, le conseil de l'Université.

(Ibid., art. 11.)

383. Toutes les fois qu'il y aura désormais à pourvoir à une place de professeur, trois candidats seront présentés par l'assemblée de la faculté, trois par le conseil académique, les uns et les autres pris dans les agrégés, et la nomination sera faite parmi ces candidats, par le grand-maître, conformément aux règlemens qui régissent l'Université.

Pourront être compris dans les présentations, objet du présent article, les professeurs et les agrégés des autres facultés de médecine du royaume.

(Ibid., art. 12.)

384. Le doyen sera nommé pour cinq ans, par le grand-maître, parmi les professeurs de la faculté. Ses fonctions seront toujours révocables.

(Ibid., art. 13.)

385. Le grand-maître nommera, sur la proposition de la faculté et l'avis du recteur, les fonctionnaires de l'école dont il est parlé à l'article 9, ainsi que l'agent comptable.

Seront nommés par le doyen, avec l'approbation du recteur, et sur la proposition de la faculté, les employés mentionnés à l'article 10.

Le doyen nommera, sans présentation préalable, les employés des bureaux et les gens de service.

(Ibid., art. 14.)

Inamovibilité des professeurs et des agrégés.

386. Les professeurs et les agrégés ne pourront être révoqués de leurs fonctions que conformément aux règles établies pour les membres de l'Université.

Les formes prescrites pour les nominations, objet de l'article précédent, devront être observées toutes les fois qu'il y aura lieu à la révocation des mêmes fonctionnaires ou employés.

(Ibid., art. 15.)

Incompatibilité de leurs fonctions avec celles d'inspecteur.

387. Nul ne peut être à la fois professeur de la faculté de médecine, et inspecteur de l'Université ou de l'académie.

(Ibid., art. 16.)

Traitemens.

388. Le traitement fixe des professeurs est maintenu tel qu'il est actuellement. Ils continueront à recevoir un traitement éventuel et des droits de présence, lesquels seront déterminés, tous les ans, par le conseil de l'Université.

Il sera également alloué des droits de présence aux agrégés qui rempliront des fonctions dans la faculté; ils recevront en outre, des professeurs qu'il remplaceront, une indemnité égale à la moitié du traitement éventuel de ces derniers, pendant la durée du remplacement.

Le doyen, indépendamment de ses émolumens comme professeur, recevra un préciput, lequel demeure fixé à 3,000 francs par an.

Les traitemens des autres fonctionnnaires et des employés seront réglés par le conseil de l'Université, sur la proposition de la faculté et l'avis du recteur.

(Ibid., art. 17 et 18.)

Nombre et objet des chaires. — Distribution des cours.

389. Les chaires de la faculté de médecine de Paris sont divisées ainsi qu'il suit :

1°. Anatomie;
2°. Physiologie;
3°. Chimie médicale;
4°. Physique médicale;
5°. Histoire naturelle médicale;
6°. Pharmacologie;
7°. Hygiène;
8°. Pathologie chirurgicale;
9°. Pathologie médicale;
10°. Opérations et appareils;
11°. Thérapeutique et matière médicale;
12°. Médecine légale;
13°. Accouchemens, maladies des femmes en couche et des enfans nouveau nés.

(Ibid., art. 19.)

390. Deux professeurs seront attachés à la chaire de pathologie chirurgicale;

Deux à la chaire de pathologie médicale;

Et un seul à chacune des autres chaires mentionnées ci-dessus.

Indépendamment des cours distribués ainsi qu'il vient d'être réglé, quatre professeurs seront chargés de la clinique médicale, trois de la clinique chirurgicale, et un de la clinique des accouchemens.

(Ibid., art. 20 et 21.)

391. Les cours devront être faits complétement chaque année; une délibération de la faculté, prise avant leur ouverture, déterminera leur durée, les jours et les heures auxquels ils auront lieu, ainsi que toutes les dispositions concernant l'enseignement et le bon ordre qu'il sera jugé utile de prescrire.

Le programme ainsi arrêté, sera immédiatement rendu public.

(Ibid., art. 19... 22.)

Admission des élèves, inscriptions, examens et réceptions.

392. Les études des élèves seront attestées par des inscriptions prises une à une tous les trois mois, pendant la première quinzaine de chaque trimestre.

Il sera ouvert, à cet effet, au bureau de la faculté un registre coté et paraphé par le doyen, sur lequel les élèves apposeront de leur propre main leurs nom, prénoms, âge, lieu de naissance, leur demeure actuelle, le numéro de l'inscription qu'ils prendront, la date du jour et de l'année, et enfin leur signature. Il sera délivré à chaque élève ainsi inscrit une carte d'inscription.

(Ibid., art. 23.)

393. Nul ne sera admis à prendre des inscriptions, s'il ne produit :

1°. Son acte de naissance;

2°. Un certificat de bonne conduite et de bonnes mœurs, délivré par le maire de sa commune, et confirmé par le préfet;

3°. Le diplôme de bachelier ès-lettres et celui de bachelier ès-sciences;

4°. Et s'il est mineur, le consentement de ses parens ou tuteur à ce qu'il suive les cours de la faculté.

(Ibid., art. 24.)

394. A la fin de chaque trimestre, il sera rendu compte par le doyen au recteur, et par celui-ci au grand-maître, de l'accomplissement des garanties exigées par les deux articles précédens, et des autres obligations imposées aux élèves par notre ordonnance du 5 juillet 1820, laquelle sera affichée, avec les dispositions de la présente, relatives aux mêmes objets, dans les salles destinées aux cours de la faculté et aux inscriptions.

(Ibid., art. 25.)

395. Jusqu'à ce qu'il en soit autrement ordonné, le conseil de l'Université déterminera la composition des jurys d'examen et de thèse, ainsi que les formes et les matières des divers examens, sans toutefois pouvoir s'écarter des règles en vigueur pour les grades à conférer.

(Ibid., art. 26.)

Dispositions à l'égard des professeurs ou agrégés absens.

396. Les droits de présence ne pourront être accordés aux professeurs ni aux agrégés *absens*, quels que soient les motifs de leur absence.

Les professeurs qui, désignés pour un examen ou une thèse, se dispenseraient d'y assister sans en avoir prévenu le doyen, qui, dans ce cas, devra les faire remplacer, seront soumis, sur leur traitement, à une retenue égale à leur droit de présence, et double en cas de récidive, à moins qu'ils ne justifient d'une cause absolue et subite d'empêchement, et qu'elle ne soit agréée par la faculté.

L'agrégé qui aura commis la même faute trois fois dans la même année, ou qui, désigné pour remplacer un professeur, s'y serait refusé, et dont les motifs d'excuse pour l'un comme pour l'autre cas n'auront pas été agréés par la faculté, cessera de faire partie des agrégés en exercice.

Ibid., art. 27...29.)

Cas de suspension ou de destitution.

397. Tout professeur, tout agrégé, qui, dans ses discours, dans ses leçons ou dans ses actes, s'écarterait du respect dû à la religion, aux mœurs ou au gouvernement, ou qui compromettrait son caractère ou l'honneur de la faculté par une conduite notoirement scandaleuse, sera déféré par le doyen au conseil académique, qui, selon la nature des faits, provoquera sa suspension ou sa destitution, conformément aux statuts de l'Université.

(Ibid., art. 30.)

Cartes d'entrée pour les auditeurs inscrits ou non inscrits.

398. Nul individu étranger à la faculté ne pourra ni suivre les cours ni y assister, sans une permission du doyen, délivrée par écrit. Une semblable permission sera nécessaire pour tout étudiant de la faculté qui, n'ayant point été inscrit pour un cours, voudra le suivre ou y assister.

Nul ne pourra se présenter à une leçon sans être porteur de sa carte d'inscription ou de l'autorisation délivrée en vertu de l'article précédent. Il sera assigné aux uns et aux autres des places séparées, selon qu'ils seront inscrits ou qu'ils ne seront qu'autorisés.

Tout étudiant qui aura donné à une autre personne sa carte d'inscription ou l'autorisation qu'il aura reçue, encourra la perte d'une ou plusieurs inscriptions, ou même son exclusion de la faculté, si cette transmission a servi à produire du désordre.

(Ibid., art. 31... 33.)

Devoirs des élèves envers les professeurs. — Mesures en cas de trouble.

399. Les professeurs et les agrégés en fonction sont tenus de seconder le doyen pour le maintien et le rétablissement du bon ordre dans l'école. Les élèves leur doivent respect et obéissance.

Toutes les fois qu'un cours viendra à être troublé, soit par des signes d'approbation ou d'improbation, soit de toute autre manière, le professeur fera immédiatement sortir les auteurs du désordre, et les signalera au doyen, pour provoquer contre eux telle peine que de droit.

S'il ne parvient pas à les connaître et qu'un appel au bon ordre n'ait pas suffi pour le rétablir, la séance sera suspendue et renvoyée à un autre jour.

Si le désordre se reproduit aux séances subséquentes, les élèves de ce cours encourront, à moins qu'ils ne fassent connaître les coupables, la perte de leur inscription, sans préjudice des peines plus graves, si elles devenaient nécessaires (1).

(Ibid., art. 34 et 35.)

Répartition de tous les frais d'étude sur les seules inscriptions.

400. L'entière somme à payer par les élèves pour frais d'étude sera répartie sur les diverses inscriptions, de manière qu'il ne soit perçu pour les examens et les réceptions qu'un simple droit de présence, lequel sera réglé par le conseil de l'Université.

La présente disposition sera commune aux autres facultés de médecine du royaume.

(Ibid., art. 37.)

Maintien des statuts et règlemens en vigueur.

401. Les décrets, ordonnances ou règlemens en vigueur qui régissent l'Université en général et les facultés en particulier, continueront à être exécutés dans toutes leurs dispositions qui n'ont point été abrogées par les articles qui précèdent, et qui n'y sont point contraires.

(1) Voyez d'ailleurs ce qui est dit dans ce même titre, au § des facultés en général.

Le grand-maître de l'Université et le conseil royal feront tous nouveaux règlemens et donneront toutes instructions rendus nécessaires par la présente ordonnance.

(Ibid., art. 39 et 40.)

Nouvelle organisation de l'enseignement dans la faculté de médecine de Montpellier.

402. La chaire de chimie de la faculté de médecine de Montpellier est réunie à celle de pharmacie.

La chaire qui a pour titre *Institutes de médecine et Hygiène*, est supprimée.

La chaire intitulée *Nosologie et Pathologie* est restreinte à la pathologie interne ou médicale.

L'enseignement de la pathologie externe ou chirurgicale est réuni à la chaire de médecine opératoire.

(Ordonnance du 12 décembre 1824, art. 1... 4.)

403. Il est créé dans la faculté trois nouvelles chaires, savoir : une chaire spéciale d'anatomie, une chaire spéciale d'hygiène, et une chaire d'accouchement et de maladies des femmes et des enfans.

Nous nous réservons de nommer pour la première fois aux nouvelles chaires, comme aussi de pourvoir à une répartition convenable de l'enseignement.

(Ibid., art., 5 et 6.)

404. Sont attachés à la faculté vingt-un agrégés, dont un tiers en stage, deux tiers en exercice, et un nombre indéterminé d'agrégés libres.

La durée du stage est de trois ans, celle de l'exercice de six ans ; ceux qui ont terminé l'exercice deviennent agrégés libres.

Néanmoins, notre ministre secrétaire d'état des affaires ecclésiastiques et de l'instruction publique nommera, pour la première formation, quatorze agrégés qui entreront immédiatement en exercice, et dont une moitié, désignée par le sort, devra être renouvelée après trois ans.

Avant la fin de la seconde année scolaire, la nomination des sept autres agrégés sera faite au concours dans les formes que réglera à cet effet le conseil royal de l'instruction publique.

Dans la suite, les renouvellemens continueront à s'effectuer tous les trois ans, de manière qu'à chacune de ces périodes sept agrégés entrent en stage, sept passent du stage à l'exercice, et sept deviennent agrégés libres.

Les délais fixés par le présent article ne courront qu'à dater de la prochaine année scolaire.

(Ibid., art. 7.)

405. Après la première formation, le grade d'agrégé ne sera donné qu'au concours; néanmoins notre ministre secrétaire d'état des affaires ecclésiastiques et de l'instruction publique pourra, sur l'avis favorable de la faculté, du conseil académique et du conseil royal, conférer le titre d'agrégé libre à des docteurs en médecine et en chirurgie, âgés de quarante ans au moins, qui se seraient distingués par leurs ouvrages ou par des succès dans leur profession.

Le nombre des agrégés libres ainsi nommés ne pourra jamais être de plus de six, et ils n'auront droit de candidature que pour les chaires de clinique.

(Ibid., art. 8.)

406. Provisoirement, et jusqu'à ce qu'il en soit autrement ordonné, les agrégés en exercice pourront obtenir de notre ministre secrétaire d'état des affaires ecclésiastiques et de l'instruction publique la dispense de résider; mais, dans ce cas, quand ils viendront à Montpellier, ils ne pourront prendre part aux actes de la faculté, et recevoir des droits de présence qu'après deux mois consécutifs de domicile.

(Ibid., art. 9.)

407. Les seuls agrégés peuvent être autorisés à faire des cours particuliers à Montpellier. Néanmoins, les docteurs en médecine ou en chirurgie qui auraient déjà commencé des cours particuliers, et qui ne seront pas agrégés, pourront être autorisés à les continuer jusqu'à la fin de la présente année scolaire.

(Ibid., art. 10.)

408. Toutes les dispositions de l'ordonnance du 2 février 1823, qui ne sont pas modifiées par les articles ci-dessus, et qui n'y sont pas contraires, sont applicables à la faculté de médecine, à l'exception des art. 1, 11, 18, 19, 20 et 21 de ladite ordonnance.

Notre ministre de l'instruction publique et notre conseil royal de l'Université feront tous nouveaux règlemens et donneront toutes instructions rendus nécessaires par la présente ordonnance.

(Ibid., art. 11 et 12.)

Diverses dispositions relatives aux facultés de médecine de Paris, de Strasbourg, aux écoles secondaires de médecine de Bordeaux, au grade d'officier de santé.

409. Il sera établi à la faculté de médecine de Paris un quatrième professeur de clinique chirurgicale.

(Ordonnance du 26 mars 1829, art. 4.)

410. Il sera fait, pour compléter l'organisation de la faculté

de médecine de Strasbourg, un règlement universitaire sur des bases analogues à celles qui ont été déterminées par les ordonnances du 2 février 1823 et du 12 décembre 1824, pour les facultés de médecine de Paris et de Montpellier (1).

Les deux écoles secondaires de médecine établies à Bordeaux seront réunies en une seule. Les mesures nécessaires pour opérer cette réunion seront prescrites par un règlement universitaire.

(Ibid., art. 5 et 6.)

411. Il sera fait un règlement universitaire sur la forme, la durée et les matières des examens que les jurys médicaux feront subir aux aspirans au grade d'officier de santé.

(Ibid., art. 7.)

412. Notre conseil de l'instruction publique répartira l'enseignement entre les professeurs, de manière à ce que chacun d'eux soit chargé d'un cours déterminé.

(Ordonnance du 5 octobre 1830, art. 3.)

413. Les chaires devenues vacantes par suite de la présente ordonnance et celles qui le deviendront par démission, permutation ou décès, seront données au concours.

(Ibid., art. 4.)

414. Le privilège réservé aux agrégés par l'art. 4 de l'ordonnance du 2 février 1823, portant organisation de la faculté de médecine (de Paris), est aboli. Seront admissibles au concours, les docteurs en médecine ou en chirurgie, âgés de vingt-cinq ans accomplis.

(Ibid, art. 5.)

415. Notre ministre de l'instruction publique et des cultes nous fera incessamment un rapport sur les améliorations que l'enseignement et l'organisation des facultés et des écoles secondaires de médecine pourraient réclamer pour répondre aux progrès de la science et aux besoins de la société.

(Ibid., art. 6.)

Création d'une nouvelle chaire dans la faculté de médecine de Paris.

416. Il est créé, dans la faculté de médecine de Paris, une chaire de pathologie et de thérapeutique générales.

Notre ministre de l'instruction publique et des cultes, grand-maître de l'Université, nommera pour la première fois à cette chaire. Elle sera ensuite donnée au concours.

(Ordonnance du 16 février 1831.)

---

(1) Voir la 2e. partie, au titre des facultés.

§ V.

DES FACULTÉS DES SCIENCES (1).

Etablissement des facultés.

417. Il sera établi auprès de chaque lycée, chef-lieu d'une académie, une faculté des sciences. Le premier professeur de mathématiques du lycée en fera nécessairement partie. Il sera ajouté trois professeurs, l'un de mathématiques, l'autre d'histoire naturelle, et le troisième de physique et de chimie.

Le proviseur et le censeur y seront adjoints.

L'un des professeurs sera doyen.

(Décret du 17 mars 1808, art. 13.)

418. A Paris, la faculté des sciences sera formée de la réunion de deux professeurs du collége de France, de deux du muséum d'histoire naturelle, de deux de l'école polytechnique, et de deux professeurs de mathématiques des lycées.

Un de ces professeurs sera nommé doyen.

Le lieu où elle siégera, ainsi que celui de la faculté des lettres, sera déterminé par le chef de l'Université.

(Ibid., art. 14.)

Suppression de plusieurs facultés.

419. L'arrêté de notre commission de l'instruction publique, du 31 octobre 1815, qui supprime les facultés des sciences de Besançon, de Lyon et de Metz, est confirmé pour être exécuté à compter dudit jour 31 octobre 1815.

(Ordonnance du 18 janvier 1815.)

Rétablissement de la faculté des sciences de Lyon.

420. La faculté des sciences de Lyon est rétablie. Elle comprendra sept chaires : une de mathémathiques, comprenant l'analyse et la mécanique ; une d'astronomie ; une de physique ; une de chimie ; une de zoologie ; une de botanique ; une de minéralogie et de géologie.

La nomination des professeurs sera faite pour la première fois par notre ministre secrétaire d'état au département de l'instruction publique.

(Ordonnance du 9 décembre 1833, art. 1er. et 2.)

(1) Le décret fondamental ne renferme qu'un très-petit nombre de dispositions sur les facultés des sciences ; mais il donne au conseil de l'Université le pouvoir de faire les règlemens propres à chaque école ; et en 1808, le membre du conseil chargé spécialement de préparer l'organisation des facultés, fut M. Cuvier. On verra dans la deuxième partie comment il avait entendu et rempli cette mission importante.

La même observation s'applique aux facultés des lettres.

TITRE III.

§ VI.

DES FACULTÉS DES LETTRES.

421. Il y aura près de chaque lycée, chef-lieu d'une académie, une faculté des lettres. Elle sera composée du professeur de belles-lettres du lycée, et de deux autres professeurs, le proviseur et le censeur pourront leur être adjoints.

Le doyen sera choisi parmi les trois premiers membres.
(Ibid., art. 15.)

422. A Paris, la faculté des lettres sera formée de trois professeurs du collége de France, et de trois professeurs de belles-lettres des lycées.

Le lieu où elle siégera, ainsi que celui où se tiendront les actes de la faculté des sciences de Paris, sera déterminé par le chef de l'Université (1).
(Ibid.)

423. L'arrêté de notre commission de l'instruction publique, du 31 octobre 1815, qui supprime les facultés des lettres d'Amiens, de Bordeaux, de Bourges, de Cahors, de Clermont, de Douai, de Grenoble, de Limoges, de Lyon, de Montpellier, de Nancy, de Nismes, d'Orléans, de Pau, de Poitiers, de Rennes et de Rouen, est confirmé pour être exécuté à compter dudit jour 31 octobre 1815.
(Ordonnance du 18 janvier 1816, art. 1er.)

424. Dans toutes les académies, à l'exception de celles qui conservent des facultés des lettres, il sera formé une commission qui sera chargée d'examiner les candidats au grade de bachelier ès-lettres.
(Ibid., art. 2.)

425. Il sera adjoint aux professeurs de la faculté des lettres, et aux membres des commissions d'examen créées par notre ordonnance du 18 janvier 1816, un des professeurs de mathématiques ou de physique des colléges royaux, qui soit docteur ès-sciences.
(Ordonnance du 17 octobre 1821, art. 4.)

426. Il sera établi à Ajaccio une commission chargée d'examiner, dans les formes prescrites par les règlemens et statuts relatifs aux facultés des lettres, les aspirans au grade de ba-

---

(1) Ce lieu est l'ancienne Sorbonne. On doit au zèle et à l'activité de M. l'abbé Nicolle, nommé en 1820 membre du conseil, les travaux considérables qui ont fait, pour ainsi dire, sortir de ses ruines cet antique édifice, et qui ont permis d'y réunir les trois facultés de théologie, des sciences et des lettres, ainsi que l'administration de l'académie de Paris.

chelier ès-lettres, qui auront fait leurs études dans le département de la Corse.

Cette commission sera composée de l'inspecteur chargé des fonctions rectorales, président, du principal du collége d'Ajaccio, régent de rhétorique, et du professeur de philosophie et de physique de ce collége.

(Ordonnance du 16 septembre 1829.)

§ VII.

DES GRADES ET DE LEUR COLLATION DANS LES DIVERSES FACULTÉS (1).

427. Les grades ne donneront pas le titre de membre de l'Université, mais ils seront nécessaires pour l'obtenir (2).

(Décret du 17 mars 1808, art. 18.)

Des grades dans la faculté des lettres.

428. Pour être admis à subir l'examen du baccalauréat dans la faculté des lettres, il faudra, 1°. être âgé au moins de seize ans ; 2°. répondre sur tout ce qu'on enseigne dans les hautes classes des lycées.

(Ibid., art. 19.)

429. Pour subir l'examen de la licence dans la même faculté, il faudra, 1°. produire les lettres de bachelier obtenues depuis un an ; 2°. composer en latin et en français sur un sujet et dans un temps donnés.

(Ibid., art. 20.)

430. Le doctorat, dans la faculté des lettres, ne pourra être obtenu qu'en présentant son titre de licencié, et en soutenant deux thèses, l'une sur la rhétorique et la logique, l'autre sur la littérature ancienne. La première devra être écrite et soutenue en latin.

(Ibid., art. 21.)

431. A compter du 1er. janvier 1822, nul ne sera admis à l'examen requis pour le grade de bachelier ès-lettres, s'il n'a suivi, au moins pendant un an, un cours de philosophie, dans

---

(1) Voyez plus loin le projet que le conseil royal avait dressé dès 1814, conformément à un article du décret du 15 novembre 1811, pour soumettre à différens grades les principales fonctions et professions de la société.

(2) Il paraît juste de faire désormais une exception à ce principe en faveur des instituteurs primaires communaux. Elevés, par la loi du 28 juin 1833, au rang de fonctionnaires publics, munis de leur brevet de capacité, institués par le ministre même, ils pourront à bon droit être comptés parmi les *membres de l'Université*, quoiqu'ils ne soient pas pourvus des grades que les facultés confèrent. Il semblera surtout impossible de refuser ce titre aux directeurs des écoles normales-primaires, qui sont appelés à remplir des fonctions si importantes, lorsqu'ils auront été nommés d'après des règles certaines, et à des conditions qui doivent devenir de plus en plus difficiles.

un collége royal ou communal, ou dans une institution où cet enseignement est autorisé.

A compter du 1er. janvier 1823, nul ne sera admis audit examen, s'il n'a suivi, au moins pendant un an, un cours de rhétorique, et, pendant une autre année, un cours de philosophie, dans l'un desdits colléges ou institutions.

(Ordonnance du 5 juillet 1820, art. 2 et 3.)

432. Afin de garantir la capacité de ceux qui se présenteront pour obtenir le grade de bachelier ès-lettres, le conseil royal de l'instruction publique est chargé de déterminer, par un règlement spécial, les objets, la forme et la durée de l'examen.

Pour être admis à cet examen, il suffit d'être âgé de seize ans, de répondre sur tout ce qu'on enseigne dans les hautes classes des colléges royaux, et d'avoir, en cas de minorité, le consentement de son père ou de son tuteur.

(Ordonnance du 27 février 1821, art. 11 et 12.)

433. A dater du 1er. octobre 1822, pour être admis à l'examen du baccalauréat ès-lettres, il faudra avoir suivi, pendant une année au moins, un cours de philosophie dans l'un des colléges, institutions ou écoles ecclésiastiques régulièrement établis, où cet enseignement aura été autorisé.

(Ordonnance du 17 octobre 1821, art. 1er.)

434. Sont exceptés de cette règle générale, et pourront être admis à l'examen du baccalauréat ès-lettres, ceux qui auront été élevés dans la maison de leur père, oncle ou frère. La forme des certificats destinés à constater cette éducation de famille, sera déterminée par notre conseil royal de l'instruction publique.

(Ibid., art. 2.)

435. A compter du 1er. janvier 1822, les candidats pour le baccalauréat ès-lettres seront examinés sur les objets de l'enseignement des classes supérieures des colléges royaux, c'est-à-dire, sur les auteurs grecs et latins, sur la rhétorique, sur l'histoire, sur la philosophie, et sur les premiers élémens des sciences mathématiques et physiques (1).

(Ibid., art. 3.)

Des grades dans la faculté des sciences.

436. On ne sera reçu bachelier dans la faculté des sciences, qu'après avoir obtenu le même grade dans celle des lettres, et

(1) Nous avons reproduit exactement toutes les variations de la législation par ordonnances sur ce point important du premier grade universitaire, de celui qui donne entrée à toutes les hautes carrières de la vie sociale. On sent combien il est nécessaire qu'une loi détermine enfin d'une manière forte et constante les conditions de ce grade. Si ces conditions étaient sérieusement remplies, le baccalauréat ès-lettres offrirait une garantie réelle à la société; autrement il ne serait qu'une dérision et un mensonge.

qu'en répondant sur l'arithmétique, la géométrie, la trigonométrie rectiligne, l'algèbre et son application à la géométrie.
(Décret du 17 mars 1808, art. 22.)

437. Pour être reçu licencié dans la faculté des sciences, on répondra sur la statique et sur le calcul différentiel et intégral.
(Ibid., art. 23.)

438. Pour être reçu docteur dans cette faculté, on soutiendra deux thèses, soit sur la mécanique et l'astronomie, soit sur la physique et la chimie, soit sur les trois parties de l'histoire naturelle, suivant celle de ces sciences à l'enseignement de laquelle on déclarera se destiner.
(Ibid., art. 24.)

Des grades dans les facultés de droit et de médecine.

439. Les grades des facultés de médecine et de droit continueront à être conférés d'après les lois et règlemens établis pour ces écoles (1).
(Ibid., art. 25.)

440. A compter du 1er. octobre 1815, nul ne pourra être admis au baccalauréat dans les facultés de droit et de médecine, sans avoir au moins le grade de bachelier dans celle des lettres.
(Ibid., art. 26.)

441. A compter du 1er. janvier 1821, nul ne pourra être admis à prendre sa première inscription dans les facultés de droit et de médecine, s'il n'a obtenu le grade de bachelier ès-lettres.

A compter du 1er. janvier 1823, nul ne sera admis à s'inscrire dans les facultés de médecine, s'il n'a obtenu le grade de bachelier ès-sciences (2). D'ici à cette époque, l'instruction requise pour ce grade, ainsi que pour les grades supérieurs de la faculté des sciences, sera réglée de nouveau, et de manière que le grade de bachelier n'exige, de ceux qui se destinent à la médecine, que les connaissances scientifiques qui leur sont nécessaires.
(Ordonnance du 5 juillet 1820, art. 1 et 4.)

Des grades dans la faculté de théologie.

442. Pour être admis à subir l'examen du baccalauréat en théologie, il faudra : 1°. être âgé de vingt ans ; 2°. être bachelier dans la faculté des lettres ; 3°. avoir fait un cours de trois ans dans une des facultés de théologie. On n'obtiendra les

---

(1) Voyez les §§ correspondans du présent titre, page 48 et suivantes.
(2) Cette disposition qui a été supprimée depuis, comme on l'a dit page 71, était un double service rendu aux sciences en général, et à la science de la médecine en particulier. Il y a lieu de penser qu'elle sera rétablie.

lettres de bachelier, qu'après avoir soutenu une thèse publique.
(Décret du 17 mars 1708, art. 27.)

443. Pour subir l'examen de la licence en théologie, il faudra produire ses lettres de bachelier obtenues depuis un an au moins. On ne sera reçu licencié dans cette faculté, qu'après avoir soutenu deux thèses publiques, dont l'une sera nécessairement en latin.

Pour être reçu docteur en théologie, on soutiendra une dernière thèse générale.

(Ibid., art. 28.)

Formule générale des diplômes.

444. La formule de diplôme pour la collation des grades sera conforme à celle annexée au présent décret.

Diplôme de
Au nom du roi,

Nous   , grand-maître de l'Université royale,

Vu le certificat d'aptitude au grade de   , accordé le   , par le doyen et les professeurs de la faculté de   , académie de   , au S^r.
né à   , département de   , le

Vu l'approbation donnée à ce certificat par
recteur de ladite académie,

Ratifiant le susdit certificat;

Donnons par ces présentes au S^r.   le diplôme de   , pour en jouir avec les droits et prérogatives qui y sont attachés par les lois, décrets et règlemens, tant dans l'ordre civil que dans l'ordre des fonctions de l'Université.

Donné au chef-lieu et sous le sceau de l'Université;
A Paris, le   . Le grand-maître.
Par son excellence le grand-maître, le secrétaire général.
Le chancelier.
Délivré par nous, recteur de l'académie.

(Décret du 4 juin 1809.)

De la nécessité des grades pour diverses professions.

445. Dans trois ans, à compter du 1er janvier 1810, ceux qui aspireront au titre d'auditeur au conseil d'état devront être licenciés en droit ou licenciés ès-sciences, et subir, avant leur

prestation de serment, un examen de capacité devant trois membres du conseil-d'état nommés par nous.

(Décret du 26 décembre 1809.)

446. Le conseil de l'Université présentera un projet dans lequel il indiquera les professions auxquelles il conviendra d'imposer l'obligation de prendre des grades dans les diverses facultés.

(Décret du 15 novembre 1811, art. 187.)

Nota. Depuis ce décret, vingt-trois années se sont écoulées, pendant lesquelles l'ardeur de savoir et la nécessité de faire ses preuves sont loin d'avoir diminué. La forme de gouvernement que nous devons à la Charte était merveilleusement propre, au contraire, à faire sentir de plus en plus combien une instruction grave et solide est nécessaire à tous ceux qui veulent dignement servir le roi et la patrie. Aussi, le conseil de l'Université s'était-il occupé, dès 1814, d'exécuter la disposition que l'on vient de lire.

D'ailleurs, l'idée de soumettre à l'obligation de prendre des grades divers états de la société qui supposent un esprit cultivé et une instruction acquise dans un degré remarquable, n'est pas une idée nouvelle. Elle existe dans les statuts de l'Université de Turin : on la trouve dans l'histoire de nos anciennes Universités. Ainsi, en ce qui regarde particulièrement les grades pour les fonctions ecclésiastiques, on lit dans les cahiers des états généraux de 1576, cet article, tiré des remontrances des Universités, appuyées par la noblesse : « Toutes personnes ayant » office ou charge EN L'ÉGLISE OU EN LA JUSTICE, seront graduées du de- » gré digne de leur office ou charge. »

Nous espérons provoquer d'utiles réflexions et hâter le moment où les fonctionnaires publics auront un moyen de plus de s'environner de toute la considération qui fait leur force, en reproduisant ici les principales dispositions du projet qui fut présenté au gouvernement, il y a vingt ans.

DES GRADES NÉCESSAIRES POUR DIFFÉRENTES FONCTIONS ET PROFESSIONS.

Grades en théologie (1).

85. A dater du 1er. janvier 1816 (2), le grade de docteur en théologie sera nécessaire pour être professeur ou agrégé dans une des facultés de théologie.

Le grade de licencié en théologie sera nécessaire pour être archevêque, évêque, vicaire général, official, promoteur, grand pénitencier, supérieur de séminaire.

Le grade de bachelier en théologie sera nécessaire pour être dignitaire de chapitre, curé de ville ou de canton, professeur dans un séminaire,

---

(1) Nous avons rappelé précédemment, page 43, la loi et l'ordonnance qui exigent cette sorte de grades. Peut-être y aurait-il encore quelque chose à prendre dans le projet du conseil, lorsqu'on préparera ou discutera la loi générale sur l'instruction publique.
(2) Au lieu de ces dates qui convenaient en 1814, on pourrait maintenant substituer, par exemple, 1837 à 1816, et ainsi de suite.

aumônier de l'école normale, des colléges royaux et des diverses écoles royales.

86. Les dispositions des articles précédens sont de rigueur à l'égard des aspirans qui, à l'époque de la publication des présentes, n'auraient pas encore vingt-et-un ans accomplis ; ils ne pourront, à dater du 1er. janvier 1816, ni être affranchis de l'obligation de produire les diplômes de ces grades, ni être dispensés du temps d'étude et des autres épreuves requises.

Ceux qui seraient âgés de plus de vingt et un ans, mais n'auraient pas vingt-cinq ans accomplis, seront tenus, à dater du 1er. janvier 1816, d'être gradués en théologie pour être appelés aux fonctions qui viennent d'être désignées ; ils pourront toutefois obtenir du grand-maître de l'Université, d'après l'avis d'une faculté de théologie, la dispense d'une partie du temps d'étude, ou du temps d'intervalle entre les grades.

Quant à ceux qui, à cette même époque de la publication des présentes, auraient vingt-cinq ans accomplis, ils sont dispensés de toute présentation de diplôme de grades ; et néanmoins, à défaut de grades, et à compter de 1816, ils ne seront admis à l'exercice de ces fonctions que sur un certificat de capacité, délivré par une faculté de théologie, visé par le recteur de l'académie, et ratifié par le grand-maître de l'Université.

87. Jusqu'à ce que les facultés de théologie soient établies, les élèves des séminaires situés hors des chefs-lieux de ces facultés pourront obtenir le grade de bachelier, en produisant la preuve qu'ils ont étudié pendant trois ans dans un séminaire, à la charge de se présenter ensuite devant une des facultés de théologie, pour subir un examen et soutenir une thèse publique.

88. Les articles ci-dessus, en ce qui est relatif aux professeurs et agrégés des facultés, aux vicaires généraux, aux supérieurs de séminaire, et aux curés, sont applicables, pour les facultés et les églises protestantes, aux professeurs et agrégés de faculté de théologie, aux supérieurs de séminaire, et aux pasteurs.

Grades en droit.

90. A compter de la publication des présentes, il sera nécessaire d'avoir obtenu le diplôme de licencié en droit, pour être appelé à l'exercice des fonctions :

De conseiller d'état ou de maître des requêtes, attaché au comité de législation ou à celui du contentieux ;

De secrétaire général du conseil d'état ;

De greffier des comités de législation ou du contentieux ;

De président, procureur général, maître ou référendaire de la Cour des comptes ;

De conseiller de préfecture ;

De notaire de première classe ;

De greffier en chef ou de greffier audiencier de la Cour de cassation, de la Cour des comptes, ou d'une Cour royale ;

D'inspecteur ou de directeur de l'administration de l'enregistrement et des domaines ;

De chef du contentieux dans une administration publique ;

De secrétaire général ou chef de division de la chancellerie de France ;

De secrétaire d'une faculté de droit.

91. Il sera nécessaire d'avoir obtenu le diplôme de bachelier en droit pour être nommé :

Avoué près une cour royale ou près un tribunal de première instance, établi dans une ville chef-lieu de département ;

Notaire de seconde classe ;

Greffier en chef ou audiencier d'un tribunal de première instance, ou d'un tribunal de commerce.

92. Nul ne pourra être nommé notaire de troisième classe, ni agréé aux tribunaux de commerce, s'il ne justifie qu'il a suivi un cours dans une faculté de droit, et qu'après un examen subi devant cette faculté, il a obtenu un certificat de capacité, visé par le recteur de l'académie, et ratifié par le grand-maître de l'Université.

93. Les dispositions des articles 90, 91 et 92 ne sont pas applicables aux individus qui, au moment de la publication des présentes, seront âgés de vingt-et-un ans accomplis, ou qui, n'ayant pas encore atteint cet âge, justifieront que, pendant quatre années antérieures à cette publication, ils avaient travaillé chez un avoué ou chez un notaire de première ou de seconde classe. Néanmoins, ces individus ne pourront être admis à l'exercice des fonctions énoncées dans l'article 90, qu'après avoir subi deux examens, ou soutenu une thèse devant une faculté de droit, et obtenu de cette faculté un certificat de capacité, visé par le recteur de l'académie, et ratifié par le grand-maître de l'Université. Ils ne pourront être admis à l'exercice des fonctions énoncées dans les art. 91 et 92, qu'après avoir subi un examen devant une faculté de droit, et obtenu un certificat de capacité, visé et ratifié.

94. Ceux qui, avant la publication des présentes, auront obtenu un certificat de capacité dans la forme prescrite par le décret du 4e. jour complémentaire de l'an XII, ne seront tenus que de subir un nouvel examen pour être appelés à l'exercice des fonctions énoncées dans les art. 91 et 92.

95. Les individus compris dans les deux articles précédens ne payeront pour chaque grade que la moitié des rétributions fixées par le décret du 4e. jour complémentaire de l'an XII.

96. Il n'est rien innové dans les dispositions :

1º. De l'art. 23 de la loi du 22 ventôse an XII, et des art. 64 et 65 de la loi du 20 avril 1810, qui exigent le grade de licencié en droit pour l'exercice des fonctions de juge, de suppléant, ou du ministère public dans les cours et tribunaux ;

2º. Du décret du 16 mars 1808, qui porte que les conseillers auditeurs près les cours royales seront pris parmi les avocats.

L'art. 26 de la loi du 22 ventôse an XII continuera à être exécuté quant aux avoués près les tribunaux de première instance, établis hors des chefs-lieux de départemens.

97. Les individus qui obtiendront le diplôme de docteur en droit, seront dispensés de deux années du stage pour l'inscription sur le tableau des avocats. Ceux qui obtiendront le diplôme de licencié en droit, seront dispensés de deux années du stage requis pour le notariat par la loi du 25 ventôse an XI. Ceux qui obtiendront le diplôme de bachelier, seront dispensés d'une année du stage.

98. Ceux qui auraient pris au moins quatre inscriptions dans une fa-

culté de droit, et qui, n'ayant interrompu leurs études que pour servir dans les armées, rentreraient dans leurs foyers avec un congé en bonne forme, et seraient âgés de vingt-cinq ans accomplis, seront dispensés du temps d'études pour obtenir le diplôme de licencié ou de bachelier, mais à la charge de soutenir les examens et les actes publics prescrits par le décret du 4e. jour complémentaire de l'an XII, et en vertu des présentes.

101. Les diverses dispositions de l'art. 31 du décret du 17 mars 1808, sont appliquées et modifiées ainsi qu'il suit :

Les maîtres de pension du premier ordre restent assujettis à l'obligation d'être bacheliers dans les lettres et les sciences. Les directeurs des écoles secondaires ecclésiastiques seront aussi bacheliers dans les lettres et dans les sciences. Les maîtres de pensions du second ordre ne seront tenus que d'être bacheliers ès-lettres (1).

Les agrégés des colléges royaux et les régens des colléges communaux devront être bacheliers ès-lettres et ès-sciences. Ceux des régens qui enseigneront la rhétorique ou la philosophie, seront au moins licenciés dans la faculté des lettres.

Les principaux de colléges communaux seront licenciés dans les lettres et bacheliers dans les sciences.

Les proviseurs de colléges royaux seront docteurs ès-lettres et bacheliers dans les sciences.

Les censeurs seront licenciés dans les lettres et bacheliers dans les sciences.

Les professeurs de quatrième, cinquième et sixième, dans les colléges royaux, seront bacheliers dans les lettres ; les professeurs de troisième et de seconde seront licenciés ; les professeurs de rhétorique ou de philosophie seront docteurs. Les professeurs de ces trois ordres seront en outre bacheliers dans les sciences.

Les professeurs des sciences physiques et mathématiques dans les colléges royaux seront licenciés dans les sciences.

Les professeurs et les agrégés dans les facultés des sciences et des lettres seront docteurs dans les sciences ou dans les lettres, suivant la nature de leur enseignement.

102. Les secrétaires d'académies et les secrétaires de facultés seront au moins bacheliers ès-lettres et ès-sciences.

103. Il faudra être pourvu du grade de bachelier ès-lettres :
Pour être nommé conservateur d'une bibliothèque publique ;
Pour être reçu imprimeur ou inspecteur de la librairie.
Cette dernière disposition ne sera exécutée, pour les imprimeurs, qu'à dater de 1820.

105. A dater du 1er. janvier 1818, les architectes-experts et les arpen-

(1) Depuis l'ordonnance du 26 mars 1829, qui a permis (art. 19) à tout chef d'institution ou maître de pension indistinctement, de joindre à l'enseignement ordinaire le genre d'instruction qui convient plus particulièrement aux professions industrielles et manufacturières, et plus encore depuis le principe de la liberté de l'enseignement posé par la Charte de 1830, la distinction entre les chefs d'établissemens d'instruction secondaire privée est devenue sans objet. Il nous paraît qu'il ne doit plus y avoir qu'une seule dénomination, celle de *chef d'institution*, et les mêmes grades pour tous, les grades de bachelier ès-lettres et ès-sciences.

teurs-jurés ne seront admis à l'exercice de leurs fonctions, qu'après avoir subi, devant une faculté des sciences, un examen sur les principes de leur art, et obtenu d'elle un certificat de capacité.

106. Conformément au décret du 17 septembre 1808, les membres enseignans de l'Université ne sont pas tenus d'être gradués avant le 1er. janvier 1816 ; mais à dater de cette époque, nul ne pourra ni être appelé à ces fonctions, ni continuer à les remplir, sans être pourvu du diplôme du grade requis.

107. Les anciens maîtres ès-arts ne pourront requérir que le grade de bachelier ; mais ils auront droit au diplôme de bachelier dans les sciences et les lettres, et ils ne payeront que les droits de diplôme.

On aura peut-être remarqué avec quelque étonnement que parmi les emplois pour lesquels il a paru convenable d'exiger la garantie d'un premier grade dans les lettres et dans les sciences, se trouve celui de directeur d'une école secondaire ecclésiastique ; mais un peu de réflexion sur le but important de ces grades, comme aussi sur l'esprit du siècle et sur les dispositions actuelles de la plupart des hommes par rapport à la religion et à ses ministres, doit dissiper cette première surprise. plus que jamais, la religion doit être montrée conforme à la raison, *au-dessus et non pas contre*, comme Pascal le dit et le prouve. Plus que jamais, par conséquent, les ministres de la religion doivent s'efforcer de joindre à la science des choses divines l'instruction dans les lettres et dans les sciences humaines, afin de prouver d'autant mieux qu'eux aussi veulent écouter et suivre la raison, et que plus la raison s'éclaire, s'étend et se fortifie, plus elle s'approche des vérités religieuses, qui sont la raison éternelle et souveraine.

L'ordonnance même du 5 octobre 1814, qui a si impolitiquement retranché de l'Université ces sortes d'écoles, semble inviter les élèves ecclésiastiques à se munir du grade de bachelier ès-lettres. Il est assez simple qu'on désire une instruction plus étendue et plus complète dans le supérieur de ces mêmes élèves.

P. S. La note qui précède appartient à notre première édition publiée en 1828.

Tout ce que nous disions alors, nous le disons à plus forte raison aujourd'hui. Il est plus évident que jamais que l'ordre social a besoin de l'appui de la religion ; que la religion a besoin, pour la France surtout, d'un clergé dont l'instruction égale le dévouement et les vertus ; que cette instruction des membres du clergé doit se prouver et se manifester au grand jour comme celle des autres hommes destinés à remplir les diverses professions de la société; qu'enfin les grades publiquement et sévèrement donnés, sont les preuves communes par lesquelles les ecclésiastiques doivent recouvrer l'antique renommée de science et de lumière dont le clergé français avait su s'environner pour la gloire et le bonheur du pays et pour la civilisation du monde.

TITRE IV.

DES COLLÉGES.

§ I.

DES COLLÉGES ROYAUX.

Nombre de ces établissemens.

447. Il sera établi des lycées pour l'enseignement des lettres et des sciences. Il y aura un lycée, au moins, par arrondissement de chaque tribunal d'appel (1).

(Loi du 11 floréal an X, 1er. mai 1802, art. 9.)

Objets d'enseignement.

448. On enseignera dans les lycées les langues anciennes, la rhétorique, la logique, la morale et les élémens des sciences mathématiques et physiques.

Le nombre des professeurs de lycée ne sera jamais au-dessous de huit; mais il pourra être augmenté par le gouvernement, ainsi que celui des objets d'enseignement, d'après le nombre des élèves qui suivront les lycées (2).

Il y aura dans les lycées des maîtres d'études, des maîtres de dessin, d'exercices militaires et d'arts d'agrément.

Il y aura près de plusieurs lycées des professeurs des langues vivantes.

(Ibid., art. 10, 11 et 25.)

Quatre sortes d'élèves.

449. L'instruction y sera donnée, à des élèves que le gouvernement y placera; aux élèves des écoles secondaires qui y seront admis par un concours; à des élèves que les parens pourront y mettre en pension; à des élèves externes.

(Ibid., art. 12.)

---

(1) D'après un décret du 29 août 1813, devaient être également érigés en lycées les colléges communaux des villes de Lille, St.-Omer, Charleville, Colmar, Epinal, Tours, Langres, Autun, Le Mans, Saintes, Niort, Belley, Montbrison, Auch, Agen et Tournon.

Les colléges de Tournon, de Tours et d'Auch sont en effet devenus colléges royaux.

Le nombre total de ces grands colléges est aujourd'hui de 41.

(2) Conformément à cette intention du législateur, l'Université a établi de nouvelles chaires, et notamment les chaires d'histoire et de philosophie.

TITRE IV.

De l'administration.

450. L'administration de chaque lycée sera confiée à un proviseur : il aura immédiatement sous lui un censeur des études et un procureur gérant les affaires de l'école (1).

(Ibid., art. 13.)

451. Il y aura dans chaque ville où sera établi un lycée un bureau d'administration de cette école. Ce bureau sera composé du préfet du département, du président du tribunal d'appel, du commissaire du gouvernement près ce tribunal, du commissaire du gouvernement près le tribunal criminel, du maire et du proviseur (2).

Les fonctions de ce bureau seront gratuites. Il s'assemblera quatre fois par an, et plus souvent, s'il le trouve convenable, ou si le proviseur du lycée l'y invite. Il sera chargé de la vérification des comptes et de la surveillance générale du lycée.

(Ibid., art. 15 et 16, in princip.)

452. Le proviseur rendra compte au bureau d'administration de l'état du lycée. Il y portera les plaintes relatives aux fautes graves qui pourraient être commises par les professeurs dans l'exercice de leurs fonctions, et par les élèves dans leur conduite. Dans le premier cas, la plainte sera communiquée au professeur contre lequel elle sera dirigée : elle sera ensuite adressée, ainsi que la réponse, au gouvernement (3).

Dans le cas d'inconduite et d'indiscipline, l'élève pourra être exclu du lycée par le bureau, à charge par celui-ci d'en rendre compte au gouvernement.

(Ibid., art. 16 in fine.)

Des inspecteurs généraux.

453. Il sera nommé trois inspecteurs généraux des études, qui visiteront une fois l'année au moins les lycées, en arrêteront définitivement la comptabilité, examineront toutes les parties de l'enseignement et de l'administration, et en rendront compte au gouvernement (4).

(Ibid., art. 17.)

---

(1) Ce dernier fonctionnaire a reçu depuis 1809 le *nom d'économe*.

(2) Aux termes du décret du 4 juin 1809, art. 23, les bureaux d'administration des collèges royaux situés dans les chefs-lieux d'académie sont remplacés par les conseils académiques, et pour ceux de ces collèges qui sont éloignés du chef-lieu, par une commission d'administration formée de délégués du recteur, choisis parmi les magistrats ou les pères de famille les plus distingués de la ville, et présidés par un inspecteur de l'académie. Si le préfet est membre de la commission, l'inspecteur lui défère les honneurs de la présidence. Le maire préside en l'absence de l'inspecteur.

(3) Voyez sur ce point le titre 10, qui traite de la juridiction universitaire.

(4) Voyez au titre 2, § 4, ce qui regarde les inspecteurs généraux et leurs fonctions.

Avancement promis aux fonctionnaires.

454. Les trois fonctionnaires chargés de l'administration et les professeurs des lycées pourront être appelés, d'après le zèle et le talent qu'ils apporteront dans leurs fonctions, des lycées les plus faibles dans les plus forts, des places inférieures aux supérieures.

(Ibid., art. 21.)

Mesure de discipline.

455. Aucune femme ne pourra demeurer dans l'intérieur des bâtimens occupés par les pensionnaires.

(Ibid., art. 18.)

Des bourses.

456. Il sera entretenu aux frais de l'état 6,400 élèves pensionnaires dans les lycées et dans les écoles spéciales (1).

Ces élèves devront avoir au moins neuf ans, et savoir lire et écrire (2).

(Ibid., art. 32 et 33.)

457. Les élèves entretenus dans les lycées ne pourront y rester plus de six ans aux frais de la nation. A la fin de leurs études, ils subiront un examen, d'après lequel un cinquième d'entre eux sera placé dans les diverses écoles spéciales, suivant les dispositions de ces élèves, pour y être entretenus de deux à quatre années aux frais de l'état.

Le nombre des élèves nationaux placés près des lycées pourra être distribué inégalement par le gouvernement dans chacune de ces écoles, suivant les convenances de localité.

(Ibid., art. 35 et 36.)

Prix des pensions.

458. Le terme moyen des pensions sera de 700 fr. Elles seront fixées pour chaque lycée par le gouvernement, et serviront tant aux dépenses de nourriture et d'entretien des élèves nationaux, qu'aux traitemens des fonctionnaires et professeurs et autres dépenses des lycées.

(Ibid., art. 37.)

---

(1) Cette magnifique création de 6,400 bourses, dont le bienfait se continuait, pour un cinquième des boursiers, jusque dans les écoles spéciales, a cessé d'être nécessaire, depuis que, d'une part, les désastres publics et particuliers ont été en grande partie réparés, et que, d'autre part, la confiance publique a soutenu et peuplé les écoles.

(2) C'était évidemment trop peu demander. On aura rendu à l'instruction publique un immense service, le jour où il aura été décidé que nul ne sera admis à l'instruction secondaire, s'il ne prouve qu'il a reçu une instruction primaire élémentaire complète. On ne craint pas de le dire : tout, dès ce moment, tout, études et discipline, prendra un meilleur aspect dans les collèges, comme dans les écoles primaires elles-mêmes ; et, par exemple, on n'aura plus la douleur de voir végéter et vieillir sur les bancs des grandes écoles, avec perte de temps et de mœurs, des enfans que les premières difficultés de la langue latine, trop tôt présentées à des esprits mal préparés, ont dégoûtés pour toujours de l'étude et de tout travail.

459. Le prix des pensions payées par les parens qui placeront leurs enfans dans les lycées, ne pourra excéder celui qui aura été arrêté par le gouvernement pour chacune de ces écoles.

Les élèves externes des lycées et des écoles spéciales paieront une rétribution qui sera proposée, pour chaque lycée, par son bureau d'administration, et confirmée par le gouvernement.

(Ibid., art. 38.)

Classification des colléges et traitemens des fonctionnaires (1).

460. Le gouvernement arrêtera, d'après le nombre des élèves nationaux qu'il placera dans chaque lycée, et d'après le taux de leurs pensions, la portion fixe du traitement des fonctionnaires et professeurs, laquelle portion sera prélevée sur le produit de ces pensions. Il en sera de même de la partie supplétive de traitement, qui devra être fixée par le gouvernement, d'après le nombre des pensionnaires et des élèves externes de chaque lycée.

Les proviseurs des lycées sont exceptés de la dernière disposition. Ils recevront du gouvernement un supplément annuel et proportionné à leur traitement et aux services qu'ils auront rendus à l'instruction.

(Ibid., art. 39.)

461. Le traitement fixe des différens fonctionnaires des lycées sera déterminé d'après le tableau suivant :

FONCTIONNAIRES.	LYCÉES DE 1er. ORDRE où la pension est de 800 fr.	LYCÉES DE 2e. ORDRE où la pension est de 700 fr.	LYCÉES DE 3e. ORDRE où la pension est de 600 fr.
Proviseur.	4,000 fr.	3,500 fr.	3,000 fr.
Censeur.	2,500	2,000	1,500
Procureur.	2,000	1,600	1,400
Professeur de 1re. classe.	2,000	1,800	1,500
— de 2e. —	1,800	1,500	1,200
— de 3e. —	1,500	1,200	1,000
Maître d'études.	1,000	800	700
Maître d'exercices.	800	600	500

(Arrêté du gouvernement, du 5 brumaire an XI, 27 octobre 1802, art. 1.)

(1) La France est le pays où les professeurs reçoivent en général les plus faibles traitemens ; c'est en même temps le pays à qui les contrées voisines demandent le plus volontiers des professeurs ; et s'ils consentent à s'exiler, ils sont beaucoup mieux rétribués. Le gouvernement a senti qu'il ne convenait pas de laisser subsister un pareil contraste, et déjà un ancien ministre de l'instruction publique, M. l'évêque d'Hermopolis, avait, en 1827, présenté aux chambres un projet de loi qui contenait une amélioration dans le sort d'un grand nombre de professeurs. En 1829, M. de Vatimesnil a obtenu une ordonnance royale qui a en effet ajouté à leurs émolumens éventuels. Sans doute ces idées d'amélioration ne seront point abandonnées ; il y a convenance et justice, et ce sont là aussi pour la France des nécessités sociales.

462. On retiendra le dixième de la pension des élèves payans pour former un fonds commun qui sera réparti entre les professeurs, censeur, et procureur, à raison de la portion fixe du traitement.
(Ibid., art. 2.)

463. On prélèvera les deux tiers de la rétribution fournie par les élèves externes: la somme qui en proviendra sera distribuée aux professeurs qui auront ces élèves dans leur classe.
(Ibid., art. 3.)

464. Les pensions, tant nationales que particulières, seront payées par quartier, et trois mois d'avance, entre les mains et sur les quittances du procureur gérant du lycée.
(Ibid., art. 4.)

465. Les lycées seront, conformément à l'arrêté du 5 brumaire an XI, divisés en trois classes, suivant le tableau n° 1, annexé au présent arrêté.

Le traitement des fonctionnaires et des professeurs attachés à ces lycées est fixé, pour chaque classe, conformément au même tableau.
(Arrêté du gouvernement, du 15 brumaire an XII, 7 novembre 1803, art. 1 et 2.)

466. Les pensions à la charge du gouvernement pour l'entretien des élèves nationaux, et celles des élèves entretenus par leurs parens, qui, conformément à la loi du 11 floréal an X, doivent être uniformes, sont fixées dans la proportion établie par le tableau n°. 2, annexé au présent arrêté.
(Ibid., art. 3.)

467. Indépendamment du prix réglé par ce tableau, les élèves entretenus par leurs parens payeront annuellement une somme de 50 fr. pour tous frais de livres et dépenses relatives aux études.
(Ibid., art. 4.)

468. Les lycées établis à Paris formeront une classe particulière. Le traitement des fonctionnaires et professeurs, ainsi que les pensions des élèves, y sont fixés ainsi qu'il suit:

Proviseur. . . . . 5,000 fr.
Censeur. 3,500
Procureur gérant. 3,000
Professeur de 1^r. classe. . . . 3,000
            de 2e. 2,500
            de 3e. 2,000
Maître d'études. 1,200
          d'exercices. 900

Pensions des élèves nationaux et de ceux entretenus aux frais des parens..................... 900 fr.
Supplémens pour tous frais de livres et dépenses d'études, à payer par les élèves entretenus aux frais de leurs parens........................ 100

(Ibid., art. 5.)

469. Si, par la suite, un lycée placé, en vertu du présent arrêté, dans une des deux classes inférieures, acquérait une importance remarquable, soit par le nombre des élèves, soit par la réputation des professeurs ou des autres fonctionnaires, et par les progrès qu'y auraient faits les méthodes d'enseignement ou le mode d'administration, ce lycée pourra passer dans la classe supérieure, et les fonctionnaires jouiront de l'augmentation de traitement qui en dépend.

Les changemens de cette nature n'auront lieu que par un arrêté spécial du gouvernement, rendu sur le rapport du ministre de l'intérieur, d'après la proposition du conseiller d'état directeur général de l'instruction publique.

Dans le cas du changement prévu par l'article précédent, la fixation du taux de la pension des élèves nationaux ou particuliers restera t elle qu'elle est déterminée par le présent arrêté.

(Ibid., art. 6, 7 et 8.)

470. Les pensions, tant nationales que particulières, seront payées par quartier et trois mois d'avance, entre les mains et sur les quittances du procureur gérant du lycée, ainsi que l'a ordonné l'arrêté du 5 brumaire.

(Ibid., art. 9.)

471. Toutes les autres dispositions de l'arrêté du 5 brumaire an XI, relatives aux retenues et prélèvemens ordonnés pour la portion supplétive des traitemens, sont maintenues, sauf la répartition de la rétribution des élèves externes. Un tiers seulement de cette rétribution dûment autorisée conformément à la loi, sera distribué au professeur qui aura les élèves externes dans sa classe; un tiers sera réparti entre tous les autres professeurs, à raison de la portion fixe de leur traitement, et un tiers sera mis en réserve pour être employé ainsi qu'il sera ordonné. Les états de ces distributions seront visés et arrêtés par le bureau d'administration du lycée, dans la forme qui sera déterminée.

(Ibid., art. 10.)

472. Les proviseurs des lycées ne participant point à cette rétribution, attendu l'exception portée en l'article 39 de la loi du 11 floréal an X, le supplément annuel qui leur est assuré et qu'ils

doivent toucher du gouvernement, selon le même article, sera ordonnancé à la fin de chaque trimestre par le ministre de l'intérieur, sur les fonds affectés aux lycées, d'après le rapport du conseiller d'état directeur général de l'instruction publique, et d'après le compte qui lui aura été rendu de la situation de chaque lycée.

(Ibid., art. 11.)

473. N°. I. TABLEAU DE LA CLASSIFICATION DES LYCÉES,
ET DES TRAITEMENS DES FONCTIONNAIRES OU PROFESSEURS.

PREMIÈRE CLASSE.

DÉSIGNATION des emplois.	TRAITEMENS alloués.	NOMS DES VILLES où les lycées sont établis.
Proviseur	4,000 fr.	
Censeur	2,500	
Procureur gérant	2,000	
Professeur de 1re. clas.	2,000	Lyon, Bordeaux, Marseille,
— de 2e. —	1,800	Rouen, Strasbourg (1).
— de 3e. —	1,500	
Maître d'études	1,000	
Maître d'exercices	800	

DEUXIÈME CLASSE.

Proviseur	3,500 fr.	
Censeur	2,000	
Procureur gérant	1,600	Nantes, Versailles, Nîmes, Mont-
Professeur de 1re. clas.	1,800	pellier, Metz, Douai, Besançon,
— de 2e. —	1,500	Angers, Orléans, Caen, Toulouse,
— de 3e. —	1,200	Rennes, Dijon (2).
Maître d'études	800	
Maître d'exercices	600	

TROISIÈME CLASSE.

Proviseur	3,000 fr.	
Censeur	1,500	
Procureur gérant	1,400	Amiens, Avignon, Cahors, Reims,
Professeur de 1re. clas.	1,500	Moulins, Nanci, Grenoble, Bour-
— de 2e. —	1,200	ges, Limoges, Rhodez, Clermont-
— de 3e. —	1,000	Ferrand, Pau, Pontivy, Poitiers (3).
Maître d'études	700	
Maître d'exercices	500	

(1) Versailles a depuis obtenu que son colléges fût élevé à la 1re. classe.
(2) Amiens, Avignon, Reims, Nanci, Grenoble, Bourges et Rhodez ont aussi obtenu des colléges de 2e. classe.
(3) Il faut ajouter à cette liste Tournon, Auch, Tours et Le Puy.

TITRE IV.

474. Nº. II. **TABLEAU DU PRIX DES PENSIONS**
DANS LES VILLES OU LES LYCÉES SONT ÉTABLIS (1).

Lyon, Bordeaux, Marseille. . . . . 750 fr.
Rouen, Strasbourg, Nantes, Versailles, Nîmes Montpellier. 650
Metz, Besançon, Angers, Dijon, Orléans, Caen, Toulouse,
   Rennes, Amiens, Avignon, Reims, Moulins, Nanci, Grenoble, Douai, Bourges, Limoges, Rhodez, Clermont-Ferrand, Pau, Pontivy, Poitiers, Cahors . . . . (o

Entretien des bâtimens aux frais des villes.

475. Les bâtimens des lycées seront entretenus aux frais des villes où ils sont établis.

(Loi du 10 floréal an X, 1er. mai 1802, art. 40.)

Établissement d'une bibliothéque dans chaque collége royal.

476. Il y aura dans chaque lycée une bibliothéque de quinze cents volumes. Toutes les bibliothéques seront composées des mêmes ouvrages. Aucun autre ouvrage ne pourra y être placé sans l'autorisation du ministre de l'intérieur. Un élève aura le titre de bibliothécaire ; il aura deux adjoints. Les ouvrages seront prêtés aux élèves, pour qu'ils puissent lire dans leurs récréations, les jours de fêtes et les vacances. On leur prêtera les ouvrages qu'ils demanderont. Le proviseur veillera à ce que les ouvrages ne puissent se perdre ni se dégrader.

(Arrêté du gouvernement du 19 frimaire an XI, décembre 1802, art 27.)

477. Il y aura un aumônier dans chaque lycée (2).

(Ibid., art. 28.)

Fonctions du bureau d'administration.

478. Lors de la vérification des comptes, qui doit avoir lieu chaque trimestre, le bureau d'administration appellera près de lui, s'il est nécessaire, le procureur gérant du lycée. Celui-ci répondra aux questions qui pourront lui être faites, et donnera sur sa gestion tous les éclaircissemens qui lui seront demandés.

Le bureau examinera si l'emploi des fonds et leur répartition ont été faits conformément aux dispositions des lois et arrêtés du gouvernement.

(1) Voyez les trois notes de la page précédente.
(2) Ainsi, l'institution des aumôniers dans nos grandes maisons d'instruction et d'éducation publiques, est de la même date que la création des lycées, et ce simple fait répond à beaucoup de déclamations, dont, au surplus, il a été fait justice. Il est trop évident que Bonaparte, établissant des aumôniers, ne voulait pas que les lycées fussent des écoles d'athéisme et de mauvaises mœurs. On avouera seulement que l'art de conduire les âmes, que les pères de l'église appelaient l'art des arts, étant devenu plus difficile que jamais ; trop souvent les succès des ouvriers évangéliques ne répondent qu'imparfaitement à leur zèle et à leurs efforts.

Le bureau pourra mander près de lui, quand il le jugera convenable, les divers employés du lycée. Il visitera de temps en temps l'intérieur de l'établissement, pour s'assurer de la bonté des alimens, de la bonne tenue des élèves, et de tout ce qui intéresse l'ordre et les progrès de l'enseignement.

Il réformera sur-le-champ les abus qu'il aurait remarqués, et se mettra en état de rendre aux inspecteurs généraux des études un compte exact de l'administration morale et économique du lycée.

(Arrêté du gouvernement du 21 prairial an XI, 10 juin 1803, art. 3, 4 et 5.)

Fonctions du proviseur.

479. Le proviseur est le chef du lycée; il a la surveillance sur toutes les parties du service, et il décide tous les cas urgens et imprévus, sauf à en rendre compte au bureau d'administration.

Le proviseur nomme et peut changer les maîtres d'études, de langues, de dessin, d'exercices et d'arts d'agrémens.

Il choisira les domestiques et les renverra lorsqu'il le croira nécessaire.

Lorsque le bureau d'administration s'apercevra que quelque employé se conduira mal, il pourra engager le proviseur à le destituer.

(Ibid., art. 9... 12.)

Fonctions du censeur.

480. Le censeur surveillera la conduite, les mœurs, le travail et les progrès de élèves.

Les maîtres d'études lui seront subordonnés.

Il rendra compte, chaque jour, au proviseur, de l'état du lycée.

Il exercera une police particulière sur les externes, dont il surveillera l'entrée et la sortie.

Il fera, au moins une fois par semaine, une revue des élèves pour s'assurer de leur propreté.

Il examinera tous les livres, dessins et gravures qui entrent dans le lycée, et écartera ceux qui pourraient être dangereux pour les mœurs.

Il présidera aux repas, au lever et au coucher des élèves, à l'entrée et à la sortie des classes, aux récréations et aux promenades.

Il pourra entrer à toute heure dans les salles d'études et dans les dortoirs.

(Ibid., art. 13... 20.)

TITRE IV.

Fonctions du procureur gérant (1).

481. Le procureur gérant sera tenu de fournir un cautionnement de 9,000 francs, affecté sur un immeuble libre de toute hypothèque pour la responsabilité de sa gestion. Il fera, sur ses quittances, toutes les recettes du lycée. Les ordonnances pour les pensions des élèves nationaux seront expédiées en son nom, pour lui être payées après le *visa* du conseil d'administration.

Il rendra à la fin de chaque semaine au proviseur et au censeur, réunis en conseil d'administration, un compte détaillé de ses recettes.

Il fera toutes les dépenses et tous les payemens : il proposera des marchés pour toutes les dépenses qui en sont susceptibles. Ces marchés, examinés par le conseil d'administration, seront proposés à l'approbation du bureau d'administration ; les mémoires et factures seront préalablement revêtus d'un *vu bon à payer*, par le proviseur et le censeur, pour être régulièrement acquittés.

(Ibid., art. 21, 22 et 23.)

482. Les dépenses ordinaires seront visées et arrêtées par les conseils d'administration, après règlement pour celles qui en sont susceptibles.

Les dépenses extraordinaires seront soumises à la délibération du bureau d'administration, pour être autorisées, s'il y a des fonds libres mis en réserve, par le ministre de l'intérieur, d'après le rapport qui lui en sera fait par le conseiller d'état chargé de la surveillance et de la direction de l'instruction publique.

(Ibid., art. 24.)

483. Les sommes reçues seront déposées dans une caisse à trois clefs différentes, dont une restera entre les mains de chacun des trois membres du conseil. La caisse sera placée dans le local même du bureau d'administration et sous sa surveillance. Il est autorisé à prendre toute mesure qu'il jugera nécessaire à la sûreté des fonds.

(Ibid., art. 25.)

484. Toutes les recettes seront portées sur deux registres par les trois membres du conseil réunis, qui en signeront l'enregistrement. Ces registres seront tenus en partie double par

---

(1) Les attributions de ce fonctionnaire, maintenant appelé économe, ont été modifiées par des statuts ultérieurs, et en général le décret fondamental de l'Université ayant donné au conseil royal le pouvoir de faire les statuts et règlemens propres aux diverses écoles, tout ce qui concerne les études, la discipline et l'administration des colléges, a reçu des modifications plus ou moins considérables que nous ferons connaître dans la seconde partie de cet ouvrage.

doit et *avoir*. Les extractions des fonds remis en masse au procureur gérant pour la dépense de la quinzaine, y seront de même inscrites, afin d'avoir toujours une balance de situation.

L'un de ces registres restera dans la caisse à trois clefs; l'autre sera gardé par le proviseur.

(Ibid., art. 26.)

485. A la fin du mois, le procureur acquittera à chaque officier et professeur la portion tant fixe que variable qui lui reviendra pour le mois échu de son traitement, d'après l'état nominatif qu'il en aura dressé, qui sera certifié par le proviseur, et le *vu* par le conseil d'administration *bon à payer*, individuellement, sur la quittance en émargement qui sera donnée par les parties prenantes.

Il acquittera de même aux maîtres d'études et aux maîtres de dessin, d'écriture et de danse, la partie de traitement qui leur reviendra, d'après un état nominatif certifié et visé dans la même forme.

(Ibid., art. 27.)

486. Il tiendra un registre pour les comptes des divers maîtres d'exercices et d'agrément; il y portera la convention faite avec chacun d'eux; les noms des élèves qui reçoivent des leçons y seront inscrits. Les comptes seront arrêtés chaque mois au registre, et il en sera extrait un état nominatif des maîtres et des élèves avec la somme due pour le mois à raison des conventions. Cet état certifié par le proviseur qui a veillé aux exercices, et le procureur gérant d'après les registres des conventions, sera présenté au conseil d'administration pour être *vu bon à payer*.

Il tiendra de même un registre pour les employés et pour les domestiques du lycée, afin que les appointemens et les gages, tels qu'ils ont été fixés par le conseil d'administration, soient payés à la fin du mois, d'après ces états nominatifs et sur le *vu bon* du bureau.

(Ibid., art. 28 et 29.)

487. Tous mémoires de travaux, de construction, de main-d'œuvre, etc., seront réglés par l'architecte du lycée, et ensuite visés par le conseil d'administration pour être payés.

(Ibid., art. 30.)

488. A la fin de chaque trimestre, le procureur gérant remettra au proviseur et au censeur, réunis en conseil, le compte détaillé des recettes et des dépenses faites pendant les trois mois; le proviseur soumettra ce compte au bureau d'administration.

Ce compte sera appuyé des pièces justificatives. Dans l'examen, le proviseur et le censeur feront toutes les observations qu'ils jugeront convenables pour l'amélioration de la gestion, et pour assurer en même temps l'économie dans les dépenses du trimestre suivant.

Le conseil d'administration rendra compte par un rapport de l'examen du compte trimestriel au bureau d'administration, qui en déchargera le comptable, si ce compte est en bonne et due forme. Deux doubles de ce compte, dûment vérifié, seront adressés au conseiller d'état chargé du département de l'instruction publique, qui le fera définitivement arrêter par le ministre de l'intérieur.

Il en sera de même du compte général à rendre à la fin de l'année aux inspecteurs généraux des études, conformément à l'article 17 du titre IV de la loi du 11 floréal an X.

(Ibid., art. 31, 32 et 33.)

Des professeurs, des maîtres d'études (1) et des élèves.

489. Pendant les classes, les élèves seront soumis à l'autorité des professeurs.

(Ibid., art. 34.)

490. Un professeur qui désirera exercer ses élèves hors du temps fixé pour la classe, s'entendra à cet égard avec le censeur.

(Ibid., art. 37.)

491. Le proviseur convoquera les professeurs toutes les fois qu'il le jugera nécessaire. Il pourra également inviter chaque professeur en particulier à se rendre près de lui pour obtenir des renseignemens ou prendre des mesures utiles sur la classe dont le professeur est chargé.

(Ibid., art. 39.)

492. Les professeurs donneront l'exemple de l'exactitude à se rendre en classe aux heures prescrites. Ils ne pourront se faire remplacer que dans le cas de maladie, et après en avoir prévenu le proviseur. Les maîtres d'études sont les suppléans

---

(1) L'Université a pris diverses mesures propres à environner ces maîtres, si utiles et si dignes d'encouragement, de tous les moyens de considération et d'influence morale dont ils ont besoin dans le cours de leurs importantes et pénibles fonctions.

L'école normale, heureusement rétablie, serait, à notre avis, le premier et le plus efficace de ces moyens. Sortant de cette source, qui s'est montrée en peu d'années si riche et si féconde, ils commenceraient leur carrière, précédés d'une double réputation de vertu et de science, qui s'accroîtrait de plus en plus par le courage qu'inspirent l'amour du devoir et la perspective assurée d'un avancement progressif.

Une section de l'école pourrait être composée de ceux des élèves qui se sentiraient tout le dévouement nécessaire, et qui réuniraient à un plus haut degré les qualités qu'exige l'éducation de la jeunesse.

naturels des professeurs. Ceux-ci ne peuvent se faire remplacer par d'autres que par les maîtres d'études, sans l'approbation du proviseur.
(Ibid., art. 40.)

493. Les fonctionnaires, les professeurs et les maîtres d'études porteront exactement dans leurs relations avec les élèves et dans les cérémonies publiques le costume prescrit.
(Ibid., art. 41.)

494. Il y aura un maître de quartier ou d'études pour chaque classe ou compagnie de vingt-cinq élèves, lorsqu'ils auront plus de quatorze ans; au-dessous de cet âge, il n'y aura que deux maîtres pour trois compagnies.
(Ibid., art. 42.)

495. La sortie est interdite aux élèves, à moins qu'ils n'en obtiennent la permission du proviseur, qui les fait accompagner.

Il y aura pour cela des billets imprimés d'avance, où le proviseur portera le nom de l'élève et celui de la personne qui l'accompagnera. Celle-ci remettra en sortant le billet au portier qui le rapportera au proviseur.
(Ibid., art. 61 et 62.)

496. Les parens ne peuvent donner d'argent à leurs enfans, qu'en le déposant entre les mains du censeur qui en surveillera l'emploi.
(Ibid., art. 66.)

497. Les leçons d'armes et d'arts d'agrément seront prises pendant les récréations.
(Ibid., art. 77.)

498. Les externes seront tenus à une mise décente; mais l'uniforme des élèves de l'intérieur leur sera interdit: ils ne pourront assister aux études, ni prendre part aux récréations.
(Ibid., art. 132 et 133.)

499. Il n'est permis à aucun élève d'avoir entre ses mains, dans ses poches, dans son bureau ou ailleurs, d'autres livres que ceux qui lui auront été donnés par ordre du chef de l'enseignement. Cet ordre sera toujours donné par écrit. Tout autre livre sera confisqué, et l'élève sera puni selon l'exigence des cas.

La subordination étant l'âme de la discipline, elle doit être telle, qu'un élève ne réponde jamais à l'ordre qui lui sera donné par un supérieur. Son devoir est d'obéir sur-le-champ, sauf à lui à faire ensuite ses représentations à ce même supérieur, qui sera toujours prêt à les écouter quand elles seront satisfaisantes.
(Règlement général du prytanée français, 16 juillet 1801, art. 62 et 68.)

500. Les professeurs qui recevront un traitement ne pourront, sous quelque prétexte que ce soit, recevoir aucune autre somme des pères, mères, tuteurs ou administrateurs, nonobstant tous usages contraires suivis dans les établissemens d'instruction publique.
(Décret du 14 février 1793.)

501. Les dispositions qui interdisent à toute personne du sexe l'entrée dans l'intérieur du prytanée et des lycées, sont applicables aux femmes, parentes et domestiques femelles des directeurs et chefs d'enseignement, proviseurs, censeurs, professeurs et autres employés du prytanée, des lycées, des écoles secondaires communales et autres maisons d'éducation nationale.

En conséquence, il est expressément défendu aux femmes desdits employés et à toutes autres de résider dans les bâtimens affectés à ces diverses écoles, et d'y entrer sous quelque prétexte que ce soit.

La buanderie, la lingerie et l'infirmerie, si elles sont confiées à des femmes, seront placées dans des corps de logis isolés, dont l'entrée et la sortie n'auront aucune communication avec l'intérieur de l'établissement.
(Arrêté du gouvernement du 29 thermidor an XI (17 août 1803) art. 1 et 2.)

Concours général entre les élèves des colléges royaux de Paris (1).

502. Il y aura à la fin de chaque année scolaire un concours entre les élèves nationaux, pensionnaires et externes des quatre lycées de Paris, pour les grands prix de mérite (2).
(Arrêté du gouvernement du 23 fructidor an XI (10 septembre 1803) art. 13.)

Colléges communaux à ériger en colléges royaux.

503. Le grand-maître de l'Université, d'après les renseignemens fournis par les recteurs, de l'avis des inspecteurs généraux, et sur délibération du conseil de l'Université, proposera le tableau des colléges qui devront être érigés en lycées, lesquels seront pris parmi ceux des villes les mieux situées, les mieux

(1) Le concours a lieu maintenant entre huit colléges, sept de Paris et un de Versailles.
(2) Ce concours général qui termine l'année scolaire d'une manière si brillante, qui fait battre les cœurs de tant de généreux athlètes, et dont le souvenir plein de charmes n'est pas effacé dans la suite de la vie par les plus éclatans succès, présente des avantages réels; mais, il faut le dire, ces avantages ne sont pas sans quelques inconvéniens, alors surtout que ces couronnes universitaires, offertes aux 4es, 5es et 6es classes, commencent, dès l'entrée de la carrière, à tenter l'ambition des élèves et l'ambition non moins vive de leurs professeurs.
Toutefois, une grande partie de ces inconvéniens disparaîtraient, si l'on prenait une ferme résolution de n'admettre dans les classes que des élèves qui auraient été reconnus véritablement capables de les suivre.

pourvues de locaux et de moyens, et qui auront montré le plus de zèle pour favoriser l'instruction ; pour être par nous statué en notre conseil d'état et sur le rapport de notre ministre de l'intérieur.

Les communes dont les colléges seront érigés en lycées continueront à pourvoir aux dépenses de premier établissement, et à l'entretien des locaux, en ce qui concerne les grosses réparations.

(Décret du 15 novembre 1811, art. 2 et 3.)

504. Les locaux des lycées existans seront, dans le courant de l'année, mis en état de contenir, autant que possible, trois cents élèves. S'il est à cet effet besoin de fonds à fournir par les villes ou arrondissemens, il y sera statué, comme il est dit à l'article précédent.

Les locaux des lycées nouvellement érigés seront de nature à contenir au moins deux cents élèves pensionnaires, et seront disposés dans le plus court délai pour les recevoir.

Il sera dressé des travaux à faire en exécution des art. 3, 4 et 5 ci-dessus, des plans et devis avec détails estimatifs, lesquels devront être approuvés par notre ministre de l'intérieur.

(Ibid., art. 4... 6.)

Fixation du nombre des colléges royaux dans chaque ville.

505. Il n'y aura qu'un lycée dans la même ville. Sont exceptées les villes de 60,000 âmes et au-dessus, où il pourra y avoir un lycée et un ou plusieurs colléges.

Il sera établi à Paris quatre nouveaux lycées ; et les deux lycées qui n'ont point de pensionnaires, seront mis en état d'en recevoir dans le cours de 1812.

(Ibid., art. 8 et 9.)

Habillement des élèves des colléges et des autres écoles (1).

506. Les élèves et pensionnaires des lycées, des institutions et des pensions seront à l'avenir habillés de drap bleu, teint avec l'indigo pastel, et dans la forme déterminée par nos règlemens précédens.

Les élèves pensionnaires des colléges porteront de même l'habit bleu ; avec des accessoires réglés de manière à ce qu'ils puissent être distingués des élèves des lycées.

(Décret du 31 juillet 1812.)

(1) Ces différens uniformes attribués aux élèves des diverses écoles, étaient un moyen d'ordre et de discipline. Il n'est plus obligatoire aujourd'hui que pour les élèves des colléges royaux.

Modifications apportées par l'organisation de l'Université.

507. Le grand-maître fera revoir, discuter et arrêter en conseil de l'Université les règlemens existans aujourd'hui pour les lycées et les colléges.

(Décret du 17 mars 1808, art. 100.)

508. A l'avenir, et après l'organisation complète de l'Université, les proviseurs et les censeurs des lycées, les principaux et les régens des colléges, ainsi que les maîtres d'études de ces écoles, seront assujettis au célibat et à la vie commune (1).

Les professeurs des lycées pourront être mariés, et, dans ce cas, ils logeront hors du lycée. Les professeurs célibataires pourront y loger et profiter de la vie commune.

Aucun professeur de lycée ne pourra ouvrir de pensionnat, ni faire des classes publiques hors du lycée. Chacun d'eux pourra néanmoins prendre chez lui un ou deux élèves qui suivront les classes du lycée.

(Ibid., art. 101.)

509. Aucune femme ne pourra être logée ni reçue dans l'intérieur des lycées et des colléges (2).

(Décret du 17 mars 1808, art. 102.)

Concours pour l'agrégation au professorat des colléges.

510. Les maîtres d'études des lycées et les régens des colléges seront admis à concourir entre eux pour obtenir l'agrégation au professorat des lycées.

Le mode d'examen nécessaire pour le concours des agrégés, sera déterminé par le conseil de l'Université.

Il sera reçu successivement un nombre d'agrégés suffisant pour remplacer les professeurs des lycées. Ce nombre ne pourra excéder le tiers de celui des professeurs.

(Ibid., art 119 et 121.)

511. Les agrégés auront un traitement annuel de quatre cents francs, qu'ils toucheront jusqu'à ce qu'ils soient nommés à une chaire de lycée. Ils seront répartis par le grand-maître dans les académies ; ils remplaceront les professeurs malades.

(Ibid., art. 122.)

512. Il y aura près des colléges royaux des agrégés nommés au concours, et les professeurs des colléges royaux ne pourront être choisis que parmi les agrégés.

(Ordonnance du 27 février 1821, art. 18.)

---

(1) Il est presque inutile de dire que cette dernière disposition est complétement tombée en désuétude.

(2) Il a paru impossible de maintenir cette règle, pour les colléges communaux surtout, où les enfans sont quelquefois placés comme pensionnaires dès l'âge de 6 et 7 ans.

513. Il sera ouvert dans chaque chef-lieu d'académie des concours pour l'agrégation. Les agrégés seront nommés par les recteurs. Ils devront remplacer les professeurs des colléges royaux de cette académie, ou être employés dans les colléges communaux (1) et autres établissemens de son ressort. Ils auront besoin de l'institution du grand-maître, qui pourra la leur refuser pour des motifs graves, dont il fera part au conseil royal de l'instruction publique. Le grand-maître déterminera le nombre des agrégés qui devront être attachés à chaque académie, et fixera l'époque des concours.

(Ordonnance du 8 avril 1824, art. 4.)

Création des bourses communales.

514. Il sera créé dans chaque lycée dix bourses entières, vingt demi-bourses et vingt-trois quarts de bourses. Total, cinquante.

Ces bourses et demi-bourses seront payées par les communes, conformément au tableau ci-joint (2), et seront destinées aux écoles secondaires des villes qui fournissent lesdites bourses.

En conséquence, venant la bourse à vaquer, soit par fin des études, soit par mort, le grand-maître de l'Université nommera à ladite bourse parmi les jeunes qui se seront le plus distingués dans la commune, en conséquence de l'examen qui sera fait par l'inspecteur des études.

Il sera fait, dans chaque lycée, un tableau des individus appartenans aux communes qui ont des bourses ou des demi-bourses. Le préfet fera connaître à chacun des maires les individus de sa commune auxquels seront accordées lesdites bourses.

Pour les communes dont les budgets sont arrêtés, et qui n'auraient pas de fonds pour cet objet, l'avance leur en sera faite par la caisse d'amortissement, qu'elles rembourseront sur leur budget prochain.

(Décret du 10 mai 1808, art. 1...6.)

515. Tout individu qui voudra fonder une bourse ou une partie de bourse dans un lycée, sera admis à le faire, et pourra s'en conserver la nomination. Il sera statué ultérieurement sur le mode de fondation de ces bourses.

(Ibid., art. 7.)

(1) Cette institution des agrégés près des colléges communaux aussi bien que près des colléges royaux, est une des mesures les plus propres à améliorer les études sur tous les points de la France. Par-là, les moindres établissemens peuvent espérer recevoir et conserver quelque temps des maîtres distingués, qu'on ne pourrait convenablement y fixer, s'ils étaient réduits au trop modique traitement qu'offrent le plus grand nombre des villes aux fonctionnaires de leurs colléges.

(2) On n'a pas réimprimé ici ce premier tableau, qui a été depuis modifié par diverses ordonnances.

Règles pour l'exclusion des élèves boursiers.

516. Les clauses d'exclusion d'un élève des lycées sont la désobéissance obstinée et continue à ses maîtres et à ses supérieurs, les menaces et les voies de fait contre eux, les atteintes aux mœurs et à la probité, l'insubordination habituelle, la provocation de ses camarades à la désobéissance.

Les parens des élèves qui, après des avertissemens de changer de conduite, ne se seront pas amendés, seront prévenus par le proviseur et invités à les retirer pour les soustraire aux effets fâcheux de l'exclusion : celle-ci ne pourra être provoquée, que lorsque les parens n'auront pas eu égard à l'invitation qui leur aura été faite, et seulement un mois après qu'ils auront été avertis de la nécessité de retirer leurs enfans des lycées.

(Décret du 1er. juillet 1809, art. 1 et 2.)

517. L'exclusion d'un élève ne pourra être prononcée que dans les formes suivantes (1) :

Le proviseur adressera au recteur de l'académie les motifs qui lui paraîtront devoir donner lieu à l'exclusion, et pourra séquestrer préalablement l'élève dont il se plaint.

Le recteur fera vérifier les faits énoncés, par un inspecteur ou un officier de l'académie, qui, après avoir entendu le prévenu, ainsi que ceux qui auront connaissance des faits, en dressera procès-verbal, auquel le proviseur pourra joindre ses observations.

Le procès-verbal sera communiqué par le recteur au conseil académique, qui donnera son avis sur l'exclusion proposée.

Les pièces seront adressées par le recteur au grand-maître de l'Université qui les communiquera au conseil de l'Université.

Lorsque la section du conseil chargée de la police des écoles, dans le rapport qu'elle fera sur l'examen de ces pièces, sera d'avis qu'il y a lieu à l'exclusion de l'élève, cette exclusion sera prononcée par le grand-maître.

Le grand-maître fera parvenir au ministre de l'intérieur les pièces et le rapport du conseil de l'Université, relatifs à l'exclusion de l'élève ; et si le ministre ne fait pas connaître dans le délai d'un mois que le roi n'approuve pas l'exclusion, elle sera définitive.

(Ibid., art. 3... 9.)

Règles pour les cas de maladie contagieuse incurable.

518. Dans le cas de maladie contagieuse incurable, l'élève

---

(1) Des formes plus simples ont été établies par l'ordonnance du 23 août 1827, ci-après relatée.

sera examiné par les officiers de santé en chef du lycée. Le rapport de ces officiers sera envoyé au recteur, qui fera faire un examen contradictoire par un docteur en médecine et un docteur en chirurgie nommés par lui ; et l'élève sera remis à ses parens, sur une décision du grand-maître rendue sur l'avis du conseil de l'Université. Le proviseur pourra séquestrer ou placer en ville l'élève dont il est question, provisoirement et en attendant la décision.

(Ibid., art. 10.)

Cas d'insolvabilité des parens.

519. Dans le cas où la pension d'un élève qui n'est pas à la bourse entière ne serait point payée par les parens, après soumission par eux faite de l'acquitter, le proviseur prendra toutes les mesures convenables, même les voies judiciaires, pour en procurer le payement ; à l'effet de quoi, il s'adressera au procureur du roi pour qu'il suive sans frais à la chambre du conseil comme pour les affaires du domaine.

Le délai d'un an passé, il en sera fait un rapport au recteur, lequel en rendra compte au grand-maître.

L'élève sera renvoyé à sa famille contre laquelle le proviseur pourra d'ailleurs se pourvoir pour le payement des trimestres échus.

Si le grand-maître le juge convenable, il pourra nous demander l'envoi de l'élève dans une école d'arts et métiers.

(Ibid., art. 11... 14.)

520. Les enfans des personnes employées au service public, qui ont obtenu des bourses qui ne sont pas entières, et dont les parens seront reconnus hors d'état d'acquitter la portion restée à leur charge, pourront être admis à concourir avec les pensionnaires et les externes pour les bourses communales.

(Ibid., art. 15.)

Mode de remplacement des boursiers communaux.

521. Le remplacement des élèves jouissant de bourses entières, trois quarts de bourses et demi-bourses payées par les villes, n'aura lieu qu'une fois par an et au commencement de l'année scolaire.

Le grand-maître procédera à ce remplacement. Toutefois, il fera passer les élèves déjà existans au lycée au compte d'une ville, de demi-pension à trois quarts de pension, et de trois quarts de pension à pension entière, selon leur mérite ; de manière que l'élève entrant soit à demi-pension, à moins qu'il ne se trouve des sujets qui se soient distingués au concours, et dont les parens ne puissent fournir au payement de la moitié ou des trois quarts de la pension.

Chaque nom (d'élève communal) aura son numéro d'ordre, qui sera commun à tous les élèves qui pourront se succéder dans la jouissance de la même bourse communale.

Le grand-maître fera les désignations ou nominations par un acte séparé pour chaque élève, contresigné par le secrétaire général.

Lors des remplacemens, il fera connaître ces nominations à notre ministre de l'intérieur dans la huitaine du jour où il les aura faites.

L'avis sera en outre envoyé par le grand-maître au préfet du département, et par le préfet au maire de la commune à qui la bourse appartiendra.

Le maire fera inscrire la nomination au registre des délibérations du conseil municipal.

(Décret du 2 mai 1811, art. 11... 18.)

522. Si une bourse vacante appartenant à une ville n'est pas remplie au commencement de l'année scolaire qui suivra la vacance, la ville retiendra une somme proportionnée au temps que durera cette vacance après le commencement de la dernière année scolaire.

(Ibid., art. 19.)

523. Il est assigné à chaque collége royal et pensionnat cinquante pensions aux frais du gouvernement, nécessairement réparties ainsi qu'il suit :

Pensions entières . . . . 20. . . . . ci 20 pensions.
Trois quarts de pensions 20. . . . . ci 15
Demi-pensions. . . . . . 30. . . . . ci 15

Total des élèves. . . 70. . . . . et 50 pensions.

(Ordonnance du 12 mars 1817, art. 1er.)

524. Une pension royale devenue vacante dans le cours d'un trimestre sera acquittée pour le trimestre entier, quand même il n'y aurait pas été pourvu avant l'expiration du trimestre.

(Ibid., art. 1... 4.)

525. Attendu l'allocation faite, ainsi qu'il sera dit ci-après, au profit de chaque collége royal, d'une somme fixe destinée à payer les traitemens des principaux fonctionnaires, le taux des pensions royales est réduit d'un sixième.

Les élèves nommés à des trois quarts de pension ou à des demi-pensions royales ne seront admis à les occuper qu'en représentant l'engagement de payer la portion de pension restant à leur charge, souscrit par leurs parens ou par toute autre personne, avec caution suffisante, qui élira son domicile dans les villes où le collége royal est situé.

(Ibid., art. 5 et 6.)

526. L'obligation imposée aux élèves nommés à des trois quarts de pension ou à des demi-pensions royales, est commune aux élèves boursiers des villes.

(Ibid., art. 9.)

527. La fixation actuelle du prix des bourses communales est provisoirement maintenue.

(Ibid., art. 10.)

528. Les bourses communales occupées au commencement d'un trimestre seront payées pour le trimestre entier.

(Ibid., art. 11.)

529. Les sommes dues par les communes, conformément à l'art. 19 du décret du 2 mai 1811, et celles qui seront dues à l'avenir en exécution de l'art. 11 ci-dessus, seront, à la demande des proviseurs et dans les dix jours de l'invitation qui en sera faite par nos préfets, ordonnancées par les maires et payées par les receveurs municipaux, conformément aux allocations portées dans les budgets des communes. Au cas que les sommes ainsi ordonnancées s'appliquent à des années qui n'offrent aucune ressource disponible, les mandats des maires seront payés à titre d'avance, et sauf le rappel de cette avance au plus prochain budget.

(Ibid., art. 12.)

530. La fixation du prix des pensions particulières dans les colléges royaux est provisoirement maintenue.

La pension est due, pour le trimestre entier, par les élèves particuliers présens au collége au commencement du trimestre Il en est de même de la portion de pension ou de bourse restant à la charge des élèves pensionnaires du roi ou boursiers.

Les règlemens relatifs aux trousseaux et supplémens pour frais de livres classiques, sont maintenus.

(Ibid., art. 13, 14 et 15.)

531. Le payement des sommes dues par les parens des élèves royaux, boursiers et particuliers, sera poursuivi par les procureurs du roi, à la requête des proviseurs.

Notre ministre secrétaire d'état de l'intérieur (1) pourra arrêter les poursuites dirigées contre les débiteurs des colléges royaux, en cas d'indigence, et leur accorder des dégrèvemens et même des décharges entières.

(Ibid., art. 16 et 17.)

(1) Lisez : notre ministre de l'instruction publique.

532. Les élèves des colléges royaux, dont les pensions ou portions de pension n'auraient pas été acquittées dans les six premiers mois de l'année 1817, seront congédiés par les proviseurs et remis à leurs parens par les soins de nos préfets, d'après les instructions de notre ministre de l'intérieur (1).

Il en sera de même, à l'avenir, à l'égard des élèves qui devraient plus d'un semestre de la pension ou portion de pension à leur charge.

(Ibid., art. 18.)

Des revenus et dépenses des colléges royaux.

533. Il est assigné à chaque collége royal, sur les fonds du trésor, une somme fixe principalement affectée au payement des traitemens fixes des proviseurs, professeurs et autres fonctionnaires supérieurs.

(Ibid., art. 19.)

534. Le sixième des bourses communales et des pensions particulières, représentant les masses communes, sera ajouté à la somme assignée (art. 19) sur les fonds du trésor, pour faire face aux mêmes dépenses.

(Ibid., art. 20.)

535. Il pourra être accordé des dispenses par notre commission de l'instruction publique sur la rétribution des élèves externes.

(Ibid., art. 21.)

536. Les traitemens supplémentaires accordés aux proviseurs par la commission de l'instruction publique, seront prélevés sur le sixième ci-dessus (art. 20), et subsidiairement sur le produit de la rétribution des externes.

(Ibid., art. 22.)

Emploi des excédans de recettes des colléges royaux au profit des colléges mêmes.

537. A l'avenir, les excédans des recettes d'un collége royal sur ses dépenses pourront être employés en acquisition, soit de meubles, soit de rentes sur l'état, inscrites au profit de l'établissement et en son nom, après que, dans ce dernier cas, il aura obtenu notre autorisation à cet effet.

(Ibid., art. 25.)

538. A compter du 1er. avril prochain, les sommes revenant aux colléges royaux en vertu de l'article 19 ci-dessus, et celles destinées aux pensions royales, ainsi que le montant des dégrè-

---

(1) Lisez : notre ministre de l'instruction publique.

vemens et indemnités que notre ministre secrétaire d'état de l'intérieur est autorisé à accorder, seront imputées sur le budget de l'intérieur, et ordonnancées par notre ministre.

(Ibid., art. 26.)

N°. Ier. Répartitions et frais des pensions royales dans les colléges royaux.

De Paris.	100 à 750 fr	75,000 fr.
1re. classe. . . .	300 à 625	187,500
2e. classe. . . .	750 à 550	412,500
3e. classe. . . .	550 à 500	275,000
	Total. . . .	950,000

N°. II. Etat de la dépense annuelle des colléges royaux aux frais du trésor.

1°. Dépenses fixes.	812,000 fr.
2°. Pensions royales.	950,000
3°. Dégrèvement, indemnité de voyage, secours pour trousseaux et dettes arriérées.	38,000
Total. . . .	1,800.000

N°. III. Tarif des pensions royales dans les colléges royaux.

De Paris.	750 fr.
1re. classe.	625
2e. classe.	550
3e. classe.	500

N°. IV. *Sommes affectées aux colléges royaux pour le payement de leurs dépenses fixes.*

De Charlemagne. . . . . 53,000 fr.	}	95,000 fr.
De Bourbon. 42,000		
De Paris, avec pensionnat, 2 à. 30,000		60,000
De 1re. classe. . . . . 6 à. 24,000		144,000
De 2e. classe. . . . . . . 15 à. 21,000		315,000
De 3e. classe. . . . . . . 11 à. 18,000		198,000
Total. . . .		812,000

Ordonnance concernant les bourses communales.

539. Les villes comprises dans le tableau ci-joint continueront à entretenir dans les colléges royaux désignés audit tableau, des élèves boursiers qui seront assimilés en tout aux boursiers de l'état.

En conséquence, lesdites communes porteront chaque année dans leurs budgets les sommes affectées auxdites bourses, sans qu'il puisse être rien innové à cet égard qu'en vertu d'une ordonnance royale.

(Ordonnance du 25 décembre 1819, (1) art. 1 et 2.)

540. Les bourses fondées par les communes ne pourront être obtenues qu'au concours, et par suite d'examens qui seront faits d'après les règles et aux conditions ci-après exprimés.

(Ibid., art. 3.)

541. Lorsqu'une de ces bourses deviendra vacante, le proviseur du collége royal en donnera immédiatement avis au maire de la ville fondatrice, qui sera prévenu, en outre, trois semaines avant les époques ci-après fixées, du jour où le concours aura lieu.

Les concours pour les bourses vacantes seront ouverts dans les communes fondatrices au mois de mai et au mois de septembre de chaque année; et dans le cas où il serait jugé convenable d'ouvrir un concours extraordinaire, le conseil municipal de la ville intéressée se concertera à cet effet avec le recteur de l'académie.

(Ibid., art. 4 et 5.)

542. Le conseil municipal formera une liste des candidats qu'il jugera convenable de présenter au concours. Ils devront

(1) LOUIS, etc. Vu l'acte du gouvernement, du 10 mai 1808, portant création de bourses et portions de bourse à la charge des communes dans les colléges royaux;
Vu l'acte du 2 mai 1811,
Le titre 2 de notre ordonnance du 12 mars 1817,
Et les délibérations prises par les conseils municipaux des villes comprises dans la répartition annexée au décret de 1808,
Considérant que les bourses et portions de bourse attribuées aux communes par les examens, promotions et concours auxquels elles donnent lieu, entretiennent une émulation salutaire parmi la jeunesse de nos départemens, et qu'elles sont un moyen puissant de ne pas laisser inutiles, faute d'une éducation convenable, les talens et les dispositions naturelles des jeunes gens dépourvus de fortune;
Considérant que depuis le décret de 1808, il a été reconnu que beaucoup de communes avaient été mal à propos comprises dans la répartition des bourses annexée au décret, et que les conseils municipaux avaient été privés d'une participation convenable à la collation de ces bourses;
Mais que s'il est juste de laisser aux autorités locales le choix et la désignation des sujets qui peuvent obtenir les bourses fondées par les villes, la garantie que l'état doit aux familles n'exige pas moins impérieusement que ces choix ne puissent tomber que sur les sujets les plus capables et dont la présence dans les colléges royaux ne soit pas nuisible ou dangereuse pour ces établissemens;
Que le concours à des conditions connues et fixées présente le mode d'admission le plus juste et le plus égal;
Que même la majorité des délibérations municipales est favorable au maintien de cette mesure;
Considérant enfin que les conseils municipaux se trouvant chargés dorénavant de remplir les bourses au fur et à mesure des vacances qui surviendront, il ne serait pas juste de faire supporter aux colléges royaux les retenues autorisées jusqu'ici sur les bourses vacantes et auxquelles les conseils municipaux ne pourvoiraient pas;
A ces causes, vu le mémoire de notre commission royale de l'instruction publique, notre conseil d'état entendu, nous avons arrêté et arrêtons, ordonné et ordonnons ce qui suit.

être nés ou domiciliés dans la ville fondatrice, et remplir les conditions exigées par les règlemens sur l'instruction publique.

La liste devra être triple au moins du nombre des bourses vacantes; elle sera signée par le maire, et remise à l'inspecteur chargé du concours.

(Ibid., art. 6.)

543. Il sera procédé au concours, soit par un inspecteur général des études, soit par l'inspecteur de l'académie, ou tout autre officier de l'instruction publique désigné par le recteur à cet effet, en présence du maire ou de l'adjoint à ce commis; le concours sera public.

Le procès-verbal du concours, signé par le maire ou par l'adjoint présent, auquel seront jointes les pièces exigées par les règlemens, sera transmis au recteur de l'académie, qui l'adressera sur-le-champ à la commission royale de l'instruction publique, et la commission nommera immédiatement aux bourses vacantes les élèves qui se seront le plus distingués au concours.

(Ibid., art. 7 et 8.)

544. Dans la huitaine de la nomination, la commission en donnera connaissance au maire de la commune intéressée par l'intermédiaire du préfet du département, et à notre ministre de l'intérieur. Elle fera connaître en même temps l'époque à laquelle les élèves nommés devront être rendus à leur destination.

L'arrêté de nomination sera transcrit sur le registre des délibérations du conseil municipal, et le maire en donnera avis à chaque élève nommé, ainsi que du jour où il devra être rendu au collége royal.

(Ibid., art. 9.)

545. Les bourses supérieures devant être la récompense des élèves déjà boursiers qui obtiennent le plus de succès dans l'intérieur des colléges royaux, les élèves admis au concours ne pourront obtenir pour la première fois que des bourses à demi-pension ou à trois quarts de pension, à moins qu'il ne se soit présenté à l'examen des élèves particulièrement distingués, et dont les parens ne puissent fournir au payement de la moitié ou du quart de la bourse mise au concours, ce qui sera attesté par le maire.

(Ibid., art. 10.)

546. Il ne sera jamais nommé aux bourses communales vacantes, sous quelque prétexte que ce soit, que les élèves présentés par les conseils municipaux des villes fondatrices.

(Ibid., art. 11.)

547. Tout élève qui ne sera pas rendu à sa destination dans les trois mois de sa nomination, à moins d'empêchement légitime constaté par le maire, sera considéré comme démissionnaire, et il sera pourvu à son remplacement, d'après le procès-verbal du dernier concours, et en suivant l'ordre des numéros donné aux concurrens, sauf le cas d'un nouveau concours, comme il est dit article 3.

(Ibid., art. 12.)

548. Tout boursier qui, par suite de sa paresse ou de sa négligence habituelle, ne passerait pas à la fin de chaque année scolastique dans une classe supérieure, sera remis à ses parens.

(Ibid., art. 13.)

549. Les retenues qui s'opéraient sur les bourses vacantes, conformément au décret du 2 mai 1811 et à notre ordonnance du 12 mars 1817, ne seront plus exercées à l'avenir, et à compter du 1er. janvier 1820.

(Ibid., art. 14.)

550. Les communes dont les fondations de bourse ont cessé d'être comprises dans le tableau de répartition ci-joint, et qui par la suite voudraient rétablir ces fondations, ou celles qui à l'avenir voudraient fonder une ou plusieurs bourses dans les colléges royaux, feront connaître leurs vœux à cet égard à notre ministre secrétaire d'état de l'intérieur ; et, sur la proposition de notre commission royale de l'instruction publique, lesdites communes seront admises au bénéfice de la fondation, d'après les règles et aux conditions déjà établies.

(Ibid., art. 15.)

Dispositions transitoires.

551. Les bourses créées par le décret du 10 mai 1808, et qui ne sont point conservées par la présente ordonnance, continueront néanmoins à être entretenues par les communes comme par le passé, si elles sont en ce moment occupées, et ce jusqu'à ce que les titulaires desdites bourses aient terminé le cours de leurs études.

Les changemens faits aux anciennes fondations de bourses par le tableau annexé à la présente ordonnance, et les modifications à ces fondations demandées par les communes, seront opérées partiellement dès que les fonds provenant des vacances et des bourses anciennes le permettront, et sans attendre l'extinction totale de ces bourses.

(Ibid., art. 16 et 17.)

552. Notre commission royale de l'instruction publique prendra toutes les mesures convenables pour opérer la translation

des élèves dont les bourses seront reversées d'un collége dans un autre, et fera les règlemens nécessaires pour assurer la prompte exécution des présentes.

Toutes dispositions des anciens décrets et ordonnances contraires aux présentes sont et demeurent abrogées.

(Ibid., art. 19 et 20.)

553. TABLEAU DE RÉPARTITION DES BOURSES

OU PORTIONS DE BOURSE ATTRIBUÉES AUX COMMUNES DANS LES COLLÉGES ROYAUX (1).

DÉPARTEMENS.	COMMUNES.	NOMBRE DE BOURSES			SOMMES.
		entières.	3/4	1/2	
Collége royal d'Amiens (2ᵉ. classe).					fr. c.
Somme........	Amiens........	3	4	4	5,200 »
Oise..........	Beauvais.......	2	»	»	1,300 »
	Béthune........	»	1	»	487 50
Pas-de-Calais....	Montreuil.......	»	»	1	325 »
	Hesdin........	»	1	»	487 50
Seine.........	Paris.........	10	20	20	22,750 »
		15	26	25	30,550 »
Collége royal d'Angers (2ᵉ. classe).					
Maine-et-Loire...	Angers........	2	4	5	4,875 »
	Saumur........	1	1	»	1,137 50
Sarthe.........	Le Mans........	3	2	»	2,925 »
Mayenne.......	Mayenne.......	»	»	1	325 »
		6	7	6	9,262 50
Collége royal d'Avignon (3ᵉ. classe).					
	Avignon........	3	2	3	3,600 »
Vaucluse.......	Apt..........	»	1	»	450 »
	Carpentras......	»	»	2	600 »
Var...........	Lorgues........	»	»	1	300 »
		3	3	6	4,950 »
Collége royal de Besançon (2ᵉ. classe).					
Doubs.........	Besançon.......	2	2	6	4,225 »
Haute-Saône.....	Vesoul.........	»	»	2	650 »
Jura..........	Lons-le-Saulnier..	»	»	1	325 »
		2	2	9	5,200 »

(1) On trouvera ci-après l'indication des bourses qui ont été supprimées, à la demande des villes.

DÉPARTEMENS.	COMMUNES.	NOMBRE DE BOURSES			SOMMES.
		entières.	3/4	1/2	
Collége royal de Bordeaux (1re. classe.)					
					fr. c.
Gironde.......	Bordeaux......	14	20	14	27,000 »
	Blaye........	»	»	1	375 »
Lot-et-Garonne.	Marmande......	»	»	1	375 »
Landes	Mont-de-Marsan..	»	1	1	937 50
		14	21	17	28,687 50
Collége royal de Bourges (3e. classe).					
Cher.........	Bourges.......	1	2	2	2,100 »
Nièvre........	Nevers........	1	1	2	1,650 »
Indre	Châteauroux	»	»	1	300 »
		2	3	5	4,050 »
Collége royal de Caen (2e. classe).					
Calvados.......	Falaise........	1	»	»	650 »
	Valogne	»	1	1	812 50
Manche.......	Carentan	»	»	1	325 »
	Granville......	»	»	1	325 »
Orne........	Alençon.......	2	»	»	1,300 »
	Mortagne......	»	»	1	325 »
		3	1	4	3,737 50
Collége royal de Cahors (3e. classe).					
Lot	Cahors........	3	»	»	1,800 »
Collége royal de Clermont (3e. classe).					
Puy-de-Dôme. ...	Clermont......	1	2	3	2,400 »
	Thiers........	»	»	2	600 »
		1	2	5	3,000 »
Collége royal de Dijon (3e. classe).					
	Dijon........	3	»	»	1,950 »
Côte-d'Or......	Auxonne	»	»	1	325 »
	Beaune	2	»	»	1.300 »
Haute-Marne....	Saint-Dizier.....	1	»	»	650 »
		6	»	1	4,225 »
Collége royal de Douai (2e. classe).					
	Douai........	3	4	»	3,900 »
	Cambrai.......	2	2	3	3,250 »
Nord.........	Bergues.......	»	1	1	812 50
	Hazebrouck.....	1	»	»	650 »
	Lille.........	4	4	4	5,850 »
	Saint-Amand	»	»	1	325 »
Pas-de-Calais	Calais........	2	»	»	1,300 »
		12	11	9	16,087 50

DES COLLÉGES.

DÉPARTEMENS.	COMMUNES.	NOMBRE DE BOURSES			SOMMES.
		entières.	3/4	1/2	

Collége royal de Grenoble (3e. classe).

					fr. c.
Isère..........	Grenoble......	3	2	4	3,900 »
	Vienne.......	»	2	»	900 »
Drôme........	Valence.......	»	»	1	300 »
		3	4	5	5,100 »

Collége royal de Limoges (3e. classe).

Haute-Vienne....	Limoges.......	1	2	3	2,400 »

Collége royal de Lyon (1re. classe).

Rhône........	Lyon.........	14	26	40	40,125 »
Loire	Saint-Étienne....	1	2	3	3,000 »
		15	28	43	43,125 »

Collége royal de Marseille (1re. classe).

	Marseille......	15	25	36	38,812 50
Bouches-du-Rhône.	Aubagne.......	»	»	1	375 »
	Aix	3	2	»	3,375 »
	Tarascon......	»	2	»	1,125 »
	Toulon........	2	4	2	4,500 »
Var	Hyères........	»	»	1	375 »
	Grasse........	1	»	»	750 »
		21	33	40	49,312 50

Collége royal de Metz (2e. classe).

Moselle	Metz.........	3	»	9	4,875 »

Collége royal de Montpellier (2e. classe).

	Montpellier.....	2	4	8	5,850 »
Hérault.......	Lodève.......	1	»	»	650 »
	Cette........	2	»	»	1,300 »
	Lunel........	»	»	1	325 »
Aude	Carcassonne.....	1	2	1	1,950 »
		6	6	10	10,075 »

Collége royal de Moulins (3e. classe).

Allier	Moulins.......	1	2	3	2,400 »
Cantal........	Aurillac.......	»	»	2	600 »
		1	2	5	3,000 »

TITRE IV.

DÉPARTEMENS.	COMMUNES.	NOMBRE DE BOURSES			SOMMES.
		en-tières.	3/4	1/2	

Collége royal de Nancy (3e. classe).

DÉPARTEMENS.	COMMUNES.	en-tières	3/4	1/2	SOMMES.
					fr. c.
Meurthe.	Nancy.	1	2	3	2,400 »
Haut-Rhin.	Colmar.	1	2	2	2,100 »
Meuse.	Bar-le-Duc.	1	»	»	600 »
	Saint-Mihiel.	»	»	1	300 »
	Verdun.	»	1	1	750 »
Vosges.	Epinal.	1	1	»	1,050 »
	Saint-Dié.	»	»	1	300 »
		4	6	8	7,500 »

Collége royal de Nantes (2e. classe).

DÉPARTEMENS.	COMMUNES.	en-tières	3/4	1/2	SOMMES.
Loire-Inférieure.	Nantes.	5	8	17	12,675 »
Côtes-du-Nord.	Saint-Brieuc.				
	Lannion.				
	Dinan.				

Collége royal de Nîmes (2e. classe).

DÉPARTEMENS.	COMMUNES.	en-tières	3/4	1/2	SOMMES.
Gard.	Nîmes.	2	4	6	5,200 »
	Alais.	»	»	2	650 »
	Beaucaire.	»	»	3	975 »
		2	4	11	6,825 »

Collége royal d'Orléans (2e. classe).

DÉPARTEMENS.	COMMUNES.	en-tières	3/4	1/2	SOMMES.
Loiret.	Orléans.	7	6	5	9,100 »
Loir-et-Cher.	Vendôme.	»	»	1	325 »
Seine.	Paris.	10	20	20	22,750 »
		17	26	26	32,175 »

Collége royal de Pau (3e. classe).

DÉPARTEMENS.	COMMUNES.	en-tières	3/4	1/2	SOMMES.
Hautes-Pyrénées.	Tarbes.	»	»	2	600 »
Basses-Pyrénées.	Pau.	»	2	1	1,200 »
Landes.	Dax.	»	2	»	900 »
		»	4	3	2,700 »

Collége royal de Poitiers (3e. classe).

DÉPARTEMENS.	COMMUNES.	en-tières	3/4	1/2	SOMMES.
Charente-Inférieure.	La Rochelle.	2	2	1	2,400 »
	Rochefort.	1	2	2	2,100 »
	Saintes.	1	»	2	1,200 »
Vienne.	Poitiers.	3	2	2	3,300 »
Deux-Sèvres.	Niort.	3	2	»	2,700 »
Vendée.	Fontenay.	1	1	»	1,050 »
	Les Sables.	1	»	»	600 »
		12	9	7	13,350 »

DÉPARTEMENS.	COMMUNES.	NOMBRE DE BOURSES			SOMMES.
		entières.	3/4	1/2	

Collége royal de Pontivy (3e. classe).

DÉPARTEMENS.	COMMUNES.	entières.	3/4	1/2	SOMMES.
					fr. c.
Finistère	Brest..........	4	4	4	5,400 »
	Landerneau,.....	1	»	»	600 »
	Morlaix........	1	»	2	1,200 »
		6	4	6	7,200 »

Collége royal de Reims (2e. classe).

DÉPARTEMENS.	COMMUNES.	entières.	3/4	1/2	SOMMES.
Marne..........	Reims.........	4	2	4	4,875 »
Aisne..........	Saint-Quentin....	1	2	»	1,625 »
	Laon..........	»	2	»	975 »
Ardennes........	Sedan.........	»	1	1	812 50
	Mézières........	»	»	1	325 »
	Rethel.........	»	»	1	325 »
Seine..........	Paris..........	4	9	8	9,587 50
		9	16	15	18,525 »

Collége royal de Rennes (1re. classe).

DÉPARTEMENS.	COMMUNES.	entières.	3/4	1/2	SOMMES.
Ille-et-Vilaine...	Rennes.........	2	8	»	5,200 »

Collége royal de Rouen (1re. classe).

DÉPARTEMENS.	COMMUNES.	entières.	3/4	1/2	SOMMES.
Seine-Inférieure..	Rouen.........	13	18	7	22,500 »
	Le Havre.......	1	1	2	2,062 50
	Dieppe.........	1	1	2	2,062 50
Eure...........	Louviers........	»	»	1	375 »
Seine..........	Paris..........	2	4	5	5,625 »
		17	24	17	32,625 »

Collége royal de Strasbourg (1re. classe).

DÉPARTEMENS.	COMMUNES.	entières.	3/4	1/2	SOMMES.
Bas-Rhin.......	Strasbourg......	9	15	11	19,312 50
	Hagueneau......	»	2	»	1,125 »
	Schelestadt.....	1	1	2	2,062 50
	Obernay........	»	»	1	375 »
	Saverne........	»	»	3	1,125 »
Haut-Rhin......	Mulhausen......	»	»	2	750 »
		10	18	19	24,750 »

Collége royal de Toulouse (2e. classe).

DÉPARTEMENS.	COMMUNES.	entières.	3/4	1/2	SOMMES.
Haute-Garonne...	Toulouse.......	8	8	12	13,000 »
Tarn-et-Garonne..	Moissac........	1	»	»	650 »
		9	8	12	13,650 »

DÉPARTEMENS.	COMMUNES.	NOMBRE DE BOURSES			SOMMES.
		entières.	3/4	1/2	
Collége royal de Versailles (1re. classe).					
					fr. c.
Seine-et-Oise	Versailles	4	4	6	7,500 »
	Saint-Germain	1	»	1	1,125 »
	Pontoise	»	»	3	1,125 »
	Etampes	»	»	2	750 »
Eure-et-Loir	Châteaudun	1	»	»	750 »
Seine-et-Marne	Melun	1	»	1	1,125 »
	Fontainebleau	1	2	»	1,875 »
Seine	Paris	10	20	20	26,250 »
	Saint-Denis				
Colléges royaux de Henri IV et de Louis-le-Grand, à Paris. Prix de la pension : 900 fr.					
Seine	Paris	20	40	40	63,000 »

Age auquel les bourses sont accordées.

554. Les bourses royales et communales ne seront désormais accordées qu'à des élèves âgés de moins de dix ans accomplis. Les translations des boursiers d'un collége dans un autre ne pourront avoir lieu que sur la demande du conseil royal de l'instruction publique.

(Ordonnance du 27 février 1821, art. 19.)

555. L'âge auquel les enfans seront aptes à recevoir des bourses royales et communales demeure fixé de huit à dix ans accomplis. Ceux qui auront été placés comme pensionnaires dans un collége avant l'âge de dix ans, pourront en obtenir à un âge plus avancé dans ce collége, ou même dans un autre, en se conformant au mode prescrit pour les translations. A l'égard des boursiers communaux, l'âge fixé par les ordonnances sera seulement exigé à l'époque de la présentation des villes, pourvu que la nomination ait lieu dans les six mois.

(Décision du roi, du 13 juin 1821.)

556. Les bourses royales et communales pourront être données désormais à des élèves qui ne seront pas âgés de plus de douze ans, mais à la charge, pour ceux qui auront atteint cet âge, de justifier qu'ils ont l'instruction nécessaire pour être, à l'ouverture de l'année scolaire qui suivra, dans la classe de sixième.

Ces bourses pourront être conférées à des élèves plus âgés qui seraient pensionnaires depuis l'âge de douze ans dans un collége de l'Université, et qui auraient une instruction proportionnée à leur âge.

(Ordonnance du 16 novembre 1821, art. 1 et 2.)

557. A partir du 1er. août 1824, les bourses royales ne seront données qu'à des enfans dont les parens seront domiciliés dans l'académie à laquelle appartient le collége où ces enfans doivent être placés sur l'avis des autorités locales.

(Ordonnance du 8 avril 1824, art. 5.)

558. Les bourses royales continueront à être données comme il est prescrit par l'art. 5 de l'ordonnance du 8 avril 1824, à des enfans dont les parens seront domiciliés dans l'arrondissement de l'académie à laquelle appartient le collége où ces enfans devront être placés. Les exceptions qui pourraient être faites à cette disposition, notamment en faveur de fils de militaires qui n'ont point de résidence fixe, ne pourront jamais excéder le quart du nombre total des pensions affectées à chaque collége.

Les places d'élèves boursiers ne seront accordées à l'avenir qu'à des enfans âgés de neuf ans accomplis, et qui n'en auront pas plus de douze, sauf l'exception portée par l'art. 2 de l'ordonnance du 16 novembre 1821.

(Ordonnance du 28 août 1827, art. 2 et 3.)

559. L'exception, établie par l'art. 2 de l'ordonnance du 16 novembre 1821, en faveur des enfans âgés de plus de douze ans, qui sont pensionnaires depuis cet âge dans un collége de l'Université, est étendue à ceux qui depuis cet âge ont suivi sans interruption, soit comme demi-pensionnaires, soit comme externes, les classes d'un collége de l'Université. Les parens qui invoqueront cette exception pour leurs enfans devront produire un certificat du chef de l'établissement dont ceux-ci auront suivi les classes, constatant, 1°. qu'ils ont toujours tenu une bonne conduite ; 2°. qu'ils possèdent une instruction proportionnée à leur âge.

(Ordonnance du 24 juin 1829 (1).)

(1) CHARLES, etc. Vu les art. 1 et 2 de l'ordonnance du 16 novembre 1821, et l'art. 3 de l'ordonnance du 28 août 1827, desquels il résulte que les bourses royales et communales ne peuvent être données à des enfans âgés de plus de 12 ans, à moins qu'ils ne soient pensionnaires depuis l'âge de 12 ans dans un collége de l'Université, et qu'ils n'aient une instruction proportionnée à leur âge ; considérant que les enfans qui suivent les cours des colléges, comme externes ou demi-pensionnaires, peuvent offrir par leur bonne conduite et leur application les mêmes garanties que les élèves internes, que par conséquent il est juste de leur appliquer l'exception établie en faveur de ces derniers ; sur le rapport, etc.

TITRE IV.

Nouvelles dispositions concernant les bourses royales.

560. Il est assigné à chaque collége royal à pensionnat, quarante-et-une pensions aux frais du gouvernement, nécessairement réparties ainsi qu'il suit :

Pensions entières. . . . . 20, ci. . . . . 20 pensions.
Trois-quarts de pensions. . . 12, ci. 9
Demi-pensions. . . . . 24, ci. 12

    Total des élèves. . . . . 56, et. . . . . 41 pensions.

(Ordonnance du 12 octobre 1821, art. 1er.)

561. Une pension devenue vacante dans le cours d'un trimestre sera acquittée pour le trimestre entier, quand même il n'y aurait pas été pourvu avant l'expiration dudit trimestre.

(Ibid., art. 3.)

562. Attendu l'allocation faite, ainsi qu'il sera dit ci-après, au profit de chaque collége royal, d'une somme fixe destinée à payer les traitemens des principaux fonctionnaires, le taux des pensions du gouvernement établi par le décret du 3 floréal an XIII est réduit d'un sixième. (Tableau n°. 1, ci-joint.)

Cette diminution portera également sur les portions des trois quarts de bourses et demi-bourses royales acquittées par les parens.

(Ibid., art. 4 et 5.)

563. Les élèves nommés à des trois quarts de pensions ou à des demi-pensions royales, ne seront admis à les occuper, qu'en représentant l'engagement de payer la portion de pension restant à leur charge, souscrite par leurs parens ou par toute autre personne, avec caution suffisante, qui élira son domicile dans la ville où le collége royal est situé.

(Ibid., art. 6.)

Des pensions particulières.

564. La fixation du prix des pensions particulières dans les colléges royaux est maintenue.

(Ibid., art. 7.)

565. La pension est due pour le trimestre entier par les élèves particuliers présens au collége au commencement du trimestre. Il en est de même de la portion de pension ou de bourse restant à la charge des élèves pensionnaires du roi et boursiers.

(Ibid., art. 8.)

566. Les règlemens relatifs aux trousseaux et supplémens pour frais de livres classiques sont maintenus.

(Ibid., art. 9.)

567. Le payement des sommes dues par les parens des élèves boursiers royaux ou particuliers sera poursuivi, à la requête des proviseurs, par les procureurs du roi, conformément à l'art. 11 du décret du 1er. juillet 1809.

Notre ministre secrétaire d'état de l'intérieur pourra arrrêter les poursuites dirigées contre les parens des élèves royaux dont l'indigence aura été reconnue, et leur accorder des dégrèvemens partiels ou entiers.

(Ibid., art. 10 et 11.)

568. Les élèves du gouvernement qui devraient plus d'un semestre de la portion de pension à leur charge, seront remis à leurs parens, après toutefois que notre ministre de l'intérieur, consulté, aura fait connaître que son intention n'est pas d'accorder le dégrèvement de la dette.

(Ibid., art. 12.)

Des revenus et des dépenses des colléges royaux.

569. Il est assigné à chaque collége royal, sur le fonds du trésor, une somme fixe (tableaux nos. 2 et 4 ci-joints), principalement affectée au payement des traitemens fixes des proviseurs, professeurs, et autres fonctionnaires supérieurs.

(Ibid., art. 13.)

570. Lorsque le pensionnat de Saint-Louis sera ouvert, la somme de 47,800 fr. attribuée provisoirement à cet établissement sera réduite à 31,700 fr. Les 16,100 fr. que cette mesure laissera disponibles seront réunis au fonds de dégrèvemens dont ils avaient été distraits en partie.

(Ibid., art. 14.)

571. Le sixième du montant des bourses communales et des pensions particulières affecté à la masse commune sera réuni à la somme assignée par l'art. 13, pour faire face au payement des traitemens, appointemens et gages des fonctionnaires, employés et domestiques.

(Ibid., art. 15.)

572. Il pourra être accordé des dispenses, par notre conseil royal de l'instruction publique, sur la rétribution des élèves externes.

(Ibid., art. 16.)

573. Les traitemens supplémentaires accordés aux proviseurs par le conseil royal de l'instruction publique seront prélevés sur le sixième ci-dessus (art. 15), et subsidiairement sur le produit de la rétribution des externes.

(Ibid., art. 17.)

574. A l'avenir, les excédans des recettes d'un collége royal sur les dépenses pourront être employés en acquisitions, soit

de meubles, soit de rentes sur l'état, inscrites au profit de l'établissement et en son nom, après que, dans ce dernier cas, il aura obtenu une autorisation spéciale.

(Ibid., art. 18.)

575. Les sommes revenant aux colléges royaux en vertu de l'art. 13 ci-dessus, et celles destinées aux pensions royales (*voyez* les tableaux n°s. 2, 3 et 4), ainsi que le montant des dégrèvemens et indemnités que notre ministre secrétaire d'état de l'intérieur est autorisé à accorder, seront imputés sur le budget de l'intérieur et ordonnancés par notredit ministre.

(Ibid., art. 19.)

Dispositions transitoires.

576. Plusieurs colléges royaux étant en ce moment pourvus de plus de quarante et une pensions royales, notre ministre secrétaire d'état de l'intérieur règlera ses propositions de manière à rétablir l'équilibre entre le nombre des élèves des différens pensionnats.

Jusqu'à ce que le nombre des élèves des écoles normales partielles soit complet, un tiers des bourses qui leur sont attribuées sera laissé, chaque année, à la disposition du conseil royal de l'instruction publique.

Les dispositions de l'ordonnance du 12 mars 1817 sont rapportées.

(Ibid., art. 20... 22.)

577. **TABLEAUX ANNEXÉS A L'ORDONNANCE.**

N°. 1er.

Taux des pensions royales dans les colléges royaux de Paris. 750 fr.

1re. classe.	625
2e. classe.	550
3e. classe.	500

N°. 2.

Sommes affectées aux colléges royaux pour le paiement de leurs dépenses fixes :

Colléges royaux de

Charlemagne.	59,200 fr.	
Bourbon.	48,200	155,200 fr.
Saint-Louis.	47,800	

De Paris, avec pensionnats :

Deux à.	31,700	63,400
De 1re. classe. 1 (Versailles), à.	35,300	35,300
5 . . . . . . à.	25,300	126,500
De 2e. classe. 15. . . . . . à.	22,000	330,000
De 3e. classe. 12. . . . . . à.	18,600	223,200
Total.		933,600

N°. 3.

Répartitions et frais des pensions royales dans les colléges de Paris

	3 colléges.	123 pensions, à. .	750 fr.	92,250 fr.
1re. classe.	6 —	246 — à. .	625	153,750
2e. —	15 —	615 — à. .	550	338,250
3e. —	12 —	492 — à. .	500	246,000
Totaux.	36	1,476		830.250

N°. 4.

État de la dépense annuelle des colléges royaux aux frais du trésor :

1°. Dépenses fixes. . . . . 933,600 fr.
2°. Pensions royales. 830,250
3o. Dégrèvemens, indemnités de voyages, secours pour trousseaux et dettes arriérées. 36,150

Total. 1,800,000

Les boursiers nommés par les villes sont soumis à un examen.

578. La nomination aux bourses communales sera faite par le conseil municipal de la ville qui paye lesdites bourses.

Cependant les élèves nommés ne seront admis qu'après un examen qui constatera qu'ils ont le degré d'instruction nécessaire pour entrer dans la classe qui correspond à leur âge. Notre conseil royal de l'instruction publique déterminera les formes et les conditions de cet examen.

Dans le cas où un sujet nommé ne serait pas jugé avoir le degré d'instruction convenable, le conseil municipal, sur l'avis qui lui en aura été donné par le recteur de l'académie, devra nommer, dans le délai d'un mois, un autre sujet qui remplisse les conditions exigées.

Toutes les dispositions de notre ordonnance du 25 décembre 1819, auxquelles il n'est pas dérogé par la présente, sont maintenues.

(Ordonnance du 16 novembre 1821, art. 3... 5.)

Dispositions concernant les bourses supérieures communales dans les colléges royaux.

579. Les bourses supérieures de nos colléges royaux devant être des récompenses propres à exciter l'émulation des jeunes élèves, il ne pourra, hors le cas prévu dans l'article 10 de l'ordonnance du 25 décembre 1819, être disposé des bourses supérieures entretenues par les communes, qu'en faveur des titulaires des bourses inférieures, fondées par les mêmes com-

munes, qui se seront le plus distingués par leurs progrès et leur bonne conduite.

Les promotions seront faites en conseil royal de l'instruction publique, sur l'avis des proviseurs et les rapports des recteurs.

(Ordonnance du 11 janvier 1826, art. 1 et 2.)

580. Toutes les dispositions des ordonnances des 29 décembre 1819, 18 octobre 1820 (1), 16 novembre 1821, auxquelles il n'est point dérogé par la présente ordonnance, sont et demeurent maintenues.

(Ibid., art. 3.)

NOUVELLES DISPOSITIONS CONCERNANT LES BOURSES ROYALES ET COMMUNALES.

Nombre des bourses royales.

581. A compter du 1er. octobre 1827, les pensions aux frais du gouvernement, assignées à chaque collége à pensionnat sont fixées à trente-quatre, indépendamment de celles qui sont réservées aux écoles préparatoires instituées par l'ordonnance du 9 mars 1826.

Ces trente-quatre pensions sont réparties de la manière suivante :

Pensions entières. . . . . 12. . . . . 12 élèves.
Trois quarts de pension. 9. 12
Demi-pensions. 13. 26
                                   34. 50

La réduction dans le nombre des bourses entières et de celles à trois quarts de pension résultant de la répartition ci-dessus, s'effectuera dans les colléges où il y aurait excédant, au fur et à mesure des vacances.

(Ordonnance du 28 août 1827, art. 1er.)

582. Les bourses royales continueront à être données, comme il est prescrit par l'article 5 de l'ordonnance du 8 avril 1824, à des enfans dont les parens seront domiciliés dans l'arrondissement de l'académie à laquelle appartient le collége où ces enfans devront être placés. Les exceptions qui pourraient être faites à cette disposition, notamment en faveur de fils de militaires qui n'ont point de résidence fixe, ne pourront jamais excéder le quart du nombre total des pensions affectées à chaque collége.

(Ibid., art. 2.)

---

(1) Voir cette ordonnance ci-après au titre des colléges communaux.

583. Les candidats devront savoir lire et écrire, et connaître les élémens de la grammaire française et latine. Ils ne pourront obtenir en premier lieu que des demi-bourses. Les trois quarts de bourse et les bourses entières ne seront accordées qu'à titre de promotion successive à ceux des élèves qui se seront le plus distingués par leur bonne conduite et par leurs progrès.

(Ibid., art. 3.)

Mode d'exclusion pour fautes graves.

584. Lorsqu'un élève se rendra coupable de fautes graves contre l'ordre ou contre les mœurs, le proviseur demandera qu'il soit exclu du collége, et pourra même, s'il y a urgence, le remettre provisoirement à ses parens, à la charge d'en rendre compte au recteur de l'académie dans les vingt-quatre heures. Celui-ci transmettra les rapports avec son avis au ministre des affaires ecclésiastiques et de l'instruction publique, qui prononcera sur l'exclusion, ou renverra l'affaire, si elle lui en paraît susceptible, à l'examen du conseil royal de l'instruction publique.

(Ibid., art. 4.)

585. Le conseil royal, d'après le renvoi qui lui sera fait par le ministre, examinera les faits, confirmera, s'il y a lieu, l'exclusion, et décidera en outre si, d'après leur gravité, l'élève ne doit pas être exclu à temps ou pour toujours des divers colléges royaux et communaux, ou seulement de quelques-uns.

Les dispositions ci-dessus et celles des art. 3 et 4 sont également applicables aux boursiers des villes.

Quant aux pensionnaires libres ou aux externes qui auraient mérité d'être exclus d'un collége, il en sera rendu compte au recteur dans les vingt-quatre heures, et ils ne pourront être admis dans un autre collége ou établissement de l'Université, qu'en vertu d'une autorisation spéciale délivrée par le recteur, qui pourra, s'il y a lieu, en référer au ministre.

(Ibid., art. 5.)

586. Tout élève boursier exclu d'un collége royal, et dont l'exclusion aura été confirmée par le conseil royal, ne pourra plus être replacé comme boursier dans un autre collége.

(Ibid., art. 6.)

587. Les élèves qui manqueraient entièrement d'aptitude ou d'application, et qui ne pourraient chaque année monter d'une classe dans une autre, seront aussi remis à leurs parens, à moins

que, sur l'avis des recteurs, le conseil royal ne leur accorde un délai d'épreuve qui ne pourra excéder une année.

(Ibid., art. 7.)

588. Lorsque la portion de pension à la charge des parens n'aura pas été payée, l'élève pourra leur être remis, et la bourse sera considérée comme vacante, sans préjudice aux poursuites judiciaires autorisées par les règlemens. Il en sera de même si l'élève n'est point rendu au collége à l'époque fixée, ou s'il le quitte sans avoir obtenu un congé.

(Ibid,, art. 11.)

Transfèremens dans d'autres colléges, dégrèvemens et prolongations.

589. Le ministre peut accorder des changemens de destination et des transfèremens aux boursiers royaux qui ne se trouvent pas dans les cas prévus par les articles 5 et 6 ci-dessus, et en se conformant aux dispositions de l'article 2. L'élève transféré dans un autre collége ne pourra y obtenir qu'une demi-bourse, sauf à concourir pour les promotions avec les autres élèves boursiers du même collége.

(Ibid., art. 8.)

590. Les élèves ne pourront être admis à occuper leurs bourses qu'après avoir acquitté d'avance le premier trimestre de la pension laissée à leur charge, ainsi que les frais de trousseau, et en représentant l'engagement de payer aussi d'avance les trimestres suivans souscrits par leurs parens ou par toute autre personne, avec caution suffisante, qui élira domicile dans la ville où le collége royal est établi, conformément à l'art. 6 de l'ordonnance du 12 octobre 1821. La caution s'obligera en outre à recevoir l'élève, s'il lui est renvoyé, et à le faire remettre à ses parens.

(Ibid., art. 9.)

591. Le ministre de l'instruction publique continuera à accorder sur le fonds à ce destiné des dégrèvemens entiers ou partiels de trousseau et portion de bourse aux familles pauvres qui présenteront le plus de titres à cette faveur, laquelle néanmoins ne pourra être continuée qu'à l'égard des élèves dont la conduite et les progrès ne donneront lieu à aucune plainte.

(Ibid., art. 10.)

592. Les élèves conserveront la jouissance de leurs bourses jusqu'à la fin du trimestre, pendant lequel ils atteindront dix-huit ans. Le ministre est cependant autorisé à accorder une prolongation d'une année, au plus, aux élèves qui, à dix-huit ans, n'auraient pas terminé leurs cours d'études et qui se se

seraient constamment distingués par leur bonne conduite et leur application.

(Ibid., art. 12.)

593. Sont et demeurent rapportées toutes les dispositions des décrets et ordonnances contraires à la présente ordonnance.

(Ibid., art. 13.)

Ordonnances concernant la répartition des bourses entretenues aux frais du gouvernement dans les colléges royaux.

594. A compter du 1er. janvier 1829, les pensions aux frais du gouvernement, assignées à chaque collége royal à pensionnat, sont fixées à trente-deux, indépendamment de celles qui sont réservées pour les écoles préparatoires instituées par l'ordonnance du 9 mars 1826 (1).

Ces trente-deux pensions sont réparties ainsi qu'il suit :

Pensions entières. . . .	10 élèves.	10 pensions.
Trois quarts de pension.	12	9
Demi-pensions.	26	13
Totaux.	48	32

La réduction dans le nombre des bourses entières résultant de la répartition ci-dessus s'effectuera dans les colléges où il y aurait excédant, à mesure des vacances.

(Ordonnance du 21 janvier 1829, art. 1er.)

595. La répartition des sommes allouées sur les fonds du trésor pour les dépenses variables des colléges royaux sera faite conformément au tableau ci-annexé :

(Ibid., art. 2.)

État des dépenses imputées sur le crédit de 772,300 fr. affecté aux dépenses variables des colléges royaux. — Répartition et frais des pensions royales dans les colléges.

Paris.	3 colléges.	96 pensions à 750 fr.	72,000 fr.	
1re. classe.	6 —	192 —	625	120,000
2e. —	18 —	576 —	550	316,800
3e. —	9 —	288 —	500	144,000

652,800 fr.

École préparatoire.

Dépenses fixes . . . . 29,590 fr.
Dépenses variables . . . . 51,410 } 81,000
Dégrèvemens, indemnités de voyages, secours pour trousseaux et dettes arriérées 38,500

772,300

(1) Voir le titre de l'école normale.

596. A compter du 1er. janvier 1830, les pensions aux frais du gouvernement, assignées à chaque collége royal à pensionnat, sont fixées à trente, indépendamment de celles qui sont réservées par les écoles préparatoires instituées par l'ordonnance du 9 mars 1826. Ces trente pensions sont réparties ainsi qu'il suit :

Pensions entières.	10 élèves.	10 pensions.
Trois quarts de pension.	10	7 1/2
Demi - pensions	25	12 1/2
Total des élèves. . .	45 — Des pensions.	30 »

(Ordonnance du 10 octobre 1829, art. 1er.)

597. La réduction dans le nombre des trois quarts de bourses et des demi-bourses résultant de la répartition ci-dessus s'effectuera dans les colléges royaux où il y aurait excédant, à mesure des vacances.

(Ibid., art. 2.)

598. La répartition des sommes allouées sur les fonds du trésor pour les dépenses variables des colléges royaux, sera faite conformément à l'état ci-annexé.

(Ibid., art. 3.)

État des dépenses imputées sur le crédit de 722,300 affecté aux dépenses variables des colléges royaux. — Répartition et frais des pensions royales dans les colléges.

Paris.	3 colléges.	90 pensions à	750 fr.	67,500		
1re. classe.	6	— 180	— 625	112,500		612,000 fr.
2e.	18	— 540	— 550	297,000		
3e.	9	— 270	— 500	135,000		

École préparatoire.

Dépenses fixes	29,590 fr.	81,000
Dépenses variables.	51,410	
Dégrèvemens, indemnités de voyages, secours pour trousseaux et dettes arriérées		29,300
		722,300

Diverses dispositions concernant les colléges royaux et communaux.

599. Les professeurs et maîtres d'études des colléges royaux, et les régens des colléges communaux, sont nommés par le grand-maître de l'Université (1).

(Ordonnance du 26 mars 1829, art. 8, *in princip.*)

(1) Cette disposition avait pour objet d'annuler l'article bizarre de l'ordonnance du 8 avril 1824, qui donnait à chaque recteur la nomination de ces divers fonctionnaires, sauf l'institution du grand-maître. Si le grand-maître refusait l'institution, il pouvait pourvoir aux places vacantes dans les colléges.

Les candidats aux emplois de maîtres d'études dans les colléges royaux seront présentés par les proviseurs de ces colléges.

En cas de faute grave, les proviseurs pourront suspendre et même renvoyer provisoirement les maîtres d'études, à la charge d'en rendre compte immédiatement au recteur.
(Ibid., *in fine*.)

600. Lorsque l'excédant des recettes d'un collége royal sur les dépenses le permettra, une partie de cet excédant pourra être employé à accroître les traitemens des professeurs qui exerceront leurs fonctions dans les colléges depuis cinq ans au moins.
(Ibid., art 9.)

601. La somme affectée à cette augmentation ne pourra dépasser le tiers de l'excédant ordinaire des recettes sur les dépenses, en calculant une année moyenne. Elle sera partagée par portions égales entre les fonctionnaires qui y auront droit.
(Ibid., art. 10.)

602. A l'égard des colléges de Paris qui n'ont pas de pensionnat, et de ceux des départemens dont les pensionnats sont trop peu considérables, une augmentation de traitement pourra leur être accordée sur les fonds spéciaux de l'Université.
(Ibid., art. 11.)

603. Les censeurs des études des colléges royaux seront admis à participer aux avantages accordés aux professeurs par l'art. 9 de l'ordonnance du 26 mars dernier, lorsqu'ils auront dans le collége le temps d'exercice prescrit par le même article.
(Décision du roi du 20 septembre 1829.)

604. A partir du 1er. janvier 1834, les censeurs, professeurs, et agrégés chargés d'une division, qui auront rempli leurs fonctions, pendant cinq ans au moins, dans les colléges royaux, auront droit à l'augmentation de traitement autorisée par l'art. 9 de l'ordonnance du 26 mars 1829.
(Ordonnance du 24 août 1833, art. 1er. (1).)

605. Le tableau des censeurs, professeurs et agrégés char-

---

(1) Louis Philippe.... Vu les art. 9, 10 et 11 de l'ordonnance du 26 mars 1829, relatif aux augmentations de traitemens qui pourront être accordées aux professeurs des colléges royaux, après cinq ans au moins d'exercice dans le même collége, vu la décision royale du 20 septembre suivant qui rend ces dispositions applicables aux censeurs; vu la délibération de notre conseil royal de l'instruction publique, en date du 16 août courant, considérant qu'en exécution de l'art. 9 de l'ordonnance du 26 mars, les censeurs et professeurs ne peuvent être transférés d'un collége dans un autre sans perdre leurs droits antérieurs à l'augmentation ; que cet état de choses a le double inconvénient de mettre obstacle aux mutations qui sont jugées nécessaires dans l'intérêt des études, et de nuire à l'intérêt des professeurs qui peuvent rarement être promus à des fonctions supérieures dans le collége où ils sont employés; nous avons ordonné, etc.

gés d'une division, ayant droit à cette augmentation, sera arrêté pour chaque année en conseil royal de l'instruction publique.

Seront compris dans ledit tableau tous ceux de ces fonctionnaires qui auront complété leurs cinq années d'exercice au 31 décembre de l'année précédente.

Ceux qui compteront leurs cinq ans d'exercice dans le courant de l'année, n'auront droit à l'augmentation qu'à partir du 1er. janvier de l'année suivante.

(Ibid., art. 2.)

606. Le tiers de l'excédant des recettes sur les dépenses affecté aux augmentations de traitemens ci-dessus indiquées sera calculé dans chaque collége, d'après le boni moyen des trois dernières années dont les comptes auront été jugés.

En évaluant ce boni, le conseil royal déduira des dépenses de chaque exercice les dépenses extraordinaires, telles que placemens de fonds, acquisitions d'immeubles, constructions, grosses réparations et autres frais de même nature.

(Ibid., art. 3.)

607. La somme affectée aux augmentations de traitemens dans chaque collége sera répartie par portions égales entre les censeurs, professeurs, agrégés chargés d'une division, compris dans le tableau arrêté en conseil royal.

Ces augmentations, étant éventuelles, ne seront point soumises à la retenue pour le fond de retraite.

Le *maximum* de chaque augmentation ne pourra excéder 600 francs.

(Ibid., art. 4.)

608. La somme qui aura été allouée au budget de l'Université pour subvenir aux augmentations de traitemens sera distribuée entre ceux des colléges royaux où la quote-part des censeurs et professeurs ayant droit au partage du reste du boni sera le moins considérable.

Dans ces colléges, chaque copartageant recevra, tant sur les fonds de l'établissement que sur les fonds de l'Université, une somme égale qui ne pourra excéder le *minimum* des augmentations auxquelles auront droit les fonctionnaires des autres colléges.

(Ibid., art. 5.)

609. Le nombre des maîtres d'études dans les colléges royaux sera fixé de manière qu'il y en ait au moins un pour 25 élèves.

Nul ne pourra remplir, même provisoirement, les fonctions de maître d'études, s'il n'est pourvu du grade de bachelier ès-lettres.

(Ordonnance du 26 mars 1829, art. 13 et 14.)

610. Le droit des maîtres d'études à la retraite courra du jour de leur nomination.

(Ibid., art. 15.)

611. Le traitement des maîtres d'études pourra être augmenté de deux cents francs en faveur de ceux de ces fonctionnaires qui, s'étant présentés pour subir les examens de l'agrégation aux classes supérieures des lettres, ou aux classes des sciences, sans avoir pu obtenir l'un des titres d'agrégé vacans, seraient cependant déclarés, par les juges du concours, capables d'obtenir le grade d'agrégés dans l'une ou l'autre desdites facultés.

Les maîtres d'études qui auront rempli leurs fonctions pendant six ans dans le même collége, recevront un supplément de traitement de 200 fr., lequel sera porté à 300 fr. après huit ans, et 400 fr. après dix ans, sans préjudice de l'augmentation autorisée par le précédent alinéa.

(Ibid., art. 16.)

De l'enseignement.

612. L'enseignement sera uniforme dans tous les colléges (1); en conséquence, le conseil royal fera publier à la fin de chaque année scolaire le catalogue des ouvrages dont les professeurs se serviront exclusivement pendant l'année suivante; la rédaction de ce catalogue sera confiée à une commission composée de trois membres, y compris le président, qui sera un des membres du conseil royal.

(Ordonnance du 27 février 1821, art. 16.)

613. Des règlemens universitaires prescriront les mesures nécessaires :

1°. Pour que l'étude des langues vivantes, eu égard aux besoins des localités, fasse partie de l'enseignement dans les colléges royaux ;

2°. Pour que, dans ces colléges, l'étude de l'histoire ne se termine que dans la classe de la rhétorique ;

3°. Pour que la philosophie soit enseignée en français (2).

(Ordonnance du 26 mars 1829, art. 17.)

(1) Ce qui suit explique comment il faut entendre cette uniformité de l'enseignement : elle n'empêche pas le conseil royal de varier, suivant les besoins de chaque localité, les objets d'instruction ; et c'est ainsi, par exemple, que, conformément au vœu de l'ordonnance du 26 mars 1829, l'enseignement des langues vivantes porte plus particulièrement sur l'espagnol et sur l'italien dans les colléges du Midi, sur l'anglais et sur l'allemand dans les colléges du Nord.

(2) Voir la deuxième partie, au titre des colléges.

Ordonnance concernant les bourses dans les colléges royaux et communaux. (1)

614. Les villes qui entretiennent des bourses dans les colléges royaux ou communaux pourront exercer des retenues sur celles qui deviendraient vacantes dans les cas spécifiés ci-après, savoir :

Sur les bourses entières et à $\frac{3}{4}$ auxquelles il est pourvu par voie de promotion, toutes les fois qu'elles n'auront pas été remplies dans les trois mois qui suivront la vacance ; dans ce cas, la retenue aura lieu depuis la vacance jusqu'au jour de la nomination ;

Sur les demi-bourses ou autres auxquelles les villes nomment directement, 1°. lorsque dans les quarante jours d'une vacance il n'en sera pas donné avis officiel à l'autorité municipale; lorsque l'arrêté d'admission n'aura pas été pris dans les trois mois qui suivront l'envoi de la délibération du conseil municipal. Dans le premier cas, la retenue aura lieu à dater de la vacance jusques et compris le quarantième jour après la dénonciation de cette vacance par le proviseur ou le principal du collége; dans le deuxième cas, à dater de trois mois après l'envoi de la délibération du conseil municipal jusqu'au jour de l'arrêté d'admission.

(Ordonnance du 30 août 1829.)

Ordonnance relative aux dépenses fixes des colléges royaux, et à une nouvelle répartition des bourses dans ces colléges.

615. La somme affectée aux dépenses fixes des colléges royaux pendant l'année 1831 est provisoirement arrêtée à 920,500 fr., qui seront répartis entre les divers colléges, conformément au tableau ci-annexé, n°. 1er. Les quatre premiers douzièmes de cette somme seront ordonnancés au nom des colléges, pour leurs dépenses des quatre premiers mois de l'année 1831, sur le crédit ouvert par la loi du 12 décembre 1830.

(Ordonnance du 23 janvier 1831, art. 1er.)

616. La somme affectée aux bourses royales et aux dépenses diverses des colléges royaux, et à l'entretien des boursiers du gouvernement dans l'école royale de Bourbon-Vendée, pendant l'année 1831, est provisoirement arrêtée à 754,500 fr., qui seront répartis conformément au tableau ci-annexé, n°. 2. Les

---

(1) Charles... Vu l'article 14 de l'ordonnance du 25 décembre 1819, portant que les retenues qui s'opéraient sur les bourses vacantes conformément au décret du 2 mai 1811, et à l'ordonnance du 12 mars 1817, ne seront plus exercées à l'avenir; considérant que le but de cette disposition a été d'assurer aux colléges le payement des bourses, lorsque les villes refusaient d'y nommer, mais non lorsque ces bourses seraient restées vacantes par des circonstances indépendantes de l'autorité municipale; vu l'avis de notre conseil royal de l'instruction publique, nous avons ordonné, etc.

quatre premiers douzièmes de cette somme seront ordonnancés pour les quatre premiers mois de l'année 1831, sur le crédit ouvert par la loi du 12 décembre 1830.

(Ibid, art. 2.)

617. A compter du 1er. janvier 1831, les pensions aux frais du gouvernement, assignées à chacun des 37 colléges royaux à pensionnat sont fixées à 28 $\frac{1}{2}$, et réparties ainsi qu'il suit :

Pensions entières. . . . . 10. . . . . . 10 pensions.
Trois quarts de pensions. 8. 6
Demi-pensions. . . . . . 25. . . . . 12 $\frac{1}{2}$

Total des élèves. . . 43 = des pensions 28 $\frac{1}{2}$.

TABLEAU N° I.

Sommes affectées aux colléges royaux pour le payement de leurs dépenses fixes.

COLLÉGES ROYAUX				
DE PARIS, 5.	1. Henri IV (réduit de 31,700 f. à 25,700 f.) à. 25,700 f. Ci 25,700 f.			181,500 f.
	1. Louis-le-Grand (réduit de 31,700 fr. à 16,700 fr.) à. . . . . 16,700. Ci 16,700			
	1. Saint Louis, maintenu à. . . . . 31,700. Ci 31,700			
	1. Bourbon, maintenu à. . . . . 48,200. Ci 48,200			
	1. Charlemagne, maintenu à. . . . . . 59,200. Ci 59,200			
DE 1re CLASSE, 6.	1. Versailles, maintenu à. . . . . 35,300. Ci 35,300			156,600
	3. Bordeaux, Marseille et Rouen (réduits chacun de 25,300 fr. à 24,100 fr.) à. 24,100. 72,300			
	1. Lyon (réduit de 25,300 fr. à 24,700 fr.) à. 24,700. Ci 24,700			
	1. Strasbourg (réduit de 25,000 fr. à 24,300 fr.) à. . . . . 24,300. Ci 24,300			
DE 2e CLASSE, 19.	16. Y compris celui d'Avignon, élevé de la troisième à la deuxième classe, à. 22,000. 352,000			415,000
	2. Caen et Metz (réduits chacun de 22,000 fr. à 20,800 fr.) à. 20,800. 41,600			
	1. Nantes (réduit de 22,000 f. à 21,400 f.) à. 21,400. Ci 21,400			
DE 3e CLASSE, 9	9. Y compris celui de Tours, érigé en collége royal de troisième classe, par ordonnance du 16 mai 1820, à. 18,600. 167,400 à			167,400
	TOTAL			920,500 f.

TABLEAU N° II.

Dépenses imputées sur le crédit affecté aux dépenses variables des colléges royaux et à l'entretien des boursiers du gouvernement dans l'école royale de Bourbon-Vendée.

Répartition et frais des pensions royales dans les colléges royaux.

PARIS, 3 colléges, 85 pensions 1/2 à 750 f.	64,125 f.		
1re CLASSE, 6 colléges, 171 pensions à 625.	106,875	597,075 f.	
2e CLASSE, 19 colléges, 541 pensions 1/2 à 550. . .	297,825		729,500 f.
3e CLASSE, 9 colléges, 256 pensions 1/2 à 500. . . .	128,250		
École normale, dépenses fixes et variables.	103,000		
Dégrèvemens, indemnités de voyage, secours pour trousseaux et dettes arriérées.	29,425		
Dépenses de l'école royale de Bourbon-Vendée, frais de pension des élèves boursiers entretenus par le gouvernement.			25,000
TOTAL			754,500

Recettes et dépenses des colléges royaux.

618. A partir de l'exercice 1830, notre ordonnance du 21 août 1827 (1), qui rend les agens comptables des fonds spéciaux de l'Université justiciables de la cour des comptes, s'appliquera également aux agens comptables chargés des recettes et dépenses des colléges royaux.

(Ordonnance du 26 mars 1829, art. 12.)

Fonds commun de réserve pour assurance contre l'incendie.

619. Il sera établi un fonds commun de réserve exclusivement destiné à assurer aux colléges royaux des indemnités pour la partie des dommages qui serait légalement à leur charge par suite d'incendie.

(Ordonnance du 29 juillet 1829, art. 1ᵉʳ. (2).)

620. Ce fonds sera fixé à 150,000 fr.; il sera complété en cinq ans par un prélèvement annuel de 30,000 fr. sur les recettes des colléges royaux.

(Ibid., art. 2.)

621. Chaque collége y contribuera en versant au commencement de chaque année, et jusqu'à ce que le fonds soit complété, la somme déterminée par le tableau ci-annexé.

Le premier versement aura lieu immédiatement pour l'année 1829. Néanmoins les colléges royaux qui auraient été régulièrement autorisés à contracter avec des compagnies d'assurances ne commenceront leurs versemens qu'à dater de l'expiration ou de la résolution de leurs engagemens avec lesdites compagnies.

(Ibid., art. 3.)

622. Les versemens seront effectués dans les caisses académiques, et la comptabilité centrale les fera placer à la caisse des dépôts et consignations.

(Ibid., art. 4.)

623. Lorsque ce fonds commun aura été complété, il sera tenu compte des intérêts à chaque collége, au prorata de la somme pour laquelle il aura contribué au fonds commun.

(Ibid., art. 5.)

624. Si un incendie éclate dans un collége, les pertes à sa charge seront constatées; les procès-verbaux dressés à cet effet seront soumis au conseil académique, qui donnera son avis sur l'indemnité à accorder. L'indemnité sera définitivement fixée par le conseil royal.

(Ibid., art. 6.)

---

(1) Voir au titre des recettes et dépenses générales.
(2) Charles... Vu la délibération de notre conseil royal de l'instruction publique du 4 avril 1829, de l'avis du comité de l'intérieur et du commerce de notre conseil d'état, nous avons ordonné, etc.

625. La somme allouée sera restituée au fonds de réserve par la retenue des intérêts de l'année, et, en cas d'insuffisance, au moyen de versemens effectués par les colléges royaux dans la proportion déterminée par le tableau ci-annexé.

Ces versemens ne pourront pas excéder 30,000 fr. pour chaque année.

(Ibid., art. 7.)

626. Etat des sommes qui doivent former pour les colléges royaux un fonds de secours contre l'incendie, et que ces colléges auront à verser annuellement pendant cinq années, à partir de 1829.

Colléges de Paris.

Louis-le-Grand	3,000
Henri IV	1,600
Saint-Louis	2,800
Charlemagne	250
Bourbon	250

Colléges de 1re. classe.

Bordeaux	1,000
Lyon	600
Marseille	500
Rouen	1,500
Strasbourg	800
Versailles	800

Colléges de 2e. classe.

Amiens	1,100
Angers	1,100
Besançon	700
Bourges	1,300
Caen	800
Dijon	500
Douai	700
A reporter	19,300

Suite des Colléges de 2e. classe.

Report	19,300
Grenoble	400
Metz	1,200
Montpellier	400
Nantes	1,500
Nancy	900
Nîmes	300
Orléans	500
Reims	400
Rennes	300
Rodez	300
Toulouse	500

Colléges de 3e. classe.

Avignon (1)	200
Cahors	300
Clermont	300
Limoges	300
Moulins	500
Pau	500
Poitiers	900
Pontivy	500
Tournon	500
Total	30,000

DISPOSITIONS PARTICULIÈRES A DIVERS COLLÉGES ROYAUX.

Ordonnance concernant le collége de Tournon.

627. Le collége de Tournon est déclaré collége royal de troisième classe, et jouira de tous les droits et priviléges attribués aux colléges royaux.

Il sera mis en activité au 1er. octobre prochain.

(1) Aujourd'hui de deuxième classe.

Il sera pourvu aux dépenses fixes de cet établissement sur les fonds attribués au budget du ministre de l'intérieur.

Notre ministre de l'intérieur nous proposera les mesures nécessaires pour attacher au collége de Tournon un certain nombre de bourses royales.

(Ordonnance du 9 août 1820 (1).)

Ordonnance concernant les colléges royaux de Rouen, Nantes, Nancy, Strasbourg.

628. Le nombre des bourses entières, trois quarts de bourses, et demi-bourses attribuées à la ville de Rouen par notre ordonnance du 25 décembre 1819, est réduit, savoir, pour les bourses entières de treize à sept, pour les trois quarts de bourses de dix-huit à sept; pour les demi-bourses, de sept à six; la dotation affectée à l'entretien de ces bourses se trouve ainsi réduite de 22,500 fr. à 11,437 fr. 50 c.

Cette réduction sera effectuée progressivement au fur et à mesure des extinctions. A cet effet, le conseil municipal s'abstiendra de toute nomination d'élèves, jusqu'à ce que la totalité des pensions payées par la ville au collége royal soit réduite à la somme fixée ci-dessus.

Jusqu'à ce que cette limite ait été atteinte, la ville de Rouen portera chaque année à son budget la somme nécessaire pour payer les bourses encore occupées au 1er. janvier. Cette somme sera versée intégralement dans la caisse du collége.

Les sommes qui deviendront disponibles, par l'effet de la réduction des bourses, seront affectées en totalité au soutien des établissemens d'instruction primaire, et portées à l'avenir au budget de la ville avec cette destination.

(Ordonnance du 13 novembre 1822, (2) art. 1... 4.)

629. La répartition des bourses entières, trois quarts de bourses et demi-bourses, dont l'entretien est attribué à la ville de Nantes par l'ordonnance du 25 décembre 1819, est modifiée de la manière suivante :

---

(1) Louis, etc. Considérant que les dispositions de notre ordonnance du 4 décembre 1819 (qui déclarait l'ancienne école de Tournon collége royal communal), relatives au collége de Tournon, sont insuffisantes pour assurer l'existence de cet établissement, qui a rendu autrefois de si grands services à l'instruction publique, et qu'il faut ramener à son ancienne utilité.

Vu notre ordonnance du 12 mars 1817, sur le rapport de notre ministre ; etc.

(2) Louis, etc. Vu les dispositions de nos ordonnances des 25 décembre 1819 et 16 novembre 1821, relatives aux bourses que les communes entretiennent dans les colléges royaux :

Vu les délibérations prises par les conseils municipaux des villes de Rouen, Nantes, St.-Dié et Wissembourg, ainsi que les propositions y relatives du grand-maître de l'Université de France, notre conseil d'état entendu, etc.

Bourses entières. 8,   au lieu de. . . . . 5.
Trois quarts de bourses. . 10,   au lieu de. . . . . 8.
Demi-bourses. 8,   au lieu de. . . . . 17.

Ces changemens seront opérés partiellement et à mesure que les fonds provenant des vacances de bourses le permettront.

La ville continuera de porter chaque année à son budget la somme de 12,675 fr., montant de la valeur des bourses à sa charge.

(Ibid., art. 5... 7.)

630. La fondation de la demi-bourse attribuée à la ville de Saint-Dié, dans le collége royal de Nancy, est supprimée.

La somme de 300 fr. qui était affectée à l'entretien de cette bourse sera employée, partie au payement d'un maître d'écriture dans le collége de Saint-Dié, et partie à augmenter l'allocation faite pour couvrir les frais de la distribution des prix du collége. A cet effet, ladite somme de 300 fr. continuera d'être portée au budget de la ville.

(Ibid., art. 8 et 9.)

631. Le maire de la ville de Wissembourg est autorisé à fonder une bourse entière dans le collége royal de Strasbourg, en se conformant aux règles et conditions établies par nos ordonnances des 25 décembre 1819 et 16 novembre 1821.

Une somme de 750 fr. sera, chaque année, portée au budget de la ville, pour l'entretien de cette bourse.

(Ibid., art. 10 et 11.)

Ordonnance concernant le collége royal de Moulins et le collége communal d'Aurillac.

632. La fondation des bourses atribuées à la ville d'Aurillac, département du Cantal, dans le collége royal de Moulins, département de l'Allier, est supprimée.

Cette suppression ne pourra être effectuée qu'à la sortie des titulaires actuels des bourses, soit que les élèves aient accompli leur dix-huitième année, soit que les parens consentent à leur transfèrement dans le collége d'Aurillac, pour y jouir jusqu'à dix-huit ans des bourses fondées en vertu de la présente ordonnance.

La ville d'Aurillac est autorisée à fonder dans son collége deux bourses entières, du prix de 300 fr. chacune.

Les 600 fr. nécessaires pour le payement de ces bourses sont acquis au collége, par le seul fait de la fondation, et seront portés chaque année au budget de la ville.

La nomination aux deux bourses entières dans le collége

d'Aurillac, aura lieu suivant le mode établi pour les bourses des autres colléges communaux.

(Ordonnance du 4 décembre 1822, art. 1...: 5.)

Ordonnance concernant le collége royal de Grenoble.

633. Le tableau partiel qui suit sera substitué, en ce qui concerne le collége royal de Grenoble, au tableau annexé à notre ordonnance du 25 décembre 1819.

DÉPARTEMENS.	COMMUNES.	NOMBRE DE BOURSES			SOMMES.
		entières.	3/4	1/2	
Isère	Grenoble	3	2	4	fr. c. 4,225 »
	Vienne	»	2	»	975 »
Drôme	Valence	»	»	1	325 »
		3	4	5	5,525 »

Les bourses attribuées aux villes qui y sont dénommées seront payées d'après les sommes portées audit tableau.

(Ordonnance du 11 décembre 1822, art. 1er. et 2.)

Ordonnance concernant le collége royal de Toulouse.

634. Le fonds de 13,000 fr. affecté à la ville de Toulouse, département de la Haute-Garonne, à l'entretien des boursiers communaux, sera à l'avenir réparti de la manière suivante :

8 bourses entières, ci. . . . . 8. . . . . 5,200 fr.
12 bourses trois quarts, ci. . . 9. 5,850
6 demi-bourses, ci. 3. 1,950

26 pensions. . . . . 20 bourses 13,000 fr.

La création des bourses nouvelles à trois quarts de pension aura lieu à mesure de la vacance des demi-bourses supprimées.

(Ordonnance du 22 janvier 1824, art. 1er. et 2.)

Ordonnance concernant les colléges royaux de Saint-Louis, de Reims, d'Amiens, d'Orléans et de Rouen.

635. La ville de Paris est autorisée à fonder dans le collége royal de Saint-Louis, dix bourses entières, vingt-trois quarts de bourses et vingt demi-bourses.

Cette fondation sera effectuée au moyen de la suppression

d'une portion des bourses entretenues par la ville dans les colléges royaux de Reims, d'Amiens, d'Orléans et de Rouen.

(Ordonnance du 24 mars 1824, art. 1er.)

636. En conséquence, l'emploi des 149,962 fr. 50 c. qui, aux termes de notre ordonnance du 25 décembre 1819, sont affectés par la ville de Paris au payement de bourses dans les colléges royaux, est fixé comme il suit :

Henri IV.	10 bourses entières.	9,000 f. »		
	20 3/4 de bourse. .	13,500 »	31,500 f. » c.	
	20 1/2 bourses . . .	9,000 »		
Louis-le-Grand.	10 bourses entières.	9,000 »		
	20 3/4 de bourse. .	13,500 »	31,500 »	
	20 1/2 bourses. . .	9,000 »		
Saint-Louis.	10 bourses entières.	9,000 »		
	20 3/4 de bourse. .	13,500 »	31,500 »	
	20 1/2 bourses . . .	9,000 »		
Versailles.	10 bourses entières.	7,500 »		
	20 3/4 de bourse. .	11,250 »	26,250 »	
	20 1/2 bourses. . .	7,500 »		
Reims.	4 bourses entières.	2,600 »		
	7 3/4 de bourse. .	3,412 50	8,612 50	
	8 1/2 bourses . . .	2,600 »		
Amiens.	4 bourses entières.	2,600 »		
	7 3/4 de bourse. . .	3,412 50	8,612 50	
	8 1/2 bourses . . .	2,600 »		
Orléans.	4 bourses entières.	2,600 »		
	7 3/4 de bourse. . .	3,412 50	8,612 50	
	8 1/2 bourses . . .	2,600 »		
Rouen.	2 bourses entières.	1,500 »		
	2 3/4 de bourse . .	1,125 »	3,375 »	
	2 1/2 bourses. . .	750 »		
		Total.	149,962 f. 50 c.	

(Ibid., art. 2.)

637. Le placement des nouveaux boursiers dans le collége royal de Saint-Louis aura lieu, soit par suite de l'extinction des bourses supprimées, soit par translation dans ce collége, conformément au travail qui sera fait à ce sujet par notre grand-maître de l'Université.

La translation n'aura lieu qu'en faveur des enfans âgés de moins de douze ans, dont les parens solliciteraient cette mesure.

Les autres élèves continueront à jouir de leurs bourses jusqu'à l'âge prescrit, époque à laquelle elles seront éteintes pour les colléges royaux d'Amiens, Orléans, Reims et Rouen, où elles ont été supprimées.

(Ibid., art. 3, 4 et 5.)

Ordonnance concernant les colléges royaux de Nancy, Bourges et Rodez.

638. Les colléges royaux de troisième classe établis dans les villes de Bourges, de Nancy et de Rodez, sont élevés à la deuxième classe.

(Ordonnance du 30 décembre 1827, art. 1er.)

639. L'augmentation de dépense qui résultera de cette promotion aura son effet pour les dépenses fixes et pour les bourses royales, à partir du 1er. janvier 1828.

Les bourses communales, les pensions et complémens de pensions à la charge des familles, seront payés sur le taux de la deuxième classe, à partir du 1er. janvier 1829.

(Ibid., art. 1, 2 et 3.)

Ordonnance concernant les colléges royaux d'Amiens, d'Orléans, de Rouen et de Reims.

640. Les bourses entretenues par la ville de Paris dans les colléges royaux d'Amiens, d'Orléans, de Rouen et de Reims, sont supprimées. Cette suppression s'effectuera au fur et à mesure des vacances qui auront lieu par la sortie des titulaires desdites bourses.

(Ordonnance du 30 août 1829, art. 1er.)

Ordonnance concernant le collége royal de Strasbourg.

641. La ville de Schlestadt est autorisée à fonder deux nouvelles demi-bourses dans le collége-royal de Strasbourg.

Le conseil municipal de Schlestadt ajoutera chaque année dans son budget la somme de 750 fr. pour subvenir à l'entretien desdites bourses.

La nomination à ces bourses aura lieu conformément aux ordonnances des 25 décembre 1819, 16 novembre 1821, et 24 juin 1829.

(Ordonnance du 18 octobre 1829, art. 1, 2 et 3 (1).)

Ordonnance concernant le collége royal de Rodez.

642. Le prix des pensions à la charge des familles dans le collége royal de Rodez sera réduit à 600 fr. Les parties de pension laissées à la charge des familles qui ont obtenu des demi-bourses ou des trois quarts de bourses royales ou communales seront réduites dans la même proportion ; la rétribution du vingtième sera perçue sur ce prix de pension ; et ces

---

(1) CHARLES... Vu la délibération du 9 mai 1829, par laquelle le conseil municipal de Schlestadt (Bas-Rhin) exprime le vœu d'ajouter deux demi-bourses à celles que la ville entretient déjà au collége royal de Strasbourg ; vu l'ordonnance du 25 décembre 1819 ; vu l'avis de notre conseil royal, etc.

réductions auront lieu à partir de la rentrée des classes 1829-1830.

(Décision du roi du 18 octobre 1829.)

Ordonnance concernant les colléges royaux de Tours et du Puy.

643. Les colléges communaux de Tours et du Puy sont déclarés colléges royaux de 3e. classe, et jouiront de tous les droits et avantages attribués aux colléges royaux.

(Ordonnance du 16 mai 1830, art. 1er. (1).)

644. Les colléges royaux de Tours et du Puy seront organisés aussitôt qu'il aura été reconnu, contradictoirement par les autorités locales et par les agens de l'Université, 1°. que les bâtimens affectés auxdits colléges sont appropriés à leur nouvelle destination; 2°. que ces bâtimens sont garnis d'un mobilier suffisant.

(Ibid., art. 2.)

Ordonnance concernant le collége royal d'Avignon.

645. Le collége royal de 3e. classe établi dans la ville d'Avignon est élevé à la 2e. classe.

L'augmentation de dépense qui résultera de cette promotion aura son effet pour les dépenses fixes et pour les bourses royales, à partir du 1er. janvier 1831.

Les bourses communales, les pensions et complémens de pensions, à la charge des familles, seront payés sur le taux de la 2e. classe, à partir du 1er. janvier 1832.

(Ordonnance du 16 mai 1830, art. 1er. et 2.)

§ II.

COLLÉGES PARTICULIERS (1).

646. Les maisons particulières d'éducation qui auront mérité la confiance des familles, tant par leur direction religieuse et morale que par la force de leurs études, pourront, sans cesser d'appartenir à des particuliers, être converties par le

---

(2) CHARLES... Vu les demandes formées par les conseils municipaux des villes de Tours et du Puy, à l'effet d'obtenir l'érection en colléges royaux des colléges communaux qui existent dans ces deux villes;

Vu l'engagement pris par les conseils municipaux de Tours et du Puy, de supporter les dépenses nécessaires, soit pour réparer et approprier les bâtimens affectés à leurs colléges, soit pour compléter le mobilier dont ils doivent être garnis ; vu l'art. 23 du décret du 17 septembre 1808 ; vu l'avis de notre conseil royal de l'instruction publique, le comité de l'intérieur de notre conseil d'état entendu, nous avons ordonné, etc.

(1) Deux établissemens de cette nature ont été formés à Paris; l'un sous le nom de collége Sainte-Barbe d'abord, et ensuite sous le nom de collége Rollin ; l'autre sous le nom de collége Stanislas.

conseil royal en colléges de plein exercice, et jouiront à ce titre des priviléges accordés aux colléges royaux et communaux.
(Ordonnance du 27 février 1821, art. 21.)

647. Ces colléges seront soumis à la rétribution universitaire, et demeureront sous la surveillance de l'Université pour ce qui concerne l'instruction. Leurs professeurs ne pourront exercer leurs fonctions que lorsqu'ils auront obtenu au concours le titre d'agrégés.
(Ibid., art. 22.)

648. Les colléges particuliers ne pourront point recevoir d'élèves externes dans les villes où il existe des colléges royaux et communaux, ni même dans les autres, sans une autorisation spéciale.
(Ibid., art. 23.)

649. Les agrégés de l'Université qui seront employés comme professeurs dans les colléges particuliers de plein exercice, créés par l'art. 21 de notre ordonnance du 27 février 1821, pourront obtenir des pensions de retraite, comme les autres fonctionnaires de l'Université. Lesdits agrégés payeront en conséquence chaque année, au profit de l'ancien fonds de retraite, une somme égale à la retenue qui sera exercée sur le traitement fixe des professeurs titulaires du même ordre attachés au collége royal de l'académie dans laquelle est situé le collége particulier. Si, dans la même académie, il y a plusieurs colléges royaux de différentes classes, la contribution des agrégés professeurs des colléges particuliers sera réglée d'après la retenue à laquelle sont soumis les traitemens des professeurs du collége royal de la classe la moins élevée. A Paris, les agrégés professeurs des colléges particuliers payeront une somme égale à la retenue exercée sur les traitemens des professeurs des colléges royaux de ladite ville.

Les directeurs et les employés des colléges particuliers, autres que les agrégés professeurs, ne seront point admis à obtenir des pensions de retraite; en conséquence, il ne sera exigé d'eux aucune contribution annuelle représentative de la retenue du vingtième.
(Ordonnance du 25 juin 1823, art. 8 et 9.)

Ordonnance concernant le collége royal de Sainte Barbe, aujourd'hui le collége Rollin.

650. Notre conseiller d'état, préfet du département de la Seine, est autorisé à acquérir au nom de notre bonne ville de Paris, du sieur Nicolle, directeur du collége de Sainte-Barbe, le mobilier et le fonds d'exploitation de cet établissement, aux clau-

ses, charges et conditions énoncées dans la délibération prise, le 30 mars 1826, par le conseil municipal, dont les dispositions sont approuvées, sauf les modifications suivantes.

La nomination des membres du conseil d'administration du collége et de tous les fonctionnaires de cet établissement, sera soumise à l'approbation de notre ministre secrétaire d'état des affaires ecclésiastiques et de l'instruction publique.

Le collége de Sainte-Barbe ne cessera pas d'être considéré comme un collége particulier. Il continuera, en conséquence, d'être soumis aux règlemens universitaires relatifs aux établissemens de ce genre, et notamment à l'ordonnance du 25 juin 1823, en ce qui concerne la retenue à exercer sur le traitement des fonctionnaires pour le fonds de retraite.

Le mobilier sera payé au directeur d'après l'expertise faite contradictoirement.

Le directeur sera dédommagé de sa renonciation au bail qui lui a été passé par la ville de Paris, en touchant annuellement, pendant tout le temps que ce bail aurait eu à courir, les deux cinquièmes des bénéfices nets que présentera l'exploitation du collége, après le prélèvement déterminé par l'art. 15 de la délibération prise par le conseil municipal le 30 mars 1826.

(Ordonnance du 19 juillet 1826.)

651. La ville de Paris est autorisée à employer une partie des sommes provenant de cette suppression (la suppression des bourses entretenues par la ville de Paris dans les colléges royaux d'Amiens, d'Orléans, de Rouen et de Reims (*voir* page 174), à la fondation de douze bourses entières dans le collége particulier de Sainte-Barbe.

(Ordonnance du 30 août 1829, art. 2.)

652. La nomination aux bourses du collége de Sainte-Barbe aura lieu suivant le mode établi pour les autres colléges, d'après les ordonnances des 25 décembre 1819, 16 novembre 1821, 28 août 1827, et 24 juin 1829.

(Ibid, art. 3.)

Ordonnance concernant le collége Stanislas.

653. La ville de Paris est autorisée à acquérir le collége Stanislas.

(Ordonnance du 15 juin 1825 (1).)

(1) Devenue propriétaire de cet établissement, la ville en a passé bail pour 25 ans à M. l'abbé Augé, qui le dirige depuis près de 10 années. Elle s'est réservé 30 bourses (10 entières et 20 demi-bourses); 6 des premières sont conférées aux élèves qui se distinguent au concours général; 10 des secondes sont données à ceux qui se distinguent dans le collége même.

TITRE IV.

§ III.

DES COLLÉGES COMMUNAUX (1).

654. Toute école établie par les communes ou tenue par les particuliers (2), dans laquelle on enseignera les langues latine et française, les premiers principes de la géographie, de l'histoire et des mathématiques, sera considérée comme école secondaire (3).

(Loi du 11 floréal an X, 1er. mai 1803, art. 6.)

655. Le gouvernement encouragera l'établissement des écoles secondaires, et récompensera la bonne instruction qui y sera donnée, soit par la concession d'un local, soit par la distribution de places gratuites dans les lycées à ceux des élèves de chaque département qui se seront le plus distingués, et par des gratifications accordées aux cinquante maîtres de ces écoles qui auront eu le plus d'élèves admis aux lycées.

(Ibid., art. 7.)

656. Il ne pourra être établi d'écoles secondaires sans l'autorisation du gouvernement. Les écoles secondaires, ainsi que toutes les écoles particulières dont l'enseignement sera supérieur à celui des écoles primaires, seront placées sous la surveillance et l'inspection particulière des préfets.

(Ibid., art. 8.)

657. Pour parvenir à obtenir régulièrement la concession des

---

(1) Les colléges communaux sont ce qu'on appelait auparavant les écoles secondaires communales, c'est-à-dire fondées et entretenues par leurs communes respectives.

(2) Voyez au titre des institutions et pensions, ce qui regarde les écoles tenues par les particuliers.

(3) D'autres espèces d'écoles secondaires ont commencé à s'organiser. Ces écoles sont particulièrement destinées à former pour diverses places de l'administration des sujets auxquels l'instruction commune ne procure pas les notions spéciales qui leur sont nécessaires.

Telles sont les écoles dont il est parlé au titre 1 § 2 de l'ordonnance du roi relative au Code forestier. (Art. 54 et suiv.)

54. Il sera établi des écoles secondaires dans les régions de la France les plus boisées. — Elles seront destinées à former des sujets pour les emplois de gardes. — La durée des cours sera de deux ans.

55. L'enseignement dans les écoles secondaires aura pour objet : — 1°. L'écriture, la grammaire et les quatre premières règles de l'arithmétique ; — 2°. La connaissance des arbres forestiers et de leurs qualités et usages, et spécialement celle des arbres propres aux constructions civiles et navales ; — 3°. Les semis et plantations ; — 4°. Les principes sur les aménagemens, les estimations et les exploitations ; — 5°. La connaissance des dispositions législatives et réglementaires qui concernent les fonctions des gardes, la rédaction des procès-verbaux et les formalités dont ils doivent être revêtus, les citations, la tenue d'un livre-journal, et l'exercice des droits d'usage.

56. Nous déterminerons, par une ordonnance spéciale, les lieux où les écoles secondaires seront établies, le nombre des élèves, les conditions d'admissibilité, et les moyens de pourvoir à l'entretien et à l'enseignement des élèves de ces écoles.

locaux promis aux communes et aux instituteurs particuliers par l'art. 7 de la loi du 11 floréal an X, les communes et les instituteurs justifieront, par des certificats des directeurs de l'enregistrement, que les locaux dont ils demandent la jouissance pour l'établissement des écoles secondaires ne font point partie des domaines nationaux définitivement réservés à un autre service public, en vertu d'une décision formelle et spéciale du gouvernement.

(Arrêté du 30 frimaire an XI, 21 décembre 1802, art 1er.)

658. Les bâtimens invendus qui ont servi à l'usage des colléges ou de tous autres établissemens d'instruction publique, et qui ne seront point compris dans l'exception indiquée à l'article ci-dessus, seront, de préférence, concédés aux écoles secondaires. Les autres domaines nationaux disponibles ne seront concédés que subsidiairement et à défaut de biens collégiaux.

(Ibid., art. 2.)

659. Les communes ou les instituteurs particuliers dont les écoles seront érigées en écoles secondaires, et auxquels il sera fait concession d'un local, en jouiront pendant tout le temps que l'établissement sera jugé digne d'être maintenu école secondaire. Ils seront tenus de mettre le bâtiment en état, de le réparer et de l'entretenir.

Ces frais, ainsi que ceux de premier établissement, seront à la charge personnelle des particuliers qui auront formé ces établissemens.

Quant aux écoles secondaires fondées par les communes, les mêmes frais pourront être acquittés, soit par le produit d'une souscription volontaire, soit sur les bénéfices des pensions et rétributions payées par les élèves, soit enfin sur les revenus libres de la commune.

(Ibid., art. 3 et 4.)

660. Tous les frais d'instruction des écoles secondaires établies par les communes, seront prélevés sur le prix des pensions et rétributions des élèves pensionnaires et externes. En cas d'insuffisance, il pourra être fait chaque année, sur les revenus libres des communes, un fonds spécialement employé à augmenter le traitement des professeurs qui n'auraient pas été convenablement rétribués.

(Ibid., art. 5.)

661. Les maires auront la surveillance générale des écoles secondaires, sous l'autorité du sous-préfet et du préfet.

Ils veilleront particulièrement, 1°. à ce que l'enseignement donné dans lesdites écoles comprenne au moins tous les objets prescrits par l'art. 6 de la loi du 11 floréal an X;

2°. A ce qu'il n'y ait jamais moins de trois professeurs dans chaque école, y compris le directeur, qui pourra faire lui-même les fonctions de professeur;

3°. A ce que le mode d'enseignement et le règlement relatif à la discipline intérieure de l'école s'accordent, autant qu'il sera possible, avec le mode d'enseignement et les règlemens de discipline des lycées.

(Ibid., art. 6.)

662. Les recettes et dépenses des écoles secondaires communales seront administrées, comme les autres dépenses et revenus des communes, par les maires et les conseils municipaux des lieux où seront ces établissemens.

Les règlemens, ainsi que la nomination des chefs et professeurs des écoles, seront soumis à l'approbation du ministre de l'intérieur (1).

(Ibid., art. 7.)

663. Les bureaux d'administration des colléges seront nommés par les recteurs et présidés par un inspecteur d'académie.

(Décret du 4 juin 1809, art. 24.)

664. Les dépenses des colléges à la charge des communes seront réglées, chaque année, avant la rédaction du budget de ces communes, par le conseil de l'Université, sur l'avis des recteurs des académies et la proposition du grand-maître.

(Ibid., art. 25.)

Division des colléges en deux classes.

665. Les colléges seront divisés en deux classes, selon le dégré d'enseignement autorisé dans chacun de ces établissemens.

(Décret du 15 novembre 1811, art. 10.)

Des traitemens.

666. Les traitemens des régens et maîtres des colléges seront réglés et arrêtés par nous en conseil d'état, sur l'avis du conseil de l'Université et le rapport de notre ministre de l'intérieur, et classés parmi les dépenses fixes et ordinaires des villes.

Il en sera de même du traitement des principaux desdits colléges, toutes les fois qu'ils ne tiendront pas le collége pour leur propre compte.

(Ibid., art. 11.)

---

(1) L'approbation des règlemens est maintenant dans les attributions du conseil royal; la nomination des fonctionnaires appartient au grand-maître. Les *écoles secondaires communales* ont reçu, comme nous l'avons dit précédemment, le nom de *colléges communaux*.

Des dépenses annuelles à faire par les communes.

667. Les sommes qui devront être fournies par les communes respectives pour leurs colléges, continueront à être chaque année arrêtées par nous dans le budget de ces communes; toutefois après qu'on nous aura fait connaître s'il existe un pensionnat, si ce pensionnat est en régie ou en entreprise, et quel est le résultat économique de son administration. Le conseil de l'Université donnera préalablement son avis, conformément à notre décret du 4 juin 1809 (1).

(Ibid., art. 12.)

Des comptes annuels.

668. Les comptes des dépenses des colléges qui seront à la charge des communes, seront rendus chaque année, par le principal, à un bureau composé du maire, président, d'un membre du conseil de l'académie ou autre délégué du recteur, de deux membres du conseil de département ou d'arrondissement, et de deux membres du conseil municipal.

Ces quatre derniers seront désignés chaque année par le préfet.

(Ibid., art. 13.)

De l'habillement des élèves.

669. A compter du 1er. janvier 1812, les élèves pensionnaires des colléges porteront un habit bleu, dont la forme sera déterminée par le grand-maître.

(Ibid., art. 14.)

Des bourses entretenues par les villes dans leurs propres colléges.

670. Les villes comprises dans le tableau ci-joint entretiendront, mais dans leurs propres colléges, et conformément à la nouvelle répartition ci-annexée, les bourses dont elles faisaient précédemment les fonds dans les colléges royaux.

(Ordonnance du 18 octobre 1820, (1) art. 1er.)

---

(1) Dans un projet d'organisation générale de l'Université, que le conseil royal avait préparé dès la fin de l'année 1814, il exprimait le vœu que les frais de premier établissement, et notamment l'achat du mobilier, fussent toujours faits par les villes pour les colléges communaux, comme cela est pour les colléges royaux.

La nécessité de cette mesure a été cent fois démontrée par l'expérience. Faute de s'être rendues indépendantes du crédit ou de la fortune du principal de leur collége; en acquérant à leur propre compte le mobilier nécessaire pour le pensionnat et pour la tenue décente de tout l'établissement, beaucoup de villes ont vu périr des écoles, naguères florissantes, ou par la mort, ou par la retraite, ou par la promotion à une place supérieure, des hommes qui avaient gouverné ces écoles. Des établissemens publics ont alors le principal inconvénient que l'on remarque dans les établissemens privés; ils naissent, prospèrent et tombent, avec l'homme de mérite qui les élève, et qui tout à coup disparaît.

(2) Louis, etc, Sur le rapport de notre ministre secrétaire d'état de l'intérieur;

671. En conséquence, lesdites communes porteront chaque année, dans leurs budgets, les sommes affectées à l'entretien de ces bourses, sans qu'il puisse être à l'avenir rien innové à cet égard, qu'en vertu d'une ordonnance royale.

(Ibid., art. 2.)

TABLEAU DE RÉPARTITION

DES BOURSES OU PORTIONS DE BOURSES FONDÉES PAR LES VILLES DANS LES COLLÉGES COMMUNAUX.

DÉPARTEMENS.	VILLES.	COLLÉGES ET PRIX DE LA PENSION.	NOMBRE DE BOURSES			SOMMES.
			en entières	3/4	1/2	
		fr.				f. c.
Aisne.	Soissons.	Soissons. 450	1	2	1	1,350 »
Bouches-du-Rhône.	Arles.	Arles. 500	2	1	2	1,875 »
Eure.	Evreux.	Evreux. 430	»	1	2	787 50
Eure-et-Loir.	Chartres.	Chartres. 500	1	4	1	2,250 »
Haute-Loire.	Le Puy.	Le Puy. 500	1	»	4	900 »
Mayenne.	Laval.	Laval. 400	3	2	2	2,200 »
Oise.	Beauvais.	Beauvais. 250	4	»	»	1,000 »
Pas-de-Calais.	Arras.	Arras. 500	3	4	3	3,750 »
id.	Aire.	Aire. 300	2	2	2	1,350 »
Pyrénées-Orientales.	Perpignan.	Perpignan. 480	1	1	4	1,800 »
Seine-et-Marne.	Meaux.	Meaux. 400	2	»	»	800 »
Saône-et-Loire.	Châlons-sur-Saône.	Châlons-sur-Saône. 500	»	»	6	1,500 »

vu le décret du 10 mai 1808, portant création de bourses et portions de bourses à la charge des communes dans les colléges royaux;

Vu le décret du 2 mai 1811, le titre 2 de notre ordonnance du 12 mars 1817, notre ordonnance du 25 décembre 1819;

Vu les délibérations des conseils municipaux ci-après désignés, savoir :

Soissons, 21 octobre 1818, 31 mars 1820.
Arles, 31 octobre 1818, 5 avril 1820.
Evreux, 6 novembre 1818, 21 avril 1820.
Chartres, 2 novembre 1818, 14 janvier 1820.
Le Puy, 8 décembre 1818, 11 février 1820.
Laval, 23 octobre 1818, 6 décembre 1819.
Beauvais, 13 avril 1819.
Arras, 15 octobre 1818.
Aire, 11 mai 1819, 22 décembre 1819.
Perpignan, 21 novembre 1818, 17 février, 26 mai et 13 juillet 1820.
Meaux, 23 novembre 1818, 21 février 1820, 16 juin 1820.
Châlons-sur-Saône, 5 décembre 1815, 1er. novembre 1818, 26 décembre 1819.

Voulant appliquer aux fondations de bourses dans les colléges communaux les règles établies par ladite ordonnance, pour la collation des bourses dans les colléges royaux, et par les considérations déduites en notre ordonnance sus-datée;

Vu le mémoire de notre conseil royal de l'instruction publique;

Notre conseil d'état entendu, nous avons ordonné, etc.

672. Toutes les dispositions des titres 2, 3, 4 et 5 de notre ordonnance du 25 décembre 1819, relatives aux fondations de bourses dans les colléges royaux, seront exécutées en ce qui touche les fondations du même genre dans les colléges communaux.

Les règlemens de l'instruction publique sur le renvoi des boursiers de l'état seront observés à l'égard des élèves nommés aux bourses des villes dans les colléges communaux.

(Ibid., art. 3 et 4.)

673. Conformément à l'article 14 de notre ordonnance du 25 décembre, les villes n'exerceront aucune retenue sur les bourses vacantes.

(Ibid., art. 5.)

Colléges royaux communaux.

674. Le collége communal de Vannes portera à l'avenir le nom de collége royal communal.

Le conseil-général du département du Morbihan est autorisé à fonder, dans le collége royal communal de Vannes, six bourses, auxquelles nous nommerons, d'après la présentation du préfet, et sur le rapport de notre ministre...

(Ordonnance du 27 juin 1816, art. 3 et 4)

675. Le collége établi à Dôle, département du Jura, est autorisé à prendre le titre de collége royal communal.

(Ordonnance de 1er. juillet 1829.)

Établissement de nouveaux colléges communaux.

676. Le pensionnat actuellement établi à Courdemanche, arrondissement de Saint-Calais, département de la Sarthe, est érigé en collége communal. L'Université royale de France est autorisée à accepter au nom du collége de Courdemanche la donation faite au préfet de cet établissement, par M. de la Martellière, suivant un acte public du 13 mai 1828, avec les clauses et conditions stipulées dans cet acte.

(Ordonnance du 15 avril 1829, art. 1 et 2)

677. Il sera établi dans la ville de Dunkerque, département du Nord, un collége communal qui jouira d'une dotation portée annuellement au budget de la ville pour assurer le traitement des régens.

(Ordonnance du 17 janvier 1830.)

678. L'établissement d'un collége communal est autorisé dans la ville de Craon, département de la Mayenne, aux conditions exprimées dans la délibération du conseil municipal du 12 mai 1820 (1).

(Ordonnance du 24 mars 1831.)

(1) 1°. Fournir les bâtimens et dépendances de l'ancien hôpital de Craon, pour y placer le collége ; 2°. mettre les bâtimens en bon état de réparations ; 3° voter chaque année une dotation de 500 fr. ; 4°. compter au principal une somme de 500 fr. pour frais de premier établissement.

TITRE IV.

§ IV.

ÉCOLES SECONDAIRES ECCLÉSIASTIQUES (1).

679. Pour être admis dans les séminaires maintenus par l'art. 3 de notre décret du 17 mars, comme écoles spéciales de

(1) Nulle question, peut-être, dans le cercle assez considérable de celles qui intéressent l'instruction publique, n'a été plus agitée, depuis que la loi de 1806 a créé un corps enseignant pour toute la France.

Il n'est pas inutile de rappeler ici quelques faits qui se rattachent à cette question.

Le décret du 17 septembre 1808, qui, avec celui du 17 mars de la même année, était destiné à mettre en mouvement cette grande institution de l'Université, imposait préalablement à tous les agens de l'instruction publique, sans exception, l'obligation de déclarer s'ils étaient dans l'intention de faire partie de l'Université, et de contracter les obligations imposées à ses membres. Dès lors existaient sur divers points des établissemens connus sous le nom de *Petits séminaires*. Les directeurs de ces écoles se crurent dispensés d'obéir à la mesure générale, étant, disaient-ils, sous la seule juridiction des évêques, et n'existant que comme un démembrement des grands séminaires, dont le régime dépendait manifestement des seuls évêques.

Un grand nombre de préfets pensaient là-dessus tout autrement que les évêques, et représentaient que la loi ne reconnaissait que les grands séminaires, considérés comme écoles spéciales de théologie, et destinés, non à des enfans, mais à de jeunes hommes qui avaient achevé le cours des premières études. D'autre part, les chefs des autres maisons d'éducation exposaient que l'existence des lycées, des collèges, de toutes les autres écoles, en un mot, serait compromise, si les lois universitaires n'embrassaient pas les écoles secondaires ecclésiastiques, dans lesquelles déjà on se plaisait à dire que l'éducation religieuse était exclusivement concentrée, et qui, d'ailleurs, tout en recevant des enfans de tout âge, sans égard à leurs vocations diverses pour le monde ou pour l'église, se trouveraient de fait et de droit affranchies des rétributions et des autres engagemens qui allaient peser sur tous les autres établissemens d'instruction.

La discussion s'établit en présence même des ministres des cultes et de l'intérieur ; elle fut alors terminée par le décret du 9 avril 1809, qui soumit les écoles dont il s'agit au régime universitaire, et qui, depuis, a fait place au système exceptionnel consacré par une ordonnance du 5 octobre 1814. Aujourd'hui cette ordonnance elle-même est soumise à un nouvel examen, d'où sortiront sans doute, pour le bien commun de l'état et de l'église gallicane, l'ordre légal et la stabilité.

Ainsi doit-on l'espérer, d'après le rapport suivant fait au roi, et publié dans *le Moniteur* du 22 janvier 1828.

« SIRE, la nécessité d'assurer dans toutes les écoles ecclésiastiques secondaires l'exécution des lois du royaume, est généralement reconnue : les mesures que cette nécessité commande ont besoin d'être complètes et efficaces ; elles doivent se coordonner avec notre législation politique et les maximes du droit public français ; elles se rapportent à la fois aux droits sacrés de la religion, à ceux du trône, à l'autorité paternelle et domestique, à la liberté religieuse garantie par la Charte ; elles ne sauraient être préparées avec trop de maturité, puisqu'elles ne demeurent étrangères à aucun des principaux intérêts du pays.

» Pour qu'elles puissent l'être avec une pleine et entière connaissance de cause, vos ministres, sire, ont pensé qu'il était utile et convenable que l'état des faits fût constaté, qu'ils fussent comparés aux lois, et que les dispositions reconnues indispensables au maintien du régime légal subissent l'épreuve d'un examen préalable et approfondi, avant d'être proposé à la discussion de votre conseil et à l'approbation de votre majesté. Ils ont pensé que cette importante mission devait être naturellement confiée à des hommes plus particulièrement indiqués aux choix de votre majesté, par leur rang, leur état et leurs lumières.

» Si cette mesure était agréée par le roi, j'aurais l'honneur de proposer à votre majesté la formation d'une commission de neuf membres, composée ainsi qu'il suit :

M. l'archevêque de Paris, pair de France ;

M. le vicomte Lainé, pair de France, ministre d'état ;

théologie, les élèves devront justifier qu'ils ont reçu le grade de bachelier dans la faculté des lettres.

Les élèves actuellement existant dans lesdits séminaires pourront y continuer leurs études, quoiqu'ils n'aient pas rempli les conditions ci-dessus.

(Décret du 9 avril 1809, art. 1er. et 2.)

680. Aucune autre école, sous quelque dénomination que ce puisse être, ne peut exister en France, si elle n'est régie par des membres de l'Université royale et soumise à ses règles.
(Ibid., art. 3.)

681. Le grand-maître de notre Université royale et son conseil accorderont un intérêt spécial aux écoles secondaires que les départemens, les villes, les évêques ou les particuliers voudront établir pour être consacrées plus spécialement aux élèves qui se destinent à l'état ecclésiastique.
(Ibid., art. 4.)

682. La permission de porter l'habit ecclésiastique pourra être accordée aux élèves desdites écoles, dont les prospectus et les règlemens seront approuvés par le grand-maître et le conseil de l'Université, toutes les fois qu'ils ne contiendront rien de contraire aux principes généraux de l'institution.
(Ibid., art. 5.)

683. Le grand-maître pourra autoriser dans nos écoles secondaires et lycées des fondations de bourses, demi-bourses, ou toutes autres fondations pour des élèves destinés à l'état ecclésiastique.
(Ibid., art. 6.)

684. Les écoles plus spécialement consacrées à l'instruction des élèves qui se destinent à l'état ecclésiastique, sont celles où

M. le baron Séguier, pair de France, premier président de la cour royale de Paris ;
M. le baron Mounier, pair de France ;
M. le comte Alexis de Noailles, ministre d'état, membre de la chambre des députés ;
M. l'évêque de Beauvais ;
M. Dupin aîné, membre de la chambre des députés.
M. le comte de La Bourdonnaye, membre de la chambre des députés ;
M. de Courville, membre du conseil de l'Université de France.

» Je suis, avec un profond respect, etc.
Le pair de France, garde des sceaux, ministre secrétaire d'état de la justice,
Signé comte PORTALIS.
Approuvé le 20 janvier 1828. *Signé* CHARLES. »

Cette commission s'est assemblée pour la première fois le 30 janvier : M. l'archevêque de Paris a été nommé président, et M. Mounier secrétaire.

NOTA. Nous n'avons pas cru devoir retrancher cette note, insérée dans notre première édition de 1828.
Nous donnerons ci-après les ordonnances qui ont été le résultat des travaux de la commission, et qui n'ont pas, à beaucoup près, terminé toutes les difficultés.

ces élèves sont instruits dans les lettres et dans les sciences, conformément à notre décret du 9 avril 1809.

(Décret du 15 novembre 1811, art. 24.)

685. Toutes ces écoles seront gouvernées par l'Université, elles ne pourront être organisées que par elle, régies que par son autorité, et l'enseignement ne pourra y être donné que par des membres de l'Université étant à la disposition du grand-maître.

(Ibid., art. 25.)

686. Les prospectus et les règlemens de ces écoles seront rédigés par le conseil de l'Université, sur la proposition du grand-maître.

(Ibid., art. 26.)

687. Il ne pourra pas y avoir plus d'une école secondaire ecclésiastique par département.

Aucune école secondaire ecclésiastique ne pourra être placée dans la campagne.

(Ibid., art. 27 et 29.)

688. Dans tous les lieux où il y a des écoles ecclésiastiques, les élèves de ces écoles seront conduits au lycée ou au collège, pour y suivre leurs classes. Les élèves des écoles ecclésiastiques porteront l'habit ecclésiastique ; tous les exercices se feront au son de la cloche.

(Ibid., art. 32.)

689. Les archevêques et évêques de notre royaume pourront avoir, dans chaque département, une école ecclésiastique, dont ils nommeront les chefs et les instituteurs, et où ils feront élever et instruire dans les lettres des jeunes gens destinés à entrer dans les grands séminaires.

(Ordonnance du 5 octobre 1814 (1), art. 1er.)

(1) Louis, etc., ayant égard à la nécessité où sont les archevêques et évêques de notre royaume dans les circonstances difficiles où se trouve l'église de France, de faire instruire dès l'enfance des jeunes gens qui puissent entrer avec fruit dans les grands séminaires, et désirant de leur procurer les moyens de remplir avec facilité cette pieuse intention ;
Ne voulant pas toutefois que les écoles de ce genre se multiplient sans raison légitime ;
Sur le rapport de notre ministre secrétaire d'état de l'intérieur, etc. »

Nous avons dit sous la restauration, et nous avons le droit de répéter aujourd'hui, que cette ordonnance de 1814, en proclamant une sorte de divorce légal entre les jeunes hommes appelés à renouveler le clergé français, et les autres élèves destinés aux diverses professions de la société civile, avait porté un coup funeste à tout l'ordre social. L'Université en a souffert, et le clergé plus encore. La religion même, qui ressent toujours le contre-coup des fautes commises en son nom, a vu son influence légitime sur les esprits diminuer précisément par les étroites et imprudentes mesures que suggérait un zèle sans prévoyance et sans portée. Le clergé avait mieux défendu cette cause sacrée, il avait été plus juste et plus habile, lorsqu'en 1789, provoquant franchement des améliorations indispensables dans l'instruction publique, il avait dit dans ses *cahiers* : « Ce » sont les colléges qui préparent des citoyens de toutes les classes, des militaires aux » armées, des juges aux tribunaux, des ministres au sanctuaire. »
Espérons que ce langage, si raisonnable et si vrai, sera entendu après tant et de si pé-

690. Ces écoles pourront être placées à la campagne, et dans les lieux où il n'y aura ni lycée, ni collège communal.

Lorsqu'elles seront placées dans les villes où il y aura un lycée ou un collège communal, les élèves, après deux ans d'études, seront tenus de prendre l'habit ecclésiastique.

Ils seront dispensés de fréquenter les leçons desdits lycées et colléges.
(Ibid., art. 2 et 3.)

691. Pour diminuer autant que possible les dépenses de ces établissemens, les élèves seront exempts de la rétribution due à l'Université par les élèves des lycées, colléges, institutions et pensionnats.
(Ibid., art. 4.)

692. Les élèves qui auront terminé leurs cours d'études pourront se présenter à l'examen de l'Université pour obtenir le grade de bachelier ès-lettres. Ce grade leur sera conféré gratuitement.
(Ibid., art. 5.)

693. Il ne pourra être érigé dans un département une seconde école ecclésiastique qu'en vertu de notre autorisation, donnée sur le rapport de notre ministre secrétaire d'état de l'intérieur, après qu'il aura entendu l'évêque et le grand-maître de l'Université.
(Ibid., art. 6.)

694. Les écoles ecclésiastiques sont susceptibles de recevoir des legs et des donations, en se conformant aux lois existantes sur cette matière.
(Ibid., art. 7.)

695. Il n'est, au surplus, en rien dérogé à notre ordonnance du 22 juin dernier, qui maintient provisoirement les décrets et règlemens relatifs à l'Université.

Sont seulement rapportés tous les articles desdits décrets et règlemens contraires à la présente.
(Ibid., art. 8.)

696. Les chefs d'institution et maîtres de pension établis dans l'enceinte des villes où il y a des colléges royaux ou des colléges communaux, sont tenus d'envoyer leurs pensionnaires comme externes aux leçons desdits colléges.

Est et demeure néanmoins exceptée de cette obligation l'école secondaire ecclésiastique qui a été ou pourra être établie

---

nibles épreuves d'un système d'exception et d'isolement. Espérons que ces deux alliés naturels, ces deux dépositaires-nés de la morale publique, le clergé et l'Université, comprendront désormais leur commune mission, et, joignant leurs efforts, travailleront efficacement à raffermir la société profondément ébranlée, en la replaçant sur la double base de la religion et de la science.

dans chaque département, en vertu de notre ordonnance du 5 octobre 1814; mais ladite école ne peut recevoir aucun élève externe.

(Ordonnance du 17 février 1815, art. 44 et 45.)

697. Lorsque dans les campagnes un curé ou un desservant voudront se charger de former deux ou trois jeunes gens pour les petits séminaires, ils devront en faire la déclaration au recteur de l'académie, qui veillera à ce que ce nombre ne soit pas dépassé. Ils ne payeront point le droit annuel, et leurs élèves seront exempts de la rétribution universitaire.

(Ordonnance du 27 février 1821, art. 28.)

Ordonnance du roi contenant diverses mesures relatives aux écoles secondaires ecclésiastiques et autres établissemens d'instruction publique (1).

698. A dater du 1er. octobre prochain, les établissemens connus sous le nom d'*écoles secondaires ecclésiastiques*, dirigés par des personnes appartenant à une congrégation religieuse non autorisée, et actuellement existant à Aix, Billom, Bordeaux, Dôle, Forcalquier, Montmorillon, Saint-Acheul et Sainte-Anne d'Auray, seront soumis au régime de l'Université.

(Ordonnance du 16 juin 1828, art. 1er)

699. A dater de la même époque, nul ne pourra être ou demeurer chargé soit de la direction, soit de l'enseignement, dans une des maisons d'éducation dépendantes de l'Université, ou dans une des écoles secondaires ecclésiastiques, s'il n'a affirmé par écrit qu'il n'appartient à aucune congrégation religieuse non légalement établie en France.

(Ibid., art. 2.)

Ordonnance du roi relative aux écoles secondaires ecclésiastiques (2).

700. Le nombre des élèves des écoles secondaires ecclésiastiques instituées par l'ordonnance du 5 octobre 1814 sera limité

---

(1) CHARLES, etc., sur le compte qui nous a été rendu,

1°. Que parmi les établissemens connus sous le nom d'*écoles secondaires ecclésiastiques*, il en existe huit qui se sont écartés du but de leur institution, en recevant des élèves dont le plus grand nombre ne se destine pas à l'état ecclésiastique ;

2°. Que ces huit établissemens sont dirigés par des personnes appartenant à une congrégation religieuse non légalement établie en France ;

Voulant pourvoir à l'exécution des lois du royaume,

De l'avis de notre conseil,

Nous avons ordonné.

(2) CHARLES, etc., sur le rapport de notre ministre secrétaire d'état des affaires ecclésiastiques ;

Notre conseil des ministres entendu,

nous avons ordonné.

dans chaque diocèse, conformément au tableau que, dans le délai de trois mois, à dater de ce jour, notre ministre secrétaire d'état des affaires ecclésiastiques soumettra à notre approbation.

Ce tableau sera inséré au Bulletin des lois, ainsi que les changemens qui pourraient être ultérieurement réclamés, et que nous nous réservons d'approuver, s'il devenait nécessaire de modifier la première répartition.

Toutefois le nombre des élèves placés dans les écoles secondaires ecclésiastiques ne pourra excéder vingt mille.

(Ordonnance du 16 juin 1828, art. 1er.)

701. Le nombre de ces écoles et la désignation des communes où elles seront établies seront déterminés par nous d'après la demande des archevêques et évêques, et sur la proposition de notre ministre des affaires ecclésiastiques.

(Ibid., art. 2.)

702. Aucun externe ne pourra être reçu dans lesdites écoles.
Sont considérés comme externes les élèves n'étant pas logés et nourris dans l'établissement même.

(Ibid., art. 3.)

703. Après l'âge de quatorze ans, tous les élèves admis depuis deux ans dans lesdites écoles seront tenus de porter un habit ecclésiastique (1).

(Ibid., art. 4.)

704. Les élèves qui se présenteront pour obtenir le grade de bachelier ès-lettres ne pourront, avant leur entrée dans les ordres sacrés, recevoir qu'un diplôme spécial, lequel n'aura d'effet que pour parvenir aux grades en théologie; mais il sera susceptible d'être échangé contre un diplôme ordinaire de bachelier ès-lettres après que les élèves seront engagés dans les ordres sacrés.

(Ibid., art. 5.)

705. Les supérieurs ou directeurs des écoles secondaires ecclésiastiques seront nommés par les archevêques et évêques, et agréés par nous.

Les archevêques et évêques adresseront, avant le 1er. octobre prochain, les noms des supérieurs ou directeurs actuellement en exercice, à notre ministre des affaires ecclésiastiques, à l'effet d'obtenir notre agrément.

(Ibid., art.6)

(1) Mais que faut-il entendre par l'*habit ecclésiastique ?* ce seul point a donné lieu à de longues discussions, et il n'est pas encore bien éclairci.

706. Il est créé dans les écoles secondaires ecclésiastiques huit mille demi-bourses à 150 fr. chacune.

La répartition de ces huit mille demi-bourses entre les diocèses sera réglée par nous sur la proposition de notre ministre des affaires ecclésistiques. Nous déterminerons ultérieurement le mode de présentation et de nomination à ces bourses (1).

(Ibid., art. 7.)

707. Les écoles secondaires ecclésiastiques dans lesquelles les dispositions de la présente ordonnance et de notre ordonnance en date de ce jour ne seraient pas exécutées, cesseront d'être considérées comme telles, et rentreront sous le règne de l'Université.

(Ibid., art. 8.)

Ordonnance concernant le petit séminaire protestant de Strasbourg (2).

708. Le petit séminaire protestant établi à Strasbourg est considéré comme collége mixte.

(Ordonnance du 26 octobre 1823, art. 1er.)

709. Tous les fonctionnaires de cet établissement seront institués par le grand-maître de l'Université sur la proposition du directoire général de la confession d'Augsbourg.

(Ibid., art. 2.)

710. Chacun des fonctionnaires de cet établissement devra être pourvu du grade correspondant à son emploi, conformément aux règlemens de l'Université. Si cette disposition ne peut pas être exécutée dans l'année scolaire actuelle, elle devra nécessairement l'être dans la prochaine année scolaire.

(Ibid., art. 3.)

711. Cet établissement sera soumis à la surveillance et à l'inspection de l'Université.

Les élèves qui ne se destineront pas au ministère évangélique payeront la rétribution universitaire.

(Ibid., art. 4.)

(1) Ces 8,000 demi-bourses ont été supprimées par la loi de finances de 1831.

(2) CHARLES... Considérant que le petit séminaire protestant établi à Strasbourg depuis près de 3 sciècles, est le seul que possèdent en France les communions luthérienne et réformée, et que sa conservation est nécessaire pour l'instruction des jeunes gens qui se destinent au ministère évangélique, considérant toutefois que cet établissement reçoit aussi des élèves qui se destinent à d'autres professions, qu'il doit dès lors être considéré comme collége mixte; sur le rapport de notre ministre de l'instruction publique, nous avons ordonné.

TITRE V.

DE L'ÉCOLE NORMALE (1).

Du choix des élèves et de l'engagement qu'ils contractent.

712. Les inspecteurs choisiront chaque année dans les lycées, d'après des examens et des concours, un nombre déterminé d'élèves âgés de dix-sept ans au moins, parmi ceux dont les progrès et la bonne conduite auront été les plus constans, et qui annonceront le plus d'aptitude à l'administration et à l'enseignement (2).

(Décret du 17 mars 1808, art. 111.)

713. Les élèves qui se présenteront à ce concours devront être autorisés, par leur père ou par leur tuteur, à suivre la carrière de l'Université. Ils ne pourront être reçus au pensionnat normal qu'en s'engageant à rester dix années au moins dans le corps enseignant.

(Ibid., art. 112.)

Cours qu'ils devront suivre. — Répétitions internes.

714. Ces aspirans suivront les leçons du Collége de France, de l'Ecole polytechnique ou du Muséum d'Histoire naturelle, suivant qu'ils se destineront à enseigner les lettres ou les divers genres de sciences.

(Ibid., art. 113.)

715. Les aspirans, outre ces leçons, auront, dans leur pensionnat, des répétiteurs choisis parmi les plus anciens et les plus habiles de leur condisciples, soit pour revoir les objets qui leur seront enseignés dans les écoles spéciales ci-dessus désignées,

---

(1) Voir l'institution de l'école normale au titre de l'organisation générale, art. 29.

(2) A l'exemple de ce qui se pratiquait depuis cinquante ans dans l'Université de Turin, l'Université de France avait, dès 1810, considéré l'école normale comme devant recevoir des sujets tant clercs que laïques; et de là le règlement qui permettait à un certain nombre d'élèves de cette école d'entrer, après avoir achevé leurs cours, dans des séminaires où ils pouvaient passer trois années, sans perdre le droit d'être employés dans l'Université, comme aussi sans être dispensés des obligations contractées vis-à-vis du corps enseignant. (Voir la deuxième partie.) Cette heureuse idée, qui pourrait, avec le concours d'un clergé aussi instruit que pieux, être féconde pour le service de l'état, sous le double rapport de la religion et des lettres, avait été suggérée par le respectable abbé Emery, et le conseil l'avait adoptée avec empressement; elle nous semble bonne à reprendre et à réaliser.

soit pour s'exercer aux expériences de physique et de chimie, et pour se former à l'art d'enseigner.

(Ibid., art. 114.)

Durée de leur séjour à l'école. — Vie commune.

716. Les aspirans ne pourront pas rester plus de deux ans au pensionnat normal; ils y seront entretenus aux frais de l'Université, et astreints à une vie commune, d'après un règlement que le grand-maître fera discuter au conseil de l'Université.

(Ibid., art. 115.)

717. Le pensionnat normal sera sous la surveillance immédiate d'un des quatre recteurs conseillers à vie qui y résidera et aura sous lui un directeur des études.

(Ibid., art. 116.)

718. Le nombre des aspirans à recevoir chaque année dans les lycées et à envoyer au pensionnat normal de Paris, sera réglé par le grand-maître, d'après l'état et le besoin des collèges et des lycées.

(Ibid., art. 117.)

Ils doivent prendre leurs grades à Paris.

719. Les aspirans, dans le cours de leurs deux années d'études au pensionnat normal, ou à leur terme, devront prendre leurs grades à Paris, dans la faculté des lettres et dans celle des sciences. Ils seront de suite appelés par le grand-maître pour remplir des places dans les académies.

(Ibid., art. 118.)

Du chef de l'École normale.

720. Le chef de l'École normale pourra être choisi par le grand-maître, parmi les conseillers à vie indistinctement, jusqu'à ce qu'il y ait quatre recteurs conseillers à vie.

(Décret du 17 septembre 1808, art. 17.)

Dispense du service militaire.

721. Les jeunes gens attachés à l'Université royale en qualité d'élèves à l'École normale, qui seront à l'avenir appelés par leur âge à faire partie de la conscription, jouiront de l'exemption provisoire accordée par l'art. 17 de notre décret du 8 fructidor an XIII (1).

Ladite exception ne deviendra définitive que lorsque les in-

---

(1) « Les élèves de l'école polytechnique ayant rang de sergent d'artillerie, conformément à la loi du 25 frimaire an VIII, ne doivent point, tant qu'ils sont à cette école, être appelés pour être mis en activité ; mais s'ils en sortent sans être placés par le gouvernement, ils seront tenus de marcher au premier appel fait à leur canton, si leur numéro les y appelle ou les y a précédemment appelés. »

dividus auxquels elle aura été appliquée auront justifié avoir exercé pendant dix années consécutives les fonctions de l'enseignement dans l'Université royale.

(Décret du 29 juillet 1811, art. 1er. et 2.)

722. Les noms de chacun des conscrits, département par département, seront remis par notre ministre de l'intérieur à notre ministre de la guerre, pour être par lui approuvés, et l'état par département sera ensuite envoyé aux préfets.

Notre ministre de l'intérieur vérifiera chaque année, au moins une fois, la présence desdits conscrits provisoirement exceptés, dans les établissemens de l'Université royale.

En cas de sortie desdits conscrits des établissemens de l'Université, avant l'expiration des dix années fixées par les articles ci-dessus, notre ministre de l'intérieur en instruira notre ministre de la guerre, afin que celui-ci veille à ce que les lois de la conscription leur soient appliquées.

(Ibid., art. 3, 4 et 5.)

But de l'école normale. — Durée du cours d'études.

723. L'école normale de Paris sera commune à toutes les académies. Elle formera, aux frais de l'état, le nombre de professeurs et de maîtres dont elles auront besoin pour l'enseignement des sciences et des lettres (1).

(Ordonnance du 17 février 1815, art. 4.)

724. Chaque académie envoie tous les ans à l'école normale de Paris un nombre d'élèves proportionné aux besoins de l'enseignement. Ce nombre est réglé par notre conseil royal de l'instruction publique.

(Ibid., art. 46.)

725. Les élèves envoyés à l'école normale y passent trois années, après lesquelles ils sont examinés par notre conseil royal de l'instruction publique, qui leur délivre, s'il y a lieu, un diplôme d'agrégé (2).

(Ibid., art. 48.)

726. Le chef de l'école normale a le même rang et les mêmes prérogatives que les recteurs des académies.

(Ibid., art. 50.)

---

(1) Dans l'Université de Turin, l'école normale réunissait les études de toutes les facultés, sous la direction de quatre préfets, le premier dirigeant les études de théologie ; le second, celles de jurisprudence ; le troisième, celles de médecine et de chirurgie ; le quatrième, celles de philosophie et des arts.

(2) Les élèves de l'école normale, comme tous les autres candidats, n'obtiennent maintenant le titre d'agrégés que par la voie du concours.

TITRE V.

Écoles normales particielles (1).

727. Il sera établi des écoles normales partielles près les colléges royaux de Paris qui auront des pensionnaires, et près du collége royal du chef-lieu de chaque académie. Chacune de ces écoles sera composée de huit élèves.

(Ordonnance du 27 février 1821, art. 24.)

728. Sur les bourses royales affectées à chaque collége royal, six bourses seront particulièrement destinées à ces élèves. Ces bourses seront données au concours; nul ne sera admis à concourir qu'après avoir terminé sa troisième.

(Ibid., art. 25.)

729. Le cours d'études sera pour eux de quatre années. Après qu'ils l'auront terminé, les uns resteront pendant deux années, en qualité de maîtres d'étude, dans les colléges où ils auront été élevés. Les autres seront appelés à la grande école normale de Paris.

(Ibid., art. 26.)

730. Tous les élèves des écoles normales partielles seront, comme ceux de la grande école normale de Paris, et conformément à l'art. 112 du décret du 17 mars 1808, soumis à l'obligation de rester dix années dans le corps enseignant.

(Ibid., art. 27.)

731. Conformément à l'art. 25 de notre ordonnance du 27 février 1821, six pensions entières dans les colléges royaux de chaque chef-lieu d'académie seront destinées aux élèves désignés par le conseil royal de l'instruction publique pour former les écoles normales partielles instituées par ladite ordonnance.

(Ordonnance du 12 octobre 1821, art. 2.)

Suppression de l'école normale.

732. La grande école normale de Paris est supprimée; elle sera remplacée par les écoles normales partielles des académies.

(Ordonnance du 6 septembre 1822.)

Écoles préparatoires.

733. Les bourses affectées aux écoles normales partielles, par

---

(1) Ces sortes d'écoles n'ont pu avoir qu'une existence imparfaite et stérile. On a malheureusement cru ou feint de croire qu'elles pourraient remplacer l'école normale; et cette grande école, que déjà environnait une assez belle renommée, a été détruite. Elle a commencé à se rétablir en 1826, mais sous la dénomination équivoque et obscure d'*école préparatoire*. On peut espérer qu'elle ne tardera pas à recouvrer son premier et véritable nom avec toutes les conséquences de ce nom, un local qui lui soit propre, un chef spécial.

Cette note a paru en 1828 : elle exprimait un vœu qui a enfin été réalisé. Une ordonnance du 6 août 1830 a en effet rendu à l'école normale son nom, ses souvenirs et ses destinées. (Voir ci-après, page 196.)

l'art. 25 de l'ordonnance du 27 février 1821, pourront être données à des élèves qui, après avoir terminé leur cours de philosophie, désireront suivre la carrière de l'enseignement.
(Ordonnance du 7 mars 1826 (1), art. 1er.)

734. Ces élèves seront nommés par nous, sur le rapport de notre ministre secrétaire d'état au département des affaires ecclésiastiques et de l'instruction publique, et après un examen préalable de leurs principes religieux, de leurs qualités morales et de leur instruction.
(Ibid., art. 2.)

735. Les jeunes gens ainsi nommés contracteront, avec l'approbation de leurs père, mère, tuteur ou curateur, toutes les obligations qui doivent les lier au corps enseignant, et notamment celle de se vouer pendant dix ans à l'instruction publique. Ils seront exempts du service militaire, en vertu de l'art. 15 de la loi du 10 mars 1818. Ils seront placés dans des écoles préparatoires établies près des colléges royaux ou autres colléges de plein exercice que désignera notre ministre grand-maître de l'Université.
(Ibid., art 3.)

736. Ils jouiront de leurs bourses pendant deux ans au moins et trois ans au plus. Ils emploieront ce temps à perfectionner leur instruction sous la direction de maîtres particuliers nommés par notre ministre grand-maître de l'Université, le tout conformément aux règlemens qui seront arrêtés par lui sur l'avis de notre conseil royal de l'instruction publique. Ces règlemens auront pour but de former des écoles pratiques de l'art d'enseigner, de conduire et d'élever la jeunesse.
(Ibid., art. 4.)

737. Ces élèves pourront être privés de leurs bourses par notre ministre secrétaire d'état au département des affaires ecclésiastiques et de l'instruction publique, lorsqu'ils manqueront d'aptitude ou d'application, ou lorsqu'ils auront encouru des reproches graves.
(Ibid., art. 5.)

738. A l'expiration du terme fixé par l'art. 4, les élèves des écoles préparatoires seront nommés aux places vacantes des

---

(1) CHARLES, etc. Vu le titre VI de l'ordonnance du 27 février 1821, relative aux écoles normales partielles ;

Considérant qu'il importe de perfectionner cette institution destinée à préparer des sujets capables de bien diriger l'éducation de la jeunesse, et de perpétuer dans les écoles les saines doctrines et les bonnes études ;

Sur le rapport de notre ministre des affaires ecclésiastiques et de l'instruction publique, etc.

maîtres d'études dans les colléges royaux, ou de régens dans les colléges communaux.

Ils pourront, en prenant les grades exigés par les règlemens, se présenter immédiatement au concours pour l'agrégation.

(Ibid., art. 6.)

739. Dès qu'ils auront obtenu le titre d'agrégé, les élèves des écoles préparatoires auront droit, concurremment avec les autres agrégés, aux places de professeurs qui viendront à vaquer dans les colléges royaux. En outre, le tiers de ces places est exclusivement affecté à ceux de ces élèves devenus agrégés, qui auront rempli pendant deux ans, à la satisfaction de leurs chefs, les fonctions de régens dans les colléges communaux, ou de maîtres d'études, soit dans les colléges royaux, soit dans les autres colléges de plein exercice.

(Ibid., art. 7.)

École normale.

740. L'école destinée à former des professeurs, et désignée depuis quelques années sous le nom d'école préparatoire, reprendra celui d'*école normale*.

Il nous sera incessamment proposé des mesures pour compléter l'organisation de cette école d'une manière conforme à tous les besoins de l'enseignement (1).

(2) (Ordonnance du 6 août 1830.)

---

(1) Voir dans la deuxième partie le titre de l'école normale.

(2) Dans le projet présenté par le conseil royal an 1814, on lisait deux dispositions qu'il conviendrait de reprendre. L'une avait un but politique et religieux, qu'on ne saurait atteindre trop promptement; l'autre tendait à empêcher des sacrifices inutiles, et c'est aussi un point qui ne doit pas être négligé.

156. Les élèves qui, au sortir de l'école, se croiront appelés à l'état ecclésiastique, pourront, avec l'agrément du grand-maître, passer dans un séminaire trois années, qui seront comptées sur les dix années de leur engagement.

157. L'élève qui, après avoir achevé son cours d'études à l'école normale, ne voudrait plus suivre la carrière de l'enseignement public, sera tenu, et ses père et mère solidairement avec lui, de restituer à l'école la somme de 1,000 francs pour chaque année qu'il y aura passé.

TITRE VI.

DE L'ÉMÉRITAT ET DES PENSIONS DE RETRAITE.

Loi qui accorde des pensions de retraite aux fonctionnaires des lycées et des facultés.

741. Il sera formé sur les traitemens des fonctionnaires et professeurs des lycées et des écoles spéciales, un fonds de retenue qui n'excédera pas le vingtième de ces traitemens. Ce fonds sera affecté à des retraites qui seront accordées après vingt ans de service, et réglées en raison de l'ancienneté. Ces retraites pourront être accordées pour cause d'infirmités, sans que, dans ce cas, les vingt années d'exercice soient exigées.

(Loi du 11 floréal an X, 1er. mai 1802, art. 42.)

Décrets qui étendent le droit aux pensions de retraite.

742. Les fonctionnaires de l'Université compris dans les quinze premiers rangs, à l'article 29 (1), après un exercice de trente années sans interruption, pourront être déclarés émérites et obtenir une pension de retraite qui sera déterminée, suivant les différentes fonctions, par le conseil de l'Université.

Chaque année d'exercice au-dessus de trente ans sera comptée aux émérites et augmentera leur pension d'un vingtième.

(Décret du 17 mars 1808, art. 123.)

743. Les pensions d'émérite ne pourront pas être cumulées avec les traitemens attachés à une fonction quelconque de l'Université.

(Ibid., art. 124.)

744. Il sera établi une maison de retraite où les émérites pourront être reçus et entretenus aux frais de l'Université.

(Ibid., art. 125.)

745. Les fonctionnaires de l'Université, attaqués pendant

---

(1) Ces quinze premiers rangs s'arrêtaient aux agrégés. Les ordonnances royales ont étendu aux fonctionnaires de tous les rangs, excepté aux maîtres particuliers, le droit d'obtenir une pension de retraite.

l'exercice de leurs fonctions d'une infirmité qui les empêcherait de les continuer, pourront être reçus dans la maison de retraite avant l'époque de leur éméritat.

(Ibid., art. 126.)

746. Les membres des anciennes corporations enseignantes, âgés de plus de soixante ans, qui se trouveront dans le cas indiqué par les articles précédens, pourront être admis dans la maison de retraite de l'Université, ou obtenir une pension, d'après la décision du grand-maître auquel ils adresseront leurs titres.

(Ibid., art. 127.)

747. La retenue du vingt-cinquième, faite jusqu'à ce jour sur les traitemens des proviseurs, censeurs et professeurs, pour les pensions de retraite, aura lieu sur tous les traitemens de l'Université (1).

Décret du 17 septembre 1808, art. 20.)

748. Le titre d'émérite est acquis aux membres de l'Université après trente ans de services non interrompus, et l'admission dans la maison de l'éméritat, ou la pension comme émérite pourra être accordée au bout de ce terme.

Néanmoins, ceux des membres de l'Université qui, avant son organisation, ont quitté les fonctions de l'enseignement pour se livrer à d'autres fonctions publiques, n'auront à justifier que de trente années de services rendus à l'enseignement dans les écoles centrales, lycées, anciennes universités et colléges de plein exercice, pour obtenir le titre et la pension d'émérite, pourvu qu'il n'y ait point d'interruption depuis la reprise de leurs fonctions dans l'Université.

(Décret du 18 octobre 1810, art. 1er. et 2.)

749. La pension d'émérite sera égale aux trois quarts du traitement fixe dont aura joui le fonctionnaire pendant les trois dernières années de son exercice.

Cette pension s'accroîtra d'un vingtième du traitement fixe, pour chaque année de service au-delà de trente ans ; elle n'augmentera plus passé le terme de trente-cinq ans, ou elle deviendra égale au traitement fixe, calculé comme il est dit ci-dessus.

(Ibid., art. 3.)

750. Tout membre de l'Université âgé de plus de soixante ans, ou attaqué de quelque infirmité pendant l'exercice de ses

---

(1) La retenue du 25e. ne pouvait suffire aux besoins du service : elle est maintenant du 20e., comme l'avait autorisé la loi du 11 floréal an X.

fonctions, pourra demander la pension de retraite avant l'époque fixée pour l'éméritat. Lorsque le motif de la retraite aura été jugé légitime par le conseil de l'Université, la pension sera réglée sur les bases suivantes :

De 10 à 15 ans de service, calculé comme il est dit art. 3. . . . . 1/4 du traitement fixe.
 De 15 à 20 3/8 *Id.*
 De 20 à 25 1/2 *Id.*
 De 25 à 30 5/8 *Id.*

Dans tous les cas, le *minimum* de la pension est fixé à 500 fr.

Ne sont pas compris dans les dispositions précédentes les membres de l'Université, sur le traitement desquels il n'est point fait la retenue prescrite par l'art. 20 de notre décret du 17 septembre 1808 (1).

(Ibid., art. 4 et 5.)

751. Les pensions de retraite des membres de l'Université ne seront accordées qu'à raison des services rendus dans les établissemens d'instruction publique qui existent ou ont existé sur le territoire.

Dans les lycées, les écoles centrales, les anciennes universités et colléges de plein exercice, les années de service seront comptées dans leur entier aux professeurs ou régens et fonctionnaires supérieurs.

Dans les colléges d'un ordre inférieur, où le droit à l'éméritat n'était pas accordé, les années de service ne seront pas comptées.

(Ibid., art. 6.)

752. Si un membre de l'Université a été employé jusqu'en 1791 (2) en qualité de professeur ou fonctionnaire supérieur dans les anciennes universités ou colléges de plein exercice, ses services seront regardés comme non interrompus, si la lacune n'a pas

(1) Voyez ci-après les modifications apportées à cet article et à l'article suivant par les ordonnances du 19 avril 1820 et du 25 juin 1823.

(2) Les colléges, ainsi que les écoles de droit et de médecine, n'ont été supprimés que par un décret de 1793, époque remarquable où fut proclamé d'une manière absolue ce principe de décevante et spécieuse doctrine, que l'*enseignement public était libre*, sauf apparemment à chaque parti à exploiter, dans son propre intérêt, cette liberté indéfinie de l'enseignement public. Il eût donc été possible de fixer cette même époque de 1793, comme le terme légal des anciens services. Mais une force non moins impérieuse que la suppression même des écoles, avait contraint un grand nombre d'anciens fonctionnaires à se retirer prématurément. Les lois de 1791 les avaient placés entre leur conscience et leurs fonctions; ils avaient préféré, au serment qu'on leur demandait alors, l'exil et la faim ; le législateur n'a pas voulu que ce noble sacrifice pesât sur leurs vieux jours.

été de plus de cinq ans ; ils seront comptés pour cinq ans, si elle a été plus longue.

(Ibid., art. 7.)

753. Les règles pour la délivrance des pensions de retraite aux principaux et régens des collèges, seront ultérieurement proposées par le conseil de notre Université, et établies par un règlement rendu en notre conseil d'état, sur le rapport de notre ministre de l'intérieur.

(Ibid., art. 8.)

754. La retenue qui, conformément aux dispositions de l'article 42 de la loi du 11 floréal an X (1er. mai 1802) et à l'article 12 du décret du 15 brumaire an XII (7 novembre 1803), doit être exercée sur les traitemens des fonctionnaires de l'instruction publique désignés par les articles 123 du décret du 17 mars 1808, 20 du décret du 17 septembre de la même année, et 4 du décret du 18 octobre 1810, et qui était fixée, par le décret du 15 brumaire an XII, au vingt-cinquième des traitemens, sera à l'avenir, et à partir du 1er. avril 1820, du vingtième des mêmes traitemens.

(Décret du 19 avril 1820 (1), art. 1er.)

755. La pension d'émérite fixée par l'article 2 du décret du 18 octobre 1810, aux trois-quarts du traitement fixe dont aurait joui le pensionnaire pendant les trois dernières années de son activité, ne sera plus, pour les pensions à liquider à l'avenir, et à compter du même jour 1er. avril 1820, que des trois cinquièmes dudit traitement.

---

(1) Louis, etc. Sur ce qui nous a été représenté que le fonds de retraite et le produit des retenues annuelles exercées sur les traitemens d'activité de tous les fonctionnaires des académies, facultés et collèges royaux, est insuffisant pour fournir aux pensions de retraite actuellement liquidées, d'où il résulte que plusieurs fonctionnaires forcés, par l'âge, les infirmités ou les circonstances imprévues, à renoncer aux fonctions qu'ils exerçaient dans l'instruction publique, ne jouissent pas de la pension à laquelle ils ont droit ; que les dispositions de la loi du 15 mai 1818 ne permettent plus d'appliquer, comme auparavant, une partie des fonds généraux à l'amélioration du fonds de retraite ; que cependant la justice et l'humanité exigent que les hommes qui ont acquis par de longs services le droit à une pension de retraite ne soient point abandonnés aux besoins et aux privations dans l'âge avancé, et qu'ils recueillent le fruit des retenues exercées sur leurs traitemens pendant tout le temps qu'ils ont été en activité de service ; que le seul moyen d'atteindre un but si désirable, est de rétablir l'équilibre entre les ressources et les charges des fonds de retraite de l'instruction publique, ce qui ne peut être fait qu'en apportant quelques changemens aux dispositions précédemment adoptées, tant pour la fixation des retenues à opérer sur les traitemens d'activité, que pour le taux des pensions, et les conditions exigées pour être admis à la retraite.

Nous nous sommes fait représenter les décrets du 15 brumaire an XII (7 novembre 1803), 17 mars et 17 septembre 1808 et 18 octobre 1810, en ce qui touche l'émeritat et les pensions de retraite des fonctionnaires de l'instruction publique, et voulant pourvoir au rétablissement de l'équilibre entre les charges et les ressources du fonds de retenue ;

Notre conseil d'état entendu, nous avons ordonné et ordonnons ce qui suit.

Cette pension s'accroîtra d'un vingtième du traitement fixe pour chaque année de service au delà de trente ans, sans cependant qu'en aucun cas elle puisse excéder le dernier traitement fixe dont aurait joui le pensionnaire pendant les trois dernières années de son exercice.

Dans tous les cas, le *maximum* des pensions ne pourra excéder la somme de 5,000 fr.

(Ibid., art. 2.)

756. Tout membre de l'Université âgé de plus de soixante ans, ou qui, sans avoir atteint cet âge, serait attaqué de quelque infirmité pendant l'exercice de l'une des fonctions qui donnent droit à la pension, pourra demander la pension de retraite avant l'époque fixée pour l'éméritat dans l'article 3 du décret du 18 octobre 1810, pourvu toutefois qu'il ait au moins dix années effectives et entières de service dans les fonctions qui donnent droit à la pension.

Lorsque le motif de la retraite aura été jugé légitime par la commission de l'instruction publique, la pension sera réglée à l'avenir, et à compter du 1er. avril 1820, d'après les bases suivantes, et toujours à raison du traitement fixe dont le pensionnaire aura joui pendant les trois dernières années de son activité :

De 10 à 15 ans de service   2/10.
De 15 à 20   Id.   3/10.
De 20 à 25   Id.   4/10.
De 25 à 30   Id.   5/10.

Dans tous les cas, le *minimum* de la pension demeure fixé à 500 francs.

(Ibid., art. 3.)

757. En liquidant les pensions, les fractions d'années d'exercice dans les diverses fonctions de l'instruction publique qui donnent droit à la pension seront réunies, mais il ne sera pas tenu compte de ce qui, après cette réunion, excéderait un nombre de demi-années complètes.

Il ne sera pas non plus tenu compte, dans la fixation des pensions, des fractions au-dessous de 10 fr.

(Ibid., art. 4.)

758. A partir du 1er. avril 1820, toutes les pensions liquidées antérieurement à cette époque, et conformément aux bases fixées par le décret du 18 octobre 1810, seront assujetties à la retenue du vingtième au profit du fond de retraite. Cette retenue ces-

sera d'avoir lieu aussitôt que le fonds de retraite pourra suffire à ses charges, indépendamment de ladite retenue.

(Ibid., art. 5.)

759. Il ne pourra être payé aucune pension au delà du fonds de retraite. Néanmoins les fonctionnaires émérites ou ceux qui, sans avoir atteint l'époque de l'éméritat, seraient admis à la retraite en vertu de l'art. 3 ci-dessus, pourront demander et obtenir la liquidation de leur pension.

Les pensionnaires ainsi liquidés prendront rang entre eux pour l'entrée en jouissance de leurs pensions au fur et à mesure des extinctions successives, à raison du jour de la cessation de leurs fonctions : subsidiairement, à raison de la durée de leurs services ; et en cas d'égalité de temps de service, à raison de leur âge.

(Ibid., art. 6.)

760. Aussitôt que la retenue sur les pensions prescrite par l'article 5 aura cessé d'être exercée, ainsi qu'il est dit au même article, les économies du fonds de retraite, s'il y en a, seront placées jusqu'à ce que les intérêts accumulés permettent d'accorder des pensions aux veuves (1), ou de diminuer la retenue sur les traitemens.

En aucun cas, la retenue sur les traitemens ne pourra être diminuée que par une ordonnance rendue sur la proposition de notre ministre de l'intérieur (2), d'après la demande de notre commission de l'instruction publique.

(Ibid., art. 7 et 8.)

Ordonnance qui admet les aumôniers des colléges royaux à obtenir aussi une pension de retraite.

761. Le traitement des aumôniers des colléges royaux sera égal au traitement fixe des censeurs, et leurs droits aux pensions de retraite seront les mêmes que ceux des autres fonctionnaires.

(Ordonnance du 27 février 1821, art. 15.)

(1) L'Université admet nécessairement dans son sein comme professeurs et agrégés des colléges royaux et des facultés, comme inspecteurs et recteurs, des hommes mariés. Il est donc impossible que l'on ne finisse point par étendre aux veuves de fonctionnaires qui, pour la plupart, ne sont riches que d'honneur et de science, cette même faveur ou plutôt cette même justice d'une pension de retraite. C'est aussi ce qu'avait proposé, dès 1814, le conseil de l'Université, dans les termes suivans :

« Les veuves, et, en cas de décès de leur mère, les enfans au-dessous de l'âge de
» 18 ans, auront collectivement la moitié de la pension que leur mari ou leur père
» aurait pu obtenir au moment de son décès. »

Voir ci-après, page 206, l'ordonnance qui a effectivement attribué aux veuves un droit à des pensions de retraite.

(2) Lisez : *de notre ministre de l'instruction publique.*

Ordonnance qui admet à obtenir des pensions de retraite les fonctionnaires des colléges communaux, les maîtres d'étude, etc.

762. A compter du 1er. octobre 1823, les traitemens des principaux et régens des colléges communaux seront soumis à la retenue du vingtième, prescrite par l'article 1er. de notre ordonnance du 19 avril 1820.

(Ordonnance du 25 juin 1823 (1), art. 1er.)

763. Cette retenue aura lieu chaque année sur la totalité des traitemens qui leur seront attribués par le budget du collége communal, arrêté par notre conseil royal de l'instruction publique, en exécution de l'art. 77 du décret du 17 mars 1808, que lesdits traitemens soient assignés sur les revenus spéciaux des colléges, sur les fonds alloués par les communes, sur le produit du pensionnat ou sur les rétributions payées par les élèves externes.

(Ibid., art. 2.)

764. En ce qui concerne les colléges communaux où le pensionnat est au compte des principaux, leur traitement sera évalué à un quart au-dessus de celui dont jouit le régent le mieux rétribué dans l'établissement qu'ils dirigent. Leur contribution annuelle au fonds de retraite sera réglée d'après cette évaluation, et leur tiendra lieu de la retenue.

La même règle sera suivie à l'égard de ceux qui cumulent les fonctions de principal et de régent, si le pensionnat est à leur compte.

Lorsque les régens seront logés et nourris gratuitement dans les colléges communaux, le traitement dont ils jouissent sera évalué à un tiers en sus pour la fixation de leur contribution annuelle au fonds de retraite.

(Ibid., art. 3.)

765. Dans les colléges où les traitemens des régens sont acquittés par les principaux, la retenue sera faite par le principal, et sera par lui versée, à l'expiration de chaque trimestre, dans la caisse académique du collége royal, comme les rétributions universitaires dues par les élèves du collége communal qu'il dirige.

(1) Louis, etc., voulant faire participer les principaux et régens des colléges communaux aux avantages des pensions de retraite dont jouissent les fonctionnaires des établissemens supérieurs de l'instruction publique et de nos colléges royaux, et rendre ces avantages communs à d'autres fonctionnaires de l'Université, non compris jusqu'ici parmi ceux auxquels leurs services donnaient droit auxdites pensions ;

Vu le mémoire de notre conseil royal de l'instruction publique ;

Vu pareillement l'art. 20 du décret du 17 septembre 1808, l'art. 8 du décret du 18 octobre 1810, et notre ordonnance du 19 avril 1820 ;

Notre conseil d'état entendu, etc.

Dans les colléges où les traitemens des principaux et régens sont acquittés par la caisse municipale, les régens remettront eux-mêmes le montant de la retenue, mois par mois, ou trimestre par trimestre, entre les mains du principal qui en fera le versement dans la caisse académique, comme il vient d'être dit, en y joignant la retenue qui devra être exercée sur son propre traitement.

Tout principal qui aurait manqué pendant un trimestre à verser dans la caisse académique les produits de l'école qu'il dirige, perdra le droit à la pension pour toutes les années antérieures. Il en sera de même de tout régent qui aurait manqué pendant six mois à faire entre les mains du principal le versement de la retenue.

Toutefois ce dernier pourra être réintégré dans ses droits par arrêté du conseil royal, après avoir restitué les sommes qu'il aura dû verser.

(Ibid., art. 4.)

766. Le produit de toutes les retenues exercées sur les traitemens des principaux et régens des colléges communaux sera versé à la diligence des recteurs dans la caisse générale de l'Université : il y formera, jusqu'à ce qu'il en soit autrement ordonné, un fonds spécial et distinct de celui des pensions de retraite actuellement existant. Il sera uniquement destiné à acquitter les pensions qui seront accordées aux principaux et régens des colléges communaux.

(Ibid., art. 5.)

767. A compter du 1er. janvier 1825, les principaux et régens des colléges communaux qui se trouveront dans les cas prévus par les art. 1er. et 4 du décret du 18 octobre 1810, et par l'art. 3 de notre ordonnance du 19 avril 1820, pourront obtenir des pensions de retraite. Ces pensions seront liquidées par notre conseil royal de l'instruction publique dans les formes et dans les proportions établies par notredite ordonnance.

Le *minimum* des susdites pensions est fixé à 300 fr.

Il ne pourra être liquidé de pension aux principaux et régens des colléges communaux, que jusqu'à concurrence des fonds disponibles pour cet objet.

(Ibid., art. 6.)

768. Les secrétaires des académies, les secrétaires des facultés nommés par le grand-maître de l'Université, les économes des colléges royaux, pourront à l'avenir obtenir des pensions de retraite, comme les autres fonctionnaires des académies et

de nos colléges royaux ; en conséquence, la retenue du vingtième sera exercée sur les traitemens fixes dont ils jouissent.

La même retenue sera exercée sur les traitemens des maîtres d'études de nos colléges royaux, qui auront obtenu une nomination du grand-maître de l'Université.

(Ibid., art. 7.)

769. Les agrégés de l'Université, qui sont employés comme professeurs dans les colléges particuliers de plein exercice, créés par l'art. 21 de notre ordonnance du 27 février 1821, pourront obtenir des pensions de retraite, comme les autres fonctionnaires de l'Université.

Lesdits agrégés payeront en conséquence, chaque année, au profit de l'ancien fonds de retraite, une somme égale à la retenue qui sera exercée sur le traitement fixe des professeurs titulaires du même ordre, attachés au collége royal de l'académie dans laquelle est situé le collége particulier.

Si dans la même académie il y a plusieurs colléges royaux de différentes classes, la contribution des agrégés professeurs des colléges particuliers sera réglée d'après la retenue à laquelle sont soumis les traitemens des professeurs du collége royal de la classe la moins élevée.

A Paris, les agrégés professeurs des colléges particuliers payeront une somme égale à la retenue exercée sur les traitemens des professeurs des colléges royaux de ladite ville.

(Ibid., art. 8.)

770. Les directeurs et les employés des colléges particuliers, autres que les agrégés professeurs, ne seront point admis à obtenir des pensions de retraite ; en conséquence, il ne sera exigé d'eux aucune contribution annuelle représentative de la retenue du vingtième.

Ibid., art. 9.)

771. A l'avenir, et pour toutes les pensions qui seront liquidées à la charge, soit de l'ancien fonds de retraite, soit du nouveau fonds créé par notre présente ordonnance, il sera également tenu compte aux membres de l'Université des années d'exercice, soit dans les anciennes Universités, dans les colléges qui étaient tenus par les congrégations enseignantes, dans les écoles centrales, dans les écoles secondaires communales et les lycées, soit dans les colléges royaux et communaux, et dans les fonctions administratives de l'Université.

Toutefois, les années pour la pension de retraite ne commenceront à courir, pour les maîtres d'études compris dans l'art. 7 de notre présente ordonnance, qui ne seraient point élèves de la ci-devant école normale, ou des écoles normales partielles créées par notre ordonnance du 27 février 1821, que du jour où ils auront atteint l'âge de vingt-quatre ans accomplis.

(Ibid., art. 10.)

772. Les pensions qui pourront être liquidées seront mises à la charge de l'ancien fonds de retraite, ou du fonds créé par notre présente ordonnance, suivant que les fonctionnaires qui les obtiendront se trouveront employés, lors de la cessation de leurs fonctions, dans un collége communal ou dans un établissement de l'instruction publique autre que les colléges communaux.

(Ibid., art. 11.)

773. Les décrets et ordonnances concernant les pensions de retraite des fonctionnaires de l'Université, auxquels il n'est pas dérogé par ces présentes, continueront à être exécutés suivant leur forme et teneur (1).

(Ibid., art. 12.)

Ordonnance portant qu'il pourra être accordé des pensions de retraite aux veuves des membres de l'université (1).

774. Des pensions de retraite pourront être accordées aux veuves des membres de l'Université, mariées depuis cinq ans

(1) Dans le projet, cité plusieurs fois, que le conseil royal avait présenté en 1814, se trouvaient quelques autres dispositions qui nous semblent de nature à être un jour reproduites, et qui contribueraient, sous plus d'un rapport, au bien-être des fonctionnaires de l'Université, en même temps qu'elles seraient utiles au bien du service.

« Des services importans rendus, soit dans l'Université, soit dans d'autres fonctions publiques, la composition d'ouvrages utiles, sont des circonstances que le conseil peut prendre en considération pour élever le taux de la pension, en allouant quelques années de service de plus : le nombre de ces années additionnelles ne peut toutefois excéder cinq. »

« Les emplois de chef, de sous-chef et de rédacteur dans les bureaux de l'administration centrale de l'Université, seront donnés désormais à des membres de l'Université qui auront rempli, pendant au moins dix ans, les fonctions d'agrégé, de régent et de professeur, ou même des fonctions supérieures ; et les années passées dans ces emplois compteront pour la pension de retraite, comme les années passées dans les colléges royaux. »

« Si un fonctionnaire émérite ou infirme ne demande pas sa retraite, le grand-maître, sur la proposition motivée des recteurs et des inspecteurs généraux, pourra, s'il le juge nécessaire pour le bien du service, proposer au conseil de statuer sur sa pension, ledit fonctionnaire préalablement entendu. »

On peut voir ce projet dans l'ouvrage que nous avons publié en 1816, sous le titre de *Système de l'Université de France*.

(2) CHARLES... Vu la délibération de notre conseil royal de l'instruction publique, en date du 23 mars 1830,... considérant que, dans la plupart des administrations publiques, il est accordé des pensions de retraite aux veuves des fonctionnaires, et qu'il serait juste d'en faire jouir également les veuves des fonctionnaires et professeurs de l'Université ; mais que l'état actuel de la caisse des retraites ne permettrait pas de liquider des pensions à toutes les veuves sans distinction ; nous avons ordonné

au moins, et dont les maris viendront à décéder postérieurement au 1er. juillet 1830.

(Ordonnance du 1er. avril 1830, art. 1er.)

775. Ces pensions ne pourront excéder le tiers de celles auxquelles les décédés auraient eu droit.

(Ibid., art. 2.)

776. Jusqu'à l'époque où la situation des fonds affectés au payement des pensions de retraite de l'Université le permettra, il ne sera accordé de pensions aux veuves qu'en proportion de leurs besoins, et lorsqu'elles auront justifié qu'elles n'ont pas des moyens suffisans d'existence.

(Ibid., art. 3.)

777. Lorsque notre conseil royal de l'instruction publique aura reconnu que le fonds de retraite peut faire face à la dépense, toutes les veuves des membres de l'Université auront droit au *maximum* de la pension déterminé par l'art. 2.

(Ibid., art. 4.)

778. Les veuves qui se remarieront cesseront de recevoir des pensions et des secours sur les fonds de l'Université.

(Ibid., art. 5.)

TITRE VII.

DES INSTITUTIONS ET PENSIONS (1).

779. Toute école tenue par les particuliers, dans laquelle on enseignera les langues latine et française, les premiers principes de la géographie, de l'histoire et des mathématiques, sera considérée comme école secondaire (1).

(Loi du 11 floréal an X, 1er. mai 1802, art. 6.)

780. Le gouvernement encouragera l'établissement des écoles secondaires, et récompensera la bonne instruction qui y sera donnée, soit par la concession d'un local, soit par la distribution des places gratuites dans les lycées à ceux des élèves qui se seront le plus distingués, et par des gratifications accordées aux cinquante maîtres de ces écoles qui auront le plus d'élèves admis aux lycées.

(Ibid., art. 7.)

781. Il ne pourra être établi d'écoles secondaires sans l'autorisation du gouvernement (2). Les écoles secondaires, ainsi que toutes les écoles particulières dont l'enseignement sera supérieur à celui des écoles primaires, seront placées sous la surveillance et l'inspection particulière des préfets.

(Ibid., art 8.)

(1) C'est surtout par rapport à ces sortes d'établissemens que les futures discussions sur l'instruction secondaire seront d'un grand intérêt. C'est là que l'industrie privée réclamera l'application la plus large du principe de la liberté d'enseignement, posé dans la Charte de 1830, et déjà réalisé avec une juste mesure pour l'instruction primaire par la loi du 28 juin 1833. Nous ne voyons pas encore comment le législateur parviendra à concilier en cette matière les droits de la liberté, et les droits non moins sacrés de l'ordre et du bien public. Ce qui nous paraît dès à présent désirable, ce qui nous semble nécessaire sous tous les points de vue, c'est que, en même temps qu'on s'efforce de multiplier les instituteurs primaires, on élève notablement les conditions de capacité moyennant lesquelles il serait permis de former des établissemens d'instruction secondaire; et que, par exemple, on exige de tous les chefs de pareils établissemens, au moins le double diplôme du baccalauréat dans les lettres et du baccalauréat dans les sciences.

(2) On voit que c'est une LOI qui, conformément aux anciennes ordonnances et notamment à celle du mois de décembre 1666, et conformément aussi au principe d'ordre public posé par l'article 291 du code pénal, a défendu toute école non autorisée.

782. Les écoles particulières qui seront érigées en écoles secondaires suivront le mode d'enseignement prescrit pour les écoles secondaires communales, sauf les modifications nécessitées par les localités ou les circonstances, lesquelles modifications seront soumises par le directeur aux sous-préfets, et par ceux-ci aux préfets, qui les transmettront au conseiller d'état directeur de l'instruction publique.

(Arrêté du 19 vendémiaire an XII, 12 octobre 1803, art. 6.)

783. Les chefs d'institution et les maîtres de pension ne pourront exercer sans avoir reçu du grand-maître de l'Université un brevet portant pouvoir de tenir leur établissement.

Ils se conformeront les uns et les autres aux règlemens que le grand-maître leur adressera, après les avoir fait délibérer et arrêter en conseil de l'Université.

(Décret du 17 mars 1808, art. 103.)

784. Sur la proposition des recteurs, l'avis des inspecteurs, et d'après une information faite par les conseils académiques, le grand-maître, après avoir consulté le conseil de l'Université, pourra faire fermer les institutions et pensions où il aura été reconnu des abus graves et des principes contraires à ceux que professe l'Université.

(Ibid., art. 105.)

785. Les institutions placées dans les villes qui n'ont ni lycée ni collége, ne pourront élever l'enseignement au-dessus des classes d'humanités.

Les institutions placées dans les villes qui possèdent un lycée ou un collége ne pourront qu'enseigner les premiers élémens qui ne font point partie de l'instruction donnée dans les lycées ou colléges, et répéter l'enseignement du collége ou lycée pour leurs propres élèves, lesquels seront obligés d'aller au lycée ou collége, et d'en suivre les classes.

Les pensions placées dans les villes où il n'y a ni lycée ni collége, ne pourront élever l'enseignement au-dessus des classes de grammaire et des élémens de l'arithmétique et de la géométrie inclusivement (1). Elles devront envoyer leurs élèves au lycée ou collége.

Dans les villes où il y a lycée ou collége, les élèves des institutions et pensions, au-dessus de l'âge de dix ans, seront conduits par un maître aux classes des lycées ou colléges.

(Décret du 15 novembre 1811, art. 15, 16 et 22.

(1) Cette distinction entre les institutions et les pensions, sous le rapport de l'enseignement, est devenue de plus en plus vaine et sans objet, depuis l'ordonnance de 26 mars 1829, et principalement depuis 1830.

TITRE VII.

786. Nul ne peut établir une institution ou pensionnat, ou devenir chef d'une institution ou pensionnat déjà établi, s'il n'a été examiné et dûment autorisé par le conseil de l'académie, et si cette autorisation n'a été approuvée par le conseil royal de l'instruction publique.

(Ordonnance du 17 février 1815, art. 12.)

787. Les chefs d'institution et maîtres de pension établis dans l'enceinte des villes où il y a des colléges royaux ou des colléges communaux, sont tenus d'envoyer leurs pensionnaires comme externes aux leçons desdits colléges.

(Ordonnance du 17 février 1815, art. 44.)

788. Tout chef d'institution ou maître de pension pourra joindre à l'enseignement ordinaire le genre d'instruction qui convient plus particulièrement aux professions industrielles et manufacturières (1).

Il pourra aussi se borner à cette dernière espèce d'enseignement.

Les élèves qui suivront les cours spécialement destinés aux professions industrielles et manufacturières, seront dispensés de suivre les classes des colléges, soit royaux, soit communaux.

(Ordonnance du 26 mars 1829, art. 19.)

(1) Plusieurs villes ont également attaché à leurs colléges communaux des cours spéciaux que réclamait l'intérêt des professions industrielles et manufacturières. Les pères de famille ont ainsi obtenu plus de facilités pour procurer à leurs enfans le genre d'instruction qu'ils jugent convenable.

TITRE VIII.

DE L'INSTRUCTION PRIMAIRE.

SECTION PREMIÈRE.

DE L'INSTRUCTION PRIMAIRE AVANT LA LOI DU 28 JUIN 1833 (1).

§ I.

DE L'OBJET DE L'ENSEIGNEMENT DANS LES ÉCOLES PRIMAIRES.

789. Les écoles primaires formeront le premier degré d'instruction.

On y enseignera les connaissances rigoureusement nécessaires à tous les citoyens. Les personnes chargées de l'enseignement dans ces écoles s'appelleront instituteurs.

(Décret du 12 décembre 1792.)

790. Les enfans reçoivent dans les premières écoles la première éducation physique, morale, intellectuelle, la plus

---

(1) Une loi, digne de la France et du siècle, règle, depuis près de deux années seulement, tout ce qui concerne cette première instruction, premier besoin d'un peuple civilisé, source première de toute amélioration sociale : le pouvoir et la liberté se sont entendus, et ils ont droit de se dire également satisfaits. Une seule chose manque encore à cette belle œuvre, le temps ; mais les peuples et les bonnes lois ont le temps pour eux ; les principes sont posés, ils produiront leurs fruits. Il nous a paru néanmoins qu'il n'était pas inutile de conserver la trace des longs essais qui ont précédé ce grand bienfait d'une loi définitive. C'est justice envers le passé, qui n'a pas été aussi indifférent et aussi stérile qu'on est quelquefois tenté de le croire : c'est justice aussi envers le présent, dont on appréciera d'autant plus les avantages, qu'on verra mieux combien il a été difficile de les conquérir sur les préjugés, les habitudes, les résistances ou les systèmes de toute espèce.

Une autre raison nous a déterminé à reproduire ici les traits les plus remarquables des différentes législations qui se sont succédé relativement à l'institution royale. Quelque supériorité qu'ait la loi actuelle, cette loi n'a pas dû tout régler ; elle a laissé à l'administration le soin de statuer sur beaucoup de détails d'exécution, et l'on trouvera plus d'une fois, dans cette foule de dispositions émanées de nos divers gouvernemens, des documens utiles et des décisions qui sont encore applicables.

Ajoutons qu'un grand nombre d'instituteurs ont dû leur existence et leurs droits, en cette qualité, aux ordonnances qui ont précédé la loi. Pendant quelque temps encore, il sera nécessaire de connaître ces ordonnances.

Enfin, leurs dispositions continuent jusqu'à présent de régir les écoles de filles, sur lesquelles la loi du 28 juin n'a pas voulu statuer

propre à développer en eux le goût du travail et l'amour de la patrie. Ils apprennent à parler, lire et écrire la langue française. Ils acquièrent quelques notions géographiques de la France. On leur donne les premières notions des objets naturels qui les environnent, et de l'action naturelle des élémens. Ils s'exercent à l'usage des nombres, du compas, du niveau, des poids et mesures, du levier, de la poulie et de la mesure du temps.

(Décret du 21 octobre 1793.)

791. Il sera établi un instituteur de langue française dans chaque commune des campagnes des départemens du Morbihan, du Finistère, des Côtes-du-Nord, et dans la partie de la Loire-Inférieure, dont les habitans parlent l'idiome appelé bas-breton. Il sera procédé à la même nomination d'un instituteur de langue française dans les communes des campagnes des départemens du Haut et Bas-Rhin, dans le département de la Corse, dans la partie du département de la Moselle, du département du Nord et des Basses-Pyrénées, dont les habitans parlent des idiomes étrangers. Ces instituteurs recevront du trésor public un traitement de 1,500 fr. par an (1).

(Décret du 27 janvier 1794.)

792. On enseignera aux élèves à lire et à écrire, les élémens de la langue française, soit parlée, soit écrite; les règles du calcul simple et de l'arpentage; les élémens de la géographie et de l'histoire; des instructions sur les principaux phénomènes, et les productions les plus usuelles de la nature. Les élèves seront instruits dans les exercices les plus propres à maintenir la santé et à développer la force et l'agilité du corps. On les formera, si la localité le comporte, à la natation.

(Décret du 17 novembre 1794, art. 7 et suivans.)

793. Les inspecteurs d'académie veilleront à ce que les maîtres ne portent point leur enseignement au-dessus de la lecture, l'écriture et l'arithmétique (2); à ce qu'ils observent les règlemens établis qui y sont relatifs.

(Décret du 15 novembre 1811, art. 192.)

794. Le système légal (des poids et mesures) continuera à être seul enseigné dans toutes les écoles de notre royaume, y

(1) Cette mesure, d'un si grand intérêt national, n'avait malheureusement reçu aucune exécution. Le conseil de l'Université a établi dans plusieurs collèges communaux des chaires spéciales pour l'enseignement de la langue française; mais des écoles aussi multipliées que les communes mêmes pouvaient seules pourvoir à tous les besoins en ce genre. La loi du 28 juin comblera tous les vœux à cet égard, et l'on ne verra plus la langue française, en même temps qu'elle devient la langue de l'Europe, rester, pour une partie notable de la France même, une langue étrangère et inconnue.

(2) Cette singulière restriction a disparu sans retour, grâce à l'ordonnance royale du

compris les écoles primaires, et à être seul employé dans toutes les administrations publiques, comme aussi dans les marchés, halles, et dans toutes les transactions commerciales et autres, entre nos sujets.

(Décret concernant l'universalité des poids et mesures, du 12 février 1812.)

§ II.

DE L'ÉTABLISSEMENT DES ÉCOLES PRIMAIRES DANS TOUTE LA FRANCE, ET DES CONDITIONS DE CET ÉTABLISSEMENT.

795. Il y aura une école primaire dans tous les lieux qui ont depuis 400 jusqu'à 1,500 individus. Cette école pourra servir pour toutes les habitations moins peuplées, qui ne seront pas éloignées de plus de 1,000 toises.

(Décret du 30 mai 1793.)

796. Les écoles primaires seront distribuées sur le territoire du royaume à raison de la population. En conséquence, il sera établi une école primaire par mille habitans.

Dans les lieux où la population est trop dispersée, il pourra être établi une seconde école primaire, sur la demande motivée de l'administration du district, et d'après un décret de l'assemblée nationale.

(Décret du 27 brumaire an III, 17 novembre 1794, chap. I, art. 2 et 3.)

797. Chaque école primaire sera divisée en deux sections, l'une pour les garçons, l'autre pour les filles. Il y aura en conséquence un instituteur et une institutrice.

(Ibid., art. 7.)

798. Les instituteurs et les institutrices seront examinés, élus et surveillés par un juri d'instruction composé de trois membres désignés par l'administration du district, et pris hors de son sein parmi les pères de famille.

Les nominations des instituteurs et des institutrices élus par le juri d'instruction seront soumises à l'administration du district. Si l'administration refuse de confirmer la nomination faite par le juri, le juri pourra faire un autre choix. Lorsque le juri persistera dans sa nomination, et l'administration dans son refus, elle désignera pour la place vacante la personne qu'elle croira mériter la préférence. Les deux choix seront envoyés au comité de salut public, qui prononcera définitivement entre l'administration et le juri.

(Ibid., chap. II, art. 1; chap. III, art. 2 et 3.)

29 février 1816, et au sentiment toujours plus vif et plus général de la nécessité d'une instruction convenable pour les classes ouvrières. (*Voyez* plus loin l'article 11 de l'ordonnance du 29 février, et surtout la loi du 28 juin 1833.)

799. Les instituteurs et les institutrices des écoles primaires seront tenus d'enseigner à leurs élèves les livres élémentaires composés et publiés par ordre de la convention nationale.
(Ibid., chap. III, art. 7.)

800. La nation accordera aux citoyens qui auront rendu de longs services à leur pays dans la carrière de l'enseignement, une retraite qui mettra leur vieillesse à l'abri du besoin.
(Ibid., art. 10.)

801. Les instituteurs primaires ne pourront être destitués que par le concours des administrations (municipales et départementales), de l'avis d'un juri d'instruction, et après avoir été entendus.
(Loi du 3 brumaire an IV, 25 octobre 1795, art. 4.)

802. Il sera fourni par l'État, à chaque instituteur primaire, un local, tant pour lui servir de logement que pour recevoir les élèves pendant la durée des leçons. Il sera également fourni à chaque instituteur le jardin qui se trouverait attenant à ce local. Lorsque les administrations de département le jugeront convenable, il sera alloué à l'instituteur une somme annuelle pour lui tenir lieu du logement et du jardin susdits.
(Ibid., art. 6.)

803. Ils pourront, ainsi que les professeurs des écoles centrales et spéciales, cumuler traitemens et pensions.
(Ibid., art. 7.)

804. Les instituteurs primaires recevront de chacun de leurs élèves une rétribution annuelle, qui sera fixée par l'administration de département.

L'administration municipale pourra excepter de cette rétribution un quart des élèves de chaque école primaire pour cause d'indigence.
(Ibid., art. 8 et 9.)

805. Les administrations municipales surveilleront immédiatement les écoles primaires, et y maintiendront l'exécution des lois et des arrêtés des administrations supérieures.
(Ibid., art. 12.)

806. Une école primaire pourra appartenir à plusieurs communes à la fois, suivant la population et les localités de ces communes.
(Loi du 11 floréal an X, 1er. mai 1802, art. 2.)

807. Les instituteurs seront choisis par les maires et les conseils municipaux. Leur traitement se composera, 1°. du logement fourni par les communes; 2°. d'une rétribution fournie par les parens et déterminée par les conseils municipaux.

Les conseils municipaux exempteront de la rétribution ceux des parens qui seront hors d'état de la payer. Cette exemption ne pourra néanmoins excéder le cinquième des enfans reçus dans les écoles primaires.

(Ibid., art. 3 et 4.)

808. Les sous-préfets seront spécialement chargés de l'organisation des écoles primaires : ils rendront compte de leur état, une fois par mois, aux préfets.

(Ibid., art. 5.)

809. Toute commune sera tenue de pourvoir à ce que les enfans qui l'habitent reçoivent l'instruction primaire, et à ce que les enfans indigens la reçoivent gratuitement (1).

(Ordonnance du 29 février 1816, art. 14.)

810. Deux ou plusieurs communes voisines pourront, quand les localités le permettront, et avec l'autorisation du comité cantonnal, se réunir pour entretenir une école en commun. Les communes pourront aussi traiter avec les instituteurs volontaires établis dans leur enceinte, pour que les enfans indigens suivent gratuitement l'école.

(Ibid., art. 15.)

811. Les communes pourront traiter également avec les maîtres d'école pour fixer le montant des rétributions qui leur seront payées par les parens qui demanderont que leurs enfans soient admis à l'école. Dans ce cas, le conseil municipal fixera le montant de la rétribution à payer par les parens, et arrêtera le tableau des indigens dispensés de payer.

(Ibid., art. 16.)

812. Le maire fera dresser, dans chaque commune, et arrêtera le tableau des enfans qui, ne recevant point ou n'ayant pas reçu à domicile l'instruction primaire, devront être appelés aux écoles publiques, d'après la demande de leurs parens.

(Ibid., art. 17.)

(1) On voit que l'ordonnance améliorait beaucoup à cet égard la législation précédente, et ne laissait plus de raison ni d'excuse pour le défaut d'instruction même des enfans les plus pauvres. D'après la loi de 1802, l'instituteur communal était tenu de recevoir gratuitement les enfans indigens, jusqu'à concurrence du cinquième de ses élèves ; et au delà de ce nombre, rien n'obligeait ni l'instituteur, ni la commune à se charger des frais d'instruction. Aujourd'hui tous les indigens doivent recevoir l'instruction élémentaire aux frais de la commune à laquelle ils appartiennent, sauf à cette commune à traiter à cet effet, soit avec l'instituteur communal, soit avec les autres instituteurs établis, ou dans son sein, ou dans une commune voisine. (Note de la première édition.)

Il n'est pas besoin de dire que nous verrons tout à l'heure la loi du 28 juin aussi prévoyante et aussi libérale que l'ordonnance.

§ III.

DES DIVERSES SORTES D'INSTITUTEURS, DES CLASSES NORMALES PRIMAIRES, DES COMITÉS CANTONNAUX, ET DES AUTRES MOYENS DE SURVEILLANCE ET DE PERFECTIONNEMENT.

813. Il sera pris par l'Université des mesures pour que l'art d'enseigner à lire, à écrire, et les premières notions du calcul, dans les écoles primaires, ne soit exercé désormais que par des maîtres assez éclairés pour communiquer facilement et sûrement ces premières connaissances nécessaires à tous les hommes.

A cet effet, il sera établi auprès de chaque académie, et dans l'intérieur des collèges ou des lycées, une ou plusieurs classes normales (1) destinées à former des maîtres pour les écoles primaires. On y exposera les méthodes les plus propres à perfectionner l'art de montrer à lire, à écrire et à chiffrer.

(Décret du 17 mars 1808, art. 107 et 108.)

814. Le grand-maître de l'Université rendra compte à notre ministre de l'intérieur, qui nous en fera un rapport, des mesures pour l'exécution des art. 107 et 108 des statuts de l'Université royale du 17 mars 1808, en ce qui concerne l'instruction primaire, et des résultats obtenus.

Notre ministre de l'intérieur nous soumettra aussi un rapport relatif au mode particulier de surveillance que l'Université pourra exercer sur les maîtres d'école et sur les instituteurs des écoles primaires. Ce rapport devra proposer les moyens d'accorder, avec la surveillance de l'Université, l'autorité que doivent conserver les préfets, les sous-préfets et les maires, sur les maîtres et instituteurs des petites écoles.

(Décret du 15 novembre 1811, art. 190.)

815. Jusqu'à ce qu'il ait été par nous ultérieurement statué sur les moyens d'assurer et d'améliorer l'instruction primaire dans toute l'étendue de notre empire, les préfets, sous-préfets et maires continueront à exercer leur surveillance sur les écoles, et devront adresser leurs rapports à l'autorité supérieure. Néanmoins le grand-maître continuera d'instituer les maîtres.

(Ibid., art. 191 et 192.)

(1) les premières écoles normales ont été établies dans les académies de Strasbourg, de Metz et de Nanci. Il y en a aujourd'hui 66 en activité; tout l'avenir de l'instruction primaire est dans ces écoles. Plusieurs ont déjà montré tout ce qu'on a droit d'en attendre. Nous citerons en première ligne celles de Dijon et de Versailles.

816. Il sera formé dans chaque canton, par les soins de nos préfets, un comité gratuit et de charité, pour surveiller et encourager l'instruction primaire.

(Ordonnance du 28 février 1816 (1), art. 1ᵉʳ.)

Seront membres nécessaires de ce comité le curé cantonnal, le juge de paix, le principal du collége, s'il y en a un dans le canton.

Les autres membres, au nombre de trois ou quatre au plus (2), seront choisis par le recteur de l'académie, d'après les indications du sous-préfet et des inspecteurs d'académie. Leur nomination sera approuvée par le préfet.

Les membres du conseil prendront rang entre eux d'après l'ordre d'ancienneté de nomination ; ceux qui seraient nommés le même jour prendront rang d'après leur âge ; le curé cantonnal présidera.

Le sous-préfet et le procureur du roi seront membres de tous les comités cantonnaux de leur arrondissement, et y prendront les premières places, toutes les fois qu'ils voudront y assister. Dans les villes composées de plusieurs cantons, les comités cantonnaux, sur la demande du recteur, pourront se réunir pour concerter ensemble des mesures uniformes.

(Ibid., art. 2, 3, 4 et 5.)

817. Dans les cantons où l'un des deux cultes protestans est

---

(1) C'est à l'occasion de cette belle et sage ordonnance qu'un journal anglais, *the Times*, faisait cet aveu remarquable : « Ce n'est pas sans quelque honte que nous » observons que la France est aujourd'hui mieux pourvue de moyens d'éducation qu'au- » cune partie du royaume-uni, l'Ecosse exceptée. » (*Moniteur* du 16 mars 1816, article *Londres*.)

Cette ordonnance avait été l'un des heureux résultats de l'inspection extraordinaire que M. de Fontanes avait fait faire dans la Hollande, et qu'il avait confiée à MM. Cuvier et Noel. Les motifs furent dignes de la sagesse et de la bonté royale.

« Louis, etc., Nous étant fait rendre compte de l'état actuel de l'instruction du peuple des villes et des campagnes dans notre royaume, nous avons reconnu qu'il manque dans les unes et dans les autres un très-grand nombre d'écoles, et que les écoles existantes sont susceptibles d'importantes améliorations. Persuadé qu'un des plus grands avantages que nous puissions procurer à nos sujets est une instruction convenable à leurs conditions respectives ; que cette instruction, surtout lorsqu'elle est fondée sur les véritables principes de la religion et de la morale, est non-seulement une des sources les plus fécondes de la prospérité publique, mais qu'elle contribue au bon ordre de la société, prépare l'obéissance aux lois et l'accomplissement de tous les genres de devoirs ; voulant d'ailleurs seconder, autant qu'il est en notre pouvoir, le zèle que montrent des personnes bienfaisantes pour une aussi utile entreprise, et régulariser par une surveillance convenable les efforts qui seraient tentés pour atteindre un but si désirable, nous nous sommes fait représenter les règlemens anciens, et nous avons vu qu'ils se bornaient à annoncer des dispositions subséquentes, qui jusqu'à ce jour n'ont point été mises en vigueur.

» Vu le mémoire de notre commission de l'instruction publique, et sa délibération en date du 7 novembre dernier ;

» Notre conseil d'état entendu, etc. »

(2) Voyez ci-après l'ordonnance du 2 août 1820, qui a modifié cette disposition. Voyez surtout la loi du 28 juin 1833.

professé, il sera formé un comité semblable pour veiller à l'éducation des enfans de ces communions. Les autorités civiles exerceront sur ces comités la même autorité et la même surveillance que sur les comités formés pour l'éducation des enfans catholiques.

(Ibid., art. 6.)

818. Le comité cantonnal veillera au maintien de l'ordre, des mœurs et de l'enseignement religieux, à l'observation des règlemens et à la réforme des abus dans toutes les écoles du canton. Il sollicitera, près du préfet et de toute autre autorité compétente, les mesures convenables, soit pour l'entretien des écoles, soit pour l'ordre et la discipline.

Il est spécialement chargé d'employer tous ses soins pour faire établir des écoles dans les lieux où il n'y en a point.

(Ibid., art. 7.)

Des surveillans spéciaux.

819. Chaque école aura pour surveillans spéciaux le curé ou desservant de la paroisse, et le maire de la commune où elle est située (1).

Le comité cantonnal pourra adjoindre au curé et au maire, comme surveillant spécial, l'un des notables de la commune, choisi de préférence parmi les bienfaiteurs de l'école.

Dans les communes où les enfans de différentes religions ont des écoles séparées, le pasteur protestant sera surveillant spécial des écoles de son culte.

Les surveillans spéciaux visiteront, au moins une fois par mois, l'école primaire qui sera sous leur inspection, feront faire les exercices sous leurs yeux, et en rendront compte au comité cantonnal.

(Ibid., art. 8 et 9.)

Des brevets de capacité.

820. Tout particulier qui désirera se vouer aux fonctions d'instituteur primaire, devra présenter au recteur de son académie un certificat de bonne conduite des curés et maires de la commune ou des communes où il aura habité depuis trois ans au moins. Il sera ensuite examiné par un inspecteur d'acadé-

---

(1) On a vu que l'article 11 de la loi du 3 brumaire an IV donnait cette surveillance aux seules administrations municipales. « Les administrations municipales surveilleront
» immédiatement les écoles primaires, et y maintiendront l'exécution des lois et des
» arrêtés des administrations supérieures. »

Le concours légal et régulier des deux autorités est assurément ce qu'il y a de plus efficace pour le bien.

C'est aussi ce qu'a pensé et ce qu'a obtenu, en 1833, l'habile et sage ministre qui a proposé la loi du 28 juin.

mie, ou par tel autre fonctionnaire de l'instruction publique que le recteur désignera, et recevra, s'il en est trouvé digne, un brevet de capacité du recteur.

(Ibid., art. 10.)

821. Les brevets de capacité seront de trois degrés.

Le troisième degré, ou le degré inférieur, sera accordé à ceux qui savent suffisamment lire, écrire et chiffrer, pour en donner des leçons.

Le deuxième degré, à ceux qui possèdent bien l'orthographe, la calligraphie et le calcul, et qui sont en état de donner un enseignement simultané, analogue à celui des frères des écoles chrétiennes.

Le premier degré, ou supérieur, à ceux qui possèdent par principes la grammaire française et l'arithmétique, et sont en état de donner des notions de géographie, d'arpentage et des autres connaissances utiles dans l'enseignement primaire (1).

(Ibid., art. 11.)

822. Chaque recteur fixera, pour son académie, une époque passé laquelle il ne sera plus délivré de brevets de premier degré qu'à ceux qui, outre l'instruction requise, posséderont les meilleures méthodes d'enseignement primaire.

(Ibid., art. 12.)

De l'autorisation spéciale.

823. Pour avoir le droit d'exercer, il faut, outre le brevet général de capacité, une autorisation spéciale du recteur pour un lieu déterminé. Cette autorisation spéciale devra être agréée par le préfet.

(Ibid., art. 13.)

824. Toute personne ou association qui aurait fondé une école, ou qui l'entretiendrait par charité, pourra présenter l'instituteur : pourvu qu'il soit muni d'un certificat de capacité, et que le comité cantonnal n'ait rien à objecter sur sa conduite, il recevra l'autorisation du recteur. Celui qui aura fondé une école, soit par donation, soit par testament, pourra réserver à ses héritiers ou successeurs, dans l'ordre qu'il désignera, le droit de présenter l'instituteur.

Les personnes ou associations, et les bureaux de charité qui auraient fondé et entretiendraient des écoles gratuites, pourront aussi se réserver, ou à leurs successeurs, l'administration

---

(1) Le conseil royal a fait dresser des formules d'examen pour les diverses sortes de brevets : elles seront imprimées dans la seconde partie du Code, au titre de l'instruction primaire.

économique de ces écoles, et donneront leur avis au comité de surveillance, sur ce qui concerne leur régime intérieur.

(Ibid., art. 18 et 19.)

825. Les maîtres des écoles fondées ou entretenues par les communes, seront présentés par le maire et par le curé ou desservant, à charge par eux de choisir un individu muni d'un certificat de capacité, et dont la conduite soit sans reproche.

Si le maire et le curé ou desservant ne s'accordent pas sur le choix, le comité cantonnal examinera les sujets présentés par chacun d'eux, et donnera son avis au recteur sur celui qui mérite la préférence (1).

(Ibid., art. 20 et 21.)

826. Les communes et les fondateurs particuliers pourront donner les places d'instituteurs au concours, et établir la nécessité de ce mode, ainsi que les formalités à y observer.

En ce cas, les concurrens devront d'abord justifier de leurs certificats de capacité et de bonne conduite, et celui qui, par le résultat du concours, aura été jugé le plus digne, sera présenté.

(Ibid., art. 20... 22.)

827. Toute présentation d'instituteur sera adressée au comité cantonnal, qui la transmettra, avec son avis, au recteur de l'académie, lequel donnera l'autorisation nécessaire.

(Ibid., art. 23.)

828. Lorsqu'un individu, muni de brevet de capacité, désirera s'établir librement dans une commune, à l'effet d'y tenir école, il s'adressera au comité cantonnal et lui présentera, outre son brevet de capacité, des certificats qui attestent sa bonne conduite depuis qu'il l'a obtenu.

Le comité examinera si cette commune n'est point déjà suffisamment pourvue d'instituteurs (2), et donnera son avis au recteur, comme dans le cas de l'article précédent.

(Ibid., art. 24.)

(1) On voit qu'en 1816, comme en 1794, on avait reconnu la nécessité d'une autorité supérieure qui décidât entre deux présentations. Il y a peut-être sur ce point une lacune à remplir dans la loi du 28 juin. En attendant que le législateur juge à propos d'y pourvoir, la disposition que nous venons de rapporter et celle que nous avons tirée du décret du 27 brumaire an III (pag. 215), peuvent servir de précédens, et fournir des solutions pour les difficultés du même genre qui s'élèvent sous le régime actuel.

(2) Cette disposition ne s'appliquait point au cas où la nouvelle école qu'il s'agissait d'établir était une école gratuite. Il faut dire maintenant que cette disposition, qui n'a pas laissé que d'être utile en plusieurs circonstances pour maintenir l'ordre dans des communes d'une médiocre population, est tout-à-fait anéantie par la loi de 1833; elle n'a point paru compatible avec le principe de libre concurrence.

Des cas de révocation et de suspension.

829. Sur le rapport motivé des surveillans spéciaux, et l'avis du comité cantonnal, le recteur peut révoquer l'autorisation donnée, pour un lieu déterminé, à un instituteur.

Le comité cantonnal peut aussi provoquer d'office cette révocation de la part du recteur.

S'il y a urgence, et dans le cas de scandale, le comité cantonnal a le droit de suspension.

Le recteur peut même retirer le brevet de capacité à un instituteur.

(Ibid., art. 25... 28.)

Des visites des recteurs et des inspecteurs.

830. Le recteur et les inspecteurs d'académie, dans leurs tournées, donneront la plus grande attention à l'instruction primaire. Ils réuniront les comités cantonnaux, et se feront rendre compte des progrès de cette instruction; ils visiteront les écoles autant qu'il leur sera possible.

(Ibid., art. 29.)

Des bases de l'instruction et des réglemens généraux.

831. La commission de l'instruction publique veillera avec soin à ce que, dans toutes les écoles, l'instruction primaire soit fondée sur la religion, le respect pour les lois et l'amour dû au souverain. Elle fera les règlemens généraux sur l'instruction primaire, et indiquera les méthodes à suivre dans cette instruction, et les ouvrages dont les maîtres devront faire usage.

Les personnes ou les associations qui entretiendront à leurs frais des écoles, ne pourront y établir des méthodes et des règlemens particuliers.

(Ibid., art. 30 et 31.)

Séparation des garçons et des filles.

832. Les garçons et les filles ne pourront jamais être réunis pour recevoir l'enseignement.

(Ibid., art. 32.)

Rapports annuels à faire par les recteurs.

833. Au mois de juillet de chaque année, le recteur enverra à la commission de l'instruction publique le tableau général des communes et des instituteurs primaires de son académie, avec

des notes suffisantes pour que l'on puisse apprécier l'état de cette partie de l'instruction (1).

(Ibid., art. 33.)

Exemption de toutes contributions envers l'Université.

834. Les élèves et les maîtres des écoles primaires sont exempts de tous droits et contributions envers l'administration de l'instruction publique.

(Ibid., art. 34.)

Fonds annuels de secours et d'encouragement.

835. Il sera fait annuellement, par notre trésor royal, un fonds de 50,000 fr. pour être employé par la commission d'instruction publique, soit à faire composer ou imprimer des ouvrages propres à l'instruction populaire, soit à établir temporairement des écoles-modèles dans les pays où les bonnes méthodes n'ont point encore pénétré, soit à récompenser les

(1) Au moyen de ces tableaux envoyés par les recteurs, on avait pu déterminer à différentes époques, de trois ans en trois ans, quel était approximativement, dans chaque académie, le rapport du nombre des élèves primaires à la population totale. Voici le résultat de ces recherches depuis 1817 jusqu'en 1823.

ACADÉMIES.	en 1817.	en 1820.	en 1823.
Aix,	le 50e.	le 43e.	le 40e.
Amiens,	18e.	12e.	11e.
Angers,	110e.	74e.	58e.
Besançon,	15e.	11e.	10e.
Bordeaux,	66e.	69e.	69e.
Bourges,	26e.	68e.	51e.
Caen,	145e.	32e.	27e.
Cahors,	45e.	47e.	46e.
Clermont,	90e.	189e.	187e.
Dijon,	117e.	15e.	13.
Douai,	18e.	17e.	14e.
Grenoble,	158e.	80e.	52e.
Limoges,	91e.	92e.	93e.
Lyon,	113e.	45e.	27e.
Metz,	14e.	11e.	10e.
Montpellier,	42e.	46e.	39e.
Nanci,	17e.	15e.	11e.
Nîmes,	56e.	33e.	28e.
Orléans,	95e.	128e.	42e.
Paris,	23e.	18e.	15e
Pau,	27e.	18e.	23e.
Poitiers,	65e.	39e.	38e.
Rennes,	567e.	150e.	115e.
Rouen,	30e.	24e.	20e.
Strasbourg,	14e.	12e.	9e.
Toulouse,	75e	69e	52e.

A partir de 1824, il n'a plus été possible d'obtenir des renseignemens complets et certains sur l'état ni sur la population des écoles (note de 1828). L'ordonnance du 21 avril 1828, celle du 15 février 1830, et par-dessus tout la loi de 1833, ont redonné à l'instruction primaire une impulsion qui ne craint plus d'être arrêtée. Les proportions dont le tableau précède sont devenues tout autrement satisfaisantes (voir l'appendice).

maîtres qui se sont le plus distingués par l'emploi de ces méthodes (1).

(Ibid., art. 35.)

Des associations religieuses ou charitables.

836. Toute association religieuse ou charitable, telle que celle des écoles chrétiennes, pourra être admise à fournir, à des conditions convenues, des maîtres aux communes qui en demanderont, pourvu que cette association soit autorisée par nous, et que ses règlemens et les méthodes qu'elle emploie aient été approuvés par notre commission de l'instruction publique.

Ces associations, et spécialement leurs noviciats, pourront être soutenus, au besoin, soit par les départemens où il serait jugé nécessaire d'en établir, soit sur les fonds de l'instruction publique.

Les écoles pourvues de maîtres pour ces sortes d'associations, resteront soumises comme les autres à la surveillance des autorités établies par la présente ordonnance.

(Ibid., art. 36... 38.)

837. Dans les grandes communes, on favorisera, autant qu'il sera possible, les réunions de plusieurs classes sous un seul maître et plusieurs adjoints, afin de former un certain nombre de jeunes gens dans l'art d'enseigner.

(Ibid., art. 39.)

Nouvelles dispositions concernant les comités cantonnaux.

838. Les recteurs se concerteront avec les préfets pour porter chacun de ces comités au nombre de membres proportionné à la population du canton, ainsi qu'au nombre et à l'importance des écoles qui y sont établies. Toutefois ce nombre ne pourra être porté au delà de douze.

Lorsque le sous-préfet ou le procureur du roi assiste aux séances des comités de son arrondissement, il en prend la présidence ; en cas de concurrence, la présidence est dévolue au sous-préfet.

A Paris, les maires jouissent à cet égard de la prérogative des sous-préfets.

---

(1) Ce fonds a été successivement augmenté par les lois de finances, et porté :

pour	1829,	à	100,000 fr.;
pour	1830,	à	300,000.
pour	1831,	à	700,000.
pour	1832,	à	1,000,000.
pour	1833,	à	1,500,000.
pour	1834,	à	1,500,000.
pour	1835,	à	1,600,000.

Aussi un grand nombre de maisons d'écoles ont été agrandies, réparées ou construites sur tous les points du royaume ; des milliers de livres élémentaires ont été distribués chaque année aux enfans indigens ; les écoles normales primaires se sont multipliées.

En l'absence du président de droit, le comité est présidé par celui des membres présens qui est placé le premier sur le tableau.

(Ordonnance du 1er. août 1820 (1), art. 1er... 4.)

Chaque comité choisit un secrétaire, pris parmi ses membres, dont les fonctions sont incompatibles avec celles de président. En son absence, il est remplacé par le plus jeune des membres présens.

Ce comité tient une séance par mois, à la fin de laquelle il fixe et indique à son procès-verbal l'époque de la session du mois suivant, ou d'une séance plus rapprochée, s'il le juge nécessaire.

La séance ainsi indiquée a lieu sans qu'une convocation spéciale soit nécessaire.

Le curé cantonnal, président, ou, à son défaut, le juge de paix, et le membre inscrit après eux, ont le droit de convoquer des séances extraordinaires, lorsqu'une circonstance imprévue les rend nécessaires.

Ce droit appartient également au sous-préfet et au procureur du roi, et aux inspecteurs d'académie en tournée.

Le préfet et le recteur peuvent aussi ordonner à un comité de se réunir extrordinairement pour délibérer sur un objet déterminé. L'un et l'autre doivent veiller à ce que les séances ordinaires se tiennent exactement.

Une séance extraordinaire doit être indiquée par billet à domicile.

Dans une séance extraordinaire, précédemment indiquée au procès-verbal, ou dans une séance indiquée ou prescrite par l'un des fonctionnaires désignés ci-dessus, et notifiée à domicile, il suffit de la présence de trois membres pour qu'une délibération soit valable.

Tout membre d'un comité, qui, sans avoir justifié d'une excuse valable, n'aura point paru aux séances pendant un an, sera censé avoir donné sa démission, et remplacé dans les formes ordinaires.

(Ibid., art. 5... 13.)

839. **Tous les ans**, à l'époque où les recteurs s'occupent du

---

(1) Louis, etc. Sur le compte qui nous a été rendu des avantages qui sont résultés pour l'instruction du peuple de notre royaume des dispositions prescrites par notre ordonnance du 29 février 1816, et notamment de la surveillance qui est exercée sur les écoles primaires par les comités gratuits et de charité établis dans chaque canton;

Considérant qu'il importe d'encourager le zèle de ces comités, et de faciliter la réunion des membres qui le composent;

Sur le rapport, etc., notre conseil d'état entendu, nous avons ordonné et ordonnons ce qui suit.

tableau des instituteurs de leur académie, prescrit par l'art. 33 de l'ordonnance du 29 février, ils s'occuperont aussi de vérifier l'état des comités cantonnaux, de compléter ceux où il y aurait des vacances, et de renouveler ceux qui n'auraient pas rempli les fonctions qui leur sont confiées, sans préjudice des remplacemens qui pourront avoir lieu dans le cours de l'année.

(Ibid., art. 14.)

Communication des registres.

840. La communication des registres des comités ne peut être refusée aux fonctionnaires qui ont droit de les convoquer.

(Ibid., art. 15.)

Maîtres présentés par des fondateurs d'écoles.

841. Pour jouir du droit accordé, par l'art. 18 de l'ordonnance du 29 février, aux personnes et aux associations qui auront fondé des écoles, d'en présenter les maîtres, il sera nécessaire que ces personnes ou associations contractent l'engagement d'entretenir l'école au moins pendant cinq ans.

(Ibid., art. 16.)

Révocation des instituteurs.

842. Le droit de révoquer un instituteur légalement établi, n'appartient qu'au recteur, lequel est tenu d'observer les formes prescrites par les art. 25 et 26 de notre ordonnance du 29 février.

(Ibid., art. 17.)

843. L'établissement d'une école normale d'instituteurs primaires, dirigée par les frères des écoles chrétiennes, est autorisé dans la ville de Rouen, département de la Seine-Inférieure.

Les bâtimens de l'ancien couvent de Saint-Lô, où était établie la maison d'arrêt de la ville et de l'arrondissement de Rouen, sont mis à la disposition de la congrégation des frères de la doctrine chrétienne, pour y loger ceux de ses membres employés à l'instruction primaire, y former un noviciat, si elle le juge à propos, et y établir ladite école normale : le tout suivant les réserves et aux conditions contenues dans l'arrêté du préfet de la Seine-Inférieure précité, lequel est approuvé dans son entier, et restera annexé à la présente ordonnance.

(Ordonnance du 26 novembre 1823 (1).)

(1) LOUIS, etc. Vu les délibérations du conseil général de la Seine-Inférieure, relatives au projet d'établir dans l'ancien couvent de Saint-Lô une école spéciale destinée à former de jeunes instituteurs laïques pour les campagnes, et dirigée par les frères des écoles chrétiennes ; vu les déclarations du supérieur général de ladite congrégation, pour laquelle il accepte les propositions qui lui ont été faites par le préfet de la Seine-Inférieure ; vu l'avis du préfet du 31 juillet 1823, et celui du grand-maître de l'Université; notre conseil d'état entendu, nous avons ordonné, etc.

Nouvelles dispositions concernant l'autorisation des instituteurs primaires catholiques (1).

844. Ceux qui se destineront aux fonctions de maîtres de ces écoles seront examinés par ordre des recteurs des académies, et recevront d'eux, s'ils en sont jugés dignes, des brevets de capacité du premier, du deuxième ou du troisième degré.

(Ordonnance du 8 avril 1824, art. 7.)

845. Pour les écoles dotées, soit par les communes, soit par les associations, et dans lesquelles seront admis cinquante élèves gratuits, l'autorisation spéciale d'examen sera délivrée aux candidats munis de brevets, par un comité dont l'évêque diocésain ou l'un de ses délégués sera président.

Le maire de la commune sera membre nécessaire de ce comité, qui se composera en outre de quatre notables, moitié laïques, moitié ecclésiastiques ; les premiers à la nomination du préfet, et les seconds à la nomination de l'évêque.

Le comité surveillera ou fera surveiller ces écoles ; il pourra révoquer l'autorisation spéciale des instituteurs qui, pour des fautes graves, s'en seraient rendus indignes. Le recteur de l'académie pourra aussi, en connaissance de cause, retirer le brevet de capacité.

(Ibid., art. 8, 9 et 10.)

846. Pour les écoles qui ne sont pas comprises dans l'art. 8, l'autorisation spéciale d'exercer sera délivrée par l'évêque diocésain aux candidats munis de brevets. Il surveillera ou fera surveiller ces écoles ; il pourra révoquer les autorisations spéciales pour les motifs prévus dans l'article précédent. Le recteur exercera les attributions qui lui sont données par le même article.

(Ibid., art. 11.)

847. Les frères des écoles chrétiennes de Saint-Yon et des autres congrégations régulièrement formées conserveront leur régime actuel. Ils pourront être appelés par les évêques diocé-

---

(1) L'ordonnance qui contient ces nouvelles dispositions, et qui date de la dernière année du règne de Louis XVIII, avait, par la plus étrange des méprises, anéanti pour les écoles catholiques, et maintenu pour les seules écoles protestantes et israélites, les heureux fruits que devait produire pour toutes les écoles primaires l'ordonnance rendue par le même prince huit ans auparavant.

Après quatre années de résultats plus ou moins funestes dans le plus grand nombre des départemens, une réclamation générale s'est élevée. Un membre de la chambre des députés est monté à la tribune dans le comité secret du 11 mars, et a lu le projet de résolution suivant : Le roi sera supplié, par une humble adresse, d'abroger l'ordonnance du 8 avril 1824, concernant l'instruction primaire. Il est juste de dire que le gouvernement s'était déjà occupé de cette question, et sans doute les vœux de la France sur ce point ne tarderont pas à être exaucés (note de la première édition). Ils l'ont été en effet par l'ordonnance du 21 avril 1828 (voir cette ordonnance, pages 227 et suivantes).

sains dans les communes qui feront les frais de leur établissement.
(Ibid., art. 12.)

848. Les écoles primaires protestantes continueront d'être organisées conformément à l'ordonnance du 29 février 1816 (1).

Les membres des comités chargés de les surveiller seront choisis parmi les notables de leur communion. Cependant le proviseur ou le principal du collége le plus voisin, ou, à son défaut, un délégué du recteur, en fera nécessairement partie.
(Ibid., art. 13 et 14.)

Ordonnance qui replace l'instruction primaire sous la direction de l'Université. (2)

849. Les ordonnances du 29 février 1816 et du 2 août 1820, concernant l'instruction primaire, seront exécutées dans tout le royaume, sauf les modifications qui suivent en ce qui concerne les écoles catholiques.
(Ordonnance du 21 avril 1828, art. 1er.)

Organisation des comités.

850. Il sera formé dans chaque arrondissement de sous-préfecture un comité gratuit pour surveiller et encourager l'instruction primaire.

Néanmoins notre ministre de l'instruction publique pourra, suivant la population et les besoins des localités, établir dans le même arrondissement plusieurs comités dont il déterminera la circonscription.
(Ibid., art. 2.)

851. Chaque comité sera composé de neuf membres, savoir :

Un délégué de l'évêque diocésain, ou, à son défaut, le curé de la ville dans laquelle le comité tiendra ses séances ; et si dans cette ville il y avait plusieurs curés, le plus ancien d'entre eux ; le maire de la ville, le juge de paix de la ville, ou si dans cette ville il y avait plusieurs juges de paix, le plus ancien d'entre eux ; et six notables, dont deux à la nomination de l'évêque,

---

(1) L'ordonnance du 2 août 1820, destinée à remédier à plusieurs inconvéniens qui s'étaient rencontrés dans l'exécution de celle du 29 février 1816, relativement aux assemblées des comités cantonnaux, n'avait pas cessé non plus de régir les écoles protestantes et israélites.

(2) CHARLES... Vu la loi du 10 mai 1806, qui établit sous le nom d'*Université* un corps chargé exclusivement de l'enseignement et de l'éducation publique dans le royaume ; vu les décrets du 17 mars 1808, et du 15 novembre 1811, les ordonnances du 29 février 1826, du 2 août 1820 et du 8 avril 1824 ; vu le mémoire de notre conseil royal de l'instruction publique ;... considérant que la direction et la surveillance de l'enseignement primaire doivent être soumises à des règles qui concilient les droits de l'autorité civile avec les intérêts de la religion, et qui favorisent le perfectionnement de l'instruction ; nous avons ordonné et ordonnons, etc.

deux à la nomination du préfet, et deux à la nomination du recteur.

Le comité pourra délibérer au nombre de cinq membres.

Le comité sera présidé par le délégué de l'évêque ou par le curé. A défaut de l'un et de l'autre, il sera présidé par celui des membres qui sera le premier inscrit sur le tableau.

A Paris, il y aura un comité par arrondissement municipal.

Chacun de ces comités sera composé ainsi qu'il est prescrit par l'article précédent.

Les six notables faisant partie des comités seront renouvelés par moitié tous les ans. Ils pourront être renommés.

Les comités se réuniront au moins une fois par mois, à un jour déterminé, et plus souvent, s'il est nécessaire.

Ils pourront tenir leurs séances dans une salle de la maison commune.

(Ibid., art. 3... 6.)

852. Le comité désignera un ou plusieurs inspecteurs gratuits, qu'il chargera de surveiller l'instruction primaire et de lui faire connaître les résultats de cette surveillance.

(Ibid., art. 7.)

853. Le comité nommera dans son sein un secrétaire qui tiendra registre des délibérations.

Le président correspondra, au nom du comité, avec le recteur de l'académie. Il lui rendra compte de toutes les décisions du comité et des résultats de sa surveillance.

Chaque année, au mois de mai, le président fera connaître au recteur, par un compte ou tableau particulier, la situation de l'instruction primaire dans chacune des communes comprises dans la circonscription du comité.

(Ibid., art. 8.)

Délivrance des brevets de capacité.

854. Les brevets de capacité continueront d'être délivrés par les recteurs.

Pour être admis à subir l'examen qui, aux termes de l'art. 10 de l'ordonnance du 29 février 1816, doit précéder la délivrance desdits brevets, l'aspirant devra présenter au recteur de l'académie ou à l'examinateur délégué par le recteur, outre le certificat de bonnes vie et mœurs exigé par ledit article, un certificat d'instruction religieuse, délivré par un délégué de l'évêque, ou, à son défaut, par le curé de la paroisse de l'aspirant.

(Ibid., art. 9.)

855. A l'égard des frères des écoles chrétiennes et des membres de toute autre association charitable, légalement autorisée pour

former ou pour fournir des instituteurs primaires, le recteur remettra à chacun d'eux un brevet de capacité sur le vu de l'obédience délivrée par le supérieur ou le directeur général de ladite association, conformément à ce qui est prescrit par les ordonnances du 1er. mai 1822, du 11 juin, du 17 septembre et du 3 décembre 1323 (1).

Le recteur délivrera pareillement à chaque frère l'autorisation d'exercer dans le cas prévu par l'art. 12 de l'ordonnance du 8 avril 1824.

(Ibid., art. 10.)

Délivrance des autorisations.

856. Toute demande à fin d'obtenir l'autorisation spéciale d'exercer les fonctions d'instituteur primaire dans une commune sera soumise au comité dans la circonscription duquel se trouve cette commune.

Le comité recueillera les renseignemens nécessaires sur sa conduite religieuse et morale, depuis l'époque où il aura obtenu le brevet de capacité.

Il donnera son avis motivé, et le transmettra au recteur, qui accordera ou refusera l'autorisation.

Les mêmes formes seront suivies dans le cas des articles 18 et suivans de l'ordonnance du 29 février 1816, qui accordent le droit de présentation aux fondateurs, associations ou communes fondatrices d'écoles.

(Ibid., art. 11.)

Permissions de tenir des pensionnats.

857. Nul instituteur primaire ne peut recevoir d'élèves pensionnaires sans en avoir obtenu la permission de notre conseil royal de l'instruction publique.

Cette permission sera donnée après avoir consulté le recteur de l'académie, et à la charge par l'instituteur de se renfermer strictement dans les limites que lui assigne son brevet de capacité.

(Ibid., art. 12.)

Cas où il se présente des élèves de différens cultes.

858. Les instituteurs primaires ne pourront recevoir des élèves de différentes religions sans en avoir obtenu la permission de notre conseil royal de l'instruction publique, qui statuera,

---

(1) On avait cru rendre service aux frères des écoles chrétiennes, en les dispensant de l'examen imposé aux autres candidats. Ils ont prouvé qu'en général ils étaient en état de subir ces épreuves, et toute mesure exceptionnelle a cessé pour eux. Ils n'en ont acquis que plus de considération et d'autorité. Leur instruction personnelle et leur enseignement public les mettent au moins de niveau avec tous les autres instituteurs.

après avoir consulté le recteur de l'académie, et prescrira en même temps les mesures convenables.

(Ibid., art. 13.)

859. Dans les cas prévus par les deux articles précédens, le recteur prendra l'avis du comité et le transmettra à notre ministre de l'instruction publique, avec son opinion personnelle.

(Ibid., art. 14.)

Déplacement volontaire.

860. Lorsqu'un instituteur primaire voudra quitter la commune où il exerce ses fonctions, et demandera l'autorisation d'exercer dans une autre, il ne pourra l'obtenir qu'en représentant un certificat de bonnes vie et mœurs, délivré par les autorités de celle d'où il sort, visé et confirmé par le recteur de l'académie ou par son délégué ; et il sera fait mention de ce certificat dans la nouvelle autorisation spéciale qui lui sera délivrée.

Cette nouvelle autorisation ne sera d'ailleurs délivrée qu'après l'accomplissement des autres formalités ci-dessus prescrites.

Dans les villes au-dessus de dix mille âmes, lorsqu'un instituteur voudra changer de demeure, il devra de même obtenir la permission du recteur, qui prendra à cet égard l'avis du comité.

(Ibid., art. 15.)

Peines de discipline.

861. En cas, soit d'infraction aux articles 12, 13 et 15, soit de toute autre faute grave, l'autorisation spéciale et même le brevet de capacité pourront être retirés.

Le comité mandera l'instituteur inculpé, dressera procès-verbal de ses réponses ou de sa non comparution, et donnera un avis motivé qui sera adressé au recteur.

En cas d'urgence, le comité pourra provisoirement ordonner la suspension, conformément à l'article 27 de l'ordonnance de 1816, et pourvoir provisoirement au remplacement de l'instituteur inculpé.

Le recteur pourra, selon les circonstances, retirer l'autorisation spéciale d'exercer, ou prononcer une simple suspension.

Dans l'un et l'autre cas, sa décision sera exécutoire par provision.

Si le recteur pense qu'il y a lieu de retirer le brevet de capacité, il soumettra l'affaire au conseil académique, qui statuera, après avoir entendu l'inspecteur chargé du ministère public (1).

Les décisions prises par les conseils académiques, dans les cas prévus par l'article précédent, seront sujettes au recours devant notre conseil royal de l'instruction publique. Le recours devra être exercé dans le délai d'un mois, à partir du jour où le recteur aura notifié la décision du conseil académique.

Toute autre décision ou mesure relative à l'instruction primaire sera sujette au recours devant notre ministre de l'instruction publique.

(Ibid., art. 16... 19.)

De la visite des écoles par les évêques ou leurs délégués.

862. L'évêque pourra, toutes les fois qu'il le jugera convenable, visiter ou faire visiter les écoles primaires de son diocèse.
(Ibid., art. 20.)

Des écoles primaires des filles.

863. Les dispositions de la présente ordonnance s'appliquent tant aux écoles primaires des garçons qu'aux écoles primaires des filles (2).
(Ibid., art. 21.)

864. Les articles 8, 9, 10 et 11 de l'ordonnance du 8 avril 1824 sont abrogés.

Les articles 12, 13, 14, 15, 16, 17, 18, 19 et 21 de la présente ordonnance sont applicables aux écoles primaires protestantes.

Il n'est pas dérogé aux règlemens actuellement en vigueur relativement à l'organisation des comités de surveillance de ces écoles. Ces comités rempliront à l'égard desdites écoles les fonctions déterminées par les articles sus-énoncés.
(Ibid., art. 22.)

Des écoles primaires protestantes.

865. Les comités gratuits chargés de surveiller les écoles primaires protestantes seront placés de manière qu'il y en ait un au moins par arrondissement d'église consistoriale. Les mesures

---

(1) Pour l'exécution de cet article dans la Corse, une ordonnance du 1er. octobre 1828 a prescrit l'établissement à Ajaccio d'une commission chargée spécialement des fonctions attribuées aux conseils académiques par l'article 18 de l'ordonnance du 21 avril. Cette commission est composée de douze membres nommés par le ministre de l'instruction publique.

(2) Les écoles supérieures de filles, désignées sous les noms d'*Institutions* ou de *Pensions* de demoiselles, sont demeurées placées sous la surveillance des préfets. Il en est de même des écoles primaires dirigées par des institutrices appartenant à des congrégations religieuses. La loi qui statuera sur l'éducation des filles, fera sans doute cesser de telles anomalies. (Voir ci-après les dispositions particulières concernant les écoles des filles.)

nécessaires pour l'organisation de ces comités seront prescrites par un règlement universitaire (1).

(Ordonnance du 26 mars 1829, art. 20.)

Ordonnance concernant l'instruction primaire en général (2).
Etablissement d'écoles pour toutes les communes.

866. Les mesures suivantes seront prises pour que toutes les communes du royaume soient immédiatement pourvues de moyens suffisans d'instruction primaire.

(Ordonnance du 14 février 1830, art. 1er.)

Division des écoles en trois classes.

867. Les écoles communales seront divisées en trois classes correspondantes aux trois degrés d'enseignement reconnus par l'article 11 de l'ordonnance du 29 février 1816 ; ce classement sera fait dans chaque département par le préfet, de concert avec le recteur de l'académie, et présenté à l'approbation du conseil général dans sa session annuelle.

(Ibid., art. 2.)

868. Le conseil général déterminera le minimum des émolumens divisés en traitemens fixes et produits éventuels de chacune des trois classes d'écoles.

Le tableau général de classement des écoles du département sera dressé en trois expéditions, dont l'une sera déposée à la préfecture, la seconde dans les archives de l'académie, et la troisième transmise à notre ministre des affaires ecclésiastiques et de l'instruction publique.

(1) Voir la deuxième partie, au titre de l'instruction primaire.

(2) CHARLES, etc. Sur le rapport de notre ministre secrétaire d'état au département des affaires ecclésiastiques et de l'instruction publique * ;
Nous étant fait rendre compte de la situation des écoles primaires dans le royaume, nous avons reconnu qu'un nombre assez considérable de communes étaient encore privées des moyens d'instruction que notre volonté est de mettre à la portée de tous nos sujets, et qu'il importait de prendre de nouvelles mesures afin de parvenir à ce but dans le plus bref délai possible ;
Voulant améliorer en même temps le sort des instituteurs et leur assurer la récompense que méritent leurs utiles fonctions :
Vu l'avis de notre conseil royal de l'instruction publique ;
Vu l'avis du comité de l'intérieur de notre conseil d'état,
Nous avons ordonné et ordonnons, etc.

* (M. de Guernon-Ranville.) Tous les cœurs généreux comprendront que nous ayons saisi l'occasion de rappeler ici le nom du jeune et infortuné ministre à qui le pays a dû cette belle ordonnance, dont la loi de 1833 a consacré pour toujours les plus essentielles dispositions.
Cette ordonnance, celles de 1816 et de 1828, sont trois monumens qui protestent victorieusement contre l'allégation si souvent répétée que la restauration voulait et devait vouloir la destruction de l'instruction primaire. La restauration a fait des fautes énormes en voulant constituer maître et dominateur temporel le corps ecclésiastique, dont le royaume n'est pas de ce monde ; mais elle a péri, et ce n'est point le cas d'exagérer ses torts.

Ce tableau sera révisé annuellement dans les mêmes formes. Les écoles qui, par l'effet de fondations, donations particulières ou votes nouveaux des communes, auraient acquis une importance suffisante, seront élevées, s'il y a lieu, à une classe supérieure.

(Ibid., art. 3 et 4.)

Conseils municipaux appelés à délibérer sur l'établissement et l'entretien des écoles.

869. Les conseils municipaux de toutes les communes du royaume délibéreront, dans leur prochaine session ordinaire du mois de mai, sur les moyens de pourvoir à l'établissement et à l'entretien des écoles primaires dont ils auront reconnu la nécessité.

Dans le cas où les dépenses ne pourraient être couvertes qu'à l'aide d'une imposition extraordinaire, elle sera votée dans les formes prescrites par les art. 39 et suivans de la loi du 15 mai 1818.

Les conseils municipaux arrêteront dans cette délibération :

1°. Le montant des frais indispensables pour le premier établissement de l'école;

2°. Le traitement fixe annuel propre à assurer le sort de l'instituteur, en ayant égard aux émolumens éventuels qu'il pourra obtenir des élèves payans;

3°. Le vote des fonds destinés aux frais d'établissement de l'école, et ceux affectés au traitement fixe de l'instituteur : ce traitement sera voté pour cinq ans;

4°. La liste des enfans qui seront admis gratuitement à l'école;

5°. Enfin, le taux de la rétribution mensuelle à payer pour les enfans qui ne seront pas admis aux leçons gratuites.

(Ibid., art. 5 et 6.)

Réunion de plusieurs communes pour une même école.

870. Lorsqu'une commune n'aura pas les moyens d'entretenir un instituteur, elle pourra s'entendre avec une ou plusieurs communes voisines pour en avoir un en commun.

Dans ce cas, chaque conseil municipal votera sa portion contributive aux diverses dépenses, conformément à l'article précédent, et dressera la liste des enfans de la commune qui devront recevoir l'instruction gratuite.

La distribution des leçons entre les enfans des communes ainsi associées sera réglée d'un commun accord par les maires respectifs, et ce règlement sera soumis à l'approbation du recteur, qui statuera après avoir pris l'avis du comité de surveillance.

(Ibid., art. 7.)

Les départemens appelés à contribuer aux frais des écoles communales.

871. Les préfets présenteront aux conseils généraux, dans leur prochaine réunion, outre le tableau énoncé en l'article 2 ci-dessus, l'état des communes qui auront voté les fonds suffisans pour couvrir toutes leurs dépenses relatives à l'instruction primaire, et de celles qui n'auront pu se charger que d'une partie de ces mêmes dépenses.

Vérification faite des ces états, le conseil général délibérera sur les secours qu'il conviendrait d'accorder aux communes reconnues dans l'impossibilité de subvenir aux frais de leurs écoles, et votera les sommes qu'il jugera devoir allouer à cet effet.

L'état de répartition de ces sommes, arrêté par le conseil général, sera transmis au recteur de l'académie et à notre ministre des affaires ecclésiastiques et de l'instruction publique.

(Ibid., art. 8 et 9.)

Écoles normales primaires.

872. Outre les écoles primaires proprement dites, il sera établi des écoles-modèles préparatoires destinées à former des instituteurs.

Il y aura au moins une de ces écoles par académie.

Les conseils généraux délibéreront, dans leur prochaine session, sur l'établissement et l'entretien d'une de ces écoles dans le département même, s'il y a lieu, ou sur la contribution du département aux dépenses de l'école commune, qui sera, autant que possible, placée au chef-lieu de l'académie.

Les préfets se concerteront avec les recteurs pour préparer les propositions sur lesquelles il conviendra d'appeler à cet égard l'attention des conseils généraux.

(Ibid., art. 10.)

Frais généraux affectés aux dépenses de l'instruction primaire.

873. Chaque année il sera porté au budget de l'état une somme spécialement destinée à encourager l'instruction primaire ; et, pendant cinq ans, à partir du 1er. janvier 1831, il sera prélevé, pour le même objet, le vingtième du produit de la rétribution universitaire, établie par les articles 134 du décret du 17 mars et 25 du décret du 17 septembre 1808.

Le fonds ainsi formé sera employé par notre ministre des affaires ecclésiastiques et de l'instruction publique, d'après l'avis de notre conseil royal :

1°. A donner des secours aux communes qui se trouveraient dans l'impossibilité absolue de se procurer des moyens d'enseignement, et principalement à fonder des écoles-modèles préparatoires ;

2°. A faire composer, imprimer et distribuer des livres élémentaires ;

3°. A donner des encouragemens et des récompenses aux instituteurs qui se seront distingués par leur aptitude, leur zèle et leur bonne conduite.

(Ibid., art. 11.)

Rapport annuel au roi et aux chambres.

874. Un rapport sur l'emploi des fonds sus-énoncés, et sur l'état de l'instruction primaire dans toute l'étendue du royaume, nous sera présenté chaque année au mois de janvier, et communiqué aux chambres.

(Ibid., art. 12.)

Pensions de retraite.

875. Notre ministre des affaires ecclésiastiques et de l'instruction publique nous proposera incessamment un règlement général pour assurer aux instituteurs primaires communaux, au moyen de retenues sur leurs traitemens et des autres ressources dont on pourra disposer, des pensions de retraite, lorsque l'âge ou les infirmités les mettront dans la nécessité de renoncer à leurs fonctions, après les avoir exercées pendant un nombre d'années déterminé (1).

(Ibid., art. 14.)

Ordonnance concernant les comités (2).

876. Les comités d'instruction primaire seront incessamment réorganisés, conformément aux dispositions suivantes :

(Ordonnance du 16 octobre 1830, art. 1er.)

(1) L'idée d'assurer à tout instituteur, que l'âge ou les infirmités condamneraient au repos, après de bons et loyaux services, une pension de retraite, a paru chimérique, et a été définitivement abandonnée lors de la discussion de la loi du 28 juin dans la chambre des pairs. Nous avouerons que des calculs qui nous semblaient justes, nous avaient conduit à une autre conclusion. Nous avions cru qu'en prenant pour terme moyen des traitemens, tant fixes qu'éventuels, la modique somme de 300 fr., en ne comptant que trente mille communes et un seul instituteur par commune, ce qui produisait, pour le montant annuel de la retenue, 450,000 fr.; en fixant à 200 fr. le *minimum* et à 500 fr. le *maximum* des pensions dont il s'agit, le fonds de retenue aurait suffi à couvrir toutes les charges.

(2) LOUIS-PHILIPPE, roi des Français, etc.
Vu les décrets du 17 mars 1808 et du 15 novembre 1811 ;
Vu les ordonnances du 29 février 1816, du 2 août 1820, du 8 avril 1824, du 21 avril 1828, du 26 mars 1829 et du 14 février 1830 ;
Considérant que l'institution des comités gratuits chargés d'encourager et de surveiller

877. Il y aura, suivant la population et les besoins des localités, un ou plusieurs comités par arrondissement de sous-préfecture.

Chaque comité sera composé de sept membres au moins, et de douze membres au plus.

Seront membres de droit de tous les comités de l'arrondissement, le sous-préfet et le procureur du roi.

Seront membres de droit de chaque comité : le maire de la commune où le comité tiendra ses séances ;

Le juge de paix du canton ;

Le curé cantonnal.

Les autres membres du comité seront choisis parmi les notables de l'arrondissement ou du canton par le recteur de l'académie, de concert avec le préfet du département, sauf l'approbation de notre ministre, grand-maître de l'Université.

Les membres qui ne font point nécessairement partie des comités seront renouvelés annuellement par tiers ; ils pourront être renommés.

Tout membre d'un comité qui, sans avoir justifié d'une excuse valable, n'aura pas assisté à trois séances ordinaires consécutives, sera censé avoir donné sa démission, et il sera remplacé dans les formes prescrites.

Le maire de la commune où se tiendra le comité sera de droit président de ce comité. En cas d'absence ou d'empêchement, soit du maire, soit de l'adjoint au maire, le comité sera présidé par celui des membres présens qui sera inscrit le premier sur le tableau.

Lorsque le sous-préfet et le procureur du roi voudront assister à la séance d'un des comités de leur arrondissement, ils prendront la présidence. En cas de concurrence, la présidence est devolue au sous-préfet.

(Ibid., art. 2... 5.)

878. Les dispositions concernant les attributions et les devoirs des comités seront prescrites par des règlemens universitaires, de manière que tout y tende à favoriser la propagation de l'instruction primaire dans toutes les communes du royaume, l'emploi des meilleures méthodes d'enseignement et le prompt établissement des écoles normales primaires.

(Ibid., art. 6.)

les écoles primaires est une des mesures les plus propres à hâter l'amélioration et le progrès de l'instruction élémentaire, et qu'il importe de donner à ces comités toute l'action dont ils ont besoin ;

Vu le mémoire de notre conseil royal de l'instruction publique,

Sur le rapport de notre ministre secrétaire d'état de l'instruction publique et des cultes, grand-maître de l'Université,

Nous avons ordonné et ordonnons, etc.

879. Notre conseil royal de l'instruction publique fera un règlement spécial pour l'organisation des comités chargés de surveiller et d'encourager les écoles normales israélites.

Les ordonnances antérieures sont maintenues en tout ce qui n'est pas contraire à la présente.

(Ibid., art. 7 et 8.)

Ordonnances concernant les brevets de capacité (1).

880. A l'avenir, pour être admis à subir l'examen qui doit, aux termes des ordonnances du 29 février 1816 et du 21 avril 1828, précéder la délivrance des brevets de capacité, il suffira que les candidats remplissent les conditions suivantes :

Ils devront, 1°. justifier qu'ils sont âgés de dix-huit ans accomplis ;

2°. Présenter au recteur de l'académie, ou aux examinateurs délégués par le recteur, des certificats de bonnes vie et mœurs délivrés par les maires des communes où ils auront résidé depuis trois ans.

Toutes dispositions contraires sont abrogées.

(Ordonnance du 12 mars 1831, art. 1 et 2.)

881. A l'avenir, nul ne pourra obtenir un brevet de capacité à l'effet d'exercer les fonctions d'instituteur primaire, à quelque titre que ce soit, s'il n'a préalablement subi, dans les formes établies et devant qui de droit, les examens prescrits par les ordonnances.

Toutes dispositions contraires à la présente ordonnance sont et demeurent abrogées.

(Ordonnance du 12 avril 1831.)

Ordonnance qui établit une école normale primaire pour l'académie de Paris (2).

882. Il sera établi à Paris une école normale destinée :

---

(1) Louis-Philippe, roi des Français,
Vu les lois, décrets et ordonnances concernant l'instruction primaire ;
Considérant qu'en attendant qu'il ait pu être statué législativement sur l'instruction primaire, il importe d'introduire dans les règlemens existans les modifications que réclame avec plus d'instance le besoin de la société ;
Sur le rapport de notre ministre secrétaire d'état au département de l'instruction publique et des cultes,
Avons ordonné et ordonnons, etc.

(2) Louis-Philippe,
Vu le décret du 17 mars 1808, articles 107 et 108 ; le décret du 15 novembre 1811, article 190 ; l'ordonnance du 29 février 1816, article 39 ; l'ordonnance du 14 février 1830, articles 10, 11 et 12 ;
Vu le mémoire de notre conseil royal de l'instruction publique,
Nous avons ordonné :

1°. A former des instituteurs primaires pour l'académie de Paris ;

2°. A éprouver ou vérifier les nouvelles méthodes d'enseignement applicables à l'instruction primaire.

(Ordonnance du 11 mars 1831, art. 1er.)

883. Le directeur et les maîtres de l'école normale primaire seront nommés par notre ministre de l'instruction publique et des cultes, grand-maître de l'Université.

(Ibid., art. 2.)

884. L'enseignement de l'école normale primaire comprendra, indépendamment de l'instruction morale et religieuse, la lecture, l'écriture, la grammaire française, la géographie, le dessin linéaire, l'arpentage, des notions de physique, de chimie et d'histoire naturelle, les élémens de l'histoire générale, et spécialement de l'histoire de France.

(Ibid., art. 3.)

885. Plusieurs classes primaires seront annexées à l'école normale. Elles seront confiées par le directeur, soit aux maîtres attachés à l'école, soit aux élèves-maîtres.

(Ibid., art. 4.)

886. Il y aura des élèves-maîtres internes et des élèves-maîtres externes.

(Ibid., art. 5.)

887. Nul ne sera admis comme élève-maître, soit interne, soit externe, s'il ne remplit les conditions suivantes :

Il devra, 1°. être âgé de dix-huit ans au moins ;

2°. Prouver, par le résultat d'un examen ou d'un concours, qu'il sait lire et écrire correctement, et qu'il possède les premières notions de la grammaire française et du calcul (1) ;

3°. Produire des certificats attestant sa bonne conduite.

Les boursiers en âge de minorité devront, en outre, présenter le consentement de leur père, de leur mère ou de leur tuteur, à ce qu'ils s'engagent pour dix ans dans l'instruction publique comme instituteurs communaux.

(Ibid., art. 6.)

888. Les élèves-maîtres, soit boursiers, soit externes, ne pourront rester plus d'un an à l'école normale. Ils subiront à la

---

(1) La loi de 1833 ayant inscrit l'*instruction morale et religieuse* en tête de tous les objets d'enseignement, l'examen doit comprendre aussi cette partie essentielle de l'instruction primaire. Déjà le règlement général des écoles normales primaires, du 14 décembre 1832, avait prescrit d'exiger des candidats qu'ils fissent preuve d'une connaissance suffisante de la religion à laquelle ils appartenaient : ce qui enfermait nécessairement un assez haut degré d'instruction morale.

fin de l'année un examen, d'après le résultat duquel ils seront inscrits par ordre de mérite sur un tableau, dont copie sera adressée aux préfets des sept départemens composant l'académie de Paris, et aux présidens des comités de ladite académie. Les élèves-maîtres qui n'auront pas satisfait à cet examen seront rayés du tableau de l'école normale, et l'engagement décennal qu'ils auraient contracté sera considéré comme non avenu.

(Ibid., art. 7.)

889. Les formes et les conditions des examens au concours seront déterminées par notre conseil royal de l'instruction publique (1).

(Ibid., art. 8.)

890. Une bibliothèque à l'usage des élèves-maîtres sera placée dans les bâtimens de l'école normale primaire. Une somme sera consacrée tous les ans à l'acquisition des ouvrages que le conseil royal aura jugés utiles à l'instruction des élèves-maîtres, ou en général à l'enseignement primaire.

Un des maîtres attachés à l'école aura la garde de la bibliothèque.

(Ibid., art. 9.)

891. Des bourses entières ou partielles pourront être fondées dans l'école normale primaire, soit par les départemens, soit par les communes, soit par l'Université, soit par les donateurs particuliers, ou par des associations bienfaisantes.

Les bourses fondées par l'Université seront toujours données au concours.

Il sera facultatif pour tous autres fondateurs de bourses de déterminer s'ils entendent que les bourses par eux fondées soient données par la voie du concours ou à la suite d'examens particuliers.

(Ibid., art. 10.)

892. Le taux des bourses sera fixé par le conseil royal.

Les élèves externes seront admis gratuitement; ils seront seulement tenus de se procurer, à leurs frais, les livres, papiers, crayons, compas et autres objets nécessaires pour leurs études.

Les élèves boursiers apporteront un trousseau tel qu'il aura été réglé.

(Ibid., art. 11.)

893. Une commission spéciale, composée de cinq membres choisis par le ministre grand-maître parmi les fonctionnaires de l'Université, sera chargée de la surveillance de l'école normale

(1) Voir la deuxième partie, au titre de l'instruction primaire.

primaire, sous tous les rapports d'administration, d'enseignement et de discipline.

En cas de faute grave de la part d'un élève-maître, la commission pourra prononcer la censure ou même l'exclusion provisoire ou définitive, sauf, en cas d'exclusion définitive, l'approbation du grand-maître.

Si un ou plusieurs des départemens qui composent l'académie de Paris fondent des bourses dans ladite école normale, les préfets de ces départemens auront le droit d'assister, avec voix délibérative, de leur personne ou par un conseiller de préfecture délégué à cet effet, aux séances de la commission.

Le directeur de l'école assistera aux séances de la commission, et il y aura voix délibérative, hors le cas où il s'agirait de juger l'administration économique de l'école.

(Ibid., art. 12.)

894. Les dépenses que nécessiteront les traitemens du directeur et des maîtres de l'école normale primaire, la formation et l'entretien de la bibliothèque, l'achat et l'entretien du mobilier, les gages des domestiques et les frais de bureau, seront portés au budget de l'école. Ce budget, dressé par le directeur au mois de novembre de chaque année, et présenté par lui avec les pièces à l'appui, à l'examen de la commission de surveillance, sera soumis à l'approbation du conseil royal.

La présentation du budget sera accompagnée du compte de gestion de l'exercice précédent.

(Ibid., art. 13.)

895. La somme nécessaire pour subvenir aux dépenses portées au budget de l'école, et approuvées par le conseil royal, sera prélevée sur les fonds affectés à l'instruction primaire par le budget de l'état (1).

(Ibid., art. 14.)

Établissement de bibliothèques primaires.

896. Une bibliothèque centrale, composée des ouvrages qui auront été jugés les plus propres à l'enseignement primaire, soit en France, soit dans les pays étrangers, sera établie à Paris. — Une commission formée d'hommes versés dans les matières relatives à l'instruction publique, et en particulier à l'enseignement élémentaire, sera spécialement instituée pour faire la révision et l'examen de tous les ouvrages destinés aux écoles primaires. D'autres dépôts de même nature seront formés succes-

(1) Depuis que la loi a prescrit l'établissement des écoles normales primaires comme une charge départementale, les fonds généraux ne font plus qu'aider les départemens et les villes où est le siége de chaque école normale.

sivement dans tous les chefs-lieux d'académies. Le nombre s'en accroîtra peu à peu et n'aura de limites que le nombre même des écoles primaires. Les sommes nécessaires, tant pour l'acquisition des livres que pour indemniser les membres de la commission de leurs travaux, seront prélevées sur le crédit alloué pour les écoles élémentaires.

(Extrait d'un rapport au roi, approuvé le 12 août 1831.)

Compte annuel de l'emploi des fonds affectés à l'instruction primaire, et statistique triennale de l'instruction primaire.

897. Il sera présenté au roi, et il sera communiqué aux chambres, 1°. tous les ans un compte détaillé de l'emploi des fonds alloués aux écoles primaires; 2°. tous les trois ans une statistique de l'instruction élémentaire, renfermant tous les renseignemens ci-après indiqués :

Nombre des communes qui, dans chaque département, sont pourvues ou privées d'écoles;

Nombre total des écoles, comparé à celui des communes;

L'utilité des écoles, appréciée d'après les méthodes qui y sont suivis, et d'après le degré d'instruction que possèdent les instituteurs;

Le nombre des élèves qui fréquentent les écoles, comparé au nombre total des enfans qui sont en âge de les fréquenter;

Le rapport numérique entre les enfans qui ont reçu l'instruction, et les hommes qui peuvent être considérés comme réellement instruits;

Le nombre des écoles normales primaires et celui des instituteurs que chacune d'elles procure tous les ans aux communes;

L'état et la répartition des allocations faites aux communes pour fonder des écoles, des subventions accordées aux écoles elles-mêmes, des encouragemens, des distinctions honorifiques et des secours distribués aux instituteurs.

(Extrait d'un rapport au roi, approuvé le 5 octobre 1831.)

Publication d'un journal général de l'instruction primaire.

898. Il sera publié un recueil périodique à l'usage des écoles primaires de tous les degrés. Ce recueil devra contenir, 1°. la publication de tous les documens relatifs à l'instruction populaire en France; 2°. la publication de tout ce qui intéresse l'instruction primaire dans les principaux pays du monde civilisé; 3°. l'analyse des ouvrages relatifs à l'instruction primaire; 4°. des conseils et des directions propres à assurer les progrès de cette instruction dans toutes les parties du royaume. La pu-

blication sera confiée à un fonctionnaire de l'Université, sous la direction du conseil royal.

(Extrait d'un rapport au roi, approuvé le 19 octobre 1832.)

899. Le budget des écoles normales primaires sera dressé et réglé annuellement selon ce qui se pratique pour tout établissement d'instruction supérieure et d'instruction secondaire. — Ce budget, divisé en deux parties, recettes et dépenses, indiquera avec détail, par chaque école normale, le montant des bourses et des portions de bourse des communes et du département, de celles qui seraient entretenues par des particuliers ou par des souscriptions, et de celles dont le gouvernement se serait chargé. Il présentera le total du prix des pensions payées par les familles des élèves, et le produit des revenus que l'école posséderait. Il réglera l'emploi de toutes ces sommes en frais d'instruction, de nourriture, de matériel, de mobilier, d'entretien, et il fera connaître le nombre des élèves boursiers, demi-boursiers, pensionnaires libres ; enfin tous les éclaircissemens nécessaires pour justifier les dépenses de toute nature, y seront annexés.

(Extrait d'un rapport au roi, approuvé le 2 mars 1833.)

Dispositions particulières concernant les associations charitables en faveur de l'instruction primaire.

900. Les frères des écoles chrétiennes seront brevetés et encouragés par le grand-maître, qui visera leurs statuts intérieurs (1), les admettra au serment, leur prescrira un habit particulier, et fera surveiller leurs écoles. Les supérieurs de ces congrégations pourront être membres de l'Université (2).

(Décret du 17 mars 1808, art. 109.)

(1) En 1809, le frère Frumence, vicaire général des frères des écoles chrétiennes, et ses assistans, soumirent leurs statuts au grand-maître et au conseil de l'Université. Ces statuts furent approuvés, sauf une modification relative aux vœux. Nous les reproduirons dans l'appendice qui terminera cet ouvrage.

(2) Ainsi Bonaparte, au faîte de la puissance et de la gloire, occupé de rasseoir l'instruction publique sur des bases durables, n'hésitait pas à relever de ses ruines cette institution des frères voués depuis près de deux siècles à l'instruction des enfans, des enfans pauvres surtout. Ils avaient été instamment redemandés par les conseils généraux des départemens dès l'année 1801, à cette époque où la France, faisant effort pour sortir du chaos et, rappelant tous ses souvenirs, recherchait, au milieu des vastes débris du passé, tout ce qui pouvait s'y trouver de matériaux propres à reconstruire l'édifice social. Rétablis de fait en 1806 et 1807 dans la ville de Lyon par les soins du cardinal Fesch, rétablis de droit dans toute la France par le décret même qui a fondé ou organisé l'Université, ils ont recommencé, depuis 30 ans, à rendre au pays les plus signalés services ; ils ont suivi, avec la sage lenteur d'un corps, mais aussi avec la constance et la sagacité d'hommes judicieux qui savent discerner les lieux et les temps, les progrès de l'enseignement élémentaire ; et aujourd'hui plusieurs de leurs écoles ne redoutent la comparaison avec aucun des établissemens les plus renommés dont se glorifient à juste titre les partisans de l'enseignement mutuel. Ce qu'il y a de plus désirable, ce que désirent en effet les conseils municipaux les plus remarquables par leurs lumières et leur zèle, c'est que les deux sortes d'écoles puissent coexister dans les mêmes villes, et que leur louable émulation tourne au plus grand bien de l'enfance, par le perfectionnement des méthodes, et par la bonté et la solidité de l'enseignement.

901. Il sera établi dans la ville de Reims, département de la Marne, des écoles gratuites pour l'instruction des enfans de familles indigentes, et elles seront placées sous la direction et surveillance du bureau de bienfaisance de cette ville.
(Décret du 26 juin 1809, art. 1er.)

Le nombre des classes de ces écoles et les règlemens pour les écoles seront proposés par le grand-maître de l'Université et soumis à notre approbation, en notre conseil d'état, sur le rapport de notre ministre de l'intérieur.
(Ibid., art. 2.)

L'instruction des garçons sera confiée à dix instituteurs, dont un directeur et un suppléant; celle des filles, à dix institutrices, dont une directrice et une suppléante.
(Ibid., art. 3.)

Ces instituteurs et institutrices seront choisis par le bureau de bienfaisance, parmi les membres des institutions spécialement reconnues pour se vouer à l'éducation gratuite des pauvres (1).
(Ibid., art. 4.)

Le traitement de chaque instituteur est fixé à cinq cents francs, et celui de chaque institutrice à quatre cents francs.
(Ibid., art. 5.)

L'acquisition avec déclaration de command, par le sieur Jacques Quentin Trousson, maire de la ville de Reims, suivant l'acte passé le 24 février 1808, de la maison conventuelle des Carmes de ladite ville, pour servir au logement des instituteurs des écoles gratuites, sera provisoirement acceptée par le bureau de bienfaisance de la ville de Reims, à la charge de rembourser au sieur Trousson, tant le prix principal de l'acquisition que les intérêts qu'il en a payés, les frais accessoires, le montant des réparations qu'il a faites dans ladite maison et les sommes qu'il a avancées pour y maintenir les écoles, le tout ainsi qu'il est plus amplement détaillé dans la délibération du bureau de bienfaisance du 10 mars 1808, dont copie restera ci-annexée. Il sera proposé ultérieurement un projet de loi pour régulariser ladite acquisition.
(Ibid., art. 6.)

Les sommes nécessaires pour l'exécution de l'article précédent, seront portées au budget de Rheims et au profit du bureau de

(1) Les frères des écoles chrétiennes étoient alors la seule institution de ce genre qui eût reçu une existence régulière; la ville de Reims avait été le berceau où le vénérable abbé Delasalle avait fondé son œuvre; et ce sont en effet les frères qui, jusqu'à présent, ont occupé comme instituteurs publics et gratuits l'ancien couvent des Carmes dont il est question dans ce décret.

bienfaisance de Rheims, de l'exercice 1809 et suivans, en cas d'insuffisance.

(Ibid., art. 7.)

La commune pourvoira aux frais de premier établissement desdites écoles, ainsi qu'il sera réglé au budget. Elle pourvoira également au payement des traitemens des instituteurs et institutrices, aux réparations et à l'entretien des maisons qu'ils occuperont, à l'entretien du mobilier et aux réparations locatives des lieux qui auront été choisis pour la tenue des écoles.

(Ibid., art. 8.)

Le bureau de bienfaisance n'admettra à l'instruction gratuite des écoles que les enfans de famille hors d'état de subvenir aux frais de leur éducation.

Les familles plus aisées ne pourront envoyer leurs enfans aux écoles qu'en payant une rétribution qui sera fixée par le préfet, et dont le produit sera employé aux besoins des écoles, et viendra en déduction des fonds à allouer pour cet objet; à l'effet de quoi il en sera rendu compte au budget de la ville de chaque année.

(Ibid., art. 9.)

Les dons et legs qui pourront être faits auxdites écoles seront acceptés par le bureau de bienfaisance, après autorisation légale; le produit en sera affecté religieusement aux besoins de ces établissemens.

(Ibid., art. 10.)

Association charitable des écoles chrétiennes du faubourg Saint-Antoine.

902. La société formée dans l'intention de fournir des maîtres aux écoles primaires, et désignée sous le nom de Société des Ecoles chrétiennes du faubourg Saint-Antoine, est autorisée, aux termes de l'art. 36 de notre ordonnance du 29 février 1816, comme association charitable en faveur de l'instruction primaire. Elle se conformera aux lois et règlemens relatifs à l'instruction publique, et nommément à notre susdite ordonnance du 29 février 1816.

Notre commission de l'instruction publique, en se conformant aux lois et règlemens d'administration publique, pourra recevoir tous les legs et donations qui seraient faits en faveur de ladite association et de ses écoles, à charge de faire jouir respectivement, soit l'association en général, soit chacune des écoles tenues par elle, desdits legs et donations, conformément aux intentions des donateurs et testateurs.

(Ordonnance du 23 juin 1820 (1), art. 1 et 2.)

903. L'association destinée à fournir des maîtres aux écoles primaires dans les départemens du Haut et Bas-Rhin, et désignée sous le nom de la Doctrine chrétienne du diocèse de Strasbourg, est autorisée, aux termes de l'art. 36 de notre ordonnance du 29 février 1816, comme association charitable en faveur de l'instruction primaire. Elle se conformera aux lois et règlemens relatifs à l'instruction publique, et nommément à notre susdite ordonnance du 29 février 1816.

(Ordonnance du 5 décembre 1821 (2), art. 1er.)

904. La société formée par les sieurs de La Mennais et Deshaies, dans le but de fournir des maîtres aux écoles primaires des départemens composant l'ancienne province de Bretagne, et désignée sous le nom de *Congrégation de l'instruction chrétienne*, est autorisée, aux termes de l'art. 36 de notre ordonnance du 29 février 1816, comme association charitable en faveur de l'instruction primaire. Elle se conformera aux lois et règlemens relatifs à l'instruction publique, et notamment aux art. 10, 11 et 13 de notre susdite ordonnance du 29 février 1816, en ce qui concerne l'obligation imposée à tous les instituteurs primaires d'obtenir du recteur de l'académie où ils veulent exercer le brevet de capacité et l'autorisation nécessaires.

Le brevet de capacité sera délivré à chaque frère de l'instruction chrétienne, sur le vu de la lettre particulière d'obédience

---

(1) Louis, etc. Vu les statuts et règlemens d'une association charitable qui désire se consacrer à desservir les écoles primaires des villes et des campagnes, sous le titre de *Société des écoles chrétiennes du faubourg Saint-Antoine*;

Vu notre ordonnance du 29 février, qui règle ce qui regarde l'instruction primaire dans tout le royaume;

Vu la loi du 10 mai 1806, le décret du 17 mars 1808, et nos ordonnances concernant l'Université de France;

Vu le mémoire de notre commission royale de l'instruction publique;

Sur le rapport de notre ministre secrétaire d'état de l'intérieur;

Notre conseil d'état entendu, nous avons ordonné, etc.

(2) Louis, etc. Sur le rapport de notre ministre secrétaire d'état au département de l'intérieur; vu les statuts d'une institution charitable qui serait destinée à desservir les écoles primaires des villes et campagnes des départemens des Haut et Bas-Rhin, sous le titre de *Frères de la doctrine chrétienne du diocèse de Strasbourg*; vu notre ordonnance du 29 février 1816, qui règle ce qui regarde l'instruction primaire dans tout le royaume; vu la loi du 10 mai 1806, le décret du 17 mars 1808, et nos ordonnances concernant l'Université de France; vu les observations du conseil royal de l'instruction publique et l'approbation donnée par le conseil aux statuts de ladite association; notre conseil d'état entendu, nous avons ordonné, etc.

L'article 2 est entièrement semblable au deuxième article de l'ordonnance qui précède.

qui lui aura été délivrée par le supérieur de ladite société (1).

(Ordonnance du 1er. mai 1822 (2) art. 1 et 3.)

905. L'association destinée à fournir des maîtres aux écoles primaires dans les départemens de la Meurthe, de la Meuse et des Vosges, et désignée sous le nom de *Frères de la Doctrine chrétienne du diocèse de Nanci*, est autorisée, aux termes de l'art. 36 de notre ordonnance du 29 février 1816, comme association charitable en faveur de l'instruction primaire. Elle se conformera aux lois et règlemens relatifs à l'instruction publique, et notamment à notre susdite ordonnance du 29 février 1816.

(Ordonnance du 17 juillet 1822 (3), art. 1er.)

906. La société qui doit être instituée sous le nom de *Congrégation de l'instruction chrétienne du diocèse de Valence*, dans le but de fournir des maîtres aux écoles primaires des départemens compris dans le ressort de l'académie de Grenoble, est autorisée, aux termes de l'art. 36 de notre ordonnance du 29 février 1816, comme association charitable en faveur de l'instruction primaire. Elle se conformera aux lois et règlemens relatifs à l'instruction publique, et notamment aux art. 10, 11 et 13 de notre susdite ordonnance du 29 février 1816, en ce qui concerne l'obligation imposée à tous les instituteurs primaires d'obtenir du recteur de l'académie où ils veulent exercer le brevet de capacité et l'autorisation nécessaires.

Le brevet de capacité sera délivré à chaque frère de ladite congrégation, sur le vu de la lettre particulière d'obédience qui lui aura été délivrée par le supérieur général de ladite société.

(Ordonnance du 11 juin 1823 (4), art. 1er.)

907. L'association destinée à fournir des maîtres aux écoles primaires dans les départemens de Maine-et-Loire, de la Vienne, des Deux-Sèvres, de la Charente-Inférieure et de la Vendée, et désignée sous le nom de *Frères de l'instruction chrétienne du Saint-Esprit*, est autorisée, aux termes de l'art. 36 de notre ordonnance du 29 février 1816, comme association charitable en faveur de l'instruction primaire. Elle se conformera aux lois

(1) Nous avons déjà dit que cette exception, plutôt nuisible que favorable aux frères, avait été abolie en 1831.

(2) Louis, etc. Sur le rapport, etc. Vu les statuts et règlemens d'une association charitable qui désire se consacrer à desservir les écoles primaires des villes et des campagnes dans les départemens qui composent l'ancienne province de Bretagne, sous le titre de *Congrégation de l'instruction chrétienne*. (Le reste comme dans le préambule de la précédente ordonnance.)

L'article 2 est semblable au deuxième article des ordonnances précédentes.

(3) L'article 2 et le préambule sont pareils à ceux qui ont été rapportés précédemment.

(4) Même préambule et même article 2 que les précédens.

et règlemens relatifs à l'instruction publique, et notamment aux art. 10, 11 et 13. (*Le reste comme ci-dessus.*)

(Décret du 17 septembre 1823.)

908. La congrégation des frères de Saint-Joseph, formée par M. l'évêque d'Amiens, dans le but de fournir aux communes rurales du département de la Somme des clercs laïques et des instituteurs primaires, est autorisée, aux termes de l'art. 36 de notre ordonnance du 29 février 1816, comme association charitable en faveur de l'instruction primaire. Elle se conformera aux lois et règlemens relatifs à l'instruction publique, et notamment aux art. 10, 11 et 13 de notre susdite ordonnance du 29 février 1816, en ce qui concerne l'obligation imposée à tous instituteurs primaires d'obtenir du recteur de l'académie le brevet de capacité et l'autorisation nécessaires.

(Ordonnance du 3 décembre 1823 (1), art. 1er.)

Ordonnance du roi qui autorise l'établissement à Lyon d'une société pour l'encouragement de l'instruction primaire dans cette ville et dans le département du Rhône, et qui approuve les statuts de ladite société (2).

909. Sont approuvés les statuts de la société d'instruction élémentaire du département du Rhône, annexés à la présente ordonnance.

(Ordonnance du 15 avril 1829, art. 1er.)

Cette société se conformera aux lois et règlemens concernant l'instruction publique.

(Ibid., art. 2.)

En cas de dissolution de ladite société, les sommes composant

---

(1) Louis, etc. Vu les statuts d'une congrégation dite de Saint-Joseph, destinée à fournir aux communes rurales du département de la Somme des clercs laïques et des instituteurs primaires; vu la lettre de notre grand-maître de l'Université, portant que le conseil royal de l'instruction publique a approuvé ces statuts; vu les délibérations par lesquelles le conseil général du département a voté des fonds pour l'établissement de cette congrégation; vu notre ordonnance du 29 février 1816, qui règle ce qui concerne l'instruction primaire dans tout le royaume; sur le rapport de notre ministre, etc.

Les articles 2 et 3 sont les mêmes que dans l'ordonnance du 1er. mai 1822, pages 245 et 246.

(2) Charles, etc. Sur le rapport de notre ministre secrétaire d'état au département de l'instruction publique;

Vu les statuts de la société formée à Lyon pour l'encouragement de l'instruction primaire dans cette ville et le département du Rhône;

Vu l'article 910 du Code civil et les ordonnances du 29 février 1816, du 2 août 1820 et du 21 avril 1828 sur l'instruction primaire;

Considérant que la société formée à Lyon pour la propagation de l'instruction primaire se compose de souscriptions volontaires, et pourrait plus facilement atteindre le but qu'elle s'est proposé, si l'autorisation d'accepter des legs et donations lui donnait le moyen d'augmenter ses fonds et d'en faire un emploi utile;

De l'avis du comité de l'intérieur et du commerce,

Nous avons ordonné, etc.

le fonds social ne seront applicables qu'à des établissemens quelconques d'instruction primaire, suivant le mode de délibération indiqué par l'art. 23 de ses statuts.

(Ibid., art. 3.)

Nous nous réservons de révoquer la présente ordonnance, si la société venait à manquer à l'observation de ses statuts.

(Ibid., art. 4.)

STATUTS DE LA SOCIÉTÉ D'INSTRUCTION ÉLÉMENTAIRE DU DÉPARTEMENT DU RHÔNE.

TITRE PREMIER. — But de la société.

Le but de la société est d'assurer à Lyon l'établissement d'une ou de plusieurs écoles primaires gratuites d'enseignement mutuel par la méthode lancastrienne, avec toutes les améliorations dont elle est susceptible, et d'encourager l'établissement d'écoles du même genre gratuites ou non gratuites, tant à Lyon que dans le département du Rhône.

(Ibid., art. 1er.)

Les écoles gratuites de garçons seront dirigées par des instituteurs, et celles de filles par des maîtresses. Les instituteurs et maîtresses devront avoir toutes les qualités requises par les lois pour l'instruction primaire.

(Ibid., art. 2.)

On enseignera aux enfans, 1°. les principes religieux, dont le développement est réservé aux écoles secondaires et aux ministres du culte ; 2°. la lecture, l'écriture, le calcul et le dessin linéaire. On enseignera en outre aux filles les ouvrages de couture et autres convenables à leur sexe.

TITRE II. — Formation de la Société et droits des sociétaires.

La société sera composée d'un nombre indéfini d'actionnaires, qui cependant ne pourra être moindre de deux cents.

(Ibid., art. 3.)

La mise de fonds consistera en actions de cent vingt-cinq francs chacune, payables par cinquième au commencement de chaque année, à partir du 1er. octobre 1828, pour les souscriptions faites cette année. Les termes des souscriptions subséquentes seront payables en semblables fractions, à partir de la date de la souscription.

(Ibid., art. 4.)

En cas de décès de l'un des actionnaires, ses héritiers ne sont pas passibles du payement des actions non soldées. Ils ne remplaceront le décédé qu'après s'être conformés aux dispositions des art. 3 et 4.

(Ibid., art. 5.)

Chaque actionnaire a le droit de faire admettre, de préférence dans l'une des écoles entretenues par la société, autant d'enfans qu'il aura pris d'actions, à la charge par ceux-ci de se conformer au régime établi par le conseil d'administration. A cet effet, il sera tenu registre des demandes des actionnaires, contenant les noms, professions et demeures des enfans, par ordre d'inscriptions dans les places vacantes.

(Ibid., art. 6.)

Chaque actionnaire pourra, quand il le jugera convenable, consulter les registres et les procès-verbaux de la société.

(Ibid., art. 7.)

La société ne sera point dissoute par la retraite ou le décès d'un ou de plusieurs actionnaires ; le montant des actions versées demeurera acquis à la société sans indemnité.

(Ibid., art. 8.)

Titre III. — Conseil d'administration.

Le conseil d'administration sera composé de quarante membres pris parmi les actionnaires élus à la majorité relative en l'assemblée générale. Il sera renouvelé par quarts d'année en année. Les premiers quarts sortans seront désignés par la voie du sort. Parmi les membres sortans, seront compris, de plein droit, ceux qui auront donné leur démission, ou qui, pendant l'année, n'auront assisté à aucune des séances.

La nomination du conseil d'administration aura lieu, pour la première fois, aussitôt que deux cents actionnaires auront souscrit.

(Ibid., art. 9.)

Le conseil d'administration, présidé par le doyen d'âge, nommera son bureau qui sera composé
D'un président,
D'un vice-président,
De deux censeurs,
D'un trésorier,
D'un secrétaire général,
D'un secrétaire adjoint,
D'un comité des fonds, composé de six membres,
D'un comité d'instruction, composé de six membres,
D'un comité d'économie ou de dépenses, composé de six membres ;

D'un comité d'inspection, composé de quinze membres.

Le conseil est autorisé à s'adjoindre dix autres sociétaires.

Les nominations auront lieu à la majorité absolue, et au troisième tour de scrutin à la majorité relative.

(Ibid., art. 10.)

En cas d'absence motivée du président ou du vice-président, le conseil sera présidé par le doyen d'âge des censeurs, et successivement par le doyen d'âge des divers comités, dans l'ordre ci-dessus établi. Les secrétaire et secrétaire adjoint seront suppléés par les membres du conseil que le président désignera.

(Ibid., art. 11.)

Chaque comité nommera son bureau, qui se composera d'un président et d'un secrétaire. Ils seront, en cas d'absence, suppléés par les sociétaires que le conseil est autorisé à s'adjoindre.

(Ibid., art. 12.)

Le président, et en son absence le vice-président, dirigeront les travaux de la société ; ils en signeront tous les actes et ordonneront les dépenses en conséquence des rapports des comités et des délibérations du conseil d'administration. Ils convoqueront les assemblées générales, et les présideront en l'absence des présidens honoraires ; ils convoqueront et présideront toutes les assemblées du conseil, et feront de droit partie de toutes les commissions.

(Ibid., art. 13.)

Les secrétaires rédigeront les procès-verbaux des séances et le compte-rendu annuel des travaux de la société.

(Ibid., art. 14.

Le trésorier rendra ses comptes tous les ans, en séance générale, après les avoir fait préalablement vérifier par le conseil d'administration.

(Ibid., art. 15.)

Les censeurs seront spécialement chargés de veiller au maintien des statuts et à l'exécution des règlemens, et d'y rappeler, les cas échéans.

(Ibid., art. 16.)

Le comité d'instruction s'occupe des moyens d'améliorer les méthodes d'enseignement mutuel et d'en faire l'application aux écoles de la société, sous la condition que tous les changemens qu'il serait question d'introduire seront préalablement soumis à l'approbation du recteur de l'académie.

(Ibid., art. 17.)

Le comité d'inspection surveille les instituteurs et les maîtresses, fait observer les méthodes et le régime prescrits, pro-

pose des encouragemens pour les maîtres, maîtresses et leurs élèves, et veille au maintien de la discipline. Il rend compte au conseil de l'état des écoles, une fois au moins par trimestre.
(Ibid., art. 18.)

Le comité des fonds donnera son avis sur le placement du montant des souscriptions des dons volontaires, et sur leur emploi, qui sera déterminé par le conseil d'administration.
(Ibid., art. 19.)

Le comité d'économie et des dépenses s'occupera du choix du logement des écoles et des maîtres, et de toute espèce de dépense.
(Ibid., art. 20.)

Il sera nommé des présidens honoraires parmi les sociétaires qui auront rendu le plus de services à l'institution. Le doyen d'âge de ces présidens occupera le fauteuil dans les assemblées générales. Le président du conseil d'administration siégera à sa droite et le secrétaire à sa gauche.
(Ibid., art. 21.)

Titre IV. — Dispositions particulières.

Les changemens à faire aux présens statuts seront discutés en l'assemblée générale. Les propositions à ce sujet seront déposées sur le bureau, un mois à l'avance, et le rapport en sera fait par le président du conseil d'administration. Les changemens qui auront été adoptés en l'assemblée générale seront soumis à l'approbation du conseil royal de l'instruction publique.
(Ibid., art. 22.)

L'art. 1er. des présens statuts est excepté des dispositions de l'article qui précède. Si, par force majeure, les établissemens d'enseignement mutuel se trouvaient supprimés, les fonds destinés à leur entretien ne pourront être employés à d'autres œuvres qu'en vertu de la décision de l'assemblée, composée au moins, dans ce cas, des trois cinquièmes des actionnaires existans. La délibération n'aura son effet qu'autant qu'elle aura été confirmée par une seconde délibération prise à une année d'intervalle.
(Ibid., art. 23.)

Ordonnance du roi portant que la société d'encouragement pour l'instruction primaire parmi les protestans de France, est reconnue comme établissement d'utilité publique, et que les statuts de ladite société sont approuvés (1).

910. La société d'encouragement pour l'instruction primaire parmi les protestans, est reconnue comme établissement d'utilité publique ; les statuts de ladite société, dont un exemplaire sera annexé à la présente ordonnance, sont et demeurent approuvés.

Il n'y pourra être fait aucun changement sans notre autorisation.

(Ordonnance du 15 juillet 1829, art. 1er.)

Pour la fondation, l'organisation et la direction de ces écoles, ladite société sera tenue de se conformer aux lois, ordonnances et règlemens relatifs à l'instruction primaire.

(Ibid., art. 2.)

RÈGLEMENT DE LA SOCIÉTÉ D'ENCOURAGEMENT POUR L'INSTRUCTION PRIMAIRE PARMI LES PROTESTANS DE FRANCE.

Le but de la société est de seconder les progrès de l'instruction primaire parmi les protestans de France.

(Ibid., art. 1er.)

La société emploiera les fonds qui seront mis à sa disposition de la manière qui paraîtra le plus utile pour aider à l'amélioration des écoles existantes, à l'établissement de nouvelles écoles, et pour concourir, avec les institutions publiques ou particulières, à tout ce qui peut propager l'instruction primaire dans la population protestante.

(Ibid., art. 2.)

Seront membres de la société les personnes qui souscriront pour la somme annuelle de 10 fr. au moins, et qui auront été agréées par le comité, sur la présentation de deux sociétaires.

---

(1) CHARLES, etc. Sur le rapport de notre ministre secrétaire d'état au département de l'instruction publique,

Vu les ordonnances royales des 29 février 1816, 8 avril 1824 et 21 avril 1828, relatives aux écoles primaires ;

Les projets de statuts d'une société formée pour l'encouragement de l'instruction primaire parmi les protestans de France ;

Le projet de règlement adressé à notre ministre de l'instruction publique, le 2 juin 1829, par les sieurs marquis de Jaucourt, comte Verhuel, baron Delessert et autres ;

De l'avis du comité de l'intérieur et du commerce ,

Nous avons ordonné, etc.

Toute offrande, quelque faible qu'elle soit, sera reçue avec reconnaissance, et le nom de celui qui l'aura faite sera inscrit sur la liste des bienfaiteurs de la société.

(Ibid., art. 3.)

La direction des travaux de la société est confiée à un comité composé d'un président, quatre vice-présidens au moins, un trésorier, deux secrétaires et vingt assesseurs, dont douze résident à Paris et huit dans les départemens.

(Ibid., art. 4.)

Il est établi près de ce comité deux censeurs nommés par la société; ils assistent aux séances du comité; ils veillent au maintien des règlemens; ils vérifient et arrêtent les comptes du trésorier.

(Ibid., art. 5.)

Le comité se réunit ordinairement une fois par mois, et extraordinairement, sur la demande de trois membres, toutes les fois que les travaux de la société l'exigent. Dans les réunions ordinaires, cinq membres peuvent délibérer; en cas d'absence du président ou des vice-présidens, le membre le plus âgé préside la séance.

(Ibid., art. 6.)

Il y aura tous les ans une assemblée générale de la société pour entendre le rapport sur les travaux du comité, et recevoir les comptes du trésorier. Ce rapport et ces comptes seront rendus publics par la voie de l'impression.

(Ibid., art. 7.)

A l'époque de l'assemblée générale, le comité sera renouvelé par moitié. Les membres sortans pourront être réélus.

(Ibid., art. 8.)

Nul changement au présent règlement ne peut avoir lieu que dans une assemblée générale de la société et sur la demande du comité d'administration.

(Ibid., art. 9.)

Toutes les fonctions du comité sont gratuites.

(Ibid., art. 10.)

ARTICLES TRANSITOIRES.

Sont membres du comité pour l'année 1829 :

MM.....

Les membres sus-nommés sont autorisés à pourvoir aux places

vacantes dans le comité, soit par non acceptation, soit par démission volontaire.

(Ibid., art. 11 et 12 (1).)

Ordonnance du roi concernant la société des frères de l'instruction chrétienne du diocèse de Viviers.

911. L'autorisation accordée par notre ordonnance du 10 mars 1825 à la société des frères de l'instruction chrétienne du diocèse de Viviers, de fournir des maîtres aux écoles primaires

(1) COMITÉ D'ADMINISTRATION
DE LA SOCIÉTÉ D'ENCOURAGEMENT POUR L'INSTRUCTION PRIMAIRE PARMI LES PROTESTANS DE FRANCE (Année 1829).

Président :
M. le marquis de JAUCOURT, pair de France.

Vice-Présidens :
MM. l'amiral comte VERHUEL, pair de France ;
Le comte BOISSY-D'ANGLAS, pair de France ;
Le baron PELET DE LA LOZÈRE, membre de la chambre des députés.
Le baron BENJAMIN DELESSERT, membre de la chambre des députés.

Trésorier :
M. François DELESSERT.

Censeurs :
MM. LAFFON DE LADÉBAT, père ;
BARTHOLDI, père.

Secrétaires :
MM. Édouard LAFFON DE LADÉBAT ;
MARTIN, fils, ministre du saint Évangile.

Assesseurs résidant à Paris :
MM. Frédéric CUVIER ;
MONOD, père, pasteur ;
BOISSARD, pasteur ;
GUIZOT, professeur ;
DENFERT ;
KIEFFER, professeur ;
LUTTEROTH, fils ;
STAPFER, père ;
OBERKAMPF ;
ODIER, fils ;
MALLET (James, le baron) ;
CHABAUD-LATOUR.

Assesseurs non résidant :
MM. DOUNOUS, député ;
DAUNANT, idem ;
TURCKHEIM, idem ;
FLEURIAU DE BELLEVUE, idem ;
GAUTIER, idem ;
PREISSAC, idem ;
COUDERC, idem ;
BALGUÉRIE, aîné, idem.

du département de l'Ardèche, est étendue au département de la Haute-Loire.

(Ordonnance du 19 novembre 1829 (1).)

Ordonnance du roi qui autorise l'établissement dans la commune de Vourles, département du Rhône, d'une association charitable sous le titre d'Association de Saint-Viateur, destinée à fournir des instituteurs primaires aux communes du ressort de l'Académie de Lyon (2).

912. La société que le sieur Querbes se propose d'établir sous le titre d'*Association de Saint-Viateur*, et dont le chef-lieu sera établi dans la commune de Vourles, département du Rhône, est autorisée comme association charitable en faveur de l'instruction primaire, aux termes de l'article 36 de l'ordonnance du 29 février 1816; les statuts de cette société, qui resteront annexés à la présente ordonnance, sont approuvés.

(Ordonnance du 10 juin 1830, art. 1er.)

Ladite société se conformera aux lois et règlemens relatifs à l'instruction publique, et notamment aux articles 10, 11 et 13 de la susdite ordonnance du 29 février 1816, et à l'article 10 de l'ordonnance du 21 avril 1828, en ce qui concerne l'obligation imposée à tous les instituteurs primaires d'obtenir du recteur de l'académie le brevet de capacité et l'autorisation nécessaires.

(Ibid., art. 2.)

Le brevet de capacité sera délivré aux membres de l'association d'après les examens que le recteur de l'académie leur fera subir. Ils recevront également du recteur l'autorisation spéciale d'exercer, dans un lieu déterminé, sur le vu de la lettre particulière d'obédience qui leur sera donnée par le directeur de l'association.

(Ibid., art. 3.)

Le conseil royal pourra, en se conformant aux lois et règle-

---

(1) CHARLES... Vu les ordonnances du 29 février 1816 et du 21 avril 1828, concernant l'instruction primaire; vu notre ordonnance du 10 mars 1829, qui a autorisé l'association destinée à fournir des maîtres aux écoles primaires du département de l'Ardèche, et formée sous le nom des *Frères de l'instruction chrétienne du diocèse de Viviers*; vu la demande de M. l'évêque du Puy; vu l'avis de notre conseil royal de l'instruction publique; vu l'avis du comité de l'intérieur de notre conseil d'état; nous avons ordonné, etc.

(2) CHARLES, etc. Sur le rapport de notre ministre secrétaire d'état au département des affaires ecclésiastiques et de l'instruction publique;

Vu les statuts d'une association charitable destinée à fournir des instituteurs primaires aux communes dans le ressort de l'académie de Lyon, et dont le chef-lieu doit être établi à Vourles, département du Rhône;

Vu les ordonnances du 29 février 1816 et du 21 avril 1828, concernant l'instruction primaire;

Nous avons ordonné, etc.

mens relatifs à l'administration publique, recevoir les legs et donations qui seraient faits en faveur de ladite association, à charge d'en faire jouir respectivement, soit l'association en général, soit chacune des écoles tenues par elle, conformément aux intentions des donateurs et des testateurs.

(Ibid., art. 4.)

Ordonnance concernant la société d'Angers pour l'encouragement de l'enseignement mutuel.

913. La société établie à Angers pour l'encouragement de l'enseignement mutuel élémentaire est reconnue comme établissement d'utilité publique. Ses statuts annexés à la présente ordonnance sont approuvés.

(Ordonnance du 3 décembre 1831, art. 1er.)

Pour l'établissement des écoles, le placement des maîtres, la distribution des livres destinés à l'instruction primaire et des récompenses aux maîtres qui se seront le plus distingués, ladite société sera tenue de se conformer aux lois, ordonnances et règlemens relatifs à l'instruction publique.

(Ibid., art. 2.)

Cette société pourra recevoir des legs et donations, acquérir et aliéner, après en avoir obtenu l'autorisation, conformément aux lois sur cette matière.

(Ibid., art. 3.)

914. La société formée pour l'instruction primaire dans l'arrondissement de Mirecourt, département des Vosges, est approuvée, et les statuts de cette société sont approuvés.

(Ordonnance du 2 mars 1832.)

915. Les trois sociétés de bienfaisance établies dans le département de Seine-et-Oise, à Montfort-l'Amaury, à Houdan et à Mantes, pour la propagation et l'amélioration de l'instruction primaire, principalement pour les classes indigentes, sont reconnues comme établissemens d'utilité publique, et leurs règlemens sont approuvés.

(Ordonnance du 8 avril 1832.)

DISPOSITIONS PARTICULIÈRES CONCERNANT LES INSTITUTRICES ET LES ÉCOLES DE FILLES (1).

916. Il sera formé une commission de cinq membres dans le chef-lieu de chaque département; cette commission sera char-

---

(1) Les dispositions qu'on va lire sont pour la plupart extraites de différentes circulaires du ministre de l'intérieur, qui, jusqu'à l'ordonnance de 1828, était chargé de ce qui concerne les écoles des filles : elles ont eu pour base l'ordonnance du 29 février 1816. Cette ordonnance, disait M. le duc de Cazes, dans sa circulaire du 3 juin 1829, a depuis trois ans placé

gée d'examiner sous le rapport de l'instruction, les personnes qui désireront se vouer aux fonctions d'institutrices.

(Circulaire du ministre de l'intérieur aux préfets, du 3 juin 1829.)

917. Aucune postulante, fille, mariée ou veuve, ne sera admise devant le jury d'examen, si elle n'est âgée de vingt ans au moins, et si elle n'est munie des pièces suivantes, dont le préfet fera la vérification :

1°. Un acte de naissance, et, si elle est mariée, un extrait de l'acte de célébration de son mariage ;

2°. Un certificat de bonne conduite et de bonnes mœurs des curés et maires de la commune ou des communes où elle aura habité depuis trois ans au moins.

918. D'après le rapport du jury d'examen, le préfet délivrera, s'il y a lieu, à la postulante un brevet de capacité.

919. Ces brevets seront de deux degrés : ceux du deuxième degré ou du degré inférieur seront accordés aux personnes qui sauront suffisamment lire, écrire et chiffrer pour en donner des leçons.

Les connaissances exigées des institutrices du premier degré seront les principes de leur religion, la lecture, l'écriture, les quatre premières règles de l'arithmétique, celles de trois et de société, et les élémens de la grammaire.

920. Pour avoir le droit d'exercer, il faudra, outre le brevet de capacité, une autorisation spéciale pour une commune déterminée, autorisation que le préfet délivrera sur la proposition qui lui sera adressée par le maire et le curé ou desservant, ou par le fondateur de l'école, avec l'avis du comité cantonal.

921. Lorsqu'une institutrice, munie d'un brevet de capacité obtenu dans un département, se présentera pour exercer sa profession dans un autre département, elle sera dispensée de subir l'examen ; mais elle n'en sera pas moins tenue de produire les certificats de bonnes mœurs exigés des personnes qui entrent dans la carrière de l'enseignement.

Dans le cas où les certificats présentés ne paraîtraient pas

---

l'instruction primaire au rang qu'elle devait occuper parmi les institutions sociales, et déjà les bons effets s'en font sentir de toutes parts. Mais plus les résultats obtenus par l'application des dispositions de cette ordonnance aux écoles de garçons ont été heureux, et plus on regrette que celles de ces dispositions qui en étaient susceptibles n'aient point été étendues aux écoles de filles, qui, moins nombreuses que les premières, mais non moins intéressantes, appellent aussi la sollicitude de l'autorité, et je me suis proposé de remplir ce but. Les trois objets qui doivent occuper MM. les préfets sont : 1°. le choix des institutrices ; 2°. la surveillance des écoles ; 3°. l'augmentation de leur nombre. — La surveillance doit être attribuée aux comités cantonnaux, et l'ordonnance du 29 février indique assez de quelle manière cette surveillance doit être exercée ; les préfets savent également quels sont les moyens à employer pour multiplier le nombre des écoles dans les communes où il est insuffisant. Je vais donc m'attacher surtout à ce qui concerne le choix des institutrices. »

offrir toutes les garanties désirables, le préfet devra, autant que possible, se procurer directement des renseignemens plus complets.

922. Lorsqu'une institutrice demandera l'autorisation de passer d'une commune de département dans une autre, elle devra présenter au préfet des certificats de bonne conduite du maire et du curé de la commune qu'elle va quitter. En cas de refus du maire, ce magistrat devra rendre compte de ces motifs au préfet; le préfet prendra aussi l'avis du comité cantonnal.

923. Les art. 7, 8, 9, 14, 15, 16, 17, 18, 19, 20, 21, 22, 23, 25, 26, 27, 28, 31, 39 et 40 de l'ordonnance du 29 février 1816 sont applicables aux écoles primaires de filles, en substituant toutefois à l'intervention du recteur celle de l'autorité administrative.

924. Aucune institutrice ne pourra, sous quelque prétexte que ce soit, recevoir des garçons dans son école.

925. Les comités cantonnaux seront informés directement par le préfet des dispositions ci-dessus.

(Même circulaire.)

926. A l'égard des institutrices qui appartiennent à des congrégations religieuses, elles pourront être dispensées de se pourvoir de brevets de capacité ; le préfet pourra leur délivrer l'autorisation d'enseigner d'après l'exhibition de leur lettre d'obédience. Ces institutrices seront ainsi assimilées aux frères des écoles chrétiennes.

(Circulaire du 29 juillet 1819.)

927. Dans les départemens d'une grande étendue, et dont le chef-lieu n'est point placé dans un point central, il pourra être établi plusieurs juris d'examen, selon que le préfet le jugera nécessaire (1).

928. La forme dans laquelle les brevets de capacité et les autorisations d'enseigner seront rédigés, sera partout la même.

(Même circulaire.)

---

(1) Quelques préfets pensaient que l'institution d'un seul juri d'examen par département entraînerait des inconvéniens, et que beaucoup de personnes, qui désireraient se vouer à la profession d'institutrices, seraient arrêtées par l'embarras et la dépense d'un voyage de plusieurs jours pour aller subir leur examen.

Cet inconvénient n'avait point échappé au ministre ; mais il avait considéré qu'une institutrice n'aurait à faire ce voyage qu'une fois dans sa vie. Il lui paraissait d'ailleurs que l'inconvénient justement remarqué devait céder à un avantage précieux, celui de soumettre les candidats à l'examen d'un juri éclairé, impartial, opérant sous les yeux du premier magistrat du département, et placé au-dessus de toutes les petites influences locales, influences dont l'effet pourrait être aussi funeste aux institutrices elles-mêmes qu'à l'éducation des enfans.

Je conçois cependant, ajoutait-il, que, dans les départemens d'une grande étendue et dont le chef-lieu n'est pas placé dans un point central, l'établissement d'un autre ou de plusieurs autres juris d'examen peut être indispensable.

J'autorise donc une pareille mesure, en laissant à MM. les préfets le soin d'en apprécier la nécessité dans chaque département en particulier. »

Ordonnance du roi.

929. Les dispositions de notre ordonnance du 29 février 1816 sont applicables aux écoles des filles comme aux écoles des garçons.
(Ordonnance du 3 avril 1820, art. 1er. (1).)

930. Toutefois, la surveillance qui est attribuée à la commission de l'instruction publique sur ces dernières écoles est confiée, pour les écoles de filles, aux préfets des départemens.
(Ibid., art. 2.)

931. Les institutrices d'écoles de filles appartenant à une congrégation légalement reconnue, et dont les statuts, et spécialement ceux qui sont relatifs à l'instruction des novices, auront été approuvés par nous, seront assimilées aux frères des écoles chrétiennes, en ce point que leurs brevets de capacité seront expédiés sur la présentation de leurs lettres d'obédience, et que ces brevets seront déposés dans les mains des supérieures de la congrégation, lesquelles pourront annuler ceux des institutrices qu'elles se verraient obligées d'exclure.
(Ibid., art. 3.)

Dispositions concernant les écoles de filles de degrés supérieurs (1).

932. Une commission composée de sept membres, et formée

---

(1) LOUIS... Sur la représentation qui nous a été faite, que notre ordonnance du 29 février 1816, relative à l'instruction primaire, n'exprimait pas suffisamment que les dispositions de cette ordonnance fussent applicables aux institutrices, et pour ne laisser aucun doute sur nos intentions, qui ont été d'apporter aussi dans l'éducation des filles les importantes améliorations dont elle est susceptible ;
Sur le rapport de notre ministre secrétaire d'état au département de l'intérieur ;
Notre conseil d'état entendu ,
Nous avons ordonné , etc.

(2) « L'état déplorable de l'instruction élémentaire dans les campagnes, disait le ministre (M. Siméon), fixait depuis long-temps l'attention du gouvernement, et l'on a dû s'occuper d'abord de cet important objet. Mais les écoles de filles de degrés supérieurs ont aussi des titres à l'intérêt de l'autorité , et nous allons maintenant nous efforcer d'apporter dans le régime de ces institutions toutes les améliorations dont il est susceptible.
Nous nous conformerons ainsi aux intentions du roi, exprimées dans son ordonnance du 3 avril dernier.
Nous aurons rempli les devoirs qui nous sont imposés , si nous parvenons,
1°. A soumettre les maîtresses de pensions et les sous-maîtresses à un examen rigoureux, qui tende principalement à faire bien connaître leurs mœurs, l'éducation qu'elles ont reçue , les divers états qu'elles ont exercés , les vraies causes qui les leur ont fait abandonner, et enfin la conduite, les mœurs et les principes des hommes auxquels elles sont attachées par les liens du mariage ;
2°. A établir sur les maisons tenues par ces institutrices une surveillance continuelle, qui mette l'administration à même de connaître la direction donnée à l'éducation des jeunes personnes , de suivre et d'éclairer la conduite des institutrices elles-mêmes et des sous-maîtresses , dans tout ce qui a rapport à leur profession ; enfin de juger si elles méritent la louange et la protection , ou le blâme et l'interdiction.
Les règlemens établis pour les écoles primaires de filles ne rempliraient en aucune

par le préfet, se réunira au moins une fois par mois et lui donnera son avis sur toutes les questions relatives aux maisons d'éducation de filles. Le préfet lui communiquera les différens rapports qui lui seront adressés ; il lui procurera les renseignemens dont elle aura besoin pour éclairer son opinion sur les individus et sur les choses, et il la mettra ainsi à même de lui proposer des améliorations et des mesures utiles.

(Circulaire du 19 juin 1820.)

933. La commission sera en outre chargée d'examiner, sous le rapport de l'instruction, les personnes qui se présenteraient pour obtenir des diplômes de maîtresses ou sous-maîtresses de pension. La plus grande sévérité devra présider à cette opération.

934. Aucun individu ne pourra tenir une maison d'éducation sans s'être préalablement pourvu d'un diplôme et d'une autorisation de s'établir dans un lieu déterminé.

Aucune personne ne pourra remplir les fonctions de sous-maîtresse d'études, si elle n'a obtenu un diplôme.

Les filles ou parentes des directrices ne sont point dispensées de cette obligation.

935. Aucune personne, fille, mariée ou veuve, ne pourra être admise comme directrice d'une maison d'éducation avant l'âge de vingt-cinq ans accomplis.

Il faudra avoir dix-huit ans accomplis pour obtenir le diplôme de sous-maîtresse ou maîtresse d'études.

936. Ne pourront se présenter devant le juri d'examen que les personnes qui rempliront ces conditions d'âge, et qui seront munies des pièces suivantes, savoir :

Un acte de naissance ;

Un certificat de bonnes mœurs délivré, sur l'attestation de trois témoins, par le maire de la commune qu'habite la postulante.

Si elle est mariée, elle fournira un extrait de l'acte de célébration de son mariage, et le certificat de bonnes mœurs devra être commun à elle et à son mari.

Si elle est veuve, elle devra se pourvoir de l'acte de décès de son mari.

Si elle est séparée de corps, elle produira un extrait du jugement qui prononce la séparation, afin que l'on puisse connaître

manière l'objet que nous nous proposons ici. Les maîtresses de pension exercent sur les mœurs et sur le caractère de leurs élèves une trop grande influence, le bonheur des familles dépend trop immédiatement de l'usage que ces personnes ont fait de l'autorité qu'on leur a confiée, pour qu'on ne leur demande pas d'autres garanties que celles exigées des institutrices primaires. »

si les motifs de cette mesure ne témoignent rien contre ses mœurs.

937. Les connaissances exigées des personnes qui se présenteront pour obtenir le diplôme de maîtresse de pension seront les principes de la religion, la lecture, l'écriture, la grammaire française et l'arithmétique.

Les personnes qui voudraient être sous-maîtresses devront savoir lire et écrire correctement, et justifier qu'elles sont en état de montrer au moins l'une des parties de l'enseignement dont suit l'énoncé :

Les principes de la religion, la lecture, l'écriture, la grammaire française, l'arithmétique, l'histoire ancienne et moderne, et la géographie.

938. Indépendamment des bons témoignages renfermés dans les certificats fournis par les postulantes, le préfet se procurera, par tous les moyens qui sont à sa disposition, des renseignemens plus complets sur leur compte. Il s'adressera, pour les obtenir, soit aux préfets des départemens, soit aux maires des communes que les postulantes auront habitées.

939. D'après le résultat de ces recherches et le rapport du juri d'examen, le préfet délivrera, s'il y a lieu, le diplôme sollicité.

Ce diplôme n'aura de valeur que dans l'étendue du département.

940. Le préfet donnera ensuite à celle qui aura obtenu le diplôme, et qui voudra se mettre à la tête d'une maison d'éducation, l'autorisation de s'établir dans le lieu qu'elle aura choisi, si toutefois ce lieu ne présente aucun danger sous le rapport de la salubrité ou du voisinage des autres habitations.

941. Les maîtresses de pension déjà établies, et les sous-maîtresses déjà placées, devront se munir de diplômes et d'autorisations avant le 1er. octobre prochain ; mais les premières ne seront point tenues de subir un examen ; elles devront seulement fournir les certificats exigés des personnes qui entrent dans la carrière de l'enseignement.

942. La cession d'une maison d'éducation ne pourra être faite qu'à une personne préalablement autorisée à diriger l'établissement.

943. Les maîtresses et sous-maîtresses appartenant à des congrégations religieuses autorisées par le roi seront dispensées de subir l'examen ; le préfet pourra leur remettre le diplôme et l'autorisation d'enseigner, d'après l'exhibition de leur lettre d'obédience ; et si, dans quelques cas particuliers, il voit des inconvéniens à leur confier l'éducation de jeunes filles, il devra

en référer au ministre, qui décidera si le diplôme doit ou ne doit pas être délivré.

944. Le préfet pourra, pour des motifs graves et par un arrêté, révoquer le diplôme et l'autorisation accordés à une institutrice ; mais cet arrêté devra être soumis à l'approbation du ministre, avant de recevoir son exécution.

945. Le maire de chaque commune s'assurera si les institutrices qui y résident ou qui viendraient s'y établir sont munies de diplômes ou d'autorisations.

946. Le préfet aura recours aux procureurs du roi pour faire fermer les maisons des individus qui ne seraient point en règle, conformément au décret du 15 novembre 1811, aux ordonnances du 29 février 1816 et du 3 avril 1820.

947. Les visites qui doivent avoir lieu dans l'intérieur des pensionnats de filles seront faites par des personnes du sexe. A cet effet, deux ou trois personnes seront choisies par le préfet entre les mères de famille les plus recommandables par leur rang, leur caractère, et surtout par la pureté de leurs mœurs et de leurs principes religieux.

Elles auront le titre de *dames inspectrices*.

Elles visiteront de temps en temps, et à l'improviste, les maisons d'éducation placées sous leur surveillance.

Elles s'assureront de l'exécution des règlemens en ce qui concerne les directrices d'établissemens et les maîtresses d'études.

Elles examineront si les maisons sont suffisamment vastes pour le nombre d'élèves qui s'y trouvent, et si les dispositions intérieures ne laissent rien à désirer sous le rapport de la salubrité et de la décence.

Elles s'informeront s'il n'y a point de voisinage dangereux pour les mœurs ou la santé des enfans.

Elles auront soin de visiter les infirmeries ; et dans le cas où il y aurait des maladies contagieuses, elles se feront rendre compte des mesures prises pour éviter toute communication entre les malades et les autres personnes de la maison.

Elles recommanderont la pratique de la vaccine.

Elles examineront si la nourriture est suffisante et de bonne qualité, et s'informeront si les heures de repas, d'étude, de repos et de récréation, sont convenablement réglées ; si on n'inflige aux jeunes personnes aucune punition, si on ne leur permet aucun jeu, qui puisse nuire à leur santé.

Les inspectrices s'assureront encore si l'on fait pratiquer exactement aux élèves les exercices de leur religion.

Elles tâcheront de connaître d'une manière certaine quelle est la direction donnée à l'éducation, et si elle ne tend pas, soit à relâcher les mœurs des élèves, soit à leur inculquer des principes erronés.

948. Les pensionnats tenus par des religieuses seront, comme les autres établissemens, soumis à la surveillance des dames inspectrices, en tout ce qui concerne les jeunes élèves.

949. Les dames inspectrices feront leur rapport au préfet sur tout ce qu'elles auront remarqué dans leurs visites.

Les sous-préfets et maires lui communiqueront les renseignemens qu'ils auront recueillis sur les maisons placées dans l'étendue de leur arrondissement ou commune.

950. Les jeux, les danses, les concerts et les représentations théâtrales sont interdits dans les distributions de prix. Ces distributions ne pourront être faites qu'en présence des maîtresses d'établissement, des pères ou tuteurs, des mères ou correspondantes des élèves, de leurs parens et des dames inspectrices.

(Même circulaire.)

Disposition commune aux écoles de filles et de garçons.

951. Aux termes de l'article 32 de l'ordonnance du 29 février 1816, les garçons et les filles ne doivent pas être réunis pour l'enseignement. Quoique cette disposition soit dans l'ordre des convenances et dans l'intérêt des mœurs, il est possible que, faute de local, et dans les campagnes où il n'existe qu'un seul instituteur pour les deux sexes, elle soit d'une exécution difficile ; dans ce cas, il paraîtrait convenable de fixer deux séances dans ces écoles, une le matin pour les garçons, et l'autre le soir pour les filles ; mais on ne doit prendre ce parti que quand il n'y aura pas moyen de faire autrement.

(Circulaire du 20 mai 1826.)

Dispositions communes à toutes les personnes qui veulent tenir une école primaire ou un pensionnat de filles.

952. Le préfet n'enverra devant le juri d'examen les personnes qui voudraient tenir une école ou un pensionnat de filles, qu'autant qu'aux autres conditions requises elles joindront un certificat de bonne conduite des curés et maires de la commune ou des communes où elles auront habité depuis trois ans au moins, ainsi que le prescrit l'article 10 de l'ordonnance du 29 février 1816.

(Circulaire du 4 novembre 1820.)

953. Les maisons d'éducation des filles de degrés supérieurs sont, comme les écoles primaires de filles, maintenues sous la surveillance des préfets des départemens.

(Ordonnance du 31 octobre 1821, art. 1er.)

954. Aucune école primaire, pension ou institution de filles ne pourra être ouverte, sans que la maîtresse ne soit préalablement pourvue d'une autorisation du préfet du département.

Les sous-maîtresses employées dans ces maisons seront également tenues de se munir d'une pareille autorisation.

(Ibid. (1), art. 2 et 3.)

955. Une autorisation légalement donnée ne pourra être retirée par nos préfets qu'après qu'il en aura été par eux référé à notre ministre de l'intérieur.

(Ibid., art. 4.)

956. Les maîtresses d'écoles primaires, de pensions et institutions de filles, ouvertes sans autorisation, ou qui continueraient de l'être après que l'autorisation aura été retirée, seront poursuivies pour contravention aux règlemens de police municipale, sans préjudice des peines plus graves qui pourraient être requises pour des cas prévus dans le Code pénal.

(Ibid., art. 5.)

957. Dans tous les cas, soit que notre procureur agisse d'office, soit que la poursuite se fasse à la diligence du préfet, ces fonctionnaires se préviendront réciproquement, et se concerteront pour que les parens ou tuteurs des élèves soient avertis de les retirer.

(Ibid., art. 6.)

958. Notre ministre secrétaire d'état de l'intérieur et notre garde des sceaux, ministre secrétaire d'état de la justice, sont chargés de l'exécution de la présente ordonnance, qui sera insérée au Bulletin des lois.

(Ibid., art. 7.)

Ordonnance du roi concernant les écoles primaires de filles.

959. Les dispositions de la présente ordonnance s'appliquent tant aux écoles primaires des garçons qu'aux écoles primaires des filles.

(Ordonnance du 21 avril 1828, art. 21.)

960. Les écoles de filles tenues par des institutrices qui appartiennent à des communautés religieuses légalement reconnues, ne sont point comprises dans les termes de l'art. 21 de l'ordonnance du 21 avril 1828.

(Rapport au roi, approuvé le 6 janvier 1830.)

---

(1) Louis... Vu la loi du 22 décembre 1789, qui attribue aux administrations départementales la surveillance de l'éducation publique en général; vu l'ordonnance du 3 avril 1820, qui maintient les préfets dans l'exercice de cette surveillance pour les écoles de filles; considérant qu'il importe de lever toutes les difficultés qui pourraient s'opposer à la répression des délits commis par les institutrices de tous les degrés; sur le rapport de notre ministre secrétaire d'état de l'intérieur, notre conseil d'état entendu, nous avons ordonné; etc.

Lesdites écoles de filles continueront d'être surveillées par les autorités ecclésiastiques et administratives conformément aux dispositions antérieures.

(Ibidem.)

SECTION DEUXIÈME.

DE L'INSTRUCTION PRIMAIRE DEPUIS LA LOI DU 28 JUIN 1833 (1).

De l'instruction primaire et de son objet.

961. L'instruction primaire est élémentaire ou supérieure.

L'instruction primaire élémentaire comprend nécessairement l'instruction morale et religieuse, la lecture, l'écriture, les élémens de la langue française et du calcul, le système légal des poids et mesures.

L'instruction primaire supérieure comprend nécessairement, en outre, les élémens de la géométrie et ses applications usuelles, spécialement le dessin linéaire et l'arpentage, des notions des sciences physiques et de l'histoire naturelle applicables aux usages de la vie, le chant, les élémens de l'histoire et de la géographie, et surtout de l'histoire et de la géographie de la France.

Selon les besoins et les ressources des localités, l'instruction primaire pourra recevoir les développemens qui seront jugés convenables (2).

(Loi du 28 juin 1833, art. 1er.)

(1) Nous entrons ici dans une ère nouvelle, non assurément que l'instruction primaire ait tout à coup répudié tout le passé, il y aurait eu ingratitude et mécompte; mais parce que désormais toutes les sages mesures, toutes les inspirations du zèle, toutes les données de l'expérience auront, pour se développer et pour produire leurs fruits, ce puissant secours, cette force victorieuse que rien ne remplace, UNE LOI.

(2) Personne, il faut bien l'espérer, ne contestera plus sérieusement la nécessité de l'instruction élémentaire; espérons aussi que l'utilité des écoles primaires du degré supérieur sera de plus en plus sentie. Déjà un grand nombre de communes, même parmi celles qui ne se trouvaient sous aucune des conditions indiquées par la loi, ont désiré et formé de pareils établissemens : là, on peut le dire, est une des causes les plus fécondes d'amélioration sociale ; l'instruction sagement limitée, mais variée, mais pratique, mais usuelle, qui sera donnée dans ces écoles, contribuera puissamment à diminuer les prétentions aveugles et désordonnées, et à placer les hommes selon leurs capacités réelles et leur véritable destination. Portons plus loin encore nos espérances pour la sainte cause de l'humanité ; et croyons que l'instruction morale et religieuse étant la base de l'enseignement dans toutes les écoles primaires, à mesure que ces écoles, aussi multipliées que nos villages, reverseront leurs élèves dans la société, on verra, comme nous l'avons dit ailleurs, *à côté de tous les efforts de l'industrie, des sciences et des arts, se ranimer dans les esprits, et revivre au fond des âmes, ces nobles et pieuses doctrines qui conservent à l'homme toute sa valeur et toute sa dignité, en l'élevant jusqu'à Dieu son principe et sa fin.* A cette condition sans doute l'instruction universelle de 32 millions d'hommes sera un immense et incontestable bienfait, pour la France d'abord, et, on peut le dire, pour le monde entier, auquel la France a été donnée en spectacle et en exemple.

962. Le vœu des pères de famille sera toujours consulté et suivi en ce qui concerne la participation de leurs enfans à l'instruction religieuse.

(Ibid., art. 2.)

963. L'instruction primaire est privée ou publique.

(Ibid., art. 3.)

Des écoles primaires privées.

964. Tout individu âgé de dix-huit ans accomplis pourra exercer la profession d'instituteur primaire et diriger tout établissement quelconque d'instruction primaire, sans autres conditions que de présenter préalablement au maire de la commune où il voudra tenir école :

1°. Un brevet de capacité obtenu, après examen, selon le degré de l'école qu'il veut établir ;

2°. Un certificat constatant que l'impétrant est digne, par sa moralité, de se livrer à l'enseignement. Ce certificat sera délivré, sur l'attestation de trois conseillers municipaux, par le maire de la commune ou de chacune des communes où il aura résidé depuis trois ans.

(Ibid., art. 4.)

965. Sont incapables de tenir école :

1°. Les condamnés à des peines afflictives ou infamantes ;

2°. Les condamnés pour vol, escroquerie, banqueroute, abus de confiance ou attentat aux mœurs, et les individus qui auront été privés par jugement de tout ou partie des droits de famille mentionnés aux paragraphes 5 et 6 de l'art. 42 du Code pénal ;

3°. Les individus interdits en exécution de l'art. 7 de la présente loi.

(Ibid., art. 5.)

966. Quiconque aura ouvert une école primaire en contravention à l'art. 5, ou sans avoir satisfait aux conditions prescrites par l'art. 4 de la présente loi, sera poursuivi devant le tribunal correctionnel du lieu du délit, et condamné à une amende de cinquante à deux cents francs : l'école sera fermée.

En cas de récidive, le délinquant sera condamné à un emprisonnement de quinze à trente jours et à une amende de cent à quatre cents francs.

(Ibid., art. 6.)

967. Tout instituteur privé, sur la demande du comité mentionné dans l'art. 19 de la présente loi, ou sur la poursuite d'office du ministère public, pourra être traduit, pour cause d'inconduite ou d'immoralité devant le tribunal civil de l'arron-

dissement, et être interdit de l'exercice de sa professon à temps ou à toujours.

Le tribunal entendra les parties, et statuera sommairement en chambre du conseil. Il en sera de même sur l'appel, qui devra être interjeté dans le délai de dix jours, à compter du jour de la notification du jugement, et qui en aucun cas ne sera suspensif.

Le tout sans préjudice des poursuites qui pourraient avoir lieu pour crimes, délit ou contraventions prévus par les lois.

(Ibid., art. 7.)

968. Aussitôt que le maire d'une commune aura reçu la déclaration à lui faite, aux termes de l'art. 4 de la loi, par un individu qui remplira les conditions prescrites et qui voudra tenir une école, soit élémentaire, soit supérieure, il inscrira cette déclaration sur un registre spécial, et en délivrera récépissé au déclarant.

Il enverra au comité de l'arrondissement et au recteur de l'académie des copies de cette déclaration, ainsi que du certificat de moralité que doit présenter l'instituteur.

(Ordonnance du 16 juillet 1833 (1), art. 16.)

969. Est considérée comme école primaire toute réunion habituelle d'enfans de différentes familles, qui a pour but l'étude de tout ou partie des objets compris dans l'enseignement primaire.

(Ibid., art. 17.)

970. Tout local destiné à une école primaire privée sera préalablement visité par le maire de la commune ou par un des membres du comité communal, qui en constatera la convenance et la salubrité (2).

(Ibid., art. 18.)

971. Les instituteurs privés qui auront bien mérité de l'instruction primaire seront admis comme les instituteurs communaux, sur le rapport des préfets et des recteurs, à participer

---

(1) Louis-Philippe, roi des Français,
Vu la lettre du 28 juin 1833 sur l'instruction primaire;
Sur le rapport de notre ministre secrétaire d'état au département de l'instruction publique;
Notre conseil de l'instruction publique entendu,
Nous avons ordonné, etc.

(2) Cette visite est surtout nécessaire lorsqu'il est question d'écoles avec pensionnat, pour lesquelles il est si important de s'assurer que les précautions sont prises sous tous les rapports de la salubrité, de la discipline et des mœurs. Aussi le plan du local est-il une des pièces indispensables qui doivent toujours accompagner les demandes tendant à l'établissement de pensionnats primaires.

aux encouragemens et aux récompenses que notre ministre de l'instruction publique distribue annuellement (1).

(Ibid., art. 19.)

Des écoles primaires publiques.

972. Les écoles primaires publiques sont celles qu'entretiennent, en tout ou en partie, les communes, les départemens ou l'Etat.

(Loi du 28 juin 1833, art. 8.)

973. Toute commune est tenue, soit par elle-même, soit en se réunissant à une ou plusieurs communes voisines, d'entretenir au moins une école primaire élémentaire (2).

Dans le cas où les circonstances locales le permettraient, le ministre de l'instruction publique pourra, après avoir entendu le conseil municipal, autoriser, à titre d'écoles communales, des écoles plus particulièrement affectées à l'un des cultes par l'Etat.

(Ibid., art. 9.)

974. Les communes chefs-lieux de département, et celles dont la population excède six mille âmes, devront avoir en outre une école primaire supérieure.

(Ibid., art. 10.)

975. Tout département sera tenu d'entretenir une école normale primaire, soit par lui-même, soit en se réunissant à un ou plusieurs départemens voisins.

Les conseils généraux délibéreront sur les moyens d'assurer l'entretien des écoles normales primaires. Ils délibéreront également sur la réunion de plusieurs départemens pour l'entretien d'une seule école normale. Cette réunion devra être autorisée par ordonnance royale.

(Ibid., art. 11.)

---

(1) Les comités d'arrondissement doivent donner leur avis sur toutes les demandes de ce genre, qui concernent, soit les instituteurs communaux, soit les instituteurs privés. On remarquera que l'ordonnance ne parle pas de *secours*, mais d'*encouragemens et de récompenses*, ce qui suppose des services considérables rendus à l'instruction primaire. En effet, les fonds de l'état ne doivent pas être employés à fonder ni à soutenir des écoles qui ne seraient que des entreprises particulières, et quant aux instituteurs publics, la loi a pris soin de fixer leur sort, précisément pour qu'ils n'eussent plus besoin de *secours* proprement dits.

(2) Les premières lois, celles de 1793 et de 1794, étaient entrées, comme on l'a vu page 213, dans plus de détail; elles avaient ordonné que les écoles primaires seraient distribuées sur tout le territoire à raison de la population, qu'il y aurait une école primaire par 1,000 habitans, et cette proportion est fort raisonnable. La loi actuelle semble n'exiger de toute commune indistinctement qu'une seule école élémentaire; mais il est évident que les villes populeuses devront en établir plusieurs : car, suivant la loi même, art. 14, tous les enfans indigens doivent pouvoir trouver leur instruction dans l'école ou les écoles communales.

976. Il sera fourni à tout instituteur communal :

1°. Un local convenablement disposé, tant pour lui servir d'habitation que pour recevoir les élèves ;

2°. Un traitement fixe, qui ne pourra être moindre de deux cents francs pour une école primaire élémentaire, et de quatre cents francs pour une école primaire supérieure.

(Ibid., art. 12.)

977. A défaut de fondations, donations ou legs, qui assurent un local et un traitement, conformément à l'article précédent, le conseil municipal délibérera sur les moyens d'y pourvoir.

En cas d'insuffisance des revenus ordinaires pour l'établissement des écoles primaires communales élémentaires et supérieures, il y sera pourvu au moyen d'une imposition spéciale, votée par le conseil municipal, ou, à défaut du vote de ce conseil, établie par ordonnance royale. Cette imposition, qui devra être autorisée chaque année par la loi de finances, ne pourra excéder trois centimes additionnels au principal des contributions foncière, personnelle et mobilière.

Lorsque des communes n'auront pu, soit isolément, soit par la réunion de plusieurs d'entre elles, procurer un local e assurer le traitement au moyen de cette contribution de trois centimes, il sera pourvu aux dépenses reconnues nécessaires à l'instruction primaire, et, en cas d'insuffisance des fonds départementaux, par une imposition spéciale, votée par le conseil général du département, ou, à défaut du vote de ce conseil, établie par ordonnance royale (1). Cette imposition, qui devra être autorisée chaque année par la loi de finances, ne pourra excéder deux centimes additionnels au principal des contributions foncière, personnelle et mobilière.

Si les centimes ainsi imposés aux communes et aux départemens ne suffisent pas aux besoins de l'instruction primaire, le ministre de l'instruction publique y pourvoira au moyen d'une subvention prélevée sur le crédit qui sera porté annuellement pour l'instruction primaire au budget de l'Etat.

Chaque année, il sera annexé, à la proposition du budget, un rapport détaillé sur l'emploi des fonds alloués pour l'année précédente.

(Ibid., art. 13.)

---

(1) Il faut le dire avec honte et douleur, mais il faut le dire pour constater le point de départ de la loi à laquelle se rattachent tant d'espérances : après vingt ans d'efforts de la part de l'Université, et quatre ans encore après la nouvelle et forte impulsion donnée depuis 1830, il a fallu imposer d'office plus de 15,000 communes qui n'avaient rien voté pour l'instruction primaire en 1834. Il est plus difficile qu'on ne le croit de faire du bien aux hommes.

978. En sus du traitement fixe, l'instituteur communal recevra une rétribution mensuelle dont le taux sera réglé par le conseil municipal, et qui sera perçue dans la même forme et selon les mêmes règles que les contributions publiques directes. Le rôle en sera recouvrable, mois par mois, sur un état des élèves certifié par l'instituteur, visé par le maire, et rendu exécutoire par le sous-préfet.

Le recouvrement de la rétribution ne donnera lieu qu'au remboursement des frais par la commune, sans aucune remise au profit des agens de la perception.

Seront admis gratuitement dans l'école communale élémentaire, ceux des élèves de la commune ou des communes réunies, que les conseils municipaux auront désignés comme ne pouvant payer aucune rétribution.

Dans les écoles primaires supérieures, un nombre de places gratuites, déterminé par le conseil municipal, pourra être réservé pour les enfans qui, après concours, auront été désignés par le comité d'instruction primaire, dans les familles qui seront hors d'état de payer la rétribution.

(Ibid., art. 14.)

979. Il sera établi dans chaque département une caisse d'épargne et de prévoyance en faveur des instituteurs primaires communaux.

Les statuts de ces caisses d'épargne seront déterminés par des ordonnances royales.

Cette caisse sera formée par une retenue annuelle d'un vingtième sur le traitement fixe de chaque instituteur communal. Le montant de la retenue sera placé au compte ouvert au trésor royal pour les caisses d'épargne et de prévoyance ; les intérêts de ces fonds seront capitalisés tous les six mois. Le produit total de la retenue exercée sur chaque instituteur lui sera rendu à l'époque où il se retirera, et, en cas de décès dans l'exercice de ses fonctions, à sa veuve ou à ses héritiers.

Dans aucun cas, il ne pourra être ajouté aucune subvention, sur les fonds de l'état, à cette caisse d'épargne et de prévoyance ; mais elle pourra, dans les formes et selon les règles prescrites pour les établissemens d'utilité publique, recevoir des dons et legs dont l'emploi, à défaut de dispositions des donataires ou des testateurs, sera réglé par le conseil général.

(Ibid., art. 15.)

980. Nul ne pourra être nommé instituteur communal, s'il ne remplit les conditions de capacité et de moralité prescrites

par l'article 4 de la présente loi, ou s'il se trouve dans un des cas prévus par l'article 5.

(Ibid., art. 16.)

De l'organisation des écoles primaires publiques.

981. Les conseils municipaux délibéreront chaque année, dans leur session du mois de mai, sur la création ou l'entretien des écoles primaires communales, élémentaires ou supérieures, sur le taux de la rétribution mensuelle et du traitement fixe à accorder à chaque instituteur, et sur les sommes à voter, soit pour acquitter cette dépense, soit pour acquérir, construire, réparer ou louer des maisons d'école.

Ils dresseront annuellement, dans leur session du mois d'août, l'état des élèves qui devront être reçus gratuitement à l'école primaire élémentaire.

Ils détermineront, s'il y a lieu, dans cette même session, le nombre des places gratuites qui pourront être mises au concours pour l'école primaire supérieure.

(Ordonnance du 16 juillet 1833, art. 1er.)

982. Dans le cas où des communes limitrophes ne pourraient entretenir, chacune pour son compte, une école primaire élémentaire, les maires se concerteront pour établir une seule école à l'usage desdites communes.

La réunion des communes, à cet effet, ne pourra être opérée que du consentement formel des conseils municipaux, et avec l'approbation de notre ministre de l'instruction publique.

A défaut de conventions contraires de la part des conseils municipaux, les dépenses auxquelles l'entretien des écoles donnera lieu seront réparties entre les communes réunies, proportionnellement au montant de leurs contributions foncière, personnelle et mobilière. Cette répartition sera faite par le préfet.

Une réunion de communes ainsi opérée pourra être dissoute par notre ministre de l'instruction publique, sur la demande motivée d'un ou plusieurs conseils municipaux, mais à condition que ces conseils prendront l'engagement de pourvoir sans délai à l'établissement et à l'entretien des écoles de leurs communes respectives.

(Ibid., art. 2.)

983. Les maires des communes qui ne possèdent point de locaux convenablement disposés, tant pour servir d'habitation à leurs instituteurs communaux, que pour recevoir les élèves, et qui ne pourraient en acheter ou en faire construire immé-

diatement, s'occuperont sans délai de louer des bâtimens propres à cette destination. Les conditions du bail seront soumises au conseil municipal et à l'approbation du préfet.

Pendant la durée du bail, qui ne pourra excéder six années, les conseils municipaux prendront les mesures nécessaires pour se mettre en état d'achever ou de faire construire des maisons d'école, soit avec leurs propres ressources, soit avec les secours qui pourraient leur être accordés par le département ou par l'état.

(Ibid., art. 3.)

984. Lorsqu'une commune, avec ses ressources ordinaires, ainsi qu'avec le produit des fondations, donations ou legs qui pourraient être affectés aux besoins de l'instruction primaire, ne sera pas en état de pourvoir au traitement des instituteurs et de procurer le local nécessaire, le conseil municipal sera appelé à voter, jusqu'à concurrence de trois centimes additionnels au principal des contributions foncière, personnelle et mobilière, une imposition spéciale, à l'effet de pourvoir à ces dépenses.

(Ibid., art. 4.)

985. Les délibérations par lesquelles les conseils municipaux auront réglé le nombre des écoles communales, fixé le traitement des instituteurs, arrêté les mesures ou les conventions relatives aux maisons d'école, et voté les fonds, seront envoyées, avant le 1er. juin, pour l'arrondissement chef-lieu, au préfet, et, pour les autres arrondissemens, aux sous-préfets, qui les transmettront dans les dix jours avec leur avis.

(Ibid., art. 5.)

986. Les préfets insèreront sommairement les résultats de ces délibérations sur un tableau dont le modèle leur sera transmis par notre ministre de l'instruction publique, et qui indiquera les sommes qu'ils jugeront devoir être fournies par le département, pour assurer le traitement des instituteurs communaux et pour procurer des locaux convenables.

Ces tableaux seront présentés aux conseils généraux dans leur session ordinaire annuelle.

(Ibid., art. 6.)

987. Dès que l'ordonnance royale de convocation des conseils généraux et des conseils d'arrondissement pour leur session ordinaire annuelle aura été publiée, les préfets enverront à notre ministre de l'instruction publique une copie de ces tableaux.

Ils enverront en même temps l'état des communes qui n'auraient pas encore fixé le traitement de leurs instituteurs communaux, ni assuré un local pour l'école; avec indication des revenus de chaque commune, du produit annuel des fondations, donations ou legs, et de la portion de ce produit et de ces revenus que la commune pourrait affecter à cette dépense.

(Ibid., art. 7.)

988. Dans le cas où les votes des communes n'auraient pas pourvu au traitement de l'instituteur et à l'établissement de la maison d'école, une ordonnance royale autorisera, s'il y a lieu, dans les limites fixées par la loi, une imposition spéciale sur ces communes, à l'effet de pourvoir à ces dépenses.

La somme ainsi recouvrée ne pourra, sous aucun prétexte, être employée à d'autres dépenses qu'à celles de l'instruction primaire.

(Ibid., art. 8.)

989. Si des conseils généraux de département ne votaient pas, en cas d'insuffisance de leurs revenus ordinaires, l'imposition spéciale destinée à couvrir, autant qu'il se pourra, les dépenses nécessaires pour procurer un local et assurer un traitement aux instituteurs, cette imposition sera établie, s'il y a lieu, par ordonnance royale, dans les limites fixées par la loi.

(Ibid., art. 9.)

990. Lorsque, dans le cas d'insuffisance des revenus ordinaires des communes et des départemens, et des impositions spéciales qu'ils sont autorisés à voter, l'état devra concourir au payement du traitement fixe des instituteurs, ce traitement ne pourra excéder le minimum fixé par l'art. 12 de la loi du 28 juin dernier.

(Ibid., art. 10.)

991. Au commencement de chaque mois, l'instituteur communal remettra au maire l'état des parens des élèves qui auront fréquenté son école pendant le mois précédent, avec l'indication du montant de la rétribution mensuelle due par chacun d'eux.

Le recouvrement de ce rôle sera poursuivi par les mêmes voies que celui des contributions directes.

Tous les frais autres que ceux de poursuites seront remboursés par la commune.

Les réclamations auxquelles la confection du rôle pourrait donner lieu seront rédigées sur papier libre et déposées au secrétariat de la sous-préfecture.

Elles seront jugées par le conseil de préfecture, sur l'avis du comité local et du sous-préfet, lorsqu'il s'agira de décharges et de réductions; par le préfet, sur l'avis du conseil municipal et du sous-préfet, lorsqu'il s'agira de remises et de modérations.

(Ibid., art. 11.)

992. Les dépenses des écoles primaires et les diverses ressources qui y sont affectées font partie des recettes et dépenses des communes ; elles doivent être comprises dans les budgets annuels et dans les comptes des receveurs municipaux ; elles sont soumises à toutes les règles qui régissent la comptabilité communale.
(Ibid., art. 12.)

993. Divers plans d'écoles primaires pour les communes rurales, accompagnés de devis estimatifs détaillés, seront dressés par les soins de notre ministre de l'instruction publique, et déposés au secrétariat des préfectures, des sous-préfectures, des mairies, des chefs-lieux de canton, et des comités d'arrondissement, ainsi qu'au secrétariat de chaque académie (1).
(Ibid., art. 13.)

994. Le tableau de toutes les communes du royaume, avec l'indication de leur population et de leurs revenus ordinaires et extraordinaires, divisé par départemens, arrondissemens et cantons, sera adressé tous les cinq ans, par notre ministre du commerce et des travaux publics, à notre ministre de l'instruction publique.
(Ibid., art. 14.)

995. Chaque année, notre ministre de l'instruction publique fera dresser un état des communes qui ne possèdent point de maisons d'école, de celles qui n'en ont pas en nombre suffisant à raison de leur population, et enfin de celles qui n'en ont point de convenablement disposées.

Cet état fera connaître les sommes votées par les communes et par les départemens, en exécution des art. 1er. et suivans de la présente ordonnance, soit pour les instituteurs, soit pour les maisons d'école : il indiquera généralement tous les besoins de l'instruction primaire, et sera distribué aux chambres (2).
(Ibid., art. 15.)

Des écoles normales primaires.

996. Les préfets et les recteurs prépareront chaque année un aperçu des dépenses auxquelles donnera lieu l'école nor-

---

(1) Ces plans ont été dressés et publiés par un architecte de Paris, M. Bouillon. Des exemplaires en ont été envoyés conformément à l'ordonnance, aux diverses autorités qui doivent concourir à l'exécution de la loi.

(2) Un premier état, extrêmement étendu et d'un intérêt qui croît à chaque page, a été publié dès le mois d'avril 1834. Le rapport au roi, qui accompagne ce précieux monument d'activité et d'intelligence administratives, fait connaître parfaitement les sages prévoyances de la loi, les obstacles que son exécution a dû rencontrer et qui ne lui ont pas manqué en effet, et les heureux efforts employés pour les vaincre.

male primaire que chaque département est obligé d'entretenir, soit par lui-même, soit en se réunissant à un ou plusieurs départemens voisins.

Cet aperçu sera présenté aux conseils généraux dans leur session ordinaire annuelle.

(Ibid., art. 20.)

997. Lorsque plusieurs départemens se réuniront pour entretenir ensemble une école normale primaire, les dépenses de cette école, autres que celles qui seront couvertes par le produit des bourses fondées par les communes, les départemens ou l'État, seront réparties entre eux dans la proportion de la population, du nombre des communes et du montant des contributions foncière, personnelle et mobilière.

Cette répartition sera faite par notre ministre de l'instruction publique.

(Ibid., art. 21.)

998. Lorsqu'un conseil général n'aura pas compris dans le budget des dépenses du département la somme nécessaire pour l'entretien de l'école normale primaire, une ordonnance royale prescrira de l'y porter d'office, au chapitre des dépenses variables ordinaires.

(Ibid., art. 22.)

999. Dans les départemens d'une étendue considérable ou dont les habitans professent différens cultes, notre ministre de l'instruction publique, sur la demande des conseils généraux ou sur celle des conseils municipaux qui offriraient de concourir au payement des dépenses nécessaires, et sur la proposition des préfets et des recteurs, pourra autoriser, après avoir pris l'avis du conseil royal, outre les écoles normales, l'établissement d'écoles modèles qui seront aussi appelées à former des instituteurs primaires (1).

(Ibid., art. 23.)

Des autorités préposées à l'instruction primaire.

1000. Il y aura près de chaque école communale un comité local de surveillance composé du maire ou adjoint, président; du curé ou pasteur, et d'un ou plusieurs habitans notables désignés par le comité d'arrondissement.

Dans les communes dont la population est répartie entre dif-

(1) Un certain nombre de ces écoles-modèles ont été autorisées dans plusieurs départemens, et ont rendu d'importans services à l'instruction élémentaire.

férens cultes reconnus par l'état, le curé ou le plus ancien des curés, et un des ministres de chacun des autres cultes, désigné par son consistoire, feront partie du comité communal de surveillance.

Plusieurs écoles de la même commune pourront être réunies sous la surveillance du même comité.

Lorsqu'en vertu de l'article 9 plusieurs communes se seront réunies pour entretenir une école, le comité d'arrondissement désignera, dans chaque commune, un ou plusieurs habitans notables pour faire partie du comité. Le maire de chacune des communes fera en outre partie du comité.

Sur le rapport du comité d'arrondissement, le ministre de l'instruction publique pourra dissoudre un comité local de surveillance et le remplacer par un comité spécial, dans lequel personne ne sera compris de droit.

(Ibid., art. 17.)

1001. Il sera formé dans chaque arrondissement de sous-préfecture un comité spécialement chargé de surveiller et d'encourager l'instruction primaire.

Le ministre de l'instruction publique pourra, suivant la population et les besoins des localités, établir dans le même arrondissement plusieurs comités, dont il déterminera la circonscription par cantons isolés ou agglomérés.

(Ibid., art. 18.)

1002. Sont membres des comités d'arrondissement :

Le maire du chef-lieu ou le plus ancien des maires du chef-lieu de la circonscription ;

Le juge de paix ou le plus ancien des juges de paix de la circonscription (1) ;

Le curé ou le plus ancien des curés de la circonscription ;

Un ministre de chacun des autres cultes reconnus par la loi, qui exercera dans la circonscription, et qui aura été désigné comme il est dit au second paragraphe de l'article 17 ;

Un proviseur, principal de collége, professeur, régent, chef d'institution ou maître de pension, désigné par le ministre de l'instruction publique, lorsqu'il existera des colléges, institutions ou pensions dans la circonscription du comité ;

Un instituteur primaire résidant dans la circonscription du comité, et désigné par le ministre de l'instruction publique ;

---

(1) Dans la première rédaction du projet de loi, on lisait aux 3e. et 4e. §, comme au 2e. §, *du chef-lieu de la circonscription;* et il devait d'autant plus en être ainsi, que Paris est la seule ville de France où se présente le cas de plusieurs maires, tandis qu'un assez grand nombre de villes ont plusieurs juges de paix et plusieurs curés. La loi a été entendue et exécutée dans ce sens, le seul raisonnable.

Trois membres du conseil d'arrondissement ou habitans notables désignés par ledit conseil;

Les membres du conseil général du département qui auront leur domicile réel dans la circonscription du comité.

Le préfet préside, de droit, tous les comités du département, et le sous-préfet tous ceux de l'arrondissement ; le procureur du roi est membre, de droit, de tous les comités de l'arrondissement.

Le comité choisit tous les ans son vice-président et son secrétaire; il peut prendre celui-ci hors de son sein. Le secrétaire, lorsqu'il est choisi hors du comité, en devient membre par sa nomination.

(Ibid., art. 19.)

1003. Les comités s'assembleront au moins une fois par mois ; ils pourront être convoqués extraordinairement sur la demande d'un délégué du ministre : ce délégué assistera à la délibération.

Les comités ne pourront délibérer s'il n'y a au moins cinq membres présens pour les comités d'arrondissement, et trois pour les comités communaux; en cas de partage, le président aura voix prépondérante.

Les fonctions des notables qui font partie des comités dureront trois ans ; ils seront indéfiniment rééligibles.

(Ibid., art. 20.)

1004. Le comité communal a inspection sur les écoles publiques ou privées de la commune. Il veille à la salubrité des écoles et au maintien de la discipline, sans préjudice des attributions du maire en matière de police municipale.

Il s'assure qu'il a été pourvu à l'enseignement gratuit des enfans pauvres.

Il arrête un état des enfans qui ne reçoivent l'instruction primaire ni à domicile, ni dans les écoles publiques ou privées.

Il fait connaître au comité d'arrondissement les divers besoins de la commune sous le rapport de l'instruction primaire.

En cas d'urgence, et sur la plainte du comité communal, le maire peut ordonner provisoirement que l'instituteur sera suspendu de ses fonctions, à la charge de rendre compte dans les vingt-quatre heures, au comité d'arrondissement, de cette suspension et des motifs qui l'ont déterminée.

Le conseil municipal présente au comité d'arrondissement les candidats pour les écoles publiques, après avoir préalablement pris l'avis du comité communal.

(Ibid., art. 21.)

1005. Le comité d'arrondissement inspecte, et, au besoin, fait inspecter par des délégués pris parmi ses membres ou hors de son sein, toutes les écoles primaires de son ressort. Lorsque les délégués ont été choisis par lui hors de son sein, ils ont droit d'assister à ses séances avec voix délibérative.

Lorsqu'il le juge nécessaire, il réunit plusieurs écoles de la même commune sous la surveillance du même comité, ainsi qu'il a été prescrit par l'article 17.

Il envoie chaque année au préfet et au ministre de l'instruction publique l'état de situation de toutes les écoles primaires du ressort.

Il donne son avis sur les secours et les encouragemens à accorder à l'instruction primaire.

Il provoque les réformes et les améliorations nécessaires.

Il nomme les instituteurs communaux sur la présentation du conseil municipal, procède à leur installation, et reçoit leur serment.

Les instituteurs communaux doivent être institués par le ministre de l'instruction publique.

(Ibid., art. 22.)

1006. En cas de négligence habituelle ou de faute grave de l'instituteur communal, le comité d'arrondissement, ou d'office, ou sur la plainte adressée par le comité communal, mande l'instituteur inculpé; après l'avoir entendu ou dûment appelé, il le réprimande ou le suspend pour un mois, avec ou sans privation de traitement, ou même le révoque de ses fonctions.

L'instituteur frappé d'une révocation pourra se pourvoir devant le ministre de l'instruction publique, en conseil royal. Ce pourvoi devra être formé dans le délai d'un mois, à partir de la notification de la décision du comité, de laquelle notification il sera dressé procès-verbal par le maire de la commune. Toutefois, la décision du comité est exécutoire par provision.

Pendant la suspension de l'instituteur, son traitement, s'il en est privé, sera laissé à la disposition du conseil municipal, pour être alloué, s'il y a lieu, à un instituteur remplaçant.

(Ibid., art. 23.)

1007. Les dispositions de l'article 7 de la présente loi, relatives aux instituteurs privés, sont applicables aux instituteurs communaux.

(Ibid., art. 24.)

1008. Il y aura dans chaque département une ou plusieurs commissions d'instruction primaire chargées d'examiner tous les aspirans au brevet de capacité, soit pour l'instruction primaire élémentaire, soit pour l'instruction primaire supérieure, et qui délivreront lesdits brevets sous l'autorité du ministre. Ces commissions seront également chargées de faire les examens d'entrée et de sortie des élèves de l'école normale primaire.

Les membres de ces commissions seront nommés par le ministre de l'instruction publique.

Les examens auront lieu publiquement et à des époques déterminées par le ministre de l'instruction publique.

(Ibid., art. 25.)

1009. Les comités d'arrondissement fixeront annuellement, dans leur réunion du mois de janvier, l'époque de chacun des autres mois où ils s'assembleront.

La séance ainsi indiquée aura lieu sans qu'aucune convocation spéciale soit nécessaire.

(Ordonnance du 16 juillet 1833, art. 24.)

1010. En l'absence du président de droit et du vice-président nommé par le comité d'arrondissement, le comité est présidé par le doyen d'âge.

(Ibid., art. 25.)

1011. Tout membre élu d'un comité, qui, sans avoir justifié d'une excuse valable, n'aura point paru à trois séances ordinaires consécutives, sera censé avoir donné sa démission, et sera remplacé conformément à la loi.

(Ibid., art. 26.)

1012. Les frais de bureau des comités communaux seront supportés par la commune, et ceux des comités d'arrondissement par le département.

(Ibid., art. 27.)

1013. Lorsque le comité d'arrondissement nommera un instituteur, il enverra immédiatement au recteur l'arrêté de nomination avec l'avis du comité local, la délibération du conseil municipal, la date du brevet de capacité et une copie du certificat de moralité.

Le recteur transmettra ces pièces à notre ministre de l'instruction publique, qui donnera l'institution s'il y a lieu.

L'instituteur ne sera installé et ne prêtera serment qu'après que notre ministre de l'instruction publique lui aura conféré l'institution, mais le recteur pourra l'autoriser provisoirement à exercer ses fonctions.

(1)

(Ibid., art. 28.)

---

(1) On a vu, page 13, quelles facilités avaient été données, dès 1828, pour la circulation en franchise des diverses correspondances officielles concernant l'instruction publique. Par décision du 11 juillet 1833, le ministre des finances, entrant dans les intentions de cette première ordonnance, et secondant les efforts du ministre de l'instruction publique pour répandre et hâter les bienfaits de la loi du 28 juin, a de plus autorisé la circulation en franchise de la correspondance sans bandes qu'entretiendront, 1°. les présidens des comités communaux avec les présidens des comités d'arrondissement et avec

TITRE VIII.

Dispositions transitoires.

1014. Les conseils municipaux délibéreront, dans leur session ordinaire du mois d'août prochain, sur l'organisation de leurs écoles primaires publiques pour 1834. Ils s'occuperont de tous les objets sur lesquels, aux termes du paragraphe 1er. de l'article 1er. de la présente ordonnance, ils devront annuellement délibérer dans la session du mois de mai.

Les délibérations seront envoyées immédiatement aux préfets et aux sous-préfets, au plus tard avant le 20 août.

(Ibid., art. 29.)

1015. Les divers états que les préfets sont tenus d'adresser à notre ministre de l'instruction publique, aux termes de l'article 7 de la présente ordonnance, aussitôt que l'ordonnance royale de convocation des conseils généraux et d'arrondissement a été publiée, lui seront envoyés, en 1833, avant le 5 septembre.

(Ibid., art. 30.)

1016. Les préfets présenteront aux conseils généraux, dans la prochaine session, un aperçu des sommes nécessaires pour aider les communes à procurer un local et à assurer un traitement à leur instituteur pendant l'année 1834.

Les conseils généraux seront appelés à voter, conformément à l'article 13 de la loi du 28 juin dernier, sur l'instruction primaire, un crédit ou une imposition destinés à l'acquittement de cette dépense.

(Ibid., art. 31.)

1017. Les conseils généraux délibéreront également dans leur prochaine session sur les projets de statuts des caisses d'épargne et de prévoyance qui doivent être établies dans chaque département en faveur des instituteurs primaires communaux.

(Ibid., art. 32.)

1018. Dans le délai de trois mois, notre ministre de l'instruction publique réglera, conformément à l'article 18 de la loi du 28 juin dernier, le nombre et la circonscription des comités d'arrondissement.

Dans les trois mois qui suivront l'installation des comités d'arrondissement, il sera procédé à l'organisation des comités communaux.

le recteur de l'académie; 2°. les présidens des comités d'arrondissement avec le préfet et les sous-préfets du département et le recteur de l'académie. Le même droit sera sans doute concédé pour la correspondance qu'entretiendront nécessairement les nouveaux fonctionnaires créés par la dernière loi de finances, nous voulons dire les inspecteurs spécialement chargés de la surveillance de l'instruction primaire. (Voy. page 283.)

Jusqu'à l'installation des nouveaux comités, les comités actuels continueront leurs fonctions (1).

(Ibid., art. 33.)

1019. Pareillement jusqu'à l'installation des nouveaux comités, et lorsqu'il s'agira de nommer un instituteur communal, le conseil municipal présentera les candidats au comité placé au chef-lieu de l'arrondissement, après avoir pris l'avis du comité dont la commune ressort immédiatement. Le comité du chef-lieu d'arrondissement nommera l'instituteur et se conformera aux dispositions de l'article 29 de la présente ordonnance.

(Ibid., art. 34.)

Dans le cas prévu par l'article 23 de la loi du 28 juin dernier, le droit de suspension et de révocation sera de même exercé par le comité placé au chef-lieu de l'arrondissement, ou d'office, ou sur la plainte adressée par le comité auquel ressortira immédiatement l'instituteur inculpé.

(Ibid., art. 35.)

Exécution de la loi du 28 juin 1833 dans la ville de Paris (2).

1020. Il y aura dans chacun des arrondissemens municipaux de la ville de Paris un comité local chargé de la surveillance des écoles primaires de l'arrondissement.

Ce comité sera composé :

Du maire ou de l'un des adjoints, président ;

Du juge de paix de l'arrondissement ;

Du curé, ou du plus ancien des curés ;

D'un ministre de chacun des autres cultes reconnus par la loi, désigné par son consistoire, s'il y a dans l'arrondissement des écoles suivies par des enfans appartenant à ces cultes ;

Et d'un à trois habitans notables, qui seront choisis par le comité central, formé en vertu de l'art. 4 de la présente ordonnance.

(Ordonnance du 8 novembre 1833, art. 1er.)

---

(1) L'organisation est complète depuis long-temps ; elle présente environ 500 comités supérieurs, dont 363 siègent dans les chefs-lieux d'arrondissement. Dans plusieurs départemens, les préfets et les recteurs ont réclamé avec instance l'application du 2e § de l'article 18 de la loi du 28 juin. Les comités locaux sont multipliés comme les communes mêmes.

(2) Louis-Philippe... Considérant que pour assurer dans la ville de Paris l'exécution de la loi du 28 juin dernier sur l'instruction primaire, il est nécessaire d'avoir égard aux différences qui existent entre l'organisation municipale de cette ville et celle des autres communes, et d'adopter par conséquent à ce sujet des dispositions particulières conformes aux principes et aux intentions de la dite loi ;

Sur le rapport de notre ministre de l'instruction publique ;

Notre conseil de l'instruction publique entendu ; Nous avons ordonné, etc.

1021. Indépendamment des comités locaux formés en exécution de l'article précédent, il sera établi des comités de même nature pour la surveillance spéciale des écoles luthériennes, calvinistes et israélites. La présidence de ces comités appartiendra de droit au maire de l'arrondissement.

(Ibid., art. 2.)

1022. Les comités locaux pourront désigner, pour la surveillance spéciale et habituelle d'une ou plusieurs écoles, des inspecteurs gratuits dont ils recevront les rapports.

(Ibid., art. 3.)

1023. Il sera formé en outre à Paris un comité central exerçant, pour toutes les écoles primaires de la ville, les attributions des comités d'arrondissement, telles qu'elles sont déterminées par les art. 7, 18, 22, 23 et 24 de la loi du 28 juin.

(Ibid., art. 4.)

Seront membres de ce comité :
Le préfet du département de la Seine, président ;
Notre procureur près le tribunal de première instance du même département ;
Le plus ancien des maires de Paris ;
Le plus ancien des juges de paix ;
Le plus ancien des curés ;
Un ministre de chacun des autres cultes reconnus par la loi, désigné par son consistoire ;
Un des proviseurs ou professeurs de colléges, chefs d'institution ou maîtres de pension, désigné par notre ministre de l'instruction publique ;
Un instituteur primaire désigné par le ministre de l'instruction publique ;
Trois membres du conseil général du département de la Seine, ou habitans notables désignés par ledit conseil.
Les autres membres du conseil général, ayant leur domicile réel à Paris, pourront assister aux séances du comité, et prendre part à ses délibérations et à ses travaux.

(Ibid., art. 5.)

1024. Le certificat de moralité, exigé de tout individu qui veut exercer la profession d'instituteur primaire, sera délivré à Paris, sur l'attestation de trois notables, par le maire de l'arrondissement municipal, ou de chacun des arrondissemens municipaux, où l'impétrant aura résidé depuis trois ans.

(Ibid., art. 6.)

INSTRUCTION PRIMAIRE.

DISPOSITION GÉNÉRALE.

1025. En cas d'insuffisance des revenus ordinaires pour l'établissement des écoles primaires communales, élémentaires et supérieures, les conseils municipaux et les conseils généraux des départemens sont autorisés à voter, pour 1835, à titre d'imposition spéciale destinée à l'instruction primaire, des centimes additionnels au principal des contributions foncière, personnelle et mobilière. Toutefois, il ne pourra être voté à ce titre plus de 3 centimes par les conseils municipaux, et plus de 2 centimes par les conseils généraux (1).

(Loi du 24 mai 1834, art. 3. *Budget des recettes*.)

Ordonnance concernant les inspecteurs des écoles primaires (2).

1026. Il y aura dans chaque département un inspecteur spécial de l'instruction primaire.

La surveillance de l'inspecteur s'exercera sur tous les établissemens de l'instruction primaire, y compris les salles d'asile et les classes d'adultes, et conformément aux instructions qui lui seront transmises par le recteur de l'académie et le préfet du

---

(1) *Centimes additionnels à imposer pour l'année* 1835.
Pour l'instruction primaire. — Maximum (2 c.) à voter par les conseils généraux de département. Contributions { foncière. . . . . 2,460,000 } 3,000,000 fr.
personnelle et mobilière. 540,000

Pour l'instruction primaire. — Maximum (3 c.) à voter par les conseils municipaux. Contributions { foncière. . . . . 2,620,000 } 3,200,000 fr.
personnelle et mobilière. 580,000

(État A annexé à la loi du 24 mai 1834.)

La loi du 23 mai 1834, budget des dépenses, alloue pour *l'administration académique et départementale*, chapitre III, une somme totale de 819,900 fr. Dans cette somme, sont compris, 1°. le traitement des inspecteurs spéciaux des écoles primaires. . . . . 140,000 fr. ;
2°. les frais de tournée de ces inspecteurs. 100,000.

Cette *inspection* spéciale des écoles primaires est une *institution entièrement nouvelle*, comme l'a dit le ministre de l'instruction publique dans le rapport au roi sur le régime financier de l'Université, rapport publié en tête du budget des dépenses de son ministère pour l'exercice 1835 ; mais elle était désirée comme un des plus sûrs moyens de parvenir à l'entière exécution de la loi, et tout annonce qu'elle aura sur l'instruction primaire la plus grande et la plus heureuse influence.

Le principe posé, il s'agissait de déterminer les attributions de ces nouveaux fonctionnaires de l'instruction publique. Il y a été pourvu par l'ordonnance du 26 février 1835, et par le règlement du conseil que l'on verra dans la 2e. partie de ce Code.

(2) LOUIS-PHILIPPE, sur le rapport de notre ministre secrétaire d'état au département de l'instruction publique, grand-maître de l'Université ;
Notre conseil de l'instruction publique entendu ;
Vu la loi du 28 juin sur l'instruction primaire ;
Vu notre ordonnance du 16 juillet de la même année ;
Vu la loi de finances du 23 mai 1834 ;
Nous avons ordonné et ordonnons ce qui suit, etc.

département, d'après les ordres de notre ministre secrétaire-d'état de l'instruction publique (1).

(Ordonnance du 26 février 1835, art. 1 et 2.)

1027. Les inspecteurs de l'instruction primaire seront nommés par notre ministre de l'instruction publique, notre conseil royal entendu.

A l'avenir, et sauf la première nomination, nul ne pourra être nommé inspecteur de l'instruction primaire, s'il n'a rempli des fonctions dans les colléges royaux ou communaux, ou s'il n'a servi avec distinction dans l'instruction primaire pendant au moins cinq années consécutives, ou s'il n'a été, pendant le même nombre d'années, membre de l'un des comités institués conformément à l'art. 18 de la loi du 28 juin 1833.

(Ibid., art. 3 et 4.)

(1) Ainsi, tout ce qui intéresse l'instruction primaire, les salles d'asile, les classes d'adultes, les écoles normales, aussi bien que toute espèce d'écoles primaires proprement dites, écoles élémentaires et supérieures, publiques et privées, de garçons et de filles, écoles tenues par des instituteurs isolés ou par des instituteurs appartenant à des congrégations et associations charitables, tout cela est recommandé à la vigilance et au zèle des inspecteurs spéciaux.

§ Ils devront de même être en rapports fréquens avec les commissions d'examen établies par la loi du 28 juin, et avec les commissions de surveillance placées près des écoles normales primaires.

On voit toute l'importance de cette institution, qui achève et couronne dignement l'œuvre de 1833.

TITRE IX.

DES RECETTES ET DES DÉPENSES (1).

§ I.

DES RECETTES.

Dons et legs.

1028. Le gouvernement autorisera l'acceptation des dons et fondations des particuliers en faveur des écoles ou de tout

(1) Cette portion de la constitution universitaire vient de recevoir sous plusieurs rapports un notable changement. Aux termes de la dernière loi de finances, du 24 mai 1834, budget des recettes, article 8, l'administration de l'instruction publique sera chargée pour 1835, conjointement avec les agens des contributions directes, de l'assiette des rétributions universitaires et du droit annuel, et les recouvremens seront poursuivis sur les rôles rendus exécutoires par le préfet, et à la diligence des agens du trésor public, dans les mêmes formes que pour les contributions ordinaires. Par suite de cette disposition capitale, le budget de l'Université vient se joindre au budget du ministère de l'instruction publique; toutes les dépenses qui concernent l'enseignement figurent parmi les services généraux de l'état; et tous les fonds destinés à acquitter ces dépenses sont versés au trésor, les revenus de la dotation et des domaines de l'Université, aussi bien que le produit des impôts. Toutefois, comme l'a fait observer le ministre de l'instruction publique dans son rapport au roi du 22 novembre 1833, « l'Université conserve la » propriété de sa dotation et de ses biens; son caractère d'établissement doté et pro-» priétaire, capable de recevoir et de posséder, demeure intact et certain. »

Voici une idée sommaire de ces recettes et de ces dépenses de l'Université.

Les recettes de l'Université proviennent :

1°. Des revenus de sa dotation et de ses domaines ;

2°. Du produit des divers droits qu'elle est autorisée à percevoir par la loi de finances.

Sa dotation se compose :

1°. Des 400,000 fr. de rentes inscrites sur le grand-livre, qui lui ont été attribuées à titre d'apanage ;

2°. Des rentes sur l'état qui ont été ou qui seront acquises avec l'excédant des revenus ;

3°. Des rentes sur l'état qui ont été ou qui seront acquises, soit avec le produit de la vente des immeubles dont l'aliénation est autorisée, soit avec le produit du remboursement des rentes dues par les particuliers.

Ses domaines consistent dans les biens meubles, immeubles et rentes, qui ont appartenu au ci-devant prytanée français, aux universités, académies et collèges, et qui n'ont été ni aliénés, ni définitivement affectés par un décret spécial à un autre service public.

Les divers droits qu'elle perçoit sont :

1°. La rétribution du vingtième, due pour tous les élèves pensionnaires, demi-

autre établissement d'instruction publique. Le nom des donataires sera inscrit à perpétuité dans les lieux auxquels leurs donations seront appliquées.

(Loi du 11 floréal an X, 1er. mai 1802, art. 43.)

Anciennes fondations et rentes.

1029. Les fondations appartenant actuellement au prytanée, et autres de même nature qui pourraient exister dans toute l'étendue du royaume, sont irrévocablement affectées à l'instruction publique.

(Arrêté du gouvernement du 23 fructidor an XI, 10 septembre 1803.)

1030. L'Université est autorisée à recevoir les donations et legs qui lui seront faits suivant les formes prescrites par les règlemens d'administration publique.

(Décret du 17 mars 1808, art. 137.)

1031. Les 400,000 francs de rentes inscrites sur le grand-livre, et appartenant à l'instruction publique, formeront l'apanage de l'Université royale.

(Décret du 17 mars 1808, art. 131.)

La rente perpétuelle de 400,000 francs, que la caisse d'amortissement avait transférée au prytanée de Saint-Cyr, conformément à l'art. 2 de notre décret du 5 mars 1806, composera la dotation de notre Université royale. L'Université entrera en jouissance de cette rente au 1er. juillet prochain.

(Décret du 24 mars 1808.)

Rétributions provenant des facultés.

1032. Toutes les rétributions payées pour collation des grades dans les facultés de théologie, des lettres et des sciences, seront versées dans le trésor de l'Université.

pensionnaires ou externes, gratuits ou non gratuits, des colléges royaux, des colléges communaux, des institutions et des pensions ;

2°. Le droit annuel dû par les chefs d'institution et les maîtres de pension ;

3°. Les droits d'inscriptions, d'examens, de diplômes de grades ou de certificats d'aptitude, et les droits de sceau, qui forment les recettes des diverses facultés de théologie, de droit, de médecine, des sciences et des lettres ;

4° Les amendes prononcées par les tribunaux pour contravention aux lois et décrets qui régissent l'Université.

Ses dépenses ont pour objet :
L'administration centrale ;
Les frais de tournée des inspecteurs généraux, des recteurs et des inspecteurs particuliers ;
Les administrations académiques ;
Les traitemens, soit fixes, soit éventuels, et les autres frais relatifs aux cinq facultés, notamment les frais des concours qui s'ouvrent dans ces facultés pour les places d'agrégés ou pour les chaires de professeurs ;
Les traitemens des agrégés près les colléges royaux et communaux ;
L'école normale ;
Les secours accordés aux anciens membres des corporations enseignantes ;
Les indemnités pour frais de route et de déplacement ;
Les frais des poursuites dirigées contre les débiteurs de l'Université.

Il sera fait au profit du même trésor un prélèvement d'un dixième sur les droits perçus dans les écoles de droit et de médecine, pour les examens et réceptions. Les neuf autres dixièmes continueront à être appliqués aux dépenses de ces facultés.

(Décret du 17 mars 1808, art. 132 et 133.)

Rétributions provenant des colléges, institutions et pensions.

1033. Il sera prélevé, au profit de l'Université et dans toutes les écoles du royaume, un vingtième sur la rétribution payée par chaque élève pour son instruction. Ce prélèvement sera fait par le chef de chaque école, qui en comptera, tous les trois mois, au trésorier de l'Université royale.

Lorsque la rétribution payée pour l'instruction des élèves sera confondue avec leurs pensions, les conseils académiques détermineront la somme à prélever sur chaque pensionnaire pour le trésor de l'Université.

(Ibid., art. 134 et 135.)

La rétribution annuelle des étudians, mentionnée en l'art. 134 du décret du 17 mars dernier, est fixée, savoir :

Pour les pensionnaires dans les pensions, institutions, colléges, lycées et séminaires (1), au vingtième du prix de la pension payée pour chaque élève.

Pour les élèves à demi-pension, pour les externes et pour les élèves gratuits ou non gratuits, à une somme égale à celle que payent les pensionnaires de l'établissement où ils sont admis.

Les élèves de pension ou d'institution, qui suivent et payent comme externes les cours d'un lycée, ne payeront point la rétribution ci-dessus au lycée, mais seulement dans leur pension ou institution.

(Décret du 17 septembre 1808, art. 25 et 26.)

Droit de sceau.

1034. Il sera établi, sur la proposition du conseil de l'Unisité, et suivant les formes adoptées pour les règlemens d'administration publique, un droit du sceau pour tous les diplômes, brevets, permissions, etc., signés par le grand-maître, et qui seront délivrés par la chancellerie de l'Université.

(1) Ceci ne s'est jamais entendu que des élèves des écoles dites *petits séminaires*, ou écoles secondaires ecclésiastiques.

Le produit de ce droit sera versé dans le trésor de l'Université.

(Décret du 17 mars 1808, art. 136.)

Entretien annuel des bâtimens des colléges et des académies.

1035. Les bâtimens des lycées seront entretenus aux frais des villes où ils seront établis.

(Loi du 11 floréal an X, 1er. mai 1802, art. 40.)

Les bâtimens des lycées et colléges, ainsi que ceux des académies, seront entretenus annuellement aux frais des villes où ils sont établis. En conséquence, les communes porteront chaque année à leur budget, pour être vérifiée, réglée et allouée par l'autorité compétente, la somme nécessaire à l'entretien et aux réparations de ces établissemens, selon les états qui en seront fournis. (1) (Décret du 17 septembre 1808, art. 23.)

Droit dû pour diplôme de chef d'institution ou de maître de pension.

1036. Il sera payé pour les diplômes portant permission d'ouvrir une école, accordée par le grand-maître, en vertu des art. 2, 54 et 103 du décret du 17 mars, savoir : 200 fr. par les maîtres de pension ; à Paris, 300 fr. : 400 fr. pour les instituteurs ; à Paris, 600 fr. Ce payement sera effectué de dix ans en dix ans, à l'époque du renouvellement des diplômes (2).

Le droit de sceau pour ces diplômes est compris dans les sommes ci-dessus.

Les maîtres de pension et instituteurs payeront chaque année, au 1er. novembre, le quart de la somme ci-dessus fixée.

(Ibid., art. 27... 29)

Attribution à l'Université de tous les biens des anciens établissemens d'instruction publique.

1037. Tous les biens meubles, immeubles et rentes, ayant appartenu au ci-devant prytanée français, aux universités, académies et colléges, qui ne sont point aliénés, ou qui ne sont point définitivement affectés par un décret spécial à un autre service public, sont donnés à l'Université royale.

Dans tous les chefs-lieux des anciennes universités où il existerait encore des biens suffisans pour la fondation et l'entretien d'un lycée ou d'un collége, l'Université royale entretiendra un de ces deux établissemens, et des bourses y seront

---

(1) Le décret du 15 novembre 1811, art. 3 et 4, contient des dispositions semblables ; elles se retrouvent dans le projet de loi sur les attributions municipales.

(2) Le droit décennal a été aboli ; le diplôme est donné pour un temps indéfini, jusqu'à démission volontaire ou jugement qui retire le diplôme.

données par nous, suivant la destination des fondateurs, et de préférence aux familles de ceux-ci.

(Décret du 11 décembre 1808, art. 1 et 2.)

Droits relatifs aux grades dans les diverses facultés.

1038. Les droits relatifs aux grades sont de trois sortes, savoir : les droits d'inscription aux cours, lesquels seront perçus même dans les facultés où l'inscription n'est pas déclarée nécessaire par notre décret du 17 mars 1808; les droits d'examen; les droits de diplôme.

Les inscriptions et les droits y relatifs ne sont point exigibles des élèves des lycées ; le droit du vingtième sur leur pension en tiendra lieu.

Les droits d'inscription, lorsqu'ils n'auront pas été payés en s'inscrivant aux cours des facultés, et les droits d'examen, seront versés d'avance dans les caisses des académies; ceux de diplôme le seront après l'examen.

(Décret du 17 février 1809, art. 1... 3.)

1039. Chaque caisse d'académie recevra tous les droits quelconques, et en comptera sans rétribution avec le trésorier de l'Université (1).

Le recteur de chaque académie sera chargé d'obtenir du grand-maître, et de faire délivrer aux candidats, sans nouveaux frais, les ratifications des réceptions et les expéditions des diplômes.

(Décret du 17 février 1809, art. 4 et 5.)

1040. Les académies fourniront le local, et seront chargées des frais de police pour les examens et thèses ; les autres frais, et notamment ceux de l'impression des thèses, seront supportés par les candidats.

(Ibid., art. 6.)

1041. Lorsque le grand-maître aura jugé à propos de faire recommencer l'examen d'un candidat admis par une faculté, le second examen sera gratuit.

Le candidat qui se représenterait après avoir été jugé par une faculté n'être pas suffisamment instruit, payera de nouveau les frais d'examen.

(Ibid., art. 7 et 8.)

1042. Les droits à payer dans les facultés des lettres et des sciences sont fixés ainsi qu'il suit :

---

(1) Voir ci-après les nouvelles dispositions concertées sur ce point entre le ministre des finances et le ministre de l'instruction publique.

Baccalauréat	Droit d'examen.	24 fr.
	Droit de diplôme.	36
Licence	Droits des 4 inscriptions. .	12
	Droit d'examen.	24
	Droit de diplôme.	36
Doctorat	Droit d'examen.	48
	Droit de diplôme.	72

(Ibid., art. 9.)

1043. Il sera payé par les candidats des facultés de droit et de médecine, aux caisses des académies, pour droits de visa et de ratification ordonnés par l'art. 69 du décret du 17 mars 1808, en sus de ce que les décrets existans leur prescrivent de payer aux facultés, et nonobstant le prélèvement du dixième prescrit par l'art. 133 du décret du 17 mars, savoir :

Pour le baccalauréat de droit. . . . . 36 fr.
Pour la licence de droit 48
Pour le doctorat de droit 48
Pour le doctorat de médecine et de chirurgie. . 100

(Ibid., art. 10.)

1044. Les réceptions d'officiers de santé et de pharmaciens seront visées par les doyens des facultés de médecine et par les recteurs des académies. Il sera payé pour ce visa 50 fr., et à Paris 100 fr.

(Ibid., art. 11.)

1045. Les droits d'examen en théologie seront de 10 fr.; les droits de diplôme seront, pour le baccalauréat, de 15 fr., pour la licence, de 15 fr.; pour le doctorat, de 50 fr.

(Ibid., art. 12.)

1046. Les personnes que l'art. 11 du décret du 17 septembre 1808 met dans le cas d'obtenir des diplômes sans examen préalable, et qui auraient été graduées des anciennes universités, ne payeront, comme les gradués eux-mêmes, que les droits de diplôme. Celles de ces personnes qui n'auraient point été graduées dans les anciennes universités seront tenues, pour obtenir les diplômes correspondans à leurs grades, de payer les droits d'examen et ceux de diplôme.

(Ibid., art. 13.)

Droits de diplôme d'emploi.

1047. Tous les officiers et autres employés de l'Université, des académies et des lycées, qui entreront dans des fonctions salariées, ou qui passeront à des fonctions supérieures, payeront, une fois pour toutes, pour le droit de sceau de leurs diplômes et brevets, le vingt-cinquième de leur traitement fixe.

Ce droit pourra être acquitté en trois payemens égaux, par une retenue faite sur les trois premiers mois de leur traitement.

Les personnes qui seront confirmées dans leurs emplois actuels seront exemptes de ce droit (1).

(Ibid., art. 14.... 16.)

Décret qui autorise l'acceptation d'immeubles destinés à des établissemens de bienfaisance et d'instruction publique.

1048. L'offre faite par le sieur Laraton, domicilié à Paris, au nom de personnes qui ne veulent pas être connues, de révéler des immeubles célés à la régie des domaines, d'une valeur de 600,000 fr. au moins, au profit des établissemens de bienfaisance et de l'instruction publique, aux conditions : 1°. que les immeubles dont il s'agit seront vendus à tels individus qu'il désignera, à raison de vingt fois le revenu, sous la déduction du cinquième pour les impôts; qu'il leur sera fait remise du quart du capital et de tous les arrérages, loyers, fermages et jouissances exigibles;

2°. Que l'estimation sera basée sur les baux de 1790, ou par évaluation contradictoire, par experts, entre les établissemens dotés et les acquéreurs;

3°. Que les payemens se feront de la même manière et aux mêmes époques que ceux des domaines nationaux, conformément aux lois des 15 et 16 floréal an X;

4°. Que les frais de contrat et d'enregistrement, qui ne seront assujettis qu'au droit fixe d'un franc vingt centimes, seront à la charge des établissemens dotés;

5°. Que dans le cas où les immeubles révélés s'élèveraient, d'après l'estimation qui aura lieu, à plus de 600,000 fr., il sera passé contrat supplétif du surplus aux mêmes clauses et conditions;

6°. Enfin que le sieur Laraton, et après lui son premier héritier mâle légitime, aura droit : 1°. de nommer à perpétuité à deux places de l'Hospice des Quinze-Vingts; 2°. à une bourse entière dans un des lycées de Paris; 3°. au placement d'une orpheline (qui devra être agréée) dans l'établissement de la Maison des Orphelines, rue du Pot-de-Fer;

Sera acceptée, aux clauses et conditions ci-dessus rappelées, par notre ministre de l'intérieur, sous la réserve des droits à exercer par le domaine, dans le cas où il aurait eu connaissance de tout ou partie desdits biens, lesquels devront être de la na-

---

(1) Ce droit vient d'être implicitement aboli par la dernière loi de finances, ainsi que le droit pour ouverture de cours publics.

ture des biens déclarés domaniaux, et où il aurait fait des poursuites dans les dix années qui ont précédé l'offre du sieur Laraton.

Les sommes qui proviendront de ladite offre seront versées à la caisse d'amortissement, qui en tiendra compte, avec l'intérêt, jusqu'à l'emploi de la manière suivante :

Un tiers pour la Maison des Orphelines, rue du Pot-de-Fer, à l'effet de payer 60,000 fr. pour une maison qui sera achetée par ledit établissement, et qui sera indiquée ; le surplus colloqué en rentes sur l'état, pour donner lieu à placer autant d'orphelines qu'il y aura de fois 400 fr. de rentes ;

Un tiers pour l'instruction publique du royaume et les établissemens de bienfaisance du département de la Charente-Inférieure, qui seront indiqués ;

Un tiers pour l'Hospice royal des Quinze-Vingts, qui ne pourra être employé au profit dudit établissement que sur les dispositions prescrites par notre ministre de l'intérieur.

(Décret du 6 février 1810.)

Décret qui concède aux communes les édifices nationaux occupés pour le service de l'instruction publique (1).

1049. Nous concédons gratuitement aux départemens, arrondissemens ou communes, la pleine propriété des édifices et bâtimens nationaux, actuellement occupés pour le service de l'administration des cours et tribunaux, et de l'instruction publique.

(Décret du 9 avril 1811 (2), art. 1er.)

(1) Ce décret, du 9 avril 1811, ne s'entend, par rapport à l'instruction publique, que des biens qui n'appartenu autrefois à aucune université, académie, collége, ou autre corps enseignant ; quant à ceux qui ont appartenu à d'anciens établissemens d'instruction publique, on a vu qu'ils avaient été donnés à l'Université par le décret du 11 décembre 1808, et le décret du 15 novembre 1811, art. 168 et 169, a ordonné de nouveau que l'Université fût mise en possession de ces biens.

(2) Sur le rapport de notre ministre des finances, relatif aux bâtimens nationaux occupés par les corps administratifs et judiciaires, duquel il résulte que l'état ne reçoit aucun loyer de la plus grande partie de ces bâtimens ; que néanmoins notre trésor royal a déjà avancé des sommes considérables pour leurs réparations ; que l'intérêt particulier de chaque département, autant que celui de notre trésor, serait que les départemens, arrondissemens et communes fussent propriétaires desdits édifices, au moyen de la vente qui leur en serait faite par l'état, et dont le prix capital serait converti en rente remboursable par dixièmes ;

Vu les lois des 23 octobre 1790, 7 février et 9 août 1791, l'art. 11 de la loi du 24 août 1793, et l'avis de notre conseil d'état, approuvé par nous le 3 nivôse an XIII, la loi du 11 frimaire an VII, ensemble les arrêtés du gouvernement des 26 ventôse et 27 floréal an VIII, et du 25 vendémiaire an X, et notre décret du 26 mai 1806 ;

Considérant que les bâtimens dont il s'agit n'ont pas cessé d'être la propriété de l'état ;

Voulant néanmoins donner une nouvelle marque de notre munificence royale à nos sujets de ces départemens, en leur épargnant les dépenses qu'occasioneraient tant l'acquisition desdits édifices, que le remboursement des sommes avancées par notre trésor royal pour réparations ;

Notre conseil d'état entendu,

Nous avons décrété et décrétons ce qui suit, etc.

1050. La remise de la propriété desdits bâtimens sera faite par l'administration de l'enregistrement et des domaines aux préfets, sous-préfets ou maires, chacun pour les établissemens qui le concernent.

Cette concession est faite à la charge par lesdits départemens, arrondissemens ou communes, chacun en ce qui le concerne, d'acquitter à l'avenir la contribution foncière, et de supporter aussi à l'avenir les grosses et menues réparations, suivant les règles et dans les proportions établies pour chaque local, par la loi du 11 frimaire an VII, sur les dépenses départementales, municipales et communales, et par l'arrêté du 27 floréal an VIII, pour le payement des dépenses judiciaires.

(Ibid., art. 2 et 3.)

1051. Il ne pourra à l'avenir être disposé d'aucun édifice national, en faveur d'un établissement public, qu'en vertu d'un décret.

(Ibid., art. 4.)

L'Université est autorisée à poursuivre ses débiteurs par voie d'expropriation forcée (1).

1052. Le grand-maître de notre Université royale pourra autoriser, après une délibération du conseil, toute poursuite en expropriation forcée.

Notre grand-maître fera connaître chaque année, à notre ministre de l'intérieur, les immeubles dont l'Université sera devenue propriétaire par voie d'expropriation sur ses débiteurs, et il sera par nous statué sur la conservation ou l'aliénation desdits immeubles.

(Décret du 12 septembre 1811, art. 1 et 2.)

Hypothèque légale au profit de l'Université.

1053. L'article 2121 du Code civil, qui établit l'hypothèque légale au profit des établissemens publics, sera applicable à l'Université (2).

(Décret du 15 novembre 1811, art. 155.)

(1) Considérant que le droit de poursuite en expropriation est la conséquence naturelle du droit qui appartient à tout créancier de se faire payer sur tous les biens de son débiteur, et que la loi elle-même déclare propriétaire le poursuivant qui reste adjudicataire de l'immeuble, faute de surenchérisseur ;
Considérant qu'une acquisition faite de cette manière ne peut se comparer à une acquisition faite directement et de plein gré, et qu'ainsi les lois qui assujettissent les établissemens publics à ne pouvoir se rendre propriétaires sans une autorisation préalable du gouvernement, ne sont point applicables au cas d'une expropriation forcée ;
Notre conseil d'état entendu,
Nous avons décrété et décrétons ce qui suit, etc.

(2) L'article 2121 du Code est ainsi conçu : Les droits et créances auxquels l'hypo-

Autorisation de vendre les biens dont la conservation serait onéreuse.

1054. Conformément au décret du 11 décembre 1808, l'Université sera mise en possession, sans retard, de ceux des biens mentionnés audit décret qui ne lui ont pas encore été délivrés.

Le grand-maître nous soumettra l'état de ceux des biens déjà recouvrés qui ne sont point affectés à des fondations de bourses, et qui, consistant en bâtimens en mauvais état ou sans utilité, en terres ou en rentes éparses, seraient plus à charge que profitables à l'Université, pour être par nous autorisé à les aliéner et à en employer le produit à des établissemens de l'Université, ou en accroissement de dotation.

(Ibid., art. 168 et 169.)

Des anciennes fondations et dotations de bourses.

1055. Les fondations et dotations de bourses créées pour l'instruction d'élèves dans les universités, académies et colléges et autres établissemens d'instruction publique supprimés, dont les revenus n'ont point été perçus jusqu'à présent par la régie des domaines, par la caisse d'amortissement ou par aucun établissement concessionnaire, et qui, à compter de la publication du présent décret, seront découvertes et pourront être recouvrées par l'Université royale, lui appartiendront, pour être par elle appliquées à leur destination, conformément aux titres.

Le grand-maître recevra les déclarations qui lui seraient faites de l'existence de ces fondations et dotations, et acceptera, après délibération du conseil de l'Université, les offres et les conditions proposées pour rétablir le cours des revenus et rentes affectés à ces fondations, et en restituer les titres, toutefois sous notre autorisation spéciale donnée en conseil d'état, et sur le rapport du ministre de l'intérieur.

(Ibid., art. 170 et 171.)

1056. Lorsque les fondations auront été faites à condition que les bourses seraient à la nomination des fondateurs, ou qu'elles seraient données de préférence dans leurs familles, ces dispositions seront maintenues, et le grand-maître les fera observer.

---

thèque légale est attribuée, sont ceux des femmes mariées, sur les biens de leurs maris ; ceux des mineurs et interdits, sur les biens de leur tuteur ; ceux de l'état, des communes et des établissemens publics, sur les biens des receveurs et administrateurs comptables. Le créancier qui a une hypothèque légale, ajoute l'art. 2122, peut exercer son droit sur tous les immeubles appartenant à son débiteur, et sur ceux qui pourront lui appartenir dans la suite, sauf les modifications qui seront ci-après exprimées. (Art. 2161 et suiv.)

Lorsque les fondations auront été faites en faveur d'enfans originaires d'une ville ou d'une contrée déterminée, elles ne pourront être données à d'autres qu'à défaut de sujets de la qualité de ceux indiqués par les titres.

Lorsqu'il vaquera des bourses de l'espèce de celles désignées en l'article précédent, ou dont la fondation ne serait faite en faveur d'aucune personne ou d'aucun lieu déterminé, et dont les fondateurs ne se seraient pas réservé la nomination ou n'auraient pas laissé d'héritiers de leurs droits, elles seront données par nous sur la présentation qui nous sera faite de trois sujets par notre ministre de l'intérieur, sur l'avis du grand-maître, lesquels seront pris de préférence parmi ceux qui prouveraient qu'il appartenait à leur famille des bourses fondées dans des universités, académies ou colléges supprimés, dont les dotations sont perdues pour ces familles.

(Ibid., art. 172... 174.)

Des dotations et fondations qui seront faites à l'avenir.

1057. Le grand-maître pourra être autorisé à accepter, après délibération du conseil de l'Université, les donations et fondations qui seront faites à l'Université, en observant les formes et conditions prescrites pour les acceptations de donations et legs faits aux communes et aux hospices, par nos arrêtés et décrets sur cette matière, dont les dispositions sont déclarées applicables aux legs et donations faits à l'Université royale.

(Ibid., art. 175.)

1058. Les donateurs et fondateurs pourront mettre à leurs dons toutes les conditions qui ne seront pas contraires aux dispositions du titre V du décret du 17 mars 1808, à la police de l'Université et aux règles du droit commun.

Les fondations des bourses contiendront l'exacte désignation des biens qui y seront affectés, et si ce sont des biens immeubles, lors de la passation de l'acte, toutes les formes voulues par les lois sur les hypothèques seront remplies.

La grosse du titre sera remise aux archives de l'Université, et une expédition au chef-lieu de l'académie dans l'arrondissement de laquelle sera situé le lycée ou collége auquel la fondation s'appliquera.

Si le fondateur a désigné des administrateurs du bien affecté à la fondation, cette administration aura lieu sous la surveillance du recteur de l'académie dans l'arrondissement de laquelle l'objet de la fondation devra être rempli, et il pourra s'en faire rendre compte chaque année.

(Ibid., art. 176... 180.)

1059. Les noms des donateurs et fondateurs seront inscrits aux archives de l'Université, sur un registre à ce destiné ; ils seront proclamés à la distribution générale des prix du lycée ou du collége auquel la fondation sera appliquée, et à Paris, à la distribution des prix de tous les lycées. Ils auront, eux, et après eux, leur héritier principal, une place de distinction à la distribution des prix, aux exercices publics et aux fêtes et cérémonies qui pourront avoir lieu dans le lycée ou le collége auquel ils auront affecté la fondation, et à Paris, s'ils y résident, en s'y faisant reconnaître.

(Ibid., art. 181.)

Des fondations de bourses par les communes.

1060. Les communes, autres que celles comprises dans notre décret du 10 mai 1808, portant création des bourses dans les lycées, qui voudront fonder particulièrement des bourses dans les lycées pour des élèves de leur collége, ou des enfans originaires de la commune, pourront être admises à le faire, par décret rendu en conseil d'état, d'après une délibération du conseil municipal, approuvée par le préfet du département, et communiquée au grand-maître de l'Université, qui prendra l'avis du conseil de l'Université, et le transmettra au ministre de l'intérieur pour nous en faire un rapport.

La délibération du corps municipal contiendra l'exposé de la nature de la fondation projetée, des conditions sous lesquelles on se propose de la faire, et l'indication précise des fonds sur lesquels on l'asseoira.

L'acte de fondation ne sera passé qu'après que la délibération, faite et approuvée conformément aux articles qui précèdent, aura été revêtue de notre approbation. Cet acte sera fait devant notaire, et signé par le maire de la commune fondatrice. On y annexera expédition de la délibération et du décret d'autorisation.

Les communes dont il s'agit pourront se réserver la nomination aux bourses par elles fondées ; à défaut, la nomination sera faite conformément à l'article 3 de notre décret du 2 mai 1811.

Les nominations des communes seront faites par délibération du conseil municipal, approuvée par le préfet du département.

(Ibid., art. 182... 186.)

Acceptation d'un legs fait par le sieur Gatel.

1061. Le grand-maître de l'Université est autorisé à accepter le legs fait par le sieur Gatel au lycée de Grenoble, département de l'Isère, des livres de sa bibliothéque, jusqu'à la concurrence de 1,000 fr. (1).

(Décret du 17 mai 1813.)

Obligations des communes en ce qui concerne les bourses communales et les édifices nécessaires aux académies, facultés et colléges.

1062. Les communes continueront de payer les bourses communales et les sommes qu'elles accordent à titre de secours à leurs colléges. A cet effet, le montant desdites sommes, ainsi que des bourses, sera colloqué à leurs budgets parmi leurs dépenses fixes, et il n'y sera fait aucun changement, sans que notre conseil royal de l'instruction publique ait été entendu.

Les communes continueront aussi de fournir et d'entretenir de grosses réparations les édifices nécessaires aux académies, facultés et colléges.

(Ordonnance du 17 février 1815, art. 70 et 71.)

Lois de finances qui autorisent la perception des rétributions et autres droits universitaires.

1063. Les dispositions des lois, décrets et ordonnances, relatives aux perceptions concernant l'instruction publique, continueront d'être exécutées. Les lois, décrets et arrêtés qui seraient contraires à la présente sont annulés.

(Loi des finances de 1816, art. 121.)

Seront pareillement perçues, comme par le passé, les diverses rétributions imposées en faveur de l'Université sur les établissemens particuliers d'instruction, et sur les élèves qui fréquentent les écoles publiques.

(Lois des finances de 1817, 1818 et 1819.)

Continueront également d'être perçues...... 2°. les diverses rétributions imposées en faveur de l'Université sur les établissemens particuliers d'instruction, et sur les élèves qui fréquentent les écoles publiques, à l'exception du droit décennal établi par l'article 27 du décret du 17 mars 1808, lequel demeure supprimé.

(Loi des finances de 1820 (1), art. 17.)

(1) Postérieurement à ce décret, diverses ordonnances ont de même autorisé l'Université à accepter des dons et legs faits à l'église de la Sorbonne, à la faculté des sciences de Strasbourg, etc. Nous avons vu, pages 244 et suiv., qu'elle était apte à recevoir les legs et dons faits en faveur des associations charitables ou des écoles tenues par ces associations. Ainsi demeure établi ce principe, que l'Université, comme tutrice naturelle et légale de tous les établissemens publics consacrés à l'éducation de la jeunesse, a qualité pour accepter, en leur nom et à leur profit, tout ce qui leur est donné par actes entre-vifs ou testamentaires.

(2) Les lois de finances de 1821 et des années postérieures, ont autorisé, à peu près dans les mêmes termes, la perception des droits universitaires. Les lois du 24 avril et du

Ordonnances relatives à l'ancienne maison de Sorbonne.

1064. L'ancienne maison de Sorbonne et les bâtimens en dépendant sont affectés au service de l'instruction publique.

Les facultés de théologie et celles des sciences et des lettres de l'académie de Paris y seront établies, ainsi que l'école normale.

(Ordonnance du 3 janvier 1821.)

Le chef-lieu de l'académie de Paris sera l'ancienne maison de Sorbonne, où seront placées les écoles de la faculté de théologie, de la faculté des sciences, de la faculté des lettres, et l'école normale.

(Ordonnance du 27 février 1821, art. 9.)

Ordonnance du roi qui autorise l'Université à accepter, sous bénéfice d'inventaire, le legs universel fait en sa faveur par M. Janson de Sailly (1).

1065. L'Université de France est autorisée à accepter, sous bénéfice d'inventaire, le legs universel fait en sa faveur par M. Janson de Sailly, dans son testament du 24 août 1828.

L'Université est autorisée à vendre, dans les formes légales, aussitôt après l'acceptation dudit legs universel et la liquidation des droits des tiers, la nue-propriété des biens dont il se compose.

28 juin 1833 étaient ainsi conçues : « Continuera d'être faite (pour 1833) (pour 1834) » la perception des diverses rétributions imposées en faveur de l'Université sur les » établissemens particuliers d'instruction, sur les élèves qui fréquentent les écoles » publiques, sur les candidats qui se présentent aux examens des différentes facultés et » aux examens des jurys médicaux. »

Pour 1835 et à l'avenir, voyez ci-après pages 299 et 300.

(1) LOUIS-PHILIPPE,

Vu le testament olographe, en date du 24 août 1828, par lequel M. Janson de Sailly, ancien avocat à Paris, institue l'Université de France sa légataire universelle, à la condition de créer à Paris une institution sous le nom de *collége Janson* ;

Vu l'avis donné le 10 juillet 1830, par le préfet de la Seine, qui a été consulté conformément à l'ordonnance du 2 avril 1817, et duquel il résulte que M Janson de Sailly ne laisse pas d'héritiers directs ; que ses héritiers collatéraux, autres que ceux qu'il a portés dans son testament pour des legs particuliers, ne lui étaient parens qu'aux cinquième et sixième degrés, et qu'ils n'ont point réclamé ;

Vu les explications contenues dans la lettre de l'exécuteur testamentaire du 28 mars 1831 ;

Vu la délibération de notre conseil royal de l'instruction publique du 4 mai 1830 ;

Considérant que madame veuve Janson de Sailly a droit, aux termes de son contrat de mariage, à l'usufruit de la totalité des biens, meubles et immeubles, composant la succession de son mari, et que les legs particuliers à la charge de l'Université seront loin d'excéder la valeur du legs universel ;

Que l'Université, pour faire l'avance de ces legs et des autres charges à elle imposées, serait obligée de demander des crédits extraordinaires dont l'allocation pourrait être contestée ; que, d'un autre côté, la création de l'institution Janson de Sailly serait nécessairement ajournée jusqu'à l'extinction de l'usufruit ; que cependant il importe de remplir promptement les intentions du testateur, et qu'en conséquence l'Université doit être autorisée à vendre la nue-propriété des biens composant la succession ;

Notre conseil d'état entendu,

Nous avons ordonné, etc.

Elle en emploiera le produit, déduction faite des charges, à créer, conformément au testament, un établissement d'instruction et d'éducation qui portera le nom de Janson.

(Ordonnance du 13 mai 1831.)

1066. Le conseil royal de l'instruction publique est autorisé à accepter, au nom de l'Université de France, mais sous bénéfice d'inventaire seulement, le legs universel fait par madame Barkow, suivant un testament olographe en date du 2 juillet 1828, en faveur de l'instruction de jeunes gens pauvres, pour ledit legs être employé conformément aux intentions de la testatrice.

(Ordonnance du 26 octobre 1832.)

Maintien des rétributions et droits universitaires.

1067. Continuera d'être faite pour 1835 au profit de l'état, conformément aux lois existantes et sauf les modifications résultant de la présente loi, la perception... (1) des rétributions établies sur les élèves des colléges, des institutions et des pensions, par les décrets des 17 mars, 17 septembre 1808 et 15 novembre 1811; du droit annuel imposé aux chefs d'institutions et aux maîtres de pension par le décret du 17 septembre 1808; des rétributions imposées par les décrets du 4e. jour complémentaire an XII, 20 prairial an XI et 17 février 1809, sur les élèves des facultés et sur les candidats qui se présentent pour obtenir des grades, ou qui se font examiner par des jurys médicaux.

(Loi du 24 mai 1834, art. 4.)

Les recouvremens et perceptions seront faits dorénavant par les agens du trésor public.

1068. L'administration de l'instruction publique sera, pour 1835, chargée, conjointement avec les agens des contributions directes, de l'assiette des rétributions universitaires et du droit annuel; elle continuera à constater les rétributions à percevoir sur les candidats qui se présentent devant les facultés ou devant les jurys médicaux (2).

Les recouvremens de la rétribution universitaire et du droit annuel seront poursuivis sur les rôles rendus exécutoires par le préfet et à la diligence des agens du trésor public, dans les mêmes formes que pour les contributions directes.

L'administration de l'instruction publique prononcera sur les

(1) Ici est le détail de différens droits qui ne se rapportent point à l'instruction publique.

(2) Dans la loi que nous citons, le produit de la rétribution et des droits universitaires est évalué à . . . . 3,172,500 fr.
Le produit des rentes et domaines appartenant à l'Université est porté pour. 536,993

demandes en remise et modération dans les limites des crédits alloués au budget.

Les pourvois contre l'assiette de la rétribution universitaire seront jugés par les conseils de préfecture.

(Ibid., art. 8.)

§ II.

DES DÉPENSES.

1069. Les savans, les gens de lettres et les artistes qui rempliront plusieurs fonctions relatives à l'instruction publique, pourront en cumuler les traitemens.

(Décret du 2 septembre 1795.)

1070. Les chancelier et trésorier auront chacun un traitement annuel de. 15,000 fr.
Les conseillers à vie. . . . . 10,000 fr.
Les inspecteurs et recteurs. . . . . 6,000 fr.
Les frais de tournées seront payés à part.

(Décret du 17 mars 1808, art. 138.)

1071. Il sera alloué, pour l'entretien annuel de chacune des facultés des lettres et des sciences qui seront établies dans les académies, une somme de 5 à 10,000 francs (1).

(Ibid., art. 139.)

1072. Il sera fait un fonds annuel de 300,000 francs pour l'entretien de trois cents élèves aspirans, et pour le traitement des professeurs, ainsi que pour les autres dépenses de l'école normale.

(Ibid., art. 140.)

1073. La somme destinée à l'entretien de la maison de retraite, et à l'acquittement des pensions des émérites, est fixée, pour la première année, à 100,000 francs ; pour chacune des années suivantes, ce fonds sera réglé par le grand-maître, en conseil de l'Université.

(Ibid., art. 141.)

1074. Le grand-maître emploiera la portion qui pourra rester des revenus de l'Université royale, après l'acquittement des dépenses : 1°. en pensions pour les membres de ce corps qui se seront le plus distingués par leurs services et leur attachement à

---

(1) Cette dépense était de beaucoup au dessous des besoins de l'instruction : elle a été considérablement augmentée, à mesure que l'enseignement de ces facultés s'est développé.

ses principes (1); 2°. en placemens avantageux pour augmenter la dotation de l'Université.

(Ibid., art. 142.)

1075. Le président de notre conseil royal de l'instruction publique jouira, en cette qualité, d'un traitement annuel de 40,000 francs.

Les conseillers en notre conseil royal de l'instruction publique jouiront d'un traitement annuel de 12,000 fr.

Le traitement des inspecteurs généraux demeurera fixé à la somme de 6,000 fr., non compris les frais de tournée.

(Ordonnance du 17 février 1815, art. 1... 3.)

1076. Le traitement des aumôniers des colléges royaux sera égal au traitement fixe des censeurs, et leurs droits aux pensions de retraite seront les mêmes que ceux des autres fonctionnaires (2).

(Ordonnance du 27 février 1821, art. 15.)

1077. Le grand-maître est autorisé à nommer sur la présentation de trois sujets par le trésorier, un caissier général de l'Université, chargé, sous la surveillance du trésorier, de la totalité des recettes et de l'acquittement des dépenses sur les ordonnances du trésorier (3); le caissier général rendra le compte annuel.

(4) (Décret du 17 septembre 1808, art. 15.)

(1) Voir, sur ces pensions que le grand-maître avait le pouvoir d'accorder, la note de la page 8.

(2) A partir du mois d'août 1831, les aumôniers ont été assimilés aux professeurs, et leur traitement est aujourd'hui le même que celui des professeurs de premier ordre. (Ordonnance du 16 juillet 1831.)

(3) C'est le grand-maître qui ordonnance toutes les dépenses, aux termes de l'ordonnance du 1er. novembre 1820. — La place de caissier général a cessé d'exister à compter du 1er. janvier 1835.

(4) La totalité des dépenses de l'instruction publique, y compris celles qui sont relatives aux établissemens scientifiques et littéraires, et aux souscriptions, encouragemens et secours en faveur des gens de lettres, monte, pour 1835, à 12,291,629 fr., suivant le détail ci-après:

Administration centrale.	645,923 fr.
Services généraux.	507,000.
Administration académique et départementale.	819,900.
Instruction supérieure, facultés.	1,939,106.
Instruction secondaire.	1,655,600.
Instruction primaire.	4,600,000.
Etablissemens scientifiques et littéraires.	1,630,500.
Souscriptions, encouragemens, secours.	484,600.
Dépenses des exercices clos.	mémoire.
Total,	12,291,629 fr.

(Loi du 23 mai 1834. — Budget des dépenses. — Etat A IIIe. partie. — Services généraux.)

TITRE IX.

§ III.

ORDONNANCE QUI DÉCLARE LES AGENS COMPTABLES DE L'UNIVERSITÉ JUSTICIABLES DE LA COUR DES COMPTES.

1078. A partir de l'année 1828, les agens comptables chargés du maniement des deniers de l'Université seront individuellement justiciables de la cour des comptes, et ils lui présenteront le compte de leur gestion annuelle, sous leur responsabilité personnelle.

Ces comptes, appuyés de leurs pièces justificatives en recette et dépense, seront produits à la cour des comptes dans les trois premiers mois de l'année suivante.

Il comprendront les recettes et les dépenses de toute nature faites pendant l'année, et les résultats en seront renfermés entre les valeurs de caisse et de portefeuille existant chez le comptable, au commencement et à la fin de sa gestion.

Les agens comptables de l'Université, devenus justiciables directs de notre cour des comptes, ne seront comptables envers elle que de leur gestion personnelle. En cas de mutation de ces agens, le compte de l'année sera divisé suivant la durée de la gestion des différens titulaires, et chacun d'eux rendra compte des opérations qui le concerneront.

(Ordonnance du 21 août 1827 (1), art. 1 et 2.)

1079. Notre ministre secrétaire d'état au département des affaires ecclésiastiques et de l'instruction publique fera également mettre dans le même délai, sous les yeux de la cour des comptes et appuyé des justifications nécessaires, le compte annuel des recettes, des dépenses et des opérations d'ordre résultant de viremens d'écriture constatés administrativement, et sans la participation des comptables dépositaires des deniers de l'Université.

(Ibid., art. 3.)

___

(1) CHARLES, etc., Sur le rapport de notre ministre secrétaire d'état au département des affaires ecclésiastiques et de l'instruction publique ;

Vu la délibération du 18 de ce mois, par laquelle notre conseil royal de l'instruction publique propose d'appliquer à la comptabilité des fonds spéciaux de l'Université, les dispositions de nos diverses ordonnances sur la reddition et le contrôle des comptes et des dépenses publiques de l'état,

Nous avons ordonné, etc.

1080. Le 1er. juillet de chaque année, notre ministre secrétaire d'état au département des affaires ecclésiastiques et de l'instruction publique fera déposer au greffe de la cour des comptes le résumé général des comptes individuels rendus par les agens comptables de l'Université pour l'année précédente.

Ce résumé général, dans lequel entreront également les opérations constatées par virement d'écritures, présentera l'exposé complet des recettes et des dépenses de toute nature faites pendant la gestion expirée, sur les différens services de l'Université, avec la distinction des exercices auxquels ces opérations se rattachent.

Les résultats de ce résumé général seront certifiés et arrêtés par notre conseil royal de l'instruction publique.

(Ibid., art. 4.)

Après avoir reconnu la régularité du résumé général mentionné à l'article précédent, notre cour des comptes délivrera et fera parvenir à notre ministre secrétaire d'état au département des affaires ecclésiastiques et de l'instruction publique, pour être annexée aux comptes de l'Université, *une déclaration de conformité*, constatant la concordance de ce document administratif avec les arrêts rendus par elle sur les comptes individuels qui lui auront été produits pour la même année par les comptables de l'Université.

(Ibid., art. 5.)

1081. A la fin de chaque année, une commission nommée par notre ministre secrétaire d'état au département des affaires ecclésiastiques et de l'instruction publique sera chargée :

1°. D'arrêter le journal et le grand-livre de la comptabilité centrale de l'Université ;

2°. De constater la concordance des comptes publiés par notre conseil royal de l'instruction publique avec les résultats de cette comptabilité, et avec les déclarations de conformité de la cour des comptes.

Il sera dressé procès-verbal de ces opérations pour en être donné communication aux chambres.

(Ibid., art. 6.)

1082. Toutes les opérations de comptabilité de l'Université, antérieures au 1er janvier 1828, restent soumises aux dispositions des décrets et ordonnances qui ont été en vigueur jusqu'à ce jour.

En conséquence, la cour des comptes prendra pour

point de départ des comptes individuels soumis à ses jugemens, le solde des valeurs de caisse et de portefeuille, dont les comptables de l'Université auront été constitués reliquataires au 1er. janvier 1828, par les procès-verbaux qui en seront dressés à cette époque (1).

(Ibid., art. 7.)

(1) Voir au titre VII de la 2e partie, les dispositions arrêtées entre les ministres de l'instruction publique et des finances pour l'exécution des lois de finances des 23 et 24 mai 1834, en ce qui concerne l'Université.

TITRE X.

DE LA JURIDICTION (1).

§ I.

DE LA COMPÉTENCE QUANT AU PERSONNEL.

Des cas où le grand-maître juge seul.

1083. Lorsqu'il y aura lieu d'infliger aux membres de l'Université, qui auront manqué à leurs devoirs, les peines men-

---

(1) Nous avons inséré au titre de l'organisation générale les dispositions des décrets du 17 mars 1808 et du 15 novembre 1811, qui attribuent à l'Université une juridiction intérieure et spéciale, sous le triple rapport du maintien de la discipline, du recouvrement des rétributions, et du règlement des comptes. Une juridiction de ce genre est une institution ancienne, dont l'idée est puisée dans la nature des choses, aussi bien que dans un sentiment délicat des convenances. C'est dans son principe une sorte de justice arbitrale qui prend sa source et sa force dans la soumission volontaire de ceux même qu'elle gouverne; soumission d'autant plus facile à concevoir de la part des fonctionnaires de l'Université, qu'elle émane d'hommes à qui leur éducation, leurs talens, leur vie toujours utile, leurs principes et leurs mœurs donnent une juste confiance que les lois pénales d'aucun genre ne les regarderont jamais. C'est aussi une justice positive et régulière qui a son code précis, ses formes déterminées, son empire exceptionnel, mais légal, en vertu de la disposition expresse qui termine le code général des délits et des peines, promulgué de nouveau en 1816, par le roi : « Dans toutes les
» matières qui n'ont pas été réglées par le présent code, porte l'art. 484 du Code pénal,
» et qui sont régies par des lois et règlemens particuliers, nos cours et tribunaux con-
» tinueront de les observer. » Plusieurs arrêts de la cour de cassation ont solennellement appliqué ce principe à la juridiction universitaire.

Nous avons dit que cette institution datait de loin. Voici ce que demandait en 1576 l'ordre de la noblesse, appuyant sur ce point les remontrances des universités : « Des
» différends, dettes, querelles et autres entre les écoliers, les juges n'en connoîtront;
» mais seront vuidés, comme par arrêt, par leurs principaux ou docteurs régens. Tous
» les différends de règlemens et d'observations des statuts entre les facultés, nations et
» suppôts des universités, se vuideront par les universités, sans que les juges présidiaux ni
» autres en puissent entreprendre connoissance. »

Douze ans plus tard, le clergé proposait cet article remarquable :

« Les recteurs visiteront chacun collége une fois pendant leur rectorerie, assistés des
» doyens, des supérieurs ès-facultés et des quatre censeurs, pour voir l'état d'iceux col-
» léges, ouïr leurs plaintes, si aucunes se présentent, tant des principaux et régens que
» disciples, et tenir la main à l'entretenement de la religion catholique, apostolique et
» romaine, et des statuts de ladite Université et des colléges; lesquels puniront et
» mulcteront les réfractaires et contrevenans auxdits statuts, selon l'exigence des cas,
» nonobstant opposition ou appellations quelconques, jusqu'à déposition inclusivement
» des principaux, fermiers, régens et pédagogues. »

20

tionnées en l'art. 57 (1) du décret du 17 mars 1808, le grand maître jugera seul, en la forme et sur les instructions déterminées aux titres suivans.

(Décret du 15 novembre 1811, art. 43.)

Des cas où le jugement appartient au conseil royal.

1084. Le conseil de l'Université pourra seul infliger aux membres de l'Université la peine de la réforme, ou celle de la radiation (2) du tableau de l'Université, conformément à l'article 79 (3) du décret du 17 mars.

Le conseil de l'Université est seul juge des plaintes des supérieurs et des réclamations des inférieurs, aux termes de l'article 78 du même décret ; quand il s'agit d'abus d'autorité, d'excès de pouvoir, et en général de l'interprétation des règlemens.

(Ibid., art. 44 et 45.)

Des cas d'urgence.

1085. Dans le cas où le conseil de l'Université devra être juge, le grand-maître pourra, s'il y a urgence, ordonner provisoirement, par de simples arrêtés, la suspension, les arrêts (3), ou autres mesures semblables qui n'excèdent pas sa compétence. Il pourra y autoriser les recteurs, à la charge de l'en informer sur-le-champ.

(Ibid., art. 47... 50.)

§ II.

DE LA COMPÉTENCE EN MATIÈRE DE COMPTABILITÉ.

1086. Les comptes de ceux qui reçoivent les deniers de l'Université dans chaque académie seront vérifiés et arrêtés par le conseil de l'académie.

Les arrêtés du conseil de l'académie seront exécutoires par provision contre le comptable en débet.

Tous les comptes seront envoyés directement au trésorier, revus et définitivement approuvés par le conseil de l'Université.

(1) Voyez pages 16 et 18 du code universitaire.

(2) La peine de la *radiation* entraîne, suivant le décret du 17 mars 1808, art. 48, une conséquence extrêmement grave. Cet article est ainsi conçu : « Tout individu qui aura encouru la radiation, sera incapable d'être employé dans aucune administration publique. »
Le législateur devra examiner si cette disposition, bonne à conserver pour certains cas qui intéresseraient les mœurs et la probité, n'est pas trop générale ; et par exemple, si elle ne doit pas être déclarée inapplicable au seul fait de l'abandon des fonctions universitaires sans lettre d'*exeat*.

(3) Voyez page 20 du code.

(4) Voyez la note de la page 11 (art. 31 du présent code).

En cas de contestation de la part du comptable, le conseil de l'Université sera juge, sauf le recours à notre conseil d'état par la voie de la commission du contentieux; le délai pour se pourvoir courra du jour de la notification de la décision du conseil de l'Université (1).

(Ibid., art. 47 .. 50.)

§ III.

DE LA COMPÉTENCE EN MATIÈRE DE DROITS DUS A L'UNIVERSITÉ.

1087. Les conseils de l'académie vérifieront et arrêteront les états de pensionnaires et de prix de pension fournis par les instituteurs et maîtres de pension, aux termes de l'art. 119, § IV, titre IV, pour le payement des droits dus à l'Université.

Le recteur, chargé de l'exécution, décernera, contre les instituteurs et maîtres de pension en retard, des contraintes exécutoires par provision, sans préjudice de ce qui est porté en l'art. 63, en cas de fausses déclarations.

Les instituteurs et maîtres de pension pourront se pourvoir tant contre l'arrêté que contre la contrainte, en celle de nos cours royales dans le ressort de laquelle sera située l'académie à laquelle ces maîtres appartiendront. Le pourvoi aura lieu dans les délais établis pour l'appel par le Code de procédure civile. Ces délais courront à dater du jour de la notification de l'arrêté ou de la contrainte.

(Ibid., art. 51... 53.)

§ IV.

DES CONTRAVENTIONS, DES DÉLITS ET DES PEINES.

Des écoles non autorisées.

1088. Si quelqu'un enseigne publiquement et tient école sans l'autorisation du grand-maître, il sera poursuivi d'office par nos procureurs royaux, qui feront fermer l'école, et suivant l'exigence des cas, pourront décerner un mandat d'arrêt contre le délinquant (2).

(Ibid., art. 54.)

---

(1) Ce délai est de trois mois, conformément à ce qui est dit à l'article 53 du décret ci-après rapporté; mais, sur tout ce qui concerne la comptabilité et les droits dus à l'Université, voyez le titre 7 de la 2e. partie.

(2) La cour de cassation a rendu, le 1er. juin 1827, un arrêt où elle établit :

1°. Qu'une école est publique dans le sens de la loi, toutes les fois que des enfans ou des jeunes gens de différentes familles se réunissent habituellement dans un local commun, dans l'objet de se livrer à l'étude, soit des sciences, soit des lettres, le mot *publiquement* étant employé dans la loi uniquement par opposition à l'enseignement domestique et privé;

2°. Que s'il était nécessaire, pour constituer l'enseignement public, qu'il y eût de

1089. Si notre procureur royal négligeait de poursuivre, le recteur de l'académie, et même le grand-maître, seront tenus de dénoncer l'infraction à nos procureurs généraux, qui tiendront la main à ce que les poursuites soient faites sans délai, et rendront compte à notre grand-juge de la négligence des officiers de nos tribunaux inférieurs.

(Ibid., art. 55.)

1090. Celui qui enseignera publiquement et tiendra école sans autorisation, sera traduit, à la requête de notre procureur royal, en police correctionnelle, et condamné à une amende qui ne pourra être moindre de 100 fr., ou de plus de 3,000 fr., dont moitié applicable au trésor de l'Université, et l'autre moitié aux enfans trouvés ; sans préjudice de plus grandes peines, s'il était trouvé coupable d'avoir dirigé l'enseignement d'une manière contraire à l'ordre et à l'intérêt public.

(Ibid., art. 56.)

Cas où peut être prononcée la clôture des pensions et institutions.

1091. Conformément à l'art. 105 de notre décret du 17 mars 1808, et indépendamment des poursuites ordonnées par les articles précédens, le grand-maître, après information faite et jugement prononcé par le conseil de l'Université, dans les formes prescrites aux titres IV et V ci-après, fera fermer les institutions et pensions où il aura été reconnu des abus graves, et où l'enseignement sera dirigé sur des principes contraires à ceux que professe l'Université.

(Ibid., art. 57.)

Mesures à prendre en cas de clôture d'une école.

1092. Le grand-maître adressera expédition en forme de l'ordonnance ou du jugement qui prononcera la clôture d'un établissement d'instruction, à notre procureur royal près le tribunal du domicile du délinquant, lequel sera tenu de le faire exécuter dans les vingt-quatre heures, à sa diligence.

Lorsqu'il y aura lieu de faire fermer une école, institution ou pension, le grand-maître en donnera préalablement avis,

la part du maître distribution de prospectus, enseigne ou écriteau indicatif de l'école à la porte de la maison où elle se tiendrait, la loi serait éludée avec la plus grande facilité, elle deviendrait inutile par le fait, et toutes les écoles, dans les campagnes principalement, et même dans les villes, seraient, au grand détriment de l'instruction et de la morale, soustraites à la surveillance des autorités universitaires ;

3°. Qu'en supposant la clandestinité, elle ne serait qu'un moyen frauduleux pour se soustraire à la surveillance des autorités légales, et que cette circonstance aggravante ne détruirait point le caractère de publicité résultant de la réunion d'écoliers de différentes familles.

au moins huit jours avant, au recteur dans l'arrondissement duquel elle sera établie, pour qu'il se concerte avec le procureur du roi, avec lequel il prendra les mesures nécessaires dans l'intérêt des élèves et de leurs familles.

(Ibid., art. 58 et 59.)

Lorsque ce sera notre procureur près le tribunal du domicile du contrevenant, qui croira devoir poursuivre d'office celui qui enseignerait sans autorisation, il en informera pareillement le recteur préalablement, et il en instruira le grand-maître, auquel il communiquera les motifs d'urgence qui auront déterminé sa poursuite d'office.

Le recteur, prévenu par le procureur du roi que la clôture d'une école, institution ou pension, doit avoir lieu, enverra l'inspecteur de l'académie, ou, en son absence, déléguera un membre du conseil académique, lequel se concertera avec le procureur du roi, comme il est dit ci-dessus, article 59, pour que les parens ou tuteurs des élèves soient avertis, et pour que les élèves pensionnaires dont les parens seront trop éloignés pour les retirer de suite soient, en attendant, recueillis avec leurs effets dans une maison convenable. En cas de diversité d'opinions, le procureur du roi décidera.

(Ibid., art. 60 et 61.)

1093. Dans tous les cas où il y aura lieu de fermer une école, pension ou institution, s'il se présente quelqu'un, membre de l'Université, ou même un particulier ayant les qualités requises et méritant toute confiance, qui offre de se charger des élèves, soit externes, soit pensionnaires, jusqu'à ce qu'il y ait été autrement pourvu, le recteur, avec l'approbation du procureur du roi, pourra l'y autoriser provisoirement, et le grand-maître conférera toujours en pareil cas au recteur les pouvoirs nécessaires. Le procureur du roi pourra donner cette autorisation de son chef, et sans le concours du recteur.

(Ibid., art. 62.)

Fausses déclarations sur le nombre des élèves, etc.

1094. Les maîtres de pension et les chefs d'institution autorisés qui feront de fausses déclarations sur le nombre de leurs élèves, sur le prix de la pension, et sur le degré d'instruction qui a lieu dans leurs maisons, seront tenus à la restitution des rétributions dont ils auraient privé l'Université, et condamnés, par forme d'amende, envers l'Université, à payer une somme égale à celle qu'ils payent pour leur diplôme. Ils seront de plus censurés. En ce cas, l'exécution aura lieu à la diligence de notre procureur royal, comme il est dit à la section précédente.

(Ibid., art. 63.)

Enseignement contraire aux bases prescrites par les lois et règlemens.

1095. Tout maître de pension ou chef d'institution, tout membre de l'Université qui s'écartera des bases d'enseignement prescrites par les lois et règlemens, sera censuré, ou sera puni par la suspension de ses fonctions, par la réforme ou par la radiation du tableau, selon la nature et la gravité de l'infraction.

(Ibid., art. 64.)

Absence sans cause légitime.

1096. Les professeurs, censeurs, régens, agrégés et maîtres d'étude qui, sans cause légitime, et sans en avoir prévenu les proviseurs dans les lycées ou les doyens dans les facultés, se dispenseront de faire leurs leçons ou de remplir leurs fonctions, seront pointés et subiront une retenue proportionnelle sur leur traitement, par chaque jour d'absence. En cas de récidive, ils seront réprimandés, et pourront même être suspendus de leurs fonctions, avec privation de traitement pendant le temps qui sera arbitré par le grand-maître, sur l'avis du conseil académique.

(Ibid., art. 65.)

Fautes contre la subordination et le respect dû aux supérieurs.

1097. Tout membre de l'Université qui manquera à la subordination établie par les statuts et règlemens, et au respect dû aux supérieurs, sera réprimandé, censuré ou suspendu de ses fonctions, selon la gravité du cas.

En aucun cas, la suspension, avec ou sans privation de traitement, ne pourra excéder trois mois (1).

(Ibid., art. 66 et 67.)

Faits portant scandale ou blessant la délicatesse et l'honnêteté.

1098. Si un membre de l'Université est repris pour des faits portant scandale dans la maison à laquelle il appartient, ou blessant la délicatesse et l'honnêteté, il sera rayé, réformé, censuré, ou réprimandé, suivant les cas.

(Ibid., art 68.)

(1) On trouve dans l'ordonnance du 8 avril 1824, art. 3, une disposition diamétralement opposée à celle que l'on vient de lire : « Après avoir pris l'avis du recteur de » l'académie, et, s'il le juge convenable, celui des inspecteurs par lui délégués à cet » effet, le grand-maître pourra prononcer la suspension avec ou sans traitement *pour* » *une année*, en se conformant à l'article 1er. de l'ordonnance du 1er. juin 1822, » (c'est-à-dire, en prenant préalablement l'avis de trois conseillers).

Abandon des fonctions sans demande régulière d'exéat.

1099. Le membre de l'Université qui abandonnera ses fonctions sans avoir observé les conditions exigées par l'art. 43 du décret du 17 mars (1), sera rayé du tableau de l'Université, conformément à l'art. 44 du même décret, et sera en outre condamné à une détention proportionnée, pour sa durée, à la gravité des circonstances, et qui ne pourra excéder un an.

Le jugement qui la prononcera sera adressé à tel de nos procureurs qu'il appartiendra, lequel sera tenu d'en suivre l'exécution sans délai.

(Ibid., art. 69.)

Divertissement des deniers.

1100. Si un membre de l'Université divertit les deniers qui lui auront été confiés, il sera rayé du tableau, et condamné à la restitution, sans préjudice de l'action criminelle qui sera poursuivie dans les tribunaux, selon les cas.

(Ibid., art. 70.)

Injures verbales et écrites. — Voie de fait, diffamation et calomnie.

1101. Entre les membres de l'Université, les injures verbales, ou par écrit, seront punies sur la plainte de la partie offensée, par la réprimande ou la censure suivant les cas. Il sera fait d'ailleurs à l'offensé telle excuse et réparation que le conseil estimera convenable.

(Ibid., art. 71.)

1102. Si un membre de l'Université se permettait des voies de fait contre un autre membre de l'Université, il sera, sur la plainte de l'offensé, puni par la censure et par la suspension de ses fonctions, qui, en ce cas, ne pourra être au-dessous d'un mois, avec privation de traitement. Si les voies de fait avaient lieu d'un inférieur à un supérieur, le coupable sera rayé du tableau de l'Université.

(Ibid., art. 72.)

1103. Si un membre de l'Université se rendait coupable de diffamation, de calomnie envers un autre membre, il sera puni par la suspension de ses fonctions, avec privation de traitement pendant trois mois, même par radiation du tableau de l'Université, avec affiche de l'ordonnance, suivant la gravité des cas.

(Ibid., art. 73.)

---

(1) Voyez page 3, au titre de l'organisation générale, art. 9 du présent code.

Mauvais traitemens envers les élèves.

1104. Tout membre de l'Université qui, sous prétexte de punition, se serait permis, à l'égard des élèves, des peines interdites par les règlemens, ou aucuns mauvais traitemens, sera puni, selon l'exigence des cas, de la censure, de la suspension ou de la destitution ; le tout sans préjudice de la poursuite devant les tribunaux, dans le cas où les parens voudraient s'y pourvoir, ou dans le cas de poursuite d'office du ministère public.

(Ibid., art. 74.)

Abus d'autorité.

1105. Le supérieur qui aura abusé de son autorité envers son inférieur sera réprimandé ou censuré, selon les circonstances.
(Ibid., art. 75.)

Délits commis par les élèves (1).

1106. Les élèves des lycées et des colléges au-dessous de seize ans ne seront justiciables, pour délits par eux commis dans l'intérieur de ces maisons, que de l'Université, sans préjudice de ce qui sera dit ci-après, art. 158 et suivans.

Ils seront punis, selon la gravité des cas, d'une détention de trois jours à trois mois, dans l'intérieur du lycée ou du collége, dans un local destiné à cet effet.

Si les père, mère ou tuteur, s'opposaient à l'exécution de ces mesures, l'élève leur sera remis, et ne pourra plus être reçu dans aucun autre lycée ou collége de l'Université, et sera renvoyé, le cas échéant, à la justice ordinaire.

(Ibid., art. 76, 77 et 78.)

1107. Pour les délits commis par les élèves au dehors, dans les sorties et promenades faites en commun, la partie lésée conservera le droit de poursuivre, si elle le veut, ses réparations par les voies ordinaires. Dans tous les cas, l'action sera dirigée contre le chef de l'établissement auquel l'élève appartiendra, lequel chef sera civilement responsable, sauf le recours contre les père et mère ou tuteur, en établissant qu'il n'a pas dépendu des maîtres de prévoir ni d'empêcher le délit (2).

(Ibid., art. 79.)

---

(1) Le mot *délit* a ici toute sa signification légale, c'est l'infraction que les lois punissent de peines correctionnelles. (Art. 1er. du Code pénal.)

(2) Cette espèce de responsabilité est ainsi réglée par le Code civil, art. 1384 : « On est responsable, non-seulement du dommage que l'on cause par son propre fait, mais encore de celui qui est causé par le fait des personnes dont on doit répondre, ou des choses que l'on a sous sa garde. Le père, et la mère après le décès du mari, sont responsables du dommage causé par leurs enfans mineurs habitant avec eux ; les maîtres et les commettans, du dommage causé par leurs domestiques et préposés dans les

Peines en cas de récidive.

1108. Toute récidive pourra être punie de la peine immédiatement supérieure à celle qui aura été antérieurement infligée.

(Ibid., art. 80.)

Du refus de se soumettre aux peines prononcées.

1109. Tout membre de l'Université qui refusera de se soumettre aux ordonnances ou jugemens qui le concerneront, après en avoir été sommé et avoir été préalablement averti de la peine, sera contraint de le faire par justice.

(Ibid., art. 81.)

§ V.

CAS OU DES TIERS SERAIENT INTÉRESSÉS.

1110. Dans le cas où des tiers seraient intéressés dans la contestation, elle sera portée devant les tribunaux, si les tiers ne consentent pas à s'en rapporter au jugement du grand-maître, ou du conseil de l'Université.

(Ibid., art. 82.)

§ VI.

DES RÉCLAMATIONS ET DES PLAINTES.

1111. Les réclamations auront lieu de la part des inférieurs en cas d'abus d'autorité et d'excès de pouvoir des supérieurs, ou de fausse application des règlemens. Elles auront lieu de la part des personnes chargées de la perception des rétributions de l'Université, en cas de refus, de retard ou de fraude de la part des maîtres d'institution ou de pension redevables.

(Ibid., art. 83.)

1112. Les plaintes auront lieu pour les contraventions aux devoirs et pour les délits mentionnés au titre précédent.

Les réclamations et les plaintes contre les membres de l'Université seront portées devant le recteur de l'académie dans le ressort de laquelle le membre inculpé exerce ses fonctions.

(Ibid., art. 84 et 85.)

1113. Elles pourront être adressées aux doyens des facultés,

---

fonctions auxquelles ils les ont employés ; les instituteurs et les artisans, du dommage causé par les élèves et apprentis, pendant le temps qu'ils sont sous leur surveillance.

» La responsabilité ci-dessus a lieu, à moins que les pères et mères, instituteurs et artisans, ne prouvent qu'ils n'ont pu empêcher le fait qui donne lieu à cette responsabilité. »

aux proviseurs des lycées, aux principaux des colléges, ou autres chefs des maisons où le membre inculpé exerce ses fonctions. Ceux-ci les feront passer au recteur, et, dans le ressort de l'académie de Paris, au grand-maître, avec les renseignemens qu'ils auront pu se procurer et leur avis motivé.

Elles pourront toujours être portées directement devant le grand-maître.

(Ibid., art. 86 et 87.)

1114. Elles seront faites par écrit, datées et signées par celui qui les présentera, et enregistrées sur un registre à ce destiné, avec un numéro sous lequel il en sera donné récépissé aux parties.

(Ibid., art. 88.)

1115. Les inspecteurs généraux et les inspecteurs des académies devront porter plainte des abus, contraventions et délits venus à leur connaissance : les inspecteurs d'académie les porteront devant le recteur; les inspecteurs généraux, devant le grand-maître.

(Ibid., art. 89.)

Suspension provisoire; droit des recteurs.

1116. Les recteurs des académies auront le droit de suspendre provisoirement de leurs fonctions, en en rendant compte sans délai au grand-maître, les membres de l'Université contre lesquels l'inculpation portée pourrait donner lieu à la réforme ou à la radiation.

(Ibid., art. 90.)

§ VII.

DE L'INSTRUCTION DANS LES AFFAIRES DE LA COMPÉTENCE DU GRAND-MAÎTRE.

1117. Dans les cas mentionnés en l'art. 57 du décret du 17 mars 1808, et où le grand-maître juge seul, il prononcera d'après les instructions et rapports des conseils académiques à lui envoyés par les recteurs, et dans le ressort de l'académie de Paris, sur les instructions et rapports des inspecteurs (1).

(Ibid., art. 92.)

(1) Ainsi qu'on l'a vu page 18 du présent code, l'ordonnance du 1er juin 1822 veut (art. 1er.) que dans les cas prévus par l'art. 57 du décret du 17 mars, le grand-maître prenne préalablement l'avis de trois conseillers : cet avis lui-même a sans contredit besoin d'être éclairé par les instructions et rapports dont parle l'art. 92 que nous transcrivons ici.

§ VIII.

DE L'INSTRUCTION DANS LES AFFAIRES DE LA COMPÉTENCE DU CONSEIL ROYAL.

1118. Les affaires dont la compétence est attribuée par l'article 79 du même décret au conseil de l'Université, et qui s'élèveront dans l'arrondissement d'une académie autre que celle de Paris (1), seront portées, par le recteur, devant le conseil de l'académie où l'affaire s'instruira, ainsi qu'il suit.
(Ibid., art. 93.)

1119. Lorsqu'une réclamation sera faite, ou une plainte portée contre un membre de l'Université, de la nature de celles qui doivent être jugées par le conseil de l'Université, elle sera soumise par le recteur à l'examen du conseil académique, qui, sur les conclusions de l'inspecteur chargé du ministère public, jugera si elle est recevable, et s'il y a lieu d'instruire.
(Ibid., art. 94.)

1120. Si le conseil estime qu'il n'y a pas lieu, le mémoire ou la supplique sera renvoyé à celui qui l'aura présenté, avec l'avis motivé du conseil. Le réclamant pourra se pourvoir contre la décision devant le chancelier, qui soumettra la réclamation au conseil de l'Université.
(Ibid., art. 95.)

1121. Si la réclamation ou la plainte est adressée directement au grand-maître, elle sera par lui renvoyée au chancelier, qui la communiquera à la section du contentieux du conseil de l'Université, laquelle en fera son rapport au conseil. Si le conseil estime qu'il n'y a pas lieu de suivre, le mémoire sera renvoyé, comme il est dit ci-dessus.
(Ibid., art. 96.)

1122. S'il est jugé qu'il y a lieu de suivre, le conseil arrêtera que le mémoire sera communiqué à celui que la réclamation concerne, pour y répondre dans huitaine. Le mémoire sera renvoyé à cet effet au recteur, et par le recteur au chef de la maison à laquelle appartient le membre de l'Université mis en cause, qui lui en donnera son récépissé.

Faute par celui-ci de remettre sa réponse dans le délai, il sera fait droit sur la production du réclamant.
(Ibid., art. 97 et 98.)

---

(1) Depuis que l'académie de Paris a aussi son conseil particulier, les règles pour l'instruction des affaires qui s'élèvent dans cette académie sont les mêmes que partout ailleurs.

1123. S'il y a lieu d'entendre les parties, le conseil académique, et à Paris le conseil de l'Université chargé de l'instruction, ordonnera leur comparution. Leurs aveux et déclarations seront consignés par écrit : elles seront requises de les signer. Le président et le secrétaire signeront le procès-verbal.

(Ibid., art. 99.)

1124. Lorsqu'il y aura lieu de prononcer la réforme ou la radiation, le prévenu sera nécessairement entendu en personne ou appelé pour l'être. S'il comparaît, il sera dressé procès-verbal de ses réponses.

(Ibid., art. 100.)

1125. Lorsqu'il y aura lieu de constater des faits par visites de lieux, vérification de pièces ou d'effets mobiliers, ou par déclarations de témoins, le recteur commettra à cet effet un conseiller ou un inspecteur, lequel dressera un procès-verbal où il sera fait mention des déclarations qui auront été faites et des faits qu'il aura recueillis.

(Ibid., art. 101.)

1126. Il sera donné copie des procès-verbaux, des mémoires et pièces, aux parties intéressées. Elles seront averties par apostille sur la copie même des pièces, d'y fournir réponse dans la huitaine (1).

(Ibid., art. 102.)

Question préjudicielle en toute affaire.

1127. Dans toute affaire, il sera d'abord examiné par le conseil de l'Université, et sur les conclusions du ministère public, quelle est la peine applicable à la contravention ou au délit dont il y aura plainte, afin de déterminer si le jugement appartient à l'Université ou au grand-maître.

(Ibid., art. 105.)

1128. Lorsqu'il sera jugé que la connaissance de l'affaire appartient au conseil de l'Université, l'instruction sera renvoyée à la section du contentieux, avec les conclusions du ministère public ; elle en fera son rapport et donnera son avis.

(Ibid., art. 106.)

1129. Si la section du contentieux estime que l'affaire n'est pas suffisamment instruite, elle en fera son rapport au conseil, et celui-ci ordonnera le complément d'instruction jugé nécessaire.

Si l'affaire vient d'un conseil académique, elle sera renvoyée

---

(1) Cette disposition, et plusieurs autres de ce paragraphe, sont également applicables aux affaires de la compétence du grand-maître.

au recteur pour être reportée au conseil, à l'effet d'y compléter l'instruction.

(Ibid., art. 107 et 108.)

De l'instruction en cas de plaintes contre les élèves (1).

1130. Les plaintes contre les élèves seront toujours adressées aux recteurs.

Dans les cas de plainte portée contre un élève, le recteur désignera l'inspecteur de l'académie, et, à son défaut, un membre du conseil, pour se transporter sur le lieu, faire les informations nécessaires, entendre l'élève dans ses réponses, et du tout dresser procès-verbal.

(Ibid., art. 91... 109.)

De l'instruction en matière de comptabilité.

1131. Les comptes pour l'Université et les établissemens en dépendans seront vérifiés et arrêtés en la forme établie par les statuts et par les règlemens sur l'administration économique des établissemens de l'Université.

Si le compte est débattu et contredit par le conseil académique, les débats seront communiqués au comptable par le recteur, avec avertissement de fournir ses réponses dans un délai qui ne pourra être de moins de huitaine, ni de plus d'un mois, selon les distances de la demeure du comptable.

Faute par le comptable de fournir ses réponses dans le délai donné, il sera passé outre à l'apurement et à l'arrêté du compte.

Aux termes des articles 68 et 88 de notre décret du 17 mars 1808, les procès-verbaux et rapports des conseils académiques seront adressés au grand-maître, qui les communiquera au trésorier; les comptes seront adressés directement au trésorier, qui fera son rapport et donnera son avis au conseil de l'Université.

Le trésorier entendu, l'examen du compte sera renvoyé à la section de comptabilité du conseil de l'Université, qui en fera son rapport au conseil.

(Ibid., art. 111... 115.)

---

(1) Ceci doit s'entendre des plaintes portées pour des délits prévus par les articles 76... 79 du décret du 15 novembre. Voyez plus haut, page 312.

§ IX.

INSTRUCTION ET POURSUITES CONTRE LES DÉBITEURS DE DROITS DUS A L'UNIVERSITÉ (1).

1132. Le recouvrement des droits dus à l'Université par tous les instituteurs, maîtres de pensions et directeurs d'école, tant pour leur chef que pour le compte des élèves, sera fait à la diligence des recteurs.

Les instituteurs et maîtres verseront les droits dus pour leurs élèves par trimestre et d'avance.

Les états seront visés par le maire de la commune où la pension est établie, lequel pourra, dans ses visites, constater le nombre des élèves, et communiquera au recteur tous les renseignemens qu'il se sera procurés sur le prix de la pension.

Ces états seront exécutoires contre les instituteurs, maîtres de pension et directeurs d'école en retard d'en acquitter le montant, en vertu de la contrainte décernée par le recteur, conformément à l'art. 52 du présent décret.

Faute par les instituteurs et maîtres de pension d'envoyer les états dont il s'agit, après sommation à eux faite à la requête du recteur, ils seront, sur sa dénonciation, poursuivis à la diligence de notre procureur royal, qui pourra ordonner la clôture de leur école.

Il en sera de même à l'égard des instituteurs et maîtres de pension, refusant ou en retard d'acquitter les droits par eux dus personnellement, aux termes des statuts et règlemens.

En cas de recours à nos cours royales contre les arrêtés et les contraintes, comme il est dit ci-dessus, § III, titre Ier., art. 54, il sera procédé en nos cours sommairement et sur simple mémoire, ainsi qu'il en est usé pour l'administration des domaines.

(Ibid., art. 116... 123.)

§ X.

DES ORDONNANCES, DES JUGEMENS ET DE LEUR EXÉCUTION.

1133. Les actes de la juridiction émanés du grand-maître seul seront qualifiés d'*ordonnances* ; ceux émanés du conseil de l'Université porteront le titre de *jugemens*.

Les jugemens du conseil de l'Université seront rendus au nom du grand-maître et du conseil de l'Université, en ces

---

(1) Voir le titre VII de la 2e. partie.

termes : *En vertu des art. 77 et suivans du décret du 17 mars 1808, et des statuts de l'Université royale, le conseil de l'Université a jugé, et nous grand-maître, nous ordonnons ce qui suit.*

Les ordonnances du grand-maître seront rendues en son nom seul, en ces termes : *En vertu de l'art. 57 du décret du 17 mars 1808, vu le rapport, etc., nous grand-maître, etc., ordonnons ce qui suit.*
(Ibid., art. 128... 130.)

1134. Les ordonnances du grand-maître et les jugemens du conseil de l'Université exprimeront toujours le fait et les motifs.
(Ibid., art. 131.)

1135. Les jugemens du conseil et les ordonnances du grand-maître seront signés par le grand-maître et par le secrétaire général; ils seront scellés et signés par le chancelier.

Le chancelier exerçant les fonctions du ministère public, si le grand-maître est absent, le trésorier présidera et signera les jugemens. En l'absence du trésorier, le doyen des conseillers présidera.
(Ibid., art. 132.)

1136. Les minutes des ordonnances et des jugemens ci-dessus seront signées sans délai par le grand-maître et par le secrétaire général.

Elles seront transcrites sur deux registres différens, tenus à cet effet par le secrétaire général, et dont les feuillets seront numérotés et paraphés par le chancelier.

Les minutes seront remises par le secrétaire général à la chancellerie; le dernier jour de chaque mois, le chancelier en donnera décharge.
(Ibid., art. 133... 135.)

1137. Il pourra être délivré des expéditions aux parties intéressées qui le requerront.

Les recteurs pourront délivrer en la même forme des copies collationnées sur les expéditions à eux envoyées par le grand-maître.
(Ibid., art. 136 et 137.)

1138. Les jugemens et les ordonnances seront expédiés sur papier ordinaire, frappé seulement du cachet de l'Université.
(Ibid., art. 138.)

1139. Les minutes et registres ne pourront être communiqués qu'au grand-maître, au chancelier, au trésorier et aux membres du conseil.
(Ibid., art 139.)

1140. Les expéditions seront envoyées aux recteurs, qui seront chargés de l'exécution des jugemens dans tous les établissemens dépendans de leurs académies, et qui en rendront compte au grand-maître.

(Ibid., art. 140.)

1141. Les pièces adressées par les recteurs au grand-maître leur seront renvoyées avec l'expédition de l'ordonnance ou du jugement qu'ils auront à faire exécuter.

(Ibid., art. 141.)

1142. Le jugement ou l'ordonnance sera notifié par le recteur au membre de l'Université qu'il concernera, aussitôt sa réception. Cette notification se fera en lui remettant copie de l'ordonnance, certifiée conforme à l'expédition par le recteur, et de lui signée, avec injonction d'y satisfaire.

(Ibid., art. 142.)

1143. Si le jugement ou l'ordonnance concerne un membre de faculté, la notification lui en sera faite par le recteur, qui le mandera à cet effet. Si la faculté est séante hors du chef-lieu, la notification sera faite par le doyen. Si elle concerne un membre de lycée, elle le sera par le proviseur; et dans les colléges par le principal, à qui le recteur l'adressera à cet effet.

(Ibid., art. 143.)

1144. S'il s'agit d'un maître de pension ou d'un chef d'institution qui ne réside pas au chef-lieu, le recteur déléguera le proviseur ou le principal le plus voisin, ou tel autre fonctionnaire de l'Université qu'il jugera convenable, selon les circonstances, lequel rendra aussitôt compte au recteur de la notification et du jour qu'elle aura été faite.

(Ibid., art. 144.)

1145. Le recteur fera mention de la notification et du jour qu'elle aura été faite, sur l'expédition demeurée en ses mains. L'expédition sera par lui déposée aux archives de l'académie, et le dépôt sera inscrit sur un registre destiné à cet effet.

(Ibid., art. 145.)

1146. Le membre de l'Université condamné par ordonnance du grand-maître, ou par jugement du conseil de l'Université, à la réprimande, à la censure ou à toute autre peine portée au statut du 17 mars 1808 et au présent décret, autre que la réforme ou la radiation du tableau, sera tenu de comparaître en personne au conseil de l'académie, pour y entendre la prononciation de son jugement, au jour qui lui sera fixé par la notification qui lui sera faite.

(Ibid., art. 146.)

1147. Si, au jour fixé par la notification, le membre de l'Université ne satisfait pas à l'ordonnance, il sera sommé d'y obéir dans un nouveau délai de huitaine, avec avertissement de la peine à laquelle il s'expose en n'obéissant pas, ainsi qu'il est porté en l'art. 81 du présent décret. Cette sommation lui sera faite par le recteur, par le proviseur ou par le principal, selon les cas. Il en sera rendu compte par le proviseur ou par le principal au recteur, et par le recteur au grand-maître.

(Ibid., art. 147.)

Lecture en audience publique du tribunal ou de la cour du ressort, en cas de jugement portant réforme ou radiation.

1148. Si un membre de l'Université est condamné à la réforme ou à la radiation du tableau, le jugement sera renvoyé pour l'exécution, par le chancelier, au procureur général de la cour royale du ressort, pour être, à sa diligence, lu au condamné, en audience publique.

(Ibid., art. 148.)

Faculté de se pourvoir au conseil d'état contre les jugemens portant radiation.

1149. Il pourra y avoir recours à notre conseil d'état contre les jugemens du conseil de l'Université en matière de contravention aux devoirs et de délits entre les membres, lorsque le jugement prononcera la peine de la radiation du tableau, sans préjudice de l'action judiciaire, quand il y aura lieu.

Ce recours ne sera pas admis pour toute autre peine.

(Ibid., art. 149.)

1150. Tous les trois mois, copie des jugemens et ordonnances rendus dans les cas ci-dessus sera adressée par le secrétaire général de l'Université à notre ministre de l'intérieur (1).

(Ibid., art. 150.)

§ XI.

DE L'EXÉCUTION DES JUGEMENS EN MATIÈRE DE COMPTABILITÉ.

1151. Lorsqu'un comptable de l'Université sera en débet ou en retard, le débet sera acquitté d'abord sur son cautionne-

---

(1) Cette disposition a cessé d'être exécutée depuis la création d'un ministère spécial pour l'instruction publique

ment, puis sur la retenue de ce qui sera dû au comptable sur son traitement, et, en cas d'insuffisance, sur ses biens.

Le comptable constitué en débet sera poursuivi à la requête du trésorier, à la diligence du recteur.
(Ibid., art. 151 et 152.)

1152. Il en sera de même pour le recouvrement des droits dus à l'Université.
(Ibid., art. 153.)

1153. Tous actes conservatoires pourront être faits, et toutes inscriptions pourront être prises au profit de l'Université contre ceux qui ont la recette de ses deniers, du moment qu'ils entreront en fonctions pour cette recette (1).
(Ibid., art. 154.)

1154. Il n'est rien innové, au surplus, relativement aux actes judiciaires concernant l'exécution des arrêtés et des jugemens dont il s'agit, dont la connaissance appartient aux tribunaux, selon les formes établies par les lois générales.
(Ibid., art. 156.)

De l'action de la justice et de la police ordinaires dans l'intérieur des établissemens publics appartenant à l'Université.

1155. Hors le cas de flagrant délit, d'incendie ou de secours réclamés de l'intérieur des lycées, colléges et autres écoles publiques appartenant à l'Université, aucun officier de police ou de justice ne pourra s'y introduire pour constater un corps de délit ou pour l'exécution d'un mandat d'amener ou d'arrêt dirigé contre des membres ou élèves de ces établissemens, s'il n'en a autorisation spéciale et par écrit de nos procureurs généraux, de leurs substituts, ou de nos procureurs royaux.
(Ibid., art. 157.)

1156. Nos cours royales exerceront leur droit à raison des délits ou crimes commis dans les établissemens de l'Université, lesquels n'auront à cet égard d'autre privilége que ceux accordés pour les cas prévus par le présent décret.
(Ibid., art. 158.)

1157. Toutefois, nos procureurs généraux sont spécialement chargés de l'examen et poursuite, s'il y a lieu, de tout ce qui pourrait se passer, dans lesdits établissemens, propre à donner lieu à l'application des lois pénales, pour qu'il soit procédé de

---

(1) On a cité précédemment, au titre des recettes et dépenses, la disposition qui déclare applicable à l'Université l'art. 2121 du Code civil, lequel établit l'hypothèque légale au profit des établissemens publics.

manière à concilier les ménagemens convenables envers les établissemens de l'Université avec l'intérêt de la société blessée et de la justice offensée.

(Ibid., art. 159.)

1158. Nos procureurs généraux pourront requérir et nos cours ordonner que des membres de l'Université, ou étudians prévenus de crimes ou délits, soient jugés par lesdites cours, ainsi qu'il est dit pour ceux qui exercent certaines fonctions, à la loi du 20 avril 1810, art. 10, et au Code d'instruction criminelle, art. 479 (1).

(Ibid., art. 160.)

1159. Nos procureurs généraux et royaux sont également tenus de poursuivre, en cas de négligence ou retard des officiers de l'Université, les individus qui en sont membres, à raison des délits et contraventions portés au titre 2, chap. II, art. 54, 63, 69, 74 et 79 du présent décret.

(Ibid., art. 161.)

1160. Dans toute affaire intéressant des membres ou élèves de l'Université, nos procureurs généraux seront tenus d'en rendre compte à notre ministre de la justice, et d'en instruire notre ministre de l'intérieur et le grand-maître de notre Université.

(Ibid., art. 162.)

Des effets d'une condamnation judiciaire pour crime ou pour délit.

1161. Si un membre de l'Université était repris de justice et condamné pour crime, il cesserait, par le fait même de sa condamnation, d'être membre de l'Université, et il sera aussitôt rayé du tableau, sur l'avis qui en sera donné au grand-maître par le procureur général près la cour saisie du procès.

En cas de contumace, il sera provisoirement rayé du tableau, sauf à lui à se représenter dans les délais fixés au Code de justice criminelle.

(Ibid., art. 163.)

---

(1) « Lorsqu'un juge de paix, un membre du tribunal correctionnel ou de première instance, ou un officier chargé du ministère public près l'un de ces tribunaux, sera prévenu d'avoir commis, hors de ses fonctions, un délit emportant une peine correctionnelle, le procureur général près la cour royale le fera citer devant cette cour, qui prononcera sans qu'il puisse y avoir appel. » (Code d'instruction criminelle, art. 479.)

« Lorsque de grands officiers de la Légion-d'Honneur, des généraux commandant leurs divisions ou un département, des archevêques, des évêques, des présidens de consistoire, des membres de la cour de cassation, de la cour des comptes et des cours royales, des préfets, seront prévenus de délits de police correctionnelle, les cours royales en connaîtront de la manière prescrite par l'art. 479 du Code d'instruction criminelle. » (Loi du 20 avril 1810, art. 10.)

TITRE X.

1162. Celui qui aura subi une condamnation du ressort de la police correctionnelle pourra, selon les circonstances, être réprimandé, censuré, réformé ou rayé du tableau.

(1) (Ibid., art. 164.)

(1) La juridiction universitaire a été l'objet de beaucoup de déclamations. Il a été facile de la défendre, et il suffisait d'ailleurs de ces deux observations confirmées aujourd'hui par une expérience de 25 ans : l'une, qu'en général le corps universitaire, pénétré du sentiment de ses devoirs, a suivi la ligne de l'honneur et de la conscience, de telle sorte que son code de censure et de peines a dû être très-rarement appliqué ; l'autre, que lorsqu'on a été forcé d'en faire l'application, la législation a été trouvée suffisamment forte contre les abus qu'il fallait réprimer ou contre les fautes qu'il fallait punir.

FIN DE LA PREMIERE PARTIE.

CODE UNIVERSITAIRE.

DEUXIÈME PARTIE.

STATUTS ET RÈGLEMENS

ÉMANÉS

DU CONSEIL ROYAL DE L'INSTRUCTION PUBLIQUE (1).

TITRE PREMIER.

DISPOSITIONS GÉNÉRALES.

RÈGLEMENT CONCERNANT LE RÉGIME DE L'UNIVERSITÉ, LA SUBORDINATION, LA CORRESPONDANCE ET LES ATTRIBUTIONS DE SES DIVERSES AUTORITÉS.

Subordination et correspondance.

1163. Conformément à l'art. 50 du décret du 17 mars 1808, le grand-maître gouverne l'Université, d'après les lois, les dé-

---

(1) On a vu dans la première partie de ce Code, titre 1er., qu'aux termes du décret fondamental, le grand-maître, dont les fonctions, depuis plusieurs années, sont exercées par le ministre même de l'instruction publique, doit proposer à la discussion du conseil de l'Université tous les projets de règlemens et de statuts propres aux écoles des divers degrés; que toutes les questions relatives à la police, à la comptabilité et à l'administration générale des facultés et des colléges royaux et communaux, doivent être jugées par le conseil; qu'enfin l'Université royale et son grand-maître, chargés exclusivement du soin de l'éducation et de l'instruction dans tout le royaume, ont pour mission de tendre sans relâche à perfectionner l'enseignement dans tous les genres, de favoriser la composition des ouvrages classiques, de veiller surtout à ce que l'enseignement des sciences soit toujours au niveau des connaissances acquises, et à ce que l'esprit de système n'en arrête jamais les progrès.

Le conseil de l'Université a accepté cette grande et noble mission; il l'a comprise; et pourquoi ne le dirions-nous pas, au moment où nous en produisons les preuves? il l'a dignement remplie. On pourra en juger par cette seconde partie du Code universitaire, qui n'est autre chose que l'exposé des travaux du conseil depuis 25 ans, c'est-à-dire depuis qu'il a reçu vie et pouvoir.

En voyant ce qui se passe chez une nation voisine, en considérant l'extrême difficulté que divers états, forts cependant de toute la puissance de la confédération germanique, éprouvent à concilier la liberté que réclame l'enseignement et les mesures de prudence et de sûreté qu'exige le maintien de l'ordre public, on sera peut-être tenté de répéter, avec le journal étranger que nous avons déja cité, qu'en ce point comme en plusieurs autres, la France est loin d'être en arrière des autres peuples.

crets et les statuts et règlemens rendus dans les formes prescrites par ces décrets.

(Règlement du 10 octobre 1809, art. 1er.)

1164. Suivant l'art. 94 dudit décret, les recteurs sont préposés, sous les ordres du grand-maître, au gouvernement des arrondissemens académiques.

Ils reçoivent les ordres du grand-maître, les transmettent aux établissemens de leur ressort, et rendent compte de leur exécution. Ils correspondent avec le grand-maître pour lui faire connaître les besoins des établissemens de leur ressort, et tout ce qui a rapport au bon ordre et au bien de l'enseignement.

Ils président les conseils académiques et y proposent les sujets de délibération prescrits par les lois, décrets et statuts, ou par les ordres spéciaux du grand-maître.

Ils reçoivent aussi les plaintes et réclamations particulières, et les portent aux conseils académiques quand elles sont de leur ressort. Ils transmettent au grand-maître celles qui concernent le conseil de l'Université.

(Ibid., art. 2... 5.)

1165. Les facultés, les lycées, et en général tous les établissemens d'instruction, correspondent avec le grand-maître par l'intermédiaire du recteur : néanmoins, ceux qui ont des réclamations particulières ou des plaintes à former, peuvent les adresser directement.

Les doyens, au nom des facultés, peuvent aussi correspondre directement avec le grand-maître pour la partie scientifique de l'enseignement.

Les affaires particulières de chaque faculté sont traitées dans l'assemblée des professeurs en titre, présidée par le doyen, qui fait connaître au recteur le résultat des délibérations.

(Ibid., art. 6... 8.)

1166. Le doyen est chargé de tout le matériel et de la police des cours et des exercices.

Les budgets et les comptes des facultés sont transmis par le doyen au recteur, qui les fait examiner par le conseil académique, et les adresse, munis de l'avis de ce conseil, au grand-maître, pour être soumis par le trésorier au conseil de l'Université.

(Ibid., art. 9 et 10.)

1167. Les facultés de médecine continueront à correspondre avec les autorités publiques pour toutes les questions relatives à la salubrité.

Leurs doyens correspondent avec les juris de médecine et avec les écoles de pharmacie pour la surveillance et le visa des diplômes d'officiers de santé et de pharmacie, conformément à l'article 11 du décret du 17 février 1809.

Les facultés des sciences et des lettres établies près des lycées n'ont point d'autorité sur ces établissemens, et les proviseurs, pour ce qui concerne leurs lycées, correspondent directement avec le recteur, ou, dans les lycées éloignés du chef-lieu, avec l'inspecteur d'académie, mentionné à l'article 23 du décret du 4 juin 1809.

Les directeurs des jardins de botanique, des cabinets d'histoire naturelle et des observatoires attachés aux facultés des sciences, continueront leur correspondance scientifique avec le Muséum d'histoire naturelle et l'Observatoire de Paris.

(Ibid., art. 11... 14.)

Inspection et surveillance.

1168. Conformément à l'art. 91 du décret du 17 mars, le grand-maître fait surveiller immédiatement les académies et tous les établissemens dont elles se composent, par des inspecteurs généraux qu'il envoie selon qu'il le croit nécessaire, et qu'il peut charger, selon les cas, d'examiner les établissemens inférieurs, aussi bien que les supérieurs

Suivant l'article 92, il peut aussi envoyer des membres du conseil comme inspecteurs extraordinaires.

Les recteurs, les doyens des facultés, les proviseurs, et en général tous les employés quelconques, sont tenus de donner aux inspecteurs extraordinaires, ou aux inspecteurs généraux en mission dans leur arrondissement, tous les renseignemens que ces inspecteurs leur demandent.

(Ibid., art. 15... 17.)

1169. Suivant l'art. 98, le recteur surveille et inspecte immédiatement les facultés de son académie ; il visite les lycées de son arrondissement, au moins quatre fois par an ; il peut aussi les faire examiner de temps à autre par les inspecteurs de l'académie.

Ces inspecteurs surveillent constamment les écoles inférieures aux lycées : le recteur les examine aussi le plus souvent qu'il lui est possible.

(Ibid., art. 18 et 19.)

1170. Le conseil de l'Université exerçant à Paris les fonctions de conseil académique, en vertu de l'art. 89 du décret du 17 mars 1808, le grand-maître y remplit les fonctions de recteur, ou les fait remplir, en son nom, par des membres du conseil, qu'il désigne à son gré pour un temps, pour un établissement ou pour une affaire particulière.

En conséquence du même article, les inspecteurs généraux remplissent, à Paris, les fonctions d'inspecteurs d'académie (1).

(Ibid., art. 20 et 21.)

1171. Selon les art. 3 et 14 du décret du 4 juin 1809, les recteurs cotent, paraphent et closent, tous les trimestres, les registres des inscriptions des facultés, et en général tous les registres comptables des établissemens de leur ressort : les registres des établissemens inférieurs aux facultés, éloignés du chef-lieu, pourront être cotés, paraphés et clos par un inspecteur délégué par le recteur.

Conformément à l'article 96 du décret du 17 mars 1808, les recteurs assistent, quand ils le jugent à propos, aux exercices et aux examens des facultés; ils y prennent alors la place d'honneur et exercent la police.

Ils reçoivent les certificats d'aptitude délivrés aux candidats par les facultés, les approuvent et les envoient au grand-maître pour être convertis en diplômes; ils reçoivent les diplômes signés et scellés, et les délivrent aux gradués; le tout conformément à l'article 96 du décret du 17 mars 1808, aux articles 3 et 14 de celui du 4 juin 1809, et à la formule du diplôme annexé à celui du 17 février même année.

En conséquence de l'article 12 du décret du 4 juin 1809, toute dispense, même prévue par les lois et règlemens, d'une formalité quelconque, relative aux examens, doit être donnée par le grand-maître, sur l'avis de la faculté et le rapport du recteur de l'académie où la dispense est demandée.

(Ibid., art. 22... 24.)

1172. Conformément au décret du 4 juin 1809, les fonctions des bureaux, comités ou autres assemblées d'administration et de surveillance, établies près des anciennes facultés et des lycées, sont remplies par les conseils académiques, et, dans les établissemens éloignés du chef-lieu, par des délégués du recteur, présidés par un inspecteur d'académie.

L'exercice de toutes les fonctions mentionnées au présent statut se fera, d'ailleurs, conformément aux lois, décrets, statuts et règlemens existans ou à intervenir, sur les diverses matières qui sont l'objet de ces fonctions.

(Ibid., art. 25 et 26.)

(1) Un conseil spécial a été établi pour l'académie de Paris, des inspecteurs particuliers ont été attachés à cette académie; mais le grand-maître a continué d'exercer les fonctions de recteur.

DES CONSEILS ACADÉMIQUES ET DU SECRÉTAIRE DE L'ACADÉMIE.

(Voir le titre 2 de la première partie, pages 27 et 28.)

1173. Dans chaque académie, le conseil sera formé tous les ans, au 1er. janvier, de dix membres qui seront, conformément à l'article 85 du décret du 17 mars 1808, désignés par le grand-maître, parmi les fonctionnaires et officiers de l'académie (1).

(Arrêté du 26 mai 1812, art. 1er.)

1174. Le secrétaire de l'académie rédigera les procès-verbaux des séances du conseil.

Ces procès-verbaux seront signés par le président et contre-signés par le secrétaire.

(Ibid., art. 2.)

1175. Le conseil sera divisé, pour le travail, en trois sections, toutes composées de quatre membres et du président.

La première, présidée par le recteur, s'occupera de l'état et du perfectionnement des études, de l'administration et de la police des écoles.

La seconde, présidée par un inspecteur, s'occupera de la comptabilité, tant de l'académie en générale que des diverses écoles qu'elle renferme.

La troisième, présidée aussi par un inspecteur, sera chargée du contentieux et des affaires du sceau.

Les membres des trois sections seront désignés par le recteur tous les six mois.

(Ibid., art. 3 et 4.)

1176. Chaque section examinera les affaires qui lui auront été renvoyées par le recteur, et en fera le rapport au conseil.

Lorsque les affaires paraîtront intéresser deux sections à la fois, le recteur pourra réunir les deux sections, et désignera, dans ce cas, un président pour les sections réunies.

(Ibid., art. 5.)

1177. Toutes les fois que le recteur jugera à propos d'assister aux séances des sections isolées ou réunies, il y présidera la délibération.

Le recteur, ou, en son absence, l'inspecteur qui sera chargé des fonctions rectorales, convoquera et présidera le conseil.

----
(1) Voir la note (2) de la page 27.

Les sections seront convoquées par leurs présidens respectifs, et toutes les fois que le nombre et la nature des affaires l'exigeront.

Dans les sections et dans le conseil, les avis et les décisions seront arrêtés à la majorité absolue des voix.

Si les voix sont partagées, celle du président sera prépondérante.

(Ibid., art. 6 et 7.)

1178. Les sections ne pourront donner d'avis que sur des affaires renvoyées par le recteur.

Le conseil ne peut, de même, délibérer que sur des objets mis à l'ordre du jour par le recteur.

(Ibid., art. 8.)

1179. Les conseillers qui désireront soumettre une proposition à la délibération du conseil, devront la présenter par écrit au recteur, qui jugera s'il veut la renvoyer à l'examen d'une section, et la mettre ensuite à l'ordre du jour.

(Ibid., art. 9.)

1180. A mesure qu'il surviendra une affaire qui devra être portée au conseil, le recteur la renverra au président de la section que l'affaire concerne.

Le président de la section à qui une affaire aura été renvoyée en chargera l'un des conseillers de sa section, et celui-ci en fera son rapport à la section, laquelle arrêtera son avis.

Le président nommera un rapporteur près le conseil, pour y soutenir l'avis de la section.

L'avis de la section, signé du président, sera renvoyé par lui au recteur, avec les pièces et le nom du rapporteur près le conseil.

(Ibid., art. 10... 12.)

1181. Le recteur mettra à l'ordre du jour et appellera les affaires au conseil dans l'ordre qu'il jugera convenable.

Les membres du conseil y prendront le rang qu'ils tiennent dans l'Université, en vertu de l'article 29 du décret du 17 mars 1808 (1).

Il ne sera imprimé aucune opinion ni aucun rapport.

(Ibid., art. 13... 15.)

1182. Dans les cas où l'inspecteur d'académie chargé, aux termes de l'article 126 du décret du 15 novembre 1811, de

(1) Voyez cet article, page 6.

remplir les fonctions du ministère public, ne pourrait les exercer, il sera remplacé par l'autre inspecteur de l'académie, et, au défaut de celui-ci, par le membre inscrit le dernier dans l'ordre du tableau du conseil.

(Ibid., art. 16.)

1183. Lorsqu'un chef d'établissement d'instruction publique, doyen, proviseur ou autre, sera membre du conseil académique, et qu'il sera question de la reddition et de l'apurement de ses comptes, il assistera aux délibérations des sections et du conseil, pour donner les renseignemens et les explications nécessaires; mais il se retirera quand la section et le conseil se déclareront suffisamment instruits, et qu'il s'agira d'arrêter l'avis ou la décision.

(Ibid., art. 17.)

1184. Le secrétaire de l'académie est, par sa place, 1°. secrétaire du conseil académique; 2°. garde des archives et du sceau de l'académie; 3°. chef du secrétariat au bureau du recteur.

(Circulaire du grand-maître, du 20 février 1810.)

En conséquence, le secrétaire de l'académie assiste et tient la plume aux séances du conseil académique; il rédige le procès-verbal; il le transcrit sur un registre *ad hoc*, après que la rédaction a été approuvée par le conseil, et la présente à la signature du recteur.

Si néanmoins le conseil académique jugeait à propos, dans certaines circonstances, de faire retirer le secrétaire d'académie, le recteur nommerait un des inspecteurs pour le remplacer : la délibération alors serait inscrite sur un registre particulier, qui resterait déposé entre les mains du recteur.

Comme garde des archives et du sceau, le secrétaire d'académie signe les ampliations des arrêtés du recteur et les extraits des délibérations du conseil académique; il les délivre après les avoir revêtus du sceau de l'académie. Il contresigne tous les actes émanés de l'autorité rectorale.

Enfin, comme chef du secrétariat ou du bureau du recteur, le secrétaire d'académie a sous lui deux employés choisis par le recteur.

(Même circulaire.)

1185. Il surveille la tenue des divers registres indiqués dans l'instruction aux recteurs.

Il fait tenir un enregistrement général des lettres, demandes et autres pièces que le recteur lui a renvoyées.

Il fait le travail qu'exigent ces diverses pièces, et il le soumet au recteur.

Le recteur déterminera, comme il le jugera convenable, les heures de travail du bureau.

(Même circulaire.)

1186. Le costume du secrétaire de l'académie sera l'habit noir français.

Il doit accompagner le recteur dans toutes les cérémonies publiques, et loger, s'il est possible, dans le local de l'académie.

(Même circulaire.)

DISCIPLINE DES ÉTABLISSEMENS DE L'UNIVERSITÉ.

Des congés pendant le cours de l'année scolastique.

1187. Aucun professeur de faculté, aucun censeur, économe, professeur de lycée, aucun agrégé, maître élémentaire, ou régent, ne pourra s'absenter plus d'une semaine, pendant le cours de l'année classique, sans en avoir reçu la permission expresse et par écrit du grand-maître de l'Université.

Si l'absence ne doit pas être de plus d'une semaine, le congé pourra être accordé par le recteur, sur la proposition motivée du chef de l'établissement auquel le pétitionnaire est attaché, sauf au recteur à en rendre compte au grand-maître.

(Arrêté du 31 mars 1812, art. 1er.)

1188. Lorsque le congé devra être de plus d'une semaine, les professeurs de faculté ou de lycée et les régens de collége adresseront d'abord leur demande par écrit au chef de l'établissement auquel ils appartiennent. La demande contiendra l'exposé des motifs qui les mettent dans la nécessité de s'absenter ; elle exprimera le temps que doit durer l'absence, et la désignation du lieu où le fonctionnaire se propose de se rendre.

Si le doyen, le proviseur ou le principal jugent ces motifs suffisans, ils transmettront, avec un rapport signé d'eux, la demande au recteur de l'académie ; ils indiqueront en même temps les mesures qu'ils se proposent de prendre pour que le service de la faculté, du lycée ou du collége ne souffre pas de l'absence du professeur.

Le recteur adressera toutes ces pièces, avec son avis, au grand-maître de l'Université, qui statuera définitivement.

(Ibid., art. 2 et 3.)

1189. Si le congé est accordé, le recteur, à qui il sera adressé le transmettra sur-le-champ au chef de l'établissement, pour être remis par celui-ci au pétitionnaire.

Il en sera de même des chefs d'établissement et des inspecteurs d'académie : ils ne pourront s'absenter plus d'une semaine sans l'autorisation du recteur, qui en rendra compte au grand-maître.

Si l'absence doit être plus longue, ils suivront la marche ci-dessus indiquée pour obtenir la permission du grand-maître.

Les recteurs sont invités à se conformer, en ce qui les concerne, aux dispositions ci-dessus prescrites.

(Ibid., art. 4 et 5.)

1190. Le fonctionnaire qui aura obtenu un congé, sera tenu de revenir à son poste pour le jour où son congé expire. A son arrivée, il se présentera au chef de son établissement. Celui-ci préviendra de suite le recteur du retour du fonctionnaire; le recteur en donnera avis au grand-maître; il aura soin de rappeler le temps qui avait été accordé, et de faire observer si ce temps a été excédé ou non.

Si des circonstances imprévues forçaient un fonctionnaire à s'absenter sur-le-champ et pour plus d'une semaine, le chef de l'établissement en préviendrait le recteur, qui pourrait donner l'autorisation nécessaire, et il en serait rendu compte au grand-maître.

Tous les fonctionnaires sont avertis que les congés pendant le cours de l'année scolastique, ne seront accordés que pour des cas extraordinaires, et, par conséquent, extrêmement rares.

Ceux qui s'absenteraient sans avoir rempli les conditions prescrites, seront privés de la totalité de leur traitement, tant fixe qu'éventuel, pendant la durée de leur absence.

(Ibid., art. 6... 8.)

Des congés pendant les vacances.

1191. Les fonctionnaires de l'Université, autres que ceux qui résident dans le département de la Seine et dans le département de Seine-et-Oise, ne pourront venir à Paris, soit pendant le cours de l'année scolastique, soit pendant les vacances, sans y avoir été autorisés par le grand-maître.

On suivra, pour obtenir cette autorisation, les dispositions indiquées ci-dessus, concernant les congés pendant le cours de l'année scolastique.

(Ibid., art. 9.)

1192. Tout fonctionnaire qui aurait obtenu la permission de venir à Paris, sera tenu de se présenter, le lendemain de son arrivée, au chef du secrétariat du grand-maître, et de produire l'autorisation qu'il aurait reçue ; il remettra son adresse. Il se présentera de nouveau la veille de son départ. Il remplira à son retour toutes les autres formalités ci-dessus prescrites.

(Ibid., art. 10.)

1193. Les proviseurs, censeurs, économes des lycées et les principaux de collége, ne pourront rester, pendant les vacances, plus d'un mois absens de leurs établissemens.

Les proviseurs, censeurs et économes ne pourront s'absenter que tour à tour à cette époque ; en sorte qu'il devra toujours y avoir deux de ces fonctionnaires présens dans l'établissement.

Les proviseurs ou principaux préviendront les recteurs des arrangemens qu'ils auront pris à cet égard : le recteur en rendra compte au grand-maître.

(Ibid., art. 11 et 12.)

1194. Dans les lycées et les colléges, les professeurs, agrégés, maîtres élémentaires ou régens, feront connaître à leur proviseur ou principal le lieu où ils se proposent de passer les vacances. Aucun ne pourra partir qu'après la clôture des classes. Tous devront être de retour trois jours au plus tard avant la rentrée.

Toute contravention à ces dispositions sera dénoncée au recteur par le proviseur ou principal. Le recteur transmettra la dénonciation au grand-maître.

Les maîtres d'études ne pourront s'absenter pendant les vacances qu'avec l'agrément de leur proviseur ou principal. Le proviseur ou principal se fera rendre compte du lieu où chacun de ces maîtres se propose de se rendre. Il fixera le temps qu'il doit rester absent.

(Ibid., art. 13 et 14.)

Inspections qui doivent être faites par les recteurs et inspecteurs d'académie.

1195. Les recteurs veilleront à ce que tous les établissemens d'instruction publique de leur ressort soient visités au moins une fois l'an par les inspecteurs de leurs académies respectives.

Ils régleront l'époque, la durée et la direction des inspections, de sorte que le plus grand nombre possible d'établissemens soit visité dans chaque tournée, et qu'une sage économie soit observée dans cette partie des dépenses de leur académie.

sans préjudicier toutefois à la surveillance prescrite par les règlemens.
(Arrêté du 8 juin 1816, art. 1 et 2.)

1196. Dans les académies où il y a plus d'un inspecteur, les recteurs ne feront par eux-mêmes aucune tournée, si ce n'est dans les cas extraordinaires, et à la charge de faire connaître à la commission les motifs de leur déplacement et les résultats de leur inspection. Ils ne seront pas tenus néanmoins, lorsqu'ils jugeront qu'il y a urgence, à attendre l'autorisation de la commission.
(Ibid., art. 3.)

1197. Lorsque les circonstances exigeront qu'un inspecteur soit envoyé extraordinairement pour l'inspection spéciale d'un ou de plusieurs établissemens, les recteurs qui auront ordonné ces inspections extraordinaires en feront connaître à la commission, par un rapport spécial, les motifs et les résultats.
(Ibid., art. 4.)

Fixation des indemnités pour frais de route.

1198. Des frais de route sont alloués aux fonctionnaires et professeurs des académies et des lycées dont le bien du service exige le déplacement.

Ces frais de route sont fixés à 4 fr. par poste pour les censeurs et professeurs des lycées;

A 5 fr. pour les inspecteurs d'académie, professeurs de facultés et proviseurs des lycées;

A 6 fr. pour les recteurs.
(Instruction du 5 mars 1810.)

1199. Sont exceptés de la jouissance de cette allocation,

1°. Les officiers et employés nouvellement nommés, qui ne seront pas choisis parmi les élèves de l'école normale;

2°. Les recteurs, inspecteurs, proviseurs, censeurs et professeurs, tant des facultés que des lycées, qui solliciteront un changement pour leur convenance particulière;

3°. Enfin, tous les employés qui, passant à des fonctions supérieures dans un autre établissement que celui auquel ils étaient d'abord attachés, jouiront d'un traitement supérieur à celui qu'ils avaient auparavant.
(Même circulaire.)

Il sera accordé sur les fonds de l'Université, pour les frais d'inspections, aux recteurs, 8 fr. par poste, et 10 fr. par jour de tournée; aux inspecteurs particuliers, 5 fr. par poste, et 6 fr. par jour de tournée.

(Arrêté du 26 mars 1811.)

Il peut être alloué des indemnités aux fonctionnaires dont le bien du service a exigé le déplacement.

Elles sont réglées pour les recteurs à raison de 6 fr. par poste;

Pour les inspecteurs et proviseurs, à 5 fr.

Pour les autres fonctionnaires, à 4 fr.

Ces indemnités ne sont jamais accordées lorsque le fonctionnaire déplacé obtient de l'avancement ou une augmentation de traitement, ni lorsque le fonctionnaire a demandé à passer d'une ville dans une autre.

Le fonctionnaire qui croit avoir droit à une indemnité de déplacement adresse une demande au ministre, qui la fait examiner par le conseil royal.

Si le conseil royal accorde l'indemnité, le ministre la fait ordonnancer dans la même forme que les autres dépenses. La date de la décision du conseil est relatée dans l'ordonnance.

(Réglement général sur la comptabilité de l'Université, du 11 novembre 1826, art. 240..244.)

TITRE II.

DES FACULTÉS.

(Correspondant au titre 3e. de la première partie.)

SECTION PREMIÈRE.

DES FACULTÉS EN GÉNÉRAL.

§ I.

DE L'ADMINISTRATION DES FACULTÉS.

1200. Le doyen est le chef de la faculté ; il est chargé, sous l'autorité du chef de l'académie, de diriger l'administration et la police, et d'assurer l'exécution des règlemens ; il ordonnance les dépenses conformément au budget annuel ; il convoque et préside l'assemblée de la faculté, formée de tous les professeurs titulaires.

Dans les facultés de médecine, la faculté adjoint tous les ans aux doyens deux de ses membres, à l'effet de le seconder dans ses fonctions, de le remplacer en cas d'empêchement, et de lui donner leur avis pour tout ce qui concerne l'administration.

(Statut du 9 avril 1825, art. 43.)

1201. Les professeurs suppléans et agrégés sont tenus de seconder le doyen pour le maintien et le rétablissement du bon ordre : les élèves leur doivent respect et obéissance.

Ibid., art. 44.)

1202. Dans les délibérations de la faculté, le doyen a voix prépondérante (1).

(Ibid., art. 46.)

---

(1) « Il arrive assez souvent, dans les facultés, que les professeurs se trouvent réunis en nombre pair ; et lorsque les opinions sont partagées sur l'objet soumis à la délibération, il devient impossible de prendre des décisions, à moins qu'il n'y ait dans l'assemblée une voix prépondérante. Quelques facultés ont paru douter qu'une telle prérogative appartînt à leur doyen : mais non-seulement la nature des choses veut qu'il en jouisse ; les anciens édits, et notamment les déclarations du roi du 16 août 1682 et du 31 décembre 1683 la lui ont formellement attribuée. »

(Circulaire du 20 octobre 1820.)

1203. Le doyen nomme, sans présentation préalable, les employés des bureaux, les appariteurs, les surveillans et gens de service.

(Ibid., art. 47.)

1204. Les présentations et les nominations attribuées aux facultés seront faites au scrutin individuel.

(Arrêté du 30 décembre 1823.)

1205. Les doyens des facultés ne pourront ordonner, sans l'autorisation des conseils académiques, même sur les fonds qui auront été alloués par les budgets, aucune dépense excédant la somme de 50 francs, à l'exception seulement de celles qui sont relatives aux traitemens fixes et aux traitemens éventuels.

(Arrêté du 28 avril 1812, art. 1er.)

1206. Les conseils académiques constateront la nécessité des dépenses qui seront demandées, détermineront les sommes qui devront être employées, et en autoriseront le payement sur les fonds qui auront été alloués dans les budgets.

(Ibid., art. 2.)

1207. Lorsqu'il s'agira de dépenses extraordinaires non autorisées par les budgets, les conseils académiques se borneront à donner leur avis, auquel ils joindront, s'il est besoin, un devis estimatif; et il sera statué par le conseil de l'Université.

(Ibid., art. 3.)

1208. Néanmoins, si une dépense extraordinaire ne pouvait être différée sans inconvéniens graves, le conseil académique est autorisé à allouer provisoirement une somme suffisante pour qu'il soit pourvu aux besoins les plus urgens, à charge d'envoyer sa délibération au grand-maître.

(Ibid., art. 4.)

1209. Au commencement de chaque mois, les doyens des facultés rendent compte aux conseils académiques de toutes les dépenses qui auront été faites pendant le mois précédent.

(Ibid., art. 5.)

1210. L'article 166 du décret du 15 novembre 1811, portant que le doyen marchera à la tête de la faculté, est applicable aux doyens dans toutes les occasions où leurs facultés assisteront en corps à des cérémonies publiques.

(Arrêté du 3 juin 1812.)

§ II.

DES CONCOURS POUR LA NOMINATION DES PROFESSEURS, SUPPLÉANS ET AGRÉGÉS (1).

De la publication des concours.

1211. En exécution de l'article 52 du décret du 17 mars 1808, lorsqu'une chaire de professeur ou une place de suppléant sera vacante dans l'une des facultés de l'Université, il sera ouvert un concours public pour procéder au remplacement.
(Statuts du 31 octobre 1809, art. 1er.)

1212. Sur l'avis qui lui aura été donné de la vacance par le recteur de l'académie, le grand-maître déterminera par un arrêté le jour du concours, et désignera celle des facultés du même ordre devant laquelle il devra s'ouvrir.

Quand le concours aura lieu pour une place de suppléant, il ne pourra s'ouvrir que devant la faculté dans laquelle la place de suppléant est vacante.
(Ibid., art. 2 et 3.)

1213. Le grand-maître adressera son arrêté à tous les recteurs des académies ; il y joindra les modèles des affiches qui devront être apposées dans l'étendue de chaque arrondissement académique, et principalement dans les villes où se trouve une faculté du même ordre.

Il devra y avoir au moins quatre mois de distance entre le jour de l'arrêté du grand-maître et celui qui sera indiqué pour l'ouverture du concours.

Les affiches apposées pour annoncer le concours indiqueront les qualités qui seront exigées des aspirans, et la forme dans laquelle ils devront en justifier.
(Ibid., art. 4... 6.)

1214. Le grand-maître pourra n'indiquer qu'un seul concours, lorsqu'au moment de l'indication deux chaires de professeur ou deux places de suppléant se trouveront vacantes dans une même faculté.
(Ibid., art. 7.)

1215. Les juges des concours ne pourront, dans aucun cas, être autorisés à nommer à une chaire de professeur ou à une place de suppléant pour laquelle le concours n'aurait pas été spécialement indiqué.
(Ibid., art. 8.)

(1) Voyez plus loin diverses modifications apportées à ce premier statut.

TITRE II.

Des qualités qui sont requises pour être admis au concours.

1216. Nul ne pourra être admis au concours pour une chaire de professeur, s'il n'est âgé de trente ans accomplis (1), et pour une place de suppléant, s'il n'est âgé de vingt-cinq ans accomplis.

Néanmoins, un candidat qui n'aurait pas l'âge requis, pourra être admis au concours sur une dispense accordée par le grand-maître. Il sera renvoyé, pour cet effet, devant l'une des facultés du même ordre.

Sur l'avis motivé de la faculté désignée, l'aspirant pourra recevoir du grand-maître des lettres de dispense d'âge pour être admis au concours.

Si l'aspirant qui a obtenu des lettres de dispense d'âge est choisi par les juges du concours, le grand-maître sollicitera de Sa Majesté les dispenses dont l'aspirant a besoin pour occuper la chaire ou la suppléance vacante.

Le grand-maître ne pourra accorder des lettres de dispense d'âge à plus de trois aspirans, pour un même concours (2).

Nul ne pourra être admis au concours, s'il n'est citoyen français, et s'il ne représente un diplôme de docteur, obtenu dans l'une des facultés du même ordre de l'Université, ou dans les anciennes universités.

(Ibid., art. 9... 14.)

1217. Cinquante jours francs avant le jour fixé pour l'ouverture du concours, l'aspirant sera tenu de remettre ou d'envoyer au secrétariat de la faculté devant laquelle le concours doit avoir lieu, son nom, son adresse et les pièces qui justifient qu'il a les qualités requises. Ces pièces sont :

L'acte de naissance ;

L'inscription civique, ou tout acte équivalent ;

Un certificat de bonnes vie et mœurs, délivré par le recteur de l'académie dans l'arrondissement de laquelle l'aspirant fait sa résidence habituelle ;

Le diplôme de docteur.

Les deux premières pièces devront être légalisées.

Il sera tenu registre, au secrétariat de la faculté, des pièces déposées ou envoyées. Le registre sera clos par le doyen de la faculté, de manière qu'il y ait cinquante jours francs entre le jour de la clôture et le jour fixé pour l'ouverture du concours.

(Ibid., art. 15 et 16.)

---

(1) L'ordonnance du 5 octobre 1830 (voy. page 108) déclare les docteurs en médecine ou en chirurgie admissibles au concours dès l'âge de 25 ans.

(2) Cette disposition restrictive a été annulée.

1218. Aussitôt après la clôture du registre, toutes les pièces déposées seront examinées et jugées dans une assemblée de la faculté; et, dans les trois jours, le doyen donnera avis aux aspirans du résultat de l'examen.

(Ibid., art. 17.)

1219. Les candidats dont les pièces auront été rejetées par la faculté, pourront se pourvoir devant le conseil de l'Université. Le conseil prononcera en dernier ressort.

(Ibid., art. 18.)

1220. Le résultat de l'examen des pièces déposées sera également adressé, par le doyen, au recteur de l'académie, dans les trois jours qui suivront la clôture du registre. Il sera fait mention, dans cet envoi, des motifs d'admission ou des motifs de rejet.

Le recteur de l'académie l'adressera sur-le-champ au grand-maître avec son avis. Le grand-maître, sur l'avis du recteur, pourra faire retarder le concours et apposer de nouvelles affiches.

(Ibid., art. 19 et 20.)

De la désignation des juges et de l'ouverture du concours.

1221. Les juges du concours devront être au moins au nombre de sept au moment de l'ouverture du concours, y compris le président. S'ils étaient réduits à moins de cinq pendant le concours, ils devront être complétés et les épreuves recommencées (1).

Pour les places de suppléant, le concours pourra commencer à cinq juges, et ils pourront juger à trois.

(Ibid., art. 21 et 22.)

1222. Tout professeur de la faculté devant laquelle s'ouvre le concours est nécessairement juge. Les suppléans de la faculté ne sont juges que quand ils sont désignés à cet effet par le grand-maître.

(Ibid., art. 23.)

1223. Si l'un des juges du concours est parent ou allié de l'un des candidats jusqu'au degré d'oncle et de neveu inclusivement, il se récusera. Les candidats pourront le récuser jusqu'au degré de cousin-germain.

Si deux ou plusieurs des juges désignés pour le concours sont parens ou alliés entre eux jusqu'au degré d'oncle et de neveu inclusivement, le plus ancien restera seul juge en suivant l'ordre des fonctions et des grades.

(Ibid., art. 24 et 25.)

(1) Pour éviter cet inconvénient, un certain nombre de juges *supplémentaires* sont désignés avant l'ouverture du concours. (Voir l'art. 1227 ci-après.)

1224. Le président du concours sera nommé par le grand-maître; et, autant qu'il sera possible, il sera choisi parmi les inspecteurs généraux des facultés du même ordre.

A Paris, le concours sera présidé par un des membres du conseil. Un des inspecteurs généraux des facultés du même ordre sera nécessairement juge du concours.

(Ibid., art. 26 et 27.)

1225. Nul ne pourra être président ni juge du concours, s'il n'est docteur dans une faculté de même ordre.

(Ibid., art. 28.)

1226. Le président aura la direction et la police du concours, et voix prépondérante. Il prononcera sur toutes les difficultés qui pourront s'élever pendant la tenue du concours.

(Ibid., art. 29.)

1227. Le nombre de sept juges, nécessaire pour un concours, sera complété par le grand-maître. Il pourra les choisir parmi les suppléans de la faculté, parmi les professeurs et suppléans des autres facultés du même ordre, et même, au besoin, parmi les docteurs de cet ordre.

Le grand-maître désignera en outre trois juges suppléans, qui pourront être appelés dans le cas d'empêchement ou de récusation.

(Ibid., art. 30 et 31.)

1228. Le doyen de la faculté ordonnera, sous l'autorité du recteur, toutes les dispositions intérieures et tous les préparatifs nécessaires pour le concours.

(Ibid., art. 32.)

1229. Trois jours avant la séance d'ouverture du concours, le président convoquera une séance particulière, où les candidats admis par la faculté devront se présenter. Ils écriront eux-mêmes, sur le registre, leur nom et leur adresse. Le registre sera ensuite clos par le président. Tout candidat qui ne se serait pas présenté à cette séance, et qui n'aurait pas donné d'excuse légitime, sera exclu du concours.

(Ibid., art. 33.)

1230. Le président fera remettre aux candidats la liste des juges, et les invitera à se retirer dans une pièce séparée. Il les fera ensuite appeler pour proposer leurs récusations motivées, qui seront jugées par l'assemblée.

Dans les cas d'empêchemens ou de récusations admises, la liste des juges sera complétée, séance tenante, au moyen des juges suppléans désignés d'avance par le grand-maître; et suivant l'ordre de leur désignation. Dans les cas de récusations admises, les candidats seront introduits de nouveau pour proposer leurs récusations sur les suppléans des juges récusés.

Si, par l'effet des récusations successives, le nombre des juges restait définitivement incomplet, l'assemblée se complétera elle-même par la voie du scrutin.

(Ibid., art. 34... 36.)

1231. Lorsque la liste des juges sera complète, le président fixera les jours et heures auxquels auront lieu les diverses séances du concours.

Le changement qui pourra en résulter pour les jours et heures des cours sera réglé dans l'assemblée des professeurs, et indiqué par des affiches, dont l'une sera adressée au recteur de l'académie.

(Ibid., art. 37 et 38.)

Des épreuves du concours.

1232. Les épreuves du concours seront déterminées par des dispositions particulières, suivant les divers ordres de facultés.

Ces épreuves pourront aussi être différentes pour les diverses chaires d'un même ordre de faculté, d'après la nature et l'objet de l'enseignement qui leur est attribué.

(Ibid., art. 39 et 40.)

1233. Le rang entre les candidats qui soutiendront les épreuves du concours sera déterminé par la priorité de l'admission au grade de docteur. Les suppléans précéderont les simples docteurs, et les professeurs, s'il en est présenté, précéderont les suppléans. Entre les professeurs ou entre les suppléans, la priorité sera réglée par l'ordre de leur nomination. S'il y a encore concurrence, la priorité sera réglée par l'âge.

(Ibid., art. 41.)

1234. L'inexécution des règles sur les délais entre les épreuves et sur leur durée, ne peut donner lieu à annuler le concours et le jugement, qu'autant que ces délais et cette durée auront été abrégés.

(Ibid., art. 42.)

1235. Lorsqu'il s'agira de tirer au sort, dans les concours, les matières des leçons à faire, ou des thèses à soutenir par les concurrens, la faculté choisira un nombre de matières supérieur de moitié à celui des concurrens.

Chaque matière sera mise dans une enveloppe scellée du sceau de la faculté, mais sans désignation extérieure.

Tous les paquets seront mis dans la même urne, et tirés par les concurrens, en présence les uns des autres.

A l'instant, on inscrira sur chaque paquet le nom du concurrent auquel il sera échu, et ce concurrent y apposera son cachet.

Un autre des concurrens y apposera aussi le sien, afin que, dans aucun intérêt, le contenu ne puisse en être connu.

(Arrêté du 1er. mai 1832, art. 1... 5.)

Du jugement du concours.

1236. Le jour même où toutes les épreuves du concours auront été terminées, et immédiatement après la dernière épreuve, les juges se retireront dans la salle de leurs délibérations, pour procéder au choix du candidat qui doit obtenir la place vacante.

(Statut du 31 oct. 1809, art. 78.)

1237. Le président fera d'abord procéder, séance tenante, à un scrutin secret, pour savoir s'il y a lieu à élire, ou si aucun des candidats n'a subi les épreuves d'une manière satisfaisante, et ne paraît digne aux juges d'obtenir leur suffrage. Le rejet absolu n'est valable qu'à la majorité des deux tiers des voix.

(Ibid., art. 79.)

1238. Les dispositions de l'article précédent ne seront pas exécutées lorsqu'il n'y aura qu'un seul candidat. Dans ce cas, il sera procédé de suite à un scrutin pour la nomination ou pour le rejet. Le jugement sera porté à la majorité absolue des voix.

(Ibid., art. 80.)

1239. Quand il y aura lieu à la nomination, elle sera faite à la majorité absolue des suffrages. Si le premier tour de scrutin ne donne pas de majorité absolue, on procédera à un second.

Si ce second tour de scrutin ne donne pas de majorité absolue, le nom du candidat qui a obtenu le plus de voix sera réservé pour être soumis au ballotage.

On procédera à un troisième tour de scrutin pour désigner le second candidat qui devra être soumis au ballotage.

(Ibid., art. 81, 82 et 83.)

1240. Dans tous les cas d'égalité, le président aura voix prépondérante, en déclarant pour qui il a voté.

(Ibid., art. 84.)

1241. Tout votant aura droit de motiver son opinion, et de faire consigner ses motifs au procès-verbal.

(Ibid., art. 85.)

1242. Toutes les opérations relatives au jugement du concours devront être faites sans désemparer. La salle des séances publiques restera ouverte pendant l'absence des juges, et ils devront y rentrer aussitôt après le jugement, pour en faire connaître le résultat.

(Ibid., art. 86.)

1243. Le jugement sera proclamé par le président, en ces termes :

« Par le résultat de la délibération des juges du concours,
» M.   a obtenu
» la chaire de professeur de
» *ou* la place de suppléant, vacante dans la faculté de
»   académie de
» Il se conformera, pour son institution, à l'art. 52 du décret
» du 17 mars 1808. »

Le président en fera dresser sur-le-champ procès-verbal, qu'il enverra au grand-maître avec le procès-verbal de toutes les opérations du concours.

(Ibid., art. 87 et 88.)

1244. La nomination pourra être attaquée par les candidats non nommés, mais seulement pour raison de la violation des formes prescrites au présent règlement. Dans ce cas, l'affaire sera portée au conseil de l'Université.

Si la nomination est infirmée, il sera procédé à un nouveau concours devant la faculté qui aura été indiquée par le grand-maître. Ce concours ne pourra avoir lieu qu'entre les candidats qui avaient été admis au précédent.

(Ibid., art. 89 et 90.)

1245. Les frais du concours seront supportés par la faculté : l'impression de chaque thèse est à la charge du candidat.

(Ibid., art. 91.)

§ III.

DE L'ADMISSION DES ÉTUDIANS, DES INSCRIPTIONS, ET DES MESURES DE DISCIPLINE ET DE POLICE INTÉRIEURE.

1246. Le registre des inscriptions est ouvert, dans toutes les facultés et écoles, les 2 novembre, 2 janvier, 1er. avril et 1er. juillet de chaque année, et clos irrévocablement le 15 des mêmes mois.

Lorsque le jour fixé par l'article ci-dessus, pour la clôture des inscriptions, se trouvera être un dimanche ou une fête chômée, les registres ne seront fermés que le lendemain.

(Statuts du 9 avril 1825, art. 1 et 2 (1).)

1247. La première inscription d'un étudiant devra être prise au commencement de l'année scolaire, de manière qu'il puisse suivre la totalité des cours dans l'ordre prescrit. Chaque étudiant suivra lesdits cours sans se permettre d'interruption, à moins d'excuse jugée valable par la faculté.

Le conseil royal pourra, pour des motifs graves, accorder l'autorisation de prendre la première inscription au trimestre de janvier; mais il ne pourra en être accordé, sous aucun prétexte, à l'effet de la prendre au troisième trimestre.

(Ibid., art. 3 et 4.)

1248. Toute demande qui sera adressée postérieurement au 1er. janvier de chaque année, à l'effet d'obtenir l'autorisation de prendre la première inscription dans une faculté pour le trimestre de janvier, ne sera pas reçue.

Cette disposition sera insérée dans l'avertissement que l'on publie tous les ans, pour faire connaître aux étudians les conditions qu'ils ont à remplir pour être admis à suivre les cours des facultés.

Cette publication sera faite, à l'avenir, pendant le mois de juillet de chaque année.

(Arrêté du 9 février 1830.)

1249. Tout étudiant qui se présentera pour prendre sa première inscription dans une faculté ou dans une école secondaire de médecine, est tenu de déposer, outre les diplômes exigés par les règlemens,

1°. Son acte de naissance;

2°. S'il est mineur, le consentement de ses parens ou tuteur à ce qu'il suive ses études dans la faculté ou dans l'école. Ce consentement devra indiquer le domicile actuel desdits parens ou tuteur.

Les diplômes exigés sont, pour les facultés de théologie, de droit et de médecine, celui de bachelier ès-lettres, et en outre, pour les facultés de médecine, celui de bachelier ès-sciences (2).

(Statut du 9 avril 1825, art. 5.)

(1) Le conseil royal de l'instruction publique, Vu la déclaration du roi du 6 août 1682, Vu les ordonnances du roi des 5 juillet et 4 octobre 1820, et 2 février 1823;

Vu les arrêtés du conseil de l'Université, de la commission et du conseil royal de l'instruction publique, en date des 31 mars 1812, 30 novembre 1819, 7 mai, 10 juin et 19 décembre 1820, 26 octobre 1822, 12 avril 1823 et 27 mars 1824;

Vu enfin la circulaire de la commission de l'instruction publique, du 15 avril 1820;

Considérant qu'il est essentiel de réunir en un seul corps les dispositions des divers règlemens concernant la discipline et la police intérieure des facultés et des écoles secondaires de médecine, arrête ce qui suit, etc.

(2) Voir pages 71 et 113.

1250. Nul ne peut être admis à prendre d'inscription dans une faculté ou dans une école secondaire de médecine siégeant dans une ville autre que celle de la résidence de ses parens ou tuteur, s'il n'est présenté par une personne domiciliée dans la ville où siège ladite faculté ou école secondaire, laquelle sera tenue d'inscrire elle-même son nom et son adresse sur un registre ouvert à cet effet.

L'étudiant sera censé avoir son domicile de droit, en ce qui concerne ses rapports avec les facultés ou écoles, chez cette personne, à laquelle seront adressés, en conséquence, tous les avis et notifications qui le concerneront. En cas de mort ou de départ de ladite personne, l'étudiant sera tenu d'en présenter une autre ; faute par lui de le faire, toutes les inscriptions qu'il aura prises depuis le décès ou le départ de la personne domiciliée par laquelle il avait été présenté, pourront être annulées.

(Ibid., art. 6.)

1251. Les logeurs et maîtres d'hôtels garnis ne pourront se présenter comme répondans des étudians dans les facultés ou écoles secondaires, qu'autant qu'ils y seront autorisés, formellement et par écrit, par les familles de ces étudians.

L'autorisation, certifiée par eux, restera annexée au registre énoncé en l'article précédent.

(Ibid., art. 7.)

1252. L'étudiant est en outre tenu de déclarer, en s'inscrivant, sa résidence réelle ; et s'il vient à en changer, d'en faire une nouvelle déclaration.

Ces déclarations seront inscrites sur le registre dont il est question dans l'article 6. Toute fausse déclaration, ou tout défaut de déclaration en cas de changement de domicile, pourra être puni comme il est dit au même article 6. Ces punitions seront infligées par délibération de la faculté.

(Ibid., art. 8.)

1253. Le registre mentionné dans les art. 6 et 8 sera, ainsi que le registre des inscriptions, coté et paraphé par le recteur de l'académie, qui les clora tous deux le quinzième jour de chaque trimestre.

Si la faculté ou école est établie dans une ville autre que celle de la résidence du recteur, il commettra un fonctionnaire de l'Université pour remplir les formalités indiquées par l'article précédent, et pour le représenter auprès de la faculté ou de l'école, dans tous les autres cas où sa présence pourrait être exigée.

A Paris, ces formalités seront remplies par les doyens des facultés.

(Ibid., art. 9 et 10.)

1254. Tout étudiant convaincu d'avoir pris sur le registre une inscription pour un autre étudiant, perdra toutes les inscriptions prises par lui, soit dans la faculté où le délit a été commis, soit dans toute autre. La punition sera décernée par une délibération de la faculté; elle sera définitive.

(Ibid., art. 11.)

1255. Dans toutes les facultés il sera délivré, à tous les étudians inscrits à l'effet d'obtenir des grades, des cartes d'inscription. Les élèves devront être porteurs de leur carte lorsqu'ils se présenteront aux cours.

Nul ne peut être admis à suivre les cours publics des facultés de tout ordre, comme auditeur bénévole, s'il n'a obtenu une carte d'admission. Cette carte sera spéciale pour les cours de la faculté pour laquelle elle aura été délivrée. Elle sera dans une forme différente de celles qui sont délivrées aux étudians inscrits.

A cet effet, il sera établi dans chaque faculté un registre coté et paraphé par le doyen. Les personnes qui désireront obtenir une carte d'admission devront inscrire ou faire inscrire sur ce registre leurs nom, prénoms, âge, lieu de naissance, domicile et résidence; elles devront en outre exhiber, si elles ne sont pas domiciliées dans la ville, leur permis de résider. Chaque demande inscrite sur le registre sera signée du requérant, et recevra un numéro.

Les cartes d'admission seront signées du doyen et du secrétaire de la faculté, et le requérant y apposera également sa signature. Elles seront timbrées du sceau de la faculté, et porteront un numéro correspondant à celui sous lequel la demande aura été enregistrée.

(Ibid., art. 12... 15.)

1256. Nul ne pourra se présenter à une leçon sans être porteur de sa carte d'inscription ou d'admission. Il sera, autant que possible, assigné aux uns et aux autres des places séparées, selon qu'ils seront inscrits ou qu'ils ne seront qu'autorisés.

(Ibid., art. 16.)

1257. Tout étudiant qui, n'ayant point été inscrit pour un cours, voudra le suivre ou y assister, devra obtenir à cet effet une permission du doyen, délivrée par écrit.

(Ibid., art. 17.)

1258. Les cartes d'inscription ou d'admission ne seront valables que pour l'année scolaire dans laquelle elles auront été délivrées; elles devront être visées ou remplacées par de nouvelles cartes au commencement de chaque année scolaire.

(Ibid., art. 18.)

1259. Toute personne qui assistera à un cours devra, à la première réquisition du professeur ou du doyen, exhiber sa carte d'admission. Il pourra en être pris note, et la carte sera immédiatement rendue, sauf le cas où la demande de la carte aurait été provoquée par une conduite inconvenante de la part du porteur.

En cas de trouble occasioné par le porteur d'une carte d'admission, sa carte sera annulée.

(Ibid., art. 19 et 20.)

1260. Tout étudiant qui aura donné à une autre personne, soit du même cours, soit d'un autre cours, soit étrangère à la faculté, sa carte d'inscription ou l'autorisation qu'il aura reçue, encourra la perte d'une ou de plusieurs inscriptions, ou même son exclusion de la faculté, si cette transmission a servi à produire du désordre.

Tout auditeur bénévole qui aura prêté sa carte d'admission en sera privé, et sera exclu des cours pendant l'année au moins.

(Ibid., art. 21.)

1261. Les inscriptions au registre dont il est question à l'article 14 seront faites et délivrées sans aucuns frais.

(Ibid., art. 22.)

1262. Tout professeur de faculté ou d'école secondaire de médecine est tenu de faire, au moins deux fois par mois, l'appel des étudians inscrits et qui doivent suivre son cours en vertu des règlemens.

Si le nombre de ces étudians est trop considérable pour que l'appel puisse être général, le professeur fera chaque jour des appels particuliers, de manière, cependant, que chaque étudiant soit appelé au moins deux fois par mois, et qu'aucun d'eux ne puisse prévoir le jour où il sera appelé.

Les doyens et chefs des écoles seront tenus de veiller de temps en temps par eux-mêmes à l'exécution de l'article précédent. Les recteurs pourront également y veiller en personne, ou par un inspecteur d'académie qu'ils enverront à cet effet.

(Ibid., art. 23 et 24.)

1263. Tout étudiant convaincu d'avoir répondu pour un autre perdra une inscription.

Tout étudiant qui aura manqué à l'appel deux fois dans un trimestre et dans le même cours, sans excuse valable et dûment constatée, ne pourra recevoir de certificat d'assiduité du professeur dudit cours.

(Ibid., art. 25 et 26.)

1264. Il ne sera délivré de certificat d'inscription que pour les trimestres où les étudians auront obtenu des certificats d'assiduité pour tous les cours qu'ils ont dû suivre pendant ces trimestres d'après les règlemens. Il sera fait mention de ces certificats sur le certificat d'inscription.

(Ibid., art. 27)

1265. Nul ne sera admis à faire valoir dans une faculté ou dans une école secondaire de médecine les inscriptions prises dans une autre, s'il ne présente un certificat de bonne conduite délivré par le doyen de la faculté ou le chef de l'école secondaire d'où il sort, et approuvé par le recteur, ou s'il n'a obtenu une autorisation du conseil royal, à l'effet de se présenter à la faculté ou à l'école dont il s'agit (1).

En cas de refus du doyen ou du recteur, l'étudiant aura la faculté de se pourvoir près du conseil académique.

(Ibid., art. 28.)

1266. Tout manque de respect, tout acte d'insubordination de la part d'un étudiant envers son professeur, ou envers le chef de l'établissement, sera puni de la perte d'une ou de deux inscriptions; la punition sera prononcée, dans ce cas, par une délibération de la faculté ou de l'école, laquelle sera définitive.

Il pourra néanmoins être prononcé une punition plus grave à raison de la nature de la faute; mais alors l'étudiant pourra se pourvoir par devant le conseil académique.

En cas de récidive, la punition sera l'exclusion de la faculté ou de l'école, pendant six mois au moins et deux ans au plus; elle sera prononcée par délibération de la faculté ou de l'école, et sauf le pourvoi devant le conseil académique.

(Ibid., art. 29.)

(1) Cette disposition reproduit textuellement l'article 16 de l'ordonnance du 5 juillet 1820 : Il avait soulevé une question qui a été résolue par une circulaire du 12 février 1821, ainsi conçue :

« Les facultés et les conseils académiques sont autorisés, notamment par les articles 17 et 18 de l'ordonnance du 5 juillet 1820, à exclure des cours de la faulté où ils étudient, les élèves qui auront mérité cette punition par leur conduite : mais ces élèves ne sont point empêchés par-là de se rendre dans une autre académie pour y continuer leurs études ; l'exclusion de toutes les académies ne devant être prononcée que par le conseil royal, conformément à l'article 19 de l'ordonnance.

D'un autre côté, l'article 16 porte, que nul ne pourra faire valoir dans une faculté les inscriptions prises dans une autre s'il ne présente un certificat de bonne conduite. Cependant, comme on ne pourrait délivrer un certificat de ce genre à un étudiant qui se serait mis dans le cas de l'exclusion, il se trouverait dans l'impossibilité de continuer son cours d'études, ou du moins il perdrait toutes les inscriptions obtenues jusque-là, s'il n'était pas dispensé de remplir la condition dont il s'agit.

Le conseil royal, ayant pris en considération cette difficulté, a jugé que l'article 16 n'est point applicable à un élève exclu d'une faculté par une décision formelle. Cette décision est seulement un motif pour le faire surveiller plus particulièrement dans la nouvelle faculté où il se rend. »

1267. Toutes les fois qu'un cours viendra à être troublé, soit par des signes d'approbation ou d'improbation, soit de toute autre manière, le professeur fera immédiatement sortir les auteurs du désordre, et les signalera au doyen ou au chef de l'école, pour qu'il soit provoqué contre eux telle peine que de droit.

S'il ne parvient pas à les connaître, et qu'un rappel au bon ordre n'ait pas suffi pour le rétablir, la séance sera suspendue et renvoyée à un autre jour.

Si le désordre se reproduit aux séances subséquentes, les élèves de ce cours encourront, à moins qu'ils ne fassent connaître les coupables, la perte de leur incription, sans préjudice de peines plus graves, si elles devenaient nécessaires.

(Ibid., art. 30.)

1268. Il est défendu aux étudians, soit d'une même faculté ou école, soit de diverses facultés du même ordre, soit de facultés de différens ordres, de former entre eux aucune association sans en avoir obtenu la permission des autorités locales, et en avoir donné connaissance au recteur de l'académie ou des académies dans lesquelles ils étudient; il leur est pareillement défendu d'agir ou d'écrire en nom collectif, comme s'ils formaient une corporation ou association légalement reconnue.

En cas de contravention aux dispositions précédentes, il sera instruit contre les contrevenans par les conseils académiques, et il pourra être prononcé contre eux les punitions déterminées par l'art. 35 ci-après.

(Ibid., art. 31.)

1269. Il est défendu à tout autre qu'aux professeurs, et aux étudians interrogés par eux, de prendre la parole dans les auditoires, ainsi que dans l'enceinte des facultés.

Tout étudiant qui contreviendra à l'article précédent sera rayé des registres de la faculté à laquelle il appartient, et ne pourra prendre d'inscription dans aucune autre faculté avant une année révolue, sans préjudice des peines plus graves qui pourront lui être infligées dans l'ordre de la juridiction académique, d'après la nature des discours qu'il aura tenus.

(Ibid., art. 32 et 33.)

1270. Les recteurs, dans les départemens, et, à Paris, les doyens de faculté, sont autorisés à refuser leur approbation aux certificats d'aptitude délivrés aux jeunes gens qui leur seraient connus, soit par des mœurs vicieuses, soit par une conduite turbulente à l'intérieur ou à l'extérieur de l'école.

Les recteurs et doyens auront soin de faire connaître au

grand-maître les cas dans lesquels ils auront cru devoir faire usage du droit mentionné ci-dessus, et d'indiquer en même temps les noms de ceux qui en ont été les objets, et les motifs qui ont déterminé le refus d'approbation.

(Ibid., art. 34.)

1271. Il y aura lieu, selon la gravité des cas, à prononcer l'exclusion, à temps ou pour toujours, de la faculté, de l'académie, ou de toutes les académies du royaume, contre l'étudiant qui aurait, par ses discours ou par ses actes, outragé la religion, les mœurs ou le gouvernement; qui aurait pris une part active à des désordres, soit dans l'intérieur de l'école, soit au dehors, ou qui aurait tenu une conduite notoirement scandaleuse. La peine sera prononcée, selon les différens cas, par la faculté, par le conseil académique ou par le conseil royal, sauf les appels de droit, conformément à l'ordonnance du 5 juillet 1820.

(Ibid., art. 35.)

1272. Le recteur fera connaître, dans la semaine, au grand-maître, les punitions qui auront pu être infligées en vertu du présent règlement, soit par les facultés, soit par les écoles secondaires de médecine, soit par les conseils académiques.

(Ibid., art. 36.)

1273. Les punitions académiques et de discipline, établies par le présent règlement, auront lieu indépendamment et sans préjudice des peines qui seront prononcées par les lois criminelles, suivant la nature des cas énoncés.

(Ibid., art. 37.)

1274. Le ministre des affaires ecclésiastiques et de l'instruction publique transmettra aux autres ministres, pour y avoir tel égard que de raison, tout arrêté portant exclusion de toutes les académies, ou même d'une seule, avec les motifs qui l'auront déterminé.

(Ibid., art. 38.)

1275. Les étudians qui auront été exclus d'une faculté ne pourront être admis dans aucune autre faculté du même ordre ou d'un ordre différent, soit de la même académie, soit de toute autre, sans une autorisation du conseil royal.

(Ibid., art. 39.)

1276. A l'avenir, aucun candidat ajourné ou refusé dans une faculté ne pourra se présenter à l'examen d'une autre faculté du même ordre, sans y être autorisé par le conseil royal (1).

(Arrêté du 26 avril 1828.)

(1) Des abus d'un autre genre ont exigé d'autres précautions. Plusieurs fois des

1277. Pour chaque thèse, le doyen désigne un président parmi les professeurs devant qui elle devra être soutenue. Ce président examine la thèse en manuscrit; il la signe, et il est garant tant des principes que des opinions qui y sont émis, sous le rapport de la religion, de l'ordre public et des mœurs.

Avant le jour fixé pour soutenir la thèse, il en sera adressé deux exemplaires pour le conseil royal, et un exemplaire au recteur de l'académie (1).

(Ibid., art. 41.)

1278. Si une thèse répandue dans le public n'était pas conforme au manuscrit qui aurait été soumis à l'examen du président, ou si elle avait été imprimée avant que le manuscrit eût été revêtu de sa signature, elle serait censée non avenue. Si l'épreuve avait été subie par le candidat, cette épreuve serait nulle par ce fait seul; le diplôme ne lui serait pas délivré ou serait annulé; et, dans tous les cas, il ne pourrait soutenir une nouvelle thèse que sur une autre matière, et après un délai qui serait fixé par le conseil royal : le tout sans préjudice des autres peines académiques qui pourraient être encourues par le candidat, à raison des principes contenus dans sa thèse imprimée ou répandue en contravention au règlement.

(Ibid., art. 42.)

individus, qui en faisaient métier, ont subi les examens au lieu et place d'étudians qui ne rougissaient pas d'accepter ce triste et dangereux secours. Le conseil a dû y pourvoir, et le 16 mars 1832 il a pris l'arrêté suivant :

« Les demandes en examen et les états d'inscription présentés à l'appui par les étudians, seront signés d'eux en présence du secrétaire de la faculté, qui vérifiera l'identité de la signature avec celle du registre d'inscription.

Au moment de se faire examiner, le candidat apposera sa signature sur un registre à ce destiné, en présence des examinateurs, lesquels vérifieront l'identité de la signature avec celle des pièces ci-dessus, et dans les facultés supérieures, avec celle du diplôme de bachelier ès-lettres qu'il aura dû obtenir précédemment.

Sont maintenues d'ailleurs les dispositions de l'arrêté du 15 septembre 1821, concernant les signatures à apposer aux diplômes et aux récépissés à en donner par les impétrans.

Les étudians seront prévenus chaque fois des suites que pourraient avoir pour eux, d'après les lois criminelles, les fausses signatures apposées à ces actes. »

(1) On conçoit toute l'importance de cet envoi. Le conseil royal, chargé tout ensemble et de perfectionner l'enseignement dans ses diverses branches, et de veiller à ce que ce même enseignement, toujours se développant, toujours grandissant dans les écoles supérieures, ne devienne pas une source d'égaremens et d'erreurs funestes, a dans les mains un moyen naturel et simple d'atteindre le double but pour lequel il est institué. Les thèses qui sont soutenues chaque année dans toutes les facultés étant rassemblées sous ses yeux, il peut se former, par leur examen, une idée assez juste et assez complète de l'état et de la marche de l'instruction publique sur tous les points du royaume, et donner, s'il y a lieu, aux différentes académies, les avertissemens et les directions convenables.

Cette mesure, qui avait d'abord été prescrite pour les seules facultés de droit, n'a pas tardé à l'être pour toutes les facultés, et son exécution a été plus d'une fois recommandée au zèle et à la vigilance des recteurs.

1279. Dans le cas d'urgence, le doyen peut ordonner la suspension d'un cours, et, sur la notification qui sera faite de cette suspension au professeur par le doyen, soit verbalement, soit par écrit, le professeur est tenu d'y obtempérer sur-le-champ, sous les peines portées par l'art. 66 du décret du 15 novembre 1811.

Dans les vingt-quatre heures qui suivront, le doyen sera tenu de donner avis au recteur de la suspension qu'il aura prononcée, et des motifs qui l'auront déterminée. Le recteur en informera sans délai le grand-maître.

(Ibid., art. 45.)

1280. Tout professeur, agrégé ou suppléant, qui, dans ses discours, dans ses leçons ou dans ses actes, s'écarterait du respect dû à la religion, aux mœurs ou au gouvernement, ou qui compromettrait son caractère ou l'honneur de la faculté par une conduite notoirement scandaleuse, sera déféré par le doyen au conseil académique, qui, selon la nature des faits, provoquera sa suspension ou sa destitution, conformément aux statuts de l'Université.

(Ibid., art. 48.)

1281. Les professeurs qui, désignés pour un examen ou une thèse, se dispenseraient d'y assister sans avoir prévenu, vingt-quatre heures au moins à l'avance, le doyen, qui, dans ce cas, devra les faire remplacer, seront soumis, sur leur traitement, à une retenue égale à leur droit de présence, et double en cas de récidive, à moins qu'ils ne justifient d'une cause absolue et subite d'empêchement, et qu'elle ne soit agréée par la faculté.

L'agrégé ou suppléant qui aurait commis la même faute trois fois dans la même année, ou qui, désigné pour remplacer un professeur, s'y serait refusé, et dont les motifs d'excuse, pour l'un comme pour l'autre cas, n'auront point été agréés par la faculté, cessera de faire partie des agrégés en exercice ou des suppléans.

(Ibid., art. 49 et 50.)

1282. Les droits de présence ne pourront être accordés aux professeurs, aux agrégés ou aux suppléans absens, quels que soient les motifs de leur absence.

(Ibid., art. 51.)

1283. Les membres de la faculté qui auront donné des leçons particulières à des étudians ne pourront être nommés pour les examiner, soit à leurs examens, soit à leurs actes publics.

(Ibid., art. 52.)

1284. Si un professeur est empêché de faire son cours, le doyen pourvoira à son remplacement.

(Ibid., art. 53.)

1285. Aucun professeur, suppléant ou agrégé, ne pourra s'absenter plus d'une semaine pendant le cours de l'année classique, sans en avoir reçu la permission expresse et par écrit du grand-maître de l'Université.

Si l'absence ne doit pas être de plus d'une semaine, le congé pourra être accordé par le recteur sur la proposition motivée du chef de l'établissement auquel le pétitionnaire est attaché, sauf au recteur à en rendre compte au grand-maître.

Lorsque le congé devra être de plus d'une semaine, les pétitionnaires adresseront d'abord leur demande au chef de l'établissement auquel ils appartiennent. La demande contiendra l'exposé des motifs qui les mettent dans la nécessité de s'absenter; elle exprimera le temps que doit durer l'absence, et la désignation du lieu où le fonctionnaire se propose de se rendre.

Si le chef de l'établissement juge les motifs suffisans, il transmettra, avec un rapport signé de lui, la demande au recteur de l'académie; il indiquera en même temps les mesures qu'il se propose de prendre pour que le service de l'établissement ne souffre pas de l'absence du pétitionnaire.

Le recteur adressera toutes ces pièces, avec son avis, au grand-maître de l'Université, qui statuera définitivement.

Si le congé est accordé, le recteur, à qui il sera adressé, le transmettra sur-le-champ au chef de l'établissement, pour être remis par celui-ci au pétitionnaire.

Le fonctionnaire qui aura obtenu un congé sera tenu de revenir à son poste pour le jour où son congé expire. A son arrivée, il se présentera au chef de l'établissement. Celui-ci préviendra de suite le recteur du retour du fonctionnaire. Le recteur en donnera avis au grand-maître; il aura soin de rappeler le temps qui avait été accordé, et de faire observer si ce temps a été excédé ou non.

Si des circonstances imprévues forçaient un fonctionnaire à s'absenter sur-le-champ, et pour plus d'une semaine, le chef de l'établissement en préviendrait le recteur, qui pourrait donner l'autorisation nécessaire, et il en serait rendu compte au grand-maître.

Tous les fonctionnaires sont avertis que les congés, pendant le cours de l'année scolaire, ne sont accordés que pour des cas extraordinaires, et par conséquent extrêmement rares.

Ceux qui s'absenteraient sans avoir rempli les conditions prescrites seront privés de la totalité de leur traitement, tant fixe qu'éventuel, pendant la durée de leur absence.

(Ibid., art. 54.... 6o.)

TITRE II.

SECTION DEUXIÈME.

DE CHAQUE FACULTÉ EN PARTICULIER

§ I.

DES FACULTÉS DES LETTRES (1).

Des présentations et nominations des professeurs (2).

1286. A l'avenir, les présentations qui doivent, conformément aux règlemens, être faites par le conseil académique pour toute chaire vacante dans la faculté des lettres d'une académie, pourront porter, en tout ou en partie, sur les candi-

---

(1) Le baccalauréat ès-lettres étant nécessaire pour être admis à prendre les grades dans les autres facultés, il est en quelque sorte le premier pas à faire dans l'instruction supérieure. Nous avons cru, par cette raison, qu'il convenait de donner d'abord tout ce qui est relatif à la faculté des lettres, sauf à renvoyer le lecteur à ces premiers documens, lorsque nous passerons aux facultés des sciences, de médecine, de droit et de théologie. Au fond, il importe assez peu de quelle manière on dispose les règlemens qui concernent les diverses facultés ; nous serions toutefois tentés de croire que l'ordre que nous suivons ici est plus rationnel que celui dans lequel le décret du 17 mars a rangé ces grandes écoles. C'est une question qui se trouvera implicitement décidée par la loi générale à intervenir sur l'instruction publique.

(2) Le décret organique du 17 mars 1808 avait établi pour toutes les facultés un mode uniforme. Aux termes de l'article 7, le grand-maître devait nommer pour la première fois les doyens et professeurs ; après la première formation, les places de professeurs vacantes dans ces établissemens devaient être données au concours. En conséquence, un règlement général, le statut du 31 octobre 1809, que nous avons reproduit, pages 339 et suivantes, détermina les formes et les conditions de ces épreuves solennelles. Mais plus d'une fois on avait reconnu que les concours ne donnaient pas tout ce qu'ils promettaient. En 1810, une commission fut chargée de visiter les universités italiennes et piémontaises. Les commissaires, MM. Cuvier et de Coiffier, ayant examiné avec une attention particulière le statut de l'ancienne université de Turin, furent frappés du parti avantageux qu'on avait su tirer de l'institution des docteurs agrégés près de ces facultés, et, d'après leur rapport, le conseil, partageant leur conviction, proposa, en 1814, d'adopter cette institution. Il y aurait eu près de chaque faculté un corps de docteurs agrégés nommés au concours ; et lorsqu'une chaire serait venue à vaquer, le grand-maître aurait choisi le professeur parmi ces docteurs agrégés, après avoir pris l'avis de la faculté, du recteur et des inspecteurs généraux. Cette double mesure du concours pour l'agrégation et de l'élection pour le professorat, semblait réunir les avantages et sauver les inconvéniens propres à chacune des méthodes. Elle écartait jusqu'à l'idée de l'intrigue, puisque le talent seul aurait obtenu l'agrégation, et la possibilité même de l'erreur, puisque l'autorité n'aurait plus eu qu'à choisir entre des hommes reconnus et proclamés capables. L'ordonnance du 17 février 1815 n'a pris que la moitié de la proposition faite au conseil de l'Université. Elle n'a point établi le concours d'agrégation, et elle a voulu que la chaire fût donnée par voie d'élection ; seulement elle a exigé une double présentation. « Il (le conseil royal) nomme à vie les professeurs entre quatre candidats, dont deux sont présentés par la faculté et deux par le conseil académique (art. 29). Ce dernier mode a continué d'être suivi pour les facultés des lettres et des sciences. Le concours n'a lieu que pour les chaires de théologie, de droit et de médecine.

placement.

(Ibid., art. 53.)

dats docteurs qu'aura présentés la faculté dans laquelle vaque la chaire.

(Arrêté du 17 décembre 1833.)

DE L'ENSEIGNEMENT.

1287. Les cours des facultés des lettres et des sciences sont la suite et le complément des études du lycée.

(Statut du 16 février 1810, art. 1er.)

1288. Chaque faculté des lettres instituée par l'art. 15 du décret du 17 mars 1808, sera composée d'un professeur de belles-lettres, d'un professeur de philosophie et d'un professeur d'histoire.

L'enseignement des belles-lettres pourra être divisé en plusieurs cours, dans quelques académies, d'après leurs besoins et leurs ressources.

(Ibid., art. 2 et 3.)

1289. Le professeur de belles-lettres fera un cours approfondi de littérature par ordre de genres.

Le professeur de philosophie traitera les principales questions de la logique, de la métaphysique et de la morale, et leur donnera les développemens les plus propres à fortifier l'esprit et le jugement des élèves.

Le professeur d'histoire exposera les principes de la chronologie, les grandes époques de l'histoire, et la concordance de la géographie ancienne avec la géographie moderne.

Ibid., art. 4... 6.)

1290. Chaque professeur aura soin de faire connaître l'histoire de la science qu'il enseignera, les auteurs et les ouvrages qui en auront reculé les limites.

(Ibid., art. 9.)

1291. Les professeurs feront chacun trois leçons par semaine, d'une heure et demie : une demi-heure au moins sera employée à exercer les élèves.

Les cours de ces facultés dureront neuf mois : l'ouverture en sera fixée par le recteur.

(Ibid., art. 10 et 11.)

Inscriptions, examens et thèses.

1292. Le secrétaire de l'académie tient le registre des inscriptions. Le secrétaire de la faculté tient le registre des procès-verbaux.

(Ibid., art. 13.)

1293. Le registre des inscriptions sera coté et paraphé par le recteur, et divisé en cases, dans lesquelles chaque élève inscrira ses nom et prénoms, le lieu et le jour de sa naissance, et l'école où il aura étudié.

Avant d'être admis à prendre sa première inscription, il présentera son acte de naissance.

(Ibid., art. 14.)

1294. Le doyen, sur le vu des inscriptions délivrées par le secrétaire de l'académie, et des listes d'appel remises par les professeurs de la faculté, donnera les certificats d'assiduité.

(Ibid., art. 15.)

1295. Tous ceux qui suivront les cours des facultés seront tenus de prendre quatre inscriptions pour chacun de ces cours. Elles devront être prises dans les quinze premiers jours du premier, du troisième, du cinquième et du septième mois de l'année classique des facultés. Le recteur, ou un membre du conseil académique délégué par le recteur, clorra le registre le seizième jour.

(Ibid., art. 16.)

1296. Les examens doivent être faits par trois examinateurs au moins. L'un d'entre eux sera nécessairement professeur de la faculté.

En exécution des art. 13 et 15 du décret du 17 mars 1808, les proviseurs et les censeurs des lycées seront adjoints à la faculté des lettres ou à celle des sciences : en cette qualité, ils pourront être examinateurs.

(Ibid., art. 22 et 23.)

1297. Le doyen dressera le rôle des examinateurs; il nommera ceux qui devront procéder à chaque examen : en cas de maladie ou d'absence, il pourra désigner un suppléant parmi les professeurs du lycée. Il est lui-même examinateur à son tour.

Le doyen fixe le jour de l'examen et des autres épreuves pour les aspirans aux grades.

(Ibid., art. 24 et 25.)

1298. Les examens pour le baccalauréat se feront dans les quinze derniers jours de l'année classique du lycée, ou dans les quinze jours qui précéderont l'ouverture des cours de la faculté (1).

Il pourra être accordé des examens extraordinaires pendant le cours de l'année, mais seulement par le grand-maître.

(Ibid., art. 26 et 27.)

1299. Chaque examen, pour tout grade, sera d'une demi-heure au moins, et de trois quarts d'heure au plus.

(Ibid., art. 28.)

---

(1) Voyez pages 363 et suiv., de nouvelles dispositions concernant les examens, et particulièrement celui du baccalauréat ès-lettres.

1300. Tous les examens sont publics.
(Ibid., art. 29.)

1301. Après l'examen, les examinateurs se retireront pour délibérer : ils voteront ensuite sur chaque candidat au scrutin secret; et le doyen, ou le plus ancien des examinateurs, proclamera les noms des candidats qui auront été reconnus admissibles.
(Ibid., art. 30.)

1302. Il sera dressé du tout, par le secrétaire de la faculté, un procès-verbal signé des examinateurs : le doyen en transmettra copie au recteur.
(Ibid., art. 31.)

1303. En exécution de l'art. 20 du décret du 17 mars 1808, portant qu'il faut, pour être reçu licencié dans la faculté des lettres, avoir obtenu le grade de bachelier dans la même faculté depuis un an, les aspirans à la licence seront tenus de produire d'abord leur diplôme de bachelier, ensuite les inscriptions d'une année pour deux cours au moins, et des certificats d'assiduité à ces cours.

En exécution du même article, ils subiront ensuite, au jour indiqué par le doyen, l'épreuve des compositions, dont le sujet aura été donné par lui. Elles se feront devant un membre de la faculté, et ne pourront durer plus de cinq heures.

Le doyen désignera trois membres de la faculté pour prononcer sur le mérite de ces compositions, et fera parvenir au recteur le résultat des opinions recueillies au scrutin secret.
(Ibid., art. 32.... 34.)

1304. En exécution de l'art. 21 du décret du 17 mars, il faudra, pour être reçu docteur dans la faculté des lettres, présenter son titre de licencié, et soutenir deux thèses, l'une sur la philosophie, et l'autre sur la littérature ancienne et moderne. La première sera écrite et soutenue en latin.

La faculté entière assistera aux thèses du doctorat : tous les membres seront admis à voter sur la capacité du candidat.

Les membres de la faculté auront seuls le droit d'argumenter ou d'interroger, et dans l'ordre qui aura été réglé par le doyen.

Le programme des thèses sera imprimé et rendu public, après avoir reçu le *visa* du doyen et le *permis* du recteur.

Chaque thèse sera présidée par le professeur chargé de l'enseignement des matières qu'elle contiendra. La durée de la thèse sera de deux heures.
(Ibid., art. 35.... 39.)

1305. Quand la faculté, après les épreuves requises, juge un candidat admissible à un grade, elle lui délivre un certificat d'aptitude : ce certificat est adressé par le doyen au recteur, pour recevoir son *visa*.

(Ibid., art. 44.)

1306. Si le recteur estime qu'il y a eu défaut de forme ou excès d'indulgence, il déclarera à la faculté qu'il refuse son *visa*, et il adressera au grand-maître les motifs de son refus avec le certificat de la faculté.

(Ibid., art. 45.)

Police.

1307. Les jours et les heures des leçons, pour chaque cours, seront fixés par le recteur, de concert avec le doyen.

Dans le cas de maladie ou d'absence d'un professeur, s'il n'y a point de suppléant en titre, le doyen est chargé de le faire remplacer.

La police des examens et des actes publics appartient au doyen, ou, en son absence, au plus ancien des professeurs présens.

Tous les préparatifs pour les actes et les solennités seront réglés par le doyen.

(Ibid., art. 46....49.)

1308. Les professeurs, pendant leurs leçons, et les examinateurs, pendant les examens, seront en robe.

Dans les cérémonies, installations, thèses et distributions de prix, toute la faculté est en grand costume.

Chaque faculté a, pour les cérémonies et pour les thèses, un appariteur nommé par le recteur, sur la présentation du doyen. Il porte dans toutes les cérémonies, avec son costume ordinaire, réglé par le décret du 31 juillet 1809, une masse représentant un globe céleste entouré de palmes.

(Ibid., art. 51 et 52.)

Faculté des lettres de Paris.

1309. Toutes les dispositions contenues dans les articles précédens sont applicables à la faculté des lettres de Paris, sauf les exceptions suivantes.

Le secrétaire de la faculté tiendra le registre des inscriptions.

Chaque professeur fera, par semaine, deux leçons d'une heure et demie chacune.

Les cours commenceront au mois de décembre, et dureront **huit mois.**

Pour obtenir le grade de licencié à Paris dans la faculté des lettres, il faudra avoir suivi trois cours, pendant un an au moins, et avoir pris quatre inscriptions à chacun de ces cours.
(Ibid., art. 53, 54, 55, 56 et 61.)

1310. Le doyen de la faculté se concertera avec le conseiller chef de l'école normale, pour que les cours soient distribués dans la semaine aux jours et aux heures les plus convenables.

Des places particulières seront assignées aux élèves de cette école.
(Ibid., art. 58.)

1311. Les cours de la faculté des lettres de Paris sont au nombre de neuf; savoir :

Littérature grecque ;
Eloquence latine ;
Poésie latine ;
Eloquence française ;
Poésie française ;
Philosophie ;
Histoire de la philosophie ;
Histoire ancienne et moderne ;
Géographie ancienne et moderne.
(Ibid., art. 62.)

1312. Le professeur de littérature grecque prendra pour sujet de ses leçons, dans la première partie de son cours, les auteurs en prose, et, dans la seconde, les poëtes.
(Ibid., art. 63.)

1313. Le professeur d'éloquence latine expliquera les traités de rhétorique de Cicéron et de Quintilien, et les plus beaux morceaux d'éloquence des auteurs latins.
(Ibid., art. 64.)

1314. Le professeur de poésie latine développera les beautés des grands poëtes du siècle d'Auguste : il fera connaître aussi les poëtes latins du second ordre.
(Ibid., art. 65.)

1315. Le professeur d'éloquence française donnera les préceptes de tous les genres d'éloquence ; il en choisira les modèles dans les plus célèbres écrivains français.
(Ibid., art. 66.)

1316. Le professeur de poésie française présentera l'histoire de la poésie en France, depuis son origine jusqu'à notre siècle : il traitera séparément des divers genres de poésie, et cherchera des points de comparaison dans les poëtes anciens et dans la littérature étrangère.
(Ibid., art. 67.)

1317. Le professeur de philosophie, en traitant les questions énoncées dans l'art. 5 du présent statut, s'attachera spécialement à montrer l'origine et le développement successif des idées, à indiquer les causes de nos erreurs, et à faire connaître la nature et les avantages de la méthode philosophique.

(Ibid., art. 68.)

1318. Le professeur de l'histoire de la philosophie présentera le tableau général et raisonné des opinions les plus remarquables des anciens et des nouveaux philosophes.

(Ibid., art. 69.)

1319. Le professeur d'histoire ancienne et moderne exposera les principaux systèmes de la chronologie, les synchronismes des grandes époques de l'histoire : il présentera le tableau comparé des lois, des arts et des mœurs ; l'origine des empires, avec les causes de leurs progrès et de leur décadence : il établira les règles de la saine critique, et en fera l'application au récit des historiens.

(Ibid., art. 70.)

1320. Le professeur de géographie présentera cette science dans ses rapports mathématiques, physiques, historiques et politiques, industriels et commerciaux. Il fera connaître la correspondance des noms et des lieux qui lie entre elles la géographie ancienne et la géographie moderne.

(Ibid., art. 71.)

1321. Il ne sera plus nommé de professeurs-adjoints dans la faculté des lettres.

Les chaires qui ont actuellement deux titulaires, seront réduites à un seul, lors de la première vacance.

(Statut du 7 août 1812, art. 1 et 2.)

1322. Si un professeur vient à avoir besoin d'être secondé dans tout ou partie de son enseignement, il demandera au grand-maître la permission de se faire suppléer pour un temps, qui ne pourra excéder une année.

Il ne pourra désigner qu'un individu gradué dans une faculté du même ordre, qui devra être approuvé par le grand-maître.

(Ibid., art. 3 et 4.)

Les suppléans ne seront point membres de la faculté, n'assisteront point aux délibérations, et ne recevront d'émolumens que du professeur qu'ils suppléeront.

Néanmoins, lorsque les professeurs composant la faculté, et les professeurs de première classe des lycées, ne pourront suffire aux examens des candidats pour les grades, la faculté pourra autoriser le doyen à appeler tel ou tel suppléant qui sera jugé nécessaire.

En ce cas, le suppléant touchera les mêmes droits que les titulaires pour les examens auxquels il aura pris part.

Les suppléans porteront, aux actes, la robe de docteur.

(Ibid., art. 5... 8.)

DES EXAMENS.

Droits de présence des examinateurs.

1323. Le droit de présence aux examens dans les facultés des lettres est fixé à 5 fr. pour chaque examinateur.

Le doyen prendra part, à son tour, aux examens.

Le secrétaire, outre le droit de présence qui lui est dû pour les examens et actes publics auxquels il assiste comme professeur, recevra toujours un demi-droit de présence comme secrétaire.

(Arrêté du 5 août 1817, art. 1... 3.)

1324. A partir du 1er. octobre 1817, les droits de présence seront prélevés par les facultés sur les droits d'examen des candidats.

(Ibid., art. 5.)

1325. Les professeurs de mathématiques ou de physique des colléges royaux, qui, conformément à l'article 4 de l'ordonnance royale du 17 octobre 1821, seront adjoints aux facultés des lettres et aux membres des commissions chargées d'examiner les candidats au grade de bachelier ès-lettres, recevront un demi-droit de présence pour chaque examen auquel ils auront assisté.

(Décision du 29 décembre 1821.)

1326. A partir du 1er. janvier 1828, les deux thèses du doctorat dans les facultés des lettres ne donneront lieu pour chacun des examinateurs et pour le secrétaire qu'à un seul droit de présence, tel qu'il est fixé par l'article 290 du règlement général du 11 novembre 1826 (1).

Le droit de présence ne pourra être alloué à plus de six examinateurs, quel que soit le nombre des professeurs qui auront assisté à l'examen.

(Arrêté du 15 décembre 1827.)

---

(1) Cet article porte :

Chaque examen doit être subi devant trois examinateurs.

Un quatrième examinateur pour les mathématiques peut assister aux examens des facultés des lettres et des commissions qui les remplacent ; mais il ne reçoit qu'un demi-droit de présence.

La somme allouée pour les droits de chaque examen est fixée , savoir :

Des formalités à remplir par les étudians.

1327. Les jeunes gens qui se présenteront à l'examen du baccalauréat seront tenus de produire un certificat qui constate qu'ils ont fait leur rhétorique et leur philosophie dans une école où ce double enseignement a été autorisé par l'Université, ou de rapporter la preuve qu'ils ont été élevés par un instituteur ou par leur père, oncle ou frère.

(Arrêté du 26 septembre 1818.)

1328. Les certificats d'assiduité délivrés aux étudians d'une faculté, en vertu de l'article 15 de l'ordonnance du 5 juillet 1820, seront visés par le recteur de l'académie de laquelle dépend la faculté qui les a délivrés, et ils ne seront point admis dans d'autres académies sans cette formalité. (1).

(Arrêté du 2 septembre 1820.)

1329. Les candidats admis à l'examen du baccalauréat, soit devant une faculté, soit devant une des commissions d'examen instituées par l'ordonnance du 18 janvier 1816, devront présenter, à compter de la rentrée prochaine, les certificats des études requises par l'arrêté de la Commission, du 26 septembre 1818, et, à compter du 1er. janvier 1822 et du 1er. janvier 1823, ceux des études respectivement prescrites, après ces deux époques, par l'ordonnance royale du 5 juillet 1820

Ces certificats seront délivrés par les chefs des écoles où les études auront été faites, et visés par les recteurs des académies dont ces écoles dépendent.

(Statut du 13 septembre 1820, articles 1 et 2 (2).)

Faculté des lettres de Paris.

A chacun des trois examinateurs 5 fr., ci.	15 fr. 00
Au secrétaire.	3
Demi-droit au professeur de mathématiques adjoint à la faculté, ci.	2 50
Total.	20 fr. 50

Facultés des lettres des départemens.

A chacun des trois examinateurs 5 fr., ci.	15 00
Au secrétaire.	2 50
Demi-droit au professeur de mathématiques adjoint à la faculté, ci.	2 50
Total.	20 fr. 00

(1) Cette disposition est commune à toutes les facultés.

(2) La Commission d'instruction publique, voulant assurer à la société la garantie que le grade qui ouvre l'entrée des professions les plus importantes est destiné à lui donner, arrête.

1330. A compter de la rentrée prochaine, l'examen pour le baccalauréat ès-lettres aura pour objet les auteurs grecs et latins, la rhétorique, l'histoire, la géographie et la philosophie.

Trois examinateurs au moins prendront part, à chaque examen.

Les examens seront publics et annoncés d'avance par des affiches aux portes extérieures de l'édifice où siége la faculté ou la commission d'examen.

Ils dureront trois quarts d'heure au moins pour chaque candidat.

(Ibid., art. 3... 6.)

1331. Le certificat d'aptitude contiendra,

1°. Les nom, prénoms, date et lieu de naissance du candidat ;

2°. La mention des études qu'il aura faites en rhétorique et en philosophie ;

3°. Les matières et les auteurs sur lesquels il aura été examiné, ainsi qu'une note sur la manière dont il aura répondu sur chaque objet.

Au certificat d'examen seront annexés les certificats d'études mentionnés aux articles 1 et 2 ci-dessus.

(Ibid., art. 7 et 8.)

1332. Les recteurs et les inspecteurs d'académie assisteront fréquemment aux examens. Chaque fois qu'ils auront été présens, il en sera fait mention sur le certificat.

(Ibid., art. 9.)

1333. Seront annexés au certificat d'aptitude les certificats d'études préalables dont il est fait mention dans l'article 1er., et le tout sera adressé à la Commission, par le recteur, comme il a été d'usage jusqu'à ce jour.

(Ibid., art. 10.)

1334. Les recteurs tiendront note des renseignemens que les certificats d'examen qui passeront sous leurs yeux pourront leur fournir sur la force des différentes études dans les établissemens d'où les candidats seront sortis, et ils en adresseront chaque année le résumé à la Commission.

(Ibid., art. 11.)

1335. A Paris, la Commission nommera des inspecteurs généraux chargés de remplir les fonctions rectorales en tout ce qui concerne l'exécution du présent arrêté.

(Ibid., art. 12.)

1336. A dater du 1er. octobre 1822, les candidats au baccalauréat ès-lettres seront examinés au chef-lieu de l'académie où ils auront terminé leurs études, ou de celles où ils auront leur domicile légal (1).

(Règlement du 13 mars 1821, art. 1er.)

1337. Ils déclareront l'école où ils auront été instruits, ou le maître particulier qui leur aura donné des leçons, et il sera fait mention au certificat d'aptitude de leur réponse à l'interpellation qui leur aura été faite à cet égard.

(Ibid., art. 2.)

1338. Conformément à l'article 3 du statut du 13 septembre 1820, ils seront examinés sur les auteurs grecs et latins, sur la rhétorique, sur l'histoire, sur la géographie et sur la philosophie.

Ils pourront aussi être examinés sur les mathématiques élémentaires et sur les élémens des sciences physiques, s'ils se déclarent capables de répondre. Il en sera fait mention au procès-verbal et au certificat d'aptitude.

(Ibid., art. 3.)

1339. A compter du 1er. octobre 1823, l'examen sur la philosophie se fera en latin (2).

A compter de la même époque, tous les candidats devront répondre sur les élémens des sciences mathématiques et physiques (3).

(Ibid., art. 4 et 5.)

(1) A moins d'une dispense spéciale du conseil royal. (Circulaire du 27 septembre 1823.)

(2) Cette disposition surannée, qui déshéritait en quelque sorte de l'enseignement philosophique la langue le mieux faite peut-être pour cette sorte d'enseignement, a été rapportée le 11 septembre 1830, par un arrêté du conseil royal, ainsi conçu :

« L'article 4 de l'arrêté du 13 mars 1821, qui prescrit que l'examen de philosophie du baccalauréat ès-lettres sera fait en latin, est rapporté.

L'examen de philosophie pour le baccalauréat ès-lettres sera fait en français.

Il sera fait une révision des questions sur lesquelles doit rouler cet examen.

Il sera nommé à cet égard une commission qui fera son rapport dans le plus court délai possible, de manière que la série des questions en français dont se composera l'examen de la philosophie pour le baccalauréat ès-lettres, puisse être imprimée pour la rentrée de la faculté des lettres. » (Voir cette série de questions, pages 368 et suiv.)

(3) On a dû autoriser provisoirement une dérogation à ces derniers articles en faveur des établissemens dont les études étaient réputées valables pour se présenter à l'examen et qui ne donnaient point un enseignement complet. Le conseil royal a considéré qu'il serait injuste de priver absolument de ce grade les candidats qui, sur la foi des règlemens existans, avaient fait leurs études dans ces établissemens ; mais voulant toutefois restreindre dans les limites convenables les dispenses que ces candidats peuvent réclamer, et empêcher surtout que les diplômes qui leur seront accordés ne puissent leur servir pour les carrières qui exigent une instruction complète, il a, le 1er. août 1829, arrêté ce qui suit :

Les dispenses de répondre sur le grec ou sur les premiers élémens des sciences mathématiques et physiques pour le grade de bachelier ès-lettres ne seront plus accordées qu'aux candidats qui prouveront avoir fait leurs études classiques à une époque où les

1340. Les objets de l'examen seront tirés au sort. On rédigera à cet effet un tableau, en trois séries, des questions principales qui pourraient être proposées sur les matières énoncées aux articles précédens. La première série embrassera la connaissance des auteurs grecs et latins, et la rhétorique ; la seconde, l'histoire et la géographie ; la troisième, la philosophie. On déposera dans trois urnes des boules portant des numéros correspondans à ces questions ; et chaque boule qui sera extraite des urnes indiquera la question à laquelle le candidat devra répondre.

Ibid., art. 6.

1341. On n'examinera qu'un seul candidat à la fois, et la durée de l'examen sera de trois quarts d'heure.

(Ibid., art. 7.)

1342. Les examinateurs attesteront, sur le certificat d'aptitude, que le candidat a été interrogé pendant le temps prescrit, et indiqueront les numéros des questions auxquelles il aura répondu.

Ibid., art. 8.)

1343. Le statut du 13 septembre 1820 sur les examens continuera d'être exécuté dans toutes les dispositions qui ne sont pas contraires à l'ordonnance du 27 février dernier et au présent règlement.

(Ibid., art. 9,)

1344. Tout aspirant au grade de bachelier ès-lettres qui ne justifiera pas qu'il a fait une année au moins de philosophie dans un collége, une institution ou une école ecclésiastique régulièrement établie, où cet enseignement est autorisé, ou qu'il a fait ses études dans la maison de son père, oncle ou frère, devra justifier de quatre inscriptions au cours de philosophie dans une faculté des lettres, et de certificats à lui délivrés par le professeur pour le cours duquel il sera inscrit.

Il ne sera perçu aucun droit pour ces inscriptions.

(Arrêté du 15 janvier 1822, art. 1 et 2.)

1345. Pour être admis à l'examen, à l'effet d'obtenir le grade de licencié ès-lettres, il faudra justifier du diplôme de bachelier et de quatre inscriptions à deux cours au moins de la faculté des

matières sur lesquelles ils désirent ne pas être interrogés n'étaient point encore enseignées dans l'établissement dont ils ont suivi les classes.

Il sera fait mention de la dispense sur le certificat d'aptitude et par suite sur le diplôme qui sera délivré.

Les diplômes accordés après dispenses ne pourront servir ni pour s'inscrire dans une faculté de médecine, ni pour entrer dans l'instruction publique.

Les dispositions du présent arrêté cesseront d'avoir leur effet à compter du 1er. janvier 1835.

lettres, prises postérieurement à l'obtention du grade de bachelier, ainsi que des certificats d'assiduité auxdits cours. A Paris, il faudra avoir été inscrit à trois cours au moins de la faculté des lettres.

Un droit de 3 francs continuera à être perçu pour chaque inscription.

(Ibid., art. 3.)

1346. A l'avenir, les cours de la faculté des lettres de l'académie de Paris finiront, chaque année, le 31 juillet, et recommenceront le premier lundi du mois de novembre.

Les examens pour le baccalauréat ès-lettres se feront depuis le 1er. jusqu'au 15 août, et depuis le 15 octobre jusqu'au 15 novembre.

(Arrêté du 12 juillet 1823.)

1347. Les élèves des colléges admis aux examens de la première quinzaine d'août, n'obtiendront l'expédition de leur diplôme qu'en justifiant par un certificat des professeurs, ou directeurs, ou principaux, qu'ils ont suivi le cours de philosophie du collége jusqu'à la clôture des classes.

(Ibid., art. 3.)

1348. Le programme latin des questions de philosophie de l'examen du baccalauréat ès lettres est supprimé; il est remplacé par le programme suivant :

INTRODUCTION.

1. Objet de la philosophie. — Utilité et importance de la philosophie. — Ses rapports avec les autres sciences.

2. Des méthodes différentes qui ont été suivies jusqu'ici dans les recherches philosophiques. — De la vraie méthode philosophique.

3. Division de la philosophie. — Ordre dans lequel il faut en disposer les parties.

PSYCHOLOGIE.

4. Objet de la psychologie. — Nécessité de commencer l'étude de la philosophie par la psychologie. — De la science et de la certitude qui lui est propre.

5. Des phénomènes de conscience, et de nos idées en général. — De leurs différens caractères et de leurs diverses espèces. — Donner des exemples.

6. De l'origine et de la formation des idées. — Prendre pour exemples quelques-unes des plus importantes de nos idées.

7. Donner une théorie des facultés de l'âme. — Qu'est-ce que déterminer l'existence d'une faculté ?

8. Sensibilité. — Son caractère. — Distinguer la sensibilité de toutes les autres facultés, et marquer sa place dans l'ordre de leur développement.

9. De la faculté de connaître, ou de la raison. — Caractère propre de cette faculté.

Des facultés qui se rapportent à la faculté générale de connaître :

De la conscience.
De l'attention.
De la perception extérieure.
Du jugement.
Du raisonnement.
De la mémoire.
De l'abstraction.
De la généralisation.
De l'association des idées.

10. De l'activité et de ses divers caractères. — De l'activité volontaire et libre. — Décrire le phénomène de la volonté et toutes ses circonstances. — Démonstration de la liberté.

11. Du moi ; de son identité, de son unité. — De la distinction de l'âme et du corps.

LOGIQUE.

12. De la méthode. — De l'analyse et de la synthèse.
13. De la définition ; de la division, et des classifications.
14. De la certitude en général, et des différentes sortes de certitude.
15. De l'analogie. — De l'induction. — De la déduction.
16. Autorité du témoignage des hommes.
17. Du raisonnement et de ses différentes formes.
18. Des sophismes et des moyens de les résoudre.
19. Des signes et du langage, dans leur rapport avec la pensée.
20. Caractères d'une langue bien faite.
21. Des causes de nos erreurs et des moyens d'y remédier.

MORALE ET THÉODICÉE.

22. Objet de la morale.
23. Des divers motifs de nos actions. Est-il possible de les ramener à un seul ? Quelle est leur importance relative ?
24. Décrire les phénomènes moraux sur lesquels repose ce

qu'on appelle conscience morale, sentiment ou notion du devoir, distinction du bien et du mal, obligation morale, etc.

25. Du mérite et du démérite. — Des peines et des récompenses. — De la sanction de la morale.

26. Division des devoirs. — Morale individuelle, ou devoirs de l'homme envers lui-même.

27. Morale sociale, ou devoirs de l'homme envers ses semblables :

1°. Devoirs envers l'homme en général ;

2°. Devoirs envers l'état.

28. Enumération et appréciation des différentes preuves de l'existence de Dieu.

29. Des principaux attributs de Dieu ; de la divine Providence, et du plan de l'univers.

30. Examen des objections tirées du mal physique et du mal moral.

31. Destinée de l'homme. — Preuves de l'immortalité de l'âme.

32. Morale religieuse, ou devoirs envers Dieu.

HISTOIRE DE LA PHILOSOPHIE.

33. Quelle méthode faut-il appliquer à l'étude de l'histoire de la philosophie ?

34. En combien d'époques générales peut-on diviser l'histoire de la philosophie ?

35. Faire connaître les principales écoles de la philosophie grecque avant Socrate.

36. Faire connaître Socrate, et le caractère de la révolution philosophique dont il est l'auteur.

37. Faire connaître les principales écoles grecques depuis Socrate jusqu'à la fin de l'école d'Alexandrie.

38. Quels sont les principaux philosophes scolastiques.

39. Quelles est la méthode de Bâcon ? Donner une analyse du *Novum organum*.

40. En quoi consiste la méthode de Descartes ? Donner une analyse du discours *de la Méthode*.

41. Faire connaître les principales écoles modernes depuis Bâcon et Descartes.

42. Quels avantages peut-on retirer de l'histoire de la philosophie pour la philosophie elle-même (1) ?

(1) L'importance de ce règlement était grande sous tous les rapports. Le ministre de l'instruction publique en a recommandé l'entière et complète exécution à toutes les académies par une circulaire du 8 avril 1833.

« Ce programme n'est que le résumé exact de l'enseignement philosophique, tel

1349. A compter du 1er. avril prochain, les candidats au grade de licencié ès-lettres, outre les épreuves prescrites par l'art. 33 du statut du 16 février 1810, qui consistent en deux compositions en prose, l'une en français, l'autre en latin, seront tenus de faire, 1°. un thème grec ; 2°. une composition en vers latins ; 3°. d'expliquer à livre ouvert des passages d'auteurs classiques grecs et latins, et de répondre aux questions qui leur seront faites sur des points de littérature ancienne et moderne.

(Arrêté du 11 mars 1828.)

1350. Le candidat aura deux jours pour les compositions, le thème et les vers latins prescrits par l'art. 1er. Le premier jour, il rédigera les deux compositions en prose ; le second jour, il fera le thème grec et les vers latins.

Le doyen rédigera pour chaque composition, trois sujets, qui seront placés dans une urne, et le candidat tirera, chaque jour, au sort ceux qu'il devra traiter. Il lui sera accordé, chaque fois, six heures au plus.

Il sera pris, à la diligence du doyen, des mesures pour que le candidat ne puisse, pendant le temps des compositions, correspondre avec personne ni se procurer aucun ouvrage, les dictionnaires exceptés.

(Ibid., art. 3, 4 et 5.)

1351. Une troisième séance sera tenue en présence des examinateurs, dans laquelle le candidat expliquera les auteurs et répondra aux questions qui lui seront adressées sur la littéra-

---

qu'il a lieu dans les colléges royaux. Il est la base naturelle et obligée de l'examen du baccalauréat pour cette partie des études classiques. Puisqu'il s'agit d'un diplôme qui doit procurer indistinctement à tous les élèves des colléges royaux et communaux les mêmes avantages, il est juste que tous soient tenus de faire preuve du même degré d'instruction.

L'adoption du programme était d'ailleurs réclamée par les intérêts de l'instruction. Il tend à élever l'enseignement de la philosophie dans les colléges communaux à la même hauteur que dans les colléges royaux. Il introduit dans la marche de l'enseignement une uniformité toujours compatible avec la liberté de discussion, mais indispensable pour que le mérite des professeurs et les succès obtenus par chacun d'eux puissent être appréciés comparativement.

Je n'ai pas besoin, sans doute, d'insister sur ces considérations, monsieur le recteur, pour vous faire sentir combien il est nécessaire que le programme des questions de philosophie soit fidèlement suivi dans l'examen des aspirans au grade de bachelier ès-lettres. On doit s'y conformer non-seulement pour le fond et la forme, mais encore pour l'ordre des questions à poser. Je désire que les intentions de l'autorité à cet égard soient rappelées sans aucun délai, tant à MM. les doyens et professeurs des facultés des lettres, qu'à MM. les membres des commissions instituées pour en tenir lieu. Vous voudrez bien m'informer de temps en temps de la manière dont ces intentions sont remplies dans votre ressort académique : vous m'adresserez à cet effet des rapports spéciaux à différentes époques de l'année scolaire, notamment après la clôture des examens qui ont lieu avant les vacances.

ture ancienne et moderne. Cette séance durera trois quarts d'heure au moins.

(Ibid., art. 6.)

1352. Les dispositions du statut du 16 février 1810, auxquelles il n'est pas dérogé par le présent règlement, continueront d'être exécutées.

(Ibid., art. 7.)

1353. Les fonctionnaires membres d'une faculté quelconque ou d'une commission des lettres ne pourront à l'avenir donner des répétitions à des étudians qui se proposent de prendre leurs grades dans la faculté ou commission des lettres dont ils font partie.

(Arrêté du 8 septembre 1829 (1).)

DE L'ADMINISTRATION ÉCONOMIQUE.

1354. En vertu de l'art. 97 du décret du 17 mars 1808, le doyen de chacune des facultés des lettres est chargé de l'administration économique, sous la direction du recteur, à qui il en rend compte ; il surveille toutes les recettes, pourvoit à toutes les dépenses de la faculté, et en tient registre dans la forme arrêtée par le grand-maître.

(Statut du 7 septembre 1810, art. 1er.)

1355. Il remet, tous les trois mois, au recteur, un état de situation conforme au modèle qui lui est prescrit.

Le recteur communique cet état au conseil académique, et l'adresse ensuite au grand-maître, avec la délibération du conseil et ses propres observations, dans les huit jours qui suivent l'expiration du trimestre.

(Ibid., art. 2 et 3.)

Recettes.

1356. Conformément à l'art. 132 du décret du 17 mars 1808, les recettes de ces facultés se font toutes indistinctement pour le compte de l'Université (2).

(Ibid., art. 5.)

1357. Elles consistent en droits d'inscription, droits d'examen et droits de diplôme, tels qu'ils sont déterminés par le décret du 17 février 1809 : ces droits sont acquittés d'avance.

(Ibid., art. 6.)

---

(1) Le conseil royal de l'instruction publique,

Vu le rapport duquel il résulte que quelques professeurs des facultés et des membres des commissions des lettres se chargent de donner des répétitions à des étudians qu'ils doivent ensuite examiner pour les grades auxquels ils aspirent ;

Considérant qu'il pourrait y avoir de graves inconvéniens pour l'ordre qui doit régner dans les examens à tolérer un tel usage et qu'il importe de le faire cesser, etc.

(2) *Pour le compte de l'état*, à partir du 1er. janvier 1835, d'après la loi de finances déjà citée.

1358. Si la faculté est établie hors du chef-lieu de l'académie, le produit de ses droits sera versé dans la caisse du lycée; et, s'il n'y a pas de lycée, dans telle autre caisse que désignera le grand-maître.

L'économe du lycée, ou tout autre caissier désigné, portera ces recettes sur un registre particulier.

(Ibid., art. 7 et 8.)

Dépenses.

1359. Les dépenses de ces facultés se composent, 1°. des traitemens fixes; 2°. des dépenses variables pour le service intérieur de la faculté; 3°. des droits de présence et supplémens de traitement, s'il y a lieu; 4°. des dépenses extraordinaires.

(Ibid., art. 9.)

1360. Les traitemens fixes sont réglés ainsi qu'il suit:

Professeur titulaire en activité.	3,000 fr.
Préciput alloué au doyen, lequel reste chargé des écritures relatives à ses fonctions.	1,000
Professeur suppléant du recteur, sans autres fonctions dans l'Université.	1,500
Professeur suppléant du recteur, en même temps fonctionnaire du lycée.	1,000
Professeur titulaire de la faculté et fonctionnaire en même temps du lycée, savoir:	
Si son traitement fixe au lycée est de 1,500 francs ou plus.	1,500
Si son traitement fixe au lycée est au-dessous de 1,500 francs, le complément nécessaire pour que le traitement total s'élève à 3,000 francs.	
Professeur titulaire en même temps dans deux facultés, le traitement entier dans une faculté, et dans l'autre faculté.	1,500
Si, dans cette dernière faculté, il n'est nommé que suppléant, quoiqu'en activité.	1,000
Professeur à la fois de la faculté et du lycée, mais ne faisant qu'un cours, savoir:	
S'il est titulaire.	3,000

S'il est suppléant du recteur, le traitement seul du lycée, ou, à son choix, celui de professeur suppléant sans autres fonctions, tel qu'il est fixé ci-dessus.

(Ibid., art. 10.)

1361. Si, à l'avenir, il est établi des professeurs suppléans autres que celui qui remplace le recteur, ils n'auront droit à aucun traitement, mais seulement à une indemnité supportée par le professeur titulaire. Cette indemnité sera prise sur la moitié de ce traitement, divisée par le nombre des leçons du cours annuel.

(Ibid., art. 11.)

1362. Les traitemens fixes sont acquittés tous les trois mois, d'après les états arrêtés par le grand-maître, et ordonnancés par le trésorier.

(Ibid., art. 12.)

1363. Les fonctions de secrétaire ne donnent au professeur qui les remplit, aucun droit à un traitement particulier.

Ibid., art. 13.)

1364. Les dépenses variables comprennent le traitement de l'appariteur, les frais de chauffage, de lumière, d'impression, et autres frais de bureau. Ces dépenses sont réglées par le budget.

Les fonds alloués par le budget pour ces dépenses, sont mis à l'avance, et tous les trois mois, à la disposition du doyen, d'après les états arrêtés par le grand-maître.

(Ibid., art. 14 et 15.)

1365. Lorsque les recettes d'une faculté excéderont les dépenses énoncées dans l'art. 14, il sera alloué, sur cet excédant, des droits de présence aux examens et actes publics : ces droits seront déterminés par le conseil de l'Université, sur la proposition du grand-maître, après la reddition des comptes.

(Ibid., art. 16.)

1366. Le secrétaire, outre le droit de présence qui lui est dû, pour les examens et actes publics auxquels il assiste comme professeur, percevra toujours un demi-droit de présence comme secrétaire.

(Ibid., art. 17.)

1367. Les dépenses extraordinaires se composent des frais de premier établissement, des achats de collections, etc., et, en général, de toutes dépenses nécessaires non comprises dans le budget. Ces dépenses sont arrêtées par le conseil de l'Université, sur la proposition du grand-maître, et d'après un avis du conseil académique.

(Ibid., art. 18.)

Budget.

1368. Le budget de ces facultés fait partie du budget général de l'académie : il est proposé, par le doyen, dans les dix premiers jours du mois de décembre ; remis au recteur, discuté en conseil académique, adressé au grand-maître avec l'avis du recteur et la délibération de ce conseil ; renvoyé au trésorier de l'Université, qui en fait son rapport, et arrêté définitivement par le conseil de l'Université, après que la section de comptabilité a été entendue.

Jusqu'à l'approbation du budget par le conseil de l'Université, les dépenses continuent à avoir lieu conformément au budget de l'année précédente.

(Ibid., art. 19 et 20.)

Comptes.

1369. Le compte de chacune de ces facultés est dressé, par le doyen, dans les dix premiers jour du mois de janvier, et fait partie du compte général de l'académie.

Il est, ainsi que le budget, et de la même manière, remis au recteur, discuté dans le conseil académique, et envoyé au grand-maître, pour être arrêté dans le conseil de l'Université.

(Ibid., art. 21 et 22.)

1370. Les pièces justificatives restent dans les archives de l'académie, à moins que le grand-maître n'en ordonne l'envoi.

La forme de ce compte, ainsi que celle du budget, est déterminée par le grand-maître.

(Ibid., art. 23 et 24.)

1371. Toutes les dépenses irrégulières sont rejetées du compte, et restent à la charge du doyen.

(Ibid., art. 25.)

Faculté des lettres de Paris.

1372. La faculté des lettres de l'académie de Paris est soumise aux règles ci-dessus, sauf les exceptions suivantes :

Le traitement des professeurs suppléans dans cette faculté est de 1,500 francs.

Pour ceux de ces professeurs qui seront en activité habituelle, il est ajouté un supplément de 500 francs pris sur le traitement fixe du professeur titulaire qu'ils remplacent.

A défaut de secrétaire d'académie, et pour en remplir les fonctions pour chaque faculté, il pourra être pris, hors de chacune de ces facultés, un secrétaire particulier dont le traitement sera de 2,000 francs.

(Ibid., art. 26, 29, 30 et 31.)

1373. Le droit de présence aux examens, dans la faculté des lettres de l'académie de Paris, est fixé à cinq francs pour chaque examinateur.

Le doyen prendra part aux examens à son tour.

Les droits de présence seront prélevés par la faculté, sur les droits d'examen des candidats.

(Statut du 7 août 1812, art. 1, 2 et 3.)

1374. Le secrétaire percevra, pour chaque examen, un droit de trois francs. Il pourra de plus obtenir, chaque année, sur la proposition de la faculté et l'ordre du grand-maître, une gratification qui sera prise sur les recettes éventuelles de la faculté.

(Ibid., art. 4.)

1375. L'appariteur recevra de chaque récipiendaire, pour **loyer** de robe, deux francs.

(Ibid., art. 6.)

§ II.

DES FACULTÉS DES SCIENCES.

Disposition générale.

1376. Les art. 1, 9, 10, 11, 13, 14, 15, 16, 22, 23, 24, 25, 26, 27, 28, 29, 30, 31, 32, 33, 34, 36, 37, 38, 39, 44, 45, 46, 47, 48, 49, 50, 51, 52, 53, 54, 55, 56, 58, 61, du statut du 16 février 1810, concernant les facultés des lettres, sont applicables aux facultés des sciences (1).

DES PRÉSENTATIONS ET NOMINATIONS DES PROFESSEURS.

1377. A l'avenir, les présentations qui doivent, conformément aux règlemens, être faites par le conseil académique pour toute chaire vacante dans la faculté des sciences d'une académie, pourront porter, en tout ou en partie, sur les candidats docteurs qu'aura présentés la faculté dans laquelle vaque la chaire (2).

(Arrêté du 17 décembre 1833.)

---

(1) Voir les pages 357 et suiv.

(2) Voir la note (2) de la page 356, § 1er. *des facultés des lettres.* — Nous avons cru, en conséquence, devoir mettre dans une simple note, et à titre de renseignemens, les dispositions particulières qui avaient été arrêtées le 13 décembre 1811, pour les concours dans les facultés des sciences.

1. On observera, pour les concours des facultés des sciences, les dispositions générales contenues aux quarante-deux premiers articles du statut du 31 octobre 1809, relatif aux concours dans les facultés de droit, sauf les dispositions suivantes.

2. Les juges seront choisis parmi les professeurs de la série à laquelle appartient la chaire vacante.

3. Le grand-maître leur adjoindra les docteurs ou professeurs ès-sciences nécessaires

DE L'ENSEIGNEMENT.

1378. Chaque faculté des sciences, en exécution de l'art. 13 du décret du 17 mars, sera composée d'un professeur de calcul différentiel et intégral; d'un professeur de mécanique et d'astronomie; d'un professeur de physique et de chimie théorique et expérimentale, et d'un professeur des diverses parties de l'histoire naturelle.

Quelques-uns de ces cours pourront être divisés dans certaines académies, si la nécessité en est reconnue.

(Statut du 16 février 1810, art. 7.)

1379. Les professeurs ne perdront pas de vue l'obligation qui leur est imposée par le décret du 17 mars, de suivre et d'étudier les nouvelles découvertes faites dans les sciences, afin que l'enseignement soit toujours au niveau des connaissances acquises.

(Ibid., art. 8.)

1380. Il y aura des démonstrations et des expériences dans tous les cours qui en sont susceptibles.

(Ibid., art. 12.)

1381. Conformément à l'art. 22 du décret du 17 mars, pour être reçu bachelier dans la faculté des sciences, il faudra avoir obtenu le même grade dans la faculté des lettres, et répondre sur l'arithmétique, la géométrie, la trigonométrie rectiligne, l'algèbre et l'application de l'algèbre à la géométrie.

(Ibid., art. 40.)

1382. En conséquence de l'art. 23 du même décret, pour être admis à demander le grade de licencié dans la faculté des sciences, il faudra produire des lettres de bachelier, et justifier qu'on a

---

pour porter le nombre total des juges à cinq dans les départemens, et à sept à Paris.

4. D'ici à 1815, le grade de docteur ne sera point exigé des concurrens. Si un candidat non docteur est élu, il sera procédé à son égard comme il est dit à l'article 7 du statut du 31 juillet 1810, concernant les concours pour les facultés de médecine.

5. Les épreuves seront de trois sortes : pour constater les connaissances des concurrens dans la science qui fait l'objet de la chaire, ils composeront sur deux questions données, relatives à cette science, et soutiendront chacun une thèse où ils s'argumenteront réciproquement : pour constater qu'ils possèdent l'art d'enseigner, ils feront chacun trois leçons verbales sur des sujets donnés : pour constater l'étendue de leurs connaissances dans les sciences qui ont rapport à celles qu'ils doivent enseigner, ils répondront à trois questions prises dans les objets des autres chaires de la même série que celle qui est au concours.

6. On observera, pour le choix et le tirage au sort des questions et des sujets de thèses et de leçons, ainsi que pour les formalités des épreuves, les règles établies au paragraphe V du statut du 31 octobre, en tout ce qui n'est pas exclusivement relatif aux facultés de droit.

7. Les concurrens n'auront que vingt-quatre heures pour préparer leurs leçons. Il ne leur sera laissé aucun livre pour leurs compositions en réponse aux questions qu'on leur donnera.

suivi deux cours au moins de la faculté, pour chacun desquels on aura pris quatre inscriptions.

Ceux qui se destineront aux mathématiques devront répondre sur le calcul differentiel et intégral, et sur la mécanique : ceux qui se destineront, soit à la physique et à la chimie, soit à l'histoire naturelle, seront examinés sur l'une ou l'autre de ces sciences; et il sera fait mention de ces diverses circonstances dans leurs diplômes.

(Ibid., art. 41.)

1383. Conformément à l'art. 24 du décret du 17 mars, les aspirans au doctorat dans la faculté des sciences auront à soutenir deux thèses, soit sur la mécanique et l'astronomie, soit sur la physique et la chimie, soit sur les trois parties de l'histoire naturelle, suivant celle de ces sciences à laquelle ils déclareront se destiner : le diplôme en fera mention.

(Ibid., art. 42.)

1384. Les articles relatifs à la forme, à la durée et aux autres conditions des différens actes probatoires, pour l'obtention des grades dans la faculté des lettres, sont applicables aux actes correspondans pour la faculté des sciences.

(Ibid., art. 43.)

1385. Pour certains cours de la faculté des sciences, l'époque de l'ouverture et le nombre des leçons seront fixés par le grand-maître.

(Ibid., art. 57.)

Faculté des sciences de Paris.

1386. Les cours de la faculté des sciences de Paris sont répartis en deux séries : la série mathématique et la série physique.

(Ibid., art. 72.)

1387. La série mathématique se compose de trois cours, savoir :

Calcul différentiel et intégral ;
Mécanique ;
Astronomie.

La série physique se compose de quatre cours, savoir :
Chimie ;
Minéralogie et géologie ;
Botanique et physique végétale ;
Zoologie et physiologie.

(Ibid., art. 73 et 74.)

1388. Il y a de plus un cours commun aux deux séries, qui est celui de physique générale et expérimentale.

(Ibid., art. 75.)

1389. Le professeur de physique, après avoir rappelé les propriétés générales des corps, les lois de l'équilibre et du mouvement des corps solides et fluides, traitera spécialement de l'attraction, du calorique, de l'aérométrie, de l'eau, de l'électricité, du magnétisme et de la lumière.

(Ibid., art. 76.)

1390. Le professeur de chimie traitera des affinités, de l'action du calorique sur les corps, de la combustion, des agens qui la produisent et des composés qui en résultent : il s'occupera de l'étude des bases salsifiables et des sels, de celles des matières végétales et animales ; et il développera, dans chaque partie de son cours, la théorie des principaux arts qui en dépendent.

(Ibid., art. 77.)

1391. Le professeur de minéralogie démontrera les lois auxquelles est soumise la structure des cristaux. Il exposera les caractères géométriques, physiques et chimiques des minéraux, et développera les principes de la classification de ces corps. Il décrira les substances minérales connues jusqu'à présent; rapportera les différentes analyses qui en ont été faites; fera connaître les pays où elles se trouvent, leur situation géologique, et les matières qui les accompagnent.

(Ibid., art. 78.)

1392. Le professeur de botanique exposera les principes de la physique végétale : il enseignera, à l'aide des meilleures méthodes, à classer et à distinguer les végétaux ; il fera connaître les plus précieux et les plus remarquables, en rapportant ce que leur histoire offre de plus intéressant.

(Ibid., art. 79.)

1393. Le professeur de zoologie exposera l'organisation des animaux, leurs classes, leurs principaux genres, en insistant sur leurs caractères anatomiques, aussi bien que sur leurs caractères extérieurs, et en rappelant ce que leur histoire a de plus curieux et de plus utile.

(Ibid., art. 80.)

1394. Il ne sera plus nommé de professeurs adjoints dans les facultés des sciences.

Les chaires qui ont actuellement deux titulaires seront réduites à un seul, lors de la première vacance.

(Statut du 7 août 1812, art. 1 et 2.)

1395. Si un professeur vient à avoir besoin d'être secondé dans tout ou partie de son enseignement, il demandera au grand-maître la permission de se faire suppléer pour un temps, qui ne pourra excéder une année.

Il ne pourra désigner qu'un individu gradué dans une faculté du même ordre, qui devra être approuvé par le grand-maître.

(Ibid., art. 3 et 4.)

1396 Les suppléans ne seront point membres de la faculté, n'assisteront point aux délibérations, et ne recevront d'émolumens que du professeur qu'ils suppléeront.

Néanmoins, lorsque les professeurs composant la faculté, et les professeurs de première classe des lycées, ne pourront suffire aux examens des candidats pour les grades, la faculté pourra autoriser le doyen à appeler tel ou tel suppléant qui sera jugé nécessaire.

En ce cas, le suppléant touchera les mêmes droits que les titulaires pour les examens auxquels il aura pris part.

Les suppléans porteront, aux actes, la robe de docteur.

(Ibid., art. 5... 8.)

DES EXAMENS.

Droit de présence des examinateurs.

1397. Le droit de présence aux examens dans les facultés des sciences est fixé à 5 fr. pour chaque examinateur.

Le doyen prendra part, à son tour, aux examens.

Le secrétaire, outre le droit de présence qui lui est dû pour les examens et actes publics auxquels il assiste comme professeur, recevra toujours un demi-droit de présence comme secrétaire.

(Arrêté du 5 août 1817, art. 1... 3.)

1398. A partir du 1er. octobre 1817, les droits de présence seront prélevés par les facultés sur les droits d'examen des candidats.

(Ibid., art. 5.)

1399. A partir du 1er. janvier 1828, les deux thèses du doctorat dans les facultés des sciences ne donneront lieu pour chacun des examinateurs et pour le secrétaire qu'à un seul droit de présence, tel qu'il est fixé par l'art. 290 du règlement général du 11 novembre 1826 (1).

---

(1) Suivant cet article, la somme allouée pour les droits de chaque examen est fixée, savoir :

Faculté des sciences de Paris.

A chacun des trois examinateurs 5 fr., ci. . . . . 15 fr. 00
Au secrétaire. 3 00
                                                    Total 18 fr. 00

Le droit de présence ne pourra être alloué à plus de six examinateurs, quel que soit le nombre des professeurs qui auront assisté à l'examen.
(Arrêté du 15 décembre 1827, art. 1 et 2.)

Des formalités prescrites aux étudians.

1400. Les aspirans au baccalauréat seront admis à des examens différens, selon qu'ils se proposeront d'enseigner les sciences mathématiques ou de se livrer aux sciences naturelles et à la médecine.

Il en sera fait mention expresse sur leurs certificats de capacité et sur leurs diplômes.
(Arrêté du 25 septembre 1821, art. 1er. (1).)

1401. L'examen des aspirans qui se destineront aux sciences mathématiques, demeurera tel qu'il est réglé par le statut du 16 février 1810, et par les arrêtés et règlemens qui ont pu intervenir depuis.
(Ibid., art. 2.)

1402. L'examen des aspirans qui se destineront à la médecine, aura pour objet, savoir :

1°. *En mathématiques*, l'arithmétique, la géométrie élémentaire, la trigonométrie rectiligne et les premières notions d'algèbre, qui composent la première année du cours de philosophie des colléges royaux ;

2°. *En physique*, la connaissance des procédés généraux d'observation communs à toutes les sciences expérimentales, et quelques parties spéciales de la physique, indiquées au programme ci-joint, n°. 1 ;

3°. *En chimie*, les notions générales et particulières de la chimie, indiquées au programme ci-joint, n°. 2 ;

4°. *En zoologie*, les différences anatomiques des principales divisions du règne animal, et la marche à suivre pour reconnaître un animal mis sous les yeux ;

5°. *En botanique*, les principaux organes de la fructification, les méthodes de Tournefort, de Linnæus et de Jussieu, et les caractères essentiels des familles naturelles qui renferment un grand nombre de plantes officinales ;

Faculté des sciences des départemens.

A chacun des trois examinateurs 5 fr., ci.	15 fr. 00
Demi-droit en sus au secrétaire, ci.	2 50
Total. . .	17 fr. 50

(1) Le conseil, voulant régler ce qui regarde le baccalauréat ès-sciences d'une manière analogue à ce qui est prescrit dans l'article 24 du décret du 17 mars 1808, pour le doctorat ès-sciences, et dans l'art. 41 du statut du 16 février 1810, pour la licence dans la même faculté, arrête ce qui suit, etc.

6°. *En minéralogie*, les principaux caractères qui distinguent les minéraux des êtres organiques ; les bases de la distribution des espèces minérales, et l'application de ces principes à des minéraux choisis parmi ceux que l'on emploie en médecine, conformément au programme ci-joint, n°. 3.

PHYSIQUE.

Programme des connaissances élémentaires de physique à exiger des jeunes élèves en médecine aspirant au grade de bachelier ès-sciences.

1°. La connaissance des procédés généraux d'observation communs à toutes les sciences expérimentales, comprenant :

La balance, et la manière de s'en servir ;
Le baromètre ;
Le thermomètre ;
Le ressort de l'air et des gaz, la machine pneumatique ;
Les dilatations des corps solides, liquides, aériformes ;
Les lois générales de la vaporisation, de l'hygrométrie, et en général des phénomènes qui accompagnent les changemens d'état des corps par la chaleur ;
Les procédés à l'aide desquels on détermine les pesanteurs spécifiques des corps solides, liquides, aériformes ;
Les phénomènes capillaires.

2°. Parties spéciales de la physique :

Dans l'acoustique, les lois générales de la formation et de la propagation du son, soit dans un milieu indéfini, soit dans des tuyaux, avec leur application aux organes de l'ouie et de la voix ;

Dans l'électricité, notions élémentaires sur l'électricité et le galvanisme ;

Dans l'optique, les lois générales du mouvement de la lumière, de sa réflexion et de sa réfraction dans les corps non cristallisés. Théorie des miroirs, des lunettes, des microscopes.

Application à la construction de l'organe de la vue.

CHIMIE.

Programme des connaissances de chimie qui seront exigées pour obtenir le grade de bachelier ès-sciences.

Notions générales sur les forces qui concourent à la production des phénomènes chimiques.

Phénomènes chimiques considérés comme sources de chaleur et de froid.

Extraction, propriétés générales et caractéristiques de l'oxigène, de l'hydrogène, du carbone, du bore, du phosphore, de l'azote, du soufre, de l'iode, du chlore.

Analyse de l'air. — Théorie générale de la combustion.

Propriétés des gaz hydrogène carboné, phosphoré; du cyanogène, de l'ammoniaque;

De l'eau, de l'eau oxigénée, de l'oxide de carbone, du protoxide et du deutoxide d'azote;

Des acides carbonique, borique, phosphorique, phosphoreux, sulfurique, sulfureux, hyposulfurique, hyposulfureux, nitrique, nitreux, chlorique, hydrochlorique, hydrosulfurique, hydrocyanique, arsénique, arsénieux.

Extraction et propriétés principales du potassium, du manganèse, du fer, du zinc, de l'étain, de l'antimoine, du cuivre, du plomb, du mercure, de l'argent, de l'or, du platine;

De la potasse, de la soude, de la baryte, de la chaux, de la magnésie, de l'alumine, de la silice et de tous les oxides des métaux précédens.

Lois de composition des sels. — Leur décomposition par les acides, les bases; leur décomposition réciproque. — Action de la pile voltaïque sur les combinaisons chimiques en général.

CARACTÈRES GÉNÉRIQUES DES	PROPRIÉTÉS des espèces à base de
Carbonates.	Potasse, soude.
Sous-carbonates.	Potasse, soude, chaux, magnésie, fer, cuivre, plomb.
Borates.	Soude.
Phosphates.	Chaux et ses variétés, soude, fer, plomb, mercure, argent.
Sulfates.	Potasse, soude, baryte, chaux, magnésie, alumine, manganèse, zinc, cuivre, plomb, mercure, argent, alun.
Sulfites.	Potasse, chaux.
Nitrates.	Potasse, baryte, chaux, magnésie, cuivre, plomb, mercure, argent.
Nitrites.	Potasse.
Chlorates.	Potasse, baryte.
Hydro-chlorates ou chlorures.	Potasse, soude, baryte, chaux, magnésie, silice, fer, étain, antimoine, plomb, mercure, argent, or, platine.
Hydro-sulfates ou sulfures.	Potasse, soude, chaux, magnésie, fer, antimoine, cuivre, plomb, mercure, argent.
Hydro-cyanates ou cyanures.	Potasse, — hydro-cyanate de fer et de potasse
Arséniates, arsenites.	Potasse.
Sels ammoniacaux.	Carbonate, sous-carbonate, phosphate, phosphate de soude et d'ammoniaque, ammoniaco-magnésien, sulfate, nitrate, hydro-chlorate, hydro-sulfate.

Composition des substances végétales.

Méthode générale d'analyse, applicable à ces substances.
Phénomènes chimiques qui accompagnent la germination.
Influence des agens extérieurs sur la végétation.

PRÉPARATIONS ET PROPRIÉTÉS des acides.	CARACTÈRES GÉNÉRAUX des	PROPRIÉTÉS des espèces à base de
Acétique.	Acétates.	Potasse, ammoniaque, baryte, chaux, fer, cuivre, plomb.
Oxalique.	Oxalates.	Potasse, chaux, fer, plomb.
	Sur-oxalates et quadr'-oxalates.	Potasse.
Citrique.	Citrates.	Chaux, potasse, plomb.
Tartrique.	Tartrates.	Potasse, soude, chaux, plomb, fer.
	Sur-tartrates.	Potasse.
	Tartrates doubles.	Potasse et soude.
		Potasse et chaux.
		Potasse et fer.
		Potasse et antimoine.
Gallique.	Gallates.	Potasse, baryte, fer.
Benzoïque.	Benzoates.	Potasse, soude, chaux.
Succinique.	Succinates.	Potasse, fer.

Principe astringent :

Des alcalis végétaux. — Morphine, strychnine, brucine, delphine, vératrine.

Des substances neutres. — Du sucre et de ses principales variétés. — De l'amidon, des gommes, du ligneux.

Des substances inflammables. — Des huiles fixes; leur décomposition par les alcalis. — Fabrication du savon.

Des huiles essentielles, des résines, des gommes-résines, de la cire, du camphre, du caoutchouc.

Des substances azotées. — De l'albumine végétale, du gluten, du ferment. — Circonstances nécessaires pour le développement de la fermentation alcoolique.

Extraction et propriétés de l'alcool. — Des éthers sulfurique, nitreux, hydrochlorique, acétique.

Phénomènes qui accompagnent la fermentation acide, panaire, putride.

Moyens de conserver les substances organiques.

Caractères distinctifs des substances animales.

Méthode générale pour l'analyse de ces substances.

Substances acides. — Acide urique, — lactique.

Substances neutres.— Gélatine, albumine, fibrine, osmazôme, mucus, caseum, urée, picromel, sucre de lait.

Substances inflammables. — Des diverses matières grasses ; leur composition naturelle. — Altération qu'elles éprouvent par l'action des alcalis.

Composition et analyse de la salive, du chyle, du sang, du lait, de la bile, des calculs biliaires, de l'urine, des calculs urinaires, de la substance nerveuse, des os.

Phénomènes chimiques de la respiration.

Application de la connaissance de ces phénomènes à la théorie de la chaleur animale.

On insistera particulièrement sur les propriétés qui servent à reconnaître les substances et à les distinguer les unes des autres. On exigera que les candidats énoncent les expériences qu'il faudrait tenter, et les résultats qu'elles devraient offrir, pour mettre en état de prononcer, avec certitude, sur la nature d'un corps donné.

MINÉRALOGIE.

Programme des connaissances élémentaires de minéralogie qui seront exigées des jeunes élèves en médecine pour obtenir le grade de bachelier ès-sciences.

Exposer les principaux caractères qui distinguent les minéraux des êtres organiques.

Indiquer les considérations générales sur lesquelles est basée la distribution méthodique des espèces minérales, dont les unes sont tirées de la composition chimique, et les autres des propriétés qui fournissent les caractères des trois divisions supérieures, savoir, les classes, les ordres et les genres.

Exposer la notion de l'espèce minéralogique, et indiquer les caractères sur lesquels est fondée la distinction des différentes espèces, et ceux qui peuvent faire reconnaître à laquelle appartient un minéral donné.

Faire l'application des principes précédens à des minéraux choisis parmi ceux qui sont employés en médecine, et indiquer les substances naturelles analogues à celles que l'on obtient immédiatement par les procédés chimiques.

(Ibid., art. 3.)

1403. Les étudians qui ont obtenu le grade de bachelier ès-sciences, comme se destinant à l'étude de la médecine, devront, pour être admis aux épreuves du grade de licencié ès-sciences, compléter leur examen de bachelier ès-sciences devant leurs juges de licence, et à cet effet la durée de l'examen de licence sera prolongée d'un quart d'heure.

Néanmoins, il pourra être accordé des exceptions personnelles.

(Décision du 7 novembre 1826.)

1404. Les candidats au grade de bachelier ès-sciences seront admis à des examens différens, selon la carrière qu'ils se proposent d'embrasser.

Il en sera fait mention expresse sur les certificats d'aptitude et sur les diplômes.

(Arrêté du 20 novembre 1829, art. 1er.(1).)

1405. L'examen des aspirans au baccalauréat ès-sciences mathématiques aura pour objet :

1°. L'arithmétique, la géométrie, la trigonométrie rectiligne, l'algèbre et son application à la géométrie ;

2°. Les élémens des sciences physiques, tels qu'ils sont enseignés dans les colléges royaux.

(Ibid., art. 2.)

1406. Les candidats au baccalauréat ès-sciences physiques devront répondre, 1°. sur les mathématiques élémentaires qui entrent dans le cours de première année de philosophie ; 2°. sur les élémens de la physique, de la chimie et des trois branches de l'histoire naturelle, suivant les programmes adoptés pour les colléges royaux.

(Ibid., art. 3.)

1407. Les aspirans à l'agrégation de philosophie seront libres de prendre l'un ou l'autre des deux baccalauréats.

(Ibid., art. 4.)

1408. La chaire de professeur adjoint de botanique à la faculté des sciences de Paris est maintenue.

Il sera pourvu à ladite chaire sur une double présentation de candidats docteurs, conformément au mode établi par les règlemens.

(Arrêté du 14 janvier 1834 (2).)

1409. Le cours de géométrie descriptive de la faculté des sciences de Paris aura dorénavant pour objet l'enseignement du calcul des probabilités, et comprendra l'année entière.

(Arrêté du 5 sept. 1834.)

---

(1) Le conseil, vu l'article 22 du décret du 17 mars 1808, l'article 4 de l'ordonnance royale du 5 juillet 1820; voulant régler d'une manière positive les matières sur lesquelles les aspirans au grade de bachelier ès-sciences seront interrogés, Arrête, etc.

(2) Le conseil, vu le statut du 14 avril 1809 ; considérant que l'étendue et les accroissemens de la botanique motivent, dans l'enseignement de la faculté des sciences de Paris, deux cours complets embrassant deux parties distinctes de la science ; l'une de physiologie végétale, l'autre l'organographie, Arrête, etc.

Administration économique des facultés des sciences.

1410. Les dispositions du statut du 7 septembre 1810 sur l'administration économique des facultés des lettres, sont applicables aux facultés des sciences (1).

Les dispositions du statut du 7 août 1812, relatives à la faculté des lettres de Paris, sont de même applicables à la faculté des sciences de Paris (2).

§ III.

DES FACULTÉS DE MÉDECINE.

DE LA NOMINATION DES PROFESSEURS ET DES AGRÉGÉS.

Disposition générale.

1411. On observera, pour les concours des facultés de médecine, les dispositions générales contenues aux quarante-deux premiers articles du statut du 31 octobre 1809, sauf les modifications suivantes.

(Statut du 31 juillet 1810, art 1er. (3).)

Conditions préliminaires.

1412. Le certificat de bonnes vie et mœurs, mentionné à l'art. 15 dudit statut, sera accompagné d'un certificat de trois médecins du lieu du domicile du concurrent, visé par le recteur, attestant que ce concurrent n'a point distribué de billets et d'adresses sur la voie publique, et qu'il n'a point vendu de remèdes secrets.

(Ibid., art. 2.)

1413. Outre les conditions communes à toutes les chaires, il faudra, pour concourir à celles de pathologie interne et externe, d'opérations de chirurgie et d'accouchemens, avoir, depuis l'admission au doctorat, pratiqué réellement la médecine, la chirurgie ou les accouchemens, selon la nature de la

---

(1) Voyez pages 372 et suivantes.
(2) Voyez page 375.
(3) Le conseil, vu l'article 52 du décret du 17 mars 1808, qui charge le conseil de l'Université de déterminer le mode des concours pour les chaires des facultés ;

Considérant que plusieurs chaires des facultés de médecine exigent des talens qui ne sont point de nature à être constatés par de simples épreuves publiques, et qu'il est nécessaire d'avoir égard aux succès que quelques-uns des concurrens peuvent avoir obtenus dans l'exercice de leur art, ou dans l'enseignement public, ou dans les ouvrages qu'ils ont fait paraître,

Arrête, etc.

chaire, pendant quatre années pour le public, ou pendant trois années dans un hôpital.

(Ibid., art. 3.)

1414. Pour concourir aux chaires de clinique interne ou externe, il faudra avoir, depuis l'admission au doctorat, pratiqué la médecine ou la chirurgie pendant six ans pour le public, ou pendant quatre ans dans un hôpital, ou être médecin ou chirurgien en chef d'un hôpital.

(Ibid., art. 4.)

1415. Pour concourir aux chaires de chimie et pharmacie, il faudra avoir pratiqué, pendant deux ans, la pharmacie dans une officine, ou dans un laboratoire d'hôpital, de faculté, ou d'autre école publique.

Pour la chaire de chimie et pharmacie seulement, le doctorat en médecine ne sera point exigé d'ici à l'année 1815.

(Ibid., art. 5 et 6.)

1416. Si un concurrent non docteur est élu, il pourra être reçu docteur en soutenant une thèse; et cette réception devra précéder son institution à la chaire qu'il aura obtenue.

Épreuves.

1417. Les épreuves sont de trois sortes, et ont trois buts différens :

1°. Pour constater les connaissances des concurrens dans la science qui fait l'objet de la chaire, ils composeront sur deux questions données, relatives à cette science; ils soutiendront chacun une thèse où ils s'argumenteront réciproquement;

2°. Pour constater s'ils possèdent l'art d'enseigner, ils feront chacun deux leçons verbales sur des sujets donnés;

3°. Pour constater leurs connaissances en médecine proprement dite, ils répondront à une question donnée de médecine ou de chirurgie, et feront une leçon sur un sujet du même genre.

(Ibid., art. 8.)

1418. S'il s'agit d'un concours pour une chaire de pathologie, d'accouchemens ou de clinique, la troisième épreuve sera remplacée par un exercice au lit des malades, qui durera huit jours au moins, et quinze jours au plus; les juges en régleront la forme.

Le manuel des accouchemens pourra être pratiqué sur le mannequin.

(Ibid., art. 9.)

1419. Pour la chaire de chimie et de pharmacie, les concurrens exécuteront des préparations chimiques et pharmaceutiques.

Pour celle d'anatomie, ils exécuteront des préparations anatomiques.

Pour celle d'opérations de chirurgie, ils feront des opérations sur le cadavre.

(Ibid., art. 10.)

1420. On observera, pour le choix et le tirage au sort des questions, et des sujets de thèse et de leçons, ainsi que pour les formalités des épreuves, les règles établies au § V du statut du 31 octobre, en tout ce qui n'est pas exclusivement relatif aux facultés de droit (1).

(Ibid., art. 11.)

1421. Pour les compositions, il ne sera laissé aucun livre aux concurrens.

(Ibid., art. 12.)

1422. Il ne sera accordé que vingt-quatre heures à chaque concurrent pour préparer sa leçon.

(Ibid., art. 13.)

1423. A dater de 1815, les thèses, pour toutes les chaires de médecine proprement dite, seront rédigées et soutenues en latin.

(Ibid., art. 14.)

Exceptions et dispenses.

1424. Les dispenses s'accorderont sur un vœu de la faculté, émis aux deux tiers des voix, confirmé par le grand-maître, après avoir pris l'avis d'un comité choisi par lui, et composé de cinq conseillers ou inspecteurs généraux, étrangers à la faculté en question.

(Ibid., art. 15.)

1425. La délibération de la faculté sur cet objet, devra avoir lieu au moins cinquante jours avant l'époque fixée pour l'ouverture du concours, et être de suite adressée au grand-maître. Elle pourra être provoquée par les concurrens qui désireront obtenir des dispenses, ou par un membre de la faculté.

(Ibid., art. 16.)

1426. Les dispenses pourront être accordées,

1°. Pour les thèses, à ceux qui ont publié des ouvrages célèbres sur la science qui fait l'objet de la chaire;

2°. Pour les questions de médecine, et l'exercice au lit des malades, aux praticiens célèbres.

Personne ne pourra être dispensé des leçons.

(Ibid., art. 17.)

(1) Voyez au § 11 des facultés en général, pages 339 et suiv.

1427. Si un ou plusieurs individus ont obtenu dispense d'un ou deux genres d'épreuves, le doyen le fera connaître aux autres concurrens, à la séance particulière qui précède le concours. Ces concurrens seront tenus de déclarer s'ils persistent à vouloir subir les épreuves : dans le cas d'affirmative, le concours sera ouvert.

(Ibid., art. 18.)

1428. Les juges du concours prononceront sur les individus dispensés, en même temps que sur les autres.

(Ibid., art. 19.)

1429. S'il n'y a qu'un seul concurrent, les juges adresseront au grand-maître leur avis motivé sur la question si ce concurrent est digne de la chaire. En cas d'affirmative, ce concurrent sera nommé.

(Ibid., art. 20.)

1430 Les dispenses ne changeront rien à la marche du concours.

Ibid., art. 21.)

Juges et jugemens.

1431. Sur les sept juges et les trois suppléans qui doivent être nommés par le grand-maître, en exécution du statut du 31 octobre, quatre juges et deux suppléans seront nécessairement pris dans la faculté.

(Ibid., art. 22.)

1432. Les autres juges et suppléans pourront être pris hors de la faculté ; mais ils seront nécessairement docteurs en médecine ou en chirurgie, selon la nature de la chaire vacante.

(Ibid., art. 23.)

1433. Le président du concours sera nommé par le grand-maître ; il devra être conseiller ou inspecteur général de l'Université, ou recteur de l'académie dans laquelle la chaire sera disputée.

Ce président ne votera pour l'élection définitive, qu'autant qu'il sera lui-même docteur en médecine ou en chirurgie. Dans le cas contraire, il ne sera pas compté au nombre des sept juges exigés par les articles précédens (1).

(Ibid., art. 24 et 25.)

1434. On observera, soit pour les décisions préparatoires, soit pour l'élection définitive, les règles établies au § VI du statut du 31 octobre.

(Ibid., art. 26.)

---

(1) Plusieurs concours ont été présidés par le doyen de la faculté même de médecine ; quelquefois le président est élu au scrutin par le juri même.

1435. En cas de partage, si le président n'est pas docteur, ce sera le premier nommé sur la liste des juges qui aura voix prépondérante; à son défaut, le second; et ainsi de suite.
(Ibid., art. 27.)

1436. Les années d'exercice de médecine ou de chirurgie dans un comité de bienfaisance ou dans un dispensaire à Paris, compteront comme celles exigées dans un hôpital des candidats qui se présentent pour concourir aux places de professeurs dans les facultés de médecine.
(Arrêté du 24 décembre 1811, art. 1er.)

1437. Une des deux questions qui font partie des épreuves exigées par l'art. 8 du statut du 31 juillet 1810, sera proposée et traitée en latin.
(Ibid., art. 2.)

Du concours pour l'agrégation près la Faculté de médecine de Paris.

1438. Les juges du concours pour l'agrégation seront choisis par le grand-maître. Leur nombre ne pourra être moindre de sept, non compris le président. Deux des juges pourront être pris hors du sein de la faculté; les cinq autres seront nécessairement pris parmi les professeurs.

Le grand-maître désignera en outre trois juges suppléans pour le cas d'empêchement au moment de l'ouverture du concours.

En cas d'empêchement légitime survenu pendant la durée du concours, le jugement pourra être rendu par cinq juges.

Deux parens ou alliés, jusqu'au degré de cousin germain inclusivement, ne pourront être juges en titre ni juges suppléans au même concours.

Conformément à l'art. 25 du statut du 31 juillet 1810, le président ne votera pour l'élection définitive qu'autant qu'il sera lui-même docteur en médecine ou en chirurgie.
(Statut du 12 avril 1823, art. 9.)

1439. Les aspirans se feront inscrire au moins trois mois avant le jour qui aura été fixé par le conseil royal pour l'ouverture du concours, au secrétariat de la faculté. Chacun d'eux produira en même temps son acte de naissance, son diplôme de docteur, et un certificat de bonnes vie et mœurs, délivré par le maire de sa commune et confirmé par le préfet du département. Cette liste sera close provisoirement, en séance de la faculté, deux mois avant le concours, et elle sera aussitôt transmise, avec les pièces à l'appui, au grand-maître de l'Université, par l'intermédiaire du recteur, qui y joindra ses observations.

(Ibid., art. 10.)

1440. Le conseil royal prendra sur la conduite des candidats tous les renseignemens qu'il croira nécessaires; et, d'après ces renseignemens, la liste des aspirans admis au concours sera définitivement arrêtée.

Cette liste sera envoyée par le grand-maître au recteur, qui la transmettra au doyen, lequel avertira les aspirans admis, de manière que l'avis leur parvienne au moins quinze jours avant l'ouverture du concours.

(Ibid., art. 11 et 12.)

1441. Suivant les dispositions et le genre d'études des candidats, et les besoins de l'enseignement, les principales épreuves auxquelles ils seront soumis auront pour objet la médecine ou la chirurgie, ou les sciences accessoires.

Ils seront divisés en trois séries d'après ces épreuves.

Cette division sera proposée par la faculté et transmise, avec l'avis du recteur, au conseil royal, qui statuera définitivement.

(Ibid., art. 13.)

1442. Le concours pour l'agrégation sera divisé en trois parties, une pour la médecine, une pour la chirurgie, et la troisième pour les sciences accessoires.

Dans les cas où les besoins de l'enseignement l'exigeront, le conseil royal, sur la demande de la faculté et l'avis du recteur, pourra établir, pour chacune des sciences accessoires, des épreuves spéciales.

(Ibid., art. 14.)

1443. Chaque partie du concours se composera de trois exercices, savoir : une composition écrite, une leçon orale et une thèse.

Aux jour et heure fixés pour l'ouverture du concours, il sera fait un appel de tous les candidats présens; ils écriront eux-mêmes sur un registre leur nom et leur adresse. Le registre sera ensuite clos par le président, et tout candidat qui ne se serait pas présenté à cette séance, sera exclu du concours.

(Ibid., art. 16.)

1444. Le président fera remettre aux candidats la liste des juges, et les invitera à se retirer dans une pièce voisine. Il les fera ensuite appeler pour proposer leurs récusations motivées, sur lesquelles il sera statué par les juges non récusés, sauf l'appel au conseil royal. La récusation pour cause de parenté ou alliance existant entre l'un des juges et l'un des candidats, devra être admise jusqu'au degré de cousin germain inclusivement ; au delà de ce degré, les juges pourront, selon qu'ils le jugeront convenable, admettre ou rejeter la récusation.

Dans le cas d'empêchement ou de récusation admise, la liste des juges sera complétée, séance tenante, au moyen des juges suppléans désignés d'avance par le grand-maître, et suivant l'ordre de leur désignation. Dans le cas de récusation, les candidats seront introduits de nouveau, pour proposer leurs récusations sur les suppléans admis en remplacement.

(Ibid., art. 17 et 18.)

1445. Immédiatement après ces opérations, il sera rédigé par les juges du concours trois questions qui seront placées dans une urne, et le plus ancien des candidats tirera au sort celle qui devra être proposée ; le rang entre les candidats sera déterminé par la priorité de l'admission au grade de docteur.

Les candidats seront renfermés dans une salle, sous la surveillance de deux juges du concours désignés par le président. Chaque candidat traitera par écrit et en latin la question proposée, et déposera sa rédaction signée de lui dans une boîte qui sera ensuite scellée du sceau du président.

Les juges fixeront le temps accordé pour la composition. Ce temps ne pourra être moindre de cinq heures, ni excéder huit heures. Pendant ce temps, il sera pris des mesures pour que les candidats ne puissent correspondre avec personne. Il ne sera accordé aucun secours aux candidats en livres ou autrement.

(Ibid., art. 19... 21.)

1446. Le lendemain, ou le surlendemain si le lendemain est jour férié, les juges et les candidats se réuniront de nouveau. Il sera désigné par les juges autant de matières qu'il y a de candidats. Chaque candidat tirera une matière au sort.

Chaque candidat fera une leçon orale en français sur la matière qui lui sera échue. Le délai pour la préparer sera de quarante-huit heures. La leçon sera de trois quarts d'heure au moins. Le président pourra indiquer le même jour à plusieurs candidats, sans cependant que le nombre de trois pour un seul jour puisse être excédé.

(Ibid., art. 22 et 23.)

1447. Après cette épreuve, les compositions seront lues publiquement, et en présence de tous les juges, par ceux qui les auront faites. Il ne pourra en être lu plus de trois par séance.

(Ibid., art. 24.)

1448. Cette lecture terminée, il sera désigné par les juges autant de matières de thèse qu'il y a de candidats. Chaque candidat, par rang d'ancienneté, tirera au sort une de ces matières.

Chaque thèse sera rédigée en latin, et devra être visée par le président, mais uniquement dans la vue de s'assurer qu'elle ne contient rien de contraire à la religion, aux lois ou au gouvernement.

Chaque candidat devra faire distribuer sa thèse aux juges du concours et à ses concurrens, trois jours avant celui où la première thèse devra être soutenue.

(Ibid., art. 25... 27.)

1449. Le premier candidat soutiendra sa thèse douze jours francs après le tirage des matières; et les autres candidats soutiendront successivement, sans néanmoins qu'il puisse être soutenu plus de deux thèses par jour.

Chaque thèse devra durer deux heures. Le soutenant sera argumenté par ses concurrens. Pour le premier concours, l'argumentation pourra avoir lieu en français. Chacun d'eux devra argumenter au moins une demi-heure; néanmoins, s'il résultait du nombre des concurrens que la durée de la thèse dût être prolongée au delà de deux heures, quatre concurrens seulement seront admis à argumenter, dans l'ordre qui sera réglé par les juges.

Le président du concours pourra s'adjoindre le doyen de la faculté pour diriger conjointement l'argumentation de manière qu'elle soit faite de bonne foi, avec ordre et dans les limites de la matière assignée au soutenant.

(Ibid., art. 28... 30.)

1450. Sauf le cas d'impossibilité dûment constatée, les concurrens seront tenus, à peine d'exclusion du concours, de subir les épreuves aux jour et heure qui leur auront été indiqués. Si l'excuse est jugée valable, les juges détermineront le délai à accorder au candidat, lequel délai ne pourra excéder trois jours.

(Ibid., art. 31.)

1451. Dans les vingt-quatre heures qui suivront la dernière séance du concours, les juges se réuniront, et ils nommeront au scrutin secret, et à la majorité absolue, ceux qu'ils auront jugés les plus dignes.

Il sera fait un scrutin pour chaque place à nommer.

Si les deux premiers tours ne donnent pas de majorité absolue, il sera procédé à un scrutin de ballotage entre les deux candidats qui auront obtenu le plus de voix au second tour.

Dans tous les cas d'égalité, la voix du président sera prépondérante. Si le président n'est pas docteur, la voix prépondérante appartiendra au docteur le premier nommé sur la liste des juges.

(Ibid., art 32.)

1452. Le procès-verbal des opérations du concours sera signé par tous les juges, et transmis sur-le-champ au grand-maître, par l'intermédiaire du recteur. Il sera communiqué au conseil royal.

(Ibid., art. 33.)

1453. Les nominations pourront être attaquées par les candidats qui n'auront pas été nommés, mais seulement pour raison de la violation des formes prescrites; dans ce cas, les réclamations seront adressées au grand-maître et jugées par le conseil royal.

(Ibid., art. 34.)

1454. Les réclamations contre le concours ne pourront être admises que dans les dix jours qui en suivront la clôture, et l'institution ne pourra être donnée par le grand-maître qu'après l'expiration de ce terme, ou après le jugement de rejet des réclamations.

(Ibid., art. 35.)

1455. Si la nomination est infirmée, il sera procédé à un nouveau concours, qui ne pourra avoir lieu qu'entre les candidats admis au précédent.

(Ibid., art. 36.)

1456. Les droits de présence des juges du concours seront déterminés par le conseil royal.

(1).
(Ibid., art. 37.)

RÈGLEMENT SUR LE CONCOURS POUR LES CHAIRES DE PROFESSEURS DANS LA FACULTÉ DE MÉDECINE DE PARIS.

Composition du jury du concours.

1457. Le juri du concours sera composé, 1°. de professeurs de la faculté de médecine de Paris, au nombre de huit; 2°. de docteurs en médecine ou en chirurgie, ou académiciens, au

---

(1) Voir au § *des facultés de droit*, d'autres dispositions qui sont applicables au concours pour l'agrégation de médecine. — Du reste, on a dit, page 108 de la 1re. partie du Code, que l'ordonnance du 5 octobre 1830, avait remis au concours seul à décider directement de la nomination des professeurs, et avait en même temps aboli le privilége réservé aux agrégés par l'art. 4 de l'ordonnance du 2 février 1823.

nombre de quatre, n'appartenant pas comme professeurs à la faculté, et pris, comme il sera dit ci-après, dans l'académie royale de médecine, dans l'académie royale des sciences, et parmi les médecins et chirurgiens des hôpitaux de Paris.

(Statut du 6 novembre 1830 (1).)

1458. Les juges pris parmi les professeurs de la faculté seront :

1°. Pour les chaires de *physique*, de *chimie*, d'*histoire naturelle médicale*, de *pharmacie* et de *matière médicale*,

Les professeurs attachés à ces chaires, plus les professeurs d'anatomie, de physiologie, d'hygiène et de médecine légale.

2°. Pour les chaires de clinique et de pathologie externes, d'opérations d'accouchement, de clinique d'accouchement et d'anatomie,

Les professeurs attachés à ces chaires, moins un des professeurs de clinique externe qui sera exclu par le sort.

3°. Pour les chaires de clinique et de pathologie internes,

Les professeurs attachés à ces chaires, plus les professeurs de physiologie, de matière médicale et d'hygiène.

4°. Pour les chaires de physiologie, d'hygiène et de médecine légale,

Les professeurs attachés à ces chaires, plus les professeurs d'anatomie, de physique, de chimie, d'accouchement, un des six professeurs de clinique et de pathologie externes tiré au sort, et un des six professeurs de clinique et de pathologie internes tiré au sort.

Si par récusation, ou autre cause quelconque, un ou plusieurs professeurs de ces quatre séries se trouvent empêchés, des remplaçans leur seront désignés par le sort parmi les professeurs des trois autres séries.

(Ibid., art. 2.)

1459. Les juges pris en dehors de la faculté seront,

1°. Pour les chaires d'anatomie, de physiologie, de pathologie et de clinique internes et externes, la clinique d'accouchemens, les chaires d'opérations d'accouchement, d'hygiène, de matière médicale, de médecine légale et de pharmacie,

Quatre docteurs en médecine ou en chirurgie choisis par l'académie royale de médecine dans la section ou les sections

---

(1) Le conseil, vu l'ordonnance du 5 octobre 1830, sur la faculté de médecine de Paris ;

Vu la délibération de ladite faculté, en date du 29 octobre dernier ;

A arrêté le règlement suivant pour le concours aux chaires de professeurs à la faculté de médecine de Paris.

correspondantes, dont deux devront être pris parmi les médecins et chirurgiens des hôpitaux de Paris.

2°. Pour les chaires de physique, de chimie et d'histoire naturelle médicale,

Quatre membres de l'académie royale des sciences choisis par ce corps, savoir, pour les chaires de physique et de chimie, dans les deux sections de physique et de chimie, et pour l'histoire naturelle, dans les trois sections d'histoire naturelle.

1460. A ces douze juges titulaires seront ajoutés trois juges suppléans : deux pris parmi les professeurs de la faculté et désignés par le sort, et un désigné par l'académie royale de médecine.

Ces juges suppléans assisteront à toutes les séances du concours, et seront destinés à remplacer, les deux premiers, ceux des professeurs de la faculté, et le troisième celui des juges étrangers à la compagnie qui pourraient être obligés de se retirer du concours pendant la durée. Ils n'auront voix délibérative qu'en ce cas.

(Ibid., art. 4.)

1461. Les juges titulaires et suppléans éliront par scrutin le président et le secrétaire du juri.

(Ibid., art. 5.)

Conditions de la candidature.

1462. Pour concourir aux chaires de professeurs de la faculté de médecine de Paris, il faut,

1°. Être Français ou naturalisé Français ;

2°. Être âgé de vingt-cinq ans accomplis au moment de l'inscription ;

2°. Être docteur en médecine ou en chirurgie.

(Ibid., art. 6.)

Épreuves du concours.

1463. Le concours se composera de quatre genres d'épreuves :

1°. Une appréciation des titres antérieurs de chaque candidat faite dans l'assemblée des juges où le mérite de leurs ouvrages et de leurs services sera discuté.

2°. Une dissertation imprimée remise au juri vingt jours avant l'ouverture du concours, et qui aura pour sujet les généralités de la chaire disputée, le plan et la méthode qu'il convient de suivre dans son enseignement

3°. Une réponse par écrit à une question tirée au sort et qui sera la même pour tous les concurrens, faite à huis-clos et pendant un temps qui sera le même pour tous. Chacun de ceux-ci viendra ensuite lire en séance publique sa composition devant le juri assemblé.

4°. Une leçon faite après un jour de préparation sur une matière relative à la chaire. Chaque concurrent tirera au sort le sujet particulier qu'il devra traiter.

5°. Une leçon faite après trois heures de préparation sur un sujet tiré au sort, et qui sera le même pour ceux des candidats qui pourront subir le même jour cette épreuve.

(Ibid, art. 7.)

1464. Les concurrens aux chaires de clinique ne seront astreints qu'aux deux premières épreuves. Les trois dernières seront remplacées pour eux par deux leçons cliniques faites dans l'amphithéâtre d'un des hospices cliniques de la faculté, après visite de quelques malades indiqués par le juri.

(Ibid., art. 8.)

1465. Les leçons dureront une heure chacune ; elles seront orales ; les concurrens ne pourront s'aider que de simples notes.

(Ibid., art. 9.)

Jugement du concours.

1466. Immédiatement après la dernière séance du concours, les juges se réuniront et nommeront, au scrutin secret et à la majorité absolue, le candidat qu'ils auront jugé le plus digne. Ils devront rester au nombre de neuf au moins pour pouvoir porter un jugement. En cas de partage des suffrages, le président a voix prépondérante.

Le jugement sera aussitôt rendu public.

1467. Le mode de scrutin sera le même que pour l'élection des membres de l'académie des sciences.

(Ibid., art. 11.)

1468. Le candidat nommé au concours recevra l'institution du grand-maître de l'Université.

(Ibid., art. 12.)

1469. Les juges adjoints aux facultés de médecine, pour les concours relatifs aux chaires de physique, de chimie et d'histoire naturelle médicale, seront pris dans les facultés des sciences des mêmes académies.

(Arrêté du 19 mars 1831, art. 1er. (1).)

(1) Le conseil, vu l'ordonnance royale du 5 octobre 1830, sur la faculté de médecine de Paris ;

Vu son arrêté du 6 novembre 1830, relatif aux concours de ladite faculté ;

Vu la lettre par laquelle l'académie royale des sciences exprime le désir de ne plus être chargée de nommer une partie des juges de ce concours ;

Considérant que l'Université trouve dans ses facultés des sciences tous les secours dont les facultés de médecine peuvent avoir besoin pour le jugement des concours relatifs aux chaires de physique, de chimie et d'histoire naturelle médicale,

Arrête, etc.

1470. A Paris, pour les chaires de physique et de chimie médicale, seront juges adjoints les quatre plus anciens professeurs et professeurs adjoints de physique, de chimie et d'astronomie. L'adjoint le dernier nommé sera suppléant.

Pour la chaire d'histoire naturelle médicale, les quatre plus anciens professeurs et professeurs adjoints de botanique, de zoologie et de minéralogie. L'adjoint dernier nommé sera suppléant.

(Ibid., art. 2 et 3.)

1471. Il sera pris des mesures analogues lors des concours qui auront lieu dans les facultés de médecine de Montpellier et de Strasbourg.

(Ibid., art. 4.)

1472. Les juges pris parmi les professeurs de la faculté seront,

Pour les chaires de clinique, de pathologie interne et de pathologie et de thérapeutique générales :

Les professeurs attachés à ces chaires, plus les professeurs de physiologie et d'hygiène.

(Arrêté du 31 mai 1831 (1).)

1473. Le deuxième paragraphe de l'art. 30 du statut du 10 mai 1825 (2), sur les concours dans les facultés de droit et de médecine, et l'article 8 de l'arrêté du 6 novembre 1830, portant règlement sur les concours pour les chaires de professeurs dans la faculté de médecine de Paris, sont modifiés ainsi qu'il suit :

Deuxième paragraphe de l'article 30 du statut du 10 mai 1825 :

« Dans les concours pour la médecine, le rang entre les can-
» didats sera déterminé par la priorité de l'admission au grade
» de docteur; *toutefois, dans les concours pour les cliniques
» médicale et chirurgicale, ce rang sera désigné par le
» sort.* »

---

(1) Le conseil....

Vu la lettre de M. le doyen de la faculté de médecine de Paris, en date du 31 mai courant, relative au troisième § de l'art. 2 de l'arrêté du 6 novembre 1830, portant règlement sur les concours pour les chaires de professeurs dans cette faculté, lequel § est ainsi conçu : « Les juges pris parmi les professeurs de la faculté seront, pour les
» chaires de clinique et de pathologie interne, les professeurs attachés à ces chaires,
» plus les professeurs de physiologie, d'hygiène et de matière médicale ; »

Considérant que, par ordonnance du 16 février 1831, il a été créé une chaire de pathologie et de thérapeutique générales dans la même faculté, et qu'il convient que le professeur attaché à cette chaire soit appelé à faire partie du jury du concours pour les chaires de clinique et de pathologie interne ;

Arrête que le paragraphe dont il s'agit est modifié ainsi qu'il suit, etc.

(2) Voir ce statut au § des facultés de droit.

Article 8 du règlement du 6 novembre 1830 :

« Les concurrens aux chaires de clinique ne seront astreints
» qu'aux deux premières épreuves. Les trois dernières seront
» remplacées pour eux par deux leçons cliniques *faites dans
» l'amphithéâtre de la faculté*, après la visite de quelques
» malades indiqués par le juri. »

(Arrêté du 10 juin 1831 (1).)

Composition du juri.

1474. A l'avenir, les quatre juges pris en dehors de la faculté pour le jugement de chaque concours, conformément à l'article 3 de l'arrêté du 6 novembre 1830, seront désignés par le sort, parmi les membres résidans des sections ci-après déterminées de l'académie royale de médecine.

1°.	Pour la chaire d'anatomie,	Dans la section d'anatomie et de physiologie.
2°.	Pour la chaire de physiologie,	
3°. et 4°.	Pour les chaires de pathologie externe,	Dans les sections réunies de pathologie externe et de médecine opératoire.
5°. 6°. 7°. 8°.	Pour les chaires de clinique externe,	
9°.	Pour la chaire d'opérations,	
10°.	Pour la chaire de matière médicale et de thérapeutique,	Dans la section de thérapeutique et d'histoire naturelle médicale.
11°.	Pour la chaire de pharmacie,	Dans la section de pharmacie.
12°. et 13°.	Pour la chaire de pathologie interne,	Dans les sections réunies de pathologie interne et d'anatomie pathologique.
14°.	Pour la chaire de pathologie et de thérapeutique générales.	
15°. 16°. 17°. 18°.	Pour les chaires de clinique interne,	
19°.	Pour la chaire de médecine légale,	Dans la section d'hygiène publique et de médecine légale.
20°.	Pour la chaire d'hygiène,	
21°.	Pour la chaire d'accouchemens,	Dans la section d'accouchemens.
22°.	Pour la clinique d'accouchemens,	

(Arrêté du 19 octobre 1832, art. 1er. (2).)

(1) Le conseil, vu la lettre de M. le doyen de la faculté de médecine de Paris, en date du 4 juin courant, relative au concours de clinique médicale qui doit s'ouvrir devant ladite faculté le 20 de ce mois ;
Prenant en considération les motifs qui y sont exposés, arrête....

(2) Le conseil, vu le règlement du 6 novembre 1830, relatif aux concours pour les chaires vacantes dans la faculté de médecine de Paris ;
Vu les observations délibérées par la faculté de médecine, dans sa séance du 3 juin 1832, et les diverses notes à l'appui ;
Modifiant, en tant que besoin est, le règlement précité,
Arrête les dispositions suivantes, etc.

1475. Quant aux chaires de physique et de chimie médicales, les quatre juges adjoints pour chacune d'elles seront les deux professeurs de physique et les deux professeurs de chimie dans la faculté des sciences, et, à leur défaut, les professeurs de minéralogie et de géologie.

Quant à la chaire d'histoire naturelle médicale, les quatre juges adjoints seront les professeurs de zoologie et de botanique, et, à leur défaut, ceux de minéralogie et de géologie.

(Ibid., art. 2.)

1476. Il y aura de plus, pour chaque concours à une chaire vacante, trois juges suppléans, dont deux seront désignés par le sort entre ceux des professeurs qui ne sont pas déjà juges titulaires du concours, et un, également désigné par le sort, dans la section ou les sections de l'académie royale de médecine correspondant à la chaire, d'après la répartition ci-dessus indiquée.

Pour les chaires de physique, de chimie et d'histoire naturelle médicales, le juge suppléant, non professeur de la faculté, sera choisi parmi les membres de la faculté des sciences qui auraient l'aptitude ci-dessus mentionnée.

(Ibid., art. 3.)

1477. A la première séance, le président et le secrétaire du jury seront élus au scrutin par tous les juges titulaires, adjoints et suppléans.

(Ibid., art. 4.)

1478. Les juges suppléans continueront d'assister à toutes les séances du concours, à l'effet de remplacer immédiatement les deux premiers, ceux des professeurs de la faculté, et le troisième celui des juges externes qui se trouveraient obligés de se retirer du jury.

(Ibid., art. 5.)

Conditions de la candidature.

1479. Indépendamment des autres conditions prescrites par l'article 6 de l'arrêté du 6 novembre 1830, il faudra, pour être admissible à concourir aux chaires de clinique interne et externe, et aux chaires de clinique d'accouchemens, justifier de six ans de doctorat, ou de quatre ans de services dans un hôpital en qualité de médecin ou de chirurgien.

(Ibid., art. 6.)

Épreuves spéciales du concours aux chaires de clinique interne et externe, et de clinique d'accouchemens.

1480. Le concours aux chaires de clinique interne et externe, et de clinique d'accouchemens, se composera de trois genres d'épreuves, savoir :

1°. Une appréciation des titres antérieurs de chaque candidat ;
2°. Deux leçons orales sur un sujet de clinique;
3°. La discussion publique d'une thèse imprimée.

(Ibid., art. 7.)

1481. Pour la première épreuve, l'appréciation des titres antérieurs des candidats, un rapport spécial sur le mérite des ouvrages et la nature des services de chaque concurrent, sera fait par un des membres du juri, élu au scrutin pour chaque cas ; ce rapport sera discuté dans l'assemblée des juges.

A la suite de tous les rapports, et avant de passer à la seconde épreuve, le juri, réuni au nombre de douze membres au moins, procédera au classement des candidats par scrutin successif, ne portant chaque fois qu'un seul nom.

Le candidat ou les candidats désignés pour le premier rang obtiendront un nombre de points égal au nombre des concurrens compris dans la première épreuve. Le candidat ou les candidats désignés pour le second rang obtiendront un nombre de points moindre d'un unité, et ainsi de suite jusqu'au candidat désigné le dernier.

(Ibid., art. 8.)

1482. Pour la seconde épreuve, deux leçons cliniques seront faites dans l'amphithéâtre de la faculté, après visite de quelques malades indiqués par le juri, et après que les juges auront déterminé le diagnostic des maladies dont le candidat devra traiter dans les leçons.

Ces leçons orales, et sur de simples notes, devront durer une heure chacune.

Avant de passer à la troisième épreuve, le classement des candidats aura lieu d'après le procédé ci-dessus indiqué pour le jugement de la première épreuve.

(Ibid., art. 9.)

1483. La thèse formant la troisième épreuve sera écrite en français, et aura pour objet une question générale de clinique, analogue à l'objet de la chaire pour laquelle le concours a lieu. Il sera déposé dans l'urne autant de questions qu'il y a de candidats. Chaque candidat tirera au sort une de ces questions, pour sujet de sa thèse.

La discussion et l'argumentation auront lieu ensuite, suivant les formes et dans les limites de temps indiquées par les articles 27, 28 et 29 du règlement du 12 avril 1823, sur les concours d'agrégation pour la faculté de médecine.

Après cette troisième épreuve terminée, le classement aura lieu par le même procédé que pour les deux autres.

(Ibid., art. 10.)

Jugement du concours.

1484. Après toutes les épreuves terminées, on procédera, d'après les procès-verbaux de chaque scrutin, à l'évaluation comparée des divers numéros de classement des concurrens.

Le nombre de points obtenus dans la première épreuve sera multiplié par deux pour le résultat total; et les nombres des trois épreuves seront additionnés pour chaque concurrent. Celui qui obtiendra le nombre de points le plus élevé sera nommé à la chaire vacante, sauf institution régulière.

(Ibid., art. 11.)

1485. Si le résultat total donnait le *maximum* de points à deux ou plusieurs concurrens, il serait procédé à un scrutin de ballotage dans les formes ordinaires. En cas d'égalité de voix au ballotage, la voix du président est prépondérante.

(Ibid., art. 12.)

1486. Continueront d'être exécutées toutes les dispositions du règlement du 6 novembre 1830 qui ne sont pas contraires au présent arrêté.

(Ibid., art. 13.)

1487. Le numéro qu'obtiendront sur la liste de mérite de chaque épreuve le premier ou les premiers candidats, sera double du nombre total des concurrens; celui qu'obtiendront le second ou les seconds candidats, sera moindre d'une ou de deux unités, et ainsi de suite jusqu'au dernier candidat.

(Arrêté du 15 juin 1833 (1).)

1488. Le rang dans lequel les candidats régulièrement inscrits pour le concours de la chaire de clinique d'accouchemens devront en subir les épreuves, sera déterminé par la voie du sort.

(Arrêté du 10 décembre 1833, art. 1ᵉʳ. (2).)

1489. Les épreuves du concours pour la chaire de clinique d'accouchemens se composeront, 1°. de deux leçons orales, d'une heure chacune, qui auront lieu publiquement sur des cas

---

(1) Le conseil... Vu les observations présentées par la faculté de médecine de Paris, relativement au § 3 de l'article 8 du règlement du 19 octobre 1832, arrête, etc.

(2) Le conseil.... Vu les lettres de M. le doyen de la faculté de médecine de Paris, en date des 19 août et 14 novembre,

Arrête, pour être appliquées au concours de la chaire de clinique d'accouchement, les dispositions suivantes, etc.

relatifs à l'art des accouchemens, après visite faite au lit des malades indiqués par le juri, dans une des salles d'accouchement de l'hospice de la Maternité ou de l'Hôtel-Dieu ; 2°. de la composition et de la discussion publique d'une thèse écrite en français sur une question générale de clinique d'accouchement, proposée dans les formes prescrites par l'article 10 de l'arrêté du 19 octobre 1832 ; 3°. d'une appréciation des titres antérieurs des candidats.

(Ibid., art. 2.)

1490. Les épreuves publiques des leçons et de la thèse étant terminées, sans qu'il ait été fait de scrutin particulier à l'issue de chacune d'elles, les juges se réuniront et procéderont à l'appréciation des titres antérieurs de chaque candidat, laquelle aura lieu sur le rapport fait par un des juges désignés au scrutin, et après lecture donnée au juri de l'exposé des titres et des travaux que chaque candidat aura pu lui transmettre.

(Ibid., art. 3.)

1491. Il sera procédé tant à l'appréciation des titres antérieurs qu'au jugement des deux leçons publiques, et à celui de la thèse, par voie de classement, fait au scrutin, pour chacune desdites épreuves.

(Ibid., art. 4.)

1492. Après ces trois scrutins successifs, il sera procédé immédiatement, et sauf l'institution régulière, à la nomination par un dernier scrutin limité entre les candidats qui n'auront pas eu un même concurrent placé au-dessus d'eux sur toutes les listes de classement arrêtées pour chacune des épreuves particulières.

(Ibid., art. 5.)

1493. Sortiront leur plein et entier effet toutes autres dispositions générales des règlemens relatives à la tenue des concours aux chaires de la faculté de médecine de Paris.

(Ibid., art. 6.)

1494. Tout membre titulaire ou suppléant des juris pour le jugement des concours aux chaires vacantes dans les facultés de droit et de médecine, et des concours pour les divers ordres d'agrégation, n'aura droit aux jetons de présence fixés par le règlement précité, qu'autant qu'il aura pris part à la décision définitive rendue par le juri dont il faisait partie ; dans le cas contraire, il ne pourra réclamer aucun droit de présence pour les séances même auxquelles il aurait assisté pendant la durée du concours, à moins que son absence de la séance où a été prononcé le jugement du juri n'ait résulté d'un cas de maladie notoirement constaté.

(Arrêté du 4 octobre 1833 (1).)

Organisation de la faculté de médecine de Strasbourg.

1495. Les cours actuellement établis à la faculté de médecine de Strasbourg sont maintenus.

(Arrêté du 11 avril 1829, art. 1er. (2).)

1496. Sont attachés à la faculté seize agrégés dont douze en exercice, quatre en stage et un nombre indéterminé d'agrégés libres.

La durée du stage est de cinq ans; celle de l'exercice, de dix ans.

Les agrégés qui ont terminé le temps d'exercice deviennent agrégés libres.

(Ibid., art. 2.)

1497. Seront compris dans la première formation, en qualité d'agrégés, les médecins et chirurgiens en chef de l'hospice civil de Strasbourg.

Parmi les douze agrégés qui entreront immédiatement en exercice, quatre désignés par le sort pourront être remplacés après cinq ans.

Seront exceptés du renouvellement partiel, les quatre médecins et chirurgiens en chef de l'hospice civil.

Avant la fin de la prochaine année scolaire, la nomination de quatre agrégés stagiaires sera faite au concours, dans les formes déterminées par le statut général sur les concours, en date du 10 mai 1825.

Dans la suite, les renouvellemens continueront à s'opérer

---

(1) Les articles 272 et 273 du règlement du 11 novembre 1826 sont ainsi conçus :

272. Il leur est alloué, pour droits de présence, savoir :

Au président, par séance.	19 fr.	20
A chaque juge.	12	00
Au secrétaire.	8	00

Ces droits sont payés sur un mandat collectif du doyen. Ils font l'objet d'un article séparé, soit dans les états mensuels, soit dans le compte annuel.

273. Les concours pour l'agrégation ont lieu dans les facultés de médecine en vertu de décisions du conseil royal.

Il est alloué à chaque professeur désigné pour être juge du concours un droit de présence de 10 francs par séance; le secrétaire ne reçoit aucun droit.

(2) Le conseil, vu l'art. 5 de l'ordonnance du roi du 26 mars 1829, portant qu'il sera fait, pour compléter l'organisation de la faculté de médecine de Strasbourg, un règlement universitaire sur des bases analogues à celles qui ont été déterminées par les ordonnances du 2 février 1823 et du 12 décembre 1824, pour les facultés de médecine de Paris et de Montpellier;

Vu lesdites ordonnances des 2 février 1823 et 12 décembre 1824,

Arrête, etc.

tous les cinq ans, de manière qu'à chacune de ces périodes, quatre agrégés entrent en stage, quatre passent du stage à l'exercice, et quatre deviennent agrégés libres.

Pourront être l'objet d'une nouvelle nomination en qualité d'agrégés en exercice, ceux des agrégés devant passer par le sort dans l'ordre des agrégés libres, qui seraient présentés à cet effet par les suffrages concordans de la faculté et du conseil académique.

(Ibid., art. 3 et 4.)

1498. Après la première formation, les places d'agrégés seront données au concours, à l'exception de dix places d'agrégés libres qui pourront être accordées par son S. Exc. le grand-maître, après avoir pris l'avis de la faculté, du conseil académique et du conseil royal, à des docteurs âgés de trente-cinq ans, qui se seraient distingués par leurs ouvrages et par leurs succès dans leurs professions.

Les agrégés en exercice pourront obtenir de S. Exc. le grand-maître la dispense de résider; mais dans ce cas, lorsqu'ils reviendront à Strasbourg, ils ne pourront prendre part aux actes de la faculté, et recevoir de droit de présence qu'après deux mois consécutifs de domicile.

Les seuls agrégés peuvent être autorisés à faire des cours particuliers de médecine à Strasbourg.

(Ibid., art. 5 et 6.)

1499. L'agent comptable est chargé des recettes et des payemens; il est soumis à toutes les conditions imposées aux comptables des deniers publics; il fournit un cautionnement qui ne peut être moindre du dixième des recettes.

Ces fonctions continueront à être remplies, jusqu'à nouvel ordre, par le secrétaire de la faculté.

(Ibid., art. 7.)

1500. Sont fonctionnaires de la faculté, le chef des travaux anatomiques, le chef du conservatoire et de la bibliothéque, le préparateur en chef de chimie et le secrétaire agent comptable.

Sont employés de la faculté, le prosecteur, le jardinier en chef du jardin botanique, les aides des divers services.

(Ibid., art. 8 et 9.)

1501. Les places de chef des travaux anatomiques, de prosecteur, de préparateur en chef de chimie, de jardinier en chef du jardin de botanique et des aides de tous les services, seront données au concours.

Le chef du conservatoire et de la bibliothéque, et le secrétaire agent comptable seront nommés par le grand-maître, sur la proposition de la faculté et l'avis du recteur (1).

Le doyen nommera, sans présentation préalable, les autres employés et agens de service.

(Ibid., art. 10.)

1502. Le doyen, indépendamment de son traitement comme professeur, recevra un préciput, lequel demeure fixé à 1,500 fr. par an.

(Ibid., art. 11.)

1503. Toutes les dispositions de l'ordonnance du 2 février 1823 concernant la faculté de médecine de Paris, qui ne sont pas contraires au présent règlement, sont applicables à la faculté de médecine de Strasbourg (2).

(Ibid., art. 12.)

1504. Pour la chaire de physiologie, le juri sera formé de sept juges, dont cinq seront pris dans le sein de la faculté, et deux en dehors, qui seront choisis, autant que possible, parmi les praticiens étrangers à la faculté et les agrégés libres, et, à leur défaut, parmi les agrégés en exercice ou même stagiaires. Il sera nommé en outre trois suppléans, dont deux seront pris dans la faculté et un en dehors parmi les docteurs.

Pour la chaire de botanique, le juri sera formé de sept juges, dont quatre choisis dans la faculté et trois en dehors, parmi les docteurs en médecine ou en chirurgie, comme pour la chaire de physiologie, ou enfin parmi les docteurs ès-sciences, plus de deux suppléans, dont un pris dans la faculté de médecine et un en dehors parmi les docteurs.

(Arrêté du 8 mars 1833, art. 1.)

1505. Les juges et suppléans seront nommés par le grand-maître.

A la première séance, le président et le secrétaire seront élus au scrutin par tous les juges titulaires et suppléans.

(Ibid., art. 2 et 3.)

1506. Les juges suppléans assisteront à toutes les séances du

---

(1) Une décision générale du 2 août 1823 porte, que les bibliothécaires, conservateurs des cabinets, chefs des travaux anatomiques, et agens comptables des facultés de médecine, étant nommés par le grand-maître, auront droit à la pension de retraite, et que leurs traitemens seront soumis à la retenue du vingtième.

(2) Le conseil, vu l'ordonnance du roi en date du 5 octobre 1830, relative à la faculté de médecine de Paris;

Vu les règlemens des 6 novembre 1830, 19 mars 1831, et 19 octobre 1832, concernant les concours pour les chaires vacantes dans cette faculté;

Vu les délibérations de la faculté de médecine de Strasbourg des 12 avril, 26 juillet 1832 et 7 février 1833,

Arrête le règlement suivant pour les concours aux chaires de physiologie et de botanique vacantes dans ladite faculté de médecine de Strasbourg.

concours, afin de remplacer immédiatement, les deux premiers, ceux des professeurs de la faculté, et le troisième celui des juges adjoints qui seraient obligés de se retirer du juri.

(Ibid., art. 4.)

1507. Pour être admis à concourir, il faut :

Etre Français ou naturalisé Français ;

Avoir trente ans accomplis au moment des épreuves du concours :

Etre docteur en médecine ou en chirurgie.

(Ibid., art. 5.)

1508. Le concours se composera de quatre genres d'épreuves :

1°. Une appréciation des titres antérieurs des candidats. Un rapport spécial sur le mérite des ouvrages et la nature des services de chaque concurrent sera fait par un des membres du juri, élu au scrutin pour chaque cas ; ce rapport sera discuté dans l'assemblée des juges.

2°. Une composition écrite, faite à huis-clos, sur une question tirée au sort et qui sera la même pour tous, dans un temps qui sera fixé par le juri. Chaque candidat déposera sa rédaction, signée de lui, dans une boîte qui sera ensuite scellée du sceau du président. Dans la séance qui suivra immédiatement, chacun des candidats lira en séance publique sa composition écrite devant le juri assemblé.

3°. Une leçon faite après un jour de préparation, sur les généralités de l'enseignement qui fait l'objet de la chaire mise au concours, et une autre leçon après trois heures de préparation, sur un point particulier de cet enseignement.

Le sujet de ces leçons, tiré au sort, sera le même pour tous les candidats qui pourront subir cette épreuve le même jour. Les leçons dureront une heure chacune ; elles seront orales. Les concurrens ne pourront s'aider que de simples notes.

4°. Une thèse ou dissertation écrite en français, sur une matière où les candidats s'argumenteront réciproquement.

Il sera déposé dans l'urne autant de questions qu'il y a de candidats. Chaque candidat tirera au sort une de ces questions pour sujet de sa thèse.

La discussion et l'argumentation auront lieu suivant les formes et dans les limites indiquées par les art. 27, 28 et 29 du règlement sur les concours d'agrégation pour la faculté de médecine de Paris.

(Ibid., art. 6.)

1509. Après chaque épreuve et avant de passer à une épreuve d'un autre genre, le juri procédera au classement des concurrens, par scrutins successifs, ne portant chaque fois qu'un seul nom.

Le candidat ou les candidats désignés pour le premier rang sur la liste de mérite, obtiendront un numéro ou un nombre de points qui sera double du nombre total des concurrens; celui qu'obtiendront le second ou les seconds candidats, sera moindre d'une ou de deux unités, et ainsi de suite jusqu'au dernier candidat.

(Ibid., art. 7.)

1510. Toutes les épreuves étant terminées, on procédera, d'après les procès verbaux de chaque scrutin, à l'évaluation comparée des divers numéros de classement des concurrens.

Le nombre de points obtenus dans la première épreuve sera multiplié par deux pour le résultat total; et les nombres des quatre épreuves seront additionnés pour chaque concurrent. Celui qui obtiendra le nombre de points le plus élevé, sera nommé à la chaire vacante, sauf l'institution régulière par le grand-maître.

Si le résultat total donnait le maximum de points à deux ou plusieurs concurrens, il serait procédé à un scrutin de ballotage dans les formes ordinaires. En cas d'égalité de voix au ballotage, la voix du président est prépondérante.

(Ibid., art. 8 et 9.)

Règlemens concernant la faculté de médecine de Montpellier.
Concours pour la chaire de clinique chirurgicale (1).

1511. Le juri sera composé de sept juges, dont cinq seront pris dans le sein de la faculté et deux en dehors, qui seront choisis, autant que possible, parmi les praticiens étrangers à la faculté et les agrégés libres, et à leur défaut parmi les agrégés en exercice ou même stagiaires. Il sera nommé en outre trois suppléans, dont deux seront pris dans la faculté, et un en dehors parmi les docteurs.

Les juges et les juges suppléans seront nommés par le grand-maître, d'après une présentation faite par la faculté et l'avis motivé du recteur. La présentation des juges pris hors de la faculté sera double.

(Arrêté du 24 mai 1833, art. 1 et 2.)

(1) Le conseil, vu l'ordonnance du roi du 5 octobre 1830, relative à la faculté de médecine de Paris;
Vu les règlemens des 9 novembre 1830, 19 mars 1831 et 19 octobre 1832, concernant les concours pour les chaires vacantes dans cette faculté;
Vu les observations faites par la faculté de médecine de Montpellier et transmises par le recteur le 13 février 1833;
Arrête le règlement suivant pour le concours à la chaire de clinique chirurgicale vacante dans ladite faculté de médecine de Montpellier, etc.

1512. A la première séance, le président et le secrétaire seront élus au scrutin par tous les juges titulaires et suppléans.
(Ibid., art. 3.)

1513. Les juges suppléans assisteront à toutes les séances du concours, afin de remplacer immédiatement, les deux premiers, ceux des professeurs de la faculté, et le troisième celui des juges adjoints qui seraient obligés de se retirer du juri.
(Ibid., art. 4.)

1514. Pour être admis à concourir, il faut :
Etre Français ou naturalisé Français ;
Avoir trente ans accomplis au moment des épreuves du concours ;
Etre docteur en médecine ou en chirurgie.
(Ibid., art. 5.)

1515. Le concours se composera de cinq genres d'épreuves :
1°. D'une appréciation des titres antérieurs des candidats. Un rapport spécial sur le mérite des ouvrages et la nature des services de chaque concurrent sera fait par un des membres du juri, élu au scrutin pour chaque cas ; ce rapport sera discuté dans l'assemblée des juges.

2°. D'une composition écrite, faite à huis-clos, sur une question tirée au sort et qui sera la même pour tous, dans un temps qui sera fixé par le juri. Chaque candidat déposera sa rédaction signée de lui, et paraphée par le président du concours, dans une boîte qui sera ensuite scellée du sceau du président. Dans la séance qui suivra immédiatement, chacun des candidats lira, en séance publique, sa composition écrite devant le juri assemblé.

3°. D'une leçon faite après un jour de préparation sur les généralités de l'enseignement qui fait l'objet de la chaire mise au concours, et une autre leçon qui aura lieu après visite de quelques malades indiqués par le juri ;

4°. D'opérations faites sur le cadavre ; ces opérations seront déterminées par le juri.

5°. D'une thèse ou dissertation écrite en français sur une matière où les candidats s'argumenteront réciproquement.

Il sera déposé dans l'urne autant de questions qu'il y aura de candidats. Chaque candidat tirera au sort une de ces questions pour sujet de sa thèse.

La discussion et l'argumentation auront lieu suivant les formes et dans les limites indiquées par les articles 27, 28 et 29 du règlement sur les concours d'agrégation pour la faculté de médecine de Paris.
(Ibid., art. 6.)

1516. Après chaque épreuve, et avant de passer à une épreuve d'un autre genre, le jury procédera au classement des concurrens par scrutins successifs, ne portant chaque fois qu'un seul nom.

Le candidat ou les candidats désignés pour le premier rang sur la liste de mérite, obtiendront un numéro ou un nombre de points qui sera double du nombre total des concurrens, celui qu'obtiendront le second ou les seconds candidats, sera moindre d'une ou de deux unités, ainsi de suite jusqu'au dernier candidat.

(Ibid., art. 7.)

1517. Toutes les épreuves étant terminées, on procédera, d'après les procès-verbaux de chaque scrutin, à l'évaluation comparée des divers numéros de classement des concurrens.

Le nombre des points obtenus dans la première épreuve sera multiplié par deux pour le résultat total; et les nombres des cinq épreuves seront additionnés pour chaque concurrent. Celui qui obtiendra le nombre de points le plus élevé, sera nommé à la chaire vacante, sauf l'institution régulière par le grand-maître.

(Ibid., art. 8.)

1518. Si le résultat total donnait le maximum de points à deux ou plusieurs concurrens, il serait procédé à un scrutin de ballotage dans les formes ordinaires. En cas d'égalité de voix au ballotage, la voix du président est prépondérante.

(Ibid., art. 9.)

Concours pour la chaire de médecine légale.

1519. Ce concours se composera de six genres d'épreuves :

1°. D'une appréciation des titres antérieurs des candidats, conformément au paragraphe 1er. de l'article 6 de l'arrêté du 24 mai 1833.

2°. D'une composition écrite dans les formes prescrites par le paragraphe 2 dudit article. Le sujet de cette composition sera puisé dans la médecine légale, mis en rapport avec les sciences médicales et les sciences dites accessoires et préliminaires.

3°. D'une première leçon faite, après un jour de préparation, sur un sujet spécial de l'enseignement qui fait l'objet de la chaire mise au concours, pris dans une application des sciences médicales.

4°. D'une seconde leçon faite, après trois heures de préparation, sur un sujet spécial du même enseignement, pris dans une application des sciences dites accessoires et préliminaires.

5°. D'une épreuve pratique sur un cas de médecine légale,

qui demande pour son explication un certain nombre d'applications de connaissances théoriques.

6°. D'une thèse écrite en français dont le sujet, tiré au sort, sera pris dans les matières d'enseignement qui font l'objet de la chaire mise au concours, et qui sera soutenue et discutée conformément aux articles 27, 28 et 29 du règlement du 12 avril 1833.

(Arrêté du 17 juin 1834, art. 1er. (1).)

1520. Le rang dans lequel les candidats régulièrement inscrits pour ledit concours devront en subir les épreuves, sera déterminé par le sort.

(Ibid., art. 2.)

1521. Les épreuves publiques des leçons et de la thèse étant terminées, sans qu'il ait été fait de scrutin particulier à l'issue de chacune d'elles, les juges se réuniront et procéderont à l'appréciation des titres antérieurs de chaque candidat, laquelle aura lieu sur le rapport fait par un des juges désignés au scrutin, et après lecture donnée au jury de l'exposé des titres et des travaux que chaque candidat aura pu lui transmettre.

(Ibid., art. 3.)

1522. Il sera procédé tant à l'appréciation des titres antérieurs qu'au jugement des deux leçons publiques, et à celui de la thèse, par voie de classement fait au scrutin, pour chacune desdites épreuves.

(Ibid., art. 4.)

1523. Après ces trois scrutins successifs, il sera procédé immédiatement, et sauf l'institution régulière, à la nomination, par un dernier scrutin, limité entre les candidats qui n'auront pas eu un même concurrent placé au-dessus d'eux sur toutes les listes de classement arrêtées pour chacune des épreuves particulières.

(Ibid., art. 5.)

1524. Continueront d'être exécutées toutes les dispositions du règlement du 24 mai 1833, qui ne sont pas contraires au présent arrêté.

(Ibid., art. 6 (2).)

(1) Le conseil, vu les observations délibérées par la faculté de médecine de Montpellier, dans sa séance du 17 mai dernier ;
Vu l'arrêté du 24 mai 1833, portant règlement pour le concours de la chaire de clinique dans cette faculté ;
Arrête le règlement suivant pour le concours à la chaire de médecine légale vacante dans ladite faculté, etc.

(2) Une ordonnance du 19 juin 1834 a modifié l'enseignement de la médecine légale, ainsi qu'il suit :
Art. 1er. La toxicologie est distraite de la chaire de médecine légale actuellement vacante à la faculté de médecine de Montpellier.
2. Il est créé dans cette faculté une chaire de chimie médicale générale et de toxicologie.

DES EXAMENS POUR LE DOCTORAT EN MÉDECINE.

1525. Les examens ne doivent commencer qu'après l'expiration de la quatrième année d'études.
(Instruction du 10 juillet 1812 (1).)

1526. Nul ne sera admis à subir ses derniers examens en médecine sans avoir versé les droits de sceau, lesquels seront déposés dans la caisse des facultés, qui en compteront avec l'administration centrale.

Les droits de diplôme pour le grade de docteur dans les facultés de médecine devront être consignés après le dernier examen et avant de soutenir la thèse.
(Arrêté du 4 novembre 1815, et décision du 29 juin 1824.)

1527. Dans toutes les facultés, les gradués qui perdront leurs diplômes ne pourront en obtenir de nouveaux qu'en payant la somme de 5 francs.
(Décision du 4 novembre 1815.)

1528. Les Français, gradués dans les pays étrangers, ne peuvent pas demander à jouir du bénéfice de l'article 31 de l'arrêté du gouvernement du 20 prairial an XI, lequel n'a rapport qu'aux médecins étrangers établis et fixés en France : ils sont soumis aux dispositions de l'article 27 de la loi du 19 ventôse de la même année, et ils ne peuvent, en aucun cas, être reçus à prendre le grade de docteur en France, qu'après avoir subi au moins l'examen pratique.
(Décision du 11 novembre 1815.)

---

(1) Il s'était élevé, dans quelques facultés de médecine, des doutes sur l'interprétation qu'on doit donner à l'article 6 de l'arrêté du 20 prairial an XI, concernant l'époque et la division des examens pour le doctorat. Les dispositions de cet arrêté, qui obligent les étudians à rester aux écoles plus de quatre années, et à subir, pendant la cinquième, les différentes épreuves prescrites pour les réceptions, avaient paru à quelques fonctionnaires ne pouvoir se concilier avec la loi du 19 ventôse an XI, et avec l'article 5 du même arrêté du 20 prairial.

Par suite de cette opinion, ou plutôt de cette incertitude sur le vœu de la loi, l'intervalle exigé entre les examens n'avait pas été constamment maintenu ; et l'on s'était hâté quelquefois de faire subir aux candidats toutes les épreuves pendant le premier trimestre de la quatrième année d'étude, afin de les admettre sans délai au doctorat.

Cependant la loi du 29 ventôse, articles 8 et 9, porte que les étudians ne pourront se présenter aux examens des écoles, qu'après avoir suivi pendant quatre ans l'une ou l'autre d'entre elles, et acquitté les frais d'étude qui sont déterminés ; et que la somme totale des frais sera partagée dans les quatre années d'étude et dans celle de la réception.

Les examens ne devaient donc commencer qu'après l'expiration de la quatrième année d'étude ; et l'arrêté réglementaire qui partage ces examens en deux séries, et prescrit de mettre l'intervalle d'un trimestre entre les examens de la première série et ceux de la seconde, n'était point en opposition avec la loi.

Nota. On verra plus loin qu'il n'a pas paru possible de maintenir cette première règle.

ENSEIGNEMENT, EXAMENS ET THÈSES (1).

1529. Les étudians de première année seront tenus de suivre les cours d'anatomie, de physiologie, de chimie, de physique médicale, de botanique et d'hygiène.

Les étudians de seconde année, les cours d'anatomie, de physiologie, de pathologie externe, d'hygiène, de médecine opératoire et de pharmacologie.

Les étudians de troisième année, les cours de médecine opératoire, de pathologie externe, de pathologie interne, de clinique interne, de clinique externe, de thérapeutique et de matière médicale.

Les étudians de quatrième année, les cours de clinique interne, de clinique externe, de pathologie interne, de médecine légale, de thérapeutique et d'accouchemens.

(Arrêté du 12 avril 1833, art. 1er.)

1530. L'établissement connu sous le nom d'*école pratique* est maintenu. La faculté, après avoir pris connaissance de l'organisation de cet établissement, de l'enseignement qui s'y donnait, de la manière dont les élèves y étaient admis, et des encouragemens qui leur étaient proposés, dressera sur ces divers objets un projet de règlement, qui sera soumis à l'approbation du conseil royal.

(Ibid., art. 2.)

1531. Les examens seront faits par deux professeurs et un agrégé; les thèses seront soutenues devant quatre professeurs et deux agrégés.

(Ibid., art. 3.)

1532. Pour chaque examen, il y aura deux suppléans pris parmi les professeurs, et un suppléant pris parmi les agrégés. Pour chaque thèse, il y aura un suppléant pris parmi les professeurs, et un suppléant pris parmi les agrégés. En aucun cas, un professeur ne pourra être remplacé dans cette fonction par un agrégé, à moins que ce dernier ne soit, depuis trois mois au moins, chargé spécialement d'un cours dans la faculté.

(Ibid., art. 4.)

---

(1) Le conseil royal de l'instruction publique,

Vu l'ordonnance du 2 février 1823, portant organisation de la faculté de médecine de Paris, et nommément l'article 40, qui charge le grand-maître et le conseil de faire tous règlemens et de donner toutes instructions rendus nécessaires par ladite ordonnance;

Vu les statuts du 31 octobre 1809 et du 31 juillet 1810, relatifs aux concours dans les facultés;

Vu les lois, décrets et ordonnances relatifs à l'enseignement et à l'exercice de la médecine,

Arrête ce qui suit, etc.

1533. Les fonctions d'examinateur et de suppléant seront remplies alternativement par tous les professeurs et tous les agrégés en exercice, d'après un tableau qui sera dressé par le doyen.
(Ibid., art. 5.)

1534. Le doyen désignera un président parmi les professeurs, devant qui devra être soutenue la thèse. Ce président examinera la thèse en manuscrit; il la signera, et sera garant tant des principes que des opinions qui y seront émis, en tout ce qui touche la religion, l'ordre public et les mœurs.

Avant le jour fixé pour soutenir la thèse, il en sera adressé deux exemplaires pour le conseil royal, et un exemplaire au recteur de l'académie.

Si une thèse répandue dans le public n'était pas conforme au manuscrit qui aurait été soumis à l'examen du président, ou si elle avait été imprimée avant que le manuscrit eût été revêtu de sa signature, elle serait censée non avenue. Si l'épreuve avait été subie par le candidat, cette épreuve serait nulle par ce fait seul; le diplôme de docteur ne lui serait pas délivré ou serait annulé, et, dans tous les cas, il ne pourrait soutenir une nouvelle thèse que sur une autre matière, et après un délai qui serait fixé par le conseil royal : le tout sans préjudice des autres peines académiques qui pourraient être encourues par le candidat, à raison des principes contenus dans la thèse imprimée ou répandue en contravention au règlement.
(Ibid., art. 6 et 7.)

1535. Les bacheliers ès-lettres, non encore pourvus du diplôme de bachelier ès-sciences, qui désirent être admis aux cours des facultés de médecine au commencement de la prochaine année scolastique, pourront être inscrits provisoirement dans lesdites facultés, pourvu qu'ils se soient fait inscrire préalablement sur le registre des examens des facultés des sciences établies dans les mêmes villes.
(Arrêté du 9 septembre 1823, art. 1er. (1))

1536. Ils devront être examinés et munis du grade de bachelier ès-sciences avant de prendre leur deuxième inscription.

Toutefois, si le candidat, lors de son examen, n'est point rejeté par la faculté des sciences, mais seulement ajourné à trois mois, la faculté de médecine pourra, sur le vu de

---

(1) On voit par quels tempéramens le conseil désirait amener tous les étudians en médecine à se munir du grade de bachelier ès-sciences. Nous reproduisons ici ces dispositions transitoires, pour le cas probable où les étudians seraient de nouveau obligés de prendre ce grade.

l'ajournement, l'admettre encore à prendre la deuxième inscription.

La troisième inscription ne pourra, sous aucun prétexte, être prise avant que l'étudiant n'ait obtenu son diplôme de bachelier ès-sciences.

L'examen des élèves en question roulera sur les premiers élémens de l'arithmétique et de la géométrie, et sur les notions les plus élémentaires de la physique, de la chimie et de l'histoire naturelle.

Il sera fait mention dans leur certificat d'aptitude et dans leur diplôme de bachelier ès-sciences, que ce grade a été requis et obtenu par eux à l'effet d'être admis à la faculté de médecine.

(Ibid., art. 2... 6.)

1537. Les examens de la faculté de médecine de Paris seront répartis, dans la durée des études, de manière que le premier soit subi après la huitième inscription, le deuxième après la dixième, le troisième après la douzième, le quatrième après la quatorzième, enfin le cinquième ainsi que la thèse après la seizième; entendant, ainsi que le veulent les règlemens précédens, par inscription, un trimestre d'études révolu, et dont l'inscription est accompagnée d'un certificat d'assiduité aux cours prescrits pour le temps auquel elle se rapporte.

(Arrêté du 22 octobre 1825, art. 1er. (1).)

1538. Les matières des différens examens seront distribuées ainsi qu'il suit :

Ier. Examen.. { Histoire naturelle médicale.
Physique médicale.
Chimie médicale et pharmacologie.

IIe. Examen.. { Anatomie
et
Physiologie.

IIIe. Examen. { Pathologie interne
et
externe.

IVe. Examen. { Hygiène.
Médecine légale.
Matière médicale et thérapeutique.

Ve. Examen.. { Clinique interne.
Clinique externe.
Accouchemens.

(Ibid., art. 2.)

(1) Le conseil, vu le mémoire et le projet de règlement présentés par la faculté de médecine de Paris;
Arrête, etc.

1539. Indépendamment des autres épreuves actuellement en usage aux divers examens, les candidats seront tenus de présenter au cinquième six observations recueillies par eux-mêmes au lit des malades. Quatre de ces observations, au moins, auront été recueillies dans les cliniques de la faculté, et leur authenticité sera constatée par le professeur de clinique.

Les candidats en médecine présenteront quatre observations de maladies internes et deux de cas chirurgicaux.

Les candidats en chirurgie présenteront quatre observations de cas chirurgicaux et deux de maladies internes.

Les observations que le juri en jugera dignes seront conservées dans les archives de la faculté.

(Ibid., art. 3.)

1540. Les candidats qui auront satisfait aux examens des huitième, dixième, douzième et quatorzième trimestres, seront seuls admis à prendre les dixième, douzième, quatorzième et seizième inscriptions.

Ceux qui n'auront pas satisfait à ces examens ou à la thèse, ne pourront se représenter à ces actes dans le même trimestre.

(Ibid., art. 4.)

1541. Les élèves des écoles secondaires ou tous autres qui auraient droit à des inscriptions collectives ne pourront prendre ces inscriptions qu'au fur et à mesure qu'ils auront subi les examens correspondans, de manière que les huit premières inscriptions seulement pourront être prises de prime-abord, les neuvième et dixième après le premier examen, et ainsi de suite.

(Ibid., art. 5.)

1542. Le règlement arrêté le 22 octobre 1825, et contenant une nouvelle distribution des examens dans la faculté de médecine de Paris, est applicable, dès à présent, aux élèves des facultés de médecine de Montpellier et de Strasbourg, qui ont commencé leurs études cette année. Ceux qui ont commencé leurs études dans les années précédentes pourront également s'y conformer, autant que le leur permettra le temps qui leur reste à demeurer auprès de ces facultés.

(Arrêté du 14 février 1826.)

1543. Les chirurgiens et pharmaciens militaires qui se trouvent dans les cas prévus par l'arrêté du 20 prairial an XI (9 juin 1803), et qui auraient droit à se présenter à l'examen pour le doctorat en médecine, y seront admis sans attendre leur tour d'inscription, et sans observer l'intervalle prescrit par les règlemens.

(Arrêté du 30 mai 1826.)

1544. Le complément des droits d'inscription payé à l'époque des examens doit être considéré comme consignation, et n'est acquis à l'Université qu'après les examens subis, quel que soit d'ailleurs leur résultat.

(Décision du 30 décembre 1826 (1).)

1545. La décision du roi, en date du 13 juin 1821, portant que les étudians en droit, dont le dernier trimestre d'études touche à la fin de l'année scolaire, sont autorisés à se présenter pour leurs examens dans le mois de juillet, et pour leurs actes dans le mois d'août, est applicable aux étudians des facultés de médecine.

Arrêté du 27 mai 1828.)

1546. Les trois derniers examens des aspirans au doctorat en médecine seront, à l'avenir, réunis après la seizième inscription.

Néanmoins le premier examen, sur les sciences préparatoires, devra avoir lieu après la quatrième inscription et avant la cinquième.

Le deuxième examen, sur l'anatomie et la physiologie, aura lieu après la douzième inscription et avant la treizième.

(Arrêté du 11 octobre 1831 (2).)

1547. L'épreuve à soutenir en latin pour le cinquième examen du doctorat en médecine, prescrite par l'article 6 de la loi du 19 ventôse an XI, consistera à l'avenir dans une composition écrite en latin sur une question médicale ou chirurgicale.

Il y aura en outre, après visite d'un ou plusieurs malades à la clinique de la faculté, un examen oral en français, d'une durée de deux heures, dans lequel les candidats feront connaître le diagnostic qu'ils auront porté, et le traitement qu'ils auront jugé convenable d'adopter.

(Arrêté du 26 août 1834 (3).)

(1) Le conseil royal de l'instruction publique,
Vu un rapport de M. l'inspecteur général chargé de l'administration de l'académie de Paris, en date du 20 de ce mois, relatif aux observations adressées par M. le doyen de la faculté de médecine de cette académie, concernant les sommes dues pour arriéré et le complément des droits d'inscription que doivent payer les étudians qui convertissent en inscriptions pour le doctorat les inscriptions qu'ils ont prises pour obtenir le titre d'officier de santé, décide...

(2) Le conseil, vu les lettres de M. le doyen de la faculté de médecine de Paris, en date du 19 juillet et du 3 octobre 1831,
Arrête, etc.

(3) Le conseil, vu les observations présentées le 30 juillet dernier, par la faculté de médecine de Paris;
Vu l'article 3 de l'arrêté du 22 octobre 1825, sur la nature des épreuves du cinquième examen pour le doctorat,
Arrête, etc

Arrêté relatif aux étudians en médecine qui se sont consacrés au soulagement des malades atteints du choléra.

1548. Il sera accordé aux étudians en médecine qui, soit dans les bureaux de secours, soit dans les hôpitaux civils, se sont consacrés au soulagement des malades atteints du choléra, diverses exemptions d'inscriptions et de frais, conformément au tableau déposé à la faculté de médecine de Paris, et d'après les classifications de services qui y sont énoncés.

Lesdits services devront être attestés, quant à leur nature et à leur durée, 1°. pour les bureaux de secours, par une déclaration des membres du bureau de secours auquel l'étudiant aura été attaché, ladite déclaration signée d'eux et revêtue du visa du maire de l'arrondissement, 2°. pour les hospices civils, par un certificat du médecin ou des médecins dans le service duquel ou desquels l'étudiant aura été employé.

Toutes les demandes ou propositions pour un des cas relatés au tableau précité devront être adressées au doyen de la faculté de médecine, et par lui transmises au ministre de l'instruction publique, avec les pièces à l'appui et l'avis de la faculté.

(Arrêté du 22 mai 1832 (1).)

Arrêté relatif aux réfugiés polonais, italiens et autres qui désirent suivre les cours de la faculté de médecine de Montpellier.

1549. Un registre particulier sera ouvert à la faculté de médecine de Montpellier pour les inscriptions des réfugiés étrangers qui auront obtenu la permission de résider dans cette ville.

Ceux de ces réfugiés qui déclareraient n'avoir fait aucune étude médicale, seront tenus, avant de prendre leur première inscription à la faculté de médecine, de justifier devant la commission des lettres des connaissances qui correspondent au grade de bachelier-ès-lettres, ou de produire un titre équivalent obtenu dans une université étrangère.

Ceux qui auraient suivi des études médicales dans leur pays, sans pouvoir en justifier par pièces authentiques, seront admis

---

(1) Le conseil, vu la lettre de M. le ministre de l'instruction publique et des cultes, en date du 10 avril dernier, par laquelle il exprimait l'intention d'accorder à ceux des étudians en médecine qui se dévouaient au soulagement des malades pendant le cours de l'épidémie du choléra, toutes les exemptions et remises de droits qui seraient jugées applicables dans des cas déterminés et régulièrement constatés;
Vu la lettre de M. le doyen de la faculté de médecine de Paris, en date du 7 mai courant, et les propositions y contenues;
Arrête, etc.

(2) Le conseil, vu les lettres du recteur de l'académie de Montpellier des 21 octobre et 18 novembre derniers, relatives aux réfugiés polonais, italiens et autres qui désirent suivre les cours de la faculté de médecine de cette académie pour obtenir le doctorat;
Arrête, etc.

à prendre immédiatement les inscriptions correspondantes à la durée des études qu'ils déclareront avoir faites, et à se présenter aux examens successifs auxquels ces inscriptions donneraient droit.

Des exemptions de frais, soit pour inscriptions, soit pour examens, soit pour diplômes, pourront leur être accordées individuellement, sur le rapport du recteur et en vertu de décisions du conseil.

(Arrêté du 4 décembre 1832.)

DISPOSITIONS CONCERNANT L'ADMINISTRATION ÉCONOMIQUE DES FACULTÉS DE MÉDECINE.

1550. Il sera alloué aux secrétaires commis des facultés de médecine 2 fr. 50 cent., et à Paris 5 fr., sur le droit exigible pour chaque diplôme : ils seront autorisés à en faire la retenue sur la somme versée dans la caisse des facultés pour l'acquittement de ce droit.

(Décision du 30 juin 1809.)

1551. A compter du 1er. janvier 1813, les doyens des facultés de médecine de Montpellier et de Strasbourg jouiront, à titre de préciput, d'une indemnité annuelle de 1,500 fr.

Le préciput du doyen de la faculté de médecine de Paris est fixé à 3,000 fr.

Cette dépense sera imputée sur les fonds disponibles provenant de la vacance des chaires.

(Arrêté du 15 janvier 1813.)

1552. Les sommes à payer pour frais d'études seront réparties sur les inscriptions, conformément au tableau (1) annexé au présent règlement.

(Arrêté du 12 avril 1823, art. 47.)

1553. A l'avenir, les inscriptions de la faculté de médecine de Paris, seront payées suivant la nouvelle fixation, savoir : 50 fr. les quinze premières, et 35 fr. la dernière, lors même que les élèves auraient déjà un nombre quelconque d'anciennes inscriptions.

A l'époque du premier examen, la somme que chaque élève aura payée en droits d'inscriptions sera retranchée de la somme totale de 785 fr., et le reste sera divisé en cinq parties égales, dont chacune devra être acquittée en même temps que les droits de présence de l'un des cinq premiers examens.

(Arrêté du 26 avril 1823.)

(1) Les sommes à payer ont été déterminées postérieurement par l'arrêté du 26 avril 1823, qui tient lieu du tableau dont il est question à l'art. 47. — *Voir* aussi l'arrêté du 25 novembre 1823.

1554. A partir du 1er. janvier 1824, les inscriptions pour le doctorat, dans les facultés de médecine de Montpellier et de Strasbourg, seront payées conformément à l'arrêté du 26 avril 1823, relatif à la faculté de médecine de Paris.
(Arrêté du 8 novembre 1823.)

1555. Les droits dus par les aspirans au doctorat dans les facultés de médecine demeurent fixés,

Pour chacun des cinq premiers examens, à la somme

De 30 fr. . . . . 150 ⎫
Et pour la thèse. . . . . 65 ⎬ 215 fr.
(Arrêté du 25 novembre 1823, art. 1er. (1).)

1556. La totalité de cette somme sera répartie ainsi qu'il suit :

1°. Pour chacun des cinq premiers examens, il sera alloué à chacun des trois examinateurs un droit de présence de 10 fr.;

2°. Pour la thèse, il sera alloué un droit de présence de 15 fr. au président, et de 10 fr. à chacun des autres juges.
(Ibid., art. 2.)

1557. La présente répartition, autorisée dans la nouvelle faculté de médecine de Paris, à l'époque de l'ouverture de ces cours, aura lieu, dans les facultés de médecine de Montpellier et de Strasbourg, à partir du 1er. janvier 1824.
(Ibid., art. 3.)

1558. Les chirurgiens des armées de troisième et de seconde classe, et les élèves en médecine et en chirurgie des armées, qui se trouveront dans les cas prévus par les articles 27 et 28 de l'arrêté du gouvernement du 20 prairial an XI, et qui auront quatre années d'exercice, payeront,

1°. A titre de droit supplémentaire, pour les droits d'inscription qui remplaceront les droits d'examen supprimés par l'ordonnance du 2 février. . . . . 285 fr.
2°. Pour droits de présence aux examens qu'ils seront tenus de subir. 215

Total. 500
(Arrêté du 20 janvier 1824, art. 1er. (2).)

(1) Le conseil, vu le tableau qui était joint aux arrêtés des 12 et 26 avril 1823, et qui déterminait, conformément à l'article 27 de l'ordonnance royale du 2 février précédent,

1°. Le montant des droits à payer, pour chaque examen, par les aspirans au doctorat dans la faculté de médecine de Paris;

2°. Le montant des droits de présence alloués aux professeurs et agrégés chargés des examens;

Considérant qu'en vertu dudit article, ces dispositions doivent être rendues communes à toutes les facultés de médecine du royaume,

Arrête, etc.

(2) Le conseil, vu l'article 27 de l'arrêté du gouvernement du 20 prairial an XI, qui

1559. La somme de 285 fr., montant du droit supplémentaire, sera payée par cinquième, et au fur et mesure que les examens seront subis.

(Ibid., art. 2.)

1560. Dans le cas où ils devraient être dispensés seulement d'une partie des inscriptions, il ne sera déduit des 785 fr., montant total des frais d'études (non compris les droits de présence), que la somme qu'ils auraient été exemptés de payer, en vertu des articles 27 et 28 de l'arrêté du 20 prairial an XI.

Les déductions auront lieu conformément au tarif suivant :

Lorsqu'ils auront droit à la dispense d'une
inscription, ils devront. . . . . 760 f.
Idem de 2. 735
Idem de 3. 710
Idem de 4. 685
Idem de 5. 655
Idem de 6. 625
Idem de 7. 595
Idem de 8. 565
Idem de 9. 530
Idem de 10. 495
Idem de 11. 460
Idem de 12. 425
Idem de 13. 390
Idem de 14. 355
Idem de 15. 320
Idem de 16. 285

(Ibid., art. 3.)

autorise les chirurgiens de troisième et de seconde classe, qui ont été employés aux armées, à faire valoir leurs années de service pour être dispensés d'un nombre proportionné d'inscriptions dans les facultés de médecine ;

Vu l'article 28 dudit arrêté, qui accorde la même faveur aux élèves en médecine et en chirurgie des armées qui prouveraient avoir suivi les cours de médecine établis dans les hôpitaux d'instruction militaires ;

Vu l'article 37 de l'ordonnance du roi du 2 février 1823, portant que l'entière somme à payer par les élèves pour frais d'études sera répartie sur les diverses inscriptions, de manière qu'il ne soit perçu pour les examens et réceptions qu'un simple droit de présence, lequel sera réglé par le conseil de l'Université ;

Considérant qu'aux termes de l'article 27 de l'arrêté du 20 prairial an XI, un chirurgien qui avait été employé pendant quatre ans dans les armées, était dispensé de payer la somme de 500 fr. fixée par ledit arrêté pour les inscriptions ; que la déduction était faite au *prorata*, s'il avait un moindre nombre d'années de service, et qu'il en était de même des élèves mentionnés à l'article 28 ;

Considérant que l'article 37 de l'ordonnance du 2 février change le mode de perception des droits, mais que l'article 39 maintient expressément les décrets et règlemens qui régissent les facultés de médecine ; que par conséquent les chirurgiens de troisième et seconde classe attachés aux armées, et les élèves en médecine et en chirurgie des armées qui suivent les cours d'instruction, doivent continuer de jouir de la dispense qui leur a été accordée ;

Voulant fixer d'une manière précise les droits que les uns et les autres devront payer dans le cas où ils aspireraient au grade de docteur,

Arrête, etc.

ÉCOLES SECONDAIRES DE MÉDECINE (1).

1561. En exécution de l'ordonnance du 18 mai 1820, chaque recteur adressera à la Commission d'instruction publique un rapport, 1°. sur le personnel des professeurs chargés des cours d'instruction médicale qui existent à......, où il indiquera les noms et prénoms de ces professeurs, les grades dont ils sont revêtus et leur temps de service dans l'enseignement médical ; 2°. sur le nombre des élèves qui suivent ces cours, et sur le mode d'admission et d'inscription qui est suivi à leur égard.

Il joindra à ce rapport copie des règlemens spéciaux qui pourraient exister pour les cours dont il s'agit.

Il prendra en main, dès ce moment, la direction de cette école, sous le rapport de la police et de la discipline, et veillera soigneusement à ce que l'ordre soit maintenu dans ses cours.

(Circulaire du 31 mai 1820.)

1562. Conformément aux art. 7 et 8 de l'ordonnance royale du 5 juillet 1820, il sera tenu dans toutes les écoles secondaires de médecine un registre d'inscriptions et un registre de déclarations de domicile et de présentation par un répondant domicilié, lesquels registres seront cotés et paraphés l'un et l'autre par le recteur.

(Arrêté du 7 novembre 1820, art. 1er. (2).)

1563. Conformément à l'art. 8, les registres seront portés, le quinzième jour de chaque trimestre, chez le recteur ou chez le fonctionnaire de l'Université qui le remplace pour cet objet, afin d'y être clos.

(Ibid., rt. 2.)

1564. Les jeunes gens qui désireront être admis à suivre les cours, se présenteront devant le recteur de l'académie, et lui

(1) On a déjà vu dans la première partie, au titre des facultés, paragraphe des facultés de médecine, plusieurs dispositions qui s'appliquent aux écoles secondaires. Les divers arrêtés que nous reproduisons ici achèveront de montrer l'état actuel de ces établissemens, auxquels il importerait de donner une constitution plus fixe et mieux déterminée. Ce sera aussi un des bienfaits de la future loi sur l'instruction publique.

(2) Le conseil, vu les articles 60 et 76 du décret du 17 mars 1808, l'ordonnance royale du 15 août 1815, et celles du 8 mai, du 5 juillet et du 4 octobre 1820 ;
Vu spécialement l'ordonnance royale du 18 mai, qui place les écoles secondaires de médecine sous l'autorité de la commission de l'instruction publique, relativement à l'enseignement et à la discipline, et l'article 10 de celle du 4 octobre, qui charge la commission de régler les études préalables de ceux qui se présentent aux facultés de médecine avec l'intention d'y obtenir seulement le diplôme d'officier de santé ;
Vu les lettres de S. Exc. le ministre de l'intérieur sur la nécessité de pourvoir au maintien de l'ordre parmi les étudians attachés à ces écoles ;
Voulant prendre pour cet effet les mesures qui sont en son pouvoir, en attendant l'organisation définitive des écoles secondaires de médecine,
Arrête, etc.

produiront, 1°. leur acte de naissance en bonne forme, prouvant qu'ils ont seize ans accomplis ; 2°. s'ils sont mineurs, le consentement de leurs parens ou tuteurs à ce qu'ils suivent les cours de ladite école ; ce consentement devra indiquer le domicile actuel desdits parens ; 3°. un certificat de bonne conduite du maire de la commune, auquel ils joindront, s'ils ont fréquenté une école publique, un certificat de bonne conduite du chef de cette école.

(Ibid., art. 3.)

1565. Le recteur les fera examiner par deux fonctionnaires de l'Université qu'il commettra à cet effet. Ils devront savoir lire et écrire correctement en français, expliquer au moins les auteurs latins que l'on voit en troisième, et posséder les quatre règles de l'arithmétique.

S'ils satisfont à l'examen, le recteur leur délivrera une autorisation de se faire inscrire, qu'ils présenteront au chef de l'école.

(Ibid., art. 4 et 5.)

1566. Si les parens ou le tuteur de l'élève ne résident pas dans la ville où sera l'école, il devra être présenté au chef de l'école par une personne domiciliée dans cette ville, laquelle personne lui servira de répondant, conformément à l'article 6 de l'ordonnance du 5 juillet.

(Ibid., art. 6.)

1567. Les inscriptions seront prises tous les trois mois dans les quinze premiers jours du trimestre. Les frais en seront acquittés en même temps, et l'extrait qui en sera délivré vaudra comme quittance et comme billet d'admission aux cours.

Les étudians déjà inscrits au moment où le présent arrêté sera publié dans leur académie, n'auront à produire, pour la continuation de leurs inscriptions, qu'un certificat de bonne conduite délivré par l'autorité civile de la ville où est l'école secondaire, et par le chef de ladite école ; mais ils devront faire déclaration de domicile, et se procurer un répondant domicilié comme les étudians entrans.

(Ibid., art. 7 et 8.)

1568. A compter de l'année scolaire 1821-1822, et conformément à l'article 8 de l'ordonnance du 4 octobre 1820, la première inscription d'un étudiant devra être prise au commencement de l'année scolaire, de manière qu'il puisse suivre les cours dans l'ordre qui sera prescrit, et sans se permettre d'interruption, à moins d'excuses jugées valables par le chef de l'école.

(Ibid., art. 9.)

1569. Conformément à l'art. 11 de l'ordonnance du 4 octobre, les certificats d'inscriptions ne seront délivrés qu'à l'expiration du trimestre auquel chaque inscription se rapporte, et sur des certificats d'assiduité des professeurs que l'étudiant aura dû suivre pendant ce trimestre, accompagnés d'un certificat de bonne conduite du chef de l'école.
(Ibid., art. 10.)

1570. Pour constater l'assiduité, l'appel aura lieu dans chaque cours, au moins deux fois par mois, conformément à l'article 11 de l'ordonnance du 5 juillet.
(Ibid., art. 11.)

1571. Les susdits certificats d'inscriptions, d'assiduité, etc., et en général tout certificat d'études dans les écoles secondaires, ne seront valables pour dispenses d'inscriptions, dans les facultés de médecine, que s'ils ont été visés par le recteur.
(Ibid., art. 12.)

1572. Le recteur, avant de viser les certificats d'inscriptions, se fera représenter les certificats de bonne conduite et d'assiduité sur lesquels ils auront été rendus.

Le recteur pourra refuser son visa, s'il a connaissance que l'élève ait montré une inconduite grave, ou pris part à quelque désordre notable.

En ce cas, l'élève refusé pourra demander qu'il en soit référé au conseil académique, lequel prononcera définitivement.
(Ibid., art. 13... 15.)

1573. Seront d'ailleurs soumis les élèves des écoles secondaires de médecine, pour leur conduite, tant dans l'école qu'au dehors, à toutes les dispositions de l'ordonnance du 5 juillet, et notamment à celles des articles 10, 13, 14, 15, 16, 17, 18, 19 et 20 de ladite ordonnance.
(Ibid., art. 16.

1574. Les professeurs de l'école secondaire exerceront, le cas échéant, l'autorité attribuée aux facultés par l'article 17 de l'ordonnance du 8 juillet.
(Ibid., art. 17.)

1575. Pour les écoles secondaires qui ne sont pas situées dans le chef-lieu de l'académie, le recteur présentera au conseil royal un des principaux fonctionnaires de l'Université pris hors de l'école secondaire, lequel sera chargé d'exercer les fonctions rectorales pour l'autorisation à se faire inscrire, pour la clôture des registres, le visa des certificats et les autres actes exigés par le présent arrêté.

Pour maintenir l'ordre hiérarchique établi dans l'Université, ce fonctionnaire recevra du conseil royal le rang et la décoration d'inspecteur d'académie.

(Ibid., art. 18 et 19.)

1576. Les écoles secondaires de médecine qui n'ont point de chef reconnu et établi par les règlemens, présenteront au recteur de leur académie deux de leurs professeurs; le recteur adressera cette présentation, avec son avis, au conseil royal, qui désignera celui qui devra remplir les fonctions de chef.

Les chefs des écoles secondaires prendront le titre de directeurs. Ils exerceront, chacun près de son école, les fonctions que les doyens exercent près des facultés.

(Ibid., art. 20 et 21.)

1577. Les professeurs des écoles secondaires de médecine légalement établies sont officiers de l'Université, et peuvent en porter la décoration, comme les professeurs des facultés et les professeurs de première classe des colléges royaux; néanmoins, dans les cérémonies publiques, ils ne porteront que la robe de docteur, c'est-à-dire la robe de laine noire à revers de soie nacarat.

(Ibid., art. 22.)

1578. Le présent arrêté sera adressé aux recteurs, et notifié immédiatement par chacun d'eux aux écoles de son ressort.

Il devra être en pleine exécution dans chaque école un mois après sa notification. La présentation pour les fonctions de directeur devra avoir été faite dans le même délai.

(Ibid., art. 23.)

1579. Dans les quinze jours qui suivront le terme exprimé à l'article précédent, le recteur rendra compte au conseil royal de l'état où en sont les choses; et si quelque école secondaire, à moins de motifs jugés valables par le conseil, ne s'était point conformée aux dispositions contenues au présent arrêté, les certificats d'études faites dans cette école ne seraient plus admis pour dispenses d'inscriptions dans les facultés.

Il en sera de même des écoles secondaires actuellement existantes, où les six cours prescrits par les arrêtés rendus en 1808 par le ministre de l'intérieur n'auraient pas été établis, ou, ayant cessé d'avoir lieu, ne seraient pas rétablis dans l'espace de six mois, à compter de la publication du présent arrêté.

Le présent arrêté sera adressé à S. Exc. le ministre de l'intérieur, avec prière d'étendre les deux articles précédens et l'article 12 ci-dessus aux admissions devant les jurys médicaux.

(Ibid., art. 24... 26.)

1580. Les dispositions du présent arrêté, qui sont relatives aux élèves, seront applicables à ceux de ces jeunes gens qui étudient dans les facultés de médecine, seulement avec le dessein d'obtenir un jour le diplôme d'officier de santé.

Conformément à l'article 7 de l'ordonnance du 4 octobre, dans le cas où un des élèves mentionnés en l'article précédent voudrait ensuite se prévaloir des études qu'il aurait faites pour obtenir les grades en médecine, il serait tenu de prouver qu'il avait fait et complété, avant d'entrer à ces facultés, les études en rhétorique et en philosophie prescrites par les règlemens ou par l'ordonnance royale du 5 juillet pour le grade de bachelier ès-lettres, et de se pourvoir en conséquence dudit grade de bachelier ès-lettres avant d'être admis au premier examen.

Le baccalauréat ès-sciences sera compris dans cette disposition, quand l'époque sera arrivée à laquelle il sera exigible des étudians en médecine, aux termes de l'article 4 de l'ordonnance du 4 juillet.
(1) (Ibid., art. 27, 28 et 29.)

École secondaire de médecine de Toulouse (1).

1581. L'administration et la discipline de l'école sont confiées à l'un des professeurs, qui prend le titre de directeur. Il est nommé pour cinq ans par la commission de l'instruction publique, sur la présentation du recteur de l'académie.
(Arrêté du 22 avril 1820, art. 1er.)

1582. Le directeur a sous ses ordres, 1°. un prosecteur, qui sera choisi d'après un concours ouvert devant les professeurs de l'école ; 2°. un concierge, chargé de la garde et de la propreté du local : il sera nommé par le directeur.
(Ibid., art. 2.)

1583. L'ouverture des cours est fixée au premier lundi du mois de novembre de chaque année ; elle est annoncée par un

---

(1) Il existe en ce moment 18 écoles secondaires de médecine, établies dans les villes ci-après nommées : *Amiens* (Somme). — *Angers* (Maine-et-Loire). — *Arras* (Pas-de-Calais). — *Besançon* (Doubs). — *Bordeaux* (Gironde). — *Caen* (Calvados). — *Clermont* (Puy-de-Dôme). — *Dijon* (Côte-d'Or). — *Grenoble* (Isère). — *Lyon* (Rhône). — *Marseille* (Bouches-du-Rhône). — *Nanci* (Meurthe). — *Nantes* (Loire-Inférieure). — *Poitiers* (Vienne). — *Rennes* (Ille-et-Vilaine). — *Reims* (Marne). — *Rouen* (Seine-Inférieure). — *Toulouse* (Haute-Garonne).

(2) La commission de l'instruction publique....
Vu l'organisation de l'école de médecine de Toulouse, arrêtée par le ministre de l'intérieur le 22 novembre 1806 ; vu la délibération du conseil académique de Toulouse du 4 mars 1820 : considérant que plusieurs points qui intéressent l'administration de l'école et l'ordre des cours, n'ont pas été réglés par le ministre, et que le régime de cette école doit être mis en harmonie avec les statuts de l'Université,
Arrête, etc.

programme dressé par le directeur, de concert avec les professeurs, et soumis à l'approbation du recteur.

(Ibid., art. 3.)

1584. Lorsqu'un professeur ne pourra faire sa leçon par quelque empêchement légitime, il en préviendra par écrit le directeur, qui le fera remplacer par le suppléant attaché à ce professeur.

(Ibid., art. 4.)

1585. Pour constater que les professeurs ont fait exactement leurs leçons les jours indiqués, il sera tenu dans l'école un registre destiné à recevoir la signature de chaque professeur, après qu'il aura fait sa leçon.

(Ibid., art. 5.)

1586. A la fin de chaque trimestre, le directeur informera le recteur de l'académie, si les cours et les leçons indiqués par le programme ont eu lieu aux jours et heures fixés.

(Ibid., art. 6.)

1587. L'examen des élèves pour le concours des prix aura lieu dans les premiers jours du mois d'août.

(Ibid., art. 7.)

1588. Lorsqu'un des concurrens sera parent de l'un des professeurs, le professeur s'abstiendra du jugement du concours ; il sera remplacé par son suppléant.

(Ibid., art. 8.)

1589. A la fin de l'année scolaire, le directeur soumet à l'approbation du conseil académique le compte des recettes et des dépenses de l'école.

(Ibid., art. 9.)

1590. L'un des professeurs est chargé des fonctions de secrétaire ; il reçoit et enregistre les inscriptions, en délivre les certificats, et rend compte de leur produit au directeur, qui en fait le partage par portions égales entre tous les professeurs, à la fin de l'année scolaire.

Le secrétaire sera choisi chaque année par les professeurs, avant l'ouverture des cours ; il pourra être réélu indéfiniment.

(Ibid., art. 10 et 11.)

École secondaire de médecine de Lyon (1).

1591. Afin de compléter l'enseignement médical dans l'école

---

(1) Le conseil, après s'être concerté avec le conseil d'administration des hospices de Lyon,
A arrêté le règlement suivant pour l'école secondaire de médecine de cette ville.

secondaire de médecine de l'Hôtel-Dieu de Lyon, il sera créé trois nouveaux cours, savoir:

Un cours de clinique interne,
Un cours de pathologie interne,
Un cours de thérapeutique et de matière médicale.

(Règlement du 3 juillet 1821, art. 1er.)

1592. Provisoirement, et en attendant qu'il ait été statué par le gouvernement sur le mode de nomination, les professeurs auxquels ces cours doivent être confiés, seront présentés par l'administration des hôpitaux, après un concours public, et institués par le président du conseil royal.

(Ibid., art. 2.)

1593. Les cours dont il s'agit et ceux qui existent déjà dans cette école commenceront le 3 novembre, et dureront dix mois; les professeurs donneront deux leçons par semaine. Les jours et heures des leçons seront fixés par l'administration, de concert avec le recteur.

Les cours seront annoncés, avant leur ouverture, par des affiches imprimées, qui indiqueront les jours, les heures, et les noms des professeurs.

(Ibid., art. 3.)

1594. L'administration des hôpitaux de Lyon donnera aux professeurs un traitement fixe, dont la quotité sera ultérieurement déterminée. Les suppléans seront nommés suivant la forme indiquée dans l'article 2, et le traitement du professeur qu'ils auront remplacé leur sera dévolu dans la proportion du temps pendant lequel ils auront professé.

(Ibid., art. 4.)

1595. Il sera prononcé chaque année, en présence de l'administration, un discours d'ouverture des cours de médecine. Ce discours sera prononcé alternativement par chacun des professeurs, et sera préalablement présenté à l'approbation de l'administration et au visa du recteur de l'académie.

(Ibid., art. 5.)

1596. Les élèves employés dans les hôpitaux seront soumis comme les autres au droit d'inscription, sauf les exemptions qui pourront être accordées sur la demande de l'administration des hôpitaux.

(Ibid., art. 6.)

1597. Les élèves à résidence dans lesdits hôpitaux, et les élèves expectans, doivent assister aux cours de médecine. Ils seront tenus de se faire inscrire chaque année, avant le 1er. novembre, sur un registre particulier, tenu par le secrétaire général; les élèves externes ne seront admis que sur une carte d'entrée signée par l'administrateur de l'intérieur.

Ibid., art.

1598. Les certificats d'assiduité aux cours seront délivrés par les professeurs et visés par l'administration ; ils seront également visés, ainsi que les certificats d'inscriptions, par le recteur, conformément à l'arrêté du 7 novembre 1820.

(Ibid., art. 8.)

1599. Il n'y aura à Lyon qu'une seule école de médecine, organisée et régie par le règlement commun fait par le conseil royal ; mais les cours pourront avoir lieu, les uns à l'Hôtel-Dieu, les autres à l'hôpital de la Charité, suivant les facilités que ces hospices peuvent offrir pour l'enseignement des diverses branches de la médecine et de la chirurgie.

(Ibid., art. 9.)

1600. Les professeurs et les élèves se conformeront aux mesures d'ordre et de discipline qui sont prescrites par l'ordonnance du 5 juillet 1820, par l'arrêté du conseil royal du 7 novembre suivant, ainsi que par les règlemens des hôpitaux.

(Ibid., art. 10.)

École secondaire de médecine de Caen (1).

1601. Il est créé dans l'école secondaire de médecine de Caen deux chaires nouvelles, l'une de pathologie interne, l'autre de médecine légale et hygiène publique.

Il est également créé, outre les deux places de professeurs en titre qui seront chargés de l'enseignement dans ces chaires, une place de professeur suppléant.

(Règlement du 18 mars 1830, art. 1.)

1602. Le traitement des professeurs est fixé à 1,500 francs, et celui du professeur suppléant à 1,000 francs.

Toutefois, le conseil municipal de Caen n'ayant voté, dans sa délibération du 21 décembre dernier, qu'une somme an-

---

(1) Le conseil, vu le rapport du recteur de l'académie de Caen,

Vu la délibération du conseil municipal de Caen, en date du 21 décembre 1829, par laquelle il demande qu'il soit créé deux nouvelles chaires à l'école secondaire de médecine de cette ville, et vote une somme annuelle de 3,000 francs pour subvenir aux dépenses qu'occasionera cet accroissement de l'enseignement ;

Considérant qu'en effet l'enseignement est loin d'être complet dans l'école secondaire de Caen, et d'un autre côté, que les matières actuellement enseignées paraissent susceptibles de quelques modifications dans leur distribution ;

Considérant qu'au moyen de l'augmentation de fonds votée par le conseil municipal, il est possible de donner à cette école une nouvelle organisation en complétant l'enseignement et le distribuant d'une manière plus utile au bien des études ; mais que, pour atteindre ce but, il est nécessaire de créer trois places nouvelles, deux de professeurs et une de professeur suppléant,

Arrête, etc.

nuelle de 3,000 francs, insuffisante pour faire face à la dépense totale, cette somme sera partagée également entre les titulaires nouveaux et le suppléant, de sorte que les professeurs ne recevront provisoirement qu'un traitement de 1,000 francs; mais des mesures seront incessamment provoquées pour élever ce traitement à la somme ci-dessus, de 1,500 francs, soit au moyen d'une nouvelle allocation du conseil municipal, soit par un prélèvement sur le produit des inscriptions des étudians.

(Ibid., art. 2.)

1603. Au moyen de la disposition de l'article 1er., le nombre des chaires de l'école secondaire de médecine de Caen est porté à huit, et l'enseignement sera distribué ainsi qu'il suit :

Anatomie et médecine opératoire,
Physiologie et accouchemens,
Pathologie chirurgicale,
Pathologie médicale et thérapeutique,
Clinique médicale,
Clinique chirurgicale et clinique des maladies des femmes en couche et des enfans nouveau-nés (un suppléant sera attaché à cette chaire, et spécialement chargé, en cette qualité, des cours de clinique des maladies des femmes en couche et des enfans nouveau-nés),
Médecine légale et hygiène publique,
Matière médicale et pharmacie.

(Ibid., art. 3.)

École secondaire de médecine de Rouen.

1604. Une chaire de pathologie générale est créée dans l'école secondaire de médecine de Rouen (1).

(Arrêté du 22 août 1834.)

(1) L'enseignement de cette école se composait déjà des chaires suivantes : Anatomie, physiologie, clinique externe. — Pathologie externe, accouchemens. — Médecine légale, clinique externe. — Pathologie interne. — Clinique interne. — Chimie et pharmacie. — Hygiène et thérapeutique.

§ V.

DES FACULTÉS DE DROIT.

NOMINATION DES PROFESSEURS ET SUPPLÉANS.

1605. Dans les facultés de droit, le concours pour les chaires de professeurs sera composé de trois exercices.

(Statut du 31 octobre 1809, art. 43.)

1606. Pour le premier exercice, il sera rédigé par les juges du concours, trois questions exclusivement relatives à l'objet de l'enseignement attribué à la chaire vacante. Elles seront placées dans une urne, et l'un des candidats tirera au sort celle qui devra leur être proposée.

Les candidats seront renfermés dans une salle, sous la surveillance de deux des juges du concours, désignés par le président. Chaque candidat traitera par écrit la question proposée. Il la traitera en latin, si la chaire vacante est celle du droit romain. Il remettra sa rédaction, signée de lui, aux juges assistans, qui la parapheront, et la déposeront cachetée au secrétariat de la faculté.

Le temps accordé pour la rédaction sera de six heures. Pendant ce temps il sera pris des mesures pour que les candidats ne puissent correspondre avec personne. Il ne leur sera accordé d'autre secours que les codes français et le corps de droit romain.

(Ibid., art. 44... 46.)

1607. Pour le deuxième exercice, il sera désigné par les juges du concours autant de matières qu'il y a de candidats. Elles seront exclusivement relatives à l'objet de l'enseignement attribué à la chaire vacante, et tirées au sort par les candidats.

Chaque candidat fera trois leçons sur la matière qui lui sera échue par le sort. Le délai, pour rédiger ces leçons, sera de huit jours.

Ces leçons seront d'une demi-heure chacune. Il n'en sera fait qu'une par jour, par chaque candidat. Le président pourra indiquer le même jour à plusieurs candidats.

Les séances du concours, jusqu'à celles qui seront destinées

aux leçons faites par les candidats, se tiendront dans la salle des délibérations de la faculté.
(Ibid., art. 47... 50.)

1608. Les séances du concours deviendront publiques le jour où la première leçon sera faite par les candidats. Elles devront avoir lieu dans la salle destinée aux cours publics de la faculté, et commenceront par le discours d'ouverture du président.

Les leçons seront faites oralement. Les candidats ne pourront s'aider que de simples notes.
(Ibid., art. 51 et 52.)

1609. Pour le troisième exercice, les juges du concours désigneront, après la dernière leçon, autant de matières du droit romain et autant de matières du droit français qu'il y a de candidats. Ces matières seront tirées au sort par les candidats.

Chaque candidat rédigera, sur les matières qui lui seront échues, deux thèses qu'il devra soutenir publiquement.

Chaque thèse sera imprimée séparément, et sur format in-4°. Il en sera adressé vingt exemplaires au grand-maître.
(Ibid., art. 53... 55.)

1610. Chaque thèse contiendra,

1°. Une courte dissertation sur les principes généraux de la matière;

2°. Les questions les plus importantes sur l'interprétation et l'application de la loi, avec leur solution donnée brièvement par le candidat.

Les thèses devront être visées par le président, seulement dans la vue de s'assurer qu'elles ne contiennent rien de contraire au gouvernement et aux bonnes mœurs.

Chaque candidat devra faire distribuer sa thèse aux juges du concours et à ses concurrens, trois jours avant celui où il devra la soutenir.

Chacun des actes publics devra durer au moins trois heures.
(Ibid., art. 56... 59.)

1611. Douze jours francs après le tirage des matières, le premier candidat soutiendra l'acte public sur le droit romain; le second candidat soutiendra, le surlendemain, son acte public sur le même droit, et ainsi de suite de deux en deux jours.

Après le 1er. janvier 1815, l'acte public sur le droit romain sera soutenu en latin.

Les candidats soutiendront ensuite leur acte public sur le droit français. Il aura lieu dans le même ordre qui a été prescrit pour les actes publics sur le droit romain.
(Ibid., art. 60... 62.)

1612. L'argumentation aux actes publics sera faite par les concurrens. Chaque candidat sera tenu d'argumenter aux thèses de chacun de ses concurrens.

Le président divisera le temps de l'acte public, de manière que la durée de l'argumentation soit la même pour tous les candidats.

Chaque concurrent devra argumenter au moins pendant une demi-heure. La durée de la thèse sera prolongée en conséquence, s'il y a lieu.

S'il résulte de l'exécution de l'article précédent, que la durée de la thèse soit prolongée pendant plus de quatre heures, le président pourra diviser le temps de la thèse en deux séances, dont la seconde sera indiquée pour le soir, ou, au plus tard, pour le lendemain.

(Ibid., art. 63...66.)

1613. L'argumentation ne pourra être de plus d'une heure pour chaque concurrent. S'il n'y a pas assez de concurrens pour remplir la durée de la thèse, le président désignera les juges du concours qui devront argumenter contre le candidat.

L'ordre de l'argumentation entre les candidats commencera toujours par celui qui doit soutenir sa thèse immédiatement après.

Le président pourra charger le doyen de la faculté de diriger l'argumentation, qui devra être faite de bonne foi, avec ordre, et dans les limites de la matière assignée au soutenant.

(Ibid., art. 67...69.)

1614. L'argumentation pourra attaquer les principes exposés dans la dissertation, et la solution des questions énoncées dans la thèse. Il pourra aussi proposer d'autres questions sur la matière de la thèse, et attaquer la solution donnée par le soutenant.

Les argumens ne porteront que sur ce qui est relatif à l'intelligence des divers articles de la loi, et à leur conciliation, soit entre eux, soit avec les dispositions d'autres lois. Ces lois devront être prises des nouveaux codes français, si la thèse est sur le droit français, et du corps entier du droit romain, si la thèse est du droit romain.

On ne pourra citer, sous aucun prétexte, ni les commentateurs ni les arrêts.

(Ibid., art. 70...72.)

1615. Tout candidat qui n'aura pas été présent à tous les exercices du concours, sans exception, ou qui n'aura pas complété le temps assigné pour les leçons, l'acte public ou l'argumentation, sera déchu du concours. Aucun motif d'excuse ne pourra être admis.

(Ibid., art. 73.)

1616. Lorsque le concours aura lieu pour une place de suppléant, les aspirans ne seront soumis qu'au troisième exercice. Il leur suffira de soutenir les deux actes publics, et d'y argumenter dans les mêmes formes qui ont été réglées pour le concours aux chaires de professeur.

(Ibid., art. 74.)

1617. Lorsqu'il aura été établi un seul concours pour deux chaires de professeur, chaque candidat sera tenu de déclarer, dans la séance préliminaire du concours, s'il entend se présenter pour les deux chaires, ou pour une seule des deux.

Les concurrens qui prétendront aux deux chaires, traiteront deux questions, et feront trois leçons sur chacune des deux matières qui auront été proposées.

(Ibid., art. 75 et 76.)

1618. Quand un concurrent ne se sera présenté que pour une des deux chaires, il ne subira l'argumentation que de la part des concurrens pour la même chaire. Il ne pourra de même argumenter que contre ses concurrens à la même chaire, et ne sera pas tenu d'assister aux actes étrangers à cette chaire.

(Ibid., art. 77.)

1619. Lorsqu'un concours sera ouvert pour une chaire de professeur ou une place de suppléant vacante dans une faculté de droit, et que les épreuves ne seront pas terminées au moment où une autre chaire ou place de même nature se trouvera vacante dans la même faculté, le grand-maître pourra autoriser les juges du concours à nommer en même temps aux deux chaires de professeurs ou aux deux places de suppléans, parmi les candidats qui auront concouru.

Les épreuves qui auront été faites pour la première chaire ou la première place vacante, serviront pour la seconde sans qu'il soit besoin de les répéter.

(Arrêté du 1er mai 1810.)

1620. Lorsqu'il aura été ouvert un concours pour une ou plusieurs chaires de professeur vacantes dans une faculté de droit, et que les suppléans de cette même faculté se trouveront au nombre des concurrens, le grand-maître pourra autoriser les juges du concours à nommer aux places de suppléans, en prévoyant le cas où elles deviendraient vacantes par la nomination de suppléans aux chaires de professeur.

Cette autorisation ne pourra être donnée, si le nombre des

concurrens est moindre de quatre. Il faudra qu'il y ait au moins six concurrens, si le concours a lieu pour plus d'une chaire.

Dans le cas où le grand-maître accordera cette autorisation, les épreuves qui auront été faites pour les chaires de professeur serviront pour les places de suppléant ; et les juges du concours pourront procéder à la nomination des suppléans, aussitôt après que le résultat du scrutin aura désigné ceux qui doivent obtenir les chaires de professeur.

(Arrêté du 5 juin 1810, art. 1, 2 et 3.)

1621. A la séance prescrite par l'art. 33 du statut du 31 octobre 1809, les candidats qui désireront être dispensés des disputes publiques, en feront la déclaration. Les raisons qu'ils produiront à l'appui de leurs demandes, seront jugées par les chefs des concours, préalablement à toute autre opération.

(Arrêté du 13 novembre 1815, art. 1er. (1).)

1622. Pourront être dispensés,

Ceux qui ont rempli des places dans la magistrature ;

Ceux qui ont occupé des chaires de professeur en droit, soit dans les facultés actuelles, soit dans les anciennes ;

Ceux qui ont exercé d'une manière distinguée la profession d'avocat

Le jugement de ces dispenses devra être confirmé par la Commission (2).

(Ibid., art. 2 et 3.)

1623. Pour la faculté de droit de Paris, les juges du concours devront être au nombre de neuf au moins, y compris le président, au moment de l'ouverture du concours. S'ils étaient réduits à moins de sept pendant le concours, leur nombre de-

---

(1) La Commission de l'instruction publique,
Vu l'article 52 du décret du 17 mars 1808, qui chargeait le conseil de l'Université de déterminer le mode de concours pour les chaires des facultés ;
Vu le statut du 31 octobre 1809, sur l'organisation des concours pour les facultés en général, et pour les facultés de droit en particulier ;
Vu le statut du 31 juillet 1810, sur les concours pour les chaires des facultés de médecine ;
Considérant qu'il peut se présenter pour les chaires des facultés de droit, comme pour celles des facultés de médecine, des candidats qui ont déjà donné des preuves incontestables de leur savoir, qu'il est inutile de leur faire soutenir thèse et de les exposer à une dispute publique ;
Considérant que l'obligation de soutenir thèse pourrait éloigner du concours des personnes faites pour honorer les facultés par leurs talens ;
Considérant que l'autorisation accordée, pour les concours de médecins, de dispenser des disputes publiques les candidats déjà célèbres par leurs ouvrages ou par la pratique de leur art, a eu de bons effets, sans aucun inconvénient,
Arrête ce qui suit, etc.

(2) Ces sortes de dispenses n'ont plus lieu. Il appartiendra au législateur d'examiner s'il n'est pas à propos de les rétablir, en les soumettant à des conditions difficiles.

vrait être complété, et les épreuves déjà faites seraient recommencées.

Dans les autres facultés de droit, huit juges seulement seront nécessaires au moment de l'ouverture du concours; et il n'y aura lieu à recommencer les épreuves que dans le cas où il ne resterait pas cinq juges.

(Arrêté du 21 décembre 1818, art. 1 et 2 (1).)

1624. Tout professeur de la faculté devant laquelle s'ouvre le concours, est juge de plein droit. La commission d'instruction publique nommera les autres juges, et les choisira parmi les professeurs des autres facultés, les magistrats de cours souveraines, les suppléans de la faculté, les docteurs en droit et les anciens avocats.

(Ibid., art. 3.)

1625. Si, au moment de l'ouverture du concours, le nombre des juges ne se trouve pas complet, conformément aux articles précédens, soit par démissions, empêchemens, récusations ou autres causes, il sera complété par le président du concours, qui sera tenu de choisir parmi les personnes désignées en l'article précédent.

Les professeurs de la faculté se placeront à la gauche du président; les autres juges se placeront à la droite, et, parmi ceux-ci, les magistrats seront les premiers; après eux, les professeurs des autres facultés, et tous les autres, suivant l'ordre de l'ancienneté d'âge.

(Ibid., art. 4 et 5.)

1626. (*Art. 42 du statut.*) Les délais qui ont été fixés par le statut du 31 octobre 1809, soit entre les diverses épreuves, soit entre les divers exercices de chaque épreuve, ne pourront être abrégés que du consentement de tous les candidats: mais ils pourront être prolongés par le président, lorsqu'il le croira

---

(1) La commission de l'instruction publique,
Vu la loi du 22 ventôse an XII, relative aux écoles de droit;
La loi du 10 mai 1806, relative à la formation du corps enseignant;
Les décrets du 17 mars et du 17 septembre 1808, portant organisation de l'Université;
Celui du 4 juin 1809, concernant diverses dispositions pour accorder le régime des anciennes écoles avec celui de l'Université;
Le statut du 31 octobre 1809, sur l'organisation des concours pour les facultés en général et pour les facultés de droit en particulier;
L'ordonnance royale du 15 août 1815, qui confère à la commission de l'instruction publique les pouvoirs du grand-maître et du conseil de l'Université;
La décision du roi du 12 août 1818, portant qu'il sera pourvu aux chaires des facultés de droit par des concours;
L'ordonnance de S. M. du même jour, qui proroge jusqu'au 1er. janvier 1825 l'époque où le doctorat sera exigible pour être admis au concours dans les facultés;
Voulant apporter aux règlemens concernant les concours dans les facultés de droit, les perfectionnemens réclamés par l'expérience;
Arrête, etc.

nécessaire, après avoir néanmoins consulté les juges du concours.

(Ibid., art. 6.)

1627. (*Art. 48 du statut.*) Chaque candidat fera sa première leçon le troisième jour après celui où la matière lui aura été assignée par le sort. La durée de chaque leçon sera de trois quarts d'heure.

(Ibid., art. 7.)

1628. (*Art. 53, 54, 56, 58, 60, 61, 62, 66, 69, 70, 71 et 72 du statut.*) Pour le troisième exercice du concours, lorsque le concours sera ouvert pour une chaire de Code civil ou pour une chaire de droit romain, les juges désigneront, après la dernière leçon, des matières du droit français qui sont traitées dans le droit romain : ils en désigneront un nombre égal à celui des candidats ; et, de suite, elles seront tirées au sort par les candidats.

(Ibid., art. 8.)

1629. Chaque candidat rédigera, sur la matière qui lui sera échue, une seule thèse, qu'il devra soutenir publiquement.

Chaque thèse contiendra,

1°. Une courte dissertation sur les principes généraux de la matière en droit romain et en droit français ;

2°. Les questions les plus importantes sur l'interprétation et l'application des lois romaines et des lois françaises relatives à la matière, avec les solutions données brièvement par le candidat.

Chaque candidat devra faire distribuer sa thèse aux juges du concours et à ses concurrens, trois jours avant celui où le premier acte public devra être soutenu.

(Ibid., art. 9... 11.)

1630. Quinze jours francs après le tirage des matières, le premier candidat soutiendra un acte public sur la matière qui lui sera échue par le sort, et les autres candidats soutiendront successivement, sans qu'il soit nécessaire qu'il y ait un intervalle d'un ou de plusieurs jours entre chacun des actes et celui qui devra suivre.

(Ibid., art. 12.)

1631. L'acte public sera soutenu en français, sur les dispositions des lois françaises ; et en latin, sur les dispositions des lois romaines.

(Ibid., art. 13.)

1632. A l'acte public de chaque candidat, chacun des candidats devra argumenter au moins pendant une demi-heure ; et néanmoins, s'il en résultait, à cause du nombre des concurrens, que la durée de la séance dût être prolongée au delà de trois heures, six concurrens seulement seront admis à argumenter dans l'ordre établi par l'art. 68 du statut du 31 octobre 1809.

(Ibid., art. 14.)

1633. Le président du concours pourra s'adjoindre le doyen de la faculté, pour diriger conjointement l'argumentation, de manière qu'elle soit faite de bonne foi, avec ordre, et dans les limites de la matière assignée au soutenant.

(Ibid., art. 15.)

9460. L'argumentant pourra attaquer, en droit romain et en droit français, les principes exposés dans la dissertation et la solution des questions énoncées dans la deuxième partie de la thèse.

Il pourra aussi proposer d'autres questions sur la matière de la thèse, et attaquer les solutions données par le soutenant.

Les argumens ne porteront que sur l'intelligence et l'application des diverses dispositions des lois relatives à la matière, et en outre sur les rapports du droit romain avec le droit français.

On ne pourra citer sous aucun prétexte, ni les arrêts, ni les opinions des auteurs vivans.

(Ibid., art. 16... 18.)

1634. Lorsque le concours sera ouvert pour une chaire du Code de procédure civile, ou pour une chaire du Code de commerce, les dispositions précédentes seront pareillement exécutées, sauf néanmoins que, pour la chaire du Code de procédure, chaque thèse contiendra deux matières, l'une prise dans le Code de procédure civile, et l'autre dans le Code d'instruction criminelle; que, pour la chaire du Code de commerce, chaque thèse contiendra deux matières, l'une prise dans ce code, et l'autre prise dans le Code civil; et que la dissertation, les questions et les argumentations ne porteront que sur les matières de la thèse.

(Ibid., art. 19.)

1635. (*Art. 73 du statut.*) Lorsqu'un candidat se trouvera empêché par une indisposition grave, qui sera légalement constatée, d'assister à un exercice du concours, ou de compléter le temps assigné pour les leçons, l'acte public ou l'argumentation, les juges pourront accorder un délai ou renvoyer la continuation de l'exercice à un autre jour ; mais, dans tous les cas, le délai ne pourra être de plus de cinq jours, à moins que tous les juges et tous les candidats n'y consentent formellement.

Un second délai ne pourra être accordé au même candidat, que du consentement de tous les juges et de tous les concurrens.

(Ibid., art. 20 et 21.)

1636. (*Art. 74 du statut.*) Les concours pour les places de suppléans se feront de la même manière et seront soumis aux mêmes épreuves que les concours pour les chaires de professeurs du droit romain ou du Code civil.

(Ibid., art. 22.)

1637. (*Art. 85 du statut.*) Avant le jugement du concours, il pourra être ouvert entre les juges une discussion sur le mérite respectif des candidats, et chacun des juges aura le droit de motiver son opinion ; mais il n'en sera fait aucune mention au procès-verbal.

(Ibid., art. 23.)

1638. (*Art. 87 du statut.*) Dans le cas où un suppléant attaché à l'école pour laquelle le concours est ouvert, serait nommé à la chaire de professeur vacante, les juges pourront, immédiatement après cette nomination, et sans qu'il soit besoin de nouvelles épreuves, nommer à la place de suppléant l'un des candidats qui auront concouru, en se conformant néanmoins, de nouveau, aux dispositions des articles 79, 81, 82, 83, 84, 85, 86, 87 et 88 du statut du 31 octobre 1809.

(Ibid., art. 24.)

1639. Dans le cas où un candidat licencié obtiendrait la pluralité des suffrages, il recevrait le diplôme de docteur en droit, préalablement à son institution à la chaire.

Les juges du concours pourront aussi demander à la commission le diplôme de docteur pour ceux des candidats licenciés qui, sans avoir obtenu la nomination, auraient soutenu les épreuves du concours d'une manière distinguée.

(Ibid., art. 25 et 26.)

1640. (*Art. 89 du statut.*) Les nominations de professeurs ou de suppléans pourront être attaquées, dans la huitaine, par les candidats non nommés, mais seulement pour la violation des formes prescrites, soit par les dispositions maintenues du statut du 31 octobre 1809, soit par le présent arrêté : en conséquence, il sera sursis, pendant ledit délai, à l'institution qui doit être donnée par la commission de l'instruction publique, et, en cas de réclamation, jusqu'à ce qu'il y ait été statué par la commission.

(Ibid., art. 27.)

1641. Des exemplaires du statut du 31 oct. 1809 et du présent arrêté seront remis à tous les juges du concours et à tous les concurrens, le jour de la séance indiquée par l'art. 33 du statut.
(Ibid., art. 28.)

1642. Toutes les dispositions du statut du 31 octobre 1809, auxquelles il n'est dérogé par le présent arrêté, continueront à être exécutées.
(Ibid., art. 29.)

1643. La thèse à soutenir pour le concours aux chaires de procédure, de commerce, ou toutes autres chaires que celles du droit romain ou du Code civil, sera divisée en trois parties, qui seront prises, la première dans le droit romain, la deuxième dans le Code civil, la troisième dans les matières spéciales de l'enseignement attribué à la chaire vacante.

Cette dernière partie se composera de matières analogues à celles des deux premières, en sorte que, conformément à l'article 8 de l'arrêté du 21 décembre 1818, la thèse embrasse tout à la fois, et des matières appartenant à l'enseignement de la chaire mise au concours, et les matières analogues du droit romain et du Code civil.

Il est dérogé, quant à ce, à l'article 19 de l'arrêté du 21 décembre 1818.

Ne sont point comprises dans la disposition du présent arrêté les chaires de droit administratif et d'économie politique, sur lesquelles il sera fait un règlement particulier.

Le présent arrêté sera notifié à tous les recteurs des académies où il existe des facultés de droit.
(Arrêté du 13 novembre 1819, art. 1... 4 (1).)

Statut portant règlement général sur les concours dans les facultés de droit et de médecine (2).

1644. Conformément à l'article 36 de la loi du 22 ventôse an XII (13 mars 1804), lorsqu'une chaire de professeur ou une

---

(1) La commission,

Vu le statut sur l'organisation des concours pour les facultés en général, et pour les facultés de droit en particulier;

Vu l'arrêté du 21 décembre 1818, contenant des modifications à ce statut;

Considérant que si les épreuves doivent être différentes, d'après la nature et l'objet de l'enseignement attribué aux chaires vacantes, elles doivent néanmoins embrasser l'enseignement du plus grand nombre des cours obligés;

Qu'il importe aussi que tout professeur de la faculté de droit ait publiquement justifié qu'il possède ces deux branches principales de l'enseignement, le droit romain et le Code civil, sur lesquelles il est naturellement appelé à examiner et à interroger les étudians;

Arrête, etc.

(2) On a vu, p. 399 que ce statut du 10 mai 1825 devait être consulté pour diverses dispositions relatives aux concours dans les facultés de médecine.

place de suppléant sera vacante dans l'une des facultés de droit du royaume, il sera ouvert un concours public pour procéder au remplacement.

Il en sera de même pour les places d'agrégés dans les facultés de médecine, conformément à la disposition de l'article 5 de l'ordonnance du roi du 2 février 1823.

(Statut du 10 mai 1825, art. 1er. (2).)

1645. Sur l'avis qui lui aura été donné de la vacance par le recteur de l'académie, le grand-maître déterminera par un arrêté le jour du concours, et désignera la faculté devant laquelle il devra s'ouvrir.

Le grand-maître adressera son arrêté à tous les recteurs des académies; il y joindra les modèles des affiches qui devront être apposées dans l'étendue de chaque arrondissement académique.

Il devra y avoir au moins quatre mois de distance entre le jour de l'arrêté du grand-maître et celui qui sera indiqué pour l'ouverture du concours.

Les affiches apposées pour annoncer le concours indiqueront les qualités qui seront exigées des aspirans, et la forme dans laquelle ils devront en justifier.

(Ibid., art. 2... 5.)

1646. Nul ne pourra être admis au concours s'il n'est Français, s'il ne jouit des droits civils, et s'il ne représente un diplôme de docteur en droit ou en médecine, suivant les cas, obtenu dans l'une des facultés de l'Université ou dans les anciennes Universités françaises.

(Ibid., art. 6.)

1647. Nul ne pourra être admis au concours pour une chaire de professeur en droit s'il n'est âgé de trente ans accomplis, et pour une place de suppléant, s'il n'est âgé de vingt-cinq ans accomplis.

L'âge requis pour être admis au concours de l'agrégation pour la médecine est celui de vingt-cinq ans accomplis.

Pourra toutefois un candidat qui n'aurait pas l'âge requis être admis au concours, sur une dispense accordée par le grand-

---

(1) Le conseil royal de l'instruction publique,
Vu la loi du 22 ventôse an XII (13 mars 1804);
Vu l'ordonnance du roi du 2 février 1823;
Vu les statuts des 31 octobre 1809 et 31 juillet 1810;
Vu l'arrêté de la commission de l'instruction publique du 21 décembre 1818;
Vu enfin l'arrêté du conseil royal du 12 avril 1823;
Considérant qu'il est essentiel de réunir en un seul corps les dispositions des divers réglemens concernant les concours dans les facultés de droit et de médecine;
Arrête, etc.

maître, après avoir pris l'avis, soit de la faculté devant laquelle le concours est ouvert, soit de celle dans laquelle ce candidat aura obtenu ses grades.

Si l'aspirant qui a obtenu des lettres de dispense d'âge est choisi par les juges du concours, le grand-maître sollicitera de sa Majesté la dispense dont l'aspirant aura besoin pour occuper la place vacante.

Le grand-maître ne pourra accorder des lettres de dispense d'âge à plus de trois aspirans pour un même concours (1).

(Ibid., art. 7... 10.)

1648. Lorsque deux chaires de professeur ou deux places de suppléant se trouveront vacantes en même temps dans une même faculté de droit, il y sera pourvu par un seul concours.

Même dans le cas où les deux chaires ou places se trouveraient vacantes dans deux facultés différentes, le conseil royal pourra, s'il y a lieu, ordonner que le concours aura lieu en même temps et devant la même faculté.

Les juges du concours ne pourront, dans aucun cas, être autorisés à nommer à une chaire de professeur ou à une place de suppléant dans une faculté de droit pour laquelle le concours n'aurait pas été spécialement indiqué.

(Ibid., art. 11 et 12.)

1649. Dans tous les concours, les aspirans se feront inscrire au secrétariat de la faculté, au moins trois mois avant le jour qui aura été fixé pour l'ouverture du concours. Chacun d'eux produira en même temps son acte de naissance, son diplôme de docteur, et un certificat de bonnes vie et mœurs, délivré par le maire de sa commune, et confirmé par le préfet du département. Cette liste sera close provisoirement, en séance de la faculté, deux mois avant le concours, et elle sera aussitôt transmise, avec les pièces à l'appui, au grand-maître de l'Université par l'intermédiaire du recteur, qui y joindra ses observations et celles de la faculté, s'il en a été fait.

(Ibid., art. 13.)

1650. Le conseil royal prendra sur la conduite des candidats tous les renseignemens qu'il croira nécessaires ; et d'après ces renseignemens, la liste des aspirans admis au concours sera définitivement arrêtée.

Cette liste sera envoyée par le grand-maître au recteur, qui la transmettra au doyen, lequel avertira les aspirans admis,

(1) L'article 10 du statut du 10 mai 1825, qui réduit à trois le nombre des candidats auxquels des dispenses d'âge pourraient être accordées dans un même concours, est rapporté. (Arrêté du 22 août 1834.)

de manière que l'avis leur parvienne au moins quinze jours avant l'ouverture du concours.

(Ibid, art. 14 et 15.)

1651. Les juges du concours seront choisis par le grand-maître; leur nombre ne pourra être moindre de sept, non compris le président. Le grand-maître pourra choisir des juges hors du sein de la faculté; mais les choix seront combinés de manière que les professeurs soient toujours en majorité.

Le grand-maître désignera en outre trois juges suppléans pour le cas d'empêchement au moment de l'ouverture du concours.

En cas d'empêchement légitime survenu pendant la durée du concours, le jugement pourra être rendu par cinq juges, non compris le président.

Deux parens ou alliés, jusqu'au degré de cousin germain inclusivement, ne pourront être juges en titre ni juges suppléans au même concours.

Dans le concours pour l'agrégation en médecine, et conformément à l'article 25 du statut du 31 juillet 1810, le président ne votera pour l'élection définitive qu'autant qu'il sera lui-même docteur en médecine ou en chirurgie.

(Ibid., art. 16.)

1652. Le président du concours sera nommé par le grand-maître; et autant qu'il sera possible, il sera choisi parmi les inspecteurs généraux des facultés du même ordre.

A Paris, les concours pourront être présidés par un membre du conseil royal, désigné à cet effet par le grand-maître.

(Ibid., art. 17.)

1653. Le président aura la direction et la police du concours, et voix prépondérante en cas de partage. Il prononcera sur toutes les difficultés qui pourront s'élever pendant la tenue du concours.

(Ibid., art. 18.)

1654. Le doyen de la faculté ordonnera, sous l'autorité du recteur, toutes les dispositions intérieures et tous les préparatifs nécessaires pour le concours.

(Ibid., art. 19.)

1655. Aux jour et heure fixés pour l'ouverture du concours, il sera fait un appel de tous les candidats présens; ils écriront eux-mêmes sur un registre leur nom et leur adresse. Le registre sera ensuite clos par le président; et tout candidat qui ne se serait pas présenté à cette séance sera exclu du concours.

(Ibid., art. 20.)

1656. Le président fera remettre aux candidats la liste des juges, et les invitera à se retirer dans une pièce voisine. Il les fera ensuite appeler pour proposer leurs récusations motivées, sur lesquelles il sera statué par les juges non récusés, sauf l'appel au conseil royal.

Si l'un des juges du concours est parent ou allié de l'un des candidats, jusqu'au degré d'oncle ou de neveu inclusivement, il se récusera. Les candidats pourront le récuser jusqu'au degré de cousin germain aussi inclusivement; au delà de ce degré, les juges pourront, selon qu'ils le jugeront convenable, admettre ou rejeter la récusation pour cause de parenté ou d'alliance.

(Ibid., art. 21 et 22.)

1657. Dans le cas d'empêchement d'un ou de plusieurs des juges, la liste sera complétée, séance tenante, au moyen des juges suppléans désignés d'avance par le grand-maître, et suivant l'ordre de leur désignation; et elle ne sera remise aux candidats qu'après que le remplacement aura été effectué. Si le remplacement a lieu par suite de récusation, les candidats seront introduits de nouveau pour proposer leurs récusations sur les suppléans admis en remplacement.

(Ibid., art. 23.)

1658. Lorsque la liste des juges sera complète, le président fixera les jours et heures auxquels auront lieu les diverses séances du concours.

Le changement qui pourra en résulter pour les jours et heures des cours sera réglé dans l'assemblée des professeurs, et indiqué par des affiches, dont l'une sera adressée au recteur de l'académie.

(Ibid., art. 24 et 25.)

1659. Lorsque, dans une faculté de droit, il aura été établi un seul concours pour deux chaires de différent enseignement, chaque candidat sera tenu de déclarer dans la séance préliminaire s'il entend se présenter pour les deux chaires, ou pour l'une des deux seulement.

Les concurrens qui prétendront aux deux chaires traiteront les questions et feront les leçons sur chacune des deux matières qui auront été proposées.

(Ibid., art. 26 et 27.)

1660 Quand un concurrent ne se sera présenté que pour l'une des deux chaires, il ne subira l'argumentation que de la part des concurrens pour la même chaire. Il ne pourra de même argumenter que contre ses concurrens à la même chaire, et ne sera pas tenu d'assister aux actes étrangers à cette chaire.

(Ibid., art. 28.)

1661. Dans les cas prévus par les deux articles précédens, la thèse sera la même, et l'on se conformera, à cet égard, à ce qui est prescrit par l'article 44 ci-après :

(Ibid, art. 29.)

1662. Le rang entre les candidats qui soutiendront les épreuves du concours sera déterminé par la priorité de l'admission au grade de docteur ; les suppléans précéderont les simples docteurs ; et les professeurs, s'il s'en est présenté, précéderont les suppléans. Entre les professeurs ou entre les suppléans, la priorité sera réglée par l'ordre de leur nomination. S'il y a encore concurrence, la priorité sera réglée par l'âge.

Dans les concours pour la médecine, le rang entre les candidats sera déterminé par la priorité de l'admission au grade de docteur.

(Ibid., art. 30.)

1663. L'inexécution des règles sur les délais entre les épreuves et sur leur durée ne peut donner lieu à annuler le concours et le jugement qu'autant que ces délais ou cette durée auraient été abrégés.

(Ibid., art. 31.)

1664. Le concours pour l'agrégation de la médecine sera divisé en trois parties ; une pour la médecine, une pour la chirurgie, et la troisième pour les sciences accessoires. Les principales épreuves auront ces trois objets, et les candidats seront divisés en trois séries d'après ces épreuves.

Dans le cas où les besoins de l'enseignement l'exigeront, le conseil royal, sur la demande de la faculté et l'avis du recteur, pourra établir, pour chacune des sciences accessoires, des épreuves spéciales.

(Ibid., art. 32.)

1665. Le concours pour les chaires de droit et pour les places d'agrégés en médecine sera composé de trois exercices.

(Ibid., art. 33.)

1666. Pour le premier exercice, il sera rédigé par les juges du concours trois questions qui seront placées dans une urne, et le premier candidat tirera au sort celle qui devra être proposée.

Si le concours est pour une chaire de droit, les questions seront exclusivement relatives à l'objet de l'enseignement attribué à la chaire vacante.

Les candidats seront renfermés dans une salle, sous la surveillance de deux juges du concours désignés par le président. Chaque candidat traitera par écrit la question proposée; il la traitera en latin, si le concours est ouvert pour l'agrégation en médecine ou pour une chaire de droit romain; il déposera sa rédaction, signée de lui, dans une boîte qui sera scellée du sceau du président.

Les juges fixeront le temps accordé pour la composition. Ce temps ne pourra être moindre de cinq heures, ni excéder huit heures. Pendant ce temps, il sera pris des mesures pour que les candidats ne puissent correspondre avec personne, ni se procurer aucun ouvrage, sauf les codes français et le corps de droit romain, si le concours est pour une chaire de droit.

(Ibid., art. 34... 36.)

1667. Pour le deuxième exercice, il sera désigné par les juges du concours autant de matières qu'il y aura de candidats. Chaque candidat tirera une de ces matières au sort.

Si le concours est pour une chaire de droit, les matières seront exclusivement relatives à l'objet de l'enseignement attribué à la chaire vacante.

Chaque candidat fera trois leçons sur la matière qui lui sera échue par le sort. Le délai pour rédiger ces leçons sera de deux jours francs.

Il ne sera fait qu'une leçon si le concours est pour l'agrégation en médecine.

Les leçons seront faites oralement; les candidats ne pourront s'aider que de simples notes.

Elles seront faites en latin, si le concours est pour une chaire de droit romain.

Ces leçons seront de trois quarts d'heure chacune. Il n'en sera fait qu'une par jour par chaque candidat. Le président pourra indiquer le même jour à plusieurs candidats.

(Ibid., art. 37... 40.)

1668. Après cette épreuve, les compositions seront lues publiquement, et en présence de tous les juges, par ceux qui les auront faites. Il ne pourra en être lu plus de trois par séance.

Les séances du concours, jusqu'à celles qui sont destinées aux leçons faites par les candidats, se tiendront dans la salle des délibérations de la faculté.

Les épreuves deviendront publiques le jour où la première leçon sera faite par les candidats. Elles devront avoir lieu dans la salle destinée aux cours publics de la faculté.

(Ibid., art. 41... 43.)

1669. Lorsque les leçons seront terminées et les compositions lues, les juges du concours, s'il a lieu pour une chaire de droit, désigneront, pour la troisième épreuve, autant de matières du droit romain et autant de matières du droit français qu'il y aura de candidats. Chaque billet contiendra une matière de l'un et de l'autre droit. Ils seront tirés au sort par les candidats.

(Ibid., art. 44.)

1670. Chaque candidat en droit rédigera, sur les matières qui lui seront échues, deux thèses qu'il devra soutenir publiquement.

Chaque thèse contiendra,

1°. Une courte dissertation sur les principes généraux de la matière;

2°. Les questions les plus importantes sur l'interprétation et l'application des lois y relatives, avec leur solution donnée brièvement par le candidat.

(Ibid., art. 45.)

1671. Douze jours francs après le tirage des matières, le premier candidat soutiendra l'acte public sur le droit romain; le second candidat soutiendra le surlendemain son acte public sur le même droit, et ainsi de suite, de deux en deux jours.

Cet acte sera soutenu en latin, et l'argumentation aura lieu dans la même langue.

Les candidats soutiendront ensuite leur acte public sur le droit français. Il aura lieu dans le même ordre que celui qui a été prescrit pour les actes publics sur le droit romain.

(Ibid., art. 47 et 48.)

1672. Si le concours est pour l'agrégation, il sera désigné par les juges autant de matières de thèse qu'il y aura de candidats. Chaque candidat, par rang d'ancienneté, tirera au sort une de ces matières.

Chaque thèse sera rédigée en latin.

(Ibid., art. 49.)

1673. Dans tous les cas, les thèses devront être visées par le président, seulement dans la vue de s'assurer qu'elles ne contiennent rien de contraire au respect dû au gouvernement, aux lois et aux bonnes mœurs.

Chaque thèse sera imprimée séparément et sur format in-4°. Il sera adressé dix exemplaires de chacune au grand-maître.

Chaque candidat devra faire distribuer sa thèse aux juges du concours et à ses concurrens, trois jours francs avant celui où il devra la soutenir.

(Ibid., art. 50... 52.)

1674. Chacun des actes publics devra durer **trois heures**.

L'argumentation aux actes publics sera faite par les candidats. Chacun d'eux sera tenu d'argumenter aux thèses de chacun de ses concurrens.

Le président divisera le temps de l'acte public de manière que la durée de l'argumentation soit la même pour **tous les candidats**.

(Ibid., art. 53... 55.)

1675. Chaque concurrent devra argumenter au moins pendant une demi-heure. Mais s'il en résultait, à raison du nombre des concurrens, que la durée de la séance dût être prolongée au delà de trois heures, six concurrens seulement seront admis à argumenter dans l'ordre établi par l'article 58 ci-après.

L'argumentation ne pourra être de plus d'une heure pour chaque concurrent. S'il n'y a pas assez de concurrens pour remplir la durée de la thèse, le président désignera les juges du concours qui devront argumenter le candidat.

(Ibid., art. 56 et 57.)

1676. L'ordre de l'argumentation entre les candidats commencera toujours par celui qui doit soutenir sa thèse immédiatement après.

(Ibid., art. 58.)

1677. Le président pourra charger le doyen de la faculté de diriger l'argumentation, qui devra être faite de bonne foi, avec ordre, et dans les limites de la matière assignée au soutenant.

L'argumentant pourra attaquer les principes exposés dans la dissertation, et la solution des questions énoncées dans la thèse. Il pourra aussi proposer d'autres questions sur la matière de la thèse, et attaquer la solution donnée par le soutenant.

(Ibid., art. 59 et 60.)

1678. Dans les concours pour les chaires de droit, les argumens pourront porter en outre sur ce qui est relatif à l'intelligence des divers articles de la loi et à leur conciliation, soit entre eux, soit avec les dispositions d'autres lois. Ces lois devront être prises du corps entier du droit romain, si la thèse est sur le droit romain; et, dans ce cas, les argumens pourront porter également, s'il y a lieu, sur les rapports du droit romain avec le droit français.

On ne pourra citer, sous aucun prétexte, les commentateurs ni les arrêts.

(Ibid., art. 61.)

1679. Lorsqu'un candidat se trouvera empêché par une indisposition grave et légalement constatée, d'assister à un exercice du concours, ou de compléter le temps assigné pour les leçons, l'acte public ou l'argumentation, les juges pourront accorder un délai, ou renvoyer la continuation de l'exercice à un autre jour; mais, dans tous les cas, le délai ne pourra être de plus de cinq jours, à moins que tous les juges et tous les candidats n'y consentent formellement.

Un second délai ne pourra être accordé au même candidat que du consentement de tous les juges et de tous les concurrens.

(Ibid., art. 62 et 63.)

1680. Lorsque le concours aura lieu pour une place de suppléant dans une faculté de droit, les aspirans ne seront soumis qu'au troisième exercice. Il suffira de soutenir les deux actes publics et d'argumenter dans les mêmes formes qui ont été réglées pour le concours aux chaires de professeur.

(Ibid., art. 64.)

1681. Lorsqu'un concours sera ouvert pour une chaire de professeur ou une place de suppléant vacante dans une faculté de droit, ou pour des places d'agrégés dans les facultés de médecine, et que les épreuves ne seront pas terminées au moment où une autre chaire ou place de même nature se trouvera vacante dans la même faculté, le grand-maître pourra autoriser les juges du concours à nommer en même temps aux chaires ou places nouvellement vacantes, parmi les candidats qui auront concouru.

Les épreuves qui auront été faites pour la première chaire ou la première place vacante serviront pour la seconde, sans qu'il soit besoin de les répéter.

(Ibid., art. 65 et 66.)

1682. Dans les vingt-quatre heures qui suivront la dernière séance du concours, les juges se réuniront et nommeront au scrutin secret, et à la majorité absolue, ceux qu'ils auront jugés les plus dignes.

Il sera fait un scrutin pour chaque place à nommer.

Si les deux premiers tours ne donnent pas de majorité absolue, ou n'en donnent que pour une partie des places à nommer, il sera procédé à un scrutin de ballotage entre les candidats qui auront obtenu le plus de voix au second tour, en nombre double de celui des places auxquelles il reste à pourvoir.

Dans tous les cas d'égalité, la voix du président sera prépondérante, en déclarant pour qui il a voté.

(Ibid., art. 67.)

1683. Aussitôt que la délibération sera terminée, le jugement sera proclamé par le président dans la salle des séances publiques, en ces termes :

« Par le résultat de la délibération des juges du concours,
» M....... a obtenu la chaire de professeur de....... ou la place
» de suppléant, ou la place d'agrégé vacante dans la faculté
» de.......... académie de.......... Il se conformera, pour son
» institution, à l'article 52 du décret du 17 mars 1808. »

Le procès-verbal des opérations du concours sera signé par tous les juges, et transmis sur-le-champ au grand-maître par l'intermédiaire du recteur. Il sera communiqué au conseil royal.

(Ibid., art. 68 et 69.)

1684. Les nominations pourront être attaquées par les candidats qui n'auront pas été nommés, mais seulement pour raison de la violation des formes prescrites ; dans ce cas, les réclamations seront adressées au grand-maître, et jugées par le conseil royal.

Les réclamations contre le concours ne pourront être admises que dans les dix jours qui en suivront la clôture, plus un jour par dix myriamètres de distance de Paris à la ville où le concours aura eu lieu ; et l'institution ne pourra être donnée par le grand-maître qu'après l'expiration de ce terme, ou après le jugement de rejet des réclamations.

Si la nomination est infirmée, il sera procédé à un nouveau concours devant la faculté qui aura été indiquée par le grand-maître. Ce concours ne pourra avoir lieu qu'entre les candidats qui avaient été admis au précédent.

(Ibid., art. 70... 72.)

1685. Les frais du concours seront supportés par la faculté, sauf l'impression de chaque thèse, qui est à la charge du candidat.

Les droits de présence des juges du concours seront déterminés par le conseil royal.

(Ibid., art. 73.)

1686. Tous les règlemens, tant du conseil de l'Université que de la commission et du conseil royal de l'instruction publique relatifs aux concours dans les facultés de droit ou de médecine, et contraires au présent statut, sont rapportés.

(Ibid., art. 74.)

1687. A l'avenir, les concours pour les places de suppléans dans les facultés de droit, se feront de la même manière et comprendront la même série d'exercices, que les concours pour les chaires de professeurs de droit romain et de Code civil ; néanmoins, le second exercice ne se composera que d'une seule leçon à exiger de chaque candidat, sur un sujet tiré au sort, la veille du jour de l'épreuve.

(Arrêté du 15 juin 1832 (1).)

DES ÉTUDIANS, DE LEURS INSCRIPTIONS ET EXAMENS.

1688. Les étudians en droit qui, pendant une première année d'études, n'auront suivi qu'un cours de procédure civile et criminelle, et auront obtenu un certificat de capacité, conformément aux articles 6 de la loi du 22 ventôse, 33 et 34 du décret du 4 complémentaire an XII, pourront, en faisant deux autres années d'études dans une faculté, obtenir les grades de bachelier ès-lettres et de licencié en droit, à la charge de faire, pendant ces deux années, les cinq autres cours qui sont prescrits par le décret.

(Arrêté du 5 novembre 1813 (2).)

(1) Le conseil, vu les statuts sur les concours dans les facultés, en date du 31 octobre 1809, du 2 décembre 1818 et du 10 mai 1825 ;
Vu l'arrêté du 1er. mai 1832 sur le mode de tirage au sort des matières de thèses et de leçons dans les concours ;
Vu la délibération prise par la faculté de droit de Paris, relativement à la nature des épreuves à exiger pour les concours aux places de suppléans ;
Arrête, etc.

(2) Le conseil de l'Université,
" Après avoir entendu le rapport de la section de l'état et du perfectionnement des études, sur la question de savoir si, aux termes des décrets du 22 ventôse et du 4 complémentaire an XII, sur l'organisation des écoles de droit, les étudians qui, après une seule année d'études, pendant laquelle ils ont suivi, conformément aux articles 5 et 6 de la loi du 22 ventôse, et 33 et 34 du décret du 4 complémentaire an XII, le cours de la législation criminelle et de la procédure civile et criminelle, ont obtenu un certificat de capacité, désirant ensuite obtenir les grades de bachelier et de licencié, sont tenus de faire un cours de trois années, et de prendre encore douze inscriptions, aux termes des articles 37, 38 et suivans du décret du 4 complémentaire ;
Vu le rapport fait au conseil, sur la proposition de la question dont il s'agit, faite par plusieurs facultés de droit, et l'opinion de ces facultés ;
L'avis de la commission du conseil, faisant fonctions de conseil académique près la faculté de droit de Paris, sur la même proposition présentée par M. le doyen de la faculté ;
Et les articles précités de la loi du 22 ventôse et du décret du 4 complémentaire an XII ;
Considérant, 1°. qu'aux termes de ces lois, le cours entier d'études pour parvenir au grade de licencié, n'est que de trois années, et que, pour être admis aux examens pour la licence, l'aspirant n'est tenu de représenter que douze inscriptions ;
2°. Que quant à la distribution des cours à suivre pendant les trois années, elle est naturellement subordonnée aux grades que l'aspirant se propose d'obtenir en commençant ce cours, ce qui résulte des termes mêmes des lois citées, qui disent : Ceux qui aspireront au grade de bachelier, au grade de licencié, suivront pendant tant d'années tels et tels cours ; ceux qui n'aspireront qu'à un certificat de capacité, ne suivront que le cours de procédure civile et criminelle, et seront examinés au bout de l'année ;
3°. Que cette distribution des études dans les trois années, ne saurait être prise à la rigueur, tellement que celui qui se dirigeait d'abord vers une profession pour laquelle le certificat de capacité suffisait, étant ensuite déterminé pour un autre état, ou seulement voulant acquérir plus d'instruction ou de distinction dans celui qu'il embrasse, ne pût obtenir le grade de licencié qu'en recommençant le cours entier pendant trois an-

1689. Les deux sections l'école de droit de Paris ne forment qu'une faculté, près de laquelle la commission établie par l'article 53 du statut du 13 juillet 1810 exercera les fonctions attribuées aux conseils académiques.

(Arrêté du 13 octobre 1819, art. 1er. (1).)

1690. Les professeurs des deux sections assisteront également aux assemblées de la faculté, et seront appelés à tour de rôle, sans distinction de section, aux examens et aux thèses.

Cependant, si les professeurs de droit public positif et de droit administratif français, d'histoire philosophique du droit romain et du droit français, et d'économie politique, n'avaient pas le grade de docteur en droit, ils ne seraient pas appelés aux examens et actes publics autres que ceux qui se rapporteront à l'objet spécial de l'enseignement de chacun d'eux, sauf le droit qu'ils ont d'assister à tous, en vertu de l'art. 62 de l'instruction du 19 mars 1807.

(Ibid., art. 2.)

1691. Les logemens qui sont affectés aux professeurs, appartiendront, à mesure qu'ils deviendront disponibles, aux plus anciens d'entre eux, d'après leur nomination ; et, si la nomination est du même jour, au plus ancien d'âge sans aucune distinction de section.

(Ibid., art. 3.)

1692. Il n'y aura qu'un seul registre d'inscription.

Chaque élève, en s'inscrivant, déclarera quel professeur il désire suivre dans l'une ou l'autre section, pour chaque partie

nées, et en prenant douze inscriptions, sans que le temps d'études et les inscriptions de l'année qu'il a déjà parcourue lui fussent comptés ;

4°. Que ce qui est d'obligation rigoureuse, c'est de représenter le nombre d'inscriptions requis, les certificats des cours suivis pendant le temps exigé, et de subir les épreuves déterminées ; et que l'aspirant qui, dans le cas dont il s'agit, satisfera dans deux années à ce qu'il n'aura pas fait dans la première, et sera trouvé capable dans les examens et les actes exigés par les lois, aura évidemment rempli l'objet de ces lois ;

5°. Que pour ne pas toutefois accorder à la négligence et à l'irrégularité ce qui n'est dû qu'à la sincérité et à la nécessité, ces considérations ne sont applicables qu'à ceux qui, ayant obtenu le certificat de capacité au bout de l'année, conformément aux lois prescrites, justifient par-là qu'en suivant les écoles la première année, ils n'aspiraient réellement qu'à ce certificat ;

Arrête, etc.

(1) Le conseil de l'instruction publique....

Vu l'ordonnance du roi du 24 mars 1819, par laquelle l'école de droit de Paris doit être divisée en deux sections ;

Celle du 15 août 1815, qui confère à la Commission de l'instruction publique les pouvoirs du grand-maître et du conseil de l'Université ;

Les divers décrets, statuts et règlemens relatifs aux facultés de droit, et notamment à celle de Paris ;

Sur le rapport de M. le comte Siméon, inspecteur général des études, pour l'ordre des facultés de droit ;

Voulant pourvoir à ce qu'exige l'exécution de ladite ordonnance et l'établissement de la section qu'elle a créée, ainsi qu'aux améliorations qui doivent en résulter pour l'enseignement de la science du droit dans la capitale,

Arrête, etc.

d'enseignement. Néanmoins il ne pourra pas y avoir plus de cinq cents élèves inscrits pour des cours qui ont deux professeurs. A cet effet, lorsque les inscriptions prises pour suivre un professeur s'élèveront à ce nombre, les suivantes ne pourront être prises que pour les cours d'un autre professeur. Si le nombre des élèves d'une même année excède mille, il sera établi une troisième division pour laquelle les cours obligés seront faits par des suppléans.

Les élèves qui auront choisi, pour une partie de l'enseignement, un professeur d'une section, n'en seront pas moins libres de suivre des professeurs de l'autre section, pour une partie différente.

(Ibid., art. 4, 5 et 6.)

1693. Chaque professeur recevra la liste des élèves inscrits pour son cours, afin de pouvoir constater leur assiduité par des appels, conformément au règlement.

(Ibid., art. 7.)

1694. En exécution de l'art. 11 de l'instruction du 19 mars 1807, pour les écoles de droit, qui veut qu'avant de prendre sa première inscription, chaque étudiant justifie qu'il a fait les études préliminaires nécessaires pour étudier en droit, quiconque, à compter du 1er. janvier 1820, prendra sa première inscription, produira un certificat constatant qu'il a fait un cours de rhétorique et de philosophie dans un collége royal ou communal, ou dans une institution où ces cours sont autorisés.

Conformément à la règle établie par la déclaration du roi du 6 août 1682, sur l'exécution de l'édit du mois d'avril 1679, pour le rétablissement des études de droit, nul ne pourra prendre d'inscription s'il étudie encore en rhétorique ou en philosophie. En conséquence, les inscriptions qui seraient prises par des jeunes gens qui suivraient encore les classes dans les colléges, seront nulles et de nul effet.

(Ibid., art. 8 et 9.)

1695. Les leçons des cours facultatifs seront données à des heures différentes des leçons des cours obligés, afin que le devoir de recevoir les unes n'empêche pas de suivre les autres.

Jusqu'à ce qu'il en ait été autrement ordonné, les examens et actes publics continueront à se faire dans l'édifice occupé maintenant par la première section. Les leçons seront faites, soit dans l'ancien édifice, soit dans la nouvelle salle de la Sorbonne, suivant la distribution qui aura été arrêtée dans la faculté.

(Ibid., art. 10 et 11.)

1696. Sont applicables à toutes les académies les art. 8 et 9 du règlement de la faculté de droit de Paris, du 13 de ce mois, dont la teneur suit (1).

(Arrêté du 20 octobre 1819.)

1697. Les logeurs et maîtres d'hôtel garni ne pourront se présenter comme correspondans des étudians de la faculté de droit de Paris, qu'autant qu'ils seront autorisés par les familles de ces étudians.

(Arrêté du 19 décembre 1820.)

1698. Chaque élève, muni de sa carte ou feuille d'inscription, se présentera chez les professeurs dont il doit suivre les cours, et recevra de chacun d'eux une carte d'une forme et d'une couleur particulières, signée du professeur, et sur laquelle l'élève apposera aussi sa signature.

Ces cartes seront numérotées, et il ne pourra en être donné plus de cinq cents pour chaque cours.

Nul élève ne sera admis à un cours sans présenter sa carte d'admission audit cours, à l'entrée de la salle.

(Arrêté du 19 mars 1822, art. 3, 4 et 6.)

1699. Le professeur est tenu, sous sa responsabilité, d'exclure à l'instant de sa leçon tout élève qui troublerait l'ordre sous quelque prétexte que ce fût, et de le déférer à la faculté pour qu'il lui soit fait application des dispositions de l'ordonnance royale du 5 juillet 1820.

(Ibid., art. 7.)

1700. Nul élève ne pourra stationner dans les cours et galeries, soit pendant la durée des leçons, soit durant leur intervalle, sous les punitions portées à l'article 17 de l'ordonnance du 5 juillet.

(Ibid., art. 8.)

1701. Les étudians suivront, pour la première année, le cours de Code civil (première année), et le cours d'*Institutes* de Justinien;

Pour la deuxième année, le cours de Code civil (deuxième année), et le cours de procédure civile et criminelle;

Pour la troisième année, le cours de Code civil (troisième année), et, à leur choix, le cours de Code de commerce ou celui des *Pandectes*.

(Arrêté du 1er. octobre 1822, art. 1er. (2).)

1702. Les aspirans au doctorat suivront, pour la quatrième année, deux cours de Code civil, à leur choix, et le cours des

---

(1) Voyez ces deux articles, page 454.
(2) Le conseil, vu l'article 5 de l'ordonnance du roi en date du 6 septembre 1822, qui charge le conseil de déterminer les cours qui devront être suivis, chaque année, par les étudians de la faculté de droit de Paris;
Arrête, etc.

Pandectes pour ceux qui auront suivi le cours de commerce à leur troisième année, et le cours de commerce pour ceux qui auront suivi le cours des *Pandectes*.

Quant aux licenciés des facultés où il n'existe ni cours de commerce, ni cours des *Pandectes*, ils suivront, outre les deux cours de Code civil, le cours de Code de commerce ou celui des *Pandectes*, à leur choix.

(Ibid., art. 2.)

1703. Les étudians qui désirent n'obtenir qu'un certificat de capacité, suivront les cours de procédure civile et criminelle, et le cours de Code civil (deuxième année).

(Ibid., art. 3.)

1704. Pour cette année seulement, et pour éviter la réunion des étudians de première année avec ceux de la seconde, qui, aux termes du précédent règlement, doivent suivre un cours d'*Institutes*, il sera fait, par un suppléant, un troisième cours des *Institutes* de Justinien, en se conformant toutefois à l'article 5 de l'arrêté de la commission de l'instruction publique, du 13 octobre 1819, lequel continuera d'être exécuté suivant sa forme et teneur.

(Ibid., art. 4.)

1705. Lorsque le jour fixé par les règlemens pour la clôture des inscriptions dans toutes les facultés se trouvera être un dimanche ou une fête chômée, les registres ne seront fermés que le lendemain.

(Arrêté du 26 octobre 1822.)

1706. L'arrêté du 1er. de ce mois, par lequel le conseil royal a déterminé les cours qui seront suivis chaque année par les étudians de la faculté de droit de Paris, est déclaré applicable à la faculté de droit de Toulouse, à l'exception de l'article 4.

En conséquence, l'arrêté dont il s'agit sera transmis à M. le recteur de l'académie de Toulouse, pour qu'il en assure l'exécution.

(Arrêté du 26 octobre 1822 (1)).

1707. Les élèves de la faculté de droit de Toulouse qui voudront suivre le cours du Code commercial, prendront au se

---

(1) Le conseil, vu l'article 5 de l'ordonnance du roi, en date du 6 septembre 1822, qui charge le conseil royal de déterminer les cours qui devront être suivis, chaque année, par les élèves de la faculté de droit de Paris;

Vu aussi l'ordonnance du 28 septembre qui a établi une chaire de *Pandectes* et une chaire de code commercial dans la faculté de droit de Toulouse;

Considérant que l'enseignement se trouve être actuellement le même dans les facultés de droit de Paris et de Toulouse,

Arrête, etc.

crétariat une carte d'admission, sur l'exhibition de laquelle il leur en sera remis une autre, signée par le professeur.

Tous ces élèves seront inscrits sur le catalogue remis par le secrétaire au professeur, qui demeurera chargé de la surveillance.

Ces élèves seront soumis, ainsi que tous les autres élèves qui suivent les différens cours, à la discipline et à tous les règlemens universitaires.

Ils seront dispensés de représenter le diplôme de bachelier ès-lettres, et de justifier de l'âge requis pour être reçu à suivre les cours nécessaires pour obtenir des grades.

Il ne pourra être accordé par la faculté de certificat d'assiduité aux cours qu'aux étudians régulièrement inscrits.

(Arrêté du 19 novembre 1822, art. 1... 5.)

1708. Pour l'examen de capacité, le nombre des examinateurs, qui était de deux, sera porté à trois.

(Décision du 13 avril 1824 (1).)

1709. L'examen sur le droit administratif sera indépendant des examens ordinaires prescrits par les règlemens.

Il sera fait par le professeur ou par la personne qui sera chargée de le suppléer.

Il en sera délivré un certificat spécial signé de l'examinateur et visé du doyen, qui devra être représenté par l'élève avant qu'il soit admis à soutenir sa thèse.

Les droits de présence à cet examen sont fixés à dix francs, et seront payés sur les fonds généraux de l'Université.

(Arrêté du 5 juillet 1828, art. 1... 4 (2).)

1710. Le droit administratif fera partie du quatrième examen. Le professeur chargé de ce cours ou la personne autorisée à le remplacer sera adjoint aux examinateurs qui, aux termes de l'article 43 du décret du quatrième jour complémentaire an XII, doivent procéder à cet examen.

En conséquence de la présente disposition, l'arrêté du 5 juillet dernier concernant l'examen que doivent subir sur le droit administratif les étudians de la faculté de droit de Paris, est et demeure rapporté.

(Arrêté du 5 mai 1829, art. 1er. (3).)

(1) Le conseil, sur la proposition de M. le doyen de la faculté de droit de Paris,
Considérant que l'examen de capacité roule actuellement, non-seulement sur la procédure, mais sur le Code civil,
Décide, etc.

(2) Le conseil, vu l'ordonnance du 19 juin dernier, qui rétablit la chaire de droit administratif créée près la faculté de droit de Paris par l'ordonnance du 24 mars 1819,
Arrête, etc.

(3) Le conseil, sur le rapport de M. le conseiller remplissant les fonctions de chancelier et chargé des facultés ;
Considérant, en premier lieu, qu'aux termes de l'article 3 de l'ordonnance du roi

1711. A l'avenir, l'examen de capacité et le second examen du baccalauréat seront faits par quatre examinateurs.

Lorsque les étudians qui aspirent au grade de licencié seulement, usant de la faculté qui leur est accordée par l'art. 2 de l'ordonnance du 26 mars dernier, demanderont à être examinés sur le droit des gens ou sur l'histoire du droit, cet examen aura lieu avant la thèse de licence; il sera fait par trois professeurs ou suppléans, à défaut de professeurs.

Les droits de présence de cet examen seront payés par les étudians.

Les aspirans au doctorat seront examinés sur les mêmes matières à leur second examen.

(Ibid., art 2, 3 et 4.)

1712. Toutes les fois qu'un étudiant en droit, ayant pris des inscriptions dans une faculté de département, se présentera pour subir ses examens devant la faculté de droit de Paris, il sera tenu de soutenir les épreuves prescrites par les règlemens concernant cette dernière faculté.

(Arrêté du 24 novembre 1829.)

Arrêtés concernant la faculté de droit de Strasbourg.

1713. Les étrangers qui désireront suivre les cours de la faculté de droit de Strasbourg pourront en obtenir la permission

du 19 juin dernier, le cours de droit administratif, rétabli par ladite ordonnance dans la faculté de droit de Paris, est obligatoire pour les étudians de troisième année de ladite faculté;

Qu'il est conséquemment nécessaire que ces étudians soient examinés sur les matières de ce cours;

Que néanmoins le nombre des examens requis pour la licence est fixé par l'article 4 de la loi du 22 ventôse an XII, et que ce nombre ne pourrait être augmenté que par une disposition législative;

Considérant, en second lieu, que les personnes qui se destinent à la profession d'avoué n'étant assujetties qu'à un seul examen qui comprend le Code entier de procédure et plusieurs des parties les plus importantes du Code Civil, la gravité et l'étendue de ces matières exigent que la durée des examens et le nombre des examinateurs soient augmentés;

Que la même disposition est applicable au second examen du baccalauréat que remplace absolument l'examen de capacité pour les personnes qui se destinent à la profession d'avoué;

Considérant, en troisième lieu, que l'ordonnance du roi du 26 mars dernier a établi dans la faculté de droit de Paris deux nouvelles chaires, l'une du droit des gens, et la seconde d'histoire du droit romain et du droit français;

Que l'article 2 de ladite ordonnance porte que ces cours seront obligatoires pour les aspirans au doctorat, et sont seulement facultatifs pour les autres étudians;

Que néanmoins ceux de ces derniers qui les auront suivis pourront demander à être examinés sur les matières enseignées dans ces cours, et que, dans ce cas, outre le diplôme, il leur sera délivré des certificats constatant la manière dont ils auront satisfait à cette partie de leur examen;

Qu'il est dit, article 3, qu'un règlement universitaire déterminera la manière dont il sera procédé à cet examen,

Arrête, etc.

en faisant preuve des études et des examens exigés dans leur pays pour être admis dans les facultés du même ordre.

La délibération prise relativement à chacun d'eux par la faculté sera adressée par le recteur à l'Université avec copie des pièces à l'appui.

Les étudians ainsi admis seront assujettis à la même discipline que les étudians français.

La faculté pourra, sur leur demande, faire subir à ces étrangers des examens analogues à ceux que subissent les étudians français et leur en délivrer des certificats; mais ces certificats ne conféreront aucun droit en France à ceux qui en seront porteurs. Cette circonstance sera exprimée dans le contenu du certificat.

Les certificats seront visés par le recteur, qui en adressera à l'Université un état certifié de lui.

(Arrêté du 4 août 1829, art. 1... 5 (1).)

1714. Les articles ci dessus ne sont point applicables à ceux des étudians étrangers qui désireront obtenir des diplômes de l'Université royale de France; ils seront astreints aux mêmes épreuves et aux mêmes formalités que les étudians français.

Dans aucun cas, les dispositions du présent arrêté ne pourront être appliquées aux étudians français.

(Ibid., art. 6 et 7.)

1715. Les élèves qui fréquentent le cours de Code civil en troisième année seront obligés de suivre simultanément le cours de droit commercial et celui de droit romain.

Le doyen de la faculté de droit de Strasbourg est chargé d'assurer l'exécution des présentes dispositions.

(Arrêté du 28 août 1832 (2).)

ADMINISTRATION ÉCONOMIQUE.

Règlement provisoire des traitemens fixes et éventuels.

1716. Les traitemens fixes, supplémentaires et droits de présence attribués, par le décret du quatrième jour complémentaire de l'an XII, au doyen, aux professeurs, aux suppléans et au secrétaire de chacune des facultés de droit, sont provisoirement réglés, pour l'an 1810, de la manière déterminée par les articles suivans.

(Règlement du 11 mai 1810, art. 1er.)

---

(1) Le conseil, sur la demande de la faculté de droit de Strasbourg et l'avis du recteur de cette académie ;
Voulant faciliter l'admission des étudians étrangers aux cours de ladite faculté,
Arrête, etc.

(2) Le conseil, vu l'avis de la faculté de droit de Strasbourg en date du 14 août courant,
Arrête, etc.

Des facultés d'Aix, de Caen, de Dijon, de Grenoble, de Poitiers, de Rennes, de Strasbourg et de Toulouse.

1717. Les traitemens fixes sont maintenus conformément aux articles 15 et 20 du décret du quatrième jour complémentaire de l'an XII.

(Ibid., art. 2.)

1718. Les droits de présence à chaque examen ou acte public sont fixés :

A dix francs, pour chacun des professeurs ou suppléans qui sont examinateurs ;

A quatre francs, pour le secrétaire.

Ibid., art. 3.)

1719. Il sera appelé au moins un suppléant, comme examinateur, à chaque acte public, et à chaque examen pour le baccalauréat, la licence et le doctorat.

Les suppléans seront appelés à tour de rôle.

(Ibid., art. 4.)

1720. Les traitemens fixes, supplémentaires, et droits de présence, ne pourront excéder cumulativement les quotités suivantes :

Pour chaque professeur.	6,000 fr.
Pour le doyen de la faculté, y compris le préciput.	7,200
Pour le secrétaire.	4,000
Pour chaque suppléant.	2,500

(Ibid., art. 5.)

1721. Le *minimum* des traitemens fixes, supplémentaires, et droits de présence, est fixé ainsi qu'il suit :

Dans les facultés où il n'y a pas cent élèves,

Pour chaque professeur.	4,000 fr.
Pour le doyen, y compris le préciput. . . . . ,	4,600
Pour le secrétaire.	2,666
Pour chaque suppléant.	1,500

Dans les facultés qui ont cent élèves et moins de cent cinquante,

Pour chaque professeur.	4,500 fr.
Pour le doyen, y compris le préciput.	5,300
Pour le secrétaire.	3,000
Pour chaque suppléant.	1,800

Dans les facultés qui ont cent cinquante élèves et moins de deux cents,

Pour chaque professeur............. 4,800 fr.
Pour le doyen, y compris le préciput..... 5,800
Pour le secrétaire................ 3,200
Pour chaque suppléant............. 2,000

Dans les facultés qui ont deux cents élèves ou un plus grand nombre,

Pour chaque professeur............. 5,000 fr.
Pour le doyen, y compris le préciput...... 6,200
Pour le secrétaire................ 3,400
Pour chaque suppléant............. 2,100

(Ibid., art. 6.)

1722. Après le prélèvement sur les recettes de la faculté, 1°. des droits attribués à l'Université; 2°. des dépenses variables comprises dans le budget, le surplus des recettes sera partagé entre le doyen, les professeurs, les suppléans et le secrétaire, jusqu'à concurrence du *minimum* fixé pour chacun d'eux par l'article précédent.

(Ibid, art. 7.)

1723. Si le produit des recettes d'une faculté, déduction faite des droits de l'Université, ne suffit pas pour acquitter les dépenses et les traitemens énoncés dans les articles 6 et 7, il y sera suppléé par la caisse de l'Université.

(Ibid., art. 8.)

Si le produit des recettes de la faculté n'est pas absorbé par les droits de l'Université, les dépenses de la faculté, et les traitemens énoncés dans les articles 6 et 7, le doyen prendra sur l'excédant la somme nécessaire pour porter son préciput à 1,000 francs : les professeurs, les suppléans et le secrétaire, percevront leur droit de présence, à raison du nombre des examens et actes publics auxquels chacun d'eux aura assisté, et suivant les proportions déterminées par l'article 3, de manière néanmoins que les droits de présence, réunis aux autres traitemens, ne puissent excéder les sommes déterminées par l'article 5.

S'il reste encore un excédant de recette, il sera versé dans la caisse de l'Université, pour être employé conformément à l'article 8.

(Ibid., art. 9 et 10.)

1724. Le *minimum* du traitement et le traitement particulier du doyen seront payés par douzièmes, de mois en mois, sur la caisse de la faculté ; et en cas d'insuffisance, sur la caisse de l'Université.

Les droits de présence au-dessus du *minimum* seront payés, à la fin de chaque trimestre, sur les fonds libres de la faculté, et dans la forme qui sera prescrite par le grand-maître.

(Ibid., art. 11 et 12.)

De la faculté de Paris.

1725. Les dispositions des articles 2, 3 et 4 du présent statut sont communes à la faculté de Paris.

Le traitement supplémentaire est fixé, pour chacun des professeurs, à 2,400 francs.

Pour le secrétaire, à 1,600 francs.

Les cinq plus anciens professeurs et le secrétaire sont logés dans les bâtimens de la faculté.

Le préciput du doyen est fixé à 4,000 francs.

Il ne lui est alloué aucuns frais de bureau.

Les traitemens fixes, supplémentaires, et le préciput du doyen, sont payés par douzièmes, de mois en mois, sur les fonds de la faculté.

Les droits de présence sont payés à la fin de chaque trimestre, dans la forme prescrite par le grand-maître.

A la fin de chaque trimestre, il sera fait un compte des recettes et dépenses, et l'excédant des recettes sera versé dans la caisse de l'Université, pour être employé aux besoins des autres facultés de droit, conformément à l'article 8 du présent statut.

(Ibid., art. 13 et 19.)

1726. L'administration économique de chaque faculté est dirigée par le recteur de l'académie ; elle est surveillée par le conseil académique.

(Arrêté du 13 juin 1810, art 1er. (1).)

1727. Le doyen de la faculté est chargé, sous la direction du recteur, de tous les détails de l'administration économique.

Il surveille les recettes et les dépenses faites par le secrétaire de la faculté, et se fait remettre, tous les trois mois, un état de situation qu'il transmet au recteur, avec ses observations.

Le recteur soumet cet état au conseil académique, et l'adresse ensuite au grand-maître, avec la délibération du conseil et son avis particulier.

(Ibid., art. 2... 4.)

(1) Le conseil, vu les articles 76 et 77 du décret du 17 mars 1808, le décret du quatrième complémentaire de l'an XII, et le titre 1er. du décret du 4 juin 1809 ;
Arrête, etc.

1728. Les archives, les livres et le mobilier de la faculté sont à la garde du secrétaire, sous la surveillance du doyen.

Chaque année il est fait, par le secrétaire, un inventaire double du mobilier.

Cet inventaire ayant été vérifié par le doyen et arrêté par le conseil académique, l'un des doubles est remis au doyen, et l'autre est adressé au grand-maître par le recteur.

((Ibid., art. 5 et 6.)

Des recettes.

1729. Les recettes de la faculté se composent :

1°. Des rétributions payées par les élèves, conformément au décret du 4e. complémentaire de l'an XII ;

2°. Des revenus particuliers de la faculté.

(Ibid., art. 7.)

1730. Le secrétaire de la faculté est chargé de faire toutes les recettes, et il tient la caisse.

Il inscrit toutes les recettes sur un livre-journal qui est coté et paraphé par le recteur.

Il tient, en outre, un registre d'ordre pour chaque nature de recettes, dans la forme déterminée par le grand-maître.

Il est chargé de recevoir, au profit de l'Université, les droits de sceau sur les diplômes, établis par le décret du 17 février 1809.

Il lui est alloué, pour cette recette et pour la délivrance des certificats d'aptitude, une indemnité de 2 francs 50 centimes sur chaque diplôme. Néanmoins l'indemnité sera de 5 francs pour le secrétaire de la faculté de droit de Paris (1).

Le doyen de la faculté fait, au moins une fois par mois, la vérification de la caisse du secrétaire, et adresse au recteur le procès-verbal de vérification, lequel est ensuite présenté au conseil académique.

Le recteur peut aussi, quand il le juge convenable, faire la vérification de la caisse.

(Ibid., art. 8... 12.)

1731. Il ne peut être rien exigé ni reçu des élèves, au-dessus des rétributions fixées par le décret du 4e. complémentaire de l'an XII.

Il ne peut être exigé plus de 2 francs, lors de chaque exa-

---

(1) La somme fixée pour le droit de diplôme doit suffire à tous les frais que la délivrance des diplômes peut occasioner ; le secrétaire-caissier est en conséquence autorisé à prélever sur cette somme de 2 fr. 50 c., et à Paris 5 fr., pour les frais de la faculté.

(Décision du 10 février 1809.)

men et acte public, pour l'usage de la robe et de la toque dont le candidat doit être revêtu.

Dans la faculté de droit de Paris, il pourra être exigé 3 francs.
(Ibid., art. 13 et 14.)

Des dépenses.

1732. Le secrétaire-caissier acquitte les dépenses, dans les formes ci-après déterminées.

Il les inscrit à leurs dates sur son livre-journal, et tient en outre un registre d'ordre pour chaque nature de dépenses : le tout dans la forme prescrite par le grand-maître.

Les dépenses se divisent en dépenses ordinaires et en dépenses extraordinaires.
(Ibid., art. 15... 17.)

Des dépenses ordinaires.

1733. Les dépenses ordinaires se composent :

1°. Des contributions publiques établies sur les immeubles dont jouit la faculté;

2°. Du vingtième du produit des inscriptions, et du dixième de tous les autres produits de la faculté, attribués au trésor de l'Université par les art. 133 et 134 du décret du 17 mars 1808;

3°. Des dépenses pour le service de la faculté;

4°. Des traitemens supplémentaires accordés au doyen, aux professeurs et au secrétaire, par les art. 16 et 65 du décret du 4e. complémentaire de l'an XII;

5°. Des droits de présence aux examens et aux actes publics, attribués, par les articles précités, aux professeurs, aux suppléans et au secrétaire;

6°. Des dépenses imprévues, jusqu'à concurrence de la somme fixée par le budget.
(Ibid., art. 18.)

1734. Les contributions publiques sont acquittées exactement aux échéances par le secrétaire, et sous sa responsabilité.

Le vingtième des inscriptions et le dixième des autres produits sont versés par le secrétaire dans la caisse de l'Université, aux époques et de la manière déterminées par le grand-maître.
(Ibid., art. 19 et 20.)

1735. Les dépenses pour le service de la faculté sont fixées chaque année par le budget.

Elles sont acquittées par le secrétaire sur des ordonnances du doyen.

Font partie des dépenses pour le service de la faculté, les frais d'entretien des immeubles.

Toute dépense relative à l'entretien des immeubles doit être autorisée et réglée par le conseil académique, suivant les besoins et sur la proposition du doyen de la faculté.

Elle est acquittée par le secrétaire sur les fonds spéciaux accordés par le budget, et d'après une ordonnance du doyen.
(Ibid., art. 22 et 23.)

1736. Lorsque les fonds accordés par le budget pour le service de la faculté se trouvent épuisés, il ne peut être ordonnancé ni payé d'autres fonds pour ces dépenses, sans une autorisation préalable du conseil de l'Université.

L'autorisation est accordée, s'il y a lieu, sur la demande du doyen, l'avis du conseil académique et la proposition du grand-maître.
(Ibid., art. 24.)

1737. En exécution de l'art. 10 du décret du 4 juin 1809, les traitemens supplémentaires sont fixés chaque année par le conseil de l'Université, d'après l'avis du recteur et du conseil académique, et sur la proposition du grand-maître.

Les traitemens supplémentaires sont payés par le secrétaire à la fin de chaque mois, sur un état ordonnancé par le doyen, et émargé par les parties prenantes.
(Ibid., art. 25 et 26.)

1738. Les droits de présence aux examens et aux actes publics, sont fixés dans la même forme que les traitemens supplémentaires.

Les droits de présence sont acquittés par le secrétaire à la fin de chaque mois, sur des états qui sont arrêtés par le conseil académique, et où sont indiquées les sommes qui appartiennent à chaque professeur, à chaque suppléant et au secrétaire, à raison du nombre des examens et des actes auxquels chacun d'eux a assisté.

Les traitemens supplémentaires et les droits de présence ne sont acquittés qu'après le prélèvement de toutes les dépenses ordinaires arriérées, et même d'une somme suffisante pour assurer pendant un mois le payement des contributions et les dépenses qui sont relatives au service de la faculté.
(Ibid., art. 27... 29.)

1739. Toute dépense imprévue doit être spécialement autorisée et réglée par le conseil académique, sur la demande du doyen.

Lorsque les sommes allouées par le budget pour dépenses imprévues se trouvent insuffisantes, le recteur, d'après l'avis du conseil académique, demande de nouveaux fonds qui sont accordés, s'il y a lieu, par le conseil de l'Université, sur la proposition du grand-maître.

Les dépenses imprévues sont acquittées par le secrétaire, sur les fonds à ce destinés, en vertu d'une ordonnance du doyen.

(Ibid., art. 30... 32.)

Des dépenses extraordinaires.

1740. Les dépenses extraordinaires sont celles qui sont relatives aux acquisitions de terrains et bâtimens, aux grosses réparations, aux constructions nouvelles, aux frais de premier établissement, aux frais de concours, et généralement toutes celles qui ne sont pas comprises dans le budget comme dépenses ordinaires.

Il ne peut être fait aucune dépense extraordinaire, si elle n'a été préalablement autorisée et réglée par le conseil de l'Université, sur la proposition du grand-maître, et d'après un avis du conseil académique.

Le montant de la dépense est acquitté par le secrétaire sur les fonds spéciaux à ce destinés, et d'après une ordonnance du doyen, dans laquelle est toujours mentionnée l'autorisation donnée par le conseil de l'Université.

(Ibid., art. 33... 35.)

Du budget annuel.

1741. Dans les dix premiers jours du mois de décembre de chaque année, le doyen rédige, conformément au modèle déterminé par le grand-maître, le budget de sa faculté pour l'année suivante, et le présente au recteur de l'académie.

Le recteur en forme un titre du budget général de son académie, qu'il soumet au conseil académique, et qu'il adresse ensuite au grand-maître, avec l'avis du conseil et ses observations particulières.

Le grand-maître transmet le tout au trésorier de l'Université, qui en fait son rapport au conseil.

Le conseil prononce définitivement sur le budget, après avoir entendu la section de comptabilité.

(Ibid., art. 36... 39.)

1742. Si les recettes de la faculté ne se trouvent pas suffisantes pour acquitter la totalité des dépenses, le conseil pourvoit au déficit par un supplément qu'il assigne, soit sur les fonds provenant d'excédans de recettes dans les autres facultés de droit, soit sur tous autres fonds disponibles.

(Ibid., art. 40.)

1743. Jusqu'à l'approbation du budget par le conseil de l'Université, les dépenses sont acquittées conformément au budget de l'année précédente.

(Ibid., art. 41.)

De la reddition et de l'apurement des comptes.

1744. Le compte annuel des recettes et des dépenses de la faculté est rédigé par le secrétaire, dans la forme déterminée par le grand-maître, et remis au doyen dans le courant du mois de janvier.

Le doyen l'adresse au recteur avec ses observations.

Le recteur comprend ce compte dans le compte général de l'académie, qui est soumis au conseil académique, et ensuite adressé au grand-maître.

Le conseil de l'Université statue définitivement sur le compte, dans les mêmes formes qui sont précédemment établies pour le budget.

(Ibid., art. 42... 45.)

1745. Toute dépense qui n'a pas été autorisée, ou qui n'a pas été faite suivant les règles prescrites dans les articles précédens, est irrégulière et rejetée du compte.

(Ibid., art. 46.)

1746. L'arrêté de compte est renvoyé au secrétaire de la faculté, et lui sert de décharge pour toutes les sommes qui sont allouées.

(Ibid., art. 47.)

1747. Le reliquat actif du compte est versé dans la caisse de l'Université, en exécution de l'art. 11 du décret du 4 juin 1809, pour être employé aux dépenses des autres facultés de droit dont les recettes ne sont pas suffisantes.

(Ibid., art. 48.)

1748. L'article 5 du statut du 11 mai 1810 sera remplacé par la disposition suivante :

Les traitemens fixes, supplémentaires, et droits de présence, ne pourront excéder cumulativement les quotités ci-après :

Pour chaque professeur................	7,000 fr.
Pour le préciput du doyen.............	1,600
Pour le secrétaire....................	4,666
Pour chaque suppléant...............	2,833

(Arrêté du 7 juillet 1812, art. 1er. (1).)

(1) Le conseil de l'Université,

Après avoir entendu le rapport de la section de comptabilité,

Considérant que le gouvernement ayant, en 1810, réduit à 50,000 francs la somme de 200,000 francs que jusqu'alors il avait fournie, conformément au décret du 4e. com-

1749. L'article 6 du statut du 11 mai 1810 sera remplacé par les dispositions suivantes :

Le *minimum* des traitemens fixes, supplémentaires, et droits de présence, est fixé ainsi qu'il suit :

Dans les facultés où il n'y a pas cent élèves,
Pour chaque professeur. . . . . 4,500 fr.
Pour le préciput du doyen. 600
Pour le secrétaire. 3,000
Pour chaque suppléant. 1,667

Dans les facultés qui ont cent élèves, et moins de cent cinquante,
Pour chaque professeur. . . . . 5,150 fr.
Pour le préciput du doyen. 800
Pour le secrétaire. 3,404
Pour chaque suppléant. 2,017

Dans les facultés qui ont cent cinquante élèves, et moins de deux cents,
Pour chaque professeur. . . . . 5,600 fr.
Pour le préciput du doyen. 1,000
Pour le secrétaire. 3,734
Pour chaque suppléant. 2,267

Dans les facultés qui ont deux cents élèves et moins de trois cents,
Pour chaque professeur. . . . . 6,000 fr.
Pour le préciput du doyen. 1,200
Pour le secrétaire. 4,067
Pour chaque suppléant. 2,434

Dans les facultés qui ont trois cents élèves, et moins de quatre cents,
Pour chaque professeur. . . . . 6,200 fr.
Pour le préciput du doyen. 1,400
Pour le secrétaire. 4,200
Pour chaque suppléant. 2,500

plémentaire de l'an XII, pour les traitemens des professeurs, des suppléans et des secrétaires des facultés de droit, le conseil a été forcé d'ordonner une réduction proportionnelle sur ces traitemens ;

Que cette réduction très-considérable a été ordonnée par un statut du 11 mai 1810 ; mais qu'elle n'a été prononcée que pour cette année, parce qu'on avait l'espoir d'obtenir de nouveaux fonds ;

Que cependant il a été nécessaire de la maintenir pour l'année 1811 ; mais que les recettes des facultés de droit étant devenues plus considérables, par l'accroissement du nombre des élèves, et le conseil ayant alloué, dans le budget de l'Université, pour 1812, une somme de 50,000 fr., pour subvenir aux besoins de ces facultés, il est possible et d'ailleurs très-équitable d'améliorer les traitemens ; et qu'il faut attendre, pour arrêter des fixations définitives, qu'il ait été statué sur les mesures qui ont été proposées au gouvernement,

Arrête, etc.

Dans les facultés qui ont quatre cents élèves, et moins de cinq cents,

Pour chaque professeur	6,400 fr.
Pour le préciput du doyen	1,600
Pour le secrétaire	4,334
Pour chaque suppléant	2,567

(Ibid., art. 2 et 3.)

1750. Les dispositions ci-dessus recevront leur exécution à compter du 1er. janvier 1812 seulement, et les fonds nécessaires pour les augmentations de traitemens pendant cette année, seront pris sur les excédans des recettes des facultés de droit pendant l'exercice 1811.

Les autres dispositions du statut du 11 mai 1810 continueront à être exécutées jusqu'à ce qu'il y ait été autrement pourvu.

(Ibid., art. 4 et 5.)

1751. Les dispositions de l'arrêté du 7 juillet 1812 sont maintenues à l'égard des facultés qui ont moins de cinq cents élèves.

(Arrêté du 6 avril 1818, art. 1er. (1).)

1752. A partir du 1er. janvier 1818, le *minimum* des traitemens fixes et supplémentaires, et des droits de présence, est fixé, savoir :

Dans les facultés qui ont cinq cents élèves et moins de six cents,

Pour chaque professeur	6,600 fr.
Pour le préciput du doyen	1,800
Pour chaque suppléant	2,634
Pour le secrétaire	4,467

Dans les facultés qui ont six cents élèves et moins de sept cents,

Pour chaque professeur	6,800 fr.
Pour le préciput du doyen	2,000
Pour chaque suppléant	2,700
Pour le secrétaire	4,600

---

(1) La commission de l'instruction publique,

Vu l'arrêté du 7 juillet 1812, relatif au *maximum* et au *minimum* des traitemens alloués dans les facultés de droit ;

Vu délibération, en date du 9 décembre 1817, par laquelle la faculté de droit de Toulouse réclame contre le *maximum* fixé par cet arrêté, comme étant contraire aux intérêts des professeurs :

Considérant qu'en effet ledit arrêté a pour objet de fixer les traitemens des professeurs, doyens, suppléans et secrétaires, en raison du nombre des élèves ; que l'échelle progressive n'a été calculée, dans l'arrêté du 7 juillet, que jusqu'à la concurrence de quatre cent quatre-vingt-dix-neuf élèves, et qu'il est juste de prendre de nouvelles dispositions applicables aux facultés qui ont cinq cents élèves et au-delà,

Arrête, etc.

Dans les facultés qui ont sept cents élèves et moins de huit cents,

Pour chaque professeur. . . . . 7,000 fr.
Pour le préciput du doyen. 2,200
Pour chaque suppléant. 2,767
Pour le secrétaire. 4,734

Dans les facultés désignées par le présent article, le *maximum* des traitemens fixes et supplémentaires, et du droit de présence, est fixé, savoir :

Pour chaque professeur. . . . . 7,600 fr.
Pour le préciput du doyen. 2,200
Pour chaque suppléant. 3,300
Pour le secrétaire. 5,000

1753. Les suppléans des facultés de droit qui auront été chargés d'un cours pendant la vacance d'une chaire, recevront, à titre d'indemnité, en sus de leur traitement, une somme annuelle de 1,500 francs dans les départemens, et 2,400 francs à Paris.

(Arrêté du 19 mars 1819.)

1754. L'arrêté du conseil de l'Université, en date du 10 février 1809, qui autorisait les secrétaires caissiers de ces facultés à prélever sur les droits de diplômes 2 fr. 50 c. dans les facultés des départemens, et 5 fr. à Paris, est rapporté.

(Arrêté du 6 septembre 1823 (2).)

1755. La répartition des traitemens supplémentaires dans les facultés de droit pendant les trois premiers trimestres d'un exercice ne sera considérée que comme provisoire, et le montant de ces traitemens sera définitivement réglé à la fin du quatrième trimestre, d'après le terme moyen des inscriptions prises pendant l'année, conformément aux dispositions du statut du 11 mai 1810, et des arrêtés des 7 juillet 1812 et 6 avril 1818.

(Décision du 22 février 1825.)

1756. Les fils de professeurs et de suppléans de professeurs des facultés de droit, seront dispensés de payer les droits de sceau pour les diplômes qui leur seront conférés par ces facultés.

(Arrêté du 29 septembre 1827.)

(1) Le conseil, considérant que tous les frais d'impressions et achats de papiers pour certificats d'aptitude doivent être payés sur les fonds alloués aux budgets des facultés de droit, et que les diplômes sont fournis par l'administration centrale,
Arrête, etc.

§ VI.

DES FACULTÉS DE THÉOLOGIE (1).

Nomination des professeurs.

1757. Lorsqu'il vaquera une chaire dans une faculté de théologie, le grand-maître de l'Université en informera l'évêque diocésain.

(Arrêté du 9 décembre 1828, art. 1ᵉʳ. (2).)

1758. La liste des candidats présentés par l'évêque diocésain sera communiquée au conseil royal, et le grand-maître de l'Université déterminera par un arrêté le jour où le concours devra être ouvert.

Il y aura trois mois de distance entre le jour de l'arrêté du grand-maître et celui qui sera indiqué pour l'ouverture du concours.

(Ibid., art. 2.)

1759. La liste des candidats présentés par l'évêque et l'arrêté du grand-maître de l'Université seront envoyés au recteur de l'académie qui les transmettra au doyen, lequel les fera inscrire au secrétariat de la faculté, et avertira les aspirans de

---

(1) On a vu précédemment, pages 337 et suiv., les dispositions générales concernant l'administration et la discipline des facultés. Nous donnons ici le statut d'après lequel doit avoir lieu la nomination des professeurs par la voie du concours.

En ce qui touche l'enseignement et les examens pour les grades, il faut bien reconnaître que jusqu'ici la plupart des cours ont été peu suivis, et que peu de grades ont été conférés. Sous ce double rapport, les facultés protestantes ont au contraire montré un zèle extrêmement remarquable. Nous regrettons vivement que des difficultés particulières aient si fort retardé dans presque toutes les facultés catholiques le développement que devait y prendre, par plus de motifs que jamais, l'enseignement de la théologie. Il est vrai aussi de dire que les facultés protestantes sont tout à la fois facultés et séminaires (loi du 18 germinal an X); elles font des cours, elles confèrent les grades, et, de plus, elles donnent l'éducation ecclésiastique, tandis que les facultés catholiques n'ont d'autre mission que de faire des cours et de conférer des grades, et laissent tout le soin de l'éducation ecclésiastique aux séminaires, placés immédiatement et uniquement sous la main des évêques. Ce qui est à désirer, ce que semblent rendre nécessaire, et la pragmatique sanction de Charles VII, et le concordat de François Iᵉʳ, et la loi du 18 germinal an X, et celle du 23 ventôse an XII, et l'ordonnance du 25 décembre 1830, c'est que désormais les élèves des séminaires soient envoyés aux cours des facultés de théologie : on peut l'espérer, si les grades ecclésiastiques sont sérieusement exigés.

A cette occasion, nous croyons devoir donner enfin de la publicité à un mémoire qui nous fut remis en 1830 par le vénérable doyen d'une de nos facultés catholiques, et

(2) Le conseil, vu l'article 7 du décret du 17 mars 1808, relatif aux facultés de théologie, portant que l'évêque ou l'archevêque du chef-lieu de l'académie présentera au grand-maître les docteurs en théologie parmi lesquels les professeurs seront nommés, et que chaque présentation sera de trois sujets au moins, entre lesquels sera établi le concours sur lequel il sera prononcé par les membres de la faculté de théologie,

Arrête, etc.

manière que l'avis leur parvienne deux mois au moins avant l'ouverture du concours.

(Ibid., art. 3.)

1760. Le doyen présidera le concours, ou, à son défaut, les juges choisiront parmi eux leur président, qui devra toujours être docteur.

Le président aura la direction et la police du concours, et voix prépondérante en cas de partage. Il prononcera sur toutes les difficultés qui pourront s'élever pendant la tenue du concours.

Le doyen de la faculté ordonnera, sous l'autorité du recteur, toutes les dispositions intérieures et tous les préparatifs nécessaires pour le concours.

(Ibid., art. 4... 6.)

1761. Aux jour et heure fixés pour l'ouverture du concours, il sera fait un appel de tous les candidats admis; ils inscriront eux-mêmes sur un registre leur nom et leur adresse. Le registre sera ensuite clos par le président; et tout candidat qui ne se serait pas présenté à cette séance et qui n'aurait pas donné d'excuse légitime, sera exclu du concours.

Le président fixera les jours et heures auxquels auront lieu les diverses séances du concours.

Le rang des candidats qui soutiendront les épreuves du con-

qui prouvera combien le clergé français aspire à refaire cette belle église gallicane, célèbre entre toutes les églises du monde chrétien.

« Il importe à l'état, comme à la religion, que les ministres des autels soient animés de l'esprit qui convient à leur saint état, et qui les rend capables d'être véritablement utiles aux différentes conditions et aux différens âges de la société. Les prêtres doivent, selon l'expression de l'apôtre, être tout à tous, répandre les lumières et les bienfaits de la religion parmi tous les hommes sans distinction d'opinions et d'intérêts, s'accommodant aux temps et aux circonstances sans que le dépôt de la foi et de l'unité s'affaiblisse pour cela au milieu du sacerdoce : toujours occupés de conduire les âmes dans la voie du salut par la pratique des vertus qui rendent la religion aimable et attrayante aux yeux des hommes, et qui contribuent si efficacement au bonheur des familles et de la société.

La vocation du ministre du Seigneur est toute, en un mot, dans cet esprit de la religion qui unit la terre au ciel, et par cette union même améliore le temps dans la vue de l'éternité. Or, il n'est rien de plus contraire à cet esprit de la religion que l'esprit d'isolement, ou, si l'on veut, l'esprit particulier, l'*individualisme*. Le prêtre, qui est livré à cet esprit, ne connaît que les personnes et les intérêts avec lesquels il a pu être en rapport : pour lui rien n'est bon, rien n'est utile, que ce qui se trouve compris dans le cercle étroit de son éducation et de ses habitudes; il est comme étranger dans sa propre patrie, s'il n'y rencontre point les hommes et les doctrines qui ont été l'objet spécial de ses études et de ses affections. Ainsi, le partisan de telles opinions théologiques et philosophiques, regardera comme déplacés et inutiles ses travaux et son ministère, là où il n'espérera pas le triomphe de ces mêmes opinions.

Celui qui, dès le bas âge, livré à des instituteurs particuliers, parvient à des fonctions publiques du ministère ecclésiastique, sans avoir eu d'autres impressions que celles de ses maîtres, les portera partout; il ne connaîtra que l'esprit de la famille à laquelle il appartient et sera étranger à tout esprit public. Il en est de même des études faites dans des congrégations et des communautés ; le prêtre formé à ces écoles se croira exilé et étranger dans le monde où ces mêmes écoles seront inconnues ou sans influence.

Il est donc essentiel qu'il existe pour le clergé des écoles publiques et accessibles à tous,

cours sera déterminé d'après l'ordre de présentation faite par l'évêque diocésain.
(Ibid., art. 7... 9.)

1762. Le concours sera composé de trois exercices, dont les deux derniers seront publics.

Chacun des trois exercices aura lieu en latin.
(Ibid., art. 10.)

1763. Pour le premier exercice, il sera rédigé par les juges trois questions exclusivement relatives à l'objet de l'enseignement de la chaire vacante.

Le sort décidera laquelle de ces trois questions sera traitée par les candidats.

Les candidats seront réunis dans une salle, sous la surveillance de deux juges du concours, désignés par le président, et ils n'auront aucune communication au dehors. Chaque candidat traitera par écrit la question proposée ; il déposera sa rédaction, signée de lui, dans une boîte scellée du sceau du président.

Les juges fixeront le temps accordé pour les rédactions. Ce temps ne pourra être moindre de cinq heures ni excéder huit heures.

Le lendemain du jour où les rédactions auront été terminées, les juges se réuniront pour les examiner et les juger.
(Ibid., art. 11... 14.)

où il ne soit permis d'enseigner que ce qui doit être enseigné partout ; qui n'appartiennent pas à une congrégation, à une communauté, à un diocèse, mais à toutes les communautés, à tous les séminaires, à tous les diocèses de la France, en sorte que nous ayons un clergé véritablement français, dévoué à tous les intérêts moraux et religieux de la société, étranger à tout esprit de système, toujours zélé pour le bonheur des peuples qui lui sont confiés, quelles que soient d'ailleurs les opinions des autorités civiles ou ecclésiastiques auxquelles il doit obéir.

L'enseignement public de la théologie, qui ne peut avoir lieu que par les facultés, peut seul donner au clergé cet esprit d'autant plus national, qu'il est celui de la religion, qui appartient à tous, et qu'il s'oppose à l'esprit d'isolement, qui ne s'attache qu'à des intérêts et à des sentimens personnels.

L'enseignement public de la théologie a un autre avantage, il excite l'émulation si nécessaire aux bonnes études, il répand le goût du travail parmi la jeunesse sacerdotale. On a remarqué que beaucoup de maisons ecclésiastiques ne s'étaient pas montrées assez sévères sur ce point important, et depuis des années, il faut l'avouer, il est sorti des séminaires des différens diocèses des sujets incapables, qui, loin de contribuer à soutenir la dignité de leur état et l'enseignement de la morale, ont malheureusement, au contraire, contribué à la déconsidération du sacerdoce, par le mépris qu'inspire l'ignorance pour les doctrines qu'elle professe et qu'elle ne peut enseigner d'une manière convenable, et pour les personnes mêmes qui sont dépositaires de ces doctrines. Il est à craindre ensuite que le prêtre ignorant ne vive pas pour l'ordinaire d'une manière conforme à la gravité de son état, qu'il ne fréquente de préférence les personnes peu instruites de la religion ou même celles qui la méprisent, pour ne point se trouver exposé à montrer son ignorance ou à recevoir des leçons. Si l'on veut que le clergé soit utile, il faut lui donner les habitudes et la considération que donnent la science et le goût du travail. Les facultés de théologie doivent tendre à ce but.

On pourrait concevoir des soupçons et des doutes sur la nature de l'enseignement privé des séminaires ; la publicité des cours fait tomber tous les soupçons et lève tous

1764. Pour le second exercice, il sera désigné par les juges du concours autant de matières qu'il y aura de candidats : chaque candidat tirera une de ces matières au sort.

Chaque candidat fera deux leçons sur la matière qui lui sera échue par le sort. Le délai pour rédiger ces leçons sera de deux jours francs.

Les leçons seront faites oralement : les candidats ne pourront s'aider que de simples notes.

Les leçons seront de trois quarts d'heure chacune. Il n'en sera faite qu'une par jour pour chaque candidat. Le président pourra indiquer le même jour à plusieurs candidats.

(Ibid., art. 15... 18.)

1765. Pour la troisième épreuve, les candidats soutiendront publiquement les deux thèses appelées *mineure* et *majeure*.

Chaque candidat rédigera les deux thèses qu'il devra soutenir.

Ces thèses devront être visées par le président qui veillera à ce qu'elles ne contiennent rien de contraire aux lois du royaume.

(Ibid., art. 19.)

1766. Huit jours francs après le second exercice terminé, le premier candidat soutiendra la mineure; le second la soutiendra

---

les doutes, dès lors que tous peuvent assister à ces cours; ainsi, le gouvernement trouvera dans les facultés la garantie qu'il peut désirer sur l'enseignement de la religion, comme de son côté le clergé est assuré de l'intégrité des doctrines qui lui sont confiées.

Non-seulement l'autorité civile sera rassurée et confiante par la publicité des cours de théologie, elle y verra encore pour la nation un sujet de gloire, et ici le passé montre ce que serait l'avenir, si les facultés de théologie se relevaient de l'état où on les a laissées tomber. On connaît le vif éclat qu'a jeté la Sorbonne dans les siècles passés; mais l'esprit religieux qui vivifia si long-temps la science sacrée, n'est point éteint, il suffirait de lui donner un aliment. Les autres facultés honorent la France, et de nombreux auditeurs vont y puiser le trésor des connaissances humaines; mais la science de la religion tient une grande place parmi ces connaissances, il y a une si étroite alliance entre elles qu'on ne connaît qu'imparfaitement les unes si l'on ignore les autres.

Il importe donc qu'à côté des chaires, d'où se répandent d'une manière si éclatante et si utile les connaissances humaines, s'élèvent aussi les chaires sacrées, où l'on retrouve le dépôt de la science religieuse. Et le bienfait ne serait ni momentané, ni restreint aux lieux où résident les facultés : il se formerait comme par le passé, comme à présent même dans les autres facultés, parmi de nombreux élèves, des hommes studieux et habiles, qui, excités par l'éclat que donnent la publicité des leçons et des thèses et le choc des concours, aimeraient la science et le travail, s'y formeraient de bonne heure, acquerraient l'assurance nécessaire pour parler en public, sentiraient leur âme et leurs ressources s'agrandir, s'élever par degrés à la hauteur de leurs fonctions dans toutes les circonstances qui intéressent l'église et l'état.

Ces dignes élèves de nos écoles, après avoir subi de longues et d'utiles épreuves, et mérité des titres et des distinctions honorables, iraient porter dans les diocèses l'amour de l'étude, la perfection de la doctrine, la vérité des connaissances, le goût de l'antiquité sacrée, le respect pour les traditions ecclésiastiques; de sorte que les facultés seraient de véritables écoles normales qui rendraient d'immenses services à la religion et à la société. La faculté de théologie de Paris serait surtout dans la position la plus fa-

le surlendemain, et ainsi de suite, de deux jours en deux jours. Les candidats soutiendront ensuite la majeure dans le même ordre qu'ils auront soutenu la mineure.

Chaque thèse sera imprimée séparément.

Il sera adressé dix exemplaires de chacune au grand-maître de l'Université.

Chaque candidat devra faire distribuer sa thèse aux juges du concours et à ses concurrens, trois jours francs avant celui où il devra la soutenir.

(Ibid., art. 20..., 22.)

1767. La durée de la mineure sera de trois heures, celle de la majeure pourra être de quatre.

L'argumentation sera faite par les candidats; chacun d'eux sera tenu d'argumenter aux thèses de chacun de ses concurrens.

Chaque concurrent devra argumenter, pendant une demi-heure au moins, et pendant une heure au plus. S'il n'y a pas assez de concurrens pour remplir la durée de la thèse, le président désignera les juges du concours qui devront argumenter le candidat.

(Ibid., art. 23..., 25.)

1768 Dans les vingt-quatre heures qui suivront la dernière séance du concours, les juges se réuniront et nommeront, au

vorable pour servir de modèle et donner l'impulsion aux facultés de théologie des provinces.

Importance et nécessité de chaque cours en particulier.

Dès l'institution des facultés, on a senti que la faculté de théologie de Paris devait être supérieure aux autres par un enseignement plus complet, car c'est à Paris que les sujets les plus distingués trouvent des moyens d'instruction qu'ils chercheraient vainement ailleurs. C'est dans ce but qu'on créa six chaires à Paris, savoir: celles de dogme, de morale, d'histoire et discipline ecclésiastique, d'écriture sainte, d'hébreu et d'éloquence sacrée. Montrer succinctement l'objet de ces cours, c'est en prouver l'importance et la nécessité.

1°. Le dogme. Il est inutile de parler de la nécessité de ce cours: c'est le premier, le plus indispensable. Là, on établit les bases de la religion, les preuves de l'autorité de l'église, là se montre le lien qui unit la philosophie et la théologie, la raison et la foi, lesquelles se prêtent un mutuel secours, appuyées l'une sur l'autre, marchant de front sans être jamais contraires les unes aux autres. Dans ce cours enfin se trouvent exposés les grands motifs de notre croyance.

2°. La morale. La morale n'est pas moins nécessaire. Que serait la religion, si on ne l'appliquait aux mœurs, si ses préceptes n'allaient sanctifier tous les états, toutes les actions, toutes les consciences? Ce cours développe les divins commandemens, donnés aux hommes en différens temps, expliqués et perfectionnés par cette morale sublime de l'Évangile, universellement respectée, lors même qu'elle n'est pas pratiquée, et à laquelle l'incrédulité a si souvent rendu hommage.

La publicité d'un cours de faculté lui assure son unité sainte, et ôte ainsi des variations, des incertitudes, des doutes qui affligent, et qui causent beaucoup de mal. Un grand nombre de questions divisent même le clergé, comme le prêt à intérêt, qui a des rapports si intimes avec le commerce et l'industrie. L'enseignement isolé a causé des embarras sur l'usure, les contrats, les formes et les manières d'acquérir.

3°. Il y a aussi des variations sur les pratiques extérieures de la religion. Les facultés at-

scrutin secret et à la majorité absolue, ceux qu'ils auront jugés les plus dignes.

Si les deux premiers tours ne donnent pas de majorité absolue, il sera procédé à un scrutin de ballotage entre les candidats qui auront obtenu le plus de voix au second tour.

Dans le cas d'égalité, le président déclarera pour qui il a voté, et sa voix sera prépondérante.

(Ibid., art. 26.)

1769. Aussitôt que la délibération sera terminée, le jugement sera proclamé par le président dans la salle des séances publiques, en ces termes :

« Par le résultat de la délibération des juges du concours, M............. a obtenu la chaire de professeur de............ vacante dans la faculté de théologie, académie de......

» Il se conformera pour son institution à l'article 52 du décret du 17 mars 1808. »

Le procès-verbal des opérations du concours sera signé par tous les juges, et transmis sur-le-champ au grand-maître par l'intermédiaire du recteur.

Il sera communiqué au conseil royal.

(Ibid., art. 27 et 28.)

1770. Les nominations pourront être attaquées par les candi-

teindraient ce but désirable de porter partout un enseignement uniforme, et de donner des décisions qui pussent trancher les difficultés et calmer les consciences.

3°. L'histoire et la discipline ecclésiastique. Cette partie a des rapports avec toute la science théologique, et elle peut être regardée comme nationale, puisqu'on ne peut la développer sans retracer ce qu'il y a de plus grand et de plus honorable pour notre patrie ; l'union du sacerdoce et de l'empire, les lois, les lettres, les arts, l'éducation, les traits sublimes de vertu et de génie, les institutions de bienfaisance et de charité, les monumens, les origines, tout cela se trouve dans l'étude de l'histoire et de la discipline de l'église, surtout de notre église de France.

4°. L'écriture sainte. Il n'est pas difficile de comprendre l'utilité d'une chaire d'écriture sainte. La Bible, tous les vrais savans en conviennent, est le monument historique et littéraire qui présente le plus de titres à une juste vénération. Or, chercher l'origine de chacune de ses parties, exposer tous les documens d'antiquité qu'il renferme, retracer le tableau fidèle des mœurs et des usages orientaux qui s'y trouvent peints d'une manière si vive et si naturelle, établir les règles d'une saine critique, pour mettre ce livre sacré à l'abri, soit des explications erronées de la superstition et du fanatisme, soit des malignes interprétations de l'incrédulité, enfin, détailler ces beautés sans nombre d'une élocution tout à la fois simple, grande, noble, riche et sublime : telle est la tâche du professeur d'écriture sainte, et le titre incontestable de l'utilité de ses fonctions.

5°. L'hébreu. La faculté de théologie de Paris a toujours compris que la connaissance de l'hébreu était aussi utile au théologien pour défendre la religion que nécessaire pour l'intelligence parfaite de l'écriture sainte. Aussi, dès l'an 1530, elle avait arrêté, « qu'on
» n'admettrait plus aux degrés de bachelier et de docteur, que ceux qui seraient suffisam-
» ment instruits des langues grecque et hébraïque. Et il n'a pas tenu à elle si son arrêté
» n'a reçu que deux siècles après son entière exécution. Ce ne fut en effet qu'en 1751
» qu'un prince, zélé protecteur des sciences et de la religion, monseigneur le duc d'Or-
» léans, aïeul de notre monarque, fonda dans les écoles de Sorbonne une chaire d'hé-
» breu, et obtint du roi que le professeur de cette chaire et les écoliers qui étudieraient

dats qui n'auront pas été nommés, mais seulement pour raison de la violation des formes prescrites : dans ce cas, les réclamations seront adressées au grand-maître et jugées par le conseil royal.

Les réclamations contre le concours ne pourront être admises que dans les dix jours qui suivront la clôture, plus un jour par dix myriamètres de distance de Paris à la ville où le concours aura eu lieu, et l'institution ne pourra être donnée par le grand-maître qu'après l'expiration de ce terme, ou après le jugement de rejet des réclamations.

Si le nomination est infirmée, il sera procédé à un nouveau concours. Ce concours ne pourra avoir lieu qu'entre les candidats qui avaient été admis au précédent.

(Ibid., art. 29... 31.)

1771. Les frais du concours seront supportés par la faculté,

» sous lui, auraient les mêmes droits et les même priviléges que les autres professeurs
» et les autres écoliers de la faculté de théologie de Paris. »

On a toujours compris que la langue hébraïque est nécessaire à l'intelligence de la Bible, et utile au théologien pour défendre la religion.

Il est un autre motif, qui ne saurait être mieux senti et mieux apprécié que dans un siècle où le savoir est devenu un premier besoin.

Chez les nations éclairées, quel est l'homme qui oserait revendiquer le titre de savant sans avoir étudié l'antiquité ? Or, il est reconnu qu'on n'acquerra jamais que de faibles connaissances en archéologie sans le secours des langues orientales.

Il est aussi reconnu que la langue hébraïque, tant par son antiquité que par son génie, offre une infinité de ressources à celui qui veut faire une étude approfondie de l'histoire, de la géographie et de la littérature des anciens peuples. Les Allemands, du moins, ce peuple qui se vante de tenir le sceptre des sciences en Europe, font de l'hébreu une partie essentielle de l'enseignement. Dans plusieurs Universités, ils apprennent cette langue dès la cinquième. Quant à l'utilité de l'hébreu, par rapport à la littérature, on n'a pour s'en convaincre qu'à jeter les yeux sur les ouvrages immortels des docteurs Lowth et Herder.

L'Université ne saurait méconnaître l'utilité de la chaire d'hébreu, c'est un complément nécessaire à son enseignement : et si elle a jeté un si vif éclat par son goût exquis dans la littérature française, latine et grecque, pourquoi renoncerait-elle à une portion de la gloire littéraire que des nations voisines regardent comme la plus noble et la plus belle ?

6°. L'éloquence sacrée. Ce cours est essentiel pour donner les meilleures méthodes de l'enseignement de la religion, depuis le sermon et le panégyrique jusqu'à l'utile et modeste instruction donnée à l'enfance dans les catéchismes. Mais les méthodes, sèches et stériles par elles-mêmes, ne confèrent pas le don de la parole ; aussi le professeur ne se borne pas à cet objet. Il remonte aux sources, il offre des modèles immortels, il compare toutes les parties de la littérature sacrée, il rapproche tous les âges, il anime le cœur et l'imagination par de brillantes citations, il propose les préceptes, montre le génie des auteurs sacrés de tous les temps et de toutes les nations, dont la religion a consacré la mémoire, et parcourant surtout les siècles religieux de la France, il fait voir combien est grand le nombre d'orateurs sacrés dont les écrits ont illustré l'église gallicane et lui ont donné une si grande autorité dans l'église universelle.

Moyens de rendre utiles les cours de la faculté.

Les facultés de théologie établies en 1808 n'ont pas obtenu les succès qu'on devait en attendre, et cela par la négligence ou l'indifférence du pouvoir à différentes époques, et par des préventions particulières qu'il était facile de détruire ou de neutraliser. Le moyen principal à employer pour donner de l'activité et de la considération à l'ensei-

sauf l'impression de chaque thèse, qui est à la charge du candidat.

Les droits de présence des juges du concours seront déterminés par le conseil royal.

(Ibid., art. 32.)

gnement, c'est d'observer à ce sujet les lois de l'église et celles de l'état. Les canons veulent qu'on soit docteur ou licencié en droit canon ou en théologie pour être évêque, grand-vicaire, théologal, pénitencier; d'après nos anciens usages, les cures des grandes villes ne pouvaient être conférées qu'à des gradués. Le roi nomme aux évêchés, il faut que ces nominations n'aient lieu qu'en faveur des docteurs ou licenciés en théologie (le droit canon se réduit aujourd'hui à fort peu de chose). Le roi, en vertu des concordats, approuve la nomination des grands-vicaires, chanoines, curés de 1re. et de 2e. classe, professeurs de théologie, etc. Il faut qu'il n'approuve et ne ratifie que les nominations d'ecclésiastiques gradués, docteurs, licenciés ou bacheliers en théologie selon le titre auquel ils peuvent être appelés.

Par l'exercice pur et simple de son droit, le roi, sans qu'il soit besoin d'aucune autre mesure, ni de l'intervention d'aucune autorité, donnera le mouvement aux facultés de théologie. »

Nous ne quitterons pas ce sujet si important sans donner une idée de la manière dont un des professeurs de la faculté de Paris a conçu le cours dont il était chargé. Il s'agit du cours d'écriture sainte, et ce professeur est M. l'abbé Frère.

PROGRAMME
DU COURS D'ÉCRITURE SAINTE,

PROFESSÉ EN 1832 A LA FACULTÉ DE THÉOLOGIE DE PARIS.

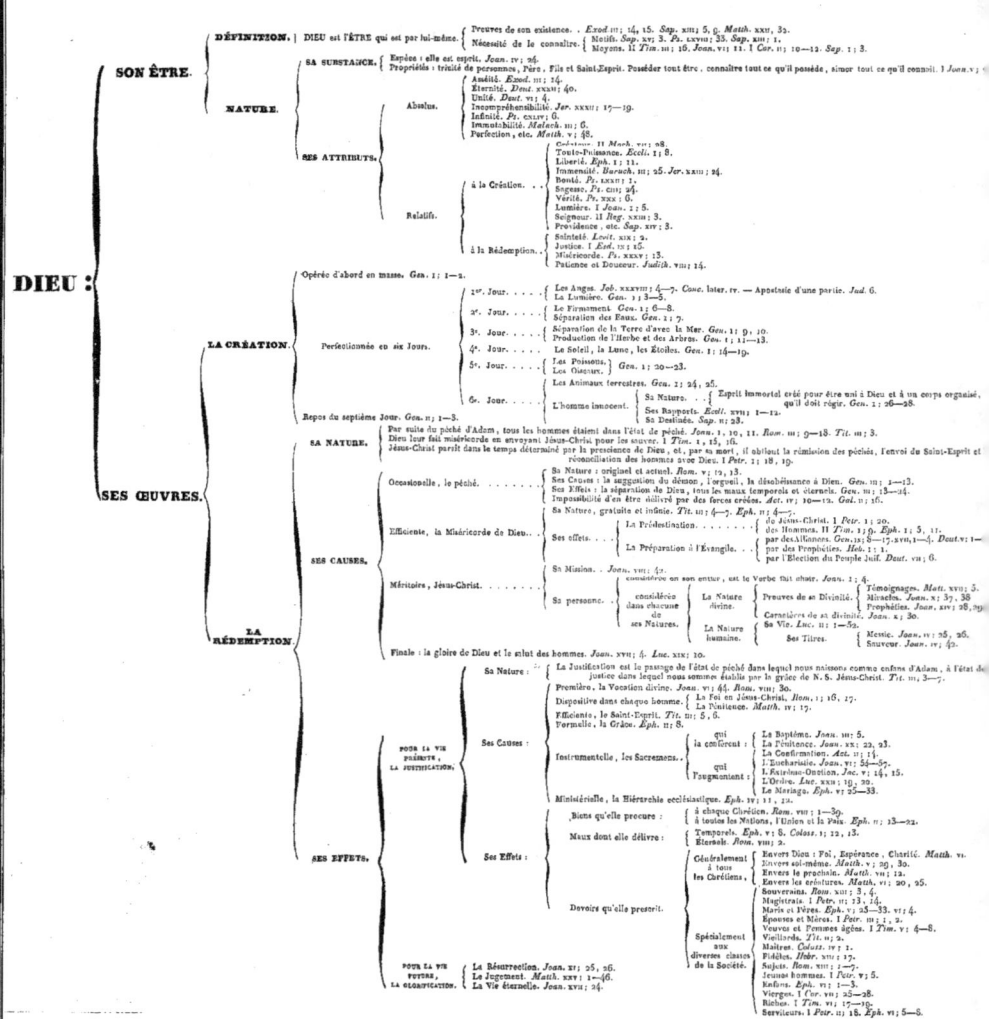

FACULTÉS DE THÉOLOGIE PROTESTANTES.

FACULTÉ DE THÉOLOGIE PROTESTANTE DE STRASBOURG.

Nombre des chaires. — Nomination des professeurs.

1772. La faculté de théologie protestante de Strasbourg sera composée de trois professeurs, savoir : un professeur de dogme, un professeur d'histoire ecclésiastique, et un professeur de morale évangélique.

(Arrêté du 27 décembre 1818, art. 1ᵉʳ. (1).)

1773. Trois des chaires actuellement établies au grand séminaire de la confession d'Ausbourg, sont érigées en chaires de faculté, et leurs titulaires composeront ladite faculté. Ils ne seront tenus à d'autre enseignement qu'à celui qui se fait audit séminaire.

(Ibid., art. 2.)

1774. La faculté procédera aux examens et collations de grades, sous l'inspection du recteur ou de l'inspecteur qu'il déléguera à cet effet, et d'après les règlemens à intervenir.

(Ibid., art. 3.)

1775. Les professeurs recevront de la caisse de l'instruction publique un traitement annuel de 1,000 fr. pour chacun. Le doyen aura un préciput de 500 fr.

Les recettes éventuelles seront faites pour le compte de l'Université.

(Ibid., art. 4 et 5.)

1776. Pour la première nomination, le directoire du consistoire général de la confession d'Ausbourg présentera à la commission, entre les professeurs actuels du séminaire, les trois sujets qui lui paraîtront le plus propres à faire partie de la faculté.

A l'avenir, le directoire présentera, pour chaque place vacante, trois sujets, entre lesquels la faculté choisira au concours, conformément à l'article 55 du décret du 17 mars 1808. Le sujet nommé sera à la fois professeur au séminaire et à la faculté : il sera institué, en cette dernière qualité, par l'autorité universitaire.

(Ibid., art. 6 et 7.)

(1) La commission de l'instruction publique, vu l'art. 8 du décret du 17 mars 1808, et les lettres du ministre de l'intérieur des 31 mars et 15 juin 1818, concernant la formation d'une faculté de théologie protestante à Strasbourg,

Arrête, etc.

1777. Il sera pris des mesures ultérieures pour l'érection d'une chaire de dogme de la confession helvétique (1).

(Ibid., art. 8.)

1778. Le présent arrêté recevra son exécution après que le directoire aura donné son assentiment formel aux sept premiers articles dudit arrêté, et qu'il aura été revêtu de l'approbation de son exc. le ministre de l'intérieur.

(Ibid., art. 9.)

RÈGLEMENT D'ÉTUDES ET DE DISCIPLINE (14 NOVEMBRE 1827).

De l'admission des élèves.

1779. Tout élève étranger à la résidence de la faculté se présentera, immédiatement après son arrivée à Strasbourg, chez le doyen et les professeurs de la faculté. Il devra être muni :

1º. D'un certificat constatant son âge, le lieu et le temps de ses études préparatoires, ses dispositions, ses progrès et sa conduite ;

2º. D'une délibération du consistoire de son ressort, faisant foi qu'il est inscrit sur le rôle des futurs candidats du saint ministère de ce consistoire.

Ces pièces seront remises au secrétaire, qui, après les avoir soumises au conseil de la faculté, les déposera dans les archives de la faculté, jusqu'au moment des grands examens du candidat.

Les examens et les conférences d'admission auront lieu dans la première huitaine après la rentrée de novembre (§ 3).

Les élèves nouvellement arrivés, qui n'auront pas encore commencé leurs études théologiques, seront examinés par une commission de professeurs désignés à cet effet, qui s'assurera s'ils possèdent à un degré suffisant les connaissances nécessaires à ceux qui veulent suivre des cours de théologie. Ces élèves expliqueront les principaux auteurs classiques grecs et latins, interpréteront et analyseront le texte des livres historiques du Nouveau-Testament, et répondront sur l'histoire et la philosophie.

Sur le rapport de ladite commission, la faculté décidera de leur admission au nombre des étudians en théologie. Ceux qui auront déjà été reçus aux leçons théologiques d'une autre faculté, devront prouver, dans une conférence spéciale, si le

(1) Cette chaire a été établie : l'enseignement de la faculté comprend aujourd'hui six chaires : *Dogme*, *morale évangélique*, *exégèse*, *éloquence sacrée*, *histoire ecclésiastique*, *dogme de la confession helvétique*.

temps qu'ils y auront passé pourra leur être compté en entier ou seulement en partie.

Celui qui ne sera point jugé capable de fréquenter les cours de théologie, suivra, pendant le temps nécessaire, les cours préparatoires, d'après le plan qui lui sera tracé par la commission des examens.

Des inscriptions.

1780. Le stade théologique complet renferme douze inscriptions, dont chacune aura lieu de trimestre en trimestre, sur les registres du secrétaire.

Le registre des inscriptions est ouvert le 2 novembre, 2 janvier, 1er. avril et 1er. juillet de chaque année, et clos irrévocablement le 15 du même mois.

Des études.

1781. Les études théologiques devront se faire dans l'ordre suivant :

1°. Pendant la première année, les élèves fréquenteront les cours d'introduction à l'Ancien et au Nouveau-Testament, d'encyclopédie et de méthodologie théologiques, d'archéologie sacrée et d'exégèse.

Ils pourront y joindre l'étude du dogme et de l'histoire ecclésiastique, si ces cours prenaient leur commencement à l'époque de leur admission.

2°. Pendant la deuxième année, ils continueront l'étude de l'exégèse ; ils commenceront ou poursuivront celle du dogme et de l'histoire ecclésiastique, en y ajoutant les leçons de morale évangélique et d'apologétique.

3°. La troisième année sera particulièrement consacrée à la théologique pratique, à l'homilétique, à la catéchétique, au droit ecclésiastique protestant et à des exercices de prédication.

4°. Les cours d'exégèse seront suivis pendant tout le temps des études théologiques.

Aux examens semestriels, les professeurs de la faculté indiqueront à chaque élève individuellement les cours qu'il devra fréquenter dans le courant du semestre.

Il est interdit aux élèves de prêcher publiquement sans avoir obtenu une autorisation écrite, qui leur sera délivrée par l'autorité ecclésiastique compétente sur l'avis de la faculté, contre-signé par le secrétaire (art. 3, § 11).

La connaissance de la langue et de la littérature allemandes devenant de plus en plus nécessaires au théologien, les élèves devront justifier qu'ils la possèdent avant leur admission aux grades.

Néanmoins, ceux des élèves réformés qui se destinent à exercer dans l'intérieur de la France, pourront en être dispensés par le recteur de l'académie.

Des examens.

1782. Les examens se divisent en examens semestriels et en examens pour obtention de grades.

Les élèves devront se présenter régulièrement aux épreuves qui ont lieu de six mois en six mois. Ils ne pourront en être dispensés que par des motifs très-graves (art. 4, § 14).

Pour être admis aux examens du grade de bachelier, le candidat devra avoir fait trois années de théologie, et être muni de certificats d'assiduité de chacun des professeurs; six mois auparavant, il devra avoir soumis à la faculté le sujet de la thèse qu'il se propose de présenter.

Les grands examens auront lieu dans la dernière quinzaine de l'année académique. Les aspirans devront présenter leur demande au secrétaire un mois auparavant.

Les épreuves s'étendront sur :

1°. L'exégèse de l'Ancien et du Nouveau-Testament ;
2°. Le dogme ;
3°. La morale évangélique ;
4°. L'histoire ecclésiastique ;
5°. Les articles organiques des églises protestantes (§ 17).

En outre, le candidat sera tenu :

1°. A soutenir une thèse en langue latine ou française ;
2°. A prononcer, en assemblée des professeurs, des pasteurs de la ville et des élèves, deux sermons, composés sur un texte prescrit quinze jours d'avance ;
3°. A faire une catéchisation en présence des professeurs et pasteurs de la ville (§ 18).

De la conduite des élèves.

1783. La faculté désignera à la fin de chaque année classique un de ses professeurs pour exercer pendant l'année académique suivante une surveillance spéciale sur les élèves.

Chaque étudiant de la faculté est tenu d'indiquer à ce professeur ainsi qu'au secrétaire le logement qu'il occupe, et d'avertir l'un et l'autre toutes les fois qu'il en change.

Les élèves pourront se faire recevoir de préférence aux pensionnats de Saint-Guillaume et de Saint-Thomas, attachés au séminaire, qui réunissent à la modicité du prix l'avantage d'une direction particulière des études.

Les élèves observeront dans leur costume une décence conforme à la vocation qu'ils ont embrassée. Il ne paraîtront en public qu'en habit noir. Ils éviteront soigneusement tous les genres de désordres tant dans les salles des cours qu'au dehors.

Il est en conséquence formellement défendu à tous les élèves de fréquenter les lieux de réjouissance tumultueuse (art. 5, § 23).

Des peines.

1784. Les élèves qui auront enfreint les dispositions du présent règlement, encourront, selon le cas, trois espèces de punitions, savoir :

1°. La censure devant le conseil de la faculté ;
2°. La perte d'une ou de plusieurs inscriptions ;
3°. La radiation du tableau des élèves.

La censure sera appliquée à ceux qui montreront de la négligence à suivre les cours, ou à fournir les travaux prescrits par le règlement ; il en sera fait mention dans les procès-verbaux de la faculté.

Tout étudiant qui aura manqué à l'appel deux fois dans un trimestre et dans le même cours, sans excuse valable et dûment constatée, ne pourra recevoir de certificat d'assiduité du professeur dudit cours.

La contravention à l'article 3, § 11, du présent règlement, entraînera, suivant la gravité du cas, la perte d'une inscription et de deux au plus.

Un élève qui aura manqué à l'article 4, § 14, perdra deux inscriptions.

Chaque contravention à l'article 5, § 23, sera suivie, selon la gravité des circonstances, de la perte d'une inscription au moins ou de quatre au plus (§ 29).

L'élève qui aura commis des fautes graves, sera puni de la radiation.

Les délibérations de la faculté concernant les punitions qui consisteraient dans la perte de quatre inscriptions, ou dans la radiation, seront adressées à M. le recteur de l'académie, avec prière de les transmettre à M. le conseiller chargé des fonctions de grand-maître à l'égard des facultés de théologie protestante, pour y être définitivement statué.

Les radiations seront en outre notifiées, pour les élèves de confession d'Ausbourg, au directoire du consistoire général ; et pour ceux de la confession helvétique, au consistoire réformé de Strasbourg, qui en préviendront le consistoire du ressort de l'élève expulsé.

Nouvelles dispositions relatives aux examens (1829).

1785. Les examens prescrits dans la faculté de théologie de Strasbourg, se divisent en examens périodiques et en examens pour obtention de grades.

§ 1. Des examens périodiques.

1786. Les élèves devront se présenter régulièrement aux épreuves qui auront lieu tous les ans, dans le courant du mois de mars et du mois d'août. Ils ne pourront en être dispensés que pour des motifs très-graves.

Ils seront classés par séries de vingt à trente élèves au plus, correspondantes aux divers enseignemens suivis pendant le semestre. Chaque série sera examinée successivement pendant trois heures, en présence de tous les élèves, par les différens professeurs du séminaire ou de la faculté.

Il sera établi pour ces examens un registre contenant autant de colonnes qu'il y aura d'examinateurs. Ceux-ci seront tenus de contre-signer le résultat des épreuves subies par chacun des élèves.

Au moment de procéder auxdits examens, il sera fait lecture des notes obtenues par chacun des élèves aux examens antérieurs. Ceux qui auront donné des preuves d'incurie pendant deux examens consécutifs, seront passibles des peines portées par le § 29 du règlement de la faculté.

Après chaque examen, la faculté tiendra une séance particulière pour en discuter le résultat et pour classer les élèves qui l'auront subi. Elle avisera aux moyens de fortifier ceux des élèves dont la faiblesse aura été reconnue.

Lors de la clôture de ces examens, il sera fait par l'un des professeurs une allocution aux élèves sur l'importance du ministère évangélique, et sur les études morales et religieuses qui doivent y conduire.

Un extrait des procès-verbaux desdits examens sera envoyé immédiatement au conseiller d'état chargé des affaires des cultes non catholiques, et au conseiller au conseil royal exerçant les fonctions de grand-maître près les facultés de théologie protestantes.

Il sera fait mention dans cet extrait des élèves qui auront pris part à l'examen, de ceux qui ne s'y seront pas présentés, et de la manière dont les épreuves auront été subies individuellement.

Les examens et conférences d'admission, fixées au mois de novembre par le § 3 (1) du règlement, auront lieu dans le courant du mois d'août pour ceux des élèves non inscrits en théologie qui prétendraient au bénéfice des bourses.

Ils pourront être déclarés, dès cette époque, admissibles à prendre l'inscription de novembre.

§ 2. Des examens pour obtenir des grades.

1787. Il ne pourra être examiné plus de trois élèves par séance. Chaque séance sera au moins de trois heures.

Les passages de l'ancien et du nouveau Testament sur lesquels devra porter l'exégèse, seront tirés au sort séance tenante.

Quant aux autres parties de l'examen, énoncées aux n°ˢ. 2, 3 et 4 du § 17 du règlement (2), on s'attachera de préférence aux grandes questions générales.

Il sera fait un rapport écrit, en séance de la faculté, sur les deux sermons prescrits par le n°. 2 du § 18 (3) dudit règlement.

Les examens seront publics. Les membres du directoire et des consistoires de Strasbourg seront prévenus de chaque examen et de chaque soutenance de thèse, par l'intermédiaire de leurs présidens.

Copie du procès-verbal desdits examens sera adressée par la faculté au ministre de l'intérieur et au conseiller exerçant les fonctions de grand-maître.

M. le recteur de l'académie de Strasbourg est chargé de l'exécution du présent arrêté, dont il sera adressé directement une expédition au directoire de la confession d'Augsbourg et à la faculté de théologie.

FACULTÉ DE THÉOLOGIE PROTESTANTE DE MONTAUBAN.

Nombre des chaires. — Nomination des professeurs.

1788. La faculté de théologie protestante établie à Montauban pour la confession helvétique, comprend six chaires, trois de théologie proprement dite, et trois préparatoires aux cours de théologie.

Les trois premières sont les chaires de morale évangélique, de dogme, d'histoire ecclésiastique; les trois autres sont les chaires de philosophie, d'hébreu, de haute latinité et de grec.

---

(1) Voir page 480.
(2) Voir page 482.
(3) Voir page 482.

Règlement pour l'examen qui s'ouvrira devant la faculté de théologie protestante de Montauban et les pasteurs qui lui seront adjoints, à l'effet de pourvoir à la chaire de morale évangélique et d'éloquence sacrée vacante dans cette faculté (1). (6 mars 1830.)

Conditions nécessaires pour être admis au concours.

1789. Les concurrens seront présentés par le consistoire de Montauban, après avoir consulté les consistoires des principales villes de France.

Nul ne pourra être présenté :

1°. S'il n'est citoyen français ;

2°. S'il n'est âgé de trente ans accomplis, à moins qu'il ne soit porteur d'une dispense d'âge à lui accordée par l'Université, après délibérations du consistoire et de la faculté ;

3°. S'il ne justifie de sa consécration au ministère évangélique.

Trente jours avant le jour fixé pour l'ouverture de l'examen, chaque aspirant sera tenu d'avoir remis ou envoyé au secrétariat de la faculté :

1°. Son acte de naissance ;

2°. Son certificat de consécration au saint ministère ;

3°. Un certificat délivré par le consistoire de l'arrondissement dans lequel il réside, constatant la pureté de ses principes et de ses mœurs ;

4°. Un autre certificat du préfet de son département, qui garantisse sa bonne conduite politique, sa fidélité au roi, et son respect pour les lois du royaume.

Toutes ces pièces, après avoir été visées du consistoire et avoir été prises par lui, en considération pour sa présentation, seront transmises avec ladite présentation au recteur de l'académie, qui les vérifiera.

Si le recteur ou une partie des candidats pensaient que quelqu'un d'entre ces candidats a été présenté par le consistoire sans avoir les conditions requises, ils pourraient adresser leurs observations au conseiller chargé des fonctions de grand-maître à l'égard des facultés protestantes (2).

Si quelque candidat croyait avoir été injustement écarté de la présentation, il pourrait se pourvoir de la même manière.

---

(1) Un premier règlement, mais moins complet que celui-ci, a servi à diriger un concours ouvert en 1824 devant la même faculté. Il s'agissait de deux chaires vacantes en même temps, une chaire de dogme et une chaire d'histoire ecclésiastique. Nous mentionnerons ci-après les mesures particulières auxquelles donnait lieu cette circonstance de deux chaires mises à la fois au concours.

(2) Dans le règlement du 21 août 1824, il était dit, *au conseil de l'Université pour y être définitivement jugées* ; et c'est en effet le conseil qui juge ces réclamations.

Les réclamations des candidats devront d'abord être remises au recteur, qui les accompagnera de son avis.

Épreuves.

1790. Toutes les fois qu'il s'agira de déterminer la priorité entre les candidats dans les épreuves, l'ordre sera réglé par le sort.

L'examen se composera de quatre exercices.

Pour le premier exercice, les juges rédigeront trois questions relatives à la morale évangélique (1). L'un des candidats, désigné lui-même par le sort, tirera au sort celle qui devra leur être proposée à tous indistinctement.

Les candidats seront renfermés dans des cabinets séparés, sous la surveillance de trois membres du jury désignés par le sort, qui leur interdiront toute communication, soit entre eux, soit avec le dehors.

Ils ne pourront avoir avec eux qu'un exemplaire de l'Écriture sainte sans notes ni commentaires.

Chaque candidat traitera d'après l'Écriture sainte la question que le sort aura désignée : il pourra le faire en français ou en latin. Il remettra sa rédaction, signée de lui, aux membres surveillans, qui la parapheront et la déposeront cachetée entre les mains du président. Le temps accordé pour cette rédaction sera de six heures.

Le lendemain les candidats feront chacun lecture de leur dissertation devant le jury, dans l'ordre déterminé par le sort.

Après la lecture, les compositions seront remises au président, et conservées par lui pour être adressées à l'Université avec le procès-verbal de l'examen.

Pour le deuxième exercice, les juges choisiront un nombre de passages de l'Écriture sainte double de celui des candidats, dont moitié pris dans le texte hébreu de l'ancien, moitié dans le texte grec du nouveau Testament. Les candidats les tireront au sort séparément, de manière que chacun d'eux en ait un de l'ancien et un du nouveau Testament. Il en donnera une explication orale, dans laquelle il devra faire preuve de ses connaissances dans les langues sacrées et de son intelligence du texte.

Cette explication aura lieu dès le lendemain du jour du tirage, elle durera une demi-heure au plus pour chaque passage. Tous

---

(1) Dans le règlement de 1824, les questions pour le 1er. exercice devaient être relatives à l'enseignement du dogme. Pour le 2e. exercice, l'épreuve était, comme ici, l'explication orale d'un certain nombre de passages de l'Écriture sainte. Pour les 3e. et 4e. exercices, la leçon et la thèse, les juges devaient choisir deux fois autant de matières de dogme et d'histoire ecclésiastique qu'il y aurait de concurrens.

les candidats la feront dans la même journée, d'après l'ordre qui sera réglé par le sort. Si le temps ne suffit pas, on pourra continuer l'exercice au lendemain.

Pour le troisième exercice (1), les juges choisiront deux fois autant de textes de l'Écriture, relatifs à des sujets de morale évangélique qu'il y aura de candidats. Ceux-ci les tireront au sort; chacun d'eux fera sur ceux qui lui seront tombés une leçon et un discours.

La leçon durera trois quarts d'heure; elle sera faite oralement. Le candidat ne pourra s'aider que de simples notes. Celle du premier candidat commencera deux jours francs après le tirage au sort. Le jury pourra indiquer le même jour à plusieurs candidats.

Le deuxième texte sera le sujet d'un discours oratoire qui sera composé par le candidat, et qu'il devra débiter publiquement. Ces discours commenceront huit jours après que toutes les leçons auront été faites, et dans le même ordre; ils dureront une demi-heure au moins.

Pour le quatrième exercice, les juges désigneront immédiatement après le dernier discours autant de matières relatives à la morale qu'il y a de concurrens. Ces matières seront tirées au sort par les candidats.

Chaque candidat rédigera, sur la matière qui lui sera échue, une thèse qu'il devra soutenir en présence du jury. L'ordre dans lequel ils les soutiendront sera réglé par le sort.

Chaque thèse sera visée par le président, et imprimée ou lithographiée, à moins que le candidat ne préfère d'en faire faire des copies en nombre égal à celui des juges et des concurrens. Il en sera adressé deux exemplaires à l'Université avec le procès-verbal du jury.

Chaque candidat devra faire distribuer sa thèse aux juges de l'examen et aux concurrens trois jours avant celui où elle devra être soutenue.

Chacun de ces actes devra durer au moins deux heures.

Douze jours francs après le tirage de ces matières, le premier candidat soutiendra sa thèse. L'argumentation sera faite par les concurrens. Chaque candidat sera tenu d'argumenter à la thèse de chacun de ses concurrens.

Chaque candidat devra argumenter pendant une demi-heure

---

(1) Dans le cas du concours ouvert pour deux chaires (comme en 1824), les candidats doivent déclarer, pour les 3e. et 4e exercices, s'ils prétendent aux deux chaires ou seulement à l'une des deux. Ceux qui prétendent aux deux chaires prendront part aux exercices relatifs à chacune d'elles. Les autres se borneront aux exercices spéciaux à la chaire à laquelle ils prétendront. (Art. 19 du règlement de 1824.)

et plus, s'il y a lieu, pour occuper la séance de deux heures. S'il n'y a pas trois concurrens présens, le président désignera les juges qui devront argumenter contre le candidat pour achever de remplir la durée de la thèse.

L'ordre de l'argumentation entre les candidats commencera toujours par celui qui doit soutenir sa thèse immédiatement après.

L'argumentant pourra attaquer les principes exposés dans la dissertation et la solution des questions énoncées dans la thèse.

Il pourra aussi proposer d'autres questions sur la matière de la thèse, et attaquer la solution donnée par le soutenant.

Tout candidat qui n'aura pas été présent à tous les exercices, ou qui n'aura pas complété le temps assigné pour les leçons, et ne les aura pas faites au temps prescrit, sera déchu, à moins qu'il n'ait été retenu par une incommodité grave et constatée légalement. Toutefois, le délai qui en résultera ne pourra être de plus de cinq jours, à moins que tous les juges et tous les concurrens n'y consentent.

Du jugement.

1791. Les jour même où toutes les épreuves auront été terminées, et immédiatement après la dernière épreuve, les juges se retireront dans la salle de leurs délibérations, pour procéder au choix de celui des candidats qui leur paraîtra avoir donné les plus grandes preuves de capacité.

Le président fera d'abord procéder, séance tenante, à un scrutin secret pour savoir s'il y a lieu à élire; et si aucun des candidats n'a subi les épreuves d'une manière satisfaisante et ne paraît digne au juges d'obtenir leurs suffrages, il en sera fait mention au procès-verbal. Ce rejet absolu ne sera valable qu'à la majorité des deux tiers des voix.

S'il est déclaré qu'il y a lieu à élire, on procédera immédiatement à l'élection au scrutin secret et à la majorité absolue des suffrages.

Si le premier tour du scrutin ne donne pas de majorité absolue, on procédera à un second.

Si le second tour ne donne pas de majorité absolue, les noms des deux candidats qui auront obtenu le plus de voix seront soumis au ballotage, et celui qui obtiendra la majorité sera élu.

En cas d'égalité au scrutin de ballotage, le président aura voix prépondérante, en déclarant pour qui il a voté.

Il ne pourra être fait mention au procès-verbal du vote des autres juges.

Toutes les opérations relatives au jugement se feront sans désemparer. La salle des séances restera ouverte pendant l'absence des juges. Ils devront y rentrer aussitôt après le jugement pour en faire connaître le résultat.

Le jugement sera proclamé par le président en ces termes : *Par le résultat de la délibération des juges de l'examen, M.   est nommé pour être présenté à l'institution de l'Université par M. le recteur de l'académie de Toulouse, à l'effet d'obtenir la chaire de professeur de morale évangélique et d'éloquence sacrée, vacante dans la faculté de théologie protestante de Montauban, académie de Toulouse.*

Le président en fera dresser sur-le-champ procès-verbal, qu'il enverra au recteur de l'académie avec celui de toutes les opérations.

Les frais de l'examen seront payés sur les dépenses variables de la faculté. Des indemnités seront accordées par l'Université aux juges adjoints.

RÈGLEMENT D'ÉTUDES ET DE DISCIPLINE. (21 avril 1822.)

De l'admission aux études préparatoires.

1792. Les jeunes gens qui désireront d'être admis aux cours de belles-lettres et de philosophie préparatoires à ceux de théologie, seront examinés à leur entrée à la faculté par trois professeurs, y compris ceux de belles-lettres et de philosophie, pour décider s'ils sont aptes à commencer leurs études de philosophie, ou s'ils doivent être soumis pendant plus ou moins de temps aux exercices préparatoires.

La faculté ayant établi quatre instructions pour fortifier les élèves dans la lecture des auteurs latins, pour enseigner les premiers principes du grec et les élémens des mathématiques, enfin pour faire un cours de rhétorique, les élèves qui ne seront pas jugés assez forts pour suivre les cours de belles-lettres et de philosophie, consacreront à ces études préparatoires le temps qui sera déterminé par MM. les professeurs, après qu'ils auront apprécié leur capacité.

On ne deviendra étudiant en philosophie qu'après s'être montré suffisamment fort dans les études préparatoires dans un examen spécialement destiné à cette admission, et elle ne pourra être accordée qu'aux élèves qui auront accompli leur quinzième année.

De l'admission aux cours de théologie.

1793. L'admission aux études théologiques n'aura lieu, sous quelque prétexte que ce soit, qu'au commencement de l'année scolaire.

L'âge requis pour l'admission en théologie est fixé à dix-huit ans accomplis.

Néanmoins la faculté, désirant d'encourager les bonnes études de belles-lettres et de philosophie, et de récompenser les élèves qui les auront faites avec succès, arrête : Que tout élève qui aura suivi pendant deux années les cours de belles-lettres et de philosophie, et qui aura subi à la fin de chacune d'elles des examens très-satisfaisans, pourra être admis en théologie dès qu'il sera entré dans sa dix-huitième année, sans cependant que ses études théologiques puissent commencer à aucune autre époque qu'à celle du commencement de l'année scolaire.

Les étudians qui désireront d'entrer en théologie présenteront à la faculté leur diplôme de bachelier ès-lettres, ainsi qu'un certificat de leur consistoire que leur conduite est irréprochable.

Ils subiront un examen préalable sur tout ce qui est enseigné par les professeurs de belles-lettres et de philosophie.

Celui dont l'examen n'aura pas été satisfaisant sera tenu d'étudier encore un an ou plus dans l'auditoire de belles-lettres et de philosophie.

De l'enseignement théologique.

1794. Les élèves en théologie continueront à suivre jusqu'au terme de leurs études les leçons relatives à l'interprétation du nouveau Testament du grec en latin. Ils commenceront l'étude de l'hébreu dès leur entrée dans l'auditoire de théologie.

Chaque professeur rassemblera une fois par mois les étudians pour leur demander compte de l'emploi de leur temps; pour reconnaître s'ils rédigent exactement les extraits des leçons qu'il leur donne, pour les interroger sur les matières qui ont été traitées dans le mois, pour s'informer des lectures analogues auxquelles ils se livrent, et pour les diriger sur le tout par de sages avis.

L'ouverture des cours aura lieu le 3 novembre.

Une prière accompagnée de la lecture de la parole de Dieu continuera à avoir lieu chaque matin dans la faculté. Les professeurs présideront successivement à cet exercice religieux.

Toutes les leçons seront ouvertes par l'invocation du secours divin, et par l'appel nominal des étudians tenus de les suivre.

L'appariteur dressera à cet effet des tableaux, et notera les absens; les appels seront remis à la fin de chaque mois par chaque professeur à M. le doyen.

Les étudians rédigeront avec soin l'extrait des leçons auxquelles ils assistent, et MM. les professeurs, qui les vérifieront chaque mois, signaleront à M. le doyen ceux qui auront négligé ce devoir.

La durée des études théologiques, exigées d'un élève pour obtenir un certificat d'aptitude au saint ministère, sera de quatre années classiques, comptées depuis le 3 novembre, jour de son entrée en théologie, jusqu'à la fin de juillet de la quatrième année.

Si un étudiant français, ayant fait ses études dans une académie protestante établie hors du royaume, se présente devant la faculté pour y terminer ses études, il sera tenu d'y passer au moins une année scolaire, et d'y rendre une proposition sur un sujet prescrit par M. le doyen, avant d'être admis aux grands examens, afin qu'il apprenne à bien connaître les doctrines et la discipline de nos églises, et que la faculté puisse s'assurer de ses sentimens et de sa capacité.

Les élèves sont tenus de composer et de réciter dans le cours de leurs études théologiques six sermons sur des textes qui leur seront prescrits par chacun de MM. les professeurs.

Pour entendre et juger ces sermons, la faculté se divisera en deux sections qui seront alternativement à ces exercices.

Le sermon terminé, le professeur présidant la section, invitera quelques étudians ayant déjà prêché, et successivement chacun de ses collègues à présenter leurs observations sur la manière dont le sujet est traité, sur le style et l'action oratoire.

Si MM. les professeurs jugent ce sermon non recevable, il ne sera pas compté dans le nombre de ceux que l'étudiant est tenu de composer dans le cours de ses études.

Ces exercices auront lieu le samedi. Tous les étudians en théologie seront tenus d'y assister. L'appel nominal fera connaître les absens, et la faculté les remarquera avec d'autant plus de soin, que les observations dont ces sermons sont suivis forment la meilleure leçon sur l'art oratoire que les élèves puissent recevoir.

Lorsqu'il sera nécessaire de fixer d'autres jours dans la semaine pour cet exercice, l'obligation sera restreinte aux étudians, compris dans la volée de celui qui sera appelé à prêcher.

Les étudians seront tenus de rendre au moins une proposition dans la seconde année de leurs études théologiques, et deux dans la troisième. Ils ne seront promus à une volée supérieure qu'après s'être acquitté de ce devoir.

Des examens annuels.

1795. Tous les étudians seront obligés de subir chaque année, dans la dernière quinzaine de juillet, un examen public sur les sciences qui leur auront été enseignées dans le courant de l'année scolaire. Cet examen aura lieu en présence de toute la faculté.

Après une délibération secrète sur la manière dont chacun de ces examens aura été subi, ainsi que sur la conduite morale de l'étudiant, sur son assiduité aux leçons, et son zèle à remplir tous ses devoirs, le doyen témoignera publiquement l'approbation ou l'improbation de la faculté.

De mauvais examens détermineront la faculté à prononcer contre les élèves qui donneront lieu à ces mécontentemens, la perte d'un ou de plusieurs trimestres.

Les retards prononcés par la faculté pour un motif quelconque seront portés au 1er. novembre, après la fin de la quatrième année classique de l'étudiant qui s'en est rendu passible.

Si des circonstances dont la faculté appréciera la gravité ont empêché un étudiant de se préparer à subir son examen annuel au mois de juillet, la faculté pourra lui accorder la permission de le renvoyer à la rentrée.

La faculté vaquera pendant la semaine de Pâques, et depuis le 1er. août jusqu'au 3 novembre.

De la conduite morale des étudians.

1796. Les étudians doivent à la sainte vocation à laquelle ils se destinent, ils se doivent à eux-mêmes de vivre selon le précepte de l'apôtre à son fidèle disciple Timothée : ne donnez occasion à personne de mépriser votre jeunesse, mais soyez le modèle des fidèles dans vos discours et dans la pureté de vos mœurs.

Ils doivent considérer de plus qu'ils sont et seront toujours placés au milieu d'une grande portion de l'église chrétienne, dont les vénérables pasteurs, tout à l'exercice de leurs saintes fonctions, vivent loin des dissipations du monde, et s'abstiennent de tout plaisir bruyant; notre sainte religion exige des aspirans à ce saint ministère de donner aussi dans leur sphère d'activité l'exemple des bonnes mœurs, et d'éviter avec un soin extrême d'être en scandale à aucun de leurs frères.

Ils sont invités enfin à consulter, pour se fortifier dans ces vertueuses dispositions, et la discipline des églises réformées de France, et la conduite vraiment apostolique de tant de ministres du Seigneur en honneur à tous ceux qui professent notre sainte religion, et en édification à tous les fidèles confiés à leur direction spirituelle.

Tous ces motifs se réunissent pour déterminer le conseil de la faculté à déclarer de la manière la plus expresse, en confirmation de ses arrêtés du 3 novembre 1813, du 30 mai et du 16 novembre 1815,

Qu'il regardera comme passibles des peines ci-après, les étudians qui paraîtront dans les cafés, les billards, la comédie, les bals et les maisons de jeu,

Qu'en conséquence, les élèves qui, dans la conscience du conseil de la faculté, seront convaincus de s'être livrés à ces désordres ou à tout autre dérèglement, seront retardés d'un ou de plusieurs trimestres, ou même renvoyés de la faculté, selon que le conseil les jugera plus ou moins coupables.

Les étudians admis au cours de théologie contracteront l'engagement de se rendre dignes, par la régularité de leurs mœurs, par leur diligence au travail et leurs sentimens religieux, de la sainte vocation à laquelle ils se dévouent ; d'être très-assidus aux leçons, de ne point s'absenter sans l'autorisation de M. le doyen, de se soumettre enfin à son autorité, ainsi qu'à celle de MM. les professeurs.

Si un étudiant manque à ces engagemens solennels, s'il donne lieu à des plaintes graves sur sa conduite, sa désobéissance ou son inapplication, le conseil de la faculté pourra prolonger ses études pendant un ou plusieurs trimestres. Si ces punitions ne produisent sur lui aucun changement favorable, s'il persiste dans ses écarts, ou s'il se permet un délit d'immoralité qui le rende indigne de poursuivre ses saintes études, il sera exclu de la faculté, et M. le doyen en avisera son consistoire, le ministre de l'intérieur et M. le président du conseil royal de l'instruction publique.

Des progrès extraodinaires, une constante assiduité, une conduite à l'abri de tout reproche, et des examens annuels supérieurs, prouvant à la faculté un satisfaisant retour à l'ordre moral, vaudront, à l'étudiant qui aura éprouvé des retards, l'adoucissement et même la remise entière de la peine qui lui avait été infligée. La faculté prononcera dans sa sagesse sur cette réhabilitation, laquelle sera prononcée avec solennité par M. le doyen.

Des prêteurs.

1797. La faculté désirant ardemment de faire régner parmi les élèves l'amour du travail, la décence, la vraie piété, et des mœurs très-régulières, les exhorte fortement à se surveiller réciproquement sans malignité, et à s'avertir avec franchise, mais toujours dans un esprit de charité, des fautes qu'ils pourraient avoir commises ou être tentés de commettre.

Pour donner plus d'efficacité à cette correction toute fraternelle, la faculté charge spécialement de cet important devoir deux étudians qui seront nommés par leurs condisciples, et dont elle confirmera le choix.

Ils désigneront chaque jeudi les lecteurs du dimanche suivant, pour les deux temples où se célèbrent le service divin.

Ils feront connaître à M. le doyen le domicile de chaque étudiant, et les changemens qui pourront avoir lieu à cet égard, afin qu'ils n'habitent que des maisons qui jouissent d'une bonne réputation.

Grands examens pour obtenir le certificat d'aptitude au ministère évangélique.

1798. Les grands examens commenceront le 1er. juin de chaque année, pour les étudians qui n'auront été condamnés à aucun retard. M. le doyen en réglera l'ordre, ainsi que celui des examens annuels.

Les étudians qui auront terminé leur quatrième année de théologie se présenteront devant la faculté le 31 mai, pour déclarer s'ils ont l'intention de subir cette année leurs grands examens. Sur leur déclaration affirmative, la faculté délibérera si elle les croit dignes d'y être admis, sous le rapport de la science et des mœurs.

A l'appui de leur demande, les candidats déposeront sur le bureau leur diplôme de bachelier ès-lettres et celui de bachelier en théologie, ou leur thèse imprimée, soutenue et acceptée, les six sermons, dits propositions, qu'ils ont récités dans le cours de leurs études, et deux catéchèses qu'ils auront composées sur des points de dogme ou de morale à leur choix, et dont l'une sera par demandes et par réponses.

Les étudians qui auront éprouvé un retard ne commenceront leurs grands examens qu'à son expiration.

Les grands examens commenceront par ceux de philosophie rationnelle, de grec et d'hébreu.

Les candidats liront ensuite une dissertation de leur composition, dont l'objet sera de développer un point de théologie ou de critique sacrée.

Ils seront ensuite examinés successivement et dans des séances séparées sur la théologie, l'histoire ecclésiastique et l'exégèse, la morale évangélique et l'éloquence de la chaire.

Les examens de philosophie rationnelle, de grec et d'hébreu, dureront quinze minutes pour chaque candidat.

Ceux des professeurs de théologie, d'histoire ecclésiastique et de morale dureront chacun trente minutes, pour les divers objets qui entrent dans leur enseignement.

Les dissertations devront avoir vingt minutes de lecture au moins. Les sujets sont au choix des candidats.

Les examens terminés, les candidats composeront et réciteront sur un texte fixé par le sort entre un nombre double placé à l'instant même dans une urne par MM. les professeurs, un sermon pour la composition duquel il ne leur sera donné que quatre jours. Le sermon durera au moins vingt-cinq minutes. Il sera précédé d'une prière préparée d'avance pour cet objet spécial.

Ils composeront enfin un discours de quinze minutes de lecture au moins, sur un sujet de morale qui leur sera prescrit à l'instant même par M. le doyen. A cet effet, ils seront placés dans des cabinets séparés, et sous l'inspection immédiate de MM. les professeurs. Il leur sera accordé six heures pour ce travail, et il ne leur sera permis d'apporter aucun autre livre que les saintes Ecritures.

Tous ces examens seront publics, et M. le secrétaire prendra note de leurs résultats.

Les diverses épreuves étant terminées, la faculté délibérera en séance secrète sur chaque candidat; et si elle juge qu'il réunit les connaissances, les sentimens religieux, et les vertus morales propres à constituer un véritable ministre de Jésus-Christ, elle leur délivrera un certificat d'aptitude au saint ministère, afin qu'ils puissent se présenter, lorsqu'ils auront atteint l'âge voulu par la loi, devant une réunion de pasteurs pour obtenir d'eux la consécration au ministère évangélique.

Les candidats dont la faculté ne jugera pas les examens satisfaisans, ou les sentimens assez solidement établis, seront tenus de continuer leurs études pendant six mois au plus. A l'expiration de ce délai, ils seront soumis à de nouvelles épreuves.

Des grades dans la faculté.

1799. Pour être admis au baccalauréat en théologie, il faut, 1°. être âgé de vingt ans accomplis; 2°. être bachelier ès-lettres; 3°. avoir fait un cours de trois ans dans la faculté de théologie; 4°. avoir soutenu une thèse publique à la satisfaction du conseil de la faculté.

Tous les étudians en théologie seront tenus d'assister aux thèses publiques, et M. le doyen ordonnera l'appel nominal.

Cet examen sera présidé tour à tour par chacun de MM. les professeurs. Les étudians faisant leur dernière année de théologie seront seuls admis à proposer des objections au répondant.

L'examen pour la licence en théologie sera le même que celui qui est exigé pour l'obtention du certificat d'aptitude au saint ministère. Avant de le subir, il faudra produire des lettres de bachelier en théologie.

Le candidat devra soutenir en outre deux thèses publiques, dont l'une sera nécessairement en latin.

Pour obtenir le grade de docteur en théologie, le candidat devra,

1°. Composer deux dissertations sur des sujets de théologie, de morale ou de critique sacrée. Ces sujets seront indiqués par M. le doyen. L'une de ces dissertations sera nécessairement en latin;

2°. Faire imprimer une thèse générale qui sera publiquement soutenue le jour indiqué, et répondre d'une manière satisfaisante aux questions et difficultés qui pourront être proposées;

3°. Faire une leçon publique sur chacune des sciences enseignées dans la faculté de théologie. La matière sur laquelle roulera cette leçon sera indiquée par le professeur de la science qui en sera l'objet. Le candidat aura deux jours pour se préparer, et il improvisera sur des notes qu'il pourra consulter.

Dispositions relatives aux deux facultés (1). (24 mai 1828.)

1800. La durée des études théologiques est fixée à trois années dans les facultés de Montauban et de Strasbourg. Après

---

(1) Vu la loi du 18 germinal an X, organique des cultes protestans, et le décret du 17 mars 1808 sur l'instruction publique;
Vu le règlement de la faculté de Montauban, portant que la durée des études théologiques est de quatre années;
Vu le règlement de la faculté de théologie de Strasbourg, qui restreint à trois ans la scolarité exigée pour le même objet;
Considérant qu'aux termes de l'article 27 du décret du 17 mars, trois années d'études

ces trois années, les étudians pourront se présenter à l'examen du baccalauréat en théologie.

Il n'est dérogé en rien aux diverses épreuves auxquelles les étudians sont assujettis par les règlemens respectifs des deux facultés, ni aux intervalles prescrits par l'art. 28 du décret du 17 mars 1808, pour ceux qui aspirent aux grades supérieurs au baccalauréat.

A partir du 1er. novembre prochain, nul ne pourra être admis dans la faculté de Montauban pour en suivre les cours préparatoires, s'il ne justifie du baccalauréat ès-lettres, ou tout au moins des connaissances exigées pour ce grade, et constatées par un examen subi devant la faculté.

A partir du 1er. novembre 1829, la connaissance de l'hébreu sera préalablement exigée pour l'admission aux cours de théologie proprement dite, dans la faculté de Montauban, et le grade de bachelier ès-lettres sera rigoureusement demandé à tous ceux qui voudront suivre un cours quelconque dans ladite faculté.

Les recteurs des académies de Toulouse et de Strasbourg sont chargés, chacun en ce qui le concerne, d'assurer l'exécution du présent arrêté, dont copie sera envoyée directement aux doyens des facultés de théologie de Montauban et de Strasbourg, au président du directoire du consistoire général de la confession d'Augsbourg, et à tous les présidens des consistoires des églises protestantes de France.

ADMINISTRATION ÉCONOMIQUE.

1801. Les dispositions du statut du 7 septembre 1810 sur l'administration économique des facultés des lettres, sont applicables aux facultés de théologie.

Les droits de présence aux examens dans les facultés de théologie seront partagés par portions égales entre les trois examinateurs et le secrétaire.

(Statut du 7 septembre 1810 et arrêté du 5 août 1817.)

seulement sont exigées pour être admis aux épreuves du baccalauréat en théologie;
Considérant qu'il importe essentiellement à l'ordre et aux progrès de l'enseignement de coordonner la durée des cours avec les années d'études exigées pour les grades, et d'établir dans les deux facultés une règle uniforme;
Désirant également procurer aux cours préparatoires établis près la faculté de Montauban, c'est-à-dire aux cours d'hébreu, de philosophie et de littérature, les développemens et l'importance que comporte le haut enseignement qu'on s'était proposé en les instituant;
Après avoir pris l'avis de chacune des deux facultés, en ce qui la concerne,
Arrêtons ce qui suit, etc.

TITRE III.

DES COLLÉGES.

§ I.

DES COLLÉGES ROYAUX (1).

ADMINISTRATION ET DISCIPLINE.

Des fonctionnaires, des employés et des gens de service.

1802. Sont fonctionnaires des colléges royaux, le proviseur, le censeur, l'aumônier, les professeurs, les agrégés, ainsi que les maîtres d'études qui ont obtenu le diplôme de leur emploi.
(Statut du 4 septembre 1821, art. 1er. (2).)

1803. Un économe est chargé de la caisse, du recouvrement des fonds et de la tenue des registres de recette et de dépense.

Il est nommé sur la présentation du proviseur et sur le rapport du recteur de l'académie. Ses devoirs et ses attributions sont déterminés par les règlemens sur l'administration économique.
(Ibid., art. 2.)

Du proviseur.

1804. La direction et l'administration sont confiées au proviseur. Tous les autres fonctionnaires lui sont subordonnés en tout ce qui concerne leurs fonctions.

Il nomme provisoirement les maîtres d'études.

---

(1) Un arrêté du conseil, du 22 août 1815, porte que, conformément à une disposition de l'ordonnance du 17 février, les *lycées* prendront désormais le nom de *colléges royaux*.

(2) Le conseil, vu les lois du 1er. mai 1802 et du 10 mai 1806, les décrets des 17 mars 1808 et 15 novembre 1811, les ordonnances royales des 15 août 1815 et 27 février 1821 ;

Vu les précédens règlemens concernant la discipline et les études des colléges, après avoir pris connaissance des rapports des recteurs et des inspecteurs généraux qui ont visité successivement les diverses académies du royaume, ainsi que des observations faites par plusieurs proviseurs et principaux,

Arrête, etc.

Il choisit le médecin, le chirurgien (1), les maîtres de langues vivantes, d'arts et d'agrémens, et toutes les personnes nécessaires au service du collége.

Le proviseur, responsable devant Dieu et devant les hommes de la bonne administration du collége, exerce une surveillance générale sur tout ce qui intéresse la religion, les mœurs, l'ordre et les études.

S'il y a des élèves non catholiques, le proviseur donne toutes les facultés nécessaires pour qu'ils puissent étudier et pratiquer leur religion (2).

Le proviseur dirige aussi la gestion économique.

Le proviseur notifie et fait exécuter les ordonnances, jugemens, arrêtés et décisions relatifs au collége.

Le proviseur fait tous les jours deux visites au moins à l'infirmerie.

Il visite souvent le réfectoire pendant le temps des repas, pour s'assurer si les élèves sont nourris comme ils doivent l'être.

(1) « L'article 3 du statut du 4 septembre 1821 est modifié en ce sens, qu'à l'avenir les proviseurs des colléges royaux seront tenus de présenter à l'approbation du ministre les nominations des médecins et chirurgiens qui devront être attachés auxdits établissemens.
(Arrêté du 30 décembre 1831.)

(2) » Depuis long-temps le gouvernement avait annoncé l'intention d'affecter à un certain nombre de colléges royaux les bourses qu'il serait dans le cas d'accorder à des élèves non catholiques, afin de pouvoir leur procurer plus aisément les moyens de se livrer à l'exercice de leur religion.

Cette mesure, dont l'exécution ne tend nullement à obliger les pensionnaires libres protestans de se rendre dans ces colléges, et encore bien moins à exclure de ces établissemens les élèves catholiques, vient d'être arrêtée en principe par le ministre de l'intérieur. S. Exc. a désigné les colléges royaux de *Caen*, *Bordeaux*, *Grenoble*, *Metz*, *Nanci*, *Strasbourg*, et à *Paris*, le collége de Louis-le-Grand, comme devant recevoir un certain nombre de boursiers non catholiques.

L'essentiel maintenant est d'assurer à ces boursiers tous les avantages qui leur sont promis.

La commission désire savoir, en conséquence, si les dispositions locales du collége permettent aujourd'hui aux élèves protestans de se livrer à part et convenablement à la pratique de leur religion, et si, dans le cas où cette séparation n'aurait pas été établie jusqu'à ce jour, il ne serait pas du moins possible de l'opérer bientôt par une nouvelle distribution des lieux.

Lorsque ces arrangemens intérieurs seront arrêtés, il conviendra de désigner le ministre qui devra diriger, sous le rapport religieux, ces élèves non catholiques, si toutefois ceux-ci sont en assez grand nombre pour nécessiter l'adjonction d'un aumônier protestant aux autres fonctionnaires du collége. Dans tous les cas, il devra toujours y avoir un ou plusieurs maîtres d'études non catholiques (suivant le nombre des élèves attachés au culte réformé) : ces maîtres seront non-seulement chargés de surveiller les élèves protestans, pendant que les jeunes catholiques vaqueront aux devoirs de leur religion, mais encore ils auront à conduire les premiers aux temples les jours de fêtes et dimanches, si les dispositions locales du collége s'opposent à ce que les exercices du culte protestant aient lieu dans l'intérieur de l'établissement.

La commission vous invite, au surplus, à lui faire part de vos observations sur les moyens d'exécuter ces diverses mesures de la manière la plus prompte et la plus convenable. »

(Circulaire du 22 mars 1820.)

Il assiste de temps en temps avec le censeur aux leçons des professeurs.

Il visite les salles d'études, surtout au moment de la prière commune.

Il fait tous les jours de fréquentes visites dans les dortoirs et dans les diverses parties de la maison.

S'il a remarqué des contraventions graves qui puissent être attribuées à la négligence des fonctionnaires, il en avertit par écrit le censeur, qui est chargé d'y remédier.

Le proviseur examine tous les matins le journal de chaque classe, sur lequel sont inscrites les notes que les élèves internes ont méritées de la part des divers fonctionnaires. Chaque journal lui est remis la veille au soir par le censeur. Après l'examen de ces notes, il fait appeler ceux des élèves à qui il juge convenable d'adresser des remontrances ou des exhortations.

Le proviseur, tous les dimanches au matin, se rend dans chaque salle d'études avec le censeur, pour assister à une lecture solennelle du résumé des notes de la semaine.

(Ibid., art. 3... 9.)

1805. Le proviseur, le premier lundi de chaque mois, réunit le censeur, l'aumônier et les professeurs, pour s'entretenir avec eux sur tout ce qui intéresse le collége. Il tient note des observations qui ont été faites dans ces conférences.

Le proviseur adresse aux parens tous les trois mois une note sur la conduite, les progrès, la tenue et l'état de santé de leurs enfans (1).

(Ibid., art. 10 et 11.)

(1) Les statuts précédens avaient de même prescrit l'envoi exact de ces notes trimestrielles. C'est, disait la commission de l'instruction publique, en 1819, « c'est un moyen d'associer les parens aux efforts des supérieurs et des maîtres ; et l'on peut éviter ainsi les réclamations que ne manquent pas d'élever les parens de sujets renvoyés des colléges, qui souvent ne sont instruits des fautes habituelles de leurs enfans qu'en apprenant la punition qu'elles ont attirée sur eux. »

Diverses autres circulaires ont spécialement recommandé à l'attention des proviseurs les états nominatifs et moraux concernant les boursiers royaux et communaux. Nous ne citerons que celle du 10 avril 1827. « L'envoi de ces états doit subir les modifications suivantes :

« Vous transmettrez les notes des pensionnaires libres et demi-pensionnaires *deux fois* dans l'année, aux mois de janvier et de juillet, et celle des boursiers, *à la fin de chaque trimestre* (en janvier, avril, juillet et octobre).

» Les états moraux formeront deux cahiers : l'un contiendra les notes des élèves nommés par le roi et par les villes ; l'autre celles des pensionnaires libres.

» Ces états se composent actuellement de douze colonnes ; ils devront en avoir trois de plus : elles seront placées dans l'ordre suivant :

» 1º. Nature et quotité de la pension ;
» 2º. Noms et prénoms des élèves ;
» 3º. Dates et lieux de naissance ;
» 4º. Dates de leur entrée au collége ;
» 5º. Établissemens où ils ont passé l'année précédente ;
» 6º. Classe où ils sont admis ;

1806 Le proviseur, à la fin du cinquième mois et du dixième de l'année scolaire, fait au conseil académique un rapport écrit sur la discipline, les études, et généralement sur l'état moral du collége. Il joint à ce rapport des notes détaillées sur tous les élèves, tant internes qu'externes. Ces notes, divisées en trois séries, selon la force respective des élèves, indiquent leurs noms, leurs prénoms, leur âge, le lieu de leur naissance, l'état de leurs parens, et l'établissement auquel ils appartiennent, les places qu'ils ont obtenues dans chaque faculté, et des observations particulières sur les progrès et la conduite de chaque élève.

Le recteur fait inscrire ces notes sur un registre qui est déposé dans les archives de l'académie.

(1) (Ibid., art. 12.)

» 7º. S'ils se destinent à l'école polytechnique, à celle de la marine, de Saint-Cyr, ou à l'instruction publique, et à quelle section de l'école préparatoire;
» 8º. Devoirs religieux;
» 9º. Mœurs;
» 10º. Conduite;
» 11º. Caractère;
» 12º. Application;
» 13º. Progrès;
» 14º. Places;
» 15º. Observations.

» On inscrira d'abord les boursiers royaux à pension entière, ensuite ceux à trois quarts de pension, enfin ceux à demi-pension. Les boursiers des villes seront inscrits à la suite, et dans le même ordre.

» S. E. exige d'autant plus de détails et de précision dans les notes des élèves, que ces renseignemens *serviront à déterminer les décisions* sur toutes les demandes de promotion, de prolongation d'études et de transfèrement. L'intention du ministre est qu'à l'avenir ces faveurs ne puissent être accordées qu'à ceux des boursiers royaux dont la bonne conduite justifierait les bienfaits du roi.

» Il doit en être de même à l'égard des boursiers des villes, pour lesquels, dans les cas de vacances, les proviseurs ont à proposer des promotions.

» Son excellence croit pouvoir compter que les notes fournies aux parens des élèves ne seront jamais, comme elles l'ont été trop souvent, en opposition avec les renseignemens portés sur les états moraux. Les proviseurs doivent la vérité *toute entière aux familles* comme à l'autorité supérieure de l'instruction publique.

» Ils devront avertir les élèves qui se destinent aux écoles spéciales, militaires et autres, que son excellence transmettra des renseignemens sur chacun d'eux aux différens ministres et aux chefs des écoles. Ils avertiront aussi ceux qui se préparent à l'examen nécessaire au grade de bachelier-ès-lettres, que, d'après la formule même, insérée dans le modèle qui fait suite au statut du 16 février 1810, les certificats d'aptitude doivent être visés par vous, que vous devez certifier la bonne conduite des aspirans, et que vous ne délivrerez ce certificat qu'à ceux dont les notes seront bonnes, et jamais à ceux qui auraient encouru la peine de l'exclusion du collége, à moins qu'ils n'en aient été relevés par l'autorité supérieure.

» Le ministre vous invite à donner connaissance de cette lettre à MM. les proviseurs des colléges royaux dépendant de votre académie, et à veiller avec le plus grand soin à ce que toutes les dispositions qu'elle contient, et qui doivent exercer sur la discipline des colléges une influence salutaire, soient fidèlement exécutées. »

(1) Les règlemens du 19 septembre 1809 et du 28 septembre 1814 contenaient à l'égard du proviseur quelques autres dispositions qu'il convient de reproduire.

« Il reçoit et porte lui-même, quand le cas le requiert, les plaintes et les réclamations

Du censeur.

1807. Le censeur est le surveillant spécial et immédiat de tout ce qui concerne l'enseignement et la discipline.

Il reçoit directement les ordres du proviseur, et lui rend compte de l'exécution.

Il le remplace dans toutes ses fonctions, en cas d'absence ou d'empêchement.

Le censeur reçoit tous les soirs des maîtres d'études, et remet au proviseur les journaux de chaque classe, contenant les notes que chacun des élèves internes a méritées.

Le samedi soir, il remet au proviseur le résumé de ces notes de chaque jour, comme aussi les notes des professeurs sur la conduite et le travail des élèves externes pendant la semaine.

Le censeur surveille personnellement le lever et le coucher des élèves, l'entrée et la sortie des classes, le réfectoire, les promenades et le parloir.

Le censeur est le conservateur de la bibliothèque et de toutes les collections d'objets relatifs aux sciences.

(Ibid., art. 13... 17.)

De l'aumônier.

1808. L'aumônier est chargé d'instruire les élèves dans la religion, et de leur faire contracter des habitudes religieuses.

L'aumônier a le même rang que le censeur (1); il est nommé sur la présentation du proviseur, et de l'avis du recteur, qui consulte préalablement l'évêque diocésain.

L'aumônier loge dans l'intérieur du collége, et, autant que cela est possible, non loin de l'infirmerie, qu'il visite tous les jours. Il prend ses repas à la table commune.

L'aumônier est dépositaire et conservateur des vases sacrés, des ornemens et autres objets à l'usage de la chapelle du collège. Sur sa demande et sur le rapport du proviseur, le conseil aca-

---

relatives aux fautes et aux contraventions commises par les fonctionnaires du lycée qu'il gouverne, et les transmet au recteur.

» Tout élève non placé par le gouvernement peut être renvoyé par le proviseur.

» Lorsqu'il est obligé d'exclure un élève pour des délits graves contre les mœurs, la religion ou la discipline, il en rend compte au recteur.

» Si cet élève est boursier, il suit à son égard la marche tracée par les lois et règlemens. »

(1) L'aumônier, disait le règlement du 19 septembre 1809, est *assimilé pour le rang aux professeurs de 1er. ordre.* On est revenu à cette première idée en 1831.

« A dater de 1815, disait le même règlement, l'aumônier doit être licencié dans la faculté de théologie ; mais dans le projet d'organisation générale, en 1814, le conseil s'est borné à demander que le grade de bachelier en théologie fût nécessaire pour être aumônier des colléges royaux.

démique détermine chaque année la somme qu'il convient d'allouer pour l'entretien ou le renouvellement de ces différens objets.

L'aumônier célèbre l'office divin dans la chapelle du collége, et fait aux élèves une instruction religieuse les dimanches et jours de fête. Ces jours-là, la messe est chantée ainsi que les vêpres. Les jeudis et jours de congé il célèbre une messe basse.

On a soin que les élèves soient toujours pourvus de livres d'office à l'usage du diocèse.

Tous les fonctionnaires logés dans le collége assistent à l'office divin avec les élèves.

Une place particulière est réservée pour les élèves externes.

L'aumônier fait une fois par semaine des instructions religieuses aux élèves de chaque division, aux jours et heures fixés par les règlemens.

Il indique la lecture de piété qui doit être faite, avant la prière, dans chaque salle d'études.

L'aumônier prépare les élèves à la première communion et à la confirmation.

Il les dispose à la fréquentation des sacremens. Pour l'aider dans le ministère de la confession, de concert avec le proviseur, il appelle, au moins une fois par mois, un ou plusieurs prêtres du dehors approuvés par l'évêque.

La veille de la distribution des prix, l'aumônier dit une messe en actions de grâces, et le jour de la rentrée des classes une messe du Saint-Esprit.

Le 21 janvier, il célèbre un service funèbre.

Des professeurs.

1809. Il y a des professeurs titulaires et des professeurs adjoints : les professeurs titulaires sont choisis parmi les agrégés ; les professeurs adjoints sont les agrégés auxquels on confie une division formée dans une classe trop nombreuse.

Les professeurs ne sont pas seulement chargés de l'enseignement des lettres et des sciences ; ils profitent de toutes les occasions qui se présentent, pour apprendre à leurs élèves ce qu'ils doivent à Dieu, à leurs parens, au roi et à leur pays.

Les professeurs n'oublient jamais qu'ils doivent des soins égaux à tous leurs élèves (1). Ils examinent attentivement les

---

(1) Pour prévenir jusqu'au moindre soupçon à cet égard, M. de Fontanes, le 5 août 1812, avait adressé aux recteurs la circulaire suivante :

« Je suis informé que dans quelques établissemens de l'Université, des élèves se réunissent à certaines époques de l'année pour offrir des présens à leurs professeurs et

rapports que les maîtres d'études et les chefs d'institution ou les maîtres de pension leur adressent, matin et soir, sur la manière dont chaque élève a rempli son devoir.

Chaque professeur remet, tous les samedis, au censeur, des notes sur la conduite et le travail des élèves qui lui sont confiés.

Les professeurs se rendent en classe aux heures prescrites, et immédiatement avant l'entrée des élèves.

Ils font leurs leçons en robe.

Ils ne peuvent se faire remplacer que pour des causes jugées suffisantes par le proviseur.

Les professeurs et les agrégés, célibataires ou veufs sans enfans, sont, autant qu'il est possible, logés dans le collége.

Il est permis aux professeurs et agrégés d'avoir un ou deux pensionnaires particuliers, conformément à l'article 101 du décret du 17 mars 1808 (1).

(Ibid., art. 26... 33.)

régens. J'aime à croire que cet abus est rare dans votre académie, et surtout dans les lycées qui en dépendent; mais il suffit qu'on en ait cité un seul exemple, pour que je vous exhorte à empêcher qu'il ne se renouvelle. Ces sortes de contributions, gênantes pour beaucoup d'élèves, et humiliantes pour tous ceux qui ne sont point en état de fournir leur tribut, doivent nécessairement donner lieu à des préférences contraires à la justice et aux principes d'une bonne administration. Il importe d'ailleurs que les professeurs et autres fonctionnaires de l'instruction publique ne puissent pas même être soupçonnés de partialité dans leurs relations journalières avec les élèves. Ils ne repousseront les soupçons de ce genre qu'en se respectant assez eux-mêmes pour n'accepter aucun présent des jeunes gens confiés à leur soin. »

(1) Le statut de 1809 contenait cette disposition :

» Un professeur qui désirera exercer ses élèves hors du temps fixé par la classe, s'entendra à cet égard avec le censeur, qui prendra l'agrément du proviseur. »

Mais ce zèle si louable était tout proche d'un abus, et il avait fallu y pourvoir. En 1815, la commission de l'instruction publique, « instruite qu'en contravention aux règlemens, divers professeurs des colléges royaux ont chez eux, soit hors des colléges, soit dans l'intérieur même de ces établissemens, des élèves pour lesquels ils ne payent point de rétribution, et qui, ne suivant point les cours des colléges, n'acquittent point les droits d'études;

» Considérant qu'il est important d'arrêter le cours d'un abus qui blesse également les droits de l'administration de l'instruction publique, en la privant d'une partie de ses revenus, et ceux des chefs d'institution et de pensionnat, en établissant entre ces écoles exemptes de droits, et celles qui acquittent les charges qui leur sont imposées par les lois, une concurrence qui ne peut que tourner au désavantage de ces derniers;

» Considérant, en outre, que cet abus peut aussi porter préjudice au bien des études et au maintien de la discipline,

» Arrête, 1º. qu'il sera écrit une circulaire à MM. les recteurs, pour les inviter à tenir la main à l'exécution de l'article 101, titre XIII, du décret du 17 mars 1808, par lequel il est défendu aux professeurs des colléges royaux d'ouvrir aucun pensionnat et de faire aucune classe publique hors du collége, et chaque professeur est autorisé seulement à prendre chez lui un ou deux élèves, à la charge que ces élèves suivent les cours des colléges, et qu'il sera recommandé aux recteurs de donner avis à la commission des abus contraires à cette disposition du décret ci-devant cité, qui pourraient s'introduire dans les colléges royaux du ressort de leur académie;

» 2º. Que la même circulaire sera adressée aux inspecteurs de l'académie de Paris, et aux professeurs des colléges royaux du ressort de cette académie. »

Des agrégés.

1810. Il y a près de chaque collége royal un agrégé pour les classes supérieures des lettres, un agrégé pour les classes de grammaire, et, s'il est jugé nécessaire, un agrégé pour les sciences.

Les agrégés remplacent les professeurs absens.

Lorsqu'il y a plusieurs agrégés pour la même partie, le proviseur désigne celui qui doit suppléer.

Lorsqu'il y a lieu à une division de classe, l'agrégé nommé pour la partie d'enseignement qui correspond à cette classe, est chargé de la seconde division; et le recteur en donne aussitôt avis au conseil royal de l'instruction publique.

En cas de nécessité, le proviseur confie la suppléance à un maître d'études.

Les agrégés attachés à chaque collége royal peuvent également être appelés par le proviseur à exercer les fonctions de maître d'études.

(Ibid., art. 34... 38.)

Des maîtres d'études.

1811. Les maîtres d'études dirigent et surveillent les élèves pendant tout le temps que ceux-ci ne sont point avec leurs professeurs.

Ils ne perdent pas de vue que de leurs avis et de leurs exemples, de leur fermeté comme de leur modération, dépend principalement la bonne éducation des enfans.

Les élèves sont répartis de manière qu'un maître d'études n'ait, autant qu'il est possible, que des élèves du même âge et des mêmes classes.

Les maîtres d'études partagent les élèves qui leur sont confiés en un certain nombre de divisions, et ils rendent le chef de division responsable de la conduite de ceux qui la composent.

Les maîtres d'études tiennent un journal sur lequel ils inscrivent tous les jours les notes que chaque élève a méritées, soit pour la conduite, soit pour le travail, et ils remettent tous les soirs ce journal au censeur. Ils lui remettent pareillement, le samedi soir, le résumé des notes de la semaine, auxquelles ils joignent leurs observations.

Les maîtres d'études prennent connaissance du travail prescrit aux élèves, et veillent à ce qu'ils le fassent avec exactitude. Ils les aident de leurs conseils dans les difficultés qui se présentent; ils examinent tous les devoirs et font répéter toutes les leçons.

Ils inscrivent sur une feuille particulière leur jugement sur chaque devoir, et les notes que chaque élève a méritées pour la récitation des leçons. Au commencement de chaque classe, cette feuille est remise au professeur par le premier des chefs de division.

Les maîtres d'études prennent leurs repas avec les élèves.

Ils ont leurs chambres particulières qui ouvrent sur les dortoirs des élèves; ils gardent les clés des dortoirs.

Ils ne se couchent qu'après s'être assurés que chaque élève est dans son lit.

Ils accompagnent les élèves dans toutes les sorties communes.

Ils les surveillent à l'entrée et à la sortie des classes et des salles d'études.

Ils ne s'absentent du collége qu'avec l'autorisation du proviseur.

Ils visitent souvent les livres de leurs élèves; et s'ils en trouvent dont le proviseur n'ait point autorisé l'usage, ils les remettent au censeur (1).

Le nombre des maîtres d'études est toujours supérieur à celui des divisions, de manière que ceux qui seraient malades ou absens puissent être facilement suppléés (2).

(Ibid., art. 39... 50.)

Des maîtres de langues vivantes, d'arts et d'agrément.

1812. Il y a près de chaque collége royal plusieurs maîtres de langues vivantes. Il y a au moins un maître de dessin, un maître d'écriture et de calcul (3), un maître de musique, un maître de danse et un maître d'escrime.

(1) On avait remarqué que quelques élèves des colléges royaux de Paris étaient dans l'habitude de vendre ceux de leurs livres dont le prix était le plus élevé, et les faisaient ensuite remplacer aux frais de leurs parens, auxquels ils occasionaient ainsi une double dépense.

Ce fut le motif de l'arrêté suivant :

« Tous les livres à l'usage des élèves des colléges royaux seront, à l'avenir, frappés d'une estampille qui indiquera le nom du collége auquel l'élève appartient.

» Aucun livre ne pourra être remplacé par l'économe de chaque collége royal, que sur une demande signée de l'élève, indiquant le motif du remplacement, et sur une autorisation de M. le proviseur. L'élève en donnera un reçu (30 mars 1818). »

(2) « Il y a un maître d'études pour 30 à 40 élèves. Dans les temps de récréation, un maîtres d'études suffira pour 50 à 60 élèves, si la récréation a lieu dans la cour. » (Statut de 1814.)

Le statut de 1809 voulait un maître d'études pour 25 élèves; et l'expérience a de nouveau consacré cette règle de discipline. Le règlement du 5 août 1828 exige pour 25 élèves *au moins un maître d'études* : c'est aussi ce qu'a prescrit l'ordonnance du 26 mars 1829. (Voir page 164.)

(3) Lorsqu'il sera bien établi que tous les élèves, avant d'être admis à l'instruction secondaire dans les colléges royaux, doivent avoir reçu l'instruction primaire, il ne sera plus question de leur donner dans ces grandes écoles de l'état un *maître d'écriture et de calcul*. Ils arriveront possédant une bonne écriture et les premiers élémens du calcul : ils suivront avec d'autant plus de facilité leurs cours d'arithmétique. Il y aura économie d'argent et de temps.

Dans les classes élémentaires, ainsi que dans les classes de sixième et de cinquième, les élèves reçoivent des leçons d'écriture et de calcul; dans les autres classes, des leçons de dessin linéaire et de figure.

Le proviseur surveille le choix des modèles de dessin et d'écriture.

Les modèles d'écriture ne doivent contenir que des choses utiles aux enfans; notamment les principes de la religion, les règles de la morale, les traits les plus intéressans de l'histoire.

Les leçons d'écriture et de dessin ont lieu aux mêmes heures.

Les maîtres d'études sont toujours présens à ces leçons.

Les leçons de danse, étant uniquement destinées à faire contracter de bonne heure aux élèves l'habitude d'un maintien décent, n'ont lieu que pour les élèves des classes élémentaires et des classes de sixième et de cinquième.

Les leçons des langues vivantes, de musique et d'escrime, ne sont données que sur la demande des parens, et seulement aux élèves des quatre classes supérieures.

Les maîtres de musique et d'escrime sont payés par les parens des élèves qui reçoivent leurs leçons. Il en est de même à l'égard des maîtres de langues vivantes, sauf les exceptions qui pourraient être autorisées par le conseil royal, suivant les localités (1).

Les différentes salles où se donnent ces leçons particulières sont toujours surveillées par les maîtres d'études.

(Ibid., art. 51... 58.)

Du médecin, du chirurgien et de l'infirmerie.

1813. L'infirmerie est particulièrement recommandée à la sollicitude du proviseur.

Le médecin et le chirurgien font tous les jours, avec lui, au moins une visite à l'infirmerie.

Tous les fonctionnaires, employés et domestiques, ont soin d'avertir le proviseur, dès qu'ils aperçoivent quelques symptômes d'incommodité dans un élève.

Les élèves en santé ne peuvent entrer dans l'infirmerie sans la permission du proviseur.

---

(1) L'ordonnance du 26 mars 1829 a prescrit l'enseignement des langues vivantes (voir page 165), et dès lors cet enseignement a cessé d'être à la charge des parens. Le statut de 1809 donnait à tout élève qui obtenait un premier prix, depuis la première année d'humanités, la faculté de recevoir à son choix et aux frais du lycée, des leçons de musique ou d'escrime.

Un local particulier et isolé est destiné à recevoir les élèves qui pourraient être attaqués de maladies contagieuses.

Il y a, dans une des salles de l'infirmerie, une pharmacie usuelle, composée et renouvelée d'après une délibération du conseil académique, sur la demande du médecin du collége, et sur le rapport du proviseur.

(Ibid., art. 59... 63.)

Des gens de service.

1814. Le nombre des gens de service est déterminé par le conseil académique, sur la proposition du proviseur (1).

Les domestiques obéissent aux maîtres d'études dans tout ce qui concerne le soin des élèves.

Ils sont soumis à la surveillance spéciale de l'économe, qui rend compte de leur conduite au proviseur.

Les domestiques assistent aux offices les dimanches et fêtes : ils assistent, en outre, autant qu'il est possible, aux prières communes du matin et du soir. Le proviseur a soin de leur procurer une instruction religieuse convenable.

Les domestiques n'ont aucune familiarité avec les élèves, et n'en reçoivent aucune rétribution ni aucun cadeau, à peine d'expulsion.

Ils ne font, pour les élèves, aucune commission dans le collége, sans la permission du maître d'études de la division, et au dehors, sans l'autorisation du censeur.

Les domestiques couchent dans les dortoirs ; ils y ont une chambre particulière.

Pendant le jour, un domestique est chargé de parcourir les cours, les escaliers, les corridors, afin de prévenir les incendies et toute espèce de désordre.

Deux domestiques font, chaque nuit, des rondes dans les dortoirs : l'un, depuis le coucher des élèves jusqu'à minuit ; l'autre, depuis minuit jusqu'au lever des élèves.

Un domestique se tient toujours, pendant les récréations, auprès du parloir, pour appeler les élèves qui sont demandés.

Un gardien spécial est chargé de surveiller les lieux d'aisance.

(Ibid., art. 64... 70.)

De l'admission des élèves.

1815. Pour être admis dans le pensionnat des colléges royaux, il faut être âgé de huit ans au moins (2).

---

(1) Le statut de 1809 en admettait un pour 25 élèves ; celui de 1814, un pour 30 élèves : les circonstances et le bien du service doivent en décider.

(2) Les statuts de 1809 et de 1814, conformes sur ce point à la loi du 11 floréal an X, exigeaient l'âge de 9 ans ; et il n'y aurait qu'avantage à suivre strictement cette

Tout élève doit apporter un certificat de petite vérole ou de vaccine, ou être vacciné à l'infirmerie du collége, avant d'être admis dans le pensionnat.

Nul n'est reçu comme pensionnaire, s'il ne sait lire et écrire; et comme externe, s'il ne sait lire, écrire et chiffrer.

Aucun externe ne peut être admis à suivre les cours du collége sans avoir obtenu l'autorisation du proviseur.

Si le proviseur a des raisons particulières pour ne pas admettre un externe, il en rend compte au recteur.

Les externes admis par le proviseur reçoivent du censeur une carte d'entrée, qui désigne leur classe, et qui est renouvelée aux époques fixées par les conseils académiques.

Lorsqu'un élève se présente pour entrer dans un collége, soit comme interne, soit comme externe, il est tenu de produire les certificats des chefs des divers établissemens dans lesquels il aurait déjà été reçu.

Ces certificats doivent être visés par les recteurs.

(Ibid., art. 71... 76.)

De la division des élèves internes.

1816. Chaque collége royal se divise, pour les élèves internes, en trois parties distinctes:

La première se compose de deux classes élémentaires, savoir: la huitième et la septième. Ces deux classes forment un petit collége particulier.

La deuxième partie renferme les classes de sixième, de cinquième, de quatrième et de troisième.

La troisième partie comprend les classes de seconde et de rhétorique, et les deux classes de philosophie.

Chacune des trois divisions est l'objet d'une surveillance distincte.

Chaque salle d'étude a son maître particulier, et ne doit renfermer au plus que trente élèves.

Chaque classe a son dortoir à part. Chaque dortoir est divisé en cellules; à défaut de cellules, les lits sont au moins à un mètre de distance l'un de l'autre.

Pendant les récréations, les quatre classes supérieures sont séparées des quatre classes inférieures.

(Ibid., art. 77... 80.)

règle, si en même temps on tenait à ce que les enfans ne fussent admis dans les colléges royaux qu'après avoir acquis les diverses notions qui constituent l'instruction primaire élémentaire.

Mouvement des élèves internes (1).

1817. Les divers mouvemens des élèves internes, pendant la journée, sont réglés comme il suit :

Avant midi.

De cinq heures et demie à six heures, le lever, l'habillement et la prière.

De six heures à sept heures, les maîtres d'études examinent les devoirs de tous les élèves, qu'ils appellent successivement auprès d'eux.

Dans le même temps, chaque élève apprend ses leçons.

De sept heures à sept heures et demie, récitation des leçons.

De sept heures et demie à huit heures, le déjeuner.

De huit heures à dix heures, leçons des professeurs.

De dix heures à onze heures, écriture, calcul, dessin linéaire ou de la figure.

De onze heures à midi, les élèves font les devoirs donnés par les professeurs.

Après midi.

De midi à une heure et demie, le dîner et la récréation.

D'une heure et demie à deux heures et demie, examen des devoirs et récitation des leçons.

De deux heures et demie à quatre heures et demie, leçons des professeurs.

De quatre heures et demie à cinq heures, le goûter et la récréation.

De cinq heures à sept heures et demie, les élèves font les devoirs donnés par les professeurs.

De sept heures et demie à huit heures, le souper.

De huit heures à neuf heures, récréation, lecture de piété, prière et coucher.

Les leçons de langues vivantes, de musique, de danse, d'escrime et de natation, sont données pendant les heures de récréation.

---

(1) Un arrêté du 30 novembre 1830 a rappelé quelques anciennes coutumes, qui, dans des mains habiles, ont été plus d'une fois des moyens d'ordre, de discipline et de bonne tenue.

« L'usage du tambour est rétabli, pour régler les divers mouvemens de la journée, dans l'intérieur des collèges.

» Il y aura, dans chaque quartier, un premier, et, s'il y a lieu, un second sergent, désignés par le proviseur ou le principal, parmi les élèves les plus distingués par leur bonne conduite et leurs succès.

» Le jeudi de chaque semaine pendant le temps de la récréation, des exercices militaires auront lieu sous la direction d'un instructeur agréé par le grand-maître, pour les élèves internes au-dessus de quinze ans. »

L'exercice de la natation n'a lieu qu'autant que toutes les précautions ont été prises, en vertu d'un règlement délibéré en conseil académique.

Les journées commencent et finissent par la prière commune. La prière du soir est toujours précédée d'une lecture de piété qui dure un quart d'heure, et qui ne se termine qu'au son de la cloche.

Les classes et les repas sont précédés et suivis des prières d'usage.

Un élève fait pendant les repas une lecture indiquée par le proviseur.

Dans tous les mouvemens, les élèves marchent en ordre et en silence. Les diverses divisions sont conduites par leurs chefs respectifs, sous l'inspection des maîtres d'études.

Pendant les heures de classe et d'étude, il y a toujours un surveillant qui empêche les élèves sortis pour des besoins, de s'arrêter et de se réunir.

Si un élève interne manque de se rendre à la classe, le professeur en donne sur-le-champ avis au censeur.

(Ibid., art. 81... 87.)

Communication des élèves internes avec le dehors.

1818. Les élèves ne peuvent recevoir les visites des personnes du dehors que dans le parloir, aux heures de récréation et avec la permission expresse du censeur.

Lorsque cette permission est obtenue, le domestique qui est de service ce jour-là, va chercher l'élève demandé, et le conduit au parloir.

Des élèves ne reçoivent de visites que de leurs pères, mères, tuteurs ou correspondans reconnus. Elles ont lieu pendant la semaine, depuis le dîner jusqu'à une heure et demie; les dimanches et les fêtes, depuis le dîner jusqu'à trois heures.

La sortie du collége est interdite aux élèves, à moins qu'ils n'en aient obtenu la permission du proviseur, qui ne les laisse jamais sortir seuls.

Les élèves ne peuvent être confiés qu'à leurs pères, mères, tuteurs, ou à ceux qui justifieront d'un pouvoir spécial et par écrit, émané des pères, mères ou tuteurs.

Les élèves ne peuvent paraître hors du collége qu'avec l'habit du collége.

Les sorties sont la récompense de la bonne conduite et des progrès des élèves. Elles ne peuvent être accordées à chaque élève que deux fois par mois au plus, et seulement le jeudi depuis dix heures, ou les dimanches et fêtes après vêpres.

Elles ont lieu au moyen d'un exéat délivré par le proviseur, d'après les témoignages du maître d'études et du censeur.

L'élève remet cet exéat au portier, qui, le soir, fait connaître, par écrit, au censeur, l'heure où l'élève est rentré et la personne qui l'a ramené.

Aucune sortie n'est permise dans la semaine sainte, cette semaine étant spécialement consacrée aux exercices religieux et aux instructions plus fréquentes données par l'aumônier.

Les élèves sont tenus d'être rentrés à sept heures en hiver, et à huit heures en été.

Ils sont ramenés par leurs parens ou par des personnes de confiance.

Un élève revenu seul est privé de la sortie suivante, ou même de plusieurs sorties, selon les circonstances.

Les proviseurs prennent au surplus, avec l'agrément des recteurs, les mesures convenables pour prévenir les abus qui pourraient résulter des sorties.

Les élèves n'ont de correspondance qu'avec leurs parens, ou avec les personnes chargées de la procuration de leurs parens.

Toutes les lettres qui leur sont adressées sont contre-signées.

Les lettres adressées aux élèves et celles qu'ils écrivent sont toutes remises au proviseur, qui les fait parvenir à leur destination.

Les parens ne peuvent remettre directement aux élèves l'argent destiné à leurs menus plaisirs. Le proviseur en règle la quotité avec les parens, et il en autorise la distribution.

Aucun ouvrier ne peut être employé par les élèves sans l'agrément du proviseur.

(Ibid., art. 88... 99.)

Obligations particulières des élèves externes.

1819. Les élèves externes sont vêtus décemment.

L'uniforme des internes leur est interdit.

On veille particulièrement à ce que les externes n'apportent jamais dans le collége d'autres livres que ceux des classes.

Il leur est expressément défendu de faire aucune commission quelconque pour les internes.

Les élèves des institutions et pensions sont conduits au collége par des maîtres de ces maisons, qui ne les quittent qu'à leur rentrée en classe, et les reprennent à leur sortie.

Les maîtres des institutions et des pensions présentent, soir et matin, au professeur, la feuille sur laquelle sont inscrites les notes des répétiteurs, soit pour les devoirs, soit pour les leçons.

Lorsqu'un externe sait d'avance qu'il aura des raisons légitimes pour s'absenter, il demande l'agrément de son professeur.

Dans tous les cas où un externe ne se rend pas en classe, le professeur en donne avis au censeur, qui en prévient aussitôt les parens ou les instituteurs, et prend les mesures nécessaires pour s'assurer des raisons de cette absence.

Il fait son rapport au proviseur.

Le professeur peut exclure provisoirement un externe de sa classe. Le proviseur peut seul prononcer l'exclusion définitive. Il en rend compte au recteur.

Il est recommandé au proviseur de s'informer de la conduite et de la santé des élèves externes, et particulièrement de ceux qui n'ont point leurs parens dans la ville.

A cette fin, chaque élève fait connaître au proviseur sa demeure, et les noms et professions de ceux chez qui il est logé.

(1) Des congés.

1820. Les classes vaquent les dimanches, les jeudis et les jours de fêtes conservées.

Il y a de plus les congés suivans :

Le premier jour de l'an ;

Les lundi et mardi qui précèdent le carême, après la classe du matin ;

Le 3 mai, congé du roi ;

---

(1) Il était arrivé plusieurs fois que des élèves de divers établissemens, se rencontrant dans les promenades, en étaient venus aux mains et s'étaient portés à des violences qui rappelaient d'autres siècles et d'autres mœurs. En 1811, le conseil de l'Université fut forcé de prendre des mesures rigoureuses.

« Les élèves de lycée du gouvernement, communaux et pensionnaires, qui à l'avenir se rendraient coupables de provocations envers d'autres élèves, et donneraient lieu ou prendraient part à des rixes, seront mis en prison pendant quinze jours, et privés de sortie pendant trois mois. En cas de récidive, on suivra les dispositions prescrites par les titres Ier. et II du décret du Ier. juillet 1809.

» Les élèves externes de lycée demeurant chez des chefs d'institution ou maîtres de pension, seront, en pareil cas, renvoyés de ces maisons pour six mois au moins. Ils ne pourront y rentrer ni être admis dans aucun autre établissement de l'Université, même après l'expiration de ce délai, s'ils n'en ont obtenu l'autorisation expresse du grand-maître, d'après des témoignages authentiques attestant qu'ils ont expié leurs fautes par le repentir le plus sincère et une conduite irréprochable.

» Les élèves externes de lycée, demeurant chez leurs parens, qui se seraient portés aux mêmes excès, seront également renvoyés du lycée pour six mois au moins, et ne pourront s'y représenter ni être admis dans aucun autre établissement de l'Université, qu'ils n'aient entièrement satisfait à la dernière disposition de l'article précédent.

» Les inspecteurs de l'académie se feront donner une liste exacte des élèves auxquels ces dispositions auront été appliquées, et surveilleront rigoureusement l'exécution du présent arrêté. » (Arrêté du 11 juillet 1811.)

Les jeudi, vendredi et samedi saints ;
Les lundis de Pâques et de la Pentecôte ;
Le 25 août, jour de la Saint-Louis (1).
Les jours de congé, il y a six heures de travail.

Le proviseur envoie les élèves en promenade les jours de congé, de dimanche et de fête, lorsque le temps le permet, et il désigne les lieux et les heures des promenades.

Les jours de dimanche et de fête, les élèves, avant de sortir du collége, assistent aux vêpres, qui, pour cette raison, se disent à une heure après midi.

Le 21 janvier, les classes sont fermées ; toutes sorties et toutes promenades sont interdites.

Des punitions.

1821. Les punitions qui peuvent être infligées aux élèves internes, suivant la gravité des fautes qu'ils auraient commises, sont :

1°. La privation de la totalité ou d'une partie des récréations de la journée, avec tâche extraordinaire ;

2°. La privation de la promenade, avec tâche extraordinaire ;

3°. La table de pénitence, avec privation du second plat ;

4°. La défense d'aller voir leurs parens, ou même de recevoir leur visite au collége ;

5°. La prison, qui sera une chambre suffisamment éclairée, facile à surveiller, où l'élève aura toujours à faire une tâche extraordinaire ;

6°. La privation de l'habit du collége. Cet habit sera remplacé par un vêtement d'une forme particulière. L'élève ainsi vêtu occupera une place à part dans la classe et dans la salle d'étude, et à tous les momens de la journée ;

(1) Art. 1er. Il y aura congé le premier jour de l'an ; s'il tombe un jour déjà férié, le congé extraordinaire sera reporté au lendemain, et les élèves auront deux jours de sortie ; s'il tombe un mardi, le jour suivant sera férié, et les classes reprendront le jeudi matin.
Il y aura congé et sortie facultative les lundi et mardi qui précèdent le carême, et le mercredi suivant. Les classes reprendront le jeudi matin.
Il y aura congé et sortie facultative les jeudi, vendredi et samedi de la semaine sainte ;
Les lundis de Pâque et de la Pentecôte ;
Le 7 août, jour de l'avénement du roi ;
2. L'article XI du statut du 3 avril 1830 est rapporté. L'époque de la distribution des prix et de l'ouverture des vacances sera déterminée par chaque conseil académique, suivant les convenances locales, sans que jamais la durée desdites vacances puisse excéder six semaines.
Dans l'académie de Paris, la distribution aura lieu vers le milieu du mois d'août ; le jour précis en sera fixé par le conseil académique. Les vacances s'ouvriront immédiatement après, et la rentrée des classes aura lieu le premier lundi d'octobre. (Arrêté du 19 février 1831.)

7°. La privation des vacances en tout ou en partie ;
8°. L'exclusion du collége (1).

La tâche extraordinaire est réglée de manière qu'elle soit utile à l'instruction de l'élève. Elle consiste principalement à apprendre des morceaux de prose ou de vers indiqués par le fonctionnaire qui aura prononcé la punition.

Le proviseur seul peut prononcer les quatre dernières punitions. Les autres peuvent être prononcées par le censeur, les professeurs et les maîtres d'études.

Les élèves privés de récréation, et ceux qui sont retenus pendant les promenades, sont réunis dans une salle sous la surveillance particulière d'un maître d'études.

Dans le cas où un élève aurait mérité d'être exclu du collége, il serait séquestré, en attendant qu'il fût remis à ses parens. Le proviseur rend compte au recteur des motifs de l'exclusion.

Les élèves externes peuvent être condamnés par le proviseur, par le censeur et par les professeurs, à subir celles des punitions ci-dessus qui leur sont applicables.

Dans les cas où un maître d'études aurait à se plaindre d'un externe, il en ferait son rapport au censeur, qui ordonnerait la punition convenable.

Toutes les fois qu'un professeur ou un maître d'études impose une punition qui doit avoir lieu hors de sa présence, le censeur en est aussitôt prévenu, et prend les mesures nécessaires pour l'exécution.

Dispositions générales.

1822. Les portes des colléges sont ouvertes à cinq heures et demie du matin, et fermées à neuf heures du soir.

Les clefs sont portées chez le proviseur.

S'il arrivait qu'un fonctionnaire demeurant dans le collége fût obligé de rentrer après neuf heures, il en préviendrait le proviseur, qui donnerait, s'il le jugeait convenable, l'autorisation nécessaire.

---

(1) On voit que, dans toutes ces punitions, il n'y en a aucune, hors l'exclusion du collége, qui puisse entraîner l'absence de la classe et conséquemment la privation des leçons du professeur. On a sagement fait de ne jamais punir les élèves en interrompant leurs études, interruption qui ne contristerait guères les paresseux, et qui, surtout dans les classes des sciences mathématiques et physiques, pourrait nuire essentiellement aux progrès, quelquefois même à tout l'avenir d'un jeune homme.

Le conseil royal vient de prendre à cet égard une décision formelle, ainsi conçue :
« Les dispositions disciplinaires du statut du 4 septembre 1821, seront appliquées de telle sorte, qu'un élève ne soit jamais privé d'assister aux leçons des professeurs, hormis le cas où il serait immédiatement exclu d'une classe pour en avoir troublé l'ordre. »
(Arrêté du 27 janvier 1835.)

Les fonctionnaires ne peuvent paraître dans l'intérieur des colléges qu'en habit noir et avec la palme qui correspond à leur titre.

Aucun étranger n'est admis à coucher dans le collége sans la permission du proviseur.

Aucun élève, sous un prétexte quelconque, ne peut ni coucher ni travailler dans une chambre séparée.

Les dortoirs sont éclairés pendant la nuit.

Aucun maître d'études, élève interne, ni domestique, ne couche hors du collége sans la permission du proviseur.

La permission pour des élèves ne peut être accordée que pour des motifs très-graves dont le proviseur est juge.

Aucune femme ne peut habiter dans l'intérieur du collége.

La buanderie, la lingerie, l'infirmerie, si elles sont confiées à des femmes, sont placées dans des corps de logis isolés.

Tous les jeux de cartes et de hasard sont interdits. Il est défendu de jouer de l'argent à quelque jeu que ce soit.

L'introduction de toute arme et celle de la poudre à tirer, même en artifice, est interdite.

Toute espèce de marché et d'échange entre les élèves ne peut avoir lieu qu'avec la permission de leurs maîtres d'études respectifs.

(Ibid., art. 119... 128.)

DIVERSES DISPOSITIONS RELATIVES A L'ADMINISTRATION ET A LA DISCIPLINE.

Commissions administratives des lycées éloignés du chef-lieu de l'académie.

1823. En conséquence de l'art. 23 du décret du 4 juin 1809, les commissions d'administration des lycées éloignés du chef-lieu de leur académie, seront composées de cinq membres :

1°. D'un inspecteur d'académie envoyé *ad hoc* par le recteur ;

2°. Du préfet ou du sous-préfet : s'il jugeait convenable d'accepter les fonctions de membre de la commission, l'inspecteur de l'académie lui déférerait les honneurs de la présidence ;

3°. Du maire de la ville (il présidera toujours après l'inspecteur) ;

4°. De deux personnes choisies par le recteur, parmi les magistrats ou les pères de famille les plus distingués de la ville.

Dans le cas où le préfet ou le sous-préfet n'accepterait pas, il serait inutile de nommer quelqu'un à sa place.

Le proviseur du lycée ne peut être membre de la commission d'administration; mais il peut être appelé aux séances, et il aura voix consultative.

Les délibérations de la commission doivent être adressées au recteur, qui les transmettra ensuite au grand-maître : elles ne pourront avoir d'effet qu'autant qu'elles seront revêtues de son approbation.

(Instruction du 28 juillet 1810.)

Bureaux d'administration des colléges royaux de l'académie de Paris.

1824. Il sera établi près des colléges royaux de Versailles et de Reims un bureau d'administration. Les membres de ces bureaux seront nommés par la Commission, et présidés par un inspecteur de l'académie de Paris, qu'elle aura désigné à cet effet.

Les bureaux d'administration exerceront toutes les fonctions attribuées aux conseils académiques par les art. 86 et 87 du décret du 17 mars 1808 : les rapports et procès-verbaux des assemblées de ces bureaux seront envoyés à la Commission par l'inspecteur chargé de les présider.

Les colléges royaux de Paris seront visités au moins une fois par trimestre, par deux inspecteurs généraux désignés par la Commission. Cette inspection aura pour objet tout ce qui concerne la surveillance des études, de la discipline, de la gestion économique de ces établissemens, et leur comptabilité. Les inspecteurs adresseront à la Commission un rapport détaillé de leur visite.

Les budgets des dépenses de la masse commune des colléges de l'académie de Paris, seront adressés à la Commission au mois décembre de chaque année, pour l'exercice suivant, avec l'avis du bureau d'administration; pour les colléges royaux de Paris, avec l'avis des inspecteurs chargés de la surveillance de chacun de ces établissemens.

(Arrêté du 8 janvier 1816.)

Commission administrative pour les colléges royaux de Versailles et de Reims.

1825. Une commission d'administration exercera dorénavant, auprès des colléges royaux de Versailles et de Reims, les fonctions attribuées par les décrets, statuts et règlemens, aux conseils académiques, en ce qui concerne les colléges.

(Arrêté du 4 septembre 1817, art. 1er.)

Cette commission sera composée d'un inspecteur de l'académie de Paris, qui la présidera, et de quatre autres personnes au moins, choisies, soit parmi les officiers de l'Université, soit parmi les notables des villes où sont situés les colléges. Le proviseur de chaque collége sera membre de la commission.

Toutefois, la commission ne devra point délibérer en présence du proviseur, lorsqu'elle procédera à l'examen des comptes; elle pourra en outre délibérer en son absence, quand elle le jugera convenable.

La commission élira dans son sein, tous les trois mois, un vice-président et un secrétaire.

Elle se conformera, en ce qui concerne la tenue de ses séances ordinaires et extraordinaires, et celle de ses procès-verbaux, à tout ce qui est prescrit par le statut du 19 septembre 1809 sur l'administration économique des lycées (1).

En ce qui concerne la vérification et le règlement des comptes, soit trimestriels, soit annuels, des colléges royaux de Versailles et de Reims, les commissions d'administration se conformeront à ce qui est prescrit par les art. 153 et suivans de l'instruction générale du 1er. novembre 1812.

(Ibid., art. 2... 5.)

1826. Les commissions d'administration formées en exécution du présent arrêté, s'occuperont sans délai de toutes les réformes et améliorations dont peut être susceptible l'administration économique des colléges confiés à leur surveillance. Conformément à l'art. 5 du statut du 19 septembre 1809, elles réformeront sur-le-champ les abus qu'elles auraient remarqués. Elles proposeront en outre à la commission de l'instruction publique toutes les mesures qu'elles jugeront utiles au bien du service, tant sous le point de vue de la gestion économique que par rapport aux études et à la discipline.

A la fin de chaque trimestre, les commissions d'administration rendront compte de leurs opérations à la commission de l'instruction publique.

Au moyen des mesures prescrites par le présent arrêté, ceux des 8 janvier, 2 mars et 17 octobre sont rapportés.

Le présent arrêté sera adressé aux inspecteurs généraux des études, aux inspecteurs de l'académie de Paris, aux personnes qui composeront les commissions d'administration établies près les colléges royaux de Versailles et de Reims, et aux proviseurs desdits colléges.

(Ibid., art. 6... 9.)

(1) Voyez ce statut, pages.... et suiv.

Arrêté relatif aux professeurs de philosophie et de rhétorique des lycées de Paris.

1827. Les professeurs de philosophie et de rhétorique des lycées de Paris prendront rang après les professeurs adjoints des facultés des sciences et des lettres; ils auront le droit de porter la même décoration et la même robe, et ils pourront être appelés pour les examens dans ces facultés.

(Arrêté du 31 octobre 1809.)

Arrêtés relatifs aux professeurs supplémentaires ou agrégés des lycées.

1828. Les professeurs qui, en vertu du règlement sur l'enseignement des lycées, sont chargés d'une division de classe, prendront, au lieu du titre de professeurs supplémentaires, le titre d'agrégés-professeurs.

Indépendamment du traitement fixe affecté au titre d'agrégé par l'art. 122 du décret du 17 mars, et payable sur les fonds de l'Université, les agrégés-professeurs recevront, pendant la durée de leurs fonctions, une indemnité suffisante pour rendre leur traitement fixe égal au traitement fixe du professeur titulaire de leur classe.

Cette indemnité sera payée sur les fonds du lycée.

Ils jouiront de plus pour tout traitement éventuel, du tiers de la rétribution provenant des externes de leur classe.

Le nombre des élèves sera partagé, par le proviseur, entre les deux professeurs, de façon, 1°. qu'ils aient toujours chacun dans leur classe un égal nombre d'externes; 2°. que l'agrégé-professeur n'ait jamais dans sa classe moins de vingt-cinq élèves; 3°. que l'un et l'autre professeurs aient, autant qu'il sera possible, des élèves d'une égale force, qui puissent concourir ensemble, soit pendant l'année, soit pour la distribution des prix.

Au-dessus de quatre-vingts élèves, les pensionnaires, comme les externes, seront partagés également.

Dans le rang des professeurs entre eux, les agrégés-professeurs viendront immédiatement après les professeurs titulaires du troisième ordre.

Si au commencement de l'année classique le nombre des élèves d'une classe n'excède pas celui de soixante, l'agrégé-professeur cessera ses fonctions, et n'aura plus droit qu'au seul traitement d'agrégé.

Il conservera néanmoins le rang et le titre d'agrégé-professeur.

(Arrêté du 19 janvier 1810, art. 1... 7.)

1829. Les agrégés-professeurs des lycées, nommés depuis le 1er. décembre 1810, et ceux qui pourront être nommés à l'avenir, recevront pour tout traitement fixe la somme de quatre cents francs affectée au titre d'agrégé, et payable sur les fonds de l'Université.

Ils auront pour traitement éventuel, 1°. le tiers de la rétribution des externes de leur classe; 2°. une part dans le second tiers, égale à celle du professeur titulaire du même degré qu'eux.

Ils n'auront aucune part dans le dixième des pensions des élèves payans.

Cette mesure est applicable aux agrégés-professeurs des lycées d'externes.

Les agrégés-professeurs nommés avant le 1er. décembre 1810, continueront d'être payés conformément aux art. 2 et 3 du statut du 19 janvier 1810.

(Arrêté du 6 décembre 1811, art. 1... 4.)

1830. Il sera fait une masse du produit des premier et second tiers des frais d'études des colléges royaux : le dixième des pensions des élèves payans sera joint à cette masse, sauf le prélèvement qui sera ci-après déterminé.

Le censeur et les professeurs, y compris l'agrégé chargé de la sixième, auront pour traitement éventuel chacun une part égale dans cette masse.

Les maîtres élémentaires auront le traitement des maîtres d'études, plus une indemnité prise sur le troisième tiers, et qui sera fixée par le conseil académique.

Les agrégés dont les nominations sont antérieures au 1er. décembre 1810, auront, sur la masse déterminée par l'art. 1er., demi-part de professeur; les agrégés dont les nominations sont postérieures au 1er. décembre 1810, auront une part entière.

Il sera prélevé pour l'économe un dixième sur le montant du dixième des pensions des élèves payans.

(Arrêté du 19 décembre 1815.)

Arrêté relatif à l'enseignement de la philosophie dans les lycées.

1831. Il sera établi des chaires de philosophie dans tous les lycées qui ne sont pas placés dans les chefs-lieux d'académies (1).

(Arrêté du 10 février 1810.)

(1) Pour les autres lycées, les élèves trouvaient le cours de philosophie dans le sein même des facultés des lettres, que possédaient alors tous les chefs-lieux d'académie.

Arrêté qui fixe les indemnités à allouer aux suppléans des professeurs absens ou malades.

1832. Les professeurs des lycées, absens pour quelque cause que ce soit, seront remplacés par les agrégés, et, à défaut d'agrégés, par les maîtres d'études.

Il sera alloué des indemnités aux agrégés ou maîtres d'études qui remplaceront des professeurs.

Ces indemnités seront fixées conformément au tableau annexé au présent arrêté.

Ces indemnités seront payées par jour de classe où le remplacement aura lieu, quel que soit le nombre des classes à faire par jour.

Ces indemnités seront prises sur les traitemens tant fixes qu'éventuels des professeurs remplacés, lorsqu'ils seront absens par congé.

(Arrêté du 2 mars 1810, art. 1... 5.)

Elles seront payées de la même manière pour les professeurs malades; et néanmoins, s'il est constaté que la maladie ait duré plus de huit jours, il sera accordé, sur les fonds du lycée, une indemnité au professeur malade; cette indemnité sera fixée par le recteur, sur la proposition du proviseur.

Les professeurs absens sans congé subiront, sur leurs traitemens tant fixes qu'éventuels, pour chaque jour d'absence, une retenue égale à ce que leur traitement total doit produire par jour. L'excédant du traitement affecté à leurs fonctions, déduction faite des frais de remplacement, sera joint au troisième tiers du produit des externes, pour être employé aux dépenses imprévues du lycée.

(Ibid., art. 6.)

Tableau des indemnités selon la classe des lycées et l'ordre des professeurs.

		PROFESSEURS		
		de 1er. ordre.	de 2e. ordre.	de 3e. ordre.
Lycées	de Paris.	8 fr.	7 fr.	6 fr. 0 c.
	de 1re. classe.	6	5	4 0
	de 2e. id.	5	4	3 0
	de 3e. id.	4	3	2 50

Arrêté concernant les maîtres d'études.

1833. En exécution de l'art. 31 du règlement de police sur les lycées, ainsi conçu : « Il y aura un maître d'études pour vingt-cinq élèves : dans les temps de récréation, un maître d'études suffira pour cinquante élèves, si la récréation a lieu dans la cour. » Il est défendu, sous quelque prétexte que ce puisse être, de doubler le nombre des élèves dans une même salle ; il est également défendu de faire alterner les maîtres.

Aucun maître d'études ne pourra sortir d'un lycée sans avoir obtenu une lettre d'exeat du proviseur, qu'il devra prévenir un mois d'avance et par écrit.

Le maître d'études qui sortira d'un lycée ne pourra être admis dans un autre, sans produire, outre sa lettre d'exeat, un certificat de bonne conduite et de bonnes mœurs, délivré par le proviseur du lycée d'où il sort.

Le maître d'études qui aurait quitté son lycée sans avoir obtenu une lettre d'exeat du proviseur, encourra la peine portée par l'art. 44 du décret du 17 mars 1808.

(Arrêté du 23 mars 1810, art. 1... 4.)

1834. Le nombre des maîtres d'études dans les colléges royaux sera fixé de manière qu'il y en ait un au moins pour vingt-cinq élèves.

Nul ne peut remplir les fonctions de maître d'études, même provisoirement, s'il n'est au moins pourvu du grade de bachelier ès-lettres.

Les traitemens des maîtres d'études continueront d'être fixés ainsi qu'il suit, savoir :

Colléges royaux de Paris.................... 1,200 fr.
———————— de 1re. classe............... 1,000
———————— de 2e. classe............ 800
———————— de 3e. classe........... 700

Il ne sera exercé sur lesdits traitemens aucune autre retenue que celle qui est prescrite par l'art. 1er. de l'ordonnance du 19 avril 1820.

La nomination aux places de maître d'études a lieu sur la présentation des proviseurs. Elle ne devient définitive qu'après un délai d'épreuve, pendant lequel l'acte de nomination provisoire peut être révoqué sur la simple demande du proviseur.

Tous les maîtres d'études actuellement en exercice, et qui ne sont point pourvus d'un arrêté de nomination provisoire ou définitive, sont tenus de faire régulariser leur nomination dans le délai de trois mois. L'arrêté qui pourra être pris à leur égard indiquera le mois et l'année où ils ont commencé à exercer leurs fonctions, et à subir la retenue sur leur traitement.

Le droit à la pension de retraite, et autres avantages assurés aux maîtres d'études par les règlemens, courra du jour où la retenue prescrite par l'ordonnance dudit jour 19 avril 1820 a été ou sera exercée sur leur traitement, et il en sera fait mention expresse dans les arrêtés de nomination.

Le traitement de maître d'études pourra être augmenté annuellement de 200 francs par le conseil royal en faveur de ceux qui, s'étant présentés pour subir les épreuves de l'agrégation aux classes supérieures des lettres ou aux classes des sciences sans avoir pu obtenir l'une des places à nommer, seraient cependant déclarés par les juges du concours susceptibles d'obtenir le grade d'agrégé, dans l'une ou l'autre desdites facultés.

Les maîtres qui auront rempli sans reproche leurs fonctions pendant six ans, dans le même collége, recevront un supplément de traitement de 100 fr., lequel sera porté à 200 fr. après huit ans, et à 300 fr. après dix ans et au delà, sans préjudice de l'augmentation portée par l'article précédent en faveur de ceux qui l'auront obtenue.

Les maîtres d'études agrégés ou licenciés porteront la robe et les autres marques distinctives de leur grade.

Les maîtres d'études ne pourront, pendant les heures où ils surveillent les études, donner aucune répétition particulière. Les proviseurs et censeurs sont chargés de tenir strictement la main à l'exécution du présent article, et de faire connaître les infractions à l'autorité supérieure.

(Arrêté du 5 août 1828, art. 1... 10.)

1835. Dans l'application des dispositions de l'article 16 de l'ordonnance du 26 mars 1829, on ne tiendra compte aux maîtres d'études que des services rendus depuis la date de leur nomination définitive par le ministre grand-maître de l'Université.

Les maîtres qui auront obtenu du ministre grand-maître un titre provisoire jouiront, pendant le temps d'épreuve, d'un traitement égal à celui des maîtres définitifs, conformément à l'art. 3 de l'arrêté du 5 août 1828.

Ce traitement sera soumis à la retenue prescrite par l'art. 1er. de l'ordonnance royale du 19 avril 1820.

Le nombre des maîtres nommés à titre définitif ou à titre provisoire sera égal au nombre des quartiers et des classes élémentaires.

Il ne pourra être augmenté que dans le cas où le nombre des élèves exigerait l'emploi d'un ou de plusieurs maîtres surveillans.

(Arrêté du 17 mai 1833, art. 1... 3.)

1836. Il y aura dans les colléges des maîtres surnuméraires qui seront chargés de remplacer temporairement les maîtres d'études malades ou absens.

Le choix de ces maîtres sera fait par le proviseur, et soumis par le recteur à l'approbation du ministre grand-maître.

Il pourra leur être accordé, outre la nourriture et le logement, une indemnité dont le *maximum* n'excédera pas 300 fr. Elle sera fixée par le conseil royal, sur la proposition du proviseur, et d'après l'avis du conseil académique.

(Ibid., art. 4.)

Arrêté concernant les maîtres élémentaires des lycées.

1837. Lorsque le nombre des élèves du gouvernement qui ne sont pas en état de suivre les classes de grammaire, nécessitera une ou plusieurs classes élémentaires, les proviseurs des lycées pourront admettre à ces classes des pensionnaires et des externes, pourvu que ceux-ci aient atteint l'âge prescrit par le règlement de police des lycées.

Nulle classe élémentaire ne pourra être de plus de cinquante élèves.

Ces classes seront confiées ou à des agrégés professeurs qui ne sont pas en activité, ou à des maîtres d'études, qui prendront le titre de maîtres élémentaires. La nomination sera faite par le grand-maître, sur la présentation du proviseur.

En exécution de l'art. 3 du règlement sur l'enseignement des lycées, les maîtres élémentaires doivent avoir le grade de bachelier dans la faculté des lettres.

Les maîtres élémentaires seront logés, nourris et payés comme les maîtres d'études.

Leur traitement de maître d'études sera pris sur le second tiers des externes et sur le dixième des pensions des élèves payans.

Ils jouiront en outre du tiers de la rétribution des externes de leur classe (1).

(Arrêté du 27 mars 1810, art. 1... 7.)

(1) Voyez plus loin l'arrêté du 19 décembre 1815.

Arrêté qui institue un professeur de sixième dans des colléges royaux, et qui fixe le traitement de ce professeur, ainsi que celui des maîtres chargés des classes préparatoires.

1838. A partir du 1er. janvier 1819, il y aura dans chaque collége royal un professeur de sixième.

Le traitement fixe des professeurs de sixième sera de 1,200 francs dans les colléges royaux de Paris, de 1,000 francs dans les colléges royaux de 1re. classe, de 800 francs dans les colléges de 2e. classe, et de 700 francs dans les colléges de 3e. classe.

Ils auront pour traitement éventuel, conformément aux dispositions de l'arrêté du 19 décembre 1815, une part entière dans le produit réuni du dixième des pensionnaires payans, et des deux premiers tiers des frais d'études des externes.

Dans les colléges où il est nécessaire de conserver ou d'établir des classes préparatoires pour les élèves qui ne sont pas capables d'entrer en sixième, les classes seront confiées à des maîtres d'études.

Les maîtres chargés des classes préparatoires recevront le traitement déterminé par les règlemens pour les maîtres d'études : ils jouiront aussi des autres avantages qui leur sont attribués par les mêmes règlemens (1).

(Arrêté du 12 octobre 1818, art. 1... 3.)

STATUTS CONCERNANT LES AGRÉGÉS DES COLLÉGES ROYAUX ET LES CONCOURS D'AGRÉGATIONS.

Du nombre et des fonctions des agrégés.

1839. En exécution de l'article 121 du décret du 17 mars 1808, il y aura près de chaque lycée trois agrégés ; savoir : un pour les sciences, un pour les classes supérieures des lettres, un pour les classes de grammaire (2).

(Statut du 24 août 1810, art. 1er.)

1840. Les agrégés sont au nombre des fonctionnaires du lycée, et prennent rang après tous les professeurs.

Ils remplacent de droit les professeurs absens, chacun dans la partie d'enseignement pour laquelle il a été nommé agrégé ; et ils jouissent alors, outre leur traitement fixe de 400 francs, des indemnités réglées par le statut du 2 mars 1810.

Lorsqu'il y a lieu à une division de classe, l'agrégé nommé pour la partie d'enseignement qui correspond à cette classe,

---

(1) Voyez un arrêté du 13 novembre 1819, page....

(2) Divers arrêtés ont successivement modifié ce premier statut ; et augmenté le nombre des agrégés.

est de droit chargé de la deuxième division avec le titre d'agrégé professeur, conformément au statut du 19 janvier 1810.

S'il arrive, dans le même temps, qu'un des professeurs que cet agrégé doit naturellement suppléer, ait en effet besoin d'être suppléé, le proviseur confie cette dernière fonction à un autre agrégé, et, à son défaut, à un maître d'études.

S'il y a lieu d'établir une classe élémentaire aux termes du statut du 27 mars 1810, elle est confiée de préférence à l'agrégé pour les classes de grammaire. S'il est déjà employé, un maître d'études sera chargé de cette classe élémentaire.

(Ibid., art. 2... 5.)

1841. Un agrégé peut être à la fois agrégé pour les sciences et agrégé pour les lettres; il ne touche néanmoins qu'un seul traitement fixe d'agrégé.

Nul agrégé ne peut quitter le lycée auquel il est attaché, sans y avoir été autorisé par le grand-maître, sur l'avis du recteur de l'académie.

(Ibid., art. 6 et 7.)

1842. A compter du 1er. janvier 1815, nul ne pourra être nommé à une chaire vacante dans un lycée, s'il n'est agrégé pour la partie d'enseignement à laquelle appartient la chaire vacante, ou s'il n'est déjà professeur de lycée ou principal de collége (1).

A compter de la même époque, nul ne pourra être nommé maître d'études dans un lycée ou régent dans un collége, s'il n'a été élève de l'école normale (2).

Les agrégés qui seront employés par le grand-maître comme principaux ou régens dans les colléges, ne toucheront pas le traitement d'agrégé : ils conserveront d'ailleurs tous les droits attachés à ce titre.

Il en sera de même, toutes les fois qu'un agrégé exercera des fonctions publiques qui l'empêcheraient de faire actuellement un service dans le lycée.

(Ibid., art. 8... 10.)

(1) Depuis le statut du 6 février 1821, le titre de principal n'est plus suffisant pour devenir professeur dans un collége royal : il faut avoir le titre d'agrégé. Les membres mêmes des anciennes congrégations enseignantes doivent passer par les épreuves de l'agrégation avant d'être nommés à des chaires de colléges royaux. Une seule exception a été faite : les professeurs adjoints de faculté peuvent être nommés professeurs dans un collége royal, sans avoir le titre d'agrégé. (Arrêtés du 15 mars 1825 et du 5 octobre 1824.)

(2) Nous persistons à croire que cet article, sérieusement exécuté, aurait produit les meilleurs effets. Il est permis d'espérer que le corps enseignant, sortant presque tout entier du sein de l'école normale, offrirait une puissante unité de vues et de doctrines, seule capable de reproduire dans l'éducation publique les bienfaits des anciennes corporations, sans en faire craindre les inconvéniens.

Des différentes manières de parvenir à l'agrégation. — Des répétiteurs de l'école normale.

1843. Conformément à l'article 81 du statut du 6 avril 1810 sur l'école normale, les élèves de cette école qui auront été choisis parmi les dix élèves désignés dans l'article 80 pour remplir les fonctions de répétiteurs, seront de droit agrégés de l'Université.

Ces élèves répétiteurs seront agrégés pour les sciences ou agrégés pour les classes supérieures des lettres, suivant qu'ils seront répétiteurs dans les sciences ou dans les lettres (1).

(Ibid., art. 11 et 12.)

Du concours. — Des conditions requises pour y être admis.

1844. En conséquence de l'article 1er. du présent statut, il y aura trois concours différens pour l'agrégation ; savoir :

Un pour les sciences,
Un pour les classes supérieures des lettres,
Un pour les classes de grammaire.

Nul ne sera admis à concourir s'il ne remplit les conditions suivantes :

Il devra, 1°. prouver qu'il est, depuis un an au moins, maître d'études dans un lycée, ou régent dans un collège, ou déjà agrégé d'un autre ordre ;

2°. Produire des certificats de bonne conduite ;

3°. Justifier qu'il est licencié dans les lettres ou dans les sciences, s'il se présente pour les deux premiers concours ; et bachelier dans les lettres, s'il se présente pour le troisième (2).

(Ibid., art. 13 et 14.)

1845. Les certificats qui attesteront le temps d'exercice et de bonne conduite, devront être délivrés par le chef de l'établissement auquel l'aspirant est attaché, et visés par le recteur de l'académie, qui pourra y joindre ses observations.

(Ibid., art. 15.)

Des préliminaires du concours.

1846. Les concours pour les places d'agrégés vacantes dans chaque lycée, seront ouverts dans la ville où sont établies les facultés des lettres et des sciences de l'académie.

L'époque de l'ouverture des concours sera fixée par le grand-maître sur l'avis du recteur, et annoncée au moins un mois d'avance dans toute l'étendue du ressort académique.

---

(1) Les élèves de l'école normale sont tous tenus maintenant de se présenter aux examens pour obtenir l'agrégation.

(2) Voir la note sur l'art. 1839.

Les maîtres d'études et les régens de colléges des autres académies pourront se présenter au concours, avec l'autorisation de leur recteur.

(Ibid., art. 16... 18.)

1847. Les aspirans qui seront obligés d'interrompre leurs fonctions pour concourir, seront tenus de se faire remplacer pendant leur absence.

(Ibid., art. 19.)

1848. Les aspirans se feront inscrire au secrétariat de l'académie dans laquelle le concours sera ouvert, au moins trois jours d'avance.

Ils déposeront entre les mains du secrétaire, et sur son récépissé, les pièces exigées par les art. 14 et 15.

Sur le vu des pièces, le recteur dressera la liste de ceux qui seront admis au concours, suivant l'ordre de leur inscription.

La liste des concurrens sera affichée la veille du jour de l'ouverture du concours, à la porte du secrétariat de l'académie, et une copie en sera envoyée au grand-maître.

Les juges du concours seront désignés par le recteur.

Ils ne pourront être moins de trois.

Ils seront pris parmi les professeurs des facultés des sciences ou des lettres, et, au besoin, parmi les professeurs du lycée qui ne seraient pas membres de l'une ou de l'autre faculté.

Les juges et les concurrens assisteront en costume à tous les exercices publics du concours.

Le recteur présidera le concours. En cas d'empêchement, il chargera de cette fonction un des inspecteurs de l'académie, ou le doyen, soit de la faculté des sciences, soit de la faculté des lettres.

(Ibid., art. 20... 24.)

Des épreuves et du jugement du concours.

1849. Il y aura trois sortes d'épreuves pour chaque concours: la composition, la thèse ou exercice, la leçon.

La première épreuve consistera,

Pour l'agrégation aux sciences, à traiter par écrit deux questions, l'une de mathématiques, l'autre de sciences physiques;

Pour l'agrégation aux classes supérieures des lettres, à composer une dissertation latine sur un sujet de métaphysique, de logique ou de morale; et un discours français ou une pièce de poésie latine.

Pour l'agrégation aux classes de grammaire, à traduire du latin en français, du français en latin, et du grec en français.

La composition ne pourra durer plus de six heures.

Les matières seront données par le président, avec les précautions nécessaires pour que nul des concurrens ne puisse en avoir connaissance avant le moment de l'épreuve.

Chaque concurrent, dès que sa composition sera terminée, la remettra, signée de lui, dans une boîte scellée du sceau du président.

Les concurrens ne pourront s'aider d'aucun ouvrage, soit manuscrit, soit imprimé, à l'exception des dictionnaires. Ils n'auront aucune communication au dehors, à peine d'exclusion du concours.

(Ibid., art. 25... 29.)

1850. La seconde épreuve consistera,

Pour l'agrégation aux sciences, à soutenir une thèse sur les sciences physiques et mathématiques ;

Pour l'agrégation aux classes supérieures des lettres, à soutenir une thèse sur la philosophie et sur la littérature grecque et latine ;

Pour l'agrégation aux classes de grammaire, à faire une explication raisonnée de plusieurs morceaux d'un auteur grec et de deux auteurs latins.

Les concurrens seront tenus d'argumenter et de s'interroger mutuellement, suivant le rang qui leur sera assigné par les juges du concours.

Chaque thèse ou exercice durera deux heures.

La troisième épreuve consistera, pour les trois ordres d'agrégation, dans une leçon publique d'une heure, que chaque concurrent fera de vive voix sur la matière assignée par le président.

Chacun des concurrens expliquera, pendant une demi-heure, la matière de la leçon.

Pendant la seconde demi-heure, il interrogera celui de ses concurrens qui sera en tour de lui répondre. Réciproquement ce concurrent pourra lui faire des questions sur la matière proposée.

Les concurrens auront huit jours pour se préparer à soutenir leurs thèses, et vingt-quatre heures pour se préparer à la leçon publique et à l'explication prescrite par l'art. 3o, § III.

Pour cette explication, le président indiquera, seulement vingt-quatre heures d'avance, les ouvrages qui serviront de matière à l'examen.

Les concurrens seront tenus, à peine d'exclusion du concours, de subir les épreuves aux jours qui leur auront été indiqués.

Tout concurrent qui, sans excuse valable, jugée telle à l'unanimité, aura manqué d'assister aux thèses, exercices ou leçons, ou d'y argumenter et d'y répondre à son tour, sera également exclu.

Lorsque toutes les épreuves du concours seront terminées, le président assemblera les juges; et, après avoir discuté la manière dont chaque concurrent aura soutenu ces diverses épreuves, ils choisiront à la majorité absolue celui qui devra être préféré.

En cas de partage, la voix du président est prépondérante.

Le procès-verbal de toutes les opérations du concours sera dressé par le secrétaire de l'académie, et envoyé par le recteur au grand-maître de l'Université, pour obtenir l'institution du candidat choisi par les juges.

Les noms des concurrens qui auront été institués par le grand-maître, seront proclamés dans la plus prochaine assemblée générale de l'académie.

(Ibid., art. 3o... 4o.)

1851. Le concours sera gratuit, et ne donnera lieu à aucune indemnité, ni pour les juges, ni pour les concurrens.

(Ibid., art. 41.)

1852. A partir du 1er. janvier 1822, nul ne pourra être nommé professeur dans les colléges royaux, si déjà il n'est agrégé.

(Statut du 6 février 1821, art. 2 (1).)

1853. Tout agrégé reçoit, sur les fonds généraux de l'Université, un traitement annuel de 400 francs, à moins qu'il n'ait déjà ou qu'il n'obtienne des fonctions qui lui donnent un traitement. Dans l'un et dans l'autre cas, le conseil royal décide s'il y a lieu de donner ou de maintenir le traitement d'agrégé.

Les chefs d'institution et les maîtres de pension qui obtiennent le titre d'agrégé ne reçoivent aucun traitement.

(Ibid., art. 5.)

1854. Tout agrégé qui refuserait d'accepter les fonctions auxquelles il aurait été nommé par le conseil royal, perdrait le traitement et le titre d'agrégé.

Le traitement cessera pour l'agrégé qui aurait été dix ans consécutifs sans être employé, et dès lors aussi cet agrégé cessera d'être à la disposition de l'Université.

(Ibid., art. 6.)

(1) Nous ne reproduisons de ce statut que les dispositions qui ont développé ou modifié notablement celui du 24 août 1819.

1855. Les places d'agrégés sont données au concours.

(Ibid., art. 7.)

Du concours.

1856. Le concours a lieu tous les ans, immédiatement après la distribution des prix, dans celles des académies que le conseil royal a désignées.

Le conseil détermine, chaque année, le nombre total des places pour lesquelles le concours doit être ouvert.

(Ibid., art. 9.)

1857. Sont admis à concourir,

1°. Les élèves de l'école normale qui ont terminé leur cours d'études;

2°. Tous ceux qui ont été employés pendant trois ans, soit comme régens dans les colléges communaux, soit comme maîtres d'études dans les colléges royaux, soit comme maîtres dans les petits séminaires ou dans les institutions dans lesquelles l'enseignement de plein exercice est autorisé;

3°. Les chefs d'institution et les maîtres de pension exerçant depuis deux ans;

4°. Les répétiteurs qui ont exercé pendant cinq ans dans les pensions ou dans les institutions d'une même académie, et qui sont munis d'un brevet délivré par le recteur.

Le temps de service exigible dans les colléges royaux et communaux, ou dans les institutions de plein exercice, est réduit à une année en faveur, 1°. de ceux qui auront le grade de docteur ès-sciences ou ès-lettres; 2°. des élèves de l'école polytechnique qui auront été jugés admissibles dans les services publics, au sortir de cette école, et qui voudront concourir pour l'agrégation aux sciences.

(Ibid., art. 10 et 11.)

1858. Les aspirans à l'agrégation se font inscrire, au moins trois mois avant le jour de l'ouverture du concours, au secrétariat d'une des académies dans lesquelles le concours doit avoir lieu.

Les listes des aspirans sont adressées de suite au conseil royal, avec les certificats et autres pièces à l'appui.

Sur le vu de ces listes et des pièces qui y sont jointes, le conseil royal prend sur la conduite des aspirans tous les renseignemens qu'il juge nécessaires; et, d'après ces renseignemens, les listes des aspirans admis au concours sont définitivement arrêtées, et envoyées aux recteurs des académies où le concours doit s'ouvrir.

Ceux qui se trouvent portés sur les listes des concurrens, en sont prévenus par les recteurs quinze jours au moins avant le jour de l'ouverture du concours.

Les juges du concours sont nommés par le conseil royal, sur la présentation du recteur; ils sont au moins au nombre de quatre, non compris le président, qui est un inspecteur général, ou un autre officier de l'Université, désigné par le conseil royal.

(Ibid., art. 13... 16.)

1859. Les séances du concours sont publiques pour les deux dernières épreuves.

Le procès-verbal de toutes les opérations du concours est dressé par le secrétaire de l'académie, et signé de tous les juges; le président et le recteur peuvent joindre au procès-verbal leurs observations particulières.

Le tout est envoyé, par le recteur, au conseil royal.

(Ibid., art. 23 et 27.)

1860. Le temps de service exigible dans les institutions ou dans les pensions pour être admis à concourir pour l'agrégation, sera réduit à trois années en faveur des candidats qui auront le grade de docteur ès-sciences ou ès-lettres.

(Arrêté du 20 septembre 1823.)

Arrêté concernant les aspirans à l'agrégation, qui se vouent uniquement à l'enseignement de la philosophie.

1861. Il sera ouvert un concours spécial pour les aspirans à l'agrégation qui, en se faisant inscrire, déclareront se vouer uniquement à l'enseignement de la philosophie.

Les candidats subiront les trois épreuves déterminées dans les articles suivans.

La première épreuve consiste dans une dissertation latine et dans une dissertation française sur un sujet de logique, de métaphysique ou de morale.

La deuxième épreuve est une thèse en latin sur les mêmes sujets, où les concurrens sont tenus d'argumenter suivant le rang qui leur a été assigné par les juges du concours.

La troisième épreuve est une leçon en latin sur un point de logique, de métaphysique ou de morale.

La durée des épreuves est fixée, pour le concours de philosophie, comme elle l'a été pour les trois autres ordres d'agrégés par le statut du 6 février 1821 (1).

(1) Ce statut fixait la durée des épreuves, comme celui du 24 août 1810, avec cette différence que la seconde épreuve devait durer deux heures au moins *et trois heures au plus*. (Voir au surplus le statut du 27 mai 1831.)

Les jeunes gens qui ont passé trois ans dans un séminaire diocésain peuvent, comme ceux qui ont les années de service exigées par le statut précité, se présenter au concours de philosophie.

(Arrêté du 12 juillet 1825, art. 1... 6.)

1862. Conformément à la décision de sa majesté du 10 de ce mois (1), les professeurs non agrégés, chargés provisoirement de l'enseignement de la philosophie, pourront, d'ici au 1er. janvier prochain, être nommés professeurs titulaires, s'ils en sont jugés dignes par le ministre.

(Ibid., art. 7.)

1863. Pourront seuls, à l'avenir, être admis à concourir :

1°. Les élèves de l'école préparatoire qui auront terminé leurs cours d'études;

2°. Les régens des colléges communaux et les maîtres d'études des colléges royaux qui auront exercé l'une ou l'autre fonction pendant trois ans en vertu d'un titre émané du grand-maître;

3°. Ceux qui, à défaut d'agrégés, auront été chargés d'un cours dans un collége royal pendant deux ans.

Les répétiteurs qui auront exercé dans les pensions ou dans les institutions d'une même académie, et qui seront munis d'un brevet délivré par le recteur, seront aussi admissibles, pourvu qu'ils aient rempli les fonctions de répétiteurs pendant deux ans, et celles de régens dans un collége communal, ou celles de maîtres d'études dans un collége royal, pendant deux autres années.

(Arrêté du 1er. décembre 1827, art. 1 et 2.)

1864. Le temps de service exigible dans les colléges royaux et communaux est réduit à une année en faveur, 1°. de ceux qui auront le grade de docteur ès-sciences ou ès-lettres; 2°. des élèves de l'école polytechnique qui auront été jugés admissibles dans les services publics au sortir de cette école, et qui voudront concourir pour l'agrégation aux sciences.

(Ibid., art. 3.)

1865. Les aspirans à l'agrégation devront avoir obtenu, savoir :

Pour les sciences, les grades de licencié ès-sciences mathématiques, et de licencié ès-sciences physiques;

---

(1) L'article 18 de l'ordonnance du 27 février 1821 portait généralement que les professeurs des colléges royaux ne pourraient être choisis que parmi les agrégés, et depuis le statut du 6 février, le titre d'agrégé ne s'obtenait qu'au concours. Mais ces dispositions n'ayant pu recevoir leur entière exécution pour ce qui concerne les chaires de philosophie, une décision royale du 10 juillet 1825 avait autorisé l'exception qu'on lit ici.

Pour la philosophie, les grades de licencié ès-lettres et de bachelier ès-sciences;

Pour les classes supérieures des lettres, le grade de licencié ès-lettres ;

Et pour les classes de grammaire, le grade de bachelier ès-lettres.

(Statut du 27 décembre 1828, art. 6 (1).)

1866. La première épreuve consiste dans des compositions.

Pour l'agrégation à la philosophie, les concurrens composent une dissertation latine et une dissertation française sur des sujets de logique, de métaphysique ou de morale; ils traduisent en français un morceau tiré d'un philosophe grec.

La seconde épreuve consiste dans un exercice qui dure deux heures au moins et trois heures au plus.

Pour l'agrégation à la philosophie, ils soutiennent une thèse en latin sur un point de philosophie ou d'histoire de la philosophie.

La troisième épreuve consiste, pour les quatre ordres d'agrégés, dans une leçon que chaque concurrent fait sur la matière qui lui est échue. Cette épreuve dure une heure.

Pour l'agrégation à la philosophie, le sujet de la leçon est un point de logique, de métaphysique ou de morale; la leçon et l'argumentation qui la suit sont faites en français.

(Ibid., art. 12, 13 et 14.)

Arrêté contenant des modifications au règlement général du 27 décembre 1828, sur les concours de l'agrégation des colléges en ce qui concerne les épreuves pour le concours de l'agrégation de philosophie.

1867. L'arrêté du conseil royal du 27 décembre 1828 est modifié, quant aux épreuves, en ce que la dissertation latine, la traduction d'un morceau tiré d'un philosophe grec, et l'argumentation en latin sont supprimées, et les épreuves fixées de la manière suivante :

Première épreuve (Composition). Les concurrens composeront deux dissertations en français, l'une sur un point de philosophie, l'autre sur un point de l'histoire de la philosophie.

Deuxième épreuve (Argumentation). Les concurrens soutiendront tour à tour des thèses en français sur un point de philosophie ou d'histoire de la philosophie.

(1) Nous ne transcrivons ici, du statut de 1828, que les articles qui sont relatifs à l'agrégation de philosophie, et qui ont été, depuis 1830, l'objet d'importantes modifications. Les autres articles ont été reproduits, à très-peu de choses près, dans le statut du 27 mai 1831.

Troisième épreuve (Leçon). Le sujet de la leçon est un point de philosophie. La leçon et l'argumentation qui la suit sont faites en français.

Toutes les autres dispositions de l'arrêté du 27 décembre 1828, qui ne sont point ici formellement rapportées, sont et demeurent maintenues.

(2) (Arrêté du 11 septembre 1830 (1).)

1868. L'enseignement de l'histoire dans les colléges royaux de Paris sera désormais confié à un professeur titulaire et à un agrégé spécial.

Le professeur titulaire d'histoire sera sur le même rang et jouira des mêmes traitemens fixes et éventuels que les professeurs du second ordre dans les colléges royaux de Paris.

L'agrégé spécial jouira d'un traitement de 2,500 francs pris sur les fonds du collége. Il n'aura pas droit à l'augmentation progressive déterminée par l'arrêté du conseil du 9 septembre 1823, mais seulement à la part dans le boni du collége, conformément à l'ordonnance du 26 mars 1829.

(Arrêté du 9 octobre 1830, art. 1... 3.)

Arrêté portant qu'il y aura désormais un concours spécial d'agrégation pour les classes historiques et géographiques.

1869. Il y aura désormais un concours spécial d'agrégation pour les études historiques et géographiques.

(Arrêté du 19 novembre 1830, art. 1er. (3).)

1870. Ce concours aura lieu tous les ans dans celles des académies que le conseil royal de l'instruction publique désignera, et pour le nombre de places par lui déterminé. Il s'ouvrira dans la première quinzaine de septembre.

(Ibid., art. 2.)

1871. Les aspirans à l'agrégation pour l'enseignement de l'his-

---

(1) Le conseil, considérant que les épreuves pour le concours de l'agrégation de philosophie doivent se rapporter exclusivement à la philosophie, et que tous ceux qui se présentent à ce concours donnent des garanties suffisantes d'instruction, tant en latin et en grec, que dans les sciences mathématiques et physiques, par la double condition qui leur est imposée d'être bachelier ès-sciences et licencié ès-lettres, et qu'ainsi nulle épreuve nouvelle à cet égard n'est nécessaire;

Considérant en outre que l'histoire de la philosophie, si utile à la philosophie elle-même, n'occupe pas une place suffisante dans les épreuves de ce concours;

Arrête ce qui suit, etc.

(2) Voyez le statut du 27 mai 1831, pages 538 et suiv.

(3) Le conseil royal de l'instruction publique,

Vu les art. 119 et suivans du décret du 17 mars 1808, concernant les agrégés des colléges;

Vu les statuts du 24 août 1810, du 6 février 1821, et l'arrêté du 27 décembre 1828;

Vu l'arrêté du 6 octobre 1830, relatif à l'enseignement de l'histoire dans les colléges de Paris;

Arrête ce qui suit, etc.

toire et de la géographie doivent avoir obtenu le grade de licencié ès-lettres.

(Ibid., art. 4.)

1872. Il y aura trois sortes d'épreuves.

La première consistera dans une composition. Les concurrens, dans une séance qui ne pourra durer plus de six heures, traiteront par écrit un point d'histoire ou de géographie indiqué.

La seconde épreuve consistera dans un exercice oral où les concurrens répondront sur plusieurs questions d'histoire, d'antiquités, de géographie ancienne ou moderne, dont le texte arrêté par une commission spéciale aura été publié trois mois avant l'ouverture du concours. Pendant une heure, chacun des concurrens sera interrogé par les deux concurrens qui le suivront immédiatement dans l'ordre déterminé par le sort.

La troisième épreuve consistera dans une leçon que chaque concurrent fera sur le sujet qui lui sera échu par la voie du sort, la veille du jour où l'épreuve doit avoir lieu.

(Ibid., art. 5.)

Arrêté contenant de nouvelles dispositions relatives aux concours de l'agrégation des colléges (1).

1873. Les art. 3 et 4 de l'arrêté du 27 décembre 1828 (2) sont modifiés en ce sens qu'à l'avenir, pour être admis à concourir à l'agrégation, il suffira d'avoir exercé, pendant deux ans, et en vertu d'un titre émané du ministre grand-maître, les fonctions de régent dans un collége communal ou de maître d'études dans un collége royal.

Seront aussi admissibles les maîtres qui auront exercé pendant trois ans les fonctions de répétiteurs dans les institutions ou pensions d'une même académie, en vertu d'un brevet délivré par le recteur, et qui justifieront de la permanence de leurs services par certificats des chefs de ces établissemens, lesquels certificats devront être visés par le recteur.

(Arrêté du 19 mars 1831, art. 1 et 2.)

1874. Le temps de service exigible dans les colléges royaux et communaux ou dans les institutions et pensions sera réduit à une année en faveur, 1°. de ceux qui auront le grade de docteur

---

(1) Le conseil, vu les arrêtés du 27 décembre 1828 et du 19 novembre 1830, relatifs aux concours de l'agrégation pour les diverses parties de l'enseignement;
Vu plusieurs réclamations présentées;
Considérant qu'il importe, en maintenant les conditions de grade et les garanties morales exigées pour concourir à l'agrégation, de faciliter les autres conditions et d'augmenter, autant qu'il est possible, le nombre des concurrens;
Arrête ce qui suit, etc.
(2) Ces articles rappelaient les art. 1 et 2 de l'arrêté du 1er. décembre 1827.

ès-sciences ou ès-lettres ; 2o. des élèves de l'école polytechnique désignés par l'art. 5 de l'arrêté du 27 décembre 1828 (1) ; 3°. des élèves de l'ancienne école des chartes, qui voudront se présenter aux concours de l'agrégation pour les lettres ou pour les études historiques.

(Ibid., art. 3.)

1875. Les questions de l'histoire de la philosophie, qui font partie des épreuves du concours d'agrégation de philosophie, seront publiées trois mois avant le jour de l'ouverture de ce concours.

(Arrêté du 10 mai 1831.)

Cinq ordres d'agrégation, époque des concours.

1876. Il y a un concours spécial pour chacun des ordres d'agrégation, savoir :
Pour la philosophie,
Pour les sciences,
Pour les classes supérieures des lettres,
Pour les études d'histoire et de géographie,
Pour les classes de grammaire.
On peut être à la fois agrégé dans divers ordres d'agrégation.

(Statut du 27 mai 1831, art. 1er. (2).)

1877. Le concours a lieu, tous les ans, dans celles des académies que le conseil a désignées, et pour le nombre de places qu'il a fixé d'avance. Il s'ouvre du 20 août au 15 septembre.

(Ibid., art. 2.)

Conditions requises pour concourir.

1878. Sont admis à concourir,
1°. Les élèves de l'école normale qui auront terminé leurs cours d'études ;
2°. Les régens des colléges communaux et les maîtres d'étude des colléges royaux qui auront exercé l'une ou l'autre fonction, pendant deux ans, en vertu d'un titre émané du grand-maître ;
3°. Ceux qui, à défaut d'agrégés, auront été chargés d'un cours dans un collége royal pendant deux ans.

(1) Le même que l'art. 3 de l'arrêté du 1er. décembre 1827.

(2) Le conseil, vu les articles 119 et suivant du décret du 17 mars 1808, concernant les agrégés des colléges ;
Vu l'arrêté du conseil de l'Université en date du 24 août 1810, les statuts des 6 février 1821, 22 juin 1822, 12 juillet 1825, 1er. décembre 1827, 27 décembre 1828, 11 septembre, 19 novembre 1830, 19 mars et 10 mai 1831 ;
Considérant qu'il importe de réunir dans un seul règlement toutes les dispositions relatives aux divers concours de l'agrégation des colléges, et d'y coordonner les modifications successivement introduites par l'expérience ;
Arrête ce qui suit, etc.

Seront aussi admissibles les maîtres qui auront exercé, pendant trois ans, les fonctions de répétiteurs dans les institutions ou pensions d'une même académie, en vertu d'un brevet délivré par le recteur, et qui justifieront de la continuité de leurs services par certificats des chefs d'établissemens.

(Ibid., art. 3 et 4.)

1879. Le temps de service exigible dans les colléges royaux et communaux, ou dans les institutions et pensions, sera réduit à une année en faveur, 1°. de ceux qui auront le grade de docteur ès-sciences ou ès-lettres; 2°. des élèves de l'école polytechnique, qui auront été jugés admissibles dans les services publics; 3°. des élèves de l'ancienne école des chartes.

(Ibid., art. 5 (1).)

1880. Les aspirans à l'agrégation doivent avoir obtenu, savoir:

Pour la philosophie, les grades de licencié ès-lettres et de bachelier ès-sciences;

Pour les sciences, les grades de licencié ès-sciences mathématiques et de licencié ès-sciences physiques;

Pour les classes supérieures des lettres, le grade de licencié ès-lettres;

Pour l'histoire, le grade de licencié ès-lettres;

Et pour les classes de grammaire, le grade de bachelier ès-lettres.

(Ibid., art. 6.)

1881. Les aspirans se font inscrire au moins deux mois avant le jour de l'ouverture du concours, au secrétariat de l'académie dans laquelle ils résident. Le recteur doit donner avis de cette inscription, dans les huit jours, au ministre de l'instruction publique, en y joignant ses observations.

Les listes des concurrens sont définitivement arrêtées par le conseil royal, et envoyées aux recteurs des académies où le concours doit s'ouvrir.

Ceux qui se trouvent portés sur une liste sont prévenus, par les recteurs, quinze jours au moins avant l'ouverture du concours.

(Ibid., art. 7 et 8.)

(1) Un arrêté du 27 septembre 1831 a ainsi modifié ce dernier article :
Aucun temps de service dans l'Université ne sera exigé, pour l'agrégation de philosophie, de ceux qui seront pourvus du grade de docteur ès-lettres ou de docteur ès-sciences.
Il en sera de même à l'égard des concurrens à l'agrégation des sciences, qui seront pourvus du grade de docteur ès-sciences, et à l'égard des élèves de l'école polytechnique jugés admissibles dans les services publics.

Juges du concours.

1882. Les juges du concours sont nommés par le grand-maître, sur la présentation du recteur ; ils sont au moins au nombre de quatre, non compris le président, qui est un membre du conseil royal ou un inspecteur général.

Les droits de présence des juges sont déterminés par le conseil royal.

(Ibid., art. 9 et 10.)

Formes générales du concours.

1883. Il y a trois sortes d'épreuves pour chaque concours, savoir :

1°. Des compositions écrites ;
2°. Une argumentation ou explication orale ;
3°. Une leçon.

Les séances sont publiques pour les deux dernières épreuves.

Avant de commencer chacune de ces dernières épreuves, le président tire au sort le nom de tous les concurrens pour fixer l'ordre dans lequel ils doivent les subir.

(Ibid., art. 11.)

1884. Les concurrens sont tenus, à peine d'exclusion, de subir les épreuves aux jours qui leur sont indiqués, et d'assister à toutes celles auxquelles ils doivent prendre part.

Aucune excuse ne sera reçue, si elle n'est jugée valable à l'unanimité.

(Ibid., art. 12.)

1885. Les sujets de composition sont donnés par le président.

Tout concurrent qui en aurait eu connaissance avant le moment de l'épreuve serait pour ce fait exclu du concours.

Les concurrens ne peuvent s'aider d'aucun ouvrage imprimé, ni d'aucun manuscrit, à l'exception de dictionnaires grecs et latins : ils n'ont aucune communication au dehors, le tout à peine d'exclusion.

Chaque concurrent, dès que sa composition est terminée, la remet signée de lui dans une boîte qui est ensuite scellée du sceau du président.

(Ibid., art. 13.)

1886. Les matières de la seconde épreuve qui n'auront pas été déterminées suivant un mode spécial fixé ci-après, et toutes les matières de la troisième épreuve, seront données par le président, de l'avis des juges. Elles sont tirées au sort, par chaque concurrent, la veille du jour où l'épreuve doit avoir lieu pour lui.

La seconde épreuve, quel qu'en soit le sujet, dure deux heures au moins et trois heures au plus.

La troisième épreuve dure une heure. Pendant une demi-heure, le concurrent expose et développe le sujet de la leçon ; puis il fait tour à tour des questions et des réponses, sur divers points du même sujet, à un autre concurrent désigné par le sort.

(Ibid., art. 14 et 15.)

Épreuves de philosophie.

1887. Pour la première épreuve, les concurrens composeront deux dissertations en français, l'une sur une question de philosophie, l'autre sur un point de l'histoire de la philosophie. Chacune de ces compositions doit être terminée dans l'espace de six heures.

Pour la seconde épreuve, les concurrens soutiendront tour à tour des thèses en français sur un point de philosophie, et sur une question de l'histoire de la philosophie.

La durée de cet exercice est de deux heures au moins et de trois heures au plus.

Les questions de l'histoire de la philosophie, qui font partie de cette épreuve, auront été publiées trois mois avant le jour de l'ouverture du concours.

Le sujet de la leçon qui forme la troisième épreuve est un point de philosophie. La leçon et l'argumentation qui la suit sont faites en français.

(Ibid., art. 16, 17 et 18 (1).)

Épreuve des sciences.

1888. Pour première épreuve, les concurrens traitent par écrit deux questions, l'une de mathématiques, l'autre de physique ou de chimie.

Pour seconde épreuve, les concurrens, pendant deux heures au moins et trois heures au plus, s'interrogent et se répondent sur les matières qui font l'objet de l'examen pour les grades de licencié ès-sciences mathématiques, et de licencié ès-sciences physiques.

Pour troisième épreuve, chaque concurrent fait une leçon

---

(1) Par un arrêté du 30 novembre 1832, les articles 17 et 18 ont été ainsi modifiés :
« Dans la seconde épreuve, les concurrens soutiendront tour à tour, en français, des thèses qui auront pour objet une ou plusieurs questions de l'histoire de la philosophie, dont le texte, arrêté par le conseil royal, aura été publié six mois au moins avant l'ouverture du concours. — La durée de cet exercice sera de deux heures au moins et de trois heures au plus.

Le sujet de la leçon qui forme la troisième épreuve sera un point de philosophie tiré au sort par chaque concurrent. Cette leçon sera toujours faite en français. La durée de cet exercice sera au moins d'une heure.

d'une heure sur une matière choisie parmi celles qui sont enseignées dans les classes de sciences des colléges royaux.
(Ibid., art. 19... 21.)

Épreuves pour l'agrégation des classes supérieures des lettres.

1889. Pour première épreuve, les concurrens composent une dissertation latine sur un sujet de littérature ancienne ou moderne, une dissertation française sur un sujet de philosophie, une pièce de poésie latine ; et ils traduisent un morceau français en grec.

Pour seconde épreuve, chaque concurrent explique immédiatement, et sans être interrompu, un passage grec et un passage latin tirés au sort, et à l'ouverture de la séance, et pris dans les auteurs désignés par le conseil royal, avant le 1er. janvier de chaque année, pour cet ordre d'agrégés.

Après l'explication, il doit répondre aux questions qui lui sont faites par celui des concurrens que le sort a désigné au commencement de la séance pour argumenter contre lui. Ensuite il peut être interrogé par tout autre concurrent ou par les juges. L'argumentation pourra porter sur les variantes du texte, les règles de métrique, les détails d'antiquités, et toutes les notions d'histoire qui se rattachent aux passages expliqués.

Pour troisième épreuve, chaque concurrent fera une leçon sur un point de philosophie, de morale ou de littérature, soit grecque, soit latine.
(Ibid., art. 22... 24.)

Épreuves pour l'agrégation des classes d'histoire et de géographie.

1890. Pour première épreuve, les concurrens traiteront par écrit un point d'histoire ou de géographie indiqué.

La seconde épreuve consistera dans un exercice oral, où les concurrens répondront sur plusieurs questions d'histoire, d'antiquités, de géographie ancienne et moderne, dont le texte, arrêté par une commission spéciale, aura été publié trois mois avant le jour de l'ouverture du concours. Pendant une heure, chacun des concurrens sera interrogé par les deux concurrens qui se suivront immédiatement dans l'ordre déterminé par le sort.

Pour la troisième épreuve, chaque concurrent fera une leçon sur le sujet qui lui sera échu par la voie du sort, la veille du jour où l'épreuve doit avoir lieu.
(Ibid., art. 25... 27.)

Épreuves pour l'agrégation des classes de grammaire.

1891. Pour la première épreuve, les concurrens traduisent des morceaux de latin en français, de français en latin, de grec en français, de français en grec, et font une composition en vers latins. Chacune de ces compositions doit être achevée dans une séance de quatre heures.

Pour seconde épreuve, chaque concurrent explique immédiatement, et sans être interrompu, un passage grec et un passage latin tirés au sort à l'ouverture de la séance, et pris dans les auteurs désignés par le conseil royal, avant le 1er. janvier de chaque année, pour cet ordre d'agrégés. Après l'explication, il est interrogé par celui des concurrens que le sort a désigné au commencement de la séance, et par tout autre concurrent ou par les juges. Cette argumentation portera sur la valeur des mots et des synonymes, les règles de la méthode grecque et latine, la prosodie, et sur des notions d'histoire et de géographie relatives aux passages expliqués.

Pour troisième épreuve, chaque concurrent fera une leçon sur une question de grammaire générale, ou de grammaire grecque et latine.

(Ibid., art. 28... 30.)

Les sujets des leçons publiques qui forment la troisième épreuve du concours seront, à l'avenir, extraits de quelques questions générales dont le texte aura été publié à l'avance. Les sujets des trois leçons continueront d'être tirés au sort, conformément à l'article 14 du règlement du 27 mai 1831.

(Arrêté du 25 octobre 1831, art. 2.)

Résultat du concours.

1892. Immédiatement après la dernière épreuve, les juges, réunis par le président, discutent, d'après les procès-verbaux qui ont été dressés à la fin de chaque séance, la manière dont chaque concurrent a soutenu les diverses épreuves, et désignent,

---

(1) Les dispositions relatives aux concours d'agrégation pour les classes supérieures et pour les classes de grammaire, ont été modifiées comme il suit :

A l'avenir, la liste des ouvrages grecs et latins qui devront servir de texte aux explications dans les concours pour les classes supérieures des lettres et pour les classes de grammaire, sera publiée du 1er. au 15 novembre, dix mois avant l'ouverture desdits concours.

Il en sera de même des questions qui doivent être discutées à la seconde épreuve du concours spécial pour les études historiques et géographiques.

Dans ce dernier concours, lorsque le nombre des candidats excédera celui des questions publiées d'avance, le bureau d'examen devra scinder celles des questions proposées qui pourraient être ainsi divisées, de sorte que le nombre définitif des sujets à traiter soit égal à celui des candidats.

Les questions qui devront être traitées dans une séance seront tirées au sort la veille ; mais les noms des candidats qui devront les traiter ne seront désignés que le jour même, à l'ouverture de la séance.

La durée des séances pour le travail des compositions écrites, dans les différens concours, sera désormais de cinq heures, au lieu de quatre. (Arrêté du 6 novembre 1832, art. 1....4.)

à la majorité absolue, ceux qu'ils estiment dignes d'être nommés agrégés.

En cas de partage sur la préférence à établir entre deux concurrens, la voix du président est prépondérante.

En cas de partage sur la question de savoir si un concurrent qui se trouve seul en rang pour obtenir une des places mises au concours fait preuve suffisante de capacité, le rejet sera prononcé de droit.

Le procès-verbal de toutes les opérations du concours est dressé par l'un des juges remplissant les fonctions de secrétaire, et signé par tous. Chacun d'eux peut y joindre ses observations particulières.

Le tout est transmis par le recteur au grand-maître.

Un délai de dix jours est fixé, pendant lequel tout concurrent inscrit pourra se pourvoir devant le conseil royal contre les résultats des concours, seulement pour violation des formes prescrites. L'institution ne sera donnée par le ministre qu'après l'expiration de ce terme et le jugement des réclamations qui seraient intervenues.

Le concours ne donne lieu à aucune indemnité pour les concurrens.

(Statut du 27 mai 1831, art. 31... 34.)

1893. Pour être admis cette année à se présenter au concours d'agrégation des classes d'histoire et de géographie, il suffira de produire le diplôme de licencié ès-lettres, sans être tenu à justifier d'ailleurs d'aucune année de service, soit dans les colléges, soit dans les institutions particulières.

(Ibid., art. transitoire.)

DE L'ENSEIGNEMENT (1).

1894. L'instruction primaire est exceptée du cours d'études des

---

(1) Ici se représente pour la vingtième fois une question toujours soulevée, toujours indécise : Dans quel ordre les élémens des lettres et des sciences doivent-ils être enseignés aux élèves des colléges ? — Cet enseignement sera-t-il *successif*, comme il l'était dans les anciennes Universités; ou sera-t-il *simultané*, comme il l'a été depuis plus de 30 ans ? — S'il doit continuer à être simultané, à quelle classe, ou, en d'autres termes, à quelle époque du cours des études doit commencer cette simultanéité ?

Nous nous bornerons, en ce moment, à rappeler quelques faits incontestables.

Tout le monde sait que, long-temps avant 89, de bons esprits regrettaient de voir le plus grand nombre des jeunes gens quitter le collége avec des notions extrêmement imparfaites, pour ne pas dire plus, sur les sciences mathématiques et physiques, et sur leurs applications les plus usuelles.

Il faut bien reconnaître aussi qu'à l'époque même où toute instruction publique fut violemment interrompue en France, durant et malgré le long silence des écoles, de 1791 à 1796, au milieu des convulsions politiques et des plus horribles malheurs, les sciences prirent de notables développemens sous l'empire des circonstances extraordinaires qui nécessitaient leur emploi continuel.

Aujourd'hui, par d'autres raisons, le goût de ces applications des sciences aux usages de la vie n'a certes pas diminué. Il est vrai de dire, au contraire, que les notions élé-

lycées. En conséquence, on ne reçoit dans les lycées que des élèves sachant lire et écrire.

(Règlement du 19 septembre 1809, art. 1er. (1).)

mentaires des sciences sont envisagées par la plupart des pères de famille comme une partie indispensable de l'instruction classique. Sans parler de considérations plus morales et plus élevées, ils y voient pour leurs enfans des avantages matériels, sensibles, palpables, qui les touchent vivement : c'est, à leurs yeux, du travail, un état, une fortune peut-être, et tout ce que ces idées premières d'état et de fortune amènent à leur suite. Nous ne prétendons en faire ni honneur ni honte au temps actuel : nous racontons.

Avec cette disposition des esprits, c'est un devoir sans doute de ne pas se laisser entraîner trop loin dans une direction qui, si elle devenait exclusive, finirait par égarer et par abaisser l'intelligence humaine ; c'est un devoir sacré de maintenir et d'encourager les études littéraires, qui éveillent dans les âmes, sous des rapports tout autrement importans, le goût du bon, du beau et du vrai. Mais enfin, c'est le cas de dire qu'il est bon de marcher avec son siècle, et de songer, en réglant les occupations du jeune âge, à le préparer efficacement pour l'avenir qui l'attend au sortir des écoles, et pour la société telle que le temps l'a faite.

Il nous semble donc impossible de ne pas exiger des élèves de nos grandes écoles secondaires qu'ils suivent à la fois, du moins pendant une certaine période de leur vie classique, les deux séries d'études, les études littéraires et les études scientifiques ; et sur ce point fondamental, nous nous félicitons hautement des concessions que vient de faire à l'enseignement des sciences un des hommes qui ont le plus long-temps et le plus heureusement médité sur l'éducation publique*.

Quelle sera la période consacrée à cette double série d'études ? C'est ce qui resterait à examiner.

Nous croyons utile de rappeler en peu de mots les divers systèmes qui ont été tour à tour essayés depuis le rétablissement des écoles publiques.

Le premier fut celui des écoles centrales, créées à la fin de 1794, peu de temps après l'école polytechnique. Nous le dirons sans peine, cet essai ne fut pas heureux. Les auditeurs se pressèrent d'abord autour des chaires, muettes depuis tant d'années : mais ils avaient à suivre tout à coup, et sans préparation, des cours complets de mathématiques, de physique et de chimie, d'histoire naturelle, de logique et d'idéologie, de grammaire générale, d'histoire, de belles-lettres, de langues anciennes et de langues vivantes, d'économie politique et de législation : ils furent en général étonnés, effrayés, et ils se retirèrent.

D'ailleurs ces écoles, organisées seulement dans l'intérêt de l'instruction, étaient nulles pour l'éducation de la jeunesse. Le vide immense qu'elles laissaient à cet égard fut bientôt senti par le gouvernement, et le Premier Consul fonda les lycées.

Sous le rapport de la discipline, les lycées rappelaient nos anciens colléges : ils en différèrent essentiellement sous le rapport des études.

Aux termes de la loi du 11 floréal an X, on dut, conformément au nouveau système adopté dans les écoles centrales, continuer d'enseigner à la fois les lettres et les sciences : c'est-à-dire, d'une part, les langues anciennes, la géographie, l'histoire et les belles-lettres ; d'autre part, l'arithmétique, l'histoire naturelle, les principaux phénomènes de physique, les élémens de l'astronomie, ceux de chimie et de minéralogie, les plans et cartes géographiques, la géométrie, l'algèbre, l'application de l'algèbre à la géométrie, le calcul différentiel et intégral, et la haute physique.

Le cours entier devait être de six années ; et toutefois, ceci est digne d'attention, les choses furent disposées de manière que les élèves, qui voudraient se borner à un cours de quatre ans, pussent sortir des classes après avoir étudié, d'un côté, les langues

(1) On a vu, page 159, que, d'après une ordonnance du 28 août 1827, les élèves boursiers doivent savoir lire et écrire, et connaître les élémens de la grammaire française et latine.

Nous répéterons qu'il nous paraît désirable que le cours complet d'instruction primaire élémentaire, tel que l'a fait la loi du 28 juin 1833, précède toujours l'instruction secondaire.

* Voyez l'ouvrage remarquable que M. L'ABBÉ NICOLLE a publié vers la fin de l'année 1834, sous ce titre : *Plan d'éducation, ou projet d'un collége nouveau*; à Paris, chez Gosselin.

1895. Si le gouvernement nomme des élèves qui n'aient pas reçu cette instruction, il sera établi pour eux des maîtres particuliers.

On pourra en établir aussi pour les élèves qui ne seraient pas encore en état de suivre les classes de grammaire.

Ces maîtres devront avoir le grade de bachelier dans les lettres.

(Ibid., art. 2 et 3.)

Du cours d'études des lycées (1).

1896. Le cours d'études des lycées embrasse, après l'instruction primaire, toutes les connaissances nécessaires pour préparer les jeunes gens à entrer dans les diverses facultés.

(Ibid., art. 4.)

anciennes, la géographie et l'histoire ; d'un autre côté, les élémens des mathématiques, de l'astronomie, de la physique, de la chimie et de la minéralogie.

L'expérience, nous voulons dire une expérience suffisante, a manqué à ce plan d'études, où les lettres et les sciences étaient conduites de front, à partir de la classe qui correspond à la sixième. Il produisit certainement d'heureux fruits, mais trop peu pour qu'on ne crût pas possible de faire mieux, lorsque la nouvelle Université eut été créée et organisée.

Désormais le soin de régler l'enseignement des écoles publiques de tous les degrés était confié au grand-maître et au conseil de l'Université.

Durant le long espace écoulé depuis 1802, le plan suivi dans les lycées a éprouvé quatre principales modifications, en 1809, en 1814, en 1821, en 1826. Le principe de la simultanéité, un moment abandonné, a survécu à toutes les variations : mais on doit l'avouer, les opinions ne sont pas encore fixées sur le moment où doit commencer l'application du principe et sur l'ordre qu'il convient de suivre.

(1) L'arrêté du 19 frimaire an XI (10 décembre 1802), traçait ainsi le plan des études :

« On enseignera essentiellement dans les lycées le latin et les mathématiques. — Il y aura six classes pour l'étude de la langue latine ; elles seront distribuées et dénommées ainsi qu'il suit : sixième, cinquième, quatrième, troisième, deuxième et première. — Les élèves d'un talent et d'une application ordinaires feront deux classes par an, de manière qu'à la fin de la troisième année ils aient terminé leur cours de latinité. — Dans la sixième classe de latin, le même professeur enseignera aux élèves à chiffrer, en outre le latin. — Dans la cinquième classe, le professeur montrera les quatre règles de l'arithmétique. — Dans la quatrième classe, on donnera des leçons de géographie, indépendamment de la leçon de latin. — Dans la troisième classe, le même professeur de latin fera continuer l'étude de la géographie, et enseignera les élémens de la chronologie et de l'histoire jusqu'à la fondation de l'empire français. On apprendra la mythologie et la croyance des différens peuples dans les différens âges du monde. Dans la première classe, on complétera l'étude de l'histoire et de la géographie par celle de l'histoire et de la géographie de France. — Il y aura un professeur de belles-lettres latines et françaises, qui fera deux classes par jour. Chaque classe durera un an, de manière qu'en deux ans le cours de belles-lettres latines et françaises soit terminé.

» Il y aura, comme pour le latin, six classes pour les mathématiques, faites par trois professeurs, chargés chacun de deux classes par jour : de sorte que le cours complet de mathématiques ne durera que trois ans. — Nul élève ne pourra entrer dans la classe de mathématiques s'il n'a fait la cinquième de latin. — Dans la sixième classe de mathématiques, le même professeur, outre la leçon de mathématiques, donnera les premières notions d'histoire naturelle. — Dans la cinquième, il enseignera les élémens de la sphère. — Dans la quatrième, le même professeur expliquera les principaux phénomènes de la physique. — Dans la troisième, le professeur fera connaître les élémens de l'astronomie. — Dans la seconde, il enseignera les principes de la chimie. — Dans la première, le même professeur donnera les notions de minéralogie nécessaires

1897. Ce cours d'études est de six années ; savoir :

Deux de grammaire ;

Deux d'humanités, pendant lesquelles on enseignera de plus aux élèves l'arithmétique, la géométrie, et l'algèbre jusqu'aux équations du second degré ;

Une de rhétorique, pendant laquelle on leur donnera des leçons de trigonométrie appliquée à l'arpentage et à la levée des plans ;

Une de mathématiques spéciales, auxquelles on joindra des leçons de physique, de chimie et d'histoire naturelle.

Il y aura de plus une année de philosophie dans les lycées chefs-lieux d'académie.

(Ibid., art. 5.)

1898. Les deux années de grammaire seront consacrées à l'étude du français et du latin. On commencera celle du grec dans la seconde année. Les élèves y apprendront aussi l'histoire sainte. Il leur sera donné des notions sur la mythologie.

Les leçons de ces deux années seront faites par deux professeurs, qui donneront chacun quatre heures de leçon par jour.

A mesure que les chaires de grammaire viendront à vaquer, cet enseignement sera confié à des agrégés.

Dans les deux années d'humanités, les élèves continueront d'étudier les langues grecque, latine et française, et expliqueront les principaux auteurs classiques, sous deux professeurs, qui feront chacun trois heures de leçon par jour.

Les professeurs d'humanités feront aussi connaître à leurs élèves les meilleurs auteurs français, et dirigeront leurs lectures de manière à leur donner les notions principales de l'histoire. Il y aura pour cet effet, dans les classes, des cartes géographiques et des tables chronologiques.

(Ibid., art. 6... 9.)

1899. Les élèves commenceront les mathématiques en même temps que les humanités.

Il n'y aura qu'un seul professeur de mathématiques pour les deux années, lequel fera, par semaine, cinq leçons d'une heure chacune, à chaque classe d'humanités.

Il enseignera aux élèves de la première année l'arithmétique et les commencemens de la géométrie. Dans la seconde année,

pour connaître les minéraux sous le rapport de leur utilité dans les arts et dans les usages de la vie. — Il y aura un professeur de mathématiques transcendantes, qui fera deux classes par jour. Le cours durera deux ans. — Dans la première classe, il enseignera l'application du calcul différentiel à la mécanique et à la théorie des fluides. Il montrera dans la première classe l'application de la géométrie à la levée des plans et des cartes géographiques. — Dans la deuxième classe, il donnera les principes généraux de la **haute physique**, spécialement de l'électricité et de l'optique il terminera le cours de géométrie, et enseignera l'algèbre jusqu'aux équations du second degré inclusivement.

(Ibid., art. 10... 12.)

1900. Le professeur de rhétorique enseignera à ses élèves les règles de tous les genres d'écrire, leur en fera voir les plus beaux exemples dans les auteurs anciens et modernes, et les exercera à la composition en latin et en français. Ses leçons dureront deux heures, et il en donnera cinq par semaine.

Il n'y aura qu'un seul professeur de mathématiques pour la classe des rhétoriciens et pour celle qui sera consacrée spécialement aux mathématiques.

Ce professeur fera aux élèves de l'année de rhétorique deux leçons d'une heure par semaine ; il leur montrera la trigonométrie plane, et les exercera à l'arpentage et à la levée des plans.

Il fera aux élèves de l'année de mathématiques spéciales cinq leçons par semaine, dont deux de deux heures ; il terminera l'algèbre, montrera l'application de l'algèbre à la géométrie, les sections coniques et la statique.

(Ibid., art. 13... 16.)

1901. Dans l'année de philosophie, les élèves seront instruits soit en latin, soit en français, sur les principes de la logique, de la métaphysique, de la morale, et sur l'histoire des opinions des philosophes ; le professeur leur donnera quatre leçons par semaine, de deux heures chacune, et les fera composer sur des matières philosophiques.

Le professeur de sciences physiques fera aussi, aux élèves de l'année des mathématiques spéciales, un cours d'histoire naturelle élémentaire de deux leçons par semaine, chacune de deux heures, où il leur fera connaître les substances les plus utiles ou les plus curieuses de la nature.

Le même professeur, dans un cours de même étendue, enseignera aux élèves de l'année de philosophie les élémens de la physique et de la chimie.

Dans les lycées chefs-lieux d'académie, le professeur de mathématiques transcendantes fera aux élèves de l'année de philosophie deux leçons par semaine, de deux heures chacune, sur l'optique et l'astronomie.

(Ibid., art. 17 .. 20.)

Des professeurs dans les lycées.

1902. En conséquence de ce qui précède, il y aura dans chaque lycée :

Deux chaires de grammaire ;

Deux chaires d'humanités ;

Une chaire de rhétorique;
Deux chaires de mathématiques;
Une chaire de sciences physiques.

Les lycées chefs-lieux d'académie auront de plus une chaire de mathématiques transcendantes, et une chaire de philosophie.

Il y aura dans les lycées de Paris:
Deux chaires de grammaire;
Deux chaires d'humanités;
Deux chaires de rhétorique;
Une chaire de philosophie;
Deux chaires de mathématiques;
Une chaire de sciences physiques;
Une chaire de mathématiques transcendantes.

L'un des deux professeurs de rhétorique fera sa classe le matin: elle sera de deux heures.

L'autre donnera ses leçons le soir: elles ne seront que d'une heure, les jours destinés aux professeurs de mathématiques.

Les autres professeurs se conformeront, pour la durée et la distribution de leurs leçons, à l'ordre prescrit en général pour les lycées des autres départemens.

(Ibid., art. 21 et 22.)

1903. Les professeurs seront divisés en trois ordres, pour le traitement et pour le rang.

Premier ordre.

Les professeurs de philosophie;
Les professeurs de mathématiques transcendantes;
Les professeurs de rhétorique.

Deuxième ordre.

Le professeur des sciences physiques;
Le professeur de mathématiques spéciales;
Le professeur de la seconde année d'humanités.

Troisième ordre.

Le professeur de mathématiques élémentaires, et le professeur de la première année d'humanités;
Les professeurs de grammaire;

Les professeurs maintenant en activité, qui seront confirmés par le grand-maître, conserveront le rang et le traitement dont ils jouissent.

Les professeurs de premier ordre des lycées chefs-lieux d'académie sont professeurs de faculté, et en prendront le rang hors du lycée ; mais ils n'en seront pas moins subordonnés au proviseur dans l'intérieur de la maison.

(Ibid., art. 23 et 24.)

1904. Le professeur des sciences physiques tiendra en ordre les collections relatives à ces sciences : il pourra être aidé par des maîtres d'études, que le proviseur lui adjoindra à cet effet.

(Ibid., art. 25.)

1905. Dans le cas où le nombre des élèves excéderait celui de soixante, la classe pourra se partager en deux divisions, dont l'une sera confiée à un agrégé.

Il ne peut être établi de professeurs supplémentaires qu'en vertu d'une délibération du conseil académique, approuvée par le conseil de l'Université.

L'établissement d'un professeur supplémentaire sera demandé par le proviseur et proposé par le recteur. La nomination sera faite par le grand-maître.

(Ibid., art. 26... 28.)

Des livres classiques.

1906. Les leçons de tout genre se feront d'après des livres classiques ou élémentaires imprimés, suivant l'état annexé au présent règlement (1).

(1) *Liste des livres recommandés pour les classes de langues anciennes, de rhétorique, de philosophie, de mathématiques et des sciences physiques.*

Quintilien, édition de Rollin. — Cicéron, *Orator*. — Dialogues de Fénelon sur l'éloquence. — Tite-Live. — Excerpta e Tacito. — Discours de Cicéron. — Conciones è veteribus historicis excerptæ. — Conciones poeticæ. (Noël, Laplace.) — Énéide. — Art poétique d'Horace. — Leçons latines de littérature et de morale. (Noël, Laplace.) — Iliade d'Homère. — Démosthènes. (Olynthiennes, Philippiques, Discours pour la couronne.) — Discours grecs choisis de divers orateurs, par l'abbé Auger. — Oraisons funèbres de Bossuet et de Fléchier. — Petit carême de Massillon. — Discours sur l'Histoire universelle, par Bossuet. — Grandeur et décadence des Romains. — Boileau, *Art poétique*. — Le Théâtre des lycées. — La Henriade. — Leçons françaises de littérature et de morale. (Noël, Laplace.)

HUMANITÉS.

Seconde année.

Narrationes è latinis scriptoribus exceptæ. — Salluste. — Cicéron. — *Pro Ligario ; pro Marcello , pro lege Manilia , in Catilinam* — Énéide. — Odes d'Horace. — Cyropédie. — Vies de Plutarque. — Synonymes de Girard. — Prosodie de d'Olivet. — Tropes de Dumarsais. — Télémaque. — Boileau. (Épîtres et satires.) — Rousseau le lyrique. — Traité des études.

Première année.

Prosodie latine de Lechevalier. — Grammaire grecque de Furgault, de Leroy ou de Gail. — Quinte-Curce.—César. (*De Bello Gallico*.) — Cicéron. (*De Senectute*, *de Amicitiâ ; de Officiis ; les Tusculanes*.) — Géorgiques. — Dialogues de Lucien. — Isocrate, *Evagoras, ad Dæmonicum*. — Révolutions romaines, — de Suède,

Le grand-maître se réserve d'en faire composer pour les genres d'études où l'on n'en possède point encore de convenables.

Les professeurs annonceront, par un programme publié et affiché avant la rentrée des classes, ceux des ouvrages adoptés dont ils se proposent de faire usage pour les leçons de l'année.

— de Portugal. — Histoire de Charles XII. — Traduction des Géorgiques, par Delille. — Mythologie de Tressan.

GRAMMAIRE.

Seconde année.

Grammaire française de Gueroult. — Méthode latine du même. — Selectæ è profanis scriptoribus historiæ. — Justin. — Selecta ex Ovidio. — Eclogues de Virgile. — Evangile de Saint-Luc. — Fables d'Esope. — Mœurs des Israélites. — Dialogues de Fénelon. — Abrégé de la Mythologie universelle. (Noël.) — Dictionnaire grec de Planche. — Grammaire grecque de Furgault, Leroy ou Gail. — Racines grecques.

Première année.

Grammaire française de Gueroult. — Méthode latine de Gueroult ou de Lhomond. — De Viris illustribus. (Lhomond.) — Selectæ è Veteri Testamento Historiæ. — Cornelius Nepos. — Phædri Fabulæ. — Catéchisme historique de Fleury. — Fables de La Fontaine. — Petit dictionnaire de la Fable. (Chompré.) — Appendix de Diis. — Dictionnaire français-latin et latin-français, de Noël, Boudot, Lallemant. — Vocabulaire français de Wailly.

Mathématiques.

Dans la première et la seconde année d'humanités, on enseignera : L'arithmétique et l'algèbre, d'après les *Traités élémentaires de Bezout, Bossut, Marie* ou *Lacroix*; — La géométrie, d'après les *Elémens de Lacroix* ou ceux de *Legendre*. — Pendant l'année de rhétorique, on enseignera la partie des mêmes élémens qui traite de la trigonométrie rectiligne et de ses applications ; on exercera ensuite les élèves à l'arpentage et au levé des plans, d'après les méthodes exposées dans le *Traité de topographie de Puissant*. — Dans l'année dite de mathématiques spéciales, on terminera le cours d'algèbre suivant l'un des auteurs cités, en y joignant les complémens convenables, qui pourront être tirés de la *Résolution des équations numériques de Lagrange.* — L'application de l'algèbre à la géométrie, et les sections coniques, seront enseignées dans les ouvrages de *Lacroix*, ou dans le *Traité des courbes du second degré*, de *Biot*. — Pour la statique, on suivra le *Traité de Monge* ou celui de *Poinçot*. — Pour l'astronomie, le *Traité élémentaire de Biot.*

Philosophie.

Il n'existe aucun ouvrage qui ait paru au conseil de l'Université pouvoir être proposé comme un traité méthodique, élémentaire et complet de toutes les parties de la philosophie : il se borne, quant à présent, à recommander aux professeurs de philosophie de se pénétrer de ce qu'il y a de meilleur dans les ouvrages suivans :

Parmi les anciens :

Les Dialogues de Platon ; — Les Analytiques d'Aristote ; — Les Traités philosophiques de Cicéron.

Parmi les modernes :

Le livre de Augmentis scientiarum, *et le* Novum organum *de Bacon ; — la Méthode de Descartes, ses Méditations ; — le chapitre de Pascal sur la manière de prouver la vérité et de l'exposer aux hommes ; — la Logique de Port-Royal ; — l'Essai sur l'entendement humain, de Locke ; — les nouveaux Essais sur l'entendement humain de Leibnitz ; sa Théodicée ; — Recherche de la vérité, par Malebranche ; ses Entretiens métaphysiques ; — de l'existence de Dieu, par Fénelon ; — de l'existence de Dieu, par Clarke ; — la Logique de Wolfi ; — l'Introduction*

Arrêté relatif aux élèves qui ont remporté le prix d'honneur au concours des lycées de Paris.

1907. L'élève qui aura remporté le prix d'honneur au concours ouvert entre les quatre lycées de Paris, sera exempt des frais d'études dans toutes les facultés dont il suivra les cours.

Cette exemption comprend les frais d'inscription, d'examen et de thèse.

Les doyens de chaque faculté sont chargés, chacun en ce qui le concerne, de l'exécution du présent arrêté.

(Arrêté du 17 mai 1810.)

Arrêté relatif à l'enseignement des mathématiques et des belles-lettres dans les lycées (1).

1908. A dater du 1er. octobre 1812, les élèves non encore admis dans les lycées, qui se présenteront pour y être reçus comme externes, ne seront admis dans la classe de seconde année d'humanités ou dans la rhétorique, qu'autant qu'ils auront en même temps les connaissances suffisantes pour suivre les leçons de mathématiques correspondantes à ces deux classes.

Dans le cas où un externe qui aurait une première instruction suffisante dans les belles-lettres n'en aurait aucune en mathématiques, il ne pourra être admis que dans la classe de la première année d'humanités, où il devra suivre le cours élémentaire de mathématiques.

à la philosophie, de s'Gravesende; — Principes du droit naturel, par Burlamaqui; — Traité des systèmes, l'Art de penser, la Logique de Condillac; — Lettres d'Euler à une princesse d'Allemagne; — Essai analytique sur les facultés de l'âme, par Charles Bonnet.

Sciences physiques.

1°. Pour l'histoire naturelle : — Les Elémens de Duméril; — le Tableau élémentaire des animaux, de Cuvier; — le *Genera Plantarum*, de Jussieu; — la Minéralogie de Brongniart;

Le professeur pourra faire lire et extraire les ouvrages plus considérables de Linnæus, Buffon, Lacépède, Pallas, Haüy, etc.;

2°. Pour la chimie : — La Chimie de Lavoisier; — la Philosophie chimique de Fourcroy.

On comparera sans doute avec quelque intérêt la liste qui précède et celle qui a été adoptée pour l'année scolaire 1834-1835. Voyez cette dernière liste, page 627.

(1) Le conseil de l'Université;

Considérant qu'il importe de ne point séparer dans les lycées l'étude des mathématiques de celle des belles-lettres; que c'est principalement par la réunion de ces deux genres d'instruction, portés chacun au degré convenable, que les lycées doivent se distinguer des autres établissemens, où les jeunes gens ne peuvent puiser des connaissances ni aussi étendues ni aussi approfondies;

Considérant que si les externes admis dans les lycées avaient la faculté de ne suivre que les classes de belles-lettres, leur instruction serait incomplète, et le but des règlemens ne serait pas rempli;

Après avoir entendu la section de l'état et du perfectionnement des études,

Arrête ce qui suit, etc.

Il pourra néanmoins y avoir exception à l'article précédent, si le lycée offre les ressources nécessaires pour qu'un élève puisse suivre un cours de mathématiques élémentaires, concurremment avec ceux de la seconde année d'humanités ou de la rhétorique.

(Arrêté du 14 juin 1811.)

Arrêté relatif aux livres classiques qui doivent être mis à l'usage des lycées et des colléges (1).

1909. Les livres déclarés classiques par le conseil de l'Université feront le texte de l'enseignement dans toutes les classes des établissemens d'instruction publique, sous la responsabilité des chefs et fonctionnaires de ces établissemens.

(Arrêté du 17 septembre 1811, art. 1er.)

1910. Sont réputés classiques les livres qui auront été prescrits pour l'enseignement dans les écoles des divers degrés.

La liste de ces livres sera arrêtée, chaque année, pour l'année suivante, en conseil de l'Université.

Les professeurs des lycées et les régens des colléges annonceront, par un programme publié et affiché avant la rentrée, ceux des ouvrages prescrits pour leurs classes dont ils se proposent de faire usage pour les leçons de l'année.

Seront dénoncés à l'autorité les ouvrages qui, depuis le décret du 17 mars 1808, annonceraient par leur titre qu'ils sont adoptés pour l'instruction publique, ou destinés à l'usage, soit des lycées, soit des colléges, soit des autres établissemens publics d'instruction, s'ils ne sont revêtus d'une autorisation spéciale du conseil de l'Université.

(Ibid., art. 2, 3, 4 et 9.)

Additions et modifications au statut de 1809.

1911. Les élèves apprendront dans toutes les classes, chaque jour, deux ou trois versets du nouveau Testament, savoir :

En français ou en latin, dans la classe élémentaire, ou dan la classe de première année de grammaire ;

En latin, dans la deuxième année de grammaire et la première d'humanités ;

---

(1) *Le conseil de l'Université*,

Vu le décret du 17 mars 1808,

Considérant que les articles 38, 80 et 143 de ce décret lui prescrivent, 1°. de rendre l'enseignement uniforme dans toutes les écoles ; 2°. d'admettre, rejeter ou faire composer les ouvrages classiques qui doivent être mis entre les mains des élèves des lycées et des colléges,

Arrête ce qui suit, etc.

En grec, dans la deuxième d'humanités et dans la rhétorique.

(Arrêté du 17 septembre 1811.)

1912. Il est expressément défendu aux professeurs de donner des certificats d'études avant la clôture des classes.

(Arrêté du 5 octobre 1813 (1).)

1913. Les inspecteurs généraux chargés d'examiner les concurrens aux bourses communales ne pourront admettre au concours, en sixième, que des élèves qui auront moins de douze ans au 1er. novembre suivant ; en cinquième, que des élèves qui auront à la même époque moins de treize ans, et ainsi de suite.

Ces concurrens seront examinés sur toutes les connaissances affectées à leurs classes respectives par les articles suivans.

Ces dispositions seront applicables, dès la première année scolaire, à la sixième ; l'année suivante, à la cinquième, et ainsi de suite.

Elles seront applicables, dans le même ordre, aux examens et distributions de prix de la fin de l'année, de manière que les concurrens de la sixième aient eu moins de douze ans au mois de novembre précédent, et ainsi de suite.

(Statut du 28 septembre 1814, art. 115... 118.)

1914. A la fin de chaque année scolaire, les élèves seront examinés sur toutes les connaissances affectées à leur classe, et l'on déterminera, d'après cet examen, s'ils peuvent monter à une classe supérieure.

Cet examen se fera sous la présidence du recteur, dans les lycées des chefs-lieux d'académie, et sous celle d'un inspecteur, dans les autres lycées.

Il tiendra lieu des exercices littéraires en usage jusqu'à présent, et sera suivi immédiatement des compositions pour les prix (2).

(Ibid., art. 119... 121.)

(1) Le conseil de l'Université,
Après avoir entendu la section des études, relativement à la mesure à prendre par rapport aux élèves qui, parvenus à leur dernière année, quitteraient le lycée avant la clôture des classes ;
Considérant que cet abus désorganise les classes au moment le plus important des études, et qu'il est dès lors essentiellement nuisible à l'instruction des élèves,
Arrête ce qui suit, etc.

(2) Un arrêté du 21 prairial an XI portait qu'à la fin de chaque trimestre le proviseur et le censeur s'adjoindraient les examinateurs qu'ils trouveraient à propos, feraient l'examen des élèves, et décerneraient des prix dans chaque classe (art. 107). A la fin de l'année classique, disait l'art. suivant, il y aura des exercices littéraires où les élèves de chaque classe devront paraître. Ils seront interrogés en public et en présence des membres du bureau d'administration sur les objets auxquels ils auront été appliqués pendant le cours de l'année.

1915. Il sera fait au commencement de l'année un examen semblable des nouveaux élèves, pour fixer la classe où ils peuvent être placés.

Les élèves qui n'auraient pas obtenu leur promotion à l'examen de la fin de l'année classique, pourront se représenter à cet examen au commencement de l'année.

(Ibid., art. 122 et 123.)

1916. Indépendamment de ces deux examens, il en sera fait un dans la seconde quinzaine de janvier, et un dans la seconde quinzaine d'avril, par le proviseur, qui se fera assister de tels examinateurs qu'il jugera à propos. On y prendra aussi en considération toutes les connaissances affectées à chaque classe.

Le recteur donnera communication du résultat de ces examens au conseil académique, et en rendra compte au grand-maître.

(Ibid., art. 124 et 125.)

1917. Les élèves entreront en classe deux fois par jour, les lundi, mardi, mercredi, vendredi et samedi.

Toutes les classes du matin seront de deux heures.

Celles du soir seront de deux heures, depuis la rentrée jusqu'au 1er. avril, et de deux heures et demie, depuis le 1er. avril jusqu'aux vacances.

La demi-heure de plus, dans les mois d'été, sera exclusivement consacrée à la géographie et à l'histoire.

Les élèves admis aux leçons de sciences physiques recevront ces leçons le jeudi matin : elles seront de deux heures.

(Ibid., art. 126... 130.)

1918. Les leçons de tout genre se feront d'après des livres classiques choisis dans une liste publiée, chaque année, par le conseil de l'Université.

Au commencement de chaque année, le proviseur et le censeur réuniront les professeurs, pour concerter le choix des ouvrages, de manière que, d'une classe à l'autre, il n'y ait point de répétition, ni de trop grands intervalles pour la difficulté des auteurs. Ils veilleront aussi à ce que les grammaires et autres livres élémentaires, qui sont de nature à appartenir à plusieurs classes successives, soient les mêmes dans le même lycée.

Lorsqu'une classe sera divisée en sections, les diverses sections devront avoir les mêmes auteurs.

(Ibid., art. 131... 133.)

1919. Dans toutes les classes, on exercera la mémoire des élèves, en leur faisant apprendre par cœur des morceaux d'auteurs classiques latins et français; les devoirs à faire entre les leçons leur seront dictés.

(Ibid., art. 134.)

1920. Chaque classe pourra être divisée en deux ou plusieurs sections. Autant qu'il sera possible, les sections seront limitées à cinquante élèves.

La distribution des élèves, tant pensionnaires qu'externes, entre les sections, sera faite par le proviseur et par le censeur, de manière que les élèves forts et les faibles y soient répartis à peu près également.

(Ibid., art. 135 et 136.)

1921. La sixième sera confiée à un ou plusieurs agrégés.

Les élèves y étudieront les élémens de la grammaire française et latine; ils s'exerceront sur l'orthographe, et réciteront chaque jour, par cœur, au moins un morceau de français et un morceau de latin. Ils seront instruits dans l'histoire sainte, dans les notions générales de la géographie, et étudieront la mappemonde.

On leur donnera aussi des notions élémentaires de mythologie.

(Ibid., art. 137 et 138.)

1922. Dans la cinquième, on continuera l'étude des élémens du latin; on commencera celle du grec; on commencera à donner des notions élémentaires de chronologie et d'histoire ancienne; on étudiera la géographie, en comparant l'état ancien avec le moderne.

(Ibid., art. 139.)

1923. En quatrième, on continuera l'étude du latin et du grec; on s'exercera à la versification latine, on fera des versions grecques; on étudiera les élémens de l'histoire ancienne et de l'histoire romaine, jusqu'à la bataille d'Actium.

(Ibid., art. 140.)

1924. En troisième, on continuera de s'exercer dans les trois langues, en thèmes et en versions; on continuera la versification latine; on passera à des auteurs plus difficiles; on étudiera l'histoire romaine et celle du moyen-âge, depuis Auguste jusqu'à Charlemagne.

(Ibid., art. 141.)

1925. En seconde, les élèves commenceront à s'exercer aux narrations et aux analyses; ils étudieront l'histoire moderne depuis Charlemagne; ils prendront, chaque semaine, deux leçons de deux heures, sur les élémens de l'arithmétique, de l'algèbre et de la géométrie.

(Ibid., art. 142).

1926. Dans la classe de rhétorique, le professeur enseignera en huit leçons, chaque semaine, les règles de tous les genres d'écrire, et en fera voir les plus beaux exemples dans les anciens et dans les modernes; il exercera ses élèves à la composition en latin et en français.

Les élèves reprendront plus particulièrement l'histoire de France.

Ils termineront les élémens de la géométrie et de la trigonométrie rectiligne, en deux leçons de deux heures, chaque semaine.

(Ibid., art. 143.)

1927. Les mathématiques seront enseignées en seconde et en rhétorique, par le professeur de mathématiques élémentaires.

(Ibid., art. 144.)

1928. Dans la classe de philosophie, le professeur traitera, en quatre leçons par semaine, de la logique, de la métaphysique et de la morale, et terminera son cours par un abrégé de l'histoire de la philosophie. Le professeur de mathématiques spéciales complétera, en quatre leçons, les élémens de mathématiques et la statique. Il y aura deux leçons de physique mathématique par le professeur de sciences physiques.

(Ibid., art. 145.)

1929. Les leçons de sciences physiques du jeudi seront communes à la troisième, à la seconde et à la rhétorique; le professeur y fera connaître alternativement, en trois années, les principaux objets de l'histoire naturelle, leurs propriétés les plus remarquables, et l'emploi qu'on en fait dans les arts. Il traitera, une année, des animaux et des végétaux; une année, des minéraux et de la chimie; une année, de la physique expérimentale.

(Ibid., art. 146.)

1930. L'Université propose un prix de 4,000 francs à l'auteur du meilleur traité élémentaire, en un volume, sur l'un des objets suivans:

La géographie,
L'histoire du moyen-âge,
L'histoire de France,
La rhétorique,
La philosophie,
La chimie,
La physique.

L'auteur jouira en outre de la propriété de son ouvrage,

qui sera indiqué pour l'usage des établissemens de l'Université.

L'Université publiera le programme de chacun de ces ouvrages, et les fera examiner par des juges instruits dans les matières.

(Ibid., art. 147.)

1931. Les professeurs de seconde feront désormais dix leçons par semaine.

Les proviseurs établiront, aux jours et aux heures qu'ils jugeront convenables, des cours de mathématiques élémentaires, où les élèves des classes d'humanités et de rhétorique recevront les notions indispensables pour suivre avec fruit le cours de physique, qui doit avoir lieu le jeudi de chaque semaine.

La Commission recommande particulièrement au zèle et à la surveillance des proviseurs l'enseignement de la géographie et de l'histoire, tel qu'il a été ordonné et distribué pour chaque classe par les art. 129, 138, 139 et suivans des règlemens sur la discipline et les études.

(Arrêté du 30 septembre 1815 (1).)

1932. Tout élève de philosophie et de rhétorique qui se retirera avant la clôture des classes, ne pourra être considéré comme ayant terminé son cours. En conséquence, aucun certificat ne lui sera délivré par le proviseur ou par les professeurs.

Il est également défendu aux élèves des autres classes de quitter le collège avant les vacances, sous peine de n'être pas admis l'année suivante à la classe supérieure.

Le proviseur seul est autorisé à déterminer les cas d'exception, et à donner des dispenses.

(Arrêté du 6 juin 1816 (2).)

1933. A l'avenir, les professeurs de philosophie dans les colléges royaux seront tenus de faire cinq classes par semaine.

(Arrêté du 20 octobre 1817.)

(1) La Commission,

D'après les observations qui lui ont été faites par les proviseurs des colléges royaux de Paris;

Considérant que l'organisation actuelle de ces établissemens permet de concilier l'étude des mathématiques avec l'étude des langues anciennes, sans retrancher des cours d'études de seconde deux leçons par semaine, ainsi qu'il avait été prescrit par le règlement du 28 septembre 1814;

Arrête ce qui suit, etc.

(2) La Commission, considérant que plusieurs élèves des colléges royaux sont retirés par leurs parens vers la fin du second trimestre, et que cet abus a surtout lieu pour les élèves de philosophie et de rhétorique, ce qui les prive d'une partie essentielle de l'instruction;

Vu un arrêté du conseil de l'Université, du 5 octobre 1813, portant répression de cet abus;

Arrête ce qui suit, etc.

1934. L'enseignement de l'histoire et de la géographie, dans les colléges royaux et dans les colléges communaux qui seront désignés par la Commission, sera confié à un professeur ou à un agrégé spécial

Le professeur ou l'agrégé chargé de l'enseignement de l'histoire et de la géographie fera successivement à chaque classe, en commençant par la cinquième jusqu'à la rhétorique inclusivement, une leçon d'une heure, qui partagera le temps destiné à chacune de ces classes, de telle sorte que les mêmes élèves recevront, par semaine, deux leçons d'histoire et de géographie.

(Arrêté du 15 mai 1818, art. 1 et 2 (1).)

1935. En cinquième, le professeur d'histoire donnera des notions préliminaires de géographie; il marquera les grandes époques de l'histoire ancienne, en fera connaître les principaux événemens et les personnages célèbres. Les élèves reconnaîtront sur la carte la position des lieux rappelés dans l'histoire.

En quatrième, on continuera l'histoire ancienne, et l'on suivra l'histoire romaine jusqu'à la bataille d'Actium.

En troisième, on étudiera l'histoire des empereurs et du moyen-âge, depuis Auguste jusqu'à Charlemagne.

En seconde, la suite de l'histoire du moyen-âge, depuis Charlemagne jusqu'aux temps modernes, sera la matière des leçons.

En rhétorique, les élèves feront une étude particulière de l'histoire de France. Le professeur s'appliquera à graver dans leur mémoire la succession des rois, les événemens les plus remarquables de leurs règnes, les guerres, les traités, les noms des grands hommes qui se rattachent aux principales époques de la monarchie.

Dans toutes les classes, l'étude de la géographie concourra avec l'étude de l'histoire, et toujours en comparant l'état ancien avec l'état moderne.

Le professeur s'assurera, par de fréquentes interrogations, et particulièrement dans la seconde leçon de chaque semaine, que les élèves ont compris et retenu ce qu'il leur aura enseigné.

(Ibid., art. 3 et 4.)

(1) La commission de l'instruction publique,

Vu la disposition du règlement des colléges qui prescrit aux professeurs de consacrer, pendant les mois d'été, une demi-heure, après chaque classe du soir, à l'enseignement de l'histoire et de la géographie;

Considérant que les intentions de ce règlement n'ont point été généralement remplies jusqu'à présent, et qu'il importe de donner à cette partie des études classiques tous les développemens que réclament l'état de la société et le vœu des familles;

Arrête ce qui suit, etc.

1935. La Commission se réserve d'indiquer, avant la fin de l'année, des traités abrégés d'histoire et de géographie à l'usage des colléges. Dans le cas où ces ouvrages ne seraient pas encore achevés, la Commission y suppléera par des programmes de l'enseignement affecté à chaque classe.

(Ibid., art. 5.)

1936. Les professeurs et agrégés préposés à la classe de sixième et aux classes élémentaires, demeurent chargés de l'enseignement de l'histoire sainte. Ils ajouteront aux extraits des historiens sacrés et au *Catéchisme de Fleury*, qui sont entre les mains des élèves de ces classes, les développemens nécessaires pour leur donner les premières notions de chronologie, et classer dans leur esprit les événemens des premiers âges du monde.

L'*Appendix de Diis* servira de texte à l'enseignement de la mythologie et de l'histoire des temps héroïques.

Il y aura dans la classe de sixième une mappemonde, et une carte de la Terre-Sainte.

(Ibid., art. 6 et 7.)

1937. Les proviseurs et principaux feront placer dans chaque classe une table chronologique, une carte générale et des cartes particulières de géographie relatives à l'objet de l'enseignement historique.

(Ibid., art. 8.)

1938. Les élèves ne seront admis dans une classe supérieure qu'après un examen sur la partie des études historiques dont ils auront dû s'occuper dans la classe inférieure.

Il y aura, en 1819, des prix d'histoire et de géographie. La Commission déterminera le mode du concours.

(Ibid., art. 9 et 10.)

1939. L'enseignement distinct de l'histoire et de la géographie ne commencera qu'à la classe de quatrième.

La matière de l'enseignement sera répartie ainsi qu'il suit :

Classe de 4e. { Histoire ancienne, jusqu'à l'anéantissement de la liberté grecque avec Philopémen.

Classe de 3e. { Histoire romaine, jusqu'au partage de l'empire et la grande invasion des barbares, sous Honorius.

Classe de 2e. { Histoire générale, depuis l'invasion des barbares et la naissance des monarchies modernes, jusqu'à nos jours.

Classe de rhétorique. Histoire spéciale de France.

La géographie et la chronologie ne seront point séparées de l'histoire.

Dans les colléges royaux de Louis-le-Grand, de Henri IV et

de Charlemagne, l'enseignement sera partagé entre deux professeurs ou agrégés, qui alterneront d'année en année. Il restera confié à un seul dans le collége royal de Bourbon.

Il est assigné à chaque classe, au lieu de deux leçons d'une heure par semaine, une seule leçon de deux heures. Si cette leçon unique est reconnue insuffisante, il pourra être accordé, sur la demande de MM. les proviseurs, une leçon extraordinaire chaque mois.

Le professeur ou agrégé pourra réunir la division d'une même classe, lorsque le nombre total des élèves n'excédera pas cent; mais s'il s'élève plus haut, l'enseignement sera donné séparément à chaque division.

MM. les proviseurs sont autorisés à mettre à la disposition des professeurs ou agrégés, sur les fonds du collége, les cartes principales et tables chronologiques qui seront jugées nécessaires à l'enseignement.

Toutes les dispositions de l'arrêté du 15 mai dernier, qui ne sont pas rapportées ou modifiées par le présent arrêté, sont maintenues.

(Arrêté du 9 novembre 1818, art. 1... 7.)

1940. Les programmes des cours d'histoire des colléges royaux de Paris (1) seront mis au nombre des livres classiques, et ils seront fournis aux pensionnaires des colléges royaux.

(Arrêté du 12 août 1820 (2).)

(1) Ces programmes forment quatre cahiers in-4°., ainsi distribués,

1°. *Cours d'histoire ancienne;*
2°. *Cours d'histoire romaine;*
3°. *Cours d'histoire générale;*
4°. *Cours d'histoire de France.*

(2) Dans une matière aussi importante, nous croyons devoir reproduire ici une partie du moins de la circulaire que la commission de l'instruction publique avait adressée aux recteurs, en leur envoyant les programmes rédigés par quelques-uns de MM. les professeurs des colléges de Paris :

« Ces programmes partagent l'enseignement de l'histoire en quatre parties, affectées aux classes de quatrième, de troisième et de seconde, et à la classe de rhétorique.

» Cette division ne se rapporte point à celle qui avait été établie par l'arrêté du 15 mai 1818, d'après lequel les élèves de cinquième devaient recevoir des leçons du professeur d'histoire. La commission, après de nouvelles réflexions, a pensé qu'on pourrait se dispenser d'assujétir à un cours spécial d'histoire les élèves de ces classes.

» Toutefois, l'enseignement historique des classes plus élevées serait d'un accès trop difficile pour les jeunes élèves, s'ils n'avaient pas été préparés de bonne heure à cette instruction par des notions élémentaires de géographie et de chronologie, qui en sont les préliminaires indispensables.

» Les textes des auteurs qu'on explique dans les classes élémentaires appellent naturellement les développemens qui doivent donner aux élèves ces notions préparatoires.

» C'est ce qu'il convient de faire sentir aux professeurs de cinquième et de sixième, ainsi qu'aux agrégés ou maîtres divisionnaires de ces deux classes. Conformément aux dispositions de l'arrêté du 15 mai 1818, vous veillerez à ce qu'il y ait dans les classe des tableaux chronologiques, des cartes générales, et même des cartes particulières de géographie, correspondantes aux auteurs qui seront dans les mains des élèves. Vous

1941. Aucun élève suivant la classe de rhétorique pour la première année ne peut faire en même temps son cours de philosophie.

Pendant la première année, les élèves de la classe de rhétorique devront en suivre toutes les leçons. Le proviseur ne délivrera de certificat d'études, à la fin de l'année, qu'à ceux qui auront suivi toutes les parties de l'enseignement appartenant à cette classe.

Les élèves de philosophie qui n'auront fait qu'une seule année de rhétorique pourront suivre quelques parties de cette dernière classe, savoir : *Le discours latin, le discours français* et *la version grecque*.

L'ordre des classes de philosophie et de rhétorique sera réglé en conséquence.

Les élèves de philosophie qui n'auront fait qu'une seule année de rhétorique pourront concourir comme vétérans dans les facultés de la classe de rhétorique qui viennent d'être désignées.

(Arrêté du 24 novembre 1819.)

1942. Les élèves de rhétorique ne pourront suivre en même temps aucune partie du cours de philosophie.

Les vétérans de rhétorique sont exceptés de cette disposition, pour la présente année scolaire.

(Arrêté du 31 octobre 1820, art. 1er.)

préviendrez également les professeurs et les élèves que les examens qui ont lieu à différentes époques de l'année, porteront sur ces différens objets, que l'on doit s'accoutumer à considérer comme classiques.

» La nouvelle distribution de l'enseignement spécial de l'histoire, conformément à laquelle les programmes ont été rédigés, a été réglée par l'arrêté du 9 novembre 1818, qui avait été pris pour les colléges royaux de Paris, et dont la commission étend aujourd'hui l'application aux autres colléges royaux.

» En communiquant cet acte aux professeurs et agrégés chargés d'enseigner l'histoire et la géographie, il importe de leur rappeler dans quel esprit cet enseignement doit être dirigé.

» Le professeur aurait une fausse idée des soins qu'on attend de son zèle, s'il se croyait obligé d'entrer dans les développemens et dans les discussions de haute critique qui appartiennent à un enseignement approfondi : ce n'est point ici un cours de faculté. Le professeur ne peut espérer d'être utile à ses élèves qu'en se mettant toujours à leur portée ; c'est pour eux, et non pour lui, qu'il doit faire sa classe. Son objet étant de graver dans leur mémoire les principaux faits de l'histoire, dont on n'acquiert la connaissance qu'imparfaitement et avec beaucoup de difficultés dans un âge plus avancé, il ne doit chercher d'autres sources d'intérêt que dans la simple exposition des faits historiques, et dans la liaison naturelle qu'ils ont entre eux.

» Il devra surtout éviter tout ce qui pourrait appeler les élèves dans le champ de la politique, et servir d'aliment aux discussions de parti.

» Cet avertissement regarde particulièrement le professeur chargé de l'enseignement de l'histoire moderne. Sans doute il lui serait difficile, et il ne conviendrait pas de dérober à la jeunesse la connaissance de certains faits qui sont du domaine de l'histoire ; mais il doit s'abstenir de tout commentaire : c'est par la simplicité et la gravité de son récit qu'il éloignera les allusions et les fausses conséquences que l'inexpérience de la jeunesse pourrait en tirer.

» La commission, au surplus, se confie pour cette partie d'enseignement classique, comme pour toutes les autres, à votre sagesse et à votre surveillance éclairée. »

1943. Tous les élèves sont astreints à suivre les dix leçons données, chaque semaine, dans chaque classe.

Ils sont également obligés de suivre les diverses parties d'enseignement dont chaque cours est composé.

Ceux qui, dans la classe de rhétorique et de philosophie, n'auront point suivi toutes les parties de l'enseignement, seront exclus des concours généraux et particuliers de la fin de l'année ; de plus ils ne pourront être admis aux examens pour les grades, conformément à l'ordonnance du 5 juillet de la présente année.

1944. Les leçons des sciences mathématiques et physiques seront données le matin, celles de philosophie le soir : ces deux classes seront faites aux mêmes heures que les classes d'humanités.

Les professeurs des sciences mathématiques donneront cinq leçons par semaine, ainsi que le professeur de philosophie.

(Ibid., art. 4 et 5.)

1945. Le cours de philosophie, dans les colléges, sera regardé comme le complément de la rhétorique : en conséquence, les professeurs s'abtiendront d'occuper leurs élèves de théories qui doivent être réservées pour les cours de facultés. Ils les exerceront surtout à argumenter et à écrire sur les questions les plus importantes et les plus utiles de la logique, de la métaphysique et de la morale. Pour encourager puissamment des études si nécessaires, il sera établi un prix d'honneur de philosophie semblable au prix d'honneur de rhétorique. Ce prix sera accordé à celui des élèves qui, dans les compositions du concours général, aura le plus solidement et le plus disertement traité en latin une des principales questions de la philosophie. Un second prix sera donné à une dissertation du même genre, écrite en français. Les prix décernés pour les sciences, tant philosophiques que mathématiques et physiques, seront distribués les premiers.

Les professeurs de philosophie sont invités à remettre aux proviseurs, dans le délai d'un mois, le programme des leçons qu'ils doivent donner pendant la présente année scolaire.

(Ibid., art. 6.)

1946. Lorsque les professeurs d'histoire ou de mathématiques élémentaires se trouveront absens pour cause légitime, les professeurs de rhétorique et d'humanités seront tenus de faire leur classe ce jour-là.

(Décision du 7 novembre 1820 (1).)

1947. Chaque professeur de philosophie des colléges royaux

---

(1) Le conseil, considérant que MM. les professeurs de rhétorique et d'humanités ne sont affranchis par aucune disposition réglementaire de l'obligation de faire dix classes par semaine,

Décide, etc.

doit remettre à son proviseur le programme des leçons qu'il se propose de donner dans le cours de l'année classique.

(Décision du 25 novembre 1820.)

1948. Les examens du milieu de l'année, pour les colléges royaux de Paris, commenceront le 2 avril et finiront le 14. Ils dureront deux jours pour chaque collége. Ils auront lieu, le matin, depuis huit heures jusqu'à onze ; le soir, depuis deux heures jusqu'à cinq.

Les examens se feront en même temps dans quatre classes différentes, par quatre commissions d'examen qui seront nommées à cet effet, et dont chacune sera composée d'un inspecteur général et d'un inspecteur d'académie.

Les classes examinées le premier jour seront les classes de philosophie et de mathématiques élémentaires, de rhétorique, de troisième et de cinquième.

Les classes examinées le second jour seront les classes de mathématiques spéciales et de physique, de seconde, de quatrième et de sixième.

(Arrêté du 20 mars 1821, art. 1... 3.)

1949. Les professeurs enverront au recteur, huit jours avant les examens, le programme de ce qui aura été enseigné et appris par cœur, et la liste des élèves, divisés en trois classes selon leur force respective.

L'examen de chaque classe commencera par la distribution des prix d'excellence.

Les notes que les élèves interrogés auront méritées seront inscrites immédiatement après l'examen de chaque élève, et remises au recteur par les inspecteurs d'académie.

(Ibid., art. 4... 6.)

Catalogue des instrumens de physique qui doivent composer les cabinets des colléges royaux (1).

1950. Le choix des machines et instrumens dont le proviseur, de concert avec le professeur des sciences physiques, aura jugé convenable de faire l'acquisition, sera fait dans le catalogue que le conseil royal a fait dresser.

(1) Circulaires des 16 janvier et 24 août 1821.
« L'examen des comptes rendus par les colléges royaux a fait connaître au conseil royal de l'instruction publique, qu'en général la situation financière de ces établissemens s'améliorait d'année en année, et qu'aujourd'hui il en était peu qui ne fussent en état de faire les acquisitions que réclament les besoins de l'instruction. Au nombre de ces besoins, est la formation des cabinets de physique et de chimie.... Afin de faciliter le choix des instrumens, le conseil royal a fait dresser le catalogue ci-joint où sont marqués les prix des machines et les noms des ouvriers qui les fabriquent. Il est bien entendu que le professeur pourra choisir aussi, entre les instrumens auxquels donneront lieu les découvertes futures de la science, ceux qui conviendront le mieux à l'enseignement dont il est chargé.

La dépense sera soumise au conseil académique, ainsi que l'état des instrumens dont il aura été fait choix, et cet état sera ensuite envoyé par le recteur au grand-maître avec l'extrait de la délibération qui aura été prise par le conseil.

Principales machines pour le cours de physique des colléges royaux.

	fr.
Machine d'Atwood (*Pixii*).	650
Balance, servant de balance hydrostatique (*Pixii*).	240
Petite machine de Fortin à diviser le verre.	100
Machine pneumatique avec ses récipiens (*Pixii*).	500
Machine pneumatique de compression.	500
Un mètre en cuivre (*Lenoir*).	»
Compas à mesurer les diamètres et autres longueurs (*Fortin*).	»
Tube pour la chute dans le vide (*Pixii*).	40
Ballon à peser l'air (*Fortin*).	36
Baromètre (*Richer*).	60
Tube de Mariotte (*Frécot*).	12
Deux modèles de pompes.	200
Fontaine de compression, servant de chalumeau et d'appareil pour les eaux gazeuses (*Pixii*).	160
Fontaine intermittente (*Pixii*).	40
Aréomètre à pompe (*Pixii*).	60
Aréomètre de Nicholson (*Pixii*).	15
Niveau (*Fortin*).	24
Fontaine de Héron en verre (*Pixii*).	25
Double baromètre dans un récipient (*Pixii*).	30
Quatre thermomètres (*Frécot*), à 3 fr.	12
Thermomètre de Leslie (*Frécot*).	12
Appareil pour la dilatation des solides (*Pixii*).	50
Petit modèle de pendule compensateur (*Pixii*).	20
Deux miroirs (*Pixii*).	150
Cube à face de différens métaux (*Pixii*).	60
Cube à faces peintes (*Pixii*).	10
Appareil pour montrer l'inégale conductibilité (*Pixii*).	25
Appareil pour le *maximum* de densité de l'eau (*Pixii*).	10
Appareil pour le mélange des vapeurs avec les gaz (*Fortin*).	120
Hygromètre à cheveu (*Fortin* ou *Richer*).	100
Appareil pour déterminer les quantités de chaleur dégagées dans la combustion (*Pixii*).	120
Briquet à l'air (*Pixii*).	20
Lampe à souffler le verre (*Frécot*).	50
Marmite de Papin (*Pixii*).	100
Aimant (*Pixii*).	50
Barreaux aimantés (*Pixii*).	50
Aiguille d'inclinaison (*Pixii*).	30
Aiguille de déclinaison.	10
Balance de Coulomb.	100

Tabouret électrique, excitateurs et divers menus objets pour le développement de l'électricité, sa distribution, son partage (*Pixii*).	100
Électroscope de Volta (*Pixii*).	10
Bouteille électromètre de Lanne.	30
Machine électrique (*Pixii*).	500
Deux cylindres pour l'électricité par influence (*Pixii*).	80
Plusieurs sphères de différens diamètres.	100
Condensateur pour l'expérience de Richmann (*Pixii*).	60
Bouteille de Leyde et batteries (*Pixii*).	100
Thermomètre de Kimerfley (*Pixii*).	20
Eudiomètre (*Pixii*).	25
Appareil pour l'électricité dans le vide (*Pixii*).	25
Appareil pour imiter la grêle (*Pixii*).	25
Électrophore (*Pixii*).	40
Tourmalines et autres cristaux électriques par la chaleur.	50
Condensateur pour le développement par le contract (*Gambey*).	120
Pièces de différens métaux pour le développement par le contract (*Pixii*).	30
Pile à auge d'après le principe de Vollaston.	50
Pile à colonne (*Pixii*).	80
Appareil pour la décomposition (*Pixii*).	12
Condensateur ordinaire (*Pixii*).	25
Pistolet de Volta (*Pixii*).	3
Ballon et timbre pour produire le son dans l'air raréfié (*Pixii*).	40
Sonomètre (*Pixii*).	100
Diapazon (*Pixii*).	10
Soufflet et assortiment de tuyaux (*Grenié*).	130
Orgue (*Grenié*).	400
Verges, lames, plaques, et divers objets pour les vibrations en différens sens et pour leurs communications.	200
Porte-voix.	20
Goniomètre (*Gambey*).	300
Deux miroirs plans (*Soleil*), à 20 fr.	40
Deux miroirs sphériques (*Soleil*), à 50 fr.	100
Trois lentilles de 4 pouces (*Soleil*), à 36 fr.	108
Dix petites lentilles sans montures (*Soleil*), à 3 fr.	30
Trois prismes de verre (*Soleil*), à 30 fr.	90
Deux prismes de flint (*Soleil*).	60
Prismes achromatiques (*Soleil*).	36
Prismes à liquides (*Soleil*).	30
Chambre claire (*Soleil*).	50
Chambre noire.	»
Télescope de Grégory (*Lerebours*).	400
Lunette polyalde (*Cauchois*).	400
Lunette de spectacle.	50
Microscope composé (*Soleil*).	200
Microscope solaire (*Soleil*).	200

	fr.
Mégascope (*Soleil*)	300
Verres pour les anneaux colorés dans les lames minces (*Soleil*).	20
Appareil de diffraction (*Pixii*)	40
Cristaux pour la double réfraction et la polarisation (*Cauchois et Soleil*)	200
Micromètre à double image (*Soleil*)	200

Machines de précision.

Balance (*Fortin*)	800
Machine pneumatique (*Fortin*)	800
Baromètre (*Fortin*)	250
Compteur (*Bréguet*)	500
Cercle répétiteur (*Gambey*)	1500
Thermomètre (*Fortin*)	80
Héliostat (*Gambey*)	800
Appareil pour la polarisation (*Gambey*)	350
Deux boussoles (*Gambey*)	2400

1951. La marche prescrite pour l'acquisition des instrumens de physique sera suivie pour l'acquisition des objets nécessaires à l'enseignement de la chimie.

État des objets qui peuvent être nécessaires pour les laboratoires de chimie.

Une balance commune et un trébuchet (*rue de la Féronnerie*, n°. 4)	32
Quinquet à esprit de vin	25
Divers instrumens composant l'appareil du chalumeau de Berzelius. — *Rochette jeune, quai de l'Horloge*.	60
Cuve à mercure en pierre (*Dauvergne, rue de Seine*, n°. 41).	»
Quarante kilogrammes de mercure (*Droguistes, rue des Lombards*) environ	260
Une lampe d'émailleur (*Frécot, rue de la Harpe*, n°. 89).	45
Thermomètres assortis. — *Idem*	24
Trois aéromètres.	
Conducteurs de platine à boules	18
Creusets, capsules et spatules de platine. environ.	250
Idem en argent pur. — (*Jeanety, rue du Colombier*, n°. 41.)	75
Divers outils en fer, tels que râpes, limes, cuillers, marteaux, pinces, vrilles, cisailles, scie, grilles, enclume, fil de fer, mortier de fonte, chez *Bavoile, aux Forges de Vulcain*, près le Palais de Justice	100

		fr.
Eudiomètre à garniture de fer; *idem* de cuivre à soupape............		36
Entonnoir de cuivre pour la cuve à eau...		18
Mortier d'acier et dépendances.......		18
Une cuve à eau de 2 pieds sur 14 pouces et 18 pouces................	*Dumotiez, rue du Jardinet*.....	100
Petite lampe à esprit de vin...........		4
Vessies et cloches à robinet et à douilles...		45
Ballons à robinet.................		20
Appareil portatif de Guyton-Morveau....		80
Alambic, bassins en cuivre (*Alexandre, rue de l'École de Médecine*)...		135
Canons de fusils, étau.................................		36
Assortiment de substances premières (*Robiquet, rue de la Monnaie*)...		800
Trente cornues de grès.................................		18
Creusets de terre.....................................		20
Fourneaux à réverbères de 8 pouces, 7 pouces, 6 pouces, 5 pouces.......		
Fourneau de coupelle.............		50
Fourneau pour les tubes (*rue Mazarine*)..		
Huit capsules de porcelaine.........	*Manufacture de Sèvres, rue de Grammont*......	
Douze tubes *idem*...............		48
Mortier de porcelaine.................................		12
Quarante livres de tubes assortis........................		60
Soixante cornues de verre depuis 2 litres jusqu'à 1 décilitre.............		36
Douze *idem* tubulées.............		18
Douze *idem* bouchées à l'émeril......		24
Six allonges....................		4
Mortier de verre.................		5
Dix cloches de cristal..............		20
Douze flacons de Woulf............		18
Cent flacons à bords renversés.......	*Petit, rue Aumaire.*	50
Cent flacons à l'émeril.............		100
Deux cents poudriers..............		75
Dix-huit entonnoirs...............		8
Quarante-huit verres à pied.........		24
Douze éprouvettes à pied...........		15
Douze *idem* à mercure............		12
Cinquante matras, depuis deux litres jusqu'à 2 décilitres...............		40
Douze matras tubulés..................................		12
Dix ballons tubulés....................................		30

	fr.
Deux cents fioles...............	20
Vingt flacons à étiquettes indélébiles (*Lutton, Marché-Neuf*). .	30
Fontaine, terrines, cruches................	30
Tamis, bouchons, liége en plaque (*rue de la Huchette*).....	30
Valets en bois, en paille, supports à vis............	40
Étuve à quinquet......................	50
Tube gradué, éprouvette graduée (*Fortin, rue des Amandiers*). .	25

N. B. Les prix ne sont indiqués qu'approximativement dans ces catalogues, et il faudra toujours que le collége traite directement, pour chaque objet, avec les fabricans.

Dispositions générales.

1952. L'enseignement des colléges royaux embrasse, outre la religion, toutes les connaissances nécessaires pour mettre les jeunes gens en état de recevoir les premiers grades dans les lettres et dans les sciences, et de suivre les cours des facultés.

(Statut du 4 septembre 1821, art. 129.)

1953. L'enseignement se divise en trois parties distinctes, savoir : l'enseignement élémentaire, l'enseignement des lettres et l'enseignement des sciences.

L'enseignement est uniforme dans tous les colléges ; en conséquence, le conseil royal fait publier, à la fin de chaque année scolaire, le catalogue des ouvrages dont les professeurs doivent se servir l'année suivante.

Tous les élèves sont tenus de suivre toutes les parties de l'enseignement de leurs classes respectives ; ceux qui ne les ont point suivies exactement, ne sont pas admis au concours pour les prix à la fin de l'année, et ne peuvent passer à une classe supérieure.

(Ibid., art. 130... 132.)

1954. L'enseignement des lettres et des sciences est confié à dix professeurs, non compris le professeur d'histoire dans les colléges où le conseil juge à propos d'établir une chaire spéciale pour cette partie de l'enseignement. Ces dix professeurs sont : les professeurs de sixième, de cinquième, de quatrième, de troisième ; les professeurs de seconde et de rhétorique ; les professeurs de philosophie, de mathématiques et de sciences physiques.

Les deux professeurs de mathématiques font alternativement le cours de la première année et celui de la seconde année, en sorte que le même professeur suive les mêmes élèves d'une année à l'autre.

(Ibid., art. 133.)

1855. Tous les professeurs doivent faire dix classes par semaine, sauf les modifications autorisées par le conseil royal de l'instruction publique.

Dans chaque collége, il y a deux classes par jour : chaque classe est de deux heures, excepté les jours de composition, où la durée de chaque classe est prolongée d'une demi-heure.

(Ibid., art. 134 et 135.)

1956. On exerce la mémoire des élèves en leur faisant apprendre par cœur, le matin et le soir, les plus beaux morceaux des auteurs français, latins et grecs.

Les proviseurs font placer dans toutes les classes des tables chronologiques, des cartes générales et particulières de géographie, telles et en tel nombre que le demandent l'objet de l'enseignement et le nombre des élèves.

Les professeurs donnent aux élèves toutes les explications historiques, mythologiques et géographiques nécessaires pour l'entière intelligence des auteurs. Ils s'appliquent aussi à faire prononcer les mots conformément aux règles de la prosodie.

(Ibid., art. 136... 138.)

1957. Chaque classe, excepté la rhétorique, doit être divisée en deux sections, lorsque le nombre des élèves excède soixante ; le proviseur fait cette division, et a soin que les élèves forts et les élèves faibles soient répartis également.

Dans les colléges où l'enseignement de l'histoire est confié à un professeur spécial, s'il y a deux divisions dans une classe, chaque division reçoit séparément la leçon d'histoire.

Le professeur adjoint chargé d'une division se conforme à la méthode d'enseignement du professeur titulaire. Les auteurs expliqués sont les mêmes dans l'une et dans l'autre division.

(Ibid., art. 139 et 140.)

1958. Les professeurs tiennent les élèves internes séparés des externes. Ils séparent même les externes entre eux, de manière que les élèves du même pensionnat se trouvent ensemble, autant que cela est possible.

(Ibid., art. 141.)

1959. Une partie de chaque classe est nécessairement consacrée à l'examen des notes relatives aux devoirs et aux leçons, à la correction d'un certain nombre de devoirs, à la lecture du corrigé rédigé par le professeur, et à la dictée d'un devoir nouveau.

(Ibid., art. 142.)

1960. Les professeurs font composer les élèves une fois par semaine. La composition a toujours lieu le mardi matin.

Tous les élèves restent dans la classe jusqu'à la fin de la composition.

Les places sont données le samedi suivant, en présence du proviseur ou du censeur.

Les six premiers élèves sont placés sur un banc particulier, qui s'appelle *le banc d'honneur*.

L'élève qui a obtenu la première place reçoit du censeur une décoration qu'il porte pendant huit jours. Il remet au proviseur la liste des places, signée du professeur.

Les copies de chaque composition sont remises au proviseur, immédiatement après la distribution des places.

Dans chaque classe, on affiche la liste des élèves dans l'ordre des places qu'ils ont obtenues à chaque composition ; les noms des six premiers de chaque classe sont inscrits sur un relevé général de toutes les listes, qui demeure affiché dans le parloir.

(Ibid., art. 143 et 144.)

1961. Nulle répétition particulière ne peut avoir lieu pour les élèves internes, sans une permission du proviseur : ces répétitions ne peuvent être faites que par les professeurs ou les agrégés. Le proviseur désigne le lieu et l'heure où elles doivent se faire. Aucune répétition n'a lieu dans les chambres particulières.

(Ibid., art. 145.)

DE L'OBJET DE L'ENSEIGNEMENT DANS CHAQUE CLASSE.

Instruction religieuse.

1962. Dans les deux classes élémentaires, on fait apprendre aux élèves, la première année, l'histoire de l'ancien Testament ; la seconde année, l'histoire du nouveau. Cette leçon, donnée par les maîtres élémentaires, a lieu tous les jours pendant une heure, et termine l'étude du soir. De plus, ils apprennent par cœur le catéchisme du diocèse, que l'aumônier leur fait répéter une fois par semaine.

Les élèves de sixième, de cinquième, de quatrième et de troisième, reçoivent le jeudi matin, avant la messe, des instructions sur le catéchisme, accompagnées de développemens proportionnés à leur âge.

Dans les classes de seconde et de rhétorique, et dans les deux classes de philosophie, la leçon du catéchisme est remplacée par une conférence sur la religion, qui a lieu, tous les dimanches, pour les quatre classes réunies, depuis dix heures et demie jusqu'à midi.

Les élèves de toutes les classes apprennent chaque jour quelques versets de l'Ecriture sainte, en français, en latin ou en grec.

Ils apprennent en outre, le samedi matin, l'évangile du dimanche suivant, savoir :

En français dans les classes élémentaires;

En latin dans les classes de sixième, de cinquième, de quatrième et de troisième;

En grec dans les classes supérieures.

(Ibid., art. 146... 150.)

Enseignement élémentaire.

1963. L'enseignement élémentaire, outre l'histoire sainte, comprend la grammaire française, la grammaire latine, la géographie, l'arithmétique et l'écriture.

Les élèves reçoivent chaque matin une leçon de grammaire française. Le maître les accoutume à l'analyse grammaticale et logique.

Les élèves reçoivent tous les jours une leçon de grammaire latine. Le maître, après avoir enseigné les déclinaisons, les conjugaisons et les principales règles de la syntaxe, offre, dans des phrases extraites des auteurs classiques, les mots les plus essentiels, leurs principaux dérivés, et les tournures les plus remarquables de la langue.

Chaque leçon est précédée de la récitation d'un certain nombre de mots nouveaux que les élèves ont appris par cœur avant d'arriver en classe, et dont ils se servent pour traduire de vive voix ou par écrit les phrases que le maître leur propose successivement. Ces phrases sont apprises par cœur pour la leçon suivante, de manière que les élèves, à la fin des deux années, soient familiarisés avec une grande partie des mots qui se rencontrent le plus souvent dans les classiques latins, et avec les principaux idiotismes de la langue latine.

La leçon de géographie a lieu tous les jours, au commencement de la classe du soir. Cette étude est précédée de quelques explications de la sphère, proportionnées à cet âge.

Les leçons d'écriture ont lieu trois fois par semaine; et celles d'arithmétique, deux fois.

Les devoirs donnés le soir par les maîtres sont relatifs à la leçon de grammaire latine qui a été donnée le matin.

On n'admet aucun élève en sixième qu'après un examen sévère sur tous les objets de l'enseignement des deux classes élémentaires.

(Ibid., art. 151... 157.)

Enseignement des lettres.

1964. L'enseignement des lettres comprend essentiellement les lettres latines, grecques et françaises ; on y joint la géographie, l'histoire tant ancienne que moderne, la mythologie, une connaissance suffisante des antiquités grecques et romaines, et les premières notions des sciences naturelles.

L'enseignement des lettres, dans chaque classe, est réglé comme il suit :

(Ibid., art. 158.)

Classe de sixième.

1965. Le professeur explique le matin, ou le *Selectæ è profanis* ou le *de Viris illustribus urbis Romæ*. Les leçons du soir sont consacrées à l'explication des Fables de Phèdre comparées avec celles de La Fontaine, et à la géographie ancienne, dont la connaissance est indispensable pour l'intelligence des auteurs, et qu'on a soin de comparer avec la géographie moderne.

Les thèmes donnés aux élèves, entre les deux classes, sont relatifs à la mythologie.

Les élèves continuent de recevoir des leçons d'écriture et d'arithmétique.

(Ibid., art. 159... 161.)

Classe de cinquième.

1966. Le professeur explique le matin un choix de Justin et de Cornelius Nepos. Les leçons du soir sont consacrées à l'explication d'un choix des Lettres familières de Cicéron, et aux élémens de la langue grecque, qu'on enseigne d'après la méthode indiquée ci-dessus pour la langue latine. Dans la seconde partie de l'année, on explique les Fables d'Esope.

L'étude de l'histoire ancienne appartient à cette classe; elle a lieu le lundi, le mercredi et le vendredi. Le professeur consacre à cet enseignement la première demi-heure de la leçon du soir, et les élèves s'y préparent dans l'intervalle des deux classes.

Dans les colléges où l'enseignement de l'histoire est spécial, le professeur donne ses leçons le lundi.

Les thèmes donnés aux élèves le mardi et le samedi, entre les deux classes, sont relatifs aux antiquités grecques et romaines.

Les élèves continuent, comme dans la classe précédente, de recevoir des leçons d'écriture et d'arithmétique.

(Ibid., art. 162... 165.)

Classe de quatrième.

1967. Le professeur explique, dans les classes du matin, un choix de Quinte-Curce et de Tite-Live, les traités *de Amicitiâ et de Senectute ;* un choix des Dialogues de Lucien et la Cyropédie de Xénophon : dans les classes du soir, un choix de poésies latines, tirées des Bucoliques et des Géorgiques de Virgile et des Métamorphoses d'Ovide.

L'étude de l'histoire romaine appartient à cette classe ; elle a lieu le lundi, le mercredi et le vendredi. Le professeur consacre à cet enseignement la première demi-heure de la leçon du soir, et les élèves s'y préparent dans l'intervalle des deux classes.

Dans les colléges où l'enseignement de l'histoire est spécial, le professeur donne ses leçons le mercredi.

On commence, dans cette classe, à exercer les élèves sur la versification latine, et on leur fait apprendre par cœur un choix de poésies françaises analogues aux poésies latines qui ont été expliquées.

Les thèmes donnés aux élèves le mardi et le samedi, entre les deux classes, sont relatifs aux élémens des sciences naturelles.

Les leçons de dessin, soit linéaire, soit de la figure, commencent dans cette classe, et continuent dans toutes les autres.

(Ibid., art. 166... 170.)

Classe de troisième.

1968. Le professeur explique, dans les classes du matin, un choix de Salluste et de Tacite, un choix de moralistes latins, un choix de moralistes grecs ; dans les classes du soir, un choix de l'Énéide et de l'Iliade.

L'étude de l'histoire du moyen-âge appartient à cette classe ; elle a lieu le lundi, le mercredi et le vendredi. Le professeur consacre à cet enseignement la première demi-heure de la leçon du soir, et les élèves s'y préparent dans l'intervalle des deux classes.

Dans les colléges où l'enseignement de l'histoire est spécial, le professeur donne ses leçons le vendredi.

On continue à exercer les élèves sur la versification latine, et on leur fait apprendre par cœur un choix de poëtes français analogues aux poésies latines qui ont été expliquées.

Les thèmes donnés aux élèves le mardi et le samedi, entre les deux classes, continuent d'être relatifs aux élémens des sciences naturelles.

(Ibid., art. 171... 174.)

Classe de seconde.

1969. Le professeur explique, dans les classes du matin, un choix des Harangues de Cicéron, et un choix de l'Iliade; dans les classes du soir, un choix d'Horace et de l'Enéide.

L'étude de l'histoire moderne proprement dite appartient à cette classe; elle a lieu le lundi, le mercredi et le vendredi. Le professeur consacre à cet enseignement la première demi-heure de la leçon du soir, et les élèves s'y préparent dans l'intervalle des deux classes.

En enseignant l'histoire moderne proprement dite, et l'histoire du moyen-âge, le professeur s'attache particulièrement à l'histoire de France.

Dans les colléges où l'enseignement de l'histoire est spécial, le professeur donne ses leçons le samedi.

On commence, dans cette classe, à préparer les élèves à la rhétorique, en leur faisant connaître les figures, et en les exerçant à composer des narrations en latin et en français. Les devoirs qu'on leur donne le mardi et le samedi, entre les deux classes, sont des narrations.

(Ibid., art. 175..177.)

Classe de rhétorique.

1970. Le professeur explique, dans les classes du matin, le *Conciones è veteribus historicis excerptæ*, un choix des Oraisons de Cicéron, et un choix des Harangues de Démosthène; dans les classes du soir, un choix du *Conciones poeticæ*, et un choix des poëtes tragiques grecs.

Dans les premiers mois, le professeur enseigne les préceptes de l'éloquence et les règles de tous les genres d'écrire.

Il fait apprendre par cœur, aux élèves, des morceaux choisis d'orateurs et de poëtes dramatiques français.

L'ordre des devoirs est ainsi réglé :

Le lundi soir, vers latins, dont la correction a lieu le mercredi soir;

Le mercredi matin, discours français, qui doit être corrigé le samedi matin;

Le mercredi soir, version latine, qui doit être corrigée le vendredi soir;

Le vendredi soir, version grecque, qui doit être corrigée le samedi soir;

Le samedi matin, discours latin, qui doit être corrigé le mercredi matin.

A Paris, où il y a deux professeurs de rhétorique, l'un est

chargé du discours latin et du discours français ; l'autre, des vers latins, de la version latine et de la version grecque.

Ils font alternativement, le mardi de chaque semaine, composer pour les places.

(Ibid., art. 178... 182.)

Enseignement des sciences (1).

1971. L'enseignement des sciences remplit les deux dernières années du cours d'études. Il comprend la philosophie, les mathématiques et les sciences physiques.

(Ibid., art. 183.)

Classe de philosophie, 1re année.

1972. L'enseignement de cette année comprend, 1°. les deux premières parties de la philosophie, savoir : la logique et la métaphysique ; 2°. les mathématiques élémentaires, savoir : l'arithmétique complète, la géométrie, la trigonométrie rectiligne et les premières notions de l'algèbre.

Toutes les matinées sont consacrées aux mathématiques élémentaires, et toutes les après-dînées à la philosophie.

Au commencement de chaque leçon, le professeur de mathématiques lit une partie des rédactions de la leçon précédente, qui ont été faites par les élèves. Il examine ensuite les solutions des problèmes qu'il a proposés, ou les applications numériques qu'il a prescrit de faire. Enfin, il interroge plusieurs élèves sur les leçons précédentes, et il expose la matière de la nouvelle leçon.

La leçon de philosophie est donnée en latin. Elle est divisée en trois parties : la première est remplie par la lecture des dissertations de la veille ; la seconde, par l'explication de la nouvelle leçon ; la troisième, par l'argumentation des élèves. Le temps d'étude qui suit la leçon est consacré à des compositions relatives à l'objet de cette leçon.

L'heure qui suit la leçon du matin est employée à une leçon de dessin.

(1) Le statut de 1821 séparait l'étude des sciences et l'étude des lettres, réunies depuis 1802, comme si tous les élèves, ou du moins la plupart, eussent été destinés ou disposés à parcourir le cercle entier des études, y compris les deux années de philosophie. « Toute la jeunesse qui fréquente nos écoles doit y recevoir une double instruction, sans laquelle il n'est point aujourd'hui d'éducation complète. En séparant l'étude des sciences et des lettres, l'intention n'a point été de donner aux élèves la faculté de négliger les unes ou les autres, mais d'appliquer successivement et sans partage leur attention à des connaissances d'une nature différente. C'est sur l'ensemble de ces connaissances qu'ils seront examinés dans la première épreuve qui leur ouvrira les écoles spéciales et toutes les carrières de la société. » (Circulaire du 12 novembre 1821.)

On fut bientôt obligé de revenir au système d'après lequel ces deux sortes d'études marchaient ensemble. (Voyez plus loin les arrêtés du 16 septembre 1826, du 15 septembre 1827 et du 22 novembre 1828.)

Depuis onze heures jusqu'à midi, le professeur donne des leçons particulières de mathématiques aux élèves les plus faibles.

(Ibid., art. 184... 189.)

Classe de philosophie, 2e. année.

1973. L'enseignement de cette année comprend, 1°. la dernière partie de la philosophie, savoir : le cours de morale et du droit de la nature et des gens ; 2°. la partie des mathématiques qui comprend la statique, les élémens de l'algèbre et l'application de l'algèbre à la géométrie ; 3°. les sciences physiques, savoir : la physique proprement dite, la chimie et les élémens de l'astronomie physique.

On consacre deux matinées par semaine à la philosophie, et quatre aux sciences physiques. Toutes les après-dînées sont consacrées aux mathématiques.

Ce qui a été dit (art. 186 et 187) de l'emploi du temps consacré aux leçons et aux études pour la classe précédente, est applicable à celle-ci.

L'heure qui suit la leçon du matin est employée, soit à une leçon de dessin, soit à une leçon de géométrie descriptive faite par le professeur de mathématiques.

(Ibid., art. 190... 192.)

Exception à l'enseignement classique.

1974. Les élèves qui, d'après le vœu de leurs parens, ne sont pas destinés à prendre des grades dans les facultés, peuvent, après la troisième, passer aux cours de philosophie et de sciences mathématiques et physiques.

Ils reçoivent des leçons particulières d'histoire moderne.

(Ibid., art. 193.)

Des examens.

1975. Il y a dans le cours de l'année scolaire, indépendamment des examens que les inspecteurs généraux font par ordre du conseil royal, deux examens de toutes les classes : l'un dans la seconde quinzaine du cinquième mois ; l'autre dans la seconde quinzaine du dixième mois.

Dans le collége royal du chef-lieu de l'académie, le premier examen est fait par les inspecteurs d'académie, assistés du proviseur et du censeur ; le second, par le recteur, assisté du conseil académique.

Dans les autres colléges royaux, le second examen a lieu en présence du conseil d'administration.

(Ibid., art. 194... 196.)

1976. Huit jours avant chaque examen, le proviseur envoie au recteur une note de ce qui a été enseigné et appris par cœur.

Les examens se font dans la salle des actes : leur durée est de deux jours au moins pour chaque classe ; ils ont lieu le matin, depuis neuf heures jusqu'à midi ; le soir, depuis deux heures jusqu'à cinq heures.

Si une classe a été partagée en plusieurs sections, les élèves des deux divisions sont interrogés en même temps.

Les noms des élèves qui doivent être interrogés sont tirés successivement au sort par le président de l'examen. Dans leurs questions, les examinateurs parcourent toutes les matières qui ont été l'objet de l'enseignement.

Les notes que chaque élève a méritées sont, immédiatement après l'examen, inscrites sur une feuille qui a été remise à cet effet aux examinateurs, et qui est divisée en trois séries, selon que les élèves ont bien, médiocrement, ou mal répondu.

Les feuilles d'examen sont laissées au proviseur. Il en envoie un double, certifié de lui, au recteur, le soir même du jour où chaque classe a été examinée.

Dès que l'examen du cinquième mois est terminé, le résultat en est proclamé dans toutes les classes par le recteur, qui rappelle sommairement les notes que chaque élève a méritées, sous le rapport de la conduite et du travail, depuis le commencement de l'année.

Le recteur distribue en même temps les prix d'excellence. Ces prix sont accordés aux deux élèves qui ont le plus souvent une des deux premières places dans les compositions depuis le commencement de l'année.

La dernière composition dans chaque faculté compte pour deux.

(Ibid., art. 197... 202.)

1977. A la fin de l'examen du dixième mois, et d'après le résultat de cet examen, comme aussi d'après les notes et les places obtenues dans le cours de l'année, le proviseur dresse une liste des élèves de chaque classe qui sont capables de monter, à la rentrée, dans une classe supérieure.

Il inscrit sur une seconde liste tous ceux qui n'ont point obtenu leur inscription sur la première.

Un double de ces deux listes est envoyé au recteur de l'académie.

A la rentrée des classes, les élèves compris sur la seconde liste sont soumis à un nouvel examen, qui se fait en présence du proviseur, du censeur et du professeur de la classe à laquelle chaque élève est destiné. C'est d'après cet examen qu'on détermine définitivement ceux de ces élèves qui doivent monter dans une classe supérieure.

(Ibid., art. 203 et 204.)

1978. A Paris, les examens ont lieu en même temps dans les divers colléges, et le recteur nomme, à cet effet, 1°. pour l'examen des classes d'humanités, autant de Commissions qu'il y a de colléges, 2°. pour l'examen des deux classes de philosophie, une Commission spéciale, partagée en trois sections, chargées, la première, de l'examen de la philosophie; la seconde, de l'examen des mathématiques; la troisième, de celui des sciences physiques.

(Ibid., art. 205.)

Des prix

1979. La distribution des prix termine l'année. Elle est présidée par le recteur, assisté du conseil académique et de tous les fonctionnaires du collége royal.

Dans l'absence du recteur, le proviseur préside cette distribution.

Le recteur donne les sujets de composition. Il les envoie cachetés et scellés au proviseur, qui les remet, en cet état, à chaque professeur; le professeur rompt les sceaux au moment où les élèves vont composer, et en leur présence.

A l'expiration du temps accordé pour la composition, les copies des élèves sont recueillies, dans chaque classe, par le professeur, qui les met sous enveloppe, contre-signe et cachète cette enveloppe, et remet le tout sur-le-champ au proviseur.

Le proviseur accuse réception du paquet, sur lequel il appose son contre-seing et le sceau du collége, et en reste dépositaire jusqu'au jour où les copies doivent être jugées.

Dans le chef-lieu de l'académie, elles sont remises au recteur.

Les compositions pour les prix commencent quinze jours au moins avant celui qui est fixé pour la distribution.

Les compositions sont jugées par des commissions que le recteur nomme. Le proviseur et le censeur en font partie.

Les examens des compositions doivent être terminés dans l'intervalle d'une composition à l'autre, excepté pour les classes de rhétorique et de philosophie.

En rhétorique, on distingue les vétérans et les nouveaux; les vétérans n'obtiennent de prix qu'autant qu'ils ont mérité l'une des deux premières places, et d'accessit, qu'autant qu'ils sont dans les huit premiers. Dans aucun cas, les nominations des vétérans ne préjudicient à celles des nouveaux.

(Ibid., art. 206... 212.)

1980. Il y a, pour la première année de philosophie, des prix de dissertation philosophique en latin, des prix de dissertation philosophique en français, et des prix de mathématiques élémentaires ;

Pour la seconde année, des prix de dissertation philosophique en latin, des prix de dissertation philosophique en français, et des prix de mathématiques et de physique ;

Pour la classe de rhétorique, des prix de discours latin, de discours français, de vers latins, de version latine et de version grecque ;

Pour les classes de seconde et de troisième, des prix de thème, de version latine, de vers latins, de version grecque et d'histoire ;

Pour la classe de quatrième, des prix de thème, de version latine, de version grecque, et d'histoire ;

Pour la classe de cinquième, des prix de thème, de version latine, et d'histoire ;

Pour la classe de sixième, des prix de thème, de version latine, et de géographie ;

Pour les classes élémentaires, des prix d'histoire sainte, de grammaire française, de grammaire latine, et de géographie.

Le premier prix de dissertation philosophique en latin, dans la seconde année de philosophie, s'appelle *le prix d'honneur de philosophie*.

Le premier prix de discours latin s'appelle *le prix d'honneur de rhétorique*.

Les mêmes priviléges sont attachés à ces deux prix.

(Ibid., art. 213 et 214.)

1981. Il y a dans chaque classe, pour chaque genre de composition, un premier et un second prix qui ne peuvent être partagés.

Le nombre des accessit ne peut excéder trois pour vingt élèves. Il peut être augmenté en raison du nombre des élèves, mais sans jamais dépasser huit. Toute autre mention que celles des prix et des accessit est interdite.

En ce qui concerne les arts, il n'est donné de prix que pour le dessin, soit linéaire, soit de la figure.

Les livres et objets à donner en prix sont réglés par le recteur, sur la proposition du proviseur, d'après le catalogue général dressé par le conseil royal de l'instruction publique.

La distribution des prix est précédée d'un discours que prononce un professeur désigné par le recteur, et de la lecture de quelques compositions littéraires qui ont été rédigées par les élèves les plus distingués.

Le discours est préalablement communiqué au recteur.

Les compositions des élèves des classes de philosophie, de rhétorique et de seconde, qui ont remporté des prix, sont envoyées par le recteur au conseil royal de l'instruction publique.

(Ibid., art. 215... 220..)

1982. A Paris, il y a deux espèces de distributions de prix, la distribution générale, et les distributions particulières dans chacun des colléges royaux.

Ne peuvent avoir part au concours général pour la distribution des prix, les élèves qui, au 1er. octobre, auront eu, en sixième, treize ans révolus; en cinquième, quatorze; en quatrième, quinze; en troisième, seize; en seconde, dix-sept; en rhétorique, dix-huit.

Les prix des colléges sont des prix d'excellence.

Il y en a deux pour chaque faculté.

Ces prix sont réglés d'après les places de toute l'année, et d'après des compositions particulières, dont chacune compte pour trois dans chaque faculté.

(Ibid., art. 221.)

Des vacances.

1983. La durée des vacances ne peut excéder six semaines. L'époque à laquelle elles commencent est réglée par les conseils des différentes académies, à raison des circonstances locales.

Les élèves ne peuvent aller en vacances que chez leurs pères, mères ou tuteurs, ou chez les fondés du pouvoir spécial desdits pères, mères ou tuteurs, sur une demande positive et par écrit, et sous la surveillance d'une personne désignée dans la demande même.

(Ibid., art. 222 et 223.)

1984. Les élèves sont tenus d'être rendus au collége la veille de la rentrée des classes, et cette obligation est particulièrement recommandée à la surveillance du recteur de l'académie, auquel le proviseur envoie la liste des absens le lendemain de la rentrée.

Les élèves qui ne rentrent point au collége à l'époque fixée sont privés de toute sortie pendant deux mois.

(Ibid., art. 224.)

1985. Les élèves qui restent dans le collége sont occupés de la manière suivante :

Il y a six heures de travail par jour; et sur ces six heures, deux de classe et quatre d'étude.

Les externes qui demeurent chez leurs parens sont admis aux classes.

Les classes, pendant les vacances, sont faites par des professeurs ou agrégés qui consentent à s'en charger, ou, à leur défaut, par des maîtres d'études que désigne le proviseur.

Les indemnités auxquelles les classes extraordinaires peuvent donner lieu, sont fixées par le conseil académique, sur le rapport du proviseur.

Les maîtres d'études peuvent s'absenter successivement, avec l'agrément du proviseur, de manière qu'il en reste toujours le nombre nécessaire.

Pendant les vacances, les élèves restés dans le collége font des promenades plus fréquentes et plus longues, auxquelles on donne, autant qu'il est possible, un but utile à leur instruction.

(Ibid., art. 225... 229.)

De la bibliothéque et des collections de sciences.

1986. Il y a, dans chaque collége royal, une bibliothéque composée de livres choisis par le proviseur, qui en soumet la liste à l'approbation du recteur.

Ces livres sont pris dans le catalogue dressé par le conseil royal.

Le catalogue de la bibliothéque est fait double.

Un des doubles reste entre les mains du proviseur, et est vérifié, chaque année, par le censeur.

L'autre double est adressé au recteur, et est déposé aux archives de l'académie.

Un fonctionnaire du collége, désigné par le proviseur, est chargé du soin de la bibliothéque, et veille à ce que les livres ne puissent se perdre ni se dégrader.

Deux exemplaires du présent statut, et en général de toutes les lois, ordonnances et règlemens concernant l'instruction publique, restent déposés dans cette bibliothéque.

Les livres de la bibliothéque du collége peuvent être prêtés aux fonctionnaires, sur leur récépissé, et aux élèves internes, sur une autorisation écrite du censeur.

Aucun livre ne peut être gardé plus de huit jours, à moins que la demande n'en ait été renouvelée. Quiconque emprunte un volume répond de l'ouvrage entier.

Chaque jour la bibliothéque reste ouverte pour les fonctionnaires du collége, aux heures réglées par le conseil académique, sous la surveillance du bibliothécaire.

(Ibid., art. 230... 236.)

1987. Il y a aussi, dans chaque collége royal, **un cabinet de physique et un laboratoire de chimie.**

Autant qu'il est possible, on y joint une collection élémentaire d'objets d'histoire naturelle.
(Ibid., art. 236.)

1988. Chaque année, le conseil académique, sur le rapport du proviseur, dresse la liste des ouvrages ou des objets qu'il convient de compléter ou de remplacer.

Il statue également, d'après la demande des professeurs et le rapport du proviseur, sur les réparations à faire aux instrumens et sur les dépenses qu'entraînent les expériences.
(Ibid., art. 237.)

Diverses dispositions concernant les études.

1989. Le cours de la première année de philosophie, qui doit avoir lieu simultanément avec le cours de mathématiques élémentaires, comprendra la logique, la métaphysique et la morale.

La seconde année sera entièrement consacrée aux mathématiques et aux sciences physiques.

Pendant cette année, il y aura par semaine cinq leçons de mathématiques, qui seront faites le matin. Le professeur de sciences physiques donnera le soir quatre leçons sur les matières prescrites par l'article 190 du statut du 4 septembre.

Il y aura le jeudi de chaque semaine, de huit heures à dix heures du matin, une leçon d'histoire naturelle et de sciences physiques, qui sera faite, soit par ledit professeur de sciences physiques, soit par un agrégé ès-sciences, soit par le professeur d'histoire naturelle, dans les colléges où il y a un professeur spécial chargé de cette partie de l'enseignement.

Pendant le premier semestre, la leçon du jeudi aura pour objet l'histoire naturelle, et sera donnée aux élèves de troisième, de seconde et de rhétorique ; cette leçon, pendant le second semestre, aura pour objet les élémens de physique, et sera suivie par les élèves de la première année de philosophie.
(Arrêté du 10 novembre 1821, art. 1... 3 (1).)

1990. A l'avenir, dans les colléges royaux de Paris et de Versailles, et dans les colléges particuliers de Sainte-Barbe et de Stanislas, les élèves de seconde seront spécialement exercés, pendant le second semestre de l'année scolastique, à des *nar-*

---

(1) Le conseil... Considérant que l'ordonnance royale du 17 octobre 1821, qui détermine les connaissances requises pour le baccalauréat ès-lettres, et qui donne aux aspirans la faculté de se présenter à l'examen après une seule année de philosophie, exige, dans l'enseignement de la philosophie et dans les cours qui y correspondent, tels qu'ils sont réglés par le statut du 4 septembre dernier, des modifications qu'il importe de rendre uniformes ; Arrête :

rations latines, lesquelles remplaceront les thèmes dans les compositions.

Au concours général et dans les concours particuliers, le prix de narration latine sera substitué à celui de thème pour les élèves de seconde dans les colléges susnommés.

(Arrêté du 13 mars 1824.)

1991. A partir de la rentrée prochaine des classes, les professeurs de cinquième des colléges royaux et particuliers de Paris et de Versailles s'appliqueront à enseigner à fond à leurs élèves, par des exercices de mémoire ou écrits, les déclinaisons, les conjugaisons et la syntaxe grecques.

A dater de la même époque, les professeurs de quatrième desdits colléges donneront à leurs élèves des thèmes calqués sur les règles de la syntaxe.

A la fin du premier semestre, il sera donné des prix aux élèves qui se seront distingués dans ce travail particulier.

Ces prix seront décernés, en cinquième, d'après un examen spécial sur les déclinaisons et les conjugaisons, et en quatrième, d'après un examen spécial sur la syntaxe.

Le conseil décidera plus tard s'il y a lieu à donner pour les thèmes grecs des prix, soit aux concours particuliers des colléges, soit au concours général.

Il n'est dérogé en rien aux anciens réglemens en ce qui concerne l'enseignement de la langue grecque.

(Arrêté du 21 septembre 1824.)

1992. On ne comptera pour les prix du premier semestre que les compositions qui auront eu lieu depuis la rentrée jusqu'au 1er. avril, la dernière comptant pour deux ; et pour les prix du second semestre, les compositions qui auront eu lieu depuis le 1_{er}. avril jusqu'à la fin de l'année, la dernière comptant pour trois.

Les dix premières places seront seules considérées comme donnant des droits aux nominations.

La première place comptera dix points, la deuxième neuf, et ainsi de suite jusqu'à la dixième, qui comptera un point.

L'élève qui, à la fin du semestre, aura la plus forte somme de points, obtiendra le premier prix, et ainsi de suite pour le second prix et pour les accessit. Il ne sera alloué aucun point à l'élève qui n'aura pas composé, quel qu'en soit le motif.

En cas d'égalité du nombre de points entre deux élèves, ils auront la même nomination *ex æquo*, sans que dans aucun cas le nombre des élèves nommés puisse excéder celui de dix.

Les mêmes dispositions seront appliquées aux compositions de la fin de l'année, sauf qu'au cinquième mois il n'y aura que deux prix et huit accessit pour toutes les facultés, et qu'à la fin de l'année il y aura le même nombre de nominations pour chaque faculté.

Sont abrogées les dispositions des articles 202 et 221 du statut du 4 septembre 1821, en ce qui concerne les distributions des prix dans les colléges précités seulement.

(Arrêté du 29 novembre 1825, art. 1... 6(1).)

1993. Pour la distribution des prix du premier semestre et pour celle de la fin de l'année, les nominations *ex æquo* doivent être admises quand la parité numérique l'exige, et il n'y aura lieu à plus de dix nominations que dans le cas où l'égalité tomberait sur le dernier accessit.

L'article 216 du statut du 4 septembre 1821 est maintenu, et en conséquence le nombre de huit accessit pour la distribution des prix de la fin de l'année est facultatif.

(3) (Arrêté du 14 avril 1826 (2).)

De l'enseignement des sciences mathématiques et physiques.

1994. Le cours de mathématiques aura lieu, dans les quatre dernières années d'études, depuis la deuxième année d'humanités jusqu'à la deuxième année de philosophie.

(Arrêté du 16 septembre 1826, art. 1er. (4).)

---

(1) Le conseil, vu les articles 202 et 221 du statut du 4 septembre 1821, relatifs à la distribution des prix dans les colléges.
Considérant que ces deux articles ont été jusqu'ici interprétés et appliqués diversement dans les colléges royaux et particuliers de Paris et dans le collége royal de Versailles, et qu'il importe d'établir à cet égard une règle uniforme,
Arrête ce qui suit, etc.

(2) Le conseil, vu la délibération du conseil académique de Paris en date du 24 février dernier, relative aux observations adressées par MM. les proviseurs des colléges royaux et directeurs des colléges particuliers de cette ville, sur les articles 4 et 5 de l'arrêté du 29 novembre dernier, concernant les distributions particulières des prix,
Décide, etc.

(3) Dans quelques établissemens, on avait beaucoup trop multiplié les mentions *ex æquo*. Les prix perdaient de leur importance, et les colléges avaient à supporter pour les distributions de livres un surcroît de dépenses imprévues. Le conseil a pris en conséquence l'arrêté suivant :
« Lorsque par le calcul des places obtenues dans le cours de l'année et à la dernière composition, deux ou plusieurs élèves auront le même nombre de points donnant droit aux prix ou aux accessit, celui des concurrens qui aura eu l'avantage dans la dernière composition, obtiendra le prix ou l'accessit, toute mention *ex æquo* demeurant interdite.
(Arrêté du 12 septembre 1834, art. 3.)
Cet arrêté a d'ailleurs étendu à tous les colléges royaux les dispositions de l'arrêté du 29 novembre 1825.

(4) « L'expérience avait de nouveau prouvé que les dispositions du statut du 4 septembre 1821 présentaient des inconvéniens, en ce qui concerne l'enseignement des mathématiques et de la physique dans les colléges royaux. L'étude de ces sciences n'ayant lieu que pendant les deux années de philosophie, et l'ordonnance du 16 octobre 1821

1995. Il sera fait par deux professeurs qui alterneront de manière que l'un d'eux soit chargé, pendant un an, des élèves de première et de troisième année, et, l'année suivante, des élèves de seconde et de quatrième année.

Il y aura, par semaine, deux leçons pendant les deux premières années, et cinq pendant les deux dernières.

La première année on enseignera l'arithmétique complète et la géométrie plane. Dans la deuxième, la géométrie des plans et des solides, la trigonométrie et les élémens de la sphère et de l'astronomie.

Dans la troisième année, le professeur répétera la géométrie entière ; puis il enseignera l'algèbre jusqu'aux équations du deuxième degré, et répétera à mesure les parties analogues de l'arithmétique ; il terminera par une répétition de la trigonométrie.

Dans la quatrième et dernière année, on achèvera les élémens d'algèbre ; ensuite on enseignera l'application de l'algèbre à la géométrie, la statistique et les principes de la géométrie descriptive.

(Ibid., art. 2... 6.)

1996. Le cours de physique aura lieu pendant les deux années de philosophie, et sera fait par un seul professeur.

Il y aura, par semaine, deux leçons dans la première année, et cinq dans la seconde.

L'enseignement de la physique proprement dite et des généralités de la chimie devra être terminé à la fin du premier semestre de la deuxième année ; pendant le deuxième semestre, on complètera l'enseignement de la chimie, et l'on enseignera les élémens de la minéralogie.

Nul élève ne pourra, sous aucun prétexte, être admis, pendant ces deux années, aux leçons de mathématiques, s'il ne suit en même temps le cours de physique, et réciproquement.

(Ibid., art. 7... 10.)

n'exigeant qu'une année de philosophie pour obtenir le grade de bachelier ès-lettres, il en était résulté que beaucoup d'élèves sortaient du collége sans être pourvus, sous ce rapport, des connaissances même les plus élémentaires et les plus indispensables.

Cette considération décida le conseil royal à modifier le statut du 4 septembre par l'arrêté du 16 septembre.

Le conseil, sur la proposition de S. Exc. le ministre des affaires ecclésiastiques et de l'instruction publique, grand-maître de l'Université,

Vu le statut du 4 septembre 1821 ;

Vu les rapports des inspecteurs généraux des études, et les observations des recteurs et des proviseurs ;

Considérant que les dispositions du susdit statut, relatives à l'enseignement des sciences physiques et mathématiques et de l'histoire, n'ont obtenu jusqu'à présent que des résultats incomplets ;

Voulant pourvoir à ce que tous les élèves des colléges reçoivent une instruction à la fois solide et appropriée aux besoins de la société,

Arrête ce qui suit, etc.

1997. Les deux leçons de mathématiques en seconde et en rhétorique, et les deux leçons de physique de la première année de philosophie, auront lieu les lundi et vendredi de chaque semaine, entre la classe du matin et celle du soir, depuis dix heures jusqu'à midi. Les mardi et samedi, il y aura, à la même heure, une étude relative à la leçon de la veille. Celle de dessin sera donnée aux élèves internes des quatre classes susdites, le mercredi de dix heures à midi, et le jeudi de huit heures à dix. Aucune sortie n'aura lieu le jeudi avant dix heures.

(Ibid., art. 11.)

1998. En conséquence des dispositions ci-dessus, il ne sera plus donné de devoirs, entre les deux classes, aux élèves de seconde et de rhétorique. Le temps destiné à la correction des devoirs, dans la classe du soir, sera employé à l'explication des auteurs.

(Ibid., art. 12.)

1999. Pendant la première année de philosophie, la classe du matin et l'étude qui la précède seront consacrées aux mathématiques; la classe du soir, l'étude qui la précède et celle qui la suit, à la logique, à la métaphysique et à la morale. Pendant la deuxième année, la leçon de mathématiques aura lieu le matin, celle de physique le soir, et toutes les études de la journée seront données à ces deux sciences.

(Ibid., art. 13.)

2000. Les lundi et vendredi de chaque semaine, on donnera aux élèves de troisième, entre la classe du matin et celle du soir, les premières notions d'histoire naturelle. Cette leçon sera faite par un professeur ou un maître désigné à cet effet. Il ne sera point donné de devoirs aux élèves, et ils ne prendront point de leçon de dessin lesdits jours entre les deux classes.

(Ibid., art. 14.)

De l'enseignement de l'histoire.

2001. Dans tous les colléges royaux, une classe de l'après-dînée et l'étude qui la précède seront consacrées, chaque semaine, à l'histoire, depuis la sixième jusqu'à la troisième inclusivement. Les leçons seront données, soit par les professeurs ordinaires, soit par des professeurs spéciaux, dans les colléges où il y en a d'établis. Les jours de leçon seront fixés par le proviseur.

Les parties d'histoire que les élèves doivent suivre pendant l'année seront partagées par le professeur de manière qu'ils puissent les parcourir intégralement d'après le nombre de leçons à donner; les divers programmes seront refondus en conséquence, et divisés par leçons, avec indication des principaux synchronismes de chaque période.

Il ne sera plus demandé aux élèves de rédactions écrites; mais ils seront tenus d'apprendre par cœur des résumés clairs et précis de chaque leçon. Ces résumés leur seront dictés par le professeur, en attendant qu'ils aient été imprimés.

Chaque leçon commencera par la récitation du résumé; celle du jour sera ensuite lue et expliquée, avec les différens développemens géographiques et chronologiques dont elle est susceptible; et après que le résumé en aura été dicté, le reste de la classe sera employé à interroger les élèves, tant sur la leçon du jour que sur les précédentes.

(Ibid., art. 15... 18.)

2002. L'étude entière de l'histoire est partagée de la manière suivante :

En sixième, l'histoire sainte et l'histoire des Égyptiens, des Assyriens, des Perses et des Grecs, jusqu'à la mort d'Alexandre;

En cinquième, l'histoire romaine et la continuation de l'histoire sainte et de l'histoire ancienne, depuis la mort d'Alexandre jusqu'à la naissance de Jésus-Christ ;

En quatrième, l'histoire de l'église, des empereurs, du bas-empire et des autres états, jusqu'à la mort de Charlemagne ;

En troisième, la continuation des mêmes histoires, depuis la mort de Charlemagne jusqu'à nos jours.

Les compositions d'histoire de la fin de l'année consisteront, pour toutes les classes, dans la simple exposition des événemens les plus remarquables de trois époques données, avec leurs dates et leurs principaux synchronismes.

(Ibid., art. 19 et 20.)

De la distribution des prix à la fin de l'année.

2003. A la fin de chacune des deux premières années du cours de mathématiques et de la première du cours de physique, les élèves concourront pour un prix et quatre accessit.

Les élèves de la classe de seconde concourront également, à la fin de l'année, pour un prix de thème et quatre accessit, et pour un prix de narration latine et quatre accessit. Il ne seront exercés aux narrations latines que pendant le second semestre de l'année, conformément aux dispositions de l'arrêté du 13 mars 1824.

2004. Toutes les autres dispositions des statuts et règlemens auxquelles il n'est point dérogé par le présent arrêté, et notamment les articles 146 et suivans du statut du 4 septembre 1821, relatifs à l'instruction religieuse, continueront d'être strictement exécutés.

(Ibid., art. 23.)

2005. Les lundi et vendredi de chaque semaine, la classe d'humanités aura lieu pour les élèves de seconde et de rhétorique, depuis huit heures et demie jusqu'à dix heures et demie, et celle de mathématiques depuis dix heures et demie jusqu'à midi.

Les classes de mathématiques pour les élèves de première et de deuxième année de philosophie continueront d'avoir lieu de huit à dix heures, de manière qu'il y ait, pour les professeurs chargés de donner les leçons prescrites par l'art. 11 du règlement du 16 septembre dernier, une demi-heure d'intervalle entre la première et la seconde classe.

(Arrêté du 21 octobre 1826, art. 1 et 2 (1).)

2006. Tous les élèves sont tenus de suivre toutes les parties de l'enseignement de leurs classes respectives, conformément à l'art. 132 du statut du 4 septembre 1821, et sous les peines y portées.

Il n'est nullement dérogé par l'arrêté du 16 septembre aux autres dispositions du statut du 4 septembre 1821, non abrogées, et notamment aux art. 135 et 143, relatifs aux compositions, et à l'art. 154 concernant l'enseignement de la géographie; néanmoins la leçon spéciale de géographie n'aura pas lieu le jour où la classe sera consacrée à l'histoire.

Il y aura, au concours général, pour les élèves de cinquième, une composition en version grecque.

(Ibid., art. 3... 5.)

2007. A compter de la prochaine année scolaire, les classes du soir des lundi et vendredi commenceront, pour les élèves de rhétorique et de seconde, à une heure et demie, et finiront à quatre heures et demie, conformément à l'art. 81 du statut du 4 septembre 1821.

La moitié de la classe sera employée aux exercices ordinaires; l'autre moitié sera consacrée à la leçon de mathématiques, prescrite par le règlement du 16 septembre 1826; la leçon du professeur d'humanités durera depuis une heure et demie jusqu'à

---

(1) Le conseil, vu les observations de quelques proviseurs sur l'exécution de l'article 11 du règlement du 16 septembre dernier,
Arrêté ce qui suit, etc.

trois heures; celle du professeur de mathématiques commencera à trois heures et finira à quatre et demie.

(Arrêté du 15 septembre 1827, art. 1 et 2 (1).)

2008. Les mercredi et samedi, l'étude de dix heures à midi sera consacrée aux mathématiques. Il ne sera point donné de devoirs ces deux jours aux élèves de rhétorique et de seconde entre les deux classes.

Les élèves de rhétorique et de seconde composeront en mathématiques une fois par mois, le vendredi. Les places seront données le vendredi suivant, en présence du proviseur et du censeur; et ces places compteront, comme celles des autres facultés, pour les prix d'excellence du cinquième mois, et pour ceux de la fin de l'année.

Lorsque les classes devront être dédoublées, un agrégé sera chargé de faire la leçon de mathématiques à l'une des deux divisions. Lorsque les classes ou les divisions seront très-nombreuses, un maître d'études sera chargé de la surveillance, sous la direction du professeur.

Les leçons de dessin auront lieu, pour les élèves internes de rhétorique et de seconde, tous les jours de la semaine, à l'heure prescrite par le statut du 4 septembre 1821, à l'exception des jours destinés à la répétition de la leçon de mathématiques.

(Ibid., art. 3... 6.)

2009. La leçon d'histoire naturelle, pour les élèves de troisième, leur sera donnée le jeudi, de huit à dix heures du matin. En conséquence, les art. 11, 12 et 14 du règlement du 16 septembre, et celui du 21 octobre 1826, sont rapportés.

(Ibid., art. 7.)

2010. L'art. 13 du règlement du 16 septembre 1826, concernant les élèves de philosophie, continuera d'être exécuté.

Il sera incessamment publié un programme indiquant les parties de la physique et de la chimie qui seront enseignées la première et la deuxième année de philosophie.

(Ibid., art. 8.)

2011. Il pourra être établi dans les colléges royaux un cours sur les principes généraux du droit, pour ceux des élèves de la deuxième année de philosophie qui, ne se destinant point à entrer à l'école polytechnique ni à prendre des grades dans les facultés des sciences, préféreraient ce cours à tout ou partie de celui de mathématiques spéciales. Il sera fait par le professeur

(1) Le conseil, vu le statut du 4 septembre 1821, et les règlemens des 16 septembre et 21 octobre 1826,

Arrête ce qui suit, etc.

de philosophie, et les jours et heures en seront fixés par le proviseur.

(Ibid., art. 9.)

2012. L'étude de l'histoire sera partagée entre les classes de sixième, cinquième, quatrième et troisième, de la manière prescrite par l'art. 19 du règlement dudit jour 16 septembre 1826. Néanmoins la partie de l'histoire du moyen-âge que verront les élèves de quatrième s'étendra jusqu'aux croisades. Elle commencera à cette dernière époque pour ceux de troisième.

(Ibid., art. 10.)

2013. L'enseignement élémentaire comprendra la totalité de la géographie, divisée en deux cours, appropriés aux élèves des deux classes de huitième et de septième. Les élèves de sixième ne recevront plus que deux leçons de géographie par semaine, qui dureront au plus trois quarts d'heure chacune. Elles consisteront dans le résumé et la répétition des deux cours précédens et la comparaison abrégée de la géographie ancienne et moderne. Les proviseurs fixeront les jours et les heures de ces deux leçons, et il n'y aura pour les élèves de sixième ni rédactions, ni compositions, ni prix dans cette faculté. Ils veilleront à l'entière exécution des art. 137 et 138 du statut du 4 septembre 1821.

Les professeurs de sixième enseigneront à leurs élèves, par des exercices écrits et de mémoire, les déclinaisons, les conjugaisons et les élémens de la grammaire grecque.

Les professeurs de cinquième et de quatrième donneront aux élèves des thèmes calqués sur les règles de la syntaxe grecque. Les élèves seront examinés sur ces règles dans les examens généraux du cinquième mois et dans ceux de la fin de l'année. Les élèves de sixième seront examinés sur les déclinaisons et les conjugaisons, et sur les élémens de la grammaire.

(Ibid., art. 11 et 13.)

2014. Les programmes du cours des sciences physiques que doivent suivre les élèves des colléges royaux pendant les deux années de philosophie, sont arrêtés ainsi qu'il suit :

(Arrêté du 1er avril 1828.)

Distribution du cours.

La chimie, la physique, la minéralogie, comprises en général sous le nom de *sciences physiques*, sont l'objet d'un cours qui doit être fait pendant les deux années de philosophie.

Dans la première année, après avoir fait une simple énumération des propriétés générales des corps inorganiques et des différentes espèces de forces qui produisent les phénomènes qu'on observe dans ces corps, en démontrant très-succinctement l'existence de ces propriétés et de chaque espèce de force par un petit nombre d'expériences bien choisies, on expliquera ce que c'est que repos, mouvement, équilibre, pression, et l'on indiquera en particulier l'usage de la balance, du baromètre, du thermomètre, dont la théorie sera expliquée plus tard.

On passera ensuite à l'étude des phénomènes produits par les différentes espèces de forces. On s'occupera d'abord des phénomènes qui dépendent des forces moléculaires, ensuite de ceux qui dépendent des forces qui agissent à distance.

Les notions élémentaires de chimie qui doivent faire partie du cours élémentaire de la première année trouvent naturellement leur place à l'article des phénomènes produits par l'affinité.

L'enseignement de cette année consistera plutôt dans l'exposition des faits que dans la mesure des phénomènes et des forces.

Dans la seconde année, en reprenant l'étude de la physique, on la complétera à l'aide d'expériences plus précises et de résultats de calcul.

On y joindra l'étude de la chimie. Quand celle-ci sera terminée, on la remplacera par l'étude de la minéralogie. Ces enseignemens et celui du reste de la physique auront lieu simultanément.

PROGRAMME DU COURS DE LA PREMIÈRE ANNÉE.

I.

Énumération des propriétés générales des corps inorganiques et des forces qui produisent les phénomènes qu'on observe dans ces corps.

Étendue.—Mobilité.—Repos et mouvement.—Inertie.—Impénétrabilité.—Divisibilité.—Idée de molécules.—Distinction entre les corps simples et les corps composés.—Molécules intégrantes.—Molécules constituantes.—Compressibilité.—Porosité.—Élasticité.—Dilatabilité des corps par l'application de la chaleur.—Idée générale du thermomètre et de ses usages.—Passage des corps par les trois états de solidité, de liquidité, de gazéité.—Causes des différens phénomènes qui manifestent ces propriétés.—Forces agissant entre les molécules des corps à des distances inappréciables.—Adhésion.—Cohésion.—Affinité.—Force moléculaire répulsive.—Gravitation.—Expérience de

Cavendish.—Expérience des attractions et des répulsions électriques et magnétiques.—Forces qui produisent ces phénomènes et qui diffèrent des précédentes en ce qu'elles agissent à distance. — Pesanteur. — Forces électriques et magnétiques. — Équilibre.—Pression. — Poids égaux.—Balance.— Suspension d'un liquide dans un tube.—Idée générale du baromètre et de ses usages.

II.

Phénomènes produits par la force moléculaire d'adhésion et par la force moléculaire de cohésion.

Adhérence des corps solides entre eux et avec les liquides. — Absorption des gaz par les solides.—Absorption des gaz par les liquides.—Distinction entre les phénomènes d'adhésion et de combinaison.—Phénomènes capillaires.—Expérience sur l'influence de la forme des surfaces.—Cristallisation.—Ténacité.—Dureté.—Ductibilité.—Malléabilité.

III.

Phénomènes chimiques produits dans les corps par les forces moléculaires.

Nomenclature de tous les corps simples. — Présentation de ceux de ces corps qui offrent le plus d'intérêt.—Nomenclature des composés binaires.—Décomposition de quelques-uns de ces corps pour en obtenir les élémens.—Préparation de l'hydrogène, de l'oxigène et du chlore.—Expérience sur ces gaz.—Recomposition de l'eau.—Analyse de l'air.—Alliages le plus en usage.— Distinction des composés binaires en acides, alcalins, neutres. —Expérience de l'altération des couleurs.—Nomenclature des sels.—Présentation et préparation de quelques-uns d'entre eux. —Décomposition d'un sel par l'acide sulfurique et d'un sulfate par la baryte.—Exemple de la double décomposition des sels. —Des principaux phénomènes qui accompagnent la combinaison des corps.—Variation de volume.—Changement d'état.—Variation de température. — Mélanges réfrigérens.—Chaleur accompagnée de lumière.—Combustion.—Exemple de combustion par l'oxigène et par le chlore.

IV.

Phénomènes physiques produits dans les corps par les forces moléculaires répulsives et attractives.

Élasticité des gaz, des liquides, des solides.—Dynamomètre. —Vibration des corps élastiques, solides, liquides. — Expériences de la cloche de verre.—Communication des vibrations aux corps environnans.—Montre à double mouvement de Breguet.—Expérience sur les diverses sortes de vibration qu'on observe dans les verges et dans les surfaces planes.—Lignes nodales.—Sensations produites sur l'organe de l'ouïe par les vibrations des corps.—Son.—Tous les corps sont véhicules du son.—Expérience de la clochette dans le vide.—Vitesse et réflexion du son.—Écho.—Porte-voix.—Cornet acoustique.

V.

Phénomènes physiques produits dans les corps par l'action de la chaleur.

Dilatation des corps, passages aux trois états.—Ce qu'on entend par températures égales et températures différentes de deux corps.—Constance de la température d'un corps pendant qu'il change d'état par l'application de la chaleur ou du froid. —Construction et usage du thermomètre à mercure.—Degrés de température.—Pyromètre.—Thermoscopes.—Changement de température d'un corps, lorsqu'il change d'état par d'autres causes que l'application de la chaleur et du froid.—Expérience de la cristallisation d'une dissolution de chlorure de calcium. —Froids artificiels.—Action de l'acide sulfureux liquide.— Dilatation des solides et des liquides.—Nécessité de graduer le thermomètre à liquides par comparaison avec le thermomètre à mercure.—Dilatation des gaz.—Thermomètre à air.—Formation des vapeurs dans l'air et dans le vide.—Description et usage de l'hygromètre à cheveu.—De la chaleur spécifique.— Calorimètre de glace.—Propagation de la chaleur au contact. —Faculté conductrice des corps solides, liquides et gazeux.— Propagation à distance.—Chaleur rayonnante.—Réflexion de la chaleur rayonnante.—Faculté émissive, réflexible, absorbante.—Sensation que produit sur l'organe de la vue un corps échauffé à cinq cent quarante degrés environ.

VI.

Lumière.

Propagation de la lumière en ligne droite.—Réflexion.— —Miroir plan, concave, convexe.—Expérience du bouquet renversé; corps opaques, translucides, transparens.—Réfraction.—Effets de lentilles convexes, concaves.—Chambre noire. —Microscope.—Télescope.—Décomposition d'un rayon éclairé par le prisme.

VII.

Notions générales sur l'équilibre et le mouvement; phénomènes produits par l'action de la gravité.

Direction, point d'application, intensité d'une force.—Énoncé de la composition des forces appliquées à un point matériel et dont les directions sont les mêmes ou concourent.—Énoncé de la composition d'un système de forces parallèles appliquées à deux ou un plus grand nombre de points matériels invariablement liés entre eux.—Centre de gravité d'un corps; la pesanteur agit sur toutes les particules des corps et forme dans chaque corps un système parallèle.—Détermination expérimentale du centre de gravité.—Machines, puissance, résistance.—Équilibre entre la puissance et la résistance, à l'aide du levier, de la poulie et du plan incliné.—Notions de durées égales, mesure du temps.—Mouvement uniforme, rectiligne ou circulaire.—Vitesse.—Expérience sur la force centrifuge développée dans le dernier mouvement.—Explication du renflement de la terre à l'équateur.—Mouvement rectiligne varié.—Vitesse en chaque instant du mouvement.—Expérience avec la machine d'Atwood. —Chute des corps dans le vide.—Notion de masses égales; mesure de la masse par la balance.—Densité.—Poids spécifique. Mouvement circulaire varié.—Pendule.—Isochronisme des petites oscillations.—Usage du pendule pour régulariser les horloges.—Niveau de la surface d'un liquide pesant en équilibre.—Pression sur le fond et une portion de la paroi d'un vase contenant un liquide pesant en équilibre.—Presse hydrostatique.—Équilibre des solides dans les liquides.—Principes d'Archimède.—Balance hydrostatique.—Ludion.—Appareil pneumatochimique.—Déterminer les poids spécifiques des solides et des liquides.—Construction et usage de divers aréomètres. —Pression de la colonne atmosphérique.—Construction du baromètre.—Tubes de sûreté.—Poids spécifiques des gaz.— Loi de Mariotte—Ecoulement d'un liquide pesant par une ouverture percée en mince paroi.—Effets des ajutages.—Vitesse d'écoulement.—Jet d'eau sous la pression d'une colonne d'eau ou d'une colonne de mercure.—Gazomètre à écoulement constant.—Syphon.—Vase de Tantale.—Entonnoir magique.— Fontaines intermittentes.—Fontaines de Héron.—Fontaine circulaire.—Pompe aspirante, foulante, aspirante et foulante. —Machine pneumatique.—Machine de compression.—Pompes à incendie.

VIII.

Phénomènes produits dans les corps par les forces électriques et magnétiques.

Force électrique développée dans les corps par le frottement. — Ecartement de deux balles de sureau mises à la fois en communication avec chacun de ces corps. — Corps conducteurs et non conducteurs. — Distinction des deux électricités positive et négative. — Le frottoir et le corps frotté se constituent dans des états électriques contraires. — Neutralisation des deux électricités comparées entre elles. — Anéantissement de l'électricité, si les corps sont conducteurs. — Dissimulation, si l'un des deux au moins est non conducteur. — Electricité développée par influence. — Attraction des corps légers. — Description et usage de la machine électrique à plateau et de celle de Nairene. — Electroscopes. — Carillons électriques et autres appareils — Electrophores. — Carreau fulminant. — Décharge partielle et totale. — Bouteille de Leyde. — Batterie électrique. — Combustion d'un fil métallique et autres expériences. — Condensateur. — Divers moyens de développer l'électricité. — Expérience de Galvani et de Volta. — Construction de la pile. — Courant électrique. — Définition du sens du courant. — Effets physiques, chimiques et dynamiques des courans électriques. — Magnétisme. — Moyens d'aimantation. — Actions réciproques de deux aimans. — Action de la terre sur un aimant. — Déclinaison, inclinaison; leur variation dans des lieux différens, et à diverses époques dans un même lieu. — Boussole. — Action d'un courant électrique sur un aimant.

IX.

Application de la physique à l'exposition des phénomènes météorologiques.

Production du vent. — Formation des nuages. — Brouillard. — Pluie. — Neige. — Rosée. — Gelée blanche, givre, grêle, verglas. — Electricité atmosphérique. — Eclair. — Tonnerre. — Paratonnerre. — Arc-en-ciel. — Volcans. — Tremblemens de terre.

PROGRAMME DU COURS DE LA SECONDE ANNÉE.

I.

Moyens de mesure et d'observation.

Simple énumération des forces qui régissent la matière inerte. — Vernier. — Micromètre. — Sphéromètre — Comparateur. —

Balance. — Construction de la balance de Fortin. — Construction et usage de la balance de Torfion.

II.

Développemens sur les phénomènes produits par les forces moléculaires d'adhésion et de cohésion.

Théorie des tubes capillaires. — Explication de l'influence de la forme des surfaces liquides sur l'élévation ou la dépression des liquides dans les tubes capillaires. — Application de cette théorie à l'explication de tous les phénomènes qui en dépendent. — Détermination des quantités de gaz absorbées par différens corps. — Application à la dépuration des eaux. — Détermination des divers degrés de ténacité et de dureté des corps. — Cristallisation : mesures des angles des principaux cristaux tant pour les formes primitives que pour les formes secondaires. — Théorie des décroissemens. — Hypothèse sur la forme des molécules intégrantes.

III.

Développemens sur les phénomènes produits par les forces moléculaires, répulsives et attractives.

Des différentes espèces de vibrations dans une ou deux dimensions d'un corps solide, et à la fois dans les trois dimensions; expériences de MM. Chladni et Savart. — Vibrations dans une ou deux dimensions d'un corps flexible, dans les liquides ou dans les gaz. — Vitesse du son dans ces différens corps. — Relation entre cette vitesse, la force élastique, et la densité des corps véhicules du son. — Expérience de la vitesse du son dans l'air; influence de la variation de température qui accompagne la production du son. — Expérience du monocorde. — Comparaison des sons; nombre de vibrations correspondant à chaque son. — Description de la syrène. — Moyens d'exprimer les intervalles entre les sons. — Du tempérament. — Sons harmoniques. — Expérience de Sauveur. — Expérience de Tartini sur le son produit par la coïncidence de deux autres. — Théorie des insrumens à vent. — Description de l'oreille; détails sur l'audition.

IV.

Développemens sur les phénomènes produits par l'action de la chaleur.

Détails sur la construction des thermomètres. — Divers moyens de mesurer la dilatation des gaz, des liquides, et des solides. — Force considérable produite par la dilatation des solides. — Formules de la dilatation linéaire, superficielle et cubique. — Comparaison des thermomètres construits avec diverses substances. — Thermomètre de Breguet. — Calcul de la compensation du pendule. — Lois de la propagation de la chaleur par voie de rayonnement. — Equilibre de température. — Réflexion apparente du froid. — Expérience sur les facultés émissives, réflexives, absorbantes. — Lois suivant lesquelles varie l'intensité de la chaleur rayonnante, à raison de la distance et de l'inclinaison des rayons, par rapport à la surface qui les émet et à celle qui les reçoit. — Passage de la chaleur rayonnante à travers les écrans de diverses matières ; influence de la source dont elle émane. — Lois de la propagation de la chaleur dans l'intérieur des corps. — Instrumens et diverses méthodes pour déterminer les chaleurs spécifiques des corps solides, liquides et gazeux. — Tableau des chaleurs des différens corps. — Froids artificiels produits par les mélanges et l'évaporation. — Production de la chaleur par la compression, par le frottement, par la combustion.

V.

Lumière.

Exposition des phénomènes astronomiques qui ont fait découvrir que la lumière n'est pas instantanée. — Explication du phénomène de l'aberration. — Application à la détermination de la vitesse de la lumière. — Variation de l'intensité de la lumière à raison de la distance et de l'inclinaison des rayons lumineux, relativement à la surface qui les émet et à celle qui les reçoit. — Théorie des interférences, de l'ombre, de la pénombre, des photomètres. — Développemens sur les phénomènes que présentent les miroirs plans, cylindriques, sphériques, coniques ; relation qui lie la position du foyer principal et celle des foyers conjugués. — Des images qui se forment au foyer des miroirs. — De l'héliostat. — Réflexion partielle de la lumière à la surface des corps transparens ; déviation du rayon transmis. — Rapport constant entre le sinus des angles d'incidence et de réfraction ; diversité de ce rapport et de la vitesse de la lumière pour les milieux de densités différentes. — Phénomènes que présentent les verres à surfaces planes, sphériques, cylindriques ; relation qui lie la position du foyer principal et celle des foyers conjugués pour une surface réfringente et pour une lentille. — Centre optique des lentilles ; images qui se forment à leur foyer. — Cas où la réfraction se change en réflexion. — Des couleurs considérées dans la lumière. — De la réfrangibilité des rayons de diverses couleurs. — De la dispersion et de sa mesure. — Des propriétés physiques et chimiques des différentes parties du spectre solaire. — Différence de la longueur des interférences pour les rayons de diverses couleurs. — Phénomènes des anneaux colorés. — Calcul des épaisseurs correspondantes à chaque anneau coloré. — Phénomène de la diffraction : explication des bandes colorées qui en résultent. — Cause de la transparence et de l'opacité dans les corps. — Polarisation dans les corps. — Polarisation de la lumière par réflexion à la surface d'un corps transparent : le rayon partiellement réfléchi est entièrement polarisé quand il est perpendiculaire au rayon réfracté. — Cas où le rayon polarisé, à la rencontre d'un second corps transparent de même nature que le premier, est transmis entièrement ; cas où il éprouve une réflexion partielle égale à celle d'un rayon non polarisé, ou une réflexion double de celle de ce même rayon. — Description des instrumens d'optique. — Description de l'œil ; détails sur la vision.

VI.

Développemens sur les phénomènes produits par la gravité.

Calculs de la machine d'Atwood. — Lois du mouvement dans la chute ou l'ascension des corps graves dans le vide : la gravité est une force accélératrice ou retardatrice constante. — Mouvement d'un corps pesant sur un plan incliné. — Mouvement du pendule. — Application du pendule à la mesure de l'intensité de la pesanteur en différens lieux ; moyens de retrouver le mètre. — Calculs de la force centrifuge dans le mouvement circulaire. — Diminution de la vitesse de chute des corps graves en divers lieux de la terre. — Hypothèse sur la forme de la terre. — Construction du baromètre à syphon, du baromètre de Fortin. — Correction de la température et de la capillarité dans les observations barométriques. — Mesure des hauteurs par le baromètre. — Poids spécifiques des solides, liquides, gaz. — Relation entre le volume, la pression et la température d'un gaz sec. — Calculs de la machine pneumatique et de la machine de compression. — Table de la tension des vapeurs ; densité des vapeurs. — Relation entre le volume, la pression et la température d'un gaz humide. — Divers hydromètres. — Relation entre le degré de température, celui de l'hygromètre, la pression et la quantité d'eau contenue dans un volume déterminé d'air.

VII.

Développemens sur les phénomènes produits par les forces électriques et magnétiques.

Mesure de l'intensité des forces électriques. — Electricité répandue à la surface des corps. — Distribution sur un ou sur plusieurs corps en contact. — Pouvoir des pointes. — Bouteille de Leyde. — Description détaillée des électromètres. — Electricité développée par le contact; calculs de la pile. — De la largeur et du nombre des plaques. — Enoncé des lois d'attraction et de répulsion des courans électriques. — Action de la terre sur ces courans; conducteurs astatiques. — Description d'un appareil électrodynamique; vérification des lois énoncées. — Explication du mouvement de rotation continue. — Direction d'une hélice. — Action réciproque des hélices. — Lois des attractions et répulsions magnétiques; des moyens de mesurer l'inclinaison, la déclinaison et l'intensité de la force magnétique. — Des variations que ces élémens subissent. — Influence du globe pour communiquer la vertu magnétique. — Aimantation à l'aide d'un courant électrique. — Comparaison des phénomènes électrodynamiques et magnétiques.

VIII.

Développemens sur la météorologie.

Détails sur la formation de la rosée. — Production du vent. — Brise de mer. — Moussons, vents alisés. — Ouragans. — Formation de la grêle, trombe. — Aérolithes. — Réfraction atmosphérique. — Mirage. — Arc-en-ciel; mesure de la largeur des bandes colorées; intervalle des arcs-en-ciel. — Halos. — Parhélie. — Aurore boréale. — Accroissement de chaleur dans les mines et autres lieux profonds. — Eaux thermales et minérales. — Volcans, tremblemens de terre.

CHIMIE.

Chimie minérale.

Théorie complète de la nomenclature chimique. — Expériences sur les actions chimiques de la chaleur, de la lumière et de l'électricité. — Constitution chimique des molécules des corps. — Lois suivant lesquelles les corps se combinent. — Nombres proportionnels. — Théorie atomistique. — Tableau complet des corps simples ; manipulation et théorie de ceux dont on n'a pas parlé dans la première année.—Tableau des composés binaires, acides, alcalins, neutres, indiquant les proportions en volume et en poids des corps simples dont ils sont formés. — Histoire et préparation de ces composés. — Généralités et expériences sur leurs actions réciproques. — Tableau des sels. — Généralités concernant leurs actions réciproques et celles qu'ils exercent sur les autres corps. — Analyse des composés binaires gazeux, des alliages et amalgames, et des sels. — Analyse des eaux minérales.

Chimie végétale et animale.

Chimie végétale : principes immédiats des végétaux; leurs divisions en acides, alcalis, corps neutres, corps inflammables et substances colorantes. — Des principaux acides végétaux et des sels qu'ils forment. — Des alcalis végétaux. — Des composés neutres : le sucre, l'amidon, le ligneux, la gomme, etc. — Des composés inflammables : les huiles, les résines, l'alcool, les éthers, etc. — Des matières colorantes; de leur préparation et de leur emploi. — Fermentation alcoolique, acide et putride. — Analyse des substances végétales.

Chimie animale : principes immédiats des animaux ; leur division en acides analogues aux acides végétaux, en acides inflammables, tels que l'acide margarique, l'acide butirique ; en corps neutres non inflammables, tels que le sucre de lait, l'albumine, la fibrine, etc. ; et en corps neutres inflammables ou corps gras. — Division des substances animales non inflammables, soit acides, soit neutres, en substances azotées et non azotées.

Des sels formés par la combinaison des acides animaux avec les bases.

Des combinaisons des acides inflammables avec les corps gras. — Analyse du beurre.

Analyse des substances animales en général. — Préparation des substances animales le plus fréquemment employées dans les arts.

2015. A la fin de chaque mois, tous les professeurs des colléges royaux et des colléges particuliers de Paris, soit dans les classes des sciences, soit dans les classes des lettres, dresseront la liste des élèves qui auront assisté à leurs leçons, dans le cours de ce mois, avec indication de ceux qui les auront suivies exactement, et de ceux qui, sans motif légitime, y auraient manqué pendant un temps plus ou moins considérable.

Chaque professeur remettra cette liste ainsi rédigée au proviseur, qui devra la transmettre immédiatement au chef-lieu de l'académie.

S'il est reconnu, par le rapprochement des listes, qu'un élève n'a pas suivi tous les cours de sa classe, le proviseur en informera ses parens ou correspondans, ou les chefs des établissemens auxquels il appartient, et rappellera à cet élève les dispositions des règlemens. Dans le cas où ce premier avertissement aurait été inutile, le proviseur le renouvellera à la fin du second mois. L'élève qui, pendant un trimestre, n'aurait pas suivi toutes les parties de l'enseignement de sa classe, ne devra plus être reçu au collége.

Il n'est point dérogé aux dispositions de l'art. 193 du statut du 4 septembre 1821, concernant les élèves qui, d'après le vœu de leurs parens, ne sont point destinés à prendre des grades dans les facultés ; mais il sera fait mention de cette circonstance dans le certificat d'études qui pourra leur être délivré, et ils ne seront point admis au concours pour le prix de la fin de l'année.

(Arrêté du 22 novembre 1828 (1).)

2016. Une commission composée de neuf fonctionnaires de l'Université, nommés par le grand-maître, sera chargée,

1°. De constater et de décrire les diverses méthodes actuellement employées dans les établissemens soumis au régime de l'Université, pour l'étude des langues latine et grecque ;

2°. De comparer entre elles ces méthodes et de faire connaître celle qui présente le plus d'avantages ;

3°. D'indiquer les perfectionnemens dont cette méthode elle-même paraîtrait susceptible.

(Arrrêté du 25 octobre 1828, art. 1er. (2).)

Cette commission rédigera une série de questions qui devra être adressée au recteur de chaque académie, et dont l'objet sera d'obtenir des renseignemens sur les méthodes employées dans le ressort de cette académie et sur les résultats qu'elles produisent.

Tous les documens existans dans les bureaux de l'Université

---

(1) Le conseil, vu l'article 132 du statut du 4 septembre 1821 et l'article 3 de l'arrêté du 21 octobre 1826, portant que les élèves sont tenus de suivre toutes les parties de l'enseignement de leurs classes respectives ;

Voulant assurer la pleine et entière exécution d'une disposition réglementaire qui a pour objet de faire participer la jeunesse des colléges aux avantages d'une instruction solide, variée et conforme aux besoins de la société,

Arrête ce qui suit, etc.

(2) Le conseil, considérant qu'il importe de rechercher les moyens de simplifier et d'abréger, sans l'affaiblir, l'enseignement des langues latine et grecque,

Arrête ce qui suit, etc.

sur les matières soumises à l'examen de cette commission, lui seront communiqués.

Trois des membres de cette commission, désignés par le grand-maître, se transporteront dans les colléges royaux et particuliers de Paris, dans le collége de Versailles, dans la pension de M. Morin et autres pensionnats de Paris qui leur seront indiqués, pour examiner les méthodes qui y sont employées.

Ils rendront par écrit, à la commission, un compte circonstancié de cet examen.

La commission fixera particulièrement son attention sur les classes élémentaires et sur les classes de grammaire. Elle fera connaître si, par suite du perfectionnement des méthodes, il lui paraît possible, soit de supprimer une ou plusieurs classes, soit de faire parcourir aux élèves deux classes dans une année, sans que les études soient affaiblies.

Elle examinera les livres élémentaires les plus connus et indiquera ceux qui lui paraîtront mériter la préférence. Elle les comparera avec les livres élémentaires adoptés dans les écoles des pays étrangers, et fera connaître les perfectionnemens que l'on pourrait tirer de ces derniers.

Après que la commission aura recueilli les renseignemens et fait les travaux indiqués dans les articles précédens, elle rédigera un rapport contenant la description de toutes les opérations auxquelles elle se sera livrée, en exécution du présent arrêté, son avis sur les diverses questions soumises à son examen, et l'indication des mesures qu'il lui paraîtra convenable de prendre pour l'amélioration de l'étude des langues latine et grecque.

(Ibid., art. 2... 7.)

2017. Conformément à l'article 2 de l'arrêté du 25 octobre 1828, les questions qui suivent seront adressées à tous les recteurs.

1°. Existe-t-il dans l'académie des établissemens quelconques d'instruction publique, soit colléges, soit institutions ou pensions, dans lesquels l'enseignement élémentaire des langues latine et grecque, soit présenté d'après un système particulier?

2°. Dans ceux de ces établissemens où l'on suit en général le mode adopté par l'Université, existe-t-il quelque classe où le professeur se serve de procédés qui lui sont propres par rapport à l'ensemble ou à quelque partie de l'enseignement qui lui est confié?

3°. En quoi consistent ce système ou ces procédés particuliers ?

4°. Quelles connaissances préalables supposent-ils dans les élèves ?

5°. Sur quels principes théoriques sont-ils établis ?

6°. Sont-ils d'une application simple et facile ?

7°. Comment se lient-ils aux autres parties de l'enseignement ?

8°. Quels en sont les résultats (comparés à ceux des méthodes adoptées généralement) pour la connaissance des élémens des langues anciennes ?

9°. Et, indépendamment de ces résultats, quelle influence ont-ils sur l'intelligence des enfans ?

10°. Développent-ils le jugement, tout en exerçant la mémoire ?

11°. Tendent-ils à augmenter ou à diminuer la force d'attention ?

12°. Trouve-t-on, en un mot, que les enfans qui ont été instruits par ces procédés, apportent, dans les classes plus élevées, une facilité plus ou moins grande à appliquer leur esprit aux divers genres d'étude qu'on leur fait suivre ?

(Circulaire du 30 décembre 1828.)

2018. Dans la classe de seconde (première année de mathématiques), on enseignera l'arithmétique complète ; dans la rhétorique (deuxième année de mathématiques), on enseignera les élémens de la géométrie ; dans la première année de philosophie (troisième année de mathématiques), le professeur, après avoir répété la géométrie, enseignera les élémens d'algèbre jusqu'aux équations du second degré inclusivement, et la trigonométrie rectiligne. Il terminera par des notions élémentaires sur le système du monde.

A la fin de l'année scolaire, les classes d'arithmétique et de géométrie seront examinées. Ceux des élèves qui n'auront point satisfait à cet examen ne pourront pas passer dans la classe supérieure.

Les dispositions de cet article ne seront applicables, pour l'année scolaire 1828 à 1829, qu'aux élèves de la classe de seconde.

Les dispositions des arrêtés des 16 septembre 1826 et 15 septembre 1827, qui ne sont pas modifiées par le présent arrêté, continueront d'être exécutées.

(Arrêté du 10 février 1829 (1).)

(1) Le conseil, après avoir entendu le rapport et les observations des inspecteurs des

2019. Dans les distributions de prix des colléges royaux de Paris, il y aura un prix pour les élèves qui suivent la classe d'histoire naturelle.

(Arrêté du 19 mai 1829 (1).)

2020. Les élèves de la classe de philosophie seront exercés à écrire en latin comme en français sur des sujets de logique, de métaphysique et de morale.

Le professeur pourra aussi les exercer à l'argumentation latine.

Les compositions pour les places auront lieu alternativement en latin et en français.

Il y aura à la fin de l'année un prix de dissertation latine et un prix de dissertation française.

(Arrêté du 8 septembre 1829, art. 1, 2 et 3 (2).)

2021. L'enseignement des langues vivantes dont le choix aura été déterminé pour chaque collége, par une décision spéciale du conseil royal de l'instruction publique, aura lieu dans les classes de cinquième, quatrième et troisième.

Il y aura leçon de langues vivantes :

En cinquième, les lundi et vendredi, de dix heures à onze heures, et le jeudi de huit heures et demie à dix heures.

En quatrième, les mercredi et samedi, de dix heures à onze heures.

En troisième, les mercredi et samedi, de dix heures à onze heures.

L'étude qui suivra la leçon sera consacrée aux devoirs donnés

---

études qui, d'après les ordres de S. Exc. le grand-maître, ont visité les classes de mathématiques suivies par les élèves de seconde et de rhétorique ;

Vu l'article 1er. de l'arrêté du 16 septembre 1826, portant que le cours de mathématiques aura lieu dans les quatre dernières années d'études, depuis la deuxième année d'humanités jusqu'à la deuxième année de philosophie ;

Entrant dans les considérations qui ont motivé cette disposition,

Arrête ce qui suit, etc.

(1) Le conseil, vu le rapport de MM. Frédéric Cuvier, inspecteur général des études adjoint, et Delafosse, conservateur des collections d'histoire naturelle de la faculté des sciences de Paris, qui ont été chargés de faire cette année les examens des classes d'histoire naturelle dans les colléges royaux de Paris ;

Arrête ce qui suit, etc.

(2) Le conseil, vu l'article 17 de l'ordonnance du 26 mars 1829, portant que des règlemens universitaires prescriront les mesures nécessaires pour que l'enseignement de la philosophie soit fait en français ; après avoir entendu le rapport des inspecteurs généraux des études ; considérant qu'en prescrivant aux professeurs de philosophie de faire leurs leçons en français, l'ordonnance n'a pas interdit entièrement l'usage de la langue latine dans les classes de philosophie ; qu'outre l'avantage d'entretenir les élèves dans la connaissance de la langue latine, il importe de les préparer aux épreuves qu'ils auront à subir en cette langue, soit aux facultés de théologie, de droit et de médecine, soit au concours pour l'agrégation ;

Arrête ce qui suit, etc.

par le maître de langues vivantes. Il n'y aura en conséquence aucun autre devoir pour cette étude.

La leçon se fera dans une classe ou dans une salle disposée à cet effet : les externes y seront admis. Un maître d'études préposé à la surveillance des élèves, tant internes qu'externes, assistera à chaque leçon.

(Arrêté du 18 septembre 1829 (1).)

2022. Conformément aux dispositions de l'ordonnance royale du 26 mars 1829, l'enseignement de l'histoire aura lieu en rhétorique.

Le cours d'histoire pour la rhétorique consistera dans un résumé synchronique des principales époques de l'histoire du moyen-âge et de l'histoire moderne.

Dans ce résumé, le professeur appellera plus particulièrement l'attention des élèves sur les événemens de l'histoire nationale.

Il entrera dans les développemens nécessaires pour leur faire connaître le rang que la France a tenu parmi les nations chrétiennes, et l'influence qu'elle a exercée sur la civilisation de l'Europe.

Le professeur d'histoire donnera une leçon par semaine dans la classe de rhétorique ; l'étude qui suivra sera consacrée à la rédaction de la leçon.

Le professeur se conformera au programme qui sera ultérieurement arrêté.

Il y aura des prix et des accessit pour cette classe comme pour les autres parties de l'enseignement.

(Arrêté du 6 octobre 1829, art. 1... 5.)

2023. Les examens du cinquième mois de l'année classique 1829-1830 auront lieu dans l'académie de Paris,

Pour le collége royal de Louis-le-Grand, les 22 et 23 mars ;
Pour le collége royal de Henri IV, les 24 et 26 mars ;
Pour le collége royal de Saint-Louis, les 27 et 29 mars ;
Pour le collége royal de Charlemagne, les 30 et 31 mars ;
Pour le collége royal de Bourbon, les 2 et 3 avril ;
Pour le collége particulier de Stanislas, le 5 avril ;
Pour le collége particulier de Sainte-Barbe, le 6 avril.

(Arrêté du 24 février 1830, art. 1er.)

2024. Huit jours avant les examens, les proviseurs des colléges royaux et directeurs des colléges particuliers enverront à

---

(1) Le conseil, vu l'article 17 de l'ordonnance du 26 mars 1829, portant que des règlemens universitaires prescriront les mesures nécessaires pour que l'étude des langues vivantes, eu égard aux localités, fasse partie de l'enseignement dans les colléges royaux ;
Arrête ce qui suit, etc.

M. l'inspecteur général chargé de l'administration de l'académie de Paris des notes détaillées sur tous les élèves, tant internes qu'externes. Ces notes, divisées en trois séries, selon la force respective des élèves, indiqueront leurs noms, leur âge, l'établissement auquel ils appartiennent, les places qu'ils ont obtenues dans chaque faculté, les leçons qu'ils ont apprises et les auteurs qu'ils ont expliqués depuis le commencement de l'année scolaire. On y joindra des observations particulières sur la conduite, l'application et les progrès de chaque élève.

(Ibid., art. 2.)

2025. Les examens seront faits simultanément dans chaque collége par autant de commissions d'examinateurs qu'il y a de classes.

Il y aura chaque jour deux séances, l'une de neuf heures du matin à midi, l'autre de deux heures du soir à cinq.

(Ibid., art. 3.)

2026. L'examen comprendra toutes les matières de l'enseignement, sans excepter les différentes parties du cours d'histoire.

L'élève appelé pour répondre sera placé isolément. Dans les classes des lettres, les élèves des deux premières séries réciteront par cœur, autant que cela sera possible, les passages des auteurs grecs et latins qui auront été indiqués par le président de l'examen ; ensuite ils les expliqueront en français, en rappelant les remarques qui auront été faites par le professeur.

On n'exigera des élèves de la troisième série que la simple traduction des passages indiqués.

On ne lira pas dans la classe de compositions écrites, mais MM. les professeurs remettront aux examinateurs les compositions des élèves qui auront obtenu les premières places depuis le commencement de l'année scolaire.

MM. les examinateurs feront connaître le jugement qu'ils en auront porté dans le rapport qu'ils nous adresseront sur le résultat de l'examen.

Les notes que les élèves auront méritées seront, immédiatement après l'examen de chacun d'eux, portées sur les feuilles destinées à en constater le résultat ; ces feuilles, revêtues de la signature des examinateurs, seront transmises à l'inspecteur général chargé de l'administration de l'académie, le soir même du jour où chaque classe aura été examinée.

(Ibid., art. 4 et 5.)

2027. Le mardi 13 avril, MM. les proviseurs distribueront les prix d'excellence en présence de MM. les professeurs et les chefs d'établissement dont les élèves fréquentent les classes du collége.

Il sera accordé ce jour-là un congé extraordinaire dans tous les colléges.

La liste des prix d'excellence sera envoyée à l'inspecteur général chargé de l'administration de l'académie de Paris, qui la transmettra au ministre.

Il sera fait un examen spécial des leçons d'histoire naturelle qui ont lieu dans les classes de troisième.

(Ibid., art. 6, 7 et 8.)

2028. Une seule Commission sera chargée des examens dans les colléges royaux de Versailles et de Reims.

Les examens commenceront, dans ces deux colléges, le 22 mars; ces examens dureront dix jours.

Les feuilles d'examen et la liste des prix d'excellence seront adressées à l'inspecteur général chargé de l'administration de l'académie, le lendemain de la distribution de ces prix.

Le reste, comme pour les colléges de Paris.

(Ibid., art. 9.)

2029. Les examens commenceront le 22 mars pour tous les colléges communaux, et ils dureront huit jours pour tous les colléges de plein exercice; quatre seulement pour les autres.

Les examens auront lieu en présence du bureau d'administration; les feuilles d'examen seront transmises à l'inspecteur général chargé de l'administration de l'académie, le lendemain du jour où tous les examens seront terminés.

Le reste, comme pour les colléges royaux.

(Ibid., art. 10.)

Arrêté qui modifie les statuts et règlemens concernant les études dans les colléges royaux (1).

2030. Le nombre des divisions, dans les classes élémentaires, sera réglé de telle sorte qu'il n'y ait jamais plus de trente élèves par division. Le temps que les élèves passeront dans chaque division dépendra de leurs progrès; le même élève pourra, dans l'espace d'une seule année, parcourir plusieurs divisions.

La division des classes élémentaires qui correspond à la septième sera, autant que possible, confiée à un agrégé.

(1) Le conseil, vu le statut du 4 septembre 1821, concernant les colléges royaux et communaux, et les divers arrêtés et règlemens relatifs aux études; vu l'ordonnance du 26 mars 1829, et notamment l'article 17 de ladite ordonnance; après avoir pris connaissance des différentes observations et propositions faites par MM. les proviseurs, professeurs et chefs d'institution;
Arrête ce qui suit; etc.

Dans toutes les divisions des classes élémentaires, les cinq classes du matin seront consacrées aux langues française et latine; des cinq classes du soir, trois seront consacrées de même aux langues française et latine;

Deux seront consacrées à l'histoire sainte, à la géographie et au calcul.

(Arrêté du 3 avril 1830, art. 1er.)

2031. Depuis la sixième jusqu'à la rhétorique exclusivement, les cinq classes du matin seront consacrées aux langues française, latine et grecque.

L'enseignement des cinq classes du soir est réglé comme il suit :

En sixième, quatre classes seront consacrées aux langues française, latine et grecque ; une à la géographie comparée et à la mythologie.

En cinquième, quatre classes seront consacrées aux langues française, latine et grecque ; une à l'histoire ancienne.

En quatrième, quatre classes seront consacrées aux langues française, latine et grecque ; une à l'histoire romaine.

En troisième, trois classes seront consacrées aux langues française, latine et grecque; une à l'histoire du moyen-âge, une à l'arithmétique : il y aura, de plus, le jeudi matin, de huit à dix heures, une classe consacrée à l'histoire naturelle des plantes et des animaux.

En seconde, deux classes seront consacrées aux langues française, latine et grecque ; une à l'histoire moderne, et deux à la géométrie.

(Ibid., art. 2.

2032. En rhétorique, les cinq classes du matin seront consacrées, savoir : quatre aux langues française, latine et grecque, et une à un résumé synchronique des principaux événemens de l'histoire générale et de l'histoire de France.

Des cinq classes du soir, quatre seront consacrées aux langues française, latine et grecque, et une à un cours de cosmographie.

Le cours de cosmographie sera précédé d'un résumé des cours d'arithmétique et de géométrie, et le professeur s'assurera, par des examens, que les élèves ont profité de l'enseignement des deux classes précédentes.

2033. Dans la première année de philosophie, des cinq classes du matin, quatre seront consacrées aux mathématiques élémentaires, et une aux élémens de physique et de chimie. — Les cinq classes du soir seront consacrées à la philosophie.

Il y aura en outre, le jeudi matin, de huit à dix heures, une seconde leçon des élémens de physique et de chimie.

Dans la deuxième année de philosophie, les cinq classes du matin seront consacrées aux mathématiques. — Des cinq classes du soir, une sera de même consacrée aux mathématiques; les quatre autres seront consacrées à la physique, à la chimie et à la minéralogie.

A Paris, le professeur de mathématiques de la première année de philosophie sera chargé du cours de mathématiques de la classe de rhétorique; et les classes de mathématiques, en troisième et en seconde, seront faites par un agrégé.

(Ibid, art. 4 et 5.)

2034. L'enseignement de l'histoire pourra, selon les besoins du service, être partagé, dans chaque collége, entre un professeur titulaire et un agrégé.

(Ibid., art. 6.)

2035. Les leçons de dessin auront lieu, pour les élèves internes, immédiatement après la classe du matin, de dix à onze heures, en même temps que les leçons d'écriture.

(Ibid., art. 7.)

2036. Dans tous les colléges royaux, l'enseignement d'une ou de plusieurs langues vivantes fera partie de l'enseignement donné aux frais desdits colléges.

Toutefois, l'étude des langues vivantes sera facultative pour tous les élèves, tant internes qu'externes, suivant les intentions que les parens ou les tuteurs auront manifestées à cet égard.

L'enseignement des langues vivantes appartiendra aux classes de 5e. et de 4e., de 3e. et de 2e.

Cet enseignement sera donné, pour chaque langue vivante, deux fois par semaine, savoir :

Aux élèves internes, après la leçon de dessin, depuis onze heures jusqu'à midi;

Et aux élèves externes, pendant l'heure qui précède la classe du soir.

Les jours où il n'y aura pas de leçons de langues vivantes, les élèves pourront employer l'heure consacrée à cet enseignement à faire les devoirs donnés par les maîtres de langues.

(Ibid., art. 8.)

2037. Dans toutes les classes, les compositions auront lieu, pour les divers objets de l'enseignement, le mardi matin de chaque semaine, de huit heures à dix heures et demie.

(Ibid., art. 9.)

2038. Les examens de la fin de l'année, prescrits par les

art. 203 et 205 du statut du 4 septembre 1821, auront lieu dans les huit jours qui précéderont la distribution des prix. Ces examens embrasseront, dans chaque classe, tout ce qui aura été l'objet de l'enseignement pendant le cours de l'année : ils seront faits, dans la forme que prescrit l'art. 204, par le professeur lui-même, qui dressera et remettra au proviseur une liste, par ordre de mérite, des élèves qu'il aura jugés capables de monter dans la classe supérieure.

(Ibid., art. 10.)

2039. Dans tous les colléges de l'Université, la distribution des prix de la fin de l'année se fera dans les derniers jours du mois d'août.

Les vacances commenceront le 1er. septembre; la rentrée des classes aura lieu le premier lundi après le 15 octobre.

(Ibid., art. 11.)

2040. Désormais, le concours général entre les colléges royaux et particuliers de Paris et de Versailles n'aura lieu que dans les classes de quatrième, de troisième, de seconde, et dans les classes supérieures.

Lors de la distribution des prix du concours général, les prix d'excellence que les élèves de chaque collége auront mérités à chaque semestre, dans les classes de sixième et de cinquième seront proclamés. Les élèves ainsi nommés recevront également des prix et des couronnes.

(Ibid., art. 12.)

2041. Les art. 1, 2, 3, 4, 5, 6 et 12 ne seront mis à exécution qu'à partir de l'année 1830-1831.

(Ibid., art. 13.)

2042. Les leçons de philosophie se donneront exclusivement en français.

Cependant les élèves feront de temps en temps des compositions en latin sur des questions de morale.

L'argumentation en latin est supprimée.

Le prix d'honneur de philosophie, avec les avantages qui y sont attachés, est transféré de la dissertation latine à la dissertation française.

(Arrêté du 11 septembre 1830, art. 1... 3. (1)

(1) Le conseil, vu l'article 17 de l'ordonnance du 27 février 1821;
Vu l'article 17 de l'ordonnance du 26 mars 1829 (§ 3);
Considérant que l'emploi de la langue latine, dans l'enseignement de la philosophie, est également défavorable à la philosophie, puisque la langue latine ne peut rendre qu'obscurément et imparfaitement beaucoup d'idées et d'expressions de la philosophie moderne, et à l'étude de la bonne latinité, que corromprait l'invention nécessaire de termes nouveaux;
Considérant que l'argumentation en latin a les mêmes inconvéniens;

2043. L'art. 214 du statut du 4 septembre 1821, qui décerne le prix d'honneur et de philosophie à la dissertation latine, et l'arrêté du 8 septembre 1829, qui recommande l'argumentation en latin et les compositions latines sur des sujets de logique, de métaphysique et de morale, sont et demeurent rapportés.

(Ibid., art. 2.)

2044. Il est sursis à l'exécution de l'art. 12 de l'arrêté du 3 avril 1830, qui supprimait le concours général entre les colléges royaux et particuliers de Paris et de Versailles, pour les classes de cinquième et de sixième.

(Arrêté du 19 février 1831, art. 1er. (1).)

2045. Il y aura, pour les élèves desdits colléges admis au concours général de la fin de l'année, composition et prix dans les facultés suivantes, indépendamment de ce qui est et demeure réglé pour les autres facultés :

En rhétorique, un prix de physique et quatre accessit ;

En seconde, deux prix d'histoire et huit accessit ; deux prix de géométrie et huit accessit ; un prix de chimie et quatre accessit ;

En troisième, deux prix d'histoire et huit accessit, un prix d'histoire naturelle, un prix d'arithmétique et quatre accessit dans chacune de ces facultés ;

En quatrième, deux prix d'histoire et huit accessit, un prix d'histoire naturelle et quatre accessit ;

En cinquième, un prix d'histoire, un prix de géographie et quatre accessit dans chacune de ces facultés ;

En sixième, un prix d'histoire, un prix de géographie et quatre accessit dans chacune de ces facultés.

(Ibid., art. 2.)

2046. Le professeur spécial d'histoire fera par semaine six classes réparties de la manière suivante :

Une classe d'histoire de France pour les élèves de rhétorique ;

Deux classes d'histoire moderne pour les élèves de seconde ;

Considérant en outre qu'il importe à tous égards de maintenir la prééminence de la langue nationale et populaire dans les matières philosophiques ;
Voulant assurer l'entière exécution de la disposition précitée de l'ordonnance du 26 mars 1829;
Sur le rapport de M. le conseiller chargé de tout ce qui concerne les études philosophiques,
Arrête ce qui suit, etc.

(1) Le conseil, vu l'arrêté du 16 septembre 1826 et celui du 3 avril 1830 ;
Vu également l'arrêté du 17 octobre 1830, relatif à l'adjonction d'études nouvelles dans les classes des colléges royaux et particuliers de Paris et de Versailles ;
Arrête ce qui suit, etc.

Deux classes d'histoire du moyen-âge pour les élèves de troisième ;

Une classe d'histoire romaine pour les élèves de quatrième.

Dans les autres classes, l'enseignement historique continuera d'être donné par le professeur ordinaire.

(Arrêté du 18 novembre 1831, art. 1 et 2 (1).)

2047. Les professeurs de mathématiques des colléges royaux des départemens qui doivent alterner, chaque année, en vertu de l'arrêté du 16 septembre 1826, feront chacun sept leçons.

Le professeur de mathématiques spéciales sera chargé des six leçons à faire aux élèves de seconde année de philosophie et de la leçon d'arithmétique à faire aux élèves de troisième.

Le professeur de mathématiques élémentaires sera chargé des cinq leçons à faire aux élèves de première année de philosophie et de rhétorique, et des deux leçons à faire aux élèves de seconde.

(Décision du 30 octobre 1832 (2).)

2048. Les programmes pour l'enseignement de l'arithmétique en quatrième, de la géométrie en troisième, et de la cosmographie en rhétorique, dans les colléges royaux de Paris et de Versailles, sont arrêtés ainsi qu'il suit :

PROGRAMME DU COURS ÉLÉMENTAIRE D'ARITHMÉTIQUE.

1. Notions sur les grandeurs. — Leur mesure. — Unité. — Nombres abstraits. — Nombres concrets.
2. Numération des nombres entiers. — Numération parlée. — Numération écrite.
3. Addition des nombres entiers.
4. Soustraction des nombres entiers.
5. Multiplication des nombres entiers.
6. Division des nombres entiers.
7. Preuves de ces quatre opérations.

---

(1) Le conseil, vu le statut du 4 septembre 1821 et les arrêtés subséquens relatifs à l'étude de l'histoire ;

Vu l'arrêté du 3 mars 1831, relatif à la création de chaires nouvelles d'histoire (dans divers colléges royaux) ;

Arrête ce qui suit pour la présente année :

(2) Le conseil, vu le rapport qui lui a été présenté au sujet de l'enseignement des mathématiques dans les colléges royaux des départemens ;

Vu ses arrêtés du 16 septembre 1826 et du 3 avril 1830,

Décide, etc.

8. Des fractions. — Leur définition. — Leur numération. — Réduire un nombre entier en fraction d'une espèce donnée. — Extraire les entiers contenus dans un nombre fractionnaire.

9. Changemens que les fractions éprouvent quand on fait varier leurs termes. — Cas où elles ne changent pas de valeur.

10. Réduction de plusieurs fractions au même dénominateur.

11. Simplification des fractions.

12. Recherches du plus grand commun diviseur entre deux nombres.

13. Addition et soustraction des fractions.

14. Multiplication des fractions.

15. Division des fractions.

16. Des fractions décimales. — Leur numération.

17. Opérations sur les fractions décimales, soit en les considérant comme une extension des nombres entiers, soit comme un cas particulier des fractions ordinaires.

18. Réduction des fractions ordinaires en décimales. — Fractions périodiques.

Nombres concrets

19. Mesures anciennes les plus usitées. — Réduction d'un nombre complexe en fractions, soit de l'unité principale, soit de l'une de ses subdivisions, et réciproquement.

20. Addition et soustraction des nombres complexes.

21. Multiplication et division des nombres complexes réduits en un nombre entier et une fraction de la dénomination inférieure.

22. Nomenclature des nouvelles mesures.

23. Conversion des mesures anciennes en nouvelles, et réciproquement.

24. Définition et propriétés principales des rapports et des proportions.

25. Règle de trois simple, directe, inverse.

26. Règle de trois composée.

27. Règle de société.

28. Règle d'intérêt simple.

29. Règle d'escompte.

PROGRAMME DU COURS DE GÉOMÉTRIE ÉLÉMENTAIRE.

1. Appendice à l'arithmétique. — Formation des carrés et des cubes. — Extraction des racines carrées et cubiques.

Introduction.

2. Notions générales, espaces ou corps, surfaces, lignes, points.—Objets principaux de la géométrie : la figure et l'étendue. — Volumes, aires, longueurs.

3. Définitions de la ligne droite, de la ligne courbe, de la surface plane, de la surface courbe, du cercle. — Maniement de la règle et du compas.

4. Addition et soustraction des longueurs rectilignes. — Indication d'un procédé pour trouver le rapport de deux droites. — Indication du cas où les deux droites sont incommensurables. — Mesure des lignes droites; Vernier.

Géométrie plane.

5. Définition des angles en général. — Angles droits, aigus et obtus. — Perpendiculaires et obliques. — Angles et arcs complémentaires et supplémentaires. — Mesure des angles; division de la circonférence en degrés et en grades. — Faire un angle égal à un autre. — Usage de l'équerre, du rapporteur et du graphomètre.

6. Propriété des perpendiculaires et des obliques. — Intersection de la ligne droite avec le cercle. — Propriétés des cordes, des sécantes et des tangentes. — Elever et abaisser une perpendiculaire au moyen de la règle et du compas. — Partager une droite, un arc de cercle ou un angle en deux parties égales.

7. Théorie des parallèles. — Démonstration de Bertrand de Genève. — Propriétés du cercle coupé par deux parallèles. — Mesure des angles inscrits et circonscrits. — Divers moyens de mener des parallèles.

8. Triangles; définition des diverses sortes de triangles considérés, soit par rapport à leurs côtés, soit par rapport à leurs angles. — Démontrer que la somme des angles de tout triangle est égale à deux droits. — Cas divers d'égalité des triangles. — Propriété particulière du triangle isocèle et du triangle rectangle. — Intersection et contact des cercles. — Construction des triangles.

9. Quadrilatères en général. — Trapèze. — Parallélogramme. — Losange. — Rectangle. — Carré.

10. Polygones et leur décomposition en triangles. — Polygones réguliers en général; faire voir qu'ils sont inscriptibles et circonscriptibles au cercle. — Cas particulier du carré, de l'hexagone et du triangle.

11. Propriétés des droites coupées par des séries de parallèles. — Quatrièmes proportionnelles. — Similitude des triangles. — Propriétés particulières du triangle rectangle. — Troisièmes et moyennes proportionnelles ; moyens de les construire.

— Construction et usage des échelles. — Description du compas de proportion et du compas de réduction. — Mesure des hauteurs et des distances inaccessibles.

12. Similitude des polygones en général. — Description de la planchette, et son usage dans le lever des plans. — Similitude des polygones réguliers d'un même nombre de côtés. — Rapport des circonférences considérées comme des polygones d'un nombre infini de côtés. — Valeur approchée du rapport de la circonférence au diamètre.

13. Mesure des aires. — Rectangles et parallélogrammes ; triangles ; trapèzes et polygones quelconques. — Polygones réguliers et cercle considéré comme un polygone régulier d'un nombre infini de côtés. — Secteurs et segmens circulaires.

Géométrie dans l'espace.

14. Propriétés générales des droites perpendiculaires et obliques à un plan. — Des angles dièdres et des plans perpendiculaires entre eux. — Des plans parallèles. — Des angles trièdres et polyèdres. — Description du fil à plomb et du niveau.

15. Polyèdres en général. — Prisme ; parallélipipède ; cylindre droit considéré comme un prisme dont la surface se développe en un rectangle. — Tétraèdre, pyramide ; cône circulaire droit, considéré comme une pyramide régulière dont la surface se développe en un secteur de cercle.

16. Propriétés générales de la sphère ; grands et petits cercles ; dénomination de ses différentes parties.

17. Mesure des surfaces cylindriques, coniques. — Surface de la sphère engendrée par la rotation d'un polygone régulier d'une infinité de côtés.

18. Volumes du parallélipipède, des prismes et du cylindre droit.

19. Pyramides équivalentes, considérées comme des séries de tranches parallèles et infiniment minces. — Volumes des pyramides et du cône.

20. Volume de la sphère décomposée en une infinité de pyramides qui ont leur sommet à son centre. — Volumes des segmens et des secteurs sphériques.

PROGRAMME DU COURS DE COSMOGRAPHIE.

Mouvement diurne du ciel.

1. Les étoiles décrivent sans changer leur position relative, des circonférences parallèles dont les centres sont sur une même ligne droite perpendiculaire à leurs plans.
2. Sphère céleste. — Axe. — Pôles. — Équateur. — Méridien. — Verticale. — Horizon. — Points cardinaux. — Zénith. — Nadir.
3. Uniformité du mouvement des étoiles, jour sidéral.
4. Déclinaison et ascension droite des étoiles. — Description des principales constellations. — Globe céleste.
5. Parallaxes. — Réfractions astronomiques.

De la terre.

6. Figure de la terre. — Preuve de sa rondeur.
7. Axe et pôles de la terre, équateur, méridien, parallèles.
8. Longitudes et latitudes terrestres. — Cartes géographiques.
9. Moyen de déterminer le rayon de la terre en la supposant sphérique.
10. Inégalité des degrés du méridien. — Aplatissement aux pôles. — Détermination du mètre.

Du soleil.

11. Mouvement propre du soleil. — Écliptique ; son inclinaison sur l'équateur ; points équinoxiaux ; points solsticiaux. — Zodiaque. — Tropiques.
12. Inégalité des jours et des nuits. — Saisons. — Climats.
13. Variation du diamètre apparent du soleil. — Orbite elliptique. — Apogée. — Périgée. — Distance moyenne ; sa grandeur.
14. Inégalité du mouvement angulaire du soleil. — Inégalité de la durée des saisons.
15. Longitudes et latitudes des astres. — Précession des équinoxes.
16. Inégalité des jours solaires. — Temps vrai. — Temps moyen. — Année sidérale. — Année équinoxiale. — Cadran solaire.
17. Calendrier. — Année civile, julienne, grégorienne.

TITRE III.

De la lune.

18. Mouvement propre de la lune. — Inclinaison de l'orbite lunaire sur l'écliptique. — Nœuds de la lune. — Leur mouvement. — Durée de la révolution de la lune, soit par rapport à ses nœuds, soit par rapport au soleil ; mois lunaire.

19. Phases de la lune.

20. Orbite elliptique. — Mouvement du périgée. — Moyen de déterminer la distance de la lune à la terre. — Diamètre de la lune.

21. Rotation de la lune sur son axe. — Libration.

22. Eclipses du soleil, totale, partielle, annulaire.

23. Eclipses de lune, totale, partielle.

24. Occultations. — Leur usage pour déterminer les longitudes terrestres.

25. Rapport des positions de la lune et du soleil avec le phénomène des marées.

Mouvement des planètes.

26. Station et rétrogadation. — Distance des planètes au soleil. — Leurs diamètres. — Durée de leurs révolutions autour du soleil. — Des satellites. — Vitesse de la lumière. — Détermination des longitudes par les éclipses des satellites de Jupiter. — Anneau de Saturne.

27. Lois de Kepler.

28. Des comètes. — Des aérolithes. — Des étoiles doubles. — Des nébuleuses.

Des mouvemens réels de la terre.

29. Preuve du mouvement de rotation de la terre sur son axe.

30. Preuve du mouvement de translation de la terre autour du soleil. — Explication des saisons et de l'inégalité des jours dans cette hypothèse.

31. Précession et nutation.

32. Principe de la pesanteur universelle.

2049. La répartition des objets d'études et l'ordre des classes dans les collèges de Paris et de Versailles, sera faite ainsi qu'il suit : (1)

---

(1) Le conseil, vu le statut du 4 septembre 1821 et les arrêtés réglementaires du 17 avril 1830 et du 30 octobre 1832, sur le rapport de M. le conseiller vice-président, Arrête, etc.

Classe de sixième.

Langues anciennes et française : *les cinq classes du matin et trois classes du soir*. — Histoire et géographie : *une classe du soir par un des professeurs spéciaux d'histoire*. — Histoire naturelle : *une classe du soir*.

Classe de cinquième.

Langues anciennes et française : *les cinq classes du matin et trois classes du soir*. — Histoire et géographie, *une classe du soir*. — Histoire naturelle : *une classe du soir et une classe le jeudi matin*.

Classe de quatrième.

Langues anciennes : *les cinq classes du matin et trois classes du soir*. — Histoire et géographie : *une classe du soir et une classe le jeudi matin*. — Arithmétique : *une classe du soir*.

Classe de troisième.

Langues anciennes : *les cinq classes du matin et deux classes du soir*. — Histoire : *une classe du soir et une classe le jeudi matin*. — Géométrie : *deux classes du soir*.

Classe de seconde.

Langues anciennes : *les cinq classes du matin et deux classes du soir*. — Histoire : *deux classes du soir*. — Chimie : *une classe du soir*.

Classe de rhétorique.

Rhétorique latine et française : *les cinq classes du matin et quatre classes du soir*. — Histoire : *une classe du soir*. — Cosmographie : *une classe le jeudi matin*.

Classe de philosophie.

(Première année.) Philosophie : *cinq classes*. — Mathématiques : *quatre classes*. — Physique : *une classe*. — Physique et chimie : *une classe le jeudi matin*.

(Deuxième année.) Mathématiques spéciales : *six classes*. — Physique : *trois classes*. — Compositions alternatives de physique et de mathématiques : *une classe*.

(Arrêté du 4 octobre 1833, art. 1er.)

2050. Dans les classes de quatrième, de troisième et de seconde, une classe par semaine sera employée à la correction des thèmes grecs.

Les classes du jeudi matin seront de deux heures comme celles des autres jours.

L'enseignement des langues vivantes continuera d'avoir lieu deux fois la semaine, soit entre les deux classes, soit le jeudi matin, aux heures où les élèves n'ont pas d'enseignement spécial.

(Ibid., art. 2... 4..)

Dispositions transitoires.

2051. Pour la prochaine année classique 1833 à 1834, il y aura en seconde une classe transitoire de géométrie, qui sera faite le jeudi matin.

Le professeur chargé des deux classes de géométrie annexées à la troisième, remplacera lesdites classes par deux leçons d'arithmétique jusqu'au 1er. janvier de la même année.

(Ibid., art. 5 et 6.)

2052. Il y aura à la distribution des prix du concours général et aux distributions particulières des colléges de Paris et de Versailles, deux prix et huit accessit pour le thème grec nouvellement introduit dans les classes de quatrième, troisième et seconde.

(Arrêté du 8 octobre 1833 (1), art. 1er.)

2053. Il y aura également deux prix et huit accessit pour le thème latin en seconde. La composition et le prix de narration latine, qui avaient lieu précédemment dans cette classe, sont supprimés.

Les deux prix et les huit accessit pour une composition mixte d'histoire et de géographie sont rétablis dans la classe de sixième, conformément aux dispositions de l'arrêté du 3 juillet 1832.

Il y aura en troisième deux prix et huit accessit de géométrie ; en quatrième un prix et quatre accessit d'arithmétique ; en cinquième deux prix et huit accessit d'histoire naturelle ; en sixième un prix et quatre accessit pour le même enseignement.

Il y aura pour le cours transitoire de géométrie, fait le jeudi aux élèves qui entrent cette année en seconde, un prix et quatre accessit à la distribution du concours général et aux distributions particulières des colléges de Paris et de Versailles.

(Ibid., art. 2... 5.)

(1) Le conseil,
Vu l'arrêté du 16 septembre 1826 ;
Vu le nouveau règlement des études pour les colléges royaux de Paris et de Versailles, en date du 4 octobre 1833 ;
Arrête ce qui suit, etc.

2054. Le programme de l'enseignement de l'histoire naturelle dans les colléges (première année) (1), est arrêté ainsi qu'il suit :

ZOOLOGIE. — Notions générales.

Première leçon.

Coup d'œil sur les sciences naturelles et sur leurs divisions. — Définition de la zoologie. — Connaissances générales nécessaires à cette étude. — Structure du corps des animaux et énumération des principaux organes. — Classification des fonctions des animaux.

Deuxième leçon.

Fonctions de nutrition. — Nutrition des organes : preuve de l'existence du mouvement nutritif. Coloration des os, etc.

L'agent principal de la nutrition est le sang. — Usage du sang. — Etude de ce liquide. — Propriétés physiques du sang. — Sang rouge et sang blanc. — Globules. — Sérum. — Coagulation. — Sang veineux et sang artériel. — Transformation du sang veineux en sang artériel par l'action de l'air.

Troisième leçon.

Suite des fonctions de nutrition. — Circulation du sang, cœur, artères, veines. — Marche du sang dans le corps des mammifères. — Mécanisme de la circulation. — Phénomène du pouls. — Absorption veineuse. — Sécrétions.

Quatrième leçon.

Suite des fonctions de nutrition. — Respiration. — Nécessité du contact de l'air. — Asphyxies. — Composition de l'atmosphère. — Principaux phénomènes de la respiration. — Poumons. — Mécanisme de la respiration. — Chaleur animale.

Cinquième leçon.

Suite des fonctions de nutrition. — Digestion. — Bouche et préhension des alimens. — Mastication. — Dents; leur structure, leur mode de formation. — Leur forme et leur usage. — Salive. — Glandes salivaires. — Déglutition. — Pharynx. — OEsophage. — Estomac. — Suc gastrique. — Chylification.

Sixième leçon.

Suite des fonctions de nutrition. — *Suite de la digestion.* — Intestins. Chylification. — Bile et foie. — Pancréas et suc pancréatique. — Gros intestins. — Absorption du chyle. — Vaisseaux chylifères. — Résumé des fonctions de nutrition.

(1) Ce programme n'étant relatif qu'à la première année d'étude, il en sera publié plus tard un autre pour la seconde année.

Septième leçon.

Fonctions de relation. — Système nerveux et sensibilité.

Huitième leçon.

Sens du toucher. — Peau. — Mains. — Cheveux, poils, ongles et cornes ; mode de formation. — Sens de l'odorat. — Appareil olfactif. — Sens du goût. — Sens de l'ouïe. — Appareil auditif.

Neuvième leçon.

Sens de la vue. — Lumière. — Appareil de la vision. — Sourcils. — Paupières. — Appareil lacrymal. — Muscles de l'œil. — Situation de l'œil. — Usage des différentes parties de l'œil. — Voix.

Dixième leçon.

Appareil du mouvement. — Squelette. — Structure des os. — Leur composition. — Enumération des os. — Articulations.

ZOOLOGIE DESCRIPTIVE. (Méthode de M. G. Cuvier.)

Onzième leçon.

Classification du règne animal. — Comparaison de la structure des animaux ; de là leur division en quatre embranchemens. — Caractères de chacun de ces embranchemens.

Animaux vertébrés. — Particularités de leur organisation. — Division en quatre classes. — Caractères de ces classes.

Douzième leçon.

Mammifères. — Particularités de l'organisation des animaux de cette classe. — Division en ordres.

Treizième leçon.

Ordre des Bimanes. — Espèce unique, homme. — Caractères anatomiques qui distinguent le corps de l'homme de celui des autres mammifères. — Mains, pieds. — Station. — Cerveau. — Races humaines.

Quatorzième leçon.

Ordre des Quadrumanes. — Caractères zoologiques. — Particularités de leur organisation comparées à leurs mœurs. — Division en trois familles, leurs caractères zoologiques.

Famille des Singes. — Division en singes de l'ancien et du nouveau continent. — Description et mœurs des principaux genres. (Orangs, Gibbons, Guenons, Magots, Cynocéphales, Singes hurleurs.)

Famille des Ouistitis. — Mœurs.
Famille des Makis. — Description et mœurs.

Quinzième leçon.

Ordres des Carnassiers. — Caractères zoologiques. — Particularités de leur organisation. — Division en familles.
Famille des Chéiroptères. — Caractères zoologiques. — *Tribu des Chauves-Souris.* — Particularités d'organisation. — Mœurs. Chauves-Souris frugivores. (Exemple, Roussette.) — Chauves-Souris insectivores. (Exemple, Vespertillion, Oreillard.) — *Tribu des Galéopithèques.*
Famille des Insectivores. — Caractères zoologiques. — Organisation et mœurs des Hérissons, des Musaraignes et des Taupes.

Seizième leçon.

Famille des Carnivores. — Caractères zoologiques. — Particularités de l'organisation. — Division en trois tribus.
Tribu des Plantigrades. — Caractères zoologiques.
Organisation et mœurs des ours. (Ours bruns, Ours blancs.) — Des Blaireaux. — Usage de leurs poils.
Tribu des Digitigrades. — Caractères zoologiques. — Groupe des digitigrades vermiformes. — Histoire des Putois. (Putois commun, Furet, Belette, Hermine.) — Des Martes. (Martes communes, Fouines, Marte zibeline.) — Des Loutres. (Loutre commune, Loutre de mer.)
Genre des Chiens. — Histoire et mœurs de quelques races (Loups, Renards.)
Genre des Civettes. (Civette, Genette commune, Mangouste d'Egypte.).
Genre des hyènes.
Genre des Chats. — Mœurs. (Lion, Tigre, Léopard, Cougouar, Lynx, Chat.)
Tribu des Amphibies. — Caractères zoologiques. — Mœurs. (Phoque, Morse.)

Dix-septième leçon.

Ordre des Marsupiaux. — Caractères zoologiques. — Particularités de leur organisation. — Mœurs. (Sarigues, Phalangers, Kangouroos.)
Ordre des Rongeurs. — Caractères zoologiques. — Particularités de leur organisation. — Organisation et mœurs du genre Ecureuil. — Ecureuils proprement dits. (Ecureuil commun, Polatouche.) — Organisation et mœurs du genre Rat.

— Marmottes. — Mœurs. — Hibernation. — Loirs. — Rats proprement dits. (Souris, Rat, Surmulot.) — *Hamsters.* — *Campagnols.* — *Gerboises.*

Genre des Castors. — Organisation et mœurs des Castors proprement dits. — *Genre des Porcs-Epics.* — Organisation et mœurs des Porcs-Epics proprement dits. — *Genre Lièvre.* — Organisation et mœurs des Lièvres proprement dits. (Lièvre commun, Lapin.) — *Genre des Cabiais.* (Cochon d'Inde.) — *Chinchilla.* — Notions sur le commerce des pelleteries et sur les usages des poils en chapellerie. — Du Feutrage.

Dix-huitième leçon.

Ordre des Edentés. — Caractères zoologiques. — Division en trois familles.

Famille des Paresseux. — Organisation. — Mœurs (Aï).

Famille des Edentés ordinaires. — Tatous, Fourmilliers. (Pangolins.)

Famille des Monothrèmes. — Particularités de leur organisation. — — Ornithorynques. (Echidnés.)

Ordre des Pachydermes. — Caractères zoologiques. — Particularités de leur organisation. — Division en trois familles.

Famille des Proboscidiens. — Genre Eléphant. — Organisation. — Mœurs. — Usages. — Ivoire. — (Eléphans d'Asie, d'Afrique et de Sibérie.)

Dix-neuvième leçon.

Famille des Pachydermes ordinaires. — Genre Hippopotame. — Genre Cochon. (Sanglier, Cochon domestique.) — Genre Rhinocéros.

Famille des Solipèdes. — Cheval. — Mœurs. — Signes de l'âge des chevaux. — Principales races. — Ane. — Zèbre.

Vingtième leçon.

Ordre des Ruminans. — Caractères zoologiques. — Particularités de leur organisation. — Rumination.

Ruminans sans cornes. — Genre Chameaux. — Chameaux proprement dits. — Particularités d'organisation. — Mœurs et usages. — (Chameau à une bosse, Chameau à deux bosses.) —Lamas. — Genre Chevrotains. (Chevrotain, Musc.) — Genre des Cerfs. — Bois. — Mœurs. — (Daim, Cerf commun, Chevreuil, Renne.) — Genre Giraffe. — Genre des Antilopes. (Gazelle, Chamois.) — Genre des Chèvres. (Chèvre sauvage, Ægagre, Bouquetin, Chèvre domestique.)

Vingt-unième leçon.

Genre mouton. — (Argali, Mouflon, Mouton domestique.) — Laine. — Mérinos. — Commerce. — Genre Bœufs. — (Bœuf ordinaire, Aurochs, Buffle, Bison, Yark.) — Usage des Bœufs. — Lait. — Beurre. — Fromage. — Cuir.
Ordre des Cétacés. — Caractères zoologiques. — Particularités d'organisation. — Mœurs. — Division en deux familles. — *Cétacés herbivores.* — Lamantins, *Cétacés ordinaires.* — Appareil des souffleurs. — Genre Dauphins. (Dauphin, Marsouin.) — Genre Narwal. — Genre Cachalot. — Organisation. — Mœurs. — Blanc de Baleine. — Ambre gris. — Genre Baleine. — Organisation et mœurs. — Fanons. — Graisse. — Usages. — Pêche de la Baleine et du Cachalot.

Vingt-deuxième leçon.

Classe des oiseaux. — Caractères zoologiques des oiseaux. — Particularités de l'organisation.

Vingt-troisième leçon.

OEufs. — Incubation. — Nids. — Migrations. — Classification.

Vingt-quatrième leçon.

Ordre des Rapaces. — Caractères zoologiques. — Mœurs. — Division en deux familles.
Famille des Diurnes. — Caractères zoologiques et Mœurs des Vautours. (Vautour fauve. — Roi des Vautours. — Condor. Percnoptère d'Egypte.) — Griffons. — Genre des Faucons. — Division en deux groupes, nobles et ignobles. — Fauconnerie. — Faucon ordinaire. — Aigles. — Aigles pêcheurs. — Eperviers. — Milans. — Buses. — Buzards. — Caractères et mœurs.
Famille des Nocturnes. — Caractères et mœurs. — Hiboux. — Effraye. — Duc.

Vingt-cinquième leçon.

Ordre des Passereaux. — Caractères zoologiques. — Mœurs. — Division en cinq familles.
Famille des Dentirostres. — Pie-grièche, Gobe-mouches, Cotingas, Merles, Grives, Cincles, Loriots, Lyres, Becs-fins, (tels que Rossignols, Fauvettes et Roitelets).
Famille des Fissirostres. — Hirondelles. — Mœurs. (Hirondelle proprement dite, Martinet.) — Engoulevents. — Mœurs.

Famille des Conirostres — Alouettes. — Mésanges. Bruans. — Moineaux. — Corbeaux. (Corbeau proprement dit, Choucas, Pie, Geai.) — Oiseau de Paradis.

Vingt-sixième leçon.

Famille des Tenuirostres. — Sitelles. — Grimpereaux. — Colibris.

Famille des Syndactyles. — Guépiers. — Martins-pêcheurs. — Calaos.

Ordre des Grimpeurs — Caractères zoologiques. — Pics. Torcols. — Coucous. — Toucans. — Perroquets. Mœurs. (Aras, Perruche, Perroquet proprement dit.)

Vingt-septième leçon.

Ordre des Gallinacés. — Caractères zoologiques. — Mœurs. — Alectors. — Paons. (Paon domestique.) — Dindon. — Pintade. — Genre Faisan. — (Coq domestique, Faisan commun, Faisan doré.) — Genre Tétras. — (Coq de bruyère, Perdrix, Caille.) — Genre Pigeon. — Mœurs. — Pigeons voyageurs.

Vingt-huitième leçon.

Ordre des Echassiers. — Caractères zoologiques. — Mœurs. — Division en huit familles.

Famille des Brevipennes. — Autruche. — Organisation. — Mœurs. — Casoars.

Famille des Pressirostres. — Outardes. — Pluviers. — Vanneaux.

Famille des Cultrirostres. — Grues. — (Grue commune.) — Hérons. (Héron commun.) — Cigognes. (Cigognes communes.) — Spatule.

Famille des Longirostres. — Genre Bécasse. — Ibis. (Ibis sacré.) — Bécasses. (Bécasse ordinaire, Bécassins.) — Avocettes.

Famille des Macrodactyles. — Rales. — Poules d'eau.

Famille des Flamans. — Flamans ordinaires. — Mœurs.

Vingt-neuvième leçon.

Famille des Palmipèdes. — Caractères zoologiques. — Mœurs. — Division en quatre familles.

Famille des Plongeurs. — Plongeons. (Grèbes.) — Pingouins. — Manchots.

Famille des Longipennes. — Petrels. — Albatros. — Goëlands. — Hirondelle de mer.

Famille des Totipalmes. — Genre Pélican. (Pélican proprement dit.) — Organisation. — Mœurs. — Frégates. — Fous.
Famille des Lamellirostres. — Genre Canards. — Cignes. — Oies. —Canards. — Eiders. — Genre Harles.

2055. A l'avenir, les prix de la fin de l'année dans les différentes classes du collége royal de Strasbourg seront donnés, pour chaque faculté, d'après le résultat de toutes les compositions qui auront eu lieu dans ladite faculté, depuis les vacances de Pâques, la dernière composition ayant une valeur triple.

La supputation des places obtenues dans toutes les compositions de chaque faculté, ainsi que l'appréciation du cas d'absence, aura lieu dans les formes prescrites par l'arrêté du 29 novembre 1825.

(Arrêté du 8 juillet 1834 (1).)

2056. Le catalogue des ouvrages qui seront employés pour l'enseignement, dans les colléges de l'académie de Paris et des autres académies du royaume, pendant l'année scolaire 1834-1835, est arrêté ainsi qu'il suit :

(Arrêté du 18 juillet 1834 (2).)

Sixième.

Évangiles des dimanches en latin.

Grammaires française, latine et grecque (une de celles dont l'usage est autorisé par l'Université).

Dictionnaires (un de ceux dont l'usage est autorisé par l'Université).

Selectæ è profanis.

Cornelius Nepos.

Fables d'Esope.

Une des géographies élémentaires dont l'usage est autorisé par l'Université.

Mœurs des Israélites et des Chrétiens.

Précis de l'histoire ancienne, approuvé par l'Université.

Cinquième.

Novum Testamentum (actes des apôtres).

Grammaires et dictionnaires (comme en sixième).

Dictionnaire grec (un de ceux dont l'usage est autorisé par l'Université).

---

(1) Le conseil, vu la lettre de M. le recteur de l'académie de Strasbourg en date du 24 juin dernier,
Arrête ce qui suit, etc.

(2) Voir, pages 550 et suivantes, la liste des ouvrages désignés en 1809 pour servir à l'enseignement des lycées.

Racines grecques.
Selectæ è profanis.
Justin.
Phædri fabulæ.
Extrait des Dialogues des morts de Lucien. — Le Coq, *editio expurgata*.
Elien.
Isocrate à Démonique.
Une des géographies dont l'usage est autorisé par l'Université.
Précis de l'histoire ancienne, approuvé par l'Université.
Télémaque.

Quatrième.

Novum Testamentum (texte grec).
Grammaires et dictionnaires (comme ci-dessus).
Gradus ad Parnassum.
Une des prosodies latines dont l'usage est autorisé par l'Université.
Racines grecques.
Cicéron (*de Senectute et de Amicitiâ*).
Quinte-Curce.
Commentaires de César.
Virgile.
Cyropédie, ou traités moraux de Xénophon.
Vies de Plutarque ou d'Hérodien.
Précis de l'histoire romaine, approuvé par l'Université.
Morceaux choisis de Fénélon.
Vie de Charles XII.

Troisième.

Novum Testamentum græcum (évangile selon saint Luc).
Traité de versification latine de M. Quicherat.
Salluste.
Cicéron (les Catilinaires).
Virgile.
Plutarque, traités de morale.
Homère.
Précis de l'histoire du moyen âge, approuvé par l'Université.
Siècle de Louis XIV, de Voltaire.
Petit Carême de Massillon.
Morceaux choisis de Buffon.
Boileau.

Seconde.

Novum Testamentum græcum.
Tite-Live (Res memorabiles).

Cicéron (de Officiis, et discours).
Tacite.
Virgile.
Horace (les odes).
Philippiques de Démosthènes.
Platon (l'Apologie, ou le Menexène, ou le premier Alcibiade).
Homère.
Une tragédie de Sophocle ou d'Euripide.
Le discours pour Eutrope, de S. Jean-Chrysostôme.
Précis de l'histoire moderne, approuvé par l'Université.
J. B. Rousseau.
Grandeur et Décadence des Romains.
Histoire universelle de Bossuet.

RHÉTORIQUE.

Classes du matin.

Novum Testamentum græcum (actes des apôtres).
Traité de rhétorique (un de ceux dont l'usage est autorisé par l'Université).
Conciones (ex latinis scriptoribus excerptæ).
Cicéron (discours, et Brutus *seu de claris oratoribus*).
Tacite.
Démosthènes (Discours de la couronne).
Conciones græcæ.
Oraisons funèbres de Bossuet et de Fléchier.
Caractères de La Bruyère.

Classes du soir.

Horace.
Virgile.
Lucain (édition abrégée de M. Naudet).
Homère.
Pindare.
Une tragédie de Sophocle ou d'Euripide.
Théâtre classique (Athalie, Esther, Polyeucte, le Misanthrope).
Boileau.
La Henriade.

(Arrêté du 18 juillet 1834.)

Arrêté portant que les dispositions de l'arrêté du 29 novembre 1825, concernant la distribution des prix dans les colléges de Paris, sont rendues applicables à tous les colléges royaux (1).

2056. Les dispositions de l'arrêté du 29 novembre 1825, concernant les distributions des prix dans les colléges de Paris, sont rendues applicables à tous les colléges royaux.

Les prix du premier et du deuxième semestre seront, en conséquence, décernés, non d'après une composition unique, mais d'après toutes les compositions du semestre, en suivant le mode d'évaluation établi par le susdit arrêté, la dernière composition conservant une valeur triple.

Lorsque, par le calcul des places obtenues dans le cours de l'année, et à la dernière composition, deux ou plusieurs élèves auront le même nombre de points donnant droit aux prix et aux accessit, celui des concurrens qui aura eu l'avantage dans la dernière composition obtiendra le prix ou l'accessit, toute mention *ex æquo* demeurant interdite.

Sont abrogées les dispositions du statut du 4 septembre 1821, contraires au présent règlement.

(Arrêté du 12 septembre 1834, art. 1... 4.)

DES COURS INDUSTRIELS ANNEXÉS AUX COLLÉGES ROYAUX (2).

Programme des cours spéciaux établis dans le collége royal de Nanci, en faveur des élèves qui, après avoir subi les premières années des cours actuels, veulent se livrer au commerce, aux divers arts indus-

(1) Le conseil de l'instruction publique,
Vu les articles 202 et 221 du statut du 4 septembre 1821,
Arrête ce qui suit, etc.

(2) Nous avons depuis long-temps exprimé le vœu d'une instruction secondaire qui satisfît aux besoins spéciaux d'une portion nombreuse de jeunes gens auxquels l'instruction primaire ne saurait suffire. — « Il importe, disions-nous, au bonheur et à la tranquillité de l'état de fournir à toutes les classes de la société les moyens d'acquérir une instruction convenable dans l'ordre et la proportion de leurs intérêts respectifs.

» Indépendamment des écoles primaires qui donnent le premier degré d'instruction nécessaire à tous les hommes, des colléges et des facultés où l'on reçoit une instruction beaucoup plus étendue et plus élevée, il y aurait, dans chacune des académies de l'Université royale, des écoles secondaires destinées à donner le genre d'instruction que réclament plus particulièrement les classes industrielles et manufacturières.

Ces écoles secondaires seraient ou communales, ou particulières, selon qu'elles auraient été fondées par les communes ou par les particuliers; les unes et les autres seraient placées, comme toutes les autres écoles, sous la direction et la surveillance du conseil royal de l'instruction publique, qui ferait en conséquence tous les règlemens nécessaires d'enseignement et de discipline.

L'enseignement de ces nouvelles écoles comprendrait, outre la religion, base générale de l'éducation et de l'instruction dans tout le royaume,

Le dessin linéaire et de figure;

La langue française et les autres langues vivantes qu'il importe le plus de savoir écrire et parler;

L'arithmétique, et ses applications à la tenue des livres et à tout ce qui intéresse le commerce;

La géographie générale et particulièrement la géographie de la France, avec les notions statistiques les plus importantes sur chaque département et sur les colonies;

triels, ou à une profession quelconque pour laquelle l'étude approfondie des langues anciennes n'est point indispensable (1).

2057. L'enseignement se divise en deux années et dans l'ordre suivant :

Première année.

Français. — Le professeur enseigne les principes raisonnés de la grammaire générale et de la langue française; il exerce les élèves à des compositions telles qu'analyses, lettres, rapports, narrations, etc.

Des notions suffisantes de l'histoire ancienne;
L'histoire moderne et spécialement l'histoire de France;
Les élémens de l'algèbre, la géométrie et la statique;
L'arpentage, la perspective, la géométrie descriptive;
Des notions élémentaires d'architecture civile;
La technologie et l'étude des machines;
Les élémens de physique, de chimie et d'histoire naturelle, considérées dans leurs rapports aux arts et aux manufactures;
Les principaux élémens du droit civil, du droit commercial, du droit public et administratif.

Cet enseignement serait organisé dans chacune de ces écoles d'une manière plus ou moins étendue, selon que les ressources de chaque établissement seraient plus ou moins considérables.

Dans leur session annuelle du mois de mai, les conseils municipaux feraient connaître au préfet du département si leurs communes respectives désirent qu'il soit établi dans leur sein une ou plusieurs de ces écoles secondaires.

La délibération par laquelle une ville exprimerait le désir de posséder une ou plusieurs écoles secondaires devrait contenir, en même temps, le vote de la concession d'un local convenable et d'une dotation annuelle ou de toute autre ressource certaine, suffisante pour assurer, au moins pendant une période de dix années, l'existence des écoles et le sort des fonctionnaires qui y seraient attachés.

Les chefs et les maîtres attachés à ces écoles secondaires auraient le même droit aux pensions de retraite, et sous les mêmes conditions, que les fonctionnaires des colléges communaux.

Les années de services rendus dans les autres écoles de l'Université seraient comptées aux fonctionnaires des écoles secondaires, pour le temps nécessaire à l'obtention des pensions de retraite.

Les villes et les particuliers seraient admis à fonder des bourses dans les écoles secondaires, comme dans les colléges et les facultés.

Le conseil royal a d'abord essayé d'introduire ce nouvel enseignement dans l'instruction publique, en l'annexant à des établissemens déjà formés et en possession de la confiance des familles. On voit ici un exemple des dispositions prises dans ce dessein. Mais les villes mêmes qui avaient demandé l'adjonction de ces nouveaux cours aux cours ordinaires des colléges ont fini par y trouver des inconvéniens; et depuis que la loi du 28 juin 1833 a beaucoup élevé l'instruction primaire, elles ont demandé que les cours spéciaux et industriels établis dans leurs colléges royaux fussent convertis en écoles primaires supérieures. Cette demande a été accueillie, et la conversion s'est faite sur les bases suivantes :

1. Le directeur de l'école primaire supérieure annexée au collége royal sera subordonné au proviseur.
2. Le censeur aura droit de surveillance sur la discipline et sur l'enseignement de l'école, et des élèves du collége pourront y être admis en se conformant aux règlemens.
3. Les élèves de l'école primaire seront présentés au proviseur, avant de l'être au directeur.
4. Le directeur délivrera aux élèves de l'école une carte d'entrée analogue à celle qui est délivrée par le censeur aux externes du collége.
5. Les instructions transmises par le comité d'arrondissement au directeur seront com-

(1) Les conditions d'admission sont les mêmes que pour les élèves du collége royal.

Mathématiques (1). — Arithmétique, applications aux opérations commerciales, tenue de livres en partie simple et en partie double, élémens de géométrie, trigonométrie avec des applications, arpentage.

Physique. — Les élèves suivront cette année les cours actuels de physique et de chimie.

Histoire naturelle. — Elémens de botanique et de zoologie.

Allemand. — Elémens de la grammaire allemande, explication et traduction des divers auteurs. Les élèves seront exercés à parler et à écrire cette langue.

Histoire. — Cours d'histoire moderne, histoire de France.

Géographie commerciale. — On s'attache à faire connaître dans ce cours les productions, les débouchés des différentes parties du globe, enfin la statistique commerciale des principaux pays.

Ecriture perfectionnée, dessin, lavis des plans, etc.

Deuxième année.

Français. — Cours de rhétorique française, histoire abrégée de la littérature, composition, etc.

muniquées par celui-ci au proviseur, qui soumettra, s'il y a lieu, ses observations au recteur de l'académie.

6. Le proviseur aura le droit d'entrer dans les salles de classes, quand il le jugera convenable.

7. Le directeur remettra au proviseur des notes hebdomadaires sur les internes du collège et des notes trimestrielles sur les externes.

8. L'instruction sera celle qui est prescrite par la loi du 28 juin 1833. L'étude de la langue (allemande, à Nanci) (anglaise, à Caen), y sera ajoutée comme développement.

9. Les maîtres-adjoints seront présentés par le proviseur et le directeur à l'approbation du recteur.

10. La rétribution mensuelle sera déterminée par le conseil municipal qui réglera aussi le nombre de places gratuites qu'on devra réserver conformément à l'article 14 de la loi du 28 juin.

11. La rétribution mensuelle jointe aux fonds votés par la ville devra solder entièrement les frais des cours, les traitemens des maîtres-adjoints et celui du directeur. Le budget des recettes et des dépenses de l'école primaire sera établi en conséquence.

12. La comptabilité de l'école sera entièrement distincte de celle du collége.

13. Un projet de règlement spécial sera ultérieurement dressé par le directeur de l'école, délibéré par le comité d'arrondissement, et envoyé par le recteur au ministre de l'instruction publique pour être soumis à l'approbation du conseil royal.

Rien n'empêche qu'il n'en soit de même pour les villes qui, comme Alençon dans le département de l'Orne, ont obtenu que des cours spéciaux du même genre eussent lieu dans leur collége communal.

Toutefois, il ne paraît pas que l'enseignement des *écoles primaires supérieures*, qui doivent, après tout, rester *écoles primaires*, puisse répondre complètement aux vœux et aux besoins de la société sous le rapport des grands intérêts du commerce et de l'industrie. Des établissemens à part et susceptibles de tous les développemens de l'instruction secondaire nous semblent indispensables, et c'est à quoi pourvoira sans doute la loi générale sur l'instruction publique.

(1) Après la première année de mathématiques, les élèves sont aptes à se présenter aux examens pour le grade d'élèves de seconde classe de la marine.

Philosophie. — Les élèves de l'école spéciale auront la faculté de suivre, en tout ou en partie, le cours de philosophie qui a lieu pour les élèves du collége royal. On y joint un cours élémentaire sur les principes généraux du droit.

Mathématiques (1). — Géométrie, élémens d'algèbre, de statique, de mécanique appliquée aux machines, et de géométrie descriptive.

Physique et chimie. — Application de la physique et de la chimie aux arts et métiers.

Le professeur termine son cours en faisant visiter à ses élèves les principaux établissemens de la ville de Nanci et des environs; il fait lever par ses élèves le plan des machines les plus importantes qu'on y rencontre.

Histoire naturelle. — Elémens de minéralogie, de physiologie végétale; notions générales d'agriculture.

Allemand. — Continuation et complément du cours précédent.

Histoire et géographie. — Complément des cours précédens.

Ecriture, dessin, perspective.

(Décision du 28 juillet 1829.)

Arrêté relatif à la rétribution spéciale que doivent payer les élèves qui suivent les cours des écoles industrielles et préparatoires annexées à divers colléges royaux.

2058. Tout élève admis aux cours des écoles industrielles et préparatoires payera une rétribution spéciale, destinée à acquitter les traitemens des professeurs et les autres frais de l'école.

Cette rétribution sera fixée sur la proposition des conseils académiques. Elle pourra varier suivant les localités et suivant l'étendue de l'enseignement.

(Arrêté du 29 janvier 1833, art. 1er. (2).)

2059. Les élèves externes qui se borneront à suivre les cours industriels ne seront tenus qu'au payement de la rétribution spéciale. On prélèvera au profit du collége sur cette rétribution une somme équivalente au tiers des frais d'études payés par les externes latinistes.

Ceux des externes qui suivront à la fois les cours du collége

---

(1) Les élèves verront cette année au-delà des matières exigées pour l'admission à l'école militaire.

(2) Le conseil, vu le rapport qui lui a été présenté sur la rétribution spéciale que doivent payer les élèves qui suivent les cours des écoles industrielles et préparatoires annexées à divers colléges royaux,

Arrête ce qui suit, etc.

et les cours de l'école industrielle payeront, outre la rétribution spéciale, une somme égale aux deux tiers des frais d'études.

(Ibid., art. 2 et 3.)

2060. Lorsqu'un élève boursier aura obtenu l'autorisation de suivre les cours industriels, il payera la rétribution spéciale, moins une somme égale au tiers des frais d'études. Cette rétribution sera exigible, soit que l'élève suive ou ne suive pas l'enseignement classique.

(Ibid., art. 4.)

2061. La rétribution spéciale des élèves pensionnaires admis aux cours industriels sera égale à celle des élèves boursiers.

Si le pensionnaire suit tout à la fois l'enseignement classique et l'enseignement commercial, il payera cette rétribution indépendamment du prix de sa pension.

S'il ne suit que l'enseignement commercial, on affectera au payement de la rétribution spéciale le dixième de la pension payée par lui au collége, après en avoir déduit toutefois la somme attribuée au censeur et à l'économe, à titre d'éventuel.

(Ibid., art. 5.)

DE L'ADMINISTRATION ÉCONOMIQUE (1).

Des conseils académiques et des commissions d'administration.

2062. En conséquence de l'article 23 du décret du 4 juin 1809, le bureau d'administration des lycées est remplacé par le conseil de l'académie dans l'arrondissement de laquelle il se trouve situé.

En conséquence du même article, quand le lycée est éloigné du chef-lieu de l'académie, le bureau d'administration est remplacé par une commission d'administration, composée de quatre délégués du recteur, et présidée par un inspecteur de l'académie.

(Statut du 19 septembre 1809, art. 1 et 2.)

2063. Le conseil académique et la commission d'administration peuvent appeler, quand ils le jugent convenable, le proviseur et l'économe du lycée; ils peuvent aussi mander les divers employés du lycée.

---

(1) Il n'est plus besoin sans doute de répondre à certains critiques, qui reprochaient à l'autorité supérieure de s'occuper des détails de l'administration financière des collèges. — Trop d'expériences ont prouvé que les plus belles institutions périssent faute d'une sévère économie dans leurs dépenses ou d'une suffisante activité pour leurs recettes. Toutes les grandes associations, les états eux-mêmes, ont besoin à cet égard de la même sagesse et de la même vigilance, que le père de famille pour son modeste patrimoine. L'Université a prouvé qu'elle comprenait les nécessités de l'administration économique, comme celles de l'enseignement et de la discipline.

Ils visitent de temps en temps l'intérieur de l'établissement, pour s'assurer de la qualité des alimens et de la bonne tenue des élèves.

Ils réforment sur-le-champ les abus qu'ils ont remarqués; ils se mettent en état de rendre aux inspecteurs généraux de l'Université un compte exact de l'administration économique du lycée.

(Ibid., art. 3... 5.)

2064. Il y a, au moins tous les trois mois, une séance du conseil académique, ou de la commission d'administration, pour les affaires de chaque lycée.

Sur la demande du proviseur, le président peut convoquer des séances extraordinaires.

Il est tenu procès-verbal de ces séances sur un registre particulier, qui doit être coté et paraphé par le président.

Les membres de la commission d'administration remplissent tour à tour, dans l'ordre de leur nomination, les fonctions de vice-président et de secrétaire, de trois mois en trois mois.

En cas de partage d'opinions, la voix du président est prépondérante.

(Ibid., art. 6... 10.)

Des sommes qui doivent être payées par les élèves.

2065. Les sommes qui doivent être payées par les élèves sont différentes suivant les différentes classes des lycées.

Les lycées sont divisés en trois classes dans les départemens; ceux de Paris forment une classe particulière.

Le prix de la pension des élèves est fixé à 750 francs dans les lycées de première classe, à 650 francs dans ceux de seconde classe, et à 600 francs dans les lycées de troisième classe (1).

(Ibid., art. 11, 12 et 16.)

2066. Les parens de chaque élève doivent indiquer, dans la ville où le lycée est situé, un correspondant auquel le proviseur pourra s'adresser, pour le payement de la pension, et pour tout ce qui concerne les intérêts de l'élève.

(Ibid., art. 17.)

2067. Indépendamment du prix réglé pour la pension, les élèves entretenus par leurs parens payent annuellement une somme de 50 francs pour tous frais de livres et dépenses d'études.

Les élèves nationaux ne payent cette somme qu'en raison de la part de pension qui est à la charge de leurs parens.

(Ibid., art. 18 et 19.)

(1) Voyez les différentes classes de colléges royaux et les divers prix de pension dans la 1ʳᵉ partie du code, pages 127 et 128, 154 et 156.

2068. Les élèves, en entrant dans les lycées, devront apporter le trousseau suivant (1) :

Un habit de drap gris de fer, collets, revers et paremens couleur ponceau, doublure de serge même couleur ; les revers coupés droit ; boutons jaunes en entier de métal, portant le mot *lycée* au milieu, et autour en légende le nom du lieu où sera le lycée ;

Un surtout ;

Deux vestes, dont une à manches, et l'autre veste-gilet, de même couleur que l'habit ;

Deux culottes, *idem* ;

Deux caleçons ;

Deux chapeaux français ;

Deux paires de draps de douze mètres chaque, en toile de cretonne ;

Six serviettes ;

Huit chemises, toile de cretonne ;

(1) Divers arrêtés des 2 avril 1811, 12 octobre 1815, 14 juin 1825, 26 mai 1827 et 27 novembre 1832, ont modifié le statut à l'égard du trousseau. — Nous ne reproduirons dans cette note que les dispositions qui sont présentement observées.

A dater de ce jour (14 juin 1825), les élèves, en entrant dans les colléges royaux à pensionnat de Paris devront apporter le trousseau suivant :

Deux habits de drap d'Elbœuf, bleu de roi, avec le bouton du collége ;
Deux gilets du même drap ;
Deux pantalons, *idem* ;
Deux chapeaux ronds ;
Trois paires de souliers ;
Deux paires de draps de 16 m. 65 cent. (14 aunes), en toile de cretonne, chacun d'un m. 10 cent. (3/4 1/2), de largeur ;
Douze serviettes en toile de cretonne de 1 m. 10 cent. (3/3 1/2) de largeur.
Douze chemises en toile de cretonne;
Douze mouchoirs de poche de 60 cent. (22 pouces) ;
Huit cravates doubles en percale de 70 centimètres (26 pouces) ;
Deux cravates de soie noire ;
Douze paires de bas de coton bleu mélangé ;
Six bonnets de coton doubles ;
Une brosse à peigne et une à habit ;
Deux peignes, un d'ivoire, un de corne, et un sac pour les contenir ;
Une cassette pour le dortoir ;
Une barraque pour serrer les livres ;
Un couvert et un gobelet d'argent, marqués du nom de l'élève et de son numéro.
La marque des effets et première garniture des bas est également à la charge des parens.
Les trousseaux seront constamment entretenus en bon état et au complet, et devront être ainsi rendus, lorsque les élèves quitteront le collége ou seront transférés dans un autre établissement.
A la sortie définitive de l'élève, les draps et les serviettes faisant partie de son trousseau appartiendront à l'infirmerie ; mais si l'élève n'a fait qu'un court séjour dans l'établissement, ces objets pourront lui être restitués sur une décision de S. Exc. le grand-maître de l'Université, en sa qualité de recteur de l'académie de Paris.
Si l'élève passe dans un autre collége royal, le trousseau lui sera rendu avec les draps et serviettes.
La gratification d'entrée pour les domestiques, que les colléges royaux à pensionnat de Paris étaient dans l'usage d'exiger de chaque élève nouvellement admis, est et demeure supprimée.
Le prix de chaque trousseau est fixé savoir : pour la première taille à 600 francs

Six mouchoirs;
Six cravates, dont quatre de mousseline double, et deux de soie noire;
Quatre paires de bas de coton;
Trois bonnets de nuit;
Deux peignoirs;
Une brosse;

pour la deuxième à 575 francs, et pour la troisième à 550 francs, conformément au tarif annexé au présent arrêté.

DÉTAIL DES OBJETS.	ÉVALUATION DES OBJETS.			OBSERVATIONS.
	1re. Taille, de 4 pieds 10 pouces et au-dessus.	2e. Taille, de 4 pieds 3 pouces et au-dessus.	3e. Taille, de 4 pieds 8 pouces et au-dessous.	
	fr. c.	fr. c.	fr. c.	
Deux habits de drap d'Elbeuf, bleu de roi, avec le bouton du collége.	86 00	80 00	70 00	
Deux gilets de même drap.	16 00	14 00	12 00	
Deux pantalons idem.	48 50	43 50	41 00	
Deux chapeaux ronds.	24 00	24 00	24 00	
Trois paires de souliers.	18 00	15 00	13 50	
Deux paires de draps de 16 mèt. 65 cent. (14 aunes) chacun, en toile de cretonne, 1 mèt. 10 cent. (3/4 et 1/2) de largeur.	100 00	100 00	100 00	
Douze serviettes en toile de cretonne de 1 m. 8 c. (40 p.).	36 00	36 00	36 00	
Douze chemises en toile de cretonne.	92 00	86 00	80 00	
Douze mouchoirs de poche de 60 cent. (22 pouces).	20 00	20 00	20 00	
Huit cravates doubles en percale de 70 cent. (26 pouces).	18 00	18 00	18 00	
Deux cravates de soie noire. . . .	6 00	6 00	6 00	
Douze paires de bas de coton bleu mélangé.	39 00	36 00	33 00	
Six bonnets de coton doubles. . . .	10 50	10 50	10 50	
Une brosse à peigne et une à habit.	2 00	2 00	2 00	
Deux peignes, un d'ivoire, un de corne, et un sac pour les contenir.	4 00	4 00	4 00	
Une cassette pour le dortoir. . . .	5 00	5 00	5 00	
Une barraque pour serrer les livres.	5 00	5 00	5 00	
Marque des effets et première garniture des bas.	10 00	10 00	10 00	
Un couvert et un gobelet d'argent marqués du nom de l'élève et de son numéro.	60 00	60 00	60 00	
	600 00	575 00	550 00	

A partir du 1er. juin 1827, les élèves, en entrant dans les colléges royaux, à peu-

Deux peignes;
Deux paires de souliers;
Un couvert et un gobelet d'argent : le tout neuf.
(Ibid., art. 29.)

sionnat de Paris, devront apporter les effets suivans, indépendamment de ceux qui sont compris dans le trousseau déterminé par l'arrêté du 14 juin 1825; savoir :
 Trois pantalons d'été ;
 Deux gilets, *idem*;
 Douze caleçons, dont six pour l'hiver et six pour l'été.

L'étoffe pour les pantalons et les gilets d'été sera en laine et coton, et de couleur foncée, conformément à l'échantillon proposé par MM. les proviseurs.

Pour les caleçons, l'étoffe sera de siamoise écrue pour l'hiver, et de toile de Flandres pour l'été.

Les caleçons devant être longs ; les bas, au nombre de douze paires, qui faisaient précédemment partie du trousseau, seront remplacés par un même nombre de paires de chaussettes.

Les pantalons d'été et les caleçons seront entretenus et remplacés aux frais du collège, comme les autres effets dont se compose le trousseau, et à la sortie de l'élève, il lui sera rendu le même nombre de pantalons d'été et de caleçons qu'il aura fournis.

En conséquence de ces nouvelles dispositions, le prix d'un trousseau, lorsqu'il sera fourni par les colléges, sera, à partir du 1er. juin 1827, savoir :
 Pour la 1re. taille, de 680 fr. au lieu de 600.
 Pour la 2e. taille, de 650 au lieu de 575.
 Pour la 3e. taille, de 620 au lieu de 550.

Le prix des caleçons courts qui seront fournis par le collége est fixé ainsi qu'il suit :
 Pour la 1re. taille, à. . . . . 3 f. 70 c.
 Pour la 2e. taille, à. 3 45
 Pour la 3e. taille, à. 3 20

A dater de ce jour (27 novembre 1832), le trousseau des élèves internes admis dans les colléges royaux des départemens devra être composé des objets ci-après désignés :

Deux fracs ou habits bourgeois de drap bleu de roi, doublés de même, avec boutons jaunes, en entier de métal, portant deux branches de laurier; autour, en légende, les mots : *collége royal de* (le nom de la ville où est le collége royal) ;

Deux gilets de même étoffe que les habits ;
Deux pantalons *idem* ;
Quatre caleçons ;
Deux chapeaux ronds ;
Deux paires de draps de lit de 14 mètres chacune, en toile de cretonne ou autre toile de fil de même qualité ;
Dix serviettes en toile ;
Douze chemises *idem*, dont six à la taille de l'élève et six plus grandes ;
Douze mouchoirs *idem* ;
Huit cravates, dont quatre de mousseline ou de percale, doubles, et quatre de soie noire ;
Douze paires de bas de coton ;
Quatre serre-tête en toile, ou quatre bonnets de coton doubles ;
Une brosse à peigne et une brosse à habit ;
Deux peignes, un d'ivoire, un de corne, et un sac pour les contenir ;
Trois paires de souliers :
Un couvert et un gobelet d'argent, marqués au nom de l'élève ;
Marque des effets et première garniture des bas ;

Toutes les étoffes, toiles et mousselines employées dans les trousseaux devront être de manufactures françaises.

Les proviseurs ne pourront, sous quelque prétexte que ce soit, introduire ou autoriser aucun changement, soit dans le nombre des objets dont le trousseau de chaque élève doit être composé, soit dans la forme des vêtemens.

Dans les colléges où le trousseau des élèves était composé d'un nombre d'objets moins considérable que celui des objets compris dans le trousseau désigné à l'article 1er., il ne sera exigé des anciens élèves aucune fourniture supplémentaire ; mais les changemens prescrits par le présent arrêté, en ce qui concerne la forme des vêtemens, s'effectueront à l'égard de ces élèves à mesure qu'il sera nécessaire de leur donner des vêtemens neufs.

2069. Sous quelque prétexte que ce soit, il ne peut rien être exigé au delà des objets ci-dessus mentionnés.

A la sortie de l'élève, un semblable trousseau lui est rendu, à l'exception des draps et des serviettes, qui appartiennent à l'infirmerie.

(Ibid., art. 21 et 22.)

2070. Les frais d'études des élèves externes seront fixés, pour chaque lycée, par le conseil de l'Université, sur la proposition du recteur, d'après l'avis du conseil académique.

(Ibid., art. 23.)

2071. Le montant de la pension des élèves est divisé en cinq parties inégales, ou masse.

Dans les lycées de première classe, la masse de nourriture est portée pour. . . . . 365 francs.
La masse d'entretien pour. 30
La masse d'habillement pour. 80
La masse des dépenses communes pour. . . . 233
Et la masse des menues dépenses pour. . . 42

Dans les lycées de seconde classe, la masse de nourriture est portée pour. . . . . 328 francs.
La masse d'entretien pour. 25
La masse d'habillement pour. 75
La masse des dépenses communes pour. . . 186
Et la masse des menues dépenses pour. . . 36

Dans les lycées de troisième classe, la masse de nourriture est portée pour. . . . . 310 francs.
La masse d'entretien pour. 25
La masse d'habillement pour. 75
La masse des dépenses communes pour. . . 160
Et la masse des menues dépenses pour. . . 30

(Ibid., art. 24... 27.)

2072. Le proviseur tient un registre qui doit être paraphé par le recteur, et où il inscrit jour par jour, sans aucun blanc, l'entrée et la sortie des élèves : il adresse, tous les trois mois, au recteur de l'académie, l'extrait certifié de ce registre.

(Ibid., art. 30.)

TITRE III.

Des traitemens, appointemens et gages.

2073. Dans les lycées de première classe, les traitemens sont fixés ainsi qu'il suit :

Proviseur...............	4,000 francs.
Censeur................	2,500
Professeur de premier ordre......	2,000
Professeur de deuxième ordre.....	1,800
Professeur de troisième ordre.....	1,500
Agrégé.................	400
Maître d'études..............	1,000
Aumônier................	1,200
Econome................	2,000
Maître d'exercice.............	800

Dans les lycées de seconde classe, les traitemens sont fixés ainsi qu'il suit :

Proviseur...............	3,500 francs.
Censeur................	2,000
Professeur de premier ordre......	1,800
Professeur de deuxième ordre.....	1,500
Professeur de troisième ordre.....	1,200
Agrégé.................	400
Maître d'études.............	800
Aumônier...............	1,000
Econome................	1,600
Maître d'exercice.............	600

Dans les lycées de troisième classe, les traitemens sont fixés ainsi qu'il suit :

Proviseur...............	3,000 francs.
Censeur................	1,500
Professeur de premier ordre......	1,500
Professeur de deuxième ordre.....	1,200
Professeur de troisième ordre.....	1,000
Agrégé.................	400
Maître d'études.............	700
Aumônier...............	900
Econome................	1,400
Maître d'exercice.............	500

Les appointemens des maîtres et des employés, qui ne sont pas énoncés ci-dessus, et les gages des domestiques, sont déterminés par le budget annuel.

(Ibid., art. 32... 35.)

2074. Les maîtres de dessin et d'écriture sont payés par le lycée; les maîtres de danse, de musique et d'escrime sont payés par les parens des élèves, sur les fixations qui sont faites par le conseil de l'académie.

(Ibid., art. 36.)

2075. Indépendamment de leur traitement fixe, le censeur et les professeurs jouissent d'un traitement supplémentaire, qui est déterminé de la manière suivante.

On retient le dixième de la pension des élèves payans, sans y comprendre le supplément de pension relatif aux livres classiques. On en forme un fonds commun, qui est réparti entre le censeur et les professeurs, proportionnellement à leur traitement fixe.

(Ibid., art. 37 et 38.)

2076. Les frais d'études des élèves externes sont divisés en trois tiers : un tiers appartient au professeur qui a les élèves externes dans sa classe; le second tiers est partagé entre le censeur et les professeurs, en raison de leurs traitemens fixes.

Le troisième tiers est mis en réserve, pour être employé ainsi qu'il sera ordonné par le conseil de l'Université, sur l'avis du conseil académique.

(Ibid., art. 39 et 40.)

2077. Les proviseurs des lycées ne sont point compris dans ces rétributions, attendu le supplément annuel qui leur est accordé par l'art. 39 de la loi du 11 floréal an X, et par l'article 11 de la loi du 15 brumaire an XII.

(Ibid., art. 41.)

2078. Les maîtres d'études sont nourris sur les fonds du lycée.

Le proviseur, le censeur et les professeurs peuvent être également nourris, moyennant une retenue sur leur traitement, de 400 fr. dans les lycées de première classe, et de 300 fr. dans les autres. L'aumônier sera nourri à la même table, sur les fonds du lycée.

La nourriture ne peut, dans aucun cas, être allouée en argent.

On ne peut prendre ses repas dans sa chambre qu'en cas de maladie, et il faut alors l'autorisation du proviseur.

(Ibid., art. 42.–45.)

2079. L'entretien et le blanchissage du linge ne sont à la charge du lycée que pour les élèves seulement.

(Ibid., art. 46.)

2080. Le traitement supplémentaire du proviseur ne doit

être ordonnancé par le trésorier de l'Université, qu'après l'apurement du compte trimestriel, et sur un arrêté spécial du grand-maître.

Il ne peut être accordé de gratification extraordinaire ou indemnité aux fonctionnaires, agrégés et maîtres d'études, qu'à la fin de l'année et sur l'approbation du conseil de l'académie.

(Ibid., art. 47 et 48.)

Du budget annuel.

2081. Avant le 15 du mois de septembre de chaque année, le proviseur du lycée remet au recteur de l'académie le budget de son établissement, pour l'année suivante.

Le recteur reçoit le budget, dans une séance qu'il tient au lycée, avec les deux inspecteurs de l'académie et le proviseur ; il se fait donner les explications nécessaires, et il en est fait mention au procès-verbal.

Dans les lycées éloignés du chef-lieu, l'inspecteur de l'académie reçoit les budgets dans une séance de la commission d'administration, et les remet au recteur.

Le budget doit présenter trois colonnes, dont la première comprend les sommes demandées par le proviseur.

Le recteur le soumet, avec son avis, au conseil académique. Les rectifications proposées par ce conseil sont insérées dans la seconde colonne du budget.

Le recteur l'adresse ensuite au grand-maître, qui le transmet au trésorier : le trésorier le présente avec son rapport au conseil de l'Université, qui le renvoie à la section de comptabilité.

La troisième colonne du budget est remplie par les sommes qui sont arrêtées définitivement par le conseil de l'Université, sur le rapport du trésorier et l'avis de la section de comptabilité.

Les budgets des lycées forment un titre des budgets des académies dans lesquelles ces lycées sont compris.

En adressant le budget du lycée au grand-maître, le recteur lui envoie en même temps le procès-verbal de la séance du conseil académique où le budget a été examiné.

Le budget annuel est dressé d'après le modèle qui sera déterminé par le conseil de l'Université.

(Ibid., art. 49... 58.)

2082. La partie du budget qui concerne les recettes doit distinguer, par autant de chapitres, les recettes de diverses natures : elle est terminée par une répartition de la recette dans les cinq masses établies par les art. 25, 26 et 27 du présent règlement.

La partie du budget qui concerne les dépenses est divisée en cinq chapitres qui répondent aux cinq masses de recette.

La masse de nourriture comprend tout ce qui concerne la nourriture des élèves, de l'aumônier, des maîtres d'études et des domestiques; la consommation du bois et du charbon pour la cuisine; l'entretien du mobilier de la cuisine et du réfectoire.

La masse d'entretien renferme tout ce qui est relatif au blanchissage du linge des élèves et de la maison, et toutes les dépenses relatives à l'entretien de l'habillement des élèves et aux raccommodages de tout genre.

La masse d'habillement se compose de toutes les dépenses pour achat et façon des divers objets qui appartiennent au vestiaire.

La masse des dépenses communes est appliquée aux traitemens des fonctionnaires, aux appointemens des employés et autres qui sont payés à l'année, aux gages des domestiques et des ouvriers qui sont également payés à l'année. Le budget indique séparément les diverses natures de traitemens.

La masse des menues dépenses embrasse toutes les dépenses variables; l'acquisition des livres et autres objets nécessaires aux études; les frais de chauffage et d'éclairage, l'entretien du mobilier; les frais de bureau ou d'administration; les frais d'infirmerie, autres que ceux qui sont relatifs aux appointemens; les dépenses imprévues.

A ces cinq masses on joindra l'aperçu probable du traitement supplétif, provenant du dixième prélevé sur les pensions des élèves pensionnaires, et de la répartition des frais d'étude des externes.

Dans le cas où on aurait lieu de prévoir que la dépense d'une masse excédera le montant de la recette qui lui est affectée, on porte au budget cet excédant de dépense, en faisant connaître les motifs qui y donnent lieu.

(Ibid., art. 59... 67.)

Du mode de comptabilité, et de la manière de faire les recettes et les dépenses.

2083. Les recettes et les dépenses du lycée sont faites par l'économe, qui est chargé de tout ce qui concerne le matériel du lycée, sous la surveillance du proviseur.

Tout le mobilier du lycée est à la garde de l'économe; il en fait tous les ans un inventaire, qui doit être vérifié par le proviseur, et présenté au conseil académique ou à la commission d'administration.

L'économe surveille les domestiques, quant à ce qui regarde le soin des vêtemens des élèves, la propreté de la maison et le service des réfectoires et des cuisines.

L'économe est tenu de fournir un cautionnement en immeubles libres de toute hypothèque : le cautionnement sera de 12,000 francs dans les lycées de Paris, de 10,000 francs dans les lycées de première classe, et de 8,000 francs dans les autres lycées.

Les fonds de bourses pour les lycées, versés dans la caisse de l'Université en exécution de l'art. 21 du décret du 17 septembre 1808, sont perçus par les lycées, sur les ordonnances du trésorier.

L'avis de l'envoi et les ordonnances sont adressés au proviseur; mais les ordonnances sont expédiées au nom de l'économe.

Le contingent annuel payé par les villes, pour les bourses destinées aux élèves des écoles secondaires, est perçu par l'économe, sur ses quittances visées par le proviseur.

Les portions de pension mises à la charge des parens des élèves boursiers, les pensions des élèves pensionnaires, les frais d'études des externes et les recettes extraordinaires, sont également perçus par l'économe, sur ses quittances visées par le proviseur.

Les sommes reçues sont déposées dans une caisse à deux clés différentes, dont l'une reste entre les mains du proviseur, et l'autre entre celles de l'économe. La caisse est placée dans le local qui est désigné par le proviseur, et sous la garde de l'économe.

Le samedi de chaque semaine, le proviseur extrait de la caisse et remet à l'économe, sur son récépissé, les fonds nécessaires pour la dépense. L'économe lui rend un compte détaillé de l'emploi le samedi de la semaine suivante.

Le même jour, l'état de situation est constaté par le proviseur, et adressé au recteur de l'académie.

L'économe tient les registres de la recette et de la dépense, qui doivent être cotés et paraphés par le recteur de l'académie.

Dans le registre de la recette, l'économe établit jour par jour, et séparément, le montant de chaque recette : il en est de même du montant de chaque dépense.

Les comptes des lycées seront tenus en parties doubles, de

manière à présenter, à tous les instants, les résultats de la dépense et ceux de la recette par nature de dépense et de recette.

Pour l'exécution de cette mesure, le grand-maître enverra incessamment une instruction détaillée aux proviseurs.

Le registre qui doit être tenu par le proviseur, pour l'entrée et la sortie des élèves, sert de contrôle au registre de la recette.

A la fin de chaque mois, l'économe dresse un relevé sommaire du livre tenu en parties doubles : ce relevé, certifié par le proviseur, est adressé au recteur de l'académie.

Les approvisionnemens du lycée ne doivent pas excéder ordinairement les besoins présumés de deux trimestres ; dans tous les cas, ils ne peuvent excéder les besoins d'une année.

Tous les approvisionnemens ou fournitures principales qui concernent la masse d'habillement, doivent être tirés directement des fabriques. L'économe indique, dans les comptes de sa gestion, les noms des fabricans et les fabriques dont il s'est servi.

(Ibid., art. 68... 85.)

De l'autorisation des dépenses.

2084. Les dépenses du lycée sont ordinaires ou extraordinaires. On appelle dépenses ordinaires celles qui sont comprises dans les cinq masses.

Les dépenses ordinaires sont proposées par l'économe et approuvées par le proviseur, qui doit ensuite en ordonner le payement.

Le proviseur ne peut ordonner aucune dépense qu'en conformité du budget, ou sur une décision du conseil académique ou de la commission d'administration.

Les dépenses journalières relatives à la masse de nourriture, n'ont pas besoin de l'autorisation préalable du proviseur ; il doit seulement en viser et en contrôler le compte, le samedi de chaque semaine.

Il ne peut être fait de dépenses extraordinaires que lorsque le lycée a en caisse des fonds libres, provenant du *boni* des masses : elles doivent être autorisées, sur la proposition du proviseur, par le conseil académique.

Quand la totalité de ces dépenses excède la somme de 1,000 fr., l'autorisation du conseil académique doit être confirmée par le conseil de l'Université.

Il doit être fait des marchés pour toutes les dépenses qui en sont susceptibles. Les propositions des fournisseurs sont reçues par l'économe et approuvées par le proviseur.

L'autorisation du proviseur doit être ratifiée par le conseil académique, quand il s'agit d'un marché qui excède la somme de 1,000 fr.

Les mémoires des fournisseurs sont réglés par l'économe et arrêtés définitivement par le proviseur, qui en autorise le payement. Ces mémoires sont ensuite numérotés et classés en autant de séries qu'il y a de masses, pour être produits à l'appui des comptes trimestriels.

Les dépenses locatives au-dessus de 30 fr., ne peuvent être payées qu'après avoir été réglées par un architecte ou un expert nommé par le recteur.

S'il arrive que, dans un lycée, la dépense d'une masse excède la recette qui lui est destinée, l'excédant de dépense ne peut être acquitté sur le *boni* d'une autre masse, que d'après l'autorisation du conseil académique.

(Ibid., art. 87... 97.)

De la reddition des comptes (1).

2085. A la fin de chaque trimestre, l'économe dresse le compte des recettes et des dépenses qui ont été faites dans le trimestre; il présente ce compte au proviseur, qui doit l'examiner et l'approuver.

Le recteur, assisté d'un inspecteur d'académie, se transporte au lycée, pour y tenir une séance pareille à celle qui a été ordonnée pour le budget. Le proviseur lui fait un rapport écrit, qu'il lui remet avec les pièces justificatives.

Dans les lycées éloignés du chef-lieu, le compte est reçu avec les mêmes formalités, par l'inspecteur d'académie président le conseil d'administration : l'inspecteur le remet au recteur avec son avis.

Le compte est ensuite vérifié et approuvé dans le conseil académique, et le recteur l'adresse au grand-maître avec les autres comptes de l'académie.

Le conseil de l'Université arrête définitivement le compte, dans les mêmes formes qui ont été établies pour le budget.

Les pièces justificatives du compte sont déposées dans les archives du conseil accadémique, à moins que le grand-maître n'en ait expressément ordonné l'envoi.

Dans la première séance du second mois qui suit le trimestre, le trésorier fait un rapport au conseil de l'Université, sur les lycées qui seraient en retard de rendre leurs comptes.

(1) Voyez page 302 l'ordonnance qui a déclaré les agens comptables de l'Université justiciables de la cour des comptes.

L'économe est responsable de la gestion des deniers, du retard des recettes pour lesquelles il n'aurait pas fait ou provoqué les démarches nécessaires, de la validité des dépenses et de l'emploi des fournitures.

A la fin de chaque année, le compte annuel est dressé par l'économe, et arrêté dans les mêmes formes qui ont été prescrites pour les comptes trimestriels.

A dater de 1810, les comptes trimestriels et annuels des lycées seront rendus conformément au modèle qui aura été adopté par le conseil de l'Université.

Les sommes dues et les sommes réellement perçues seront portées dans des colonnes séparées.

La distinction des exercices doit être soigneusement observée, et l'on ne peut, sous aucun prétexte, confondre dans un compte, des excédans de recette ou de dépense qui appartiennent à un exercice déjà terminé.

Lorsque le compte annuel a été vérifié et approuvé par le conseil de l'Université, il est pris un arrêté pour en décharger définitivement le comptable.

Les excédans de recette présentés par le compte sont mis en réserve, pour être employés à des dépenses extraordinaires relatives à l'amélioration du lycée.

Quand il y a du déficit, la réserve des frais d'étude des élèves externes lui est applicable. Si ce fonds est insuffisant, il y est ultérieurement pourvu. Dans aucun cas, le déficit d'un exercice ne peut être acquitté sur les fonds de l'exercice suivant.

Aucune dépense imputable sur les fonds en réserve ne peut être faite avant la fin de l'année, et sans une délibération du conseil académique, qui constate que le lycée n'est point en déficit.

(Ibid., art. 98... 113.)

Dispositions particulières aux colléges royaux de l'Académie de Paris.

2086. L'administration économique des lycées qui dépendent de l'académie de Paris, est soumise à toutes les règles qui ont été établies pour les autres lycées, par le règlement du 19 septembre 1809, sauf les exceptions suivantes.

(Arrêté du 24 octobre 1809, art. 1er.)

2087. En conséquence de l'art. 89 du décret du 17 mars 1808, le bureau d'administration des lycées est remplacé par le conseil de l'Université, qui remplit dans l'académie de Paris les fonctions de conseil académique (1).

(1) On a vu précédemment que maintenant l'académie de Paris avait aussi son conseil particulier.

En conséquence du même article, toutes les fonctions qui sont attribuées au recteur dans les autres académies, relativement aux lycées de leur arrondissement académique, sont exercées par le grand-maître dans les lycées de l'académie de Paris.

(Ibid., art. 2 et 3.)

2088. Le prix de la pension des élèves est fixé à 900 fr.

La somme annuelle payée pour tous frais de livres et dépenses d'études, est fixée à 100 fr.

Les frais d'études des élèves externes sont fixés, pour la présente année, à la somme de 60 fr.

(Ibid., art. 8... 10)

2089. La masse de nourriture est portée pour.. . . . . 465 fr. 00 c.
La masse d'entretien pour. 37   50
La masse d'habillement pour. 112   50
La masse des dépenses communes pour. . . 240   00
La masse des menues dépenses pour. 45   00

Les traitemens sont fixés ainsi qu'il suit :

Proviseur. . . . . 5,000 francs.
Censeur. 3,500
Professeur de premier ordre. 3,000
Professeur de deuxième ordre. . . . 2,500
Professeur de troisième ordre.. . . . 2,000
Agrégé.. 400
Maîtres d'études.. 1,200
Aumônier. 1,800
Econome.. 3,000
Maître d'exercice.. 900

2090. Ceux qui voudront être nourris au lycée, en conséquence de l'art. 42 du règlement du 19 septembre 1806, payeront une somme annuelle de 500 fr., sauf l'exception relative aux aumôniers, qui seront nourris sur les fonds du lycée, conformément au même article.

(Ibid., art. 11 et 12.)

Arrêté sur les cautionnemens des économes des lycées.

2091. Les cautionnemens des économes des lycées pourront être fournis, soit en immeubles, soit en rentes sur l'état, soit en numéraire.

(Arrêté du 2 mars 1810, art. 1er.)

2092. Le cautionnement en immeubles sera fourni par un acte public, portant affectation spéciale d'un immeuble franc et libre de toutes charges, et d'une valeur au moins double du montant du cautionnement.

L'acte de cautionnement sera inscrit au bureau des hypothèques, à la diligence du trésorier de l'Université, après qu'il aura été procédé, par les voies légales, à la vérification, 1°. de la valeur réelle de l'immeuble; 2°. de son affranchissement de toutes charges résultant, soit d'inscriptions antérieures, soit des hypothèques légales qui pourraient le grever.

Jusqu'à ce que l'inscription ait pu être prise, l'économe ne pourra s'immiscer dans le maniement des deniers du lycée.

Tous les frais d'actes, d'inscriptions et de formalités préalables qui doivent être remplies, seront à la charge des économes.

(Ibid., art. 2.)

2093. Les cautionnemens en rentes sur l'état seront fournis par le transfert d'une rente représentant le capital du cautionnement à fournir pour chacune des classes d'économes (1).

Ce transfert sera accepté au nom de l'Université, par le trésorier, qui en délivrera au comptable une reconnaissance portant obligation de lui rétrocéder la rente, en cas de cessation de ses fonctions, et après l'apurement de sa comptabilité.

L'Université fera payer aux économes les intérêts des capitaux en rentes transférées pour leur cautionnement, au même taux, en mêmes espèces et aux mêmes époques qu'elle les recouvrera du trésor public.

Les frais du transfert et de la rétrocession seront à la charge des économes.

(Ibid., art. 3.)

2094. Les cautionnemens en numéraire seront versés dans la caisse générale de l'Université, et il en sera donné reconnaissance par le trésorier.

Les intérêts des capitaux seront annuellement payés au comptable sur le pied de quatre pour cent, sans aucune retenue.

(Ibid., art. 4.)

2095. Le trésorier de l'Université fera tenir un registre sur lequel seront inscrits tous les cautionnemens, avec désignation du mode et des valeurs dans lesquels ils ont été fournis.

(Ibid., art. 5.)

(1) D'après un arrêté du 17 octobre 1816, les cautionnemens fournis en rentes sur l'état doivent présenter un capital de moitié plus fort que celui qui est fixé en argent. En conséquence, les cautionnemens en rentes, pour les colléges royaux de Paris, seront de 18,000 fr.; pour les colléges de première classe, de 15,000 fr., et pour les colléges de deuxième et de troisième classe, de 12,000 francs.

Arrêté qui fixe les indemnités à accorder aux suppléans des professeurs des lycées absens ou malades.

2096. Les professeurs des lycées, absens pour quelque cause que ce soit, seront remplacés par les agrégés, et, à défaut d'agrégés, par les maîtres d'études.

Il sera alloué des indemnités aux agrégés ou maîtres d'études qui remplaceront les professeurs.

Ces indemnités seront fixées conformément au tableau annexé au présent arrêté (1).

Ces indemnités seront payées par jour de classe où le remplacement aura lieu, quel que soit le nombre des clases à faire par jour.

Ces indemnités seront prises sur les traitemens tant fixes qu'éventuels des professseur remplacés, lorsqu'ils sont absens par congé.

Elles seront payées de la même manière pour les professeurs malades; et néanmoins, s'il est constaté que la maladie ait duré plus de huit jours, il sera accordé, sur les fonds du lycée, une indemnité au professeur malade : cette indemnité sera fixée par le recteur, sur la proposition du proviseur.

(Arrêté du 2 mars 1810, art. 1... 5.)

2097. Les professeurs absens sans congé subiront, sur leurs traitemens tant fixes qu'éventuels, pour chaque jour d'absence, une retenue égale à ce que leur traitement total doit produire par jour. L'excédent du traitement affecté à leurs fonctions, déduction faite des frais de remplacemens, sera joint au troisième tiers du produit des externes, pour être employé aux dépenses imprévues du lycée.

(Ibid., art. 6.)

2098. Les professeurs qui n'auraient pas d'élèves, ou qui seraient constamment suppléés dans leurs fonctions, n'auront droit qu'au traitement fixe qui leur est alloué par les décrets, statuts et règlemens.

(Arrêté du 2 avril 1811 (2).)

Arrêté relatif au traitement éventuel des censeurs et professeurs des colléges royaux.

2099. Il sera fait une masse du produit des premier et second tiers des frais d'études des colléges royaux : le dixième des

---

(1) Voir ce tableau, page 522;

(2) Le conseil de l'Université,

Considérant que le traitement éventuel des professeurs n'est dû qu'à ceux qui sont en activité de service, et que ce serait contrarier l'esprit des statuts et règlemens, que de donner une part dans cet éventuel au professeur qui n'a pas d'élèves, ou à celui qui est constamment suppléé dans ses fonctions :

Après avoir entendu le rapport de la section de comptabilité, Arrête ce qui suit, etc.

pensions des élèves payans sera joint à cette masse, sauf le prélèvement qui sera ci-après déterminé.

Le censeur et les professeurs, y compris l'agrégé chargé de la sixième, auront, pour traitement éventuel, chacun une part égale dans cette masse.

Les maîtres élémentaires auront le traitement des maîtres d'études, plus une indemnité prise sur le troisième tiers, et qui sera fixée par le conseil académique.

Les agrégés dont les nominations sont antérieures au 1er. décembre 1810, auront, sur la masse déterminée par l'art. 1er., demi-part de professeur ; les agrégés dont les nominations sont postérieures au 1er. décembre 1810, auront une part entière.

Il sera prélevé pour l'économe un dixième sur le montant du dixième des pensions des élèves payans.

(Arrêté du 19 décembre 1815, art. 1... 5.)

INSTRUCTION GÉNÉRALE. (1er. novembre 1812.)

Fonctions et obligations respectives des proviseurs et économes, comme administrateurs et comme comptables.

2100. Les opérations administratives et comptables d'un lycée sont partagées, dans chaque établissement, entre un proviseur et un économe, dans les rapports suivans.

Le proviseur est administrateur, et, comme tel, il est responsable de la gestion économique. Il est de plus surveillant direct de la comptabilité.

L'économe est comptable des recettes ; il répond de la validité des payemens, de la quantité, de la qualité et de l'emploi des fournitures ; il est chargé de la caisse, de la tenue des registres, comptes courans, livres auxiliaires, de la rédaction des états et bordereaux, ainsi que de celle des comptes trimestriels et annuels. Le mobilier, ainsi que les magasins et les approvisionnemens de toute nature sont entièrement à sa garde. L'économe ne peut être installé avant d'avoir fourni son cautionnement.

Le proviseur règle et ordonnance les dépenses, mais seulement jusqu'à concurrence des fonds affectés à chaque masse ; il ne peut les dépasser sans une autorisation particulière du conseil académique.

Il est seul chargé de la correspondance du lycée avec le recteur, tant pour ce qui concerne ce fonctionnaire, que pour ce qui est relatif à l'administration centrale.

Il suit des dispositions ci-dessus, que le proviseur est le véritable chef d'administration, qu'il ordonne et régularise toutes les opérations financières de l'établissement; et que l'économe, chargé d'exécuter sous sa surveillance, est en même temps l'agent comptable. La séparation bien distincte de leurs devoirs respectifs ne doit point empêcher que toutes les mesures ne soient prises de concert; il est même indispensable pour le bien du service, que la plus parfaite harmonie règne toujours entre ces deux fonctionnaires.

(Instruction générale, art. 1... 5.)

2101. Les dépenses exécutées sans l'autorisation du proviseur, ne seront point admises dans les comptes, et resteront de droit à la charge de l'économe, ainsi que les sommes qui pourraient se trouver de moins dans sa caisse.

Les dépenses extraordinaires, et toutes celles comprises dans la masse des menues dépenses, qui auraient été ordonnées mal à propos par les proviseurs, pourront être mises à leur charge, en vertu d'une délibération du conseil de l'Université.

Les dépenses ordinaires, c'est-à-dire, celles qui sont applicables à l'une des quatre premières masses, ne pourront retomber à la charge des proviseurs, lorsqu'il n'y aura pas eu prévarication de leur part; néanmoins, les abus qui existeraient dans cette partie de leur gestion, et qui résulteraient du défaut de soin et de surveillance, entraîneront, soit la privation de leur traitement supplémentaire, soit des punitions plus graves, suivant l'importance du cas.

(Ibid., art. 6... 8.)

Gestion économique. — Achats de toute nature.

2102. L'état de la maison et toutes les parties du service doivent être calculés d'après la proportion exacte du nombre des élèves présens, sans compter sur l'arrivée des élèves royaux ou communaux, nécessaires pour compléter le nombre déterminé.

L'économie la plus sévère doit présider à l'achat des divers objets de consommation : les proviseurs et économes en dirigeront l'emploi avec soin et discernement.

Les principales fournitures auront lieu par le moyen de marchés réglés par le proviseur, sur la proposition de l'économe; ces marchés seront approuvés par les conseils académiques.

Ces marchés doivent être faits par voie d'enchères et de soumissions particulières, suivant les circonstances; ils doivent être renouvelés toutes les années.

Ils seront en général calculés de manière que les livraisons n'aient lieu qu'à mesure des besoins; et les approvisionnemens ne peuvent, dans aucun cas, excéder la consommation de l'année.

Un registre d'entrée et de sortie des provisions de toute nature, présentant la situation des magasins, sera établi conformément au modèle ci-joint n°. 1. — Ce registre sera divisé en autant de comptes qu'il y aura d'espèces de provisions. On enregistrera, d'un côté, les articles entrés pendant l'année, et, sur l'autre côté, le détail de l'emploi de ces provisions.

Ainsi, au compte du bois, par exemple, on portera dans des colonnes séparées les quantités livrées pour la cuisine, pour le bureau, etc., etc.

Cette nouvelle mesure sera mise sans retard à exécution. On sentira ses nombreux avantages, tant comme moyen facile de connaître à chaque instant l'état et la durée des approvisionnemens, que pour fournir dans les comptes des résultats certains.

(Ibid., art. 9... 12.)

Nourriture.

2103. La nourriture des élèves doit être saine et abondante, sans recherche ni excès; le nombre des plats et la nature des alimens seront déterminés d'après les localités.

Le service de la table commune, autorisé par l'article 43 du règlement économique, doit être semblable à celui de la table des élèves; il serait peu convenable qu'il existât une différence dans la nature des mets et de la boisson qui y seront servis.

Aucune personne étrangère à l'établissement ne peut être admise à la table commune. Cette table doit être servie dans le réfectoire des élèves.

Les fonctionnaires et professeurs doivent payer en totalité la retenue fixée pour cet objet, quel que soit le nombre de leurs repas, et sans en défalquer leur absence pendant les vacances; l'aumônier est seul admis de droit à la table commune, sans être assujetti à la retenue.

La nouriture ne peut être allouée en argent à aucune personne de l'établissement, même en cas de maladie.

(Ibid., art. 13... 19.)

2104. Les variations qui peuvent résulter de la différence des âges des élèves ne permettent pas de déterminer une règle exacte pour la consommation; mais des calculs approximatifs ont donné lieu de croire que la consommation moyenne d'un lycée, en y comprenant toutes les personnes nourries, ne devait pas excéder, par tête d'élève et pour chacun des trois cent soixante-cinq jours de l'année, savoir :

75 décagrammes de pain ;

25 décagrammes de viande ;

33 centilitres de vin, ou 66 centilitres de bière ou de cidre.

Cette évaluation ne peut pas être prise pour règle invariable de distribution entre les élèves, puisque les gens de service doivent être nourris sur ces quantités, et qu'on n'a pas eu égard au temps des vacances.

A l'avenir, l'économe tiendra un registre de consommation journalière : ce registre présentera le nombre des personnes nourries dans l'établissement ; l'indication des quantités (exprimées par les nouvelles mesures) de chaque objet de consommation compris dans les services du lycée. Une dernière colonne résumera le prix total du service de chaque jour.

On donnera au registre précité assez d'étendue pour que chacun des feuillets dont il se composera puisse servir pour un mois.

MM. les proviseurs, en réglant le service de chaque jour, examineront le registre des consommations, et compareront la dépense des divers services, avec la partie de la recette attribuée à la masse de nourriture.

(Ibid., art. 20... 22.)

Trousseaux et habillement des élèves.

2105. Les proviseurs refuseront absolument l'admission de tout élève, même porteur de sa nomination, qui ne fournirait pas, en entrant, un trousseau exactement composé ainsi qu'il a été prescrit.

Les trousseaux vérifiés et admis sont sous la responsabilité de l'économe ; les élèves qui vont en vacances ne doivent emporter que ce qui leur est nécessaire pendant cet espace de temps.

Lorsque les élèves quittent le lycée, et qu'ils ont acquitté la totalité de ce dont ils pourraient être redevables, ils ont droit d'emporter leur trousseau, mais seulement dans l'état où il se trouve à cette époque, excepté les draps et les serviettes qui appartiennent à l'infirmerie.

Si l'élève passe dans un autre lycée, ou qu'il n'ait fait qu'un très-court séjour dans l'établissement, ces deux derniers articles pourront cependant lui être restitués sur une décision spéciale du grand-maître.

Les proviseurs et économes ne pourront, dans aucun cas, faire, pour leur compte particulier, la fourniture du trousseau dû par les parens.

Lorsque la fourniture du trousseau sera faite par le lycée, les sommes remises par les parens pour cet objet, feront partie de la recette générale et seront attribuées à la masse d'habillement.

Lors de l'entrée d'un élève dans le lycée, il lui sera fourni un livret sur lequel seront inscrits tous les objets composant son trousseau, et successivement les réformes, ainsi que les remplacemens qui auront lieu jusqu'à sa sortie.

Ces livrets seront confiés à la garde des maîtres d'études de chaque compagnie; ils seront visés par le censeur, lors de l'entrée de l'élève, après l'admission du trousseau, et à la fin de chaque trimestre. L'élève sera toisé tous les trimestres, et sa taille sera inscrite sur le livret.

Au moyen de ces livrets, le registre de l'habillement (*voyez* le modèle n°. 2) ne présentera plus qu'un compte ouvert pour chaque espèce de pièce d'habillement dont le débit, à la fin de l'année, se composera du nombre des pièces confectionnées pendant l'année, et le crédit comprendra celles livrées aux élèves, avec la désignation de chaque élève.

L'inspection journalière du vêtement et de la chaussure des élèves sera faite tous les matins, par les maîtres d'études, qui en rendront compte au censeur. L'officier instructeur fera, tous les huit jours, au moment où les élèves sont assemblés pour faire l'exercice, une revue générale de l'habillement. Ces deux inspections auront pour but de veiller à ce que toutes les pièces de l'habillement soient entretenues et raccommodées avec soin et sans retard.

Le censeur examinera, tous les trois mois, dans le plus grand détail, toutes les parties du vestiaire, et il provoquera le renouvellement de celles qui seraient hors de service, par un rapport écrit qui indiquera les tailles des élèves.

Les renouvellemens seront ordonnés par le proviseur, et ses décisions seront consignées à la suite du rapport du censeur, qui sera conservé avec soin, comme pièce justificative à l'appui des comptes.

On ne pourrait, sans difficultés, renouveler le vestiaire pour tous les élèves en même temps; mais il est à désirer que cette opération soit faite, autant que possible, pour un certain nombre d'élèves à la fois.

(Ibid., art. 23... 32.)

Abonnemens.

2106. Diverses dépenses des masses d'habillement et d'entretien, telles que le blanchissage, la façon et le raccommodage des habits, du linge, la fourniture et l'entretien des chapeaux et des souliers, peuvent être faites par abonnement, en ne donnant en général à ces arrangemens que la durée d'une année ; dans ce dernier cas, MM. les proviseurs justifieront, par des notes à l'appui des comptes, des motifs qui leur auront fait préférer le mode qui aura été adopté.

(Ibid., art. 38.)

Logemens.

2107. Les proviseurs, censeurs et économes logeront toujours dans la maison même du lycée ; ils pourront ainsi exercer plus facilement une police exacte sur toutes les parties de leurs services respectifs.

Leur absence, pour les affaires du dehors, ne sera jamais que momentanée, et combinée de manière qu'elle n'ait pas lieu en même temps.

Lorsque la grandeur des bâtimens le permettra, sans gêner le service et sans rien prendre sur ce qui doit, avant tout, être réservé pour les élèves, les professeurs et employés non mariés pourront loger dans le lycée ; mais, en principe général, l'Université ne reconnaît leur devoir aucun logement, ni par conséquent aucune indemnité pour ceux qui ne partageraient pas cet avantage.

(Ibid., art. 39... 41.)

Employés et domestiques.

2108. Les dépenses fixes de la masse commune seront établies d'après le nombre des élèves présens. Il ne doit y avoir, dans chaque lycée, que le nombre de maîtres d'études, d'employés et de domestiques strictement nécessaire pour le service ; on le déterminera en raison du nombre des quartiers, et d'après l'étendue et la disposition du local, sans suivre à la lettre la proportion indiquée par le règlement, qui n'est que facultative.

Lorsqu'il aura été reconnu nécessaire de charger un employé temporaire ou à l'année, de la tenue des écritures d'un lycée, il sera alloué à cet employé des appointemens pris sur les fonds de la masse commune ; dans tous les cas, ces appointemens ne pourront pas excéder les traitemens des maîtres d'études.

(Ibid., art. 42 et 43.)

Constructions et réparations.

2109. Toutes les dépenses relatives à la construction première, à l'augmentation et aux réparations des bâtimens, même les changemens de distributions, sont à la charge des villes.

Dans le cas néanmoins où il conviendrait de faire faire quelques-unes de ces dépenses sur les fonds du lycée, il sera nécessaire de provoquer préalablement une décision de l'Université, qui tracera la marche à suivre dans chaque affaire de cette nature.

Les dépenses et réparations locatives seront faites aux frais des lycées ; les proviseurs ne peuvent employer annuellement, pour cet objet, que jusqu'à concurrence d'une somme de 500 fr.

Lorsque cette somme a été employée, et qu'il se présente de nouvelles dépenses, le proviseur adresse au recteur un rapport motivé, accompagné d'un devis estimatif ; ce rapport est renvoyé par lui au conseil académique, qui peut autoriser.

Lorsque cette nouvelle dépense s'élèvera à 200 francs et au-dessus, elle ne pourra avoir lieu que lorsque la délibération du conseil académique aura été approuvée par le grand-maître.

Il en sera de même pour toutes les dépenses extraordinaires, sans exception.

(Ibid., art. 44... 49.)

2110. Les villes sont chargées des frais de premier établissement ; mais les lycées pourvoient, sur leurs propres fonds, à l'entretien et au remplacement des objets qui composent le mobilier.

Lors de l'organisation d'un lycée, on constate, par procès-verbal, la remise du mobilier et l'état dans lequel les meubles se trouvent à cette époque ; ce procès-verbal est signé, d'une part, par le maire de la ville, et de l'autre part par le proviseur et par l'économe, qui devient responsable.

Lorsqu'il est nécessaire de renouveler tout ou partie du mobilier, l'économe dresse un état des objets réformés et de ceux à fournir ; le proviseur reçoit des soumissions, tant pour la vente des parties du mobilier reconnues hors de service, que pour la fourniture des objets neufs devant les remplacer. Il transmet toutes les pièces au recteur, qui provoque une délibération du conseil académique à ce sujet.

Le conseil peut approuver des dépenses de cette nature, jusqu'à concurrence d'une somme de 500 francs par chaque exercice. Pour les dépenses qui excéderaient le montant de ce crédit, la délibération du conseil devra être soumise à l'approbation du grand-maître avant d'être mise à exécution.

Ces ventes de mobilier réformé, et les achats pour le remplacement, doivent former autant d'articles séparés de recette et de dépense dans les comptes.

Les mêmes formalités doivent être remplies pour les réformes à faire dans tout ce qui tient à l'habillement et à la lingerie. Les draps et serviettes, laissés par les élèves, ne pourront être employés sans l'autorisation spéciale du grand-maître.

L'économe dressera, tous les ans, un inventaire du mobilier, qui sera certifié par lui, ainsi que par le proviseur. Cet inventaire comprendra les objets achetés pendant l'année, ainsi que les draps et les serviettes laissés par les élèves sortis; il indiquera, de plus, les articles du mobilier et le nombre de draps et de serviettes réformés pendant l'année. Un état des élèves sortis restera annexé à l'inventaire.

Cette pièce sera vérifiée par deux membres du conseil académique, lors de l'examen des comptes du lycée, et elle restera déposée dans les archives de l'académie.

(Ibid., art. 50... 57.)

Correspondance.

2111. Les proviseurs feront inscrire régulièrement et par extrait, sur un registre de correspondance, toutes les lettres à l'arrivée et au départ; pour faciliter le travail et la classification dans les bureaux de l'Université et dans ceux des recteurs, ils auront soin de ne traiter jamais qu'une seule affaire dans chaque lettre, et de rappeler exactement le numéro et la date de celles auxquelles ils répondront.

(Ibid., art. 58.)

Gestion comptable. — Recettes ordinaires et extraordinaires. — Dégrèvemens. — Exemptions de rétribution. — Répartition des masses. — Mode de recouvrement. — Poursuites devant les tribunaux. — Dépenses. — Budget.

2112. Les recettes propres des lycées sont celles qui sont applicables aux diverses dépenses de l'établissement, et les seules qui doivent figurer dans les comptes rendus. Ces recettes se composent :

1°. Des sommes dues par le gouvernement pour les bourses ou parties de bourses à sa charge dans chaque lycée;

2°. Des sommes dues par les communes pour les bourses ou portions de bourses qu'elles entretiennent dans les lycées;

Les bourses communales devront être payées par les villes, jusqu'à la fin de l'année scolastique pendant le cours de laquelle elles seront devenues vacantes;

3°. Du complément des bourses à fournir par les parens, pour les élèves royaux et communaux qui ne sont pas à bourse entière ;

4°. Des sommes dues pour les neuf dixièmes des pensions ou demi-pensions des élèves particuliers, entièrement payées par les parens ;

Les demi-pensions seront toujours calculées d'après le taux de celles des élèves royaux ;

5°. Du produit annuel d'une somme de 50 francs par élève, même demi-pensionnaire, pour les frais d'études et de livres classiques ; les élèves royaux et communaux payent ces frais dans la proportion du complément de leur bourse, ce qui fait 25 francs pour les demi-bourses et 12 francs 50 centimes pour les trois quarts de bourse ; les élèves à bourse entière ne doivent rien sur cet article ;

6°. De la retenue destinée aux dépenses de la table commune dans les lycées où elle est autorisée ;

7°. Des recettes extraordinaires, qui comprennent les frais d'études payés par les élèves externes ; le dixième prélevé sur les pensions et demi-pensions particulières ; enfin, les recettes qui, en vertu de l'autorisation du grand-maître, peuvent être attribuées aux dépenses propres d'un lycée : tels sont les produits particuliers provenant d'une location de maison ou jardin, etc., etc.

Les dégrèvemens d'arriérés dus sur la portion des bourses royales, à la charge des parens, ne peuvent être sollicités que pour des élèves distingués et bien méritans, et lorsque les créances auront été reconnues irrecouvrables, par suite de jugemens et poursuites dirigées conformément à l'art. 11 du décret du 1er. juillet 1809.

2113. L'exemption de la rétribution universitaire ne peut être proposée que pour les élèves entièrement gratuits et dont l'indigence est reconnue.

Il en est de même à l'égard des demandes en exemption du droit à payer par les externes pour frais d'études.

Les proviseurs auront soin, pour qu'il puisse être statué s'il y a lieu ou non à accorder ces deux espèces d'exemption, de joindre aux renseignemens nécessaires sur la profession et les moyens d'existence des parens, des notes détaillées sur la capacité et la conduite des élèves ; ils indiqueront en outre l'espace de temps nécessaire aux élèves pour finir leurs études.

Le nombre des exemptions doit être déterminé dans chaque établissement ; il est fixé à dix par chaque lycée, pour la rétribution due par les élèves royaux ou communaux ; celles à accorder aux externes ne peuvent excéder le dixième du nombre total de ces élèves admis dans le lycée.

Cette proportion est établie seulement comme limite du nombre possible des exemptions, sans qu'il soit nécessaire qu'elle soit toujours remplie. Lorsque ce maximum sera complet, les proviseurs n'adresseront plus de demandes à ce sujet.

Les exemptions, de quelque nature qu'elles soient, ne seront jamais valables que pour l'année courante. Les proviseurs adresseront aux recteurs, au commencement de chaque exercice, le renouvellement des demandes, avec leur avis assez détaillé sur chaque élève, pour qu'on puisse juger si, les motifs étant les mêmes, l'Université doit continuer l'exemption.

Lorsqu'un élève est retenu chez ses parens pour cause de maladie, et que l'absence a duré moins de trois mois, il ne pourra être fait aucune diminution sur le montant de la pension; si elle a duré un trimestre et plus, le proviseur se fera représenter un certificat constatant cette maladie et sa durée, et transmettra ces renseignemens avec ses observations, afin qu'on puisse déterminer s'il y a lieu à accorder une diminution, en raison de la durée de l'absence et des facultés des parens.

(Ibid., art. 62... 67.)

2114. Les recettes ordinaires des lycées sont divisées en cinq parties inégales correspondantes aux cinq masses de dépenses, dans les proportions déterminées par les art. 25, 26 et 27 du règlement économique du 15 septembre 1809.

(Ibid., art. 68.)

2115. Les pensions ou portions de pension à la charge des parens, ainsi que la rétribution universitaire, doivent être payées par trimestre et d'avance. La rétribution universitaire, ainsi que les frais d'études dus par les externes, pourront être exigés par semestre et d'avance.

Un élève sortant dans le courant d'un trimestre doit le trimestre entier.

Les parens payant pension ou portion de pension doivent être instruits de cette règle au moment de l'entrée de leur enfant dans le lycée. Dans le cas néanmoins où il s'élèverait des discussions à ce sujet, il en sera référé au grand-maître par le proviseur.

Les portions de pension à la charge des parens des élèves royaux et communaux sont exigibles à partir de l'époque fixée pour l'entrée de l'élève par la lettre d'avis de sa nomination, que les proviseurs auront soin de se faire représenter.

Les portions de pension payables par le gouvernement ne sont dues qu'à partir du 1er. du mois dans lequel l'élève est entré effectivement.

La rétribution universitaire est également due à partir du 1er. du mois de l'entrée de l'élève, pour tous les élèves indistinctement, boursiers, pensionnaires ou externes.

L'Université tient compte au lycée du montant des bourses royales, d'après un extrait du contrôle des élèves, vérifié par le recteur.

Cet extrait du contrôle continuera d'être certifié par le proviseur ; mais il sera, à l'avenir, dressé par le censeur, d'après le registre journalier du mouvement général des élèves, que ce fonctionnaire sera chargé de tenir à jour sous la direction du proviseur.

Il aura soin d'y porter la date fixée pour l'entrée de l'élève par l'avis de nomination, ainsi que la date de l'entrée effective.

Le contingent des bourses dues par les villes devant être ordonnancé, au moins par trimestre, par les préfets, les proviseurs, après qu'ils se seront adressés à ces magistrats, feront connaître au grand-maître les communes en retard pour cet objet.

(Ibid., art. 69... 76.)

2116. Les parens ou les correspondans qui, après deux avertissemens, seraient encore en retard de payer ce dont ils sont redevables au lycée, doivent être prévenus, par l'économe, des poursuites qui seront exercées contre eux, conformément à l'art. 11 du décret du 1er. juillet 1809, s'ils ne payent point dans un délai fixé en raison de l'éloignement où ils se trouvent du lycée.

Ce délai expiré, l'économe, après avoir dressé le relevé exact des créances arriérées, rédige sur papier libre, pour chacune d'elles, une note des faits et des conclusions motivées, assez explicative pour servir de mémoire dans l'instruction de l'affaire.

Ce mémoire doit être fait au nom du proviseur et signé par lui ; il le communique à la partie adverse, et l'adresse ensuite au procureur du roi dans le ressort duquel se trouve le débiteur.

Dans le cas néanmoins où quelques procureurs du roi ne voudraient pas admettre les mémoires sur papier libre, ils seront refaits sur papier timbré ; et, s'ils exigeaient que l'instance ne fût introduite qu'après signification du mémoire, cette signification serait faite par le ministère d'un huissier, et n'entraînerait que le coût de l'exploit, du papier timbré et de l'enregistrement, dont le droit fixe est d'un franc.

En exécution du même décret du 1er. juillet 1809, le procureur du roi suit l'instance, sans frais, à la chambre du conseil, comme pour les affaires du domaine.

Le jugement n'est passible que du droit fixe d'un franc et du droit de greffe d'un franc vingt-cinq centimes ou deux francs par rôle pour l'expédition, et seulement lorsqu'elle est levée.

Les significations et poursuites en vertu des jugemens seront faites à la requête et à la diligence des proviseurs; néanmoins, il ne pourra être procédé à des saisies immobilières, en vertu de ces jugemens, que d'après une autorisation du conseil de l'Université.

Les proviseurs sont autorisés à faire l'avance de tous les frais qui peuvent résulter des poursuites, et à les porter parmi les dépenses extraordinaires; les remboursemens de ces frais, qui doivent être exigés des parties condamnées, seront inscrits, lors de leur rentrée, parmi les recettes extraordinaires.

(Ibid., art. 77... 84.)

2117. Quand les débiteurs sont des militaires sans fortune, mais encore employés, ou qui jouissent d'un traitement de retraite quelconque, l'état des sommes est adressé au grand-maître, afin qu'il les fasse acquitter au moyen d'une retenue exercée par le ministre de la guerre sur la solde ou la pension de ces militaires.

Cette marche est également applicable aux fonctionnaires ou employés jouissant d'un traitement, soit du gouvernement, soit d'une administration quelconque.

(Ibid., art. 85 et 86.)

2118. Les dépenses ordinaires d'un lycée se répartissent en cinq masses, savoir: celles de nourriture, d'habillement, d'entretien, de dépenses communes, et de menues dépenses.

La *masse de nourriture* renferme toutes les dépenses de la nourriture des élèves, gens de service, et de la table commune, y compris le bois de cuisine, etc.

Chaque semaine, le proviseur se fera représenter les mémoires des dépenses journalières faites par le pourvoyeur, et il les visera pour être rapportés à l'appui des comptes.

Ces mémoires seront préalablement vérifiés par l'économe, qui s'assurera de l'exactitude des prix qui y sont portés.

La *masse d'habillement* comprend les dépenses des habits, du linge, des chapeaux, et de la chaussure des élèves.

La *masse d'entretien* comprend les frais de raccommodage des habits et du linge, ainsi que la dépense du blanchissage.

Cette dépense n'est autorisée que pour les élèves seulement et pour le linge de service de la maison.

On acquitte sur les fonds de *la masse des dépenses communes*, les traitemens des fonctionnaires et professeurs d'après la fixation portée au règlement, et les appointemens des maîtres d'études, d'écriture et de dessin, ainsi que les gages des employés et domestiques, tels qu'ils sont fixés chaque année par le conseil académique.

Les traitemens fixes, appointemens et gages, sont payés, tous les mois, d'après les états émargés.

Le produit destiné à former les traitemens supplémentaires, est partagé, tous les trimestres, sur des états également émargés.

La retenue du vingt-cinquième est exercée sur les traitemens fixes des fonctionnaires, professeurs, agrégés et économe : l'aumônier (1), le maître d'exercice et les gens de service, ne sont pas passibles de cette retenue, comme n'ayant pas de droit aux retraites.

En cas d'absence, les fondés de pourvoirs doivent produire une procuration sur papier libre, qui restera jointe à l'état.

Ces tableaux, ainsi régularisés et visés par les proviseurs, sont produits, lors de l'examen fait par le conseil académique, comme pièces de dépenses à l'appui des comptes annuels.

Les fonctionnaires, professeurs et employés, doivent être payés des traitemens tant fixes que supplétifs, à partir du jour de l'installation jusqu'à l'époque où ils auront cessé leurs fonctions.

L'intervalle qui peut exister entre la cessation des fonctions d'un titulaire et l'installation de son successeur, est considéré comme un temps de vacance de l'emploi ; et la somme correspondante à cet intervalle n'est pas portée sur les états émargés.

Les professeurs nommés pendant les vacances ne pourront être payés qu'à partir du renouvellement de l'année scolastique, et les professeurs remplacés pendant les vacances continueront, pendant leur durée, à recevoir le traitement dont ils jouissaient, à moins d'une décision contraire.

Les professeurs malades, ou absens avec un congé déterminé, supporteront les frais de remplacement, tels qu'ils ont été fixés

---

(1) On a vu que désormais les aumôniers avaient droit à des pensions de retraite. La retenue est du vingtième pour tous les fonctionnaires.

par l'arrêté du 2 mars 1810, sauf l'indemnité prévue par l'art. 5 du même arrêté.

Les professeurs qui ne feraient pas de classe faute d'élèves, ou qui seraient absens avec un congé indéterminé, ne pourront, dans tous les cas, conformément à l'arrêté du 2 avril 1811, avoir droit à la part qui leur reviendrait dans l'éventuel ; ce qui aurait dû leur revenir pour cet objet ne sera pas réparti entre les autres professeurs, et appartiendra au lycée.

La *masse de menues dépenses* fournit aux frais de chauffage et d'éclairage des salles et des classes, à l'achat des livres classiques et des divers objets nécessaires aux études et au bureau d'administration, aux frais de médicamens et dépenses diverses de l'infirmerie.

Cette masse peut fournir aussi, jusqu'à concurrence de mille francs par an, aux dépenses de l'entretien du mobilier, et aux réparations locatives dont chacune séparément n'excéderait pas cinquante francs.

Les *dépenses extraordinaires* s'acquittent sur les fonds mis en réserve, provenant des recettes extraordinaires ; elles se composent, en ce qui concerne l'entretien du mobilier et les réparations locatives, des dépenses qui excéderaient la somme de cinq cents francs, allouée pour chacun de ces deux objets dans la masse de menues dépenses, des frais de concours et distribution des prix, des frais de poursuites devant les tribunaux, et généralement de tous les frais imprévus qui ne peuvent entrer dans les dépenses d'aucune des cinq masses.

La distribution dans les cinq masses, réglant d'avance les recettes et les dépenses des lycées, dispense de la formation des budgets annuels : il suffira de soumettre, avant la fin de chaque année, au conseil académique, l'état de la dépense, pour l'année suivante, relative à la masse des dépenses communes ; et le recteur transmettra au grand-maître, avant le commencement du nouvel exercice, la délibération qui aura été prise à ce sujet (1).

(Ibid., art. 87... 107.)

(1) On a omis à dessein ce qui était dit de plusieurs recettes que les colléges royaux avaient mission de faire pour le compte de l'Université. Les caisses académiques ont été supprimées le 31 décembre dernier.

« La suppression de ces caisses, a dit le ministre, dans une instruction du 3 décembre 1834 à MM. les proviseurs, aura des résultats avantageux pour les colléges royaux. Elles exigeaient des écritures compliquées qui absorbaient une partie du temps des proviseurs et des économes. Vous n'aurez plus à vous occuper désormais que des intérêts de l'établissement confié à vos soins ; il en sera de même des économes, qui, n'étant plus chargés de travaux étrangers à leurs véritables fonctions, pourront surveiller plus activement tous les détails du service. Les études, la discipline, le régime intérieur, recevront les améliorations que votre zèle éclairé vous suggérera.... »

Mode de comptabilité.

2119. La tenue des registres de comptabilité, la formation des états et bordereaux qui en sont extraits, et la reddition des comptes, forment une partie importante des fonctions des économes. Ils doivent y apporter la plus grande exactitude, et faire en sorte que les livres de toute nature soient constamment à jour.

Le mode de comptabilité qui a été adopté (1) a l'avantage d'éclairer l'administration, en présentant, à tous les instans, la situation de l'établissement ; c'est en consultant souvent cette situation, que les proviseurs seront à même de savoir quelle a été la dépense d'une semaine, d'un mois, d'un trimestre, et que, dans le cas où il existerait un déficit, ils pourront remonter facilement à sa cause, afin de remédier au mal dès sa naissance.

Les modifications suivantes donneront plus de facilités pour la reddition des comptes, dont les élémens doivent toujours être pris dans les résultats des livres :

Le compte au grand livre, intitulé *Élèves*, et celui intitulé *Fournisseurs*, seront établis par exercice, c'est-à-dire que, toutes les années, il en sera ouvert un nouveau. Les anciens comptes resteront ouverts, pour le compte *Élèves*, tant que la totalité de ce qu'ils doivent n'aura pas été entièrement reçue, et pour le compte *Fournisseurs*, tant que la totalité de ce qui leur est dû n'aura pas été payée par le lycée.

Le compte nouveau des élèves pourra être ouvert avant l'expiration de l'année, lorsque des élèves payeront par anticipation.

Le compte *Dépenses et Recettes par masses* sera dédoublé, pour en rendre les écritures plus commodes et plus faciles ; en conséquence, il y aura à l'avenir au grand livre deux comptes intitulés, l'un *Dépenses par masses*, et l'autre *Recettes par masses*. Le crédit du premier et le débit du second seront réservés pour les contre-passemens, erreurs, ou différences qui pourront survenir. Ces deux comptes seront soldés toutes les années par le compte *boni* et *déficit*.

---

(1) Ce mode a été déterminé par une instruction du 24 janvier 1810. Cette instruction, qui avait pour objet spécial d'établir dans tous les collèges la tenue des livres en parties doubles, a posé en même temps quelques règles précises sur les devoirs respectifs des proviseurs et des économes.

« Le proviseur est l'administrateur chargé de l'ordonnance des payemens. Il est seul responsable de ses ordonnances. — L'économe est comptable, et, comme tel, responsable de la validité des payemens ordonnés. Les approvisionnemens ordinaires sont autorisés par le proviseur, qui demeure responsable des marchés passés. — L'économe

On doit inscrire au débit du livre de caisse, par ordre de dates et dans une seule colonne de chiffres, toutes les recettes, même celles faites pour le compte de l'Université; on inscrit de même toutes les dépenses au crédit.

Toutes les recettes et les dépenses doivent être enregistrées à l'instant même, et les articles doivent être additionnés page par page.

Le livre de caisse est balancé tous les mois, pour en faire ressortir le solde, lorsque le proviseur arrête la caisse.

Le solde débiteur du livre de caisse, c'est-à-dire la différence entre le montant du débit ou le résultat des recettes et le montant du crédit ou le résultat des dépenses, doit toujours présenter exactement le montant des espèces réellement existantes dans la caisse : ce solde est reporté au commencement de chaque mois, avant le premier article de recette du mois.

Le journal de caisse par *doit* et *avoir* remplace les deux registres de recette et dépense prescrits par les art. 79 et 80 du règlement sur l'administration économique.

Il sera ouvert un compte à chaque élève pour les pensions, portions de pension, rétributions universitaires, ou premières fournitures de trousseau, dues par les parens.

Ce compte sera débité, au commencement de chaque trimestre, des sommes dues par l'élève pour le trimestre. Les dépenses pour cause de dégradations ou pour perte d'effets, à la charge des élèves, seront aussi portées au débit de leur compte ouvert. Les remboursemens qui auront lieu pour cet objet doivent être répartis dans les masses correspondantes.

Ce compte sera crédité des payemens successifs faits par les parens, d'après le relevé de ces payemens pris sur le livre de caisse.

Le compte des élèves indiquera toujours l'adresse exacte des parens ou celle du correspondant qu'ils auront choisi, afin de pouvoir s'adresser à lui en leur absence. Il doit servir pendant tout le temps que l'élève passe au lycée, et les additions en sont arrêtées à la fin de chaque année.

est responsable de leur exécution. Sa gestion est régulière, lorsque ses comptes sont appuyés des pièces justificatives des payemens faits et des ordonnances du proviseur, pour les sommes dont le montant n'excède pas les fonds affectés à chaque masse. Quant aux dépenses qui excèdent ces fonds, l'ordonnance du proviseur n'est valable qu'autant qu'elle est approuvée par le recteur en conseil académique.

» L'économe doit régler à la fin de chaque mois les mémoires des fournisseurs. A la suite de cette opération, il fera le relevé de la situation de chacun des comptes du grand-livre. Cette situation, approuvée par le proviseur, sera adressée au recteur.

Le livre des bourses communales présente un compte ouvert par débit et crédit à chacune des villes. On débite ces comptes du montant des sommes échues à la fin de chaque trimestre, et on les crédite de tous les payemens effectués pour cet objet.

On doit ouvrir, sur le livre des fournisseurs, un compte à chacun des marchands ou fabricans chez lesquels s'approvisionne le lycée.

Chaque compte doit être tenu par débit et crédit. Toutes les fois qu'un fournisseur livre au lycée les achats qui lui ont été faits, on porte cette livraison au crédit du compte correspondant, en ayant soin de relater la date de la livraison, la quantité, la qualité, le prix et le montant de la fourniture.

On porte au débit de chaque compte, et date par date, les payemens qui sont faits par le lycée, à valoir ou pour solde de chaque fourniture.

Les livraisons des fournisseurs seront constatées par les enregistremens de ces fournitures à leur crédit : on pourra leur délivrer, s'ils le désirent, des bons de fournitures, après vérification faite par l'économe lors de l'entrée en magasin ; mais, dans aucun cas, il ne pourra leur être fait aucun payement en bons sur la caisse, ou en effets souscrits par l'économe.

Tous les registres de comptabilité et livres auxiliaires en dépendant seront cotés et paraphés par les recteurs.

Ces registres doivent être tenus sans surcharges ni rature. La nature de chaque recette et de chaque dépense sera indiquée dans le libellé de l'enregistrement, et leur montant sera toujours inscrit séparément, et non en masse. Les enregistremens porteront tous une date, et ne présenteront aucune lacune dans leur série.

Le proviseur vérifie et arrête les registres aux différentes époques où il est chargé de fournir, soit au recteur, soit à l'Université, les états de situation, états de présence, bordereaux extraits du compte courant, comptes trimestriels ou généraux, qu'il doit certifier conformes aux écritures.

Le proviseur forme, d'après le relevé du registre des entrées et sorties, l'état de présence des élèves entrés ou sortis pendant le mois.

Cet état doit être envoyé régulièrement à l'Université dans les premiers jours de chaque mois, pour le mois précédent.

Il sera vérifié et certifié par le recteur, dans les lycées situés dans les chefs-lieux d'académie ; et, dans ceux situés hors du chef-lieu, par le président de la commission d'administration, ou par celui des membres de cette commission désigné pour le remplacer.

Ces états, devant servir de base pour l'établissement de la plus grande partie des recettes, ne sauraient être dressés et vérifiés avec trop de soin ; on se conformera exactement à ce qui a été prescrit précédemment à cet égard, tant pour le tableau du nombre des élèves, que pour le décompte de la pension des élèves nationaux et communaux, à établir au verso.

(Ibid., art. 114.. 136.)

Comptes annuels.

2120. En exécution des articles 98 et 106 du règlement sur l'administration économique, il doit être rendu, à la fin de chaque trimestre et de chaque année, un compte qui est dressé par l'économe, et qui doit être examiné et approuvé par le proviseur.

L'approbation donnée par le proviseur aux comptes annuels équivaut à l'ordonnance, pour toutes les dépenses comprises dans ces comptes, à moins que cette approbation ne contienne des modifications et restrictions contraires.

L'état de situation qui termine chaque compte annuel doit être reporté, sans aucun changement, au commencement du compte de l'exercice suivant.

Si des erreurs reconnues ont obligé d'y faire quelques rectifications, il sera nécessaire de les indiquer en marge, et d'en expliquer les motifs.

Chaque article des recettes et dépenses doit être détaillé et motivé de manière à présenter des renseignemens suffisans pour faciliter l'examen du compte.

On doit joindre comme pièces justificatives à l'appui de l'état de situation du lycée qui termine le compte général :

1.° *Un état détaillé des créances*, qui doit faire connaître le nom de chaque élève national, communal, pensionnaire ou externe, sur lequel le lycée a une créance ; quelle est la nature de cette créance et sa date ; si elle provient de la pension, ou du supplément pour livres classiques, ou de la rétribution universitaire. Pour connaître celles de ces sommes dont le lycée peut espérer le recouvrement, on désignera chaque créance par *mauvaise, douteuse* ou *bonne*. On portera de plus sur cet état le nom des communes qui sont redevables de portions de bourses à leur charge. Cet état présentera, dans une colonne d'observations, l'indication, la date et le résultat des poursuites ou des réclamations faites pour obtenir la rentrée des créances.

Un état détaillé des dettes, divisé par exercices, indiquant exactement les noms des créanciers de l'établissement, ainsi que la nature et la date de leur créance.

3.° *Un inventaire estimatif* des denrées et marchandises restant en magasin au 31 décembre ; cet inventaire, dressé par l'économe, doit présenter le détail de chaque article séparément, et les évaluations ne doivent être faites que d'après les prix de factures ou de marchés régulièrement approuvés.

Dans cet inventaire, on ne doit comprendre aucune partie du mobilier, ni les effets d'habillement réformés, ni ceux de ces effets encore en usage, même lorsqu'ils seraient remis à neuf, parce qu'ils font partie du trousseau des élèves, ou qu'ils remplacent les parties réformées de ces mêmes trousseaux ; on ne doit y faire figurer que les marchandises en pièces, ou les objets d'habillement confectionnés d'avance, mais encore neufs.

Ces trois pièces seront certifiées véritables par l'économe et visées par le proviseur ; l'inventaire des denrées et marchandises sera de plus certifié par les membres du conseil académique, ou de la commission d'administration, qui auront assisté à sa formation.

(*Ibid.*, art. 137... 151.)

Examen et vérification des comptes par les conseils académiques.

2121. En vertu de l'art. 47 du décret du 15 novembre 1811, les conseils académiques sont chargés de vérifier et d'arrêter provisoirement les comptes des lycées.

Le dernier jour du mois qui termine chaque trimestre ou chaque année, une commission du conseil académique, désignée d'avance par le recteur, se transporte au lycée, pour arrêter le journal de caisse et constater les espèces existant dans la caisse.

Cette commission dresse un procès-verbal de cette opération, dans lequel il sera fait mention si le solde du livre de caisse est d'accord avec le montant des espèces ; on indiquera la différence dans le cas où il en existerait une.

La même commission vérifiera l'inventaire estimatif mentionné à l'article 149, et le comparera avec la balance faite au livre du magasin. Elle consignera, sur l'inventaire même, les résultats de ce contrôle, pour constater l'exactitude de cette pièce, tant sous le rapport de la quantité de marchandises, que sous celui de leur évaluation.

Le procès-verbal de caisse et l'inventaire des magasins sont remis de suite au recteur, pour être joints au compte de l'année expirée, lorsqu'il est soumis à l'approbation du conseil académique.

Le proviseur remet au recteur, dans les formes prescrites par le règlement, les comptes annuels, dans le premier mois qui suit l'expiration de l'exercice.

Il y joint un rapport explicatif des causes qui ont occasioné l'excédant de dépenses qui pourrait exister sur une ou plusieurs masses.

Ces comptes, accompagnés des minutes des comptes antérieurs, de toutes les pièces comptables, sont soumis sans délai par le recteur à la discussion et au jugement des conseils académiques.

La première opération de ces conseils doit être de s'assurer si le rôle du compte précédent, tel qu'il a été arrêté, est exactement reporté sur le compte soumis à leur examen, ou si les différences que présente à cet égard le nouveau tableau de situation sont dûment justifiées.

Ils vérifieront si les recettes portées au compte sont d'accord avec les livres de recettes et avec les résultats des comptes ouverts tant avec les communes et l'Université qu'avec les parens de chaque élève.

Ils en compareront le montant avec le résultat que donnent les états mensuels de présence, en s'assurant si les comptes des élèves s'accordent pour les époques à partir desquelles les comptes de chacun sont établis, avec les dates d'entrée et de sortie du contrôle des élèves tenu par le censeur, et avec les doubles des extraits de ces contrôles, qui sont envoyés à l'Université à la fin de chaque mois.

Ils vérifieront les pièces justificatives des dépenses, en les rapprochant non-seulement des détails portés au compte, mais encore des résultats des comptes ouverts aux fournisseurs, et des comptes *recette et dépense par masses* ouverts au grand livre.

Ils examineront si la rédaction des comptes présente les quantités et le prix moyen de tous les objets de consommation, et ils compareront les prix des denrées avec ceux des mercuriales.

Ils rechercheront enfin, avec soin, si toutes les dépenses

ont été ordonnées et faites dans les vues d'une sage administration, et si elles ont été réglées non-seulement avec économie, mais de la manière la plus avantageuse à l'établissement.

Avant de constater le solde qui termine chaque compte, et présente la situation réelle des finances du lycée, ils mettront la plus grande attention à reconnaître si le boni ou le déficit qui en est le résultat ne serait pas fictif, en raison du mauvais état du vestiaire; à cet effet, ils feront vérifier la situation des trousseaux.

L'examen préalable et les recherches qui viennent d'être prescrits seront confiés à une commission qui sera chargée de faire son rapport au conseil.

Dans les lycées placés hors du chef-lieu de l'académie, cette commission sera remplacée par le bureau d'administration du lycée, ou seulement par plusieurs membres de ce bureau.

Les conseils académiques doivent avoir pour but principal de surveiller et d'assurer l'entière exécution des règlemens et instructions, tant sous le rapport de la comptabilité proprement dite, que sous celui de l'administration économique.

Après avoir terminé cet examen approfondi, le conseil académique prendra une délibération, pour arrêter le montant des recettes et des dépenses, ainsi que l'état de situation, et approuver le compte, s'il y a lieu. Il consignera dans cette délibération les motifs de son jugement.

Il y joindra les observations qu'auront fait naître l'examen de toutes les parties de la gestion, et la comparaison des comptes soumis à son approbation avec ceux des exercices antérieurs.

Ces observations porteront principalement sur les achats; les distributions intérieures et l'ordre de la comptabilité; elles indiqueront la situation actuelle de ces parties, et les améliorations dont on les jugerait susceptibles.

Les recteurs adresseront immédiatement au grand-maître les comptes ainsi vérifiés et arrêtés.

Ces comptes doivent être accompagnés de la délibération du conseil, du procès-verbal de caisse, de l'inventaire des denrées et marchandises, de l'état des créances de l'établissement, de l'état de ses dettes, et d'une copie, certifiée par le proviseur, des états émargés pour traitemens tant fixes que suppléstifs, appointemens et gages. Cette dernière pièce doit indiquer les personnes nourries dans le lycée.

Toutes les autres pièces justificatives resteront déposées dans les archives de l'académie, ainsi qu'une expédition du compte, après que son identité avec la minute aura été constatée.

(Ibid., art. 153-176.)

Compte d'ordre et de clerc à maître.

2122. Lorsqu'un proviseur sera remplacé, il ne pourra quitter le lycée sans avoir rendu à son successeur un compte d'ordre, présentant la situation économique et comptable de l'établissement.

Dans ce compte, le nouveau proviseur reconnaîtra avoir reçu de son prédécesseur les instructions, circulaires et lettres, les registres de correspondance, les minutes des états de présence, et généralement toutes les pièces et états concernant l'administration, dont les doubles doivent être conservés dans le bureau du lycée ; il lui en donnera décharge, et se déclarera responsable de la suite de la gestion administrative.

Ce compte sera signé des deux parties, qui en garderont chacune un double, et sera visé par le recteur, ou par l'inspecteur chargé d'installer le nouveau proviseur.

Une expédition sera remise au recteur, pour être adressée à l'Université, avec le procès-verbal d'installation.

Lorsqu'un économe est remplacé, le proviseur, en installant son successeur, arrête, conjointement avec l'ancien et le nouvel économe, tous les registres de comptabilité, tant en matières qu'en espèces, et constate par un procès-verbal de paraphement que les écritures ont été laissées au courant par l'ancien économe.

L'ancien économe dresse ensuite, sous la surveillance du proviseur et d'un délégué du recteur, un compte de clerc à maître, qui doit présenter les résultats de sa gestion, depuis le dernier compte trimestriel rendu.

Ce compte de clerc à maître doit être appuyé de pièces justificatives, certifiées par lui et vérifiées par le proviseur et le délégué du recteur, constatant le montant de l'actif et du passif tel que le procès-verbal des espèces trouvées en caisse, l'état des créances, celui des dettes, et l'inventaire des denrées et marchandises existant en magasin.

Il y joindra également l'inventaire du mobilier de la maison, et celui des registres, états, doubles de comptes trimestriels et annuels, et autres pièces comptables dont il doit faire la remise à son successeur.

Il est accordé un mois au nouvel économe, pour s'assurer si les approvisionnemens de toute nature ont été portés à leur juste valeur dans l'inventaire estimatif du magasin, et pour faire la vérification des autres parties qui composent l'actif et le passif portés au compte de clerc à maître.

Après cet examen, il arrête ce compte et donne décharge à

l'ancien comptable, tant du solde en caisse dont il reconnaît avoir reçu le montant, que de la remise des approvisionnemens, du mobilier, et des registres et pièces comptables.

Au moyen de cette reddition de compte, l'ancien économe est quitte et libéré, et son successeur, devenant comptable de la gestion, se trouve chargé de la reddition des comptes du trimestre et de l'exercice courant.

Les comptes de clerc à maître sont visés par le proviseur et par le délégué du recteur, présens à leur reddition ; chacun des comptables en garde une expédition, et une troisième expédition est transmise par le recteur à l'Université, en même temps que le procès-verbal de paraphement.

Les nouveaux proviseurs et économes pourront requérir, à leur entrée en fonctions, qu'il soit dressé procès-verbal de la situation des trousseaux et de la lingerie : cette opération aura lieu en présence du recteur ou d'un de ses délégués.

(Ibid., art. 180... 192.)

Dispositions et recommandations générales.

2123. Le point essentiel dans la direction économique d'un lycée, celui sur lequel repose toute sa prospérité, consiste non-seulement à maintenir, dans les années de cherté, les dépenses au niveau des recettes, mais encore à profiter des années favorables pour faire des économies qui puissent assurer des ressources pour l'avenir.

Les proviseurs et économes ne perdront pas de vue qu'un ordre invariable et une surveillance active doivent exister dans l'ensemble de la gestion ; mais qu'il n'est pas moins important d'établir cet ordre et cette surveillance jusque dans les plus petits détails. L'expérience leur prouvera la nécessité de ne rien négliger, et leur indiquera les moyens de ménager leurs ressources, en apportant un soin particulier à ne les employer que convenablement.

Ils se rendront compte très-souvent, par l'examen et la comparaison des registres, de la situation économique du lycée, afin de reconnaître les abus qui pourraient naître dans une partie quelconque du service, et de prendre sur-le-champ les moyens nécessaires pour les faire disparaître.

Les recteurs étant chargés, comme administrateurs supérieurs des académies, de surveiller l'exécution de toutes les dispositions prescrites par l'Université dans les lycées, ils pourront se faire représenter, à la fin de chaque mois, le registre de correspondance prescrit par l'article 58, ainsi que tous les registres de la comptabilité.

(Ibid., art. 193.)

Arrêté relatif au recouvrement des sommes dues aux colléges (1).

2124. A partir du 1er. avril 1817, les économes des colléges royaux sont seuls chargés du recouvrement des sommes dues aux colléges postérieurement audit jour, soit pour pension ou portion de pension à la charge des parens des élèves, soit pour frais de trousseau, supplément pour livres classiques, rétribution du vingtième et frais d'études. Les proviseurs ne pourront leur refuser le concours de leur autorité, à l'effet de faire diriger contre les parens les poursuites prescrites par les règlemens.

Les créances pour le recouvrement desquelles les poursuites n'auront point été faites dans le délai prescrit par l'ordonnance du 12 mars dernier, seront à la charge de l'économe; le montant en sera retenu sur les intérêts de son cautionnement, et, s'il est nécessaire, sur le capital, en vertu d'une décision de la commission.

Dans le cas où le proviseur croirait devoir user de délais envers des parens en retard de payer les sommes par eux dues au collége, il en donnera l'ordre par écrit à l'économe, lequel, en justifiant de cet ordre, sera déchargé de toute responsabilité.

Faute de payement des créances pour lesquelles il aurait été accordé des délais par le proviseur, elles pourront être mises à sa charge par une décision de la commission, et la re-

---

(1) La commission de l'instruction publique.

Vu les articles 11 et suivans du décret du 1er. juillet 1809, relatifs à l'exclusion des élèves boursiers des lycées, par défaut de payement de la portion de pension à la charge de leurs parens;

Le statut du 19 septembre 1809, et l'instruction générale sur l'administration économique et la comptabilité des lycées, du 1er. novembre 1812, en ce qui concerne les fonctions attribuées aux proviseurs et aux économes;

L'article 18 de l'ordonnance du roi du 12 mars dernier, portant que les élèves qui devront plus d'un semestre de la pension ou portion de pension à leur charge, seront congédiés par les proviseurs, et remis à leurs parens;

Considérant que le grand nombre de créances arriérées des colléges royaux est une des causes principales de la situation difficile dans laquelle se sont trouvés et se trouvent encore plusieurs de ces établissemens;

Que le seul moyen d'empêcher qu'il ne se forme un nouvel arriéré de cette nature, et d'assurer l'exécution de l'article 18 de l'ordonnance du 12 mars dernier, est de rendre l'un des agens de l'administration des colléges personnellement responsable des créances sur particuliers, dont il n'aurait pas poursuivi le recouvrement par les moyens et dans les délais prescrits par les règlemens;

Que cette responsabilité doit naturellement être imposée aux économes, qui sont tenus de fournir un cautionnement, sans toutefois rien changer aux rapports établis entre eux et les proviseurs, par les précédens statuts et règlemens;

Que néanmoins il ne convient point d'appliquer cette mesure aux créances arriérées antérieurement au 1er. avril 1817, époque de la nouvelle comptabilité établie en exécution de l'ordonnance du 12 mars dernier.

Arrête ce qui suit, etc.

(Egi. Jur. bull.)

tenue en être opérée sur le traitement supplémentaire à lui attribué.

Les conseils académiques et les commissions d'administration des colléges royaux se feront rendre compte, tous les trois mois, des créances arriérées et des démarches faites pour en obtenir le recouvrement; il sera dressé un état des créances qui, en exécution du présent arrêté, devront être mises à la charge des économes. Ces états seront adressés à la commission de l'instruction publique par les recteurs des académies, et, dans l'académie de Paris, par les présidens des commissions d'administration.

Le présent arrêté n'est point applicable aux créances arriérées antérieurement au 1er. avril de cette année.

Il sera notifié sans délai par le proviseur de chaque collége à l'économe, qui sera tenu de déclarer dans la huitaine, et par écrit, qu'il se soumet aux dispositions y contenues. Dans le cas contraire, le proviseur en donnera immédiatement avis à la commission, afin qu'il soit pourvu au remplacement des économes qui n'auraient pas contracté l'obligation qui leur est imposée par l'art. 2 ci-dessus.

Cet arrêté sera transmis à tous les recteurs, aux proviseurs des colléges royaux de Paris, et au président de la commission d'administration de ces colléges.

(Arrêté du 10 juin 1817, art. 1... 8.)

Arrêté relatif aux livres d'études (1).

2125. A partir du 1er. octobre prochain, il ne pourra être exigé

(1) La commission, instruite que, dans plusieurs colléges royaux, l'usage s'est introduit de mettre à la charge des parens des élèves pensionnaires une partie des livres nécessaires aux exercices religieux ou aux études, tels que livres de messe, dictionnaires, traités de géométrie, etc.;

Vu l'arrêté du gouvernement du 15 brumaire an XII (7 novembre 1803), qui fixe à la somme de 100 francs le supplément pour *tous frais de livres* et dépenses d'études à payer par les élèves aux frais de leurs parens;

Le statut sur l'administration économique des lycées, en date du 19 septembre 1809, portant, article 18, qu'indépendamment du prix réglé pour la pension, les élèves entretenus par leurs parens paient annuellement une somme de 50 francs pour tous frais de livres et dépenses d'études; art. 19, que les élèves boursiers ne paient cette somme qu'en raison de la part de pension qui est à la charge de leurs parens; et enfin, art. 65, que la masse des menues dépenses embrasse, entre autres choses, l'acquisition des livres et autres objets nécessaires aux études;

Le règlement sur l'administration économique des lycées dépendant de l'académie de Paris, en date du 24 octobre 1809, portant, art. 9, que, dans les lycées de Paris, la somme annuelle payée pour *tous frais de livres* et dépenses d'études est fixée à 100 fr.;

Le statut concernant l'enseignement dans les lycées;

L'arrêté qui détermine les objets que chaque élève doit apporter lors de son entrée;

Considérant que les sommes allouées aux colléges royaux pour frais de livres et dépenses d'études ont été reconnues plus que suffisantes pour couvrir cette nature de dépenses; que d'ailleurs toute autre perception que celles qui sont autorisées par les décrets, statuts et règlemens actuellement en vigueur, ne saurait être tolérée,

Arrête ce qui suit, etc.

des parens des élèves, soit boursiers, soit pensionnaires à la charge de leurs parens, aucune somme à titre d'indemnité pour les livres nécessaires, soit aux exercices religieux, soit aux études, hors les cas de perte ou de dégradation extraordinaire.

Les livres dont il s'agit seront fournis par les colléges royaux, et la dépense pour ces objets sera imputée sur la masse des menues dépenses, conformément au statut du 19 septembre 1809.

Le présent arrêté sera adressé aux recteurs et aux proviseurs des colléges royaux, à la commission administrative des colléges royaux de Paris, et aux bureaux d'administration des colléges de Versailles et de Reims.

(Arrêté du 10 septembre 1819, art. 1.... 3.)

Arrêté relatif au traitement des professeurs de sixième des colléges royaux (1).

2126. A partir du 1er. octobre 1819, le traitement fixe des professeurs de sixième sera de 1,200 fr. dans les colléges de première classe, de 1,000 fr. dans ceux de seconde classe, et de 900 fr. dans ceux de troisième classe. Dans les colléges royaux de Paris, il demeure provisoirement fixé à 1,200 fr.

Il n'est dérogé en rien aux autres dispositions de l'arrêté du 12 octobre 1818, qui continuera d'avoir son exécution en tout ce qui n'est pas contraire à l'article 1er. du présent arrêté.

(Arrêté du 13 novembre 1819.)

Indemnités de trousseau des élèves transférés d'un collége royal dans un autre (2).

2127. A l'avenir, lorsqu'un élève sera autorisé à passer d'un collége royal dans un autre, son trousseau sera envoyé directement d'un collége à l'autre sans passer par la main des parens, et les parens devront payer au collége où l'élève sera transféré une indemnité fixée à 100 fr.

(1) La commission,
Vu son arrêté du 12 octobre 1818, relatif aux professeurs de sixième dans les colléges royaux ;
Considérant que le traitement qui leur a été accordé par l'article 2 dudit arrêté est insuffisant ; qu'il en est résulté, pour plusieurs de ceux qui, antérieurement audit arrêté, jouissaient, comme maîtres élémentaires, de l'admission gratuite à la table commune, la perte d'une partie des avantages dont ils étaient en possession, et que cette considération a déterminé la commission à faire, en faveur de plusieurs de ces professeurs, des exceptions temporaires ; mais que, l'effet de ces dispositions particulières ayant cessé au 1er. octobre dernier, il y a lieu d'adopter une mesure générale pour améliorer le sort des professeurs de sixième,
Arrête ce qui suit.

(2) La commission décide que relativement aux trousseaux des élèves des colléges royaux, on exécutera l'arrêté du ministre de l'intérieur du 15 janvier dernier.

Lorsque l'élève sera envoyé dans un des colléges royaux de Paris, l'indemnité de trousseau que sa famille aura à payer sera de 200 fr., attendu que, dans ces colléges, le trousseau est plus considérable que dans les colléges situés dans les départemens.

La famille sera en outre chargée de rembourser les frais occasionés par le transport des effets; et ces frais sont évalués indistinctement à 10 fr.

Cette indemnité est la même pour tous les enfans, et, avant d'effectuer le transférement, les parens sauront combien il doit leur en coûter; de sorte qu'en acceptant la faveur qui leur sera faite, ils prendront réellement l'engagement de payer l'indemnité.

L'indemnité de trousseau ne pourra jamais aller au delà de la somme qui est fixée. Mais, dans le cas où des parens croiraient avoir à payer un peu plus qu'il ne serait rigoureusement nécessaire pour réparer ou compléter le trousseau, et adresseraient des représentations à ce sujet, la commission pourrait faire remise à ces familles de la différence qui se trouverait entre le montant de l'indemnité fixe, et la somme rigoureusement nécessaire pour compléter ou réparer le trousseau. Cette appréciation sera faite par le proviseur seul, sans l'intervention des parens.

(Arrêté du 26 juillet 1820.)

Arrêté sur les frais d'entretien des lits des colléges royaux, et sur l'habillement des élèves pensionnaires de ces établissemens.

2128. Les frais d'entretien des lits seront compris à l'avenir parmi les dépenses imputables sur la cinquième masse.

Tous les élèves pensionnaires, sans distinction, seront vêtus des mêmes étoffes, et il ne sera admis aucune différence dans la forme des diverses parties d'habillement.

A partir du 1er. septembre prochain, il ne pourra être exigé ni reçu aucune somme, à titre de supplément de drap, ou d'indemnité pour dépense d'habillement.

Le présent arrêté sera adressé à tous les recteurs, aux inspecteurs généraux, à la commission administrative des colléges royaux de Paris, aux présidens des bureaux d'administration des colléges de Reims et de Versailles, et aux proviseurs des colléges royaux de l'académie de Paris.

(Arrêté du 30 août 1820.)

Arrêté portant qu'il sera fait dans les colléges royaux à pensionnat de Paris un compte particulier des recettes et dépenses relatives aux trousseaux fournis au compte des parens des élèves.

2129. A partir du 1er. janvier 1821, il sera fait, dans les deux colléges à pensionnat de Paris, un compte particulier des recettes et des dépenses relatives aux trousseaux fournis au compte des parens, entièrement distinct du compte général, et qui sera soumis chaque année à l'examen du conseil royal, après avoir été préalablement vérifié et arrêté par la commission administrative.

Lorsque le nombre de draps et de serviettes laissés par les élèves à leur sortie du collége excédera la quantité nécessaire pour le service de l'établissement, on pourra prélever sur cet excédant les draps et les serviettes que le collége aura à fournir ; mais dans ce cas, le prix de leur estimation sera porté en recette au compte général, et en dépense au compte particulier des trousseaux.

Dans le cas où les recettes pour fourniture de trousseaux viendraient à excéder le montant des dépenses, il sera fait de cet excédant un fonds de réserve dont l'emploi sera déterminé par le conseil royal, sur la proposition des proviseurs et de la commission administrative, et qui sera principalement affecté à des dégrèvemens en faveur d'élèves peu aisés.

(Arrêté du 23 décembre 1820.)

Disposition générale relative aux trousseaux.

2130. Tout proviseur qui admettra des élèves dont le trousseau complet n'aura été fourni ni payé au collége, et dont le trimestre de pension n'aura pas été soldé d'avance, sera responsable envers l'établissement de la somme à laquelle s'élèveront le trousseau et la pension.

Il n'y aura d'exception pour les boursiers royaux que lorsque les proviseurs auront été officiellement informés que le ministre de l'instruction publique a accordé le dégrèvement complet du trousseau et de la partie de pension et autres frais à la charge des familles.

Si le ministre n'a accordé le dégrèvement que d'une portion du trousseau ou des autres frais, le proviseur qui aura admis l'élève, sans avoir exigé le payement préalable de la partie du trousseau et du trimestre restant à la charge de sa famille, sera responsable envers le collége de cette partie de la somme que les parens auraient dû payer pour la pension.

(Arrêté du 27 mars 1827.)

Arrêté relatif au traitement des aumôniers des colléges royaux.

2131. Conformément à l'art. 15 de l'ordonnance du roi du 27 février dernier, les aumôniers des colléges royaux recevront, à dater du 1er. mars, un traitement égal à celui des censeurs.

Ils continueront de jouir de la table commune gratuite.

Leur traitement sera soumis, à partir de la même époque, comme celui des autres fonctionnaires de l'Université, à la retenue du vingtième pour le fonds des pensions de retraite.

Les années d'exercice pendant lesquelles le traitement des aumôniers n'a pas été assujetti à ladite retenue, ne leur seront pas moins comptées dans la liquidation de leur pension de retraite.

Cette disposition n'aura lieu que pour les aumôniers actuellement en exercice.

(Arrêté du 10 avril 1821, art. 1... 4.)

Arrêté qui fixe l'indemnité de traitement dont jouiront les agrégés divisionnaires des colléges royaux de Paris après cinq ans d'exercice (1).

2132. Les agrégés divisionnaires des colléges royaux de Paris qui ont ou qui auront exercé ces fonctions pendant cinq ans, en vertu d'une nomination de l'autorité supérieure, auront droit, après les cinq ans révolus, à une indemnité égale au cinquième du traitement fixe du professeur titulaire.

Cette indemnité sera augmentée, pour chacune des années suivantes, d'un quinzième dudit traitement.

Elle ne pourra, dans aucun cas, s'élever au-dessus des trois cinquièmes du traitement des professeurs titulaires.

Ces indemnités seront payées sur les fonds libres des colléges, indépendamment du traitement d'agrégé, payé sur les fonds généraux de l'Université, et du traitement éventuel attribué à chaque agrégé divisionnaire.

(Arrêté du 9 septembre 1823.)

Emploi du produit des frais d'études payés par les élèves externes des colléges royaux.

2133. L'éventuel attribué à MM. les censeurs et professeurs des colléges royaux se composera des deux tiers des frais d'étude payés par les externes de toutes les classes jusqu'à la sixième

---

(1) Le conseil, vu la délibération qui a été prise le 11 juillet dernier par le conseil académique de Paris sur les réclamations faites par MM. les agrégés divisionnaires des colléges royaux de Paris, concernant la modicité de leur traitement;

Vu l'avis émis à ce sujet par le conseil académique;

Considérant que les motifs exposés par MM. les agrégés divisionnaires sont fondés, et qu'il y a lieu d'améliorer leur sort,

Arrête ce qui suit, etc.

inclusivement, et du dixième des pensions des élèves pensionnaires libres, sauf le prélèvement alloué à l'économe.

La totalité des frais d'étude payés par les externes dans les classes inférieures à la sixième appartient à l'établissement et doit être versée dans la caisse du collége.

Le traitement des maîtres d'étude chargés des classes élémentaires sera acquitté sur le produit de ces frais d'étude, et subsidiairement sur les frais généraux du collége.

(Décision du 22 février 1829.)

Arrêté contenant des dispositions réglementaires relatives à l'exécution de l'article 12 de l'ordonnance royale du 26 mars 1829, sur la comptabilité des colléges royaux (1).

Ordre de la comptabilité, classification des recettes et des dépenses.

2134. A partir du 1er. janvier 1830, la comptabilité des colléges royaux sera établie par année.

Les recettes et les dépenses des colléges royaux seront divisées ainsi qu'il suit, savoir :

Recettes.

Chapitre Ier. Subvention fournie par le trésor royal pour les dépenses fixes des colléges royaux.

Chapitre II. Sommes payées par le trésor pour les bourses royales et les dégrèvemens.

Chapitre III. Sommes payées par les villes pour les bourses communales.

Chapitre IV. Sommes payées par les particuliers pour les pensions et parties de pension à la charge des familles (2).

Chapitre V. Sommes payées par les externes pour frais d'étude.

Chapitre VI. Recettes diverses et extraordinaires. Ce chapitre comprend toutes les recettes faites par l'économe, et qui ne se rattachent à aucun des cinq autres chapitres.

(1) Le conseil, vu l'article 12 de l'ordonnance du 26 mars 1829, qui est ainsi conçu :

« A partir du 1er. janvier 1830, notre ordonnance du 21 août 1827, qui rend les
» agens comptables des fonds spéciaux de l'Université justiciables de la cour des
» comptes, s'appliquera également aux agens comptables chargés des recettes et des dé-
» penses des colléges royaux. »

Considérant que différentes mesures sont nécessaires pour assurer l'exécution de cette disposition ;

Sur le rapport du conseiller chargé des fonctions de trésorier,

Arrête ce qui suit, etc.

(2) Les supplémens pour livres classiques étant considérés comme faisant partie de la pension des élèves seront classés, avec les pensions et portions de pension à la charge des familles, dans le chapitre IV des recettes.

Dépenses.

Chapitre I_{er}. Dépenses de nourriture.
Chapitre II. Dépenses d'entretien.
Chapitre III. Dépenses d'habillement.
Chapitre IV. Traitemens fixes et éventuels ; appointemens et gages ; gratifications, indemnités et secours.
Chapitre V. Menues dépenses.
Chapitre VI. Dépenses diverses et extraordinaires. Ce chapitre comprend toutes les dépenses qui ne se rattachent à aucun des cinq autres chapitres.

(Arrêté du 19 octobre 1829, art. 1 et 2.)

Fourniture des objets de consommation nécessaires au service.

2135. Le proviseur remet au recteur l'état des divers objets de consommation nécessaires au service du collége. Le recteur soumet cet état au conseil académique, qui délibère sur chaque article, et qui décide s'il y a lieu de faire une adjudication publique, d'autoriser le proviseur à passer un marché à l'amiable, ou de charger l'économe de faire les achats de gré à gré.

Pour les objets mis en adjudication publique, le conseil académique arrête le cahier des charges et fait l'adjudication au rabais sur soumission.

Les marchés que le proviseur est autorisé à faire à l'amiable sont soumis à l'approbation du conseil académique, et ne sont exécutoires qu'après avoir été approuvés par le conseil.

Les objets que l'économe est chargé d'acheter sans marché préalable ne peuvent être acquis par lui que sur l'autorisation du proviseur.

(Ibid., art. 3... 6.)

De l'ordonnateur et de l'agent comptable.

2136. Les fonctions d'administrateur et d'ordonnateur sont incompatibles avec celles de comptable.

Le proviseur administre le collége ; il ordonne et ordonnance toutes les dépenses, à la charge par lui de se conformer aux dispositions prescrites par les règlemens pour les dépenses des colléges royaux.

Le compte qu'il rend chaque année, comme administrateur-ordonnateur, est jugé par le conseil royal.

L'économe est agent comptable chargé de toutes les recettes et de toutes les dépenses du collége. Comme manutenteur des deniers et des matières, il fournit un cautionnement, et les comptes annuels de sa gestion sont jugés par la cour des comptes.

(Ibid., art. 7... 10,)

Ordonnance et paiement des dépenses.

2137. Aucune dépense faite pour le compte du collége ne peut être acquittée par l'agent comptable que sur un mandat conforme au modèle ci-joint (n°. 1) (1), signé par le proviseur-ordonnateur, ou, en son absence, par le fonctionnaire chargé de l'administration de l'établissement.

Le proviseur ne peut délivrer des mandats que pour des services faits, pour des travaux exécutés, ou pour des fournitures livrées.

Néanmoins, il peut délivrer des mandats d'à-compte sur les travaux non encore terminés, ou sur les fournitures dont les mémoires ne sont pas encore réglés.

Les à-comptes ne peuvent, dans aucun cas, excéder les deux tiers du montant des sommes portées dans les devis ou dans les mémoires ou factures.

Le proviseur peut aussi autoriser l'économe à prélever sur les fonds de sa caisse les sommes dont il aura besoin pour l'achat des objets nécessaires à la consommation journalière du collége, ou pour quelques menues dépenses imprévues, à la charge par l'économe de justifier de la dépense, au moins tous les quinze jours, par des bordereaux sur papier libre que le proviseur visera, et d'après lesquels il délivrera des mandats.

Les mandats délivrés par le proviseur-ordonnateur font connaître l'année et le chapitre auxquels s'applique la dépense. Le proviseur est tenu d'y spécifier les pièces justificatives qui doivent être produites par les parties prenantes.

Ces pièces sont indiquées dans la nomenclature ci-jointe (n°. 2).

Les créanciers apposent leur acquit au bas du mandat; i's émargent pour quittance l'état qui est joint au mandat, si le mandat est collectif.

Si le créancier ne peut se présenter lui-même à la caisse, il autorise à toucher pour lui par une procuration sur papier timbré, qui reste jointe à la quittance. La signature de la procuration est certifiée par le proviseur, si le créancier est fonctionnaire, professeur ou employé du collége; elle doit être légalisée par le maire, si le créancier n'est pas attaché à l'établissement.

L'économe est responsable de toutes les sommes qu'il aurait payées sans un mandat du proviseur, en sus du mandat, ou

---

(1) Il n'a pas paru nécessaire d'insérer ici les modèles ou tableaux dont il est fait mention dans le présent règlement.

sans avoir exigé les pièces justificatives prescrites par le mandat. Les pièces justificatives restent annexées aux quittances des parties prenantes.

L'économe ne peut admettre comme pièce justificative aucune facture ni aucun mémoire au-dessus de 10 fr., qui ne serait pas sur papier timbré.

Le payement d'un mandat est suspendu par l'économe, s'il y a omission ou irrégularité matérielle dans les pièces justificatives qui doivent être produites par les parties prenantes. Dans ce cas, l'économe est tenu de remettre immédiatement la déclaration écrite de son refus au porteur du mandat.

(Ibid., art. 11... 21.)

Écritures des économes.

2138. Pour la manutention des deniers, les économes sont tenus d'avoir :

1°. Un registre à souche (*modèle n°. 3*) sur lequel ils inscrivent, à leur date et sans lacune, toutes les sommes versées dans leur caisse pour le compte du collége, à quelque titre que ce soit.

La quittance et la souche portent une série de numéros qui ne peut être intervertie sous aucun prétexte. Il n'y a qu'une seule série de numéros pour chaque année.

La quittance et la souche font connaître l'objet du versement.

2°. Un livre-journal de caisse et de portefeuille (*modèle n°. 4*) sur lequel ils inscrivent, chaque jour et à leur date, toutes les sommes qu'ils ont reçues et toutes celles qu'ils ont payées pour le compte du collége.

3°. Un sommier (*modèle n°. 5*) dans lequel ils classent toutes les recettes et toutes les dépenses, dans l'ordre déterminé par l'art. 2.

Pour la manutention des matières :

L'économe tient un registre d'entrée et de sortie des provisions de toute nature. Ce registre est divisé en autant de comptes qu'il y a d'espèces de provisions. L'économe inscrit, dans une première colonne, tous les objets entrés dans les magasins pendant l'année, au fur et à mesure des livraisons faites par les fournisseurs, et, dans une deuxième colonne, le détail de l'emploi qui a été fait de chaque objet.

Le dernier jour de chaque trimestre, l'économe fait la balance de tous les comptes ouverts sur le registre, et il dresse un inventaire de tous les approvisionnemens qui existent dan les magasins.

Des commissaires pris dans le sein du conseil académique et désignés par le recteur assistent avec le proviseur à l'inventaire. Ils le comparent avec la balance des comptes du registre de magasin, et consignent sur l'inventaire le résultat de ce contrôle.

(Ibid., art. 22... 25.)

Surveillance des proviseurs.

2139. Le proviseur vérifie, tous les huit jours, la caisse de l'économe.

A la fin de chaque mois, il constate, au registre à souche, le numéro de la dernière quittance délivrée par l'économe; au livre-journal de caisse, le solde en caisse, et la concordance du journal avec le registre à souche; au sommier, la conformité des enregistremens du sommier avec ceux du livre-journal de caisse.

Si toutes les écritures ne sont pas au courant suivant l'ordre prescrit, si le solde en caisse n'est pas d'accord avec les écritures, le proviseur doit en dresser procès-verbal, qu'il transmet immédiatement au ministre.

Le proviseur vérifie chaque mois le registre de magasin prescrit par l'article 23. Il assiste à l'inventaire qui doit être fait le dernier jour de chaque trimestre, en vertu de l'art. 24, et signe le procès-verbal avec les commissaires délégués par le recteur.

Le proviseur veille à ce que les pièces désignées à l'art. 36 ci-après soient adressées chaque mois au ministre, dans le délai prescrit par ledit article.

(Ibid., art. 26... 30.)

Surveillance des recteurs.

2140. Les recteurs vérifient, tous les trois mois, les caisses des colléges royaux et les écritures des économes. Ils peuvent faire faire cette vérification par un inspecteur d'académie ou par tout autre délégué.

Ils font connaître le résultat de cette vérification par un rapport qu'ils adressent au ministre.

Ils constatent dans ce rapport si le proviseur a vérifié la caisse et arrêté les écritures aux époques déterminées.

S'ils ont reconnu des irrégularités dans la tenue de la caisse et des écritures, ils proposent au ministre les mesures qui peuvent être nécessaires.

Le 20 du dernier mois de chaque trimestre, les recteurs délèguent les membres du conseil académique chargés d'assister, avec le proviseur, à l'inventaire des objets en magasin, qui doit être fait à la fin de chaque trimestre.

(Ibid., art. 31... 35.)

Pièces à fournir chaque mois par les économes.

2141. A la fin de chaque mois, et dans le délai de huit jours, les économes sont tenus de transmettre au ministre :

1°. La copie textuelle de leur journal de caisse du mois précédent;

2°. Le bordereau (*modèle n°.* 6) de toutes les recettes et de toutes les dépenses qu'ils ont effectuées pendant le mois; ils joignent au bordereau tous les mandats acquittés par les parties prenantes, avec les pièces à l'appui.

A la fin de chaque trimestre, l'économe transmet en outre l'inventaire des objets en magasin, prescrit par l'art. 24.

(Ibid., art. 36 et 37.)

Compte d'administration.

2142. Avant la fin du mois de mars de chaque année, le proviseur est tenu de remettre au recteur le compte d'administration du collége, pour l'année précédente.

Ce compte sera rédigé dans la forme prescrite par les anciens règlemens pour les comptes des colléges. Le proviseur y joindra un rapport détaillé sur les différentes parties du service en général, et sur celles qui sont plus particulièrement confiées à l'économe.

Si le recteur n'a pas reçu le compte et le rapport à la fin du mois de mars, il lui est enjoint d'en informer sur-le-champ le ministre.

Le recteur convoque le conseil académique dans la première semaine du mois d'avril, et requiert qu'il soit procédé immédiatement à l'examen du compte.

Un mois devant suffire pour ce travail, le recteur convoque de nouveau le conseil académique, dans la première semaine du mois de mai, pour entendre le rapport de la commission chargée de l'examen du compte, et pour statuer sur ledit compte.

Si la commission n'est pas en mesure pour présenter son rapport, le recteur en informe le ministre, et lui fait connaître les causes du retard.

Aussitôt que le conseil académique a prononcé, le recteur transmet au ministre le compte, le rapport de la commission, et la délibération du conseil académique; il y joint ses observations, s'il y a lieu.

(Ibid., art. 38... 42.)

Compte de gestion rendu par l'économe.

2143. Dans les dix premiers jours du mois de janvier de chaque année, l'économe établit le compte des recettes et des dépenses qu'il a faites pendant l'année précédente, ainsi que le compte des matières.

(Ibid., art. 43.)

Compte de deniers.

2144. Ce compte, divisé par chapitres de recettes et de dépenses dans l'ordre déterminé par l'art. 2, doit être conforme au modèle ci-annexé (n°. 7).

Il constate,

1°. Les valeurs qui se trouvaient en caisse et en portefeuille au 31 décembre de l'année antérieure à celle du compte ;

2°. Le montant de toutes les sommes reçues et payées pendant l'année, et les différentes natures de recettes et de dépenses auxquelles elles s'appliquent ;

3°. Les valeurs restant en caisse et en portefeuille au 31 décembre.

L'économe joint à l'appui de son compte le registre à souche des quittances délivrées par lui depuis le 1er. janvier jusqu'au 31 décembre, et arrêté en somme totale au 31 décembre.

Ce registre, certifié par l'économe, est visé par le proviseur.

(Ibid., art. 44 et 45.)

Compte de matières.

2145. Ce compte (*modèle* n°. 8) constate la quantité des approvisionnemens qui existaient dans les magasins au 31 décembre de l'année antérieure à celle du compte, la quantité des approvisionnemens entrés en magasin pendant l'année, la quantité des objets consommés pendant l'année ; enfin la quantité et la valeur des objets qui existaient dans les magasins au 31 décembre.

Ces deux comptes, rédigés en double expédition, sont certifiés par l'économe.

Le proviseur constate au bas de chacun desdits comptes qu'ils sont conformes aux écritures.

Il tient la main à ce que les comptes et les pièces à l'appui soient transmis au ministre avant le 20 janvier.

(Ibid., art. 46... 49.)

Vérification des comptes et des pièces qui s'y rattachent, par la comptabilité centrale.

2146. Conformément aux dispositions du présent règlement, les économes devront adresser chaque mois au ministre la copie de leur livre-journal de caisse, ainsi que le bordereau des recettes et des dépenses faites pendant le mois, accompagné de pièces justificatives des payemens qui auront été effectués.

La comptabilité centrale procédera immédiatement à la vérification de ces élémens de comptes.

Elle consignera, par chapitre et pour chaque collége, les recettes et les dépenses inscrites au journal de caisse, et s'assurera par ce moyen de l'exactitude du bordereau du mois.

Si cette vérification fait connaître des erreurs de calcul, la comptabilité centrale en opérera de suite le redressement en en donnant avis à l'agent comptable, afin qu'il s'y conforme.

Toute autre espèce d'erreurs, ainsi que les omissions et les modifications quelconques à apporter à un article de recette et de dépense, nécessiteront un article spécial passé au livre-journal de caisse du mois suivant, soit que la rectification ait été provoquée par la comptabilité centrale, ou qu'elle ait été reconnue par le comptable lui-même.

Il sera fait usage du modèle ci-joint (n°. 9) pour les observations et *accusés de réception*, servant de décharge provisoire, que la comptabilité centrale doit adresser chaque mois aux économes des colléges, afin de leur faire connaître le résultat de la vérification de leurs élémens de comptes mensuels.

Les économes auraient à réclamer *les accusés de réception*, s'ils ne leur étaient pas exactement parvenus dans le mois qui suivrait celui de la dépense.

Les pièces justificatives des dépenses resteront déposées à la division de comptabilité, qui demeurera responsable de leur conservation; et, après avoir été, de mois en mois, classées selon la distribution du compte annuel à rendre par l'économe à la cour des comptes, elles seront, à la fin de l'année, rattachées à ce compte.

La vérification des comptes annuels rendus par les économes s'établit sur le livre-souche que chaque comptable joint à son compte, sur les copies du livre-journal de caisse, sur les bordereaux de recettes et des dépenses qui seront transmis chaque mois, et sur les relevés des pièces justificatives des dépenses.

Les comptes annuels étant ainsi vérifiés seront transmis successivement à la cour des comptes avant le 1er. avril de chaque année.

(Ibid., art. 50... 59.)

Le présent règlement sera mis à exécution le 1er. janvier 1830. A partir de cette époque, toutes les dispositions contraires seront considérées comme nulles et non-avenues.

(Ibid., art. 60.)

Arrêté portant qu'il pourra être accordé des gratifications aux économes des colléges royaux.

2147. A l'avenir il pourra être accordé des gratifications aux économes des colléges royaux à pensionnat, lorsque les excédans des recettes sur les dépenses de l'année le permettront, et lorsqu'il aura été constaté par l'examen du compte annuel que la gestion de l'économe a contribué à la prospérité du collège.

Le maximum de ces gratifications est fixé, pour les colléges royaux de Paris, ainsi que pour les colléges de première et de deuxième classe, au quart du traitement supplémentaire alloué au proviseur, et au tiers de ce traitement pour les colléges de troisième classe.

Le conseil royal, après avoir jugé le compte annuel du collége, examinera s'il y a lieu d'allouer une gratification à l'économe; et dans le cas de l'affirmative, fixera le montant de cette gratification, qui sera proportionnée à l'importance des services que l'économe aura rendus au collége, mais qui ne pourra jamais excéder le maximum déterminé par l'article 2.

(Arrêté du 17 octobre 1829.)

Arrêté relatif au mobilier fourni à divers fonctionnaires, professeurs et employés, sur les fonds spéciaux de l'Université et des colléges royaux (1).

2148. Il sera transmis au ministre des finances, pour être communiqué par lui à l'administration des domaines, un relevé, par département, des fonctionnaires, professeurs et employés auxquels un mobilier a été fourni sur les fonds spéciaux de l'Université et des colléges royaux.

(Arrêté du 17 octobre 1829, art. 1er.)

(1) Le conseil, vu l'article 8 de la loi du 26 juillet 1829 qui est ainsi conçu :

« Les inventaires du mobilier fourni soit par l'état, soit par les départemens, à des
» fonctionnaires publics, seront faits avant le 1er. janvier 1830.

» Ces inventaires seront renouvelés à la fin de chacune des années suivantes et à
» chaque mutation des fonctionnaires responsables.

» Ils seront déposés aux archives du ministre des finances. »

Vu la lettre adressée le 1er. septembre dernier par M. le ministre des finances à ses collègues relativement à l'exécution de cette disposition ;

Considérant que si l'article 8 de la loi du 26 juillet 1829 ne désigne nominativement que les mobiliers fournis à des fonctionnaires publics par l'état et par les départemens, il convient néanmoins d'en appliquer les dispositions aux mobiliers fournis à divers fonctionnaires par l'Université ou par les colléges royaux;

Considérant que les mesures d'exécution proposées par M. le ministre des finances à ses collègues sont des mesures conservatrices qui peuvent être adoptées par l'Université sans porter atteinte à son droit de propriété ni à la spécialité de ses fonds,

Arrête ce qui suit, etc.

2149. Chacun de ces fonctionnaires dressera ou fera dresser sans délai un inventaire descriptif, en double expédition, de tous les objets mis à sa disposition, afin que le premier récolement puisse être fait avant la fin de la présente année.

Les inventaires seront conformes au modèle ci-annexé.

Chaque fonctionnaire est autorisé à diviser au besoin son inventaire en autant de sections que le comporterait la nature des objets à inventorier, les locaux qu'ils occupent et le nombre des personnes aux soins desquelles la garde et la conservation de ces objets seraient ou pourraient être confiées.

Chaque fonctionnaire donnera connaissance au directeur des domaines du département de l'achèvement de l'inventaire, afin que le directeur puisse faire faire le récolement par un de ses préposés.

Après cette opération, et sur la déclaration de prise en charge, que comprendra l'arrêté de clôture, le préposé y fera mention du récolement auquel il aura assisté, signera cette mention sur les deux expéditions, et déposera l'une d'elles à la direction des domaines; l'autre expédition restera entre les mains du fonctionnaire responsable.

Dans l'intervalle d'un récolement au récolement suivant, tout fonctionnaire responsable sera tenu de faire consigner sur l'expédition de l'inventaire laissé à sa disposition, et suivant la forme qui aura été adoptée, d'une part, tous les accroissemens dans la quantité des objets appartenant à l'Université, et d'un autre côté, les réformes et ventes d'objets qui auront eu lieu, en indiquant sommairement, sur une colonne ménagée à cet effet, les causes de ces opérations ou les circonstances propres à les justifier.

Aux époques des récolemens ordonnés par la loi, les deux expéditions de l'inventaire seront conférées; celle dont la direction des domaines reste dépositaire sera d'abord rendue conforme à l'expédition laissée à la disposition du fonctionnaire responsable du mobilier, et après tout récolement pour lequel auront été remplies les formalités indiquées à l'article 5, l'une des expéditions sera rétablie dans les archives de la direction des domaines.

(Ibid., art. 2...7.)

Arrêté qui fixe le traitement des agrégés ou fonctionnaires chargés de la troisième partie de l'enseignement de l'histoire dans les colléges royaux de Paris et de Versailles.

2150. Il sera alloué aux agrégés ou fonctionnaires chargés de la troisième partie de l'enseignement de l'histoire, dans les colléges royaux de Paris et de Versailles, un traitement annuel de 1,200 francs, sans préjudice pour lesdits agrégés du droit de participer au *boni*, conformément à l'ordonnance du 26 mars 1829 et à l'arrêté du 9 octobre 1830 (1).

(Arrêté du 8 janvier 1831.)

Décisions relatives à l'indemnité à accorder aux suppléans des professeurs des colléges royaux absens ou malades.

2151. L'indemnité allouée à l'agrégé ou maître d'étude qui remplace le professeur absent sera payée, non par jour, mais par classe, dans la proportion résultant du tableau annexé à l'arrêté du 2 mars 1810.

(Décision du 18 janvier 1831 (2).)

Lorsque l'absence d'un professeur se prolongera au-delà d'un mois, l'indemnité à allouer au remplaçant sera réglée par le conseil royal, sur la proposition du proviseur, et d'après l'avis du conseil académique.

(Arrêté du 26 juillet 1831 (3).)

Arrêté portant que les agrégés spéciaux d'histoire, dans les colléges royaux de Paris, ne recevront pas le traitement de 400 fr. affecté à la qualité d'agrégé (4).

2152. Les agrégés spéciaux d'histoire dans les colléges royaux de Paris, soit qu'ils aient quitté, pour prendre cette fonction, un titre de professeur, soit qu'ils n'aient eu antérieurement que le titre d'agrégé, ne pourront recevoir à l'avenir le traitement annuel de 400 francs attaché à la qualité d'agrégé.

(Arrêté du 8 mars 1831.)

(1) Voyez l'arrêté du 9 octobre, page 536.

(2) Vu l'arrêté du 2 mars 1810, relatif au remplacement des professeurs absens pour quelque cause que ce soit,
Modifiant l'article 3 dudit arrêté,
Décide, etc.

(3) Le conseil, vu l'arrêté du 2 mars 1810 et la décision du 18 janvier 1831, relatifs au remplacement des professeurs absens ;
Considérant qu'il est nécessaire de fixer le laps de temps pour lequel les indemnités à allouer aux remplaçans des professeurs absens doivent être payées d'après les bases déterminées par ledit arrêté et par ladite décision,
Arrête, etc.

(4) Le conseil, vu l'arrêté du 9 octobre 1830, et notamment l'article 5 de l'arrêté du 6 février 1821 ;
Considérant que l'article 3 de l'arrêté du 9 octobre 1830, sur les agrégés spéciaux d'histoire établis dans les colléges royaux de Paris, a déterminé, d'une manière expresse, le traitement fixe et le seul avantage accessoire qui leur est attribué,
Arrête ce qui suit, etc.

Arrêté relatif à la retenue du 20ᵉ. exercée au profit des fonds de retraite (1).

2153. La retenue du vingtième pour le fonds de retraite sera exercée ou continuera de l'être

1°. Sur les augmentations ou supplémens de traitement auxquels, d'après l'article 16 de l'ordonnance du 26 mars 1829, ont droit les maîtres d'étude des colléges royaux qui ont concouru avec succès pour l'agrégation ou qui ont rempli leurs fonctions pendant six ans dans le même collége. Ces augmentations ou supplémens de traitemens seront cumulés avec les traitemens primitifs, et la retenue sera exercée sur le tout ;

2°. Sur les traitemens alloués, dans les colléges royaux de Paris, aux agrégés spéciaux d'histoire, aux agrégés ou fonctionnaires chargés de la troisième partie de l'enseignement de l'histoire, aux agrégés chargés des leçons d'arithmétique et de géométrie.

Les traitemens ou indemnités affectés aux cours d'histoire naturelle et de langues vivantes, dans les colléges royaux, continueront de n'être pas soumis à la retenue.

Il n'est rien changé à ce qui a été prescrit au sujet des augmentations de traitement accordées aux professeurs des colléges royaux sur les excédans de recettes, d'après l'article 9 de l'ordonnance du 26 mars 1829. On continuera à ne pas exercer la retenue sur ces augmentations, attendu qu'elles sont éventuelles.

(Arrêté du 26 août 1831, art. 1... 3.)

Arrêté qui fixe l'indemnité accordée, pour frais de remplacement, aux professeurs et agrégés divisionnaires des colléges royaux de Paris, appelés au service de la garde nationale (2).

2154. Il sera accordé aux professeurs et agrégés divisionnaires des colléges royaux appelés au service de la garde nationale une indemnité proportionnée au nombre de classes que chacun d'eux aurait eu à faire pendant la durée dudit service, calculée depuis le premier jour de garde, huit heures du matin, jusqu'au lendemain, dix heures du matin.

---

(1) Le conseil, vu l'article 20 du décret du 17 septembre 1808, relatif à la retenue qui doit être exercée pour le fonds de retraite, sur les traitemens des fonctionnaires et professeurs de l'Université ;
Vu les observations qui lui ont été présentées ;
Arrête ce qui suit, etc.

(2) Le conseil, vu le procès-verbal du conseil académique de Paris, en date du 7 février dernier, et spécialement la délibération dudit conseil relative au service de la garde nationale exigé des professeurs ;
Vu de nouvelles observations présentées à ce sujet ;
Arrête ce qui suit, etc.

En cas de service extraordinaire dûment constaté au-delà des limites ci-dessus indiquées, il serait statué par des dispositions particulières.

(Arrêté du 11 avril 1831, art. 1 et 2.)

Arrêtés relatifs aux professeurs des colléges royaux qui sont appelés à remplir les fonctions de juré.

2155. Tout professeur appelé à remplir les fonctions de juré remettra au proviseur, à la fin de la session, une déclaration signée de lui, qui constatera les jours où il aura été désigné par le sort pour siéger au jury.

Les frais de remplacement pour toutes les classes du matin seront supportés par le collége. Quant aux classes du soir, ces frais ne seront à la charge de l'établissement que pour les jours compris dans la déclaration du professeur.

Les frais dont il s'agit seront supportés par les colléges royaux, à partir du 15 juin dernier, époque à laquelle les réclamations ont été adressées.

(Arrêté du 13 juillet 1832 (1).)

Les frais de remplacement que recevront les professeurs des colléges royaux qui seront obligés de se déplacer pour remplir les fonctions de juré, leur seront payés pour toutes les classes qu'ils n'auront pu faire à raison de leur absence, d'après la déclaration qu'ils devront produire conformément à l'article 1er de l'arrêté du 13 juillet 1832.

(Arrêté du 31 août 1832 (2).)

(1) Le conseil, vu les réclamations faites par plusieurs professeurs des colléges royaux, contre l'arrêté du 13 avril dernier, qui les oblige à se faire remplacer à leurs frais, lorsqu'ils sont appelés aux fonctions de juré;

Considérant que ce surcroît de dépense peut leur être onéreux, vu la modicité de leurs traitemens, mais que, d'un autre côté, on ne doit mettre les frais de remplacement à la charge des colléges que lorsque le professeur a été dans l'impossibilité de faire sa classe,

Arrête ce qui suit, etc.

(2) Le conseil, vu son arrêté du 13 juillet dernier, relatif aux frais de remplacement à accorder aux professeurs des colléges royaux appelés à remplir les fonctions de juré;

Considérant que ces frais n'ont été réglés par l'arrêté précité que pour les colléges situés dans les villes où se tiennent les assises, et qu'il est juste de déterminer également l'indemnité à allouer aux professeurs qui seront obligés de se déplacer pour remplir les fonctions de juré dans une autre ville que celle où se trouve l'établissement auquel ils appartiennent,

Arrête ce qui suit, etc.

§ II.

DES COLLÉGES PARTICULIERS.

2160. Le titre de collége de plein exercice ne pourra être demandé pour un établissement particulier d'éducation, qu'autant que cet établissement comptera au moins dix années consécutives d'existence régulière, sous l'autorité et la surveillance de l'Université, et que les objets compris dans l'enseignement des colléges royaux, soit pour les sciences, soit pour les lettres, auront été enseignés ou répétés dans ledit établissement pendant cinq ans au moins.

(Arrêté du 28 août 1821, art. 1er. (1).)

2161. Toute demande de ce genre devra être accompagnée,

1°. D'un plan de la maison et dépendances, assez détaillé pour qu'on puisse juger si le local est suffisant et convenablement disposé;

2°. D'un acte authentique qui prouve que la maison appartient réellement au chef qui sollicite pour son établissement le titre de collége, ou que la jouissance lui en est assurée pendant au moins neuf années;

3°. D'une copie certifiée des règlemens intérieurs de l'établissement.

Cette demande sera adressée au recteur de l'académie, et par lui soumise à la discussion du conseil académique.

Le recteur adressera au conseil royal le procès-verbal de la délibération du conseil académique, et il y joindra son avis motivé.

Le procès-verbal de la délibération du conseil académique contiendra textuellement le rapport de l'inspecteur qui aura été chargé de visiter la maison et d'en rendre compte, sous le double point de vue de la force des études et de la direction morale et religieuse.

---

(1) Le conseil, vu l'ordonnance royale du 27 février 1821, notamment les articles 21, 22 et 23, concernant les établissemens qui y sont désignés sous le nom de *colléges particuliers*;

Vu le décret du 17 mars 1808, qui charge le conseil de l'Université de discuter et arrêter tous les statuts et règlemens relatifs aux écoles des divers degrés;

Vu les statuts et règlemens généraux concernant la discipline et les études des colléges royaux et communaux;

Considérant qu'il est nécessaire de fixer d'une manière précise les conditions auxquelles les chefs de maisons particulières pourront obtenir que leurs établissemens soient déclarés colléges de plein exercice, et admis à jouir des avantages attachés à ce titre,

Arrête ce qui suit, etc.

La maison qui aura obtenu le titre de collége particulier de plein exercice, n'entrera en jouissance de ce titre et des priviléges qui y sont attachés, que sur une attestation délivrée par le recteur de l'académie, qui constatera que tous les maîtres chargés de l'enseignement dans cette maison sont pourvus du titre d'agrégés.

(Ibid., art. 2... 4.)

2162. Les chefs des colléges particuliers porteront le titre de directeurs ; ils sont de droit officiers des académies.

Nul ne pourra être directeur d'un collége particulier, s'il n'a préalablement obtenu au moins le grade de licencié dans les lettres et celui de bachelier dans les sciences.

Les colléges particuliers seront, comme les autres colléges, visités par les inspecteurs des académies, par les recteurs et par les inspecteurs généraux, qui en rendront un compte distinct et détaillé, en ce qui concerne les études et la discipline.

Si un directeur juge à propos de faire de nouveaux règlemens propres à son établissement, ces règlemens ne pourront être mis à exécution qu'autant qu'ils auront été approuvés par le conseil royal de l'instruction publique.

Tout collége particulier qui, sans en avoir obtenu l'autorisation spéciale, recevrait des élèves externes, encourrait, par ce fait seul, la privation de son titre.

Les directeurs des institutions converties en colléges particuliers continueront d'être assujettis au droit annuel.

La concession du titre de collége particulier étant essentiellement fondée sur les titres personnels que le directeur peut avoir à l'estime et à la confiance du conseil royal, cette concession sera également propre et personnelle au directeur qui l'aura obtenue. En cas de mutation par mort, démission ou autrement, cette concession cessera de plein droit au bout d'un an, si, dans cet espace de temps, elle n'a été accordée de nouveau par le conseil royal.

(Ibid., art. 5... 11.)

2163. Les colléges particuliers qui seront autorisés dans la ville de Paris, seront tenus de prendre part, comme les autres colléges, aux exercices qui précéderont la distribution générale des prix.

(Ibid., art. 12.)

Arrêté concernant les agrégés qui sont ou désirent être employés dans les colléges particuliers (1).

2164. Tout agrégé qui n'est pas actuellement employé dans un établissement public de l'Université, et qui désire entrer dans un collége particulier, adresse, à cet effet, sa demande au conseil royal, qui lui accorde l'autorisation nécessaire; il cesse dès lors de toucher le traitement d'agrégé.

Tout agrégé qui, étant actuellement employé dans un établissement public de l'Université, ou tout élève de l'école normale qui, avant d'avoir servi dix ans dans l'instruction publique, désirerait entrer dans un collége particulier, adresse aussi sa demande au conseil royal, qui, suivant qu'il le juge à propos, accorde ou refuse l'autorisation.

Les agrégés que le conseil royal a autorisés à accepter de l'emploi dans un collége particulier, cessent par-là même d'être à la disposition de l'Université. Ils peuvent néanmoins, s'ils quittent les colléges particuliers, être appelés à remplir des fonctions dans les établissemens publics de l'Université, suivant que le conseil royal le juge convenable.

En ce qui concerne leur qualité d'agrégé, les maîtres employés dans les colléges particuliers restent soumis à la juridiction universitaire.

Les directeurs des colléges particuliers adressent au conseil royal, chaque année, avant le 1er. septembre, un état qui contient les noms de tous les maîtres employés dans leurs établissemens, leurs prénoms, le lieu et la date de leur naissance, les fonctions dont ils sont chargés, et des notes sur leur conduite.

(Arrêté du 2 avril 1822.)

§ III.

DES COLLÉGES COMMUNAUX.

DE L'ADMINISTRATION ET DE LA DISCIPLINE.

Formation des bureaux d'administration, et leurs fonctions.

2165. En exécution de l'art. 4 du décret du 4 juin 1809, les

---

(1) Le conseil, vu les décrets, ordonnances et statuts concernant les agrégés et les colléges particuliers, notamment les statuts du 6 février et du 28 août 1821, et l'arrêté du 9 février 1822;
Considérant qu'il importe de fixer d'une manière plus précise la position des maîtres employés dans les colléges particuliers par rapport à l'Université,
Arrête ce qui suit, etc.

nouveaux bureaux d'administration des colléges seront composés de quatre membres, sans compter le président.

Dans toutes les communes ayant un collége, le maire sera le premier membre nommé. En l'absence de l'inspecteur d'académie, le maire présidera le bureau.

Dans les chefs-lieux de préfecture, le préfet sera invité par le recteur à désigner un des membres du bureau : il en sera de même pour le sous-préfet, dans la ville où il réside ; le recteur choisira les autres membres parmi les pères de famille les plus considérés de la ville.

Avant d'arrêter la nomination des quatre membres du bureau, le recteur aura soin de s'assurer de leur consentement individuel ; et il transmettra ensuite au grand-maître la liste telle qu'il l'aura arrêtée.

(Instruction du 22 mai 1810.)

2166. Il ne peut être établi en règle générale que le principal d'un collége sera membre du bureau d'administration ; mais toutes les fois qu'il s'agira d'intérêts généraux du collége, il convient que ce fonctionnaire soit invité à venir au bureau : il y aura voix consultative.

En cas d'absence de l'inspecteur, la présidence du bureau appartient de droit au maire de la ville. Si les préfets et sous-préfets, à qui il appartient de désigner un membre du bureau, désirent s'attribuer à eux-mêmes cette fonction, dans ce cas, le bureau sera présidé par le préfet ou par le sous-préfet ; mais la faculté de désigner un membre, attribuée aux préfets et sous-préfets, n'existera plus du moment qu'ils feront eux-mêmes partie du bureau.

Lorsque le bureau sera présidé par celui des magistrats qui remplace le président de droit, et que les voix se trouveront également partagées, la personne qui présidera le bureau aura voix prépondérante.

(Instruction supplémentaire du 27 juin 1810.)

2167. Les fonctions du bureau du collége embrassent l'administration, la discipline et la comptabilité de l'établissement.

Le bureau veille au progrès des études, au maintien de l'ordre, à la police des classes et du pensionnat.

Il visite de temps en temps l'intérieur du collége, pour s'assurer de la bonne tenue des élèves et de la qualité des alimens.

Il propose la répartition des fonds accordés par la ville pour le soutien de l'école.

Il veille à ce que les fonds résultant des bénéfices du pensionnat ou des rétributions des élèves soient employés suivant les dispositions prescrites.

Il arrête, chaque année, le compte de recettes et de dépenses, et invite l'administration communale à ajouter aux revenus du collége, lorsqu'ils se trouvent insuffisans.

En cas de vacance d'une chaire, le bureau peut désigner au recteur les sujets qu'il croira le plus en état de la remplir.

Il prend des délibérations; mais ces délibérations ne peuvent recevoir leur effet qu'autant qu'elles auront été approuvées par le grand-maître de l'Université, sur la proposition du recteur, à qui elles doivent d'abord être transmises.

(*Même instruction.*)

Marche à suivre pour assurer les secours nécessaires à l'entretien des colléges.

2168. Les principaux des colléges dresseront, pour chaque année, l'état présumé des recettes et dépenses de l'établissement, d'après le modèle ci-joint; chaque principal déclarera, dans la colonne d'observations, si les bénéfices du pensionnat lui sont attribués, et à quelle condition, par les conventions faites entre la commune et lui; et si, par les mêmes conventions, l'entretien des bâtimens est à sa charge ou à celle de la commune. Cet état, ainsi rempli, sera présenté au bureau d'administration: ce bureau, après l'avoir examiné et vérifié, déclarera si le collége a besoin des secours de la commune, et, dans ce cas, quelle est la somme qu'il convient de demander au conseil municipal.

(*Instruction du 1er. mars 1811.*)

2169. Plusieurs communes ont passé des traités avec les principaux des colléges. Dans la plupart de ces arrangemens, il est stipulé que le principal, moyennant une somme convenue, sera tenu de faire face à toutes les dépenses, sans être obligé de rendre aucun compte de gestion. D'autres communes ont assuré à leur école les fonds nécessaires, en se réservant de percevoir, au profit de la caisse municipale, le produit de la rétribution payée par les élèves, et quelquefois même les bénéfices du pensionnat.

Quelles que soient les conventions passées entre les communes et les principaux des colléges, le recteur de l'académie les fera connaître au conseil de l'Université dans tous les points essentiels.

(*Même instruction.*)

2170. Le principal d'un collége, soit que l'établissement ait des revenus spéciaux, soit qu'il reçoive une dotation de la commune, ne peut être dispensé, sous aucun prétexte, de présenter son compte de gestion au bureau d'administration.

Un duplicata de ce compte de gestion pour l'année écoulée, devra être joint à l'état présumé de recettes et de dépenses avec un extrait des traités passés entre les communes et les principaux des colléges.

Ces différens états et renseignemens seront fournis par les bureaux d'administration de chaque collége.

Dès qu'ils seront parvenus au recteur, il transmettra le tout au grand-maître, en donnant son avis motivé sur le travail de chaque bureau d'administration.

(Même instruction.)

2171. Le principal d'un collége ne peut se dispenser de présenter son compte de gestion au bureau d'administration, même lorsque le pensionnat est à son compte.

L'état présumé des recettes et dépenses de chaque collége doit être établi d'après le compte rendu par le principal.

Si le principal se trouvait dans l'impossibilité de présenter le compte de gestion pour l'année écoulée, soit parce qu'il serait nouvellement chargé de la direction du collége, soit par tout autre motif, il fera connaître ces motifs au bureau d'administration, qui les appréciera.

Le principal devra alors dresser l'état présumé des recettes et dépenses pour l'année suivante d'après les recettes et dépenses faites pendant les six premiers mois de l'année scolaire courante.

Il est indispensable que le bureau d'administration fasse connaître si le collége a besoin de secours de la ville pour l'année suivante, et quel est le montant de ce secours.

(Instruction supplémentaire du 30 avril 1811.)

Fonctions des bureaux d'examen des dépenses des colléges.

2172. Les recettes et les dépenses n'étant que présumées, la répartition des revenus de chaque collége et des secours qui lui sont accordés par la commune, quoique arrêtée par le conseil de l'Université, peut néanmoins être modifiée ou refaite suivant les besoins de l'établissement, d'après les propositions du bureau d'administration, que le recteur transmet avec son avis.

(Instruction du 19 décembre 1812.)

2173. Le bureau d'examen créé par l'art. 13 du décret du 15 novembre 1811, diffère essentiellement du bureau d'administration établi par l'art. 24 du décret du 4 juin 1809.

Le bureau créé par l'art. 13 du décret du 15 novembre, a uniquement pour objet l'examen des comptes des dépenses des colléges qui sont à la charge des communes, et il ne doit être convoqué qu'une fois l'an.

Les attributions du bureau établi par le décret du 4 juin 1809, s'étendent, tant sur les colléges qui sont à la charge des communes, que sur ceux qui se soutiennent par leurs propres ressources. Ce bureau exerce une surveillance de tous les jours, de tous les instans, sur la comptabilité, l'administration et la discipline de l'établissement. Lorsqu'un collége ne reçoit aucun secours de la commune, et qu'il a des ressources suffisantes pour faire face à ses dépenses, soit par les revenus particuliers dont il jouit, soit par le produit de la rétribution que payent les élèves au collége, soit enfin au moyen des bénéfices du pensionnat, le principal doit présenter ses comptes de gestion, pour l'exercice immédiatement écoulé, au bureau établi par le décret du 4 juin. Cette disposition est de rigueur, même lorsque le pensionnat est au compte du principal.

Si un collége est en tout ou en partie à la charge de la commune, le principal doit présenter ses comptes de gestion au bureau créé par l'art. 13 du décret du 15 novembre.

(Même instruction.)

2174. Les principaux des colléges présenteront dans les premiers jours de janvier, leur compte de gestion pendant l'exercice précédent, au bureau d'administration ou au bureau d'examen.

Après que les comptes de cet exercice auront été vérifiés par l'un ou l'autre de ces bureaux, suivant que le collége reçoit ou ne reçoit pas des secours de la commune, le principal présentera au bureau d'administration établi par le décret du 4 juin, l'état présumé des recettes et dépenses pour l'exercice de l'année prochaine. Le bureau donnera son avis sur la nécessité où peut être la ville de contribuer aux dépenses de l'établissement, et sur la quotité des secours à accorder. Le compte de gestion et l'état présumé des recettes et dépenses seront dressés d'après les modèles de tableaux ci-joints, n°s. 1 et 2 (1).

Le recteur désigne pour chaque collége qui reçoit des secours de la commune, le délégué de l'académie qui doit faire partie du bureau d'examen. Il donne connaissance de cette nomination au préfet, et il engage ce magistrat à donner les ordres nécessaires pour que ce bureau soit convoqué dans les premiers jours de janvier.

Le recteur transmet le travail sur la comptabilité de chaque collége de l'académie, dans la première quinzaine qui suit la vérification faite par le bureau d'examen.

(Même instruction.)

(1) On n'a pas jugé nécessaire de joindre ici les modèles des tableaux dont il s'agit.

Emploi des fonds destinés aux dépenses des colléges.

2175. Les sommes affectées par les villes aux dépenses annuelles ordinaires des colléges, sont seules mises, quartier par quartier, à la disposition des principaux chargés de l'emploi.

Les *boni* qui résulteront de l'emploi de ces mêmes sommes pourront être employés à des améliorations quelconques, sur les propositions faites par le bureau d'administration, et réglés par le conseil de l'Université, dans la formation des états de recettes et de dépenses des colléges pour l'exercice suivant.

Le recteur portera ces dispositions à la connaissance des principaux et des bureaux d'administration des colléges de l'académie, il en surveillera l'exécution.

(Instruction du 8 juillet 1813.)

Arrêté qui applique aux colléges, institutions et pensions, les articles du statut du 15 septembre 1809, sur la police des lycées.

2176. Sont applicables à tous les colléges, institutions, pensions et autres écoles, les articles du statut sur la police des lycées, dont la teneur suit :

La sortie du lycée (collége ou école) est interdite aux élèves, à moins qu'ils n'en obtiennent la permission du proviseur (principal ou chef d'école), qui les fera accompagner.

Les élèves ne peuvent être confiés qu'à leurs parens ou aux fondés de procuration de leurs parens.

Les élèves n'auront de correspondance qu'avec leurs parens, ou avec les personnes chargées de la procuration de leurs parens, qui mettront le contre-seing sur la lettre.

Les lettres, arrivées par quelque voie que ce soit, seront remises par le portier au censeur (principal ou chef d'école), qui les fera passer aux élèves, et sera autorisé à ouvrir, en présence de l'élève, toute lettre non contre-signée, ou portant un contre-seing non connu.

Les lettres des élèves seront remises au censeur (principal ou chef d'école), qui les enverra à la poste.

Les parens remettront au proviseur (principal ou chef d'école) l'argent qu'ils voudront donner à leurs enfans pour leurs menus plaisirs.

Aucun ouvrier ne pourra être employé par les élèves, sans avoir été agréé par le proviseur (principal ou chef d'école).

Les journées et les repas commenceront et finiront par une prière faite en commun. On fera des lectures pendant les repas.

Les leçons d'armes et d'arts d'agrément seront prises pendant les récréations.

Après la prière du soir, les élèves seront reconduits en ordre dans les dortoirs, où les maîtres les feront aussitôt coucher.

Les maîtres ne se coucheront qu'après s'être assurés que chaque élève est dans son lit.

Les classes vaqueront tous les jeudis, tous les dimanches, et les jours de fête conservés par le concordat.

Il y aura de plus les congés suivans : le premier jour de l'an et le lendemain ; le 28 janvier, jour de Saint-Charlemagne ; le 17 mars, jour de la fondation de l'Université ; le vendredi et le samedi saints, et les lundis de Pâques et de la Pentecôte.

Les élèves ne pourront aller en vacance que chez leurs parens ou les fondés de procuration de leurs parens, sur la demande positive des parens ou des fondés de procuration, et sous la conduite d'une personne indiquée par eux. Ils seront tenus d'être rentrés au lycée (collége ou école) la veille de l'ouverture des leçons.

L'entrée de l'infirmerie sera interdite aux élèves en bonne santé, à moins d'une permission du proviseur (principal ou chef d'école).

Tout élève doit être vacciné avant d'être admis dans le pensionnat. Ainsi le proviseur (principal ou chef d'école) enverrait à l'infirmerie, à cet effet, l'élève qui n'aurait pas été vacciné.

Aucun élève n'aura de chambre séparée.

Les élèves des différens âges seront séparés dans les dortoirs, les promenades et les récréations.

Les personnes du dehors ne peuvent parler aux élèves que dans les temps de récréation.

Tous les jeux et exercices dangereux, tous les jeux de cartes et de hasard, sont interdits. Il est également défendu d'exposer de l'argent à quelque jeu que ce soit.

Tout propos injurieux ou indécent sera rigoureusement puni.

L'introduction de toute arme, et celle de la poudre à tirer, même en artifice, est interdite.

Toute espèce de prêt et d'échange entre les élèves ne pourra avoir lieu qu'avec la permission de leurs maîtres d'études respectifs.

Les principaux de collége, chefs d'institution, maîtres de pension, et tous les chefs d'école de quelque espèce qu'elles soient, sont responsables de l'exécution de ces dispositions.

(Arrêté du 11 janvier 1812.)

2477. Les dispositions du statut du 28 septembre 1814, concernant les lycées, sont communes aux colléges, en tout ce qui peut être appliqué à ces établissemens.

Les recteurs sont spécialement chargés de régler en conseil académique, d'après ce principe, tout ce qui concerne la discipline et les études des divers colléges de leurs académies respectives.

(Statut du 28 septembre 1814, art. 148.)

2178. Les dispositions du titre 1er du statut du 4 septembre 1821, sont applicables aux colléges communaux, en tout ce qui peut convenir à ces établissemens.

En conséquence, dans chaque académie, le recteur envoie le présent statut au bureau d'administration de chaque collége communal. Le bureau propose les modifications qu'il juge nécessaires, et qui, toutefois, doivent s'accorder avec les dispositions des articles suivans. Il dresse un projet de règlement, qui comprend l'administration, la discipline, les études, et transmet ce projet au recteur, qui le fait discuter en conseil académique.

Le projet de règlement, ainsi proposé et discuté, est envoyé par le recteur au conseil royal de l'instruction publique, qui statue définitivement.

(Statut du 4 septembre 1821, art. 238 et 239.)

2179. Le principal de chaque collége en nomme les maîtres d'études et tous les employés.

(Ibid., art. 240.)

2180. A la fin de chaque année scolaire, dans la quinzaine qui précède la distribution des prix, le bureau d'administration entend ensemble ou séparément les divers fonctionnaires de l'établissement, reçoit leurs demandes, leurs observations, et, s'il y a lieu, leurs plaintes. Il dresse ensuite un rapport écrit sur l'administration, la discipline, les études, et généralement sur l'état moral et économique du collége.

Un double de ce rapport est envoyé au recteur, qui donne aux différens objets la suite convenable.

(Ibid., art. 244.)

2181. Aux termes des ordonnancs royales des 27 février 1821 et 9 mars 1826, le titre d'*agrégé* est une condition indispensable pour devenir professeur dans les colléges royaux, et ces ordonnances, qui ont d'ailleurs leur fondement dans les articles 119, 121 et 122 du décret organique du 17 mars 1808, doivent être appliquées à tous les principaux *non agrégés*, sans distinction de l'époque de leur nomination.

(Décision du 15 mai 1827.)

2182. La distribution des prix dans les colléges communaux doit être présidée par un inspecteur de l'académie, et en son absence, par le maire, en sa qualité de président du bureau d'administration.

(Arrêté du 14 juillet 1827.)

2183. Les dispositions de l'arrêté du 9 août 1817, concernant les répétiteurs dans les institutions et pensions, sont applicables aux maîtres d'études des colléges communaux.

(Décision du 9 janvier 1827.)

Suit ledit arrêté (1)).

Les chefs d'institution et maîtres de pension ne pourront recevoir ni conserver dans leur école aucun précepteur ni répétiteur, maître d'études ou de quartier, si ces maîtres n'ont été brevetés.

Tous les brevets délivrés, soit en exécution du règlement du conseil de l'Université, en date du 5 mai 1809, et de l'arrêté du grand-maître du 29 juillet suivant, soit par autorisation particulière des recteurs, seront renouvelés d'ici au 1er. janvier prochain : ceux qui, à cette époque, n'auront pas été renouvelés, seront déclarés nuls.

Pour l'exécution de l'article précédent, les maîtres brevetés ou autorisés remettront ou feront remettre, dans un mois, au recteur de leur académie,

1°. Leur brevet ou autorisation;

2°. La note exacte de leurs nom, prénoms, date et lieu de naissance;

3°. L'indication des écoles où ils ont été successivement employés, et des classes dont ils ont été chargés;

4°. Les certificats des chefs de ces écoles, depuis le 1er. janvier 1816;

5°. Un certificat de bonnes vie et mœurs.

Le recteur leur adressera immédiatement un récépissé de ces pièces.

Ceux qui prouveront par les pièces ci-dessus qu'ils ont deux années de services consécutifs et qu'ils méritent la confiance des familles, recevront un nouveau brevet qui leur sera délivré par le recteur; les autres seront renvoyés devant une commission extraordinaire.

Il sera créé par chaque recteur d'académie une ou plusieurs

(1) La commission de l'instruction publique,
Voulant faire jouir les familles de toutes les garanties que leur assurent les statuts et règlemens approuvés par l'ordonnance royale du 15 août 1815,
Arrête ce qui suit, etc.

commissions pour examiner, outre les maîtres qui seront renvoyés à un nouvel examen conformément à l'article précédent, toute personne qui, n'étant encore ni brevetée ni autorisée, voudra se livrer à l'enseignement dans les institutions et pensions.

Les commissions d'examen se feront représenter l'acte de naissance de chaque aspirant, le certificat de ses études et le certificat de sa bonne conduite. Le certificat d'études ne sera provisoirement exigé que des aspirans âgés de vingt et un ans et au-dessous.

L'examen aura lieu sur les livres classiques adoptés pour les classes d'humanités ; et si l'aspirant est examiné sur les auteurs grecs, il en sera fait mention dans le rapport des examinateurs.

La présentation d'un diplôme de grade dispensera de tout examen ; et, dans ce cas, l'aspirant n'aura à prouver que sa bonne conduite.

Le rapport et les pièces à l'appui seront immédiatement envoyés au recteur, qui délivrera le brevet, s'il y a lieu.

Les maîtres dont le brevet aura été renouvelé, et les aspirans qui auront obtenu leur brevet, pourront seuls être employés dans les institutions et pensions.

Tout maître employé dans une institution ou dans une pension fera constater sur son brevet, par le chef de l'école, la date de son entrée dans l'établissement, la nature de son emploi et la date de sa sortie.

Les chefs d'école informeront immédiatement, et dans les trois jours au plus tard, le recteur de leur académie, de toutes les mutations qui auront lieu parmi les maîtres de leur établissement. Ils indiqueront, avec précision, la date des brevets des nouveaux maîtres qu'ils auront admis.

Nul maître ne pourra sortir de son académie sans un *exeat* du recteur, et l'*exeat* rappellera nécessairement la date du brevet. Le recteur pourra refuser l'*exeat*, et rendra compte de ses motifs à la commission de l'instruction publique.

Les maîtres qui auront obtenu l'*exeat*, seront tenus de le présenter ou de le faire présenter au *visa* du recteur de l'académie dans le ressort de laquelle ils s'établiront de nouveau, à peine de nullité de leur brevet.

Au renouvellement de l'année classique, les chefs d'institution et maîtres de pension adresseront au recteur de leur académie le tableau des maîtres de leur établissement. Ils y établiront la date du brevet de ces maîtres et l'indication de leur emploi.

Si un maître donne lieu à des plaintes graves, le recteur,

après avoir pris l'avis du conseil académique, pourra annuler son brevet.

Il sera informé devant les conseils académiques, et dans les formes prescrites par le décret du 15 novembre 1811, contre les chefs d'institution ou maîtres de pension qui auraient admis dans leurs établissemens des maîtres non brevetés ou dont le brevet aurait été révoqué.

L'information sera adressée à la commission, qui ordonnera, s'il y a lieu, la fermeture de l'école (1).

A la fin de chaque trimestre, le recteur de l'académie adressera à la commission de l'instruction publique un état des brevets délivrés ou révoqués par lui dans le cours du trimestre.

2184. L'article 15 de la loi du 10 mars 1818 sur le recrutement de l'armée n'est point applicable aux maîtres d'études des colléges communaux, attendu qu'ils ne sont considérés que comme des répétiteurs particuliers.

(Décision du 19 mai 1829.)

Dispositions particulières pour les principaux et régens des colléges communaux, relativement aux pensions de retraite.

2185. Les retenues exercées sur les traitemens des principaux et régens des colléges communaux forment un fonds de retraite séparé et distinct du fonds de retraite de l'Université.

(Règlement général sur la comptabilité du 11 novembre 1826, art. 426.)

2186. La retenue du vingtième s'exerce sans aucune exception sur les traitemens de tous les principaux et régens des colléges communaux, soit que ces fonctionnaires aient obtenu des nominations définitives, soit qu'ils n'exercent qu'en vertu d'autorisations provisoires.

Les sommes allouées temporairement à ces fonctionnaires (indépendamment des traitemens qui leur sont assignés par les budgets des établissemens) ne sont point passibles de la retenue.

La retenue des principaux qui tiennent le pensionnat à leur compte est calculée sur le traitement du régent le mieux rétribué du collége, évalué à un quart en sus. Cependant, si le principal qui a le pensionnat à son compte reçoit, à quelque titre que ce soit, un traitement supérieur à celui du régent le mieux rétribué, la contribution annuelle est établie sur le traitement effectif du principal, augmenté d'un quart.

(1) Cette dernière disposition ne concerne évidemment que les institutions et pensions.

Quant aux principaux qui n'ont point le pensionnat à leur compte, la retenue s'exerce sur les traitemens fixes qui leur sont alloués par les budgets des colléges, sans que ces traitemens puissent être surévalués à raison du logement ou de la nourriture dont ces fonctionnaires jouiraient gratuitement.

La retenue des régens est calculée sur leurs traitemens fixes, lorsque ces fonctionnaires ne sont ni logés ni nourris gratuitement dans les colléges.

Lorsqu'ils sont logés, leurs traitemens sont surévalués d'un dixième ; ils le sont d'un quart s'ils sont nourris, et d'un tiers s'ils jouissent du logement et de la nourriture.

Lorsqu'un principal remplit les fonctions d'aumônier, et lorsqu'un régent est en outre aumônier ou maître d'études, les parties de traitement que ces fonctionnaires reçoivent à ces divers titres sont soumises à la retenue ; mais la surévaluation d'un tiers, d'un quart ou d'un dixième du traitement, prescrite par l'ordonnance royale, porte seulement sur le traitement primitif de principal ou de régent.

(Ibid., art. 427... 433.)

2187. A la fin de chaque trimestre, les principaux des colléges communaux adressent au recteur de l'académie un état conforme au modèle ci-annexé, n°. 60, des traitemens et des retenues de leur collége, suivant le budget arrêté par le conseil royal : cet état doit être visé et certifié conforme par le bureau d'administration de l'établissement.

Dans les cinq premiers jours du trimestre suivant, ils sont tenus de verser le montant des retenues dans les caisses qui leur sont désignées par le recteur, et de transmettre au chef de l'acamie les duplicata de quittance de ces versemens.

Les recteurs tiennent dans leurs bureaux des comptes de retenue par *doit* et *avoir* pour chacun des colléges communaux de leur académie ; ces comptes doivent être séparés par exercice.

Après avoir reconnu l'exactitude et la régularité des états trimestriels et des quittances de retenues qui leur ont été adressés par les principaux, ils en débitent et en créditent les comptes des colléges ; ils font ensuite dresser un état collectif, conforme au modèle ci-joint, n°. 61, qui comprend tous les états particuliers ; ils y joignent leurs observations et donnent la liste des colléges pour lesquels lesdits états n'ont pas été fournis.

Ils font établir des bordereaux pour les versemens qui ont été effectués dans le courant du trimestre (chaque bordereau comprend les sommes versées pendant un même mois), et ils transmettent au grand-maître l'ensemble de leur travail, dans les vingt-cinq premiers jours du trimestre suivant.

(Ibid., art. 434... 438.)

2188. Les principaux, étant chargés de payer les traitemens des fonctionnaires de leur collége, sont personnellement responsables du versement de toutes les retenues qui doivent être exercées sur les traitemens; en conséquence, les dispositions de l'article 47 du décret du 17 mars 1808 leur sont appliquées, lorsqu'ils refusent ou négligent d'exercer les retenues prescrites par l'ordonnance royale; et d'en verser le montant dans les caisses universitaires, aux époques déterminées.

Ils sont en outre, selon l'exigence des cas, à la diligence des recteurs, poursuivis conformément au décret du 15 novembre 1811.

Lorsque les traitemens des fonctionnaires des colléges communaux sont payés sur la dotation fournie par les villes, il peut arriver que la caisse municipale soit en retard de quelques mois pour verser la dotation dans la caisse du collége.

Si cette circonstance se présente, le principal n'est obligé de verser dans la caisse académique le produit de la retenue du trimestre que lorsque la dotation de ce même trimestre a été versée dans la caisse du collége par la caisse municipale.

Dans ce cas, le principal doit transmettre au recteur à l'époque prescrite l'état trimestriel dont le modèle est ci-annexé, n°. 60; et lorsqu'il envoie cet état, il y joint un certificat du maire de la commune constatant que la dotation du trimestre n'a pas été soldée par le receveur de la ville.

Lorsque la caisse du collége fait recette du montant de la dotation, le principal se fait délivrer par le receveur de la commune une attestation qui relate le jour du payement par la caisse municipale; et il joint cette nouvelle pièce au récépissé de son versement pour retenue, lorsqu'il en fait envoi au recteur.

(Ibid., art. 439 et 440.)

2189. A la fin du mois de février de chaque année, les recteurs adressent au ministre un état général des retenues des colléges de leur académie pendant l'année précédente.

Cet état est dressé par collége et par trimestres, d'après le registre des comptes de ce produit qui est tenu dans les bureaux de l'académie.

A la fin de chaque année, la comptabilité centrale établit les comptes du produit des retenues, qui sont arrêtées par le conseil royal, sur le rapport du conseiller chargé des fonctions de trésorier.

(Ibid., art. 441 et 442.)

2190. Les pensions des principaux et régens des colléges communaux sont liquidées conformément aux dispositions de l'ordonnance du 25 juin 1823.

Les pensions liquidées aux principaux et régens des colléges communaux sont inscrites pour être payées sur le fonds de retenue créé par l'ordonnance du 25 juin 1823.

(Ibid., art. 444 et 447.)

2191. A la fin de chaque trimestre, le conseiller chargé des fonctions de trésorier présente au conseil royal l'état des pensions inscrites dues pour le trimestre.

L'état ayant été approuvé par le conseil royal, le ministre l'arrête et autorise la caisse des dépôts et consignations à payer les pensions qui y sont portées.

Le chef de la division envoie des lettres d'avis aux pensionnaires qui sont tenus d'accuser réception au recteur de l'académie dans le ressort de laquelle ils ont fixé leur résidence, aussitôt qu'ils ont été payés du trimestre.

e recteur transmet les accusés de réception au ministre.

(Ibid., art. 448... 451.)

2192. La caisse des dépôts et consignations présente chaque année le compte des sommes qu'elle a reçues et des payemens qu'elle a faits pour les retraites.

Ce compte est arrêté par le conseil royal, sur le rapport du conseiller chargé des fonctions de trésorier. Le conseil autorise le placement en rentes sur l'état des sommes qui restent sans emploi.

(Ibid., art. 452 et 453.)

DE L'ENSEIGNEMENT.

Application des règlemens des lycées (1).

2193. Sont applicables aux colléges, selon les divers degrés d'instruction qui seront déterminés dans chacun de ces établissemens, les dispositions suivantes du statut sur l'enseignement des lycées.

Les deux années de grammaire seront consacrées à l'étude du français et du latin. On commencera l'étude du grec dans la seconde année.

(1) Le grand-maître de l'Université,
Considérant qu'il convient de rapprocher le plus qu'il est possible les colléges des lycées, pour les études comme pour la discipline,
Arrête ce qui suit, etc.

Les élèves y apprendront aussi l'histoire sainte.

Il leur sera donné des leçons de mythologie.

Les leçons de ces deux années seront faites par **deux professeurs** qui donneront chacun cinq heures de leçon par jour.

Dans les deux années d'humanités, les élèves continueront d'étudier les langues grecque, latine et française. Ils expliqueront les principaux auteurs classiques sous deux professeurs, qui feront chacun trois heures de leçon par jour.

Les professeurs d'humanités feront aussi connaître à leurs élèves les meilleurs auteurs français, et dirigeront leurs lectures de manière à leur donner les principales notions de l'histoire. Il y aura, pour cet effet, dans les classes, des cartes géographiques et des tables chronologiques.

Les élèves commenceront les mathématiques en même temps que les humanités.

Il n'y aura qu'un seul professeur de mathématiques pour les deux années : il fera, par semaine, cinq leçons d'une heure chacune à chaque classe d'humanités.

Il enseignera aux élèves de la première année d'humanités l'arithmétique et les commencemens de la géométrie.

Dans la seconde année, il terminera le cours de la géométrie, et il enseignera l'algèbre jusqu'aux équations du second degré inclusivement.

Le professeur de rhétorique enseignera à ses élèves les règles de tous les genres d'écrire, leur en fera voir les plus beaux exemples dans les auteurs anciens et modernes, et les exercera à la composition en latin et en français. Il donnera deux leçons par jour, de deux heures chacune (1).

Dans le cas où le nombre des élèves excédera celui de soixante, la classe pourra se partager en deux divisions. Ce partage sera fait, par le principal, de manière que l'un et l'autre professeur aient, autant qu'il sera possible, des élèves d'une égale force, qui puissent concourir ensemble, soit pendant l'année, soit pour la distribution des prix.

---

(1) En même temps que l'Université prescrivait aux professeurs et aux régens d'enseigner aux élèves les règles de tous les genres d'écrire, et de les exercer à la composition, elle leur recommandait d'éviter un genre de travail qui, surtout dans les colléges des petites villes, aurait été pour les jeunes gens une cause de distraction funeste aux bonnes études.

« Je suis informé, écrivait le grand-maître le 18 décembre 1812, que dans plusieurs lycées et colléges on distribue solennellement des prix de vers français. Cet usage entraîne des inconvéniens : il détourne les jeunes gens de leurs occupations sérieuses et solides. L'étude de la versification française, trop facile pour les esprits médiocres, et si difficile pour les bons poëtes, n'est, pour les écoliers de seize à dix-sept ans, qu'une dangereuse distraction ou un tourment stérile. Mon intention est donc qu'à l'avenir il n'y ait plus, dans les établissemens de l'Université, aucun exercice spécial de poésie française.

Les leçons de tout genre se feront d'après les livres classiques qui auront été prescrits par le conseil de l'Université.

Les professeurs annonceront, par un programme publié et affiché avant la rentrée des classes, ceux des ouvrages adoptés dont ils se proposeront de faire usage pour les leçons de l'année.

Ce programme devra être visé par le principal.

(Arrêté du 7 août 1812, art. 1er.)

2194. Les art. 8 et 11 du statut sur l'enseignement des lycées pourront être modifiés par les recteurs, sur l'avis du conseil académique, de la manière qui suit :

Chaque professeur d'humanités donnera, par semaine, huit leçons de deux heures et demie chacune ; savoir : le professeur de la première année d'humanités, deux leçons les lundi, mercredi et vendredi, et une seule le matin du mardi et du samedi ; et le professeur de la seconde année d'humanités, deux leçons les mardi, mercredi et samedi, et une seule le matin du lundi et du vendredi.

Le professeur de mathématiques donnera, par semaine, quatre leçons de deux heures et demie chacune ; savoir : le mardi et le samedi soir aux élèves de la première année d'humanités, et le lundi et le vendredi soir aux élèves de la deuxième année d'humanités.

Dans les colléges où l'enseignement sera limité à la deuxième année de grammaire, sur les deux heures et demie de leçon que le professeur de cette classe devra donner chaque jour le matin et le soir, il consacrera une demi-heure par classe à enseigner à ses élèves les élémens de l'arithmétique.

Tous les ans, avant l'ouverture des classes, il sera fait, en présence du bureau d'administration, un examen général qui aura pour objet de constater le degré d'avancement de chacun des élèves, et le cours que chacun d'eux est capable de suivre.

Le principal classera les élèves d'après cet examen.

(Ibid., art. 2 .. 4.)

2195. Le degré de l'enseignement dans chaque collége communal est réglé par le conseil royal de l'instruction publique, en raison des besoins et des ressources des diverses localités, et particulièrement en proportion des sacrifices permanens que les villes s'imposent pour l'établissement et le soutien de leurs colléges.

(Statut du 4 septembre 1821, art. 241.)

2196. Dans tout collége communal, quel que soit son degré

d'enseignement littéraire, les élèves étudient l'histoire sainte, le catéchisme, la géographie, les élémens de l'histoire de France, l'arithmétique, et, autant qu'il est possible, les élémens de la géométrie et des sciences physiques.

(Ibid., art. 242.)

2197. Chaque classe a son régent, si les fonds du collége le permettent. Dans aucun cas, un régent ne peut être chargé de faire plus de deux classes.

Dans les colléges à pensionnat, lorsque le nombre des élèves internes excède trente, le principal ne peut faire de classes qu'avec une autorisation formelle du recteur.

(Ibid., art. 243.)

Colléges formés par la réunion d'un collége communal et d'une école ecclésiastique.

2198. Les colléges formés par la réunion d'un collége communal et d'une école ecclésiastique sont assujettis aux lois et règlemens qui gouvernent les établissemens de l'instruction publique.

Toutefois, le recteur se concertera avec le principal, soit pour le choix des régens, soit pour les exceptions que réclamerait la partie du pensionnat réservée aux élèves qui se destinent à l'état ecclésiastique.

(Arrêté du 17 octobre 1815, art. 1 et 2)

2199. Le principal adressera tous les ans à l'administration centrale de l'instruction publique, dans la première quinzaine qui suivra la rentrée des classes, la liste de tous les élèves pensionnaires de son collége.

Cette liste comprendra, 1°. les élèves qui, aux termes de l'ordonnance du 5 octobre 1814 concernant les écoles ecclésiastiques, doivent être exempts de la rétribution; 2°. les élèves qui pourront obtenir la même exemption, en raison de la situation de leurs familles; 3°. ceux qui devront supporter cette rétribution conformément aux règlemens généraux de l'instruction publique, confirmés par l'ordonnance royale du 15 août dernier.

(Ibid., art. 3 et 4.)

2200. Tous les élèves externes sont assujettis à la rétribution, s'ils n'en ont obtenu dispense.

Les élèves exempts de rétribution comme aspirans à l'état ecclésiastique seront tenus de porter l'habit ecclésiastique au bout de deux ans de séjour dans le pensionnat, ainsi qu'il est prescrit par l'art. 3 de l'ordonnance du 5 octobre 1814.

Les élèves pensionnaires des colléges, soit royaux, soit communaux, qui se destineraient à l'état ecclésiastique, et qui rempliraient la condition rappelée dans l'article précédent, seront également exempts de la rétribution.

(Ibid., art. 5... 7.)

2201. Les dispositions de l'ordonnance du 25 juin 1823 sont applicables aux fonctionnaires des colléges mixtes, comme à ceux des colléges communaux.

Lorsqu'un régent de collége communal ou de collége mixte remplira en même temps les fonctions de maître d'étude, et qu'il jouira pour ce surcroît de travail d'un supplément de traitement, soit en argent, soit en nourriture ou en logement, ce supplément, qui devra être évalué conformément à l'art. 3 de l'ordonnance du 25 juin 1823, et aux instructions qui y sont jointes, sera réuni à son traitement de régent pour la fixation de sa contribution au fonds de retraite.

Dans les colléges auxquels les villes n'accordent aucun secours, et où il n'y a qu'un seul fonctionnaire chargé de l'administration et de l'enseignement, ce fonctionnaire sera assimilé, pour la retenue, au principal du ressort de l'académie qui reçoit le plus faible traitement.

(Décision du 13 décembre 1823.)

§ IV.

ÉCOLES SECONDAIRES ECCLÉSIASTIQUES (1).

Arrêté relatif à la collation du grade de bachelier ès-lettres aux élèves des écoles ecclésiastiques (2).

2202. Les élèves des séminaires situés dans des académies où il n'y a point encore de faculté des lettres organisée, ou ceux

---

(1) Pendant cinq années, ces écoles furent ou durent être soumises au régime universitaire. Les règlemens qu'on va lire témoignent quel intérêt le grand-maître et le conseil portaient à ces établissemens, et combien ils désiraient que les ecclésiastiques, élèves et maîtres, fissent preuve tout à la fois de science et de piété. Les réflexions que nous reproduirons dans une note de la page 715, et que nous devons à l'homme excellent qui a sitôt disparu du milieu de nous, M. Gueneau de Mussy, en fourniront aussi une preuve évidente. Elles feront sentir en même temps l'importance d'une question devant laquelle la législation s'est montrée jusqu'à présent, ou si timide, ou si impuissante.

(2) Le conseil de l'Université,

Vu l'article 1er. du décret du 9 avril 1809, portant que, pour être admis dans les séminaires, les élèves devront justifier qu'ils ont été reçus bacheliers dans la faculté des lettres :

Considérant que cette disposition ne peut être complétement exécutoire qu'à l'époque où les facultés des lettres de toutes les académies seront en activité :

Voulant néanmoins accélérer autant qu'il lui est possible l'exécution d'une mesure également importante pour l'état ecclésiastique et pour l'Université ; ayant égard d'ailleurs au désir manifesté par plusieurs évêques, de voir graduer dès à présent ceux des élèves de leurs séminaires qui ont la capacité requise ;

Voulant enfin donner aux écoles secondaires spécialement destinées à préparer les

qui se présenteront pour y entrer, pourront, jusqu'à l'époque de cette organisation, recevoir du grand-maître le diplôme de bachelier ès-lettres, sur un certificat d'aptitude signé par les professeurs desdits séminaires, visé par l'évêque diocésain, et portant que lesdits élèves ont fait preuve des connaissances requises pour ce grade par les règlemens de l'Université.

Les élèves examinés ainsi ne payeront que les droits de diplôme.

(Arrêté du 29 novembre 1825, art. 1... 6.)

2203. Dans tous les temps, les institutions qui auront pour objet spécial de préparer les jeunes gens à l'état ecclésiastique, pourront, en prouvant qu'elles donnent une instruction suffisante, et après un rapport de la section des études, être assimilées aux lycées en ce point, que les élèves pourront se présenter devant une faculté des lettres pour y subir l'examen de baccalauréat, en rapportant un certificat de deux années d'études faites dans lesdites institutions.

Sur la demande motivée de l'évêque, et sur le rapport de la section de comptabilité, il pourra être accordé à un certain nombre de séminaristes qui seront reçus bacheliers la remise de tout ou partie des droits de diplôme.

Sur la demande expresse et motivée de l'évêque, le grand-maître pourra autoriser un individu qui se destine à l'état ecclésiastique, à se présenter devant une faculté, pour y subir l'exament de baccalauréat, quelle que soit la source de son instruction.

(Ibid., art. 3 .. 5.)

Arrêtés relatifs aux directeurs des écoles secondaires ecclésiastiques.

2204. Les directeurs des écoles secondaires ecclésistiques seront tenus de prendre, à l'instar des principaux de colléges, le diplôme de bachelier ès-lettres.

(Arrêté du 3 octobre 1809.)

2205. Les directeurs des écoles secondaires ecclésiastiques seront assimilés, pour leurs droits de diplôme d'emploi, aux principaux des colléges qui n'ont pas de traitement fixe. Les articles 1 et 3 de l'arrêté du 30 janvier 1810 (1) sont applicables aux directeurs des écoles ecclésiastiques.

(Arrêté du 20 novembre 1812 (2).)

jeunes gens à l'état ecclésiastique, une marque de l'ntérêt qui lui est recommandé par l'article 4 du susdit décret,
Arrête ce qui suit, etc.

(1) Cet arrêté réglait à 40 fr. le droit de diplôme et de sceau des principaux de colléges qui n'avaient pas de traitement fixe; ce droit n'était que de 10 fr. pour ceux qui, étant en exercice avant le 15 janvier 1809, avaient été ou seraient confirmés par le grand-maître.

(2) Le conseil, considérant que les directeurs des écoles secondaires ecclésiastiques ne

Arrêté concernant les écoles secondaires ecclésiastiques (1).

2206. En exécution de l'art. 32 du décret du 15 novembre 1811, tous les élèves des écoles secondaires ecclésiastiques seront conduits au lycée ou au collége de la ville où elles seront situées, et en suivront le cours complet.

(Arrêté du 24 novembre 1812, art. 1er.)

2207. Aucun élève ne pourra être reçu dans une école ecclésiastique en qualité d'externe, s'il n'est en même temps externe du lycée ou du collége.

Les maîtres employés dans l'intérieur des écoles ecclésiastiques ne pourront, sous aucun prétexte, prendre d'autre titre que celui de répétiteurs.

Les livres classiques, la division des études, les jours de congé, l'époque et la durée des vacances, correspondront en tout point dans les écoles ecclésiastiques, avec ce qui est ou sera réglé pour les lycées ou les colléges.

(Ibid., art. 2... 4.)

2208. Aux termes de l'art. 25 du décret du 15 novembre, les chefs des écoles ecclésiastiques, devant être membres de l'Université et à la disposition du grand-maître, prêteront le serment prescrit par le décret du 17 mars, et ils ne pourront exercer leurs fonctions qu'après y avoir été autorisés par le grand-maître, dans les mêmes formes que les autres fonctionnaires de l'Université (2).

(Ibid., art. 5.)

---

peuvent être assimilés aux chefs d'institution ni aux maîtres de pension, dont les établissemens sont des spéculations privées et de véritables propriétés; conséquemment, que ces directeurs ne doivent pas payer les droits décennal et annuel, qui sont le prix d'un brevet d'instituteur;

Considérant que les écoles ecclésiastiques ayant un caractère d'établissement public, d'après les décrets des 9 avril 1809 et 15 novembre 1811, il est convenable d'assimiler les chefs de ces écoles aux principaux des colléges, et de leur demander, une fois pour toutes, un droit de diplôme d'emploi;

Après avoir entendu les sections réunies des études et de la comptabilité,

Arrête ce qui suit, etc.

(1) Le conseil, vu les articles 24, 25, 26, 28 et 32 du décret du 15 novembre 1811;

Considérant que les écoles secondaires ecclésiastiques, se trouvant, en vertu du décret précité, nécessairement établies auprès d'un lycée ou d'un collége, doivent recevoir une direction conforme au régime de ces établissemens;

Après avoir entendu le rapport des sections réunies des études et de l'administration et police,

Arrête ce qui suit, etc.

(2) Cette assimilation des écoles secondaires ecclésiastiques aux établissemens universitaires avait été, dès 1808, l'objet de longues et sérieuses discussions entre les préfets et les évêques, et entre le ministre des cultes et le ministre de l'intérieur, à l'occasion du décret du 17 septembre, qui imposait à tous les agens de l'instruction publique, sans exception, l'obligation de déclarer s'ils étaient dans l'intention de faire partie de l'Université, et de contracter les obligations imposées à ses membres. Les directeurs des établissemens connus sous le nom de *Petits Séminaires* se crurent dispensés d'obéir à

2209. Les statuts et règlemens de écoles ecclésiastiques, même ceux qui ont été antérieurement autorisés, seront soumis au conseil de l'Université, et adressés à cet effet au grand-maître par les recteurs, dans le courant de janvier 1813.

(Ibid., art. 6.)

cette mesure générale, étant, disaient-ils, sous la seule juridiction des évêques, et n'existant que comme un démembrement des grands séminaires, dont le régime dépendait manifestement des seuls évêques.

Un grand nombre de préfets, comme nous l'avons déjà remarqué, représentaient que la loi ne reconnaissait que les grands séminaires, considérés comme écoles spéciales de théologie, et destinés, non à des enfans, mais à de jeunes hommes qui avaient achevé le cours des premières études.

D'autre part, les chefs des autres maisons d'éducation observaient que l'existence des lycées, des collèges, de toutes les autres écoles, en un mot, serait compromise, si les lois universitaires n'embrassaient pas les écoles secondaires ecclésiastiques, dans lesquelles déjà on se plaisait à dire que l'éducation religieuse était concentrée, et qui, d'ailleurs, recevant des enfans de tout âge, sans égard à leurs vocations diverses pour le monde ou pour l'église, se trouveraient de fait et de droit affranchies des rétributions et des autres engagemens qui allaient peser sur tous les autres établissemens d'instruction.

C'est dans le cours de ces discussions que M. Gueneau de Mussy, alors inspecteur général et conseiller ordinaire, rédigea les observations dont nous donnons ici un extrait.

« Il s'agit de savoir quel rang les petits séminaires doivent tenir dans l'instruction publique, et dans quels rapports ils doivent être avec l'Université.

» On a répondu à cette question, et on a cru lever toute difficulté en disant que puisque la loi ne distinguait point de petits et de grands séminaires, rien n'empêchait de comprendre les uns et les autres sous la dénomination générale de *Séminaires*. Les petits séminaires seront alors comme des sections du grand séminaire, confiées à la même direction, et réparties, à la volonté de l'évêque, dans toute l'étendue de son diocèse.

» Mais cet expédient ne peut-il pas donner lieu à des abus ? Celui qui se présente le plus naturellement, sera la multiplication sans nombre de ces écoles ecclésiastiques. Tout établissement qui voudra se soustraire à la surveillance de l'Université, prouvera qu'il fournit des sujets à l'église, et qu'en conséquence il doit être considéré comme une dépendance du grand séminaire. Ceci n'est point une supposition gratuite. Il y a, dans un diocèse voisin de Paris, trois collèges qui prétendent déjà au titre de *petits séminaires*, afin de profiter des immunités et des privilèges que l'on réclame en faveur de ces établissemens : on en citerait plusieurs autres encore. Et qui doute qu'un pareil exemple ne trouvât beaucoup d'imitateurs ?

» Cependant il s'établirait, à la faveur de cette définition, un ordre de choses où *l'enseignement public ne serait plus exclusivement confié à l'Université*. Le grand-maître n'exercerait plus son influence et son action sur des écoles qui ressortiraient immédiatement de l'évêque. Un inspecteur de l'Université n'aurait pas le droit d'interroger un élève de ces écoles, et de s'assurer si la méthode suivie par le professeur est la meilleure possible, etc.

« La loi ne s'exécuterait donc pas ; l'intention du législateur ne serait pas remplie, et *l'enseignement public ne serait point porté au degré de perfection dont il est susceptible.*

» S'il est permis de juger des petits séminaires, en général, par ceux que l'on connaît, on ne craint pas d'assurer que les études classiques y sont très-faibles ; l'enseignement y est confié à des jeunes gens qui viennent eux-mêmes achever des études imparfaites, et en qui le zèle et les bonnes intentions sont censées suppléer au talent et aux connaissances. Tel professeur de rhétorique, dans un de ces petits séminaires, ne lutterait pas avec les élèves de seconde d'un lycée de Paris.

» De semblables rapprochemens seraient puérils, sans doute, si on ne les considérait que sous le rapport de l'amour-propre ou de l'émulation classique ; mais ils peuvent avoir des suites plus graves dans un siècle irréligieux ; et il serait trop affligeant aujourd'hui que les écoles, où l'on ferait profession d'une plus grande régularité de mœurs et de discipline, se distinguassent par des études plus imparfaites, et que les asiles de la piété fussent de médiocres collèges.

» On a reconnu ces inconvéniens ; mais on a cru prévenir l'abus et la trop grande

2210. Il sera établi un enseignement de langue française dans les lycées et colléges des villes où le français n'est pas la langue vulgaire.

(Ibid., art. 7.)

extension des priviléges réclamés en faveur des petits séminaires, en déclarant que l'on n'admettrait à l'avenir, dans ces écoles, que les enfans qui se destinent à l'état ecclésiastique. On prendrait les plus sévères précautions pour s'assurer de leur vocation; les parens en répondraient; les enfans eux-mêmes seraient interrogés tous les ans, s'ils sont dans l'intention d'y persévérer; ils seraient toujours revêtus de l'habit ecclésiastique; enfin, les écoles où l'on admettrait, avec les enfans qui doivent entrer dans l'église, des enfans qui auraient une autre destination, seraient des établissemens *mixtes*, et, comme tels, rentreraient sous les lois de l'Université. »

Cette distinction, si on la presse, ne donne véritablement aucune garantie à l'Université. Un petit séminaire, quelque nom qu'on veuille lui donner, est un établissement mixte de sa nature. On pourrait même en dire autant d'un grand séminaire, qui n'est qu'une maison d'épreuve, où toutes les vocations ne s'achèvent pas, bien que toutes les études y soient dirigées dans le sens de la vocation supposée. Combien donc ce noviciat est-il plus douteux, dans une maison dont les études ne diffèrent point et ne sauraient différer des études des autres écoles: car si l'instruction doit être toujours religieuse, elle ne doit pas être théologique pour tous les âges.

Quel serait d'ailleurs l'effet inévitable de cette mesure? les petits séminaires seront remplis d'enfans sortis de la classe indigente, les seuls qui puissent être attirés par l'exemption d'une taxe légère. L'instruction générale devra toujours se proportionner à leur intelligence peu exercée; les jeunes gens qui auraient des dispositions à la piété, mais dont l'esprit aurait d'autres habitudes ou d'autres besoins, ne seront point envoyés dans ces écoles, où ils ne trouveront une instruction ni assez forte, ni assez choisie. D'un autre côté, les prêtres enseignans, qui se rendront de préférence dans les écoles ecclésiastiques, ne pourront exercer leur influence dans les autres colléges.

Il résultera nécessairement de cet état de choses que les petits séminaires auront le privilége exclusif de fournir des sujets à l'église. Mais ces jeunes gens qui, désormais, doivent être à la fois les prédicateurs de l'Evangile et les défenseurs de la religion, sortiront-ils, des petits séminaires, assez préparés aux plus nobles, aux plus difficiles et aux plus délicates fonctions de la société? le régime de ces écoles autorise-t-il de semblables espérances?

Cependant on insiste: l'église réclame de prompts secours; le clergé meurt et ne se renouvelle point; les autels sont abandonnés, ou ne sont plus servis que par des vieillards; le nombre diminue chaque jour dans une progression toujours croissante et toujours accélérée par les travaux excessifs imposés à des hommes parvenus à l'âge du repos. L'avenir est menaçant, la religion abandonne la France; enfin, les besoins sont actuels, il faut des ressources présentes.

On avoue avec douleur que ce tableau n'est point exagéré. Mais l'on demande si de pauvres enfans de campagne, dont on aura décidé la vocation dès l'âge le plus tendre, en supposant même, contre l'expérience, que cette vocation ne se démentît pas dans la suite, sont des ressources toutes prêtes pour les besoins du ministère?

Les maux de l'église sont grands, sans doute; mais l'on ne tient pas compte de tous les remèdes. Il nous semble que ceux qui veulent soustraire ce qu'on appelle les petits séminaires à l'administration générale de l'Université, et concentrer ainsi l'éducation religieuse sur quelques points, sacrifient, non-seulement les plus belles espérances de l'avenir, mais encore des ressources présentes et réelles.

Assurément, les intentions qui ont fondé les petits séminaires sont dignes de respect et de reconnaissance. Lorsque la religion était séparée de l'éducation, on doit bénir les mains qui ouvrirent des asiles à l'éducation religieuse; mais aujourd'hui ces établissemens n'ont plus la même importance pour l'église, ou du moins n'ont plus les mêmes raisons de se tenir à part. Grâce à l'esprit qui anime la nouvelle Université, et aux sages réglemens discutés dans son conseil, la discipline des colléges rappellera des temps meilleurs. Les principes qui rendirent autrefois l'éducation florissante exerceront de nouveau toute leur influence; des exercices publics accoutumeront l'enfance à les respecter; dans un âge plus avancé, des instructions solides, des pratiques pieuses et réglées avec prudence, les graveront au fond des cœurs, et la religion reviendra dans les lieux où s'élève la jeunesse.

Or il suffit que le régime intérieur des colléges ne s'oppose point à la vocation ec-

2211. Dans les cérémonies de l'Université, les directeurs et les répétiteurs des écoles secondaires ecclésiastiques marcheront immédiatement après les principaux et régens des colléges.

(Ibid., art. 8.)

clésiastique ; le système général de l'Université le favorisera. Ceci mériterait plus de développemens qu'il n'est possible d'en donner. Tout ce qui est dans une institution, n'est pas toujours écrit dans ses règlemens ou dans ses lois : c'est même cette partie de la loi qui n'est point écrite, mais dont l'interprétation est laissée à la volonté de l'homme qui exécute, qui est ordinairement la plus féconde pour le bien, parce qu'elle renferme l'esprit du corps. Le décret du 17 mars, par exemple, offre certaines dispositions dont les conséquences naturelles doivent donner à l'Université une direction éminemment religieuse. Le zèle aperçoit ces conséquences ; que la prudence accompagne le zèle. Déjà l'on commence à entrevoir comment les divers établissemens d'instruction publique formeront à l'église autant et plus de sujets peut-être que les petits séminaires, à qui l'on voudrait confier toutes les destinées de la religion.

« En général, ce qui attire les hommes dans une carrière, ce sont les avantages qu'on y propose, et la vue de ces avantages attire toujours plus, que les difficultés de la carrière ne sont capables de décourager.

» Que l'on jette les yeux sur les élèves des petits séminaires, dont on aura favorisé la première éducation par quelques immunités et quelques priviléges, on peut assurer que la plupart n'iront pas jusqu'à l'autel, arrêtés par la considération d'une famille à soutenir, ou par d'autres motifs de prudence humaine, que la religion ne désavoue pas toujours.

» Que l'on considère ensuite les jeunes gens qui voudraient entrer dans l'église, mais en passant par l'enseignement ; plusieurs motifs se réunissent pour affermir leur vocation. Ils voient d'abord dans la maison des émérites, ce terme de repos dont la jeunesse même a besoin au milieu de ses illusions et de ses projets ; leur éducation s'achève et se perfectionne, aux frais du gouvernement, dans l'école normale, qui devient ainsi le grand séminaire de l'église et de l'instruction publique ; ils y puisent des connaissances qui doivent servir à leur fortune, et, dans la suite, au succès de leur ministère. Lorsque leur vocation s'est tout-à-fait déclarée, le grand-maître les dispense, pour un temps, des travaux de l'enseignement ; ils vont dans les séminaires chercher l'instruction théologique, la retraite et le recueillement, qui préparent aux ordres sacrés. Lorsque leur engagement est formé, ils rentrent dans l'Université, pour y achever la carrière prescrite par les statuts qu'ils ont promis d'observer.

» L'église les donne à l'instruction publique, l'instruction publique les rend à l'église. Les prêtres universitaires y apportent de la considération personnelle, de l'expérience, des connaissances, du zèle, des talens enfin, sans lesquels un prêtre est aujourd'hui, dans le monde, ce que serait un homme de courage désarmé sur un champ de bataille.

» Maintenant, que l'on suppose les petits séminaires retranchés du sein de l'Université, toutes ces espérances s'évanouissent.

» Les élèves de ces petits séminaires, vivant sous un régime étranger, ne seront point admis au concours de l'école normale, et ceux qui entreront dans l'église n'y apporteront que des connaissances incomplètes, telles qu'on peut les recevoir dans des écoles éloignées de toutes les sources de l'instruction.

» D'un autre côté, les prêtres enseignans qui se rendront de préférence, comme nous l'avons dit, dans les maisons ecclésiastiques, ne pourront exercer leur influence sur les autres établissemens d'instruction publique : la piété n'y trouvera point de secours, et les vocations les plus heureuses n'y seront point encouragées. Le grand bien moral qui résultait autrefois de ce commerce d'études et de bons exemples entre les jeunes gens qui étaient destinés à une vie plus parfaite, et ceux qui devaient remplir les professions ordinaires de la société, sera perdu pour l'éducation publique. Elle sera divisée en deux parts ; l'une religieuse, l'autre savante et littéraire, et le but de l'Université est manqué.

» Que l'on y prenne garde, ce moment est décisif pour l'église de France ; elle a, dans le sein même de l'Université, des représentans naturels de ses intérêts ; elle a des garanties non moins rassurantes dans les intentions connues de son chef et dans la disposition générale des esprits. Il s'agit aujourd'hui de rattacher l'éducation publique à la

2212. Les recteurs sont spécialement chargés de l'exécution du présent arrêté.

Dans les villes qui ne sont pas chefs-lieux d'académie, l'exécution des art. 1, 2, 3 et 4 sera particulièrement recommandée, par les recteurs, à la surveillance des proviseurs de lycée et des principaux de collége.

(Ibid., art. 9.)

religion, et de rendre aux dépositaires de l'instruction religieuse la seconde portion de leur ministère. L'Université les appelle à son aide. Ils ne répondent point à cet appel ; ils se tiennent à l'écart. Ils refusent de se mêler à une institution qu'ils pourraient animer de leur esprit, et, par leur défiance précipitée, confirment tous les doutes des pères de famille, je dirai presque l'anathème qui pesait sur le précédent système de l'instruction publique. Cependant l'église et la société porteront les suites de ce schisme originel qui va diviser la génération naissante et les hommes chargés de l'instruire.

» On croit avoir démontré, 1°. que le clergé, en se séparant de l'Université, se privera des sujets qui pourraient un jour en être l'ornement et l'appui, c'est-à-dire de ses plus précieuses ressources ; 2°. que les petits séminaires ne fourniront pas à l'église un nombre de sujets égal à celui que fourniraient toutes les écoles de France, si les ministres de l'église y exerçaient l'influence qu'on offre de partager avec eux.

» Enfin, la loi est positive, et l'on demande une exception. Il ne s'agit pas seulement de l'accorder, il faut encore l'expliquer et la justifier. Il est difficile de se prêter à croire que des maisons où l'on reçoit des enfans de sept à huit ans, sont des séminaires et des écoles théologiques. »

La discussion fut terminée par le décret du 9 avril 1809, qui, depuis, a été malheureusement abrogé par l'ordonnance du 5 octobre 1814.

TITRE IV.

DE L'ÉCOLE NORMALE.

STATUT SUR L'ADMINISTRATION, LA POLICE ET L'ENSEIGNEMENT DE L'ÉCOLE NORMALE.

DE LA POLICE.

Des fonctionnaires, de l'économe et des autres agens.

2213. Sous le titre de fonctionnaires sont compris :
Le conseiller titulaire chef de l'école (1);
Le directeur des études ;
L'aumônier ;
Les répétiteurs ;
Les maîtres surveillans.

(Arrêté du 30 mars 1810, art. 1er.)

Du chef de l'école.

Le conseiller titulaire chef de l'école normale y réside; il la gouverne sous l'autorité immédiate du grand-maître.

Tous les fonctionnaires, agens et employés de l'école lui sont subordonnés.

Du directeur des études.

2214. Le directeur des études a, dans l'Université, le rang de doyen de faculté.

Il a dans ses attributions tout ce qui concerne l'enseignement, la police et la discipline de l'école.

Il y aura, s'il en est besoin, un directeur adjoint pour aider le directeur des études dans ses fonctions. Il prendra rang immédiatement après le directeur.

Le directeur rend compte chaque jour, au conseiller chef de l'école, de l'état des études et de la conduite des élèves.

Le directeur et le directeur adjoint sont nommés par le

---

(1) On se rappelle que le décret du 17 septembre 1808 donnait au grand-maître la faculté d'appeler au gouvernement de l'école normale un des conseillers à vie. M. de Fontanes confia ces importantes fonctions à M. Gueroult, le traducteur de Pline, et l'un des représentans les plus distingués de l'ancienne Université de Paris.

grand-maître, sur la présentation de trois sujets faite par le conseiller chef de l'école. Les sujets présentés doivent être docteurs dans les facultés des lettres et des sciences, ou du moins docteurs dans l'une et licenciés dans l'autre.

(Ibid., art. 3... 7.)

De l'aumônier.

2215. Un aumônier est chargé, sous la surveillance du conseiller chef de l'école, de tout ce qui concerne la religion. Il est nommé par le grand-maître, sur la présentation du conseiller chef de l'école, et approuvé *ad hoc* par l'archevêque de Paris.

(Ibid., art. 8.)

Des répétiteurs.

2216. Il y a des répétiteurs destinés,
Les uns, à préparer les élèves au baccalauréat;
Les autres, à répéter les leçons des professeurs des facultés, et à diriger les conférences.

Ces répétiteurs seront pris, après la première organisation de l'école, parmi les élèves parvenus au moins au grade de licencié.

Ils sont choisis et peuvent être révoqués par le conseiller chef de l'école.

Ils sont subordonnés au directeur des études.

Les élèves sont soumis à l'autorité des répétiteurs pendant leurs leçons.

Aucun répétiteur ne peut se faire remplacer sans l'agrément du conseiller chef de l'école.

(Ibid., art. 9... 14.)

Des maîtres surveillans.

2217. Les maîtres surveillans inspectent les élèves pendant les études et les récréations, aux heures du lever, du coucher, et pendant la nuit. Ils sont subordonnés au directeur des études. Il y a un maître surveillant pour trente élèves.

(Ibid., art. 15.)

De l'économe.

2218. Le chef de l'école a sous ses ordres, tant pour les détails de l'administration intérieure que pour la comptabilité, un économe et les employés reconnus nécessaires pour le service.

L'économe est nommé par le grand-maître, sur la présentation du conseiller chef de l'école.

(Ibid., art. 16 et 17.)

Des autres agens et des domestiques.

2219. Le nombre des agens et des domestiques sera déterminé par le budget de chaque année, suivant le nombre des élèves et les besoins de l'école.

Les domestiques couchent près des maîtres surveillans, et sont à leurs ordres; il y en a toujours au moins un sur pied pendant la nuit, pour faire des rondes dans toute la maison : le matin, il fait son rapport au directeur des études.

(Ibid., art. 18 et 19.)

DE L'ENSEIGNEMENT.

Admission des élèves à l'école.

2220. Conformément à l'article 117 du décret du 17 mars 1808, le grand-maître règle tous les ans, d'après l'état et les besoins des lycées et des colléges, le nombre des élèves qui doivent être admis à l'école normale.

Les inspecteurs de l'Université désignent, chaque année, d'après des examens et des concours, les élèves admissibles, parmi ceux qui ont fait, avec le plus de succès, au moins deux ans d'études dans les hautes classes d'un lycée.

Les élèves nommés par le grand-maître présentent, en arrivant à l'école normale, leur acte de naissance, pour constater qu'ils sont âgés au moins de dix-sept ans accomplis; le consentement légalisé de leur père ou de leur tuteur; un certificat de vaccination ou d'inoculation, dans le cas où ils n'auraient pas eu la petite vérole naturelle.

Ils signent l'engagement de rester dix années au moins dans le corps enseignant.

Il sera fait mention de toutes ces pièces au registre d'entrée et de sortie des élèves; les pièces originales seront déposées dans les archives de l'école.

(Ibid., art. 20... 23.)

2221. Conformément à l'article 115 du décret du 17 mars 1808, ils ne peuvent rester plus de deux ans à l'école normale comme élèves (1).

Dans le cours de ces deux années, ils doivent prendre leurs grades à Paris, dans la faculté des lettres ou dans la faculté des sciences.

Celui qui, par négligence ou mauvaise volonté, n'aura pas obtenu le grade de bachelier à la fin de la première année dans l'une des facultés, et se sera mis par-là dans l'impossi-

---

(1) Il a été reconnu depuis que trois ans étaient nécessaires.

bilité d'être reçu licencié à la fin de la seconde année, sera renvoyé de l'école.

(Ibid., art. 28... 3o.)

2222. Les frais d'inscription dans les facultés seront à la charge de l'école; mais les frais d'examen, de thèse et de diplôme seront payés par les élèves.

(Ibid., art. 31 (1).)

2223. Les élèves de l'école normale qui, en achevant leurs cours, se croiront appelés à l'état ecclésiastique, et voudront en suivre les études, pourront, avec l'agrément du grand-maître, entrer dans des séminaires et y passer trois années, sans perdre le droit qu'ils auront acquis d'être employés dans l'Université, et sans être dispensés des obligations qu'ils auront contractées comme élèves de l'école normale (2).

(Ibid., art. 32.)

Régime et police de l'école.

2224. Les élèves sont partagés en divisions, chacune de trente.

Chaque élève a sa chambre; il n'y peut recevoir personne sans la permission du maître surveillant.

Tant que les élèves sont dans leurs chambres, la clef reste à leur porte, afin que le maître surveillant puisse y entrer aussi souvent qu'il le juge convenable.

Il n'y a jamais de feu dans les chambres particulières; mais, pendant la saison rigoureuse, les élèves peuvent étudier dans la salle affectée à chaque division et chauffée par un poêle.

Ils se réunissent dans cette même salle pour la récréation, toutes les fois qu'elle ne peut avoir lieu dans les cours.

Aucun élève ne peut passer le temps de la récréation dans sa chambre, sans l'agrément du maître surveillant.

Aucun élève ne peut entrer dans la salle d'une autre division sans la permission des deux maîtres surveillans.

(Ibid., art. 33... 39.)

---

(1) Le 30 avril 1819, il a été décidé que les élèves seraient dispensés de payer le droit de sceau pour les grades.

(2) Nous appelons de tous nos vœux l'exécution d'une mesure aussi sage, aussi éclairée, aussi pleine d'avenir, et non moins favorable aux lettres et aux sciences qu'à la religion même. Ainsi se formeraient de nobles et fécondes amitiés entre des hommes également destinés à prouver l'étroite alliance qui unit toutes les vérités comme en un seul faisceau, et qui, seule, a pu donner au monde les Pascal, les Newton, les Bacon, les Descartes, les Arnauld, les Leibnitz, les Bossuet, les Euler, et de nos jours encore, les Haüy, les Sacy. Ainsi se renouvellerait parmi nous une race d'hommes éminens, dignes de servir comme d'un lien auguste et sacré entre le corps ecclésiastique, chargé de l'enseignement doctrinal de la religion, et le corps savant, spécialement chargé d'encourager les sciences et les lettres, entre l'église gallicane et l'institut de France.

2225. Les repas commencent et finissent par une prière, pendant laquelle les élèves se tiennent debout : le directeur fait la prière. Une lecture a lieu pendant le repas; et, après la prière qui le termine, aucun élève ne peut rester dans le réfectoire, si ce n'est celui qui a fait la lecture.

Les maîtres surveillans mangent à la même table et en même temps que les élèves.

La table du directeur des études, de l'aumônier, des répétiteurs et de l'économe, sera servie en même temps et dans le même réfectoire que la table des élèves.

Pendant les études et les classes, le silence doit régner dans la maison.

Au signal donné pour la fin des récréations, les élèves se retirent en silence.

Les élèves de la même division sont réunis au réfectoire, dans les classes, à la chapelle et dans les promenades.

Les élèves ne reçoivent de visites qu'au parloir, et pendant les heures de récréation.

Les sorties particulières sont interdites : les sorties communes se font sous la direction et la conduite des maîtres surveillans. Les élèves ne peuvent sortir sans leur uniforme.

Le directeur des études fait la visite des livres des élèves aussi souvent qu'il le juge à propos, et au moins une fois par mois.

(Ibid., art. 40... 48.)

Instruction.

2226. Les premiers mois du cours normal sont consacrés à une révision générale des études faites au lycée.

Les élèves prennent leurs inscriptions sous trois professeurs de la faculté des sciences ou des lettres, suivant leur destination.

(Ibid., art. 49 et 50.)

2227. Tous les aspirans au baccalauréat des sciences indistinctement, suivent, dans la première année, le cours de physique générale et expérimentale.

Ceux d'entre eux qui se destineront particulièrement aux mathématiques, suivront en outre, la première année, le cours de physique, celui de chimie et celui de minéralogie et de géologie;

Et la seconde année,

Le cours de mécanique et le cours d'astronomie.

Les élèves qui se destineront aux sciences physiques, suivront la première année, outre le cours de physique, celui de chimie et celui de minéralogie et de géologie;

Et la seconde année,

Le cours de botanique et de physique végétale, et celui de zoologie et de physiologie.

(Ibid., art. 51... 53.)

2228. Les aspirans au baccalauréat des lettres prennent leurs inscriptions sous trois professeurs de la faculté des lettres, qui leur sont désignés par le conseiller chef de l'école.

(Ibid., art. 54.)

2229. Indépendamment des trois cours exigés, les élèves peuvent, avec la permission du conseiller chef de l'école, suivre un ou deux cours de l'une ou de l'autre faculté.

Les élèves de l'école normale auront, aux termes de l'article 57 du statut du 16 février 1810 sur les facultés, des places particulières dans les classes; ils se tiendront prêts à répondre sur toutes les questions qui leur seront faites par le professeur.

(Ibid., art. 55 et 56.)

2230. Outre les leçons des professeurs de facultés, il y a des conférences dont le conseiller chef de l'école détermine le nombre, la durée, l'objet et le mode.

Chaque division, formée d'élèves qui se destinent au même genre d'enseignement, se réunit pour les conférences dans la salle qui lui est assignée.

Dans ces conférences, les élèves de la faculté des lettres expliquent et analysent les auteurs classiques, et répondent aux difficultés qu'ils se proposent les uns aux autres. Ils lisent leurs compositions, telles que traductions, discours, descriptions, récits historiques, pièces de vers latins, commentaires, questions de philosophie, de grammaire et d'histoire.

Dans la section des sciences, les élèves discutent les principales difficultés des leçons précédentes; ils comparent les diverses méthodes de solution; ils lisent leurs compositions, ou font leurs rapports sur des compositions déjà présentées; ils répètent les expériences de physique et de chimie.

Pour former les élèves à l'art de la critique, le répétiteur les charge tour à tour d'examiner les compositions présentées dans les conférences. Les élèves désignés font un rapport motivé et par écrit. Le rapport est discuté et jugé par la division, qui détermine les compositions dignes de l'école.

(Ibid., art. 57... 61.)

2231. Dans les derniers mois du cours normal, les conférences changeront d'objet. Les élèves n'ayant plus seulement à prouver l'instruction qu'ils ont acquise, mais à étudier l'art de transmettre l'instruction aux autres, retourneront aux livres élémentaires, s'exerceront à développer les principes, à comparer les méthodes. Ils rempliront les fonctions de professeurs successivement, et en commençant par les classes inférieures.

(Ibid., art. 62.)

2232. Les aspirans à la licence et au doctorat dans la faculté des lettres, devant composer en latin pour la licence, et soutenir des thèses en latin pour le doctorat, feront un fréquent usage de la langue latine dans leurs discussions et dans leurs compositions écrites.

(Ibid., art. 63.)

2233. Tous les trois mois il y aura un exercice général pour la section des sciences et pour la section des lettres, alternativement.

Le conseiller chef de l'école fera connaître, quinze jours d'avance, la matière de chaque exercice.

Dans la section des lettres, l'exercice se composera de l'explication des auteurs classiques, et de questions de philosophie et d'histoire traitées de vive voix ou par écrit, soit en latin, soit en français.

Dans la section des sciences, les élèves désignés s'interrogeront les uns les autres sur des théories à développer et sur des difficultés à résoudre.

Ces exercices auront lieu en présence du conseiller chef de l'école, des autres fonctionnaires, et des professeurs de facultés invités à la séance.

On lira, dans ces exercices, les différentes productions que le chef de l'école aura jugées dignes de cet honneur. La lecture en sera faite par les auteurs.

(Ibid., art. 64... 69.)

Exercices religieux.

2234. Tous les dimanches, grand'messe à neuf heures, et instruction religieuse de onze heures à midi.

Vêpres à trois heures.

Les fêtes solennelles, sermon après l'évangile, et salut après vêpres.

On se conformera d'ailleurs, autant qu'il sera possible, à ce qui se pratiquait dans les anciens colléges de l'Université de Paris.

(Ibid., art. 70.)

Mouvement de la journée.

2235. Lever à cinq heures, depuis le 1er. avril jusqu'au 30 septembre, et à six heures, les autres mois.

Les élèves ont un quart d'heure pour s'habiller ; ils se rendent ensuite dans la salle de leur division, où ils font la prière en commun.

Etude jusqu'à huit heures et demie, et déjeuner jusqu'à neuf.

Classes et études jusqu'à une heure et demie.

Dîner et récréation jusqu'à trois heures et demie.

Etudes et conférences jusqu'à huit heures.

Souper et récréation jusqu'à neuf heures et demie.

Prière et coucher.

Toutes les lumières sont éteintes dans les chambres à dix heures précises.

(Ibid., art. 71... 74.)

Punitions.

2236. Les principaux devoirs des élèves sont le respect pour la religion, l'attachement au souverain et au gouvernement, une application soutenue, une régularité constante, la docilité et la soumission envers leurs supérieurs. Quiconque manque à ces devoirs est puni suivant la gravité de la faute.

Les avis et les représentations sont les premiers moyens employés contre l'inattention et la négligence; en cas de récidive, les élèves sont punis par les arrêts. Cette peine peut être prononcée par le directeur des études.

L'élève répréhensible pour inconduite et indocilité, est appelé par le directeur des études, qui le note pour cette première fois. En cas de récidive, l'élève est mandé devant le conseiller chef de l'école, qui le réprimande, et le prévient qu'à la première faute du même genre il en sera référé au grand-maître.

Dans les cas plus graves, le conseiller chef de l'école fait sur-le-champ son rapport au grand-maître, pour provoquer des peines plus sévères, et même l'expulsion, s'il y a lieu.

(Ibid., art. 75... 78.)

Récompenses.

2237. Le conseiller chef de l'école transmet au grand-maître des notes avantageuses sur les élèves qui les ont méritées.

A la fin du cours normal, il fait un rapport motivé au grand-maître sur les dix élèves les plus recommandables par leurs succès et leur bonne conduite. Ces élèves sont présentés au grand-maître; leurs noms sont rendus publics, ainsi que ceux des académies qui les ont envoyés.

Ces élèves pourront rester à l'école une troisième année, afin de se livrer entièrement au genre d'études qu'ils auront embrassé; ils recevront dès lors le titre et le traitement d'agrégé; ils rempliront dans l'école les fonctions de répétiteurs : cet emploi équivaudra, pour leur avancement, au professorat dans les classes inférieures.

(Ibid., art. 79... 81.)

Bibliothèque.

2238. Le directeur des études est chargé du soin et de la conservation de la bibliothéque. Il est aidé, dans cette fonction, par un élève répétiteur, qui tient un registre d'entrée et de sortie des livres.

Les livres ne peuvent être prêtés qu'aux fonctionnaires de la maison et aux élèves; ils en donnent un récépissé daté, et sont tenus de rapporter les livres au bout de huit jours.

Le catalogue des livres qui doivent composer la bibliothéque sera arrêté, chaque année, par le conseil de l'Université, sur la présentation du conseiller chef de l'école. Un double du catalogue de la bibliothéque est déposé chez le conseiller chef de l'école, qui en fait faire la vérification tous les ans.

(Ibid., art. 82 et 83.)

Infirmerie.

2239. L'infirmerie est particulièrement et immédiatement soumise au conseiller chef de l'école, qui choisit le médecin, le chirurgien et le pharmacien.

Les élèves en bonne santé ne peuvent entrer dans l'infirmerie qu'avec une permission du conseiller chef de l'école.

Il y a une infirmerie particulière et isolée pour les maladies contagieuses.

(Ibid., art. 84... 86.)

Dispositions générales.

2240. Dans la partie de l'école occupée par les élèves, les portes sont ouvertes à cinq heures du matin et fermées à dix heures du soir; les clefs sont portées chez le conseiller chef de l'école.

Aucun étranger ne peut coucher dans l'enceinte de l'école.

L'intérieur de l'école est interdit aux femmes.

La buanderie, la lingerie, l'infirmerie, sont placées dans des corps de logis isolés, dont l'entrée et la sortie n'ont aucune communication avec l'intérieur de l'établissement.

Tous les jeux et exercices dangereux, tous les jeux de cartes et de hasard, sont interdits; il est également défendu d'exposer de l'argent à quelque jeu que ce soit.

L'introduction de toute arme et de la poudre à tirer, même en artifice, est interdite.

Aucun ouvrier ne peut être employé par les élèves, dans l'intérieur, sans avoir été agréé par le conseiller chef de l'école.
(Ibid., art. 87... 93.)

2241. Conformément à l'article 118 du décret du 17 mars 1808, ceux des élèves de l'école normale qui aspireront au grade de docteur dans les lettres ou dans les sciences, devront le prendre, comme les autres grades, dans l'académie de Paris.
(Arrêté du 21 septembre 1813.)

Règlement des études pour l'école normale.

2242. Le cours normal dure trois ans.

Chaque année, les cours particuliers s'ouvrent le 2 novembre et durent, sans interruption, jusqu'au 15 septembre.
(Arrêté du 5 décembre 1815.)

PREMIÈRE ANNÉE.

2243. L'enseignement de la première année est commun à tous les élèves entrans ; il consiste,

1°. Dans un résumé des études du collége ;

2°. Dans un cours de logique ;

3°. Dans un cours de mathématiques.

Le résumé des études du collége se fera en étudiant la grammaire générale, et en en faisant l'application aux langues grecque, latine et française.

Il exigera un maître de conférences pour chacune de ces trois langues.

Chacun d'eux fera trois conférences par semaine. Chaque conférence sera partagée entre la récitation, l'explication de la grammaire et des auteurs, et l'interrogation des élèves.

Le cours de logique n'occupera qu'une conférence par semaine, et ne comprendra que la logique proprement dite. Ainsi le maître, supposant nos facultés en exercice et nos idées acquises, classera ces idées et les jugemens dont elles fournissent les élémens. Il examinera les diverses manières dont nous pouvons rapprocher les jugemens pour former des raisonnemens et des déductions, et les différentes méthodes que peut suivre celui qui cherche la vérité pour lui-même, ou qui a pour but de la transmettre aux autres, lorsqu'il l'a trouvée.

Le cours de mathématiques n'occupera aussi qu'une conférence par semaine. Il commencera où se termine le programme des connaissances exigées pour l'admission à l'école, et comprendra l'algèbre supérieure, la discussion des équations des premier et second degrés à trois variables, et des surfaces qu'elles représentent, et la statique élémentaire.

SECONDE ANNÉE.

2244. Les élèves seront partagés en deux classes. L'une comprendra ceux qui sont destinés à professer les lettres et la philosophie; l'autre, ceux qui devront enseigner la physique, les sciences naturelles et les mathématiques.

Première classe. — Élèves des lettres.

2245. Ils suivront,

1°. Un cours destiné à l'enseignement de la littérature ancienne et moderne;
2°. Un cours de psycologie métaphysique et morale;
3°. Un cours d'histoire;
4°. Un cours de physique générale.

Le cours de littérature sera fait par deux maîtres. Il ne sera pas divisé sous le rapport des langues, mais sous le rapport des genres, de manière que chaque maître suivra les mêmes genres dans les langues grecque, latine et française.

Le premier traitera de la poésie lyrique, de l'églogue et de l'épopée.

Le second s'occupera du poëme didactique, de la comédie, de la tragédie, et de tous les petits genres.

Chacun de ces maîtres fera deux conférences par semaine. Les cours de philosophie, d'histoire et de physique occuperont aussi deux séances par semaine.

Seconde classe. — Élèves des sciences.

2246. Les élèves suivront,

1°. Un cours d'astronomie élémentaire;
2°. Un cours de calcul différentiel et intégral;
3°. Un premier cours des sciences naturelles, comprenant la minéralogie et la botanique.
4°. Un cours de physique générale;
5°. Le cours de philosophie.

Le cours d'astronomie n'occupera qu'une séance par semaine.

Les quatre autres exigeront deux leçons par semaine pendant toute l'année.

TROISIÈME ANNÉE.

Première classe. — Élèves des lettres.

2247. Les travaux de cette troisième année, tout en perfectionnant l'instruction des élèves, auront pour objet plus immédiat de les former à l'enseignement.

Ils seront dirigés par deux maîtres, qui feront chacun deux conférences par semaine.

Le premier lira et développera la partie des traités des études de Rollin, de Jouvency, de Fleury, qui a rapport aux classes de grammaire et d'humanités.

Il exercera les élèves à proportionner les *devoirs* à la force de chaque élève, et à en faire les *corrigés*.

Il continuera à leur faire faire des compositions latines et françaises, à expliquer les classiques par extraits, et terminera par un traité des tropes.

Le second maître lira et développera ce que Rollin, Jouvency, Fleury, parmi les modernes, et Aristote, Cicéron, Quintilien, parmi les anciens, ont écrit sur la rhétorique.

Il fera faire aux élèves des extraits et des analyses comparées de quelques discours de grands orateurs, leur donnera des sujets de discours latins et français, dont ils arrangeront les matières et qu'ils devront traiter eux-mêmes : les élèves de cette classe suivront, en outre, le cours d'histoire de la philosophie, qui occupera aussi deux conférences par semaine.

Seconde classe. — Élèves des sciences.

2248. Les élèves suivront,
1°. Un cours de mécanique ;
2°. Un cours de chimie ;
3°. Un cours d'anatomie et de zoologie.

Outre ces cours, à chacun desquels on consacrera deux leçons par semaine pendant toute l'année, les élèves physiciens seront exercés une fois par semaine aux expériences de physique et aux manipulations chimiques.

Pendant le même temps, les élèves mathématiciens apprendront à connaître les instrumens de mathématiques et à s'en servir.

Les élèves de cette troisième année, ne suivant pas un grand nombre de conférences, seront employés, autant qu'il sera possible, à faire les répétitions des cours de la première et de la seconde année.

Dispositions générales.

2249. Comme il importe de ne pas laisser les élèves perdre leur mémoire, et de leur ménager, au contraire, toutes les ressources que peut offrir à un professeur une mémoire cultivée et ornée, les élèves des deux premières années seront tenus d'apprendre par cœur des morceaux choisis des meilleurs auteurs français, latins et grecs, désignés par le maître.

Dans toutes les conférences sur la littérature et la philosophie, le premier quart d'heure sera employé à la récitation; et une fois par semaine le maître donnera plus d'étendue à cet exercice, et obligera les élèves à expliquer de mémoire quelques morceaux grecs ou latins qu'ils réciteront.

Ces maîtres de conférences sur la littérature et la philosophie donneront, une fois tous les quinze jours, un sujet de composition à leurs élèves. Aucun d'eux ne pourra se dispenser de le traiter et de remettre au maître sa composition écrite. S'il y manquait, celui-ci est obligé de le noter dans le compte hebdomadaire des travaux des élèves, qu'il rendra au préfet des études.

Comme, dans la première année et surtout dans le premier mois, les compositions pourront n'être que des traductions, les maîtres en exigeront plus souvent, s'ils le jugent plus utile au progrès des élèves.

Aucun cours ne sera commencé à l'école normale avant que le programme en ait été donné par le maître de conférences, au moins pour les trois mois qui suivront, et que ce programme ait été examiné et arrêté par le chef de l'école.

A la fin de chaque trimestre, il y aura des examens dont l'objet sera déterminé par les programmes des cours qui auront été suivis : ces examens seront faits par les membres de la Commission de l'instruction publique et les professeurs des facultés; les professeurs de rhétorique et de philosophie des colléges royaux pourront aussi y être invités.

Comme les vacances ne doivent point être un temps d'oisiveté complète, pour obliger les élèves à s'entretenir dans l'habitude du travail, on leur remettra, à leur départ, le programme des matières sur lesquelles doit rouler l'examen du quatrième trimestre : cet examen se fera à leur retour, et servira à juger ceux qu'on croira capables de passer à l'épreuve des grades.

(Même arrêté.)

Réglement concernant l'administration et la discipline de l'école normale.

Régime de l'école.—Des fonctionnaires.— Des répétiteurs.
— De l'économe et autres agens.

2250. Sous le titre de fonctionnaires, sont compris :
Le chef de l'école,
Le préfet des études,
L'aumônier,
Les maîtres de conférences,
Les maîtres surveillans.

(Arrêté du 14 décembre 1815, art. 15.)

Du chef de l'école.

2251. Le chef de l'école normale y réside et la gouverne sous l'autorité immédiate de la Commission de l'instruction publique.

Tous les fonctionnaires, agens et employés lui sont subordonnés.

Aucun ne peut se faire remplacer dans ses fonctions, sans avoir obtenu son agrément.

(Ibid., art. 2... 4.)

Du préfet des études.

2252. Le préfet des études a dans l'Université le rang de professeur de faculté.

Il est chargé de la surveillance générale de l'enseignement, de la police et de la discipline de l'école, et de la surveillance particulière du réfertoire pendant que les élèves prennent leurs repas.

Le préfet des études rend compte, chaque jour, au chef de l'école, de l'état des études et de la conduite des élèves.

Le préfet des études est nommé par la Commission de l'instruction publique, sur la présentation de trois sujets, faite par le chef de l'école.

(Ibid., art. 5... 8.)

De l'aumônier.

2253. L'aumônier est chargé, sous la surveillance du chef de l'école, de tout ce qui concerne la religion. Il est nommé par la Commission de l'instruction publique, sur la présentation du chef de l'école, et approuvé *ad hoc* par monseigneur l'archevêque de Paris.

(Ibid., art. 9.)

Des maîtres de conférences.

2254. Il y a des maîtres de conférences qui font des cours suivis sur les objets d'enseignement déterminés par le règlement des études.

Le nombre, le mode et la durée de ces conférences sont déterminés par le chef.

Les maîtres de conférences sont nommés par la Commission de l'instruction publique, sur la présentation du chef de l'école. Ils auront le rang de professeurs de premier ordre.

(Ibid., art. 10... 12.)

Des maîtres surveillans.

2255. Les maîtres surveillans inspectent les élèves pendant les études et les récréations, aux heures du lever et du coucher et pendant la nuit.

Ils sont subordonnés au préfet des études, et lui rendent un compte exact de tout ce qui peut intéresser le bon ordre.

Quand les élèves vont aux cours de la faculté, ils sont toujours accompagnés par un maître surveillant qui reste avec eux, les ramène et rend compte de leur conduite au préfet des études.

Les maîtres surveillans sont choisis et peuvent être révoqués par les chefs de l'école.

(Ibid., art. 13... 16.)

Des répétiteurs.

2256. Il y a des répétiteurs destinés à répéter, soit les leçons des professeurs des facultés, soit celles des maîtres de conférences.

Ces répétiteurs seront pris, autant que possible, parmi les élèves de la troisième année qui auront obtenu le grade de licencié. Ils demeureront assujettis à tous les règlemens qui obligent les autres élèves.

Ils seront choisis et pourront être révoqués par le chef de l'école.

Les élèves seront soumis à l'autorité des répétiteurs pendant leurs leçons.

(Ibid., art. 17... 20.)

De l'économe, des autres agens et des domestiques.

2257. — (Les articles 21 à 24 du règlement de 1815, reproduisent exactement les dispositions du règlement de 1810, qui forment les numéros 2218 et 2219 du présent Code.)

POLICE DE L'ÉCOLE.

Admission et séjour des élèves à l'école.

2258. Conformément à l'article 117 du décret du 17 mars 1808, la Commission de l'instruction publique règle tous les ans, d'après l'état et les besoins des colléges, le nombre des élèves qui doivent être admis à l'école normale.

Ceux qui se présenteront pour obtenir cette admission, devront apporter des certificats constatant qu'ils ont suivi dans un collége un cours complet d'études, y compris la philosophie, et donner d'ailleurs des garanties suffisantes de leurs principes et de leur caractère. Ils seront choisis d'après un concours dont la forme et l'époque seront incessamment déterminées, et ils seront nommés par la Commission de l'instruction publique.

Les élèves ainsi nommés présentent, en arrivant à l'école normale, leur acte de naissance pour constater qu'ils sont âgés au moins de dix-sept ans accomplis; le consentement légalisé de leur père ou de leur tuteur, un certificat de vaccination ou d'inoculation, dans le cas où ils n'auraient pas eu la petite vérole naturelle.

Ils signent l'engagement de rester dix ans au moins dans le corps enseignant.

Il sera fait mention de toutes ces pièces au registre d'entrée et de sortie des élèves. Les pièces originales seront déposées dans les archives de l'école.

(Ibid., art. 25... 29.)

2259. Les élèves passeront trois ans à l'école normale.

(Ibid., art. 33.)

2260. Dans le cours de ces trois années, ils doivent prendre leurs grades à Paris, dans la faculté des lettres, ou dans la faculté des sciences.

Les élèves ne pourront se présenter aux examens, pour les grades, sans en avoir obtenu l'autorisation du chef de l'école.

Celui qui, par négligence ou mauvaise volonté, n'aura pas obtenu le grade de bachelier ès-lettres à la fin de la première année, sera renvoyé de l'école.

Celui qui, se destinant aux sciences, n'aura pu obtenir le grade de bachelier ès-sciences à la fin de la deuxième année, sera également renvoyé.

Celui qui n'aura pu passer à la licence dans l'une ou l'autre faculté, avant la fin de la troisième année, sortira de l'école en perdant le droit d'être dans l'instruction publique.

(1) (Ibid., art. 34... 37.)

Exercices religieux.

2261. Outre l'instruction du dimanche, il y aura toutes les semaines, au jour désigné par le chef, une conférence qui aura pour objet de faire connaître aux élèves, d'après un plan suivi, l'histoire de la religion, ses dogmes et sa morale. Les élèves en feront le résumé par écrit, et pourront y joindre leurs réflexions.

(2) (Ibid., art. 60.)

(1) Les articles 38 et 39 du statut de 1815 sont les mêmes que les articles 31 et 32 du statut de 1810, lesquels forment les numéros 2222 et 2223 du Code Universitaire.

(2) L'arrêté du 14 décembre 1815 maintenait, en ce qui concerne les mouvemens de la journée, les récompenses et les punitions, la bibliothèque, etc., les dispositions du statut de 1810, sauf de très-légères modifications qu'il nous a paru inutile de mentionner.

Règlement concernant les élèves des écoles préparatoires (1).

Dispositions générales.

2262. Les élèves qui se destinent aux lettres, et ceux qui se destinent aux sciences mathématiques et physiques, recevront un enseignement particulier et pourront néanmoins être réunis dans un même collége. Il pourra aussi être établi un enseignement spécial pour les élèves qui se destinent uniquement à professer la philosophie, conformément au statut du 12 juillet 1825 : il sera fait pour eux un règlement particulier.

Les uns et les autres ne seront admis à l'école qu'après avoir obtenu le grade de bachelier ès-lettres, et après un examen dont l'objet et la forme seront ultérieurement déterminés.

Ils seront soumis au régime et à la discipline du collége où l'école sera placée, et sous la surveillance du proviseur, comme tous les autres élèves. Ils occuperont un local, une cour et un réfectoire particuliers.

Des maîtres surveillans, nommés par nous, sur la présentation des proviseurs et sur l'avis des recteurs, les inspecteront pendant les études et les récréations, et coucheront dans le même dortoir. Lorsqu'ils se rendront aux cours des facultés, où ils auront une place réservée, ils seront accompagnés par un des maîtres surveillans qui les ramènera au collége.

(Arrêté du 5 septembre 1826, art. 1... 4 (2).)

2263. Il y aura, près de chaque école, une commission d'instruction dont le proviseur du collége fera partie, et dont les membres seront nommés par nous. Ils s'assembleront au moins une fois par mois, s'assureront des progrès de chaque élève, nous en rendront compte tous les trois mois, et nous indiqueront tous les perfectionnemens dont l'enseignement sera susceptible.

Lorsque les élèves des sciences et des lettres seront réunis dans la même école, la commission de cette école sera divisée en deux sections : le proviseur fera partie de chacune d'elles.

(Ibid., art. 5 et 6.)

(1) On a vu, pages 194 et suiv., comment on avait imaginé de supprimer l'école normale, et de la remplacer par des *écoles préparatoires*. Il n'y a jamais eu qu'une seule école de ce genre; établie au collége de Louis-le-Grand, elle a enfin repris en 1830 son véritable nom.

(2) Nous, Denis Frayssinous, évêque d'Hermopolis, pair de France, premier aumônier du roi, ministre secrétaire d'état au département des affaires ecclésiastiques et de l'instruction publique,

Vu l'article 4 de l'ordonnance du roi en date du 9 mars 1826;

Vu l'avis du conseil royal de l'instruction publique, sur les règlemens qu'il convient d'adopter pour les élèves des écoles préparatoires,

Avons arrêté ce qui suit, etc.

TITRE IV.

Dispositions particulières aux élèves qui se destinent aux sciences.

2264. Indépendamment du grade de bachelier ès-lettres, les élèves qui se destinent aux sciences devront être pourvus du grade de bachelier ès-sciences. Mais si au moment de leur nomination ils n'étaient pas suffisamment instruits pour se présenter à l'examen, ils pourront être reçus à l'école comme élèves provisoires, et y rester en cette qualité jusqu'à la fin de l'année scolaire.

Ils seront tenus, pendant cette année, de suivre les cours de la seconde année de philosophie dans le collége, sans pouvoir néanmoins concourir pour les prix avec les autres élèves de la deuxième année. Si, après avoir terminé ces cours, ils ne peuvent obtenir le grade de bachelier ès-sciences, ils cesseront de faire partie de l'école.

Les élèves pourvus du grade de bachelier ès-sciences subiront devant la faculté, à la fin de la première année, une partie de l'examen prescrit pour obtenir le grade de licencié, comprenant le calcul différentiel et le calcul intégral, la chimie et une partie de l'histoire naturelle. Ils seront examinés à la fin de la deuxième année sur la mécanique, la physique et les autres parties de l'histoire naturelle, et seront classés par ordre de mérite, à la suite de chacun de ces examens. Ceux qui seront jugés capables recevront immédiatement le grade de licencié, et pourront se présenter au concours pour l'agrégation, conformément à l'art. 6 de l'ordonnance du 9 mars 1826.

Les élèves pourvus du grade de bachelier seront tenus de fréquenter les cours de la faculté des sciences correspondant aux examens qu'ils doivent subir à la fin de chaque année.

Chaque professeur les interrogera de temps en temps pendant la durée de son cours, et rendra compte au doyen des dispositions, des progrès et de l'application de chaque élève. Ces rapports seront transmis par le doyen à la Commission d'instruction.

Deux maîtres de conférences nommés par nous, l'un pour les mathématiques, l'autre pour les sciences physiques, donneront chacun quatre conférences par semaine, savoir : deux aux élèves de la première année, et deux aux élèves de la deuxième. Il y aura de plus, pour les uns et pour les autres, une conférence sur l'histoire naturelle. Une partie de ces conférences sera consacrée à des leçons que les élèves feront eux-mêmes sur les sujets qui leur seront donnés. Les maîtres de conférences rendront compte tous les mois, à la commission d'instruction de l'école, de l'application et des progrès de chaque élève.

Si le résultat de l'un ou l'autre examen prescrit par l'art. 9 ci-dessus n'était point favorable à quelque élève, sans qu'on pût l'attribuer à négligence ou à mauvaise volonté de sa part, il pourra obtenir de l'autorité supérieure la faculté de doubler l'une ou l'autre des deux années qu'il doit passer dans l'école, de telle sorte néanmoins qu'il ne puisse y passer plus de trois années, conformément à l'art. 4 de l'ordonnance dudit jour 9 mars 1826.
(Ibid., art. 7... 13.)

Dispositions particulières aux élèves qui se destinent aux lettres.

2265. Les élèves qui se destinent aux lettres suivront les cours de la faculté des lettres qui seront déterminés par nous, sur l'avis de la Commission d'instruction.

Le professeur de chaque cours interrogera les élèves, ainsi qu'il est prescrit par l'art. 11 ci-dessus.

Deux maîtres de conférence nommés par nous, l'un pour la littérature latine, l'autre pour la littérature grecque, donneront chacun quatre leçons par semaine, savoir : deux aux élèves de la première année et deux aux élèves de la deuxième. Ils auront soin de rapprocher, dans ces leçons, les auteurs français des auteurs grecs et latins, et de développer, en les comparant, les beautés des uns et des autres.

Il y aura de plus, pour les élèves de chaque année, des conférences de philosophie et d'histoire. Ils seront exercés sur des objets de compositions analogues auxdites conférences et aux épreuves et examens de la fin de l'année. Il sera rendu compte tous les mois, à la Commission d'instruction, de l'application des progrès de chaque élève.

Il y aura à la fin de chaque année scolaire, un concours destiné à constater les connaissances que chacun d'eux aura acquises, et le degré d'aptitude qu'il a pour l'enseignement. Les épreuves de ce concours consisteront en compositions écrites et en exercices de vive voix.

Les compositions écrites seront au nombre de huit : 1°. un discours latin ; 2°. un discours français ; 3°. une version latine ; 4°. une pièce de vers latins ; 5°. un thème grec ; 6°. une version grecque ; 7°. la discussion d'une question de philosophie ; 8°. la correction d'un devoir grec et d'un devoir latin.

Les exercices de vive voix consisteront, 1°. en explications de morceaux choisis d'auteurs grecs et latins ; 2°. en interrogations sur l'histoire, la chronologie et la géographie. Les explications devront être accompagnées de développemens relatifs soit aux règles de la composition, soit au sens des mots et à l'analyse grammaticale des phrases, soit aux détails de mythologie, de géographie, de chronologie et d'histoire, dont la connaissance est nécessaire pour la parfaite intelligence des textes expliqués.

Les examinateurs nommés par nous rendront leur jugement en indiquant l'ordre des places entre les élèves qui auront été jugés capables, d'après les épreuves du concours. Un procès-verbal sera dressé et signé par eux à la fin de chaque séance.

Les élèves jugés capables à la fin de la première année passeront aux cours de la seconde. Ceux qui seront également jugés capables à la fin de la seconde année, pourront se présenter immédiatement au concours pour l'agrégation, conformément à l'art. 6 de l'ordonnance précitée. Ils devront en outre obtenir les grades exigés par les règlemens, pour les divers emplois auxquels ils pourraient être appelés. L'art. 13 ci-dessus, concernant les élèves de la série des sciences auxquels le résultat des examens ne serait pas favorable, est applicable aux élèves de la série des lettres.

Ils recevront du proviseur, ainsi que ceux de la série des sciences, toutes les leçons pratiques qui pourront leur être utiles, tant sur la direction et l'instruction de la jeunesse, que sur l'administration des colléges.

(Ibid., art. 14... 22.)

2266. Une école préparatoire pour les lettres et pour les sciences sera établie au collége royal de Louis-le-Grand.

Les jeunes gens nommés par le roi, conformément aux dispositions de l'art. 2 de l'ordonnance du 9 mars 1826, seront admis dans ladite école préparatoire, à partir du 1er. novembre prochain.

(Arrêté du 5 septembre 1826.)

Règlement pour l'école préparatoire établie au collége royal Louis-le-Grand (1).

2267. Sous le titre de fonctionnaires de l'école sont compris :

Le proviseur du collége royal ;
L'aumônier du collége royal ;
Les maîtres de conférences ;
Les maîtres surveillans.

(Arrêté du 19 décembre 1826, art. 1er.)

2268. La Commission d'instruction établie près de l'école préparatoire détermine les cours qui doivent être suivis, les

(1) Le conseil royal de l'instruction publique,
Sur la proposition de M. le directeur de l'instruction publique,
Arrête le règlement suivant pour l'école préparatoire établie au collége Louis-le-Grand.

heures, la durée, le mode et les objets des leçons que donnent les maîtres de conférences.

La Commission dresse le tableau des études pour chaque semestre, et le soumet à l'approbation de S. Exc. le ministre de l'instruction publique.

(Ibid., art. 2 et 3.)

2269. Le proviseur est le chef de l'école. Tous les fonctionnaires lui sont subordonnés. Aucun d'eux ne peut se faire remplacer dans ses fonctions sans avoir obtenu l'agrément du proviseur.

Le proviseur correspond directement avec le ministre sur tout ce qui intéresse l'ordre et la discipline dans l'école préparatoire.

(Ibid., art. 4 et 5.)

2270. L'aumônier fera aux élèves, tous les dimanches, une instruction particulière, où il leur exposera, d'après un plan suivi, l'histoire de la religion, ses dogmes et sa morale. Les élèves en feront le résumé par écrit.

L'aumônier pourra être suppléé par un des ecclésiastiques attachés au collége.

(Ibid., art. 6 et 7.)

2271. Les maîtres de conférences se conformeront à ce qui aura été réglé par la Commission d'instruction sur le nombre, le mode et la durée des leçons qu'ils doivent donner.

Pendant les conférences, les élèves sont subordonnés au maître. Celui-ci doit exiger que tous suivent ses leçons. Il doit noter et désigner au proviseur les élèves dont la conduite ne serait pas régulière. Il peut même exclure de la conférence celui qui troublerait l'ordre. Dans ce cas, il fait connaître, sans délai, au proviseur, l'élève exclu et les motifs de son exclusion.

(Ibid., art. 8 et 9.)

2272. Les maîtres surveillans inspectent les élèves pendant les études et les récréations, aux heures du lever et du coucher, et pendant la nuit. Il les accompagnent aux cours des facultés, et les reconduisent au collége.

Les maîtres surveillans s'appliqueront à connaître le caractère des élèves qui leur sont confiés. Pendant les études, ils prêteront leur secours, mais à voix basse et avec discernement, à ceux qui viendront les consulter.

Les maîtres surveillans rendront au proviseur un compte exact de tout ce qui peut intéresser le bon ordre. Tous les soirs, à l'heure du coucher, ils lui remettront un rapport du jour, par écrit, lequel contiendra leurs observations sur la conduite, l'application et la santé des élèves. Ils y consigneront aussi les demandes que les élèves auraient à adresser au proviseur. En cas d'urgence, le rapport sera fait sans délai.

Les maîtres surveillans mangent à la même table que les élèves : ils sont servis de la même manière et en même temps qu'eux.

Les élèves sont soumis à l'autorité des maîtres surveillans.

Les maîtres de conférences et les maîtres surveillans rempliront, tous les samedis, des feuilles destinées à recevoir leurs notes sur la conduite et le travail des élèves. Les maîtres surveillans les remettront au proviseur.

(Ibid., art. 10... 15.)

2273. Les élèves sont partagés en deux divisions, soumises chacune à un maître surveillant.

Les deux divisions seront réunies à l'étude sans être confondues. Cette séparation n'est pas maintenue au réfectoire, pendant les récréations et les promenades.

Les deux maîtres surveillans pourront alterner pour conduire les deux divisions aux promenades, et pour surveiller les récréations.

Les maîtres surveillans alterneront pour la surveillance du dortoir.

Les repas commencent et finissent par la prière, pendant laquelle les élèves se tiennent debout. Elle est faite par le maître surveillant.

Les récréations auront lieu dans la salle d'études toutes les fois que le temps ne permettra pas aux élèves de se réunir dans la cour.

Pendant les études, le silence doit régner dans les salles.

Les élèves ne recevront de visites qu'au parloir et pendant les heures de récréation. Nul étranger ne pourra voir un élève au parloir s'il n'est muni de l'autorisation des parens de cet élève.

Les sorties particulières des élèves auront lieu deux fois par mois, le dimanche après vêpres, ou le jeudi à dix heures et demie du matin. Les élèves ne sortiront jamais sans leur uniforme, et ils devront être rentrés aux heures indiquées par le proviseur.

Le proviseur fait la visite des livres aussi souvent qu'il le juge à propos.

(Ibid., art. 16... 25.)

2274. Les exercices religieux pour l'école seront les mêmes que ceux du collége. Les élèves sont invités à se confesser tous les mois ; ils ne devront pas laisser passer deux mois sans s'approcher du tribunal de la pénitence. Chacun d'eux choisira son confesseur parmi les cinq ecclésiastiques attachés au collége royal.

(Ibid., art. 26.)

2275. Lever, à cinq heures. Les élèves ont vingt minutes pour se lever et s'habiller.

A cinq heures et demie, les surveillans auront fait leur revue de propreté ; on se rendra en silence et en rang à la salle d'études, où l'on fera la prière en commun : chaque élève la fera à son tour.

Etude, jusqu'à sept heures et demie.
Déjeuner, jusqu'à huit.
Etude, conférence ou leçon de la faculté, jusqu'à midi.
Dîner et récréation jusqu'à une heure et demie pour les élèves qui n'iraient point à la faculté.
Étude, conférence ou leçon de la faculté jusqu'à quatre heures et demie.
Goûter et récréation jusqu'à cinq heures et un quart.
Étude, jusqu'à huit heures.
Souper et récréation jusqu'à huit heures et demie.
Lecture spirituelle, prière et coucher à neuf heures.

Il est expressément défendu aux maîtres de conserver de la lumière dans leurs alcôves après le coucher des élèves.

(Ibid., art. 26... 28.)

2276. L'ordre des études et l'emploi de chaque journée, pour le premier semestre 1826-1827, sont réglés conformément aux tableaux ci-joints(1), lesquels seront affichés dans les salles d'étude.

Les principaux devoirs des élèves sont le respect pour la religion, l'accomplissement de ses préceptes, l'attachement au roi et au gouvernement, une application soutenue, une régularité constante, la docilité et la soumission envers leurs supérieurs, les procédés honnêtes envers leurs condisciples.

Les notes avantageuses transmises tous les mois à la commission d'instruction seront sans doute une première récompense pour les élèves. Tous aspireront à mériter une place honorable dans le compte rendu tous les trois mois à Son Exc. le ministre de l'instruction publique, par la même commission, sur les progrès et la conduite de chacun d'eux.

(1) Ces tableaux n'indiquant que les heures auxquelles se font les exercices de chaque jour de la semaine, il n'a pas paru nécessaire de les insérer à la suite du présent règlement.

Les maîtres de conférences assigneront tous les mois les places des élèves, d'après leur force respective.

(Ibid, art. 29... 31.)

2277. A la fin du cours préparatoire, le proviseur fera connaître au ministre les élèves de l'une ou de l'autre division qui se seront le plus distingués par leur conduite et par leurs succès. Les noms de ces élèves seront transmis, avec les notes honorables qu'ils auront méritées, au recteur de l'académie à laquelle ils appartiennent. On aura égard à ces notes dans le choix des différens emplois de l'instruction publique qui pourraient leur être ultérieurement confiés.

(Ibid., art. 33.)

2278. Les avis et les représentations seront les premiers moyens employés contre l'inattention et la négligence. En cas de récidive, les élèves seront punis par les arrêts. Cette peine ne peut être prononcée que par le proviseur.

L'élève qui s'est rendu coupable de quelque faute contre l'ordre et la discipline est appelé par le proviseur, qui le réprimande, et le prévient qu'à la première faute du même genre il en sera référé à l'autorité supérieure.

Dans les cas les plus graves, le proviseur ordonne que l'élève soit séquestré, et fait son rapport au Conseil royal pour provoquer des peines plus sévères, même l'expulsion, s'il y a lieu.

(Ibid., art. 34... 36.)

2279. A l'infirmerie, les élèves seront soumis aux surveillans et aux autres personnes qui y sont employées. L'élève qui n'est pas malade ne peut entrer à l'infirmerie qu'avec la permission du proviseur.

(Ibid., art. 37.)

Dispositions générales.

2280. L'intérieur de l'école est interdit aux étrangers des deux sexes.

Sous quelque prétexte que ce soit, les élèves ne peuvent entrer dans la lingerie ou dans la cuisine. Ils adresseront aux maîtres surveillans leurs demandes pour tous les objets dont ils auront besoin.

Tous les jeux et exercices dangereux, les jeux de cartes et purement de hasard, sont interdits. Il est défendu d'exposer de l'argent à quelque jeu que ce soit.

Provisoirement, et en attendant qu'une bibliothèque particulière soit établie dans l'intérieur de l'école, la bibliothèque de la Sorbonne fournira les livres les plus nécessaires.

Le bibliothécaire de la Sorbonne ne pourra prêter aucun livre aux élèves que sur une demande signée du proviseur.

Les élèves seront responsables des livres qui seront mis entre leurs mains, non-seulement de ceux qui leur seront livrés pour leurs études journalières, mais encore de ceux qui leur seront confiés pour la lecture.

(Ibid., art. 38... 43.)

2281. Les élèves de l'école préparatoire sont dispensés de justifier des inscriptions aux cours des facultés qu'ils sont dans l'obligation de suivre d'après les règlemens de l'école.

Ceux des élèves qui se disposent à subir les épreuves de la licence dans l'intention de concourir pour l'agrégation, sont autorisés à subir lesdites épreuves avant le 1er. août prochain; et dans le cas où leur admission auxdites épreuves serait retardée par des causes indépendantes de leur volonté, ils pourront néanmoins être placés sur la liste des candidats, à la charge par eux de justifier du diplôme de licencié avant l'ouverture du concours.

Les élèves de l'école préparatoire sont dispensés du payement de la portion de droits qui revient à l'Université pour les actes et le diplôme de licencié.

(Arrêté du 15 juillet 1828.)

Arrêté concernant l'admission, les examens et les études des élèves de l'école préparatoire établie près du collége royal de Louis-le-Grand (1).

Dispositions communes aux élèves des sciences et des lettres.

2282. A l'avenir, nul ne sera admis à concourir pour entrer à l'école s'il n'est âgé de dix-sept ans au moins, et s'il a plus de vingt-trois ans révolus au 1er. janvier de l'année où il se présentera.

Les compositions des élèves admis à concourir pour l'école seront adressées à des examinateurs qui, après avoir procédé à l'examen et au classement des copies, se réuniront sous la présidence d'un membre du conseil royal désigné à cet effet, pour présenter, de concert, au ministre la liste des aspirans qu'ils jugeront les plus dignes d'être admis à l'école. Cette liste sera dressée par ordre de mérite, d'après la combinaison des divers élémens que les examinateurs auront appréciés séparément. Les procès-verbaux d'examen et les copies seront annexés à ladite liste.

(1) Le conseil, vu l'arrêté du 5 septembre 1826, concernant les élèves des écoles préparatoires instituées par l'ordonnance du 9 mars de ladite année;

Vu les délibérations des commissions d'instruction des sciences et des lettres de l'école préparatoire établie près du collége royal de Louis-le-Grand, lesdites délibérations en date des 3, 5 et 9 octobre dernier;

Sur la proposition de S. Exc. le ministre des affaires ecclésiastiques et de l'instruction publique, grand-maître de l'Université,

Arrête ce qui suit, etc.

Dans les dix jours de leur entrée à l'école, les élèves seront soumis à un examen oral, après lequel il sera statué sur leur admission définitive.

Ils seront toujours divisés à l'avenir en deux sections distinctes; l'une de première, l'autre de deuxième année, conformément au règlement du 5 septembre 1826. Ils ne pourront obtenir la permission de doubler une des deux années du cours d'étude, que dans le cas de maladie ou de circonstances graves.

A la fin de la deuxième année, et après les examens prescrits par le règlement dudit jour 5 septembre 1826, les commissions d'instruction dresseront la liste des élèves par ordre de mérite, conformément audit règlement. Elles pourront proposer d'accorder la faculté de rester une troisième année à ceux des élèves qui se seront le plus distingués, et qui paraîtront les plus susceptibles d'obtenir cette récompense.

Pendant cette troisième année, ces élèves feront des répétitions et des leçons dans l'intérieur de l'établissement.

Pendant la durée du cours d'études, les maîtres de conférence exerceront tous les élèves à exposer leurs idées sous la formes de leçons sur des sujets donnés. Ceux qui suivront les cours de physique et de chimie seront aussi exercés à des manipulations.

(Arrêté du 31 octobre 1829, art. 1... 7.)

Dispositions particulières aux élèves qui se destinent aux sciences.

2283. Les élèves qui n'auraient pu obtenir le grade de bachelier ès-sciences ne pourront être reçus à l'école comme élèves provisoires de la section des sciences. En conséquence, la deuxième partie de l'art. 7, et l'art. 8 du règlement du 5 septembre 1826, sont abrogés.

Les matières de l'enseignement pour les sciences seront distribuées ainsi qu'il suit :

Première année. — Calcul différentiel, calcul intégral, physique, astronomie, botanique.

Deuxième année. — Mécanique, chimie, zoologie, minéralogie.

L'étude de l'astronomie et de la zoologie aura lieu pendant le premier semestre de l'année, et l'étude de la botanique et de la minéralogie pendant le second.

Il sera fait, chaque année, des programmes de chacun de ces cours.

(Ibid., art. 8 et 9.)

Dispositions particulières aux élèves qui se destinent aux lettres.

2284. Il sera ajouté aux cours déjà établis dans la section des lettres un cours de grammaire générale et comparée, à l'usage des élèves de première année. L'enseignement de l'histoire et de la philosophie sera séparé et confié à deux maîtres de conférences différens. Le premier de ces deux enseignemens aura pour objet principal l'histoire ancienne, la géographie comparée, la mythologie et l'archéologie, en général.

Il y aura, en exécution de l'art. 1er. du règlement ci-dessus rappelé, un cours spécial de philosophie pour ceux des élèves qui se destineraient à cette science. Ce cours aura lieu dans la deuxième année d'études, et fera suite à un enseignement philosophique plus élémentaire, donné indistinctement à tous les élèves de la première année.

Il sera établi des conférences particulières de mathématiques et des sciences physiques, pour préparer aux épreuves du baccalauréat ès-sciences les élèves qui se destinent à l'enseignement de la philosophie. Les élèves de la section des sciences qui auront obtenu la faculté de rester une troisième année à l'école, pourront être chargés de ces conférences.

(*Ibid.*, art. 10... 12.)

Ordre des études que devront suivre, pendant l'année scolaire 1829—1830, les élèves de première et deuxième année de l'école préparatoire.

2285. L'ordre des études qui seront suivies par les élèves de première et deuxième année (Section des lettres), pendant l'année scolaire 1829-1830, est et demeure déterminé comme ci-après, savoir :

PREMIÈRE ANNÉE.

Conférences de grammaire générale, deux par semaine.
——————— de littérature latine, deux par semaine.
——————— de littérature grecque, deux par semaine.
——————— de littérature française, deux par semaine.
——————— d'histoire et antiquités, deux par semaine.

DEUXIÈME ANNÉE.

Conférences de littérature latine, deux par semaine.
——————— de philosophie, une par semaine.
——————— de littérature française, deux par semaine.
——————— d'histoire et antiquités, deux par semaine.

Cours de littérature grecque à la faculté, deux leçons par semaine.

Un autre cours de la faculté, qui sera choisi selon les besoins, l'aptitude, le goût des élèves, et sur l'avis du directeur des études, et qui se composera également de deux leçons par semaine.

Élèves de deuxième année qui se destinent à l'enseignement de la philosophie.

Conférences de littérature grecque, une par semaine.
——————— de philosophie, deux par semaine.
Cours de philosophie à la faculté, deux leçons par semaine.
Conférences de mathématiques, deux par semaine.
——————— de physique, une par semaine.
——————— de chimie et d'histoire naturelle, une par semaine.

(Arrêté du 31 octobre 1829.)

2286. L'enseignement de la philosophie à l'école préparatoire sera, à l'avenir, séparé et distinct de celui de l'histoire; il sera confié à un maître de conférences spécial.

L'enseignement de l'histoire comprendra un cours d'antiquités : un maître de conférences sera chargé de ces deux enseignemens réunis.

(Arrêté du 2 novembre 1829.)

2287. L'ordre des études qui seront suivies par les élèves de première et deuxième année (section des sciences), pendant l'année scolaire 1829-30, est et demeure déterminé comme ci-après, savoir :

PREMIÈRE ANNÉE.

Premier semestre.

Cours de calcul différentiel et intégral à la faculté des sciences, deux leçons par semaine;
Conférences sur le même enseignement, deux par semaine;
Cours de physique à la faculté des sciences, deux leçons par semaine;
Conférences sur le même enseignement, deux leçons par semaine et une manipulation;
Cours d'astronomie à la faculté des sciences, deux leçons par semaine.

(Il sera statué ultérieurement sur la question de savoir si des conférences seront faites sur cette science dans l'intérieur de l'école.)

Deuxième semestre.

Même nombre de leçons à la faculté et de conférences dans l'école sur le calcul différentiel et intégral, et sur la physique, que pendant le premier semestre;
Conférences de botanique, une par semaine.

(Il sera statué ultérieurement sur la question de savoir si les élèves suivront à la faculté un cours de cette science.)

DEUXIÈME ANNÉE.

Premier semestre.

Cours de mécanique à la faculté des sciences, deux leçons par semaine ;

Conférences sur le même enseignement, deux par semaine ;

Cours de physique à la faculté des sciences, deux leçons par semaine ;

Conférences sur le même enseignement, deux par semaine et une de manipulation ;

Cours d'astronomie à la faculté des sciences, deux leçons par semaine.

(Il sera statué ultérieurement sur la question de savoir si des conférences seront faites sur cette science dans l'intérieur de l'école.)

Deuxième semestre.

Même nombre de leçons à la faculté et de conférences dans l'école sur la mécanique et sur la physique, que pendant le premier semestre ;

Conférences de zoologie, deux par semaine.

(Arrêté du 8 novembre 1829.)

N. B. Dès le 30 octobre 1830, en exécution de l'ordonnance du 6 août qui restituait le titre d'école normale à l'école destinée à former les professeurs, et qui portait que des mesures seraient proposées pour compléter l'organisation de cette école d'une manière conforme à tous les besoins de l'enseignement, le conseil royal avait arrêté un plan d'études. En 1831 et 1832, il a déterminé les nouvelles conditions du concours d'admission à l'école normale : enfin ces divers arrêtés ont été revisés, et ont donné naissance aux deux statuts du 18 février 1834, que l'on trouvera ci-après.

Arrêté relatif à l'ouverture de l'année scolaire de l'école normale (1).

2288. L'ouverture de l'année scolaire de l'école normale est fixée au 16 octobre.

L'ouverture de l'année scolaire donnera lieu, à l'école normale, à une solennité où le directeur de l'école lira un rapport sur les travaux des élèves et les résultats des examens pendant l'année.

On proclamera les élèves de première et de seconde année qui, d'après les examens, auront été jugés capables de passer en se-

(1) Le conseil, voulant donner aux études de l'école normale plus de publicité et exciter l'émulation des élèves,
Arrête ce qui suit, etc.

conde et en troisième année, ainsi que les grades qu'ils auront obtenus.

On fera connaître, avec plus de détail, les travaux des élèves de troisième année dans les diverses conférences qu'ils auront fréquentées, les résultats des examens qu'ils auront subis, les thèses de doctorat qu'ils auront soutenues, les succès qu'ils auront obtenus aux divers concours de l'agrégation, avec les fonctions auxquelles ils seront appelés.

Les inspecteurs généraux des études, les inspecteurs de l'Académie de Paris, les professeurs des facultés des sciences et des lettres, et les professeurs des colléges royaux de Paris, seront invités à cette cérémonie.

(Arrêté du 16 septembre 1831.)

2289. Le conseil arrête chaque année le programme détaillé des cours de l'école normale ; les examens porteront sur toutes les parties de ce programme. Ce programme sera imprimé à l'ouverture de l'année scolaire.

(Arrêté du 9 avril 1833.)

2290. Les compositions des élèves de l'école normale des deux premières années, section des lettres, donneront matière à un examen spécial dans les examens de fin d'année, et formeront un élément essentiel de la classification des élèves.

(Arrêté du 26 avril 1833.)

Règlement pour le concours d'admission à l'école normale (1).

2291. Les places d'élèves à l'école normale sont données au concours. Ce concours a lieu chaque année, pour le nombre de places déterminé par le ministre, sur l'avis du conseil royal de l'instruction publique, d'après les besoins de l'enseignement.

Les inscriptions pour le concours auront lieu du 15 juin au 15 juillet. Un registre est ouvert à cet effet dans toutes les académies du royaume. Aucune inscription ne sera reçue que le candidat n'ait déposé au secrétariat d'une des académies les pièces suivantes :

1º. Son acte de naissance constatant que, au 1er. janvier de l'année où il se présente, il était âgé de dix-sept ans au moins, et n'avait pas plus de vingt-trois ans révolus ;

2º. Un certificat de vaccine ;

3º. En cas de minorité, une déclaration de son père ou tuteur, dûment légalisée, et l'autorisant à se vouer pour dix années à l'instruction publique ;

(1) Le conseil, vu les arrêtés du 17 juin 1831, des 6 juillet et 17 août 1832, arrête, etc.

4°. Un certificat de moralité délivré par le chef ou les chefs des établissemens auxquels il peut avoir appartenu ;

5°. Un certificat d'études constatant qu'il a terminé ses classes, y compris la philosophie ; et, s'il se destine à l'enseignement des sciences, son cours de mathématiques spéciales et son cours de physique.

Le 15 juillet, à midi, la liste des inscriptions est close dans toutes les académies, et transmise ce jour-là même, en un seul envoi, à M. le ministre de l'instruction publique, avec toutes les pièces à l'appui et l'avis du recteur sur chacun des candidats.

Avant le 1er. août, la décision du conseil royal sur les candidats inscrits sera notifiée aux recteurs qui en donneront immédiatement avis aux jeunes gens qu'elle concerne.

(Arrêté du 18 février 1834, art. 1... 4.)

2292. Le concours d'admission à l'école normale se compose de deux séries d'épreuves : les unes portent sur la totalité des candidats autorisés à concourir, et déterminent au préalable l'admissibilité ou la non admissibilité de chacun d'eux ; les autres ont lieu entre les candidats jugés admissibles, pour décider de leur admission définitive.

(Ibid., art. 5.)

2293. Les épreuves d'admissibilité commenceront dans toutes les académies le 5 août, que ce jour soit férié ou non, et devront être terminées au plus tard le 10.

Ces épreuves consistent en compositions écrites qui ont lieu le même jour chacune, durant le même espace de temps, sur le même sujet dans toutes les académies. Il y a, de plus, des interrogations et des explications orales, dont procès-verbal est dressé par le recteur.

Les compositions écrites pour la section des lettres, sont :
Une dissertation philosophique en français,
Un discours latin,
Un discours français,
Une version latine,
Une version grecque,
Une pièce de vers latins.

Les interrogations et explications porteront sur le texte des auteurs étudiés dans les classes, et sur les notions ordinaires de philosophie, de rhétorique et d'histoire.

Les compositions écrites pour la section des sciences sont, avec la dissertation de philosophie et la version latine imposées aux candidats des lettres :

La solution d'une ou de plusieurs questions de mathématiques,

La solution d'une ou de plusieurs questions de physique.

Les interrogations orales auront pour objet les matières de l'enseignement du cours de mathématiques de seconde année, de physique et de philosophie.

Les compositions écrites seront rédigées sous la surveillance immédiate du recteur : il s'adjoint, pour l'examen oral, une commission de trois membres.

Le 10 août, tous les résultats des épreuves de la première série seront transmis à M. le ministre avec les procès-verbaux d'examen et des notes détaillées sur les concurrens.

(Ibid., art. 6... 11.)

2294. Les compositions, procès-verbaux et notes sont ensuite renvoyés sans délai au directeur de l'école normale, chargé de former, parmi les maîtres de conférences de l'école, deux commissions d'examen, l'une pour les lettres, l'autre pour les sciences, placées également sous sa présidence.

Ces commissions déterminent le degré d'admissibilité des concurrens, d'après l'appréciation de leurs compositions, et en ayant égard aux résultats des épreuves orales subies par eux devant les recteurs. Deux listes sont dressées en conséquence, signées par tous les membres de chaque commission, et transmises au ministre par le directeur président, de telle sorte que la liste générale des candidats admissibles à l'école normale puisse être arrêtée par le conseil royal avant la fin du mois d'août.

(Ibid., art. 12.)

2295. D'après cette liste notifiée respectivement aux recteurs des académies, les candidats déclarés admissibles sont convoqués à l'école normale pour le 15 octobre, afin d'y subir la seconde série d'épreuves prévue par l'article 5. Ces épreuves ont lieu dans chaque section, par devant les maîtres de conférences de l'école normale formés en deux commissions, dont font nécessairement partie ceux qui ont jugé les compositions.

Ces épreuves consistent en examens oraux, qui dureront une heure au moins pour chaque partie de l'enseignement littéraire ou scientifique. Après avoir noté avec détails les résultats de cet examen, les deux commissions réunies en juri, sous la présidence du directeur, compareront ces résultats avec ceux des premières épreuves, et dresseront en conséquence, par ordre de mérite, la liste de ceux qui doivent être définitivement admis ; laquelle liste, dûment signée et paraphée par tous les examinateurs, sera envoyée à M. le ministre, pour être soumise au conseil royal avant le 25 octobre.

(Ibid., art. 13.)

2296. Les candidats déclarés admissibles sont en outre tenus de produire, dans le même délai, le diplôme de bachelier ès-lettres, ou le diplôme de bachelier ès-sciences, selon la section d'étude à laquelle ils se destinent. Après avoir fait cette justification et avoir contracté par devant le directeur de l'école l'engagement de se vouer pour dix années à l'instruction publique, ceux d'entre eux qui se trouveront portés sur la liste par ordre de mérite, dressée conformément à l'article 13, seront présentés par le ministre à la nomination du roi, comme élèves de l'école normale et admis définitivement.

(Ibid., art. 14.)

2297. Les pièces relatives à l'admission des élèves resteront aux archives de l'école avec les compositions des candidats définitivement admis, et seront relatées par le directeur sur un registre *ad hoc*.

(Ibid., art. 15.)

Règlement des études de l'école normale (1).

2298. L'enseignement de l'école normale comprend trois années.

Les élèves se partagent en deux sections, celle des lettres et celle des sciences. Ces deux sections sont distinctes dès la première année ; mais elles y ont des points de contact dans l'intérêt de l'une et de l'autre.

(Autre arrêté du 18 février 1834, art. 1 et 2.)

Section des lettres.

2299. Les études de la première année sont une révision approfondie de celles des colléges.

La seconde année a pour but de donner aux élèves une instruction plus élevée et plus étendue, et de perfectionner leurs connaissances en tout genre.

La troisième année considère les élèves comme de futurs professeurs, et spécialise leurs études selon l'enseignement particulier auquel ils devront être appliqués.

(Ibid., art. 3... 5.)

PREMIÈRE ANNÉE.

2300. L'enseignement de cette année reproduit dans leur ensemble, et en les fortifiant, les études faites au collége, excepté l'histoire, qui, pour être étudiée de nouveau avec solidité dans toute son étendue, comprend deux années.

---

(1) Le conseil royal de l'instruction publique,
Vu les arrêtés du 30 octobre 1830, et du 11 novembre 1831,
Arrête ainsi qu'il suit le règlement des études de l'école normale.

L'enseignement la première année comprend :

1. Un cours de langue et littérature grecques, où le professeur exposera la grammaire, y compris la prosodie et la métrique, et en appliquera les règles, soit à l'explication approfondie des principaux auteurs classiques grecs, soit à des traductions du grec en français, et particulièrement du français en grec. Ce cours aura trois leçons par semaine.

2°. Un cours de langue et littérature latines, où le professeur, en faisant expliquer des textes de toutes les époques, présentera une histoire de la langue aussi complète que le temps le permettra ; tandis que, par des analyses et des traductions, il fera connaître les principaux chefs-d'œuvre de la littérature en prose et en vers. Il exercera en outre les élèves par de fréquentes compositions, telles que thèmes, vers latins, narrations, discours et développemens latins et français. Il donnera trois leçons pas semaine.

3°. Un cours d'histoire ancienne, où le professeur, en rappelant les principaux événemens dans un ordre chronologique, insistera particulièrement sur les institutions, les mœurs et les usages, la religion, les arts et en général les antiquités des peuples. Ce cours aura trois leçons par semaine, et sera rédigé par les élèves.

4°. Un cours de philosophie, qui, sans entrer dans l'histoire, présentera un enseignement aussi complet, mais déjà plus élevé que celui des colléges. Ce cours sera rédigé comme le précédent, et se composera également de trois leçons par semaine.

5°. Les élèves des lettres de la première année suivront en outre des cours de mathématiques, de physique générale et d'histoire naturelle, destinés à résumer et à fortifier les notions scientifiques qu'ils ont dû acquérir dans le cours d'études des colléges. Chacun de ces cours aura par semaine une leçon, dont les élèves feront la répétition entre eux dans une seconde séance.

6°. Les élèves de cette année formeront entre eux, sous la direction d'un de leurs camarades, des conférences libres sur la langue allemande, la langue anglaise et les autres idiômes modernes que plusieurs se trouveraient connaître. Dans le cas où il n'y aurait aucun élève sachant assez à fond l'allemand pour l'enseigner, le directeur de l'école pourra, avec l'autorisation du conseiller chargé de la haute surveillance de l'école normale, faire venir un maître du dehors.

A la fin de la première année, les élèves des lettres subiront des examens intérieurs et spéciaux sur toutes les parties de l'enseignement, d'après les programmes donnés par les professeurs avant l'ouverture des cours. Ces examens seront faits par des inspecteurs généraux des études, et d'autres personnes que désignera le ministre.

D'après les résultats des examens, les élèves seront admis à passer en seconde année, ou cesseront de faire partie de l'école. Ceux des élèves qui seront admis à passer en seconde année pourront être autorisés à se présenter, devant la faculté des lettres, aux épreuves de la licence.

(Ibid., art. 4... 7.)

DEUXIÈME ANNÉE.

2301. Dans la deuxième année, les études de la section des lettres seront purement littéraires. Toutefois ceux des élèves qui auraient de la vocation pour la philosophie pourront suivre certains cours de sciences.

Au lieu de porter, comme durant la première année, sur la partie technique des langues, de l'éloquence, de la poésie, et sur les élémens de la philosophie, l'enseignement intérieur de la seconde année présentera la philosophie et la littérature dans leur développement historique. Quant à l'histoire proprement dite, l'étude de l'histoire ancienne y sera remplacée par celle de l'histoire du moyen-âge et de l'histoire moderne.

Cet enseignement comprendra les cours suivans, qui auront chacun deux leçons par semaine:

1°. Un cours d'histoire de littérature grecque qui sera rédigé par les élèves, dans toute son étendue, et auquel se rattacheront des exercices littéraires, tels que des analyses, commentaires et traductions d'ouvrages et de morceaux choisis des auteurs grecs;

2°. Un cours d'histoire de la littérature latine, également rédigé par les élèves, et accompagné d'exercices analogues, dont les compositions en prose et en vers feront une partie essentielle;

3°. Un cours d'histoire de la littérature française, également rédigé par les élèves, et où le professeur s'attachera particulièrement à former leur goût et leur style, soit par des exercices de critiques littéraires, tels que des lectures ou analyses raisonnées, soit par des compositions en français;

4°. La continuation du cours d'histoire, c'est-à-dire l'histoire du moyen-âge et l'histoire moderne, présentées et rédigées sur le même plan que l'année précédente;

5°. Un cours d'histoire de la philosophie que le professeur

fera rédiger par les élèves, en leur indiquant de temps en temps des questions à traiter, tantôt par écrit, tantôt de vive voix.

(Ibid. art. 13... 18.)

A la fin de cette seconde année, les élèves seront examinés sur les programmes de chacun de ces cours par des membres du conseil royal, des inspecteurs généraux des études et autres personnes au choix du ministre. Les professeurs de la faculté des lettres prendront part à cet examen.

Ceux des élèves qui, l'année précédente, n'auront pas obtenu le grade de licencié, seront tenus de se présenter cette année aux épreuves de la licence. Tout élève qui, à la fin de cette seconde année, ne serait pas reçu licencié, cesserait par cela même de faire partie de l'école. Les autres passeront en troisième année.

(Ibid., art. 12.)

TROISIÈME ANNÉE.

2302. La troisième année aura pour objet de former des professeurs, en inculquant aux élèves l'esprit de critique et en les exerçant à la pratique des méthodes.

L'enseignement, jusqu'ici commun à tous les élèves de la section des lettres, deviendra de plus en plus spécial. Chaque élève sera appliqué aux études et aux exercices les plus conformes à son aptitude particulière, reconnue et constatée par les examens. La section des lettres se partagera donc en autant de divisions ou classes qu'il y a de parties distinctes dans le cours d'études littéraires des colléges royaux, savoir: grammaire, humanités et rhétorique, histoire, philosophie.

Les élèves qui composeront chaque division ne seront pas tenus de suivre les autres cours, si ce n'est comme assistans.

(Ibid., art. 13... 15.)

2303. L'enseignement de la troisième année comprend:

1°. Un cours correspondant aux classes de grammaire des colléges. Le maître de conférences y proposera aux élèves, et leur fera traiter, de vive voix ou par écrit, les questions les plus importantes que présentent les grammaires particulières, soit grecque, soit latine. Il leur expliquera en outre et leur fera expliquer d'une manière approfondie, sous le point de vue grammatical et philologique, un certain nombre de textes choisis dans les auteurs latins et grecs. Enfin il les exercera à la critique et à la méthode d'enseigner, en exigeant d'eux des compositions qu'ils examineront réciproquement, et en leur faisant faire sous ses yeux de véritables classes.

2°. Un cours correspondant aux classes supérieures des lettres. Les maîtres de conférences chargés de ce cours, pour les littératures grecque, latine et française, soumettront également à l'examen et à la discussion des élèves un certain nombre de questions de critique et d'histoire littéraire. Ils approfondiront avec eux les règles de l'interprétation des auteurs et celles de la traduction, les principes généraux de l'art d'écrire et de la composition, soit en prose, soit en vers; leur feront appliquer ces principes et ces règles à des sujets ou des textes choisis, et les formeront à l'art d'enseigner, par le moyen de leçons *ex professo*, qu'ils leur feront faire devant eux. Le maître de conférences pour la littérature française aura soin, en outre, d'instituer des comparaisons fréquentes des grands monumens de cette littérature avec ceux des littératures étrangères.

3°. Un cours d'histoire générale où le professeur, en proposant aux recherches des élèves des points particuliers choisis dans toutes les parties de l'histoire ancienne et moderne, les formera à la critique historique, et leur fera connaître les travaux les plus importans, qui peuvent être regardés comme les modèles en ce genre. Toutefois, il ne négligera pas l'art de l'exposition si essentiel à l'enseignement de l'histoire.

4°. Un cours de philosophie où l'enseignement des deux premières années sera rappelé et reproduit sous la forme de problèmes puisés, soit dans la science, soit dans son histoire, et que le professeur donnera à débattre aux élèves, en leur faisant rapprocher les différentes solutions qui en ont été proposées, et critiquer les résultats des recherches antérieures. Il insistera particulièrement sur la méthode, et, comme ses collègues, fera faire aux élèves des leçons, à propos desquelles il leur donnera toutes les directions et tous les conseils nécessaires pour former en eux des professeurs aussi sages qu'éclairés.

Chaque maître de conférences de troisième année donnera par semaine une séance de deux heures.

Les élèves de troisième année, indépendamment des conférences obligatoires, suivront les cours des facultés des lettres et des sciences qui leur seront désignés, d'après leur instruction spéciale. Ils se tiendront prêts à répondre sur toutes les questions que pourront leur adresser les professeurs. Ils fréquenteront aussi les cours du collége de France et des divers établissemens publics; avec l'agrément du directeur, ils pourront aller, dans l'intérêt de leurs études, et à des heures convenues, travailler aux bibliothèques, consulter les manuscrits, visiter les musées et les collections des monumens. Tous les moyens d'introduction dans ces établissemens leur seront donnés.

(Ibid., art. 13... 18.)

2304. Il y aura pour cette année, comme pour les précédentes, des examens spéciaux, qui se feront au mois de juillet. Les élèves seront en outre invités à se présenter aux épreuves du concours de l'agrégation, chacun selon son aptitude et la division d'études dont il fait partie.

(Ibid., art. 19.)

Section des sciences.

2305. Les études de la section des sciences sont communes à tous les élèves de cette section, dans chacune des trois années du cours normal.

Le plan d'études pour la section des sciences est réglé conformément au tableau ci-après :

PREMIÈRE ANNÉE.

Pendant les deux semestres :

1°. Géométrie descriptive comprenant la perspective et les ombres (une conférence par semaine);

2°. Chimie (deux leçons à la faculté et trois conférences par semaine, dont une pour les manipulations).

Pour le premier semestre :

3°. Complément de l'analyse algébrique et de l'application de l'algèbre à la géométrie (deux conférences par semaine).

Pour le deuxième semestre :

4°. Astronomie (deux leçons à la faculté et deux conférences par semaine). Dans ces conférences, les élèves seront exercés aux applications numériques;

5°. Calcul des probabilités (une leçon par un maître de conférences);

6°. Botanique (*idem*).

Pendant toute l'année, dessin (deux séances par semaine).

DEUXIÈME ANNÉE.

Pendant les deux semestres :

1°. Analyse infinitésimale (deux leçons à la faculté, deux conférences par semaine);

2°. Physique (deux leçons à la faculté et trois conférences par semaine, dont une pour les manipulations).

Pour le premier semestre :

3°. Minéralogie (deux leçons à la faculté, une conférence par semaine).

Pour le second trimestre :

4°. Physiologie végétale (deux leçons à la faculté, une conférence par semaine).

Pendant toute l'année, dessin (deux séances par semaine).

TROISIÈME ANNÉE.

Pendant les deux semestres :

1°. Mécanique (deux leçons à la faculté et deux conférences par semaine);

2°. Manipulations de physique et construction des instrumens (une conférence par semaine);

3°. Manipulations chimiques et analyses chimiques (une conférence par semaine);

4°. Géologie et complément des études de minéralogie et de botanique (le cours de géologie de la faculté pendant un semestre, et une conférence; pendant l'autre semestre, deux conférences);

5°. Zoologie, anatomie comparée et physiologie (les cours de la faculté des sciences et du muséum, et deux conférences par semaine).

Continuation du dessin (une séance par semaine).

Les élèves de cette troisième année, tout en continuant et complétant leurs études mathématiques, pourront être autorisés à se livrer d'une manière plus spéciale, leur aptitude particulière une fois reconnue, aux études de physique, de chimie et d'histoire naturelle. Ils suivront tous les mêmes conférences; mais ils ne seront pas tenus de suivre également les mêmes cours au dehors, excepté celui de mécanique. Ils pourront en outre, avec l'agrément du directeur de l'école, aller étudier dans les établissemens et les cabinets hors de l'école, et prendre part, dans les beaux temps, aux herborisations et autres cours d'histoire naturelle, sous la direction de leurs professeurs et maîtres de conférences.

Les conférences seront faites d'après les programmes concertés avec les professeurs de la faculté, donnés par les maîtres de conférences avant l'ouverture des cours, et communiqués au conseil royal de l'instruction publique.

(Ibid., art. 20... 22.)

2306. A la fin du premier semestre de la première année d'études, les élèves seront examinés dans l'intérieur de l'école sur l'analyse algébrique et l'application de l'algèbre à la géométrie. A la fin du second semestre, ils le seront sur la géométrie descriptive, l'astronomie et le calcul des probabilités. Les élèves qui n'auront pas répondu d'une manière satisfaisante à ces examens, cesseront de faire partie de l'école.

Les épreuves pour la licence ès-sciences physiques se composeront, pour les élèves de l'école normale, de deux examens : l'un sur la chimie, à la fin de la première année d'études ; l'autre sur la physique, à la fin de la seconde année. Les épreuves pour la licence ès-sciences mathématiques se composeront de même de deux examens : l'un sur le calcul différentiel et intégral, à la fin de la seconde année ; l'autre sur la mécanique, à la fin de la troisième. Ces quatre examens auront lieu devant la faculté des sciences de Paris. Les élèves qui, au jugement de la faculté, n'auront pas répondu d'une manière satisfaisante à l'un de ces examens, ne seront point admis aux cours de l'année suivante et cesseront de faire partie de l'école. Indépendamment de ces quatre examens, il y aura à la fin de chaque année des examens sur les différentes parties de l'histoire naturelle, qui se feront aussi devant la faculté des sciences.

Indépendamment des cours scientifiques, les élèves de la section des sciences, et particulièrement ceux de première année, pourront suivre des cours de philosophie, d'histoire, de littérature et de langues vivantes dans l'intérieur de l'école. Parmi ces cours, celui de philosophie sera obligatoire pour les élèves de la première année des sciences comme pour ceux de la première année des lettres. L'examen sur ce cours sera commun aux uns et aux autres.

(Ibid., art. 23... 25.)

2307. Les élèves de l'école normale qui, à la fin de la première année d'étude, seront jugés particulièrement propres aux classes de grammaire, passeront immédiatement en troisième année dans la conférence spéciale de grammaire.

Cette conférence aura deux leçons par semaine.

Les élèves de cette conférence pourront, d'après les examens de la fin de l'année et sur l'avis du directeur de l'école, être autorisés à rester une année de plus dans cette conférence.

(Arrêté du 17 juin 1834 (1).)

(1) Le conseil royal, sur la proposition de M. le conseiller chargé de la surveillance de l'école normale, arrête ce qui suit :

ADMINISTRATION ÉCONOMIQUE DE L'ÉCOLE NORMALE (1).

Du comité d'administration.

2308. Le conseiller chef de l'école dirige l'administration économique de l'établissement.

Toutes les affaires y relatives sont discutées dans un comité d'administration.

Ce comité est composé du conseiller chef de l'école, qui le préside, et de deux membres du conseil délégués, tous les ans, par le grand-maître. Néanmoins, toutes les fois que le grand-maître le jugera convenable, il pourra y adjoindre un troisième délégué.

En cas de partage des voix, celle du conseiller chef de l'école est prépondérante.

Le comité d'administration s'assemble, sur la convocation du chef de l'école, au moins une fois par mois.

Il est tenu registre des actes et avis du comité d'administration. Ces actes et avis sont rédigés par l'un des membres du comité, et signés par tous.

Le conseiller chef de l'école adresse tous les mois au grand-maître un double des délibérations, certifié par lui.

(Statut du 29 mai 1810, art. 1... 7.)

Du budget annuel.

2309. Toutes les dépenses ordinaires et extraordinaires sont annuellement évaluées par un budget.

Ce budget, signé par le conseiller chef de l'école, est présenté par lui au grand-maître dans le courant du mois de décembre de chaque année.

Il contient l'indication détaillée de chaque nature de dépense; et les motifs en sont exprimés, s'il est besoin, dans une colonne d'observations.

Il est dressé d'après le modèle déterminé par le grand-maître.

Le grand-maître transmet le budget au trésorier de l'Université, qui l'examine et fait son rapport.

Le conseil de l'Université prononce sur le budget, après avoir entendu la section de comptabilité (2).

---

(1) Cet ancien statut ne s'applique pas actuellement dans toutes ses dispositions, mais il a dû être conservé pour l'époque où l'école normale, complétement rendue à elle-même, reprendra toute son administration intérieure.

(2) Par une ordonnance du 23 janvier 1833, le prix de chaque bourse de l'école normale a été divisé ainsi qu'il suit :

1°. Masse de nourriture.	507 fr.
2°. Masse d'entretien des trousseaux.	60
3°. Masse d'habillement.	155
4°. Masse d'appointemens et gages.	45
5°. Masse des livres et autres frais d'études.	55
6°. Masse des mêmes dépenses.	148

970 fr.

Il n'est statué sur le budget qu'après la vérification et l'arrêté du compte général des dépenses de l'année précédente.

(Ibid., art. 8... 14.)

Des indemnités, traitemens et gages.

2310. Indépendamment de son traitement de conseiller titulaire, le conseiller chef de l'école reçoit annuellement une indemnité de six mille francs.

Les traitemens sont fixés ainsi qu'il suit :

Directeur des études. . . . . 5,000 fr.
Aumônier. . . . . 2,500.
Maître surveillant. . . . . 1,500.
Économe. . . . . 3,000.

Les répétiteurs nommés pour la première formation jouiront d'une indemnité qui sera fixée par le grand-maître, sur la proposition du chef de l'école, pour les deux années pendant lesquelles ils doivent exercer leur fonctions.

Les répétiteurs choisis parmi les élèves ne jouissent que du traitement d'agrégé.

Les appointemens des employés qui ne sont pas énoncés ci-dessus, et les gages des domestiques, sont fixés par le budget annuel.

Le directeur des études, l'aumônier, les répétiteurs, les maîtres surveillans et l'économe, sont nourris sur les fonds de l'école.

La nourriture est la même que celle des élèves.

La nourriture ne peut être allouée en argent à qui que ce soit, sous aucun prétexte.

L'entretien et le blanchissage du linge de corps ne sont à la charge de l'école que pour les élèves seulement.

(Ibid., art. 15... 22.)

Des fonctions et obligations de l'économe.

2311. L'économe est tenu de fournir un cautionnement de la valeur de douze mille francs, soit en immeubles, soit en rentes sur l'état, soit en numéraire ; le tout conformément aux dispositions du statut du 2 mars 1810, relatif aux cautionnemens des économes des lycées.

Il tient la caisse, et fait la recette et la dépense.

La vérification de la caisse est faite, chaque mois, par le conseiller chef de l'école, en présence du comité d'administration ; et plus souvent par lui seul, s'il le juge nécessaire.

L'économe tient ses registres en parties doubles, suivant une instruction qui lui sera adressée par le grand-maître, conformément à ce qui est prescrit pour les lycées.

Toute dépense non portée au journal sous sa date, ou non autorisée par une ordonnance, est irrégulière et sera rejetée du compte.

Ce journal est coté et paraphé par le trésorier de l'Université.

Les fonds nécessaires pour acquitter les dépenses sont mis chaque mois, par le trésorier de l'Université, à la disposition de l'économe, qui en donne son récépissé visé par le conseiller chef de l'école.

Tout le mobilier de l'école est à la garde de l'économe, qui en fait tous les ans un inventaire, lequel est soumis au conseiller chef de l'école et arrêté par lui.

L'économe signe tous les marchés et fait les approvisionnemens de toute nature, sous sa responsabilité, relativement à la qualité des denrées et des marchandises. Il est tenu de les remplacer à ses frais si elles sont reconnues défectueuses ou non conformes aux conditions des marchés, à leur entrée dans l'école, ou si elles s'avarient par sa négligence.

Il commande aux domestiques pour le soin du vêtement des élèves, la propreté de la maison, et le service des cuisines et du réfectoire.

L'un des domestiques est spécialement attaché au service de l'économat : il est tenu d'exécuter les ordres de l'économe qui peut le congédier, mais ne peut le remplacer que de l'agrément du conseiller chef de l'école.

L'économe ne peut se charger de faire ni achats, ni dépenses pour le compte personnel des élèves et avec leurs propres deniers, sans y être autorisé par le conseiller chef de l'école.

Il est chargé, par le conseiller chef de l'école et sous sa direction, de la rédaction des comptes, états de situation, etc.

Il n'est alloué aucuns frais de bureau à l'économe.

(Ibid., art. 23... 35.)

Des dépenses.

2312. Le conseiller chef de l'école autorise toutes les dépenses, et en ordonnance le payement.

Il ne peut être délivré aucune ordonnance, ni pour dépenses non prévues et non autorisées par le budget, ni au delà de la somme déterminée par le budget pour chaque chapitre de dépenses.

Dans l'un et l'autre cas, le conseiller chef de l'école en réfère au grand-maître.

Les menues dépenses faites par l'économe, et qui ne peuvent pas être justifiées par la quittance des fournisseurs, sont régularisées, à la fin de chaque quinzaine, par une ordonnance du conseiller chef de l'école.

Tous les approvisionnemens pour les grosses fournitures, telles que le vin, le bois, l'huile, la chandelle et autres objets de consommation journalière, sont faits par marchés signés à double, et ne peuvent excéder les besoins de six mois.

Les fournitures journalières des comestibles, tels que le pain, la viande et autres objets semblables, doivent être faites aussi par marchés, dont la durée peut être d'une année.

Les approvisionnemens pour le vestiaire doivent être tirés directement des fabriques, et par des traités faits à double. Ces traités ne peuvent être faits que par quantités et non par année.

Les factures, lors des livraisons, doivent être quittancées par les fournisseurs, et réunies aux traités comme pièces justificatives du compte général.

Le conseiller chef de l'école autorise tous les marchés, conformément à la délibération du comité d'administration auquel ils sont soumis.

Toutes réparations, jusqu'à la somme de 600 francs, sont autorisées par le conseiller chef de l'école, sur un devis dressé par un expert architecte, et sont faites d'après un marché à prix ferme avec un entrepreneur.

Pour les réparations qui excéderont 600 francs, le conseiller chef de l'école en référera au grand-maître, en lui transmettant le devis de l'architecte, accompagné de l'avis du comité d'administration.

(Ibid., art. 36... 45.)

De la surveillance de la comptabilité, et de la reddition des comptes.

2313. Le compte annuel de l'établissement est transmis au grand-maître par le conseiller chef de l'école, dans les quinze premiers jours du mois de janvier de chaque année.

La forme de ce compte sera déterminée par une instruction particulière du grand maître.

Le compte annuel est renvoyé à une commission extraordinaire du conseil de l'Université, nommée tous les ans pour cet objet, et dont le comité d'administration fait partie.

Cette commission se transporte à l'école, dans le mois de janvier, pour y constater la situation de la caisse, et vérifier l'inventaire qui est dressé à cette époque.

La commission examine le compte, vérifie les pièces à l'appui, et le transmet au grand-maître avec un rapport motivé.

Le compte annuel est présenté au conseil de l'Université dans les mêmes formes que le budget, pour y être statué définitivement.

(Ibid., art. 46... 51.)

Trousseau des élèves.

2314. Les élèves apportent le trousseau suivant :

Un habit de drap brun foncé, doublé de même ; boutons de métal, portant en légende : *École normale ;*

Un surtout de drap même couleur ;

Deux gilets, dont un de drap noir ;

Trois culottes noires ;

Six caleçons ;

Un chapeau ;

Deux paires de draps de treize mètres chacun, en toile de cretonne ;

Douze serviettes ;

Douze chemises, toile de cretonne ;

Douze mouchoirs ;

Douze cravattes, dont huit de mousseline double et quatre de soie noire ;

Huit paires de bas, dont quatre au moins en noir ;

Quatre bonnets de nuit ;

Deux peignoirs ;

Une brosse ;

Deux peignes ;

Trois paires de souliers ;

Un couvert d'argent.

Le tout neuf, et marqué au nom de l'élève.

Pendant leur séjour à l'école, ils sont entretenus aux frais de l'Université.

Dans l'entretien ne sont point compris les livres, le papier, l'encre ni les plumes, non plus que les vêtemens neufs.

Les élèves emportent en quittant l'école leurs effets, excepté quatre serviettes et une paire de draps qu'ils laissent pour le service de l'infirmerie.

(Statuts du 30 mars 1810, art. 24... 27, et du 14 décembre 1815, art. 30... 32.)

Traitement des professeurs.

2315. Les professeurs des facultés, attachés à l'école normale, recevront comme tels un supplément annuel de 1,500 fr., à dater du 1er. décembre 1812.

TITRE IV.

Les adjoints en recevront un de 1,000 francs.

Les doyens des deux facultés, attachés à l'école normale, auront, en cette qualité, un supplément particulier de 1,000 francs.

Ne seront point compris dans l'état des supplémens ci-dessus, ceux des professeurs et adjoints des deux facultés qui ne font pas de leçons à l'école normale.

(Arrêté du 7 août 1812 (1).)

(1) Le conseil de l'Université,
Considérant l'importance de l'école normale, et voulant reconnaître et encourager le zèle des professeurs de cet établissement,
Arrête ce qui suit, etc.

TITRE V.

DES PENSIONS DE RETRAITE.

2316. Nul fonctionnaire ou employé de l'Université n'aura droit à une pension de retraite, qu'autant que la retenue du vingt-cinquième (aujourd'hui *du vingtième*) aura été faite annuellement sur son traitement.

La retenue ne sera pas faite sur les traitemens des prosecteurs et autres employés temporaires des facultés de médecine.

(Arrêté du 18 avril 1809, art. 1 et 2 (1).)

2317. Les blibliothécaires, conservateurs des cabinets, chefs des travaux anatomiques, et agens comptables des facultés de médecine, étant nommés par S. Exc. le grand-maître, auront droit à la pension de retraite, et leurs traitemens seront soumis à la retenue du vingtième.

(Arrêté du 2 août 1823.)

Instructions pour servir à l'exécution de l'ordonnance royale du 25 juin 1823 (1).

2318. A la fin de chaque trimestre, les principaux transmettront au recteur un état des traitemens et des retenues du trimestre, suivant le budget arrêté par le conseil royal, avec les modifications prescrites par l'art. 3, et déduction faite des emplois qui auront été vacans pendant la totalité ou pendant une partie du trimestre. L'état sera visé et arrêté par le bureau d'administration du collége.

A partir du quatrième trimestre 1823, les recteurs tiendront des comptes de retenue par *doit* et *avoir*, pour chacun des colléges communaux de leur académie.

(1) Le conseil, considérant que la retenue du vingt-cinquième, faite sur les traitemens de l'Université, a pour objet de former un fonds pour les pensions de retraite ;

Que tout fonctionnaire qui supporte cette retenue, ne la supporte que parce qu'elle doit lui être un jour profitable ;

Que cet intérêt ne peut exister pour les prosecteurs et autres agens des facultés de médecine, qui ne sont employés que temporairement, et passent ensuite dans différens services étrangers à l'Université, Arrête ce qui suit, etc.

(2) Voy. p. 705 et suiv., les modifications introduites par le règlement général du 11 novembre 1826.

Ils établiront le débit de chaque trimestre d'après les états qui leur auront été transmis par les principaux, et dont ils auront reconnu l'exactitude.

Vingt-cinq jours après l'expiration du trimestre, ils adresseront au grand-maître ces états par un seul travail. Ils y joindront leurs observations, et donneront la liste des colléges pour lesquels lesdits états n'auront pas été fournis.

(Instruction du 23 août 1823.)

2319. Si, par exemple, le régent le mieux rétribué jouit d'un traitement de seize cents francs, la rétribution annuelle du principal sera calculée sur un traitement de deux mille francs; elle sera augmentée ou diminuée, selon que le *maximum* du traitement variera par la suite. Cette règle s'applique à tout principal qui, tenant le pensionnat à son compte, ne reçoit aucun traitement en cette qualité, et n'est chargé d'aucune classe.

Si le principal qui tient le pensionnat à son compte reçoit un traitement comme régent, ce traitement sera évalué, pour la retenue, à un quart en sus de celui dont jouit le régent le mieux rétribué, lors même que le principal ne recevrait comme régent que le plus faible traitement de tous les fonctionnaires du collége.

Dans les colléges où il n'y a pas de pensionnat, le traitement du principal est réglé chaque année par le budget de l'établissement; c'est sur ce traitement que la retenue doit être exercée.

Lorsque les régens seront nourris au collége, sans être logés gratuitement, leur traitement sera évalué à un quart en sus. L'évaluation sera d'un dixième en sus du traitement, lorsqu'ils seront logés et qu'ils n'auront pas la nourriture gratuite.

Même instruction.)

2320. Lorsque les localités le permettront, le produit des retenues sera versé par le principal dans la caisse académique; lorsque les colléges communaux seront trop éloignés des colléges royaux, les principaux verseront, pour le compte de l'Université, dans les caisses des receveurs généraux ou des receveurs d'arrondissement. Dans l'un et dans l'autre cas, ils enverront sans délai au recteur des *duplicata* de quittance, en suivant la même marche que pour le versement des rétributions. Les *duplicata* de quittance devront être adressés au recteur, pour chaque trimestre, dans les cinq premiers jours du trimestre suivant.

Les recteurs feront créditer immédiatement le compte de retenue de chaque collége, d'après les quittances qu'ils auront reçues. Après avoir fait écriture de ces quittances, ils les transmettront au grand-maître dans un seul travail avec les états qui auront servi à établir le débit. Ils y joindront la liste des retardataires avec leurs observations.

D'après les règlemens et les instructions ministérielles, le montant de la dotation faite par les villes à leur collége doit être versé dans la caisse de l'établissement. Tous les traitemens des régens étant ainsi payés par les principaux, ces fonctionnaires exerceront eux-mêmes toutes les retenues prescrites par l'art. 1er., et ils se conformeront aux dispositions du premier paragraphe de l'art. 4.

Les retenues étant versées dans les caisses académiques ou dans les caisses des receveurs généraux et d'arrondissement, pour le compte de l'Université, les recteurs n'auront aucune mesure particulière à prendre pour l'exécution de cet article.

Ils devront veiller à ce que ces retenues soient versées régulièrement à l'expiration de chaque trimestre, à ce que les comptes par *doit* et *avoir* soient tenus avec la plus rigoureuse exactitude dans leurs bureaux, et à ce que les états de retenues et les quittances soient transmis au grand-maître aux époques prescrites.

(Même instruction.)

2321. Les principaux et les régens des colléges communaux adresseront leurs demandes en pension de retraite au recteur de l'académie ; ils devront y joindre les pièces à l'appui, et un état de service dans lequel ils indiqueront la date et le lieu de leur naissance, les différentes fonctions qu'ils ont remplies, l'époque à laquelle elles ont commencé, leur durée, et les interruptions qui ont pu avoir lieu.

Le recteur visera l'état de service et l'enverra au grand-maître avec la pétition et les pièces justificatives.

La retenue étant déjà exercée sur les traitemens des secrétaires d'académie et des économes, il n'y a rien à changer à l'ordre établi.

Quant aux autres fonctionnaires dont il est fait mention à l'art 7, les recteurs suivront la même marche que pour les professeurs des facultés et des colléges royaux.

(Même instruction.)

2322. Au commencement de chaque année classique, les recteurs se feront remettre l'état nominatif des agrégés mentionnés à l'art. 8, avec l'indication des chaires dont ils sont chargés.

Ils notifieront à ces agrégés la retenue annuelle dont ils sont passibles, leur enjoindront d'en verser le montant par quart à l'expiration de chaque trimestre, soit dans la caisse académique, soit dans celle des receveurs généraux ou d'arrondissement, et de leur adresser le *duplicata* de la quittance.

Les recteurs ouvriront à ces agrégés des comptes par *doit* et *avoir*; ils les débiteront conformément aux dispositions de l'art. 8, et les créditeront d'après les quittances qu'ils produiront.

Ils enverront au grand-maître un état certifié des agrégés de chaque collége particulier, et de la retenue dont ils sont redevables pour l'exercice. Ils adresseront, tous les trois mois, les quittances qu'ils auront reçues, et donneront connaissance des mutations qui auront pu avoir lieu.

Ils informeront les retardataires qu'ils perdraient leur droit à la pension de retraite, s'ils manquaient pendant six mois à verser la retenue, ainsi qu'il est dit à l'art. 4 de l'ordonnance.

(Même instruction.)

2323. La retenue prescrite par ladite ordonnance sera faite, sans aucune exception, sur les traitemens de tous les principaux et régens des colléges communaux, soit que les fonctionnaires aient obtenu des nominations définitives, soit qu'ils n'exercent qu'en vertu d'autorisations provisoires.

Il est enjoint aux principaux d'exercer cette retenue en payant les traitemens des fonctionnaires des colléges qu'ils dirigent; ils ne pourront s'en dispenser sous aucun prétexte.

Dans les colléges où le pensionnat est au compte du principal, son traitement est évalué pour la retenue à un quart en sus du traitement dont jouit le régent le mieux rétribué du collége.

Cependant, si le principal qui a le pensionnat à son compte reçoit, à quelque titre que ce soit, un traitement supérieur à celui du régent le mieux rétribué, la contribution annuelle doit être établie sur le traitement effectif du principal, augmenté d'un quart.

Lorsque les traitemens des fonctionnaires des colléges communaux sont payés sur la dotation fournie par les villes, il peut arriver que la caisse municipale soit en retard de quelques mois pour verser la dotation dans la caisse du collége.

Si cette circonstance se présente, le principal ne sera obligé de verser dans la caisse académique le produit de la retenue du trimestre que lorsque la dotation de ce même trimestre aura été versée dans la caisse du collége par la caisse municipale.

Dans ce cas, le principal devra toujours transmettre au recteur, à l'époque prescrite, l'état trimestriel dont le modèle est annexé à l'ordonnance du 25 juin; et lorsqu'il enverra la quittance du versement du produit des retenues du trimestre, il y joindra un certificat du maire de la commune, constatant le jour où la dotation de ce même trimestre a été soldée par le receveur de la ville.

Le motif du retard étant ainsi justifié, il n'y aura pas lieu d'appliquer les dispositions du troisième paragraphe de l'article 4 de l'ordonnance.

(Instruction du 10 novembre 1823.)

2324. Les dispositions de l'ordonnance ci-dessus relatée sont applicables aux fonctionnaires des colléges mixtes, comme à ceux des colléges communaux.

Lorsqu'un régent de collége communal ou de collége mixte remplira en même temps les fonctions de maître d'études, et qu'il jouira pour ce surcroît de travail d'un supplément de traitement, soit en argent, soit en nourriture ou en logement, ce supplément, qui devra être évalué conformément à l'article 3 de l'ordonnance du 25 juin 1823, et aux instructions qui y sont jointes, sera réuni à son traitement de régent pour la fixation de sa contribution au fonds de retraite;

Dans les colléges auxquels les villes n'accordent aucun secours, et où il n'y a qu'un seul fonctionnaire chargé de l'administration et de l'enseignement, ce fonctionnaire sera assimilé, pour la retenue, au principal du ressort de l'académie qui reçoit le plus faible traitement.

(Arrêté du 13 décembre 1823.)

2325. Les dispositions de l'article 47 du décret du 17 mars 1808 seront appliquées aux principaux des colléges communaux et des colléges mixtes qui refuseraient ou négligeraient d'exercer dans leurs colléges les retenues prescrites par l'ordonnance royale du 25 juin 1823, et d'en verser le montant dans les caisses universitaires aux époques déterminées.

Ils seront, en outre, selon l'exigence des cas, poursuivis conformément aux articles 70, 151, 152, 153 et 154 du décret du 15 novembre 1811.

(Arrêté du 20 janvier 1824 (1).)

(1) Le conseil, vu les articles 1, 2, 3, 4 et 6 de l'ordonnance royale du 25 juin 1823, relative aux pensions de retraite des principaux et régens des colléges communaux et aux retenues à exercer sur les traitemens pour le payement de la pension;
Considérant que chaque principal est chargé par l'article 4 de faire lesdites retenues dans le collége qu'il dirige, et de les verser dans les caisses universitaires; considérant que les retenues ne peuvent être exercées que par les principaux, puisque ce sont eux qui payent tous les traitemens; considérant que, d'après le même article 4, tout principal qui aurait manqué pendant un trimestre à verser dans la caisse académique les produits des retenues de son collége, perdrait le droit à la pension pour les exercices antérieurs; considérant que cette disposition inflige une peine particulière aux principaux qui seraient en retard pour lesdits versemens, mais que ces fonctionnaires, même après avoir perdu leurs droits à la pension de retraite, n'en sont pas moins obligés d'exercer les retenues sur tous les traitemens du collége, et de les verser dans les caisses universitaires; considérant qu'ils sont, quant aux retenues, rangés par ledit article 4 dans la classe des agens comptables chargés de recevoir les deniers de l'Université, et que d'ailleurs ils ne pourraient refuser d'exécuter les ordres à eux transmis pour l'exécution de l'ordonnance du 25 juin, sans violer leurs devoirs et leurs obligations,
Arrête ce qui suit, etc,

2326. Tous les principaux des colléges communaux seront tenus d'adresser au recteur des états *entièrement conformes au modèle ci-joint*. La première colonne est destinée aux sommes qui doivent être ajoutées, en vertu de l'article 3 de l'ordonnance du 25 juin, aux traitemens fixés par les budgets; la deuxième indique le montant des traitemens de chaque trimestre. Dans ces états devront être portés tous les emplois auxquels sont affectés des traitemens passibles de la retenue; si quelques-uns de ces emplois étaient vacans, ils figureraient pour mémoire sur les états, et l'on ferait connaître la cause de la vacance à la colonne d'observations.

A partir du premier trimestre 1824, tous les états seront soumis à la vérification et à l'approbation du conseil académique.

Lorsque lesdits états auront été arrêtés par le conseil académique, le recteur fera dresser un tableau général pour chaque trimestre; ce tableau, rédigé par ordre alphabétique, sera conforme au modèle ci-joint. Il comprendra toutes les sommes et toutes les observations portées dans les états particuliers que les recteurs conserveront jusqu'à nouvel ordre comme pièces comptables dans les archives de l'académie.

Les recteurs certifieront que les sommes portées sur le tableau sont conformes à celles qui sont portées sur les états particuliers, vérifiés et approuvés par les conseils académiques. Le tableau contiendra, quant aux emplois vacans, les mêmes détails que les états particuliers.

Afin qu'il ne puisse jamais y avoir aucune différence entre les écritures des académies et celles de l'Université, les registres sur lesquels les recteurs doivent ouvrir des comptes par *doit* et *avoir* pour les retenues de chaque collége, seront absolument semblables aux registres établis dans les bureaux de l'administration centrale pour cette partie de comptabilité. Chaque compte devra être arrêté pour le débit et pour le crédit à la fin de chaque exercice.

(Instruction du 23 mars 1824.)

2327. Lorsque l'aumônier d'un collége communal n'y remplit pas d'autres fonctions, le traitement qu'il reçoit en cette qualité n'est point passible de la retenue; mais s'il est en outre principal ou régent, le traitement d'aumônier, ou la somme qu'il reçoit en cette qualité, doit être ajoutée à ses autres traitemens et soumise à la retenue.

Si un principal ou un régent cumule dans un collége plusieurs traitemens ou parties de traitement, à quelque titre que ce soit, tous ces traitemens ou parties de traitement sont passibles de retenue.

Que le pensionnat soit ou non au compte du principal, il doit la retenue pour son logement, s'il est logé *gratis* dans un bâtiment fourni par la commune; il la doit également pour la nourriture (lorsque le pensionnat n'est pas à son compte), s'il est nourri *gratis* au collége.

Si les divers cas dont il vient d'être parlé se présentent, on réunira sur l'état, en un seul article, tous les traitemens ou parties de traitement dont jouira le même fonctionnaire, ainsi que les évaluations pour le logement et la nourriture, s'il les reçoit *gratis*, et on en donnera l'explication par une note marginale.

(Instruction du 4 mai 1824.)

2328. Lorsqu'un principal a le pensionnat à son compte et qu'il est logé gratuitement, son traitement, au lieu d'être surévalué d'un quart pour le pensionnat et d'un dixième pour le logement, sera seulement surévalué d'un tiers, comme celui des régens qui ont la nourriture et le logement gratuits.

(Instruction du 31 juillet 1824.)

2329. A partir du 1er. janvier 1826, les sommes allouées temporairement aux fonctionnaires des colléges communaux (indépendamment des traitemens qui leur sont assignés par les budgets des établissemens) ne seront pas passibles de la retenue.

Lorsqu'un principal remplira les fonctions d'aumônier, et lorsqu'un régent sera en outre aumônier ou maître d'études, les parties de traitemens dont ces fonctionnaires jouiront à ces divers titres continueront d'être soumises à la retenue; à cet effet, la surévaluation d'un tiers, d'un quart ou d'un dixième du traitement, prescrite par l'ordonnance royale du 25 juin 1823, portera seulement sur le traitement primitif.

La contribution annuelle des principaux qui ont le pensionnat à leur compte sera réglée conformément à l'article 3 de l'ordonnance royale précitée.

Quant aux principaux qui n'ont pas le pensionnat à leur compte, la retenue s'exercera sur les traitemens fixes qui leur sont alloués par les budgets des colléges, sans que ces traitemens puissent être surévalués à raison du logement ou de la nourriture dont ces fonctionnaires jouiraient gratuitement.

Dans tous les cas, on prendra pour base de la liquidation des pensions de retraite le montant des traitemens qui auront été soumis à la retenue.

Toutes les dispositions contraires au présent arrêté sont annulées.

(Arrêté du 13 décembre 1825.)

TITRE V.

Fonds de retraite.

2330. Les fonds de retraite se composent :
1º. Des rentes sur l'état qui appartiennent à ces fonds ;
2º. De la subvention fournie par le trésor royal ;
3º. Du montant des retenues exercées sur les **traitemens des fonctionnaires et professeurs de l'Université**.

Les rentes sur l'état restent déposées à la caisse des dépôts et consignations, qui en reçoit directement les arrérages, ainsi que la subvention fournie par le trésor.

Les sommes provenant des retenues sur les traitemens sont versées dans la même caisse, en vertu des ordres du ministre, d'après une décision du conseil royal.

(Règlement général du 11 novembre 1826, art. 420.)

Retenues sur les traitemens pour les fonds de retraite.

2331. Les traitemens des fonctionnaires de l'Université et des académies, des professeurs, des secrétaires et des agens comptables des facultés, des fonctionnaires, aumôniers, professeurs, maîtres d'études et économes des colléges royaux, des principaux et des régens des colléges communaux et des agrégés, sont soumis à la retenue du vingtième pour le fonds de retraite.

(Ibid., art. 421.

2332. La retenue ne porte que sur les traitemens fixes.

(Ibid., art. 422.)

2333. Les traitemens des fonctionnaires de l'Université et des académies, des professeurs, des secrétaires et des agens comptables des facultés, des agrégés et des employés des bureaux de l'administration centrale, sont ordonnancés bruts pour être payés, déduction faite de la retenue qui reste déposée dans la caisse de l'Université.

Ibid., art. 423.)

2334. Dans les facultés de droit et de médecine, où les traitemens des professeurs et autres agens passibles de la retenue sont payés par la caisse déposée à la faculté, l'agent comptable porte en dépense le traitement brut et fait recette des retenues.

(Ibid., art. 424.)

2335. Dans les colléges royaux, le proviseur fait verser chaque mois, par la caisse du collége dans la caisse académique, le montant des retenues exercées sur les traitemens qui y sont soumis.

La quittance de ce versement est transmise au ministre, avec un état certifié par le proviseur, et constatant les retenues exercées sur chaque traitement (1).

(Ibid., art. 425.)

Paiement des pensions.

2336. A la fin de chaque trimestre, le conseiller chargé des fonctions de trésorier présente au conseil royal l'état des pensions inscrites dues pour le trimestre.

L'état ayant été approuvé par le conseil royal, le ministre l'arrête et autorise la caisse des dépôts et consignations à payer les pensions qui y sont portées.

Le chef de la cinquième division envoie des lettres d'avis aux pensionnaires qui sont tenus d'accuser réception au recteur de l'académie dans le ressort de laquelle ils ont fixé leur résidence, aussitôt qu'ils ont été payés du trimestre.

Le recteur transmet les accusés de réception au ministère.

(Ibid., art. 448..451.)

Compte des fonds de retraite.

2337. La caisse des dépôts et consignations présente chaque année le compte des sommes qu'elle a reçues, et des payemens qu'elle a faits pour les retraites.

Ce compte est arrêté par le conseil royal, sur le rapport du conseiller chargé des fonctions de trésorier. Le conseil autorise le placement en rentes sur l'état des sommes qui restent sans emploi.

Le placement est fait par la caisse des dépôts et consignations; les rentes sont inscrites au nom du fonds de retraite auquel elles appartiennent.

(Ibid., art. 452...454.)

Pensions liquidées et non inscrites.

2338. Lorsque les pensions liquidées aux fonctionnaires et professeurs et aux employés des bureaux ne peuvent pas être inscrites, on les porte sur un registre particulier, à la date de leur liquidation, pour être inscrites par ordre d'ancienneté au fur et à mesure des extinctions.

Les titulaires reçoivent, jusqu'à l'inscription, des indemnités dont le montant est déterminé par le conseil royal, et qui sont ordonnancées par trimestre sur le crédit spécial ouvert au budget de l'Université.

(Ibid., art. 455 et 456.)

---

(1) Voir au titre des colléges, § III, pages 705 et suiv., les dispositions particulières concernant les principaux et régens des colléges communaux.

2339. A partir du 1er. janvier 1827, jusqu'à ce qu'il en ait été autrement ordonné, les fonctionnaires et professeurs, et les employés de l'administration centrale admis à la retraite, et dont les pensions sont liquidées et non inscrites, recevront une indemnité annuelle égale au montant de leur pension.

Ces indemnités seront ordonnancées par trimestre.

Les titulaires seront tenus de justifier d'un certificat de vie, qui restera annexé à leur quittance.

En cas d'extinction, les indemnités seront payées aux héritiers jusqu'au jour du décès.

(2) (Arrêté du 3 février 1827 (1).)

2340. A partir du 1er. janvier prochain, les retenues qui ont lieu au profit de la caisse des retraites seront faites sur la partie du traitement des professeurs des facultés de droit et de médecine, désignée sous le titre de traitement supplémentaire, comme sur le traitement fixe.

(Arrêté du 21 novembre 1834.)

(1) Le conseil, vu l'ordonnance royale du 24 janvier dernier, par laquelle il est ouvert à l'Université un crédit supplémentaire de 42,000 francs pour les secours aux membres des anciennes corporations enseignantes, et les indemnités aux anciens fonctionnaires et professeurs dont les pensions sont liquidées et non inscrites,
Arrête ce qui suit, etc.
(2) Voir au titre VIII de cette seconde partie l'art. 109 du règlement arrêté entre les ministres de l'instruction publique et des finances.

TITRE VI.

DES INSTITUTIONS ET PENSIONS (1).

Règlement pour les répétiteurs ou maîtres d'études dans les institutions et pensions (2).

2341. Il sera établi à Paris, au chef-lieu de l'Université, un bureau central destiné à recevoir les déclarations de tous ceux qui voudront exercer les fonctions de répétiteurs, précepteurs ou maîtres d'études, dans les institutions et dans les pensionnats.

Tout gradué d'un grade quelconque, dans l'une des facultés de l'Université, pourra être admis à exercer ce genre de fonctions, en rapportant, avec son acte de naissance, un certificat de bonnes mœurs délivré par le maire et le curé de son domicile, ou par le recteur et les inspecteurs de son académie.

Ceux qui ne seront pourvus d'aucun grade auront à présenter, outre le certificat de bonnes mœurs, un certificat d'examen subi devant une commission qui sera nommée, dans l'arrondissement de l'académie de Paris, par le grand-maître, et, dans ceux des autres académies, par les recteurs.

Dans les arrondissemens académiques où il n'y a point encore de recteurs, cette partie des fonctions rectorales est attribuée au proviseur du lycée du chef-lieu.

Ceux qui auront été employés précédemment dans une autre institution ou pension seront tenus de rapporter un certificat du chef de l'établissement chez lequel ils auront enseigné.

(Arrêté du 5 mai 1809, art. 1... 5.)

---

(1) On a vu, dans la Ire. partie, pages 208 et suiv., dans quelles étroites limites la législation avait d'abord enfermé ces écoles sous le rapport de l'enseignement, puis quelle sorte de développemens avait permis l'ordonnance du 26 mars 1829. Le conseil royal a autorisé plusieurs institutions de plein exercice, comme à Vendôme, à Juilly, à Sorrèze, etc. Mais il est urgent qu'une loi règle enfin d'une manière définitive tout ce qui sera laissé sur ce point à l'industrie particulière, et à quelles conditions elle devra être soumise.

(2) Pour peu qu'on ait pénétré dans les établissemens d'éducation, et réfléchi sur les précautions infinies que réclament à chaque instant les plus graves intérêts de l'enfance, on comprend à quel point sont utiles les hommes destinés à exercer une surveillance journalière et immédiate sur les élèves ; et l'on ne s'étonne pas qu'un des premiers soins du conseil de l'Université ait été de poser quelques règles pour le choix de ces maîtres.

2342. A compter du 1er. juin 1809 pour l'académie de Paris, et du 1er. octobre pour toutes les autres académies, aucun maître de pension ou chef d'institution ne pourra admettre chez lui, en qualité de répétiteur, précepteur ou maître d'études, celui qui n'offrira point les garanties exigées par le présent règlement.

A la fin de chaque année, les recteurs feront connaître au grand-maître de l'Université ceux de ces agens de l'instruction qui se seront le plus distingués par leur zèle et leur conduite, ainsi que les établissemens auxquels ils appartiennent.

(Ibid., art. 6 et 7.)

2343. Les recteurs feront inscrire sur un registre particulier les régens et les répétiteurs internes ou externes, et tous les individus qui exercent, sous quelque dénomination que ce puisse être, les fonctions de l'enseignement dans les institutions et dans les pensions, ainsi que les maîtres d'études des colléges de leur ressort académique.

Dans le délai de deux mois, les recteurs adresseront au grand-maître l'état par ordre alphabétique de tous les individus mentionnés dans l'article précédent. Cet état comprendra :

Leurs noms ;

Leurs prénoms ;

La date et le lieu de leur naissance ;

La note des écoles où ils enseignent actuellement, et de celles où ils ont enseigné précédemment.

Les recteurs s'assureront des bonnes mœurs et de la capacité des régens, répétiteurs, précepteurs ou maîtres d'études, suivant les formes prescrites par les articles 2 et 3 du règlement du 5 mai.

Ils adresseront successivement au grand-maître l'état des régens, répétiteurs ou maîtres d'études qui auront été examinés ; ils y joindront les renseignemens particuliers qui leur seront parvenus sur chaque individu, et la proposition motivée, soit pour l'admission, soit pour l'exclusion.

Le grand-maître, après avoir examiné ces états, autorisera, par un arrêté, les recteurs à délivrer des brevets à ceux qu'il aura approuvés, et il interdira, s'il y a lieu, les fonctions de l'enseignement.

Les brevets ne pourront servir que dans l'arrondissement académique pour lequel ils auront été délivrés.

Tous les individus porteurs de brevets qui voudront quitter leur arrondissement académique seront tenus de se pourvoir d'une lettre d'*exeat*, qui leur sera délivrée par le recteur.

Ils ne pourront entrer en fonctions dans une autre académie

qu'après avoir fait viser leur lettre d'*exeat* par le recteur de cette académie.

(Arrêté du 27 juillet 1809, art. 2... 9.)

2344. Tout individu qui se présentera par la suite pour exercer ce genre de fonctions devra adresser sa demande au recteur, et remplir les formalités prescrites par le règlement du 5 mai et par le présent arrêté.

Si l'éloignement ou toute autre cause empêchait les individus mentionnés aux articles 2 et 10 de se rendre au chef-lieu de l'académie pour obtenir les brevets d'autorisation, les lettres d'*exeat* et les *visa* prescrits par les articles précédens, ils pourront les demander par lettre au recteur, en lui transmettant les pièces nécessaires.

Le 1er. de chaque mois, les recteurs adresseront au grand-maître l'état des régens, répétiteurs, précepteurs, ou maîtres d'études auxquels ils auront délivré des lettres d'*exeat* pendant le mois précédent, et de ceux qui seront entrés dans leur arrondissement académique avec des lettres délivrées par les recteurs d'autres académies.

(Ibid., art. 10... 12.)

2345. A dater du 1er. septembre prochain, pour le département de la Seine, et du 1er. janvier 1810 pour les autres départemens, les chefs d'institution et maîtres de pension ne pourront conserver ni admettre par la suite dans leurs écoles, pour y exercer les fonctions de l'enseignement, aucun individu qui n'aurait pas rempli les formalités prescrites par les articles précédens.

Lorsqu'un régent, répétiteur, précepteur ou maître d'études entrera dans une institution ou dans une pension, et lorsqu'il en sortira, le chef de l'étude est tenu d'en donner avis sous deux jours au recteur de son académie.

(Ibid., art. 13 et 14.)

2346. Ces mesures sont applicables aux principaux de collèges, quant à leurs maîtres d'études.

Les principaux de collège, chefs d'institution et maîtres de pension sont personnellement responsables de l'inexécution des dispositions prescrites par les articles 13 et 14.

Lorsqu'un des agens de l'instruction publique, compris dans l'article 2 du présent arrêté, aura commis quelque faute grave, le recteur lui interdira provisoirement les fonctions de l'enseignement, et il fera de suite son rapport au grand-maître, qui statuera ce que de droit.

(Ibid., art. 15... 17.)

2347. Le 1er. août de chaque année, les recteurs adresseront au grand-maître l'état des mouvemens qui auront eu lieu parmi les régens, répétiteurs, précepteurs ou maîtres d'études employés dans le ressort de leur académie, et ils désigneront au grand-maître ceux de ces agens qui se seront rendus le plus utiles à l'instruction publique pendant l'année scolaire.

Il sera présenté, à la fin de chaque année, au grand-maître, un tableau des régens, répétiteurs, précepteurs ou maîtres d'études qui auront été jugés, par les recteurs, dignes de fixer son attention particulière. Le grand-maître se réserve de récompenser ceux qui se seront distingués par leur zèle, leurs talens et la régularité de leur conduite, en leur donnant de l'avancement dans la carrière de l'instruction publique.

(1)   (Ibid., art. 18... 19.)

Discipline et police.

2348. Sont applicables à toutes les institutions, pensions et autres écoles, les articles du statut sur les lycées dont la teneur suit : (Voir ces articles, au titre des Colléges, paragraphe des Colléges communaux, pag. 700 et suiv.)

(Arrêté du 11 janvier 1822.)

Est de même applicable à toutes les écoles l'article suivant :

« Les sorties ne peuvent avoir lieu que deux fois par mois, les jours de congé, après l'exercice du matin, et elles seront la récompense de la bonne conduite et des progrès des élèves. »

Les recteurs transmettront cet arrêté à tous les principaux de collége et à tous les chefs d'écoles, en leur enjoignant de s'y conformer. Ils veilleront à ce que les prospectus de toutes les écoles, qui doivent leur être envoyés et soumis chaque année, ne contiennent rien de contraire aux dispositions dudit arrêté. Ils pourront même exiger que sur tous les prospectus ces dispositions soient textuellement rapportées, afin de prévenir plus sûrement les ignorances et les contraventions.

(Instructions du 15 février et du 18 mars 1812.)

Payement du droit décennal.

2349. Le droit de diplôme décennal n'est point exigible des chefs d'institutions et maîtres de pensions, tant que leur diplôme ne leur aura point été délivré.

Ceux qui auraient reçu le diplôme, mais qui se trouveraient supprimés pour cause prévue par les décrets, n'ont aucune restitution à réclamer pour le droit décennal.

(Décision du 16 octobre 1821.)

---

(1) Voir au titre des colléges, § III, pag. 703 et suiv., un dernier arrêté du 9 août 1817, concernant les répétiteurs.

Arrêtés relatifs aux classes primaires établies dans les institutions et pensionnats.

2350. Sur la proposition des recteurs, et en vertu d'une décision spéciale de la Commission, il pourra être établi dans les colléges, institutions et pensions, des classes primaires non soumises à la rétribution, pour leurs élèves externes seulement. Ces classes devront être séparées et distinctes des autres cours (1).

(Arrêté du 17 octobre 1815, art. 19.)

2351. Les chefs d'institution et les maîtres de pension ne pourront à l'avenir être autorisés à joindre à leur établissement une classe primaire, où ils recevraient des externes, que dans les formes établies pour tous les instituteurs primaires en général.

Les écoles de ce genre, que les chefs d'institution et maîtres de pension ont été précédemment autorisés à tenir, subsisteront; mais elles seront soumises à la surveillance des comités cantonaux comme les autres écoles primaires, sans que pour cela cette surveillance puisse s'étendre aux autres parties de l'institution et du pensionnat.

Ne sont point comprises, dans les dispositions des articles précédens, les classes que des chefs d'institution et maîtres de pension tiendraient pour leurs élèves internes seulement, à l'effet de les préparer à recevoir l'instruction supérieure.

(Arrêté du 21 août 1818 (2).)

2352. A partir de l'année classique 1825-1826, les autorisations accordées aux principaux des colléges communaux, aux

---

(1) Deux motifs ont inspiré cette disposition. La commission de l'instruction publique avait reconnu qu'un grand nombre de communes demeureraient privées de tout enseignement primaire, s'il n'était pas permis de rattacher cet enseignement à une école d'un ordre plus élevé; et l'on conçoit qu'il en devait être ainsi, lorsque la loi n'assurait pas aux instituteurs un traitement convenable. D'un autre côté, beaucoup de petites villes où les pères de famille tiennent à ce que leurs enfans commencent près d'eux leurs études classiques, ne fourniraient pas des élèves latinistes en nombre suffisant pour couvrir les frais d'une pension ou d'une institution. La faculté de donner aussi l'instruction primaire à des élèves externes, est à la fois pour les maîtres de pension une ressource indispensable, et pour les communes le seul moyen de conserver une école latine.

(2) La commission de l'instruction publique, informée que divers chefs d'institution et maîtres de pension donnent dans leurs maisons l'enseignement primaire, et qu'il s'est élevé quelques difficultés touchant l'autorité que les comités cantonaux doivent exercer à leur égard;

Considérant que les chefs d'institution et maîtres de pension sont autorisés à préparer leurs élèves pour l'instruction des colléges, mais qu'il n'en résulte pas pour eux le droit d'ériger des classes uniquement primaires, et de soustraire ainsi une partie des enfans qui prennent ce degré d'instruction, à l'autorité spécialement chargée de les surveiller,

Arrête ce qui suit, etc.

chefs d'institution et aux maîtres de pension, en vertu de l'article 19 du règlement du 17 octobre 1815, ne seront accordées que pour un an; et elles cesseront d'avoir leur effet au 1er. novembre, si elles n'ont pas été renouvelées.

Les principaux des colléges communaux, les chefs d'institution et maîtres de pension auxquels l'autorisation n'aura pas été accordée pour l'exercice, seront tenus de porter sur leurs états trimestriels la totalité de leurs élèves pensionnaires, demi-pensionnaires et externes, gratuits ou non gratuits, quel que soit le degré d'instruction donnée à ces élèves. En cas de contravention, ils seront poursuivis comme ayant fait de fausses déclarations sur le nombre de leurs élèves, conformément à l'art. 63 du décret du 15 novembre 1811.

Les recteurs veilleront à ce que les instituteurs primaires ne donnent dans leurs écoles que l'instruction de ce degré, et ils feront poursuivre tout individu qui, n'ayant pas été autorisé comme chef d'institution ou comme maître de pension, admettrait chez lui des élèves latinistes.

(Arrêté du 26 avril 1825.)

Formalités que doivent remplir les chefs d'institution qui veulent prendre un autre titre ou s'établir dans un autre lieu.

2353. Les chefs d'institution et maîtres de pension ont le droit de renoncer à leur titre et de fermer leur établissement s'ils le jugent à propos; mais ils ne peuvent prendre un nouveau titre, ou rouvrir leur école, sans en avoir obtenu la permission spéciale de l'autorité supérieure. Ainsi, lorsqu'un chef d'institution désire se restreindre au titre de maître de pension, il faut qu'il en fasse la demande; il continue d'être considéré comme chef d'institution jusqu'à ce que sa démission ait été acceptée, et il doit remettre son ancien brevet en recevant celui du nouveau titre qui lui est accordé.

La déclaration faite par un chef d'institution, ou par un maître de pension, qu'il ferme son école, est une renonciation formelle à son titre. Si, après avoir fait cette déclaration, il reçoit des élèves sans avoir obtenu un nouveau brevet, il doit être considéré comme dirigeant une école clandestine, et poursuivi comme tel.

Le brevet indiquant la commune dans laquelle doit être placé l'établissement, le chef de cet établissement ne peut le transporter dans un autre lieu qu'après en avoir obtenu la permission de l'autorité supérieure.

Les chefs d'institution et les maîtres de pension qui ont renoncé à leur titre, ne peuvent ouvrir une classe **primaire** sans y être spécialement autorisés ; et s'ils ne remplissent pas cette formalité, ils sont dans le cas d'être poursuivis.

(Instruction du 31 mai 1823.)

2354. L'autorisation nécessaire à tout instituteur pour transférer son école dans une autre commune ou dans un autre local de la même commune devra être demandée, sous peine de l'annulation du diplôme, dans le cas même où l'instituteur ne voudrait que transporter son établissement dans un autre déjà formé.

Tout traité relatif à une maison d'éducation, soit pensionnat, soit externat, sera soumis à l'approbation du conseil royal; faute de quoi le traité ne pourra sortir aucun effet vis-à-vis de l'Université, et l'instituteur qui l'aura conclu sera privé de son diplôme.

(Arrêté du 21 octobre 1826 (1).)

2355. Conformément à l'article 79 du statut du 4 septembre 1821, la distance des lits dans les institutions et pensions ne pourra être moindre d'un mètre ; les inspecteurs et autres fonctionnaires sont spécialement chargés de veiller à l'exécution de cet article si nécessaire pour le maintien de la décence et de la salubrité.

(Décision du 23 décembre 1826.)

Formalités concernant les candidats proposés pour les fonctions de chef d'institution ou de maître de pension.

2356. Toutes les fois qu'un candidat est proposé pour les fonctions de chef d'institution ou de maître de pension, le recteur doit faire connaître les nom et prénoms de ce candidat, la date et le lieu de sa naissance, la nature et la durée de ses services ; il doit donner son opinion sur les qualités morales, les principes, l'instruction et la capacité dudit candidat.

Il fait connaître également si l'école projetée peut nuire aux écoles déjà autorisées, et si la population de la commune en exige l'établissement ; il indique en conséquence les institutions et pensions qui existent dans la commune ou dans les communes environnantes, la distance qu'il y a de ces communes à

(1) Le conseil, vu les règlemens qui veulent qu'aucun établissement d'éducation et d'instruction publique ne puisse être formé avant que le recteur de l'académie ait acquis la certitude que le local réunit les conditions nécessaires, et qui défendent à tout chef d'école de transférer son établissement sans une permission de l'autorité supérieure ;

Considérant que, outre ces premières mesures qui ont pour objet d'empêcher les abus résultant de locaux mal choisis, il importe, dans l'intérêt même des instituteurs, comme dans celui des élèves et des pères de famille, de prévenir les suites fâcheuses de traités imprudemment faits par des chefs d'institution ou des maîtres de pension, soit entre eux, soit avec des personnes étrangères à l'Université,

Arrête ce qui suit, etc.

celle où il s'agit de former une nouvelle école ; enfin le nombre des habitans de la commune et la population totale de l'arrondissement.

Il joindra à son rapport les certificats originaux délivrés par les autorités religieuse et civile des communes où le candidat a résidé, et par les chefs des établissemens où il a été employé, s'il compte déjà des services dans l'instruction publique.

(Instruction du 12 mars 1827.)

2357. Le recteur a soin d'envoyer, avec ses propositions, le plan esquissé des bâtimens destinés à recevoir un pensionnat, et de dire le nombre d'élèves qu'ils peuvent contenir.

Lorsque celui qui sollicite un diplôme n'est pas propriétaire du local où son école doit être placée, il est indispensable qu'il produise, outre les pièces ci-dessus mentionnées, une copie collationnée, ou certifiée par le recteur, du bail qu'il a passé conditionnellement, à l'effet de jouir dudit local, ou du moins une promesse de bail, énonçant les conditions auxquelles il pourra entrer en jouissance.

(Même instruction.)

Arrêté portant que les chefs d'institution et maîtres de pension ne pourront accorder aucun congé particulier sans autorisation (1).

2358. Les chefs d'institution et maîtres de pension ne peuvent accorder aucun congé sans l'autorisation de S. Exc. le ministre, grand-maître de l'Université.

(Arrêté du 7 juillet 1827.)

(1) Le conseil, sur la proposition de M. le directeur de l'instruction publique,
Vu le rapport duquel il résulte que plusieurs chefs d'institution ou maîtres de pension sont dans l'usage de donner congé à leurs élèves, à l'occasion de leur fête, au lieu de la remettre à un jour férié, et que ces élèves, après avoir manqué un jour de classe, reviennent le lendemain au collége sans avoir fait de devoir ;
Considérant qu'il importe pour le bon ordre et le bien des études de faire cesser un pareil abus,
Arrête ce qui suit, etc.

TITRE VII.

DE L'INSTRUCTION PRIMAIRE (1).

SECTION PREMIÈRE.

AVANT LA LOI DU 28 JUIN 1833.

Instructions relatives aux instituteurs primaires.

2359. Les qualités que l'Université exige des instituteurs primaires se renferment en deux points : *la capacité* et *les bonnes mœurs*. Ces conditions doivent être également remplies, et par les instituteurs qui exercent déjà l'enseignement, et par les candidats qui se présentent pour l'exercer.

(Instruction du 24 février 1810.)

2360. Dans chaque académie, le recteur, après avoir recueilli, soit auprès des autorités locales, soit par ses inspecteurs, les renseignemens nécessaires sur tous les instituteurs primaires de son ressort, adressera au grand-maître un état où seront portés par département et subdivisés en arrondissemens de sous-préfecture et de canton,

1°. Les instituteurs qu'il croira convenable de maintenir ;

2°. Les sujets qui n'ont point encore exercé, et qu'il jugera en état de remplir cette fonction ;

3°. Les individus exerçant déjà, dont l'ignorance ou les mauvaises mœurs seront démontrées par des preuves positives ou des témoignages irrécusables.

Ces états contiendront les noms, prénoms et âge des instituteurs ou des candidats ; le lieu de leur résidence, la désignation de la commune où l'on propose de les placer ; si c'est une nomination nouvelle ou un déplacement ; les témoignages bons

---

(1) On pourra se convaincre, par les instructions et les arrêtés qui suivent, que l'Université a toujours reconnu l'importance de l'instruction primaire. Mais le grand-maître de l'Université n'avait pas, à beaucoup près, les moyens d'encouragement et d'amélioration que la loi a mis à la disposition du ministre de l'instruction publique ; et même avec ces moyens puissans, la propagation de l'instruction primaire dans toute la France sera difficile : elle demandera, comme tout ce qui est bon à l'humanité, *patience et longueur de temps*.

ou mauvais, rendus sur eux, et le titre de l'autorité qui les donne, avec les observations du recteur et son avis.

(Même instruction.)

2361. Aucun chef d'école primaire, communale ou particulière, ne pourra commencer ses fonctions sans avoir fait enregistrer son autorisation au secrétariat de la mairie. Cet enregistrement aura lieu sur la représentation de l'autorisation définitive ou provisoire, délivrée, soit par le grand-maître, soit par le recteur.

(Instruction du 30 novembre 1812.)

2362. Aux termes de l'ordonnance du 29 février 1816, il appartient aux recteurs de prononcer sur le degré de capacité des maîtres qui se destinent à l'instruction primaire : les examens doivent être faits par un inspecteur de l'académie ou par tout autre fonctionnaire de l'instruction publique que le recteur aura délégué.

(Instruction du 14 juin 1816.)

2363. Il suffira, pour obtenir le brevet de capacité du troisième degré, de savoir bien lire, écrire et chiffrer, et d'être en état de montrer ces trois choses.

Les examinateurs auront donc soin de s'assurer comment lisent les sujets qui se présenteront, tant dans les livres français et latins que dans les pièces manuscrites; ils leur feront faire des exercices de lecture dans des livres et des cahiers contenant différens caractères d'impression et d'écriture; ils les interrogeront sur les procédés qu'ils emploient pour montrer à lire; ils en feront autant pour ce qui concerne l'écriture et les chiffres.

Le brevet de deuxième degré ne peut être donné qu'à ceux qui posséderont bien l'orthographe, la calligraphie et le calcul. Afin de constater quelle est l'instruction de chaque candidat qui demandera ce brevet, il conviendra de lui faire écrire sous la dictée un morceau assez étendu, et renfermant assez de difficultés pour qu'on puisse juger jusqu'à quel point le sujet écrit avec exactitude et correction. Il sera tenu, en outre, de produire une pièce qui renferme les principaux genres d'écriture. Il écrira sous les yeux de l'examinateur, afin de prouver que son écriture est la même que celle de la pièce présentée. Il devra faire les opérations pratiques des quatre premières règles de l'arithmétique, sur des exemples donnés séance tenante. Enfin, le sujet sera interrogé sur sa méthode d'enseigner à lire, à écrire et à calculer; et, à cet égard, toutes choses égales d'ailleurs, on préférera celui qui possédera le calcul décimal.

Quant aux maîtres qui voudront obtenir le brevet de premier degré, indépendamment des épreuves précédentes auxquelles ils seront également soumis, ils devront répondre aux questions qui leur seront faites sur les principes de la grammaire française et de l'arithmétique. Ils feront l'analyse grammaticale de quelques phrases dictées ; ils opéreront d'après les principales règles de l'arithmétique, y compris la règle de trois et la règle de société, et en feront ensuite la démonstration.

Les procédés de l'arpentage n'étant point partout les mêmes, et ces procédés, pour des instituteurs primaires, ne pouvant avoir une véritable géométrie pour fondement, il faudra, en attendant qu'il ait été publié des ouvrages élémentaires convenables, se borner à interroger les instituteurs sur les instrumens et sur les méthodes qu'ils emploient suivant la disposition du terrain ; mais tous indistinctement devront être versés dans la pratique du calcul décimal, et faire preuve de notions suffisantes touchant les figures qui servent à mesurer les surfaces : on les interrogera en même temps sur les règles du toisé, et sur la manière d'opérer pour rapporter leurs mesures sur le papier et dessiner leurs plans.

L'instituteur de première classe devra avoir une idée précise des principaux termes de la géographie, et répondre aux questions générales qui lui seront faites sur les grandes divisions du globe, sur les relations et la direction des principales chaînes de montagnes et des principaux fleuves, sur les peuples et les empires qui se partagent la terre, leurs productions naturelles, leur population et leur industrie ; et comme l'Europe et la France en particulier doivent être l'objet principal de l'enseignement de la géographie dans les écoles primaires de première classe, on exigera de l'instituteur des notions plus détaillées sur tout ce qui concerne les différentes nations et les différens états de l'Europe. Quant à la France, il devra être dans le cas de la faire connaître par plus de détails encore : il en indiquera les limites avec précision ; on lui en fera énumérer les divisions administratives, judiciaires et ecclésiastiques : il établira les rapports des départemens entre eux, les rivières qui les arrosent, leurs montagnes, les villes qui s'y trouvent, les genres de culture qui y sont en usage, les professions ou les fabriques qui y prospèrent ; et il devra mettre un soin particulier à rapporter à chaque localité les événemens remarquables qui s'y rattachent ; il rappellera surtout ceux de ces événemens qui seront honorables pour nos rois ou pour la nation, et qui pourront développer dans le cœur des élèves l'amour du souverain et de la patrie.

Il est un genre d'instruction qui se place au premier ordre, et qui doit être exigé de tous les instituteurs indistinctement, c'est la connaissance des préceptes et des dogmes de la religion : les maîtres seront interrogés, sans exception, sur cet objet important, d'après le catéchisme du diocèse. Ceux du premier degré devront en outre répondre sur l'histoire de l'ancien et du nouveau Testament.

(Même instruction.)

2364. La méthode dite d'*enseignement mutuel* est du nombre de celles qu'il est permis d'employer dans les écoles primaires, sans que l'emploi de cette méthode puisse autoriser à ouvrir des écoles autrement que dans les formes prescrites, et sous la surveillance des autorités établies par les ordonnances et les règlemens.

(Instruction du 27 juin 1816.)

2365. Il sera établi une école-modèle d'enseignement mutuel dans chacune des académies de Caen, Rouen, Orléans, Metz, Nancy, Dijon, Bourges, Clermont, Cahors, Montpellier, Aix et Pau, au lieu qui sera désigné par le recteur.

Les instituteurs chargés de diriger ces écoles, sous la surveillance des recteurs et des inspecteurs d'académie, seront choisis parmi les personnes qui ont suivi le cours normal établi à Paris, ou les cours des *écoles-modèles* déjà formées, lorsqu'elles auront satisfait d'ailleurs à toutes les conditions exigées par l'ordonnance du 29 février 1816, pour exercer l'enseignement primaire.

Dans le cas où il ne se présenterait pas actuellement un nombre suffisant de sujets propres à diriger ces nouvelles écoles, le recteur désignera dans son académie un instituteur primaire intelligent, lequel sera envoyé à Paris pour s'instruire des procédés de la méthode d'enseignement mutuel.

Une somme de 10,000 francs est affectée aux frais de premier établissement de ces douze écoles-modèles. Cette somme sera imputée sur le fonds de 20,000 fr. destiné à l'encouragement de l'instruction primaire pour la présente année 1817.

Les recteurs des douze académies ci-dessus dénommées sont chargés, chacun en ce qui le concerne, de l'exécution du présent arrêté, et particulièrement de se concerter avec les préfets et les maires pour le choix des locaux propres à l'établissement des écoles-modèles.

2366. Dans chacun des départemens du Loiret, de Loiret-Cher, de l'Allier, du Cantal, de la Haute-Loire, de l'Ariège, de la Drôme, de l'Eure, du Calvados, de la Manche, de la Meurthe, des Vosges, du Cher, des Landes, des Hautes-Pyrénées, du Rhône, des Basses-Alpes, des Bouches-du-Rhône, du Gard, de la Lozère, de l'Aveyron, de l'Hérault et de l'Aude, un des instituteurs primaires en exercice sera chargé, par le recteur de l'académie, de donner dans son école des exemples des procédés de la méthode d'enseignement mutuel.

Cet instituteur recevra 100 francs à titre d'encouragement.

Une somme de 2,400 francs est affectée à cette dépense, et imputée sur le fonds de 20,000 francs destiné à l'encouragement de l'instruction primaire pour la présente année 1817.

Les recteurs des académies d'Orléans, Clermont, Toulouse, Grenoble, Rouen, Caen, Nancy, Bourges, Pau, Lyon, Aix, Nîmes et Montpellier, sont chargés, chacun en ce qui le concerne, de l'exécution du présent arrêté.

(Arrêtés du 22 juillet 1817.)

2367. Les inspecteurs veilleront à ce que la méthode d'enseignement mutuel ne soit pas dénaturée par les maîtres qui voudraient l'employer sans la bien connaître.

Toutefois l'obligation de connaître ses procédés, tels qu'ils sont exposés dans la classe normale de Paris, et dans les écoles-modèles qui ont été établies sur différens points du royaume, n'impose pas celle de n'en faire qu'une imitation servile. Il doit être permis aux instituteurs intelligens et capables de contribuer au perfectionnement des méthodes, d'ajouter de nouveaux développemens et des modifications utiles à celle qu'ils auront adoptée pour leurs classes.

(Instruction du 11 décembre 1817.)

2368. Un instituteur primaire qui se sera établi clandestinement dans une commune, ne pourra obtenir d'autorisation régulière, soit pour cette commune, soit pour les autres communes du canton.

(Arrêté du 22 mai 1818.)

2369. A compter du 1er. janvier 1819, il ne sera accordé d'autorisation pour exercer l'enseignement primaire dans la ville de Paris, qu'aux instituteurs qui auront obtenu un brevet du deuxième degré.

(Arrêté du 22 mai 1818 (1).)

(1) Par un autre arrêté du 25 septembre 1819, il fut décidé qu'il ne serait plus accordé d'autorisation pour les chefs-lieux de canton à des instituteurs du troisième degré.

TITRE VII.

Distribution des médailles.

2370. Il sera distribué, dans chaque académie du royaume, deux médailles en argent et quatre en bronze aux instituteurs primaires qui se seront distingués par la meilleure tenue de leurs écoles, les progrès des élèves et la supériorité des méthodes d'enseignement.

Les médailles seront décernées, chaque année, par une délibération du conseil académique; la distribution en sera publique, et se fera le même jour et dans la même séance que la distribution des prix du collége royal du chef-lieu de l'académie (1).

Dans l'académie de Paris, le nombre des médailles sera quadruple; elles seront décernées par la Commission de l'instruction publique, et distribuées avec les prix du concours des colléges royaux.

(Arrêté du 15 juin 1818 (2).)

(1) Un arrêté du 7 février 1829 a confirmé cette utile mesure avec les modifications suivantes :
Art. 2. Les médailles seront décernées chaque année par une délibération du conseil académique, d'après les délibérations des divers comités et les rapports des inspecteurs de l'académie.
Art. 3. La remise des médailles sera faite publiquement aux instituteurs qui les auront méritées. Le nom de l'impétrant sera gravé aux frais de l'Université sur la médaille qui lui aura été décernée.

(2) Une circulaire de la commission de l'instruction publique traçait en même temps aux recteurs quelques règles à suivre pour la distribution des médailles.
« Les comités cantonaux seront d'abord consultés : le compte qui doit leur être rendu tous les mois par les surveillans spéciaux, de l'état des écoles primaires de leurs cantons respectifs, les met à portée de bien connaître ces écoles et d'en apprécier les maîtres. Vous les engagerez donc à s'occuper, dès ce moment, de cet important objet, et vous les inviterez à joindre au tableau des écoles, qu'ils sont chargés de vous transmettre au mois de juillet, leur avis et leurs observations sur les instituteurs qui auront donné des preuves particulières de zèle et de capacité.
» Ce premier travail servira de base à une nouvelle opération qui doit être confiée aux inspecteurs d'académie, chacun pour les écoles soumises à son inspection.
» Ils examineront les renseignemens fournis par les divers comités ; ils les compareront entre eux et à ceux qu'ils auront recueillis par eux-mêmes dans leurs tournées. Le résultat de cet examen leur fera connaître les instituteurs dont les titres mériteront d'être mis sous les yeux du conseil académique, et parmi lesquels il aura à faire un choix. Les inspecteurs ne sauraient apporter trop de soin dans ce travail ; ils devront, au besoin, visiter de nouveau les écoles indiquées par les comités cantonaux, avant de présenter leur rapport au conseil académique.
» La comparaison des méthodes d'enseignement forme un des élémens les plus importans du travail des inspecteurs et de la délibération du conseil académique. Il ne suffit cependant pas qu'un maître ait acquis la connaissance des bonnes méthodes, et qu'il les ait employées avec succès dans une école primaire, pour qu'il soit jugé digne d'obtenir la médaille. On doit surtout avoir égard aux circonstances où se trouve l'instituteur et aux obstacles qu'il a surmontés, pour apprécier le bien qu'il aura fait dans l'exercice de l'enseignement. Les améliorations dues à ses efforts, à son zèle, aux lumières qu'il aura puisées en lui-même et indépendamment des secours étrangers, sont ses titres les plus méritoires, et doivent donner une idée plus avantageuse de son intelligence et de sa capacité.
» Les frères des écoles chrétiennes participeront comme les autres instituteurs primaires à ces récompenses ; mais le conseil académique saura distinguer, dans les écoles qu'ils

Discipline, police et instruction.

2371. D'ici au 1er janvier 1820, les comités adresseront à la Commission de l'instruction publique un projet de règlement pour les écoles de leur canton, dont l'objet sera de régler la discipline intérieure des classes, de telle sorte que les maîtres et les élèves y trouvent une direction sûre : les heures des classes, les jours de vacances et les vacances générales y seront fixés, ainsi que les divers genres de punitions ou de récompenses, etc.

Les membres des comités se partageront les écoles de leur canton, et rendront compte, à chacune de leurs réunions, de l'inspection qu'ils en auront faite, de l'état de l'instruction, et de la ponctualité plus ou moins grande avec laquelle les règlemens sont suivis.

(Arrêté du 25 septembre 1819, art. 8 et 9.)

2372. Le perfectionnement du mode d'enseignement et de l'instruction des maîtres devant être un des objets principaux des soins des comités, ils s'efforceront d'obtenir, dans chaque chef-lieu de canton, au moins, une école dirigée d'après la méthode des frères, ou d'après celle de l'enseignement mutuel, pour que les maîtres des autres communes puissent y trouver des exemples de ces méthodes, et les employer ensuite dans leurs écoles.

(Ibid., art. 11.)

Examens pour la délivrance des brevets de capacité.

2373. Les résultats des examens seront désormais constatés sur des feuilles qui contiendront en détail l'énumération de

dirigent, ce qui dépend du mérite personnel du maître, et ce qui appartient au régime de l'institution et aux méthodes qu'elle emploie.

» Le conseil académique n'oubliera pas que les soins donnés à l'enseignement de la religion, des mœurs exemplaires, une conduite irréprochable, et l'attention la plus soutenue à remplir les devoirs imposés aux instituteurs, sont la première condition des récompenses qui leur sont offertes.

» Lorsque le conseil académique aura arrêté la liste des instituteurs qui auront droit aux médailles, vous inviterez chacun de ceux qui se trouveront compris dans cette liste à se rendre au chef-lieu de l'académie le jour fixé pour la distribution, et vous les préviendrez en même temps que ceux qui ne pourront être présens, à raison de l'éloignement du lieu de leur domicile, ou pour tout autre motif, recevront la médaille des mains du président du comité cantonal.

» MM. les préfets seront priés de faire insérer au journal du département les noms des instituteurs qui auront mérité d'avoir part à ces encouragemens.

» La délibération du conseil académique sera motivée. Vous voudrez bien, monsieur le recteur, en donner connaissance à la commission. »

Les listes dressées par les conseils académiques sont envoyées au ministre, et arrêtées définitivement en conseil royal. C'est alors seulement que les recteurs avertissent et convoquent les instituteurs qui ont obtenu les médailles.

Désormais, aux termes de l'ordonnance du 26 février 1835, et du statut du 27 du même mois, les inspecteurs particulièrement chargés de surveiller l'instruction primaire, devront faire un rapport spécial sur les instituteurs qui leur paraîtront avoir mérité cette sorte de distinction et d'encouragement.

toutes les connaissances exigées pour chacun des trois degrés (1).

(1) MATIÈRES DE L'EXAMEN DU TROISIÈME DEGRÉ.

Religion.	Hist. Sainte. { Anc. Testam. / Nou. Testam. Catéchisme du diocèse.	
Lecture.	Imprimés. { Français. / Latins. Manuscrits français.	
Procédés pour enseigner à lire.		
Écriture.	Cursive. { Lett. majeur. / id. ordinaires. Bâtarde. { id majuscul. / id. ordinaires	
Calcul.	Pratique sur les mesures anciennes et nouvelles.	Addition. Soustraction. Multiplication. Division. Calcul décim.
Méthode d'enseig.	Simultané. / Mutuel.	
Connaissances non exig.	Plain-chant. / Arts et métiers. / Dessin linéaire.	

MATIÈRES DE L'EXAMEN DU DEUXIÈME DEGRÉ.

Religion.	Hist. Sainte. { Anc. Testam. / Nou. Testam. Catéchisme du diocèse.	
Lecture.	Imprimés. { Français. / Latins. Manuscrits français.	
Procédés pour enseigner à lire.		
Écriture.	Bâtarde. / Coulée. / Cursive. / Ronde. / Anglaise.	
Orthographe.		
Analyse grammaticale.		
Calcul.	Théorie. Mesures anciennes et nouvelles. Pratique.	Addition. Soustraction. Multiplication. Division. Règles de 3 et de société.
Calcul décimal.		
Méthode d'enseig.	Simultané. / Mutuel.	
Connaissances non exig.	Plain-chant. / Arts et métiers. / Dessin linéaire.	

MATIÈRES DE L'EXAMEN DU PREMIER DEGRÉ.

Religion.	Hist. Sainte. { Anc. Testam. / Nou. Testam. Catéchisme du diocèse.
Lecture.	Imprimés. { Français. / Latins. Manuscrits français.
Écriture.	Bâtarde. / Coulée. / Cursive. / Ronde. / Anglaise.
Orthogr.	Théorie. / Pratique.
Grammair.	Exposition des principes. / Analyse des phrases dictées.
Arithmét. Mesures anciennes et nouv.	Théorie et pratique. { Les 4 règles. / Les fractions. { déc. / ord. } / La règle de 3. / La règle de société, etc.
Arpentag.	Instrumens et méthodes. Connaissance des fig. qui servent à mesurer les surfaces. Règles du toisé. Opérations pour rapporter les mesures sur le papier et pour dessiner les plans.
Géograp.	Termes de géographie. Grandes divisions du globe. Princip. chaînes de monts. Principaux fleuves. Peuples célèbres. Productions naturelles des principaux pays, leur industrie, leur commerce.
France.	Limites. Divis. administratives, judiciaires et ecclésiastiques. Situat. respectives des dép., fleuves et rivières qui les arrosent. Montagnes. Genres de culture. Genres d'industrie. Evénemens remarquables de l'Histoire de France.
Méthode d'enseign.	Simultané. / Mutuel.
Connaissances non exig.	Plain-chant. / Arts et métiers. / Dessin linéaire. / Notions de la sphère. / Perspective.

(Instruction du 14 juin 1816.)

Aucun brevet du deuxième ou du troisième degré ne devra être délivré par le recteur, sans que la feuille d'examen relative à l'un ou à l'autre des deux degrés, sur laquelle l'examinateur aura porté ses notes, soit jointe à sa proposition. Quant aux brevets du premier degré (dont la délivrance doit être autorisée par le conseil royal), le recteur devra pareillement annexer à ses propositions le procès-verbal de l'examen subi par le candidat.

(Instruction du 14 novembre 1820.)

Pensionnats primaires (1).

2374. L'autorisation accordée à un instituteur primaire de tenir école dans une commune, ne lui donne que le droit de recevoir des élèves externes (2).

A partir du 1er. janvier 1821, tout instituteur primaire qui désirera obtenir la faculté d'avoir des pensionnaires, devra demander, à cet effet, une autorisation spéciale du recteur de l'académie dans le ressort de laquelle il exerce ses fonctions (3).

Les instituteurs primaires qui auraient déjà joui de cette faculté, soit en vertu d'une autorisation, soit par une simple tolérance, devront se retirer par devers le recteur, pour obtenir ou une autorisation, ou le renouvellement de celle qu'ils auraient précédemment obtenue.

Avant de permettre à un instituteur primaire de recevoir des pensionnaires, le recteur s'assurera que les besoins de l'instruction et de l'éducation dans la commune où cet instituteur veut former son établissement, autorisent en effet un pensionnat de cette espèce, et que le local destiné au pensionnat est convenable, sous le rapport des dortoirs, du réfectoire, des lieux de récréation, des salles d'études, et généralement pour tout ce qui intéresse la discipline et les bonnes mœurs (4).

(1) Le conseil, vu l'arrêté en date du 17 juillet 1812, portant qu'il ne peut être établi de pensionnat dans une maison dont le chef n'aura point obtenu l'autorisation du grand-maître; considérant qu'il est reconnu que dans certaines localités, il est intéressant, pour l'instruction primaire, que les instituteurs primaires puissent prendre des pensionnaires;

Que, pour prévenir les abus ou les inconvéniens de cette faculté, il est nécessaire que les instituteurs soient assujettis à obtenir préalablement du recteur, dans le ressort duquel ils exercent leurs fonctions, une autorisation spéciale,

Arrête ce qui suit, etc.

(2) Le même principe est suivi en Prusse, où l'instruction primaire a reçu, depuis 1819 surtout, de si admirables développemens. (Voyez le rapport de M. le conseiller Cousin, sur l'état de l'instruction publique dans quelques pays de l'Allemagne.)

(3) L'ordonnance du 21 avril 1828 a réservé cette autorisation au conseil royal.

(4) A cet effet, l'instituteur doit joindre à sa demande le plan esquissé, avec échelle, de la maison dans laquelle le pensionnat primaire doit être établi.

Le comité déterminera le nombre de pensionnaires que l'instituteur pourra admettre à raison de l'étendue et de la disposition du local, et spécialement des dortoirs, où l'on ne perdra pas de vue que les lits doivent être éloignés l'un de l'autre, d'au moins un mètre. (Circulaire du 22 décembre 1827.)

L'instituteur primaire autorisé à tenir un pensionnat aura un registre coté et paraphé par un des surveillans spéciaux. Il y inscrira, en double colonne, d'un côté les élèves externes, et de l'autre côté les élèves pensionnaires, en indiquant leurs noms et prénoms, l'époque de leur entrée et celle de leur sortie.

Il sera enjoint à l'instituteur, de la manière la plus expresse, de se renfermer strictement dans les limites de l'instruction primaire, telles que les détermine le degré du brevet de capacité qu'il aura obtenu.

En cas de contravention, toute autorisation d'enseigner et de tenir école sera retirée sur-le-champ, et le recteur pourra même retirer le brevet de capacité, conformément aux dispositions des articles 25, 26 et 28 de l'ordonnance du 29 février 1816.

Les autorisations ne seront accordées que sur l'avis des comités cantonnaux.

Les élèves pensionnaires que les maîtres d'école auront été ainsi autorisés à recevoir, ne payeront, non plus que les élèves externes, aucune rétribution à l'Université.

Les recteurs inscriront sur un registre particulier toutes les autorisations par eux délivrées.

Tout instituteur primaire qui, à partir du 1er. janvier 1821, aurait des pensionnaires, sans en avoir obtenu l'autorisation, sera poursuivi comme chef d'une école clandestine et non autorisée.

(Arrêté du 5 décembre 1820, art. 1... 10.)

Dispenses du service militaire. — Engagemens décennaux.

2375. Les recteurs veilleront soigneusement à ce que les instituteurs primaires, qui ont été exemptés du recrutement sous la promesse de se livrer pendant 10 années à l'enseignement, remplissent avec fidélité leur engagement. Les comités cantonnaux et les surveillans spéciaux des écoles étant à portée de s'assurer de la présence de ces instituteurs, les présidens des comités la constateront par des certificats qu'ils feront parvenir au recteur tous les 6 mois, et l'avertiront sur-le-champ dans le cas où quelques-uns d'eux viendraient à abandonner leur école.

(Instruction du 1er. février 1819.)

Les préfets doivent, chaque année, transmettre directement au conseil royal, après la clôture et la liste du contingent, les états des instituteurs primaires et frères des écoles chrétiennes qui auront été exemptés. D'après l'examen qui sera fait de ces états, le conseil s'informera à des époques déterminées, soit auprès des recteurs, soit auprès des chefs des différentes sociétés des écoles chrétiennes, si les jeunes gens qui y sont compris remplissent effectivement les obligations qu'ils ont contractées, et il indiquera aux préfets ceux qui y auraient renoncé aussitôt qu'il en sera averti.—Indépendamment de leurs noms et prénoms, et lieu de leur domicile, de l'indication de leur classe, il est aussi à propos de faire connaître, 1°. en quelle qualité ils ont obtenu l'exemption; si c'est comme instituteurs primaires en général, ou comme frères des écoles chrétiennes; 2°. la date du certificat du conseil royal, contenant l'acceptation de leur engagement, ce certificat étant le seul titre sur lequel l'exemption peut être prononcée; 3°. enfin en quel lieu exerçaient les individus à l'époque où ils ont été exemptés.

(Instruction du 28 février 1822.)

Chaque recteur constatera la position des individus qui auront obtenu la dispense comme exerçant les fonctions d'instituteurs dans son académie. Il vérifiera, chaque année, tant que la classe dont ils font partie ne sera pas libérée, si ces individus remplissent fidèlement l'engagement qu'ils ont contracté, et il en rendra compte au conseil. S'ils avaient changé de domicile et tenaient école dans un autre lieu que celui où ils exerçaient primitivement, ou si même ils étaient passés dans une autre académie, il devrait aussi l'indiquer en rapportant la date de l'exéat qu'il leur aurait délivré à cet effet.

Lorsque quelque maître admis à la dispense aura abandonné ses fonctions, le recteur devra en informer sur-le-champ le conseil, afin qu'il en donne avis au préfet du département auquel l'individu appartiendra, comme aussi au ministre de la guerre.

(Instruction du 5 mars 1822.)

2376. L'engagement nécessaire pour obtenir la dispense de service militaire doit indiquer les nom et prénoms de l'instituteur, le lieu et la date de sa naissance, la date du brevet de capacité et de l'autorisation dont il est pourvu, et de l'approbation du préfet (1); la classe à laquelle il appartient pour le recrutement, et la promesse de se vouer pendant dix ans au service de l'instruction publique.

Les jeunes instituteurs qui s'engagent ainsi, n'ayant pas ordinairement atteint leur majorité, il faut qu'ils aient le consentement de leur père, de leur mère ou de leur tuteur, pour

(1) La forme de cet engagement a dû varier avec la législation sur l'instruction primaire, mais les conditions essentielles sont demeurées les mêmes.

qu'ils ne puissent avoir par la suite aucun prétexte de se soustraire à leur engagement.

Enfin l'acte doit être dûment légalisé par l'autorité locale, et visé par le recteur.

(Instruction du 10 octobre 1820.)

2377. Chaque recteur présentera désormais, à la fois et dans le dernier mois de chaque année, les engagemens de tous les fonctionnaires appartenant à cette année, qui auraient des droits à l'exemption (ou à la dispense) du service militaire (sauf à envoyer successivement dans le cours de cette même année, les engagemens de ceux qui n'acquerront leur titre à la dispense, qu'après l'envoi général).

Dans tous les cas, le conseil royal ne recevra aucun engagement qui serait contracté postérieurement à la publication de l'ordonnance qui fixe l'époque du tirage.

(Instruction du 1er. juin 1822.)

2378. Les frères et novices des écoles chrétiennes, ainsi que ceux des autres congrégations autorisées à se consacrer à l'instruction primaire, contractent l'engagement décennal entre les mains de leur supérieur. Celui-ci recevra tous les ans la liste des frères et novices sujets à l'appel, et le conseil royal délivre autant de certificats d'acceptation qu'il y a de noms inscrits sur chaque liste. Les instituteurs qui ne font point partie d'une congrégation autorisée doivent au contraire s'engager individuellement devant le conseil royal (1).

Il est nécessaire que les signatures portées sur l'engagement soient légalisées par le maire de la commune ; si les signataires (l'instituteur, et en cas de minorité, son père ou celui qui le représente), habitent des communes différentes, le maire de chaque commune légalise la signature de son administré, en apposant le sceau officiel de la mairie.

La formule de l'engagement doit être écrite en entier de la main de l'instituteur qui le souscrit.

Les élèves des écoles normales primaires sont, à l'instar des novices chez les frères, assimilés aux instituteurs primaires, sous le rapport de la dispense du service militaire et de l'engagement décennal qui en est la condition.

(Circulaire du 31 octobre 1825.)

2379. A l'avenir, pour chaque nouvelle classe appelée, chaque recteur adressera, au préfet du département auquel ils appartiennent, la liste des instituteurs de son académie qui auront

---

(1) Tous les instituteurs, frères et autres, contractent maintenant l'engagement individuel devant le conseil de l'instruction publique.

contracté l'engagement décennal, avec l'indication du lieu où ils exercent ; et lorsque l'engagement de quelqu'un de ces instituteurs aura été rejeté par le conseil royal, il aura soin aussi d'en avertir le préfet.

(Instruction du 20 janvier 1830.)

2380. Le jeune homme qui veut se vouer à la carrière de l'enseignement doit toujours avoir souscrit, avant l'époque fixée pour le tirage au sort par l'ordonnance du roi, l'engagement prescrit au paragraphe quatrième de l'art. 14 de la loi du 21 mars 1832 ;

Cet engagement, visé par le recteur de l'académie, doit être transmis par lui de manière à ce qu'il soit parvenu au conseil de l'Université avant ladite époque fixée pour le tirage ;

Il n'est pas indispensable que la date de l'acceptation de l'engagement par le conseil royal de l'instruction publique soit antérieure à l'époque fixée par l'ordonnance royale pour le tirage au sort ; il suffit au contraire que cette acceptation ait été consentie à une époque antérieure au jour où le conseil de révision est appelé à prendre une décision définitive sur le jeune homme qui réclame la dispense, en vertu du quatrième paragraphe de l'art. 14 de la loi précitée ;

La pièce portant acceptation de l'engagement, délivrée par le conseil royal, devra constater que l'engagement lui a été présenté antérieurement à l'époque fixée pour le tirage au sort ;

La dispense ne sera point accordée aux jeunes gens qui ne justifieront pas de leurs droits comme il est prescrit aux articles ci-dessus, ou qui ne les feront pas valoir en temps opportun, c'est-à-dire, qui ne produiront pas les pièces exigées au conseil de révision avant le jour où le conseil est appelé à prendre une décision définitive.

(Instruction du 21 février 1833 (1).)

2381. Tous les instituteurs primaires, comme les maîtres d'études, régens des colléges communaux et autres membres de l'Université qui contractent l'engagement décennal envers l'instruction publique, doivent être considérés comme obligés de servir l'instruction publique pendant dix ans, soit qu'ils aient été dispensés du service militaire en vertu dudit engagement, soit qu'ils n'aient pas fait usage de ce même engagement (2).

(Décision du 30 mars 1830.)

---

(1) Ces dispositions, délibérées en conseil royal, ont été adoptées par le ministre de guerre, et insérées dans son instruction relative aux opérations de la classe de 1832.

(2) Dans ce dernier cas, s'ils veulent quitter l'instruction publique, ils doivent s'adresser au ministre grand-maître, et lui demander une lettre d'exeat.

TITRE VII.

Des conférences annuelles entre les instituteurs.

2382. Chaque recteur s'occupera d'établir dans son académie, canton par canton ou arrondissement par arrondissement, aux époques les plus favorables, des conférences entre les instituteurs du ressort, sous la présidence d'un inspecteur. Cet officier de l'Université se transportera dans tel ou tel arrondissement que le recteur lui aura désigné ; là, seront réunis les instituteurs appartenant à la circonscription d'un ou de plusieurs comités, suivant les localités et les circonstances. L'inspecteur les questionnera séparément ; il les mettra en présence, il les soumettra à diverses épreuves de leçons ou de compositions ; il leur distribuera la louange ou le blâme ; il donnera des avis à tous. D'autres réunions pourront avoir lieu dans le cours de l'année, sous la présidence d'un membre du comité de surveillance ou d'un des inspecteurs gratuits nommés conformément à l'art. 7 de l'ordonnance du 21 avril 1828.

Dans les départemens qui ont une école normale primaire, ou qui sont voisins de départemens dans lesquels une école de cette nature est établie, les inspecteurs engageront les communes qui posséderaient des revenus suffisans et qui auraient des instituteurs jeunes et doués de dispositions heureuses, à envoyer à leurs frais, pendant l'été, ces instituteurs à l'école normale primaire, pour perfectionner leur instruction et changer ou améliorer leur méthode.

(Instruction du 31 janvier 1829.)

Des livres élémentaires.

2383. Le gouvernement voulant arriver à ce que tous les enfans reçoivent l'instruction primaire, et à ce que tous les enfans indigens la reçoivent gratuitement, l'alphabet et premier livre de lecture et d'autres ouvrages destinés à répandre les premières connaissances seront distribués partout au prix le plus modique, et seront même donnés sans frais aux enfans pauvres. Ils seront répartis sur tous les points de la France, dans la proportion de la population et des besoins, entre les écoles communales. Des dépôts seront formés dans tous les chefs-lieux d'arrondissement et dans les principales villes de chaque ressort. Les comités recevront de la sous-préfecture le nombre d'exemplaires attribués à leur ressort respectif, et ils feront parvenir à chaque maire les exemplaires destinés à l'école communale.

Arrivés dans chaque commune, le maire les frappera du timbre municipal, et ils seront la propriété de l'école publique.

L'instituteur chargé de ces livres les conservera avec soin; il les distribuera, selon les besoins, aux enfans indigens, dont la liste lui aura été remise par le maire. Les enfans auront tous leur alphabet, et le défaut de livre ne pourra plus être nulle part le prétexte du défaut d'étude. Un récépissé émané du maire, au fur et à mesure de chaque livraison, sera aussitôt envoyé par lui au recteur de l'académie. De leur côté, les élèves qui appartiennent à des parens plus aisés auront toute facilité de se procurer d'autres exemplaires du même alphabet à des prix très-modérés, dont il leur sera donné connaissance dans chaque commune.

Le même plan sera suivi pour les autres ouvrages que l'Université se propose de distribuer dans les écoles primaires, et notamment pour les trois livres d'instruction morale et religieuse, dont l'envoi suivra de près celui de l'alphabet (1).

(Instruction du 2 novembre 1831.)

De l'emploi des frais généraux affectés aux besoins de l'instruction primaire.

2384. Les communes et les départemens doivent d'abord s'aider de leurs propres moyens, et mériter par leurs sacrifices et leurs efforts de recevoir l'assistance du gouvernement. Les fonds généraux ne sont accordés qu'aux communes qui ont commencé par faire par elles-mêmes tout ce qui est en leur pouvoir (2).

(Instruction du 30 novembre 1831.)

Dispositions générales concernant les écoles primaires de filles (3).

2385. Les dispositions relatives aux attributions des comités gratuits et aux autres moyens de surveillance, aux brevets de

---

(1) Pour les écoles catholiques, le petit catéchisme historique composé par Fleury, approuvé par Bossuet; pour les écoles protestantes, un ouvrage sur la Bible composé par M. le pasteur Boissard; pour les écoles israélites, un livre désigné par le consistoire central.

(2) Voici, en conséquence de ce principe général, les points sur lesquels le conseil royal doit avoir les renseignemens les plus précis, avant de donner son avis sur les demandes de secours pour acquisition, construction ou réparation de maisons d'école, ou pour acquisition de livres et instrumens nécessaires aux études. — Population de la commune. — Ses revenus ordinaires et extraordinaires. — Produit des 5 centimes additionnels. — Produit des autres revenus ordinaires. — Montant de la dépense totale. — Somme pour laquelle la commune contribue à cette dépense. — Subvention du département. — Somme demandée aux fonds de l'état par le conseil municipal. — Avis du comité d'arrondissement. — Avis du préfet. — Avis du recteur.

(3) Voir dans la 1re. partie, pages 256 et suiv., les ordonnances qui régissent encore ces écoles, attendu le silence de la loi du 28 juin à leur égard.

capacité et aux autorisations spéciales, aux classes normales primaires (1), aux tableaux annuels du mois de juillet, aux mesures d'ordre et de discipline, et enfin aux écoles protestantes,

(1) Une de ces classes normales est établie à Charleville, sous la direction des dames de la Providence.

Des statuts ont été proposés pour cette école par M. le préfet des Ardennes ; après de légères modifications, le ministre a autorisé ce premier essai, et tout porte à croire que cet essai sera heureux.

1. L'école destinée à former des institutrices primaires, et confiée à l'institution des dames de la Providence de Charleville, sera sous la surveillance d'une commission spéciale et sous la direction de madame la supérieure de la Providence, qui désignera celles de ces dames qui devront être chargées d'instruire et de former les élèves institutrices. — 2. La commission spécialement chargée de la surveillance de l'école d'institutrices sera composée de cinq membres, nommés par le ministre de l'instruction publique, sur la présentation du préfet du département et du recteur de l'académie. — 3. L'enseignement de l'école comprendra : l'instruction morale et religieuse, les meilleurs modes d'enseignement de la lecture et de l'écriture, les quatre premières règles d'arithmétique, les règles de proportion, le système décimal et celui des poids et mesures, la grammaire française, des notions d'histoire et de géographie en général, et principalement de l'histoire et de la géographie de la France, les divers genres d'ouvrages à l'usage d'une femme de ménage, la coupe des chemises et des vêtemens de femme. — 4. Les élèves institutrices seront exercées à donner des leçons en présence des dames maîtresses, dans les classes gratuites. — 5. Les cours dureront deux ans, il n'y aura pas d'interruption par vacances. Des congés ne seront accordés que dans des circonstances urgentes et par le commissaire en tour, sur le rapport de madame la supérieure.

6. Les élèves qui se présentent pour être admises à l'école rempliront les conditions suivantes : 1°. être âgée de 18 à 30 ans ; 2°. produire des certificats de moralité et de bonne conduite, délivrés par le maire de la commune, par le curé de la paroisse et par le comité communal ; 3°. prouver par le résultat de l'examen, subi devant les membres de la commission de surveillance, que la postulante sait lire et écrire correctement, et qu'elle a une connaissance suffisante de la religion ; 4°. les examinateurs s'attacheront aussi à connaître les dispositions des postulantes, leur caractère, leur degré d'intelligence et d'aptitude ; 5°. la postulante devra aussi produire un certificat de médecin, constatant qu'elle a été vaccinée ou qu'elle a eu la petite vérole, et qu'elle n'est sujette à aucune infirmité incompatible avec les fonctions d'institutrice. Ces différentes pièces seront communiquées à madame la supérieure, qui les visera et les conservera. Un récépissé en sera déposé dans les archives de la commission de surveillance ; 6°. les élèves internes sont tenues d'apporter le trousseau prescrit par le règlement. — 7°. Si après trois mois de séjour à l'école, l'élève institutrice est jugée par la commission de surveillance et sur le rapport de madame la supérieure, ne pouvoir en remplir les fonctions, elle devra se retirer, sans être obligée à rembourser le prix du temps qu'elle a passé à l'école. — 8°. Si une élève qui donne des sujets de plaintes graves, après avoir été plusieurs fois avertie et censurée, n'offre aucune espérance d'amendement, son renvoi sera prononcé par la commission de surveillance, sur le rapport et la demande de madame la supérieure, adressés au préfet. — 9°. La commission, par des examens trimestriels, auxquels il sera procédé dans un local désigné par la commission et par madame la supérieure, devra s'assurer des progrès des élèves et de la direction des études. Un de ses membres sera chargé chaque mois de prendre auprès de madame la supérieure des renseignemens sur la conduite des élèves, et s'il y a lieu, il en rendra compte à la commission, qui se réunira le premier dimanche de chaque mois. — 10°. A la fin de la première année, les élèves institutrices subiront un examen en présence de la commission de surveillance, dans une des classes extérieures. S'il en est qui paraissent en état d'être placées, à raison de leur progrès et de leur application, elles pourront, sur l'avis de madame la supérieure directrice et de la commission de surveillance, se présenter devant la commission chargée de délivrer les diplômes d'institutrices. — 11°. A l'expiration de la deuxième année, toutes les élèves institutrices subiront un examen, d'après lequel elles seront inscrites par ordre de mérite. Les résultats de cet examen seront publiés dans les actes de la préfecture. — 12°. Nulle postulante ne sera admise à l'école si elle ne prend l'engagement de servir pendant dix ans, comme institutrice communale. Celles qui renonceront à leurs études

sont applicables aux écoles primaires de filles comme aux écoles primaires de garçons.

(Instruction du 13 juin 1828.)

2386. Les écoles des filles seront particulièrement inspectées par des dames choisies dans chaque ressort, au nombre de deux ou trois, parmi les mères de famille les plus recommandables par leur rang, par leur caractère, et surtout par la pureté de leurs mœurs et par leurs principes religieux.

(Même instruction.)

2387. Les brevets de capacité que les recteurs ont à délivrer aux institutrices sont de deux degrés, conformément à la circulaire du 3 juin 1819 (1).

En ce qui concerne les institutrices appartenant à des congrégations religieuses légalement reconnues, leur brevet de capacité sera délivré par les recteurs conformément à l'article 3 de l'ordonnance du 3 avril 1820 (2).

Les recteurs délivreront également à toutes les institutrices les autorisations d'exercer exigées par les circulaires du 3 juin et du 29 juillet 1819.

(Instruction du 17 octobre 1828.)

2388. Les institutrices qui appartiennent à des communautés religieuses légalement reconnues, n'auront besoin de recevoir des recteurs ni brevet de capacité ni autorisation ; et les comités

avant la fin des deux années, qui sortiront de l'école pour incapacité, après un séjour de plus de 3 mois, ou qui, ayant terminé leur temps d'étude, ne rempliront pas l'engagement de servir durant dix années comme institutrices, seront tenues de rembourser le prix de la pension, pour le temps de leur séjour à l'école ; et à cet effet elles en prendront l'engagement formel avec l'autorisation et sous le cautionnement des pères, mères ou tuteurs, s'il y a lieu. — 13°. Chaque arrondissement aura droit à l'admission à l'école de deux élèves, l'une pour une bourse entière, l'autre pour une demi-bourse, aux frais du département. Le prix de la pension est fixé à 300 francs : il sera payé à madame la supérieure sur les fonds du département. — 14°. Les boursières qui n'obtiendront que des portions de bourse, devront, outre les pièces exigées par l'article 1er., déposer entre les mains de madame la directrice un acte, par lequel elles s'obligeront à payer la portion de bourse qui reste à leur charge, et si elles sont mineures, leurs pères, mères ou tuteurs en prendront l'engagement. Il en est de même pour la totalité de la pension, à l'égard des personnes qui se présenteront comme pensionnaires, lorsqu'elles seront soumises aux mêmes conditions que les boursières, pour leur admission et pour tout ce qui tient à la discipline et aux règlemens de l'école. — 15°. Les frais de premier établissement et de l'achat du mobilier seront faits par le département, ainsi que ceux d'entretien annuel. — 16°. Un projet de règlement d'administration intérieure sera rédigé par madame la supérieure et soumis à l'approbation du conseil royal de l'instruction publique, après que le préfet de département et le recteur de l'académie auront donné leur avis sur ledit projet de règlement. — 17°. Les présens statuts pourront recevoir après la première année, et dans les mêmes formes que celles qui ont été suivies pour leur adoption, les modifications qui seront jugées nécessaires, soit d'après la demande de madame la supérieure directrice, soit sur les observations de la commmission de surveillance.

(1) 1re. partie, page 257.

(2) 1re. partie, page 259.

d'instruction primaire n'auront point à exercer de surveillance sur leurs écoles.

(Instruction du 9 février 1830 (1).)

Dispositions particulières concernant les écoles primaires de filles dans le département de la Seine, et notamment dans la ville de Paris (1).

2389. Les écoles primaires sont celles où l'on enseigne seulement la lecture, l'écriture et les élémens de l'arithmétique.

Les seules écoles primaires de filles, reconnues dans le département de la Seine, sont les suivantes: 1° les douze écoles communales établies dans chacun des arrondissemens municipaux de Paris, dont les dépenses sont payées sur le budget de la ville; 2° les écoles d'enseignement mutuel entretenues par la ville sur un fonds spécial, ou par la société de l'instruction élémentaire, ou par des fondateurs particuliers; 3° les écoles de charité entretenues par les bureaux de bienfaisance; 4° les écoles des sœurs, défrayées par les mêmes bureaux, et les autres écoles tenues par des institutrices qui appartiennent à des congrégations religieuses; 5° les écoles rurales, gratuites ou non gratuites, et où l'enseignement est restreint à l'instruction primaire.

(Règlement du 19 octobre 1819, art. 1 et 2 (1).)

2390. Seront surveillées, suivant le mode prescrit par le

(1) Cette instruction était allée plus loin que la décision royale du 6 janvier (voir pages 264 et 265). Il était dit que les écoles de filles, tenues par des institutrices appartenant à des congrégations religieuses, continueraient d'être surveillées par les autorités ecclésiastiques et administratives, *conformément aux dispositions antérieures*. Or, ces dispositions antérieures étaient les circulaires du 3 juin et du 29 juillet 1819 et l'ordonnance du 3 avril 1820, lesquelles prescrivent, en définitive, les brevets de capacité et les autorisations. (Voir ci-après, pages 822 et suiv.)

Quant à la visite des écoles, il a toujours été entendu qu'elle se ferait par des ecclésiastiques ou par des dames inspectrices, en ce qui concerne l'intérieur du pensionnat. A l'égard des classes, rien n'empêche que les membres des comités n'y exercent leur utile et paternelle surveillance.

(2) On voit que l'autorité administrative ne reconnaissait comme écoles primaires dans Paris que les écoles gratuites. Toutes les écoles payantes étaient réputées écoles *secondaires;* toutes les personnes qui voulaient tenir école à leurs risques et profits étaient obligées de subir les examens et d'obtenir les diplômes qui caractérisent l'instruction *secondaire*. De louables motifs avaient sans doute suggéré ce système exceptionnel; mais il a eu plusieurs inconvéniens. Dans une ville de 800,000 âmes, où se trouvent, surtout en certains quartiers, un très-grand nombre d'ouvriers ou de petits marchands qui, sans être pauvres, sont obligés à une sévère économie, il devait naturellement arriver que, faute d'écoles primaires libres, où moyennant une modique rétribution, les enfans auraient pu recevoir les notions les plus indispensables, une foule de jeunes filles fussent privées de toute instruction élémentaire, ou ne l'obtinssent qu'avec peine dans des écoles plus élevées et plus coûteuses, ou enfin l'allassent chercher dans des écoles clandestines, source féconde d'abus et de désordres.

Aussi, assure-t-on que tandis qu'il n'existe qu'un nombre très-limité d'écoles gratuites reconnues par l'autorité municipale (58), qui n'instruisent qu'environ 12,000 enfans du sexe féminin, il s'est élevé plus de 200 écoles illégales qui, établies sans aucune autorisation, échappent à toute surveillance.

Il est urgent de remédier à un tel état de choses, **en revenant aux règlemens généraux**, et en favorisant, sous les conditions légales de capacité et de moralité, la libre concurrence entre les écoles publiques et les écoles privées.

présent règlement, les écoles de Paris ci-dessus désignées. Quant aux écoles *rurales*, elles seront placées sous l'inspection et la surveillance des comités cantonnaux, conformément à l'ordonnance royale du 29 février 1816; seulement l'autorité des sous-préfets et des maires remplacera celle qui est attribuée au recteur dans ladite ordonnance sur les écoles de garçons.

Toutes les institutrices des écoles ci-dessus désignées, soit urbaines, soit rurales, sont tenues de justifier d'un brevet de capacité et d'une autorisation qui leur seront délivrés selon les formalités prescrites ci-après; à l'égard de celles qui appartiennent à des congrégations religieuses, elles doivent justifier de leur lettre d'obédience pour obtenir l'autorisation d'enseigner.

(Ibid., art. 3 et 4.)

2391. Les personnes qui désireront se vouer aux fonctions d'institutrice, subiront un examen de capacité devant le jury institué par le règlement du 20 juin 1816 (1). Cet examen portera exclusivement sur la lecture, l'écriture et les élémens d'arithmétique (2).

Elles ne seront point admises devant le jury, si elles ne sont âgées de *vingt ans* au moins, et si elles ne sont munies des pièces suivantes : 1°. un acte de naissance ; et dans le cas où les postulantes seraient mariées ou veuves, un extrait de l'acte de célébration de leur mariage ; 2°. un certificat de bonne conduite et de bonnes mœurs délivré par les curés et maires de la commune ou des communes où elles auraient habité trois ans au moins.

D'après le rapport du jury, le préfet délivrera, s'il y a lieu, des brevets de capacité aux postulantes (3).

(Ibid., art. 5... 7.)

2392. Pour avoir le droit d'exercer, il faudra, outre le brevet de capacité, une autorisation spéciale pour une commune déterminée ; et, à Paris, cette autorisation sera pour l'arrondissement municipal. Cette autorisation sera délivrée à Paris, sur la proposition du maire et des *dames surveillantes* dont il sera parlé ci-après, ou du fondateur de l'école ; et dans les arrondissemens ruraux, sur l'avis du comité cantonal.

(Ibid., art. 8.)

(1) Ce règlement concernait les institutions et pensions de demoiselles. — Le jury actuel pour les institutrices primaires, est composé de MM. les inspecteurs de l'académie.

(2) Il y a encore ici une réforme nécessaire. Il est évident que l'instruction morale et religieuse doit être, pour les institutrices comme pour les instituteurs, et pour le degré inférieur comme pour le degré supérieur, un objet essentiel de l'examen.

(3) Depuis l'ordonnance de 1828, c'est l'inspecteur général chargé de l'administration de l'académie de Paris, qui délivre les brevets et les autorisations.

2393. Lorsqu'une institutrice, munie d'un brevet de capacité obtenu dans un autre département, se présentera pour enseigner dans l'étendue du département de la Seine, elle sera dispensée de subir l'examen de capacité, mais non de produire les pièces désignées à l'art. 6.

Lorsqu'une institutrice admise à exercer dans le département de la Seine voudra changer de commune ou d'arrondissement, elle ne pourra être autorisée qu'en produisant un certificat de bonne conduite du maire et du curé de la commune, ou de l'arrondissement qu'elle voudra quitter.

(Ibid., art. 9 et 10.)

2394. La surveillance et l'inspection des écoles primaires de filles établies à Paris sont confiées à des *dames surveillantes* qui auront les mêmes fonctions à remplir que les dames inspectrices actuellement chargées de surveiller les maisons d'éducation du sexe, en vertu du règlement du 20 juin 1816, titre 3, mais seulement en ce qui est applicable aux écoles primaires; et ce, conformément aux art. 7, 8 et 9 de l'ordonnance du 29 février même année (1).

Le nombre des dames sera d'une au moins par arrondissement, et elles prendront le titre de *dames surveillantes pour les écoles primaires de jeunes filles*. Elles adresseront tous les trois mois leurs rapports à MM. les maires, pour être transmis au préfet au commencement de chaque trimestre.

(Ibid., art. 12.)

2395. Les écoles rurales primaires, de quelque espèce qu'elles soient, seront sous l'inspection des comités cantonnaux, ainsi qu'il est dit à l'art. 3 ci-dessus, et conformément aux art. 7, 8 et 9 de l'ordonnance royale du 29 février 1816. Les fonctions attribuées au recteur, en ce qui regarde les écoles de garçons, seront exercées par les sous-préfets, ou en leur nom par le maire de la commune; leurs rapports seront adressés au préfet tous les trois mois, pour servir à la composition des rapports annuels qu'il soumettra à S. Exc. le ministre de l'intérieur (2).

(Ibid., art. 14.)

2396. Conformément à l'article 17 de l'ordonnance royale, MM. les sous-préfets et les maires de Paris feront dresser le tableau des jeunes filles qui, ne recevant point chez leurs parens, ou dans les écoles établies, l'instruction primaire, sont dans le cas d'être appelées aux écoles publiques, dont le nom-

---

(1) Voir dans la 1re. partie, page 218, ces trois articles, qui règlent la surveillance à exercer sur les écoles.

(2) *Maintenant* au ministre de l'instruction publique.

bre sera augmenté à cet effet partout où il sera reconnu insuffisant.

Les sous-préfets et les maires sont également chargés de l'application de ladite ordonnance aux écoles primaires de jeunes filles, en tout ce qui n'est point contraire au présent règlement, et conformément aux dispositions suivantes.

(Ibid., art. 15.)

2397. A Paris, les dames surveillantes, et dans les communes rurales, les comités cantonnaux, veilleront au maintien de l'ordre, des mœurs et de l'enseignement religieux, à l'observation des règlemens et à la réforme des abus dans toutes les écoles de l'arrondissement ou du canton. Ils solliciteront près du préfet, par l'entremise de MM. les maires, les mesures convenables, soit pour l'entretien des écoles, soit pour l'ordre et la discipline.

Les comités cantonnaux, les maires et les dames surveillantes, sont respectivement chargés d'employer tous leurs soins pour faire établir des écoles de filles dans les lieux où il n'y en a point.

Dans les communes rurales, chaque école aura pour surveillans spéciaux, le curé ou desservant de la paroisse, et le maire de la commune où elle est située.

Le comité cantonal pourra adjoindre au curé et au maire, comme surveillant spécial, l'un des notables de la communes, choisi de préférence parmi les bienfaiteurs de l'école.

Dans les communes où les enfans de différentes religions ont des écoles séparées, le pasteur protestant sera surveillant spécial des écoles de son culte.

Les personnes chargées de la surveillance visiteront, au moins une fois par mois, l'école primaire qui sera sous leur inspection, feront faire les exercices sous leurs yeux, et en rendront compte aux maires ou aux sous-préfets.

(Ibid., art. 16, 17 et 18.)

2398. Toute commune sera tenue de pourvoir à ce que les enfans qui l'habitent reçoivent l'instruction primaire, et à ce que les enfans indigens la reçoivent gratuitement.

Dans les arrondissemens ruraux, deux ou plusieurs communes voisines pourront, quand les localités le permettront, et avec l'autorisation du comité cantonal, se réunir pour entretenir une école en commun. Les communes pourront aussi traiter avec les institutrices volontairement établies dans leur enceinte, pour que les enfans indigens suivent gratuitement l'école.

Les communes pourront traiter également avec les maîtresses

d'école pour fixer le montant des rétributions à payer par les parens qui demanderont que leurs enfans soient admis à l'école.

Dans ce cas, le conseil municipal fixera le montant de la rétribution, et arrêtera le tableau des indigens dispensés de payer.

(Ibid., art. 19... 21.)

2399. Toute personne ou association qui aurait fondé une école ou qui l'entretiendrait par charité, pourra présenter l'institutrice : pourvu qu'elle soit munie d'un certificat de capacité, et que le maire et les dames surveillantes, si l'école est projetée à Paris, ou le comité cantonnal, si c'est dans l'un des arrondissemens ruraux, n'aient rien à objecter sur sa conduite, elle sera autorisée à exercer.

Les personnes ou associations, et les bureaux de charité qui auraient fondé et entretiendraient des écoles gratuites, pourront aussi se réserver, ou à leurs successeurs, l'administration économique des écoles; et ils donneront leur avis aux maires pour les écoles de Paris, aux comités cantonnaux pour les écoles rurales, sur ce qui concerne leur régime intérieur.

Les maîtresses d'écoles fondées ou entretenues par les communes seront présentées par le maire et par le curé ou desservant, à charge par ceux-ci de choisir une personne munie d'un certificat de capacité, et dont la conduite soit sans reproche.

Si le maire et le curé ou desservant ne s'accordent pas sur le choix de l'institutrice, les comités cantonnaux, pour les écoles rurales, et s'il y a lieu, les dames surveillantes, lorsqu'il s'agira d'une école de Paris, donneront leur avis sur celle qui mérite la préférence.

Les communes et les fondateurs particuliers pourront donner les places d'institutrices au concours, et établir les formalités à observer; en ce cas, les concurrentes devront d'abord justifier de leurs certificats de capacité et de bonne conduite; et celle qui, par le résultat du concours, aura été jugée le plus digne, sera présentée.

Toute présentation d'institutrice sera adressée à Paris aux maires, et dans les arrondissemens ruraux aux comités cantonnaux, qui la transmettront au préfet avec leur avis, par l'entremise de MM. les maires et sous-préfets.

(Ibid., art. 22... 27.)

2400. Sur le rapport motivé des personnes chargées de la surveillance, le préfet révoquera, s'il y a lieu, l'autorisation donnée pour un lieu déterminé à une institutrice.

Les dames surveillantes et les comités cantonnaux peuvent aussi provoquer d'office cette révocation.

S'il y a urgence, et dans le cas de scandale, MM. les maires à Paris, les sous-préfets et les comités cantonnaux dans les arrondissemens ruraux, ont le droit de suspension; le préfet pourra retirer, s'il y a lieu, le brevet de capacité aux institutrices.

(Ibid., art. 28... 3o.)

2401. Les personnes ou les associations qui entretiendront à leurs frais des écoles, ne pourront y établir des méthodes et des règlemens particuliers.

Aucune institutrice ne pourra, sous quelque prétexte que ce soit, recevoir dans son école des enfans des deux sexes.

(Ibid., art. 31 et 32.)

2402. Il sera adressé au préfet, par MM. les sous-préfets et les maires de Paris, des rapports spéciaux sur les écoles établies ou qui s'établiraient sans autorisation. Faute par les institutrices de se pourvoir régulièrement, leurs écoles seront fermées.

(Ibid., art. 23.)

2403. MM. les sous-préfets et les maires de Paris sont chargés, chacun en ce qui le concerne, de l'exécution du présent règlement, dont il leur sera adressé des exemplaires en suffisante quantité, ainsi qu'aux dames surveillantes et aux comités cantonnaux des deux sous-préfectures; ils sont chargés en outre de donner connaissance des dispositions qui précèdent à toutes les institutrices des écoles primaires actuellement existantes dans leur arrondissement.

(Ibid., art. 24.)

SECTION DEUXIÈME.

DE L'INSTRUCTION PRIMAIRE DEPUIS LA LOI DU 28 JUIN 1833 (1).

Inspection générale de 1833—1834 (1).

2404. Il sera fait une inspection générale de toutes les écoles primaires. Cette mesure a pour but de faire bien connaître le régime intérieur des écoles, l'aptitude, le zèle, la conduite des

---

(1) Lorsque la loi sur l'instruction primaire eut enfin été donnée à la France, le ministre qui venait de l'obtenir conçut aussitôt le dessein de fixer le point de départ de la nouvelle législation, en ordonnant une visite générale de toutes les écoles alors établies; et dès le mois d'avril 1834, il put consigner, dans un rapport au roi, les principaux résultats de cette importante opération.

Pour donner à l'inspection un caractère de précision et d'uniformité qui fournît les moyens de constater l'état de l'instruction primaire sur les divers points de la France, il fut dressé une série de questions que les inspecteurs eurent à résoudre sur chaque école.

instituteurs, leurs relations avec les élèves, les familles, les

L'instituteur est-il logé ?
La commune lui fait-elle un traitement fixe ?
Quel en est le montant ?
L'instituteur jouit-il de quelque autre traitement comme secrétaire de la mairie, chantre, etc. ?
L'école est-elle entièrement gratuite ; ou bien n'y admet-on gratuitement que les enfans indigens ? Quel est le nombre de ceux-ci ?
Quelle est la rétribution payée par les élèves non gratuits ?
L'école est-elle commune aux enfans des deux sexes ?
A quel culte appartient-elle ?
Les élèves d'un autre culte y sont-ils admis ?
L'instituteur est-il autorisé à recevoir des élèves pensionnaires ?
A quel âge les enfans sont-ils admis à l'école ?
Quel est le nombre moyen des années qu'ils y passent ?
Quel est le nombre des élèves ?
En hiver ?
En été ?
Quelle est la méthode d'enseignement suivie dans l'école ?
Si c'est la méthode mutuelle, le mobilier de classe est-il suffisant ? Se compose-t-il des tableaux et autres objets d'enseignement envoyés dès l'origine par l'une des sociétés pour l'instruction primaire, ou bien les tableaux ont-ils été renouvelés ? Par qui ces tableaux ont-ils été publiés ?
Les élèves sont-ils pourvus de livres uniformes et en nombre suffisant ?
Quels sont ces livres ?
Quels sont les objets dont manque l'école ?
Quels sont les moyens de les lui procurer ?
Quelles sont les matières de l'enseignement ? instruction religieuse (histoire sainte et catéchisme), lecture, écriture, orthographe, grammaire, arithmétique, arpentage, dessin linéaire, géographie, histoire, musique ?
Comment l'école est-elle tenue, sous le rapport de l'ordre, de la discipline et du travail ?
Quel est l'état de l'enseignement ?
Les élèves font-ils des progrès ?
Leurs cahiers sont-ils bien tenus ?
(Les visiter, interroger les élèves, les faire interroger devant soi par le maître, et faire faire tous les exercices de l'école.)
Nom et prénoms de l'instituteur.
Son âge. Est-il célibataire, marié ou veuf ?
S'il est marié ou veuf, a-t-il des enfans ; quel en est le nombre, l'âge, le sexe? sont-ils à sa charge ?
Quelle est sa position de fortune personnelle ?
A-t-il un brevet? de quel degré ?
A-t-il une autorisation ? de quelle date ?
L'instituteur a-t-il été exempté du service militaire en cette qualité ?
Sort-il d'une école normale et de laquelle ?
A-t-il obtenu une médaille d'encouragement ou une mention honorable ?
A-t-il de la capacité, de l'aptitude et du zèle pour ses fonctions ? Comment s'acquitte-t-il de tous ses devoirs d'instituteur ?
Quelles sont les qualités qui le distinguent ?
Quel est son caractère ?
Est-il exempt de toute violence, de tout emportement ?
S'abstient-il toujours de frapper les élèves ?
Fait-il remarquer en lui quelque défaut ?
Sa conduite est-elle régulière ?
Sait-il s'attirer le respect et l'affection de ses élèves, l'estime de ses concitoyens et la bienveillance de l'autorité ? Est-il bien avec le curé ou ministre, et, dans le cas de la négative, de quel côté paraissent être les torts ?
Ne forme-t-il que des relations honorables, et évite-t-il les sociétés et les habitudes qui ne conviennent pas à la gravité de son état ?
N'exerce-t-il pas quelque autre profession ou commerce peu compatible avec les fonctions de l'enseignement ?
Indiquer les communes où les instituteurs se réuniraient en conférences, et où il existerait une bibliothèque contenant des livres d'instruction primaire.

autorités locales; l'état moral, en un mot, de l'instruction primaire et ses résultats définitifs.

Les inspecteurs se mettront en relation avec le préfet et les sous-préfets dès le commencement de leur tournée. Les sous-préfets et les maires informés par le préfet de la prochaine arrivée des inspecteurs, leur donneront toutes les facilités nécessaires pour l'accomplissement de leur mission.

Les inspecteurs se transporteront dans toutes les écoles: leurs réponses aux questions devront être le résultat de leurs observations personnelles ou des renseignemens qu'ils auront recueillis dans la commune même auprès des autorités locales. Ils ne reproduiront les renseignemens indirects qui seraient parvenus à leur connaissance, qu'après en avoir vérifié l'exactitude sur les lieux mêmes.

Ils consigneront les observations générales qu'ils auront faites sur la situation morale de l'instruction primaire dans chaque canton. Ils s'attacheront à faire connaître les circonstances locales qui peuvent influer sur le plus ou moins d'aptitude des instituteurs pour leurs fonctions; sur le plus ou moins de zèle que mettent les parens à faire fréquenter les écoles par leurs enfans; et ils indiqueront, du moins sommairement, les mesures particulières qu'ils jugeraient propres à améliorer et à propager l'instruction élémentaire dans les diverses localités.

Ils ne devront point se rendre dans les communes qui n'ont point d'école. Mais ils s'informeront dans les communes limitrophes des circonstances qui ont fait durer jusqu'ici un tel état de choses. Dans leurs observations générales, ils feront connaître si l'on doit attribuer ce fait à l'indifférence des parens et des autorités, au défaut de ressources communales, ou bien à ce que les communes ayant une population trop faible pour entretenir elles-mêmes un instituteur, les enfans sont envoyés à l'école de l'une des communes voisines.

(1) (Instruction du 26 août 1833.)

---

(1) Désormais, grâces à l'institution d'un inspecteur spécial et permanent dans chaque département, un semblable travail sera fait chaque année avec toutes les conditions de temps, de soin et d'expérience, qui peuvent procurer des améliorations réelles et soutenues. Le bienfait de la loi du 28 juin 1833 est assuré.

TITRE VII.

DES OBJETS DE L'ENSEIGNEMENT ET DE LA DISCIPLINE DES ÉCOLES (1).

§. Ier.

DES ÉCOLES PRIMAIRES ÉLÉMENTAIRES (2).

Des études.

2405. Dans toute école primaire élémentaire, l'enseignement public comprendra nécessairement
L'instruction morale et religieuse,

---

(1) Avant de parler des écoles primaires proprement dites, qui doivent prendre les enfans à l'âge de 6 ans, nous éprouvons le besoin de nous occuper un instant de ces autres établissemens, où doivent être préparés dès leurs plus tendres années les futurs élèves des écoles primaires : nous voulons dire *les salles d'asile*, si bien appelées en Angleterre *infant's schools*, et en Italie *scuole infantili*. Le ministre a encouragé cette précieuse institution dès les premiers jours qui ont suivi la promulgation de la loi du 28 juin, et un certain nombre de villes ont répondu à son appel.

Nous croyons utile d'exposer dans une suite d'articles, comment nous concevons ce premier degré d'écoles préparatoires, au sujet desquelles nous engageons d'ailleurs à consulter l'excellente instruction de madame Nau de Champlouis, et les écrits de M. Cochin, fondateur d'une des plus belles écoles de ce genre.

DISPOSITIONS GÉNÉRALES.

De la nature de ces établissemens et de leur objet.

1. Les salles d'asile ou premières écoles de l'enfance sont en même temps des maisons d'hospitalité et des maisons d'éducation. — 2. Ces établissemens sont destinés aux enfans de l'âge de deux à six ans, qui sont trop jeunes pour fréquenter les écoles primaires proprement dites, et qui cependant ne peuvent recevoir, chez leurs parens pauvres ou occupés de leurs travaux, les soins physiques et moraux dont le premier âge a besoin. La limite de deux à six ans pourra, suivant les circonstances, être dépassée en deçà et au delà ; mais l'admission d'enfans plus ou moins âgés devra toujours être régularisée par décision de la commission locale de surveillance. — 3. On s'attachera particulièrement à donner aux enfans des habitudes d'obéissance, d'ordre et d'application, qui les préparent à une vie honnête, laborieuse et chrétienne. — 4. On s'efforcera de développer graduellement leur intelligence, sans risquer de les fatiguer par une application soutenue que leur âge ne comporte pas. On donnera, autant qu'il sera possible, à la plupart de leurs occupations, la forme de jeux et d'amusemens. — 5. L'instruction devra se borner aux premiers élémens de la lecture et de l'écriture ; à la connaissance des chiffres et de quelques nombres ; aux premières impressions de morale et de religion ; à quelques notions tout-à-fait usuelles d'histoire naturelle et d'industrie ; aux notions les plus élémentaires de l'histoire sainte et de l'histoire de France. On les exercera aux ouvrages de main les plus faciles, tels que le parfilage des chiffons de soie, le tricot à grosses mailles et à aiguilles de bois, la tapisserie, le filet ; et pendant ce travail, on leur fera réciter des chants religieux et moraux composés pour eux, ou apprendre par cœur des versets de l'écriture sainte. — 6. La méthode d'enseignement consistera dans une suite de procédés propres à procurer à la fois, par les moyens les plus doux et les plus simples, le silence, l'ordre, le mouvement et le travail. On devra combiner ensemble les méthodes simultanée et mutuelle, que les enfans suivront un jour dans les écoles primaires.

FONDATION ET ENTRETIEN DE CES ÉTABLISSEMENS.

7. Les salles d'asiles, ou premières écoles de l'enfance, sont des établissemens publics

(2) Le conseil, vu la loi du 28 juin 1833, relative à l'instruction primaire,
Sur le rapport du conseiller chargé de ce qui concerne les écoles primaires,
Arrête, etc.

La lecture,
L'écriture,
Les élémens du calcul,

ou privés; *publics*, s'ils sont fondés ou entretenus en tout ou en partie par les communes, par les départemens ou par l'état; *privés*, si ce sont des individus ou des associations qui se chargent de tous les frais de fondation ou d'entretien. — 8. Dans l'un et dans l'autre cas, ces établissemens peuvent être ou entièrement gratuits, ou entièrement payans, ou partie gratuits et partie payans.

§ I. — *Des établissemens privés.*

9. Les salles d'asile ou premières écoles privées peuvent être fondées et entretenues : 1°. par des associations charitables qui, à l'aide de souscriptions ou d'autres ressources, fournissent les bâtimens et les meubles nécessaires; 2°. par des manufacturiers qui, entretenant des ateliers considérables, ont tout à la fois sous la main un grand nombre d'enfans d'ouvriers, et des ressources matérielles et personnelles propres à procurer à ces enfans les soins et les enseignemens convenables au premier âge; 3°. par de riches propriétaires qui consacrent gratuitement, pour un temps ou pour toujours, à une œuvre aussi honorable, le local et les soins qu'elle demande; 4°. par des individus qui, à leurs risques et profits, appliquent à cette destination leur temps, leurs soins et leur industrie; 5°. par la réunion de tous ces moyens ou de plusieurs. — 10. Ces établissemens privés, quelle que soit l'origine de leur fondation, sont gouvernés suivant les intentions de leurs fondateurs, sous la condition commune à toutes les écoles primaires : 1°. de ne pouvoir être dirigés que par des personnes qui auront justifié de leur capacité et de leur moralité, dans les formes qui seront ci-après établies; 2°. d'être soumis à l'inspection des comités et des commissions spéciales de surveillance.

§ II. — *Des établissemens publics.*

11. Trois conditions essentielles doivent être remplies : 1°. un local propre à loger le maître ou la maîtresse d'école et à recevoir les enfans; 2°. un ameublement approprié aux divers exercices des enfans dans le cours de la journée; 3°. un traitement fixe et un traitement éventuel qui assurent une existence convenable auxdits maîtres ou maîtresses. — 12. Les sommes nécessaires pour la fondation et l'entretien et pour le traitement fixe, devront être demandées, en premier lieu, au bureau de bienfaisance, à l'administration des hospices, au conseil municipal; si ces premières ressources sont insuffisantes, au conseil général du département, et enfin aux fonds généraux mis à la disposition des ministres de l'intérieur et de l'instruction publique, chacun pour ce qui le concerne. — 13. Le taux de la rétribution mensuelle doit être de plusieurs degrés; il pourra être abaissé à dix centimes pour chaque enfant. L'exemption ne sera prononcée que dans le cas où il y aurait impossibilité absolue de payer un émolument quelconque. — 14. La salle destinée à recevoir les enfans doit être située au rez-de-chaussée, planchéiée, carrelée ou airée en salpêtre battu; éclairée des deux côtés par des fenêtres qui aient leur base élevée à deux mètres au moins du sol : une partie des châssis ou vitraux sera mobile afin de favoriser la ventilation des classes et des préaux. — 15. L'ameublement consiste surtout dans les objets ci-après désignés : des gradins et des bancs immobiles, proportionnés au nombre des enfans; des tabliers de toile de plusieurs tailles; des rayons pour déposer les paniers aux provisions; des champignons pour les casquettes, les vestes et les tabliers; des baquets ou jattes, des sébiles en bois ou des gobelets d'étain; des éponges et des serviettes; un ou deux lits de camp; une pendule; un poêle; une fontaine; une cloche qui indique tous les mouvemens; un sifflet ou signal pour les divers exercices de l'intérieur; des tableaux et porte-tableaux; des ardoises, des crayons, un chevalet portant la planche noire et les crayons blancs, et des boîtes pour resserrer les crayons; un boulier compteur, ayant 10 rangées de 10 boules chacune; des boîtes à images; une bibliothèque; des registres et cahiers de notes; une armoire pour renfermer les registres, tableaux de lecture, matériaux et produits du travail. — 16. Nul enfant ne sera admis s'il n'est justifié qu'il a été vacciné ou qu'il a eu la petite vérole.

DES AUTORITÉS PRÉPOSÉES AUX PREMIÈRES ÉCOLES OU SALLES D'ASILE.

17. Le comité local et le comité d'arrondissement exerceront sur ces établissemens les attributions qui leur appartiennent sur les écoles primaires proprement dites, et il sera formé en outre deux sortes de commissions spéciales composées d'hommes et de dames

Les élémens de la langue française,
Et le système légal des poids et mesures.
Des notions de géographie et d'histoire, et surtout de la géo-

habitués à s'occuper des besoins de l'enfance : les unes inspecteront les établissemens situés dans la commune ; les autres auront l'inspection sur tous les établissemens situés dans l'arrondissement. — 18. Ces commissions seront nommées par le ministre de l'instruction publique, sur la présentation du préfet du département et du recteur de l'académie. — 19. La commission communale ou locale sera chargée de l'inspection journalière des premières écoles de son ressort. Elle pourra se faire suppléer et assister par des inspecteurs et des inspectrices, à qui elle donnera les instructions nécessaires et qui lui remettront les renseignemens qu'ils auront recueillis. Elle fera tous les mois un rapport au comité local. La commission d'arrondissement pourra de même se faire suppléer et assister ; et elle adressera un rapport mensuel au comité supérieur. — 20. Pour l'examen des maîtres et maîtresses, la commission d'arrondissement se réunira à la commission d'instruction primaire établie en vertu de la loi du 28 juin. Les examinateurs, pris dans les deux commissions, devront être au moins au nombre de cinq. Les examens seront publics et ils auront lieu dans une salle d'asile ou première école en exercice. Ils ne porteront pas seulement sur les connaissances enseignées dans les premières écoles, mais principalement sur l'art de communiquer avec les enfans, de captiver leur attention, de gagner leur affection et leur confiance, de leur transmettre les idées les mieux adaptées à leur âge et de les former à de bonnes habitudes. — 21. Les commissions d'examen tiendront procès-verbal de leurs séances ; elles dresseront chaque fois, et par ordre de mérite, la liste des candidats qu'elles auront jugés aptes à diriger une première école, et enverront ces listes au préfet du département, au recteur de l'académie et aux comités d'arrondissement. Un extrait de ces listes sera délivré, par le recteur de l'académie, à chacun des candidats pour lui servir de titre vis-à-vis des comités et des conseils municipaux. — 22. Les maîtres et maîtresses des premières écoles seront nommés par le comité d'arrondissement sur la présentation du conseil municipal et après avis du comité local. Ils devront être pris parmi les candidats portés sur les listes dressées par les commissions d'examen. — 23. Les principaux devoirs du maître sont : de former un certain nombre de moniteurs ou de surveillans qui soient en état de l'aider dans ses diverses fonctions ; de surveiller l'exactitude des arrivées à l'école, l'ordre des mouvemens dans toute la série des exercices, la régularité des sorties ; de surveiller la nature et la quantité des alimens qu'apportent les enfans, l'état de leurs vêtemens et de leurs personnes sous le rapport de la propreté ; de s'entendre avec les parens ou tuteurs sur tous ces points ; de recevoir les personnes qui ont droit d'inspecter la maison ; de tenir compte des dons et offrandes des visiteurs bénévoles ; d'indiquer au médecin, lors de ses visites, les enfans qui paraissent mériter des soins particuliers ; de tenir note de ses réponses et de suivre exactement ses prescriptions ; d'avertir les administrateurs et inspecteurs de tout ce qui peut intéresser l'établissement. — 24. Il tient quatre registres qu'il doit représenter lorsqu'ils lui sont demandés dans les visites d'inspection ; 1º. registre matricule, où sont inscrits, sous une même série de n^{os}., les noms et prénoms des enfans admis, les noms, demeure et professions de leurs parens ou tuteurs, et les conventions faites avec ces derniers relativement aux moyens d'amener et de reconduire les enfans ; 2º. le registre des recettes et dépenses ; 3º. le registre de l'inspection ; 4º. le registre de notes, contenant les observations du maître lui-même sur tout ce qui touche à l'amélioration morale des élèves et à l'amélioration matérielle de l'établissement. Un extrait du registre matricule portant le nom de tous les élèves admis sera envoyé, tous les mois, au maire de la commune et communiqué au comité local. — 25. Les asiles doivent être accessibles tous les jours de l'année aux enfans qui, par des motifs graves, ne pourraient aucunement rester chez leurs parens ; néanmoins, les préaux seuls seront ouverts et les classes seront fermées les jours de dimanche et de fêtes conservées ; le premier jour de l'an, les lundis de Pâques et de Pentecôte, les jours de fêtes nationales, le jour de la fête du roi. — 26. Un règlement particulier sera rédigé, dans chaque commune, par les soins réunis du comité local et de la commission communale, pour tout ce qui concerne la salubrité de l'école, la sûreté des enfans dans le trajet qu'ils ont à faire pour s'y rendre ou pour en revenir, les heures et la durée des exercices, les mesures de discipline et les méthodes d'enseignement. Ces réglemens seront envoyés au comité supérieur qui les examinera de concert avec la commission d'arrondissement, et, suivant les circonstances, soumettra au recteur de l'académie ou au préfet du département, les modifications qui seraient jugées nécessaires.

graphie et de l'histoire de la France, pourront en outre y être données aux élèves les plus avancés.

Le dessin linéaire et le chant pourront également y être enseignés.

(Statut du 25 avril 1834, art. 1er.)

2406. Pour être admis dans une école élémentaire, il faudra être âgé de six ans au moins et de treize ans au plus. Toutefois dans les communes où il n'existerait point de salles d'asile ou premières écoles de l'enfance, le comité local pourra autoriser l'admission d'enfans âgés de moins de six ans. L'admission d'enfans âgés de plus de treize ans pourra de même être autorisée dans les communes où il n'y aurait point de classes d'adultes.

(Ibid., art. 2.)

2407. Toute école élémentaire sera partagée en trois divisions principales, à raison de l'âge des élèves et des objets d'enseignement dont ils seront occupés.

(Ibid., art. 3.)

2408. Dans toutes les divisions, l'instruction morale et religieuse tiendra le premier rang. Des prières commenceront et termineront toutes les classes. Des versets de l'écriture sainte seront appris tous les jours. Tous les samedis, l'évangile du dimanche suivant sera récité. Les dimanches et fêtes conservées, les élèves seront conduits aux offices divins. Les livres de lecture courante, les exemples d'écriture, les discours et les exhortations de l'instituteur tendront constamment à faire pénétrer, dans l'âme des élèves, les sentimens et les principes qui sont la sauvegarde des bonnes mœurs, et qui sont propres à inspirer la crainte et l'amour de Dieu.

Lorsque les écoles seront fréquentées par des enfans appartenant à divers cultes reconnus par la loi, il sera pris des mesures particulières pour que tous les élèves puissent recevoir l'instruction religieuse que leurs parens voudront leur faire donner.

(Ibid., art. 4.)

2409. Les enfans de l'âge de six à huit ans formeront la première division. Indépendamment de lectures pieuses, faites à haute voix, ils seront particulièrement exercés à la récitation des prières. On leur enseignera en même temps la lecture, l'écriture et les premières notions du calcul verbal.

Les enfans de huit à dix ans formeront la deuxième division. L'instruction morale et religieuse consistera dans l'étude de l'histoire sainte, ancien et nouveau Testament. Les élèves continueront les exercices de la lecture, de l'écriture et du calcul verbal. On leur enseignera le calcul par écrit et la grammaire française.

Une troisième division se composera des enfans de dix ans et au-dessus jusqu'à leur sortie de l'école. Ils étudieront spécialement la doctrine chrétienne. Ils continueront les exercices de lecture, d'écriture, de calcul et de langue française ; ils recevront en outre des notions élémentaires de géographie et d'histoire générales, et surtout de la géographie et de l'histoire de la France. L'enseignement du chant et du dessin linéaire, lorsqu'il aura lieu, sera donné de préférence dans cette division.

(Ibid., art. 5... 7.)

2410. Les diverses connaissances énumérées dans les précédens articles, seront enseignées, aux différentes divisions, d'une manière graduelle, conformément au tableau ci-après :

	1re. DIVISION.	2e. DIVISION.	3e. DIVISION.
Instruct. morale et religieuse.	Prières et lectures pieuses.	Histoire sainte.	Doctrine chrét.
Lecture.	(Cet exercice comprendra successivement l'alphabet et le syllabaire, la lecture courante, la lecture des manuscrits et du latin.)		
Ecriture.	(Cet exercice aura lieu successivement sur l'ardoise, sur le tableau noir et sur le papier, en fin et en gros, dans les trois genres d'écriture, bâtarde, ronde et cursive.)		
Calcul.	Calcul verbal.	Numération écrite et les 4 premières règles de l'arithmétique.	Fractions ordinaires et fractions décimales. Système légal des poids et mesur.
Langue française.	Prononciation correcte. Exercices de mémoire.	Grammaire française. Dictées pour l'orthographe.	Règles de la syntaxe. Analyse grammaticale et logique. Compositions.
Géographie et Histoire. Dessin linéaire. Chant.			Géographie et histoire générale. Géographie et hist. de France. Dessin linéaire. Chant.

Les livres dont l'usage aura été autorisé pour les écoles primaires, seront seuls admis dans ces écoles.

Le maître veillera à ce que les élèves de la même division aient tous les mêmes livres.

(Ibid., art. 8 et 9.)

2411. Les deuxième et troisième divisions composeront une fois par semaine ; les places seront données dans le courant de la semaine, et les listes des places seront représentées chaque fois qu'un membre des comités ou un inspecteur viendra visiter l'école.

(Ibid., art. 10.)

2412. Dans toute division, il !y aura tous les jours, excepté le dimanche et le jeudi, deux classes, de trois heures chacune; le matin, de huit heures à onze heures; le soir, d'une heure à quatre heures.

Il y aura, dans toute école, au moins un grand tableau noir sur lequel les élèves s'exerceront à écrire, à calculer, ou à dessiner.

Sur une portion de mur appropriée à cet effet, ou sur des tableaux mobiles, seront tracées les mesures usuelles, la table de multiplication, la carte de France, la topographie du canton.

Il y aura pour chaque arrondissement une répartition de leçons et d'exercices qui sera faite par le comité supérieur et soumise à l'approbation du conseil royal.

Tous les élèves seront tenus de suivre toutes les parties de l'enseignement de leurs divisions respectives.

(Ibid., art. 11... 14.)

2413. Pour toutes les leçons d'instruction morale et religieuse, de langue française, d'arithmétique, de géographie et d'histoire, les élèves de la troisième division feront des extraits qu'ils remettront à l'instituteur, et que celui-ci communiquera au comité local.

(Ibid., art. 15.)

2414. Tous les samedis, les élèves réciteront ce qu'ils auront appris dans la semaine. Le maître se fera aider par un certain nombre d'élèves qu'il aura désignés, et qui feront répéter chacun cinq ou six autres élèves.

(Ibid., art. 16.)

2415. Tous les mois, l'instituteur remettra au comité local un résumé sur l'état de l'instruction dans l'école pendant le dernier mois.

Il y aura deux fois par an un examen général, en présence des membres du comité local, auxquels le comité d'arrondissement pourra adjoindre un de ses membres ou un délégué. A la suite de cet examen, il sera dressé une liste où les noms de tous les élèves seront inscrits par ordre de mérite et qui restera affichée dans la salle de l'école. Le jugement des examinateurs sur chaque école sera communiqué au comité d'arrondissement.

Ces mêmes examens serviront à déterminer quels sont ceux

des élèves qui doivent passer dans une division supérieure et ceux qui doivent être retenus dans la même division.

Nul élève ne sera admis dans une division supérieure, s'il n'a prouvé, par le résultat d'un examen subi devant le comité local, qu'il possède suffisamment tout ce qui est enseigné dans la division inférieure.

(Ibid., art. 17 et 18.)

2416. D'après le résultat du second examen, qui aura lieu à la fin de chaque année scolaire, il sera dressé une liste particulière des élèves qui termineront leur cours d'études primaires; et il sera délivré à chacun d'eux un certificat sur lequel le jugement des examinateurs, pour chaque objet d'enseignement, sera indiqué par l'un de ces mots : *très-bien*, *bien*, *assez bien* ou *mal*.

(Ibid., art. 19.)

2417. Les dispositions qui précèdent seront communes aux écoles de garçons et aux écoles de filles. Les filles seront en outre exercées au travaux de leur sexe.

Lorsqu'il n'existera pas d'écoles distinctes pour les enfans des deux sexes, le comité local prendra les mesures nécessaires pour qu'ils soient séparés dans tous les exercices, et pour éviter qu'ils entrent et sortent en même temps.

(Ibid., art. 33 et 34.)

2418. En ce qui touche les écoles privées, les instituteurs doivent avoir pleine et entière liberté sur le choix des méthodes, d'après le principe de la liberté d'enseignement reconnu par la loi ;

Mais à l'égard des écoles communales, les comités ont droit d'exiger l'observation des règlemens prescrits par l'autorité centrale, et de provoquer des réformes et des améliorations.

(Décision du 25 février 1834 (1).)

2419. Le supérieur général des frères des écoles chrétiennes est autorisé à continuer de faire enseigner le dessin linéaire dans toutes les villes où ces écoles sont établies.

(Décision du 19 novembre 1833 (2).)

---

(1) Le conseil, consulté sur la question de savoir quel est, à l'égard des méthodes, le droit des comités local et supérieur, et si les instituteurs sont maîtres de suivre telle méthode qu'ils croient bonne pour la portion de l'enseignement qui leur est confiée,
Est d'avis de ce qui suit, etc.

(2) Le conseil, consulté sur la question de savoir si l'enseignement du dessin linéaire peut être autorisé dans les diverses écoles tenues par les frères de la doctrine chrétienne, lors même qu'il s'agit d'écoles primaires élémentaires ;
Considérant que la loi du 28 juin 1833 a distingué l'instruction primaire en deux degrés, l'un élémentaire et l'autre supérieur, mais qu'elle a permis, pour l'un comme pour l'autre de ces degrés, d'ajouter les développemens qui seraient jugés convenables suivant les besoins et les ressources des localités, et que le dessin linéaire est un des plus utiles développemens qu'on puisse donner à l'instruction élémentaire,
Décide, etc.

De la discipline.

2420. Nul élève ne sera admis, s'il ne justifie qu'il a eu la petite vérole ou qu'il a été vacciné.

Les élèves admis recevront du président du comité communal une carte qui désignera l'école à laquelle ils appartiennent, et ils seront tenus de représenter cette carte en arrivant à l'école.

Le comité local veillera à ce que l'instituteur ne reçoive pas un plus grand nombre d'enfans que n'en comportent les dimensions de la salle d'école, à raison d'un carré d'environ huit décimètres de côté pour chaque élève.

(Statut du 25 avril 1834, art. 20... 22.)

2421. Le maître tiendra des listes journalières de présence qu'il déposera tous les mois au comité local, à l'appui du résumé qu'il est tenu de fournir aux termes de l'article 17 (1).

Si un élève manque de se rendre à la classe, le maître en prendra note et il en donnera avis aux parens le plus tôt qu'il sera possible.

(Ibid., art. 23 et 24.)

2422. L'instituteur tiendra un registre où la conduite et le travail des élèves seront exactement notés, et qui sera communiqué au comité local, aux membres et aux délégués du comité d'arrondissement.

La table du maître sera placée sur une estrade assez élevée pour qu'il puisse voir facilement tous les élèves.

Les livres, les cahiers et les modèles qui resteront déposés à l'école, devront être mis en place, et les plumes ou les crayons taillés, avant l'entrée des élèves.

(Ibid., art. 25... 27.)

2423. Les récompenses seront un ou plusieurs bons points, un billet de satisfaction, une place au banc d'honneur, et des prix à la fin de l'année, si la commune a alloué des fonds ou s'il existe d'autres ressources pour cet objet (2).

(Ibid., art. 28.)

2424. Les élèves ne pourront jamais être frappés.

Les seules punitions dont l'emploi est autorisé sont les suivantes :

Un ou plusieurs mauvais points;

La réprimande;

La restitution d'un ou de plusieurs billets de satisfaction;

(1) Voir page 813, n°. 2414, § 1.

(2) Nous proposerions volontiers d'ajouter, à l'exemple de ce qui se fait dans les colléges, la condition qui suit : « Ne pourront concourir pour les prix que les élèves qui auront suivi exactement l'école et au moins depuis le mois d'avril. »

La privation de tout ou partie des récréations, avec une tâche extraordinaire;

La mise à genoux pendant une partie de la classe ou de la récréation (1);

L'obligation de porter un écriteau désignant la nature de la faute;

Le renvoi provisoire de l'école.

(Ibid., art. 29.)

Lorsque la présence d'un élève sera reconnue dangereuse, il pourra être exclu de l'école ou même de toutes les écoles du ressort du comité d'arrondissement;

L'exclusion de l'école ne pourra être prononcée que par le comité local, et l'élève ainsi exclu ne pourra être admis de nouveau que sur l'avis favorable de ce même comité.

Le comité d'arrondissement pourra seul prononcer l'exclusion de toutes les écoles de son ressort, et une nouvelle délibération dudit comité sera nécessaire pour que l'élève ainsi exclu puisse fréquenter de nouveau une de ces écoles.

(Ibid., art. 30.)

2425. Les classes auront lieu toute l'année, excepté les jours de congé et le temps des vacances.

Les jours de congé seront les dimanches, les jeudis et les jours de fêtes conservées;

Le premier jour de l'an;

Les jours de fêtes nationales;

Le jour de la fête du roi;

Les jeudi, vendredi et samedi saints;

Les lundis de Pâques et de la Pentecôte.

Lorsque, dans la semaine, il se rencontrera un jour férié autre que le jeudi, le jeudi redeviendra un jour de travail ordinaire.

Les vacances seront réglées par chaque comité d'arrondissement pour toutes les écoles de son ressort; il pourra les diviser en plusieurs parties, pour les communes rurales, selon les principaux travaux de la campagne, mais sans que la totalité excède six semaines (2).

(Ibid., art. 31 et 32.)

(1) Plusieurs comités d'arrondissement ont cru devoir exprimer, dans leurs règlemens particuliers, que la durée de cette punition ne pourrait pas excéder *un quart d'heure*. Les instituteurs comprendront aisément qu'en effet le bon sens et l'humanité ne permettraient pas de la prolonger davantage.—D'autres comités ont proposé la mise *debout* de préférence à la mise *à genoux*, avec la même clause *pendant un quart d'heure au plus*.

(2) Les deux articles 33 et 34, que nous avons insérés page 814 à propos *des études*, sont également applicables en ce qui concerne *la discipline*.

§ II.

DES ÉCOLES PRIMAIRES SUPÉRIEURES. (1).

2426. Toute école primaire supérieure, soit isolée, soit annexée à un autre établissement, collége, institution, pension ou école normale primaire, devra avoir son chef spécial qui sera muni d'un brevet de capacité du degré supérieur, et tenu de remplir d'ailleurs toutes les formalités et conditions prescrites par la loi du 28 juin.

S'il s'agit d'une école primaire communale, le candidat, dûment breveté et muni en outre d'un certificat de moralité, aux

---

(1) On a vu précédemment, pages 630 et suiv., ce que le conseil royal avait statué pour les écoles primaires supérieures annexées à des colléges royaux. Nous donnons ici quelques autres dispositions concernant ces sortes d'écoles annexées à d'autres écoles secondaires, ou tout-à-fait isolées.

Quant aux études et à la discipline, il n'existe encore que des règlemens particuliers : nous nous bornerons à montrer dans cette note comment nous concevons sous ces deux rapports l'organisation de ces mêmes établissemens.

Des études.

1. Dans toute école primaire supérieure communale, l'enseignement public comprendrait nécessairement :

Le dessin linéaire ; les élémens de la géométrie et ses applications usuelles, l'arpentage, le levé des plans, le toisé des surfaces et des solides ; des notions des sciences physiques applicables aux usages de la vie ; le chant ; les élémens de la géographie et de l'histoire, et surtout de la géographie et de l'histoire de la France.

On pourrait en outre, suivant les besoins et les ressources des localités, et avec l'autorisation de l'administration supérieure, enseigner aux élèves ;

Une ou plusieurs langues vivantes ;

La tenue des livres en parties simples et en parties doubles ;

Le dessin de la figure.

On pourrait également leur donner des notions élémentaires de mécanique usuelle ; de sphère ; d'agriculture ; d'économie domestique et rurale ; d'administration municipale ; de législation civile et commerciale.

2. Pour être admis dans une école primaire supérieure, il faudrait être âgé de 10 ans au moins et de 15 ans au plus. Il ne pourrait être fait d'exception à cette règle que d'après une autorisation du comité local.

3. Toute école primaire supérieure serait partagée en quatre divisions principales, à raison des objets d'enseignement dont les élèves seraient occupés.

4. La première division se composerait des élèves qui étudieraient le dessin linéaire, les élémens de la géométrie et leur application à l'arpentage ; les élémens de l'histoire naturelle, en ce qui concerne la botanique ; les élémens de l'histoire et de la géographie ancienne ; les élémens de la musique vocale. Pour les élèves de cette division, l'instruction morale et religieuse consisterait dans une étude approfondie de la doctrine chrétienne.

5. Dans la deuxième division, les élèves continueraient à s'occuper du dessin linéaire ; les élémens de la géométrie dont ils feraient l'application au levé des plans et au toisé des surfaces ; des élémens de l'histoire naturelle, en ce qui concerne la zoologie ; des élémens de l'histoire et de la géographie anciennes ; de la musique vocale. Ils recevraient les premières notions de la physique et de la chimie. Ils étudieraient l'histoire de l'église jusqu'à la conversion de Constantin, en même temps qu'ils s'instruiraient de plus en plus de la morale chrétienne et de ses applications à tous les devoirs de la vie.

6. Dans la troisième division, les élèves continueraient à s'occuper du dessin linéaire ; des élémens de la géométrie dont ils feraient l'application au toisé des solides ; des élémens de l'histoire naturelle, en ce qui concerne la minéralogie ; des élémens de la

termes de l'article 4 de la loi précitée, devra être nommé par le comité d'arrondissement, sur la présentation du conseil municipal, après avis du comité communal, institué par le ministre, et instalé par le comité d'arrondissement avec prestation de serment.

S'il s'agit d'une école privée, le candidat, muni d'un brevet du degré supérieur et du certificat de moralité exigé par la loi, fera sa déclaration au maire de la commune où il voudra tenir école, et copie de cette déclaration sera aussitôt envoyée au comité de l'arrondissement et au recteur de l'académie, conformément à l'article 16 de l'ordonnance du 16 juillet dernier.

(Décision du 8 novembre 1833, art. 1er. (1).)

2427. Les autres maîtres auxquels une partie de l'enseignement primaire supérieur serait confiée, sous la direction de l'instituteur chef de l'école, ne seront point assujettis aux formalités rappelées dans l'article précédent; ils devront toutefois être agréés par le recteur de l'académie.

L'agrément du recteur sera de même nécessaire lorsque ces

physique et de la chimie ; de la musique vocale. Ils étudieraient les élémens de l'histoire et de la géographie moderne, particulièrement ceux de la géographie et de l'histoire de la France. Ils continueraient d'étudier l'histoire de l'église jusqu'au concile de Trente inclusivement, et la morale chrétienne appliquée aux devoirs de la vie.

7. Dans la quatrième division, les élèves repasseraient sommairement tous les objets précédemment étudiés, et ils s'appliqueraient d'une manière spéciale aux autres objets dont l'enseignement aurait été autorisé dans l'école supérieure.

8. Les articles 4, 9, 10, 11, 12, 13, 14, 15, 16, 17, 18 et 19 du statut sur les écoles primaires élémentaires seraient communs aux écoles primaires supérieures, sauf les modifications suivantes : Toutes les divisions composeraient une fois par semaine; toutes les divisions feraient à la suite des leçons qui en seraient susceptibles, des extraits qui leur seraient rendus revus et corrigés.

De la discipline.

9. Les articles 20, 21, 22, 23, 24, 25, 26, 27, 28, 29, 30, 31 et 32 du titre II du statut sur les écoles primaires élémentaires seraient communs aux écoles primaires supérieures.

Dispositions particulières.

10. Lorsqu'il n'existerait pas de classes spécialement destinées aux adultes, ils pourraient être reçus dans les écoles primaires supérieures, avec les précautions nécessaires pour que, dans tous les exercices, ils soient séparés des élèves au-dessous de l'âge de 15 ans.

Les adultes devraient être porteurs d'une carte distincte qui leur serait délivrée par le président du comité communal.

11. Lorsque l'école primaire supérieure serait annexée à un autre établissement, tel qu'un collège ou une école normale primaire, il serait fait, sur la proposition du comité d'arrondissement, du bureau d'administration du collège ou de la commission de surveillance de l'école normale, et sur l'avis du conseil académique, un règlement qui déterminerait les mesures à prendre pour concilier tous les intérêts d'études et de discipline des diverses écoles.

(1) Le conseil, consulté par le ministre sur différentes questions relatives aux écoles primaires supérieures ;

Vu les articles 1, 4, 16 et 22 de la loi du 28 juin 1833, concernant l'instruction primaire, et l'ordonnance du 16 juillet,

Est d'avis des résolutions suivantes, etc.

autres maîtres seront déjà attachés à un collége communal en qualité de régens ou de maîtres d'études.

(Ibid., art. 2.)

2428. Une école primaire supérieure, annexée à un collége communal ou à une école normale primaire, demeure soumise à l'inspection et à la surveillance des comités communal et d'arrondissement.

(Ibid., art. 3.)

2429. Lorsqu'une école primaire supérieure sera annexée à une école normale primaire, elle devra toujours avoir deux sections, l'une élémentaire et l'autre supérieure, sous deux maîtres distincts, l'instituteur primaire chef de l'école et un maître adjoint.

(Ibid., art. 4.)

2430. Dans toute école primaire supérieure communale, nul élève ne sera admis à suivre les leçons qui constituent l'enseignement supérieur, sans qu'un examen préalable ait constaté que cet élève possède suffisamment l'instruction élémentaire.

(Ibid., art. 5.)

2431. Les élèves des écoles primaires supérieures annexées à un collége ou autre établissement d'instruction secondaire, devront toujours être placés dans un local distinct de celui qui est occupé par les élèves de l'école secondaire.

(Ibid., art. 6.)

2432. Toute commune qui doit ou qui veut avoir une école primaire supérieure, devant fournir au moins le minimum du traitement fixe que la loi assigne à l'instituteur, et l'ordonnance du 16 juillet, article 10, ne permettant d'allouer sur les fonds de l'état aucun traitement au delà du minimum, lesdits fonds de l'état ne devront contribuer à la fondation des écoles primaires supérieures que pour les frais de premier établissement.

(Ibid., art. 7.)

2433. Les élèves de toute école primaire, supérieure ou élémentaire, sont exempts de la rétribution universitaire imposée par les lois de finances; ils sont soumis à la rétribution mensuelle établie par la loi du 28 juin dernier, sauf les cas de gratuité réglés par les conseils municipaux.

Les élèves internes ou externes d'un collége ou de tout autre établissement d'instruction secondaire sont soumis à la rétribution universitaire, lors même qu'ils suivent tout ou partie des cours de l'école primaire supérieure annexée audit établissement, sauf les exemptions nominales qui pourraient être accordées en faveur des familles reconnues hors d'état d'acquitter les droits.

(Ibid., art. 8 et 9.)

2434. Les élèves externes qui ne suivent que l'école primaire ne doivent pas la rétribution.

Les élèves internes formant un pensionnat dans une école primaire ne doivent pas la rétribution.

Les élèves externes suivant à la fois les cours d'un collége, institution ou pension, et les cours d'une école primaire, doivent la rétribution.

Les élèves internes formant un pensionnat dans un collége ou dans une institution ou pension doivent la rétribution, soit qu'ils reçoivent l'instruction secondaire, soit qu'ils ne reçoivent que l'instruction primaire dans l'école secondaire ou en dehors de cette école.

(Décision du 31 janvier 1834 (1).)

Il n'est pas nécessaire que tous les régens chargés de l'enseignement dans l'école primaire supérieure soient munis du brevet de capacité ; il suffit que l'un d'eux ou tout autre maître soit le chef spécial de l'école, et comme tel remplisse toutes les conditions imposées par la loi aux instituteurs primaires.

(Même décision.)

Des fondations d'écoles.

2435. Tout fondateur peut mettre à sa donation telles conditions qu'il juge convenable, pourvu que ces conditions n'aient rien de contraire aux lois.

Il faut distinguer s'il est question d'une école communale ou d'une école privée.

Dans la première hypothèse, le fondateur peut, sans difficulté, se réserver le droit de faire admettre gratuitement à l'école un certain nombre d'enfans qu'il désignerait (bien entendu que ces enfans appartiendraient à la classe indigente, car autrement la loi veut que les enfans non indigens payent à l'école la rétribution mensuelle, et l'absolue gratuité de l'école ne pourrait avoir lieu qu'autant qu'il serait fait et assuré à

---

(1) Le conseil, vu la lettre du 8 janvier courant, par laquelle M. le président du tribunal civil de Saint-Dié (Vosges), vice-président du comité d'arrondissement pour l'instruction primaire, expose les difficultés qui se sont élevées au sujet de l'école primaire supérieure établie dans cette ville en dehors du collége, sur ce que l'autorité académique exige, 1º. que, parmi les élèves qui suivent les cours de cette école, ceux qui sont logés au collége soient assujettis à la rétribution ; 2º. que le principal qui surveille l'école, et les régens chargés de l'enseignement, soient munis du brevet de capacité pour le degré supérieur,

Est d'avis des résolutions suivantes, etc.

'instituteur un traitement au moins équivalent au traitement fixe déterminé par la loi, plus un traitement éventuel qui pourrait résulter des rétributions);

Il peut aussi se réserver la faculté de présenter le maître de l'école (bien entendu encore que ce maître, présenté par le fondateur au conseil municipal, devra être, conformément à la loi, présenté ensuite par le conseil municipal au comité d'arrondissement, après avis du comité communal, puis nommé par le comité d'arrondissement, institué par le ministre, et instalé avec prestation de serment);

Lors même que la commune ne s'associe point au fondateur pour le premier établissement de l'école, ladite école peut cependant être considérée comme école communale, en sorte que la commune soit tenue d'exécuter les articles 9, 12 et 13 de la loi du 28 juin en ce qui concerne l'entretien du local et le traitement fixe de l'instituteur. Si plusieurs communes sont appelées à se réunir pour profiter de l'école fondée, il est nécessaire que ces communes expriment formellement leur consentement à cette réunion, et, dans le cas où le local est donné ou assuré par la fondation, les communes ont à pourvoir aux frais d'entretien de l'école.

Dans l'hypothèse d'une école privée, rien ne s'oppose à ce que plusieurs communes puissent envoyer leurs enfans à une école de ce genre, et, dans ce cas, liberté entière est accordée à la personne fondatrice, 1°. de se réserver absolument le choix de l'instituteur, pourvu que celui-ci réunisse les conditions imposées par l'article 4 de la loi du 28 juin; 2°. de faire admettre gratuitement tous les enfans indigens et autres qu'elle voudra désigner; mais aussi les communes n'ont rien à faire pour l'entretien d'une telle école.

(Avis du 6 septembre 1833(1).)

2436. Quelque impérative que pût être la clause qui donnait à l'héritier le droit de concourir à la désignation ou nomination de l'instituteur, dès qu'il s'agit d'un instituteur communal, il y a nécessité de se conformer aux dispositions de la loi du 28 juin 1833 concernant la nomination des instituteurs communaux. Aux termes des articles 21 et 22, cette nomination appartient au comité d'arrondissement, sur la présentation du conseil municipal. Les clauses d'un acte privé quelconque ne sauraient prévaloir contre les lois. Il suit de là, conformément

---

(1) Le conseil, consulté sur la question de savoir jusqu'à quel point peuvent être admises les conditions prescrites par le fondateur d'une école primaire communale ou privée, est d'avis des résolutions suivantes, etc.

à ce qui a déjà été décidé dans un cas semblable, que le droit de désignation ou de nomination, conféré par un donateur ou testateur, se résout en un droit de présentation.

Rien n'empêche l'héritier de faire de son côté la présentation de tel candidat qu'il jugera digne de son suffrage ; le curé fera également une présentation : le comité local donnera son avis. Le conseil municipal présentera ou les deux candidats ou un seul au comité d'arrondissement, qui en délibérera.

(Avis du 15 avril 1834 (1).)

Des obligations des communes.

2437. Dans les communes trop considérables pour qu'une seule école suffise, la loi ne règle point d'une manière générale quel sera le nombre d'écoles publiques que chaque commune devra entretenir en raison de sa population. Cette question est subordonnée au plus ou moins d'aisance des habitans et à d'autres circonstances de ce genre. Il peut être regardé comme désirable qu'il y ait une école publique par agglomération de 2 à 3,000 habitans.

(Instruction du 24 juillet 1833.)

2438. L'imposition de trois centimes additionnels au principal des contributions foncière, personnelle et mobilière, que les conseils municipaux sont tenus de voter conformément aux dispositions de l'article 12 de la loi du 28 juin, en cas d'insuffisance de leurs revenus ordinaires, est destinée essentiellement à pourvoir aux dépenses obligatoires de l'instruction primaire.

Pour toutes les autres dépenses de l'instruction primaire, les conseils municipaux restent libres de voter, en dehors des trois centimes spéciaux, des centimes extraordinaires qui devront être autorisés par des ordonnances royales.

(Avis du 23 août 1833 (2).)

(1) Le conseil, vu la lettre de M. le recteur de....., en date du 5 avril courant, et la réclamation qui s'y trouve jointe, élevée par le sieur...., instituteur communal à...., contre le refus de payement d'un legs fait en faveur de l'instituteur communal de cette commune, par feu M... en l'année 1782, lequel refus est fondé sur ce que l'héritier dudit M.... a le droit, d'après le testament, de nommer l'instituteur concurremment avec le curé :
Emet l'avis suivant, etc.

(2) Le conseil, vu la lettre du préfet du département de l'Isère, en date du 13 août courant, par laquelle il demande si les trois centimes additionnels au principal des contributions foncière, personnelle et mobilière, que l'article 13 de la loi du 28 juin dernier oblige les communes de s'imposer dans certains cas, sont destinés à pourvoir à toutes les dépenses de l'instruction primaire, et s'il ne leur est pas permis de s'imposer au-delà de ces trois centimes pour satisfaire à quelques-unes de ces dépenses,
Vu les articles 12 et 13 de la loi du 28 juin 1833,
Considérant que les dépenses de l'instruction primaire sont de deux espèces, les unes obligatoires et les autres facultatives :
Que les dépenses obligatoires sont celles que définit l'article 12 de la loi du 28 juin,

2439. Quoiqu'un enfant mineur ait le domicile de son tuteur et non celui d'un oncle qui le loge et le nourrit, il suffit de sa résidence de fait dans la commune pour qu'il puisse, s'il est indigent, être inscrit par le conseil municipal parmi ceux qui doivent recevoir l'instruction primaire gratuite.
(Décision du 12 novembre 1833 (1).)

2440. La loi n'a obligé chaque commune qu'à établir une seule école publique; mais elle a permis l'établissement d'écoles privées, sans aucune limitation de nombre.
(Avis du 28 janvier 1834 (2).)

2441. Une délibération qui interdit l'entrée de l'école primaire élémentaire communale aux enfans de parens aisés, ne saurait être approuvée. La loi admet et appelle aux écoles primaires communales tous les enfans, les pauvres gratuitement, les riches moyennant une rétribution. Réduire les parens aisés à envoyer leurs enfans seulement aux écoles privées en les excluant de l'école communale, ce serait attenter aux droits des pères de famille; il est possible et juste de faire admettre d'abord, et par préférence, tous les enfans reconnus indigens; mais une fois cette condition remplie, on ne peut interdire l'entrée de l'école aux enfans aisés, sauf à éviter l'encombrement que l'autorité locale doit prévenir et empêcher dans tous les cas.
(Avis du 28 février 1834 (3).)

et consistent dans la condition imposée à chaque commune ou réunion de communes de fournir à tout instituteur communal, 1°. un local convenablement disposé, tant pour lui servir d'habitation que pour recevoir les élèves; 2°. un traitement fixe dont cet article règle le minimum;

Que toutes les autres dépenses sont facultatives;

Considérant que les trois centimes dont parle l'article 13 sont essentiellement destinés à pourvoir aux dépenses obligatoires de l'instruction primaire prévues par l'article 12;

Que rien n'enlève aux communes la faculté de s'imposer, s'il y a lieu, au delà de ces trois centimes pour satisfaire à leurs dépenses facultatives; mais que dans ce cas les impositions n'étant pas commandées par la loi, doivent être autorisées par des ordonnances royales, conformément aux règles de la comptabilité communale;

Est d'avis, etc.

(1) Le conseil, après avoir pris connaissance de la lettre en date du 6 novembre courant, par laquelle le sieur H....., instituteur de la commune de Saint-Soupplets (Seine-et-Marne), expose que le conseil municipal a compris, au nombre des enfans indigens qui devaient entrer dans son école, un orphelin dont le tuteur est domicilié à Lagny, mais qui depuis deux ans habite chez un oncle, cultivateur à Saint-Soupplets,

Décide, etc.

(2) Le conseil, vu la demande adressée par le sieur M...., directeur d'une école mutuelle à Portets (Gironde), à l'effet d'obtenir une disposition législative qui règle le nombre des écoles dans la proportion des populations;

Est d'avis qu'il n'y a lieu de donner suite à la demande du sieur M...

(3) Le conseil, vu la lettre du préfet du département de Seine-et-Marne, en date du 7 février courant, et la délibération du conseil municipal de M...., qui conclut à considérer l'école des frères comme école primaire élémentaire communale, mais entièrement gratuite, et destinée aux seuls enfans des familles indigentes,

Est d'avis des résolutions suivantes, etc.

TITRE VII.

Des autorisations provisoires.

2442. Pendant quelque temps encore, il convient de permettre la délivrance d'autorisations provisoires à des candidats présentés par certaines communes rurales, attendu que le nombre actuel des individus possédant les connaissances exigées par la nouvelle loi est loin de satisfaire aux besoins de toutes les communes.

(Décision du 27 août 1833 (1).)

2443. Les comités d'arrondissement chargés par la loi du 28 juin 1833, de nommer les instituteurs communaux, pourront délivrer des autorisations provisoires à l'effet de tenir une école primaire élémentaire, sous la condition que le candidat ainsi autorisé se mettra en état d'obtenir une nomination définitive dans un délai qui ne pourra excéder une année.

La délibération du comité sera aussitôt envoyée au recteur de l'académie. Huit jours après cet envoi, l'instituteur provisoire pourra être installé dans ses fonctions; et, à dater du jour de son installation, il aura droit au logement et au traitement dus à l'instituteur communal, conformément aux art. 12 et suivans de la loi précitée.

Si, à l'expiration du délai fixé par le comité d'arrondissement, l'instituteur provisoire n'a point obtenu de nomination définitive, le comité lui retirera l'autorisation provisoire, et nommera définitivement un autre instituteur.

L'autorisation provisoire, non plus que la nomination définitive, ne peut avoir lieu que sur la présentation du conseil municipal, après avis du comité communal et sous les conditions d'âge et de moralité exigées par l'art. 4 de ladite loi.

L'autorisation provisoire ne rend pas celui qui n'a encore que ce titre, apte à obtenir la dispense du service militaire. L'engagement décennal ne peut produire cet effet, qu'autant que l'instituteur a une nomination définitive du comité et l'institution du ministre.

(Avis du 7 mars 1834 (2).)

---

(1) Le conseil, vu les observations présentées sur la difficulté que l'on rencontrerait à pourvoir certaines communes d'instituteurs primaires, en exigeant rigoureusement des candidats les connaissances que demande le brevet de capacité pour l'instruction primaire élémentaire,

Est d'avis, etc.

(2) Le conseil, vu les lettres de MM. les préfets de la Sarthe et d'Indre-et-Loire, en date des 14 et 15 février dernier, et la lettre de M. le recteur de Cahors, en date du 11 du même mois, contenant diverses questions relatives aux autorisations provisoires qui peuvent, dans certains cas, être délivrées aux candidats présentés pour des places d'instituteurs communaux;

Est d'avis des résolutions suivantes, etc.

2444. L'instituteur primaire communal, qui exerce en vertu d'une autorisation provisoire délivrée par l'autorité compétente, a droit au traitement et aux autres avantages de la place dès le moment où il est entré en fonctions.

(Décision du 22 août 1834 (1).)

Des instituteurs établis avant la loi du 28 juin.

2445. Les instituteurs que la loi du 28 juin a trouvés en possession de leur état doivent le conserver sans avoir aucune formalité nouvelle à remplir jusqu'à décès, démission ou jugement.

(Avis du 1er. octobre 1833 (2).)

2446. Les anciens brevets, même ceux qui n'auraient pas été suivis d'autorisation, devant conserver toute leur valeur, il en doit être de même, à plus forte raison, des brevets suivis d'autorisation; ces brevets et ces autorisations ont acquis des droits incontestables aux instituteurs que la loi du 28 juin a trouvés en possession de leur état, sauf jugement en cas de faute de la part desdits instituteurs.

(Avis du 12 novembre 1833 (3).)

2447. L'instituteur communal qui exerçait régulièrement à l'époque de la publication de la loi du 28 juin, et qui recevait de la commune le logement et un traitement, doit être maintenu dans ses fonctions, et jouir des avantages que la loi y attache, sauf révocation, interdiction ou démission.

L'instituteur à qui la commune accordait une subvention, quoiqu'il n'eût pas obtenu d'autorisation spéciale, ne peut être considéré comme ayant acquis un droit réel, ni au titre d'instituteur communal, ni aux avantages que la loi attache à ce titre. Il ne peut continuer à exercer ses fonctions et à toucher un traitement qu'en vertu d'une nomination définitive ou d'une

---

(1) Le conseil, consulté sur la question de savoir si un instituteur communal exerçant à titre provisoire, a droit, depuis l'époque de son exercice en cette qualité, à tous les avantages attachés au titre d'instituteur primaire communal;

Décide, etc.

(2) Le conseil, consulté sur la question de savoir si les instituteurs qui étaient en exercice au moment de la promulgation de la loi du 28 juin ont besoin d'être de nouveau nommés par les comités, aux termes des articles 21 et 22 de la loi du 28 juin 1833, et institués par le ministre,

Est d'avis, etc.

(3) Le conseil, vu la lettre de M. le préfet du département de Loir-et-Cher, en date du 4 novembre courant;

Consulté sur la question de savoir si les instituteurs primaires actuellement en exercice doivent être présentés par les communes pour être nommés instituteurs communaux, afin de jouir comme tels du logement et du traitement, conformément à l'article 12 de la loi du 28 juin 1833 sur l'instruction primaire;

Considérant que la loi ne doit avoir aucun effet rétroactif,

Est d'avis, etc.

autorisation provisoire émanée du comité d'arrondissement, et à la charge, dans le dernier cas, de se mettre en règle sous le plus bref délai, pour obtenir une nomination définitive.

(Avis du 7 mars 1834.)

2448. Les comités, tout en reconnaissant la possession d'état des instituteurs communaux qui exerçaient en cette qualité avant la loi, sont autorisés à examiner si ces instituteurs ne donnent pas lieu au reproche d'*incapacité*, et dans ce cas l'échange de l'ancien titre contre un nouveau doit être ajourné, ou même, si l'instituteur ne s'est pas rendu capable, après un certain délai, de remplir ses fonctions conformément à la loi du 28 juin 1823, le comité pourra lui appliquer les dispositions de l'art. 23. En adoptant cette marche, il n'y a aucune raison de refuser le traitement de 200 francs et tous les avantages résultant de la loi aux instituteurs soumis à de telles épreuves.

(Avis du 25 février 1834 (1).)

2449. Si l'instituteur de la commune de..... avait le titre d'instituteur communal, il ne peut être dépossédé que par jugement ou par démission. Trois conseils municipaux n'ont pas plus qu'un seul le droit de porter atteinte à l'état d'un instituteur, s'il n'y a de la part de celui-ci une faute qui motive la révocation.

En se réunissant à une commune qui a un instituteur public en fonction, les autres communes se soumettent à reconnaître l'instituteur de cette commune, jusqu'à ce qu'il y ait jugement ou démission.

(Avis du 1er. avril 1834 (2).)

Présentations, nominations et institutions des instituteurs primaires.

2450. Un conseil municipal ne peut faire au comité d'arrondissement une présentation de candidats pour la place d'insti-

---

(1) Le conseil, vu la lettre du 6 février courant, par laquelle M. le préfet de la Manche, après avoir exposé combien peu d'instituteurs en exercice avant la loi du 28 juin possèdent les connaissances exigées par l'art. 1er. de cette loi pour être déclarés aptes à exercer les fonctions d'instituteurs, demande si leurs écoles doivent être considérées comme écoles communales, lorsqu'ils reçoivent quelques subventions des conseils municipaux, et si dans cette supposition ils sont tous appelés, quelle que soit leur capacité, à jouir des avantages attachés au titre d'instituteur communal,

Est d'avis, etc.

(2) Le conseil, vu la lettre en date du 22 mars dernier, par laquelle M. le préfet de.... expose que les communes de.... et de.... ont exprimé le vœu de se réunir à celle de...., qui possède une école primaire dirigée par un instituteur rétribué depuis plusieurs années, et qui en 1832 a reçu le titre d'instituteur communal par une délibération du conseil municipal, et soumet à cette occasion la question de savoir si les autres communes réunies sont fondées à présenter, ainsi qu'elles en ont l'intention, un autre instituteur,

Est d'avis, etc.

tuteur primaire, sans avoir pris préalablement l'avis du comité communal.

Les conseils municipaux peuvent présenter un ou plusieurs candidats pour chaque place d'instituteur communal.

Quand plusieurs communes sont réunies pour entretenir une seule école, les divers conseils municipaux doivent être appelés à délibérer sur la présentation des candidats pour la place d'instituteur primaire de leur école commune.

Dans les arrondissemens où les comités communaux ne sont pas encore organisés, le comité cantonal doit en faire l'office; et, à défaut de l'un et de l'autre, le comité d'arrondissement doit en tenir lieu.

En cas de refus d'un conseil municipal de présenter un candidat pour la place d'instituteur vacante, le comité d'arrondissement doit constater ce refus et nommer l'instituteur sur l'avis du comité communal.

(Décision du 25 octobre 1833 (1).)

2451. Un conseil municipal ne peut être tenu de présenter plusieurs candidats pour une seule place.

Si le comité d'arrondissement ne croit pas devoir nommer le candidat proposé, le conseil municipal doit faire une autre présentation.

Les communes populeuses doivent être invitées à présenter toujours plusieurs candidats.

(Avis du 12 novembre 1833 (2).)

2452. Un conseil municipal ne peut être tenu de voter le traitement et le local pour plus d'un instituteur communal; mais dans le cas où il existe un ou plusieurs hameaux trop éloignés du centre de la commune, il y a lieu de stipuler vis-à-vis de l'instituteur communal que cet instituteur, à certains jours de la semaine ou à certains mois de l'année, devra se transporter dans lesdits hameaux pour y donner l'instruction primaire dans un local convenablement disposé à cette effet.

(Avis du 12 novembre 1833 (3).)

(1) Le conseil, vu la loi du 28 juin dernier concernant l'instruction primaire;
Vu la lettre en date du 15 octobre courant par laquelle M. le préfet du Gers soumet diverses questions relatives à l'instruction primaire,
Décide, etc.

(2) Le conseil, vu la lettre de M. le maire de la ville de Schelestadt, du 29 octobre dernier;
Consulté sur la question de savoir si un conseil municipal qui ne présente qu'un seul candidat au comité d'arrondissement pour la place d'instituteur communal, peut être obligé à en présenter plusieurs,
Est d'avis, etc.

(1) Le conseil, vu la lettre en date du 31 octobre dernier par laquelle plusieurs habitans du hameau de Léonds qui fait partie de la commune de Villeperdrix (Drôme),

TITRE VII.

2453. Le vœu de la loi est que la nomination d'un instituteur communal, par le comité d'arrondissement, soit précédée de l'avis du comité local, et de la présentation du conseil municipal; mais il n'importe pas que le comité donne son avis avant ou après provocation de la part du conseil municipal; il suffit que le conseil municipal ne fasse la présentation qu'accompagnée de l'avis du comité local : dès lors le comité supérieur est éclairé par les deux avis, suivant le vœu de la loi.

(Décision du 25 février 1834 (1).)

2454. Le comité d'arrondissement a eu le droit de refuser, en alléguant des motifs suffisans, le candidat présenté par le conseil municipal, et d'exiger, non que le conseil présentât plusieurs candidats à la fois, mais qu'il présentât un autre candidat. Le conseil municipal doit donc être mis en demeure de présenter un autre candidat; et, à défaut de cette présentation, le comité d'arrondissement aura le droit de nommer le candidat non présenté par le conseil municipal.

(Avis du 25 mars 1834 (2).)

2455. Le comité d'arrondissement, après avoir mis le conseil municipal en demeure de présenter un instituteur, et après avoir pris l'avis du maire et du curé, doit faire une nomination d'office.

(Avis du 27 mai 1834 (3).)

2456. Le conseil municipal de L..... ne présente le sieur J.... que pour un nouveau *bail de trois ans;* une pareille limitation

exposent que l'éloignement où ils sont du lieu où est établie l'école primaire communale, et de plus la difficulté des communications, empêchent leurs enfans de jouir du bienfait de l'instruction primaire, et demandent en conséquence qu'il soit établi une seconde école communale dans le hameau même.

(1) Le conseil royal de l'instruction publique,
Vu la lettre de M. le préfet de Lot-et-Garonne, en date du 10 février courant, sur la question de savoir si le comité communal ne pourrait pas de lui-même, et sans avoir été préalablement consulté par le conseil municipal, donner son avis sur tel candidat aux fonctions d'instituteur qui s'adresse à ce comité,
Est d'avis de la résolution suivante, etc.

(2) Le conseil, vu la lettre de M. le recteur de..... en date du 4 mars courant, relative à la nomination de l'instituteur primaire de la commune de..... arrondissement de....., et les pièces qui s'y trouvent jointes, desquelles il résulte,
Que le comité communal a été d'avis de présenter deux candidats;
Que le conseil municipal a présenté un de ces deux candidats;
Que le comité d'arrondissement a refusé de nommer le candidat présenté par le conseil municipal, et a nommé l'autre candidat,
Emet l'avis suivant, etc.

(3) Le conseil, vu la lettre de M. le recteur de l'académie de Limoges, en date du 17 mai courant, de laquelle il résulte que le conseil municipal de la commune de Saint-Laurent-sur-Gorre (Haute-Vienne), se refuse à présenter aucun candidat pour remplir les fonctions d'instituteur, et qu'aucun habitant ne veut accepter les fonctions de membre du comité local,
Est d'avis, etc.

de temps est contraire à la loi, qui ne parle aucunement de fonctions temporaires, et qui exige institution par le ministre et installation avec serment ; ce qui, dans l'espèce, implique des fonctions inamovibles, sauf le cas où il y aurait faute et jugement.

(Avis du 7 janvier 1834.)

2457. L'ordonnance du 27 février 1821 (1) ne concerne que l'instruction secondaire, et ne saurait être appliquée à l'instruction primaire.

Un curé donnant à deux ou trois enfans l'instruction primaire n'est pas censé tenir une école.

Un curé voulant tenir une école primaire doit remplir toutes les formalités prescrites par la loi du 28 juin 1833.

(Avis du 29 mai 1834 (2).)

2458. Lorsque deux communes qui veulent se réunir pour avoir une seule école ont chacune leur instituteur communal, elles ne peuvent être forcées de garder l'un et l'autre instituteur jusqu'à la retraite ou le décès de l'un d'eux ; elles ont le droit de choisir entre ces deux instituteurs celui qui devra rester chef de l'école unique.

(Avis du 30 janvier 1835.)

Du traitement fixe. — De la rétribution mensuelle. — De la retenue. Des caisses d'épargne et de prévoyance.

2459. L'instituteur demeure toujours libre de faire avec les parens des élèves, quant au payement, en denrées, de la rétribution mensuelle, les conventions que, d'un commun accord, ils croiront devoir adopter. Les noms des parens avec lesquels il se serait ainsi arrangé ne devront pas figurer sur l'état qu'il remettra au maire au commencement de chaque mois.

(Instruction du 24 juillet 1833.)

2460. Dans aucune circonstance, il ne peut être admis que les conseils municipaux aient le droit de réduire, sous prétexte d'autres fonctions simultanément exercées, le traitement des instituteurs primaires au-dessous du *minimum* fixé par l'art. 12 de la loi du 28 juin 1833.

(Avis du 12 novembre 1833 (3).)

(1) Voir l'art. 28 de cette ordonnance, p. 188, n°. 697.
(2) Le conseil, vu la lettre en date du 10 mai courant, par laquelle M. le recteur de ....., après avoir exposé que M. le curé de ....., se fondant sur l'ordonnance du 27 février 1821, veut donner l'instruction primaire à deux ou trois enfans, demande si, dans ce cas, le curé ne doit point se pourvoir du brevet de capacité ;
Est d'avis, etc.
(3) Le conseil, vu la lettre de M. le recteur de l'académie de Strasbourg, en date du 28 octobre dernier ;
Informé que certains conseils municipaux ont l'intention de réduire le traitement des

2461. On ne peut imposer aux instituteurs primaires des charges étrangères à leurs fonctions d'instituteurs; s'ils acceptent d'autres fonctions, ce qu'ils reçoivent à d'autres titres ne doit diminuer en rien le traitement légal d'instituteur.

Quant au taux des rétributions qui doivent être payées par les élèves, elles sont nécessairement variables d'un lieu à l'autre et dans le même lieu, par des circonstances hors de toute prévision.

En ce qui touche la retenue du vingtième, elle devra être faite sur le traitement fixe que la commune aura affecté aux fonctions d'instituteur, et elle sera exigible, à partir du 1er. janvier 1834.

(Avis du 27 décembre 1833 (1).)

2462. Les frères des écoles chrétiennes doivent donner, au commencement de chaque mois, l'état général des élèves qui auront fréquenté leur école pendant le mois précédent; cet état est remis au maire; le maire dresse en conséquence la liste des enfans qui ne doivent pas payer la rétribution, et la liste des enfans qui doivent y être soumis.

(Avis du 24 janvier 1834.)

2463. La délibération d'un conseil municipal qui vote en faveur de l'instituteur de la commune un traitement fixe excédant le *minimum* légal, en se réservant la perception à son profit de la rétribution mensuelle, peut sans difficulté subsister et recevoir son exécution.

(Avis du 28 janvier 1834 (2).)

instituteurs primaires de leurs communes, en déduisant dudit traitement ce que ces maîtres peuvent recevoir à raison d'autres fonctions telles que celles de sacritain, chantre, ou même de secrétaire de mairie.
Est d'avis, etc.

(1) Le conseil, consulté sur les questions suivantes, savoir:

1°. Lorsque l'instituteur primaire exerce en même temps les fonctions de clerc-chantre, clerc-sonneur, ou autres, les communes qui, à raison de ces fonctions, allouent à l'instituteur un traitement quelconque, sont-elles fondées à comprendre dans ce traitement celui qu'elles doivent à l'instituteur aux termes de la loi, ou bien à refuser tout traitement à l'instituteur qui ne veut pas remplir les fonctions ci-dessus énoncées?

2°. Y a-t-il lieu de déterminer un taux uniforme et invariable pour la rétribution des écoles primaires?

3°. Sur quoi sera assise la retenue du vingtième qui doit être prélevée sur les traitemens des instituteurs?
Est d'avis, etc.

(2) Le conseil, vu la lettre en date du 6 janvier courant par laquelle M. le préfet du département des Basses-Pyrénées expose que le conseil municipal de Pau a voté en faveur des deux instituteurs chargés, l'un de l'enseignement supérieur, l'autre de l'enseignement élémentaire, des traitemens fixes qui excèdent le minimum légal; mais en réservant la perception à son profit de la rétribution mensuelle payable par les élèves des deux écoles primaires, il demande si cette délibération du conseil municipal peut être approuvée;

Considérant que plusieurs villes ont pris le parti d'accorder aux instituteurs un traitement fixe équivalant au minimum du traitement légal et au produit présumé de la rétri-

2464. On ne peut changer la nature même de la rétribution, que la loi a considérée comme prix de l'instruction réellement reçue.
(Avis du 14 mars 1834 (1).)

2465. La loi du 28 juin 1833 (art. 14) et l'ordonnance du 16 juillet suivant (art. 1), ayant établi une rétribution mensuelle dont le taux doit être réglé chaque année, les conventions particulières cessent, à moins que l'instituteur ne les renouvelle expressément avec tel ou tel père de famille.

Les parens non domiciliés dans le ressort de la perception doivent avoir un correspondant ou un fondé de pouvoir à qui le percepteur puisse s'adresser.
(Avis du 25 mars 1834 (2).)

2466. A moins de convention particulière avec les parens, la rétribution est due pour le mois entier.
(Avis du 16 mai 1834 (3).)

2467. La retenue prescrite par l'art. 15 de la loi du 28 juin 1833 aura lieu sur les traitemens fixes des instituteurs communaux qui seraient membres de congrégations religieuses, comme sur les traitemens fixes de tous autres instituteurs communaux.
(Arrêté du 10 mars 1835, art. 1ᵉʳ. (4).)

bution mensuelle, et que cette disposition, qui a pour objet d'assurer un sort convenable aux instituteurs publics, rentre dans les intentions de la loi,

Estime que la délibération du conseil municipal de Pau, en ce qui touche la fixation du traitement des instituteurs primaires, peut subsister sans difficulté.

(1) Le conseil, vu la lettre en date du 19 février dernier, par laquelle M. le préfet de...... demande si la rétribution perçue au profit de l'enseignement primaire ne pourrait pas être convertie en une rétribution annuelle payable par douzième, et exigible pour toute l'année;

Considérant que plusieurs villes ont attribué à leurs instituteurs un traitement fixe équivalant au minimum légal et au produit présumé de la rétribution mensuelle, et que ce mode a été autorisé, mais que la proposition de M. le préfet tendrait à imposer la rétribution pour le temps même où les enfans ne viendraient point aux écoles,

Est d'avis :

(2) Le conseil, consulté sur les questions suivantes,

1°. Les élèves d'une école primaire communale dont la rétribution mensuelle a été fixée par le conseil municipal, sont-ils tous tenus de payer cette rétribution, nonobstant toute convention particulière entre l'instituteur et les familles ?

2°. Quelles sont les mesures à prendre pour le recouvrement de la rétribution des élèves dont les parens sont domiciliés dans des communes éloignées du siège de l'école primaire, et placées hors des limites du territoire où existe le receveur municipal ?

Est d'avis :

(3) Le conseil, consulté sur la question de savoir, si la rétribution mensuelle fixée par le conseil municipal peut être exigée par l'instituteur, pour le mois entier, d'un élève qui n'a fréquentée l'école que pendant une partie de ce mois;

Est d'avis :

(4) Le conseil, vu les articles 12, 14 et 15 de la loi du 28 juin 1833, vu les lettres de MM. les préfets du Loiret, de la Seine et de l'Oise; du supérieur général des frères des écoles chrétiennes et du supérieur général de la congrégation de l'instruction chrétienne, vu la décision du conseil en date du 18 octobre 1834 : considérant que la loi, pres-

2468. Dans le cas où le conseil municipal aurait réuni en une seule somme les deux subventions que la loi autorise sous les dénominations de traitement fixe et de rétribution mensuelle, la retenue n'aurait pas lieu sur la portion de traitement que le conseil aurait déclaré représenter le produit de la rétribution mensuelle.

(Ibid., art. 2.)

2469. A l'égard des frères des écoles chrétiennes et des autres congrégations religieuses légalement autorisées pour l'instruction primaire, la retenue sera faite en faveur du chef de l'école (1).

(Ibid., art. 3.)

2470. Le receveur municipal, en faisant (à l'instituteur communal) le payement du mandat, prélèvera le montant de la retenue et en fera le versement dans la caisse du receveur particulier des finances de l'arrondissement. — Au commencement de chaque mois, le receveur particulier dressera un bordereau du montant des retenues versées dans la caisse pendant le mois précédent avec l'indication du prix du versement et de la dizaine à partir de laquelle les intérêts commenceront à courir. Ce bordereau sera visé par le préfet pour l'arrondissement du chef-lieu, et par les sous-préfets pour les autres arrondissemens. Il restera entre les mains du préfet, jusqu'à l'époque où le service de la caisse d'épargne et de prévoyance sera définitivement organisé (2).

(Circulaire aux préfets, du 31 juillet 1834.)

crit une retenue annuelle sur le traitement fixe de tout instituteur communal, mais que sous cette détermination de traitement fixe ne doit pas être comprise l'indemnité permanente que le conseil municipal aurait allouée en compensation de la rétribution mensuelle et pour assurer l'entière gratuité de l'enseignement,

Arrête, etc.

(1) Les instituteurs appartenant à une congrégation religieuse, les frères de St.-Yon, par exemple, sont certains de trouver, dans le sein même de la congrégation, et jusques dans leurs derniers jours, tout ce à quoi ils prétendent en ce monde, c'est-à-dire le vivre et le couvert; d'un autre côté, les frères ne quittent que très-rarement leurs instituts, et ils ne doivent jamais y faire de profits personnels. Il n'y a donc aucune raison pour que la retenue profite aux frères même sur qui elle est exercée. Aussi paraît-il juste que le supérieur général puisse être autorisé à retirer, à la fin de chaque année, le montant des retenues qui auront été faites sur les traitemens des différens membres de la congrégation, pour en disposer dans l'intérêt du corps entier.

(2) Cette organisation définitive a éprouvé quelques difficultés. Voici le projet de statut qui a été soumis aux conseils généraux de département, conformément à l'article 16 de l'ordonnance du 16 juillet 1833. Art. 1 : La caisse d'épargne et de prévoyance établie en faveur des instituteurs primaires communaux du département de   conformément aux dispositions de l'article 15 de la loi du 28 juin 1833 sur l'instruction primaire, est placée sous la surveillance spéciale d'une commission composée du préfet, président, du recteur de l'académie ou de son délégué; de trois membres du conseil général, désignés par ledit conseil; d'un membre de chacun des conseils d'arrondissement désigné par lesdits conseils; d'un instituteur primaire communal par arrondissement, nommé par le ministre de l'instruction publique sur la proposition du recteur. Le directeur des con-

Des écoles normales primaires.

2471. Les dépenses auxquelles donnera lieu l'école normale primaire sont de deux sortes ; les unes sont fixes et ont pour objet les frais d'acquisition, d'appropriation ou de location du bâtiment, le traitement du directeur et des professeurs, l'achat et l'entretien du matériel et des diverses fournitures qui pourraient être faites gratuitement aux élèves, les encouragemens

tributions directes du département remplira près de la commission les fonctions de commissaire liquidateur. — Art. 2. Les membres de la commission autres que le préfet, le recteur ou son délégué, et le directeur des contributions directes, sont renouvelés par tiers, tous les ans ; ils sont indéfiniment rééligibles. Lors de la première organisation, les membres sortans à l'expiration des 1re. et 2e. années seront désignés par la voie du sort.—Art. 3. Les instituteurs sont autorisés à verser dans la caisse d'épargne et de prévoyance, indépendamment du 20e. de la retenue sur leur traitement fixe, toutes les sommes qu'ils voudront placer à ladite caisse.—Art. 4. Un état de situation par instituteur, des fonds versés à la caisse d'épargne et de prévoyance ainsi que des fonds provenant de dons et legs, avec les intérêts capitalisés, sera soumis tous les ans, dans les mois de janvier et de juillet, à l'examen de la commission de surveillance. Une expédition de ces états sera déposée au secrétariat général de la préfecture, ainsi qu'aux secrétariats des sous-préfectures, où chaque instituteur pourra en prendre connaissance. Un bulletin constatant la situation des fonds placés à la caisse d'épargne et de prévoyance par chaque instituteur, lui sera remis dans le mois de janvier et de juillet de chaque année.—Art. 5. Lorsqu'un instituteur se retirera ou viendra à décéder, la demande formée, soit par lui, soit par sa veuve ou ses héritiers, à l'effet d'obtenir le remboursement des sommes par lui versées à la caisse d'épargne et de prévoyance, avec les intérêts capitalisés, sera adressée au préfet, président de la commission de surveillance, qui la communiquera à cette commission lors de ses réunions ordinaires. Après que le montant des sommes, appartenant à l'instituteur, aura été définitivement liquidé, le préfet, président, en ordonnera le remboursement. Si l'instituteur ou ses héritiers se trouvaient dans le besoin, le préfet, président, après avoir pris l'avis du commissaire liquidateur, et sans attendre l'époque de la réunion ordinaire de la commission de surveillance, pourrait ordonner le remboursement des sommes qui seraient jugées leur appartenir jusqu'à concurrence des 4/5es.—Art. 6. Lorsque des dons et legs auront été faits à une caisse d'épargne et de prévoyance, l'instituteur ou ses héritiers auront droit sur le montant de ces dons et legs, avec les intérêts capitalisés, à une part proportionnelle à celle qui leur appartiendra dans le montant total des retenues opérées sur le traitement fixe de tous les instituteurs en fonctions. Si les dons et legs n'ont été faits qu'en faveur des instituteurs d'un arrondissement, d'un canton, de ceux pourvus de brevets de capacité, soit de premier, soit de deuxième degré, de ceux d'un âge déterminé, etc., etc., on prendra, pour régler la part proportionnelle revenant à l'instituteur dans le montant de ces dons et legs et des intérêts capitalisés, le montant total des retenues opérées sur le traitement fixe de tous les instituteurs en fonctions de la même catégorie.—Art. 7. Lorsqu'un instituteur passera d'un département dans un autre, la commission de surveillance liquidera le montant des sommes lui appartenant dans la caisse d'épargne et de prévoyance. Elle y joindra la part proportionnelle qui lui reviendra dans le montant des dons et legs faits à ladite caisse. Aussitôt que cette liquidation sera définitivement arrêtée, le montant des sommes ainsi liquidées sera versé dans la caisse d'épargne et de prévoyance du département dans lequel passera l'instituteur. Le préfet président donnera avis de ce versement à son collègue de ce département.—Art. 8. Les dispositions des art. 6 et 7, relatives au partage des dons et legs faits aux caisses d'épargne et de prévoyance, ne s'appliquent qu'aux dons et legs faits sans conditions. Si des conditions particulières existaient, elles seraient religieusement observées.—Art. 9. Pour régler la part proportionnelle revenant aux instituteurs dans les dons et legs, on ne prendra pour base que les retenues des 20es., faites sur leur traitement fixe. Les sommes qu'ils auraient versées à tout autre titre, à la caisse d'épargne et de prévoyance, ne sauraient leur donner droit à une plus forte part dans la répartition de ces dons et legs.—Art. 10. Les diverses dépenses auxquelles donnera lieu la tenue de la caisse d'épargne et de prévoyance sont une charge de département.

accordés à ceux qui se distinguent, etc.; les autres sont variables, et ont pour objet la nourriture, le chauffage, le blanchissage, etc., des élèves. Celles-ci doivent être acquittées, soit avec les pensions des élèves, soit avec le produit des bourses fondées par l'état, le département ou les communes. Le boni que peuvent présenter les dépenses de cette dernière classe doit servir en outre à acquitter celles de la première, concurremment avec les secours alloués sur les fonds de l'état et avec les sommes fournies par le département ou par les départemens réunis, d'après la triple base de la population, du nombre des communes et du principal des contributions foncière, personnelle et mobilière.

(Instruction du 24 juillet 1833.)

Des brevets de capacité et des commissions d'examen.

2472. Il y aura deux sortes de brevets de capacité, les uns pour l'instruction primaire élémentaire, les autres pour l'instruction primaire supérieure.

Ces brevets seront délivrés après examen par les commissions d'instruction primaire, dans la forme qui sera ci-après déterminée.

(Statut du 19 juillet 1833, art. 1er.)

2473. Il y aura, dans chaque ville chef-lieu de département, une commission d'instruction primaire chargée d'examiner tous les aspirans aux brevets de capacité.

Cette commission sera renouvelée tous les trois ans. Les membres en seront indéfiniment rééligibles.

La commission d'instruction primaire sera composée de sept membres, dont trois seront nécessairement pris parmi les membres de l'instruction publique.

Ces membres sont :

Le recteur, ou un inspecteur par lui délégué, dans les villes où est le siége de l'académie, le proviseur ou le censeur et un professeur dans les villes où il existe un collége royal, un ou deux fonctionnaires du collège communal dans les villes qui possèdent un établissement de cet ordre (1).

(1) « Cet article du règlement, a dit le ministre dans une circulaire du 5 août 1833, donne aux familles et à la société les garanties désirables, soit par le nombre des membres qui composeront chaque commission d'examen, soit par l'admission de droit au sein de ces commissions de plusieurs membres appartenant déjà à l'instruction publique. Des hommes voués à l'étude des sciences posséderont, à coup sûr, les connaissances nécessaires pour bien juger de l'instruction des aspirans au brevet de capacité; des hommes exercés aux fonctions de l'enseignement sauront apprécier à quel point les aspirans sont au courant des bonnes méthodes et en état de les pratiquer ; enfin, des membres de l'Université, soigneux de son honneur, veilleront avec scrupule à ce que des brevets qui

A moins de circonstances extraordinaires, sur lesquelles il sera prononcé par le recteur de l'académie, les commissions d'instruction primaire ne procèderont à l'examen des aspirans aux brevets de capacité que de six mois en six mois. Elles se rassembleront à cet effet dans les cinq premiers jours de mars et de septembre.

La présence de quatre membres au moins sera nécessaire pour les examens des aspirans aux brevets de capacité.

Dans tous les cas, le brevet ne pourra être délivré qu'à la majorité des voix.

(Ibid., art. 2... 5.)

2474. Tout individu âgé de dix-huit ans accomplis pourra, en produisant son acte de naissance, se présenter devant une commission d'instruction primaire, pour subir l'examen de capacité.

Il sera seulement tenu de s'inscrire vingt-quatre heures d'avance au secrétariat de la commission.

Les examens auront lieu publiquement dans une salle dépendant d'un établissement public.

Ils seront annoncés quinze jours d'avance par un arrêté du recteur, qui sera publié et affiché.

(Ibid., art. 6 et 7.)

2475. L'aspirant au brevet de capacité pour l'instruction primaire élémentaire devra satisfaire aux questions qui lui seront faites, d'après le programme suivant :

seront, pour ainsi dire, le premier grade de sa hiérarchie, ne soient conférés qu'à des hommes capables et dignes d'y prendre place.

» Au nombre des personnes qui devront, de concert avec trois membres de l'instruction publique, former les commissions d'examen, sera certainement appelé, M. le recteur, un ministre de la religion. La loi a mis l'instruction morale et religieuse en tête de l'instruction primaire ; il faut donc que l'instituteur ait prouvé qu'il saura transmettre aux enfans confiés à ses soins ces importantes notions, première règle de la vie. Sans doute, tout fonctionnaire de l'instruction publique, tout père de famille, qui, sur votre proposition, aura été nommé membre d'une commission d'examen, sera en état d'apprécier l'instruction morale et religieuse des candidats, mais il convient que les futurs instituteurs fassent leurs preuves de capacité, en ce genre, sous les yeux des hommes que leur caractère propre et leur mission spéciale appellent plus particulièrement à en être juges.

» En ce qui touche les connaissances physiques et mathématiques, dont les élémens, à des degrés divers, sont également compris dans l'enseignement primaire, j'ai la confiance qu'indépendamment des membres de l'Université, vous trouverez de zélés coopérateurs parmi les hommes habituellement occupés de l'étude des sciences et de leurs applications. Des ingénieurs des ponts et chaussées, des architectes, d'anciens élèves de l'école polytechnique, se prêteront volontiers à rendre au pays un service de plus, en contribuant à lui garantir des instituteurs qui puissent donner aux générations naissantes tout ce que la loi leur promet.

Du reste, toutes les précautions sont prises pour que les examens soient sérieux.... »

En vertu d'une disposition récente, les examens doivent toujours être présidés par le recteur, ou par un inspecteur de l'académie, ou par l'inspecteur spécial de l'instruction primaire.

Instruction morale et religieuse . . . { Catéchisme. / Histoire sainte . . . { Ancien Testament. / Nouveau Testament.

Lecture . . . . . . { imprimés . . . . . { français. / latins. / manuscrits ou cahiers lithographiés.

Écriture . . . . . . { bâtarde / ronde / cursive } en lettres.. { ordinaires. / majuscules.

Procédés pour l'enseignement de la lecture et de l'écriture.

Élémens de la langue française. { grammaire . . . . . { analyse grammaticale de phrases dictées. / orthographe . . . . { théorie. / pratique.

Élémens du calcul. { théorie . . / pratique. } { numération. / addition . . . . / soustraction . . / multiplication. / division . . . } appliquées aux nombres entiers et aux fractions décimales.

Système légal des poids et mesures; conversion des anciennes mesures en nouvelles.

Premières notions de géographie et d'histoire.

(Ibid., art. 8.)

2476. L'aspirant au brevet de capacité pour l'instruction primaire supérieure devra satisfaire aux questions qui lui seront faites d'après le programme suivant :

1°. Tout ce qui est compris dans le programme pour l'instruction primaire élémentaire :

Et en outre, pour l'instruction morale et religieuse, quelques développemens ;

Pour l'arithmétique, les proportions, les règles de trois et de société ;

1°. Notions de géométrie : angles, perpendiculaires, parallèles ; surfaces des triangles, des polygones, du cercle ; volumes des corps les plus simples ;

Dessin linéaire ;

Applications usuelles de la géométrie . . . . { arpentage, / toisé, / levée des plans ;

Notions des sciences physiques et de l'histoire naturelle applicables aux usages de la vie, et comprenant les définitions des machines les plus simples ;

Élémens de la géographie et de l'histoire générales, de la géographie et de l'histoire de la France ;

Notions de la sphère ;

Chant . . . { musique . . / plain-chant. } { théorie ; / pratique ;

Méthodes d'enseignement. { simultané, / mutuel.

(Ibid., art. 9.)

2477. Le procès-verbal de l'examen sera dressé, séance tenante, d'après un des modèles joints au présent règlement. Il sera signé de tous les examinateurs et du récipiendaire.

Un duplicata, revêtu des mêmes formalités, sera transmis au recteur de l'académie par le président de la commission, et restera déposé aux archives.

Un brevet conforme à l'un des modèles ci-joints sera immédiatement délivré au candidat qui en aura été jugé digne.

Le brevet de capacité sera signé par les examinateurs et par l'impétrant.

Mention de la délivrance du brevet sera faite à l'instant sur un registre spécial, qui sera signé du président de la commission et de l'impétrant, et qui restera déposé au secrétariat de la commission.

(Ibid., art. 10... 12.)

2478. Après chaque séance, les juges indiqueront leur jugement sur chacun des candidats reçus par un de ces termes : *Très-bien, bien, assez bien.*

A la fin de la session, la commission d'examen dressera, par ordre de mérite, la liste de tous les candidats reçus.

Cette liste sera envoyée au recteur pour être communiquée aux autorités.

(Ibid., art. 13.)

2479. Les inspecteurs généraux, dans leurs tournées, se feront représenter les procès-verbaux des examens de capacité et les listes des candidats reçus, et ils adresseront au ministre les observations auxquelles ces procès-verbaux et ces listes pourraient donner lieu.

(Ibid., art. 14.)

2480. Outre la commission qui sera formée au chef-lieu du département, et qui aura droit d'examiner tous les aspirans aux brevets de capacité, il pourra être établi dans chaque arrondissement de sous-préfecture une commission d'instruction primaire à l'effet d'examiner les aspirans au brevet de capacité pour l'instruction primaire élémentaire.

Cette commission sera composée de sept membres, et elle se conformera à toutes les dispositions des articles 4, 5, 7, 8, 10, 11, 12 et 13 du présent règlement.

(Ibid., art. 15 (1).)

(1) Dans les premiers momens, il a été utile, nécessaire même, sur quelques points du royaume, de multiplier les commissions chargées d'examiner les candidats ; mais bientôt cette nécessité se fera moins sentir, et l'administration supérieure a déjà saisi l'occasion de réduire le nombre de ces commissions, sur la demande des préfets et des recteurs.

Disposition transitoire.

2481. Pendant trois ans, le brevet de capacité pour l'instruction primaire supérieure pourra être accordé aux candidats qui n'auraient pas satisfait à la partie de l'examen relative au chant.

Mention expresse de cette circonstance sera faite sur le brevet.

(Ibid., art. 16 (1).)

Composition des commissions d'examen.

2482. Les membres peuvent être choisis sur les différens points du département.

Le directeur de l'école normale et tout maître-adjoint attaché à l'école, ne doit faire partie de cette commission qu'autant qu'il y aurait nécessité absolue.

(Décision du 6 août 1833.)

2483. Dans les départemens où les populations qui ne professent pas la religion catholique sont assez considérables pour faire présumer qu'il se présentera aux examens des aspirans appartenant à leur culte, le nombre des membres des commissions d'examen ne devra pas être restreint à sept. Aux six membres pris en dehors des ministres du culte, il faudra prendre autant d'ecclésiastiques qu'il y aura de cultes différens professés dans la circonscription de la commission.

(Instruction du 31 juillet 1834.)

Attributions des commissions d'examen.

2484. La commission d'instruction primaire, formée dans une ville chef-lieu de département, pour examiner les aspirans aux brevets de capacité, sera également chargée de faire les examens d'entrée et de sortie des élèves de l'école normale primaire établie dans ladite ville.

Ces examens auront lieu publiquement, à l'époque du mois de septembre, une de celles qui sont indiquées par le règlement du 19 juillet pour les examens des aspirans aux brevets de capacité.

---

(1) « La loi du 28 juin a posé en principe que le chant ferait partie de l'instruction primaire supérieure. L'expérience a déjà prouvé chez plusieurs peuples la sagesse d'une telle disposition. Il est reconnu que, dans les écoles populaires, non-seulement le chant est un délassement agréable à l'enfance, mais qu'il contribue à élever les âmes, à adoucir les mœurs, et peut devenir, entre les mains d'un maître habile, un utile moyen d'éducation morale. » (Circulaire du 5 août 1833.)

Voy. sur les bons effets, physiques, moraux et religieux, que peut produire l'introduction du chant dans les écoles, l'excellent ouvrage de M. le baron De Gérando, intitulé : *Cours normal des instituteurs primaires.*

Un ou plusieurs membres de la commission de surveillance de l'école normale primaire assisteront auxdits examens d'entrée et de sortie.

Trois membres au moins de la commission d'examen devront être réunis pour les examens d'entrée; quatre au moins seront nécessaires pour les examens de sortie.

(Arrêté du 13 août 1833, art. 1... 3.)

2485. Pour l'examen d'entrée, le candidat devra faire preuve des connaissances exigées par l'art. 11 du règlement général du 14 décembre 1832.

Pour l'examen de sortie, l'élève-maître devra satisfaire aux questions qui lui seront faites, d'après l'un ou l'autre des programmes mentionnés dans les art. 8 et 9 du règlement du 19 juillet.

(Ibid., art. 4 (1).).

2486. Le résultat de tous les examens, soit d'entrée, soit de sortie, sera constaté, pour chacun des candidats, par un procès-verbal séparé.

Tous les candidats admis aux écoles normales primaires d'après les examens d'entrée seront inscrits, par ordre de mérite, sur une liste qui restera déposée aux archives de l'école, et dont un double sera envoyé au recteur de l'académie.

Il sera de même dressé une liste, par ordre de mérite, de tous les élèves-maîtres qui, d'après l'examen de sortie, auront été jugés dignes d'obtenir leur brevet de capacité, conformément à ce qui est prescrit par l'art. 13 du règlement du 19 juillet.

(Ibid., art. 5.)

2487. Lorsque l'école normale primaire du département sera établie dans une ville chef-lieu d'arrondissement, ou lorsqu'il existera, soit dans une ville chef-lieu d'arrondissement, soit dans une commune du ressort, une école-modèle également destinée à former des instituteurs, la commission d'instruction primaire formée dans ladite ville sera chargée de faire les examens d'entrée et de sortie des élèves de l'école normale ou de l'école-modèle.

Cette commission se conformera à toutes les dispositions qui précèdent, de même que les commissions établies dans les villes chefs-lieux de département.

(Ibid., art. 6.)

2488. La commission d'instruction primaire établie au chef-lieu du département aura droit d'examiner tous les candidats

---

(1) Voir page 836.

qui auront leur domicile légal ou qui auront étudié dans le département.

La commission établie dans un chef-lieu d'arrondissement aura droit d'examiner tous les candidats qui auront étudié ou qui auront leur domicile légal dans l'étendue de l'arrondissement.

(Décision du 1er. octobre 1833 (1).)

2489. Les commissions d'instruction primaire instituées par la loi du 28 juin pour faire les examens d'entrée et de sortie des élèves-maîtres des écoles normales primaires, sont également chargées de faire les examens de fin d'année, à l'effet de déterminer les élèves-maîtres qui doivent être admis aux cours de la deuxième ou de la troisième année.

Les membres des commissions de surveillance ont droit d'assister auxdits examens et de communiquer aux commissions d'instruction primaire leurs observations sur la conduite et sur le travail habituel des élèves-maîtres.

(Arrêté du 16 décembre 1834, art. 1 et 2 (2).)

Convocation des commissions d'examen.

2490. Chaque recteur est autorisé, jusqu'à nouvel ordre, à indiquer, selon les circonstances, pour les réunions des commissions d'examen, d'autres époques que celles qui sont fixées par le statut du 19 juillet 1833.

(Décision du 30 août 1833 (3).)

(1) Cette décision, qui avait son analogue dans ce qui se pratique pour les examens des facultés, a paru trop restrictive à l'égard de l'instruction primaire, et le conseil n'a pas cru qu'il fût possible de la maintenir, malgré les bons résultats qu'elle avait produits. Il a pris en conséquence la décision qui suit :

« Vu la lettre en date du 18 avril dernier, par laquelle M. le recteur de........ fait connaître que le sieur........ ajourné par la commission d'examen de........, qui n'avait pas jugé ce candidat en état d'obtenir le brevet de capacité, s'est présenté devant la commission de........, et a obtenu de cette commission le brevet qu'il sollicitait, demande si, dans cette circonstance, le brevet est valable, ou bien si le sieur..... doit être astreint à se présenter de nouveau devant la première commission ;

Considérant qu'aucune disposition de la loi du 28 juin 1833 sur l'instruction primaire n'interdit aux candidats la faculté d'être examinés pour le brevet de capacité dans un département autre que celui où ils ont leur domicile légal,

Décide que l'on ne peut apporter aucune atteinte à l'exercice du pouvoir donné par la loi aux commissions d'examen ». (Voir ci-après, page 845.)

(2) Le conseil, vu la lettre de M. le préfet du Haut-Rhin, en date du 14 novembre 1834, et la délibération de la commission de surveillance de l'école normale primaire de Colmar,

Vu le statut du 14 décembre 1832, concernant les écoles normales primaires,

Vu l'article 25 de la loi du 28 juin 1833,

Considérant que, postérieurement au statut du 14 décembre 1832, la loi a établi des commissions d'instruction primaire qu'elle a chargées de faire les examens d'entrée et de sortie des élèves des écoles normales primaires, et qu'il convient de suivre le même mode pour les examens qui ont pour but de reconnaître à la fin de chaque année d'études ceux des élèves-maîtres qui sont en état de passer aux cours de l'année suivante,

Arrête ce qui suit, etc.

(3) Le conseil, vu les observations présentées par M. le recteur de l'académie de

INSTRUCTION PRIMAIRE.

2491. Il n'y a plus lieu à exiger, pour admettre à l'examen, le certificat de bonnes vie et mœurs, la loi ne parlant d'un certificat de moralité que lorsqu'il est question de l'ouverture ou de la direction d'une école.

Décision du 9 juillet 1833 (1).)

Des anciens brevets de capacité.

2492. Les anciens brevets conservent toute leur valeur, et donnent droit aux candidats brévetés, ou de faire leur déclaration pour être instituteurs privés, ou d'être présentés pour les fonctions d'instituteurs communaux, sauf aux candidats à remplir les autres conditions prescrites par la loi du 28 juin.

(Décision du 19 juillet 1833 (2).)

Des sous-maîtres, maîtres-adjoints, aspirans ou aides-instituteurs.

2493. La loi n'ayant parlé que des instituteurs proprement dits, de ceux qui tiennent une école, qui dirigent un établissement d'instruction primaire, on ne peut soumettre aux conditions et aux formalités qu'elle prescrit les individus qui, sous le titre de surveillans, d'aides, de moniteurs, d'aspirans ou de sous-maîtres, sont employés par le véritable instituteur, dépendent de lui, sont à son choix et à sa libre disposition. Comme ils n'ont point les garanties de la loi, ils ne doivent pas être assujettis aux obligations de la loi. Seulement, en vertu des règles générales de discipline et de bon ordre qui régissent toutes les écoles placées sous la surveillance de l'Université, nul ne peut être employé pour l'enseignement ni pour la discipline par un instituteur primaire, soit communal, soit privé, que le recteur de l'académie n'en ait été prévenu, et qu'il n'ait donné son consentement exprès ou tacite. L'instituteur est, dans tous les cas, responsable des faits de tous ceux qu'il emploie dans son école.

Strasbourg, à l'appui de la proposition qu'il fait de convoquer les commissions d'examen pour l'instruction primaire dans le courant du mois d'octobre, au lieu du mois de septembre que prescrit l'arrêté du 19 juillet 1833,
Arrête, etc.

(1) Le conseil, consulté sur la question de savoir si les candidats qui se présentent à l'examen des commissions d'instruction primaire, à l'effet d'obtenir le brevet de capacité exigé pour être admis à exercer les fonctions d'instituteurs, doivent produire préalablement un certificat de bonnes vie et mœurs,
Décide, etc.

(2) Le conseil, vu la lettre de M. le recteur de l'académie d'Amiens, en date du 12 juillet courant,
Consulté sur la question de savoir si un brevet de capacité obtenu avant la loi du 28 juin dernier et non suivi d'autorisation spéciale avant la loi, est admissible comme titre suffisant pour exercer la profession d'instituteur primaire, soit communal, soit privé,
Décide, etc.

Il est bien entendu que nul sous-maître n'est admis à participer aux dispenses du service militaire, s'il ne remplit toutes les conditions imposées sous ce rapport aux membres de l'instruction publique.

(Arrêté du 3 septembre 1833 (1).)

Des chefs d'établissemens d'instruction secondaire.

2494. Nul chef d'un établissement d'instruction secondaire ne pourra diriger une école primaire élémentaire ou supérieure, sans être muni du brevet de capacité correspondant au degré de l'école dont il s'agit.

(Arrêté du 15 octobre 1833 (2).)

Les chefs d'établissemens d'instruction secondaire qui veulent annexer une école primaire à leur principale école, ne sont tenus de se munir personnellement du brevet de capacité que lorsqu'ils n'ont point de maître spécial muni de ce brevet, et reconnu instituteur primaire.

S'ils n'ont point de maître spécial dûment breveté et remplissant toutes les conditions prescrites aux instituteurs primaires, ils doivent subir l'examen et remplir personnellement toutes ces conditions.

(Arrêté du 10 janvier 1834.)

2495. Un maître de pension muni d'un brevet de capacité, et autorisé en conséquence à joindre une école primaire à son établissement, ne doit pas la rétribution universitaire pour les élèves qui ne reçoivent que l'instruction primaire; mais la rétribution est due pour tous les élèves sans distinction, si le chef de l'établissement secondaire n'est pas muni du brevet de capacité, ou s'il n'a pas un maître spécial muni dudit brevet de capacité.

(Arrêté du 5 août 1834 (3)).

Des élèves-maîtres sortis des écoles normales primaires.

2496. Depuis la promulgation de la loi du 28 juin 1833 sur l'instruction primaire, tout examen a dû être fait, et tout brevet délivré conformément à ladite loi.

---

(1) Le conseil, vu le rapport qui lui a été présenté sur la question de savoir si les sous-maîtres dans une école primaire, ou communale, ou privée, doivent être assujettis aux formalités et aux conditions que la loi du 28 juin impose aux instituteurs proprement dits,
Arrête ce qui suit, etc.

(2) Le conseil, vu les articles 4 et 16 de la loi du 18 juin 1833,
Arrête, etc.

(3) Le conseil, consulté sur la question de savoir si un maître de pension, pourvu d'un brevet de capacité pour l'instruction primaire, ou ayant un maître adjoint pourvu de ce même brevet, a le droit d'annexer à son établissement une école primaire dont les élèves ne soient pas soumis à la rétribution universitaire ;
Est d'avis, etc.

Mais s'il s'agit d'examens subis antérieurement à la loi précitée, ces examens doivent sortir leur plein et entier effet; et le recteur, dans ce cas, doit délivrer les brevets de capacité auxquels les candidats ont été jugés avoir droit en vertu desdits examens.

D'un autre côté, l'ancien brevet du premier degré n'équivalant pas au brevet actuel du degré supérieur, les anciens brevets, même ceux du premier degré, ne peuvent servir que pour tenir des écoles primaires élémentaires, d'où il suit que les candidats porteurs d'anciens brevets doivent se représenter devant les nouvelles commissions d'examen pour répondre sur les objets d'enseignement que ne comprenaient pas les anciens examens; et alors seulement ils peuvent obtenir le brevet de capacité pour l'instruction primaire supérieure.

(Décision du 5 novembre 1833 (1).)

Des étrangers non naturalisés.

2497. Un instituteur communal ayant le caractère de fonctionnaire public, et étant en conséquence soumis à la prestation du serment prescrit par les lois du 31 août 1830 et du 28 juin 1833, nul ne peut être admis à en exercer les fonctions s'il n'est Français ou naturalisé Français.

(Décision du 8 novembre 1833 (2).)

2498. Le brevet de capacité doit être délivré à **tout individu**, soit français, soit étranger, qui a subi l'examen d'une manière satisfaisante.

Les étrangers non naturalisés Français peuvent être instituteurs privés, en remplissant les conditions imposées par l'art. 4 de la loi du 28 juin 1833.

(Décision du 12 novembre 1833 (3).)

---

(1) Le conseil, vu la lettre de M. le recteur de l'académie de Caen, en date du 28 octobre dernier;

Consulté sur la question de savoir si les élèves sortis d'une école normale primaire, après avoir été examinés par la commission de surveillance de cette école, ont pu obtenir, depuis la promulgation de la loi du 28 juin 1833 sur l'instruction primaire, la délivrance de brevets de capacité, soit pour l'instruction primaire élémentaire, soit pour l'instruction primaire supérieure,

Vu la loi du 28 juin 1833 et le règlement du 19 juillet suivant,

Décide, etc.

(2) Le conseil, vu la lettre de M. le recteur de l'académie de Grenoble, en date du 28 octobre dernier;

Consulté sur la question de savoir si des étrangers non naturalisés peuvent être instituteurs communaux, décide, etc.

(3) Le conseil, vu la lettre de M. le recteur de l'académie de Strasbourg, en date du 28 octobre dernier;

Consulté sur la double question de savoir, 1°. si un étranger peut recevoir un brevet de capacité pour l'instruction primaire; 2°. si l'étranger non naturalisé Français peut être autorisé à exercer, soit les fonctions d'instituteur communal, soit les fonctions d'instituteur privé;

Vu sa délibération du 8 novembre courant, laquelle porte que les étrangers non naturalisés Français ne peuvent être instituteurs communaux,

Décide, etc.

Réunion d'une école supérieure et d'une école élémentaire.

2499. La réunion des deux sections, sous un seul instituteur, ne peut avoir lieu qu'autant que cet instituteur serait pourvu du brevet du degré supérieur; et on ne doit pas regarder, comme l'équivalent de ce brevet, l'ancien brevet du premier degré.

(Avis du 31 décembre 1833 (1).)

Visa et légalisation du recteur.

2500. L'inspecteur général chargé de l'administration de l'académie de Paris visera les brevets de capacité qui seront délivrés dans cette académie, pour légaliser, en ce qui le concerne, les signatures des commissaires qui auront fait l'examen.

(Décision du 30 août 1833.)

Il convient d'étendre cette mesure à toutes les académies, et d'y prescrire en conséquence l'obligation de soumettre les brevets au visa et à la légalisation du recteur, afin qu'ils puissent servir aux candidats hors du ressort de la commission d'examen.

(Avis du 4 février 1834 (2).)

Nécessité de l'examen.

2501. Il ne peut être fait d'exception à la règle générale, qui est fondée sur les motifs les plus puissans. La loi sur l'instruction primaire souffrirait de continuelles atteintes si l'on ne tenait pas à ce que toute école primaire attachée à une école secondaire eût son chef spécial, soit le chef même de l'établissement, soit un autre maître muni du brevet de capacité exigé de tout instituteur primaire; ce brevet suppose un examen préalable dans les formes prescrites par la loi, et ne peut être donné par collation.

(Avis du 28 février 1834 (3).)

---

(1) Le conseil, vu la lettre par laquelle M. le préfet de la Corrèze annonce que le conseil municipal de Brive a chargé de la direction de l'école primaire supérieure l'instituteur communal, et demande si cette mesure peut être momentanément maintenue,
Est d'avis, etc.

(2) Le conseil, vu la lettre en date du 22 janvier courant, par laquelle M. le recteur de Toulouse expose la nécessité de faire légaliser, sur les brevets de capacité, les signatures des membres de la commission d'examen qui a délivré le brevet, ainsi que cela a lieu pour l'académie de Paris,
Est d'avis, etc.

(3) Le conseil, vu la demande formée par M. S....., maître de pension à......., à l'effet d'être dispensé de l'examen exigé, pour obtenir le brevet de capacité, des chefs d'institution et maîtres de pension qui sollicitent l'autorisation d'annexer à leur établissement une école primaire dont les externes ne soient pas soumis au payement de la rétribution.
Est d'avis, etc.

Cas de deux classes tenues dans des locaux séparés.

2502. Deux classes tenues dans des locaux séparés et aux mêmes heures forment deux écoles distinctes, qui doivent avoir l'une et l'autre un instituteur remplissant les formalités prescrites par la loi.

(Avis du 1er. juillet 1834 (1).)

Des candidats non admis à un premier examen.

2503. Le candidat qui, à la suite d'un examen, n'aura pas été admis, ne pourra se présenter devant la même commission ou devant une autre commission, qu'après un intervalle de six mois.

(Arrêté du 4 novembre 1834, art. 1er.)

2504. Tout candidat qui se présentera devant une commission d'instruction primaire pour subir l'examen de capacité, sera tenu de déclarer si c'est la première fois qu'il se présente à cette épreuve; et dans le cas où il l'aurait déjà subie, de dire à quelle époque et devant quelle commission.

Sa déclaration sera inscrite au procès-verbal et signée de lui.

Dans le cas de fausse déclaration de la part du candidat, le brevet qu'il aurait obtenu sera considéré comme non avenu, et ne pourra lui conférer aucun droit dans l'instruction primaire.

(Ibid., art. 2.)

2505. Lorsqu'une commission aura ajourné un candidat, elle en informera aussitôt le recteur, qui donnera avis de cet ajournement aux autres commissions existantes dans le ressort de l'académie et aux recteurs des académies voisines; chaque recteur en instruira les commissions établies dans le ressort académique.

(Ibid, art. 3.)

Élèves-maîtres des écoles normales primaires.

2506. Le certificat de bonne conduite qui doit être produit par tout élève en entrant dans une école normale primaire, ainsi que le certificat constatant la conduite de cet élève pendant son séjour dans ladite école, seront délivrés conformément

---

(1) Le conseil, vu la lettre en date du 18 juin dernier, par laquelle M. le recteur de........ après avoir exposé qu'il existe à......... deux classes tenues par deux frères de l'instruction chrétienne, aux mêmes heures et dans des locaux séparés, que cependant un seul de ces frères est breveté, et que le second frère lui est adjoint en qualité de sous-maître, demande si le second frère ne doit pas être également breveté,

à ce qui est prescrit par l'article 3 de la loi du 28 juin 1833, pour le certificat de moralité que doit présenter tout instituteur avant d'être admis à exercer sa profession.

(Décision du 22 octobre 1833 (1).)

Des certificats de moralité.

2507. La loi n'a pas voulu laisser au maire seul à prononcer sur la moralité des candidats, puisqu'elle exige l'attestation de trois conseillers municipaux; d'un autre côté, elle n'a certainement pas entendu réduire le maire à ne faire qu'enregistrer l'attestation des trois conseillers municipaux; elle n'a pas voulu non plus que le maire fût obligé de joindre à cette attestation son suffrage personnel, quand il croirait devoir le refuser. Elle lui a laissé toute liberté à cet égard, en sorte que, dans le cas où trois conseillers municipaux attestent la moralité d'un candidat, il appartient au maire ou d'exprimer son propre suffrage d'une manière formelle en même temps qu'il constate l'attestation des conseillers municipaux, ou, si sa conscience le lui commande, d'exprimer une opinion personnelle défavorable au candidat (2).

Il appartient au conseil municipal de la commune où il s'agit de nommer un instituteur, et au comité d'arrondissement dont ressort cette commune, d'examiner, le premier, s'il doit présenter; le second, s'il doit nommer le candidat auquel a été délivré un certificat de moralité conçu d'une manière désavantageuse.

(Avis du 8 avril 1834 (3).)

(1) Le conseil, vu la lettre de M. le recteur de l'académie de Dijon, en date du 10 octobre courant;

Consulté sur la question de savoir si les jeunes gens qui se sont trouvés pendant leur séjour dans une école normale primaire sous la surveillance immédiate du recteur de l'académie, et dont la conduite lui est parfaitement connue, doivent produire le certificat de moralité exigé par l'article 4 de la loi du 28 juin, pour pouvoir exercer les fonctions d'instituteur, ou si une attestation spéciale de ce fonctionnaire peut leur tenir lieu dudit certificat de moralité;

Considérant que nul n'est admis dans une école normale primaire s'il ne produit préalablement des certificats attestant sa bonne conduite ;

Que le certificat donné par le recteur après un séjour de deux ans dans l'école, ajouté aux certificats qui ont précédé l'admission de l'élève, serait bien une preuve suffisante de bonne conduite pour trois ans au moins ; mais que, la loi voulant que le certificat de moralité soit délivré par le maire sur l'attestation de trois conseillers municipaux, cette formalité se trouverait anéantie par le fait pour la première institution de la plupart des instituteurs communaux, si elle cessait d'être exigée des élèves-maîtres sortant des écoles normales primaires,

Décide, etc.

(2) Par une décision postérieure du mois de mars 1835, le conseil a formellement défini que la loi exigeait à titre égal, pour la validité du certificat, l'attestation de trois conseillers municipaux et la libre adhésion du maire signataire.

(3) Le conseil, vu la lettre de M. le recteur de l'académie de... en date du 17 mars dernier, et les pièces qui s'y trouvent jointes, lesquelles présentent les questions suivantes :

2508. La condamnation prononcée contre un instituteur pour fait d'ouverture d'une école clandestine, ne le prive pas du droit de tenir école en se conformant à la loi.

(Avis du 8 avril 1834.)

2509. On ne saurait considérer aucune autre attestation comme équivalant à celle que la loi a déclarée nécessaire. Dans le cas de militaires en congé définitif, qui n'ont pas eu de résidence notoire dans les communes de France, où ils ont passé leurs trois dernières années, il ne pourrait y avoir lieu qu'à des autorisations provisoires; et il appartient aux conseils municipaux et aux comités d'arrondissement de juger s'il convient, aux premiers de présenter, aux seconds d'autoriser provisoirement les anciens militaires qui se trouvent dans les circonstances ci-dessus énoncées.

(Avis du 15 avril 1834 (1).)

ENGAGEMENT DÉCENNAL (2).

Des instituteurs.

2510. La faculté de contracter l'engagement décennal ne

1º. Le maire, que l'article 4 de la loi du 28 juin 1833 a chargé de délivrer à tout aspirant à la profession d'instituteur, le certificat de moralité sur l'attestation de trois conseillers municipaux, peut-il émettre son avis particulier, ou doit-il se borner à recevoir et à constater le témoignage de trois conseillers ?

2º. L'allégation, par le maire, de faits qui lui paraissent de nature à motiver son refus de délivrer le certificat de moralité, suffit-elle pour empêcher que le postulant ne puisse tenir école ?

Est d'avis, etc.

(1) Le conseil, vu la lettre de M. le recteur de...., en date du 3 avril 1834, par laquelle ce fonctionnaire demande si des militaires en congé définitif, pourvus de brevet de capacité pour l'instruction primaire, mais n'ayant pas eu de résidence notoire dans des communes de France durant les trois dernières années, peuvent, à défaut de certificat de moralité que leur position ne leur permet pas d'obtenir de l'autorité municipale, produire, pour être autorisés à tenir école, des certificats qui leur auraient été délivrés par les conseils d'administration des corps dont ils font partie ;

Considérant que la loi exige des certificats de moralité délivrés par les maires sur l'attestation de trois conseillers municipaux ;

Est d'avis, etc.

Une décision semblable est intervenue à l'égard d'anciens frères des écoles chrétiennes, qui, ayant quitté la congrégation, demandaient aussi que des certificats du supérieur général leur tinssent lieu des certificats de moralité qu'ils ne pouvaient se faire délivrer par les communes où ils avaient résidé durant les trois dernières années, sans y être personnellement connus.

Le conseil a pensé que, dans toutes ces circonstances, il y aurait un grave inconvénient à substituer au certificat que la loi exige une autre garantie quelconque, et que les parties intéressées devaient, ou se contenter d'une autorisation provisoire, ou attendre le laps de temps nécessaire pour obtenir le certificat légal.

(2) Par une circulaire du 21 février 1833, le ministre a rappelé aux recteurs la règle générale, qui veut que l'engagement soit toujours souscrit *avant l'époque fixée pour le tirage au sort par l'ordonnance du roi*. La loi du 28 juin n'a rien changé à cette disposition.

peut appartenir qu'à l'instituteur qui tient une école publique communale.

(Décision du 8 novembre 1833 (1).)

2511. Tout instituteur communal devant conserver, sauf démission ou jugement, l'état dont il se trouvait en possession au moment de la promulgation de la loi du 28 juin 1833, doit être, aussi bien que l'instituteur communal nommé et institué depuis ladite loi, admis à contracter l'engagement décennal exigé pour la dispense du service militaire.

(Avis du 12 novembre 1833 (2).)

Des élèves-maîtres des écoles normales.

2512. Les commissions spéciales instituées par l'arrêté du 14 septembre 1832 ne sont plus nécessaires, et quant aux examens, il faut distinguer s'il s'agit d'élèves-maîtres admis avant la loi du 28 juin, ou d'élèves admis depuis cette loi.

Ces derniers n'ayant pu être admis qu'à la suite d'examens faits par les commissions créées en vertu de cette loi, ils n'ont pas besoin de subir un nouvel examen pour contracter l'engagement décennal et obtenir la dispense, en sorte qu'il leur suffit de joindre un extrait du procès-verbal d'admission à leur engagement décennal.

Pour les autres élèves, l'arrêté du 14 septembre 1832 doit encore recevoir son exécution, en ce sens qu'un examen spécial doit avoir lieu; mais cet examen peut et doit être fait par les commissions d'instruction primaire créées en vertu de la loi.

(Avis du 3 janvier 1834 (3).)

(1) Le conseil, vu la lettre de M. le recteur de l'académie de Pau, en date du 29 octobre dernier;

Consulté sur la question de savoir si l'engagement de se vouer, pendant dix ans, au service de l'instruction publique, pour être dispensé du service militaire, aux termes de l'article 14 de la loi du 21 mars 1832 sur le recrutement de l'armée, peut être contracté par des instituteurs privés,

Décide, etc.

(2) Le conseil, vu la lettre de M. le recteur de l'académie de Douai, en date du 31 octobre dernier;

Consulté sur la question de savoir si ceux des instituteurs primaires communaux, exerçant en cette qualité lors de la promulgation de la loi du 28 juin 1833, qui se proposent de souscrire l'engagement décennal pour être dispensés du service militaire, doivent auparavant recevoir une nouvelle nomination ou institution,

Est d'avis, etc.

(3) Le conseil, consulté sur la question de savoir, 1°. si, conformément à l'arrêté du conseil royal du 14 septembre 1832, il y a lieu de nommer une commission spéciale chargée d'examiner les élèves des écoles normales primaires atteints par la loi du recrutement, ou si les commissions chargées des examens d'entrée et de sortie de ces mêmes élèves peuvent aussi faire l'examen prescrit par l'arrêté précité?

2°. Si les élèves-maîtres nouvellement admis à l'école normale primaire sont dans l'obligation de subir l'examen spécial comme ceux qui ont déjà passé une année dans l'établissement, ou s'il suffit de joindre à leur engagement décennal le procès-verbal de leur admission à l'école?

Considérant qu'avant l'arrêté du 14 septembre 1832, les élèves-maîtres étaient admis

2513. Les dispositions suivantes seront observées à l'égard des instituteurs communaux ou élèves-maîtres qui demandent à contracter l'engagement décennal :

Pour les instituteurs que la loi du 28 juin a trouvés en possession de leur état, il leur suffit de produire leur brevet et leur autorisation.

Pour les instituteurs nommés depuis la loi, l'engagement décennal n'est valable qu'après institution.

En ce qui concerne les élèves-maîtres qui sont encore à l'école normale,

S'ils ont été admis avant la loi, ils doivent avoir subi un examen spécial devant la commission d'instruction primaire.

S'ils ont été admis depuis la loi, ils n'ont pas besoin de cet examen spécial.

Quant aux élèves-maîtres qui ont quitté l'école, il faut qu'ils soient placés comme instituteurs communaux, ou, s'ils sont d'abord employés comme sous-maîtres,

1°. Que ce soit avec le consentement formel du recteur;

2°. Que la nécessité d'un sous-maître pour telle ou telle école soit bien et dûment reconnue.

(Avis du 10 janvier 1834. (1).)

DES SECOURS.

2514. Il n'y a lieu à aucune allocation sur les fonds de l'instruction primaire en faveur d'un instituteur primaire qui est en même temps maître de pension.

(Avis du 31 décembre 1833.)

2515. En ce qui concerne les instituteurs communaux, à moins de circonstances extraordinaires et sauf des exceptions très-rares, une allocation ne doit être faite, soit à titre de secours aux instituteurs hors de service, soit à titre d'encouragement aux instituteurs en activité, qu'après que le comité d'arrondissement et le recteur auront reconnu et constaté ce que

aux écoles normales primaires d'après des examens individuels ou d'après des concours dont les formes et les conditions n'étaient pas définitivement réglées ;

Que l'arrêté du 14 septembre 1832 a eu pour but de remédier aux inconvéniens d'admissions faites trop facilement ;

Mais que maintenant existent, et le règlement général du 14 décembre 1832, qui a établi des conditions assez sévères, et la loi du 28 juin 1833, d'après laquelle des commissions spéciales d'examen, nommées par le ministre même, chargées d'examiner les aspirans aux brevets de capacité, doivent aussi examiner les aspirans aux écoles normales primaires,

Est d'avis, etc.

(1) Les sous-maîtres qui n'ont point contracté l'engagement décennal, soit comme élèves-maîtres d'une école normale, soit comme novices dans une congrégation religieuse, ne peuvent pas obtenir la dispense du service militaire sans remplir toutes les formalités imposées aux instituteurs communaux. Voir page 842.

chaque commune peut faire et ce qu'elle fait effectivement en faveur de l'instituteur qui lui a consacré ou qui lui consacre encore ses services ;

En ce qui concerne les instituteurs privés, aux termes de l'ordonnance du 16 juillet 1833, article 19, ces instituteurs ne peuvent recevoir aucune allocation sur les fonds généraux affectés à l'institution primaire, qu'à titre d'encouragemens et de récompenses, et non à titre de secours.

(Avis du 18 juillet 1834 (1).)

DES AUTORITÉS PRÉPOSÉES A L'INSTRUCTION PRIMAIRE.

2516. Le juge de paix ou le curé qui, pour maladie ou infirmité habituelle, se trouve dans l'impossibilité de prendre part aux délibérations du comité d'instruction primaire, doit être remplacé par le juge de paix ou le curé qui vient immédiatement après par rang d'ancienneté.

(Avis du 19 novembre 1833 (2).)

2517. Les délégués des comités ont seulement le droit d'assister aux séances où il est question des écoles dont ils ont l'inspection.

(Avis du 13 décembre 1833 (3).)

Cette interprétation de l'article 22, § 1 de la loi du 28 juin, est d'autant plus fondée, que lorsque ladite loi a voulu attribuer un droit plus étendu, elle a clairement exprimé son intention en donnant le titre de membre du comité, article 19, dernier §.

(Avis du 21 janvier 1834 (4).)

---

(1) Le conseil, considérant que les fonds généraux affectés à l'instruction primaire sont loin de suffire à tous les besoins de cette instruction, que la loi assure désormais aux instituteurs communaux un sort convenable, et que dans tous les cas les fonds de l'état ne doivent contribuer qu'à défaut de ressources locales,
Est d'avis, etc.

(2) Le conseil, vu la lettre de M. le préfet du département de la Moselle, en date du 9 novembre courant ;
Consulté sur la question de savoir si le juge de paix ou le curé, qui sont appelés de droit à faire partie d'un comité d'instruction primaire, et qui se trouvent empêchés, pour cause de maladie ou d'infirmités, d'assister aux séances du comité, peuvent y être remplacés, et par qui,
Est d'avis, etc.

(3) Le conseil, consulté sur la question suivante :
L'article 22 de la loi sur l'instruction primaire entend-il que les délégués pris hors du sein du comité d'arrondissement pour inspecter les écoles primaires du ressort de ce comité, auront seulement la faculté d'assister avec voix délibérative aux séances où il sera question du résultat de leur inspection, ou bien auront-ils la faculté d'assister à toutes les séances, et de devenir ainsi membres du comité ?
Est d'avis, etc.

(4) Le conseil, vu la lettre en date du 11 janvier courant, par laquelle M. le préfet du département du Nord transmet les observations de M. le sous-préfet de Douai, tendant à faire assister les délégués des comités d'instruction primaire à toutes les délibérations desdits comités,
Persiste dans son avis du 13 décembre.

2518. La loi n'appelle aux comités que le maire ou adjoint, et non pas le maire et l'adjoint simultanément.
(Avis du 13 juin 1834 (1).)

Rien ne s'oppose à ce qu'un adjoint soit expressément nommé membre du comité local.
(Avis du 13 décembre 1833 (2).)

2519. Il n'y a nulle incompatibilité entre les deux titres de membre du comité supérieur et de président du comité local : la loi l'a ainsi voulu pour toutes les communes où siége un comité supérieur, et où doit exister aussi un comité local; elle ne l'a interdit pour aucun.
(Avis du 13 décembre 1833 (3).)

2520. Un curé, membre de droit du comité de la commune qu'il dessert et qu'il habite, est aussi membre de droit des comités des autres communes qu'il va seulement desservir et où il n'a qu'un pied à terre.
(Avis du 13 décembre 1833.)

Un ministre protestant, pasteur dans plusieurs communes appartenant à des arrondissemens de sous-préfectures qui dépendent de divers départemens, peut et doit faire partie, tant des comités supérieurs que des comités locaux, non-seulement des communes qu'il dessert, mais encore de celles où il existe un certain nombre de ses co-religionnaires qui, sans avoir d'église distincte, reçoivent ses soins spirituels.

Le ministre protestant jugé apte à exercer les fonctions du culte dans les différentes communes dont il s'agit, doit être réputé également propre à s'occuper des intérêts et des besoins de l'instruction primaire dans ces mêmes communes.
(Avis du 31 décembre 1833.)

---

(1) Le conseil, vu la lettre de M. le préfet de ....., en date du 28 mai dernier, par laquelle ce magistrat, après avoir exposé que l'article 17 de la loi du 28 juin 1833, et l'article 1er de l'ordonnance du 8 novembre suivant, donnent à l'adjoint le droit de présider les comités locaux d'instruction primaire en l'absence du maire, demande s'il ne conviendrait pas de permettre à l'adjoint d'assister aux séances en présence du maire, et, dans ce cas, quelle serait l'espèce de participation que les adjoints prendraient aux délibérations du comité,
Est d'avis, etc.

(2) Le conseil, consulté sur la question suivante :
Un adjoint qui peut être appelé à suppléer le maire dans la présidence du comité d'instruction primaire, peut-il être nommé membre de ce même comité?
Est d'avis, etc.

(3) Le conseil, consulté sur la question suivante :
Un comité supérieur vient de compléter les comités communaux de canton ; trois maires présidens des comités communaux se trouvent faire partie du comité supérieur comme élus par le conseil d'arrondissement. Est-il possible d'être à la fois membre d'un comité inférieur, et d'un comité supérieur qui doit connaitre des actions du comité inférieur? N'est-ce pas pour parer à cet inconvénient que l'article 17 de la loi du 28 juin porte que le comité communal sera composé du maire ou adjoint, afin que ce dernier puisse remplacer le maire s'il fait partie du comité supérieur?
Est d'avis, etc.

2521. Dans le cas où le ressort d'un comité d'arrondissement ne comprendrait pas de collège, ni d'institution ou de pension, l'administration académique désignerait un habitant notable, et autant que possible, un ancien membre de l'Université, dont le zèle et les lumières garantiraient suffisamment son utile participation aux travaux du comité.

(Instruction du 18 février 1834.)

2522. Tous les comités supérieurs formés pour un certain nombre de cantons, ou même pour un seul, ont toutes les attributions que la loi donne aux comités d'arrondissement.

(Avis du 11 mars 1834 (1).)

2523. Hors le cas où les instituteurs auraient à élever quelque réclamation contre le comité local, ils doivent adresser leur demande à ce comité, qui les transmettra, avec son avis, au comité supérieur.

(Décision du 25 mars 1834.)

2524. Le préfet présent au chef-lieu, et pouvant se rendre au comité, ne doit pas être remplacé pour la présidence, laquelle appartient alors au vice-président nommé par le comité ;

Le préfet empêché pour un certain temps, par congé ou par maladie, peut être remplacé au comité par le conseiller de préfecture, qui exerce, dans le cas dont il s'agit, toutes les attributions du préfet.

(Avis du 25 mars 1834 (2).)

Ecoles normales primaires.

Leur surveillance appartient à l'administration centrale et non aux comités.

2525. La loi du 28 juin 1833 a laissé toute latitude à l'administration centrale à l'égard des écoles normales primaires ; nulle part elle n'en attribue la surveillance aux comités, bien moins encore leur défère-t-elle l'administration de ces écoles, le choix des maîtres, la direction des études. Ce qui est dit des écoles primaires aux articles 21 et 22 qui règlent les attributions

---

(1) Le conseil, consulté sur la question de savoir si les divers comités que la loi permet de former dans les arrondissemens pour lesquels cette subdivision a été jugée nécessaire, jouissent de tous les droits attachés au titre de comité d'arrondissement,

Est d'avis, etc.

(2) Le conseil, consulté sur la question de savoir dans quel cas le préfet peut être remplacé pour la présidence du comité d'arrondissement,

Est d'avis, etc.

des comités, ne saurait s'entendre des écoles normales dont il est parlé dans l'article 11.

(Avis du 28 février 1834 (1).)

École ouverte dans un hospice.

2526. A l'égard de ces écoles, la loi du 28 juin 1833 n'autorise nullement une exception; une école ouverte dans un hospice rentre dans la définition que donne l'article 17 de l'ordonnance du 16 juillet courant, et doit être soumise à toutes les dispositions qui régissent les écoles primaires.

(Décision du 26 juillet 1833 (2).)

2527. L'établissement d'une école annexée à un hospice dispense la commune de pourvoir à l'établissement d'une autre école sous la condition que cette école de l'hospice, sera ouverte à tous les enfans, riches et pauvres.

(Avis du 13 décembre 1833 (3).)

2528. Les écoles primaires de garçons et de filles dont les dépenses sont acquittées, soit par la ville de Paris, soit par l'administration des hospices ou les bureaux de bienfaisance, sont des écoles publiques communales, à l'égard desquelles les divers comités doivent exercer toutes les fonctions qui leur sont attribuées par la loi du 28 juin, l'ordonnance du 16 juillet, et par les instructions du ministre, sans préjudice toutefois de l'action qu'il y a lieu de conserver sur la direction et sur les dépenses de ces écoles aux membres des administrations charitables qui les entretiennent.

(Instructions du 4 février 1834.)

(1) Le conseil, vu la lettre de M. le recteur de l'académie de Rennes, en date du 19 de ce mois, sur la question de savoir si les comités d'instruction primaire seraient fondés à contester à l'administration académique la surveillance qui lui était attribuée sur les écoles normales primaires avant la loi du 28 juin 1833, en alléguant les dispositions de cette loi, d'après lesquelles il n'aurait pas été établi, pour lesdites écoles normales primaires, un autre mode de surveillance que pour les simples écoles primaires,
Est d'avis, etc.

(2) Le conseil, consulté sur la question de savoir si une école ouverte dans un hospice est, par-là même, hors du domaine de la loi, si l'instituteur est dispensé de remplir les formalités imposées aux autres instituteurs, et si la surveillance cesse d'en appartenir aux comités;
Décide, etc.

(3) Le conseil, consulté sur la question suivante : lorsque l'hospice d'une commune entretient une école publique, fait un traitement à l'instituteur, lui donne le logement et un mobilier convenable, la commune doit-elle, malgré cet établissement, pourvoir au traitement et au logement d'un autre instituteur, pour se conformer à l'article 9 de la loi du 28 juin dernier?
Est d'avis, etc.

Dispositions particulières pour la ville de Paris.
Séances du comité central.

2529. Les séances du comité central seront ordinaires ou extraordinaires.

Les séances ordinaires seront celles dans lesquelles les membres du comité délibéreront entre eux ou avec l'assistance des inspecteurs spéciaux qu'ils auront convoqués à cet effet.

Les séances extraordinaires seront celles auxquelles seront convoqués les délégués des comités locaux de la ville de Paris.

Il ne sera pris aucune délibération dans ces séances extraordinaires, le comité se bornant à entendre les rapports ou propositions et à discuter les matières qui en seront l'objet.

Il y aura au moins quatre séances extraordinaires par année, indépendamment de celles qu'il plairait au ministre de l'instruction publique de convoquer.

(Arrêté proposé par le comité central de Paris, et approuvé en conseil royal le 30 janvier 1835 (1).)

Des inspecteurs et des dames inspectrices.

2530. L'art. 3 de l'ordonnance du 8 novembre 1833 donne aux comités locaux établis par la ville de Paris le droit de faire inspecter les écoles par des délégués pris hors de leur sein. Ces comités procéderont à la désignation de ces délégués ou inspecteurs. Il conviendra qu'ils nomment également des inspectrices qui seront chargées de surveiller les écoles des filles.

Il est à désirer qu'il y ait au moins un inspecteur et une inspectrice par quartier. Indépendamment de ces délégués permanens, les comités pourront nommer des délégués auxquels ils donneront une mission spéciale et limitée. Les uns et les autres auront droit d'assister aux séances des comités avec voix délibérative, mais seulement lorsqu'il s'agira des écoles qu'ils auront été chargés d'inspecter.

Quant aux salles d'asile et aux écoles primaires qui sont

(1) Le comité central d'instruction primaire à Paris,
Vu l'article 22 de la loi du 28 juin 1833, qui porte : « *Le comité (central) inspecte*, etc.; vu l'article 7 de la même loi : « *Tout instituteur*, etc.; vu l'article 21 : «*Le comité (local)*, etc.; vu l'article 22 : « *Le comité (central)*, etc.; et enfin l'art. 23 : « *Le comité communal*, etc.

Considérant que l'accomplissement de ces derniers devoirs suppose ou nécessite des rapprochemens et des conférences entre les membres des comités locaux et des comités supérieurs, indépendamment des inspections déléguées à des personnes prises en dehors de ces comités;

Que ces rapprochemens sont nécessaires surtout à Paris pour abréger les lenteurs des correspondances et faciliter la conformité de principes et de vues entre tous les membres des divers comités;

Propose, etc.

annexées, soit à des institutions et pensions de garçons, soit à des pensionnats de filles, et qui sont dirigées par des personnes appartenant à des communautés religieuses, la surveillance à laquelle ces établissemens doivent être soumis sera l'objet de règlemens ultérieurs.

(Instructions du 4 février 1834.)

Présentation et nomination des instituteurs.

2531. Une marche particulière doit être suivie à l'effet de rendre plus facile pour la ville de Paris l'accomplissement des dispositions de l'art. 21 de la loi du 28 juin, relatives à la présentation par le conseil municipal des candidats pour les écoles publiques. Il n'y a pas assez de rapprochemens possibles entre les aspirans aux fonctions d'instituteur communal dans la capitale et les membres du conseil général de la Seine, pour que ceux-ci puissent s'occuper du choix des personnes auxquelles pourrait être confiée la direction des écoles primaires. Il convient de charger les comités locaux de remettre des listes de candidats au conseil général. Le comité central nommera ensuite les instituteurs sur la présentation de ce conseil.

(Mêmes instructions.)

DES ÉCOLES PRIMAIRES DE FILLES.

2532. La loi du 28 juin 1833 n'est point applicable aux écoles de filles, quant à présent, et la législation antérieure subsiste jusqu'à nouvel ordre.

(Décision du 10 août 1833 (1).)

2533. On n'est pas autorisé, quant à présent, à appliquer aux institutrices la disposition de la loi qui concerne le recouvrement de la rétribution mensuelle.

(Avis du 13 mai 1834 (2).)

(1) Le conseil, vu la lettre en date du 24 juillet dernier, par laquelle M. le préfet de la Seine, après avoir annoncé qu'il a fait classer la demande de Mlle. H** pour une place d'institutrice primaire dans une école de filles aux frais de la ville de Paris, expose qu'il ne se croit pas fondé à pourvoir à des nominations de cette nature, d'après la loi du 28 juin sur l'instruction primaire,
Décide, etc.

(2) Le conseil, vu la lettre en date du 28 avril dernier, par laquelle M. le préfet de...... demande si la rétribution qui est exigée des familles aisées dans l'établissement d'instruction primaire de la commune de......, dirigé par les sœurs de la Présentation de la Vierge, ne pourrait pas, d'après le vœu de ces institutrices, être soumise au même mode de recouvrement que celle des écoles primaires communales;
Est d'avis, etc.
Toutefois, il faut observer que cette décision du conseil ne saurait concerner les communes qui n'ont et qui ne peuvent avoir qu'une seule école publique pour les enfans

2534. La loi du 28 juin n'exige de chaque commune qu'une école de garçons, et elle ne l'oblige à voter les fonds que pour le traitement fixe d'un instituteur.

Toutes les fois que la population et les ressources d'une commune le comporte, il est à désirer que la commune se procure deux écoles distinctes, une pour les garçons, tenue par un instituteur, et une pour les filles, tenue par une institutrice.

Dans les communes qui n'ont qu'une école, les garçons et les filles peuvent être simultanément à l'école, avec les précautions nécessaires, et notamment celle d'une cloison établie à un mètre au moins de hauteur entre les enfans des deux sexes.

(Avis du 13 août 1833 (1).)

2535. Les comités ont inspection sur les écoles de garçons, en vertu de la loi du 28 juin 1833, et sur les écoles des filles, en vertu des ordonnances de 1816 et de 1828, que cette loi n'a pas abrogées en ce qui concerne ces dernières écoles.

(Avis du 24 décembre 1833 (2).)

Les anciens comités ne subsistent plus, ni pour les écoles de garçons, ni pour les écoles de filles; ils sont remplacés pour toutes les écoles par les nouveaux comités; seulement ces nouveaux comités appliquent aux écoles de garçons la loi du 28 juin et toutes les dispositions qui l'ont suivie, et aux écoles de filles les ordonnances de 1816 et de 1828, et les instructions ministérielles qui se rapportent à ces ordonnances.

(Avis du 14 janvier 1834.)

2536. La loi n'oblige les communes à procurer un local et à voter un traitement que pour une seule école, et cette seule école doit être tenue par un instituteur; d'où il suit que cet

---

des deux sexes. Rien dans ce cas n'autoriserait à exclure les élèves-filles du rôle mensuel que l'instituteur est tenu de remettre au maire de la commune. Il est impossible de l'exposer ainsi à perdre la moitié du traitement éventuel dont la loi a voulu assurer le recouvrement.

(1) Le conseil, vu la lettre de M. le préfet du département de Loir-et-Cher, en date du 5 août courant, par laquelle ce fonctionnaire demande,

1°. Si les communes sont obligées de voter le traitement fixé par la loi du 28 juin dernier, pour l'instituteur et pour l'institutrice, et de fournir un logement à l'un et à l'autre:

2°. Si au contraire il ne doit y avoir dans les communes rurales qu'un instituteur;

3°. Si les filles doivent recevoir l'instruction de cet instituteur,

Est d'avis, etc.

(2) Le conseil, vu la lettre de M. le recteur de l'académie de Clermont, en date du 17 décembre courant;

Consulté sur la question de savoir si la surveillance des écoles primaires de filles est aussi bien que celle des écoles de garçons comprise dans les attributions des comités d'instruction primaire,

Est d'avis, etc.

instituteur communal a le droit et le devoir de recevoir les enfans des deux sexes, sauf les précautions nécessaires, que les comités doivent prendre dans l'intérêt du bon ordre et des bonnes mœurs.

L'existence d'une institutrice *privée* ne peut empêcher l'instituteur communal de donner l'instruction primaire aux filles que les parens lui confient.

Lorsqu'un instituteur communal se trouve chargé de l'éducation des filles pauvres, rien n'empêche qu'il ne puisse recevoir en même temps des filles appartenant à des familles aisées et pouvant payer pour l'éducation de leurs enfans.

Dans le cas où la commune établirait une école distincte pour les filles, alors seulement les filles devraient suivre l'institutrice communale, le principe de la séparation des deux sexes devant continuer d'être appliqué toutes les fois que la commune assure l'existence de deux écoles.

(Avis du 13 décembre 1833 (1).)

2537. La loi du 28 juin 1833 n'est point applicable aux écoles de filles, ni aux institutrices; l'ancienne législation subsiste à l'égard de ces écoles, sauf aux comités actuels à faire ce que cette législation attribuait aux anciens comités.

(Avis du 4 juillet 1834 (2).)

2538. Aux termes de la décision royale du 6 janvier 1830, les écoles primaires tenues par des sœurs sont sous la juridiction immédiate des préfets, sauf le recours au ministre de l'instruction publique; mais les préfets doivent prendre l'avis des comités actuels, dans toutes les occasions où ils devaient consulter les anciens comités.

(Avis du 25 février 1834 (3).)

----

(1) Le conseil royal de l'instruction publique,
Vu la lettre en date du 6 décembre courant, par laquelle M. le recteur de Douai, après avoir exposé que plusieurs communes exigent que l'instituteur auquel elles allouent l'indemnité de 200 francs, qui est le minimum fixé par la loi, soit tenu de recevoir les enfans des deux sexes, demande quelles mesures il convient de prendre dans cette circonstance,
Est d'avis qu'il soit répondu à ce fonctionnaire, etc.

(2) Le conseil, vu la lettre de M. le recteur de.... en date du 23 juin dernier, relative à quelques difficultés qui se sont élevées entre l'administration académique et le comité supérieur de.... au sujet de la nomination des institutrices primaires;
Persiste dans l'avis qu'il a précédemment exprimé, etc.

(3) Le conseil, vu la lettre en date du 7 février courant, par laquelle M. le préfet de la Haute-Vienne expose les inconvéniens résultant de l'établissement des écoles primaires ouvertes dans les divers hospices du département, et dirigées par des sœurs attachées à ces hospices,
Est d'avis, etc.

TITRE VII.

De la juridiction disciplinaire sur les instituteurs.

2539. Le droit d'inspection des comités embrasse toutes les écoles, et privées et publiques ; le principe de la liberté d'enseignement, largement appliqué aux écoles privées, loin d'être une raison de diminuer la surveillance de l'autorité, a été au contraire un motif pour rendre cette surveillance plus active et plus zélée : la confiance de la loi et la sécurité des familles sont à ce prix.

Il y a seulement une distinction à faire pour les conséquences de ce droit général, entre les écoles privées et les écoles publiques. A l'égard de celles-ci, l'action des comités va plus loin qu'à l'égard des écoles privées. Ainsi, l'instituteur communal et l'instituteur privé peuvent également être suspendus par le maire, en cas d'urgence et sur la plainte du comité local (article 21, paragraphe 1, et art. 25 de la loi du 28 juin) ; pour l'un comme pour l'autre, le comité d'arrondissement, auquel le maire a rendu compte de la suspension par lui prononcée, a le pouvoir de confirmer ou d'annuler la décision du maire ; mais là s'arrête la juridiction du comité supérieur vis-à-vis l'instituteur privé. Un jugement qui entraînerait pour cet instituteur la perte de son état est réservé aux tribunaux (art. 7), tandis que, pour l'instituteur communal, le comité peut aller en avant et prononcer la révocation (art. 23).

Il appartient en outre aux comités supérieurs de poursuivre devant les tribunaux, dans les cas prévus par les art. 7 et 24, l'application de la peine d'interdiction à temps ou à toujours, soit aux instituteurs privés, soit aux instituteurs publics.

(Instruction du 21 mars 1834.)

Des congés.

2540. Les recteurs sont autorisés à accorder aux instituteurs primaires communaux, après avoir pris l'avis des comités communal et d'arrondissement, les congés qui seraient demandés par les instituteurs pour des motifs graves de santé ou d'affaires de famille, sous condition que l'instituteur ne quittera pas l'école qu'il n'ait été pourvu à son remplacement pour tout le temps du congé, et à ses frais. Les recteurs informeront aussitôt le ministre du congé qu'ils auront accordé et des raisons qui l'auront motivé.

Aucun congé ne sera accordé aux directeurs des écoles normales primaires, que par le ministre même, sur la proposition motivée du recteur.

(Décision du 29 novembre 1833.)

2541. Une absence de vingt-quatre heures pourra être autorisée par le maire, président du comité local ;

Un congé qui n'excédera pas huit jours pourra être accordé par le président du comité d'arrondissement, sur l'avis du maire de la commune où exerce l'instituteur.

Au-delà de ce terme, le recteur seul pourra accorder un congé, conformément à la décision du 29 novembre 1833.

(Décision du 21 janvier 1834 (1).)

Des révocations.

2542. Les instituteurs qui voudront se pourvoir contre un arrêté de révocation devront, en même temps qu'ils adresseront leur pourvoi au ministre, en donner avis au comité supérieur qui aura prononcé la révocation.

(Arrêté du 26 août 1834 (2).)

2543. L'instituteur révoqué, soit pour négligence habituelle, soit pour faute grave, doit aussitôt cesser tout enseignement dans l'école communale, du jour où la décision qui le révoque lui a été notifiée ; sauf au comité supérieur à pourvoir à ce que les cours de ladite école ne soient pas interrompus, et ce par une autorisation provisoire donnée, soit à un élève-maître tiré de l'école normale ou de l'école-modèle la plus voisine, soit à un aide-instituteur, soit à tout autre individu reconnu capable.

(Arrêté du 16 décembre 1834, art. 1er. (3).)

(1) Le conseil, vu les observations présentées par M. l'inspecteur général chargé de l'administration de l'académie de Paris, sur l'exécution de la mesure qui attribue aux recteurs la délivrance des congés aux instituteurs communaux,
Décide, etc.

(2) Le conseil royal de l'instruction publique, vu la lettre de M. le recteur de l'académie de....... en date du 30 juillet dernier, par laquelle ce fonctionnaire signale comme un oubli fâcheux dans la procédure relative au sieur...... instituteur primaire à....... que le comité a révoqué de ses fonctions, le défaut de communication à ce comité du pourvoi formé par le sieur....... contre la décision du comité,
Arrête, etc.

(3) Le conseil, vu la lettre en date du 1er. du présent mois, de M. l'inspecteur général chargé de l'administration de l'académie de Paris,
Consulté sur les points suivans :
1°. En cas de révocation d'un instituteur communal par le comité supérieur, comment doit être entendue la disposition de l'article 23 de la loi du 28 juin, qui déclare exécutoire par provision la décision du comité ?
2°. Pendant le délai d'un mois accordé à l'instituteur révoqué pour former son pourvoi, et pendant le temps qui s'écoule jusqu'au jugement du pourvoi, quelle est la position de l'instituteur, par rapport au traitement et au logement dont il jouissait avant sa révocation ? Perd-il à la fois, et dans tous les cas de révocation, l'exercice de ses fonc-

2544. Pendant tout le temps qui s'écoule jusqu'à ce qu'il y ait jugement définitif, l'instituteur révoqué doit, comme dans le cas de suspension, continuer à jouir de son logement et de son traitement, s'il n'en a pas été expressément privé par la décision du comité.

Si le comité a décidé que l'instituteur révoqué cesserait aussitôt de jouir du logement et du traitement, l'un et l'autre de ces avantages demeurent à la disposition de l'autorité municipale, pour être alloués, s'il y a lieu, en tout ou en partie, au maître remplaçant, conformément au dernier paragraphe de l'art. 23.

Dans tous les cas où l'instituteur révoqué fait connaître qu'il entend se pourvoir contre la décision qui le révoque, il ne peut être procédé ni à une présentation, ni à une nomination définitive d'un nouvel instituteur, jusqu'à ce que le pourvoi ait été jugé.

(Même arrêté, art. 2.)

Inspecteurs spéciaux de l'instruction primaire.

2545. Dans chaque département, l'inspecteur de l'instruction primaire dressera tous les ans, d'après les renseignemens qui lui seront fournis par le recteur de l'académie et par le préfet du département, ou qu'il aura recueillis lui-même, le tableau des écoles de son ressort qui devront être, de sa part, l'objet d'une visite prompte et spéciale.

Le tableau sera soumis au recteur et au préfet; l'inspecteur se rendra, une fois au moins par an, dans chaque chef-lieu d'arrondissement et dans les chefs-lieux de canton où une subdivision du comité d'arrondissement aurait été autorisée; il demandera, conformément à l'article 20 de la loi du 28 juin 1833, une convocation extraordinaire du comité. Une conférence s'y établira sur le dernier état de situation de toutes les écoles primaires du ressort : d'après les indications du comité et tous autres renseignemens, l'inspecteur visitera spécialement les points où sa présence paraîtra nécessaire.

(Arrêté du 27 février 1835, art. 1er. (1).)

---

tions et tous les avantages qui y étaient attachés? L'autorité municipale peut-elle légalement lui intimer, aussitôt après la notification de l'arrêté de révocation, l'ordre de vider les lieux et de rendre les clefs de l'école dans les vingt-quatre heures?

Arrête ce qui suit, etc.

(1) Le conseil royal de l'instruction publique,

Vu la loi du 28 juin 1833 sur l'instruction primaire, et l'ordonnance royale du 16 juillet de la même année;

Vu les statuts des 14 décembre 1832, 19 juillet 1833 et 25 avril 1834;

Vu l'ordonnance royale du 26 février 1835;

Sur le rapport du conseiller chargé de ce qui concerne l'instruction primaire,

Arrête ce qui suit, etc.

2546. Dans toutes les écoles qu'il visitera, l'inspecteur portera son attention, 1°. sur l'état matériel et la tenue générale de l'établissement; 2°. sur le caractère moral de l'école; 3°. sur l'enseignement et les méthodes.

Il assistera aux leçons et interrogera lui-même les élèves.

(Ibid., art. 2.)

2547. Il examinera spécialement quels livres élémentaires sont en usage ou manquent dans les diverses écoles, quel nombre d'exemplaires y serait nécessaire pour satisfaire aux besoins des élèves pauvres, et comment a été opérée la distribution des livres antérieurement envoyés par le ministre de l'instruction publique.

Il s'assurera qu'il n'est fait usage dans les écoles publiques que des ouvrages autorisés par le conseil royal, et que les livres employés dans les écoles privées ne contiennent rien de contraire à la morale.

(Ibid., art. 3.)

2548. Dans les communes qui, aux termes de l'article 10 de la loi du 28 juin 1833, doivent avoir une école primaire supérieure, l'inspecteur s'assurera par lui-même si une école de ce degré est effectivement établie, et si tous les cours qui la constituent sont régulièrement organisés.

Il fera chaque année, sur chacune de ces école, un rapport spécial qu'il adressera au recteur et au préfet.

(Ibid., art. 4.)

2549. L'inspecteur visitera fréquemment l'école normale primaire du département; il s'assurera que les élèves de chaque année suivent régulièrement les cours auxquels ils sont tenus d'après le programme approuvé par le conseil royal, surveillera spécialement la bibliothèque, et adressera chaque année au recteur et au préfet un rapport sur l'état de l'école.

Il notera chaque année, sur un état particulier, combien d'élèves sont déjà sortis de l'école, quel brevet de capacité élémentaire ou supérieure ils ont obtenu; combien d'entre eux ont été placés en qualité d'instituteurs communaux, combien attendent encore de l'emploi; et il transmettra au recteur et au préfet la liste de ces derniers élèves, afin de hâter et de diriger convenablement leur placement.

(Ibid., art. 5 (1).)

2550. L'inspecteur de l'instruction primaire fera nécessairement partie de la commission d'examen établie en vertu de

(1) Voir ci-après le règlement général concernant les écoles normales primaires.

l'article 25 de la loi du 28 juin 1833, et, en l'absence du recteur ou d'un inspecteur de l'académie, délégué par le recteur, il présidera ladite commission.

Il assistera également aux examens d'entrée et de sortie et de fin d'année des élèves-maîtres de l'école normale primaire du département.

Les opérations de la commission terminées, l'inspecteur transmettra sans délai au recteur de l'académie, avec le procès-verbal des séances, un rapport spécial sur les résultats des examens.

(Ibid., art. 6.)

2551. L'inspecteur donnera une attention particulière aux conférences d'instituteurs qui auront été dûment autorisées. Il assistera quelquefois à ces réunions, et dans le rapport général dont il sera parlé ci-après, il rendra compte de leurs travaux.

(Ibid, art. 7.)

2552. Il donnera son avis motivé sur toutes les propositions de secours et d'encouragemens de tout genre en faveur de l'instruction primaire, et constatera le résultat des allocations accordées.

Il fera un rapport spécial sur les instituteurs qui paraîtront avoir mérité des médailles et autres distinctions ou encouragemens.

(Ibid., art. 8.)

2553. Dans les huit premiers jours d'octobre de chaque année, l'inspecteur adressera au recteur et au préfet un rapport sur tout ce qui concerne l'instruction primaire dans le département, et notamment sur les points spécifiés par le présent statut; le recteur et le préfet y joindront leur observations et le transmettront au ministre de l'instruction publique.

Ce rapport et ces observations seront lus en conseil royal dans le courant du mois de novembre.

(1) (Ibid., art. 9.)

(1) Des instructions spéciales du ministre achèveront de donner aux inspecteurs des écoles primaires tous les moyens de remplir leur honorable et laborieuse mission.

Règlement général concernant les écoles normales primaires (1).

N. B. La loi du 28 juin 1833 n'est entrée dans aucun détail relativement à l'organisation des écoles normales primaires, et ce statut du conseil royal a conservé toute sa force. Il a servi de base à tous les règlemens particuliers des diverses écoles normales actuellement établies en France.

Des objets de l'enseignement.

2554. Dans toute école destinée à former des instituteurs primaires, l'enseignement comprend :

L'instruction morale et religieuse ;
La lecture ;
L'écriture ;
L'arithmétique, y compris le système légal des poids et mesures ;
La grammaire française ;
Le dessin linéaire, l'arpentage, et les autres applications de la géométrie pratique ;
Des notions des sciences physiques, applicables aux usages de la vie ;
La musique et la gymnastique ;
Les élémens de la géographie et de l'histoire, et surtout de la géographie et de l'histoire de France.

L'instruction religieuse est donnée aux élèves-maîtres, suivant la religion qu'ils professent, par les ministres des divers cultes reconnus par la loi.

(Règlement du 14 décembre 1833, art. 1er.)

2555. Le cours d'études est partagé en deux années.

Le programme des leçons est arrêté chaque année par le conseil royal, sur la proposition du recteur.

(Ibid., art. 2.)

2556. Durant les six derniers mois du cours normal, les élèves-maîtres sont particulièrement exercés à la pratique des meilleures méthodes d'enseignement dans une ou plusieurs classes primaires annexées à l'école normale.

(1) Le conseil, sur le rapport du conseiller chargé des écoles primaires ;
Vu les décrets et ordonnances concernant l'instruction primaire ;
Voulant réunir et coordonner les principales dispositions d'après lesquelles les écoles normales primaires actuellement existantes dans les diverses académies de l'Université ont été successivement organisées, conformément aux vœux des autorités locales et aux propositions des recteurs,
Arrête ce qui suit, etc.

On les forme également à la rédaction des actes de l'état civil et des procès-verbaux.

On leur enseigne la greffe et la taille des arbres.

(Ibid., art. 3.)

2557. Une bibliothèque à l'usage des élèves-maîtres est placée dans les bâtimens de l'école normale. Une somme est consacrée tous les ans à l'acquisition des ouvrages que le conseil royal juge utiles à l'instruction des élèves-maîtres ou en général à l'enseignement primaire.

Chaque année le catalogue des livres est vérifié.

(Ibid., art. 4.)

Du directeur et des maîtres adjoints.

2558. L'école normale et les classes primaires qui y sont annexées sont confiées à un directeur que le ministre de l'instruction publique nomme sur la présentation du préfet du département et du recteur de l'académie.

Le traitement du directeur est payé, en tout ou en partie, sur les fonds généraux affectés à l'instruction primaire.

Le directeur est toujours chargé d'une partie importante du cours d'études.

Les maîtres qu'il est nécessaire d'adjoindre au directeur pour diverses parties de l'enseignement sont choisis par le recteur, sur le rapport de la commission spéciale chargée de la surveillance de l'école, et sauf l'approbation du ministre de l'instruction publique.

(Ibid., art. 5... 7.)

De l'admission des élèves-maîtres.

2559. Dans les écoles normales primaires, des bourses entières ou partielles peuvent être fondées par les départemens, par les communes, par l'Université, par des donateurs particuliers, ou par des associations charitables.

Les bourses fondées par l'Université sont toujours données au concours. Il est facultatif pour les autres fondateurs de déterminer s'ils entendent que les bourses par eux fondées soient données par la voie du concours, ou à la suite d'examens individuels.

Les formes et les conditions des examens et des concours sont réglées par le conseil royal, pour chaque académie, sur le rapport de la commission de surveillance et la proposition du recteur.

(Ibid., art. 8... 10.)

2560. Nul n'est admis comme élève-maître, soit interne, soit externe, s'il ne remplit les conditions suivantes :

Il doit, 1°. être âgé de seize ans au moins ;

2°. Produire des certificats attestant sa bonne conduite; et, en outre, un certificat de médecin constatant qu'il n'est sujet à aucune infirmité incompatible avec les fonctions d'instituteur, et qu'il a été vacciné ou qu'il a eu la petite vérole ;

3°. Prouver, par le résultat d'un examen ou d'un concours, qu'il sait lire et écrire correctement ; qu'il possède les premières notions de la grammaire française et du calcul ; et qu'il a une connaissance suffisante de la religion qu'il professe.

Les examinateurs et les juges ne se bornent pas à constater jusqu'à quel point les candidats possèdent les connaissances exigées ; ils s'attachent aussi à connaître les dispositions des candidats, leur caractère, leur degré d'intelligence et d'aptitude.

(Ibid., art. 11.)

2561. Nul n'est admis comme boursier s'il ne prend l'engagement de servir pendant dix ans au moins dans l'instruction publique comme instituteur communal.

Les boursiers en âge de minorité doivent être autorisés par leur père, leur mère ou leur tuteur, à contracter cet engagement décennal.

(Ibid., art. 12.)

2562. Les boursiers qui renoncent à leurs études avant la fin du cours, ou qui, sortis de l'école, ne remplissent pas l'engagement par eux contracté de servir pendant dix ans comme instituteurs communaux, sont tenus de rembourser le prix de la pension pour le temps de leur séjour à l'école, et considérés comme étrangers au service de l'instruction publique; ce qui les replace sous le droit commun quant à l'obligation du service militaire.

(Ibid., art. 13.)

2563. Les boursiers qui n'obtiennent que des portions de bourse doivent, outre les pièces exigées de tous les élèves-maîtres, déposer entre les mains du directeur un acte par lequel ils s'obligent, ou, s'ils sont mineurs, leurs parens ou tuteurs s'obligent de payer la portion de bourse qui reste à leur charge. Il en est de même pour la totalité de la pension à l'égard des pensionnaires libres.

Tous les élèves internes sont tenus d'apporter le trousseau prescrit par les règlemens.

(Ibid., art. 14 et 15.)

2564. Les instituteurs primaires déjà en exercice peuvent être admis, dans le cours de l'année et particulièrement pendant le temps où vaquent les écoles primaires, à suivre comme externes les cours de l'école normale, afin de se fortifier dans les connaissances qu'ils possèdent, ou d'apprendre à pratiquer les méthodes perfectionnées.

La commission de surveillance examine s'il y a lieu d'accorder à quelques-uns de ces instituteurs des indemnités de séjour pour le temps pendant lequel ils auront suivi les cours de l'école normale. Elle adresse à ce sujet un rapport au recteur et au préfet.

Des indemnités peuvent aussi être accordées aux maîtres de l'école normale qui auront donné des leçons extraordinaires aux instituteurs admis à suivre les cours de l'école.

(Ibid., art. 16.)

De la commission de surveillance.

2565. Une commission nommée par le ministre de l'instruction publique, sur la présentation du préfet du département et du recteur de l'académie, est spécialement chargée de la surveillance de l'école normale primaire sous tous les rapports d'administration, d'enseignement et de discipline.

Le directeur de l'école assiste aux séances de la commission avec voix délibérative, hors le cas où il s'agirait de statuer sur des questions intéressant la personne ou la gestion du directeur.

(Ibid., art. 17 et 18.)

2566. La commission de surveillance prend ou propose, selon les circonstances, les mesures qu'elle juge utiles pour le bien de l'école et pour le progrès des élèves-maîtres.

La commission de surveillance détermine chaque année, d'après les besoins présumés de l'instruction primaire dans le département, quel est le nombre des élèves qui doivent être admis à contracter l'engagement décennal, et qui seuls peuvent obtenir des bourses entières ou partielles, conformément à l'article 12.

Elle examine chaque année le compte et le budget qui lui sont présentés par le directeur de l'école. Elle consigne dans un rapport particulier les observations auxquelles ce compte et ce budget lui paraissent donner lieu. Le tout est soumis à l'examen du conseil académique et à l'approbation du conseil royal.

(Ibid., art. 19... 21.)

2567. Le directeur tient un registre divisé en autant de colonnes qu'il y a d'objets d'enseignement, sur lequel il inscrit les notes relatives au travail des élèves. Il y inscrit aussi les notes sur le caractère et la conduite de chacun d'eux. Le registre est mis tous les mois sous les yeux de la commission de surveillance.

La commission fait, au moins une fois par trimestre, la visite de l'école; elle examine les classes, interroge les élèves sur tous les objets de l'enseignement, et tient note de leurs réponses.

Chaque année, elle reçoit du directeur un rapport sur tout ce qui concerne les études et la discipline. Un double de ce rapport, visé par le recteur, qui y joint ses observations, est envoyé au ministre et communiqué au conseil royal.

(Ibid., art. 22 et 23.)

2568. A la fin de la première année, la commission décide, d'après les rapports et les notes, quels élèves sont admis à passer en seconde année.

Les élèves non admis à suivre les cours de la seconde année ne peuvent plus être boursiers ni élèves internes.

A l'expiration de la seconde année, tous les élèves-maîtres subissent devant la commission (1) un dernier examen, d'après lequel ils sont inscrits par ordre de mérite sur un tableau dont copie est adressée par le recteur de l'académie au préfet et aux comités du département.

Les examens de sortie comprennent aussi une leçon d'épreuve qui puisse faire juger le degré de capacité des élèves pour l'enseignement.

Les élèves-maîtres qui n'ont pas satisfait à ce dernier examen sont rayés du tableau de l'école normale.

Un certificat d'aptitude est délivré par la commission à ceux qui ont répondu d'une manière satisfaisante; il y est fait mention de la conduite que l'élève a tenue, et de la méthode d'enseignement dont il connaît mieux la théorie et la pratique. Ce certificat est produit par les élèves-maîtres lorsqu'ils se présentent pour obtenir le brevet de capacité.

(Ibid., art. 24 et 25.)

2569. En cas de faute grave de la part d'un élève-maître, la commission de surveillance peut prononcer la réprimande ou la censure, ou même l'exclusion provisoire ou définitive, sauf,

---

(1) On a vu, pages 838 et suiv., comment les examens d'entrée et de sortie et de fin d'année des élèves-maîtres rentrent désormais dans les attributions des commissions spéciales créées par la loi du 28 juin 1833.

dans ce dernier cas, l'approbation du préfet, s'il s'agit d'un boursier communal ou départemental, et l'approbation du recteur, s'il s'agit de tout autre élève-maître.

L'exclusion ne peut être prononcée que l'élève n'ait été entendu ou dûment appelé. Aussitôt que la décision est intervenue, le recteur en donne avis au ministre de l'instruction publique.

(Ibid., art. 26.)

N. B. Une décision du ministre des finances, du 30 novembre 1833, exempte du timbre les quittances données aux payeurs du trésor pour versemens dans les caisses municipales des sommes accordées, soit sur les fonds du trésor, soit sur ceux des départemens, pour l'établissement d'écoles primaires et supplément de traitement aux instituteurs.

D'après une autre décision du 21 octobre 1834, les quittances ayant pour objet le traitement fixe des instituteurs communaux, ainsi que la rétribution mensuelle considérée comme un supplément de ce traitement, seront affranchies du timbre, lorsque ces traitemens n'excèderont pas 300 fr.

TITRE VIII.

DES RECETTES ET DES DÉPENSES (1).

RÈGLEMENT (2) POUR L'EXÉCUTION DES LOIS DE FINANCES DES 23 ET 24 MAI 1834, EN CE QUI CONCERNE L'UNIVERSITÉ (3).

RECETTES.

De la nature des recettes et de l'assiette des droits et rétributions.

2570. Les recettes se divisent ainsi qu'il suit, savoir :

---

(1) Voy. partie 1re., titre 9, pag. 285 et suivantes, les dispositions des lois et ordonnances qui concernent cette partie de l'administration de l'instruction publique.

(2) Le règlement que l'on va lire résume, pour ainsi dire, tout ce qui avait été fait concernant les biens, revenus et dépenses de l'Université, en même temps qu'il lie plus que jamais le sort de l'institution à la fortune publique. Nous l'insérons ici avec d'autant plus de confiance, que désormais il n'y a plus à craindre de variations considérables en cette matière.

(3) LES MINISTRES DE L'INSTRUCTION PUBLIQUE ET DES FINANCES,

Vu les lois des 23 et 24 mai 1834, portant fixation des budgets, des recettes et des dépenses de l'exercice 1835, et desquelles il résulte que les recettes qui étaient attribuées à l'Université, et les dépenses relatives aux établissemens universitaires, font partie du budget général de l'état, à compter de ce même exercice ;

Vu l'article 8 de la loi du 24 mai, qui statue que l'administration de l'instruction publique sera chargée, conjointement avec les agens des contributions directes, de l'assiette de la rétribution et du droit annuel ; qu'elle continuera à constater les droits à percevoir sur les candidats qui se présentent devant les facultés ou devant les jurys médicaux ; enfin que les agens du trésor public seront chargés du recouvrement de ces produits ;

Vu l'avis du conseil royal de l'instruction publique,

Considérant que dans cet état de choses, il y a lieu de déterminer le mode d'intervention des agens des deux ministères selon leurs attributions respectives, et qu'il est utile en même temps de rappeler les dispositions précédemment en vigueur, qui doivent continuer d'être observées ;

Arrêtent que le règlement qui suit sera exécuté à partir du 1er. janvier 1835, et que des exemplaires en seront transmis à tous les agens chargés de concourir à son exécution.

A Paris, le 27 novembre 1834.

Le ministre secrétaire d'état de l'instruction publique,
GUIZOT.

Le ministre secrétaire d'état des finances,
HUMANN.

Le présent règlement indiquera :

La nature de la dotation, des rentes et des domaines de l'Université ;

La nature des rétributions et des droits dus dans les établissemens d'instruction publique, et le mode d'assiette de ces droits ;

Le mode de perception et de poursuites ;

La nature des dépenses qui étaient payées sur les fonds spéciaux de l'Université ;

Le nouveau mode d'ordonnancement et de payement de ces dépenses.

Produit de la dotation, des rentes et des domaines appartenant à l'Université;

Rétribution due pour les élèves dans les colléges, institutions el pensions;

Droit annuel dû par les chefs d'institution et par les maîtres de pension;

Droits à percevoir dans les facultés de droit, de médecine, de théologie, des sciences et des lettres.

De la dotation, des rentes et des domaines de l'Université.

2571. L'Université possède: 1°. des rentes sur l'état, dont les inscriptions sont déposées à la caisse des dépôts et consignations (il existe en outre des rentes sur l'état affectées, à titre de fondations ou de concessions, à divers établissemens d'instruction publique; ces rentes sont également inscrites au nom de l'Université, et les inscriptions en sont aussi déposées à la caisse des consignations); 2°. des rentes sur divers particuliers (les titres en sont déposés entre les mains de ses agens); 3°. des bois et diverses propriétés immobilières qui forment les domaines de l'Université, et sont administrés par ses soins.

(Titre 2, ch. 1er., art. 1er.)

Rétribution dans les colléges, institutions et pensions.

2572. Une rétribution au profit de l'état est due pour tous les élèves pensionnaires, demi-pensionnaires ou externes, et pour tous les élèves gratuits ou non gratuits des colléges royaux, des colléges communaux et particuliers, des institutions et des pensions, quel que soit le degré d'instruction qu'ils y reçoivent.

Les chefs d'école sont débiteurs envers l'état de la totalité des rétributions dues pour leurs élèves.

(Ibid., ch. 2, art. 2 et 3.)

2573. Les colléges et autres écoles d'instruction secondaire, où il n'est admis que des externes, sont assimilés pour la rétribution à l'école à pensionnat du département, avec laquelle ils ont le plus d'analogie d'après le degré d'enseignement qui y est donné.

Toute école où l'enseignement est analogue à celui qui est donné dans les colléges, dans les institutions ou dans les pensions, est soumise au payement de la rétribution; nul ne peut se soustraire à cette obligation sous le prétexte qu'il ne fournit aux élèves que la nourriture et le logement, et qu'il reste personnellement étranger à leur instruction.

Les écoles primaires, élémentaires ou supérieures, où l'enseignement est restreint dans les limites déterminées par la loi du 28 juin 1833, ne sont point soumises à la rétribution.

(Ibid., art. 4... 6.)

2574. Lorsque les besoins de l'instruction publique l'exigent, les principaux des colléges communaux, les chefs d'institution et les maîtres de pension peuvent, sur la proposition des recteurs, être autorisés, par une décision prise en conseil royal, à avoir une classe primaire séparée des classes latines, et dont les élèves *externes* ne sont point passibles de la rétribution.

Cette autorisation n'est accordée que lorsque le chef d'école justifie qu'il est pourvu du brevet de capacité, conformément à l'art. 4 de la loi du 28 juin 1833, ou que la classe primaire est tenue par un maître pourvu du brevet.

L'autorisation n'est valable que pour l'année classique.

(Ibid., art. 7.)

2575. Tout individu qui, n'ayant pas obtenu le brevet de chef d'institution ou de maître de pension, admet chez lui des élèves auxquels il donne l'instruction secondaire, est traduit, à la requête du procureur du roi, en police correctionnelle, et condamné à l'amende conformément à l'art. 56 du décret du 15 novembre 1811. La partie de l'amende qui était attribuée à l'Université est acquise au trésor, et versée dans les caisses des receveurs de l'enregistrement et des domaines. Néanmoins, en vertu de l'art. 28 de l'ordonnance du 27 février 1821, les curés et desservans des campagnes peuvent, sans diplôme et sans payer la rétribution, se charger de former deux ou trois élèves pour les petits séminaires. Dans ce cas, la déclaration doit en être faite au recteur.

Les chefs d'institution et maîtres de pension qui ont renoncé à leur titre, ne peuvent recevoir des élèves sans avoir obtenu un nouveau brevet : s'ils en reçoivent, ils sont poursuivis comme dirigeant une école clandestine.

(Ibid., art. 8 et 9.)

2576. La rétribution est fixée ainsi qu'il suit :

Pour les pensionnaires dans les colléges, institutions et pensions, au vingtième du prix de la pension payée pour chaque élève.

Pour les élèves à demi-pension, pour les externes et les élèves gratuits ou non gratuits, à une somme égale à celle que payent les pensionnaires de l'établissement où ils sont admis.

(Ibid., art. 10.)

Le minimum de la rétribution est fixé à 15 fr.

Un taux inférieur de rétribution ne peut être admis pour aucune école, qu'en vertu d'une décision spéciale prise en conseil royal de l'instruction publique, et rendue, sur la proposition du recteur, d'après l'avis du conseil académique.

(Ibid., art. 11.)

2577. Le trimestre entier de la rétribution est dû, pour tous les élèves qui étaient dans l'école le premier jour du trimestre.

Tout élève entré avant le 15 d'un mois, doit le *mois entier*; tout élève entré après le 15, doit le *demi-mois* de la rétribution.

(Ibid., art. 12.)

2578. La rétribution étant due par trimestre et d'avance, le chef d'école qui était en exercice au commencement du trimestre est responsable de la rétribution pour le trimestre entier, sauf son recours contre qui de droit.

(Ibid., art. 13.)

2579. La rétribution due pour l'année classique, laquelle commence au 1er. novembre, dans la presque totalité des académies, est divisée et payée par *dixièmes*.

Deux dixièmes sont payés pour novembre et décembre, et les huit autres dixièmes pour janvier, février, mars, avril, mai, juin, juillet et août.

Dans les académies où l'année classique commence au 1er. octobre, trois dixièmes sont payés pour octobre, novembre et décembre, et les sept autres dixièmes pour les sept premiers mois de l'année financière.

Ainsi, dans le premier cas, les troisième et quatrième trimestres ne représentent chacun que deux dixièmes; et dans le second, le troisième trimestre ne se compose que d'un seul dixième.

Quels que soient les cas particuliers qui se présentent, la rétribution doit être calculée de manière que la totalité des droits d'une année soit acquittée, pour tout élève qui a été pensionnaire ou externe d'un établissement, pendant les dix mois de l'année classique; et, au prorata, pour les élèves entrés dans le cours de l'année.

(Ibid., art. 14.)

2580. Dans les colléges royaux de Paris, où le prix de la pension est de 900 francs, le taux de la rétribution est fixé à 45 francs.

Dans les colléges royaux des départemens, la rétribution est fixée comme suit :

1re. CLASSE. Prix de la pension	750 f.	00 c.
Taux de la rétribution	37	50
2e. CLASSE. Prix de la pension	650	00
Taux de la rétribution	32	50
3e. CLASSE. Prix de la pension	600	00
Taux de la rétribution	30	00

Les prix de pension désignés au présent article, et qui ont été déterminés par le décret du 15 brumaire an XII, comprennent tous les frais d'instruction, de nourriture, de logement, de chauffage, d'éclairage, de blanchissage et d'entretien des élèves.

Ne sont pas soumises à la rétribution du vingtième, les sommes payées par les familles pour les livres classiques fournis par les colleges, pour les maîtres d'arts d'agrément autres que les maîtres de dessin, et pour les frais de dégradation et d'objets perdus.

(Ibid., art. 15.)

2581. La rétribution due dans les colléges royaux est payée pour les pensionnaires, en sus du prix de la pension, par trimestre et d'avance.

Elle est également payée par trimestre et d'avance pour les boursiers, pour les demi-pensionnaires et pour les externes.

Ceux des élèves externes qui appartiennent à des institutions ou à des pensions, payent la rétribution dans leur institution ou dans leur pensionnat.

Le censeur est tenu, sous sa responsabilité personnelle, de veiller à ce qu'aucun élève ne soit admis à suivre, comme externe, les classes de collége sans avoir acquitté la rétribution.

Les rétributions dues pour les élèves des colléges royaux sont versées par les familles dans les caisses de l'établissement.

L'administration du collége exerce contre les retardataires les mêmes poursuites que pour le paiement du prix des pensions.

(Ibid., art. 16.)

2582. Dans les colléges communaux, dans les institutions et pensions, il est dû, pour rétribution, une somme égale au vingtième du prix de la pension des élèves pensionnaires.

Le prix de la pension se compose de toutes les sommes payées pour chaque trimestre.

Il ne peut être fait d'autres déductions que celles qui sont admises dans les colléges royaux et qui sont indiquées à l'article 15 ci-dessus.

Lorsqu'il y a plusieurs prix différens de pension dans un établissement, le taux de la rétribution par élève peut être réglé par abonnement, pour chaque année classique, d'après le terme moyen des divers prix de pension.

La demande d'abonnement doit être faite par le chef de l'établissement, et elle est envoyée au directeur des contributions avec l'état des élèves et des prix de pension, fourni pour le quatrième trimestre.

L'abonnement n'a lieu qu'après avoir été approuvé par le conseil académique, sur la proposition du recteur, et sur l'avis du directeur des contributions directes; le conseil académique ne l'admet qu'après avoir reconnu qu'il n'est point préjudiciable aux intérêts du trésor. Les abonnemens doivent être examinés de nouveau lors de la vérification des états du premier trimestre de chaque année classique (quatrième trimestre de l'année financière); le conseil académique, sur l'avis du recteur et du directeur des contributions, décide s'ils doivent être ou non maintenus.

(Ibid., art. 17 et 18.)

2583. Lorsqu'il n'y a pas d'abonnement dans une école où les pensionnaires payent divers prix de pension, le conseil académique détermine, chaque trimestre, un prix moyen de pension qui sert de base pour la rétribution de tous les élèves pensionnaires, demi-pensionnaires, externes, gratuits ou non gratuits, en observant néanmoins que, d'après la règle établie à l'article 11, la rétribution ne doit jamais, à moins de décision spéciale, être inférieure à 15 francs.

En conséquence, pour établir le terme moyen de la pension, on réunit toutes les pensions qui s'élèvent à 300 francs et au-dessus, et on divise la somme totale par le nombre des élèves payant ces pensions (1).

Pour éviter les fractions de centime, les fractions au-dessous d'un demi-centime seront négligées, et le centime sera censé complet lorsque la fraction excédera un demi-centime.

Ces calculs seront établis pour chaque trimestre, d'après le *taux annuel* des pensions payées pour ce même trimestre.

(Ibid., art. 19.)

2584. Les censeurs des colléges royaux, [les principaux des

---

(1) Ainsi dans un établissement qui compte :

10 élèves payant 600 fr.		6,000 fr.
8 idem idem 500.		4,000
10 idem idem 400.		4,000
10 idem idem 300.		3,000
La somme totale des pensions est de.		17,000

qui, divisée par trente-huit, nombre des pensionnaires, donne un terme moyen de pension de 447 francs 31 cent., et un taux moyen de rétribution de 22, 36 $\frac{12}{16}$, qui est dû pour chaque élève payant ou gratuit.

colléges communaux, les chefs d'institution et les maîtres de pension tiennent un registre pour constater les élèves présens dans l'établissement (1).

Les élèves entrés sont inscrits dans la première partie du registre, au moment même de leur entrée, et il leur est donné un numéro d'ordre.

Les élèves qui sortent de l'établissement sont inscrits dans la deuxième partie du registre, où l'on rappelle le numéro d'ordre que chaque élève avait reçu lors de son entrée, et où il lui est donné un numéro de sortie.

Ce registre doit être coté et paraphé par le maire. Il est arrêté par le contrôleur des contributions directes aux époques de ses vérifications.

Dans les écoles où il existe une classe primaire dont les élèves ont été déclarés non passibles de la rétribution d'après les dispositions de l'article 7 du présent règlement, l'enregistrement de l'entrée et de la sortie de ces élèves est fait sur un livre séparé, établi dans la même forme que le modèle ci-dessus énoncé.

(Ibid., art. 20.)

2585. Les proviseurs des colléges royaux, les principaux des colléges communaux, les chefs d'institution et maîtres de pension, sont tenus de transmettre aux directeurs des contributions directes du département, *avant le dixième jour du premier mois de chaque trimestre*, l'état certifié par eux, qu'ils doivent fournir en exécution de l'art. 118 du décret du 15 novembre 1811, de leurs élèves pensionnaires, demi-pensionnaires et externes, avec l'indication du prix de la pension payé par chaque élève pensionnaire ; cet état, pour les colléges communaux, les institutions et les pensions, devra comprendre nominativement, sans aucune exception, tous les élèves, gratuits ou non gratuits, qui seront inscrits sur les registres de l'école au premier jour du trimestre.

Les élèves externes des classes primaires déclarés non passibles de la rétribution, suivant les formes prescrites par l'art. 7, y seront portés pour mémoire à la suite des élèves soumis aux droits.

L'état sera visé par le maire de la commune qui pourra, en exécution de l'article 119 du décret du 15 novembre 1811, visiter l'établissement dans le courant du trimestre, et qui communiquera aux agens des contributions tous les renseignemens

---

(1) Le modèle de registre est donné sous le n°. 1. Ce modèle indique avec détail la manière dont le livre doit être tenu et les modifications à faire pour l'approprier aux besoins des colléges royaux. — Nous n'avons pas cru nécessaire de reproduire les divers modèles mentionnés dans le règlement.

qu'il se sera procurés sur le nombre des élèves et sur le prix de la pension.

Dans les colléges royaux, les états sont dressés par le censeur qui en certifie l'exactitude ; ils sont en outre contrôlés et certifiés par l'économe et arrêtés par le proviseur ; ils n'énoncent que le nombre des élèves par catégorie de boursiers, de pensionnaires, demi-pensionnaires et externes.

Les états des colléges royaux doivent indiquer, à titre de renseignement, et comme moyen de contrôle des états fournis par les chefs d'institution ou maîtres de pension, le nombre des élèves de ces derniers établissemens qui fréquentent le collége et qui payent la rétribution dans les écoles auxquelles ils appartiennent.

Dans les colléges, institutions et pensions où la rentrée des classes a lieu dans la première quinzaine de novembre, l'état du quatrième trimestre est formé pour les élèves présens *au 15 novembre*.

Dans les colléges, institutions et pensions où la rentrée a lieu dans la première quinzaine d'octobre, l'état du quatrième trimestre est fait pour les élèves présens *au 15 octobre*.

Les états ainsi formés les 15 novembre et 15 octobre sont envoyés le jour même, ou le lendemain au plus tard, au directeur des contributions (1).

(Ibid., art. 21)

2586. Les chefs de ces établissemens portent sur un état supplémentaire, qu'ils fournissent séparément, avec l'état du trimestre suivant, les élèves entrés dans leur établissement dans le courant du trimestre, et qui n'auront pas été compris dans l'état primitif mentionné à l'article 21.

Ces états supplémentaires doivent, comme les états primitifs, comprendre les élèves gratuits ou non gratuits, et les élèves de la classe primaire non passibles de la rétribution.

Ils indiquent en outre la date à laquelle a eu lieu l'entrée des élèves.

La rétribution due pour les élèves portés sur les états supplémentaires est calculée d'après le taux fixé pour les élèves compris dans les états primitifs.

Lorsqu'il n'y a pas eu de mouvement d'élèves dans l'établissement pendant le courant du trimestre, il doit être fourni par le chef de l'école un état négatif pour lequel on emploiera les cadres ordinaires d'états trimestriels (2).

(Ibid., art. 22.)

(1) Les modèles d'états trimestriels sont donnés sous les n°s. 2 et 3.
(2) Les modèles d'états supplémentaires sont donnés sous les n°s. 4 et 5.

2587. Le directeur des contributions joint son avis et ses observations, dans la forme indiquée par le modèle n°. 6, aux états trimestriels et supplémentaires, et il les transmet, *avant le 15 du deuxième mois du trimestre*, au recteur qui, après les avoir examinés, les soumet au conseil académique, dont il appelle l'attention sur les observations auxquelles peuvent donner lieu les prix de pension et le nombre d'élèves.

Les agens des contributions et le conseil académique n'admettent de réductions sur les prix de pension qu'au premier trimestre de l'année classique, et lorsqu'elles ont été justifiées par les prospectus des chefs d'école et constatées par leurs registres.

(Ibid., art. 23 et 24.)

2588. Lorsqu'un chef d'école n'a pas fourni son état trimestriel avant le dixième jour du premier mois du trimestre, ou qu'il ne l'a pas rédigé de manière à donner les renseignemens prescrits par le modèle n°. 2, il est assujetti à une taxe établie d'office, contre laquelle il ne peut être admis à réclamer qu'en justifiant du nombre réel de ses élèves et du prix de leur pension, par la représentation de son registre tenu conformément au modèle n°. 1. La taxe d'office est proposée par le directeur des contributions dans la forme indiquée par le modèle n°. 8.

La même règle est observée à l'égard des états supplémentaires prescrits par l'art. 22, et qui n'auraient pas été remis dans le délai voulu, ou qui ne présenteraient pas les renseignemens spécifiés au modèle n°. 4.

La taxe d'office aurait lieu également si le chef d'école, après avoir fourni ses états, se refusait à représenter ses registres pour les vérifications des agens des contributions.

(Ibid., art. 25.)

2589. Tous les états trimestriels ou supplémentaires, ainsi que les états relatifs aux taxes établies d'office, sont vérifiés par le conseil académique, et revêtus d'arrêtés dont la forme est réglée par les modèles numéros 7 et 8; ils sont renvoyés au directeur des contributions, par le recteur de l'académie, *avant le quinzième jour du troisième mois du trimestre*.

Lorsque le conseil académique, soit par ses propres vérifications, soit par celles du directeur des contributions, reconnaît qu'il y a eu fausse déclaration sur le prix de la pension, ou sur le nombre des élèves, il le constate par une délibération dont le recteur transmet une ampliation au procureur du roi, qui poursuit devant les tribunaux l'application de l'article 63 du décret du 15 novembre 1811; il en donne avis au ministre. Les amendes prononcées en vertu de l'article 63 dudit décret sont acquises au trésor, et versées dans les caisses des receveurs de l'enregistrement et des domaines.

Les arrêtés pris par les conseils académiques, relativement aux états trimestriels et supplémentaires et aux taxes établies d'office, sont signés par le président et par le secrétaire; ils sont inscrits sur un registre particulier; les extraits de ce registre sont immédiatement transmis au ministère de l'instruction publique par des états collectifs.

Le directeur des contributions, en recevant du recteur les états et arrêtés qui ont été mentionnés aux articles 21, 22 et 26, procède immédiatement, d'après ces arrêtés, à l'expédition des rôles qui doivent être soumis à l'approbation du préfet au *plus tard le 20 du troisième mois du trimestre*, et remis au receveur général des finances, avec les avertissemens destinés aux redevables, *avant le 25 du même mois*. Les rôles sont faits par arrondissement de sous-préfecture; ceux de la ville de Paris sont établis par arrondissement de perception. Le directeur des contributions forme et soumet à la signature du préfet, en même temps que les rôles, un état général du montant de ces rôles, et il le remet également au receveur des finances. Il en adresse un double à l'administration des contributions directes. (1)

(Ibid., art 26... 29.)

2590. Il ne sera plus accordé d'exemptions de rétributions, mais des remises pourront être prononcées conformément à l'article 8 de la loi du 24 mai 1834, sur le crédit ouvert au budget du ministère de l'instruction publique.

Les remises ne sont valables que pendant l'année classique pour laquelle elles ont été accordées; et la rétribution est due à partir de l'ouverture des classes, si la remise n'a pas été accordée par une nouvelle décision.

Les décisions rendues au sujet des remises qui sont mentionnées aux deux articles précédens donnent lieu à la délivrance d'ordonnances en faveur des chefs d'école lorsque les états trimestriels de rétributions dans lesquels les élèves se trouvent compris, ont été arrêtés par les conseils académiques. A cet effet, les recteurs, en transmettant l'état collectif des rétributions de chaque trimestre, dont l'envoi est prescrit par l'article 28, adressent au ministre de l'instruction publique l'état nominatif des élèves en faveur desquels ont été rendues des décisions portant remises. Cet état est divisé par département,

---

(1) Les modèles de rôles, d'avertissemens et d'état général du montant des rôles, sont donnés sous les n°^s. 9, 10, 11 et 12.

par arrondissement et par nature d'écoles. On y fait connaître le montant de la remise pour chaque élève pendant le trimestre, et le total pour chaque école. La décision qui a prononcé la remise est relatée dans une colonne spéciale de l'état (1). D'après les états précités, les ordonnances sont délivrées par le ministre de l'instruction publique, sur le crédit qui lui est ouvert à cet effet par la loi de finances. Elles sont envoyées au receveur général des finances du département où est située l'école, afin que ce comptable les fasse quittancer par les parties intéressées, et en touche le montant à la caisse du payeur, en acquit des droits constatés dans sa comptabilité.

(Ibid., art. 30... 32.)

2591. Les demandes en décharge et réduction ne peuvent être faites que pour des taxes indûment imposées, ou pour des taxes qui auraient été imposées dans une proportion supérieure à celle qui est déterminée par les règlemens.

Ces demandes doivent être formées dans le délai d'un mois à partir du jour où l'avertissement aura été délivré par le receveur des finances.

Les réclamations sont adressées au préfet qui, après avoir pris l'avis du directeur des contributions et celui du conseil académique, soumet la demande au conseil de préfecture, chargé par l'article 8 de la loi du 24 mai 1834, de juger les pourvois contre l'assiette des rétributions dues par les chefs d'école.

Lorsque le conseil de préfecture a statué, le préfet, si la réclamation est admise, en donne avis au directeur des contributions qui prépare l'arrêté de décharge ou réduction à signer par cet administrateur. Lorsque l'arrêté a été signé, le directeur des contributions en informe le recteur et transmet l'arrêté lui-même à la partie intéressée, qui le remet au receveur des finances, soit pour acquitter les droits dont elle resterait débitrice, soit pour obtenir la restitution qui lui serait due (2).

Si la demande a été rejetée, le préfet donne avis du maintien de la taxe au directeur des contributions, qui le fait connaître au recteur, au receveur des finances et à la partie intéressée.

Sur l'avis qui est transmis par les préfets au ministre des finances, des décharges et réductions accordées, il est ouvert, par ce ministre, les crédits nécessaires pour l'imputation de la dépense.

(1) Le modèle d'état est donné sous le n°. 13.
(2) Le modèle d'arrêté de décharge est donné sous le n°. 14.

Les recteurs font transcrire au procès-verbal des séances du conseil académique les décisions qui leur ont été notifiées, et ils en donnent connaissance au ministre de l'instruction publique.

(Ibid., art. 33.)

Droit annuel imposé aux chefs d'institution et maîtres de pension.

2592. Les chefs d'institution et maîtres de pension sont tenus de payer chaque année un droit fixé ainsi qu'il suit :

Pour les chefs d'institution de Paris.	150 fr.
Pour les chefs d'institution des départemens.	100
Pour les maîtres de pension de Paris.	75
Pour les maîtres de pension des départemens.	50

Le droit annuel est exigible au 1er. novembre de chaque année. Il est dû par les chefs d'institution et maîtres de pension qui exercent en vertu d'autorisations provisoires, comme par ceux qui ont obtenu des diplômes définitifs.

Ce droit est dû pour l'année entière par les chefs d'institution et maîtres de pension qui ferment leurs écoles dans le cours de l'année. Le chef d'école qui est autorisé à ouvrir un établissement dans le cours de l'année classique, doit le droit annuel à partir du premier jour de la première quinzaine de l'ouverture de son établissement. Cependant si un chef d'institution ou maître de pension a été autorisé à céder son établissement dans le cours de l'année, il n'est dû qu'un seul droit annuel qui est payé par le nouveau chef d'école, si son prédécesseur ne l'a pas acquitté.

(Ibid., chap. 3, art. 34... 36.)

2593. Dans *les quinze premiers jours du mois de novembre* de chaque année, les recteurs forment, par département, les états nominatifs de tous les chefs d'institution et maîtres de pension qui exerçaient au 1er. novembre, dans le ressort de leur académie, en vertu d'autorisations définitives ou provisoires, et de ceux qui avaient obtenu des autorisations à cette même époque, mais dont l'entrée en exercice n'était pas connue.

Les droits dus par les chefs d'école qui se trouvent dans chacune de ces deux catégories sont portés dans des colonnes distinctes de l'état (1).

Les recteurs rédigent, dans la même forme, *avant l'expiration des quinze premiers jours de janvier*, un état des chefs d'école qui ont ouvert leur établissement en novembre et en décembre de l'année expirée, et de ceux qui ont obtenu des autorisations pendant ces deux mois, mais dont l'entrée en

---

(1) Le modèle d'état est donné sous le n°. 15.

exercice n'est pas connue. Les recteurs forment successivement des états semblables, dans les quinze premiers jours de chaque trimestre, pour les chefs d'école entrés en fonctions ou autorisés pendant le trimestre précédent. Ces divers états supplémentaires doivent contenir une colonne spéciale où sont indiquées les dates auxquelles les colonnes ont été ouvertes, afin que, suivant les règles établies à l'article 36 ci-dessus, le calcul puisse en être fait à partir du premier jour de la première quinzaine de l'ouverture de l'école.

(Ibid., art. 37.)

2594. Les états primitifs ou supplémentaires doivent être transmis, par le recteur, à l'expiration du délai de quinze jours prescrit ci-dessus pour leur formation, au directeur des contributions qui fait procéder à leur vérification, et qui les renvoie au recteur, quinze jours après, revêtus de son avis et de ses observations, dans la forme indiquée par le modèle n°. 15.

Le recteur les soumet à l'approbation du conseil académique, qui les arrête conformément au mode tracé par le même modèle.

Les états ainsi arrêtés sont ensuite envoyés au directeur des contributions, qui procède à l'expédition d'un rôle par arrondissement de sous-préfecture, et à Paris, par arrondissement de perception. Ces rôles, après avoir été soumis à l'approbation du préfet, doivent être remis au receveur général des finances; savoir : pour les rôles primitifs comprenant le droit annuel dû par les chefs d'école au 1er. novembre de chaque année, *au plus tard le 10 janvier de l'année suivante;* et pour les rôles supplémentaires, avant l'expiration du *deuxième mois du trimestre qui suit celui que les rôles concernent.* Ils doivent être accompagnés des avertissemens destinés aux redevables, et d'un état général du montant des rôles dont le directeur des contributions adresse un double à l'administration des contributions directes (1).

(Ibid., art. 38.)

2595. Les arrêtés pris par les conseils académiques sur les états trimestriels et supplémentaires relatifs au droit annuel, sont inscrits sur un registre particulier, et les extraits de ce registre sont immédiatement transmis au ministère de l'instruction publique, par des états collectifs, ainsi qu'il est réglé à l'article 28, pour les arrêtés pris sur les états des rétributions à payer par les élèves.

Le recteur joint à ces extraits un état indiquant les chefs

(1) Les modèles de rôles, d'avertissemens et d'états du montant des rôles, sont donnés sous les n°s. 16, 17, 18 et 19.

d'école qui ont reçu des autorisations, et qui n'ont pas encore ouvert leur établissement.

(Ibid., art. 39.)

2596. Si un chef d'école régulièrement taxé se croit néanmoins fondé à réclamer la remise de tout ou partie du droit annuel, il doit adresser sa demande au recteur quinze jours au plus tard après la mise en recouvrement du rôle.

Passé le délai ci-dessus prescrit, il n'est plus admis de réclamations, à moins qu'elles ne soient fondées sur des circonstances extraordinaires survenues depuis l'expiration du délai.

Le recteur fait au ministre de l'instruction publique un rapport sur les réclamations qui lui ont été présentées, et si les remises sont accordées, elles sont ordonnancées au nom des redevables.

Les ordonnances sont délivrées par le ministre de l'instruction publique, et imputées sur le même crédit que les ordonnances pour remises sur rétribution, dont il est question à l'article 32. Elles sont, comme ces dernières, adressées au receveur général du département où l'école est située, et ce receveur, après les avoir fait quittancer par les parties intéressées, en touche le montant à la caisse du payeur en acquit des droits constatés dans sa comptabilité.

(Ibid., art. 40.)

2597. Il est opéré, pour les demandes en décharge et réduction sur les taxes du droit annuel des instituteurs, comme le prescrit l'article 33 pour les demandes de même nature auxquelles donnent lieu les taxes de rétributions dues pour les élèves.

Les arrêtés que le préfet délivre à cet égard doivent être conformes, sauf les désignations propres à la nature spéciale de la dépense, au modèle n°. 14, cité audit article 33.

(Ibid., art. 41.)

DROITS A PERCEVOIR DANS LES FACULTÉS.

Facultés de droit.

2598. Les droits dans ces facultés se composent :

1°. Des droits d'inscriptions ;
2°. Des droits d'examen ;
3°. Des droits de certificats d'aptitude ;
4°. Des droits de diplôme.

Ils sont fixés ainsi qu'il suit :

POUR LE CERTIFICAT DE CAPACITÉ DES ÉTUDIANS QUI SE DESTINENT A ÊTRE AVOUÉS.

Quatre inscriptions à 15 francs.	60	
Un examen à	30	130 fr.
Certificat de capacité	40	

POUR LE BACCALAURÉAT.

Huit inscriptions à 15 francs	120	
Premier examen	60	
Second examen	60	326
Certificat d'aptitude	50	
Droit de diplôme	36	

POUR LA LICENCE.

Quatre inscriptions à 15 francs	60	
Premier examen	90	
Second examen	90	
Thèse ou acte public	120	488
Certificat d'aptitude	80	
Droit de diplôme	48	

POUR LE DOCTORAT.

Quatre inscriptions à 15 francs	60	
Premier examen	90	
Second examen	90	
Thèse ou acte public	120	508
Certificat d'aptitude	100	
Droit de diplôme	48	

Le mode d'assiette et de mise en recouvrement de ces droits est indiqué ci-après.

Les droits d'inscriptions sont payés par les étudians lorsqu'ils s'inscrivent pour chaque trimestre. Les droits d'examen sont consignés à l'avance par les étudians. Les droits de certificat de capacité, de diplôme et de sceau sont consignés en même temps que les droits du dernier examen; aucun étudiant ne peut être admis à subir ce dernier examen s'il n'a pas fait les consignations ci-dessus prescrites.

(Ibid., art. 42 et 43.)

Facultés de médecine.

2599. Les droits dus dans les facultés de médecine se composent :

1°. Des droits d'inscriptions ;
2°. Des droits d'examens et thèses ;
3°. Des droits de diplômes et de visa.

Ils sont fixés, savoir :

POUR LE DOCTORAT.

Quinze inscriptions à 50 francs........	750
Une inscription à 35 francs............	35
Droits de cinq examens, à 30 f. par examen.	150
Droit du 6e. examen ou thèse.........	65
Droit du diplôme de docteur........	100

1100 fr.

POUR LES OFFICIER DE SANTÉ.

Douze inscriptions à 30 francs........	360
Droit de visa dans les départemens.....	50
Droit de visa à Paris................	100

POUR LES PHARMACIENS.

Droit de visa de diplôme, qui est fixé :

Pour les départemens, à............	50
Et pour Paris, à	100

POUR LES SAGES-FEMMES REÇUES PAR LES FACULTÉS.

Droits de deux examens à 60 francs.......	120

Le mode d'assiette et de mise en recouvrement de ces droits est indiqué ci-après.

(Ibid., art. 44.)

2600. Les droits d'inscriptions sont payés par les étudians lorsqu'ils s'inscrivent pour chaque trimestre.

Les droits d'examen sont consignés d'avance, en s'inscrivant pour l'examen.

Lorsqu'un élève ayant déjà pris des inscriptions pour le titre d'officier de santé aspire au doctorat, les années d'études qu'il a faites lui sont comptées; mais il est tenu, 1°. de payer les inscriptions qui lui restent à prendre sur le pied de 50 fr. pour chaque inscription ; 2°. de verser le complément des inscriptions afférentes à chacun des examens qu'il veut subir, jusqu'à concurrence de 785 fr.

(Ibid., art. 45 et 46.)

2601. Les docteurs en médecine qui désirent obtenir le titre de docteur en chirurgie, et réciproquement, sont tenus de subir les cinquième et sixième examens ou thèses, et d'en acquitter les droits, qui sont fixés ainsi qu'il suit :

Cinquième examen...............	100 fr.
Sixième examen................	120

Ils doivent, en consignant les droits du sixième examen, consigner en outre les 100 fr. exigés pour le droit de sceau.

(Ibid., art. 47.)

2602. Les candidats reçus docteurs en médecine et en chirurgie dans une faculté étrangère, qui ont été dispensés du cinquième examen par le conseil royal, et qui veulent obtenir le diplôme de l'un des deux grades en soutenant le sixième examen ou thèse, consignent d'avance 120 fr. pour les droits dudit examen, et 100 fr. pour les droits de sceau du diplôme qu'ils sollicitent.

S'ils veulent obtenir dans une faculté de France les deux grades qu'ils ont déjà obtenus dans une faculté étrangère, et s'ils n'ont pas été exemptés du sixième examen de la thèse pour chaque grade, ils consignent 240 fr. pour les deux thèses et 200 fr. pour droits de sceau des diplômes de docteur en médecine et en chirurgie.

(Ibid., art. 48 et 49.)

2603. Aucun candidat ne peut être admis à subir le dernier examen s'il n'a consigné avec les droits de cet examen les droits de sceau du diplôme de docteur.

(Ibid., art. 50.)

2604. Les droits de visa dus par les officiers de santé et par les pharmaciens sont reçus par les présidens des juris médicaux, qui, après avoir terminé leur tournée annuelle, versent entre les mains du secrétaire de la faculté dont ils dépendent le produit des droits de visa qui leur ont été payés et dont ils doivent présenter le détail sur un bordereau dont le modèle est donné sous le n°. 23.

Le secrétaire reçoit ce produit à titre de *consignations*; il en délivre au président du jury une quittance détachée de son livre à souche, et il constate le versement qui lui est fait sur le bordereau précité.

Lorsque le doyen a apposé son visa au diplôme, il constate sur le même bordereau que le montant doit en être porté sur le registre des droits acquis; il remet ce bordereau au secrétaire de la faculté, qui annote alors sur son livre à souche les droits de visa comme droits acquis, et les comprend dans l'application qu'il effectue à la fin du trimestre, comme il sera réglé à l'art. 78.

(Ibid., art. 51.)

Facultés de théologie, des sciences et des lettres.

2605. Les droits dus dans les facultés de théologie, des sciences et des lettres se composent :

1°. Des droits d'inscriptions aux cours ;
2°. Des droits d'examen ;
3°. Des droits de diplôme.

Ils sont fixés ainsi qu'il suit :

POUR LES FACULTÉS DES LETTRES ET DES SCIENCES.

Baccalauréat.	Droits d'examen	24f.	60 f.
	Droits de diplôme	36	
Licence	Droits de quatre inscriptions	12	72
	Droits d'examen	24	
	Droits de diplôme	36	
Doctorat	Droits d'examen	48	120
	Droits de diplôme	72	

POUR LES FACULTÉS DE THÉOLOGIE.

Baccalauréat.	Droits d'examen	10	25
	Droits de diplôme	15	
Licence	Droits d'examen	10	25
	Droits de diplôme	15	
Doctorat	Droits d'examen	10	60
	Droits de diplôme	50	

Pour les commissions des lettres qui ne peuvent conférer que le grade de bachelier :

Droits d'examen	24	60
Droits de diplôme	36	

Le mode d'assiette et de mise en recouvrement de ces divers droits est indiqué ci-après.

(Ibid., art. 52.)

2606. L'élève qui se présente à l'examen pour le grade de licencié dans les facultés des sciences et des lettres, est tenu de justifier du versement des droits de quatre inscriptions. Aucun élève ne peut être admis à l'examen sans avoir consigné les droits d'examen et de diplôme.

(Ibid., art. 53 et 54.)

2607. Les gradués dans toutes les facultés qui perdent leur diplôme ne peuvent en obtenir un *duplicata* qu'en consignant la somme de 5 francs.

Leur demande est adressée au doyen de la faculté dans laquelle le diplôme a été délivré et transmise par le doyen au ministre.

(Ibid., art. 55.)

2608. Ne sont passibles d'aucun droit :

1°. Les fils de professeurs de faculté, dans la faculté où leur père professe ;

2°. Les élèves qui ont obtenu le prix d'honneur au concours général, dans toutes les facultés où ils se présentent ;

3°. Les élèves de l'école normale, dans les facultés des sciences et des lettres ;

4°. Les séminaristes catholiques et protestans pour le grade de bachelier ès-lettres.

Le diplôme gratuit cesse d'être valable pour le séminariste qui abandonne la carrière ecclésiastique, ou qui, sans y renoncer, entre dans l'instruction publique; il est tenu, pour obtenir un nouveau diplôme, de payer un droit de 36 francs.
(Ibid., art. 56 et 57.)

Dispositions relatives à l'assiette et à la mise en recouvrement des droits dus dans les diverses facultés.

2609. Les droits d'inscription sont acquis au trésor par le fait de l'inscription; l'élève les verse en s'inscrivant.

Les droits d'examen sont acquis par le fait de l'examen, et prélevés sur la somme consignée par le candidat.

Les droits de certificat de capacité et d'aptitude, dans les facultés de droit, sont acquis à la date de la signature du certificat.

Les droits de diplôme et de sceau sont acquis à la date de la signature du diplôme par le ministre.

Les droits de certificats de capacité et d'aptitude et les droits de diplôme et de sceau sont prélevés sur les consignations faites par les candidats.
(Ibid., art. 58.)

2610. Les droits acquis à l'état sont constatés dans chaque faculté par les registres d'inscriptions, par les registres de procès-verbaux d'examens et de réceptions, par les registres de diplômes délivrés et par les registres tenus pour les visa des diplômes délivrés aux officiers de santé et aux pharmaciens.

Les registres sont cotés et paraphés par le doyen dans les facultés de droit et de médecine, et par le recteur dans les facultés de théologie, des sciences et des lettres, ainsi que dans les commissions des lettres. Chaque acte porte un numéro d'ordre sur chaque registre; le droit qui en résulte est inscrit dans des colonnes spéciales qui présentent distinctement,

1°. Les droits soldés;

2°. Les droits dont la remise a été accordée.

Les actes non passibles des droits y sont portés pour mémoire (1).
(Ibid., art. 59.)

2611. A la fin de chaque trimestre, tous les registres sont arrêtés par le fonctionnaire qui les a cotés et paraphés. Il spécifie dans ses arrêtés,

(1) Les modèles des registres d'inscriptions, d'examens, de diplômes, de visa, et le modèle de bordereau de visa, sont donnés sous les n°s. 20, 21, 22, 23 et 24.

1°. Le nombre d'actes de chaque espèce dont les droits ont été payés, et leur montant par nature;

2°. Le nombre de ces actes dont les droits ont été remis, et dont le montant sera ordonnancé par le ministre;

3°. Le nombre de ces mêmes actes non passibles des droits (*pour mémoire*);

4°. Enfin, le montant total des droits acquis au trésor.

Aux mêmes époques de fin de trimestre, l'état sommaire des droits constatés par ces arrêtés est transmis, par le doyen ou par le recteur, au receveur général des finances du département.

Les doubles de ces états sont adressés au ministre de l'instruction publique.

Lorsque pendant un trimestre il n'a été constaté aucun droit sur les registres, il est fourni un *état négatif* tant au receveur des finances qu'au ministre de l'instruction publique.

Le receveur général doit transmettre au ministère des finances (direction de la comptabilité générale) une copie, certifiée par lui, des états sommaires qui lui sont remis (1).

(Ibid., art. 60 et 61.)

2612. Lorsque les étudians renoncent à subir l'examen, les sommes qu'ils ont consignées leur sont restituées sur un mandat du doyen dans les facultés de droit et de médecine, et sur un mandat du recteur dans les autres facultés.

S'il résulte de l'examen que le diplôme ne doit pas être délivré, la somme consignée pour les droits de diplôme et de sceau est restituée suivant le même mode.

Si un étudiant obtient la remise après avoir consigné les droits, la consignation lui est également restituée sur mandat du doyen ou du recteur.

(Ibid., art. 62.)

2613 Il ne sera plus accordé d'exemption de droits d'inscription, d'examen, de diplôme et de visa; mais des remises pourront être prononcées par le conseil royal, conformément à l'article 8 de la loi du 24 mai 1834, sur le crédit ouvert au budget de l'instruction publique.

Les étudians qui ont obtenu des remises à l'avance sont dispensés de consigner les droits.

Les remises sur les divers droits dus dans les facultés sont ordonnancées par le ministre de l'instruction publique au nom des secrétaires de ces facultés. En conséquence, le montant des droits remis doit toujours, comme le montant des droits soldés, être versé en numéraire au receveur des finances.

[(1) Le modèle des états sommaires est donné sous le n°. 25.

L'état à transmettre au ministre de l'instruction publique, conformément à l'art. 61, doit être accompagné de l'état nominatif des étudians auxquels la remise a été accordée ; cet état, nécessaire pour l'ordonnancement de la dépense, fait connaître le montant du droit et la date des décisions qui ont prononcé les remises (1).

Les ordonnances délivrées par le ministre de l'instruction publique, au nom des secrétaires des facultés et des académies, sont transmises au receveur des finances qui, après les avoir fait quittancer par ces secrétaires, leur en délivre récépissé, en touche le montant à la caisse du payeur, et s'en charge en recette au crédit du compte courant qui sera mentionné à l'art. 81.

(Ibid., art. 63.)

Du mode de perception et de poursuites.

2614. Tous les produits ci-dessus désignés sont versés aux caisses des receveurs des finances. Le recouvrement de la rétribution, du droit annuel, et des droits à percevoir dans les facultés, est placé sous la surveillance et sous la responsabilité de ces comptables.

Ils sont tenus de solder les droits établis pour chaque exercice avant la fin de la seconde année de cet exercice, conformément aux articles 1 et 3 de l'ordonnance royale du 8 décembre 1832.

Les rôles et titres de perception remis au receveur général des finances du département, pour les rétributions et autres droits de chaque année, établissent le montant des produits dont le receveur est comptable *pour l'exercice correspondant à cette année;* toutefois les rôles *supplémentaires* des rétributions du quatrième trimestre, ainsi que les rôles des droits annuels dus *à partir du mois de novembre,* ne pouvant être mis en recouvrement que dans le courant du mois de janvier de l'année suivante, font partie de l'exercice de cette dernière année.

Les règles à observer pour la perception de chacune des natures desdits produits sont indiquées ci-après.

(Ibid., art. 64.)

Perception du produit des rentes et des domaines de l'Université.

2615. Les arrérages des rentes qui forment la dotation de l'Université et les arrérages des autres rentes sur l'état que la caisse des dépôts et consignations perçoit pour le compte de cet établissement sont versés à la caisse du trésor public, au crédit

(1) Le modèle est donné sous le n°. 26.

du receveur central des finances du département de la Seine, chargé d'en constater la recette dans sa comptabilité, et d'en délivrer récépissé à titre de produits *des rentes et domaines appartenant à l'Université.*

Les arrérages des rentes affectées, à titres de fondations ou concessions, à divers établissemens d'instruction publique, et que la caisse des dépôts perçoit également, sont payés directement à ces établissemens par la caisse des dépôts en vertu de l'autorisation du ministre de l'instruction publique.

Les arrérages des rentes sur particuliers dont les titres sont entre les mains des agens de l'Université sont versés, par les soins de ces agens, dans la caisse du receveur des finances de leur arrondissement, qui en fournit son récépissé comptable et qui s'en charge en recette au titre indiqué ci-dessus.

Il en est de même des produits des bois, domaines et loyers appartenant à l'Université.

Il est remis aux receveurs généraux des états qui font connaître la nature et le montant des produits qu'ils auront à percevoir.

(Ibid., art. 65.)

Perception de la rétribution dans les colléges, les institutions et les pensions.

2616. Les receveurs généraux prennent charge, dans leur comptabilité, des rôles de rétributions de chaque trimestre qui leur sont remis en exécution de l'art. 29 du présent règlement, accompagnés des avertissemens à transmettre aux redevables.

Ils font parvenir aux redevables de l'arrondissement du chef-lieu les avertissemens qui leur sont destinés, et ils adressent aux receveurs particuliers les rôles et les avertissemens qui concernent leur arrondissement respectif.

Les receveurs particuliers prennent charge également, dans leur comptabilité, des rôles à recouvrer par eux.

Les receveurs généraux conservent, pour les produire à la cour des comptes en fin d'exercice, les états du montant des rôles qu'ils doivent recevoir avec les rôles et les avertissemens, aux termes de l'art. 29 précité.

(Ibid., art. 66.)

2617. Les droits sont payables aux caisses des receveurs des finances. Toutefois ces receveurs peuvent, pour éviter des déplacemens aux redevables, autoriser le versement de la rétribution à la caisse du percepteur de la commune où l'établissement est situé. A Paris, le recouvrement doit être fait pour le compte du receveur central du département de la Seine, par les receveurs-percepteurs des arrondissemens où sont situés les colléges, institutions et pensions.

Les proviseurs des colléges royaux, les principaux des colléges communaux et particuliers, les chefs d'institution et maîtres de pension sont tenus de solder le rôle dans le courant du mois de sa mise en recouvrement. Dans les colléges royaux, le versement est fait par l'économe en vertu d'un mandat délivré par le proviseur.

(Ibid., art. 67 et 68.)

2618. Les versemens faits par les redevables sont émargés aux rôles dans la forme prescrite pour les contributions directes.

Il est délivré, aux parties versantes, des quittances détachées d'un journal à souche, si les versemens ont lieu à la caisse d'un percepteur, et des récépissés à talon s'ils sont effectués au receveur des finances.

A Paris, la quittance est donnée, suivant le mode usité pour les contributions directes, au pied de l'avertissement qui doit être à cet effet représenté par le redevable.

(Ibid., art. 69.)

2619. Les recettes, effectuées d'après les ordonnances de remises délivrées au nom des redevables et adressées au receveur général des finances, en exécution des art. 30, 31 et 32, sont émargées au rôle comme versement fait par le redevable lui-même, auquel il en est délivré récépissé jusqu'à concurrence de la somme restant due par lui. L'excédant, s'il en existe à raison du payement d'une partie des droits dont la remise est accordée, est remboursé au redevable, sans autre formalité que l'acquit qu'il aura dû apposer sur l'ordonnance délivrée à son profit.

Les décharges et réductions qui peuvent être prononcées d'après l'art. 33 sont émargées au rôle et admises en payement des droits. Il en est fait recette, et il en est délivré récépissé jusqu'à concurrence de la somme restant due. Il en est fait en outre dépense par les receveurs généraux, sur des crédits spéciaux ouverts par le ministre des finances. Si les redevables ont payé les droits pour lesquels la décharge est prononcée, le montant leur en est remboursé sur la quittance qu'ils apposent à la suite de l'arrêté de décharge, pour l'intégralité de la somme allouée.

(Ibid., art. 70 et 71.)

Perception du droit annuel dû par les chefs d'institution et maîtres de pension.

2620. Les receveurs des finances prennent charge dans leur comptabilité, du montant des rôles de droits annuels, qui leur sont remis en exécution de l'art. 38 du présent règlement, accompagnés des états du montant des rôles et des avertissemens à transmettre aux redevables ; ils se conforment, pour le recouvrement de ces rôles, aux règles tracées par les articles 66 à 69 pour le recouvrement des rôles de rétributions.

Les receveurs se conforment aussi, pour les remises et pour les décharges ou réductions accordées sur les droits annuels, aux dispositions des art. 70 et 71, relatifs aux dégrèvemens qui sont prononcés sur les rétributions.

(Ibid., chap. 3, art. 72 et 73.)

Perception des droits dus dans les facultés.

2621. Les receveurs généraux prennent charge dans leur comptabilité du montant des titres de perception qui leur sont remis, conformément aux dispositions des art. 60 et 61, pour les droits de diverses natures à percevoir dans les facultés.

Ils en suivent le recouvrement et le versement à leur caisse, suivant le mode qui va être indiqué.

(Ibid., chap. 4, art. 74.)

2622. Les sommes à consigner pour droits d'examen, de diplôme et de sceau, et pour droits de visa, sont reçues, savoir :

Dans toutes les facultés de droit et de médecine, et dans les facultés de théologie, des sciences et des lettres de Paris, par le secrétaire de la faculté.

Dans les facultés de théologie, des sciences et des lettres des départemens, et dans les commissions des lettres situées aux chefs-lieux des académies, par le secrétaire de l'académie ; et dans les autres, par le professeur chargé des fonctions de secrétaire.

Les mêmes agens reçoivent les droits qui sont payés sans consignation préalable.

Les secrétaires des facultés et des académies gèrent, pour la recette des droits et pour la recette des consignations, sous la surveillance et sous la responsabilité des receveurs des finances, qui peuvent vérifier leur caisse et leur comptabilité quand ils le jugent convenable, et dont ils doivent suivre les directions en tout ce qui touche la gestion financière et la comptabilité. Ils sont, en leur qualité d'agens du trésor public, commissionnés par le ministre des finances, conformément aux dispositions de l'art. 17 de l'ordonnance du 14 septembre 1822.

(Ibid., art. 75.)

2623. Les cautionnemens fournis, soit en numéraire, soit en rentes, soit en immeubles par les secrétaires ou agens comptables, et qui étaient faits à l'Université, seront transférés au trésor public.

En cas de détournement de fonds, les receveurs des finances exerceront, sur ces cautionnemens, les mêmes actions et priviléges que ceux qui leur sont attribués sur les cautionnemens des percepteurs.

(Ibid., art. 76.)

2624. Les secrétaires agens comptables doivent tenir pour l'enregistrement de leurs recettes et de leurs dépenses,

1°. Un livre à souche spécialement destiné à la recette des consignations, et sur lequel sont annotées les applications faites successivement de ces consignations aux droits acquis ;

2°. Un livre journal établi de manière à récapituler, distinctement et par journée :

Les recettes à titre de consignation ;
Les recettes sur les droits acquis ;
L'application des consignations aux droits acquis ;
Les remboursemens de consignations ;
Et les versemens au receveur des finances (1).

(Ibid., art. 77.)

2625. Les sommes versées à *titre de consignations* sont portées, à la date de la recette, sur le livre à souche, et il en est délivré une quittance détachée de ce livre.

Lorsque les fonds consignés par les étudians sont appliqués au payement des droits, cette application est annotée sur le même livre, en regard de l'article où les fonds avaient été portés en recette.

A la fin de chaque trimestre, lorsque les droits acquis ont été récapitulés dans les arrêtés que le doyen ou le recteur doit apposer en exécution de l'art. 60, sur les registres d'inscription, d'examens, de diplôme, etc., il est passé au livre journal, à la date du 1er. du mois suivant, un article d'après lequel il est fait dépense, dans la colonne relative aux *remboursemens de consignations,* du montant des consignations appliquées aux droits pendant le trimestre expiré, en même temps qu'il en est fait recette dans la colonne des *droits acquis.*

(1) Voir les modèles de ces deux livres, nos. 27 et 28.

Il est également passé écriture au livre journal des consignations remboursées et annotées pendant chaque journée sur le livre à souche. La quittance qui avait été délivrée à l'étudiant doit être représentée par lui, et il souscrit, au dos de cette quittance, une reconnaissance du remboursement; s'il ne peut représenter sa quittance, il souscrit une déclaration constatant qu'elle est adirée, et que le montant de sa consignation lui a été remboursé.

Les recettes effectuées sur des droits qui n'exigent pas de consignations préalables sont inscrites directement, et jour par jour au livre journal.

Enfin, les secrétaires ou agens comptables constatent à leur livre journal les versemens qu'ils effectuent au receveur des finances.

La marche à suivre pour la constatation au livre à souche et au livre journal des opérations mentionnées au présent article, est indiquée par les exemples que tracent les modèles n°s. 27 et 28 déjà cités.

(Ibid., art. 78.)

2626. Les receveurs des finances règlent les époques auxquelles les secrétaires ou agens comptables sont tenus de leur verser le produit des recettes qu'ils ont effectuées. Ils doivent toutefois, mais sous leur responsabilité personnelle, leur laisser l'encaisse qu'ils reconnaîtront nécessaire pour faire face aux remboursemens de consignations, présumés devoir être faits dans l'intervalle des versemens.

Ils prendront, dans tous les cas, des mesures pour que le service des remboursemens ne puisse jamais éprouver de retards.

Les secrétaires ou agens comptables comprennent, dans leurs versemens, les quittances qui constatent les remboursemens de consignations opérés par eux.

Les versemens sont faits à la caisse du receveur des finances de l'arrondissement.

A Paris, les versemens en numéraire sont faits à la caisse du trésor public, pour le compte du receveur central du département de la Seine. Le récépissé que délivre le caissier du trésor est souscrit au nom de ce receveur, auquel la partie versante doit le remettre avec les quittances de remboursemens de consignations, s'il en existe. Le receveur central souscrit alors son récépissé pour la somme totale du versement, au nom du secrétaire de la faculté.

(Ibid., art. 79.)

2627. Les secrétaires ou agens comptables doivent fournir aux receveurs des finances à l'appui de chacun de leurs versemens, un bordereau qui en exprime le montant, ainsi que les valeurs dont il se compose.

Les receveurs délivrent pour ces versemens des récépissés à talon.

(Ibid., art. 80.)

2628. Les receveurs des finances se chargent en recette de la totalité des versemens qui leur sont faits par les secrétaires ou agens comptables, au crédit d'un *compte courant* qu'ils ouvrent à ces agens en qualité de *correspondans administratifs*.

Après l'expiration de chaque trimestre, lorsque les receveurs ont reçu les états sommaires qui doivent leur être adressés par le doyen de chaque faculté ou par le recteur de l'académie, pour constater les droits acquis, ils débitent le *compte courant* de cet agent du montant de ces droits, et ils en font recette au même moment, à titre de *produits du trésor*. Ils s'en délivrent à eux-mêmes des récépissés à talon qui leur servent à justifier le débit qu'ils ont donné au compte courant de l'agent comptable, ainsi que la recette dont ils se sont chargés à titre de droits acquis.

Si les droits ainsi constatés en comprennent qui aient été désignés sur l'état sommaire comme devant être soldés par ordonnances du ministre de l'instruction publique, les receveurs en prennent note, afin de ne pas exiger le payement immédiat de ces derniers droits, qui seront recouvrés par eux suivant le mode indiqué à l'art. 63 ; ils se chargent néanmoins en recette de leur montant cumulativement avec les autres droits énoncés sur l'état sommaire.

(Ibid., art. 81.)

2629. Le livre-journal des recettes et des dépenses, tenu par les secrétaires des facultés, doit être arrêté par les receveurs ou par les inspecteurs des finances, aux époques de leurs vérifications, après en avoir comparé les résultats avec ceux des livres qui ont servi à constater les droits.

Les receveurs des finances doivent en outre arrêter le livre-journal à la date du 31 décembre de chaque année, pour constater les résultats à transporter à compte nouveau.

Les arrêtés de ce livre doivent constater l'identité du solde trouvé en caisse chez le secrétaire ou agent comptable de la faculté, avec l'excédant de recette qui résulte de la comparaison du total des *deux* colonnes de *recettes* avec le total des *trois* colonnes de dépenses.

L'arrêté fait en fin d'année présente en outre le montant des *consignations non employées au* 31 *décembre*, lequel doit être identique avec la différence existant entre *les recettes sur consignations* (première colonne du registre), et *les dépenses sur consignations* (troisième et quatrième colonnes).

Le modèle n°. 28, déjà cité, trace la forme dans laquelle seront rédigés les arrêtés annuels.

Les consignations non employées au 31 décembre doivent, indépendamment de l'énonciation de leur total dans les arrêtés dont il s'agit, être détaillées sur un bordereau certifié exact par l'agent comptable et par le receveur des finances. Ce bordereau est annexé au livre à souche de la nouvelle année, comme premier article de ce livre, et il est disposé de manière que le remboursement ou l'application successive aux droits acquis, des consignations qui y figureront, puissent y être annotées comme elles l'eussent été sur le livre à souche de l'année précédente (1).

(Ibid., art. 82.)

Poursuites pour le recouvrement des rétributions et des divers droits.

2630. Les poursuites pour le recouvrement de la rétribution et des autres droits dans les trois chapitres précédens, doivent être exercées avec la mesure et les ménagemens que comporte la nature de ces droits.

Avant d'avoir recours à aucun moyen coërcitif, les receveurs des finances doivent épuiser les démarches officieuses et les moyens de persuasion. Si ces moyens ne réussissent pas, ils signalent les redevables retardataires au recteur de l'académie, et l'informent de la nécessité où ils se trouvent d'employer les voies de rigueur.

Lorsque les poursuites deviennent indispensables, elles ont lieu dans la forme et selon les règles établies pour les poursuites en matière de contributions directes.

(Ibid., ch. 5, art. 83 .. 85.)

(1) Voir le modèle de bordereau n°. 29.

DES DÉPENSES.

DE LA NATURE ET DE L'ORDONNANCEMENT DES DÉPENSES.

Dispositions communes à tous les traitemens des fonctionnaires, professeurs et employés de l'Université.

2631. Le ministre de l'instruction publique délivre des ordonnances directes sur le trésor pour les dépenses payables à Paris. Il délègue des crédits aux préfets pour les dépenses payables dans les départemens.
(Ibid., ch. 1, art. 86.)

2632. Des états émargés en double expédition, arrêtés par les recteurs, pour les traitemens des administrations académiques, et par les doyens, pour les traitemens des facultés, sont adressés au préfet à la fin de chaque mois. Ces états énoncent le grade ou l'emploi, les appointemens annuels, le décompte pour le temps de service fait, les retenues pour le fonds de retraite et le net à payer. On y constate, à la colonne d'observations, la date de l'installation des nouveaux fonctionnaires et professeurs.

Si un fonctionnaire ou professeur s'est absenté sans autorisation, on y constate le jour de son départ et le jour où il a repris son service.

Si un fonctionnaire est absent par congé ou par raison de service, le recteur ou le doyen émarge pour lui, et fait connaître le motif de l'absence.

Le préfet vise l'état s'il le reconnaît exact, il l'arrête de nouveau s'il le rectifie. Il ne délivre de mandat que pour le net à payer. Le montant des retenues est ordonnancé par le ministre au nom du caissier de la caisse des dépôts et consignations. Une expédition de l'état est annexée au mandat, la deuxième est adressée au ministre de l'instruction publique.
(Ibid., art. 87... 90.)

Dépenses de l'administration centrale.

2633. Le ministre de l'instruction publique délivre pour son traitement une ordonnance au nom de l'agent chargé de recevoir les fonds destinés aux dépenses intérieures de l'administration.

Le payement est appuyé d'un décompte mensuel, quittancé et certifié par le ministre.
(Ibid., ch. 2, art. 91.)

2634. L'ordonnance pour le traitement des membres du conseil est délivrée au nom de l'agent de l'administration, sur un état nominatif, émargé par chaque conseiller et arrêté par le ministre de l'instruction publique.

L'état énonce le traitement annuel, le décompte pour le temps de service, la retenue pour la caisse des retraites et le net à payer.

Le montant des retenues est ordonnancé au nom du caissier de la caisse des dépôts et consignations.

(Ibid., art. 92)

2635. L'ordonnance pour le traitement des employés et les salaires des gens de service est délivrée au nom de l'agent de l'administration sur des états émargés, certifiés véritables, quant aux signatures, par le chef de la comptabilité, et arrêtés par le ministre de l'instruction publique.

Lesdits états énoncent le grade ou l'emploi, les appointemens annuels, le décompte pour le temps de service, la retenue pour la caisse des retraites et le net à payer.

Le montant des retenues est ordonnancé au nom du caissier de la caisse des dépôts et consignations.

Les indemnités pour travaux extraordinaires, et les allocations faites à titre de secours, sont ordonnancées au nom de l'employé.

(Ibid., art. 93 et 94.)

2636. Les traitemens des inspecteurs généraux sont ordonnancés suivant le mode qui est prescrit pour les traitemens des membres du conseil, et qui est indiqué à l'art. 92 ci-dessus.

Lorsqu'un inspecteur général est envoyé en mission, il lui est délivré un mandat d'à-compte des deux tiers du montant présumé des frais de la tournée.

A son retour, il remet l'état de ses frais qui, après avoir été vérifié et arrêté, est joint à l'ordonnance délivrée pour solde.

Les états de frais de tournées sont produits en double expédition. Ils font connaître les distances parcourues et le nombre des jours de séjour dans les diverses communes où les écoles ont été inspectées.

(Ibid., art. 95 et 96.)

2637. L'ordonnance pour le loyer des maisons occupées par les bureaux du ministère est délivrée au nom des propriétaires. Le bail est produit à l'appui du premier payement.

Les dépenses de chauffage, d'éclairage, de fourniture et d'entretien des bureaux, sont ordonnancées au nom des fournisseurs ; elles sont justifiées par des factures certifiées. Si la fourniture est faite en vertu d'adjudication ou de soumission, copie du procès-verbal de l'adjudication ou de la soumission approuvée est produite à l'appui du premier payement. Les frais fixes des employés sont ordonnancés au nom de l'agent de l'administration, sur des états nominatifs émargés, certifiés et arrêtés comme pour les appointemens. Les menues dépenses sont ordonnancées au nom de l'agent du ministère, sauf production de bordereaux détaillés et appuyés de quittances énonçant le motif des payemens.

Les ordonnances pour dépenses d'entretien de bâtimens et du mobilier sont délivrées au nom des ouvriers, fabricans ou marchands. Elles sont justifiées par des mémoires réglés s'il y a lieu, et certifiés quant à la réception des objets livrés.

Les ordonnances pour les frais d'impression sont délivrées au nom de l'imprimerie royale ; et pour la lithographie, au nom de celui qui en a été chargé ; elles sont justifiées par des mémoires certifiés quant à la réception des objets livrés.

Les contributions sont ordonnancées sur les avertissemens des percepteurs. Les frais de régie sont arrêtés par le conseil royal, et ordonnancés par le ministre de l'instruction publique. Les frais judiciaires sont ordonnancés sur des états dûment réglés.

Les dépenses diverses et imprévues, les frais de cérémonies et d'illuminations sont ordonnancés comme les dépenses qui sont relatives à l'entretien des bâtimens. Quant aux menues dépenses, elles sont régies par économie ; une avance est faite à l'agent du ministère qui est tenu de rendre compte de l'emploi dans le délai d'un mois. Son compte, arrêté par le ministre de l'instruction publique, est appuyé des acquits et autres pièces justificatives des dépenses.

(Ibid., art. 97... 102.)

Services généraux.

2638. L'état des agrégés ayant droit au traitement est arrêté par le conseil royal, et ordonnancé par trimestre.

Lorsque les concours pour l'agrégation sont terminés, le recteur arrête l'état des indemnités dues aux juges du concours. Cet état, dressé en double expédition, est transmis au préfet. Une des expéditions est jointe au mandat de payement ; l'autre est adressée au ministre de l'instruction publique. A Paris, ces états sont transmis directement au ministre (1).

Si le concours a donné lieu à des frais matériels, le recteur transmet au ministre l'état détaillé de ces frais, en double expédition ; il y joint les pièces justificatives.

(1) Voir le modèle d'état n°. 30.

L'état est arrêté par le conseil royal et renvoyé au recteur avec les pièces justificatives pour être produit à l'appui du mandat de payement.

(Ibid., ch. 3, art. 103... 105.)

2639. Les frais du concours général sont régis par économie. Une avance est faite à l'agent désigné par l'inspecteur général chargé de l'administration de l'académie de Paris.

Cet agent est tenu d'en rendre compte dans le délai d'un mois. Son compte, certifié par l'inspecteur général et arrêté en conseil royal, est appuyé des quittances des créanciers réels et des autres pièces justificatives des dépenses.

(Ibid., art. 106.)

2640. Le ministre de l'instruction publique, en nommant les examinateurs des livres, fixe les indemnités qui leur sont allouées. Ces indemnités sont ordonnancées par mois lorsque les examinateurs sont nommés pour l'année entière.

(Ibid., art. 107.)

2641. Les indemnités pour frais de déplacement ou pour interruption de traitement sont arrêtées par le conseil royal.

(Ibid., art. 108.)

2642. A la fin de chaque trimestre, l'état des pensions liquidées et *non inscrites* est arrêté par le conseil royal ; le montant de ces pensions est ordonnancé au nom des titulaires, qui sont tenus aux mêmes justifications que les anciens fonctionnaires dont les pensions *inscrites* sont payées par l'intermédiaire de la caisse des dépôts et consignations.

(Ibid., art. 109.)

Dépenses des administrations académiques.

2643. A la fin de chaque mois, le recteur adresse au préfet un état émargé en double expédition pour les traitemens des fonctionnaires de son académie.

A Paris, les états de traitemens sont adressés au ministre de l'instruction publique, qui les fait vérifier, et délivre des ordonnances (1).

Les frais de bureau des recteurs sont alloués à titre d'abonnement, réglés par les budgets des académies et ordonnancés par trimestre et d'avance.

A Paris, les traitemens des employés des bureaux de l'académie sont ordonnancés par le ministre de l'instruction publique, sur des états en double expédition, émargés, certifiés et transmis par l'inspecteur général chargé de l'administration de l'académie.

(1) Le modèle des états de traitemens est donné sous le n°. 3.

Les frais matériels de ces bureaux sont régis par économie. Une avance est faite à l'agent qui en est chargé ; il est tenu d'en rendre compte à la fin de chaque mois. Son compte, arrêté par l'inspecteur général, appuyé des acquits et autres pièces justificatives de dépenses, est soumis au conseil royal.

(Ibid., ch. 4, art. 110 et 111.)

2643. Le budget de chaque académie détermine la somme qui peut être employée aux frais de tournée de l'exercice.

Toute dépense qui excéderait la somme allouée, et qui n'aurait pas été autorisée par une décision spéciale, resterait à la charge de celui qui l'aurait ordonnée.

Sur la proposition du recteur, le préfet délivre des mandats d'à-compte qui ne peuvent excéder les deux tiers de la somme allouée pour les frais de tournée de l'académie.

Ces mandats d'à-compte sont délivrés d'après un état que les recteurs sont tenus de remettre au préfet pour lui faire connaître le montant présumé des frais (1).

Le recteur adresse au préfet les comptes de frais de tournée, après les avoir soumis au conseil académique ; le préfet les rectifie, s'il y a lieu, et délivre des mandats pour solde (2).

La somme qui peut être affectée aux dépenses diverses des académies est réglée par le budget de chaque académie. Le recteur transmet au préfet des bordereaux en double expédition, accompagnés des quittances des créanciers réels et des autres pièces justificatives des dépenses.

(Ibid., art. 112... 115.)

FACULTÉS.

Dépenses du personnel.

2644. Les retenues qui ont lieu au profit du fonds de retraite sur les traitemens des professeurs, des suppléans et du secrétaire des facultés de droit, ne sont pas exercées sur la partie éventuelle de ces traitemens.

(Ibid., ch. 5, art. 116.)

2645. A la fin de chaque mois, le doyen transmet au préfet :

1°. L'état émargé, en double expédition, pour les traitemens fixes des professeurs, des suppléans et du secrétaire, et pour les appointemens des employés et gens de service ;

2°. L'état également émargé en double expédition des traitemens éventuels des professeurs, suppléans et secrétaires, tels qu'ils ont été fixés par le budget (3).

(Ibid., art. 117.)

(1) Voir le modèle de cet état n°. 32.
(2) Voir le modèle de compte sous le n°. 33.
(3) Voir le modèle déjà cité n°. 31, et en outre le modèle n°. 34.

2646. Aussitôt que le registre des inscriptions est clos pour le quatrième trimestre, le doyen en transmet le résumé au ministre de l'instruction publique; le préciput et les traitemens supplémentaires et éventuels auxquels ont droit les doyen, professeurs, suppléans et secrétaire, d'après le nombre moyen des élèves pendant l'année, conformément aux statuts des 11 mai 1810, 7 juillet 1812 et 6 avril 1818, sont réglés en conseil royal. La somme due pour solde est répartie sur les deux derniers mois. Le doyen n'établit les états de ces deux mois que lorsqu'il a reçu la décision, dont extrait est joint aux états.

A la fin de chaque mois, le doyen de la faculté de droit de Paris transmet au ministre de l'instruction publique des états émargés en double expédition,

1°. Pour les traitemens fixes des professeurs, des suppléans et du secrétaire, pour le préciput du doyen et pour les appointemens des employés et gens de service ;

2°. Pour les traitemens supplémentaires des professeurs et du secrétaire ;

3°. Pour les droits de présence dus aux professeurs, aux suppléans et au secrétaire.

(Ibid., art. 118 et 119.)

2647. Les retenues qui ont lieu pour le fonds de retraite sur les traitemens des professeurs et fonctionnaires des facultés de médecine ne sont pas exercées sur la partie éventuelle de ces traitemens.

A la fin de chaque mois, le doyen adresse au préfet des états émargés en double expédition, 1°. pour les traitemens fixes des professeurs et des fonctionnaires de leur faculté, pour le préciput du doyen et pour les appointemens des employés et gens de service; 2°. pour les traitemens supplémentaires des professeurs; 3°. pour les droits de présence (1).

Pour la faculté de médecine de Paris, les états sont transmis au ministre de l'instruction publique; le doyen y joint un état particulier pour les droits de présence aux assemblées et aux commissions de la faculté.

(Ibid., art. 120... 122.)

2648. Les retenues qui ont lieu au profit du fonds de retraite, ne sont exercées que sur les traitemens fixes des professeurs titulaires, adjoints et suppléans, et sur ceux des secrétaires des facultés de théologie, des sciences et des lettres.

A la fin de chaque mois, le doyen adresse au préfet des états émargés en double expédition, pour les traitemens fixes des professeurs, pour le préciput du doyen, et pour les appointe-

(1) Voir le modèle déjà cité n°. 31, et en outre les modèles n°s 35 et 36.

mens des employés et gens de service. A la fin de chaque trimestre, le doyen remet au recteur qui l'adresse au ministre de l'instruction publique, un état, également émargé, en double expédition, pour les droits de présence dus aux professeurs qui ont assisté aux thèses et aux examens (1).

Dans les commissions chargées de délivrer des grades, l'état émargé en double expédition des droits de présence dus aux examinateurs, est adressé à la fin de chaque trimestre au recteur, qui le transmet au ministre (2).

A Paris, les états des traitemens fixes et éventuels sont transmis au ministre de l'instruction publique.

(Ibid., art. 123... 126.)

Dépenses du matériel des facultés.

2649. Les dépenses du matériel, dans les diverses facultés, sont réglées par les budgets de chaque faculté.

Ces dépenses sont régies par économie. Une avance est faite sur la proposition du doyen à l'agent chargé de ce service.

L'agent est tenu de rendre compte à la fin de chaque mois. Son compte, arrêté par le doyen, est appuyé des quittances des créanciers réels et autres pièces justificatives des dépenses (3). Le doyen adresse une ampliation du compte au ministre de l'instruction publique.

Il en est de même pour les frais de concours dans les facultés.

Les sommes allouées pour les collections sont fixées par les budgets des facultés. A la fin de chaque trimestre, les doyens adressent aux préfets des états de dépense en double expédition; ils y joignent les mémoires et factures dûment certifiés. Une expédition de l'état est jointe au mandat; l'autre est adressée au ministre de l'instruction publique.

(Ibid., art. 127... 131.)

Frais de culte de l'église de la Sorbonne.

2650. A la fin de chaque trimestre, l'inspecteur général chargé de l'administration de l'académie de Paris adresse un état en double expédition des frais de culte de l'église de la Sorbonne.

Il joint un état émargé en double expédition pour les dépenses du personnel, et les mémoires ou factures, également en double expédition, pour les dépenses du matériel.

(Ibid., art. 132.)

(1) Voir le modèle déjà mentionné, n°. 31 et en outre, le modèle n°. 37.
(2) Voir le modèle n°. 37.
(3) Voir le modèle n°. 38.

TITRE VIII. DES RECETTES ET DES DÉPENSES.

Supplément à la portion du boni des colléges royaux qui peut être répartie entre les censeurs et professeurs, conformément à l'ordonnance du 26 mars 1829.

2651. La répartition de ces supplémens est arrêtée pour chaque année par le conseil royal, suivant les formes prescrites par l'ordonnance du 24 août 1833, et par la circulaire du 27 tembre suivant.

Le supplément alloué à chaque collége est ordonnancé par trimestre.

(Ibid., ch. 6, art. 133.)

Bibliothèque de l'Université.

2652. Des états émargés en double expédition, arrêtés par l'inspecteur général chargé de l'administration de l'académie de Paris, sont transmis chaque mois au ministre pour les traitemens du bibliothécaire et des employés.

Les dépenses du matériel sont ordonnancées sur des bordereaux en double expédition appuyés de factures ou mémoires, dûment certifiés par le bibliothécaire, et arrêtés par l'inspecteur général chargé de l'administration de l'académie de Paris.

(Ibid., ch. 7, art. 134 et 135.)

Indemnités et secours.

2653. Les indemnités et secours aux membres des anciennes congrégations enseignantes, aux anciens membres de l'Université, et aux veuves, sont ordonnancées d'après les décisions prises par le conseil royal. Les secours aux fonctionnaires et professeurs non employés sont ordonnancés suivant le même mode.

Les indemnités aux artistes qui avaient des logemens à la Sorbonne sont ordonnancées par semestre et d'avance sur des états arrêtés par le conseil royal, lorsqu'il a été constaté que les artistes auxquels elles sont allouées n'ont pas obtenu d'autres logemens gratuits.

(Ibid., ch. 8, art. 136 et 137 (1).)

---

(1) Des instructions particulières ont été adressées aux recteurs et aux proviseurs, les 2 et 3 décembre 1834, afin d'assurer et de faciliter l'exécution du règlement qui précède.

FIN DU CODE UNIVERSITAIRE.

TABLE ALPHABÉTIQUE DES MATIÈRES.

N. B. Les chiffres indiquent les pages.

A

Absence. Dispositions à l'égard des professeurs ou agrégés absens, 104, 354, 522, 563 et 650. — Voy. *Indemnités, Juridiction.*

Académies. Autant que de cours royales, 4. — Départemens dont elles se composent, *ibid*. — Quels fonctionnaires sont de droit ou peuvent être officiers d'... 8. — Inspections dans les ..., 27, 334 et 335 — Chacune des... est gouvernée par un recteur, 26. — A un ou deux inspecteurs, 27. — A dans son chef-lieu un conseil spécial, *ibid.* — Elles prennent rang dans les cérémonies publiques, 29. — Bâtimens des ... entretenus aux frais des villes, 288. — ... fournissent le local pour les examens et thèses, 189. — Secrétaires d'..., 329 *et suiv.* — Dépenses des ..., 900 *et suiv.*

Académie de Paris. Se compose de 7 départemens, 4. — A pour recteur un membre du conseil royal, 23. — A pour recteur le grand-maître, 25. — L'administration est confiée à un inspecteur général, *ibid* — Le chef-lieu de l'... est à la Sorbonne, 298.

Académies et sociétés littéraires placées dans les attributions du ministère de l'instruction publique, 14.

Affaires contentieuses. Sont portées au conseil royal, sauf recours au roi en son conseil d'état, 20.

Agrégés des collèges. Doivent être bacheliers, licenciés ou docteurs ès-lettres ou ès-sciences, 7 — Concours pour l'agrégation 136 et 137, 526 *et suiv.* 536 *et suiv.*—Fonctions des ..., 506, 520 *et suiv.*—Indemnités de traitement dues aux .... — Divisionnaires des collèges de Paris, 679.

Agrégés des facultés. Facultés de médecine, 99, 101, 104, 106 *et suiv.*

Aix. Chef-lieu d'une académie, 4. — Faculté de droit, 44 et 63.

Amiens. Chef-lieu d'une académie, 4. — La Fac. des lettres est supprimée, 110. — Collège royal de deuxième classe, 127.

Angers. Chef-lieu d'une académie, 4. — Collège royal de deuxième classe, 127. — Société pour l'encouragement de l'enseignement mutuel élémentaire, 256.

Appel des étudians dans les cours de Facultés, 34 *et suiv.*, 349 *et suiv.*

Archevêques. — Voy. *Évêques.*

Asile (salles d'). — Voy. *Écoles de l'enfance.*

Associations illégales entre les étudians, 35 et 36, 351.

Associations religieuses et charitables pour l'instruction primaire, 223, 794, 830, 831, 841, 847.

Aumôniers dans les collèges royaux, 128. — Grades proposés pour les ..., 116. — Traitement et droit à la pension de retraite, 202, 301, 679. — ... de l'école normale, 732, 738 *et suiv.*— Fonctions des ..., 503 et 504.

Autorisations d'enseigner. Sont données par le conseil royal, 15 et 209. — Les ... ont toujours été nécessaires, 208. — Peines contre les écoles non autorisées, 307 *et suiv.*

.. provisoires dans l'instruction primaire, 824.

AUTORITÉS administratives. Leur surveillance sur les écoles, 9 et 10, 275 et suiv.

AUTORITÉS ecclésiastiques. — Voy. *Évêques, Consistoires.*

AUTORITÉS préposées à l'instruction primaire, 25, 275 et suiv. — Voy. *Instruction primaire.*

AVOCATS. Conditions pour être reçu..., 74 — Sont appelés à suppléer les magistrats, 55. — Serment qu'ils doivent prêter, *ibid.*

AVOUÉS. Conditions pour être reçu ..., 55 — Sont appelés à suppléer les magistrats, *ibid.* — Serment qu'ils doivent prêter, *ibid.* — ... licenciés, *ibid.* et 56.

B

BACCALAURÉAT, BACHELIER. — Voy. *Grades.*

BATIMENS pour les écoles de droit, 34. — ... des lycées, des collèges et des académies, doivent être fournis et entretenus aux frais des villes, 128, 135, 297, 656 et 657. — Concession des ... pour les écoles secondaires, 178 et 208.

BESANÇON. Chef-lieu d'une académie, 4, — La Fac. des sciences est supprimée, 109 — Collège royal de deuxième classe, 127.

BIBLIOTHÈQUES des écoles normales primaires, 239 — ... centrales, 240. — ... des écoles primaires, 240 et 241. — ... des collèges royaux, 582. — ... de l'école normale, 727. — ... publiques placées dans les attributions du ministère de l'instruction publique, 14.

BIENS de l'Université — Voy. *Recettes et Dépenses.*

BORDEAUX. Chef-lieu d'une académie, 4. — La Fac. des lettres est supprimée, 110. — Collège royal de première classe, 127.

BOURGES. Chef-lieu d'une académie, 4. — La Fac. des lettres est supprimée, 110. — Collège royal de deuxième classe, 127.

BOURSES dans les collèges royaux. Concours pour les ..., 15. — Création des .., royales, 123 — Des ... communales, 137. — Règles pour le renvoi des boursiers communaux, 138, 146, 150 et 151. — Mode de remplacement, 13—Réduction du nombre des ..., royales, 140, 161, 921.— Ordonnance concernant les ... communales, 143.—Promotions aux ... supérieures, 145 et 157. — Tableau de répartition des ... communales, 147. — Age et conditions auxquels les ... sont accordées, 152 *et suiv.* — Nouvelles dispositions concernant les ... royales et communales, 158, 166. — Transférémens et dégrèvemens, 160. — .. dans les collèges communaux, 181 *et suiv.* — Des anciennes fondations de ..., 294, 295. — Des fondations à venir, 295 et 296. — ... dans les écoles normales primaires (voy. *instruction primaire*). — ... dans les écoles spéciales, 123. — ... réservées à des élèves non catholiques, 500.

BREVETS de capacité pour l'instruction primaire. Ne sont pas suppléés par les grades que délivrent les facultés, 2. — Sont délivrés après examen, 218 et 228. — Sont de trois degrés, 219 — Sont délivrés aux frères sur le vu des obédiences, 228 et 229. — Sont tous et toujours délivrés après examens, 237. — Instructions sur les examens des aspirans aux ..., 784 *et suiv.*, 789 et 790, 834 *et suiv.*

BRITANNIQUES. Etablissemens ... placés dans les attributions du ministère de l'instruction publique, 14.

BUDGETS des écoles, Facultés et collèges royaux. Sont arrêtés par le conseil royal sur le rapport du trésorier, 20, 901 *et suiv.* — ... et comptes des Facultés de droit, 56 et 57. — .. des écoles normales primaires, 240 et 242.

BUREAUX. Les places d'employés dans les ... sont à la disposition du grand-maître, 18. — Les emplois de chef, sous-chef ou de rédacteur pourraient être donnés à d'anciens membres de l'Université, 206 (note) — ... d'administration des collèges royaux, 122 *et suiv.*—... des collèges communaux, 695 *et suiv.*

C

CAEN. Chef-lieu d'une académie, 4. — Faculté de droit, 44, 62 et 63. — Collége royal de deuxième classe, 127. — École secondaire de médecine, 430 et 431.

CAHORS. Chef-lieu d'une académie, 4. — La Fac. des lettres est supprimée, 110. — Collége royal de troisième classe, 127.

CAISSES d'épargnes et de prévoyance, 270, 280, 832 et 833.

CARTES d'entrées pour les auditeurs inscrits ou non inscrits, 104 et 105, 348 *et suiv.*

CAUTIONNEMENS des secrétaires des Facultés de droit, 45. — ... des économes des colléges royaux, 130, 644, 648 *et suiv.*

CENSEURS. Doivent être licenciés ès-lettres, ou ès-sciences, 7. — ... doivent avoir été reçus agrégés à la suite d'un concours, ou titulaires d'une chaire, *ibid.* — Participent aux avantages accordés par l'ordonnance du 26 mars 1829, 163. — Leurs fonctions, 503 *et suiv.*

CENSURE. Peine de discipline, 11, 305 *et suiv.* — Peut être infligée par le grand-maître, 16.

CÉRÉMONIES publiques. — Rang et costumes, 28 *et suiv.*, 338.

CERTIFICATS d'assiduité, 34. — ... de bonne conduite, *ibid.*, 103, 238, 350. — ... d'étude dans un séminaire, 44. — ... d'étude dans une autre Faculté, 74. — ... de capacité, 51, 55 et 59. — d'aptitude, 360, 365, 495, 890. — ... d'herboriste, 97. — ... de moralité, 266 et 282, 846 *et suiv.* — D'étude dans les colléges, 554.

CHANCELIER de l'Université, 6. — Ses attributions, 22.

CHANT. Fait partie de l'enseignement primaire, 265.

CHARTES (école des). Placée dans les attributions du ministère de l'instr. publ., 14.

CHIMIE (enseignement de la), 382, 601 *et suiv.* — Objets nécessaires à l'enseignement de la ... 567 *et suiv.* Voy. *Colléges et Facultés.*

CHIRURGIE. Voy. *Faculté de médecine.*

CHOLÉRA. Étudians qui se sont consacrés au soulagement des malades atteints du ... 419.

CLASSES primaires annexées à des établissemens secondaires, 779, 817 *et suiv.*

CLERGÉ de France, 38 *et suiv.*; 119 et 120.

CLERMONT. Chef-lieu d'une académie, 4. — La Fac. des lettres est supprimée, 110. — Collége royal de troisième classe, 127.

COLLÉGES communaux, autrefois écoles secondaires communales, 5. — Objets de leur enseignement, *ibid.*, 708 *et suiv.* — Le grand-maître nomme à toutes les places des ..., 15. — Quels ... doivent être érigés en colléges royaux, 134. — Définition des ..., 178. — Nécessité de l'autorisation du gouvernement, *ibid.* — Concession de locaux par l'État, 178 et 179. — Frais d'instruction. 179. — Recettes et dépenses, 180 et 700. — Bureaux d'administration, *ibid.*, 695 *et suiv.* — Bureaux des comptes, 181, 698 *et suiv.* — Bourses entretenues par les villes dans leurs ..., 171, 181 *et suiv.* — Établissement de nouveaux ... à Courdemanche, à Dunkerque, etc., 183. — Droits à des pensions de retraite, 203 *et suiv.* — Retenues à exercer, 705 *et suiv.* — Mesures de police et de discipline, 700 *et suiv.* — Distribution des prix, 703. — Dispositions concernant les maîtres d'études, 703 *et suiv.*

COLLÉGE de France. Placé dans les attributions du ministère de l'instruction publique, 14. — Les élèves de l'école normale en suivront les leçons, 191.

COLLÉGES mixtes. — Voy. *Écoles secondaires ecclésiastiques.*

COLLÉGES particuliers, 175 *et suiv.* 582 et 583. — Agrégés de l'Université employés dans les ..., 176, 205 et 695. — Collége Rollin, 176 et 177. — Collége Stanislas, 177. — Dispositions générales, 693 *et suiv.*

COLLÉGES royaux, autrefois *Lycées.* — Objets de leur enseignement, 5, 121, 165, 544 *et suiv.* 569 *et suiv.* 608 *et suiv.* 618 *et suiv.* — Leur nombre et leur situation, 121. — Quatre sortes d'élèves, 121.— Administration des ..., 122, 128, 499 *et suiv.*, 518 *et suiv.* — Avancement des fonctionnaires des ..., 123. — Bourses royales dans les ..., 123, 140, 154 *et suiv.* — Prix des bourses et pensions, 123, 125, 128, 154 et 156. — Classification des ..., 124, 125 et 127. — Traitemens des fonctionnaires, 124, 163 *et suiv.*, 640 *et suiv.* — Frais de livres et d'études, 125 et 675. — Entretien des bâtimens aux frais des villes, 128. — Etablissement d'une bibliothéque dans chaque collége royal, *ibid.* — Aumôniers, *ibid.* et 503. — Fonctions du proviseur, 122, 129 et 499. — Du censeur, 122, 129 et 503. — Du procureur gérant (économe), 122, 130, 643 *et suiv.* — Des professeurs et des maîtres d'études, 122 et 123, 504 *et suiv.*, 526 et 676. — Dépenses ordinaires et extraordinaires, 130 *et suiv.* — Recettes, 130, 152, 153, 155 *et suiv.*, 161 et 162, 166 *et suiv.* — Concours général à Paris, 134. — Concours pour l'agrégation, 136 et 137, 526 *et suiv.*, 538 *et suiv.* — Nomination des fonctionnaires, 162. — Assurance contre l'incendie, 168 et 169. — Dispositions particulières à divers colléges royaux, Tournon, Rouen, etc., 169 *et suiv.* — Notes trimestrielles, 501 et 502. — Admission des élèves, 509 et 510.— Division et mouvement des élèves internes, 510 *et suiv.* — Obligations des élèves externes, 513 et 514. — Congés, 514 et 515. — Punitions, 515 et 516. — Examens du cinquième mois de l'année classique, 506 *et suiv.* 554 et 555. — Cours industriels annexés aux ..., 630 *et suiv.* — De l'administration économique, 634 *et suiv.* — Des trousseaux à fournir par les élèves, 636 *et suiv.*, 654 et 655, 676. — Division de la pension en cinq masses, 639. — Du budget annuel, 642. — Du mode de comptabilité, 643 *et suiv.*, 680 *et suiv.* — Fonctions et obligations respectives des proviseurs et des économes, 651 et 652, 665 et 666. —Gestion comptable, 658 *et suiv.* 681 *et suiv.*

Comités d'instruction primaire. Cantonnaux, 217 *et suiv.*, 223 *et suiv.* — ... d'arrondissemens, 227 *et suiv.* — Réorganisation des comités, 235 *et suiv.* — D'après la loi du 28 juin 1833, 275 *et suiv.*, 850 et 851.

Commissions administratives des colléges royaux, 517 *et suiv.* — ... d'examen pour le grade de bachelier ès-lettres. — Voy. *Facultés des lettres.* — ... de surveillance près des écoles normales primaires, 866 *et suiv.*

Communes. (Obligation des), 822 *et suiv.* — Voy. *Académies, Facultés, Colléges et Instruction primaire.*

Comptabilité. — Voy. les mots *Colléges royaux, Juridiction, Recettes et Dépenses.*

Concours pour les chaires de Facultés. Le mode du ... est déterminé par le conseil royal, 15. — Les professeurs en sont juges, 46. — ... pour les places d'agrégés dans les Facultés de médecine, 106 et 107.— ... Dispositions générales, 339 *et suiv.* — ... dans les Facultés des lettres et des sciences, 356 (note). — De médecine, 387 *et suiv.* 441 *et suiv.* — De droit, 432 *et suiv.* De théologie, 471 *et suiv.*

Conférences entre les instituteurs primaires, 796.

Congés. — Voy. aux mots *Discipline, Colléges royaux, Facultés.*

Congrégations religieuses. — Voy. *Instruction primaire* et *Écoles chrétiennes.*

Conseils académiques. Leur composition et leurs attributions, 27 et 28, 329 *et suiv.* — Remplacent les bureaux d'administration et les conseils de discipline et d'enseignement près les Facultés de droit, 56.

Conseil d'état. Recours au roi en ... — Contre les décisions et actes de l'Université, 3. — De la part des étudians, 16 et 36. — En matières contentieuses, 20. — En matière de réglemens, 21. — Contre les jugemens portant radiation du tableau de l'Université, 321. — Grades nécessaires aux auditeurs au ..., 114. — Grades proposés pour les conseillers-d'état et maîtres des requêtes, 116.

Conseil de l'Université, Conseil royal de l'instruction publique. Régle et surveille l'enseignement et la discipline dans toutes les académies, 5. — Conseillers à vie et conseillers ordinaires, 6. — Est présidé par le grand-maître, 17. — Ou par le chancelier et le trésorier, *ibid.* — Ou par le conseiller vice-président, 23. — Les affaires sont distribuées entre les conseillers-rapporteurs, 17 et 18, 22 et 23. — Composition et attributions du conseil, 19 *et suiv.* — Cas où l'avis de trois conseillers est nécessaire pour les actes du grand-maître, 16, 18. — Le conseil royal peut seul infliger les peines de la réforme ou de la radiation, 20. — Il dresse et arrête tous les règlemens généraux relatifs à l'enseignement et à la discipline, 21, 56. — Il détermine les supplémens de traitement et les droits de présence des professeurs des facultés, 57. — Il reçoit l'engagement décennal qui donne droit à la dispense du service militaire, 9. — Le conseiller chargé du ministère public peut lui dénoncer d'office les contraventions, infractions et délits, 23 et 24. — Son rang et son costume, 28 et 29.

Consistoires. Ont droit de surveillance sur les écoles des cultes protestans, 10.

Corporations enseignantes. — Voy. *Pensions de retraite.*

Correspondance (franchise de la), 13 et 14, 279.

Correspondant pour les étudians des Facultés, 32. — Pour les élèves des colléges, 635 *et suiv.*

Conse. Forme le ressort d'une des académies universitaires, 4. — A une commission d'examen pour le grade de bachelier ès-lettres, 110 et 111.

Cosmographie (cours de), 617 *et suiv.*

Costume commun à tous les membres de l'Université, 4. — Du grand-maître et des membres du conseil royal, 28 et 29. — Des inspecteurs généraux, des recteurs et inspecteurs d'académie, 29. — Des doyens et professeurs des Facultés, *ibid.* — Des fonctionnaires des colléges royaux, 133.

Cour des comptes. Les agens comptables de l'Université sont justiciables de la ..., 302 *et suiv.* — Voy. *Recettes et dépenses.*

Cours publics, 2, 291.

D

Dames inspectrices. Chargées de visiter les écoles supérieures de filles, 262 *et suiv.* — ... les écoles primaires de filles, 802 *et suiv.*, 834.

Décorations universitaires, 8.

Délits. — Voy. *Juridiction.*

Dépenses. — Voy. *Recettes et dépenses.*

Déplacement (frais de). — Voy. *Indemnités.*

Dessin dans les colléges royaux, 507 et 508. — ... linéaire, dans les écoles primaires, 265, 811 *et suiv.*

Dijon. Chef-lieu d'une académie, 4. — Faculté de droit, 44 et 63.

Diplômes. *D'emplois*, sont donnés par le grand-maître, 16. — *De grades*, sont intitulés du nom du grand-maître et signés de lui, 18. — Sont délivrés au nom du roi, 31. — Ne sont point assujétis au timbre, *ibid.* — Modèles de diplômes de grades *pour les facultés de médecine*, 79 et 80. — Pour les *écoles de pharmacie*, 96 et 97. — Formule générale, 114.

Discipline (voy. *Juridiction*). Les délibérations du conseil royal de l'instruction publique relatives à la discipline ne sont pas soumises à l'approbation du ministre, 5. — Enumération des peines de ..., 11. — Dans les Facultés en général, par rapport aux étudians, 34 *et suiv.*, 345 *et suiv.* — Dans les Facultés de médecine, 104 *et suiv.* — Dans tous les établissemens de l'Université, en ce qui concerne les congés, 332 *et suiv.*, 355.

Dispenses du service militaire. — *Service militaire.*

Distribution des prix dans les colléges, 515, 585, 588, 612 et 620.

Domaines. — Voy. *Recettes et dépenses.*

Domestiques dans les colléges royaux, 509 et 656.

Domicile. Déclaration de ... par les étudians, 32 et 33, 347.

Donations. — Voy. *Recettes et dépenses.*

Douai. Chef-lieu d'une académie, 4. — La Fac. des lettres est supprimée, 110. — Collége royal de deuxième classe, 127.

Doyens. — Voy. *Facultés.*

Droit administratif, 58 et 59, 61 et 62, 457.

Droit annuel. — Voy. *Recettes et dépenses.*

Droit constitutionnel français, 63.

Droits de présence. — Voy. *Facult.*

Droits universitaires. — Voy. *Recettes et dépenses.*

E

ÉCOLES. Trois degrés progressifs d'instruction, 1 et 2. — Ordre des ..., 5. — Bases de l'enseignement dans toutes les ..., ibid. — Les règlemens, discutés par le conseil royal, sont donnés par le grand-maître, 16, 19 et 21. — Voy. *Facultés, Colléges, École normale, Institutions et Pensions, Écoles industrielles, Écoles primaires*.

ÉCOLES chrétiennes. Les frères et novices des ... ont droit à la dispense du service militaire, 9 *et suiv*. — A quelles conditions les ... peuvent fournir des maîtres aux communes, 223, 225. — Les frères Saint-Yon dirigent l'école normale primaire du département de la Seine-Inférieure, 225. — Leurs statuts sont visés par le grand-maître de l'Université, 242. — Leur établissement dans la ville de Reims, 243 *et suiv*. — Société des frères Saint-Antoine, 244. — De la doctrine chrétienne du diocèse de Strasbourg, 245. — De l'instruction chrétienne pour la Bretagne, *ibid.* — Des frères de la doctrine chrétienne du diocèse de Nancy, 246. — De l'instruction chrétienne du diocèse de Valence, *ibid.* — Des frères de l'instruction chrétienne du Saint-Esprit, *ibid.* — Des frères de Saint-Joseph, 247. — De Saint-Viateur, 255.

ÉCOLES de l'enfance, 808 *et suiv*.

ÉCOLES industrielles, 1, 178 et 210. — Cours industriels annexés aux colléges royaux, 630 *et suiv*. — Rattachés aux écoles primaires supérieures, 632. — Voy. *Instr. primaire*.

ÉCOLE normale. Les élèves ont droit à la dispense du service militaire, 9. — Sont réunis dans un pensionnat à Paris, et formés à l'art d'enseigner les lettres et les sciences, 11. — Écoles préparatoires. — Écoles normales partielles, 161, 194 *et suiv*. — Choix des élèves, 191, 748 *et suiv*. — Cours qu'ils doivent suivre, *ibid.*, 723 et *suiv.*, 751 *et suiv*. — Durée de leur séjour à l'école, 192, 193 et 721. — Ils doivent prendre leurs grades à Paris, 192 et 721. — Dispositions particulières en faveur des élèves qui se destineraient à la fois à l'état ecclésiastique et à l'enseignement, 191 (note), 196 (note), 722. —Du chef de l'école, 192 et 193. — Elle est supprimée, 194. — Elle est rétablie, 196. — Statut sur l'administration, la discipline et l'enseignement de l'..., 719 *et suiv.*, 751 *et suiv*.— Exercices religieux, 725 et 734. — Administration économique de l'..., 759 *et suiv*.

ÉCOLES normales primaires. Etablies dans les colléges ou les lycées, 216.— Dans les grandes communes, 223. — A Rouen, dirigée par les frères des écoles chrétiennes, 225. — Pour l'académie de Paris, 237 *et suiv*. — Commissions de surveillance près les ..., 239 et 240. — Leurs dépenses, 833 *et suiv.*— Règlement général concernant les ..., 863 *et suiv*.

ÉCOLES primaires. — Voy. *Instruction primaire*.

ÉCOLES primaires des filles. — Voy. *Instruction primaire*.

ÉCOLES secondaires. — Voy. *Colléges communaux, Institutions et Pensions*.

ÉCOLES secondaires ecclésiastiques, 184 *et suiv*. — Doivent être régies par l'Université, 185, 186 *et suiv*.—Ne dépendent que des évêques, 186 et 187.—Sont exemptes de la rétribution du vingtième, 187. — Sont dispensées d'envoyer leurs élèves aux classes des colléges, *ibid.* — Les ... d'Aix, de Billom, etc., sont soumises au régime de l'Université, 188. — Ont un nombre d'élèves limité, 188 et 189. — Ne doivent recevoir aucun externe, 189. — Les élèves des ... ne peuvent recevoir qu'un diplôme spécial de bachelier ès-lettres, *ibid.* — Petit séminaire protestant de Strasbourg, 190. — ... réunies à des colléges communaux, 711 *et suiv*. — Diplômes de grade et d'emploi des directeurs d'..., 713.

ÉCOLE polytechnique. Les élèves de l'école normale suivront les leçons de l'..., 191 et 192 (note).— Élèves de l'... jugés admissibles dans les services publics, 539.

ÉCOLES secondaires de droit, p.923.

ÉCOLES secondaires de médecine.— Voy. *Facultés de médecine*.

ÉCOLES spéciales entretenues aux

dépens du trésor public, 2. — Création de bourses dans les ..., 123.

ÉCONOMES. — V. *Collèges royaux, Écoles normales primaires.*

ÉCRITURE sainte, 476, 478. —Voy. *Facultés de théologie.*

ÉDUCATION de famille, 112.

ÉLÈVES. — Voy. *Collèges, Institutions et Pensions, Écoles primaires.*

ÉLOQUENCE sacrée, 477. —Voy. *Facultés de théologie.*

ÉMÉRITAT. — Voy. *Pensions de retraite.*

ENFANS indigens. Doivent recevoir gratuitement l'instruction primaire élémentaire, 215. — Voy. *Instruction primaire.*

ENGAGEMENT décennal. — Voy. *Service militaire.*

ENSEIGNEMENT mutuel, simultané.— Voy. *Méthode.*

ENSEIGNEMENT des lettres et des sciences (l') doit-il être successif ou simultané? 544 *et suiv.*

ESCRIME (leçons d') dans les collèges royaux, 507 et 508.

ÉTRANGERS non naturalisés, peuvent être instituteurs primaires, *privés* et non pas *communaux*, 843.

ÉTUDIANS. — Voy. *Facultés.*

ÉVÊQUES. Dirigent l'instruction dans les séminaires, 2. — Exercent un droit de surveillance sur les écoles catholiques, 10 et 11. — Présentent les professeurs pour les concours aux Facultés de théologie, 38. — Visitent ou font visiter les écoles primaires, 231.

EXAMENS. —Voy. *Facultés, Collèges, École normale, Écoles normales primaires, Écoles primaires.*

EXCLUSION de toutes les académies ou d'une seule, 36. — Exclusion des collèges, 150 *et suiv.*

EXEAT (lettre d'). Formalités à remplir pour quitter le corps enseignant, 3 *et suiv.*

EXERCICES religieux dans les collèges royaux, 503 et 504. — ... à l'école normale, 725 et 734.

EXPROPRIATION forcée. — Voy. *Recettes et dépenses.*

EXTERNES. — Voy. *Collèges, Écoles primaires, Écoles secondaires ecclésiastiques.*

F

FACULTÉS en général, 5. — Leur double objet, *ibid.* et 31. — Les professeurs doivent être docteurs dans leurs facultés respectives, 7. — Les chaires sont données au concours, et les professeurs sont institués par le grand-maître, 15. — Cinq ordres de ..., 31. — Leur nombre et leur composition sont réglés par le roi sur la proposition du conseil, *ibid.*—Les leçons sont publiques, 33. — Collation des grades dans les diverses..., 226 *et suiv.*, 111 *et suiv.*—Administration des ..., 326 *et suiv.*, 337 *et suiv.* — Concours pour la nomination des professeurs, suppléans et agrégés, 339 *et suiv.* — Mode et conditions de l'admission des étudians, inscriptions et mesures de discipline, 33 *et suiv.*, 345 *et suiv.*

FACULTÉS de droit. Villes où elles sont établies, 44. — Leur administration, 45. — Nombre, nomination, serment et traitement des professeurs, 46 et 47, 432 *et suiv.*, 441 *et suiv.* — Objets de leur enseignement, 56, 58 *et suiv.* — Admission des étudians, 45 *et suiv.* — Cours d'étude, examens et grades, 47 *et suiv.*, 59 *et suiv.*, 452 *et suiv.*—Dispositions exceptionnelles, 48 *et suiv.* — Certificats de capacité, 51 et 59. — Diplômes de bachelier, de licencié, de docteur, 51 et 52. — Fonctions qui exigent les diplômes ou certificats, 54 et 55, 116 et 117. — Chaires nouvelles établies dans plusieurs facultés, 62 et 63. — Faculté de droit de Paris, 58, 59 et 61. — Faculté de droit de Strasbourg, 458 et 459. — De l'administration économique des ..., 459 *et suiv.*

FACULTÉS des lettres. Leur établissement et leur composition, 110. — Suppression de plusieurs ..., *ibid.* — Commissions d'examen pour le grade de bachelier, *ibid.* — Collation des grades dans les ..., 111, 349 *et suiv.* — Présentation et nomination des professeurs, 356. — Objets de l'enseignement, 357 *et suiv.*, 368 *et suiv.* — Inscriptions, examens et thèses, *ibid.*, 363 *et suiv.* — Faculté des lettres de Paris, 360 *et suiv.*, 375 et 376. — De l'administration économique, 372 et suiv.

FACULTÉS de médecine. Villes où elles sont établies, 64. — Objets de l'enseignement, 65 et suiv.—Examens et réceptions pour le titre de docteur, 65 et suiv.— Pour le titre d'officiers de santé, 66 et suiv., 76 et suiv., 108. — Enregistrement, listes et droits des docteurs et des officiers de santé, 68 et 69. — Instruction et réception des sages-femmes, 69 et 70, 77 et 78. — Peines contre ceux qui exercent indûment, 70. — De l'admission des étudians, 71, 75 et 103.— Des examens, 71 et suiv., 413 et suiv. — Frais d'études et de réception, 74, 78 et 105. — Nomination des professeurs et des agrégés, 98 et suiv., 108, 387 et suiv. — Epreuves pour les chaires, 388 et suiv.— Epreuves pour l'agrégation, 391 et suiv. — Traitemens et costumes, 82 et 102. — Des écoles de pharmacie, 83 et suiv. — Des écoles secondaires de médecine, 98, 108, 423 et suiv.—De Toulouse, 427.—De Lyon, 428. — De Caen, 430. — De Rouen, 431 — Faculté de médecine de Paris, 98 et suiv., 108, 391, 395 et suiv. — De Montpellier, 106 et 107, 409 et suiv. — De Strasbourg, 107, 405 et suiv. — Arrêté relatif aux étudians qui se sont consacrés au service des malades atteints du choléra, 419. — Aux réfugiés polonais, italiens, etc., ibid. — De l'administration économique des ..., 420 et suiv.

FACULTÉS des sciences. Etablissement et composition des ..., 109. — Suppression de plusieurs ..., ibid. — Rétablissement de la Faculté des sciences de Lyon, ibid. — Collation des grades dans les ..., 112 et 113, 377 et 378, 380 et suiv. — Disposition générale, 376. — Présentation et nomination des professeurs, ibid. — Objets de l'enseignement, 377 et suiv. — Faculté des sciences de Paris, 378 et suiv. — De l'administration économique des ..., 387.

FACULTÉS de théologie, 37. — Leur nombre, ibid. — Leur enseignement, ibid. et 471 et suiv. — Nomination des professeurs d'après un concours entre les sujets présentés par l'évêque, 38, 471 et suiv. — Juges adjoints pour le concours, ibid. — Edit de 1682 concernant la déclaration du clergé de France, ibid. et suiv. — Grades nécessaires pour les fonctions ecclésiastiques, 43, 115 et suiv. — Collation des grades dans les ..., 113 et 114. — Faculté de théologie protestante, 37, 479 et suiv. — A Strasbourg, ibid. — A Montauban, 485 et suiv.— Administration économique des ... 498.

FONDATIONS d'écoles, 219, 820, et suiv.

FONDS généraux affectés à l'*Instruction primaire*, Voy. ce dernier mot.

FRAIS d'études dans les facultés, répartis sur les seules inscriptions, 105.

FRAIS de route. — Voy. *Indemnités*.

G

GÉOGRAPHIE. Fait partie de l'enseignement public, 536 et suiv., 559 et suiv. — Voy. *Histoire*.

GÉOMÉTRIE. Cours de ... élémentaire, 614 et suiv.

GRADES. Nécessaires pour obtenir le titre de membre de l'Université, 111. — Ne suppléent point au brevet de capacité des instituteurs primaires, 2. — Correspondant aux diverses fonctions universitaires, 7. — Sont conférés par les Facultés à la suite d'examens et d'actes publics, 31, 111 et suiv. — Sont au nombre de trois dans chaque Faculté, 32.—Nécessaires pour les fonctions ecclésiastiques, 13. — Nécessaires pour diverses professions, 114 et suiv. — Facilités données aux jeunes séminaristes pour le baccalauréat es-lettres, 713.

GRAND-MAÎTRE. Chef de l'Université, 6. — Ses fonctions sont exercées par le ministre de l'instruction publique, 12. — Ses attributions, 15 et suiv., 162, 327 et 328.

GRENOBLE. Chef-lieu d'une académie, 4. — Faculté de droit, 44 et 63. — Collége royal de deuxième classe, 127. — Bourses communales, 149 et 172. — Legs de livres au collége royal de ..., 296.

GYMNASTIQUE. Doit être enseignée dans les écoles primaires, 212. — La natation fait partie des exercices de ..., ibid.

H

HABILLEMENT des élèves, 135, 181.
— Habit ecclésiastique, 189.
HÉBREU. Importance de la langue hébraïque, 476. — Voy. *Facultés de théologie.*
HERBORISTES. — Voy. *Faculté de médecine.*
HISTOIRE. Fait partie de l'enseignement public, 5, 165, 178 et 263. — Concours spécial d'agrégation pour les études historiques et géographiques, 536, 537, 542 et 544. — Doit être enseignée par un professeur spécial, 559. — Mode d'enseignement, 559 *et suiv.*, 587 et 588, 607, 610 et 612.
HISTOIRE naturelle. Prix d'... 605.
— Programme de l'enseignement de l'..., 621 *et suiv.*
HUMANITÉS. Ce qui doit être enseigné dans les classes d'... 547, 556, 609 et 710.
HYPOTHÈQUE. — Voy. *Recettes et dépenses.*

I

INAMOVIBILITÉ. Principe commun à tous les professeurs des Facultés, sauf délit et jugement, 46, 101.
INCENDIE. Fonds de secours contre l'..., 168 et 169.
INDEMNITÉS pour le cas de déplacement des fonctionnaires, 335 et 336.
— Pour les professeurs malades, 522 et 650. — Pour les professeurs appelés aux fonctions de jurés, 692. — Pour les professeurs faisant le service de la garde nationale, 691.
INFIRMERIE dans les colléges royaux, 508 et 509 — ... à l'école normale, 727.
INSCRIPTIONS dans les Facultés (voy. les mots *Facultés en général* et *Facultés de droit, des lettres,* etc.) — Dans les écoles de pharmacie, 92.
INSPECTEURS d'académie, 6. — Sont de droit officiers de l'Université, 8. — Jouissent de la franchise sous bandes, 13. — Sont nommés par le grand-maître, 27. — Leurs fonctions, *ibid.*
— Doivent avoir été agrégés ou professeurs, censeurs ou proviseurs, *ibid.*
INSPECTEURS généraux, 6. — Sont de droit officiers de l'Université, 8.
— Leurs rapports sont entendus par le conseil royal, 20. — Sont nommés par le grand-maître, 24.—Leurs fonctions, 25, 122 et 327.—Leur nombre, 25. — Ont le droit d'assister aux séances des conseils académiques, 27.
INSPECTEURS spéciaux de l'instruction primaire, 283, 284, 860 *et suiv.*
— Voy. *Instruction primaire.*
INSPECTIONS en général, 334 et 335.
— ... pour l'instruction primaire, 805 *et suiv.*
INSTITUT royal de France. — Placé dans les attributions du ministère de l'instruction publique, 14.
INSTITUTEURS et INSTITUTRICES primaires. — Voy. *Instruction primaire.*
INSTITUTIONS. Leur définition, 5 et 208. — Les chefs d'... sont au nombre des fonctionnaires de l'Université, 6.
— Doivent être bacheliers ès-lettres et ès-sciences, 7. — Ne peuvent s'établir sans l'autorisation du gouvernement, 208, 780 *et suiv.* — Doivent se conformer aux règlemens de l'Université, 209. — Peuvent être fermées en cas d'abus graves, *ibid.* et 308.—
Bornes de leur enseignement, 209. — Extension de leur enseignement en faveur des professions industrielles et manufacturières, 210. — Réglement concernant les répétiteurs dans les ..., 775 *et suiv.* — Droit décennal, 778.
— Classes primaires annexées aux ..., 779, 817 *et suiv.*
INSTRUCTION morale et religieuse. Base de l'instruction primaire, 238 et 265. — ... dans les colléges, 548, 571, 577. — ... Dans l'école normale, 725 et 734.
INSTRUCTION primaire. *Avant la loi du 28 juin 1833*, 211 *et suiv.*, 783 *et suiv.*—Objets de l'enseignement, 211.
— Distribution des écoles à raison de la population, 213 et 268.—Nomination des instituteurs et des institutrices, 213, 214, 216, 219 *et suiv.*, 225 et 226.
— Leur destitution ou révocation,

214, 221, 225 et 226. — Logement et traitement, 214 et suiv. —Toute commune tenue de procurer l'... à tous ceux qui l'habitent, 215 et 232. — Et gratuitement à tous les enfans indigens, ibid. — Réunion de plusieurs communes pour l'..., 214, 215 et 233. — Traités avec les maîtres, 215. — Des comités cantonnaux, 216 et suiv. — Des écoles normales primaires (voy. ce mot). — Des brevets de capacité, 218 et suiv., 237, 784 et suiv. — Des autorisations spéciales, 219 et 229. — Bases de l'..., 221. — Séparation des garçons et des filles, ibid. — Rapports annuels sur la situation de l'..., 221, 228, 235, 241, 269 et 272. — Exemption de toute contribution envers l'Université, 222. — Fonds annuel de secours et d'encouragement, 222, 223, 234, 241, 797. — Associations religieuses et charitables (voy. ce mot). — Pensionnats primaires, 229, 791 et 792. — Elèves de différens cultes, ibid. — Déplacement volontaire des instituteurs, 230. — Peines de discipline, 230 et 231. — Des écoles primaires de filles, 231, 256 et suiv., 797 et suiv.—Division des écoles en trois classes, 232. — Conseils municipaux appelés à délibérer sur l'établissement et l'entretien des écoles, 233. — Les départemens appelés à contribuer aux frais des écoles communales, 234. —Pensions de retraite, 235.—Etablissement de bibliothèques primaires, 240 et 241. — Publication d'un journal général de l'..., 241. — Associations charitables de congrégations de frères de Saint-Yon, de Saint-Antoine, etc., 242 et suiv. — Société pour l'encouragement de l'... à Lyon, 247 et suiv. — D'encouragement pour l'... parmi les protestans de France, 253 et suiv. — Diverses sociétés pour la propagation de l'..., 256. — Depuis la loi du 28 juin 1833, 265 et suiv., 805 et suiv.—De l'... et de son objet, 265. —Des écoles primaires privées, 266 et suiv. — Conditions pour tenir école, ibid.—Incapacités de tenir école, ibid. —Ecole ouverte illégalement, ibid.— Cas où l'instituteur peut être traduit devant les tribunaux et interdit de ses fonctions, 266 et 267. — Ce qui caractérise une école primaire, 267. — Des écoles primaires publiques, 268 et suiv. — Obligations des communes isolées ou réunies, ibid., 822 et suiv. — Ecoles primaires élémentaires et supérieures, ibid., 808 et suiv., 817 et suiv. — Obligations des départemens, ibid. — Ecoles normales primaires, ibid. et 274, 839, 842, 845, 848, 852, 861 et suiv. — Ecoles-modèles, 275. — Caisses d'épargnes et de prévoyance, 270. — Nomination et institution des instituteurs primaires, 216, 276, 277, 278 et 280. — Suspension, révocation ou interdiction des instituteurs primaires, 278 et 280, 859 et suiv.—Des autorités préposées à l'..., 275 et suiv. 850 et suiv. — Comités locaux, comités d'arrondissement, commissions d'examen, ibid., 838 et suiv.—Dispositions transitoires, 280 et 281. — Exécution de la loi du 28 juin dans la ville de Paris; comités locaux, comité central, 281 et suiv.— Imposition spéciale des centimes additionnels en faveur de l'..., 283. — Inspecteurs spéciaux de l'..., 283 et 284, 860 et suiv. — Inspection générale en 1833 et 1834, 805 et suiv. — Règlement concernant les écoles primaires élémentaires, 808 et suiv. — Dispositions concernant les écoles primaires supérieures, 817 et suiv.—Des secours et encouragemens, 849. — Ecoles primaires de filles, 855 et suiv.

J

JOURNAL général de l'instruction primaire. — Voy. *Instruction primaire*.

JURIDICTION. Les délibérations du conseil royal relatives à la ... ne sont pas soumises à l'approbation du ministre de l'instruction publique, 5 et 484 (note). — Peines qu'entraîne la violation des devoirs, 11. — Objets que la ... embrasse, 12. — De la compétence quant au personnel, 305 et 306. — Des cas où le grand-maître juge seul, 305. — Des cas où le jugement appartient au conseil royal, 306. — Des cas d'urgence, ibid. — De la compétence en matière de comptabilité, ibid. — De droits dus à l'Université, 307. — Des contraventions, *des délits et des peines*, 307 et suiv. Des écoles non autorisées, 307 et 308. — Cas de clôture des institutions et pensions, 308 et 309. — Fausses déclarations sur le nombre des élèves, etc., 309. — Enseignement repréhensible, 310. — Absence sans cause légitime, *ibid.* et 104. — Fautes contre la subordination due aux supérieurs, *ibid.* — Faits portant scandale ou blessant la délicatesse et l'honnêteté, *ibid.* — Abandon des fonctions sans demande régulière, 311. — Divertissement des deniers, *ibid.* — Injures verbales ou écrites, voies de fait, diffamation et calomnie, *ibid.* — Mauvais traitemens envers les élèves, 312. — Abus d'autorité, *ibid.* — Délits commis par les élèves, *ibid.* — Peines en cas de récidive, 313. — Du refus de se soumettre aux peines prononcées, *ibid.* — Cas où des tiers seraient intéressés, *ibid.* — Suspension provisoire, droit des recteurs, 314. — *De l'instruction dans les affaires de la compétence du grand-maître*, 314. — De la compétence du conseil, 319. — En matière de comptabilité, 317. — En matière de droits dus à l'Université, 318. — Des ordonnances, des jugemens et de leur exécution, 318 *et suiv.* — Pourvoi au conseil d'état contre les jugemens portant radiation, 321. — De l'action de la justice et de la police ordinaire, 322. — Des effets d'une condamnation judiciaire, 37, 323 et 324.

JURIS médicaux. — Voy. *Facultés de médecine.*

L

LANGUES anciennes. Font partie de l'enseignement public dans les colléges, 5. — Examen des méthodes pour l'enseignement des ..., 602 *et suiv.*

LANGUE française. Fait partie de l'enseignement public dans les colléges, 547 *et suiv.* — Dans les écoles primaires, 212. — Doit être enseignée par des instituteurs spéciaux dans certaines parties de la France, 212.

LANGUES orientales (école des). Placée dans les attributions du ministère de l'instruction publique, 14.

LANGUES vivantes (les). Peuvent être enseignées dans les colléges, 165, 507 *et suiv.* Doivent être enseignées dans les colléges, 605 et 610. — Peuvent être enseignées dans les écoles primaires, 817.

LIBERTÉS de l'église gallicane. Déclaration du clergé de France en 1682, 38 *et suiv.*

LIMOGES. Chef-lieu d'une académie, 4. — La faculté des lettres est supprimée, 110. — Collége royal de troisième classe, 127.

LIVRES classiques. Sont admis ou rejetés par le conseil royal, 20. — Le conseil provoque ou encourage la composition des ..., 21. — Employés pour les classes des colléges en 1809, 550 *et suiv.* — En 1835, 627 *et suiv.* — ... d'étude dans les colléges, 675 et 676.

LIVRES élémentaires, 796 et 797. — Voy. *Instruction primaire* et *Correspondance.*

LOGEMENT. Dans les colléges, 656.

LOGIQUE, 269. — Voy. *Philosophie.*

Lois relatives à l'instruction publique. — Création de l'Université, 2. — Voy. *Facultés, Colléges, Instruction primaire, Recettes et dépenses.*

LYCÉES. — Voy. *Colléges royaux.*

LYON. Chef-lieu d'une académie, 4. — La Faculté des sciences y est supprimée et rétablie, 109. — La Faculté des lettres y est supprimée, 110. — Collége royal de première classe, 127. — Société pour l'encouragement de l'instruction primaire à .., 247 *et suiv.* — Ecole secondaire de médecine, 428 *et suiv.*

M

MAISONS d'école (plans pour la construction de), 274.

MAISONS d'éducation de demoiselles. — Voy. *Instruction primaire.*

MAÎTRES élémentaires dans les colléges royaux, 521 et 525.

MAÎTRES d'études. Sont au nombre des fonctionnaires de l'Université, 6.

— Doivent être bacheliers ès-lettres, 7. — Leur nombre, 133. — Leur traitement, 124, 165 et 523. — Leur nomination, 163 et 523. — Leurs fonctions, 506, 507 et 525. — Peuvent obtenir des pensions de retraite, 205.

Masses. Division de la pension des élèves en cinq .., 639.

Mathématiques et physiques (sciences). Programme du cours des sciences physiques, 591 *et suiv.* — De l'enseignement des ... dans les collèges royaux, 585, 591 *et suiv.* — Programme du cours élémentaire d'arithmétique, 613 *et suiv.*

Médailles. Distribution de ... aux instituteurs, 788 *et suiv.*

Membre de l'Université (le titre de), 9 et 111.

Méthode d'enseignement mutuel, 786 *et suiv.* — ... d'enseignement simultané, 789 *et suiv.*

Metz. Chef-lieu d'une académie, 4. — La faculté des sciences est supprimée, 109. — Collége royal de deuxième classe, 127.

Minéralogie, 385. — Voy. *Colléges et facultés.*

Ministre de l'instruction publique. Formation d'un ministère spécial, 12. — Le contre-seing du ... opère la franchise à l'égard des conseillers d'état, des évêques, des préfets, des recteurs, etc., 13. — Nouvelles attributions de son ministère, 14. — Doit communiquer aux autres ministres les arrêtés qui excluent des étudians d'une académie, 36 et 352.

Ministère public *près le conseil royal*, exercé par le chancelier, 24. — Par le conseiller chargé de l'instruction primaire, 23. — *Près les conseils académiques*, 24.

Monarchie constitutionnelle (fidélité à la). Une des bases de l'enseignement public, 5.

Montauban. Faculté de théologie, 37. — Voy. *Facultés de théologie.*

Montpellier. Faculté de médecine, 64, 106 *et suiv.*, 409 *et suiv.*, 921. — Faculté des lettres supprimée, 110. — Collége royal de deuxième classe, 127.

Morale, 369. — Voy. *Philosophie.* — 475. — Voy. *Fac. de théologie.*

Muséum d'histoire naturelle. Placé dans les attributions du ministère de l'instruction publique, 14. — Les élèves de l'école normale suivront les leçons du ..., 191.

Musique dans les colléges royaux, 507 *et suiv.* — ... dans les écoles primaires, 265.

Mutation pour un emploi inférieur. Peine de discipline, 11. — Peut être infligée par le grand-maître avec l'avis de trois conseillers, 16.

N

Nancy. Chef-lieu d'une académie, 4. — La Faculté des lettres est supprimée, 110. — Collége royal de deuxième classe, 127. — Frères de la doctrine chrétienne du diocèse de ..., 246.

Natation. Exercice de ... pour les élèves des écoles primaires, 212. — Pour les élèves des colléges royaux, 511, et 512.

Nîmes. Chef-lieu d'une académie, 4. — La Faculté des lettres est supprimée, 110. — Collége royal de deuxième classe, 127.

Notes trimestrielles, 501 et 502.

Nouveau-Testament. Des versets du ... doivent être appris tous les jours par les élèves des colléges, 553.

O

Officiers des académies, 8. — Fonctionnaires qui sont de droit ..., *ibid.* — Fonctionnaires qui peuvent obtenir ce titre, *ibid.*

Officiers de l'Université, 8. — Fonctionnaires qui sont de droit ..., *ibid.* — Fonctionnaires qui peuvent obtenir ce titre, *ibid.*

Officiers de santé. — Voy. *Facultés de médecine.*

Orléans. Chef-lieu d'une académie, 4. — La Faculté des lettres est supprimée, 110. — Collége royal de deuxième classe, 127.

Outrages à la religion, aux mœurs ou au gouvernement, 36 et 104.

Ouvrages à composer, 557.

Ouvriers (écoles pour l'instruction des), 1, 630 *et suiv.*

P

Paris. Chef-lieu d'une académie, 4 et 25. — Faculté de droit, 44, 58 *et suiv.*, 61 *et suiv.*, 453 *et suiv.* — Anciens établissemens connus sous le nom d'académie de législation et d'université de jurisprudence, 50. — Faculté de médecine, 64, 98 *et suiv.*, 107 et 108, 391 *et suiv.* — Faculté des sciences, 109, 378 *et suiv.* — Faculté des lettres, 110, 360 *et suiv.*, 375. — Lycées (colléges royaux), 125 *et suiv.*, 135, 143, 156 et 157, 161, 162 et 163, 167, 518 *et suiv.*, 583 *et suiv.*, 647 *et suiv.* — Contribution des colléges de ... au fonds de secours contre l'incendie, 169. — Bourses communales, 152, 173 et 174. — Colléges particuliers, 175 *et suiv.*, 205 et 583. — Les élèves de l'école normale doivent prendre leurs grades à ..., 192. — Ecole normale primaire pour l'académie de ..., 237 *et suiv.* — Exécution de la loi du 28 juin 1833 dans la ville de ..., 281 et 282. — Droits de diplômes pour les chefs d'institution et les maîtres de pension de ..., 288. — Droits de visa pour les réceptions d'officiers de santé et de pharmaciens à ..., 290. — Distribution des prix à ..., 515. — Ecoles primaires de filles à ..., 800 *et suiv.*

Pau. Chef-lieu d'une académie, 4. — La faculté des lettres est supprimée, 110. — Collége royal de troisième classe, 127.

Pensionnats primaires, 229, 791 et 792. — Visite du local destiné à un ..., 267.

Pensions. Leur définition, 5 et 208. — Les maîtres de ... sont fonctionnaires de l'Université, 6. — Doivent être bacheliers ès-lettres, 7. — Voy. *Institutions.*

Pharmacie (écoles de). Lieux de leur établissement, 83. — Leurs attributions, *ibid.* — Nombre et objet de leurs cours, *ibid.* et 91. — Des élèves en ... et de leur discipline, 84. — Rétribution pour les cours qu'ils suivent, *ibid.* — Du mode et des frais de réception des pharmaciens, 85. — De la police de la ..., 86 *et suiv.*, 94 *et suiv.* — Composition et administration des écoles, 90 et 91. — Nomination des professeurs et des adjoints, 91. — Inscriptions des élèves, 92. — Réceptions : 1°. dans les facultés, *ibid.*; 2°. dans les juris, 94. — Des herboristes, 95 et 97. — Diplômes de pharmacien, 96 et 97.

Philosophie (cours de). Nécessaire pour être admis à l'examen du baccalauréat ès-lettres, 111 et 112. — Etablissement des chaires de philosophie, 121, 521 et 563. — Les leçons se donneront en français, 165 et 611. — Programme des questions de ... pour l'examen du baccalauréat-ès-lettres, 368 *et suiv.* — Histoire de la ..., 370. — Aspirans à l'agrégation qui se vouent à l'enseignement de la ..., 533 *et suiv.* — Cinq classes obligatoires par semaine, 558. — Prix d'honneur de ..., 563 et 580.

Physique. Connaissances élémentaires de ..., 382. — Instrumens de ..., 564 *et suiv.* — Voy. *Colléges, facultés des sciences.*

Poids et mesures. Le système légal des ... doit être enseigné dans toutes les écoles du royaume, 212, 265 et 810.

Poitiers. Chef-lieu d'une académie, 4. — Faculté de droit, 44, 62 et 63. — La faculté des lettres est supprimée, 110. Collége royal de troisième classe, 127.

Population. — Rapport du nombre total des élèves primaires avec la ..., 223 et 922.

Préfets. — Ont un droit de surveillance sur les écoles, 9. — Ne peuvent rien y changer ni prescrire, mais adressent leurs observations au grand-maître, 10 — V. *Instruction primaire.*

Principaux des colléges. Doivent être bacheliers ès-lettres, 7. — Sont de droit officiers des académies, 8. — Peuvent être nommés officiers de l'Université, *ibid.*, 178 *et suiv.*, 695 *et suiv.* — Voy. *Colléges communaux.*

918

PRIX d'honneur. Donne droit à la dispense du service militaire, 9. — Le premier prix de philosophie (dissertation en latin), est aussi un ... et donne le même droit, 563 et 580.

PROFESSEURS. — Voy. *Facultés, Colléges royaux.*

PROSPECTUS et programmes. Doivent être soumis aux recteurs et aux conseils académiques, 28. — Programme de philosophie, 368 *et suiv.* — D'histoire, 561. — De sciences physiques, 591 *et suiv.* — D'arithmétique, 613 *et suiv.*

PROTESTANS (établissemens). Facultés de théologie, 37, 479 *et suiv.* — Ecole secondaire ecclésiastique, 190. — Ecoles primaires, 217 *et suiv.*, 227. — Comités chargés de surveiller les écoles primaires protestantes, 231. — Bourses réservées dans certains colléges royaux à des élèves non catholiques, 500.

PROVISEURS, 6. — Doivent être docteurs dans les lettres et bacheliers èssciences, 7. — Licenciés ès-lettres ou ès-sciences, *ibid.* — Assistent aux cérémonies publiques avec l'académie ou la faculté, 30. — Leur traitement, 124 *et suiv.*, 155, 640 *et suiv.*, — Leurs fonctions, 499 *et suiv.*, 869 *et suiv.*

PSYCHOLOGIE, 368 et 369.

PUNITIONS. Dans les facultés, 34 *et suiv.* — Dans les colléges royaux, 515 *et suiv.* — Dans les écoles primaires, 815. — Voy. *Facultés, Colléges, Instruction primaire.*

R

RADIATION du tableau de l'Université. — Peine de discipline, 3, 12 et 305. — Ne peut être infligée que par le conseil royal, 20.

RANG des divers fonctionnaires. — Voy. *Université.*

RASSEMBLEMENS illégaux, 35.

RECETTES et dépenses. Le grand-maître s'en fait rendre compte, 17. — Idée sommaire des...., 285 et 286. — Nouveau règlement, 869 *et suiv.*

RECETTES. Dons et legs, *ibid.*, 297 *et suiv.* — Anciennes fondations et rentes, 286. — Rétributions provenant des facultés, 286 et 287. — Rétributions provenant des colléges, institutions et pensions, 287. — Droit de sceau, *ibid.* — Droits de diplômes portant permission d'avoir une école, *ibid.* — Attribution à l'Université de tous les biens des anciens établissemens d'instruction publique, *ibid.* et 292. — Droits relatifs aux grades, 289 et 290. — Droits de diplômes d'emploi, 290. — Révélation d'immeubles au profit des établissemens d'instruction publique, 291 et 292. — Poursuites en expropriation forcée, 293. — Hypothèque légale, *ibid.* — Vente des biens d'une conservation onéreuse, 294. — Affectation de l'ancienne maison de Sorbonne au service de l'instruction publique, 298. — Recouvremens désormais confiés aux agens du trésor public, 299. — DÉPENSES. Cumul des traitemens de plusieurs fonctions remplies dans l'instruction publique, 300. — Traitement des membres du conseil, des inspecteurs généraux, des recteurs, 300 et 301. — Entretien annuel des facultés des sciences et des lettres, 300. — Fonds annuel pour l'école normale, *ibid.* — Placement de l'excédant des revenus, *ibid.* — Place de caissier général, établie en 1808, supprimée en 1834, 301. — Dépenses de l'administration centrale, *ibid.* — De l'administration académique et départementale, *ibid.* — De l'instruction supérieure, secondaire, primaire, *ibid.* — Agens comptables de l'Université déclarés justiciables de la cour des comptes, 168, 302 *et suiv.*

RECTEURS des académies, 6. — Sont de droit officiers de l'Université, 8. — Jouissent de la franchise sous bandes, 13. — Sont nommés par le grand-maître, 26. — Leurs attributions, 26, 27, 314, 326 *et suiv.*, 869 *et suiv.*

RÉFORME. Peine de discipline, 12. — Ne peut être infligée que par le conseil royal, 20.

RÉFUGIÉS polonais, etc, 419.

RÉGENS, 6. — Doivent être bacheliers ès-lettres ou ès-sciences, 7. — Ont droit à des pensions de retraite, 204 *et suiv.*

RÈGLEMENS. Tous les projets sont discutés au conseil royal, 5, 16, 19

DES MATIÈRES.

RELIGION catholique. Ses préceptes sont une des bases de l'enseignement public, 5.

RENNES. Chef-lieu d'une académie, 4. — Faculté de droit, 44 et 63. — Collége royal de deuxième classe, 127.

RÉPÉTITEURS. Dans les colléges communaux, 703. — Dans l'école normale, 720 et 733. — Dans les institutions et pensions, 539, 775 *et suiv.*

RÉPRIMANDE. Peine de discipline, 11. — Comment peut être infligée par le grand-maître, 16 et 18.

RETRAITE (pensions de). Les fonctionnaires de l'Université y ont droit après 30 ans de services, 11. — Et avant 30 ans, en cas d'infirmités, *ibid.* — Loi qui accorde des ..., 197. — Décrets qui étendent le droit aux ..., 197 *et suiv.* — Ordonnances qui étendent encore ce droit, 202 *et suiv.* — En faveur des veuves, 202 (note), 206 et 207. — Comment la ... pourrait être donnée à un fonctionnaire émérite ou infirme sans demande de sa part, 206 (note).—Quelles retenues doivent être exercées, 765 *et suiv.* — Pensions liquidées et non inscrites, 773.

RÉTRIBUTION universitaire. — Voy. *Recettes et dépenses.*

RHÉTORIQUE. — Fait partie de l'enseignement public, 5. — Prix donnés en ..., 579 et 580.—Prix d'honneur, 552 et 580. — Ce que doit enseigner le professeur de ..., 548, 557, 575 et 709.

ROUEN. Chef-lieu d'une académie, 4. —Ecole secondaire de médecine, 431. — La faculté des lettres est supprimée, 110. — Collége royal de première classe, 127. — Ecole normale primaire dirigée par les frères des écoles chrétiennes, 225.

S

SAGES-FEMMES. — Voy. *Faculté de médecine.*

SAINTE-GENEVIÈVE (dépôt légal de). Placé dans les attributions du ministère de l'instruction publique, 14.

SECOURS et encouragemens. —Voy. *Instruction primaire.*

SECRÉTAIRE général du conseil de l'Université, 19. — Des facultés de droit, 45 *et suiv.*, 204. — Des académies, 204, 329 *et suiv.*

SÉMINAIRES. L'instruction dans les ... dépend des évêques, 2. — Sont tenus de se conformer aux règlemens approuvés par le roi, *ibid.* — Objets de leur enseignement, 43. — Les élèves doivent, pour y entrer, être bacheliers ès-lettres, 184.

SERMENT. Des membres de l'Université, 3. — Du grand-maître, 17.— Des professeurs et suppléans de droit, 46 et 47.— Des avocats et des avoués, 55. — Des instituteurs primaires, 278 et 279. — Demandé en 1791 aux anciens fonctionnaires de l'instruction publique, 199 (note).

SERVICE militaire (dispenses du), 9. — Epoque à laquelle l'engagement décennal doit être contracté, *ibid.* — Par les élèves de l'école normale, 9, 192 et 193. — Par les instituteurs primaires communaux, 792 *et suiv.*, 847 *et suiv.* — Inscriptions retardées pour les étudians par le tirage pour le recrutement, 54.

SIXIÈME. Institution d'un professeur de ... dans les colléges royaux, 526, 556, 560 et 573. — Son traitement, 676.

SORBONNE. Mise à la disposition de l'instruction publique.—Voy. *Recettes et dépenses.*

SOURDS et MUETS. Leurs établissemens semblent devoir être placés dans les attributions du ministère de l'instruction publique, 14 (note).

STRASBOURG. Faculté de théologie, 37, 479 *et suiv.* — Faculté de droit, 44, 62 et 63.— Faculté de médecine, 64 et 107, 405 *et suiv.*, 924.—Ecole de pharmacie, 83. — Collége royal de première classe, 127. — Association de la doctrine chrétienne du diocèse de ..., 245.

SUSPENSION (peine de discipline), 11. — Comment peut être infligée par le grand-maître, 16 et 18.

T

Trésor public (les agens du), font désormais le recouvrement des droits universitaires, 299 *et suiv.*
Tambour (usage du), 511.
Théodicée, 369 et 370. — Voy. *Philosophie.*
Théologie. — Voy. *Facultés de théologie.*
Titres honorifiques, 7 et 8.
Toulouse. Chef-lieu d'une académie, 4. — Faculté de droit, 44, 62 et 63, 456. — Collége royal de deuxième classe, 127. — Ecole secondaire de médecine, 427 et 428.
Traitement. — Voy. *Facultés, Colléges, instruction primaire,* etc.

Transfèrement des fonctionnaires d'une académie dans une autre, 16.
Trésorier de l'Université, 6, 12 et 301.
Troubles dans les écoles, 33, 105, 349 *et suiv.*
— Hors des écoles, *ibid.*
Trousseau à fournir par les élèves des colléges royaux, 636 *et suiv.*, 654 *et suiv.*, 678. — Indemnités de ..., 676 *et suiv.* — ... à fournir par les élèves de l'école normale, 763.
Turin (Université de). Type de l'Université de France. *Introduction,* vii et viii.

U

Université de France. De l'origine de l'..., de sa constitution et de son objet, *Introduction,* vii et viii.— Idée première de l'..., 1. — L'Université forme un corps chargé exclusivement de l'instruction et de l'éducation publique, 2 et 3. — Obligations communes à tous ses membres, 3 et 4. — Se compose d'autant d'académies qu'il y a de cours royales, 4. — Comprend six sortes d'écoles, 5, 31, 121, 191, 208, 211 *et suiv.* — Bases de l'enseignement dans toutes ses écoles, *ibid.* et 221. — Rang et titres de ses divers fonctionnaires, 6 *et suiv.* — Sceau de l'..., 9 et 17. — Sa juridiction spéciale, 11, 305 *et suiv.* — Tableau annuel de tous ses membres, 16 et 26. — Est gouvernée par un grand-maître, 15 *et suiv.* — Et par un conseil de l'instruction publique, 19 *et suiv.* — Administre ses biens et revenus, 285 *et suiv.*, 869 *et suiv.* — Régime, subordination, correspondance et attributions de ses diverses autorités, 325 *et suiv.*

Universités étrangères. Etudes de droit, 49. — Etudes de médecine, 64 et 75. — Université de Turin. — *Introduction,* vii et viii. — Ecole normale de l'université de Turin, 193.

V

Vacances des facultés de droit, 45. — Des congés pendant les ..., 333 et 334. — Des colléges, 515, 516, 581 et 582.
Vaccine. Les élèves des colléges et des écoles primaires, etc., doivent avoir reçu la ..., 510 et 815. — L'art de vacciner enseigné aux élèves-maîtres des écoles normales primaires, 923.
Vers français. Il est défendu de donner des prix de ... dans les colléges et autres écoles, 709.

FIN DE LA TABLE ALPHABÉTIQUE DES MATIÈRES.

CORRECTIONS ET ADDITIONS.

Page 25, note (1), effacer la 2e. phrase *dans les départemens*, etc.

Page 43, n°. 142, ligne 3, après *archevêques et évêques*, lisez : de *notre empire, au grand-maître et aux académies*, etc.

Page 146, n°. 160, après ces mots *nommés à vie*, lisez : néanmoins, ceux qui seront nommés pour la première organisation ne recevront leur brevet qu'après trois ans d'enseignement, et si sa majesté juge à propos de les confirmer. (Depuis 1808, cette confirmation appartient au grand-maître en conseil royal.)

Page 98, n°. 373, ajoutez : les élèves des écoles secondaires de médecine qui se présenteront à l'avenir devant les facultés de médecine pour y obtenir le grade de docteur, justifieront, non-seulement de leur temps d'études, mais des sommes qu'ils auront payées pour droits d'inscriptions dans les écoles secondaires de médecine légalement organisées... Ils n'auront plus qu'à verser la somme nécessaire pour compléter les droits des 16 inscriptions prescrites, dont le montant a été et demeure fixé à 785 fr. (Ordonnance du 12 avril 1835.)

Page 107, n°. 408, ajoutez : la toxicologie est distraite de la chaire de médecine légale actuellement vacante à la faculté de médecine de Montpellier. Il est créé dans cette faculté une chaire de chimie médicale générale et de toxicologie. (Ordonnance du 19 juin 1834.)

Page 138, n°. 517, note (1), *du 23*, lisez : *du 28*.

Page 167, n°. 617, ajoutez : à dater du 1er. janvier 1833, les pensions aux frais du gouvernement pour chacun des 37 colléges royaux sont fixées à 26, et réparties ainsi :

Pensions entières.	8	8 pensions.
Trois quarts de pensions.	8	6
Demi-pensions.	24	12
Total.	40 élèves.	26 pensions.

Le crédit total est réduit à 601,500 fr., ainsi distribués :
- Paris . . . . . . 58,500 fr.
- 1re. classe 97,500
- 2e. 271,700
- 3e. 117,000

Dégrèvemens, indemnités, etc. . . . . . 31,800 fr.
Dépenses de l'école royale de Bourbon-Vendée. 25,000

(Ordonnance du 3 janvier 1833.)

Page 175, n°. 645, ajoutez : le conseil général du département du Gers est autorisé à fonder dans le collège royal d'Auch 29 demi-bourses du prix de 250 fr. l'une. (Ordonnance du 17 octobre 1834.)

Page 190, n°. 708, ligne 3e., 1823, lisez : 1828.

Page 222, note (1), aux trois colonnes, ajoutez les deux suivantes pour 1829 et 1833

ACADÉMIES.	en 1829.	en 1833.
Aix,	le 36e.	le 25e.
Amiens,	11e.	10e.
Angers,	61e.	40e.
Besançon,	10e.	10e.
Bordeaux,	44e.	31e.
Bourges,	73e.	48e.
Caen,	38e.	22e.
Cahors,	38e.	34e.
Clermont,	109e.	52e.
Dijon,	16e.	12e.
Douai,	14e.	13e.
Grenoble,	43e.	19e.
Limoges,	110e.	52e.
Lyon,	31e.	28e.
Metz,	10e.	9e.
Montpellier,	47e.	25e.
Nanci,	10e.	10e.
Nîmes,	40e.	25e.
Orléans,	34e.	28e.
Paris,	24e.	13e.
Pau,	35e.	17e.
Poitiers,	50e.	26e.
Rennes,	96e.	80e.
Rouen,	15e.	18e.
Strasbourg,	9e.	9e.
Toulouse,	54e.	35e.

Page 234, n°. 873, *frais généraux*, lisez : *fonds généraux*.

Page 257, ligne 3, 1829, lisez : 1819.

Page 386, note (2), ligne 1. *Du 14 avril 1809*, lisez : *du 16 février 1810*.

Page 401, n°. 1476, ajoutez : à l'avenir, en cas de concours à une chaire vacante dans la faculté de médecine de Paris, l'académie de médecine procédera à la formation d'une liste extraordinaire de dix membres, pris indistinctement dans toutes les sections de l'académie. Quatre juges et un suppléant seront ensuite désignés par le sort entre les dix membres de l'académie composant la liste précitée. (Arrêté du 21 novembre 1834.)

Page 403, n°. 1487, ligne 6, *juin*, lisez : *janvier*.

Page 432, § v, lisez : § iv.

Page 459, n°. 1715. — *N. B.* M. Cuvier avait exprimé plusieurs fois le désir que des écoles secondaires de droit fussent établies dans un certain nombre de villes, à l'instar des écoles secondaires de médecine. Il préparait pour ces diverses écoles un projet de règlement qui aurait concilié les intérêts de la science, des facultés et de l'ordre public. C'est une de ces bonnes et utiles pensées, dont sa mort prématurée a malheureusement empêché ou retardé l'exécution.

Page 471, § vi, lisez : § v.

Page 514, n°. 1819, lisez à la fin : (*Ibid.*, art. 100... 107.)

Page 515, n°. 1820, lisez à la fin : (*Ibid.*, art. 108... 111.)

Page 516, n°. 1821, lisez à la fin : (*Ibid.*, art. 112... 118.)

Page 563, n°. 1945, 2e. § ligne 3, *qu'ils*, lisez : *qu'ils doivent*.

Page 612, n°. 2043, ligne 2, *prix d'honneur et de philosophie*, lisez : *prix d'honneur de philosophie*.

Page 764, n°. 2315, ajoutez : le traitement des maîtres de conférences, long-temps fixé à 2,500 fr., a été porté à 3,000 fr. par le dernier budget de l'école normale.

Page 793, ligne 7e., *et lieu*, lisez : *du lieu*.

Page 797, n°. 2384, dans le titre, au lieu de *frais*, lisez : *fonds*. — Après le numéro, mettez le règlement général du 14 décembre 1832, concernant les écoles normales primaires.

Page 815, n°. 2420, 1er. §. — *N. B.* M. le préfet de l'Isère a eu l'heureuse idée de faire enseigner aux élèves-maîtres de l'école normale primaire de Grenoble l'art de vacciner, et il se propose d'accorder aux instituteurs en exercice qui pratiqueront cet art l'indemnité que reçoivent les vaccinateurs titulaires. Toutes les écoles normales primaires voudront sans doute rendre le même service au pays, et ce sera évidemment un des meilleurs moyens de répandre enfin dans toute la France le bienfait de la vaccine.

Page 849, n°. 2513, ajoutez : les élèves-maîtres d'une école normale primaire sont tous admis à contracter l'engagement décennal, sans distinction des boursiers et des pensionnaires. — On ne peut être admis dans ces écoles comme boursier, qu'autant que l'on contracte l'engagement décennal ; on peut y être comme pensionnaire, sans contracter cet engagement ; mais on peut n'y être que comme pensionnaire, et contracter l'engagement.

(Décision du 15 mai 1835.)

Page 857, n°. 2,566, ligne 7, ajoutez : d'après une décision du 15 mai 1835, l'existence même d'un instituteur communal et d'une institutrice communale n'empêcherait pas qu'un instituteur *privé* n'eût le droit de recevoir dans son école les enfans du sexe féminin que les pères de famille voudraient envoyer à son école.

Page 862, ligne 3e. — *N. B.* Il paraît suivre de là que l'inspecteur spécial, lorsqu'il ne préside pas, doit siéger immédiatement après le président.

Page 863, n°. 2554, *in fine*, du 14 décembre 1833, lisez : *du 14 décembre 1832*.

Page 871, n°. 2574, après le 2°. §, ajoutez : l'autorisation n'est d'ailleurs accordée, qu'à la charge de remplir les autres formalités prescrites aux instituteurs primaires.

P. S. Par ordonnance du roi, attendu qu'il importe que la clinique externe et la médecine opératoire soient l'objet d'un enseignement spécial à la faculté de médecine de Strasbourg, il est créé dans cette faculté une chaire de clinique externe et de médecine opératoire.

FIN.

www.ingramcontent.com/pod-product-compliance
Lightning Source LLC
Chambersburg PA
CBHW070801020526
44116CB00030B/940